中国农业机械化年鉴

THE YEARBOOK OF AGRICULTURAL MECHANIZATION IN CHINA

主管　中华人民共和国农业部
主办　农业部南京农业机械化研究所

2010

中国农业科学技术出版社

图书在版编目 (CIP) 数据

中国农业机械化年鉴 . 2010 / 易中懿主编 . —北京 : 中国农业科学技术出版社 , 2010. 12
ISBN 978-7-5116-0359-3

Ⅰ. ①中… Ⅱ. ① 易… Ⅲ. ①农业机械化 – 中国 – 2010 – 年鉴 Ⅳ. ①F323.3-54

中国版本图书馆CIP数据核字(2010)第242247号

责任编辑 梅 红
责任校对 贾晓红

出 版 者 中国农业科学技术出版社
北京市中关村南大街 12 号 邮编：100081
电　　话 （010）82106630（编辑室） （010）82109704（发行部）
（010）82109703（读者服务部）
传　　真 （010）82106636
网　　址 http://www.castp.cn
经 销 者 新华书店北京发行所
印 刷 者 南京四彩印刷有限公司
开　　本 889mm × 1194mm 1/16
印　　张 24
字　　数 1100 千字
版　　次 2010 年 12 月第 1 版 2010 年 12 月第 1 次印刷
定　　价 290.00 元

盛世修志、传承文明，知往鉴来、共创辉煌。《中国农业机械化年鉴》的正式出版，客观地记载了我国农业机械化发展的历史进程，展现了各地农机化工作取得的新成就、新经验、新亮点，搭建了权威的农业机械化信息和数据交流平台，为正确把握农业机械化发展规律，科学制定农业机械化发展规划和发展战略提供了翔实资料，是一件非常有意义的工作。

发展农业机械化，是建设现代农业的物质基础，是促进农民增收的有效途径，是建设社会主义新农村的重要内容，是应用农业科技的主要载体，是促进国民经济发展的有生力量，是构建和谐社会的必然要求。当前，我国正处于传统农业向现代农业转变的关键时期。党中央、国务院把解决好“三农”问题作为全党工作和全部工作的重中之重，支农惠农政策得到进一步巩固、加强和完善，我国农业机械化面临良好发展机遇。《中华人民共和国农业机械化促进法》为农业机械化发展提供了有力的法律保障，购机补贴等扶持措施为农业机械化发展提供了强大的政策支持，农民收入持续增长为农业机械化发展奠定了重要的经济基础，农机科技进步为农业机械化发展提供了坚实的技术支撑，建设社会主义新农村为农业机械化发展带来了新的需求，大力发展现代农业为农业机械化发展营造了良好的社会氛围。可以说，条件已经具备，时机已经成熟，我国农业机械化事业正处在一个加快发展的历史新起点上。农机化系统广大干部职工要全面落实科学发展观，以前瞻性的眼光、全局性的高度、战略性的思维来统筹谋划好农机化工作，做到在认识上要有新提高，在实践上要有新举措，在工作上要有新成效，推动我国农机化发展由初级阶段向中级阶段跨越。

希望各级农机部门继续关心、支持《中国农业机械化年鉴》的编辑和发行工作。希望《中国农业机械化年鉴》突出权威性、综合性、科学性、指南性、文献性、数据性和史料性的特色，忠实记录农机化发展历史，传承农机文化精髓，博采农机化研究成果，推动我国农业机械化事业又好又快发展，为发展现代农业、建设社会主义新农村、构建社会主义和谐社会作出新的更大贡献！

宗锦耀

2007年1月24日

中国农业机械化年鉴编辑委员会

编辑说明

一、《中国农业机械化年鉴》是我国农业机械化综合性行业年鉴，旨在逐年记载我国农业机械化发展的历史进程，提供农业机械化经济技术资料与统计数据，服务现代农业，促进行业发展，为政府决策提供发展借鉴与依据。

二、《中国农业机械化年鉴》2010年版设农业机械化发展报告、领导报告与论述、农业机械化论坛、农业机械化政策法规及规章、农业机械化工作、农机工业与流通、农业机械化统计资料、农机社团组织、机构与负责人、大事记、附录、索引等栏目。

三、《中国农业机械化年鉴》由中华人民共和国农业部主管，农业部南京农业机械化研究所主办。中国农业机械化年鉴编辑委员会由农业部农业机械化管理司、各省（自治区、直辖市）农业机械化主管部门、有关农业机械化企事业单位和高等院校领导与专家组成。《中国农业机械化年鉴》编辑部设在农业部南京农业机械化研究所。

四、《中国农业机械化年鉴》采用分类编辑法编辑，类目下设分目，年鉴以条目为记载资料的基本单元。

五、《中国农业机械化年鉴》的类目、分目、条目标题使用不同字体、字号，类目标明于页眉，以便于检索，条目标题均为黑体字加【 】号。

六、《中国农业机械化年鉴》所采用的稿件来自农业部、各省（自治区、直辖市）农业机械化主管部门、有关农业机械化企事业单位和高等院校，条目、数据、事实等经过有关部门反复核对。

七、《中国农业机械化年鉴》的各项全国统计数字均不含香港特别行政区、澳门特别行政区和台湾地区。

八、为便于读者查阅，《中国农业机械化年鉴》卷首有目录，卷末有大事记和索引，全书的信息资料可通过目录、大事记、索引3个检索渠道查阅。

九、由于编排格式的需求，年鉴农业机械化发展报告、领导报告与论述、农业机械化论坛等栏目文章略去了“参考文献”内容，在此深表歉意。

十、《中国农业机械化年鉴》的编辑工作得到中国农业科学院、各级农业机械化主管部门、农业机械化企事业单位和有关高等院校的大力支持，在此深表谢意。

关于做好阳光工程农机培训教材编印征订工作的通知

农机科〔2009〕71号

各省、自治区、直辖市和计划单列市农机管理局（办公室），新疆生产建设兵团、黑龙江农垦总局农机局，农业部南京农业机械化研究所、农业部农业机械试验鉴定总站、农业部规划设计研究院，有关农机企业：

根据农业部等六部办公厅《关于做好2009年农村劳动力转移培训阳光工程实施工作的通知》（农办科〔2009〕50号）和《农业部办公厅关于印发农村劳动力转移培训阳光工程分类培训规范（部分）的通知》（农办科〔2009〕62号）精神，首次将农机使用和维修正式纳入阳光工程培训内容，扶持购机农民开展使用和维修技术培训。这一政策的实施，将使农民享受购机补贴的同时，享受培训补贴，对提高农机使用和维修人员素质，真正让农民“买得起、用得好”农业机械，保障农业机械化事业健康发展具有重要意义。

为贯彻落实通知要求，加强对农机使用和维修等从业人员的培训，提高阳光工程农机培训实施效果，我司组织编写了《大中型拖拉机》、《水稻插秧机》、《稻麦联合收割机》、《农业机械修理》和《设施农业》五本阳光工程农机培训全国通用教材，根据农民购买机具和作业服务类别选用。省级农机化行政主管部门要根据当地推广的农业机械化技术，及时组织编写农机化技术培训教材，结合农业机械化技术推广工作开展培训，让更多的农民学会使用农业机械化新技术应用要点。农机生产经营企业要随销售机具提供购机农民适用的机具使用说明资料，尽可能提供多媒体使用操作和维修演示光盘培训材料，便于农民掌握机具使用保养知识。全国通用教材、省级主推农机化技术培训教材和企业提供的使用资料共同构成阳光工程农机培训教材，由培训机构选用（根据有关规定，培训过程中每位学员的教材总费用原则不超过20元）。

全国通用教材分别委托农业部南京农业机械化研究所、农业部农业机械试验鉴定总站和农业部规划设计研究院组织编写，目前教材将陆续送抵出版社发行。请各地根据阳光工程农机培训工作的实施需要组织征订工作，与受委托单位联系订购事宜。

征订《大中型拖拉机》、《水稻插秧机》、《稻麦联合收割机》教材的单位请与农业部南京农业机械化研究所《中国农机化》编辑部联系（联系人：王利民，电话：025-84346296、84346270，传真：025-84346271，地址：南京市柳营100号，邮编：210014）。征订《农业机械修理》教材的单位请与农业部农业机械试验鉴定总站维修与职业技能指导处联系（联系人：温芳，电话：010-67313279，传真：010-67343571）。征订《设施农业》教材的单位请与农业部规划设计研究院联系（联系人：周长吉，电话：010-65003713，传真：010-65922477）。

附表：阳光工程农机培训全国通用教材征订表附件（略）

农业部农业机械化管理司

目　录

农业机械化政策法规及规章

农业机械化工作

农机工业与流通

农业机械化统计资料

农机社团组织

机构与负责人

大事记

附录

Contents

农业机械化发展报告

中国农业机械化科技发展60年

农业部农业机械化管理司

新中国农业机械化60年的发展，波澜壮阔，极不平凡，在党和政府领导下战胜各种困难挫折，探索前进，开拓创新，取得了多方面的成就和历史性进步。随着农业和农业机械化事业发展的需要，党和政府十分重视农业机械化科技工作，相继建立了农业机械化科研机构、高等院校、试验鉴定和推广机构，以及一批农机生产企业，开展了大量科技工作，取得了诸多成果，初步探索并形成了产、学、研、推结合的农业机械化科技创新体系，为农业机械化的发展提供了物质技术基础和人才队伍保障，推进了农业机械化科学发展，成为现代农业发展和新农村建设的重要支撑力量，为促进农业增效、农民增收和农村经济持续发展做出了突出贡献。

一、农业机械化科技体系基本形成

中国农业机械化科技体系属于层级、多元结构。农业机械化科技活动主体主要由中央部属及省、市地方农业机械化科研机构、高等院校、农机企业研发中心及农业机械试验鉴定、农业机械化技术推广等部门组成。经过60年的发展，中国初步形成了以市场为导向、企业为主体、产学研相结合的农业机械化科技创新体系；农机工业体系基本形成，生产能力快速提升，农机产品基本满足农业生产的需要；农业机械试验鉴定与推广体系逐步完善，保障农业机械的生产和使用安全，为先进适用农业机械化技术推广应用奠定了组织基础；较为健全的农业机械化教育培训体系为农业机械化发展培养各层次人才，促进农业机械化科技的进步与发展。农业机械化科研、生产、鉴定、推广、教育培训紧密联系，互促发展，是农业机械化发展的客观要求，是农业机械化科技体系的重要组成要素。中国产学研推相结合的农业机械化科技体系是由计划经济时期的科技体系随着经济体制改革演变而来，目前正在向“政府引导、面向市场”，“规划牵引、资助重大项目”的方向转变。

（一）基本形成了以企业为主体、以市场为导向、产学研相结合的科技创新体系

农业机械化行业经过不断机制创新和发展，基本形成了集中行业绝大部分科技力量、代表行业科技最高水平的产学研结合的团队。特别是在2007年6月经科技部批准，国家农业装备产业技术创新战略联盟正式建立，以产学研结合打造农业装备产业技术创新核心团队，促进国家创新体系建设，以“在政府相关政策引导下，促进实施产业共性技术研发活动与技术扩散，推动共性技术应用”为目标，探索建立了以企业为主体、市场为导向、产学研结合的产业技术创新机制。科技创新体系中，高校和科研机构以素质为宗旨、以能力为本位、以智能为核心、以专业为基础、以技能为主线的教育模式，适应农业科技和产业技术革命的迅猛发展，农业机械化科技力量在大学和科研机构得到强化。科技型农机企业通过在生产实践中解决重大科技攻关项目、新产品研制与开发项目等，不断锤炼和凝聚了一批人才队伍，通过与科研院所和大学多方面、多层次的交流与合作，创新能力不断发展，基本确立了引领地位，并通过辐射、扩散各类科研成果，增强了再开发和创新的能力。国家及部属重点实验室提供了前瞻性、战略性基础技术研究。农业机械化科技创新体系集成和共享技术创新资源，加强合作研发，突破了农业装备产业共性和关键技术的瓶颈，搭建了联合攻关研发平台。2008年农业部第八届科学技术委员会农业工程与装备组的成立，更为中国城乡统筹发展战略、农机与农艺结合、农业机械仿生技术发展、农业机械化科技发展方向、设施农业发展战略、农业机器人技术、农业机械化科技发展战略等问题的研究提供了交流平台。

经过多年发展，中国建立了一批农业机械化相关研究国家重点实验室、省部级工程技术中心和训练中心，进行农业机械化关键技术和农业机械重大产品的研究工作。如依托于中国农业机械化科学研究院的国家土壤植物机器系统技术重点实验室、国家农业机械工程技术研究中心及其南方分中心(2002 年通过验收)、国家草原畜牧业装备工程技术研究中心和 3 个国家级企业技术中心；依托于南京农业机械化研究所的农业部农业机械重点开放实验室、中国农科院农业机械实验室和农业部南方种子加工中心；依托于中国农业大学的农业部设施农业工程重点开放实验室、现代农业装备与设施教育部工程研究中心、农业部保护性耕作研究中心；依托于农业部规划设计研究院的农业部种子加工工程技术中心；依托于华南农业大学的电子信息工程实验室、机械与装备关键技术省部共建教育部重点实验室；依托于吉林大学的地面机械仿生技术教育部重点实验室；依托于中国水产科研研究院渔业机械仪器研究所的农业部渔业装备与工程重点开放实验室；依托于江苏大学的现代农业装备与技术省部共建教育部重点实验室等。此外，还有依托于北京市农业机械研究所的设施工程技术中心、北京市企业技术中心；依托于黑龙江省农业机械工程科学研究院的黑龙江省种植业机械工程技术研究中心；依托于中国一拖集团有限公司的河南省农业装备工程技术研究中心；依托于广东省农业机械研究所的广东省农产品干燥加工工程重点实验室、广东省农业机械装备技术公共实验室等。这些重点实验室和工程技术中心承担了大量的科研项目，支撑了产品技术的不断升级和发展，取得丰硕的成果。如农业部设施农业工程重点开放实验室“十五”期间，共完成科研项目 140 余项。“十一五”期间承担科技支撑计划、863 计划、国家自然科学基金、农业结构调整重大专项等各类省部级以上课题 40 余项。农业部保护性耕作研究中心研制成功了多种保护性耕作专用机具，有 10 余种机器通过农业部农业机械试验鉴定总站检测。获得国家发明专利 1 项，实用新型专利 15 项，另有 4 项发明专利公开等。

充分发挥国家重点实验室、国家工程技术研究中心、企业技术中心等现有科研条件和产业优势，发挥农业工程与装备组专家的优势，结合产业重大技术需求，以项目为依托，重点开展农业装备共性技术、重大产品关键技术、重大产品联合创制的研究。产学研相结合的农业机械化科技创新体系，通过项目式流动，使科技人才在开展项目合作过程中互借互补中实现人才、技术的交流，并在交流中加速知识流动，提高技术创新的频率和效率，有效解决了中国农业装备产业集中度分散、技术领域原始创新匮乏，共性技术供给不足，缺乏核心竞争力等问题。

（二）构建了比较完整的农机工业体系

建国初期，中国农机工业一穷二白。1949 年，全国农机制造企业只有 36 家，工业总产值 300 万元，职工4 000人，机床500 台，只能生产一些简单的农业机械，主要农业机械依靠进口。为不断适应农业和农村经济快速增长，农机工业快速发展，基本形成了较为完整的包括动力机械、耕作机械、运输机械、收获机械、水力机械、林业机械、饲料机械、场上作业机械、农副产品加工机械和农机零配件制造等行业的农机工业体系。能够生产拖拉机、联合收割机、播种机、水田运输车、水泵等多种农机产品，不但能够满足国内需要，而且能参与国际竞争，出口国外。2008 年，中国农机制造企业总共约有8 000多家，其中规模以上企业(年销售收入大于 500 万元) 2 021家，能生产种植业、畜牧业机械，农产品加工业、林业、渔业机械，农业运输机械，以及可再生能源装备等共 7 个门类，65 大类、337 个中类，1 374个小类、约6 000多种农业机械。除特大型、高端技术产品外，中国农业生产所需要的农业机械已经基本自给。通过企业和科研院校的联合，形成了以企业研发中心为新产品研发、试制、生产的主体，科研院所、大专院校为共性和基础性研究的比较完整的农机工业体系，为中国农业和农村经济发展提供了必要的装备支撑，在推动农业现代化进程中发挥了重要作用。

（三）农业机械试验鉴定体系逐步完善，“三大”基础性工作稳步推进

为贯彻落实《中华人民共和国农业机械化促进法》，农业部颁发了《农业机械试验鉴定办法》、《农业机械质量调查办法》、《农业机械试验鉴定机构能力认定办法》及实施细则、《农业机械推广鉴定证书和标志管理办法》等一系列规章制度，审定通过了 58 个农业机械鉴定大纲和《农机作业质量标准编写规则》等一批行业标准。初步构建了农业机械鉴定管理规章及技术标准体系，夯实了试验鉴定工作的管理及技术基础。配合主管部门完善部级鉴定能力建设体系，贯彻落实《农业机械试验鉴定机构部级鉴定能力认定实施细则(试行)》、《农业机械部级推广鉴定实施办法》，以农业部部级鉴定能力认定工作为载体，促进鉴定系统整体能力的提升。截至 2008 年底，全国部、省和地市级农业机械试验鉴定机构共 55 个，其中国家级农业机械质检中心 6 个，部级农业机械质检中心 23 个，科技管理人员1 500多人。从 1998 年开始推进的农机产品质量认证工作经过多年的发展，初步形成以中国农业机械产品质量认证中心为主体，各工作站和具有国家或部级认可资质的实验室承检机构为支撑，具有农业机械认证能力的农业机械试验鉴定体系。农业部已分别对总站及四个专业站进行了部级鉴定能力认定工作。积极做好鉴定体系建设规划研究，做好第二批部级鉴定能力认定工作，鉴定能力建设体系逐步完善。贯彻落实《国家支持推广的农业机械产品目录管理办法》，围绕编制《国家支持推广的农业机械产品目录》，切实做好产品试验鉴定和目录申报资料的审查工作，严把质量关。通过推进农机鉴定“三大”基础性工作，中国农业机械鉴定体系逐步完善，较好地发挥了鉴定系统的技术支持保障作用。

（四）基本形成了农业机械化标准体系

农业机械化标准是农业机械化活动中形成的技术规范，应用于农业机械化技术管理、社会化服务和安全使用等环节，规范和调整机械化农业生产活动中管理者、技术服务提供者和用户之间的关系，是农业机械化有关部门进行各项科学研究、生产技术活动和各项经济管理工作的依据。标准的调整涉及农业机械生产、销售、使用、鉴定、推广、监理、培训、维修等各个领域。经过多年的不懈努力，农业机械化有关技术标准的内容从简单到复杂，从单一到全面，从模仿到自立创新，初步形成了以农业机械化服务标准和管理标准为主体，以农业机械的质量评价标准、安全环保标准、使用维修标准、试验鉴定标准和机械化技术推广标准等几大类标准为支

撑的具有独立技术内容的农业机械化标准体系。截至2008年底，已发布实施的农业机械化标准总量达到230个，另有30多个标准在制定过程中。根据重点领域发展需要，制定出农业机械化行业资源节约与综合利用标准发展计划重点项目95项，其中节能领域42项，节水领域25项，可再生能源领域6项，环境管理领域12项，资源综合利用领域10项。农业机械化标准体系基本形成，成为农业机械化科学发展的重要支撑，为农业机械购置补贴政策实施提供了技术支持，是全面提升农业机械化发展质量，实现农业机械化科学发展的技术依据。

（五）形成了完整的农业机械化技术推广体系

农业机械化技术推广体系是促进农业创新、成果转化的重要载体和途径，是农业机械化推广工作的基础和组织保证。中国农业机械化技术推广体系始建于20世纪50年代初。1950年，农业部为做好新式农具的推广工作，制定了《农具站设立办法》、《农具站代耕收费办法》；1954年，“全国新式农具工作会议”讨论通过了《新式畜力农具站建设办法（草案）》。这些办法对有计划、有步骤地开展推广工作和建立推广机构起到了指导作用。1993年7月2日，全国人大常委会八届二次会议审议通过，并由国家主席江泽民签发的《中华人民共和国农业技术推广法（以下简称《推广法》）明确规定：“农业技术推广实行农业技术推广机构与农业科研单位、有关学校以及群众性科技组织、农民技术员相结合的推广体系。”农业机械化技术推广体系不断发展壮大，已成为农业机械化科技成果转化的中坚力量。经过60年的发展，2008年，中国有国家农业机械化技术推广机构1个；省级农业机械化技术推广机构31个，从业人员700余人；地（市）级296个，从业人员3 661人；县级推广机构2 160个，从业人员1.728万人。农业机械化技术推广体系覆盖全国30个省（市、区）、新疆生产建设兵团及黑龙江省农垦系统，基本形成了以县站为前沿、乡（镇）站为骨干的，多层次、多功能、多形式的推广体系和比较完整的技术服务网络。农业机械化技术推广体系集网络、技术、职能等优势于一体，通过采取多种教育和培训方式，以农业机械化技术推广项目为依托，先后组织示范推广了一系列节本增效农机具及农业机械化技术，成为实施科教兴农战略的重要载体，推进现代农业建设的重要力量和支撑手段，促进农业机械化科技成果不断转化为现实生产力，加快农村科技进步，发挥了巨大的推动作用。中国农业机械推广体系在工作中形成了4种典型的农业机械化技术推广方式。

1. 立项推广。各级政府根据农业机械化发展需求，选定重点技术成果作为推广项目，交由农业机械化技术推广机构推广。项目通过专家论证后确定，财政配套经费，有明确的执行期限和任务要求，项目完成后由项目批准部门进行验收。目前，主要以发挥科技示范户的作用来吸引农民认识和采用农业机械化新技术，以及采取建立示范区的形式对主要的农业机械化技术进行示范和推广。农业部于2007年2月发出了《关于开展全国农业机械化示范区建设的通知》，旨在推动各类农业机械化技术的集成配套应用和农机农艺措施的有效结合，加速提升农业机械化科技含量和农业科技素质，提高土地产出率、资源利用率和劳动生产率，提高农业素质、效益和竞争力。

2. 技术培训。培训的形式有两种，一种是结合农时季节或推广项目，针对某一技术进行短训。第二种是利用农闲季节，对骨干农民进行较系统的培训。一般来讲，较系统的培训主要是开阔农民的眼界，逐步提高其素质，有针对性的短期培训主要提高农民的某一方面技能。

3. 示范指导。一般是由农机服务组织、农机专业合作社、推广人员等为主体。从事农业机械化作业的当地技术能人和服务组织具有技术特长，并在某些农业机械化技术的推广应用上取得了一定成效，积累了一定经验，对周围农民具有辐射、示范和带动作用。在示范田场里搞出样板，吸引农民来参观学习，或是推广人员深入田间地头，现场指导，解答农民的问题，提高农民对农业机械化技术的认知程度和接受程度。

4. 技术和物资结合。这种方式的推广主体是农业机械生产企业。主要是进行产品的宣传、技术使用方法的咨询、免费试用等，销售何种农机具及配套农用物资，就配套推广相应技术。特点是对农业机械化技术市场需求敏感，经济效益较高，经费有保障。

（六）形成了比较稳定的农业机械化教育培训体系

经过60年发展，中国已经形成了较为完整的，由高等教育、中等专业教育、管理干部培训、职业技能教育和农民培训等五个层次构成的农业机械化教育与培训体系，为农业机械化发展提供各层次的人才。

高等农业机械化教育是正规化的学历教育，是中国高等教育的重要组成部分，是农业机械化教育的最高层次。高等教育具有较强的行业针对性和特殊性，担负着为农业机械化提供人才支持和知识贡献的双重使命，是培养和造就富有创新意识和能力的高级人才的摇篮。各农业高等院校多年来大力进行农业机械化专业学科建设，现有46所高校设有“农业机械化及其自动化”专业；拥有一级学科“农业工程”博士授权点的单位8个；拥有二级学科“农业机械化工程”博士授权点的单位14个，硕士授权点的单位31个，为中国农业机械化行业和农业产业输送了大批高层次技术人才。

中等专业教育也属于正规学历教育，主要是为基层培养既有实际操作能力又有一定理论水平的初中级人才。2008年全国农业机械化大专和中专院校共有47所。

农业机械化职业技能教育，主要是对学员进行岗前教育培训，提高其素质，为社会发展和经济建设服务。截至2008年，全国共有农机培训学校1 827所。

农民培训，主要是对基层农机手培训，内容包括拖拉机、农用运输车驾驶，各种农业机械操作与使用等。结合产品销售、新技术推广、安全监理等，通过举办不同形式的培训班，实行集中与分散培训相结合的方式，面向广大农机专业户、重点户和科技示范户，培训所需的各类技术人员。随着农业机械化的快速发展，各级各类职业技能教育都有较大发展。依托农机驾驶培训、“阳光工程”、“金蓝领计划”等培训工作和项目，培养了大批农业机械化人才，在发展农业机械化、促进农民增收的同时，也提高了农村从业人员的素质，并吸引了一部分素质较高的青壮年农民留在农村从事农业生产。

二、农业机械化科技队伍快速发展

农业机械化水平如何，在很大程度上取决于农机科研队伍的整体素质和科研水平。造就一支高水平的科研队伍一直是农机化工作的重点之一。农机科技人员运用科学的思维方式、新的知识体系以及先进的技术手段,研究新的科研课题,解决当前农业生产中的技术难题,履行着将先进适用的农业装备和农业技术进行推广的使命,这是一个非常艰辛的过程,它涉及到技术、工艺、市场等诸多环节。经过60年的发展,农机科研人员无论从数量还是质量上都得到了很大的提升,也涌现造就出了一批学术造诣深、德高望重的农机专家。

(一)科技人员类型逐渐完备

经过60年的快速发展,农业机械化科技队伍逐渐扩大,如今已经形成了以管理、教育培训、科研开发、试验鉴定、技术推广、安全监理等类型科技人员组成的科技队伍。2008年,全国共有农业机械化管理人员117 950人,从事农业机械化教育、培训的人员21 265人,农业机械化科研人员3 378人,农机试验鉴定人员1 312人,农机技术推广人员21 654人,农机安全监理人员33 855人,其中各类型的科技人员共计107 594人,占总人数的53.96%。

(二)高等院校输送大量农机人才

高校农机科研教育的基础工作在60年里逐步得到强化,为行业输送了大量的农机人才。目前,全国46所院校设有农机和农机化专业,“农业工程”和“农业机械化工程”博士点22个、硕士点31个,每年培养本科生1 400余名、硕士生400余名、博士生100余名。这些农机专业的毕业生分布到各个企业、科研院所、推广鉴定机构、大学里,仍然是从事基础研究,高技术研究的主力,是促进科研成果转化的主干力量。

(三)科技人员队伍质量不断提升

据不完全统计,农机化高等院校科技人员中具有高级职称的占54%左右,中级职称的占40%左右;科研院所科技人员中具有高级职称的占30%左右,中级职称的占27%左右;而企业科技人员中具有高级职称的占12%左右,中级职称的占31%左右,这些高质量人才对农业机械化科技的发展发挥了重要的作用。

三、农业机械化科研成果不断丰富

(一)中国农业机械产品产量大幅增长

中国已成为仅次于美国的世界第二大农机制造大国,主要总量指标位于世界前列。经过60年的发展,农机企业的数量和规模都在不断增长和扩大。到2008年底,农机工业总产值达到1 914.92亿元,如表1所示。

1977—2008年中国拖拉机产量稳步提升,虽然在2008年产量稍有下降,但是大中型拖拉机产量依然保持上升趋势。内燃机总动力达到5 529.55万千瓦,是1977年的28倍,如表2所示。

从主要产品来看,中国拖拉机和联合收割机的产量远远超过其他国家。2008年中国大中型拖拉机的产量为21.7万台,高于德国、日本等国家,占国际总产量的15%左右。另外,中国每年小型拖拉机产量近200万台,约为日本的10倍。中国年产自走式联合收割机约10万台,欧美国家为2.5万台左右,日本为3万多台,同时,中国还生产背负式谷物联合收割机和背负式玉米联合收割机2万余台。从数字上看,中国农机工业与世界主要农机生产国相比,生产企业数量、销售额、拖拉机产量、联合收割产量上均处于领先地位,如表3所示。

表1 1949—2008年农机工业企业及总产值

年份	规模以上企业数(个)	工业总产值(现价)(亿元)	固定资产(原值)(亿元)
1949	36	0.03	—
1957	276	3.84	2.80
1965	1598	14.50	21.43
1970	1621	32.42	32.58
1975	1882	62.37	61.84
1980	1829	70.76	85.26
1985	2290	123.98	100.59
1990	2513	285.58	157.13
1995	2122	696.23	454.99
1998	1641	741.22	588.22
2000	1484	726.18	686.16
2002	1484	483.46	453.48
2004	1617	854.00	278.70
2005	1628	1087.25	311.38
2006	1757	1273.28	314.95
2007	1849	1517.51	—
2008	2021	1914.92	—

注:(1)企业数、工业总产值均不包含内燃机和水泵。(2)数据来源:农业部农业机械化管理司编.中国农业机械化改革发展三十年.中国农业出版社,北京.2008。

表2 1977—2008年中国主要农业机械产品产量

年份	拖拉机(万台)			联合收割机(万台)	内燃机(万千瓦)
	大中型	小型	合计		
1977	9.93	23.05	32.98	0.25	2015.44
1978	11.35	32.44	43.78	0.49	2072.06
1986	3.26	74.74	78.00	0.20	5133.00
1987	4.42	107.04	111.45	0.30	6246.00
1996	6.47	194.14	202.51	2.43	18047.00
1997	8.10	183.70	191.80	4.08	16965.00
2000	5.10	152.67	157.86	3.15	17316.40
2002	3.93	78.90	85.29	4.53	13239.00
2004	9.83	179.42	197.04	5.00	43401.00
2005	16.24	201.01	217.25	7.10	—
2006	19.78	191.68	211.46	10.80	45217.22
2007	20.31	213.81	234.10	5.60	56529.55
2008	21.71	187.99	209.7	7.00	54977.08

数据来源:农业部农业机械化管理司编.中国农业机械化改革发展三十年.中国农业出版社,北京.2008。

表 3　2006 年中国农机工业与世界主要农机生产国指标对比

对比指标	中国	欧盟 27 国总计	德国	意大利	法国	美国	日本
企业总数/个	8000	4500	—	—	—	1200	—
规模企业/个	1757	1000*	204*	—	—	384*	250*
职工人数/万人	36.6	15.35	2.5	—	—	5.3	—
销售额/亿美元	127.83	273.73	66.62	61.05	38.41	190.00	43.80
大中型拖拉机/台	197827	226303	58623	82584	26551	31000	182639
小型拖拉机(含手扶)/台	1915079(25 马力以下)	—	—	—	—	—	21421(20 马力以下)
自走式联合收割机/台	108000	—	6658	—	1850	—	32528

注:(1)* 指雇员不超过 20 人的农机生产企业。(2)数据来源:中国数据来自中国机械工业联合会,日本数据来自日本农机工业协会,其他数据来自德国 VDMA 报告;为了具有对比性,表中均采用了 2006 年的数据。销售额以 2006 年第 12 期汇率折算。

(二)中国农业机械产品在结构调整中实现拥有量的快速增长

中国农业机械产品在结构调整中实现了拥有量的快速增长。2008 年,中国拖拉机拥有量为2 021.91万台,其中,大中型拖拉机 299.52 万台,小型拖拉机1 722.41万台,动力机械基本满足生产需要,既适应了中国平原地区对大动力的需求,也满足丘陵山区对小型动力机械的需要。大中小型拖拉机共有配套农具3 229.91万部,其中,大中型配套农具 435.36 万部,小型配套农具2 794.54万部。其他农业机械保有量也增长迅速。水稻插秧机达到 19.96 万台,排灌机械2 034.85万台,联合收割机 74.35 万台,畜牧养殖机械 545.3 万台,渔业机械 193.47 万台;林果业机械 9.47 万台;农用运输车1 320.8万台,每个农户拥有农业机械原值2 058.42元。农业机械保有量的提升为不同地区实现生产机械化提供了有效物质保障。各作业环节不同类型的机械,基本满足了当前中国农业生产机械化的需要。

(三)中国农业机械产品齐全

目前,中国已能生产 14 个大类,113 个中类,468 个小类,3 500多种种植业机械。此外,中国动力机械、耕整地机械、种植施肥机械、田间管理机械、机械收获机械、收获后处理机械、设施农业设备以及农产品初加工机械等农业机械产品种类不断齐全,满足了中国农业生产各环节的作业需要。如表 4 所示。

表 4　中国农业机械产品分类情况统计

序号	产品门类	大类数	中类数	小类数
1	种植业机械	14	113	468
2	畜牧业机械	7	45	164
3	渔业机械	5	20	103
4	林业机械	14	34	104
5	农产品加工机械	16	108	495
6	农业运输机械	5	8	27
7	可再生能源利用机械	4	9	13
合计		65	337	1374

数据来源:农业部农业机械化管理司编. 中国农业机械化改革发展三十年. 中国农业出版社,北京. 2008。

农业耕整地环节已完全实现机械化,耕地机械对整个耕作层进行耕作,常用耕地机械的有铧式犁、圆盘犁、全方位深松机等。整地机械对耕作后的浅层表土进行再耕作,按动力来源分为牵引型和驱动型两种:牵引型包括圆盘耙、齿耙、滚耙、水田耙、镇压器、轻型松土机、松土除草机等,驱动型整地机械包括旋耕机、驱动船、机耕船、灭茬机、秸秆还田机等。土壤耕作机械中还有联合耕作机械,如耕耙犁、联合耕地机、旋耕灭茬机等。

播种机械经过自行设计、引进机型,生产了种类繁多的机型。有牧场大面积播种草籽、林区大面积撒播树籽所用的撒播机,能一次完成开沟、均匀条形布种及覆土工序的谷物条播机,还有玉米、大豆、棉花等大粒作物播种时采用的点(穴)播机,包括水平圆盘式、窝眼轮式和气力式。广泛采用的主要有旋耕播种机和整地播种机等联合作业机具,能同时完成整地、筑埂、平畦、铺膜、施肥、播种、喷药等多项作业。铺膜播种机械种类较多,包括单一铺膜机、做畦铺膜机、先播种后铺膜机组和先铺膜后播种机组等类型,对解决中国干旱半干旱地区农作物生长期长期缺水的问题作用很大。免耕播种机是配合保护性耕作技术发展起来的配套机具,配置能切断残茬和破土开种沟的破茬部件,是保护性耕作实施的装备保障。施肥机械分为撒布机械、施种肥机械、施追肥机械、施肥播种机械,还有配合化肥机械深施技术研发的化肥深施机。

在水稻生产机械化发展过程中,引进开发了高性能插秧机,以四行步进式为主,乘坐式插秧机也有很大发展。精量半精量播种机一次性实现开沟、施肥、播种、覆土、镇压等多项作业,与老式播种机相比,省种、省工、节本增效。2008 年,全国精少量播种机保有量为 294.5 万台,机械化精量半精量播种已在小麦、玉米、大豆等农作物播种方面有了较成熟的应用。常用的小麦精量播种机有外槽轮式小麦精少量播种机、锥盘式小麦精量播种机和施肥播种联合作业机。常用的玉米精量播种机械有气吸式播种机和侧充式播种机等。大豆精量播种机械除专用机械外,基本可与玉米播种机通用,常用的大豆播种机有 2BT—4 型和 2BT—2 型大豆精播机。

中耕机主要有旱作中耕机和水田中耕机两种。旱作中耕机有除草铲、通用铲、松土铲、培土铲等。水田中耕机有人力耘禾器和机力水稻中耕机等,特别是悬挂式大田作物中耕机,可用于果树和蔬菜的行间中耕。植保机械经历了从仿制国外先进产品到自行研制设计,从手动式植保机械到航空植保机械的发展过程，喷施化学药剂的机械有喷雾机、喷粉机、喷烟机及喷撒固定颗粒制剂的喷撒机等，有20多种，80多个型号，总体上可归纳为以下类型。①手动式植保机械：约有35个品种，保有量约5 900万架，以背负式手动喷雾器为主。②机动式植保机械：约有26个品种，保有量约300万台。其中背负式喷雾喷粉机以18型机为代表。小型机动及电动喷雾机约6个品种，保有量约25万台。担架式机动喷雾机种类较多，代表机型为工农—36型、山城—30型等。③拖拉机配套植保机械：拖拉机悬挂式、牵引喷杆式喷雾机及风送式喷雾机约有12个品种，保有量约4.5万台。④航空植保机械：航空超低量喷雾喷洒装置共有2个品种，总保有量近200架。中国植保机械已经形成了多地区、多领域、多品种全面发展的格局，植保技术也向着安全、节药、高效的方向发展，取得显著成果。农用排灌机械除水泵外，形成了地面喷灌、施水播种、喷灌、微灌系统等方式，喷灌系统分为固定式、半固定式和移动式，已在中国大型农场中广泛应用。

谷物收获机械按喂入方式形成了全喂入联合收割机、半喂入联合收割机、割前脱粒联合收割机等，已经实现高度系列化和通用化，不仅满足不同用户的需要，也便于工厂组织专业化生产，提高工厂的生产能力。联合收割机普遍向自走式、大型化发展。以新疆—2为代表的中小型联合收割机，以其适应性、可靠性、转移方便成为中国小麦跨区机收的“理想工具”，并成为联合收割机市场上的主打产品，极大地促进了跨区作业的发展，推动了小麦生产全程机械化进程。目前开发研制的玉米收割机有背负式、自走式、互换割台式三种，机型以2行、3行悬挂式和3行、4行自走式为主。玉米割台能与目前拥有量最多的新疆—2中型稻麦联合收割机相配套，可完成摘穗、集穗、秸秆粉碎等作业。农业部跨越计划、国家科技攻关计划的实施带动了先进玉米联合收获机的研制，使技术进一步熟化，形成了悬挂式和自走式穗茎兼收玉米收获机。黑龙江省农业机械工程科学研究院1986年研发的4DN2型大豆挠性低割装置用于收割大豆，能实现割刀对地面仿形，降低割茬高度，有效解决了联合收获机收获大豆的留荚损失，使割台损失小于5%。20世纪80代初引进美国约翰·迪尔公司专利技术制造的佳联牌JL—1065、1075型联合收割机，适用于麦类、豆类等多种作物，已经达到或接近国际先进水平。

油菜收获机以全喂入式为主，分为履带式、轮式和背负式3种。目前，履带自走式油菜稻麦兼用联合收割机、多功能油菜收割机进一步熟化。花生收获机自20世纪80年代初从美国引进霍布斯(HOBBS)622型花生挖掘机进行消化吸收和国产化开发，已经形成多种类型的样机和产品，机型不断增加、性能不断完善，研制出多种分段收获机、联合收获机等。其中，最具有代表性的是国家“十一五”科技支撑计划研发成果4HLB—2花生联合收获机和4H—800花生收获机，已通过农业部农业机械试验鉴定总站的性能检测，整体性能达到国际先进水平。在粮油生产机械化机具中，“5HG—4.5型粮食干燥成套设备”获1999年中国高校科技进步三等奖。这些科研成果为解决粮油作物生产机械化，提高粮油生产效率，提供了重要技术支撑和物质保障。

蔬菜生产机械化方面也有突出成果。蔬菜地膜覆盖机、蔬菜起垄播种机、白菜播种机及用于工厂化育苗播种机大量应用。如北京市农业机械研究所研制的C×L—4蔬菜起垄播种机于1963年通过国家鉴定，并在1978年获得国家科学大会奖，一直在北方地区广泛使用。蔬菜田间作业耕整地机具有铧式犁、双向犁、旋耕机、圆盘耙、多功能耕整机等，已广泛用于蔬菜生产。植保机具以背负式和机动式喷雾机械为主，还有部分担架式喷雾机。保护地栽培的配套设施主要有滴灌带灌水设备，纹理式施肥器、二氧化碳发生器、电热线与控温仪及保温、控温装置等。从国外引进了多种适合于移栽蔬菜、烟叶、甜菜等作物的移栽机械和收获机械，并针对中国国情，进行了相关机具的研发，如中国农业大学研发的“蔬菜嫁接机器人”获2003年教育部提名国家科学技术发明奖二等奖。

在20世纪50年代末和60年代初从原苏联引进自走式采棉机50多台，建立了中国第一座机采棉加工间。在消化吸收国外先进机具的基础上，研制了采棉机及机采棉成套加工设备，但是一些主要部件仍需进口。在林业机械上，成功研制了2MCX—1100型精细筑床机、2ZYZ—20型苗木移植机、陡坡绿化喷播设备和5GZ—800型手扶步进式割灌木机。其中，新型2ZYZ—20自走式苗木移植机与国内外现有机型相比，作业效率提高50%以上，作业质量完全达到了育苗技术规程的要求，解决了一直依靠人工进行苗木移植作业的生产难题。

2004年陕西秦丰农机有限公司研制开发出的新型果园耕作机——秦丰3WL—8微型履带耕作机获国家专利(专利号：ZL200420041558.6)，并形成年产4 000多台的能力。果园建设用的挖穴机，如平原地区使用的型号包括3WG—60、DC240TW，效率达100穴/小时，相当于60余人的工作量，苗木根系接触到湿土更深，更易吸收养分、水分，成活率在95%以上。果园管理上，主要是采用小型田间管理机和背负式机动打草机，研制出苹果套袋机。

畜禽加工机械包括畜禽肉类加工设备、乳品加工机械和蛋品加工机械三部分，功能上已覆盖肉类加工产品的90%以上，在质量和技术性能上经过改进、提高，很多机械设备已达到发达国家20世纪90年代中期的水平，在价格上与欧洲同类产品相比有很大的优势。中国具备制造乳品设备的实力，现有的乳品生产企业中，绝大多数乳品企业使用的是国产乳品设备。在奶粉加工机械领域，主要装备奶槽车、卫生泵、脱气器、贮奶缸、净乳机、板式换热器、奶油分离机、室外奶仓、蒸发器、保温缸、喷雾干燥塔、奶粉包装机等均已进入自行设计制造阶段；与发达国家比较，中国的板式换热器、双效降膜蒸发器、高温瞬时灭菌机、软袋杀菌奶包装机、屋型盒灭菌奶包装机已具备一定竞争力。在蛋加工领域，研发了系列禽蛋制品加工、检测设备和技术，如高效光透验蛋机、自动选蛋机、贮运盘光透翻转式验蛋机、电导率仪(用于检测鸡蛋新鲜度)；禽蛋质量自动检选技术、QJT—01型禽蛋质量微机自动检选系统等。这些研究发明具有很强的实用性，推广应用前景广阔。

水产品加工机械发展很快，形成了包括原料处理机械、藻类加工机械、水产品速冻机械、鱼糜加工机械、鱼粉加工机械等装备系列。在水产品冷冻保鲜机械方面，中国第一台卧式片冰机于1978年问世，该设备是国内首创的一种快速、连续、自动生产片状冰的设备，用片冰替代机制块冰，成本低、冷却快、损耗小。1989年，具有国内领先水平的管冰机及其配套设备研制成功，科研成果获1992年农业部科技进步二等奖。中国紫菜加工设备一直依赖进口。2002年，国内第一台完全国产化的全自动紫菜加工机组在南通诞生，该设备将条斑紫菜原藻自动加工成标准干紫菜。生产线多项技术超过国际先进水平，并拥有全套知识产权，成果推广应用也很成功。多品种，多种类的农业机械，满足了农业生产的需要。

(四)农业机械出口规模不断扩大

中国农业机械出口规模不断扩大，而且在国际市场上也表现出了明显的竞争优势。中国农业机械产品已出口到美国、澳大利亚、日本、德国、印度、俄罗斯、意大利、南非等20多个国家和地区。出口产品包括拖拉机、收割机、柴油机、柴油机零件、内燃机、发电机组、泵零件、喷雾器等。随着中国农业机械产品知名度逐渐提高，国际市场占有率逐年增加。到2006年，农业机械产品进出口贸易由逆转顺，实现贸易顺差1.6亿美元。2008年，农业机械产品进一步巩固成果，农机进出口总值78.33亿美元，其中出口64.88亿美元，进口13.45亿美元，累计实现贸易顺差51.42亿美元。其中拖拉机累计出口10.65亿美元，联合收割机累计出口7 860.39万美元，如表5所示。

表5 1977—2008年农业机械进出口情况

年份	进口量(亿美元)	出口量				逆顺差(－/＋)(万美元)
		金额合计(亿美元)	其中：拖拉机(台)	手扶(台)	联合收割机(台)	
1977	0.15	0.21	631	1603	—	—
1978	0.20	0.16	481	358	—	—
1986	0.25	0.36	225	4566	—	—
1987	0.33	0.53	1092	10202	—	—
1996	15.17	0.41	8144	48876	51	—
1997	13.26	0.45	8874	36618	134	—
2000	18.84	9.18	6607	59702	117	—
2002	31.40	15.21	8068	54306	163	—
2004	64.39	36.64	18806	65765	305	—
2006	67.40	69.00	125432	—	1513	+1.60
2007	87.85	102.24	150247	—	3293	+14.39
2008	13.45	64.88	180000	—	—	+51.42

注：(1)在海关统计中，数据包含内燃机和水泵。(2)数据来源：农业部农业机械化管理司编. 中国农业机械化改革发展三十年. 中国农业出版社，北京. 2008。

四、主要作物生产机械化技术趋向成熟

随着国民经济和农村经济的发展，小麦、水稻、玉米、大豆、薯类(马铃薯)、花生、油菜等主要粮油作物，茶叶、柑橘、苹果等经济作物生产机械化技术，以及牧草生产机械化技术、保护性耕作技术、旱作节水机械化工程技术等逐渐成熟，提高了农业生产效率，支撑了现代农业发展。

(一)主要粮油作物生产机械化技术

目前，小麦机播、机收水平均已经超过80%，基本实现生产全程机械化。小麦机械化生产机具发展较快，基本上形成了系列产品。一些机具，如耕耙机械、灌溉机械、收获机械和茎秆处理设备等，不仅在技术性能上满足小麦机械化作业要求，并且在技术性能方面与国外机械基本相当，达到国外同类产品的技术水平。种植环节采用条播或精量半精量播种技术，减少种子用量。新疆—2型联合收割机的大规模应用，推动了小麦收获机械化的发展。

水稻生产机械化技术方面，20世纪80年代，一些经济发达地区引进国外机具设备，推广工厂化育秧技术。由于国外机具价格昂贵，工厂化育秧成本过高，农民难于接受。工厂化育秧技术不适合中国农业小规模生产、组织化程度低的现状。此后，抛秧、直播等轻型栽培技术应用，开发、推广了抛秧与直播机械，但数量少，性能不可靠。在坚持农机与农艺有机结合，相互配套，协调发展的原则下，具有较高先进性、可靠性和经济性的水稻插秧机系列产品成功研制，开发出适合机插秧的低成本、简易化的软盘育秧和双膜育秧技术，并实现肥床旱育技术的有机统一和标准化。有些地方还形成了拌浆育秧、硬盘育秧等技术。水稻种植和收获环节机械化技术问题基本解决。机械化种植形成了机插秧、机直播、机浅栽三种模式。机插秧取得重大突破，成为发展主流，机直播及机浅栽在适宜地区有一定发展。收获机械化形成了联合收获和分段收获两种模式，全喂入联合收割机已大面积推广应用，半喂入联合收割机发展迅速，进入了快速推进阶段。2008年，全国水稻机械化种植面积4 014.44千公顷，其中机播面积503.1千公顷，机插面积3 234.61千公顷，机浅栽面积206.91千公顷，机械化种植水平达到13.73%；机收面积14 961千公顷，机收水平达到51.16%。江苏、浙江、湖南、湖北、安徽和上海等省市成为水稻生产机械化发展较快的地区。其中，江苏常州市武进县2006年成为水稻生产机械化第一县，机械化种植水平和机械化收获水平分别达到81.4%%和91.5%。在各环节机械化技术基本满足生产需要的基础上，探索出了不同区域水稻生产机械化技术路线，将有利于促进区域水稻生产机械化发展。

玉米生产机械化方面,耕整地、播种已基本实现机械化,机械化播种采用复式作业,破茬、开沟、深施化肥、播种、覆土镇压等所有工序一次完成。玉米精量播种,采用半株距精量播种,每公顷投种30千克,比原来降低22.5千克,按市场价格每8元/千克计算,每公顷降低成本180元。精量播种单株出苗,不用人工间苗,每公顷节省工时费约75元,合计每公顷减少投入约255元。收获是玉米生产机械化发展中必须解决的重点和难点问题,也是中国北方玉米主产区农业机械化发展的新增长点。随着小麦生产机械化进入成熟发展期,玉米收获机械化进入快速成长期,国家非常重视玉米生产机械化问题,通过建设示范基地、现场示范、集中指导等方式,大力推广玉米收获机械化技术,成效显著。玉米收获作业形成联合收获与分段收获两种方式,玉米联合收获机分为悬挂式、自走式和玉米割台等3种类型,应用模式有:机械摘穗+秸秆粉碎还田、穗茎兼收、玉米青贮和机械摘穗后处理四种模式。其中,机械摘穗+秸秆粉碎还田模式已有成熟的技术和机具,可以大面积推广应用。2008年全国玉米机收面积达到3 168.50千公顷,机收水平为10.61%,其中山东省机收水平最高,达到35.8%。特别值得一提的是,淄博市桓台县的玉米机播水平超过了90%,玉米机收水平超过了80%,2006年成为"中国玉米生产机械化第一县"。

大豆、马铃薯、油菜、花生等作物收获机械化技术的研发取得重要成果,收获机械化水平也取得显著进展。2008年,大豆收获机械化水平达到48.7%,比2007年提高4.3个百分点,其中黑龙江已达到85.1%。马铃薯收获机械化水平达到10%。现代农装北方(北京)农业机械有限公司在"十五"科技攻关项目、"十一五"科技支撑计划项目支持下,成功开发了2CM—2型马铃薯播种施肥联合作业机和适用于分段收获模式的机型,在东北、西北、华北等地区,进行田间播种试验,试验效果良好,目前已形成批量生产。

油菜机播面积达到642.06千公顷,机播水平9.74%;机收面积459.73千公顷,机收水平6.97%,比2007年提高0.57个百分点。油菜收获机械基本成熟,福田雷沃、湖州星光、浙江柳林等国内主要联合收割机企业都研究开发改进了油菜(稻麦)联合收割机产品结构和性能。花生收获机械化水平达到18.10%。

(二)主要经济作物生产机械化技术

棉花生产机械化方面,棉花加工机械化技术已达到或接近国际先进水平。首批国产采棉机(平水牌采棉机)的批量生产及使用,标志着采棉机生产由国外垄断的局面初步出现转机,在国内采棉机方面填补了空白。经国家农机具质量监督检验中心鉴定,该机型采净率达95%,各项技术指标达到世界先进水平。2008年,棉花机播面积达到2 870.08千公顷,机播水平49.88%;机械采摘面积102.33千公顷,机械采摘水平为1.78%。

茶叶生产机械方面,茶叶加工机械不断创新,新型茶叶加工机械不断出现,茶树修剪机、植保机械推广应用,提高了茶叶的品质。甘蔗生产中耕整地、种植、田间管理、运输等方面的机具已有成熟机型,并推广使用,收获机械主要是引进了国外分段式甘蔗收获机,国外先进甘蔗生产机械化技术和机具的引进与示范对促进中国改变甘蔗生产管理观念的转变,提升中国甘蔗生产机械的设计水平发挥了积极作用。

(三)林果业生产机械化技术

中国林业机械化生产从无到有,由小到大不断发展。目前,林业正经历着由以木材生产为主向以生态建设为主,以采伐天然林为主向以采伐人工林为主的历史性转变。工厂化育苗技术及装备得到了跨越式发展,已形成产业化。森林消防逐步发展到了卫星遥感监测、专用森林消防装备与人力工具灭火并存的局面。"十一五"期间,国家和有关单位投入了700多万元,进行了营林机械化关键技术研究与开发。果园作业诸如开沟、挖穴、起苗和植保等作业环节机械化技术基本成熟,已得到大规模应用。

(四)机械化生产共性技术

2008年,全国拥有大中型拖拉机299.52万台,包括耕整机、机耕船、机引犁、旋耕机、深松机、机引耙在内的耕整地机械2 573.47万台(艘),机耕面积91 152.60千公顷,机耕水平62.92%。机械化深松技术,可打破犁底层,加深土壤耕作层,增强土壤蓄水保墒能力,提高地温,促进农作物根系生长发育,提高粮食产量和品质,粮食增产20%左右,玉米、大豆长势差异尤其明显,顷均产量在深松整地前后相差30%—40%,目前该项技术的推广已取得了良好的效果。

化肥机械深施技术可以将化肥定量施入到地表以下作物根系密集的适当部位,使养分能够被作物充分吸收,减少挥发和淋失,达到提高化肥利用率、节肥增产的目的,减少化肥对环境的污染。1984年,北京农业工程大学和中国农业科学院土壤研究所合作开展"旱作碳酸氢铵深施机具及提高肥效技术措施的研究",研制成2FT—1型畜力平行多用途碳铵追肥机,可提高肥效30%—80%。1985年,该机获国家发明第一号专利。

植保机械化技术是农业机械化技术的重要组成部分,应用广泛,在农作物病虫草害防治,提高农产品产量及质量,保障农业增效和农民增收等方面具有重要作用。喷施化学制剂的机械已日益普遍,除了手动喷雾技术、机动喷雾技术,高效宽幅远程喷射机械与技术也开始推广应用。航空喷药技术近年来发展很快,主要适用于农场、草场等大范围作业,使用运—5型双翼机和运—11型单翼机。航空植保机械除了用于病虫害防治,还用于播种、施肥、除草、人工降雨等许多方面。

农作物秸秆还田技术作为增肥改土工程和环保农业的重要技术,是目前国家重点推广实施的新技术之一。中国每年产生的秸秆相当于300多万吨氮肥、700多万吨钾肥、70多万吨磷肥,,这相当于全国每年化肥用量的1/4。秸秆机械化还田技术可减少水土流失,有效培肥地力,蓄水保墒,同时节省种子、化肥及用水,降低生产成本,有效解决焚烧秸秆带来的环境污染问题,是农业可持续发展的有效支撑。每公顷土地施用粉碎后秸秆3 750—7 500千克,可增加有机质570—1 125千克,氮素11.25—45千克,折合标准肥料60—105千克,前茬每公顷粉碎还田作物秸秆2 250—3 000千克,下茬可增产10%。

(五)适宜不同区域的保护性耕作技术模式基本形成

保护性耕作技术是相对于传统翻耕的一种新型耕作技术,用大量秸秆残茬覆盖地表,减少耕作,主要用农药来控制杂草和病虫害。

保护性耕作技术在农业生产中的作用得到了广泛的认识和肯定,能减少土壤风蚀水蚀和沙尘污染,提高土壤肥力和抗旱节水能力。各级政府都高度重视保护性耕作技术的推广实施。2002年实施专项以来,中国保护性耕作实施面积已达2 985.34千公顷,免耕播种面积达到8 956.14千公顷,机械化秸秆还田面积22 765.48千公顷。通过保护性耕作技术的推广实施,年增产粮食40万吨以上,节省灌溉用水12亿立方米,节省用工1.2亿个,节约生产成本9亿元,节本增收总效益15亿元,减少水土流失3 000万吨,减少农田扬尘60万吨,减少 CO_2 等温室气体排放量达125万吨。在保护生态环境、实现农业可持续发展、促进粮食增产方面发挥了积极作用。结合实际情况,保护性耕作包含秸秆覆盖、免耕播种、病虫草害控制和深松四项基本内容,在发展中形成了适合不同区域的技术模式。

1. 免耕播种模式。作业工艺为:秋季收获、秸秆还田—春季施肥、播种、药剂除草(3次作业可一次完成)—秋季收获、秸秆还田,这种耕作模式将土壤耕作减少到最低程度,有利于抢种下茬作物,作业成本低。该模式在黄淮海、黄土高原、农牧交错带以及西北绿洲农业区都有广泛的实施,应用范围较广。

2. 垄作中耕模式。作业工艺为:秋季收获、秸秆还田—春季施肥、播种、药剂除草(3次作业可一次完成)—中耕施肥(下年垄形在最后一次中耕中形成)—秋季收获、秸秆还田。如果前茬作物无垄,应在秸秆还田之前起垄,防止垄上秸秆集堆。垄作与平作相比,春季苗床升温快,可早播7—8天。因为有中耕,对药剂除草要求较低。将垄作和保护性耕作相结合,既能发挥垄作在提升地温方面的优势,又能发挥保护性耕作保水保土保肥、节本增效的作用,主要在东北冷寒旱作区实施。

3. 苗带旋耕模式。作业工艺为:秋季收获、秸秆还田—春季施肥、苗带旋耕、播种(3次作业可一次完成)—中耕、药剂除草(可用刀齿重组旋耕垄间)—秋季收获、秸秆还田。这种模式对药剂除草要求较低,可用普通播种机播种,主要应用范围为中国一年两熟地区。

4. 深松秸秆覆盖模式。作业工艺为:秋季收获、秸秆还田—秋季深松(也可同时施肥)—春季耙地两次、药剂除草—播种—中耕(可选)—秋季收获、秸秆还田。这种模式可以建立地下水库,缺点是作业程序多。深松秸秆覆盖是农业部主推的新技术之一。

5. 留茬覆盖免耕播种模式。作业工艺为:秋季收获、50%—60%的秸秆还田(或秸秆直立)。该作业模式能减少大风扬沙,抑制沙尘暴,保护生态环境,提高经济效益,收入增加20%—30%。应用区域包括农牧交错区和东北冷寒旱作区。

在生产实践中,探索出了几种适合不同区域农业生产实际的机械化保护性耕作技术体系:一年一作区的小麦少耕、免耕保护性耕作体系,玉米少耕、免耕保护性耕作体系,一年二作区的小麦、豆类保护性耕作体系。两年三作区的小麦、豆类、玉米保护性耕作体系。

中国农业大学等在河北、内蒙古、北京等地的测试结果表明,保护性耕作比传统翻耕减少田间扬尘量55%左右,减少水蚀80%,是保持水土的重要举措,相比传统耕作减少3道作业,减少油耗50%,在节水、雨养农业区,可以提高水分利用效率20%左右,使玉米平均增产4.1%、小麦增产7.3%,具有良好的节本增效效果。各地在保护性耕作技术与模式的研究上取得了一系列成果,如"旱地农业保护性耕作技术与机具研究"获2002年国家科技进步二等奖,"玉米秸秆覆盖地小麦免耕播种机"获2004年全国农牧渔业丰收奖三等奖,"华北地区保护性耕作技术与机具研究"获2005年教育部提名国家科学技术进步一等奖,"北方一年两熟地区保护性耕作成套技术与装备"获2006年教育部一等奖,"北方一年两熟区小麦免耕播种关键技术与装备"获2009年国家科技二等奖等。各种技术模式的创新和适宜各地的保护性耕作机具的使用,保障了保护性耕作技术在不同类型区的推广效果,形成了有中国特色的保护性耕作体系。

(六)农产品加工机械化技术

1. 粮油作物产后处理机械化技术。目前,中国粮食加工企业的设备和技术80%处于发达国家20世纪70—80年代的水平,约15%处于90年代水平,5%左右达到目前国际先进水平。中国大豆加工初榨产业生产工艺技术与发达国家的水平相近,小麦制粉行业技术水平也与世界先进水平差距不大。新技术、新工艺不断应用于粮油加工,如光辊碾磨制粉、强化物料分级与磨撞均衡出粉、小麦剥皮制粉等技术广泛应用于小麦面粉加工,稻谷低温烘干、糙米精选及调质等技术应用于大米加工,脱皮冷榨、膨化浸出、负压蒸发及二次蒸汽利用、低温脱溶、分子蒸馏、连续式全精炼等技术应用于油料加工等,提升了加工机械的技术含量,保障了农产品加工质量。

中国农业机械化科学研究院的"马铃薯综合加工技术与成套装备研究开发"获2006年国家科学技术进步二等奖。项目成功研发了马铃薯一级产品的加工工艺技术4项及马铃薯快餐休闲食品加工工艺技术5项,研制成功了53台套关键技术和设备,在山西、甘肃、北京、黑龙江、福建等马铃薯产区建设了技术水平和产品质量均达到或接近国外同类产品的生产线22条,向市场提供十几种马铃薯新产品。研发的全旋流淀粉提取、大型柔性刮刀滚筒干燥、蒸汽去皮、水力切条等工艺技术及关键设备有20项填补了国内空白,解决了马铃薯产品精深加工中长期存在的技术与成套装备问题。农业部规划设计研究院研发的"棉籽泡沫酸脱绒成套设备与技术"获得1989年农业部科技进步一等奖、1990年国家科技进步一等奖、第五届全国发明展览会金牌奖和1991年首届中国农业博览会金奖。该项技术和成套设备已在全国棉花基地县普遍得到了推广与应用,成果推广覆盖率高,累计推广了360余套,产生经济效益约300多亿元。

2. 果蔬产后处理机械化技术。果蔬加工机械化技术水平有了很大提高。农产品保鲜工作最初由人工完成,正逐步向机械化和半机械化方向发展,特别是将电子计算机用于分选和计量装置及广电子学用于分选使得自动化速度进一步提高。多数现代化农产品保鲜处理场所引进了采收、分级和包装等机械,依靠计算机完成操作。

目前,国内计算机视觉技术在农产品加工中的应用研究和实践,主要集中在农产品品质自动识别和分级方面,如种蛋、谷粒表面裂纹检测;梨、苹果等农产品表面缺陷和损伤的检测;根据大小、形状和颜色,对黄瓜、土豆、苹果、玉米和辣椒等果蔬进行自动分级等。浙江大学研发的"基于计算机视觉的水果品质智能化实时检测分级技术与装备"是中国第一套拥有完全自主知识产权的水果品质智能化实时检测分级装备,获得2008年国家技术发明二等奖,解决了利用单摄像机实现双列水果多表面多指标同步检测的难题,并实现产业化,彻底突破了国外产品的市场垄断。该项技术已在浙江、广东、江西等水果主产区推广应用。

(七)农业机械化信息技术快速发展

农田信息采集与处理技术的研究与开发方面,研制出了可以同步实时测量土壤水分与圆锥指数的复合传感器及其配套测量系统,并获得国家发明专利;采用近红外技术分析土壤肥力指标，开发了便携式仪器，用于土壤有机质含量和土壤氮素含量检测。

随着近地遥感技术的发展，基于光谱技术的作物长势检测技术研究与产品开发也取得了突破性进展，开发了相应产品，如多种变量作业机械，如变量施肥、变量喷药（除草剂）和变量灌溉，其中以变量施肥机最为成熟，已达到实用化程度。在引进、消化、吸收发达国家谷物产量实时监测系统和土壤电导率测试系统的基础上，成功开发了谷物产量实时监测系统和土壤电导率测试系统。

激光控制平地技术是集光、机、电、液于一体的农业机械化技术。目前已开发了具有自主知识产权的激光控制平地系统。激光发射器控制云台、激光接收器、激光控制器产品、农田三维地形测量系统、激光平地辅助决策系统等研究成果已通过教育部科技成果鉴定，并在北京、河北、四川、湖南等省市的旱田应用，均取得了较好的效果。

在进行精细农业关键技术的引进、消化、吸收的同时，中国在东北、北京、上海等地开展了精细农业的示范研究，取得了丰硕成果。“精准农业关键技术研究与示范”项目在农田信息采集、农田采集信息分析处理和精准农业变量实施等关键技术上均取得了重要突破，具有高的创新性和实用性，获得2007年度国家科学技术进步二等奖。项目实现了作业导航、变量实施、谷物测产等作业环节共性关键技术的突破，研发了农田作业机械通用总线技术和电子控制单元技术，开发了基于CAN总线的导航控制系统和智能控制终端，研制了2种变量施肥机、2种变量农药喷洒机和国产联合收割机配套的智能测产系统，初步建立了适合中国国情的精细农业装备技术体系。

五、设施农业快速发展

设施农业总体上包括设施种植、设施养殖、设施畜牧三大部分，其发展解决了中国蔬菜和肉、蛋、奶长期供应不足的问题，并在一定程度上缓解了中国土地资源、水资源不足与劳动力资源丰富的矛盾。

（一）设施种植

在设施种植方面，中国温室的面积达到833.27千公顷，其中，连栋温室17.86千公顷，日光温室254.51千公顷，塑料大棚54.59千公顷，大型连栋温室以每年超过100公顷的速度增长，居世界第一，每年人均消费蔬菜量的20%是由设施栽培提供。温室的应用已从蔬菜生产扩展到了花卉、瓜果以及畜禽、水产养殖、林木育苗、中药材等的种植和养殖。农业部农业机械化技术开发推广总站组织实施的“日光温室蔬菜高效节能栽培技术开发”获得1997年国家科技进步二等奖。2001年上海三花薄膜厂完成的“耐候光转换无滴农膜的研制”项目获得国家科学技术进步奖二等奖。科技部启动的“十五”国家科技攻关计划“工厂化农业关键技术研究与示范”项目研制出了“华北型连栋温室”、“华南型连栋温室”、“辽沈Ⅱ型日光温室”、“西北型日光温室”等，发展和建立了一批温室生产企业和温室设备配套企业，项目研究成果获得2008年国家科技进步二等奖，“温室关键装备及有机基质的开发应用”获2009年国家科技进步二等奖。温室卷帘技术使温室一次卷帘作业时间缩短为3—6分钟，比人工卷帘提高工效10—25倍，每天增加光照时间2小时。利用温室供暖热风炉，不但增温，还可除雾去湿，与普通蒸汽式热风炉相比投资节省30%以上，燃煤节省40%。无土栽培技术、工厂化育苗技术、遮阳保温技术以及计算机控制技术的研究为中国温室业的发展奠定了坚实的基础。国内从事温室生产的企业发展到了300余家。

（二）设施养殖

在设施养殖方面，畜禽环境工程技术的研究与应用已逐步形成一整套符合中国国情的舍饲散养、清洁生产、健康养殖技术体系，特别是在设施养殖节能型建筑型式、节能环境调控技术与装备、废弃物减量化干清粪技术、纵向通风结合湿帘降温的抗高温应激调控技术、福利化健康养殖工艺技术等方面基本形成了具有自主知识产权的设施养殖工程技术。设施养殖业最初具有代表性的成果是北京红星鸡场20万蛋鸡场的建设投产，标志着中国首次步入规模化畜禽养殖场的建设与发展行列。该鸡场的建设与使用受到了当时党和国家领导人的高度重视与支持。机械化养鸡发展很快，笼架和笼具、饮水系统、施药技术、舍内湿帘降温、大流量通风系统、消毒设施、喂料装备、鸡蛋收集系统等基本上满足现阶段大型养鸡场、中小规模及农户规模饲养的设备需求。中国农业大学研发的“简易节能开放式鸡舍及农大型蛋鸡笼具技术”获1项国家科技进步三等奖和10余项省部级科技进步奖，研发的国产低压大流量型农用风机和蒸发降温湿帘，获1996年国家科技进步三等奖，使鸡舍通风系统节能40%—70%，夏季鸡的产蛋率提高5%以上。此外，从美国引进了定位饲养工厂化养猪生产线，并成功研发了国产网床养猪装备技术，在工厂化养猪场推广应用。设施养殖工程装备已经能基本满足国内养殖业发展需要，并向国外出口，显示出较强的技术实力。

六、农业机械技术鉴定稳步推进

《中华人民共和国农业机械化促进法》第三章质量保障第十一条规定：“国家加强农业机械化标准体系建设，制定和完善农业机械产品质量、维修质量和作业质量等标准。对农业机械产品涉及人身安全、农产品质量安全和环境保护的技术要求，应当按照有关法律、行政法规的规定制定强制执行的技术规范”；第十二条规定：“工商行政管理部门应当依法加强对农业机械产品市场的监督管理工作。国务院农业行政主管部门和省级人民政府主管农业机械化工作的部门根据农业机械使用者的投诉情况和农业生产的实际需要，可以组织对在用的特定种类农业机械产品的适用性、安全性、可靠性和售后服务状况进行调查，并公布调查结果”，并在农业机械产品质量与安全方面突出强调了三项禁止和对生产者和使用者的三项安全规定，对于列入国家支持推广的先进适用的农业机械产品目录的产品，应该“通过农业机械试验鉴定机构进行的先进性、适用性、安全性和可靠性鉴定”，农业机械试验鉴定与质量管理步入法制化轨道。

（一）形成较完整的试验鉴定方法与规范

经过多年的发展，中国农业机械试验鉴定面临的外部环境逐步优化。2005年，农业部发布实施了《农业机械试验鉴定办法》，全文分为五章二十条，分别从鉴定工作任务、鉴定工作程序和鉴定工作机构三方面做出了明确规定，目的是为了“有选择地推广适用的农业机械”，避免盲目推广造成损失，以维护用户利益，提高农业机械化的经济效益，这标志着农业机械鉴定工作进入依法鉴定的新阶段。依据《农业机械试验鉴定办法》，2007年农业部颁布实施了《农业机械部级推广鉴定实施办法（试行）》，全文分为七章二十八条，分别从申请、审查与受理、鉴定与公告、监督检查、审查和检验人员管理这几方面规范了农业机械部级推广鉴定工作，明确部级推广鉴定的内容、程序和要求，完善部级推广鉴定制度，提高部级推广鉴定工作的质量，中国农业机械试验鉴定方法与规范基本形成。

在试验鉴定规范方面，形成了包括制定和公布鉴定大纲、申请、审查与受理、鉴定与公告、监督检查等五部分的农业机械试验鉴定工作过程。

1. 制定和公布鉴定大纲。农业部主管全国农业机械试验鉴定工作，制定并定期调整、发布全国农业机械试验鉴定产品种类指南、计划，公布鉴定大纲。省、自治区、直辖市人民政府农业机械化行政主管部门主管本行政区域的农业机械试验鉴定工作，制定并定期调整、发布省级农业机械试验鉴定产品种类指南、计划，公布鉴定大纲。

2. 申请。由具有鉴定申请资格的农业机械生产者向农业机械试验鉴定机构（农业部农业机械试验鉴定总站或者省农业机械试验鉴定站）提出申请，提交申请材料，申请者对提交的申请表中所填信息的真实性负责。

3. 审查与受理。农业机械试验鉴定机构负责对企业的申请材料进行审查确认，自收到申请材料之日起 10 日内决定是否受理并书面通知申请者，申请者接到受理通知书后应按照有关规定向承担鉴定任务的机构缴纳鉴定费用。

4. 鉴定与公告。农业机械试验鉴定机构依据发布的农业机械推广鉴定通则和相关产品农业机械推广鉴定大纲进行鉴定，鉴定内容包括：技术要求与性能试验、安全性检查（评价）、可靠性评价、适用性评价、使用说明书审查、三包凭证审查、生产条件审查和用户调查。通过鉴定的企业到农业机械试验鉴定机构领取由农机主管部门颁发的证书并定购专用标志。

5. 监督检查。农业机械试验鉴定机构对通过农业机械部级推广鉴定的企业和产品在有效期内进行一次监督检查，监督检查内容包括：生产条件检查、企业名称、地址及产品规格变化情况检查和证书和标志使用情况检查。

科学完整的试验鉴定方法和规范保障了鉴定工作的统一性、规范性和可操作性，提高了农业机械试验鉴定工作水平和质量，为先进适用的农业机械进入市场、安全生产提供了保障。

（二）鉴定能力不断提高，有效监督和提升了农业机械产品的质量

依托《农业机械产品质量调查办法》和《农业机械质量投诉监督管理办法》，建立了农业机械质量调查、投诉监督制度及体系，逐步开辟了多元化农业机械质量监督业务领域。实施农业机械产品安全认证和合格认证，农业机械产品质量认证业务由单一的自愿性产品认证，逐步发展到强制性认证、自愿性产品认证和质量管理体系认证等多个服务领域，涉及拖拉机、内燃机、旋耕机、收割机、农用运输车、植保机械、畜牧机械等多类农业机械产品，认证范围不断拓展，累计颁发部级农业机械推广鉴定证4 100多个，省级农业机械推广鉴定证6 000多个，全国共完成选型鉴定、专项鉴定、仲裁检验、委托检验等其他检验3 000多项。通过这一系列工作，强化了农业机械产品质量监管，提升了农业机械企业管理和产品质量安全水平。

试验鉴定技术与方法逐步改进，具有内燃机、拖拉机、联合收割机、插秧机、播种机、旋耕机等主要农业机械各项指标（个别指标除外）的监测能力。内燃机、拖拉机主要技术指标检测实现自动化数据采集整理，其他机械检测的科技水平、数据准确性和工作效率不断提升。另外，节水灌溉、高效低毒植保机械化、种子加工机械化、旱作节水机械化、特色农产品收获机械化等检测技术领域有新的突破；适应农业结构调整、建设资源节约型社会要求的农用动力、收获机械、农副产品加工机械、设施农业装备、节水旱作机械的试验鉴定条件基本具备。在不断提高推广鉴定、产品鉴定及仲裁鉴定等检测技术水平的基础上，检测范围稳步拓展，不断满足多方面用户需求。

承担了拖拉机产品质量国家监督抽查任务，组织开展联合收割机、植保机械、拖拉机等农业机械产品质量跟踪调查，以及大中型拖拉机、秸秆还田机、玉米联合收割机、榨油机等农业机械安全普查，种子加工机械、谷物烘干机械、保护性耕作机具试验选型和调查工作，对农业机械产品质量提高起到了有力地推动作用，为“保护性耕作技术示范”、“农业节本增效工程”、“水稻生产机械化示范工程”及“种子工程”等重大技术推广项目的有效实施提供了装备与产品技术支持。多次组织大规模农业机械打假活动，打击假冒伪劣农业机械，提高农民识假、辨假能力，维护了农民的合法权益。建立了全国农业机械投诉监督体系，中国消费者协会农业机械产品质量投诉监督站直接受理农民投诉2 222件，为农民挽回直接经济损失 589.21 余万元。随着农机质量认证与监督工作的深入开展，农业机械产品事故率大幅度降低。2000 年由于机件失灵造成的农机事故为1 882次，而 2008 年仅为 131 次。农业机械总量在不断增加，但由于机件失灵造成的农业机械事故却大幅度减少。

随着中国农业机械化的发展，多手段、多渠道、全方位的农业机械试验鉴定工作已成为市场经济条件下引导农民和农业生产经营组织使用先进适用的农业机械的有效方式，在规范农业机械市场，监督和提高农业机械产品质量，引导企业生产方向和保护农民合法权益等方面的作用越来越显著。

七、学术交流与国际合作日趋广泛

在全球经济一体化的新形势下，区域和行业的发展要融入全球的总体格局。农业机械化发展要坚持“引进来”与“走出去”相结合，统筹国内发展和对外开放，充分利用国内、国外两种资源，两个市场，努力形成经济全球化条件下参与国内外经济合作和竞争的新优势，在深化改革、扩大开放中促进农业机械化发展。

（一）学术活动搭建了科技交流的大平台

在国内学术交流和国际学术交流中，中国农业机械学会、中国农业工程学会、中国农业机械工业协会、中国农业机械流通协会在积极“引进来”，大力实施“走出去”战略的指引下，承担桥梁、纽带作用，组织和参与了一系列国内、国际学术活动，为科技交流搭建了大平台。

中国农业机械学会、中国农业工程学会、中国农业机械工业协会、中国农业机械流通协会围绕农业机械化和现代化发展、农业动力与机械、农作物生产机械化、生态农业、中国特色的农业机械化道路、中国农机与国际市场等热点，成功举办和参加了 500 多次国内国际学术会议。全方位、多层次、多角度的学术活动为中国农业机械化发展注入了巨大活力。为推进中国现代农业发展与新农村建设做出了重大贡献。

1963 年 3 月 3 日，中国农业机械学会于北京正式成立，成立之初的第一届理事会由 92 人组成。目前第七届理事会有141 位理事，其中常务理事 48 人；会员26 200余人，其中高级会员 300 多人。农业机械学会 21 个下属分会：编辑委员会，普及工作委员会，教育工作委员会，青年工作委员会，农机化分会，

拖拉机分会,排灌机械分会,畜牧机械分会,耕作机械分会,收获加工机械分会,材料与制造技术分会,基础技术分会,农机维修分会,农机市场分会,地面机器系统分会,农垦农机化分会,标准化分会,能源动力分会,农机监管分会,农副产品加工分会,机械化养猪学组等。各省、自治区、直辖市都有农业机械学会。成立至今,学会承办或参加国内农业机械化相关会议400余次,承办或参加国际农业机械化学术交流会议20余次,组团出访美国、英国、日本、韩国等国家20余次,接待荷兰、德国等国家团体来访10余次,多次承办"农机新产品新技术培训班",对菲律宾、泰国、蒙古、越南、印尼、也门等20多个国家40余人进行培训。中国农业机械学会的最高领导机构是全国会员代表大会,每4年召开一次。中国农业机械学会下属分会每年召开的各类学术会议大约30次左右。

1979年,中国农业工程学会于浙江正式成立。发展至今,拥有近万名会员,有24个分支机构,中国农业工程学会设有学术交流工作、国际交流工作、科学普及工作、咨询工作及青年科技工作5个工作委员会,设有电子技术与计算机应用、农业遥感、农业机械化电气化、农业工程经济与管理、设施园艺工程、教育专业委员会、田间育种试验机械化、农村能源工程、农村建筑与环境工程、土地利用工程、山区资源综合利用开发分会、蓖麻经济技术分会、特种水产工程、农产品加工与贮藏工程、农业系统工程、农业工程情报信息、畜牧工程、农业水土工程、《农业工程学报》编辑委员会等19个专业委员会、分会。全国有23个省、自治区、直辖市设立了农业工程学会。

1991年,中国农业机械工业协会于北京成立。发展至今,有18个分会及7个工作委员会,拥有团体会员1 872个,其中农机制造企业1 780个。为积极参与国际市场竞争,学会积极组织相关外事活动,组织企业赴欧美等国家参加国际农机展览会,在东南亚等国举办中国农机博览会。与国外相关政府机构进行合作与交往,对国外农业机械制造企业进行实地调研考察,促进国际交流等活动。

1991年5月13日,中国农业机械流通协会成立,发展至今拥有330个直接会员(其中农机营销企业168个、农机生产企业132个、农机有形市场14个)和2 400多个间接会员。协会积极参加与新材料、产品和技术方案相关的展览会,促进农机生产企业之间,企业与用户之间的交流与合作。同时,中国农业机械流通协会每年都举办中国农机论坛,到2009年已举办了8届。

1980年2月12日—15日,中国农业机械学会参加在比利时布鲁塞尔举办的国际农业工程学会(CIGR)是50周年纪念会。20世纪90年代以来,CIGR越来越多利用世界范围的网络为农业工程师提供免费服务。紧跟世界农业工程新技术的发展和新方向,成立新的技术分会,为农业工程师提供了指导和交流的平台。1989年3月,中国农业机械学会与中国农业工程学会联合加入国际农业工程学会(CIGR),随后多次参加该组织的有关活动和日本、德国、美国、泰国、韩国等地举办的国际学术会。2004年10月,国际农业工程学会(CIGR)、中国农业工程学会、中国农业机械学会共同主办了被誉为农业工程领域跨世纪奥林匹克盛会的"2004年国际农业工程大会",来自海外的400多名专家学者和500多名国内农业科学家、工程师以及相关企业的负责人参会。通过大会,不仅提高了中国学术交流水平和国际上的知名度和声誉,也让中国农业机械化和农业工程科技人员及时了解掌握国外发展现状,政策走向、科技动态、管理模式,对促进中国农业机械化科技的进步起到很大的作用。

中国每年有部分农业机械化科技工作者参加美国农业生物工程师学会(ASABE)的学术年会。作为一个教育与科研机构,美国农业生物工程师学会致力于农业、食品与生物系统的工程应用,拥有100多个国家的9 000多名成员。学会的专业领域主要包括:生物工程、食品与加工技术、信息与电工技术、动力与机械、土壤与水、结构与环境、人机工程学、安全与健康、新研究领域。出版物涉及农业、食物和生物系统技术,还包括环境与自然资源。2007年6月,美国农业与生物工程师学会(ASABE)100周年纪念大会暨国际学术会议在美国明尼苏达州明尼阿波利斯市召开。通过这一类学术交流,使中国科技人员始终跟踪国际先进技术发展,有利于促进中国农业机械化科技事业不断进步。

(二)国外先进技术与装备的引进促进了国内农业机械化科技的发展

中国为缩短本国农业机械与世界先进水平之间的差距,积极引进国外先进技术,消化吸收,填补国内不足,并根据农业生产实际,进行消化吸收再创新。同时,国际上大型农机企业也积极进军中国市场,纷纷在中国设立办事处或合资建厂,加强与中国的合作。国外大型农机企业带来的先进设计与制造理念,推动了中国农业机械制造业的进步,产生了巨大的经济效益,推动了中国农业机械化发展,实现双赢。

1.技术引进与投资办厂。中国在农业机械招商引资、合作办厂方面坚持的主要原则有:一是积极引进、消化和吸收国外的先进技术,解决农业机械化发展中的瓶颈技术和空白领域,实现技术跨越,促进农业机械化技术创新。二是鼓励国际交流与合作,既鼓励政府间的交流合作,又鼓励企业、科研机构、大学、技术中介机构间的交流合作,在管理、服务方面借鉴国外成功经验,跟踪国外先进技术的发展。三是组织引导中国有竞争优势的农业机械化技术和机具出口,鼓励有实力的农机企业参与国际竞争。

在大功率拖拉机的研发、生产制造方面,世界500强的美国约翰·迪尔公司于1997年5月与佳木斯联合收获机械有限公司组建了约翰·迪尔佳联收获机械有限公司。2002年,与天拖公司合资成了约翰·迪尔天拖有限公司。2007年并购了宁波奔野拖拉机汽车制造有限公司。通过合资建厂与并购,进一步拓展了约翰·迪尔面向中国农业的产品系列。2001年纽荷兰与上海拖拉机内燃机公司合资组建的上海纽荷兰农业机械有限公司生产能力达到拖拉机20 000台,柴油机30 000台。芬兰唯美德拖拉机有限公司近年来利用芬兰政府贷款,在中国开拓农机销售市场。印度马恒达集团公司2005年6月与中国江铃汽车集团投资组建了马恒达(中国)拖拉机有限公司,将江铃拖拉机有限公司的丰收13.2—25.7千瓦拖拉机与马恒达18.4—58.8千瓦拖拉机结合,形成13.2—58.8千瓦的完整产品。通过合资办厂,学习和消化吸收国外先进技术,提升了科研能力,缩短了研发周期,极大地提升了中国大功率拖拉机功率上限,由183.4—66.9千瓦(25—91马力)发展到可以生产194.8千瓦(265马力)的拖拉机,为中国农业机械化生产提供了高功率、高性能的动力保障。

水田机械方面,日本洋马集团于1998年在江苏省无锡市建立了中日合资企业——洋马农机(中国)有限公司,主要生产半喂入联合收割机和乘坐式水稻插秧机。生产的机具入选农业部全国通用类农业机械购置补贴目录。日本久保田株式会社与丸红集团1998年在苏州建立的久保田农业机械(苏州)有限公司,主要生产半喂入联合收割机和水稻插秧机,从2008年底和2009年初开始,引进生产适宜于丘陵山区水稻机械化收获的半喂入两行联合收获机械以及水田用拖拉机。日本井关(联合收获机械和插秧机),韩国东洋(插秧机和联合收获机械)、国际、大同等农机企业,近年来也纷纷开拓中国市场。通过引进国外先进农业企业,在本土研发适用于中国水稻生产的育插秧机械,对中国插秧机产品的开发和技术水平的提高起到了显著促进作用,有效提高中国自主创新的能力与农机应用水平。

玉米收获机械方面,从20世纪80年代初期,中国相继引进了一些国外机型,如美国凯斯公司的联合收获机换装玉米割台,一次作业可完成玉米摘穗、脱粒和清选作业。1987年至1990年中国利用"拉齐兹赠款"首次从乌克兰进口6行自走玉米联合收割机。乌克兰至今已向中国出口近1 000台玉米联合收割机,主要分布在华北、东北等地。针对引进的玉米联合收获机,对农机农艺结合问题进行深入研究,通过研发和改进机具结构,编制机具操作规程,总结技术规范,为中国玉米收获机械研发提供了借鉴与参考,为实现玉米机械化收获奠定了技术基础。

粮食产后烘干机械方面,1998年起,江苏省分别从日本、台湾等国家和地区引进了粮食低温烘干技术及设备,在省内进行试验、示范,探索水稻生产全程机械化、产业化的路子,取得了成功,受到了农民群众的欢迎。日本金子公司、佐竹公司等分别在江苏省无锡市、苏州市建立了独资的金子农机(无锡)有限公司、苏州佐竹农机公司。2005年7月以来,安徽农垦购买了"金子"、"三久"等成套烘干设备31台套,有效地提高了粮食烘干效率。

采棉机方面,2000年开始,新疆兵团制定的5年"机采棉试验项目",引进消化吸收国外大型自走式采棉机技术及机具,实现农艺和农机的结合。采棉机主要为进口美国的约翰·迪尔、凯斯纽荷兰两种机型,一共引进了将近400台。整机引进是中国消化吸收国外先进技术的基础,为下一步自主研发做好技术储备。

牧草打捆机方面,2000年以来,中国引进的牧草打捆机主要有伊朗ICM联合收割机公司生产制造,采用美国约翰·迪尔公司的先进技术的349T型方捆打捆机,该机结构简单、易维护、故障率低、可靠性好、打捆成功率高、配件供应及时和价格比其他同样机型低等优点。大面积草场应用的捡拾方捆打捆机主要是引进美国纽荷兰公司生产的565型及570型打捆机和美国约翰·迪尔公司生产的338型、348型打捆机。

大型植保机械方面,北京市丰台区农林机械技术推广站2005年底引进了两台巴西进口大型植保机械,其中一台为带风幕全电控式。大型打药机的应用为"三秋"作业节约大量劳力、赢得了宝贵的时间。2008年新疆兵团南口农场引进了一台美国凯斯"爱国者"3150打药机和两台巴西产FALCON VORTEX悬挂式袖筒喷药机,并积极进行推广示范,作业效果得到一致认可。中国还引进巴西CONDORAM—12喷杆喷雾机、FALCON VOR—TEX HORTI风幕式喷杆喷雾机以及德国AMAZONE UF1000型喷杆喷雾机适用于旱田作物生长全过程的除草、病虫害防治和生物调节剂的喷洒等作业,工作效率高,农药有效利用率高。

引进国外先进机具与技术、与国外农机企业合资建厂,对中国认识和了解国外的技术进展,促进技术交流与合作,极大地提高了中国农业机械自主创新能力和水平,缩短了自主研发周期,为提升中国农业机械化服务现代农业的能力提供了物质基础。

2. 合作农场建设。2009年5月7日,德国第一批大功率机械运抵大兴安岭垦区甘河农场,标志着全国首家中德示范农场在大兴岭垦区正式启动。该农场是中国农业部和德国农业部现代农业合作的第一个项目,项目由德国方面无偿投入播种、收获和整地机械,中方甘河农场提供1 000公顷耕地,双方进行国产品种的东北高油大豆现代农业种植的试验示范。通过完全机械化播种、耕作、收获,垦区农机和农技水平得到充分展示,在推进中国农业现代化、规模化的发展进程中发挥积极引领示范作用。

(三)农业机械化技术与装备的输出是农业机械化"走出去"战略的最好体现

在全球经济一体化的新形式下,国家鼓励和支持有条件的农业机械生产企业"走出去",逐渐在国际上形成具有影响力的著名品牌。1958年中国第一台"东方红"牌的拖拉机下线,启动了新中国拖拉机工业和农业机械化快速发展的引擎。2006年中国一拖"东方红"大轮拖拉机出口吉尔吉斯斯坦1 200多辆,与俄方企业签订了77台29.4—58.8千瓦(40—80马力)的拖拉机出口订单,向安哥拉出口32台"东方红"系列重卡,向亚美尼亚出口35台"东方红"系列收获机;2007年8月份签订出口津巴布韦的1 000台YTO大轮拖订单,向乌兹别克斯坦共和国出口200台YTO—C1302QX履带拖拉机。一拖产品以其高质量、高性价比深得当地用户的推崇。2009年,中国一拖YTO拖拉机在中亚建设的第二个组装厂在哈萨克斯坦正式投产。项目总投资178万美元,计划年产1 000台14.7—132.3千瓦(20马力—180马力)拖拉机及其配套农具。中国一拖集团为哈方提供组装拖拉机的配件和包括厂房选址、图纸设计、工艺路线设计、技术咨询等在内的全套技术支持,这意味着中国制造的农业机械将为中亚各国提高农作物单产助一臂之力。

2005年福田雷沃重工股份有限公司向伊拉克批量出口半挂车产品,2007年向俄罗斯批量出口拖拉机,产品出口到世界五大洲112多个国家和地区,并在全球同几十个国家建立了营销服务网络,受到广大海外用户的好评。中国、津巴布韦两国政府2008年正式启动农业合作项目二期,由中国进出口银行向津巴布韦提供2.8亿元人民币优惠贷款,"农民世界"股份有限公司从中国中工国际工程股份有限公司进口2 480多台套拖拉机、联合收割机等农机具以及装载机、挖掘机等工程设备。这些有竞争优势的农业机械化技术和机具出口,不仅为中国农机开拓广阔国际市场,带来了巨大效益,同时激励着更多有实力的农机企业参与国际竞争,在竞争中创新发展。

(四)立足于项目的国际培训促进了技术的交流与合作

1. 政府间合作培训项目。1989年以来,中国政府加大与其他发展中国家的国际交流培训。这一类培训针对农业机械新技术,主要集中在中国农业机械化科学研究院与农业部机械化技术推广总站。中国农业机械化科学研究院受中国政府委托承办对发展中国家的援外实用技术以及农业装备等专业培训，共举办了40多期培训班，为65个发展中国家和地区培训了700多名学员。如2002年8月17日，中国农业机械化科学研究院承办的“2002年国际农机新技术推广培训班”（对非洲地区）在北京举办，培训班为期43天，共招收了来自11个发展中国家的24名学员。农业部农业机械化技术开发推广总站2002年至今先后为东盟、非洲等地区成功举办了6期水稻生产机械化和1期农业生产机械化技术培训班，为东盟和非洲22个国家介绍和传播了中国的农业机械化技术，受训人数达126人次。其中水稻生产机械化技术培训班的学员分别来自文莱、菲律宾、印度尼西亚、马来西亚、缅甸、柬埔寨、泰国和越南等8个东盟国家，共17人。2008年在广东惠州举办的培训班共培训了18人。通过政府间合作培训项目，增强了国家和地区间的相互联系和友谊，促进了科技和经贸合作，有利于进一步开发国际市场。

2. 中加保护性耕作项目。“中加可持续农业发展项目”是中国政府和加拿大政府共同开展的，目的在于通过对农民的培训，使其掌握保护性耕作技术，确保保护性耕作技术和理念在当地扎根发展，从而实现土地的可持续利用。2005年开始，为期5年的项目在中国的甘肃、新疆、内蒙古、四川等地大规模推广，预计到2010年项目结束时，完成保护性耕作推广面积达到4 000千公顷以上。农业部农业机械化管理司组织的保护性耕作考察团赴加拿大参加保护性耕作项目培训，学习国外保护性耕作发展的经验。中加可持续农业发展项目办公室还不定期举办农民田间学校推广员培训班，对推动中国保护性耕作技术进步和机具推广应用起到很大作用。

3. 引智项目及境外农业机械试验鉴定。农业部农业机械试验鉴定总站在实施引智项目的过程中，开展了多种形式的交流活动，让更多的部门参与进来，进一步增大引智项目的成效，促进农业机械化系统的交流与合作。2002年10月，农业部农业机械试验鉴定总站邀请德国和日本农业机械试验鉴定方面的专家来华授课，共70多位相关的技术人员参加了培训。2007年邀请了美国、土耳其及韩国的3位专家来华执行人才引进项目。引智项目的实施使中国农业机械化系统人员能全面了解国外农业机械安全检测技术体制、相关法规、技术要求、标准化体系运行规则等信息，对完善中国农业机械质量管理体系、保证农业机械产品的质量安全、尽快建立与国际接轨的农机安全检测技术体系、提升中国农业机械鉴定检测技术水平都有积极而重要的意义。

农业部农业机械试验鉴定总站还实施了境外农业机械试验鉴定和质量认证审查，至今已累计达25次，开展了OECD农林拖拉机官方试验项目32个；开展拖拉机欧洲安全认证（E—mark）试验；开展了“中匈农业机械检测技术与鉴定结果互认”项目；聘请德国、美国等国家的专家来华实施了“提升农业机械检测技术培训”和“农业机械安全检测技术体系建设”项目等。积极参加OECD农林拖拉机官方试验标准规则组织的年会、试验工程师会，并于2005年与洛阳拖拉机研究所共同承办了OECD农林拖拉机官方试验标准规则第十三届试验工程师会议，向国外同行展示了中国农业机械试验鉴定的能力和水平。不断深入的技术交流与研讨为提高中国农业机械检测技术及建设农业机械安全检测技术体系提供了有益的借鉴与参考，提升了中国拖拉机试验鉴定机构的国际影响力。

4. 高等院校广泛开展交流合作。为充分利用国外智力资源、为学科建设和学校发展服务，教育部设立了资助聘请外籍教师来部属高等院校工作的“聘请外籍教师项目”，聘请国外农业工程领域的专家和学者来华授课。各大学也纷纷利用各种资源聘请国外专家来华讲学、合作研究，进一步拓展了视野。日本京都大学教授到中国农业大学“现代精细农业系统集成研究”教育部重点实验室进行为期1周的讲学等。教育部和国家基金委设立了一系列留学计划，输送国内一流学生到世界一流大学进行联合培养和攻读学位或是访问教学，促进了学术交流。特别是教育部和国家基金委的“5 000人计划”为广大本科生、硕士研究生、博士研究生出国深造与访问学习提供了良好的条件，加快与国际接轨的高层次、国际化人才的培养。

（五）国内外科技人员互访

20世纪90年代以来，农业部农业机械化管理司、农业机械试验鉴定总站、农业机械化技术开发推广总站，各科研院所、高等院校、大型生产企业等单位，均加强了与国外相关部门与单位的互访与交流。仅农业部系统就组团50余次共300多人，针对农业机械、农业机械检测技术、保护性耕作、旱作节水等方面考察了40多个国家和地区。

科研院所的交流活动愈加频繁，如中国农业机械化科学研究院1986年首次派出科技人员去意大利进行技术培训，之后的几年还相继派出人员去菲律宾进行水稻培训。高等院校的互访交流也十分活跃。国内学者去其他国家访问，进行座谈，或做学术报告，有效的促进了全球的科技交流。此外，国外的科技人员也通过各种渠道来到中国，开展培训班或是进行座谈等一系列的访问活动，增进了相互间的学术交流，对中国农业机械化的发展做出了重大贡献。国际间科技人员互访，有利于促进中国学习国外先进技术，借鉴国际先进技术和成熟经验，促进农机生产要素跨境流动和优化配置，进而加速中国农业机械化科技水平的提高。

（摘自《中国农业机械化科技发展报告》第一篇第二章，题目为本年鉴编辑部加注。）

领导报告与论述

全国农业工作会议农机专业会

在全国农业机械化工作会议上的讲话

(2009年12月29日·北京)

中华人民共和国农业部部长 韩长赋

关于明年的农业机械化工作,全国农业工作会议已经作了总体部署,桃林同志作了具体安排。这里,我简单谈点意见跟大家交流。

农业机械化是农业现代化的重要标志。没有农业机械化,就没有农业现代化。农机化队伍是一支特别能战斗的队伍,各项工作开展得有声有色,取得了显著成效,受到了农民热烈欢迎和各方面的充分肯定。我代表部党组,对大家多年来为农机化事业作出的贡献表示衷心的感谢!向全国农机系统干部职工和广大农机手表示亲切的慰问!

近年来特别是今年以来,各级农机部门深入贯彻实施农业机械化促进法,认真落实中央决策部署,坚持走中国特色农业机械化发展道路,围绕中心、服务全局,求真务实、开拓进取,推动农机装备水平、作业水平、安全水平、科技水平和服务水平全面提高。全国农业机械化保持了快速健康发展的良好势头。农机装备总量大幅增长,结构进一步改善,预计今年全国农机总动力达到8.75亿千瓦,比上年增长6.4%。农机作业水平快速提升,预计今年耕种收综合机械化水平达到48.8%,同比提高3个百分点,推动农业生产手段实现由人力畜力为主向机械化为主的历史性跨越。以跨区作业为代表的农机社会化服务蓬勃发展,为有效解决家庭小规模经营与现代化大生产矛盾,发展农业社会化服务进行了成功实践,有力推动了农村经营体制机制创新。农机购置补贴投入连年翻番、实施成效倍增,节本增效农机化适用技术和装备加快推广,农机安全监理和质量监督进一步加强。农业机械化水平的提高,大大缓解了当前农业生产中青壮年劳动力短缺的突出矛盾,为保障粮食生产"六连增"、促进农业稳定发展和农民持续增收、推进社会主义新农村建设作出了突出贡献。

随着工业化、城镇化进程加快,我国农村劳动力结构快速变化,农业生产方式正在发生深刻变革,农民对农机作业的需求越来越迫切,农业对农机应用的要求越来越高,农业机械化在建设现代农业中的支撑作用越来越重要。农业机械化是农业发展中一件带有方向性的大事,是提高农业科技和装备水平的重要载体,事关现代农业发展和农村现代化进程。各级农机部门干部职工要进一步增强责任感、使命感和紧迫感,认真履行职责,精心统筹谋划,扎实推进农业机械化又好又快发展,为夯实"三农"发展基础提供有力支撑。

当前我国农业机械化正处在加快发展、结构改善、质量提升的关键时期。我们要以更加良好的精神状态、更加扎实的工作作风、更加有力的工作措施,做好农机化各项工作。一要精心组织春耕、三夏、三秋等重要农时农机作业。要充分发挥农机在农业生产和抗灾救灾中的主力军作用,促进农机农艺融合,推进小麦、水稻、玉米、马铃薯等主要作物生产全程机械化,促进农业稳定发展农民持续增收。二要加快普及先进适用技术。大力推进粮食作物、经济作物和林果业、畜牧业、渔业、农产品初加工等产业的机械化,积极推广先进适用技术,进一步挖掘农业增产潜力、提高农产品品质和保护农业生态。同时,努力提升农机科技创新能力,促进农机产业结构、产品结构调整优化，推动农机行业健康发展，鼓励企业研发生产和农民购置使用先进适用、技术成熟、安全可靠、节能环保、服务到位的农机产品，加快振兴农机工业和农机流通业。三要大力扶持发展农机专业合作社等合作组织。提升农机作业服务组织化程度和质量效益，推动农业规模化、标准化、集约化和产业化发展。积极探索不同区域农机化的路子，坚持因地制宜，加强分类指导，促进各地农机化均衡发展。四要认真实施好农机补贴等强农惠农政策。落实和完善农机化各项扶持政策措施，提高农机推广、监理、维修、培训等公共服务能力，扩大农机需求，让农民"买得起、用得好、有效益"，不断调动和保护农民购机用机积极性。

我国农业机械化正站在新的历史起点上。希望各级农机部门深入贯彻落实科学发展观，抢抓机遇，乘势而上，开拓进取，埋头苦干，加快推进农业机械化，为实现中国特色农业现代化、建设社会主义新农村、形成城乡经济社会发展一体化新格局作出新的更大贡献。

最后，祝愿大家在新的一年身体健康、家庭幸福、工作顺利！

在全国农业机械化工作会议上的讲话（摘要）

（2009 年 12 月 29 日 · 北京）

中华人民共和国农业部副部长　**张桃林**

这次会议的主要任务是，认真贯彻中央农村工作会议和全国农业工作会议精神，总结 2009 年农业机械化工作，分析当前农业机械化发展形势，部署 2010 年农机化工作。

一、总结经验，充分肯定 2009 年农业机械化发展取得的成绩

2009 年以来，各级农业机械化主管部门认真贯彻党中央、国务院和部党组关于加快推进农业机械化的决策部署，围绕促进农业稳定发展、农民持续增收和农村和谐稳定的目标，抓住机遇，应对挑战，求真务实，开拓进取，扎实推进各项工作，取得了显著成效。

——农机装备总量大幅增长，农机装备结构进一步优化。预计全国农机总动力达到 8.75 亿千瓦，比 2008 年增长 6.4%。大功率、高性能、复式作业机械保持较高增幅，马铃薯、油菜、花生等经济作物机械及畜牧、林果及农产品初加工机械均得到了较快发展。

——农机作业水平再创新高，主要农作物生产机械化快速推进。预计全国耕种收综合机械化水平可达 48.8%，比 2008 年提高约 3 个百分点。水稻种植、水稻收获、玉米收获等薄弱环节机械化作业水平预计分别达到 16%、56%、17.6%，同比分别提高 2.3 个百分点、5 个百分点、7 个百分点。

——农机专业合作组织蓬勃发展，农业机械化经营效益显著提升。预计全国各类农机作业服务组织近 20 万个，农机专业户 450 万个。全国农机专业合作社总数将达到 1.3 万个，新增近5 000个。全年农业机械化服务经营收入预计达到3 800亿元，同比增长 10%。其中跨区作业收入突破 200 亿元。

——农机科技创新步伐加快，农机技术应用领域不断拓展。280 千瓦以上大型拖拉机研发获得成功，花生、甘蔗等大宗经济作物机械化收获技术，牧草生产和草场改良机械化技术研发实现突破。丘陵山区农业机械化技术研发加快推进。设施农业装备与技术快速发展。

——农业机械事故显著下降，安全生产形势保持平稳。1—11 月份全国发生国家等级公里以外的农机事故 650 起，较 2008 年同期下降 50.3%；直接经济损失 481.32 万元，同比下降 42.7%。农机事故指标低于农机安全生产总体控制考核指标，安全生产形势总体趋于稳定。

一年来，各级农业机械化主管部门做了大量卓有成效的工作，主要体现在以下七个方面。

一是认真实施农机购置补贴政策。中央财政农机购置补贴资金由 2008 年的 40 亿元增加到 130 亿元，补贴机具种类和实施范围进一步扩大。各级农业机械化主管部门精心组织实施，严格规范操作，强化督导督查，确保政策实施到位，补贴工作总体上做到了启动早、措施实、进度快、效果好。全年共带动地方各级财政和农民投入 360 亿元，补贴机具 343 万台（套），受益农户数达到 300 万个。在补贴的强劲拉动下，我国农机工业在出口受阻的不利情况下逆势增长，产销两旺，规模以上企业产值预计达到2 300亿元，同比增长 20% 以上，增幅在机械工业 13 个行业中列第一位。农机购置补贴兼顾工农、一举多得，在扩内需、调结构、促发展、保民生等方面发挥了重要作用。

二是精心组织重要农时的机械化生产。各级农业机械化主管部门早准备、早部署、早动手，积极组织调度各类机具投入春耕、"三夏"、"三秋"等重点农时季节的机械化生产和农业抗灾救灾，充分发挥了农业机械的主力军作用，为保障粮食生产"六连增"做出了突出贡献。跨区作业期间，向机手免费发放"跨区作业证"30 万张，通过网络、手机短信息等方式发送天气、供求、价格等方面信息，促进了跨区作业机械的有序流动；在抗旱保春管工作中，各地投入抗旱机具 800 多万台套，机灌面积占小麦抗旱灌溉面积的 80%。

三是积极培育发展农机专业合作社等各类农机服务组织。各地积极贯彻落实《农业部关于加快发展农机专业合作社的意见》，着力培育了一批规模大、机制活、服务能力强的农机专业服务组织。山西、江苏等省为加快农机服务组织发展，安排专项资金，对具有一定服务规模的农机专业合作社场库棚建设给予扶持，引导农机专业合作社开展"一条龙"服务。河南省农业机械管理局联合省人民政府金融办公室等部门联合推动"银社对接"，对 900 余个农机合作社，提供每个授信贷款100万元的融资支持，成为金融支农、惠农的突出亮点。

四是大力推广农业机械化先进适用技术。依托主要农作物生产机械化示范项目，加大适用技术宣传示范力度，推动保护性耕作、深松整地、水稻机械化育插秧、玉米机收、马铃薯机收等节本增效型农业机械化生产技术应用面积大幅度增加。全国保护性耕作实施面积新增666.67千公顷，累计达到3 666.67千公顷；北京成为首个整体基本实现保护性耕作的省市。

五是扎实开展人才教育和培训工作。结合阳光工程培训项目，组织开展了全国农业机械化教育培训大行动，2009年培训各类农业机械化人才550万人次，新购机农民106万人次。采取“政企联动”培训形式，加快培养农机维修高技能人才，广泛宣传了拖拉机免拆卸检测调试等十大农机维修节能减排技术。

六是切实加强农业机械化质量监督与安全监管。启动了新一轮“平安农机”创建活动，截至11月末全国共开展农机安全检查行动90万多次，安全执法行动75万多次，排查整改农机事故隐患78万多项。制定发布了《农业机械化标准体系建设规划》。加强对推广目录产品和获证产品生产企业监管，依法组织了质量调查督导、投诉打假等工作，促进农机产品质量的提升。

七是进一步加强农业机械化政策法规建设。《农业机械安全监督管理条例》已于2009年11月1日起施行。这是我国第一部农业机械管理行政法规，建立健全了农业机械生产、销售、维修、使用操作、事故处理、监督管理等有关管理制度，构建了统一、完整的农业机械安全监督管理体系，为农业机械管理工作提供了法规保障。《保护性耕作工程建设规划》已经国务院批准同意，中央财政将安排专项资金在600个项目县实施相关建设内容。地方人大和政府也加大了地方性农业机械化法规和扶持农业机械化发展的政策制定工作。

回顾这些年特别是2009年以来的工作，我们在推进农业机械化发展的进程中，积累了许多宝贵的经验：一是必须坚持因地制宜，分类指导；二是必须坚持重点突破，全面发展；三是必须坚持鼓励创新，完善机制；四是必须坚持市场引导，政府扶持。

成就令人振奋，经验弥足珍贵。在应对国际金融危机的大背景下，农业机械化发展取得如此好的成绩，实属不易。这主要得益于党中央、国务院对农业机械化的高度重视和部党组的精心部署，得益于地方各级党委政府和各有关部门大力支持、合力推进，得益于各级农业机械化主管部门迎难而上、奋力拼搏，得益于4 000多万农机手辛勤劳动、默默耕耘。

二、认清形势，正确处理新时期推进农业机械化发展的重大关系

国内外农业发展实践启示我们，随着机械化生产方式占据主导地位，农民和农业生产对农机的依赖程度将显著提高，农业机械化在夯实农业农村基础中的物质支撑作用更加突出。主要表现在：生产环节机械化程度日益成为影响农民种植意愿进而影响到大宗农产品有效供给的重要因素；农机专业户和服务组织日益成为粮食生产主力军；先进适用农机装备日益成为吸引人才、资金、技术等生产要素投入回归农业和开展规模化集约化产业化经营的重要纽带；农机服务日益成为农业社会化服务中最活跃力量并有力推动着经营体制机制创新；农业机械日益成为引领农艺制度深刻变革，促进农业科技集成应用和农业可持续发展的主要载体；农机手日益成为新型农民的中坚力量。

当前我国农业机械化已进入加快发展、结构改善、质量提升的关键时期。在新的历史起点上继续推进农业机械化，面临诸多有利因素。从政策环境看，党中央国务院多次明确提出加快推进农业机械化的要求和措施，各级政府积极创新农业机械化扶持政策，中国特色的农业机械化法律法规体系基本健全，为农业机械化加速发展提供了强大动力。从内在需求看，随着工业化、城镇化、农业现代化步伐加快，农业劳动力结构性短缺矛盾日益突出，农业用工成本持续上升，农民生产生活观念深刻改变，农机作业水平持续提高的趋势不会改变。从技术支撑看，农机产业集中度和产品质量加快提高，粮食作物各主要环节机械化装备基本成熟，其他各类农机装备和技术创新日趋活跃，推进农业机械化的装备及技术基础进一步夯实。从发展机制看，农机社会化服务的规模和范围不断扩大，农机合作社等新型服务组织不断涌现，农机利用率和经营效益不断提高，有效实现了普通农户与农机经营者利益以及社会效益多赢，为立足家庭承包经营加快推进农业机械化创造了条件。在内在成长动力和政策支持等多种因素共同作用下，我国农业机械化必将向更广领域、更高层次深入发展。

面对新形势、新任务，各级农业机械化主管部门要以科学发展观为统领，坚定走中国特色农业机械化发展道路，改革创新，突出重点，统筹兼顾，拓宽发展思路，转变发展方式，提高发展质量，努力实现速度、结构、质量、布局、效益有机统一，促进农业机械化全面协调可持续发展。在工作实践中要深入研究、正确认识和认真处理好以下六个方面的关系。

一是农机装备数量增长与装备结构优化的关系。保持装备数量不断增长是加快机械替代劳力步伐的迫切之需，推动装备结构合理优化则是促进农业机械化持续发展的长远之道。单纯追求数量扩张、忽视结构调整，势必造成低水平重复购置、资源浪费和效益下降，长此以往将影响农民发展农业机械化的积极性。优化结构，重在科学有效，贵在持之以恒。必须坚持数量增长与结构优化并举，以增量调整带动存量优化，以存量优化促进结构升级。要认真做好现有机具普查和装备需求规划，摸清存量、结构、使用状态及分布状况，同时立足农业主导产业发展需要和经济地理条件，对今后发展重点进行科学分析、合理规划。要大力加强农机新产品新技术研发，充分利用购机补贴、农机报废更新经济补偿等措施，加强信息引导，引导农民更多地购置使用大中型、高性能、多功能复式作业农机装备，加快淘汰能耗高、污染重的老旧农业机械，努力实现大中小型机械、高中低档次机械、动力机械与配套农具、粮食作物机械与其他农产品机械合理配置，充分发挥农机装备整体效用。

二是重点突破与协调推进的关系。经过多年攻关和持续推进，平原地区农业机械化特别是粮食生产机械化发展日新月异。但是，必须看到经济作物等农产品生产的机械化问题很多还没有破题，丘陵山区等欠发达地区农业机械化水平提高仍然非常缓慢，仍是影响和制约全国农业机械化整体水平提升的最大瓶颈。解决这个问题，关键是要统筹兼顾、分类指导、协调推进。在推进农业各环节机械化协调发展方面，要继续集中力量尽快提高粮食生产机械化水平，由耕种收环节机械化向产前、产中、产后全过程机械化延伸，同时围绕优势农产品区域布局，因地制宜逐步推动经济作物、养殖业、设施农业、农产品初加工业和农业废弃物综合利用机械化，全面服务农业生产、农民生活、农村生态。在推进区域协调发展方面，要继续鼓励农业机械化发展基础比较好的地区率先发展，更好地发挥辐射带动、示范引领作用；加强对丘陵山区农业机械化工作的支持与指导，针对地理环境复杂、种植模式多样的实际，按照全力普及机耕、大力发展机收、努力突破机插机播的思路，鼓励企业研发生产和支持农民购置使用经济实惠、轻便耐用的粮食作物和特色作物生产机械。同时，要引导其他地区农机服务组织到丘陵山区开展作业服务，推动丘陵山区机械化实现跨越式发展。

三是农机与农艺的关系。农机、农艺都是提高农业综合生产能力的重要技术手段，二者相互融合，实现农业高产、优质、高效、生态，不断降低生产成本，是农业科技进步的客观规律。农机和农艺不是简单地谁服从谁、谁适应谁的关系，而应该是你中有我，我中有你，彼此离不开的关系。脱离农艺搞农机，是“无的放矢”，其结果必然是导致农机具“英雄无用武之地”；脱离农机这个技术载体搞农艺，再好的农艺措施也无法得到大规模的应用推广，也无法得到渴望降低劳动强度的农民群众的欢迎和接受。促进农机农艺协调发展，要在三方面下工夫。在能力培养环节，农艺技术人员要加强农机与工程基本知识的学习，农机技术人员要增加农艺和生物基本知识的学习，从知识结构、思想观念上强化农机农艺融合的认识。在农业科研环节，要建立农艺和农机专家共同研究、协作攻关的机制，制定科学合理、相互适应的农艺标准和机械作业规范，统筹工程技术和生物技术，选育适宜的品种、确定合理的种植模式，研发经济有效的机具。在农业生产环节，要适应现代农业规模化、精准化、标准化生产的需要，建立农机、种子、土肥、植保等推广服务机构紧密配合的工作机制，组织引导农民统一作物品种、播期、行距、行向、施肥和植保，为机械化作业创造条件。

四是支持购置机具与强化公共服务关系。这实质上是农民买得起和用得好之间的关系。在农机具保有量大幅攀升之后，保证农民将所购农机用好、用出效益，必须有政府完善的相关公共服务作为保障。由于缺乏稳定投入，机耕道等农机配套基础设施建设和推广培训等公共服务能力建设，滞后于农机装备数量增长的矛盾越来越突出。各地要抓住党和政府增加三农投入、重视推进农业机械化的机遇，做好规划，明确目标，找准切入点。一方面，要积极争取有关规划实施中安排机耕道路、场库棚、维修站等建设内容并予以补助性投资扶持，改善农机作业通行和保养维修条件。另一方面，要把安全监管、推广培训、试验鉴定、质量监督、信息服务等公共服务能力建设摆到更加突出的位置，多渠道积极争取投入与深挖现有资源潜力并举，重点改善县级农机推广机构履行技术示范、推广培训职责必需的工作条件，提高农机监理机构执法装备配备水平，提高部省农机试验鉴定机构对产品质量的鉴定检测能力和质量调查及投诉处理能力，提高农业机械化主管部门技术信息、作业市场信息等实用信息收集发布能力，为农机手提供全方位、系列化的优质公共服务。

五是发展农机户与农机服务组织的关系。我国户均耕地少、农民收入低，每家每户买农机，既不可能，也不经济。在立足家庭承包经营基础上推进农业机械化，必须坚持走共同利用、提高效益的路子，大力发展农机社会化服务。当前，我国农机服务组织化程度还很低，购置机具自用为主的农机户仍占很大比例。从发展趋势看，转变农业机械化发展方式，优化农机装备结构，关键是要培育壮大农机社会化服务组织，这需要一个较长的过程。目前，我们对地理条件较差的地区农民购置小型农机自用仍要继续给予必要支持。但在平原地区特别是适合发展农机服务产业化的地区，要围绕提升农业机械化整体运行效益，引导政策、资金和技术指导向农机专业合作社和农机大户倾斜，积极引导开展社会化作业服务，支持鼓励农机户和农业生产经营者创办农机合作社、农机作业公司、农机协会等新型农机服务组织，提高农机服务专业化、组织化、产业化程度。在具体组织形式上不搞一刀切，要因地制宜，不拘一格。具备条件的地方，可把合作社建设作为主攻方向，合理规划，因势利导，积极培育建设，努力将农机合作社培养为延伸农机公共服务的载体和引领农业机械化发展的龙头，带动大型、复式、高性能机械和先进农业技术的推广应用，提高农业生产效率和质量。

六是政府推动与发挥市场机制作用的关系。政府推动和发挥市场机制作用都是促进农业机械化发展的必要手段。农业机械化直接服务农业这个弱质产业，促进农业机械化发展，政府应起到主导作用。农机产品市场、作业市场、维修市场发展具有自身规律，要按市场机制配置资源。在当前这个阶段，发展农业机械化必须坚持政府推动与市场引导并重。政府及农业机械化管理部门要主动承担农机安全监管、质量监督、应急服务等市场做不好和做不了的事，不断创新农业机械化财政、金融、保险等扶持政策，将有限的财政资金，投在社会效益强、短期经济效益不明显的公益性技术推广、共性技术研究等工作环节，以及打基础管长远的公共服务能力建设上。政府部门的引导和推动，必须在遵循市场经济规律的前提下，提高投入效能，着力发挥投入的导向和杠杆效应，整合和调动分散的、潜在的市场需求，培育规模作业市场，规范市场秩序，让各个发展主体从市场服务中获得合理效益。要注重将资金扶持转化为发展主体自我发展能力和内生发展动力，用市场需求来启动农业机械化向更广更深更高层次的方向发展，建立促进农业机械化良性发展的长效机制。

三、扎实工作，努力促进农业机械化又好又快发展

2010 年是执行“十一五”规划的最后一年，是谋划“十二五”发展的重要一年，也是夺取应对国际金融危机冲击全面胜利、促进经济平稳较快发展的关键一年。做好明年农业机械化工作，意义重大，任务繁重。

2010 年农业机械化工作的总体思路是：以邓小平理论和“三个代表”重要思想为指导，深入贯彻落实科学发展观，认真贯彻中央经济工作会议，中央农村工作会议和全国农业工作会议精神，全面实施农业机械化促进法和农业机械安全监督管理条例，着力推进农机社会化服务深入发展，进一步培育发展主体，拓展服务领域，加快技术推广，强化公共服务，全面提高农机装备水平、作业水平、服务水平、科技水平和安全水平，促进农业机械化又好又快发展，为夯实“三农”基础提供有力支撑。

2010 年农业机械化发展的主要目标是：农机总动力达到

9.2亿千瓦，同比增长5%；耕种收综合机械化水平力争达到52%，同比提高3个百分点；农机专业合作社等社会化服务组织数量较大幅度增加，农机装备结构继续改善，农机安全生产形势保持稳定，农业机械化发展质量进一步提高。

按照以上目标要求，2010年要重点抓好以下8个方面的工作：

（一）以实施购机补贴为重点，认真落实促进农业机械化发展的各项扶持政策。国务院已经决定，2010年将进一步增加农机购置补贴资金规模。各级农业机械化主管部门要本着对党和人民高度负责的态度，将农机购置补贴作为农业机械化工作的重中之重，把政策不折不扣地落到实处，真正让党和政府放心，让农民和企业满意。要在总结经验的基础上，认真分析存在的问题和面临的新情况，完善补贴办法，严格规范操作，强化监管措施，确保实施成效。要科学制定补贴方案，研究提出农机购置补贴发展规划，合理确定补贴机具范围，逐步扩大补贴机具种类，优化品种结构，进一步发挥补贴政策的宏观调控作用；要完善农机具竞争性选型机制，增强补贴农机具的适应性，完善评审标准，加强选型评定全过程的监督，着力提高选型过程的透明度；要严格补贴产品经销商由生产企业自主推荐的制度，增加经销网点数量，充分发挥市场机制的作用，由农民自主选择经销商和补贴产品；简化购机申请审批程序，公正公开公平确定补贴对象，减少审批环节，方便农民购机；加大政策宣传力度，及时公布补贴政策、申请程序、补贴产品、补贴对象、补贴标准等信息，让补贴政策家喻户晓，保证农民知情权和选择权；进一步加快补贴资金结算进度，明确结算时限，增加结算频次，缩短结算周期，加快企业资金回笼速度；进一步严格纪律，规范操作，严格执行国务院“三个禁止”要求，坚持“五项制度”，做到“八个不得”，严格程序，阳光操作；强化监管措施，加大监督力度，特别要加强对倒卖补贴指标、乱收费、搭车收费等违规行为的检查，发现问题严厉查处，决不姑息。启动应用全国农机购置补贴管理软件系统，加快实现购机申请、审核、结算、档案管理等信息化网络化，提高工作的透明度和工作效率。在抓好购机补贴实施工作的同时，各地要认真贯彻落实党中央、国务院和部党组关于促进农业机械化和农机工业发展的一系列措施。要积极参与农机深松作业补贴等政策实施工作，研究提出实施方案，明确补贴标准、作业标准和工作流程，努力扩大农机深松作业面积。要积极拓宽农业机械化投入渠道，推动信贷支持、税费优惠、报废经济补偿、政策性保险等扶持政策的实施。争取实施农业机械化推进工程，加强农业机械化公共服务能力建设和场库棚等基础设施建设。

（二）以发展农机专业合作社为载体，积极推进农机社会化服务。继续贯彻实施好《农业部关于加快发展农机专业合作社的意见》，落实政策措施，加强指导服务，推进多样化创建、规范化运营、市场化服务、产业化经营。农机购置补贴、农机作业补贴、政策性保险等政策要向农机专业合作社等农机服务组织倾斜。要积极协调解决合作社资金筹集、用地保障、油料供应、工商登记、场库棚建设等实际困难，促进农机服务组织发展壮大。要大力组织开展农机服务组织示范建设活动，建立定点联系机制，培育一批典型，规范和引导农机社会化服务组织健康发展。要大力开展合作社法人代表和财会人员、维修人员和高级操作工等业务骨干培训，全面提高农机服务组织的经营管理和技术水平。开展《农业机械维修管理规定》落实情况检查工作，启动农机生产企业维修能力评定示范，规范农机维修市场秩序。

（三）以组织农机跨区作业为抓手，不断提高重要农时重点作物机械化生产水平。及早部署“春耕”、“三夏”、“三秋”等重要农时季节机械化生产工作。全面实施重要农时重点作物机械化生产进度统计报告制度，启用农业机械化生产信息报送系统，及时收集发布市场需求信息，准确把握农业机械化生产动态，提升机械化生产的管理服务工作水平，提高农业机械化系统应对灾害性天气等突发事件的应急反应能力。重点加强水稻、玉米机收跨区作业组织协调，扩大农机跨区作业的范围和领域，保障农用柴油供应，推动跨区作业向跨区机耕、机插、机播等环节拓展。

（四）以促进节本增效为核心，大力研发推广先进适用农业机械化技术。加快普及主要农作物重点环节和关键农业机械化技术，大力推广保护性耕作、土地深松、精量播种、高效植保和农作物秸秆综合利用等增产增效、资源节约、环境友好型农业机械化技术。认真做好重大农业机械化科研项目遴选储备工作，提出农机装备研发和改进需求，提高农业机械化技术集成和装备配套水平。精心组织实施首批下达的农业机械化公益性行业科研专项，力争尽早在根茎类作物生产机械化、丘陵山地小型农机具研究等方面取得实质性突破。启动实施《保护性耕作工程建设规划》，建设一批技术推广和工程建设示范县，扩大保护性耕作技术实施面积。积极发展设施农业，建设一批设施农业示范联系区。积极参与部级现代农业示范区建设，充分发挥农机的技术集成、示范引领作用。

（五）以人才队伍建设为关键，大力加强农业机械化教育培训。继续深入开展农业机械化教育培训大行动，组织实施好阳光工程农机培训工作，加快建设管理、技术、作业服务三支保障有力的农业机械化人才队伍。2010年要对全国10%以上的农业机械化管理、技术和作业服务人员进行培训，为农业机械化快速发展提供人才支撑。开展培训机构购置教学机具与仪器补贴试点工作，加强培训基地、师资队伍和教材建设。依托重大农业机械化科研推广项目，加强科技推广创新团队建设，重点培养农业机械化科技领军人才。要充分利用各种培训资源，采取政企联动、技能竞赛等形式，推进农业机械化教育培训主体多元化、培训形式多样化。

（六）以质量效益为中心，进一步振兴农机制造业和流通业。全面履行法律赋予的农业机械化质量监督管理职能，加快农业机械化行业标准的制修订步伐，严把农机产品质量关，进一步推进和规范部省两级农机试验鉴定工作，扩充推广鉴定产品种类。加强与有关部门的紧密协作，落实扶持农机工业和流通业发展的政策措施，推动农机制造产业结构和产品结构调整和升级，形成布局合理、产业集中度较高的发展新格局。推动农机制造企业品牌营销网络与流通企业销售网络相结合，形成服务到位、功能完善的农机流通大市场。继续组织开展补贴机具质量督导调查，推动农机产品“三包”制度全面落实，规范农机销售、作业、维修市场秩序，切实维护农机所有者、使用者和生产者的合法权益。

（七）以实施《农业机械安全监督管理条例》为主线，全面加强农机安全监管。强化农业机械全过程监管、全范围监管、全方位服务三个意识。抓紧制定完善《条例》配套的规章制度,切实履行好法规明确的各项职责;着力理顺职能、完善体系、充实力量、强化手段,为《条例》的顺利实施提供有力保障。要开展《农业机械实地安全检验办法》调研起草和《拖拉机、联合收割机注册登记目录》拟定工作,推动《农机事故处理办法》、《农机报废回收办法》尽快出台。继续开展农机监理规范化建设。深入推进"创建平安农机,促进新农村建设"活动,开展新一轮"平安农机"示范县考评工作,推动农业机械化安全发展。

(八)以提升推动科学发展能力为目标,切实加强农业机械化系统自身建设。随着购机补贴规模的不断加大和农业机械化工作的深入推进,农业机械化系统肩负的责任越来越大,受关注的程度越来越高,这对我们工作的各方面都提出了新的更高的要求。这几年农业机械化发展势头迅猛、形势很好,我们要切实珍惜来之不易的发展机遇,越是形势好的时候越要增强忧患意识和责任意识,在成绩面前不骄傲,在困难面前不气馁,要通过加强自身建设,不断提高农业机械化系统干部的思想素质和科学决策、宏观管理、应急处置、依法行政能力。要加强政风行风建设,弘扬求真务实的工作作风,建立健全监督机制,落实反腐倡廉的各项规定,在全系统树立起"求真务实、开拓创新、清正廉洁、文明高效"的精神风貌。

在全国农业机械化工作会议上的总结讲话(摘要)

(2009年12月29日·北京)

农业部农业机械化管理司司长　宗锦耀

这次全国农业机械化工作会议,是在我国农业机械化处于加快发展、结构改善、质量提升的关键阶段召开的一次重要会议。在农业部领导的高度重视下、在部内有关司局的大力支持下,在全体会议代表的共同努力下,圆满完成了各项议程,取得了丰硕成果。

会上,农业部部长韩长赋看望了全体会议代表,并作了重要讲话,充分肯定了农业机械化的地位作用和工作成效,并深刻指出:"农业机械化是农业发展中一件带有方向性的大事,事关现代农业发展和农业农村现代化进程"。张桃林副部长在会上作了重要讲话,全面总结了2009年农业机械化发展成效经验,深刻分析了当前的发展形势,部署了2010年的重点工作,具有很强指导意义。国务院法制办公室司长王振江举办了一场关于农业机械化安全监督管理条例的专题讲座。山西、吉林、江苏、山东、河南、湖北、甘肃等7个省在会上做了典型发言,从不同侧面介绍了好经验和好做法。农业部农机鉴定总站(中国农机产品质量认证中心)、农业部农机推广总站(农机监理总站)、中国农机安全报社等3个部属农机事业单位在会上通报了有关工作开展情况,以及2010年的初步设想。与会代表总结交流了2009年推进农业机械化发展的经验和明年工作思路、重点和措施,并且提出了许多很有价值的意见和建议。总的来看,这次会议主题鲜明、内容丰富、安排紧凑,会议达到了统一思想、认清形势、明确任务、增强信心的预期目的。

下面,就贯彻落实好这次会议精神,我再强调三点。

第一,要统一思想,深化认识。

党中央、国务院高度重视农业机械化发展。在前不久召开的中央经济工作会议上,胡锦涛总书记强调要继续实施农机具购置补贴政策,适当增加补贴资金规模。最近,温家宝总理和李克强、张德江、回良玉副总理对农机购置补贴政策执行情况予以充分肯定,并要求宣传报道。在刚刚闭幕的中央农村工作会议上,回良玉副总理在讲话中指出,农业机械化发展很快,促进了农业生产的专业化、规模化、标准化,支持了农机工业、商贸业发展,贡献作用很大。他强调,要抓好农业机械装备建设。这几年国家实行农机具购置补贴政策,有力地推动了我国农业机械化,也带动了农机工业发展,是一举多得的好政策,要继续坚持并不断强化。较大幅度增加农机具购置补贴资金,扩大补贴机具种类,完善操作办法。加快先进适用农业机械推广应用,推进农机农艺措施结合,着力在深松整地、秸秆还田、水稻育插秧等环节加快机械化步伐。提高农业机械化服务水平,扶持发展农机大户和专业合作社,促进农机服务市场化、专业化和产业化,搞好农机具维护服务,不断提高农机具利用效率。同时,要重视农用工业技术改造和产品创新,为设施农业、养殖业、农产品加工储运等提供物美价廉、经久耐用的机械装备。中央领导对农业机械化的关怀,使我们倍受鼓舞,也使我们感受到一份沉甸甸的责任。

当前,我们正处在工业化、城镇化加速推进的重要时期,处在传统农业向现代农业迈进的关键阶段。在这一时期,农民对农业机械的需求越来越迫切,农业生产对机械化的依赖越来越明显,农业机械化在建设现代农业中的支撑引领作用越来越突出。毛泽东同志曾经指出,"农业的根本出路在于机械化"。这个论断到今天也没有过时。实践证明,发展农业机械化,可以提高"三率"、实现"三个解放"、达到"三个促进"。提高"三率",就是提高了劳动生产率、土地产出率、资源利用率。实现"三个解放",就是把农民从土地中解放出来,彻底改变多数农民搞饭吃的局面;把农业从传统的生产方式中解放出来,彻底改变靠人力畜力为主的落后低效的生产方式;把农民从高强度的劳作中解放出来,彻底改变面朝黄土背朝天,日出而作、日落而息的生活方式。达到"三个促进",就是促进了农业稳定发展、农民持续增收和农村经营制度创新,促进了生产、生活和生态建设,促进了农业、农民和农村面貌深刻变化。所以说,发展农业机械化是夯实"三农"发展基础的重要内容,是现代农业建设中带有方向性的一项战略任务。

我们要认真学习、深刻领会、准确把握党中央、国务院关于农业机械化的各项决策部署，把思想和行动统一到中央经济工作会议、中央农村工作会议和全国农业工作会议精神上来，统一到这次全国农业机械化工作会议对农业机械化发展形势的判断和工作部署要求上来，进一步深化农业机械化重要意义的认识，坚定加快推进农业机械化的信心和决心，增强使命感、责任感和责任感，把握机遇、扎实工作、锐意进取、乘势而上，不断开创农业机械化发展新局面。

第二，要明确任务，把握重点。

韩长赋部长在前天召开的全国农业工作会议上，强调要坚定不移地走中国特色农业现代化道路，把提高农业综合生产能力作为主攻方向，切实加强农业基础设施和装备能力建设。对2010年的农业机械化工作提出了明确要求，强调要认真实施农机具购置补贴政策，启动实施农业机械化推进工程和农机深松作业补贴，大力发展农机服务组织和农机大户，精心组织农机跨区作业，推广先进适用农业机械化技术和装备。张桃林副部长在今天上午的会议上，深刻分析了当前我国农业机械化发展的有利因素和发展趋势，强调要深入贯彻实施农业机械化促进法，坚持走中国特色农业机械化发展道路，指出了在工作实践中需要正确处理好"农机装备数量增长与装备结构优化"等六个方面的关系，提出了2010年农业机械化发展的总体思路和主要目标，部署了八个方面的重点工作。

韩长赋部长和张桃林副部长的讲话，为当前和今后一个时期农业机械化工作指明了方向，明确了任务。各级农业机械化主管部门要坚决贯彻落实。关于做好2010年的工作，要把握好以下五点：一是要进一步落实完善政策。首先精心组织实施好农机购置补贴政策，这是2010年农业机械化工作的重中之重。中央农村工作会议提出，2010年将扩大农机购置补贴资金规模，把牧业、林业和抗旱节水机械设备纳入补贴范围。可以预见，2010年的农机补贴工作任务将十分艰巨和繁重。在这里，我再强调一下。在大家的共同努力下，2009年的农机补贴工作起步早、进展快、效果好，得到了中央领导的肯定。但仍有个别省份，对农机补贴工作的重视程度不够高，宣传发动不够到位，实施进度不够快速，操作程序不够规范，监督检查不够有力，甚至造成了不良影响。所以，农业机械化管理司决定在分配2010年的补贴资金额度的时候，要统筹考虑省里的工作绩效，对于执行进度比较快的、操作比较规范的省份，优先予以安排。所以，我希望大家以对党对人民高度负责的精神，务必把农机补贴工作抓紧、抓好、抓到位，严格纪律，规范操作，让农民和企业满意，让党和政府放心。此外，我们还要积极参与农机深松作业补贴实施工作，启动实施农业机械化推进工程、保护性耕作建设工程，继续实施农机阳光培训工程，多渠道争取农业机械化投入，不断完善扶持发展政策。二是要进一步培育发展主体。要重点扶持农机专业合作社、农机大户发展，将购机补贴、教育培训等扶持政策向他们倾斜。树立典型，壮大力量，规范发展，推进农机社会化服务深入开展。三是要进一步主攻薄弱环节。要大力推广先进适用、节能环保、技术成熟、安全可靠、服务到位的农业机械化技术和装备，努力提高水稻栽植与收获、玉米收获以及油菜、花生、马铃薯、棉花、甘蔗生产机械化水平；要加强信息引导，精心组织春耕、三夏、三秋等重要农时季节的机械化生产，充分发挥农机在农业防灾抗灾的主力军作用；要加强农机质量监督和安全监管，防范重大质量事件和农机事故发生。四是要进一步促进全面发展。在大力推进重点农作物生产机械化的同时，还要积极促进林果业、畜牧业、渔业、农产品加工业机械化和设施农业、农用航空的发展；与有关部门紧密协作，加强农机科研开发，大力振兴农机制造业和流通业。五是要进一步提升服务能力。要科学编制《"十二五"全国农业机械化发展规划》及配套规划，加强场库棚、机耕道、维修站等农业机械化配套设施建设，加强农机鉴定、推广、监理、培训、维修等农业机械化公共服务能力建设，为农业机械化创造良好的条件。

第三，要开拓创新，狠抓落实。

韩长赋部长和张桃林副部长在讲话中，都着重强调了自身建设问题。2010年农业机械化发展的大政方针已定，关键是要抓落实。长期以来，农业机械化系统在工作中锤炼出一支特别能吃苦、特别能战斗的队伍，树立起"求真务实、开拓创新、清正廉洁、文明高效"的精神风貌，这是我们推进事业发展的根本保障。关于进一步加强农业机械化系统自身建设，我提四点希望：一要在加强学习上下工夫。要在农业机械化系统中树立浓郁的学习风气，全面推进学习型机关建设，自觉用科学发展观武装头脑，指导实践，推动工作。二要在解放思想上下工夫。要加强战略思维，强化大局意识、政治意识、忧患意识，勇于开拓创新，以开阔的视野、开阔的思路、开阔的胸襟，在新的更高的起点上推进农业机械化科学发展。三要在转变作风上下工夫。要深入基层开展调研，求真务实，真抓实干。要加强对农业机械化发展重大问题的研究，掌握基本情况，基础数据和资料。要强化督促检查，做到领导到位，责任到位，措施到位，工作到位，务求实效。四要在改进方法上下工夫。在工作中要有真经实招、良策新路。要统筹兼顾、突出重点，狠抓事关农业机械化发展的全局性、战略性、前瞻性的大事；要加强宣传、加强协调，凝聚人才、凝聚力量，形成共同推动农业机械化又好又快发展的强大合力。还是那句话，同唱一首歌，共促农业机械化。

临近年终岁末，当前我们要突出抓好三件大事。

一是抓紧传达本次会议精神，认真谋划2010年的工作。会议结束后，各省（区、市）、计划单列市和新疆生产建设兵团农机管理部门的负责同志，要及时向当地党委政府汇报好这次会议精神，争取党政领导的重视和有关部门的支持。要根据本次会议确定的指导思想、重点工作，结合本地区、本部门的实际，抓紧制定2010年的工作要点，明确工作思路、工作重点和保障措施。

二是抓好今冬明春的农业机械化生产，切实加强农机安全生产工作。元旦、春节"两节"期间是农机运输作业的高峰期，也是农机事故的易发高发期。各地要针对冬季农业机械化生产的特点，广泛开展安全宣传教育，部署开展农机安全生产大检查，纠正违章行为，消除事故隐患，坚决遏制重特大农机事故的发生，过上平安祥和的新年。农业部办公厅已发了《关于做好元旦春节期间农机安全生产工作的通知》，各地要切实抓好落实。

三是加强农机购置补贴政策宣传，为2010年农业机械化工作营造良好舆论环境。按照国务院领导和农业部领导的批示精神,各地要加强农机购置补贴政策实施和农业机械化典型宣传报道,作为当前的一件大事抓紧抓好。为此,农业机械化管理司已经制定了宣传方案。为配合中央媒体的采访,各省(区、市)农业机械化主管部门要在1月4日前,向农业机械化管理司提供2—3个新闻线索。从现在起至2010年1月底(春节前),重点围绕补贴政策的实施成效、制度措施、典型经验、发展农业机械化的作用意义等内容,精心组织策划,在中央媒体、行业媒体和地方媒体中形成连续的、多层次、多角度的宣传报道,不断掀起农业机械化新闻宣传的新高潮。

其他会议

在全国创建“平安农机”工作会议上的讲话(摘要)

(2009年3月25日·广西南宁)

中华人民共和国农业部副部长 **张桃林**

这次会议是农业部和国家安全生产监督管理总局联合召开的一次重要会议。会议的主要任务是:认真贯彻落实中央1号文件、全国“两会”和全国春季农业生产工作会议精神,总结交流“平安农机”创建活动的成功做法和经验,研究部署今后一个时期“平安农机”创建工作和春季农机安全生产工作。

这次会议在广西召开,并与广西创建“平安农机”工作现场会同期举行,得到了广西自治区党委、政府的大力支持。近年来,广西各级党委和政府高度重视农业机械化工作,尤其是在各部门密切配合、合力推进农机安全生产,建立健全农机安全监理政策法规体系等方面创造了许多经验和典型,平安农机创建工作成效显著,走在了全国前列。

昨天,大家在全国“平安农机”示范县——来宾市兴宾区参观了区、乡、村、户现场。刚才,江苏省安全生产监督管理局、山东省农业机械化管理办公室、广西来宾市和兴宾区、新疆玛纳斯县分别交流了创建“平安农机”活动的做法和经验。他们讲得都很好,希望大家认真学习借鉴。

国家安全生产监督管理总局副局长梁嘉琨、公安部副局长李江平的讲话,我完全赞同。希望各级农业机械化主管部门主动加强与公安、安监部门的紧密配合,通力合作,扎实推进创建“平安农机”工作。下面,我再强调几点意见。

一、肯定成绩,认真总结“平安农机”创建工作基本经验

2006年,农业部、国家安全生产监督管理总局联合开展“创建平安农机,促进新农村建设”活动以来,各级农业机械化主管部门和安全监管部门坚持“安全第一、预防为主、综合治理”的方针,结合实际,落实措施,积极组织开展“平安农机”创建活动。各省(区、市)创建“平安农机”示范县(区、市)440个、示范乡(镇)4 655个、示范村3.5万个、示范户35万多个。通过开展“平安农机”创建活动,各地进一步强化了农机安全宣传教育,落实了农机安全责任制,加大了农机安全监管力度,完善了农机安全长效机制,为有效减少农机安全事故的发生,保障农业机械化又好又快发展,促进社会和谐稳定作出了积极贡献。

(一)政府对农机安全生产进一步重视,多部门协作机制得到完善。全国30个省(自治区、直辖市)农业机械化主管部门和安全监管部门联合转发了两部局制定的“平安农机”创建活动实施方案,成立了“平安农机”创建活动领导小组,指导、督促基层开展创建工作。创建工作得到了党委、政府的高度重视,许多县(区、市)成立了由主管县(区、市)长任组长,农机、安监、公安、交通等多部门为成员单位的创建工作领导小组,将农机安全生产和“平安农机”创建活动纳入到乡镇政府考核目标之中,为创建活动提供了有力的组织保障。

(二)农机安全监理业务进一步规范,源头管理得到加强。2007年农业部在全国范围内组织开展拖拉机登记和驾驶证申领专项整治工作,以清理整治跨行政区域、超标准、超范围发放拖拉机牌证为重点内容,全面开展专项整治活动。各级农机管理部门和农机监理机构以此次专项整治为切入点,把“平安农机”创建与加大规范化建设力度结合起来,严把拖拉机登记、检验关和驾驶人员考试、发证关,强化源头管理;进一步改进工作作风,健全规章制度,简化办事程序,提高办事效率,规范了农机安全监理执法行为,提高了服务质量。

(三)执法力度进一步加大,农机安全监管水平得到提升。三年多来,各地农机管理部门结合“平安农机”创建活动,进一步强化了与公安、安监等部门联合安全执法机制,加大了农机安全执法力度,健全了路面动态管理联动机制、信息互通交流机制、事故应急救援机制等制度,开展了农机事故隐患排查治理以及针对上道拖拉机违法违规、拖拉机搭载学生等一系列农机安全专项整治活动,有效地遏制了重特大农机事故的发生,提升了农机安全监管水平。

(四)安全宣传进一步加强,农民机手的安全意识得到提高。各地大力开展以“六个一”为主要内容的农机安全宣传教育活动,组织人员深入乡镇、村屯,采取多种形式,大力宣传农机安全生产知识,开展农机安全生产教育。“平安农机”示范县、乡、村做到了“墙上有标语,路口有警示,手中有资料,报上有文章,电视有图像,广播有声音”,营造了浓郁的“关爱生命、关注安全”氛围,有效地促进了农机安全生产。

（五）基层安全监管网络进一步完善，农机安全生产工作基础得到夯实。各地把乡镇、村屯作为“平安农机”创建活动的重心，积极发挥基层组织的作用，进一步完善了以县农机监理站为龙头，乡镇农机站为骨干，各级农机协会、合作组织为依托、村农机安全员为基础的农机安全监管体系。江苏、山东等省的一些乡镇、村专门设置了“机手之家”、“机手活动室”等，定期为农民机手提供安全培训、咨询、维修和跨区作业信息服务，激发了广大农民机手接受安全管理的主动性、积极性，夯实了农机安全生产工作基础。

在2006年至2008年创建工作中，北京市怀柔区等104个县（区、市）工作力度大，成绩突出，被命名为全国“平安农机”示范县（区、市）。在此，我代表农业部向荣获全国“平安农机”示范县（区、市）命名的104个县表示热烈的祝贺。向对创建活动给予高度重视和大力支持的地方各级党委、政府领导和安监、公安等部门的同志表示衷心的感谢。向长年战斗在一线工作岗位，为确保农机安全生产，预防和减少农机事故而无私奉献的广大工作人员表示崇高的敬意和诚挚的慰问！

二、强化措施，进一步推进“平安农机”创建活动

农业部和国家安全生产监督管理总局决定，从2009年到2011年，继续开展创建“平安农机”活动，有关工作两部局已联合下发了通知，作出了部署。各级农业机械化主管部门要高度重视，密切协作，精心组织，与有关部门一道共同推进创建工作扎实深入开展。

一是要提高认识，切实增强做好创建工作的责任感使命感。当前，我国农业机械化事业正处于重要的战略机遇期，面临的发展机遇和发展环境可以说是前所未有。特别是国务院决定将2009年购机补贴资金大幅增加至130亿元，必将有力地促进农业机械化事业更快发展，同时也对农业机械化管理工作、尤其是安全监理工作提出了新的更高的要求。几年来的实践表明，创建“平安农机”活动是加强农机安全生产工作的重要载体，是各级政府部门强化农机安全生产工作的重要平台，也是建立健全农机安全生产长效机制，保障农业机械化安全发展的重要举措。我们要从贯彻落实科学发展观、构建社会主义和谐社会的高度，充分认识开展好“平安农机”创建活动的重要意义，以对人民群众生命财产安全高度负责的态度，把创建工作摆在更加突出的位置，切实增强责任感、使命感和紧迫感，以扎实有效的创建工作，提升监管能力，促进安全生产。

二是要明确思路，进一步强化创建工作的目标任务。今后一个时期，创建“平安农机”工作的总体思路是：深入贯彻落实科学发展观，牢固树立科学、安全、和谐发展理念，坚持“安全第一、预防为主、综合治理”方针，以预防和减少农机事故为目标，以创建“平安农机”示范县、乡（镇）、村和户（合作社、协会、作业公司）为载体，以提高农机安全监管能力和农民群众安全生产意识为着力点，落实农机安全生产责任制，完善农机安全监管网络，强化农机安全生产措施，夯实农机安全生产基础，构建农机安全生产长效机制。

基本任务是：各省（自治区、直辖市）结合各地情况，分别创建十个“平安农机”示范县、百个“平安农机”示范乡（镇）、千个“平安农机”示范村和万个“平安农机”示范户（合作社、协会、作业公司），通过“十百千万”示范典型的建设，营造创建“平安农机”的良好氛围，促进农机安全生产形势稳定好转。

三是要加强领导，扎实推进创建工作。各地要牢牢把握创建工作的目标任务和要求，结合实际，制订创建工作方案，明确阶段性目标和任务，精心部署，周密安排，有力有序推进创建工作开展。要积极争取地方政府重视和支持，把创建“平安农机”工作纳入政府安全生产考核目标体系之中，安排必要的资金，建立保障机制，保证创建工作持续开展。要加强部门协作，建立健全多部门协作机制，充分发挥基层组织和各种协会等中介组织作用，共同做好重点时段、重点地区、重点农机具的安全生产监管，努力形成政府统一领导、农业机械化主管部门和安全监管部门依法监管、各部门协作配合、广大农民群众广泛参与的农机安全生产格局。要加强业务指导，根据创建“平安农机”活动各阶段重点，组织农机监理人员深入基层，加强对乡、村、户创建工作的帮助和指导。要认真总结，积极推广示范单位创建工作的先进经验，采取考察、观摩、现场会等形式，鼓励先进，鞭策后进。要加强监督考核。严格按照全国平安农机示范县、乡、村、户创建标准，坚持公开、公平、公正的原则，开展好各项考核评审工作。建立健全监督机制，加强示范单位申报、推荐、考评等工作的督查，杜绝弄虚作假行为。

三、加强监管，努力保障春季农机安全生产

当前，春耕生产从南到北陆续展开，农机生产作业任务繁重；与此同时，气候转暖，农村人员出行增加，拖拉机违法载人现象时有发生，正是农机事故的多发期。各级农业机械化主管部门要充分认识春季农机安全生产的面临的形势，将创建“平安农机”与保障春季农机安全生产紧密结合起来，两手抓、两促进，迅速行动，强化措施，落实责任，加强监管，切实做好春季农机安全生产各项工作，保障春耕生产顺利进行。

（一）狠抓安全检验，确保机具技术状态。春争日，夏争时。保障春耕作业的农业机械技术状态良好，对于抢抓农时、春耕农机安全生产都具有十分意义。各地要加大力度，抓紧开展农机具检验检测工作，努力提高拖拉机、联合收割机等重点农业机械的安全检验率。要及时通告农机拥有者，按时参加年度农机安全技术检验，杜绝因安全技术状态不合格而酿成农机事故。

（二）规范牌证核发，强化源头管理。各地要严格按照《农业机械运行安全技术条件》、《机动车运行安全技术条件》国家标准，切实把好拖拉机、联合收割机的试验鉴定关、注册登记关。要规范拖拉机、联合收割机注册登记工作，坚决做到不符合标准要求的不准办证上牌，不按规定检验合格的不准办证上牌，坚决杜绝超标准、超范围、跨行政区域发牌发证，严厉打击套牌、假牌行为。

（三）强化服务意识，下沉工作重心。各级农机管理部门和农机安全监理机构要强化服务意识，牢固树立“以民为本，为民服务，帮民解难，助民增收，保民平安”的“五民”观念，下沉工作重心，做到培训办证到乡村，年审检验到村屯，维修服务到田头，宣传动员到农家，努力提高服务水平。要针对春季农业机械化生产的特点，加强农机安全生产日常检查指导和技术咨询服务工作，帮助农民机手做好机具检修等工作，努力提高农机手安全驾驶、操作水平。

在全国农机购置补贴工作会议上的讲话(摘要)

(2009年6月23日·安徽合肥)

中华人民共和国农业部副部长　**张桃林**

今天,我们在这里召开全国农机购置补贴工作会议,主要任务是认真贯彻落实党的十七届三中全会和中央一号文件精神,以及国务院常务会议有关农机购置补贴问题的决定,全面回顾总结实施农机购置补贴政策以来取得的成效和经验,认真分析面临的形势和存在的问题,研究部署当前和今后一个时期农机购置补贴工作。

一、肯定成绩,认真总结农机购置补贴工作成功经验

2004年,《中华人民共和国农业机械化促进法》施行,中央把农机购置补贴作为一项政策的实施,标志着我国农业机械化发展进入一个崭新的历史时期。6年来,农机购置补贴专项资金规模逐年加大,由7 000万元增加到2009年的130亿元,6年翻了近8番,实施范围由66个县拓宽到所有的农牧业县,在优化装备结构、提高农业机械化发展水平、促进农业稳定发展和农民持续增收等方面发挥了重要作用。

一是加快了农业机械化进程,提高了农业综合生产能力。农机购置补贴政策的实施,使更多农民购买农业机械的愿望得以实现,推动了我国农业机械化的快速发展,提高了农业生产力水平和农业综合生产能力。农机装备总量快速增长。2008年全国农机总动力达到8.22亿千瓦,比2003年增长36.1%,年均增长6.1%。农机装备结构不断优化。大功率、多功能、高性能及薄弱环节农业机械增长迅速。2008年大中型拖拉机保有量达到299.5万台,配套机具达到435.5万部,分别比2003年增长208%和158%。水稻插秧机、玉米收获机保有量比2003年分别增长2.35倍和10.5倍。农机作业水平显著提高。2008年全国耕种收综合机械化水平达45.8%,比2003年提高了13.3个百分点,由实施补贴前的年均增速不到0.5个百分点提高到2.5个百分点以上。农机作业领域由种植业向畜牧业、渔业、林果业、设施农业、农产品加工业等领域扩展,作业环节由生产环节不断向产前、产后延伸。

二是转变了农业生产方式,促进了农业稳定发展农民持续增收。农业机械的应用,促进了农业生产规模化、集约化和产业化,提高了土地产出率和劳动生产率,既减轻了农民劳动强度,改善了农民生产生活条件,又降低了农业生产成本,提高了农产品产量和质量。比如,在节本方面,推广小麦精量播种技术每亩可以节约种子3—4千克;应用化肥深施可提高化肥利用率10%—15%;高性能植保机械喷药可节省30%—40%的农药;使用联合收割机收获小麦与人工收获相比可减少损失3%左右,仅此一项全国减少小麦遗洒损失25亿千克以上。在增加粮食单产方面,采用大型机械进行深松整地,增产幅度达到10%—15%;水稻机插秧能使公顷增产375千克以上。在提高劳动生产率方面:机插秧与人工插秧相比可提高生产效率20倍以上;一台水稻联合收割机可替代200多人;一台甘蔗联合收获机可替代1 000多人的工作量;抢收抢种、抗旱排涝、大规模的病虫害防治等更是需要机械化作业才可能实现。

三是发挥了支撑保障作用,推进了农业机械化各项工作全面开展。在农机购置补贴政策的扶持引导下,农机大户、农机合作社、农机作业公司等新型服务组织快速发展,加快了农机服务市场化、专业化、产业化进程。2008年底,全国已发展各类农机作业服务组织16.6万个,农机专业合作社8 622个,拥有农机固定资产20万元以上的农机大户达到37.64万户。此外,各地把农机购置补贴工作为当前农机工作的总抓手,以此为契机,全面推动了农机销售维修、培训教育、示范推广、安全监理、质量鉴定等各项农业机械化工作开展。

四是拉动了农村需求,促进了农机工业和服务业发展。农机购置补贴政策的实施直接拉动了农村消费需求,带动了农机工业及相关产业的快速发展。2004—2008年中央财政共投入69.7亿元,带动地方投入52亿元,拉动农民投入购机资金达到373亿元,补贴购置各类农机具240万台(套)。2008年,规模以上农机工业企业产值达到1 915亿元,产销率达98%以上。2009年,虽然受到国际金融危机的冲击,但在农机补贴政策的拉动下,农机生产企业仍然保持良好的发展态势。1—4月全国规模以上农机企业产值达到了695亿元,同比增长23.41%,企业就业人数比2008年同期增加20%以上。

农机购置补贴政策的实施,取得了显著成效。这些成绩的取得,与党中央国务院高度重视、各级党委政府加强领导、财政部门的大力支持分不开,是农机生产、销售企业积极配合的结果,更是全国农机系统广大干部职工齐心协力、辛勤工作的结果。几年来,各级农业机械化主管部门、财政部门求真务实、积极探索、开拓创新、扎实工作,形成了一套科学规范、行之有效的制度和办法,积累了宝贵的经验。

一是精心组织,落实责任。为确保补贴政策顺利实施,农业部、财政部密切配合,对全国农业机械发展现状和需求进行了深入调查分析,科学制定了农机购置补贴规划,为农机补贴政策持续有效实施打下了坚实基础。各级农机、财政部门认真落实责任制,明确任务,精心组织实施。许多省区市将农机补贴实施列入地方政府对农业机械化主管部门的考核内容。大部分省区市农业机械化主管部门专门成立了行政一把手任组长的购机补贴工作领导小组,统筹协调有关工作,为农机购置补贴提供有力的组织保障。

二是建立制度,完善机制。经过多年实践,农机购置补贴形成了一整套的管理制度,办法不断完善,机制不断健全。财政部、农业部联合制定了《农业机械购置补贴资金管理暂行办法》,确立了"五项制度"为核心的操作办法,即:补贴机具竞争择优筛选制、补贴资金省级集中支付制、受益对象公示制、执行过程监督制、实施效果考核制。各环节都有严格的规定。此外,每年还制定年度农机购置补贴实施方案,指导各地开展农机购置补贴工作。各地也制定了补贴资金使用管理办法或实施细则,出台了农机购置补贴工作实施规范、监督管理办法、绩效考评办法、档案管理办法、补贴产品经销商管理办法等一系列规章制度,为购机补贴工作顺利实施提供了制度机制保障。

三是规范程序,阳光操作。农业机械化主管部门以机具选型和补贴对象确定为重点,加强规范操作,努力做到公开、公正、公平。部、省两级补贴机具选型和补贴目录制定工作不断规范,邀请纪检监察部门全程参与,自觉接受社会监督。严格执行公示制度,对农民实际购机情况公示到乡村,接受农民监督。一些省份开发了农机购置补贴管理系统,实现网上申报、审核,提高了效率,加快了结算,方便了监管,使农机补贴管理工作更加科学、规范、高效。

四是强化措施,搞好服务。农业部开通了农机购置补贴信息系统网页,方便农民、企业查询补贴政策和相关信息。各地都公布了购机补贴热线电话,为企业和农民提供咨询。陕西探索建立了农机购置补贴产品超市,方便农民购机。江苏组织实施"一站式"、"零距离"服务,深入到农户家中与农民签订购机合同。山西组织开展"百日农机大回访"行动,对补贴机具质量、服务进行跟踪调查。为减轻企业垫支压力,江苏、陕西还建立了补贴资金预拨付制度。

五是加强宣传、营造氛围。农业部和财政部采取多种形式及时将农机购置补贴实施情况向社会公布,加强政策和工作成效的宣传。各地充分利用广播、电视、报纸、网络等媒体,全方位多渠道宣传购机补贴政策、补贴目录、实施方案、申请程序、典型事例等,努力营造良好的舆论氛围。同时,采取张贴公告到村、发放政策指南到户、发送手机短信到人等方式,使补贴政策家喻户晓、深入人心。

六是严肃纪律,加强监管。农业部完善了监督机制,加大了监管力度,严格执行国务院提出的"三个严禁",即:严禁采取不合理政策保护本地区落后生产能力,严禁强行向购机农民推荐产品,严禁借国家扩大农机具购置补贴之际乱涨价。要求全系统做到"八个不得",即:各级农业机械化主管部门和农业机械化推广机构不得指定经销商;不得违反规定程序确定补贴对象;不得将国家和省级推广目录外的产品纳入补贴目录;不得保护落后强行向农民推荐补贴产品;不得向农民和企业以任何形式收受任何额外费用;不得以任何理由拖延办理农民购机补贴手续和补贴资金结算手续;不得委托经销商代办代签补贴协议或机具核实手续;不得以购机补贴名义召开机具展示会、展销会、订货会。对全国农机补贴实施情况开展了电话抽查和重点督查。各省也都组织开展了自查、互查和督查,努力使农机购置补贴政策实施落到实处。

以上做法和措施很有针对性、可操作性,各项规定也明确具体,指导性很强。总体上讲制度完善、管理规范、措施到位,监管有效。

二、分析形势,准确把握农机购置补贴工作新要求

农业机械化是农业现代化的物质基础和重要标志。党的十七届三中全会明确提出,要大力推进农业科技创新,不断促进农业技术集成化、劳动过程机械化、生产经营信息化。当前,随着工业化、城镇化不断发展以及农村劳动力转移步伐加快,农业对农业机械应用的要求越来越迫切,农民对农业机械化的依赖越来越明显。纵观发达国家实现农业现代化的进程,如美国、日本、德国等各国虽然选择了不同的发展模式和途径,但共同点一般都是在基本实现农业机械化之后20—30年,才基本实现农业现代化。然而,与发达国家相比,我国的农业机械化水平总体还很低,与建设现代农业和社会主义新农村的要求相比还有较大差距。目前,我国许多生产领域农业机械化发展还很薄弱,一些劳动强度大的生产环节亟待突破;区域发展很不平衡,丘陵山区农业机械化严重滞后;农机装备结构不合理的问题没有根本解决。尤其是符合现代农业发展方向和要求的新型适用农业机械还很短缺。据研究测算,与我国实现全面小康社会目标相适应,2020年我国农业机械化化水平需达到70%以上,要求年均提高2个百分点。因此,我国农业机械化发展面临的任务艰巨,责任重大。

农机购置补贴政策是党和国家实施的一项重大惠农政策,是农业机械化又好又快发展的有力"助推器",也是一些发达国家普遍采取的农业补贴措施。实施好农机购置补贴政策,对调动农民购机积极性,加强政府的扶持、引导、调控能力,促进农机装备提升和结构优化,提高农业机械化水平和农业综合生产能力,都具有十分重要的意义。总的讲,农机购置补贴实施以来,农机部门、财政部门密切配合,精心组织,制度不断完善,操作基本规范,成效十分显著。这是一个基本判断,必须予以充分肯定。但我们也应清醒地看到,购机补贴政策实施中还存在一些矛盾和问题,主要表现在:一是尽管国家农机购置补贴资金规模不断增大,但农业快速发展,广大农民群众购机热情巨大,补贴资金仍不能完全满足需求。此外,由于一些地方财政较为困难,配套资金无法及时、足额到位,致使这些地方购机总补贴资金相对较少,供需矛盾比较突出。二是少数地方政策执行不到位,个别农业机械化主管部门存在违规向企业收取费用等现象,影响很坏。有些农机部门对补贴机具监管措施不力,存在违规转卖转让现象。少数地方仍存在指定经销商的问题。三是部分地区补贴资金结算较慢,造成企业资金挤占较多,增加了企业经营成本。关于这点,农财两部多次做出明确要求,企业对这方面的反应也很强烈,希望各级农机部门加强与财政部门的沟通,进一步创新工作办法,提高工作效率。四是一些地方农机企业的服务意识不强,缺乏有效的跟踪服务。目前,随着农机数量的猛增,农机生产厂家在售后服务、机械维修等方面的工作未得到应有的加强。尤其是在农业生产关键时节,机具的零部件供应不到位,机具损坏得不到及时修理,贻误农时。以上这些问题虽然是局部的个别现象,但应引起足够重视。如果解决不好,将直接影响农机购置补贴的实施效果,甚至会坏了政策、毁了干部。

应该看到,随着补贴资金规模的不断增大,补贴政策对农机市场的影响越来越大,农机购置补贴的社会关注度越来越高,新闻媒体将其作为报道的重点,政策研究部门也将其作为研究的重要内容。2009 年以来，中央领导同志多次针对有关媒体报道和专家建议做出重要批示。这些都对我们的工作提出了新的更高要求，对我们执行政策和推进农业机械化上新台阶方面的能力提出了新的更加严峻考验。

面对新形势新要求，针对新情况新问题，我们必须认真总结过去好的做法、好的经验，深入调查研究，完善办法，强化措施，规范操作。关键要处理好以下几个关系：一是要处理好政府扶持与市场主导的关系。我国的经济体制是社会主义市场经济，市场机制在资源配置中发挥着基础性作用。尽管中央财政补贴资金不断增加，达到了 130 亿元，加上地方财政补贴 16 亿元，总量近 150 亿元，而每年农机产品销售额超过千亿元。因此，实施农机购置补贴，必须坚持政府扶持、市场主导的原则。在补贴机具的选择上，既要加强政府引导，发挥政府宏观调控作用，更要坚持农民的主体地位，充分尊重农民的自主权。在机具选型上，一方面要合理确定补贴重点种类，起到促进结构优化、保证机具质量、扶优扶强的作用；同时，要尽可能将符合要求的产品纳入补贴目录，给企业创造一个公平的竞争环境。二要处理好农民利益和企业利益的关系。农机购置补贴政策的实施，既关系到农民的利益，又关系企业的利益。现在各方面对农机购置补贴政策实施办法关注较多，看法较多，分歧也不少。究其原因，主要是所站的角度不一样、立场不一样造成的。作为政府主管部门，必须明确政策取向，按照十七届三中全会重要精神，在坚持强农惠农和提升农业机械化水平的前提下，统筹协调，兼顾各方利益，努力实现双赢甚至多赢。要充分认识到，农机购置补贴首先是一项重要的惠农政策，补贴的重点是农民，核心是提高农业机械化水平；同时，我们也要充分认识到这项政策对农机工业的拉动作用，做到兼顾企业的利益。从政策执行层面讲，就是要不断创新工作方法，做到既发挥好财政投入调动农民购机积极性、推动农业机械化发展的作用，又要发挥好拉动农机工业稳定、健康、快速发展的作用。三要处理好突出重点和兼顾一般的关系。要按照科学发展观的要求，用统筹兼顾的根本方法，既要抓好推进粮食生产全程机械化，突破关键环节，为发展粮食生产提供强有力的农业机械化物质技术支撑，确保粮食生产机械化跃上新台阶，又要积极为推进农业结构战略性调整，实施新一轮优势农产品区域布局规划提供农业机械化支持；既加快推进平原地区农业机械化，又积极发展适合丘陵山区的农业机械化；既加快推进大田作业机械化，又积极发展园艺设施农业机械化，不断拓展农业机械化新领域、新空间。四要处理好因地制宜与统一规范的关系。农机购置补贴政策性强，全国要一盘棋，统一办法，严格规范执行，决不能各搞一套，各行其是。同时也要看到，我国各地农业机械化发展条件不同，需求不同，在具体实施上，各地要结合实际，因地制宜，努力为各地优势农产品生产提供农业机械化支持。这里需要强调的是，因地制宜要在统一规范的基础上进行，不能因为地方特点而随意的地改变规定。五要处理好农机购置补贴与农业机械化其它工作的关系。一方面要通过农机购置补贴这一重大扶持政策的实施，全面提高农机装备水平，改善农机装备结构，并通过政策的实施，促进农机社会化服务、农业机械化技术推广等各项农业机械化工作的全面开展；另一方面，还要积极争取其它农业机械化扶持政策措施，包括农业机械化税收优惠政策、农机作业补贴政策、农业机械化基础设施和公共服务能力建设投入等，不断完善农业机械化政策扶持体系。使农业机械化每个环节相互衔接，互相促进，整体推进。

请各省区市要深刻认识并正确把握以上五个方面关系，结合实际，继续深入研究，在实践中不断完善有关内容，指导农机购置补贴各项工作协调、规范、有效地持续开展。

三、加强领导，努力提高农机购置补贴工作水平

2009 年是实施农机购置补贴政策的第 6 个年头，对农机购置补贴工作来说也是一个特殊的年份。面对补贴资金规模大，实施的进度要求高的情况，农业部和财政部紧急部署，采取有效措施，农机补贴工作启动早、进展快、措施实、督查力度大，实施效果总体是好的。截至 6 月 15 日，全国已执行农机购置补贴资金 78.1 亿元，实施进度达到 78.1%，其中北京、福建、青岛的中央补贴资金已全部落实。全国补贴机具超过 179 万台，受益农户逾 167 万户。各地补贴资金结算进度较往年也明显加快。农机购置补贴实施为扩内需、调结构、促增收、保稳定做出了积极贡献。各级农业机械化主管部门一定要继续本着高度负责的态度，与财政等部门密切配合，以更严的要求、更高的标准和更具前瞻性、预见性的措施，抓好农机购置补贴各项工作，确保农机补贴不折不扣地落实到位，切实让农民得实惠、企业得效益、政府得民心。

第一，进一步明确职责，落实管理责任。农机购置补贴政策涉及到多个部门，明确职责、协调配合尤为重要。各级农业机械化主管部门要把农机购置补贴作为农业机械化工作的头等大事来抓，进一步加强组织领导，完善配套政策，强化全程监督机制，确保补贴工作操作规范，阳光高效。要认真落实领导责任制，明确各级农业机械化主管部门一把手为农机购置补贴实施工作的第一责任人。要有专门处室具体负责购机补贴工作，并充实力量，确保补贴政策实施各项工作和责任落到实处。

第二，进一步强化措施，加快实施进度。目前，农机补贴整体实施进度较快，但发展不平衡，有个别省区进展较慢。进度较慢的地方，要深入分析原因，采取针对性措施，加大工作力度，千方百计加快实施。对于确因需求预测不准，落实有难度的县，要尽早做出调整。对 2009 年下半年追加资金的使用计划，要提前搞好需求摸底，做好实施准备，一旦启动，要立即组织实施。要进一步督促农机生产合理安排生产，提前制定产销计划，保证及时供货，满足农民购机需求。

第三，进一步规范操作，加强监督检查。要严格执行国务院"三个严禁"，坚持"五项制度"，做到"八个不得"。要按照财政部、农业部的相关规定和要求，严格规范程序，阳光操作，做到公正、公平、公开，自觉接受社会监督。要严肃工作纪律，加强监督检查，针对发现的问题要及时采取有力措施加以解决，防患于未然，将小的问题消灭于萌芽状态，防止蔓延。同时，要总结经验，完善办法，健全制度，进一步推进农机购置补贴工作科学化。

第四，进一步加大宣传力度，营造良好环境。要在扎实推进农机补贴各项具体工作的同时，加大宣传力度。一要全面总结和宣传农机购置补贴实施成效，营造全社会共同支持、呵护这一强农惠农政策的良好氛围。二要大力宣传农机购置补贴工作制度、机制和程序，让补贴政策家喻户晓，使社会各界全面了解农机购置补贴制度,形成共识。三要主动与政策研究部门、新闻媒体、宣传单位加强沟通,客观准确地宣传补贴工作,努力营造良好的舆论环境。要认真对待、虚心接受各界舆论监督,有则改之、无则加勉。

第五,进一步严格纪律,推进廉政建设。各级农业机械化主管部门要加强党性教育、警示教育,提高廉政意识。要注重农机购置补贴制度、机制建设,用制度管人、管事,从源头上预防腐败现象的滋生。坚决反对各种形式的商业贿赂,严禁以任何名义、任何形式,违规向企业收取各种费用。严禁以购机补贴名义,强迫企业参加农机产品推介会、展示会或订货会,切实减轻企业负担。各级农业机械化主管部门的纪检机构要全程参与补贴工作。各地要公开举报和监督电话,对农民和企业的举报投诉要认真处理,及时回复。对因违规操作、违反纪律的,一旦查实要严肃处理,绝不姑息。

第六,进一步加强调研,完善实施办法。针对农机购置补贴中存在的问题,财政部与有关部门已经组织了调查研究,正在研究完善办法。各级农业机械化主管部门也要针对面临的新形势、工作中出现的新问题,深入基层,开展调查研究工作。通过调查研究,要进一步明确政策导向,提出改进和完善补贴资金监管的政策建议,完善操作办法,规范操作程序,提高实施效果。要摸清农机装备需求,制定中长期农机购置补贴规划,为国家决策提供依据。要加强政策研究,为农机补贴政策持续有效实施提供理论支撑。

当前,大面积小麦跨区机收已基本结束。2009 年跨区机收工作组织有力有序,进展顺利,投入机具总量、参加跨区作业的机车数、机收作业面积、机收水平均创历史最高水平。全国共投入联合收割机 44 万台,比 2008 年增加 2 万台,其中参加跨区作业的有 28 万台,比 2008 年增加 1 万台。联合收割机日投入量最高达到 33.5 万台,日收获进度连续 5 日超过 100 万公顷,最高达 140.93 万公顷。预计 2009 年小麦机收水平将达到 84%,比 2008 年提高近 2 个百分点。特别是 2009 年小麦机收克服了多次降雨等不利因素影响,做到了抢天夺时,抢收抢种,为夏粮颗粒归仓、实现连续第六年丰产丰收和秋粮生产做出了重要贡献。各级农业机械化主管部门高质量、高效率地组织机收会战,充分展现了服务农业、服务农民的风采。

目前"三夏"农业生产进入了新阶段。夏种进入高峰,早稻收获开始,东北、西北、内蒙古的春小麦将从 7 月初陆续开始收割。希望各级农业机械化主管部门再接再厉、不畏艰辛、连续作战,做好机具调度、生产组织、信息服务,协调好燃油供应,抓好安全生产,全力夺取"三夏"农业机械化生产新胜利。

实施农机购置补贴政策,是推进农业机械化又好又快发展,提高农业综合生产能力,促进农民增收的重要措施,也是当前拉动内需,促进经济平稳较快发展的重大举措。我们要认真实施,规范操作,加强监管,扎实做好农机购置补贴各项工作,为确保国家粮食安全、促进经济平稳较快发展做出新的更大的贡献,以优异的成绩迎接新中国成立 60 周年!

在 2009 年农业厅局长座谈会上的讲话(摘要)

(2009 年 7 月 24 日 · 黑龙江哈尔滨)

中华人民共和国农业部副部长 **张桃林**

一、关于上半年农业机械化发展情况

2009 年以来,各级农业机械化管理部门认真贯彻国务院常务会议有关决定,以及全国农业工作会议关于加快推进农业机械化的各项部署和要求,一个环节一个环节、一项措施一项措施抓落实,取得了明显的工作成效。

一是认真实施农机购置补贴政策。党中央国务院高度重视农业机械化发展,近年来农机购置补贴资金连年翻番。2009 年达到 130 亿元,比 2008 年增加 90 亿元。农业部门会同财政部门精心制定实施方案。方案在资金分配上体现三个优先,即优先向粮食主产区倾斜,优先向农机服务组织和农机大户倾斜,优先向种植业畜牧业生产急需的机械倾斜。各级农业机械化主管部门将实施农机购置补贴作为工作的重中之重,周密组织部署、加快实施进度,加大政策宣传、严格规范操作,确保农民群众早受益、拉动内需早见效。截至 7 月 15 日,全国各省(区、市)已实施中央补贴资金 90.4 亿元(是 2008 年同期执行补贴资金量的 4 倍),占中央财政已下达 100 亿补贴资金的 90.4%。补贴机具超过 206 万台(套),受益农户逾 190 万户。

补贴的宏观引导和调控作用进一步体现,推动了农机装备总量不断增长,结构逐步改善,作业水平快速提升,2009 年耕种收综合机械化水平预计可达到 48%。从装备总量看:2003 年实施农机购置补贴以来,年均增幅在 7% 左右,补贴前为 5.5% 左右;从结构看:多功能、高性能机具和配套农具保持较高增幅,2003 年以来大中型拖拉机、插秧机、玉米收割机年均增长分别达到 25%、27% 和 63%,是实施补贴前的 3—5 倍。大中拖与小拖比例从 2003 年的 1:14 提高的 2008 年的 1:6。从作业水平看:2003 年以来,耕种收综合机械化水平每年增幅都在 1.5 个百分点以上,近三年每年超过 3 个百分点,而 2003 年以前维持在 0.5 个百分点左右。

受补贴政策拉动,1—5 月份农机工业总产值同比增长 23.1%,增幅在机械工业 13 个行业中列第一位。农机购置补贴一举多效、兼顾农工,为扩内需、调结构、促增长、保稳定做出了积极贡献。

二是抓春耕三夏机械化生产。充分发挥农机在抗旱保春管工作中的重要作用,投入抗旱机具 800 多万台套,机灌面积占小麦抗旱灌溉面积的 80%。三夏期间,44 万台小麦联合收

割机抢天夺时,机收面积近1 800万公顷,机收水平84%,再创历史新高。

三是抓重点农业机械化技术推广。着力建设保护性耕作、水稻机插秧、玉米、油菜、马铃薯机械化示范县,2009年保护性耕作实施面积新增666.67千公顷,达到3 333.33千公顷;水稻机插新增733.33千公顷,达到3 933.33千公顷。

四是抓机手培训。针对近年新购机农民大幅增加的情况,部署开展了全国农业机械化教育培训大行动,上半年已培训各类农业机械化人才271万人次。

五是抓农机服务组织培育。落实扶持政策,强化指导服务,制定了关于加快发展农机合作社的意见,各类农机服务组织持续增加,累计总数已达16.6万个。

六是抓农机监理规范化建设。深入开展"平安农机"创建活动,组织农机安全生产事故隐患排查,上半年农机事故数、伤亡人数同比大幅下降。

总的来看,上半年农业机械化在农业生产中发挥了重要作用,保障了"抗旱保春管"和"三夏跨区作业"顺利进行,为实现夏粮"六连增"和农业稳定发展、农民持续增收做出了积极贡献。

二、关于当前农业机械化发展形势和任务

当前,随着我国工业化、城镇化深入发展,农业生产方式、经营方式重大变革以及农村劳动力转移步伐不断加快,农民对农机作业的需求越来越迫切,农业对农机应用的依赖越来越明显。国内外实践证明,发展农业机械化,一是有利于增强农业综合生产能力,保障粮食安全。农业机械装备和作业可以有效改善农业生产条件,提高资源利用率和农业防灾抗灾能力,是在其他生产要素不变的情况下,进一步挖掘粮食增产潜力的现实选择。(国务院新增1000亿斤粮食生产能力规划中,将农业机械化作为挖掘增产潜力的6条措施之一。据测算,仅在适宜地区推广深耕深松作业,即可年增产粮食50亿千克)。二是有利于提高农业组织化程度,促进农民增收。近年来,以跨区作业为代表的农机社会化服务,有效解决了家庭小规模经营与现代化大生产之间的矛盾,既走出了一条中国特色农业机械化发展道路,又为发展农业社会化服务提供了成功实践,推动了农村经营体制机制创新。同时,大大缓解了当前农业生产中劳动力结构性、季节性、区域性短缺的突出矛盾,使外出务工农民"走得出、稳得住",拓展了农民增收空间。三是有利于培育新型农民,推进新农村建设。农业机械化水平的不断提高和农机社会化服务规模的日益扩大,催生造就了一大批种植大户、养殖大户和懂技术、有文化、会经营的农机作业、维修能手。此外,经营农机本身就具有良好经济效益,是吸引人才、资金、技术等各类生产要素回归农业、建设农村的重要纽带。四是有利于振兴农机工业,促进国民经济持续发展。随着购机补贴政策实施规模不断扩大,农机工业快速发展,走出了多年低谷徘徊的局面,成为机械制造业增速最快的行业之一。

与此同时,我们也应当看到,尽管我国农业物质装备水平和农业机械化作业水平有了很大改善,但与建设现代农业的客观要求相比,还有不小差距。一是农业机械化水平总体还比较低,一些作物由于生产环节劳动强度太大、人工成本过高已经影响到农民种植的积极性。二是农机装备结构不够合理,大中型拖拉机及配套农具、一机多用和高效复式作业的机械比例仍很低,适应特色农产品生产需求的新型农业机械比较缺乏。三是农业机械化基础设施建设严重滞后,机耕道、农机停放场库棚、农机维修体系建设欠账较多,有些地方机具下田难、停放难、维修难。四是农机作业服务组织化程度亟待提高,地区之间、个体之间机具有效利用时间和单机作业量差异较大,仍有不小的提升空间。五是农机和农艺措施结合仍欠紧密。目前农业机械化发展面临的技术瓶颈,有机具研发不能适应农艺的问题,也存在品种选育、种植模式选择中,对机械化生产适应性关注不够的问题,制约了一些生产环节机械化水平的提高。

三、关于下半年农业机械化重点工作

当前和今后一个时期农业机械化工作的总体思路是:坚定走中国特色农业机械化发展道路,以发展农机服务组织和建设农业机械化示范区为主攻点,以提升薄弱环节机械化水平为突破点,以推广先进适用农业机械化装备和技术为着力点,落实完善政策,培育发展主体,加强管理指导,大力推进农业机械化全面、全程发展,全面提高农机装备水平、作业水平、安全水平、科技水平和服务水平。具体到下半年,要重点抓好以下六个方面的工作。

(一)进一步落实和完善扶持农业机械化发展政策。要以高度认真负责的态度,继续做好已下达的100亿以及即将下达的30亿农机购置补贴资金实施工作,加快实施进度,严格规范操作,加强监督检查,确保农机补贴不折不扣地落实到位,真正让农民得实惠、企业得效益、政府得民心。深入开展补贴工作调研,认真分析当前和今后一个时期补贴需求,研究补贴办法的完善措施,提前做好2010年补贴实施准备工作。积极协调推动落实中央1号文件中关于农业机械化税费优惠、作业补贴试点、更新报废补偿、启动实施农业机械化推进工程等各项部署要求,扩大农业机械化投入,提升农业机械化公共服务能力。

(二)精心组织重要农时机械化生产。当前正值水稻生产"双抢"大忙时节和全国主汛期,要积极发挥农业机械在农业生产、防灾救灾中的重要作用,周密安排、强化服务,高质量、高效率地组织好重要农时农业机械化生产,毫不松懈地狠抓抢收抢种,保障丰产丰收。特别要安排部署好水稻、玉米跨区机收工作,组织做好作业供需协调、机手培训和技术指导等服务工作,力争全年水稻机械化栽植水平提高2.5个百分点(达到15.5%),水稻机收水平提高4个百分点(达到54%)、玉米机收水平提高2个百分点(达到13%),推动水稻和玉米机械化水平迈上一个新台阶。

(三)积极培育和壮大农业机械化服务组织。要把农机专业合作社作为推进农业机械化发展的重要组织形式,在资金投入、税费减免、人员培训、信息服务等方面加大扶持力度,加强示范引导,强化指导服务,推动农机专业合作社等农机服务组织数量大幅度增加,发展质量明显提升,服务领域进一步拓展。积极发展农机作业、维修、销售市场,大力推进农机社会服务市场化、专业化、产业化。

(四)大力推广先进适用农业机械化装备和技术。积极争取农机科研投入,加快开发多功能、智能化、经济型农业装备设施,进一步提高农机产品的先进性、可靠性、适应性、安全性。要继续推进农机推广体制机制创新,通过政策引导、试验示范、技术指导、示范区建设等措施，大力推广保护性耕作、化肥深施、精少量播种、秸秆田间机械化处理、玉米机收等先进适用农业机械化技术。《保护性耕作工程建设规划(2009—2015)》已经国务院批准印发，各地要协调落实资金投入和各项工作措施，加快保护性耕作普及应用步伐。

(五)进一步加强农业机械化人才队伍建设。继续深入开展农业机械化教育培训大行动，充分利用各种培训资源，结合阳光工程、金蓝领计划、职业技能开发和农业机械化项目的实施，采取政企联动、技能竞赛等形式，培养一大批作业能手、维修能手、经营能手。2009年要实现10%以上的农业机械化管理、技术和作业服务人员接受培训目标，完成500万人次培训任务。

(六)不断强化农机质量和安全监督管理。加强试验鉴定、质量调查、投诉监督工作和标准化建设，大力提高农机产品、作业、维修和服务质量。《农业机械安全监督管理条例(草案)》近期将报国务院审议。条例公布后，各地要认真学习宣传、贯彻实施，推动农机安全监理规范化建设，预防和减少重特大农机事故发生。

在“新中国农业机械化发展60年座谈会”上的讲话(摘要)

(2009年9月28日·北京)

中华人民共和国农业部副部长　**张桃林**

新中国成立以来，党和国家高度重视发展农业机械化，迅速建立了较为完善的农机管理、科研、教育、制造、流通、鉴定、推广、监理、维修和服务体系。60年来，我国农业机械化在改革中前进，在创新中发展，取得了举世瞩目的发展成就，总体上已经进入了中级发展阶段，实现了历史性的跨越。从装备水平上看，2009年全国农机总动力将超过8.8亿千瓦，比1949年增长了1万倍以上；高性能、大功率的田间作业动力机械和配套机具快速增长，农机装备结构进一步优化。从作业水平上看，小麦生产已经基本实现了全程机械化，水稻、玉米生产机械化快速推进，畜牧业、渔业、林果业、农产品加工业和设施农业等领域的机械化全面发展，全国农业耕种收综合机械化水平2009年将达到48%。从制造水平上看，我国农机工业从无到有，规模以上农机生产企业达到2 000多家，科研创新能力和生产能力不断增强，已发展成为世界农机生产大国。从服务水平上看，农机大户、农机合作社等新型农机服务组织不断发展壮大，农机服务领域不断拓宽，农机服务产业化进程加快，农机销售、作业、维修三大市场蓬勃发展，4 000多万农机手已成为建设现代农业的主力军。农业机械化的快速发展，为提高我国农业综合生产能力，解放农村生产力，促进农业稳定发展、农民持续增收、农村和谐稳定和我国经济社会持续健康发展做出了重要贡献。

回顾和总结新中国成立以来农业机械化发展历程，可以得出很多重要启示和宝贵经验。一是必须坚持以人为本，兴机富民。尊重农民在农业机械化发展中的主体地位，最广泛地调动农民群众的积极性、主动性和创造性，加快推进农业机械化，让广大农民群众共享社会文明进步的成果。二是必须坚持因地制宜，分类指导。根据不同区域的自然禀赋、经济条件和耕作制度，采取不同的发展战略和推进措施，鼓励有条件的地方率先实现农业机械化。三是必须坚持重点突破，全面发展。大力推进农机农艺结合，加快实现粮食主产区、主要粮油作物、关键生产环节机械化，带动农业机械化全面协调发展。四是必须坚持加快创新，完善机制。增强自主创新能力，加快开发应用先进适用的农业机械化技术和机具，完善农机社会化服务机制，提高农机利用效率和经营效益。五是必须坚持市场引导，政府扶持。以市场需求为导向，引导社会资本、技术和人才等要素投入，加强财政、税费、金融等政策扶持力度，充分调动企业研发生产和农民购置使用农业机械的积极性。六是必须坚持依法管理，积极推进。不断完善农业机械化法律法规体系，营造良好的发展环境，提高依法行政的能力和水平，努力建立促进农业机械化又好又快发展的长效机制。这些宝贵的经验，归结起来就是：我们必须坚持以科学发展观为指导，从中国国情出发，坚持走“农民自主、政府扶持，市场引导、社会服务，共同利用、提高效益”为主要特征的中国特色农业机械化发展道路。

当前，农业机械化发展面临着前所未有的战略机遇期，处在大发展、上台阶的关键阶段。一方面，农业机械化速度还要加快；另一方面，农机总量还是要巩固和提高；同时，还要把结构优化和质量提升放到更加突出的位置。我们有一个展望，2020年达到65%以上，这也是基于将来整个农业农村经济发展，包括对整个农业机械化内在的要求。但是农业机械化的体系建设、能力建设还不能完全跟上，不同作物、不同地区发展不平衡的问题还比较突出，尤其是南方丘陵、山区农业机械化工作确实还是处在起步阶段。我们对农业机械化的理解要与时俱进，要创新和拓展。过去集中在粮食作物生产机械化，这几年经济作物发展也比较快，但整体来讲还不够，还要向养殖业、林果业、农产品加工、设施农业等方面进行延伸。尤其是要提高农业机械化发展的内涵，对高性能、多功能农业机械的研发和推广应用还要加大力度。下一步，我们要进一步落实和完善扶持农业机械化发展政策，以发展农机服务组织为主攻点，以提升薄弱环节机械化水平为突破点，以推广先进适用农业机械化装备和技术为着力点，重视农业机械化人才队伍建设，强化农机质量和安全监督管理，促进粮棉油糖等大宗作物耕种收机械化水平大幅度提高，养殖业、林果业、农产品初加工、设施农业机械化协调推进，农业机械化服务体系不断完善，服务能力显著增强，为农业稳定发展、农产品有效供给和农民持续增收提供坚实的装备支撑。

在纪念《中华人民共和国农业机械化促进法》施行5周年暨实施农业机械安全监督管理条例座谈会上的讲话(摘要)

(2009 年 10 月 30 日 · 北京)

中华人民共和国农业部副部长　**张桃林**

今天,全国人大农业与农村委员会、国务院法制办公室、农业部联合召开座谈会,回顾、总结《中华人民共和国农业机械化促进法》实施以来的成绩和经验,研究、探讨新形势下进一步贯彻《中华人民共和国农业机械化促进法》和实施《农业机械安全监督管理条例》、推进农业机械化的措施,这是对《中华人民共和国农业机械化促进法》实施 5 周年的最好纪念。

《中华人民共和国农业机械化促进法》于 2004 年 11 月 1 日起施行,这是我国首部专门关于农业机械化的法律,标志着我国农业机械化进入了依法促进的新阶段。2004 年—2009 年的中央 1 号文件和十七届三中全会都明确提出了加快推进农业机械化的要求和措施。五年来,各地区、各部门紧密配合,扎实工作,采取有力措施宣传、贯彻、落实《中华人民共和国农业机械化促进法》,大力推进农业机械化发展。

一是广泛开展多种形式的学习宣传活动,营造有利于农业机械化发展的社会氛围。农业机械化工作摆上了各地区、各部门的重要议事日程,很多省市人民政府下发了加快农业机械化发展的意见,一些地方将农业机械化发展纳入政府考核目标,关心农业机械化、支持农业机械化、依法促进农业机械化逐步成为社会的普遍共识。

二是着力加快配套法规建设,构建了比较完善的农业机械化法律法规体系。2004 年以来,农业机械化法制建设的进程明显加快。国务院公布施行《农业机械安全监督管理条例》。农业部颁布实施了《农业机械试验鉴定办法》等 7 个规章,与财政部、发展和改革委员会联合颁布了国家支持推广的农业机械产品目录管理办法等规范性文件。山西等 23 个省、区、市人大先后新制定了农业机械化促进条例、或对原有的农业机械管理条例及时进行修订,强化了扶持措施内容。以《中华人民共和国农业机械化促进法》为核心的农业机械化法律法规制度体系逐步完善,农业机械化各项工作基本有法可依、有章可循,对于依法兴机,规范管理发挥了重要保障作用。

三是不断加大政策支持力度,大幅度增加对农业机械化的投入。各级政府依照《中华人民共和国农业机械化促进法》的要求,不断加大对农业机械化发展的财政投入。近 5 年各级财政累计投入购机补贴资金约 270 亿元,受益农户超过 500 万户。国家对农机制造、农机流通、农机作业服务实施了税费优惠政策。江苏、黑龙江等省市还出台了农机政策性保险、作业补贴、报废更新经济补偿等扶持措施。国家和地方对农业机械化的扶持力度逐步加大,相关政策环境持续向好,极大调动了农民和企业发展农业机械化的积极性。

四是认真履行法律职责,合力推进农业机械化全面快速健康发展。农业机械化主管部门与发展改革、财政、科技、交通、工商、质检等主管部门紧密协作,合力促进农业机械化发展。精心组织实施了农机购置补贴政策,规范操作、严格监管,农机购置补贴成为提高农机装备水平、改善装备结构、拉动农机工业发展的有效举措。加强了农业机械化科研和技术推广工作,水稻生产机械化、玉米生产机械化技术和保护性耕作技术研发和推广应用取得重大突破,马铃薯、油菜、牧草、甘蔗收获、复式农田作业机具的创新研究取得明显进展。认真做好重要农时机械化生产组织和服务工作,推动大规模跨区作业服务由小麦机收向水稻机收、玉米机收、机插秧等环节拓展,有效保障了农业生产顺利进行。组织了农业机械化教育培训大行动,年培训农机操作、维修、经营人才 400 万人次。积极引导扶持农机服务组织增强服务能力、提升服务质量,促进农机服务组织形式多样化、服务方式市场化、服务内容专业化、投资主体多元化。依法开展了农机产品质量鉴定、监督抽查及投诉处理等工作,农机产品市场、农机维修市场秩序明显好转,有效维护了农机生产者、使用者合法权益。深入开展创建“平安农机”等专项工作,强化农机安全生产宣传教育,农机事故的起数和死亡人数明显下降。

总的来看,《中华人民共和国农业机械化促进法》公布实施的 5 年,是我国农业机械化发展形势最好、成效最大、速度最快的时期。广大农民购机用机性持续高涨,农机市场产销两旺,农机工业产值年均增长 20% 以上,2009 年有望超过2 300亿。农机装备总量快速增长,年均增长 6 个百分点以上,2009 年全国农机总动力预计达到 8.75 亿千瓦。农机装备结构不断优化,大功率、多功能、高性能及薄弱环节农业机械保有量增长迅速,2008 年大中型拖拉机保有量、水稻插秧机、玉米联合收获机保有量分别比 2004 年增长 1.69 倍、2 倍和 7.4 倍。农机社会化服务快速发展,农机专业合作社等新型服务组织不断涌现,预计 2009 年全国农机服务经营收入超过4 000亿元,比 2004 年增加1 500亿元。农业机械化水平快速提高,耕种收综合机械化水平年均提高 2.7 个百分点,远远高于之前 10 年平均 0.7 个百分点的增幅,2009 年综合机械化水平将超过 48%,比 2004 年提高了 13.7 个百分点。(《中华人民共和国农业机械化促进法》实施 5 年综合机械化水平提高的幅度相当于法律实施之前 16 年总和)农业机械化的快速发展,为增强农业综合生产能力、保障粮食等主要农产品有效供给和农民持续增收提供了坚实的物质支撑，为推进我国工业化、城镇化、农业现代化进程做出了突出贡献。

回顾五年来的工作，在贯彻实施好《中华人民共和国农业机械化促进法》中取得了许多实践经验，归纳起来有三条：一是必须大力开展政策法规宣传，不断调动广大农民发展农业机械化的积极性，增强各地区各部门各级干部的履行法定职责的自觉性，这是贯彻实施好《中华人民共和国农业机械化促进法》的基础。二是必须制定完善配套政策法规体系，将法律原则性规定具体化、政策化，使得各项重点工作有法可依、有章可循，有政策支持和专项投入，这是贯彻实施好《中华人民共和国农业机械化促进法》的保障。三是必须依法强化部门之间协调配合，争取对农业机械化全方位的重视和支持，形成政府主导、部门协同推进农业机械化发展的强大合力，这是贯彻实施好《中华人民共和国农业机械化促进法》的关键。这些经验弥足珍贵，需要我们长期坚持和不断丰富发展。

在充分肯定《中华人民共和国农业机械化促进法》贯彻实施5年取得成绩的同时，也要看到，与广大农民和我国农业对农业机械化的日益增长的旺盛需求相比，农业机械化发展和《中华人民共和国农业机械化促进法》的贯彻实施还存在一些不容忽视的问题，需要在今后认真加以解决。主要是，有的地方对加快推进农业机械化的重要性紧迫性认识不足，扶持促进农业机械化发展的财政投入渠道还比较单一，相关工作力度极不平衡，科研、技术推广工作得不到有效支持，示范区建设机制尚未建立，部分农业生产急需的农机新产品新技术有效供给不足，一些增产增效、节能环保的适用技术普及速度不够快，机耕道、场库棚等农业机械化基础设施及公共服务设施建设严重滞后，农业机械化信息搜集、整理、发布制度尚不完善，农业机械化公共服务能力亟待加强，农机服务组织化程度亟待提高，农机合作社等服务组织培育扶持力度有待进一步加大，农用柴油价格近几年来大幅上涨推动作业成本上升，农机作业用油补贴制度有待完善，等等。这些问题，需要我们共同认真研究、切实加以解决。

发展现代农业、建设社会主义新农村、全面建设小康社会，对进一步贯彻实施《中华人民共和国农业机械化促进法》提出了许多新要求。各级农业机械化主管部门要以《中华人民共和国农业机械化促进法》公布施行5周年为新的起点，继续在各级人大的监督指导和各级党委、政府的组织领导下，在各有关部门和社会各界的关心支持下，更加认真地履行农业机械化促进法赋予的职责，更加努力地推动法律的深入贯彻实施。今后一个时期，要根据农业机械化发展现实需要，与有关部门一起共同推动法律规定的全面落实、扶持政策措施作用的全面发挥，继续加大农机科研条件建设、农业机械化技术推广资金、农机企业技术改造、农业机械化公益服务设施建设的支持力度，加快农业机械化扶持政策创新，研究制定实施重点环节农机作业补贴、农业机械化推进工程、农机信贷支持、农机政策性保险业务、农机服务组织场库棚用地便利等扶持政策，更好地调动和保护农民购机用机积极性。要切实提高依法行政、依法促进的能力和水平，以培育壮大农机服务组织和建设农业机械化示范区为主攻点，以提升薄弱环节机械化水平为突破点，以加强农业机械化公共服务能力建设为支撑点，加强指导服务，加快推广先进适用农业机械化装备和技术，全面提高农机装备水平、作业水平、安全水平、科技水平和服务水平。

2009年11月1日，也是《农业机械安全监督管理条例》正式施行的日子。《农业机械安全监督管理条例》是农业机械管理的第一部行政法规，建立健全了农业机械生产、销售、维修、使用操作、事故处理、监督管理等有关管理制度，构建了统一、完整的农业机械安全监督管理体系，为农业机械管理工作提供了法制保障，对于保障农业机械化安全发展、科学发展、和谐发展，维护人民生命财产安全和农村社会和谐稳定具有十分重要的意义。各级农业机械化主管部门一定要充分认识贯彻实施《农业机械安全监督管理条例》的重要性，增强责任感、使命感和紧迫感，将学习宣传贯彻实施《农业机械安全监督管理条例》作为推动农业机械化发展的重要任务来抓，加强领导，精心组织，狠抓落实，确保《农业机械安全监督管理条例》贯彻实施工作抓紧、抓好、抓到位。一要高度重视《农业机械安全监督管理条例》的宣传培训，抓紧制定本地区、本部门的宣传培训方案，并抓好组织落实，有计划、有重点地组织开展学习培训和宣传工作，对《农业机械安全监督管理条例》进行深入广泛的宣传，为《农业机械安全监督管理条例》的贯彻实施营造良好的社会氛围。二要主动向当地党委、政府汇报，落实《农业机械安全监督管理条例》中关于各级人民政府加强对农业机械安全监督管理工作的领导，完善农业机械安全监管体系，保障农业机械安全的财政投入，建立健全农业机械安全生产责任制的有关要求，抓紧制定农业机械安全监督管理体系建设规划，理顺职能，充实力量，保障投入，完善装备，提升农业机械安全监管能力，为《农业机械安全监督管理条例》的实施提供组织保障、装备保障。三要依据《农业机械安全监督管理条例》规定，结合本地实际，制定或完善配套的地方性法规、规章、标准和工作规范，切实把《农业机械安全监督管理条例》规定的各项制度落到实处。四要认真履行《农业机械安全监督管理条例》赋予农业机械化主管部门的各项职责，切实做好农业机械注册登记、安全技术检验、安全检查、事故处理、安全鉴定、维修管理、报废回收和操作人员安全宣传教育、考试发证等工作，坚持以人为本，规范执法，优质服务，寓管理于服务之中，切实维护广大农业机械使用者和企业的合法权益。五要主动与财政、工业、公安、质检、工商、安监等主管部门建立紧密协作的工作机制，合力做好农业机械安全监督管理工作，有效预防和减少农业机械事故，维护人民生命财产安全和农村社会和谐稳定。

我国正处在由传统农业向现代农业迈进的关键时期。农业机械是现代农业的重要物质基础，农业机械化是农业现代化的重要方向。发展农业机械化意义重大，任重道远。加快推进农业机械化，需要各方面的指导、支持和帮助。衷心希望各级人大和法制部门加强对农业机械化工作的监督和指导，衷心希望各有关部门继续大力支持农业机械化工作，衷心希望新闻媒体和社会各界继续广泛宣传农业机械化工作。让我们全面贯彻落实科学发展观，齐心协力，求真务实，开拓创新，扎实工作，努力推动农业机械化又好又快发展，为农业发展、农民增收、农村繁荣做出新的更大贡献！

在2009年全国农业机械化春耕备耕现场会暨水稻育插秧机械化技术示范推广项目启动会上的讲话(摘要)

(2009年2月17日·浙江余姚)

农业部农业机械化管理司司长　宗锦耀

这次会议是进入2009年后农业机械化管理司召开的第一个全国性工作会议,是在全国奋战抗大旱保春管,春耕生产即将全面展开的关键时刻召开的一次重要会议。会议的主要任务是:认真贯彻中央1号文件精神,落实中央农村工作会议、全国农业工作会议和全国抗旱保春管工作视频会议的要求,安排部署农机抗旱和春耕备耕工作;启动全国水稻育插秧机械化示范推广项目,加快推广水稻育插秧机械化技术,加速发展水稻生产机械化。

一、认清形势,切实增强加快推进农业机械化的责任感、紧迫感和使命感

农业机械化作为农业现代化的物质基础和重要标志,是实现中国特色农业现代化的必由之路。没有农业的机械化就没有农业的现代化,也没有国家的现代化。在农业现代化进程中"人减、机增"的趋势不可逆转,对农机装备和农机作业的需求将呈现出刚性增长的态势。加快推进农业机械化,转变农业生产方式,实现劳动过程机械化,是提高土地产出率、资源利用率、劳动生产率的重要手段,也是改善农民生产生活条件、促进农业稳定发展和农民持续增收、推动农村经济社会全面进步的重要力量。党的十七届三中全会通过的《关于推进农村改革发展若干重大问题的决定》提出要加快推进农业机械化,促进农业劳动过程机械化。胡锦涛总书记、温家宝总理几次强调要加快推进农业机械化。2008年12月27日召开的中央农村工作会议明确指出,要把加快推进农业机械化作为建设现代农业、拉动农机工业发展、扩大国内需求的重要工作来抓,全面提高农业机械化水平。回良玉副总理对近年来我国农业机械化快速发展的成就和购机补贴政策实施成效表示高度肯定。国务院决定2009年安排购机补贴资金100亿元,比2008年增加60亿元。刚刚公布的2009年中央1号文件提出要加快推进农业机械化,明确了政策措施,包括加大购机补贴力度,加快农业机械化基础设施建设,提高农机推广服务和安全监理能力,支持农机研发制造、农机信贷,开展农机作业补贴试点,完善燃油供应保障机制,建立农机报废更新经济补偿制度等方面,措施之多、含金量之高,振奋人心。这体现了党中央国务院高度重视农业机械化发展的鲜明态度,向社会各界和广大农民发出了国家大力支持农业机械化发展的强烈信号,对农业机械化管理工作提出了新的更高的要求。当前,关心和支持农业机械化的社会氛围越来越浓厚,农业机械化发展面临的发展机遇和发展环境前所未有,发展步伐越来越快。我们要把思想认识统一到十七届三中全会精神和中央领导对农业机械化工作的重要指示上来,统一到中央1号文件和中央农村工作会议、全国农业工作会议精神上来,充分认识新形势下做好农业机械化工作特殊而重大的意义,进一步坚定加快推进农业机械化的信心和决心。要紧紧抓住和用好难得的发展机遇,锐意进取、鼓足干劲,乘势而上,不断开辟农业机械化发展新局面。要按照全国农业工作会议和农机专业会的部署,围绕农业发展、农民增收、农村繁荣的目标,以发展农机合作社等新型农机服务组织和示范区建设为主攻点,以提升水稻栽植、玉米收获、油菜播种收获等薄弱环节机械化水平为突破点,以推广机械化育插秧、玉米机收、保护性耕作、深耕深松等先进适用农业机械化装备技术为着力点,发展壮大农机服务组织,加强农业机械化科技创新,加快农业机械化基础设施建设,提升农业机械化公共服务和依法行政能力,培育农业机械化人才队伍,狠抓购机补贴等扶持政策落实、春耕三夏三秋等重要农时机械化生产组织、农机质量监管、农机安全监理规范化建设等重点工作,加快推进粮食作物全程机械化,积极发展经济作物生产机械化,提高畜牧业、渔业、林果业及设施农业和农产品加工业机械化平,不断提高农机装备水平、作业水平、科技水平、安全水平和服务水平,努力取得推动农业机械化科学发展的新成效。

二、迅速行动,全力做好农机抗旱和春耕备耕工作

2008年入冬以来我国冬麦区发生严重旱情,夏粮生产面临着多年少有的极其严重的挑战,党中央、国务院高度重视当前旱情发展和抗旱工作。春耕生产在即。农业部专门召开了全国抗旱保春管工作视频会议,对抗旱保春管和春耕备耕工作进行了部署。发出了《农业部办公厅关于做好农机抗旱和春耕备耕工作的通知》,对组织好农机抗旱救灾和春季农业机械化生产提出了明确要求和安排。各级农业机械化管理部门要充分认识做好农机抗旱救灾和春季农业机械化生产对推动全年农业机械化的发展,夺取夏季粮油好收成,巩固农业发展好形势,促进经济平稳较快发展的重要的意义,把农机抗旱和春耕备耕作为当前农业机械化工作最紧迫、最重要的任务,紧急动员,落实责任,迅速行动,加强组织领导,动员一切可以动员的力量,确保农机抗旱保春管工作迅速全面展开,扎扎实实完成春耕生产的各项工作任务,为打好全年农业生产开局第一仗,力争夏季粮油丰收和全年农业有个好收成做出贡献。一要认真落实扶持政策。按照中央1号文件的要求,抓紧工作,认真做好落实购机补贴政策的各项工作,保证春耕前将政策落实到位,农民购置机具到手。满足抗旱救灾和春耕生产需要。要积极协调落实中央1号文件关于开展重点环节农机作业补贴试点,对农机大户、种粮大户和农机服务组织购置大中型农机具给予信贷支持,完善农用燃油供应保障机制等加快推进农业机械化的政策。进一步协调落实农机跨区作业免费通行、对农机作业服务和农机维修免征所得税等政策,降低农业生产成本,进一步推进农业机械化发展。二要深入开展技术服务。积极组织广大农机技术人员进村入户,帮助和指导农民机手保养、调试和检修各类农机具,开展减灾防灾知识宣传培训,示范推广保护性耕作、精量播种、机械深松、节水灌溉、机械化坐水播种和水稻机械化育插秧等新技术,协调好农机具、零配件和油料的储备供应,会同有关部门做好春耕期间农机打假护农工作,确保在作业前全面完成机具检修任务,确保抗旱机具运行状态良好,实行科学救灾,提升春耕备耕科技水平,提高农机作业质量和春播质量,保护农民利益。三要精心组织机具作业。积极组织农机开展抽水浇地和运送抗旱物资等作业。发展机械化植保专业防治服务组织,使用高效植保机械装备和技术。组织协调各类农机服务组织、专业合作社开展跨区机耕、机播、机插等作业,提高农机具利用率和经营效益。积极组织农机投入高产创建活动。组织开展帮扶助困活动,为"军、烈、孤、困、寡、打工"六户和干旱重灾户实行"优先、优质、优惠"的三优作业服务,解决他们的后顾之忧。四要努力保障安全生产。加强农机安全生产宣传教育,做好春季农机年度安全检验工作,组织开展春季农机隐患排查治理,会同有关部门查处无牌行驶、无证驾驶和拖拉机违法载人等行为,消除农机事故隐患,确保春耕农机安全生产。五要积极做好信息宣传。及时报送、发布生产作业进度和柴油供应、作业价格、天气等动态信息,加强对农机作业服务的信息引导。认真组织策划春季农业机械化生产宣传报道,为农机抗旱和春耕备耕营造良好的舆论环境。

三、扎实工作,加速推进水稻生产全程机械化

从三大粮食作物的机械化水平来看,小麦生产机械化问题可以说已基本解决,玉米生产机械化除了机收外,其他主要作业环节机械化作业基本解决。而水稻生产综合机械化水平最低,特别是栽植环节机械化成为推进水稻生产机械化最突出、最薄弱的环节。2008 年全国玉米机收水平仅 10% 左右,水稻机播、机插秧、机抛秧面积合计仅占水稻种植面积的 13% 左右,水稻生产机械化和玉米收获机械化,是粮食生产全程机械化同时也是农业机械化的重中之重。目前水稻收获机械化水平已经超过 50%,加快推进水稻栽植机械化和玉米收获机械化,才能实现真正意义的粮食生产机械化。从国际上看,世界种植的水稻 95% 的在亚洲,以插秧为主。机插秧是水稻栽植机械化的主要方式和主导方向。从近些年全国开展水稻育插秧机械化技术示范推广的实践看,机插育秧秧田利用率比常规育秧提高 8—10 倍,大幅度节约耕地。机械化插秧作业减少劳动用工量 40%,大幅度提高工效;机械栽插比人工手插平均节约成本 450 元/公顷左右,提高单产 375 千克/公顷以上。发展水稻育插秧机械化具有节省秧田、节约水肥、省工节本、高产稳产等优势,对提高水稻综合生产能力,保障粮食安全,增加农民收入意义重大。在推进水稻收获机械化的同时,加速突破水稻育插秧机械化薄弱环节,加快水稻生产机械化,是当前和今后一个时期农业机械化系统的一项重点工作。希望大家进一步提高对发展水稻育插秧机械化重要性、紧迫性的认识,将水稻育插秧机械化示范推广工作摆上重要议事日程,坚持把机械化育插秧作为水稻栽植机械化的主攻方向不摇摆,坚持行政组织推动不动摇,坚持农机和农艺结合不折腾,坚持整合技术、资金、项目等各种资源不放松,鼓足干劲,再接再厉,将水稻育插秧机械化技术的示范推广工作抓紧、抓实、抓好,把发展水稻生产机械化的各项措施落到实处,推动全国水稻生产机械化加速发展。

一年之季在于春。春耕生产即将从南到北全面展开,水稻育插秧机械化技术的示范推广也将全面展开。繁重的任务等待着我们,严峻的挑战考验着我们,光荣的使命激励着我们。各级农业机械化主管部门要一手抓抗旱救灾、一手抓春耕备耕,尽快落实各项政策措施,打好全年农业生产开局第一仗,努力推动农业机械化又好又快发展,为促进农业稳定发展、农民持续增收和我国经济平稳较快增长作出新的更大的贡献,以优异的成绩迎接新中国成立 60 周年!

在全国农机专业合作社建设经验交流会议上的讲话(摘要)

（2009 年 5 月 6 日 · 河南郑州）

农业部农业机械化管理司司长　宗锦耀

这次全国农机专业合作社建设经验交流会的主要任务是,贯彻落实党的十七届三中全会决定、中央 1 号文件和《中华人民共和国农民专业合作社法》的精神,总结交流发展农机专业合作社的成效经验,研究提出今后一个时期发展农机专业合作社的工作思路和措施,推动农业机械化科学发展,为推进现代农业和社会主义新农村建设,促进我国经济社会平稳较快发展贡献力量。这次会议是继 2006 年全国农机社会化服务经验交流会后,农业部又一次召开的推进农机社会化服务体系建设的重要会议。会议在河南省召开,得到了河南省政府和省农业机械管理局的高度重视和大力支持,我代表农业部农业机械化管理司表示衷心的感谢!近年来,河南省加大对农机社会化服务工作的组织领导,以发展农机专业合作社为抓手,积极开展组织创新、机制创新和管理方式创新,大力培植新型农机服务组织,农机专业合作社快速发展,农机社会化服务能力、质量和效益明显提升,工作成效十分明显,为各地提供了可资借鉴的宝贵经验。今天上午,我们参观了焦作市的农机专业合作社现场,刚才河南、黑龙江、山西、江苏、浙江等 5 个省分别介绍了各自的工作经验,各具特色,富有成效,很有启发。农业部农村合作经济经营管理总站副站长赵铁桥作了重要讲话,对下一步我们做好农机专业合作社工作很有指导意义。下面,我讲三点意见：

一、充分认识发展农机专业合作社的重大意义

当前，我国已进入以工促农、以城带乡的发展阶段，进入了加快改造传统农业、走中国特色农业现代化道路的关键时刻，进入了着力破除城乡二元结构、加快形成城乡经济社会发展一体化新格局的重要时期。党的十七届三中全会通过的《中共中央关于推进农村改革发展若干重大问题的决定》作出了加强农村制度建设、积极发展现代农业和加快发展农村公共事业，进一步推进农村改革发展的战略决策和重大部署。对扶持农民专业合作社发展，构建适应现代农业发展的生产经营体制作出了全面部署。农机专业合作社是农民专业合作社的重要组成部分。它在坚持家庭承包经营责任制的前提下，将广大农机拥有者、使用者紧密联结起来，既根据农民需求提供各种社会化服务，解决了农业机械大规模作业与亿万农户小规模生产的矛盾；同时，又使得农机经营者能够有组织地面对千变万化的市场，不断开拓农业服务新领域，努力增强农业服务功能，增加服务收入。农机专业合作社已成为推进农业机械化、发展现代农业、建设社会主义新农村的重要力量。实践证明，农机专业合作社是提高农民生产组织化程度的有效途径，是实现农业社会化服务的重要形式，是农村经济社会发展的重要制度保障。发展农机专业合作社，对于深入贯彻党的十七届三中全会决定和2009年中央1号文件精神，加快推进农业机械化，促进农村改革发展，推进社会主义新农村建设，实现中国特色农业现代化，加快形成城乡经济社会发展一体化新格局都具有十分重要意义。

（一）发展农机合作社是完善农业生产经营体制的重要内容

随着工业化、城市化进程加快，农村劳动力大量转移，农业对农机运用的依赖越来越明显，农民对农机作业的需求越来越迫切。农机专业合作社具备比较完善的服务功能，可以开展多层次、多领域、全方位的农业生产经营社会化服务，解决一家一户难以解决的许多生产经营问题，推动家庭经营向采用先进科技和生产手段方向转变，提高集约化水平。另一方面，农机专业合作社通过代耕代种、农田托管、土地承包、股份合作等形式开展规模经营，可以在不改变土地承包经营权的前提下，推动土地经营方式创新，加快农村土地流转，促进统一经营向农户的联合与合作，形成多元化、多层次、多形式经营服务体系的方向转变。发展农机专业合作社可以有效解决农田弃耕、撂荒问题，支持促进农村劳动力转移，进一步稳定和完善农村家庭承包经营制度。

（二）发展农机专业合作社是增强农业综合生产能力的有效举措

我国人多、地少，保障国家粮食安全，增加农产品有效供给面临着农业比较效益低、资源环境约束大、投入不足、基础设施薄弱、生产要素流出严重、社会化服务能力不强等诸多困难。发展农机专业合作社，可以提高农机装备水平和使用效率，加快农业机械化的发展，增强农业物质技术基础，提高农业抵御自然灾害的能力；可以提高农机社会化服务的组织化程度，增强农业社会化服务能力。通过农机专业合作社，能够实现农业规模化经营、标准化生产、社会化服务的有机统一，促使土地、劳动力、资金、装备、技术、信息、人才等得到有效整合，加快农业科技应用，提升农业生产集约化水平和组织化程度，有效提高土地产出率、劳动生产率和资源利用率。因此，加快发展农机专业合作社，有利于实现农业生产要素和资源合理配置，增强我国农业综合生产能力。

（三）发展农机专业合作社是推进农业科技进步的有生力量

农业机械化是农业科技大面积推广应用的主要手段和重要载体。农机专业合作社相对于农机户而言具备比较强的经济实力、技术条件和管理能力，组织化程度高，能够按照农业发展要求及时调整农机装备结构，开展新机具引进试验、示范推广、革新改造和人员培训，加快农业机械化新技术、新机具的推广应用。一些地方农机专业合作社已经成为大型拖拉机、高性能收获机、深松机、激光平地机、精密播种机、插秧机、秸秆还田机等先进农业机械推广应用的主力军。发展农机专业合作社，可以进一步完善农业科技推广体系，促使农机农艺紧密结合。通过农机专业合作社推广应用农业新技术，作业量大，覆盖面广，能够产生规模效益，示范带动能力强、效果好。新品种、新技术、新方法通过农机专业合作社应用，能够直接延伸到农户、到田间、到地头，能够降低农业技术推广的成本，加快推广应用步伐。

（四）发展农机专业合作社是提升农业机械化水平的迫切需要

近些年来，随着国家对农业机械化投入的不断增加，我国农机装备总量持续增长，农机作业水平不断提高。但是，农机服务组织规模小、专业化程度低、装备结构不合理等问题依然十分突出，农业机械作业的服务能力仍然比较弱。据统计，2008年全国农机户总数达到3 630万个，平均每个农机户拥有农业机械原值仅为1.28万元。农机户中以提供社会化服务为主的农机专业户400万个，占农机户总户数的11%。平均每个农机专业户只有1.4个从业人员，能够提供耕、种、收、初加工“一条龙”服务的农机服务组织更少。发展农机专业合作社，可以提高农机服务的组织化程度，有效扩大农机作业规模，提高机械利用率，提高农机经营效益；能够促使维修、信息服务与机械使用有机结合，降低农机经营的交易成本；能够推动大型、复式、高性能机械和先进实用技术的推广应用，优化农机装备结构，提高农业机械化的发展质量；能够有效发挥操作人员的专业技能水平，促进新型职业农民发展，提高农机作业质量和服务水平。农机专业合作社还可以作为农机管理的延伸和补充，有效承载落实技术推广、政策宣传、农机维修、技术培训、生产组织和安全教育等农机管理工作，为基层农机管理工作搭建新的平台。可以预见，农机专业合作社将逐步成为发展农业机械化的主体组织形式。加快发展农机专业合作社，有利于加快培育农业机械化发展主体，提升农业机械化社会化服务能力，实现农业机械化发展的速度、结构、质量和效益的有机统一，推动农业机械化又好又快发展。

当前，农民专业合作社建设与发展的法律法规体系逐步健全，政策支持保护体系逐步完善；各级党委政府高度重视，扶持发展措施不断加强；社会各界广泛关注，农民群众积极参与。加快发展农民专业合作社面临着良好机遇。2009年中央1号文件对加快发展农民专业合作社提出了明确要求，并明确了财政、税收、金融等扶持政策。我们要深刻认识发展农机专业合作社的重大意义，牢牢把握机遇，尤其紧紧抓住国家农机具购

置补贴大幅度增加,农民购买和使用农业机械热情高涨的有利时机,认真总结经验,明确工作目标,采取有力措施,推进农机专业合作社持续快速健康发展。

二、认真总结农机专业合作社发展的成效经验

近几年来,特别是《中华人民共和国农民专业合作社法》公布实施以来,各级农业机械化主管部门高度重视农机专业合作社的培育与建设,农机专业合作社发展由少到多,由点到面,组织化、规模化、产业化程度不断提高,已经成为农机社会化服务的生力军,显示出强大的生命力。

——发展速度快。截至2008年底,全国各类农机作业服务组织16.5万个,其中,经工商部门正式登记注册的农机专业合作社7 860个,比2007年增加3 425个,增长77.2%。入社人数近30万人,增长31.5%。

——装备结构优。2008年,农机专业合作社拥有大中型拖拉机5.4万台,拖拉机配套农具21.8万台(套),联合收割机4.47万台,插秧机1.55万台,机具配置以大型、高性能为主,其中大中型拖拉机新增2万台。

——服务能力强。2008年全年作业服务总面积达11 933.33千公顷,比2007年增加4 800千公顷,增长67.3%。目前,平均每个合作社拥有合作社社员37.3人(户),每个合作社服务农户的数量达958.9户。

——经济效益好。2008年全年服务总收入达56.5亿元,比2007年增加21.3亿元,增长60.6%。农机合作社社员人均服务收入达1.9万元,比农机户户均收入高出1.6万元。农机专业合作社在较大幅度提高农机经营效益的同时,在减少农民重复购机和节省维修费用等方面的效益逐步显现。

各地在大力推进农机专业合作社建设与发展的工作中,积累了许多行之有效的做法和经验。

(一)因势利导,推动创办经营方式多样化

各地农业机械化主管部门紧密结合当地实际,充分尊重农民群众意愿,引导多种方式创办农机专业合作社,增添了农机专业合作社发展的活力。如河南、山东等省形成了能人带动型、村集体作业队转型型、企业投资型、基层农机服务机构领办型等创办方式。黑龙江省发展全体村民入股、村集体与大户合作、大户合作3种方式。在农机合作社经营方式上,同样是丰富多彩,有纯农机作业服务的,有纯生产型的,也有服务与生产同时兼顾的;有专业服务型的,如机插秧服务合作社,有综合服务型的,也有农、工、商一体化经营的。订单服务、租赁服务、承包服务、跨区作业以及集团承包、"一条龙服务"、代耕代种等服务形式不断创新,较好地满足了农机户和广大农民的需要,促进了农机专业合作社快速发展。

(二)政策扶持,推动投入主体多元化

各地积极争取政策扶持,协调解决合作社建设中遇到的突出问题,为农机专业合作社发展创造了良好的条件。天津、黑龙江、江苏、四川、广西等地制定了促进农机专业合作社发展的意见,明确了扶持政策措施;江苏、上海、黑龙江等地制定了农机专业合作社场库棚用地视同农业生产用地的政策;安徽、浙江、四川等省开辟了农机专业合作社注册登记绿色通道;河北、山东、甘肃等地进一步明确了农机合作社的所得税、营业税的优惠政策;河南、黑龙江、天津、山西、安徽等地财政部门安排专项资金用于扶持农机专业合作社发展。黑龙江省自2003—2008年累计投入农机专业合作社建设资金5.57亿元。河南、山西省财政对农机专业合作社的扶持资金超过1 000万元。同时,国家农机具购置补贴政策对农机专业合作社给予了重点倾斜,一些地方对农机专业合作社购机实行累加补贴。各级财政投入农机专业合作社的资金累计达10.8亿元,形成资产总值102.6亿元。在中央、地方一系列扶持农机专业合作社发展的政策引导下,许多农场、企业、农机推广机构和其他社会组织纷纷投资组建农机专业合作社,吸引农民群众广泛参与,逐步形成以国家资金为引导,农民个人投资为主体,社会投入为补充的多渠道、多层次、多元化投入机制。

(三)分类指导,推动运行机制规范化

各地认真贯彻《农民专业合作社登记条例》、《农民专业合作社财务会计制度(试行)》、《农机专业合作社示范章程》和《农机社会化服务作业合同(范本)》等法规规章和规范性文件,积极引导农机专业合作社成为具有自我约束、自我积累、自我发展能力的市场主体。立足实际,分类指导,狠抓帮扶,扎实推进,在发展中规范,在规范中发展,大力促进各种不同类型、不同形式的合作社完善建设内容、建立内部决策机制、健全财务和业务管理制度,推进农机专业合作社规范化建设。山西制定了《农机大院规划图》,江苏制定了《关于加快发展农机合作组织的意见》,上海制定了农机专业合作社机库及配套设施建设用地标准,黑龙江制定了农机专业合作社机具配套标准等,加强对农机专业合作社规划建设的指导。安徽农业机械化主管部门组织上门为合作社进行技术指导和培训,帮助制订、修改章程,完善制度,建立、健全组织机构。广西培训农机专业合作社理事长230多人次。目前,多数农机专业合作社实行了统一停放保管、统一指挥调度、统一作业质量、统一收费标准、统一油料供应、统一维修保养,探索了按作业量分配的有效办法,建立了成本核算、收益分配等管理制度,保障了合作社成员的合法权益,有效提高了运营效益。

(四)抓点带面,推动培育发展工作经常化

各地根据当地经济水平和农业生产、农业机械化发展的要求,加强组织领导,在条件具备的地方,扶持建设了一批起点高、规模大、带动力强的合作社,树立典型,总结推广经验,加大宣传力度,引导农民加强联合,积极参与合作社建设,推动农机专业合作社快速健康发展。2008年,河南省以省政府名义召开全省农机服务组织建设现场会,参观表彰农机专业合作社典型。山西、广西、安徽等省区农业机械化主管部门也都相继召开了有关农机专业合作社工作的现场会。辽宁省2008年从购机补贴资金中拿出1 460万元,对40个乡镇建设农机专业合作社进行了重点扶持。湖北、江西、江苏等地先后组织了"十佳农机合作社"的评比表彰活动,激励并带动了一大批农机大户和农机服务组织向农机合作社发展。许多地方都把培植农机专业合作社典型列为重点工作,以扶持、指导和服务典型为抓手,抓重点、重点抓,示范带动农机专业合作社的发展,推进农机服务社会化、市场化和产业化。

各地农机专业合作社发展的实践,不断深化了对农机专业合作社发展规律的认识,给了我们许多深刻的启示:

首先,发展农机专业合作社,必须坚持尊重农民群众的主体地位。按照"民办、民管、民受益"的原则,以农民、机手为主体,以服务社员为宗旨,实行民主选举、民主管理、民主决策、民主监督,最大程度的实现、维护社员利益,不断增强农机专业合作社的凝聚力、吸引力和感召力。

其次，发展农机专业合作社，必须坚持政府的指导、扶持和服务。农机专业合作社的社员主体是农民，经营的产业主要是农业和农业生产服务业，决定了政府部门要对农机专业合作社的发展给予多方面的指导、扶持和服务，特别是在财政、税收、金融、科技、人才等方面对农机专业合作社发展给予政策扶持，使农民群众办社有动力有后劲，推动农机专业合作组织健康发展。

第三，发展农机专业合作社，必须坚持因地制宜、因势利导、示范带动。要坚持合作形式多样化，投资主体多元化，服务方式市场化，维护合作社全体社员的共同利益，不断增强发展活力。切忌急于求成，一哄而上，一哄而散。政府的引导和扶持，要以典型带动，示范引导，做到引导不强迫、服务不干预、支持不包办。防止压任务、下指标。要正确处理好规范与发展的关系，坚持发展与规范并重，在促进发展中逐步规范，在规范的同时，保护好农民兴办专业合作社的积极性。

第四，发展农机专业合作社，必须坚持构建完善运行发展机制。将农机专业合作社制度建设、运行机制完善放在与增加装备设施投入同等重要的位置，做到"软件"、"硬件"两手同时抓，通过规范建设、有效管理，提高发展能力，增强发展活力，实现持续发展。

三、努力推进农机专业合作社的健康发展

总体上看，当前我国农机专业合作社的发展还处于初级阶段。数量少，覆盖面小，服务领域和范围窄，区域间差距较大，发展很不平衡，发展水平还不高。还存在基础设施建设滞后，人才短缺特别是带头人少，成立、解散、市场运作以及内部管理还有待进一步规范等问题。各级农业机械化主管部门要进一步统一思想，提高认识，增强责任感、使命感和紧迫感，加强工作的自觉性、主动性和创造性，积极开拓进取，采取有力措施，切实做好指导、扶持和服务工作，推动农机专业合作社又好又快发展。

当前和今后一个时期发展农机专业合作社的总体思路是：以党的十七大和十七届三中全会精神为指导，深入贯彻落实科学发展观，全面实施《中华人民共和国农民专业合作社法》，坚持把农机专业合作社作为农业机械化发展主要组织形式的战略目标，坚持把发展农机专业合作社作为建设农机社会化服务体系主导力量的基本要求，坚持推进农机专业合作社多样化创建、规范化运营、市场化服务、产业化经营的发展方向，完善配套政策措施，加大扶持力度，加强工作指导，切实搞好服务，推动农机专业合作社又好又快发展，为实现农业机械化，稳定完善农村基本经营制度，实现中国特色农业现代化贡献力量。

总体目标是：到2015年，力争每个乡镇至少有一个农机专业合作社，农机专业合作社数量有大幅度增加，发展质量有明显提升，机制更加灵活，制度更加规范，服务领域更加宽广，效益更加明显，社会化服务程度显著提高，服务农户数达到整个农户总数的1/4以上，作业面积占到整个农机作业面积的四分之一以上，在农业机械化中的主体作用明显增强，在农业社会化服务中的影响力、带动力充分显现。

今后 个时期，要重点抓好以下几方面工作。

第一，进一步加强组织领导。各级农业机械化主管部门要坚持把发展农机专业合作社作为建设农机社会化服务体系的主攻方向和重要抓手，摆上重要位置，列入议事日程，一把手亲自抓，分管领导具体抓，加强对农机专业合作建设与发展的指导、扶持和服务。要结合实际制订本地区农机专业合作社建设发展规划，提出切实可行的发展目标和任务，明确资金保障、示范推广、人员培训和指导服务等方面的政策措施，切实抓紧抓好。要把发展农机专业合作社作为农业机械化工作的重要考核内容，整合资源，落实责任，动员调动农机管理、推广、培训、维修、安全监理、信息服务等方面的力量，形成合力，层层抓落实。要深入实际，加强工作督导，搞好调查研究，及时跟踪了解农机专业合作社发展的新情况，解决农机专业合作社发展中的新问题，不断取得推进农机专业合作社建设和发展的新成效。

第二，进一步加强扶持力度。积极协调争取对农机专业合作社发展的扶持政策，强化扶持推动。首先，农机购置补贴资金向农机专业合作社倾斜，将农机专业合作社列为优先对象，不限数量，实行多购多补。有条件的地方对农机专业合作社购机实行累加补贴政策。其次，多渠道争取农机合作社建设资金，强化合作社基础设施条件建设，完善合作社服务功能，壮大农机专业合作社经济实力。农机更新补贴、政策性保险、农用燃油补贴等政策和资金向农机专业合作社倾斜。积极引导农业产业化龙头企业和其它社会资金投资农机专业合作社，逐步建立起国家扶持、群众自筹、集体入股、银行贷款等多渠道、多形式、多元化的投入机制。再次，支持农机专业合作社参加各种农业生产发展和建设项目。要将农机专业合作社作为实施各类农业、农机财政专项和基本建设项目、科技研究推广项目的重要主体。"新增1000亿斤粮食生产能力建设工程"农业机械化项目，农业机械化推进工程、主要农作物生产机械化示范项目，保护性耕作示范工程等，要积极委托有条件的农机专业合作社承载和实施。各地农业机械化主管部门要主动组织农机专业合作社参与申报实施相关支农建设项目。最后，在有条件的地区，农业机械化主管部门要适当减免农机专业合作社操作人员的培训考试费用和拖拉机、联合收割机的登记、检验等管理费用。

第三，进一步加强人才培养。按照分类指导、分级负责、注重实效的原则，制订培训规划，采取学历教育、远程教育、短期进修、参观考察多种形式，培养农机专业合作社专门人才，增强农机专业合作社自我发展能力。要大力组织开展农机专业合作社法定代表人培训，全面提高他们的业务素质，增强依法办社能力，提高管理水平，造就 支善经营、会管理、懂技术、有奉献精神的农机专业合作社经营管理人才队伍。要积极开展农机专业合作社机具维修、操作高技能人才培训，加强对农机专业合作社会计制度培训和安全教育，提高合作社的运行质量。要支持农业大专院校和农机职业技术学校开办相关专业和课程，组织有关专家学者抓紧编写相关培训教材。要在抓好农机专业合作社人才培养的同时，加强对县乡农业机械化主管部门工作人员的法律知识、业务知识的培训，加强能力建设，提高对农机专业合作社建设工作的指导水平。

第四，进一步加强示范引导。要制定完善相关发展规范，联系、树立一批典型，加强工作联系与指导，通过培育典型，服务引导，抓好试点示范，推广成功经验，以点带面，示范带动农机专业合作社持续健康发展。要认真组织开展农机专业合作社示范建设工作，大力培育发展一批设施完备、功能齐全、特色明显、效益良好的示范合作社。要抓紧制定《农机专业合作社建设规范》、《农机专业合作社维修能力建设规范》,大力推广应用《农机专业合作社示范章程》、《农机社会化服务标准合同》等规范,加强对农机专业合作社建设发展的引导。要建立联系点、列名指导等制度,加强对农机专业合作社经营管理和技术应用的指导、服务。重点指导农机专业合作社完善民主决策制度、生产管理制度和收益分配制度,引导农机专业合作社依法经营,规范运作,诚信服务,提高效益。要做好信息引导和服务,通过计算机网络、服务电话和手机短信等方式,及时向农机专业合作社及广大农民发布市场分析、形势预测、政策动向等方面信息,传递农机作业需求、价格行情、天气资讯、油料供应、维修服务等重要即时信息,不断增强信息的时效性、准确性和针对性,支持、引导农机专业合作社的生产经营活动。要认真总结,大力推广不同创建方式、服务形式的农机专业合作社典型经验,采取组织参观学习、经验交流、新闻报道等多种形式,广泛宣传典型经验,带动农机专业合作社发展。

第五,进一步加强合力推动。各级农业机械化主管部门要及时向当地党委、人大、政府汇报农机专业合作社有关工作,争取领导重视。要加大协调力度,主动加强与发展改革、财政、工商、税务、金融、土地、石油石化等有关部门的协调沟通,积极争取支持,认真落实有关政策,解决农机专业合作社发展中遇到的项目投入、信贷争取、税收优惠、用地保障、油料供应、工商登记、场库棚建设和维修保障等问题,形成各方面支持农机专业合作社发展的合力。重点要落实好对跨区作业的联合收割机和运送联合收割机(包括插秧机)的车辆免收道路通行费,对农技推广、农机作业和维修等服务项目免征所得税,对农民专业合作社免除登记及审检费等政策,减轻农机专业合作社负担。要着力推行银社合作等成功做法,加强与银行、保险公司合作联动,对农机专业合作社提供各种信贷支持。要加强普法宣传,进一步增强农民群众和广大农机手的法律意识,推动依法办社,营造良好社会氛围。

当前农机专业合作社正处在快速起步,蓬勃向上的重要发展阶段。发展环境好、潜力大,前景十分光明。让我们紧紧抓住这难得的发展机遇,深入实施《中华人民共和国农民专业合作社法》,积极扶持,合理规划,分类指导,强化服务,加快推进农机专业合作社发展,努力推动农业机械化科学发展,为促进经济社会平稳较快发展,实现中国特色农业现代化,夺取全面建设小康社会新胜利做出更大贡献!

在2009年全国农机跨区作业工作会上的讲话(摘要)

(2009年5月7日·河南郑州)

农业部农业机械化管理司司长　**宗锦耀**

2009年是新中国成立60周年,是应对国际金融危机之年,又是农业大旱之年。当前,春季农业机械化生产正在如火如荼进行,"三夏"大规模的小麦跨区机收准备进入关键时期。做好农机跨区作业各项工作,对于保障夏粮丰收和全年农业生产有个好收成,促进农业稳定发展农民持续增收具有特殊重要意义。

农机跨区作业是中国农民的又一个伟大创造。改革开放30年以来,我国农村实行以家庭承包经营为基础,统分结合的双层经营体制。人均耕地不足0.092公顷,农民户均耕地只有0.49公顷左右,不及欧盟国家的1/40、美国的1/400。发展农业机械化,必须解决好农户一家一户小规模生产和机械化大规模作业之间的矛盾。以联合收割机跨区机收为代表的农机跨区作业为解决这个难题找到了一条重要的途径。通过跨区作业,有效提高了农机的利用率,增加了农机手的效益,满足了农民对农机作业的需求,大幅度提高了机械化水平,解决了"有机户有机没活干、无机户有活没机干"的矛盾。在生产方式上实现了规模化经营,开辟了我国小规模农业使用大型农业机械进行规模化、标准化、集约化、产业化、现代化生产的现实道路。

一、加快了农业机械化发展

农机跨区作业,以提高农机的利用率为手段,以增加农机经营主体的收益为目标,扩大了农机应用范围,最大限度地提高了农机投资回报率,调动了农民投资农机、发展生产的积极性,加快了农业机械化进程。现在,十几个粮食主产省每年组织30余万台联合收割机转战大江南北,联合收割机年作业时间由10—15天增加到1—2个月,联合收割机的保有量由跨区作业开始初期1997年的14.1万台增加到2008年的71万台,小麦机收水平由1997年54%提高到2008年的82%,我国已基本实现了小麦生产机械化。

二、保障了农业丰产丰收

联合收割机的广泛使用,大大加快了小麦的收割进度。县域内的小麦收割时间由半个月缩短为一周左右。现在,一个农户从收到种一般只需两、三个小时,为秋粮生产赢得了宝贵的农时,奠定了秋粮丰产的基础。跨区作业的发展,有效地提高了劳动生产率,满足了农业生产"春争日"、"夏争时"的要求,改变了过去因天气变化造成的丰产而不丰收的难题。与人工相比,联合收割机作业可降低粮食损失3%—5%,一年可节约小麦遗撒15亿千克左右。

三、支持了农村劳动力转移

通过农机跨区作业,有效地解决了劳动力"长年有余,季节性不足"的矛盾,把劳动力从繁忙季节的劳动中解放出来,为劳动力稳定转移创造了条件,使得农村劳动力"转得出、稳得住"。全国1亿外出务工农民不再农忙季节返乡收粮。农业机械化已成为农村劳动力稳定转移的推动力量,支持了粮食主产区劳务经济的发展。

四、发展了农机服务产业

随着农机跨区作业的发展壮大,促进了农机社会化服务组织迅速发展，带动了农机技术培训、信息服务、维修及零配件供应以及农机物流等相关产业的发展，逐步形成了一条以跨区作业为支柱的农机社会化服务产业链，推动了农业机械化服务业的发展。2008 年，全国各类农机作业服务组织总数达到 16.5 万个，从业人员 72.6 万人。成为农村服务业的一支重要力量。

五、促进了农民增收

通过开展农机跨区作业，不仅支持一部分农民从土地上转移出来，增加了农业外部收入。一部分农民还专门从事农机经营服务活动，依靠农机致富。2008 年，全国有4 500万农民从事农机服务业，农机服务利润总额1 300亿元，相当于每人可以从农机经营中获得2 880元的收入，农业机械化已经成为农民增收的一个重要渠道。

农机跨区作业，探索出了一条以“农民自主、政府扶持，市场引导、社会服务，共同利用、提高效益”为主要特征的中国特色农业机械化发展道路。可以说跨区作业是家庭联产承包责任制后我国农民的又一创举。它走出了一条农业社会化服务促进农业现代化的新路子。农机跨区作业已经成为社会认识了解农业机械化作用的一个窗口，是农业机械化工作的一个品牌。当前，我国农业机械化已经进入中级发展阶段。新阶段对跨区作业提出了新要求。各级农业机械化主管部门要进一步增强责任感和使命感，做到思想不松懈，精力不转移，投入不减少，工作不削弱，坚持把发展跨区作业作为推动农业机械化工作的大事要事，进一步把跨区作业工作做大做强。

2009 年小麦夏收即将全面展开。俗话说，“夏粮归仓，心里不慌；以秋补夏，担惊受怕”。小麦收获是全年粮食生产的第一仗，丰产能否丰收，到手的粮食能否归仓，机收是重要一关。我们一定要从战略和全局的高度，充分认识做好 2009 年小麦跨区机收工作对促进丰产丰收的重要性，精心组织，周密安排，发挥农机在夏收中的主力军作用，誓夺夏粮丰产到手。

2009 年“三夏”小麦跨区机收工作的目标是：投入的联合收割机达到 44 万台，比 2008 年增加 2 万台；其中参加跨区机收的 28 万台。小麦机收水平比 2008 年提高 1 个百分点，达到 83%左右。市场稳定有序，机具转移顺畅，实现机具投入量，机车作业量、机收水平和机手收益全面增长。

各地要紧紧围绕上述目标任务，将“三夏”小麦跨区机收作为当前农业机械化主管部门的中心工作，加强组织领导，切实做到夏粮一天不到手，工作一天不放松，高质量、高效率地组织好小麦跨区机收会战，实现颗粒归仓。一要着力落实好农机作业有关费税减免和跨区作业免费通行等各项优惠政策，确保机具按期投入作业，努力降低作业成本；二要着力提高作业组织水平，做到作业区域明确、服务半径适度、服务对象稳定、作业收益合理，并组建帮扶队，为受灾地区、优抚户、困难户和缺少劳力农户提供优质服务；三要着力加强保障服务，认真做好机收接待服务、机具检修维护、作业供需协调、机手培训和技术指导等服务工作，尤其要保障柴油供应，维护农用柴油供应市场秩序；四要着力保障安全，有效预防农机安全事故发生；五要着力做好部门协调配合，加强新闻宣传，为麦收营造良好的氛围。要统筹兼顾，在全力组织好小麦跨区机收的同时，组织好夏种工作，加快耕播进度。

“三夏”是农业机械化主管部门服务农业、服务农民的关键时期，也是展现农业机械化系统风采的巨大舞台。做好“三夏”农业机械化生产特别是小麦跨区机收，责任重大、任务繁重、使命光荣。让我们认真贯彻党中央、国务院的决策和农业部党组的部署，以昂扬的精神状态、扎实的工作作风，全力做好“三夏”小麦跨区机收和全年农机跨区作业工作，推动农业机械化科学发展，为保障夏粮颗粒归仓和全年粮食增产，促进农业稳定发展和农民持续增收，实现中国特色的农业现代化，促进我国经济平稳较快发展，做出新的更大的贡献，以新的优异成绩为建国 60 周年献礼！

在全国农机购置补贴工作会议上的讲话（摘要）

（2009 年 6 月 23 日 · 安徽合肥）

农业部农业机械化管理司司长　宗锦耀

农机购置补贴政策实施以来，总体而言，各地执行情况良好，进展顺利，成效显著。基本做到了政府放心，农民满意，企业拥护，达到了预期的政策目标。但从我们督导检查调研、与企业交流及农民投诉举报情况来看，一些地方存在操作不规范的情况，个别地方违规违纪现象时有发生。张桃林副部长在讲话中实事求是地指出了存在地问题。这些问题如不及时处理，势必影响政策实施效果，势必引起政府的担忧，势必引起农民和企业的不满。我们必须引起高度重视，深入研究，果断处置。下面强调几个问题：

一、关于收取推广服务费问题

补贴政策实施以来，我们一直通过文件、讲话、培训、宣传等多种方式，强调补贴政策是一项强农惠农政策，严格禁止任何单位和个人以任何形式向农民、向企业收取额外的费用。但从近年来的实施情况来看，一些生产企业和经销商为了推销自己的产品、扩大市场份额，采取不正当手段，向农业机械化主管部门提供所谓推广服务费、宣传费等。一些地方县级农业机械化主管部门由于缺少工作经费，以为企业提供场地、宣传、培训等为由向企业收取推广服务费，有的甚至公开向企业索要，影响极坏。这里重申：在农机购置补贴实施中禁止向农民和企业收取推广、宣传、服务等费用。各省市区农业机械化主管部门要高度重视，切实加强监管，采取坚决有力的措施加以制止。要严明纪律，对违规收费的，要严肃查处，决不姑息。对于实施补贴工作经费保障，财政部、农业部两部办法中已有明确规定，各省市区农业机械化主管部门要积极协调争取落实工作经费，对不安排工作经费影响工作开展的,可以少分配补贴资金,确保补贴资金安全。

二、关于补贴资金结算的问题

农业部、财政部两部印发的《2009年农业机械购置补贴实施方案》(农财发[2008]190号)和《关于加快农业机械购置补贴资金结算进度的紧急通知》(农办财[2009]33号)中明确规定,要及时结算,至少要按季结算补贴资金,减轻企业垫支压力。从农业部统计汇总和企业反映的情况看,补贴资金结算进度明显好于往年。有的省做到了随时申请随时结算,有的省在财政部门的大力支持下采取了预付资金的方式。但也有一些省市区没有严格执行规定,结算仍然较慢。分析原因,主要有三个方面:一是有些省市区工作效率不高,统计汇总速度慢。二是企业自身提出申请不及时,结算资料不齐全。三是一些市县存在借机拖延时间、刁难企业、谋取不正当利益的现象。因此再次强调,各地要按照财政部、农业部有关规定,提高工作效率,及时结算。减轻企业资金压力。陕西、江苏等省采取预付资金的办法可供借鉴。

三、关于经销商确定的问题

农业部、财政部明确规定,补贴产品经销商由生产企业自主推荐,省级农机主管部门向社会公布。大部分省市区都能按规定执行,效果很好。但也有少数省区没有严格执行这项规定,仍然由农业机械化主管部门通过招标或其它方式确定。关于如何确定补贴机具经销商的问题,各地农业机械化主管部门有不同的看法,主要是担心销售商没有服务能力、违规操作等,影响农民地利益。但我们应该看到,随着补贴资金规模的扩大,指定经销商带来的问题更多,经销商不履行责任和违规操作的问题可以通过加强监管和赋予生产企业管理责任加以解决。各省市区要严格执行农财两部的规定,完全由生产企业自主确定经销商。经销商数量不能太少,不能形成垄断。生产企业要加强其经销商的管理,经销商不履行承诺或违反农机购置补贴政策的,生产企业要承担连带责任。农业机械化主管部门也要加强对经销商的监管,对违规的,一经发现,及时按规定处理。

四、关于补贴机具选型和补贴目录问题

目前反映的问题主要有:一是层层选型,一些市县有选择性的筛选目录,有倾向性地向农民推荐补贴产品,甚至找各种理由限制农民自主选择权。二是对目录中是否公布最高限价意见不一,有的地方对价格监管不到位;三是对有了推广目录是否还要补贴目录有不同看法。首先,农机购置补贴实行部、省两级选型制度,市县不得重复选型和另行制定补贴目录,市县在补贴工作实施中,要公开省里印发的补贴目录,由农民自主选择,如发现限制农民选择权的要严肃处理。其次,产品进入了补贴目录的生产企业无充分理由必须履行有关服务承诺,否则将取消其补贴目录资格。第三,2009年开始,我们对补贴机具实行的是定额补贴,公布的补贴目录中不再公布价格,企业的最高承诺价格用于后台监控。今后是否还制定补贴目录,是否每年都制定,是否直接使用推广目录代替补贴目录,财政部和农业部正在开展调查研究,请大家也认真研究。

五、关于规范操作程序的问题

农业部、财政部两部制定的暂行办法、农业部、财政部两部每年印发的年度实施方案、农业部印发的有关文件明确了农机购置补贴有关操作程序。总体讲各地做到了严格实施,各省市区还进行了细化,保证了规范实施。但也有一些地方存在随意简化程序和工作不细致的问题。比如:不按规定公示补贴名单;农民购机后不核实补贴机具,不按规定喷涂补贴标识、机具编号;有的地方甚至为了省事将申请受理环节放到经销商,给个别不法企业套取补贴资金一个可乘之机;有的地方供货单位发票填写不规范、不及时出具发票;有的地方补贴机具档案上没有机具出厂编号,动力机械没有发动机号等。这些都会影响监管,影响政策的实施效果。各地要严格按照财政部、农业部有关规定规范操作,不得随意简化程序,各省市区要制定实施细则,并加强对市县实施工作的指导和监督。补贴实施中遇到的操作程序中需要完善的问题,要及时向农业部反映,我们将不断完善办法。

六、关于正确对待舆论监督问题

随着补贴资金规模增大,报纸、网络等媒体对农机购置补贴政策的宣传越来越多,绝大多数都是正面的。但近一段时间以来,陆续出现了一些关于农机购置补贴的负面报道,反映各地在落实过程中的一些问题,提出政策建议。有些报道反映的问题和政策建议很中肯,当然也有的与事实有很大的出入,其中有些是对农机购置补贴的操作办法和程序不了解造成的。随着补贴资金规模的增大,补贴受益面的扩大,社会各界和新闻媒体对农机购置补贴工作的关注度随之提高,这是好事。对出现一些负面报道要高度重视,正确对待。第一要主动加大政策宣传力度,主动加强与媒体沟通,加强舆论引导,全面、准确反映农机购置补贴政策规定、做法经验,大力宣传实施成效,努力营造良好的舆论氛围。第二,要积极接受社会各界和媒体监督,虚心听取意见,有则改之、无则加勉。对反映实施中的违法违纪行为,要及时调查,核查属实的要坚决严肃处理。对有关政策建议,要认真对待,加强研究,不断完善管理办法。第三,要明确一个基本判断,农机购置补贴实施总体成效显著,制度不断完善,操作基本规范。不要因为个别不实的报道动摇我们实施好农机购置补贴政策的信心。我们要扎扎实实做好实施工作,严格规范操作,确保农机购置补贴政策不折不扣落到实处,向党和政府、向人民交出一份满意的答卷。

七、关于农机购置补贴案件查处情况的上报问题

农机购置补贴政策实施以来,少数地方农业机械化主管部门和人员、农机生产和销售企业由于违法、违纪、违规操作等,被纪检、监察、司法等机关依法处理。农业部多次发文强调,要求及时将相关处理情况上报。但实际执行中,有的地方农业机械化主管部门不及时上报甚至隐瞒不报,农业部甚至有的省里都不掌握情况,致使我们工作很被动。这里再次强调,各地要及时将农机购置补贴案件查处情况报农业部。对取消或暂停企业补贴目录资格的,要报农业部备案,对通用类目录内的企业的处理,要经农业部批准。另外,对群众举报,包括来信、上访、电话、网络等渠道举报和反映的问题,要高度重视,要严格按照信访条例有关规定要求办理。

八、关于农机购置补贴网络申报系统问题

随着农机购置补贴资金规模加大、补贴机具数量增加、档案管理任务繁重的情况,为提高效率,便于监管,一些省区开发并使用网上申报系统,开展试点,效果也非常好。农业部已着手开发全国统一的农机购置补贴管理信息系统。目前,正加紧实施,争取早日投入运行,各省市区要提前做好有关准备工作。

在全国农业机械化科技教育工作会议上的讲话(摘要)

(2009 年 8 月 7 日 · 黑龙江佳木斯)

农业部农业机械化管理司司长　宗锦耀

这次会议是我国农业机械化进入中级阶段召开的一次十分重要的会议。主要任务是深入贯彻党的十七届三中全会决定和中央一号文件精神,总结我国农业机械化科技教育工作取得的成效经验,分析面临的形势任务,研究部署当前和今后一个时期农业机械化科技教育工作的思路措施,推动我国农业机械化科学发展。昨天,我们参观了黑龙江垦区的现代农业机械化作业现场,大型、高效、智能化的现代农业装备充分显示了农业机械化科技的无穷魅力,展现了农业机械化事业的光辉前景,给我们留下了深刻的印象。刚才农业部农垦局巡视员何子阳同志又作了重要讲话,对农垦系统的农业机械化科技教育工作进行了回顾总结和全面部署。我们地方各级农业机械化主管部门一定要认真学习农垦系统的好经验、好做法,特别是要不断完善统分结合的双层经营体制,努力提高农机作业的组织化程度,积极推动现代工程技术同生物技术、信息技术、环境技术的集成与融合,大力提升农机社会化服务水平。下面,我讲三点意见。

一、肯定成绩,总结经验,进一步坚定推进农业机械化科技教育工作的信心

上一次全国农业机械化科教工作会议是 2000 年在山东召开的,距今已有近 10 年时间了。10 年来,各级农业机械化主管部门认真贯彻实施"科教兴国"、"人才强国"战略,采取有效措施,大力推动我国农业机械化科技教育事业发展。工作力度进一步加大,投入逐年增加,体制机制创新不断加快,科研开发、技术推广、教育培训等各项工作取得了可喜的成绩。

——科研开发积极进展。10 年来,农业机械化科研开发取得一大批重要成果。机械化谷物收获、水稻机插秧技术和机具基本成熟,玉米、马铃薯、油菜联合收获等关键技术和相关机具研究加快发展,147 千瓦以上大型拖拉机研发获得成功,花生、甘蔗等大宗经济作物机械化收获技术研发实现突破,保护性耕作、秸秆还田与综合利用、高效植保、牧草生产和草场改良等资源节约型、环境友好型农业机械化技术研发成果成熟转化。电子、信息、新材料等高新技术在一些领域开始应用,农业机械的智能化、自动化水平逐步提高。设施农业装备与技术研发长足进步。农机检测技术、维修技术、标准化研究和软科学研究等领域取得重要成果。科研体制改革不断深化,一些骨干农业机械化科研院所通过整体转制焕发了活力,研发实力大幅提升。

——技术推广深入开展。农业机械化新技术推广范围不断扩大,应用领域进一步拓展,规模逐年扩大。10 年来,累计建设部省级农业机械化新技术示范县(区)600 多个,为多项技术组合、集成配套以及工艺技术规范的探索创新提供了重要平台。2008 年,水稻机械化栽植面积4 014.67千公顷,玉米机械化收获面积3 168.67千公顷,精少量播种面积 0.31 亿公顷,机械化秸秆还田面积 0.23 亿公顷,节水灌溉面积 0.1 亿公顷,分别比 2000 年增长 202%、714%、38.6%、58.1%、54.1%。2002 年农业部开始组织保护性耕作推广项目,到 2008 年底全国保护性耕作实施面积已达2 985.33千公顷,保土、保肥、保墒效果十分明显,实现了经济效益、社会效益和生态效益的有机统一。农用航空有新的发展,病虫害防治面积进一步扩大。农机推广体系改革试点和建设步伐加快,公益性职能和经营性职能逐步明确。

——教育培训不断加强。农业机械化高等教育学科建设在改革中发展,培养和输送了一批高层次农业机械化管理和科技人才。农业部制定发布了《拖拉机驾驶培训管理办法》、《农机成人教育暂行规定》等规章,农业机械化教育培训工作逐步规范。积极组织开展全国农业机械化教育培训大行动,扎实推进农业机械化管理、技术和作业服务三支人才队伍建设。拓宽人才培训渠道,依托农机驾驶培训、"阳光工程"、"金蓝领计划"等培训工作和项目,年均培训农业机械化人才 400 万人次以上。农业机械化职业技能鉴定和开发快速发展,累计培训并通过鉴定发证的农业机械化技能人才 60 多万人。

——技术鉴定依法推进。依法制定了《农业机械试验鉴定办法》和有关配套规章。鉴定体系进一步完善,全国已拥有部、省和地(市)农业机械试验鉴定机构 52 个,累计对 1 万多个产品进行了推广鉴定。鉴定技术水平不断提高,具备部级农机鉴定能力的机构已发展到 18 个。已制定并发布 54 个部级农机推广鉴定通则和推广鉴定大纲、208 项国家和行业技术标准。依法建立并不断完善农机产品推广目录制度,3 000多个先进适用、技术成熟、安全可靠、节能环保、服务到位的农机产品被纳入国家推广目录。

——国际交流日益活跃。在国内研发的同时,从国外重点引进和成功消化发展的保护性耕作技术、高速机插秧技术、设施农业技术、高效植保机械、薯类收获机械等多项农业机械化关键技术与装备,在农业生产中发挥了重要作用。农业机械化学术交流活跃,组织了一些有重要影响的国际性学术会议。多次在国外举办农机展览展示活动。引导扶持具有国际竞争力的中小型拖拉机及配套农机具扩大出口,鼓励国内企业参与国际竞争。2008 年我国农机产品出口额达 64.8 亿美元。

回顾总结多年来我国农业机械化科技教育的发展历程和取得的成效,我们在工作实践中积累了以下基本经验。

一是必须坚持产学研推相结合。农业机械化教育培训院校、科研院所、生产企业、鉴定机构、推广体系共同构成农业机械化科技教育发展的有机链条,缺一不可。只有将其紧密结合,协调推进,形成合力,才能提高农业机械化科技成果研究、转化、应用的质量和效率。

二是必须坚持农机与农艺相结合。在农业机械化技术的研发推广过程中,只有做到农机农艺有机融合,实现土地产出率、资源利用率和劳动生产率大幅提高,工程技术与生物技术、信息技术和环境技术效应乘数增长,让农民广泛接受和掌握,才能形成现实的农业生产力,产生显著的经济、社会和生态效益。

三是必须坚持技术创新与机制创新相结合。以技术创新推动农业机械化机制创新,以机制创新推动技术创新,互相促进,相得益彰。在狠抓农业机械化技术创新的同时,坚定不移地推进机制创新,不断完善鼓励技术创新和科技成果转化的政策措施,激发广大科技人员的创新热情和创造精神。

四是必须坚持出成果和出人才相结合。科学技术是第一生产力,人才资源是第一资源。在教学、培训、科研、推广等工作中,需要在鼓励多出成果的同时,发现、培育、造就更多更优秀的农业机械化科技人才和技术能手,以出成果促进出人才,以出人才带动出成果。

可喜的成绩和宝贵的经验,为我们做好下一步工作打下了良好的基础。我们一定要抓住当前的有利时机,振奋精神,坚定信心,开拓创新,乘势而上,努力推进农业机械化科技教育事业新的更大的发展。

二、认清形势,明确任务,不断增强做好农业机械化科技教育工作的责任感

随着工业化、城镇化进程的加快,我国农村劳动力结构发生了深刻变化,农村空心化、农业兼业化、农民老龄化的趋势日趋明显,农业机械化在发展现代农业中的作用更加凸显。近年来以跨区作业为代表的农机社会化服务,是我国农民的伟大创举。它在坚持家庭承包经营制度的基础上,有效解决了小规模经营与机械化大生产的矛盾,既走出了中国特色农业机械化发展道路,又为发展农业社会化服务提供了成功实践,同时推动了农村经营体制机制的创新。农机作业服务已成为农业社会化服务的重要力量,机械化水平的高低已成为影响农民生产意愿的重要因素,先进农机装备广泛应用已成为吸引高素质劳动力、资本、技术等各类生产要素发展现代农业的重要纽带。因此,推进农业机械化是挖掘农业特别是粮食增产和农民增收潜力的现实选择。

走中国特色农业现代化道路,对推进农业机械化特别是加强农业机械化科技教育工作提出了新的更高的要求。党的十七届三中全会决定指出,发展现代农业,必须按照高产优质安全生态的要求,加快转变农业发展方式,推进农业科技创新,加强农业物质技术装备,提高土地产出率、资源利用率、劳动生产率,增强农业抗风险能力、国际竞争力和可持续发展能力。决定强调,加快推进农业机械化,适应农业规模化、精准化、设施化等要求,加快开发多功能、智能化、经济型农业装备设施,重点在田间作业、设施栽培、健康养殖、精深加工、储运保鲜等环节取得新进展。大力推进农业科技创新,加强原始创新、集成创新和引进消化吸收再创新,不断促进农业技术集成化、劳动过程机械化、生产经营信息化。发展节约型农业、循环农业,推广节能减排技术,加强生态保护。2009 中央 1 号文件专门对农业机械化科教工作提出具体任务,要求加强示范基地建设,提高农机推广能力,普及主要粮油作物播种收获等环节机械化,加快研发适合丘陵山区使用的轻便农业机械和适合大面积作业的大型机械。

目前,农民对农机作业的需求越来越迫切,农业生产对农机应用的依赖越来越明显。党中央国务院对发展农业机械化的支持力度越来越大、对农业机械化工作的要求越来越高。为贯彻落实党的十七大、十七届三中全会精神,加快发展现代农业,农业部研究提出了今后一个时期农业机械化发展目标:推动农机装备总量稳步增长,装备结构不断优化,粮棉油糖等作物田间机械化水平大幅度提高,养殖业、林果业、渔业、设施农业及农产品初加工机械化协调推进,农机自主创新能力和制造水平显著提升,农业机械化服务体系不断完善,对农业持续稳定发展的服务能力进一步增强。到 2015 年,农机总动力达到 9 亿千瓦以上,主要农作物耕种收综合机械化水平超过 55%,农机自主创新能力不断提高,逐步形成一批拥有国际先进性能指标的农机产品、核心技术。到 2020 年,农机总动力达到 9.5 亿千瓦以上,主要农作物耕种收综合机械化水平超过 65%,建立完善的农机自主创新体系,能够自主制造农业生产所需要的各种关键农机产品。实现以上目标,条件有利,任务艰巨。可以预见,随着国家经济社会的发展,推进农业机械化的社会氛围、法律政策、经济基础、发展机制等条件将持续向好,我国农业机械化迎来了历史上最好的发展时期。经过多年发展,我国农业机械化已经完成了从初级阶段向中级阶段的跨越。当前和今后一个时期农业机械化发展的主要矛盾,是日益增长的农业机械化需求与农机新技术新装备有效供给不足之间的矛盾,要解决这个矛盾,根本出路在科技教育。农业机械化发展方式必须由数量增长型向质量效益型、创新驱动型转变,真正把农业机械化发展转移到依靠科技进步和提高劳动者素质的轨道上来。"农业的根本出路在于机械化",农业机械化的根本出路在于科技进步。着眼我国农业机械化发展全局,最大的"短板"和"瓶颈"在科技教育,最大的潜力和希望也在科技教育。

推动我国农业机械化科学发展,加强农业机械化科技教育是一项重大而紧迫的任务。一是夯实农业机械化发展人才基础。发展农业机械化的过程,很大程度上是造就新型职业农民的过程,也是广大农机科技人员施展才华和贡献智慧的过程。农业机械作为工业科技与农业科技集成的产物,在我国又是农民生产致富的劳动工具,必然要求其研究设计工作者、推广示范工作者具有丰富的科技及管理素质,必然要求其使用者、经营者具备良好的操作经营技能。加快推进农业机械化,要坚持以人为本,全面加强农业机械化教育培训,稳定壮大农业机械化科技人才队伍,培养高素质人才特别是领军人才,提高农机从业人员素质,造就更多操作和经营能手,为农业机械化又好又快发展奠定坚实的人才基础。二是保障农业机械化全面发展。随着现代农业建设步伐加快和农业结构战略性调整,引发了对农业机械产品的全面的、多元化需求。在不少领域,机具研发空白或是适用性不高,导致主要生产环节机械化水平低,成为制约优势产业发展的主要因素。只有加大科研开发和技术推广力度,加强对农机手的教育和培训,才能继续提升粮食作物生产机械化水平,不断发展经济作物生产机械化,提升畜牧业、渔业、林果业、设施农业、农产品加工业机械化水平,才能持续推动农作物耕种收环节的机械化,推动种子处理、灌溉、植保、烘干、贮藏等各个生产环节的机械化,全面提高农业的产前、产中、产后等各领域机械化水平,全面满足现代农业装备需求。三是支撑农业机械化协调发展。我国农机动力总量虽呈连年快速增长态势,但农机装备结构"三多三少"(动力机械较多、配套农具少;小型机具较多、大中型机具少;低档次机具较多、高性能机具少)的问题还没有根本解决。各个作物、各个环节、各个区域农业机械化发展和农机农艺协调发展的任务艰巨。由于研发设计和制造工艺等原因,不少农机产品性能和质量不稳定,甚至存在一定安全隐患。要加强科研开发,广泛试验实践,密切农机农艺结合,丰富农机产品种类,提高农业机械化产品和技术的适用性、可靠性、安全性,给农机使用者提供更多、更好的选择。引导农民使用高性能机具和多功能复式作业机具,逐步淘汰更新能耗高、效率低的老旧机具,实现农机装备结构的优化。四是促进农业机械化可持续发展。效益是推动农业机械化可持续发展的根本动力。只有持续加强科研开发,才能满足农民对提高农机产品质量、作业效率、舒适性等各方面不断增长的需求,才能研制出经济适用、节本增效的农业机械,探索出符合农业生产实际的农业机械化技术路线,激发农民购置更新和经营使用农业机械作业的积极性。建设资源节约型、环境友好型农业,推进农机节能减排,必须加快研发推广节油、节水、节肥、节种、节药和资源综合利用的节约型农业机械,推动秸秆机械化综合利用、高效植保、保护性耕作等节约与环保型机械化技术的发展,促进农业可持续发展。

我们也要清醒地看到,充分发挥科技教育支撑引领我国农业机械化科学发展的作用,在能力、机制、手段、人才建设等方面,仍存在一些不容忽视的问题。一是自主创新能力不强。基础理论研究严重滞后,原始创新匮乏,成果转化率低,共性技术供给缺失,产前、产中、产后等技术集成配套不够,农业机械化新技术和新装备研究储备和有效供给严重不足。二是科教大协作机制还不够完善。农业机械化科教资源分散,缺乏有效分工和密切协作,影响了农业机械化科技整体合力的发挥。存在低水平重复研究的现象,在一定程度上,既浪费了有限的资源条件,又降低了创新效率,很难形成研究积累和重大突破。一些领域科研与生产严重脱节,成果实用性不强,推广价值不高。三是条件手段落后。各级财政对公益性农机科研和农业机械化教育培训推广缺乏长期稳定的投入,科研教育手段长期得不到根本改善。农机制造行业长期处于微利状态,企业创新基础薄弱,动力不足。基层农机推广体系机制不活、队伍不稳、保障不足等问题仍很突出。四是人才队伍建设亟待加强。农业机械化科技人才总量不足,结构不甚合理,尤其是高层次复合型领军人才偏少;人才成长导向与评价体系欠科学,不利于各方面人才脱颖而出;农机手科技素质总体水平偏低,运用新技术的能力亟待提高。

解决以上问题,非一日之功。我们必须不断提高对科技教育在推动农业机械化科学发展中重要作用的认识,进一步增强做好农业机械化科教工作的使命感、责任感和紧迫感,必须继续发扬只争朝夕、艰苦奋斗的精神,理清思路、加大工作力度去推动,积极协调、争取政策资金投入去扶持,部门联动、创新体制机制去改善,真正把这项工作抓紧抓好,抓出成效。

三、开拓创新,扎实工作,努力提高指导农业机械化科技教育工作的能力和水平

当前和今后一个时期,我国农业机械化科技教育工作的总体思路是:以科学发展观为统领,认真贯彻实施科教兴国、人才强国战略,牢固树立"科教兴机"的理念,落实完善扶持措施,发挥市场机制作用,推进技术创新与体制机制创新,发挥优势,整合资源,强化协作,构建产学研推有机融合、新型高效的农业机械化科技教育体系,促进队伍能力素质加快提高,关键技术装备研发加快突破,先进适用技术加快推广,全面提升农业机械化科技教育水平,支撑引领农业机械化又好又快发展。要重点做好以下几个方面的工作:

第一,注重自主创新,进一步增强农业机械化科研开发能力。按照自主创新、重点跨越、支撑发展的方针,以满足农业生产实际需求为目标,进一步增强农业机械化科研开发能力。要坚持基础研究和应用技术开发并举,切实扭转新技术、新产品有效供给不足的局面。要通过技术创新,实现玉米收获机械化关键技术突破,大力推广水稻栽插和收获机械化技术,积极推动小麦全程生产机械化技术升级换代,基本解决我国粮食生产机械化技术问题;创新开发棉花、油菜、甘蔗等经济作物生产机械化关键技术,努力提高畜牧业、渔业、林果业、设施农业、农产品加工业机械化水平,积极发展丘陵山区机械化,加快实现"大农业、大农机"的格局;开展节水、节肥、节地、节种、节药、节油技术和农作物秸秆、畜禽养殖废弃物的无害化、资源化处理技术研究,发展资源节约型、环境友好型农业机械化;跟踪国内外信息、电子、生物、液压等高新技术的发展,研究新农艺对农机作业的新需求,搞好技术储备,增强我国农业机械化科技发展的后劲。

加强农业机械化软科学研究和科技情报信息工作,始终围绕国家发展战略和我国农业机械化发展大局开展研究,提出对策措施和建议,要重点研究购机补贴政策对农业机械化事业发展的深远影响,研究农业机械化发展在由中级阶段向高级阶段跃升过程中的机遇、挑战和对策,加强对农业机械化科技进步贡献率的研究。要针对洪涝、干旱、雨雪冰冻、台风等常发性重大自然灾害以及重大动植物疫病流行等农业突发事件,积极开展农业机械化应急科技服务研究,充分发挥农业机械化在抗灾救灾和应对农业突发事件中的积极作用。

要积极探索投资主体多元化的农业机械化科技投入机制,促进农业机械化科技投入逐步提高。调节投资结构,把财政投资集中在农业机械化基础科学研究、行业重大共性和关键性技术开发、农业生产关键领域和重点作业环节瓶颈机械化技术攻关等方面,使重点科研机构、优势科研团队和优秀科研人员得到长期、稳定、持续的支持。

第二,注重示范引导,大力推广先进适用农业机械化技术和装备。当前和今后一个时期,要围绕全国农业机械化发展中心任务,抓好农业机械化重点技术的示范推广,加快普及应用主要粮油作物种植、收获等环节机械化技术,积极推广棉花、甘蔗、茶叶等经济作物生产机械化技术,重点做好保护性耕作、精量播种、化肥深施、水稻育插秧、秸秆还田与捡拾打捆、玉米收获、薯类收获、高效植保和旱作节水等主推机械化技术的推广应用,推进农业生产节本增效和农业可持续发展。以设施园艺和设施养殖为重点,促进设施农业装备技术的推广应用。大力发展农用航空。

要通过加强农机技术鉴定、制定和完善《国家支持推广的农业机械产品目录》、组织实施农机购置补贴政策等手段,不断加大先进适用、技术成熟、安全可靠、节能环保、服务到位的农业机械化技术与装备的推广力度。要加大基层农机推广机构改革力度,加强机构、队伍、运行机制和条件建设,全面提升公共服务能力,建立健全运行高效、服务到位、支撑有力、农民满意的乡镇或区域性农机推广站。

针对农业机械化技术推广工作的公益性特点，各级农业机械化主管部门要积极争取支持，加大农业机械化适用技术的推广资金投入力度，加快技术的推广应用。要充分利用整合现有资源，利用好农业机械化主管部门实施的购机补贴、保护性耕作、优粮工程及水稻机械化示范项目等中央及地方资金项目，积极开展新技术试验示范和推广服务工作，发挥项目的示范带动和辐射作用，进一步促进科技成果的转化和先进技术在农业生产中的应用。

第三，注重提高素质，继续加强农业机械化人才队伍建设。牢固树立人才资源是第一资源的观念，加大农业机械化人才培养和高等院校学科建设力度。大力支持农业部与教育部关于共建农业大学的活动，支持相关大学的科研和教育工作。依托重大农业机械化科研项目、重点学科、科研基地，加强科技创新团队建设，重点培养农业机械化科技领军人才。要充分发挥农业部科学技术委员会、有关农业机械化专家组、专家库在推动农业机械化科技进步、服务农业机械化发展全局中的决策咨询和参谋作用，充分尊重专家的意见和建议，大力支持专家的工作。

要继续深入开展农业机械化教育培训大行动，建设管理、技术、作业服务三支保障有力的农业机械化人才队伍。要推进农业机械化教育培训主体多元化，充分利用各种培训资源，结合阳光工程、金蓝领计划、职业技能开发和农业机械化项目的实施，采取政企联动、技能竞赛等形式，培养一大批作业能手、维修能手、经营能手。充分利用农村党员干部现代远程教育系统，以农机大户、农机专业合作组织带头人为重点，开展农业机械化实用人才培养，加强培训基地、师资队伍和教材建设，增强培训的针对性和实效性。加大技术工人特别是高级技工的培训力度，为农机制造业培养高素质的劳动者。

第四，注重联合协作，着力构建新型农业机械化科技教育体系。要加强体制机制创新，加快构建以企业和科研院所为主体、市场为导向、产学研推有机结合的新型农业机械化科技体系，积极探索彰显时代特征、符合产业特点、具有国情特色的农业机械化科技进步新模式，建立"开放、流动、竞争、协作"的农业机械化科技教育发展长效机制。要依托国家重点农业机械化科研院所、高等院校和骨干企业，加强国家级农业装备和农业机械化重点实验室、工程实验室、工程技术研究中心、技术创新战略联盟等农业机械化科技创新基地和平台建设；根据农业机械化区划和优势农产品区域布局，建设一批区域性农业机械化技术创新中心；建立农业机械化科技成果扩散和科技培训工作站点，形成服务于农业机械化技术推广、服务于广大农民的科技服务网络，把创新成果迅速转化为现实生产力。要强化科研上、中、下游之间的贯通，强化中央与地方科研团队的纵向协作，强化农业机械化科研院所、高等学校、骨干企业及其他部门相关科技力量的横向联系，高效共享科技资源，联合开展科技攻关和高层次人才培养，充分发挥农业机械化科技的整体优势。

要改革农业机械化科研立项机制，把农业机械化生产实际需求作为最主要的立项依据，建立科研选题和立项的公开、公示、公议制度，构建课题来源于实践、成果应用于生产的有效机制。要树立正确的农业机械化科研业绩评价导向，将解决实际问题、对农业机械化发展的实际贡献作为评价科技人员的重要标准。鼓励科技人员深入基层，深入农业机械化生产第一线，及时发现生产难题和技术需求，倡导"论文写在大地上、成果留在千万家"的务实创新精神。各级农业机械化主管部门一定要树立"不求所有、但求所用"的观念，把农业机械化系统内外的广大科技教育工作者凝聚在一起，通过跨部门、跨地区、多学科、多领域的农科教大联合与产学研推大协作，取得农业机械化科技的大突破与大成果。

第五，注重合作共赢，深入推进农业机械化国际交流与合作。以合作促共赢，坚持"引进来"和"走出去"相结合，在更大范围、更广领域和更高层次上推进农业机械化科技国际合作与交流。深刻分析国际农业机械化科技发展的脉络和走势，紧紧围绕我国建设现代农业的重大科技需求，积极引进、消化和吸收国际先进技术、科学方法和管理经验，实现我国农业机械化科技的跨越式发展。要依托重大工程或专项，把引进国外先进技术与消化吸收再创新和集成创新结合起来，掌握核心技术的自主知识产权，增强自主研发和产业化能力，提高重要农机技术装备的国产化水平。大力扶持民族企业和民族品牌的发展，积极引导具有国际竞争力的农机产品扩大出口，鼓励企业参与国际竞争，在竞争中发展壮大。

支持农业机械化相关学科的海外高层次人才引进工作。加强科技管理人员及技术人员的境外培训，培养造就一支外向型学科带头人和专家队伍，提高农业机械化外事外经工作水平。

加强政府间农业机械化项目的合作，积极组织好中外农业机械化示范区建设，促进农业机械化技术的共同进步。充分发挥农业机械化学会和协会的作用，积极开展国内外农业机械化学术交流与合作，大力宣传我国农业现代化建设取得的成就。

在全国马铃薯生产机械化现场会上的讲话(摘要)

（2009年9月26日·内蒙古达茂旗）

农业部农业机械化管理司司长　宗锦耀

党的十七届四中全会刚刚胜利闭幕，新中国即将迎来60华诞，全国"三秋"农业机械化生产正在全面展开。今天，我们在内蒙古自治区召开全国马铃薯生产机械化现场会，目的是认真贯彻党的十七届三中、四中全会和中央1号文件精神，落实全国秋冬种工作电视电话会议部署，进一步提升马铃薯生产机械化水平，提高马铃薯综合生产能力，促进马铃薯产业发展。

这次现场会是农业部召开的第一个马铃薯生产机械化工作会议,标志着全国马铃薯生产机械化推进工作全面启动。上午,我们现场观摩了马铃薯生产机械作业演示、机具展示;参观了马铃薯生产农机大户和专业合作社;刚才,内蒙古、甘肃、陕西、宁夏、贵州省五省区和内蒙古达茂旗交流了工作成效和经验,所取得的成效令人鼓舞,经验弥足珍贵,增强了我们推进马铃薯生产机械化的信心和决心。下面,我讲几点意见:

一、统一思想,深刻认识推进马铃薯生产机械化的重大意义

马铃薯是粮食、蔬菜、饲料及工业原料兼用的重要农作物,是我国包括大豆在内的第五大粮食作物。2008 年种植面积4 663.4千公顷,总产量达1 415.6万吨(折合粮食),均位列世界第一,占世界的近1/4。马铃薯用途已渗透到我国工农业的多方面,市场需求旺,增值潜力大,是最具多功能的作物。提高马铃薯综合生产能力,促进马铃薯产业发展,对保障我国食物安全,促进农产品加工业发展,优化农业结构,实现农业增效和农民增收,满足市场需求,意义十分重大。近年来,随着《中华人民共和国农业机械化促进法》的公布施行和国家农机购置补贴政策的实施,广大农民购置、使用马铃薯生产机械的积极性不断提高,马铃薯生产机械化得到了长足发展,综合机械化水平超过20%,为我国马铃薯生产加快发展做出了重要贡献。但是从总体上看,马铃薯生产机械化发展滞后,总体水平低的状况还没有根本的改变。机耕水平 36.7%,机播、机收水平仅10%,主要生产环节目前仍然以人工为主。广大农民对提高马铃薯生产机械化水平的愿望日益迫切,依赖更加明显。加快推进马铃薯生产机械化已成为一项重要而紧迫的任务。

(一)加快推进马铃薯生产机械化是提高马铃薯综合生产能力、保障食物安全的迫切需要。马铃薯是粮菜作物,素有"地下苹果"、"第二面包"之称。在我国"三北"及西南地区是主要的粮食作物,养育着西部30%的人口。发展马铃薯生产,对确保我国食物安全具有不可替代的重要作用。大力发展马铃薯生产机械化,不仅可以减轻农民的劳动强度,有效争抢农时,抵御自然灾害的影响,而且可以确保农艺措施到位,节种减损,提高马铃薯产量。机械化播种可以省种 150 千克/公顷,机收可减少漏收损失 450 千克/公顷,减少伤损 300 千克/公顷。采用机械化规范化栽培,可增产3 750千克/公顷。推进马铃薯生产机械化,有利于增强马铃薯生产的物质基础和技术手段,增强节本增效和抗灾减灾能力,调动农民的生产积极性。提高马铃薯生产全程机械化水平,可以大幅度提高马铃薯的劳动生产率、土地产出率和资源利用率,促进马铃薯生产稳定发展。

(二)加快推进马铃薯生产机械化是调整农业生产结构、增加农民收入的现实途径。马铃薯种植范围广,既是增粮作物,又是增收作物,能加工食品、全粉、淀粉和变性淀粉等2 000多种产品,产业链条长,综合利用效益好,可实现多次增值,大面积种植可以带动农村加工业、饲养业的发展,是致富农民的重要途径。马铃薯产业每年吸纳了近5 000万农村劳动力和200 万城镇人员就业,具有显著的经济、社会和生态效益。各主产省区市都已将马铃薯生产作为调整农业结构、增加农民收入的一个优势产业来发展。实践表明,与人工作业相比,马铃薯机播可提高工效 3 倍;机械收获生产效率可提高 4 倍;机械收获每公顷比人工收获平均节约成本 375 元左右。马铃薯机械化收获可以缩短收获期,加快产品上市速度,有利于提高销售价格,增加农民收入。

(三)加快推进马铃薯生产机械化是发展现代农业、建设社会主义新农村的客观要求。农业机械化是现代农业高效、低耗、标准化生产的基本条件。发展马铃薯生产机械化可以改变马铃薯传统生产方式,推进马铃薯生产区域化布局、社会化服务、标准化生产、规模化作业和产业化经营,促进马铃薯传统耕作方式向现代农业生产的改变。随着农村劳动力向二、三产业和城镇转移步伐加快,很多地方农村有效劳动力供给不足,争劳力、抢农时的矛盾比较突出。马铃薯的主产区也是我国农村劳动力转移程度较高、数量较多的地区。一些地方出现了"农村空心化、农民老龄化、农业兼业化现象"。发展马铃薯生产全程机械化,可以稳定和加快发展马铃薯生产,支持农村劳动力转移,满足农村工业化、城镇化和现代化的新要求。推进马铃薯生产机械化的发展,还能够促进农村享受现代工业文明成果,改善农民生产条件,提高农民生活质量,促进城乡统筹协调发展。

当前,我国农业机械化正处在一个加快发展的历史新起点,面临着难得的发展机遇期,马铃薯生产机械化迎来了良好的发展环境和条件。推进马铃薯生产机械化的发展,是优化全国农业机械化布局和结构,提升农业机械化总体水平,促进农业机械化全面发展的必然要求,具有十分重要的战略意义。各级农业机械化主管部门要从战略和全局的高度,不断深化新形势下推进马铃薯生产机械化重要性的认识,进一步增强紧迫感、责任感和使命感,抓住机遇,乘势而上,坚持不懈,开拓创新,大力推进马铃薯生产机械化发展。

二、认清形势,进一步明确马铃薯生产机械化的目标任务

农业部非常重视马铃薯的生产发展,将马铃薯纳入"十一五"农业发展规划,编制了《马铃薯优势区域布局规划(2008—2015 年)》,成立了农业部马铃薯专家指导组,印发了《关于加快马铃薯产业发展的意见》,提出了马铃薯生产发展的目标任务和政策措施,指导各地有计划、有重点、有步骤地推进马铃薯产业发展,引导资金、技术、管理等要素向优势产区集中,加快马铃薯优势产业带建设。在一系列强农惠粮政策支持下,马铃薯生产持续发展,产业开发深入推进。一是面积稳定增加。1999 年以来,马铃薯在农业结构调整中进一步发展。2008 年种植面积比 1999 年增长 5%,保持良好的发展势头。二是单产逐步提高。近 10 年来,通过加快马铃薯良种选育和推广,尤其是脱毒种薯及配套技术的推广,马铃薯的产量和品质得到大幅度提高。马铃薯公顷单产保持在15 000千克水平,比 20 世纪 90 年代初增加3 750千克左右。三是生产布局逐步优化。马铃薯生产迅速向优势区域集中,主产区面积不断扩大,生态优势更加明显。目前全国基本形成三北单作区、西南混作区、中原间作区、南方冬作区等四大马铃薯优势区,马铃薯种植面积分别占全国马铃薯面积的 45%、40%、10% 和 5%。四是加工产业正在兴起。加工产品由粗淀粉逐步扩大到精淀粉、变性淀粉、薯片薯条及全粉等精深加工产品。据统计,目前我国马铃薯加工比重达 15% 左右,比 1999 年提高了 10 个百分点。

目前,发达国家马铃薯生产机械的研制、推广、应用已经形成完整的技术体系,基本实现了全程机械化。随着我国马铃薯生产的快速发展和农业机械化水平的快速提高,马铃薯生产机械化呈现快速发展的良好态势。一是市场需求迫切。薯区农民应用机械播种、收获的积极性不断提高,购机用机热情逐年提高。2008 年,全国马铃薯联合收割机保有量达 1.34 万台,比 2007 年增加 0.35 万台;机收面积达 466.67 千公顷,比 2007 年增长 120 千公顷。机械化技术的应用促进了马铃薯面积的逐年扩大,且两者相互促进。二是技术不断突破。我国在上世纪六七十年代开始研制生产马铃薯机械。近些年来,经过技术引进、自主开发和国家科技攻关,我国马铃薯生产机械的研发创新取得了突破,参与研发、生产的科研机构和企业达 20 余家,生产出了适用于不同种植方式的马铃薯播种机、起垄机、中耕机和中小型收获机等,主要技术瓶颈问题取得突破,基本上能满足农业生产的需要,具备了推广应用的基本条件。目前列入国家支持推广目录的马铃薯种植机型 21 种,收获机型 38 种。三是作业市场开始起步。随着技术的突破和市场需求的扩大,各地因地制宜、重点突破、积极创新,形成了许多具有区域特点的马铃薯机械化生产服务模式。如内蒙古、宁夏等地形成了有灌溉条件高垄栽、旱地覆膜栽和旱地平作等 3 种模式。甘肃省制定了《马铃薯机械化生产技术规范》等 5 项地方标准,为马铃薯机械化生产奠定了基础。马铃薯机械专业合作社、服务队、作业大户应运而生,发展迅速,通过承包、订单等方式,开展跨区作业,提供机播、机收等环节的单项或全程机械化作业服务。宁夏、陕西、甘肃等地马铃薯跨区机播、机收作业起步,并取得了良好的收益,推动了马铃薯生产机械化水平的提升。2008 年全国马铃薯机收水平比 2007 年提高了 2.2 个百分点。四是政府扶持力度加大。从 2006 年开始,农业部在条件比较成熟的内蒙、甘肃和贵州省,开展马铃薯生产机械购置补贴试点,推动了三省马铃薯生产机械化的快速发展。2008 年,马铃薯生产机械购置补贴范围扩大到全国。2009 年,农业部启动马铃薯生产机械化示范项目,加大主产区马铃薯生产机械化示范力度。贵州、宁夏、内蒙、甘肃等不少省区也通过地方购机补贴资金累加、设立技术推广资金扶持马铃薯生产机械化的发展,政策扶持力度不断加大。内蒙古建立了 30 个马铃薯生产机械化示范基地,贵州省建立了 20 个示范县,大力开展试验示范推广工作。宁夏制定了马铃薯生产机械化发展规划,明确到 2012 年实现机播、机收水平达到 50% 的目标和相关政策措施。

当前,马铃薯生产机械化发展面临的主要制约因素:一是机具生产供给能力不足。研发设计水平低,生产批量不大,机械系列化程度低,配套性差,有的作业环节机具还存在空白,如马铃薯打秧机,至今没有成熟产品。低端产品多,高新技术产品少。产品适应性、可靠性有待进一步提高。二是马铃薯种植标准化程度低。不同地区马铃薯生产条件、种植方式不同,马铃薯规模种植、规范化生产水平较低,农机与农艺配套难,机具作业难度大,尤其难以大范围跨区作业。三是示范推广和扶持力度不够。马铃薯产区多为边远贫穷地区,农民收入水平低,发展马铃薯生产机械化亟需国家扶持。目前国家用于马铃薯生产机械试验、示范和推广的投入较少。

农民的迫切需要、关键技术的突破、社会化服务实践和政府部门的大力推动,为马铃薯生产机械化的发展创造了良好的氛围和条件。综合分析当前马铃薯生产机械化面临的发展形势,可以说,主产区已经具备加快推广马铃薯生产机械化技术的基本条件,大力推进马铃薯生产机械化的机遇已经来临。马铃薯生产机械化发展的目标任务是:到 2020 年,各个主产区马铃薯生产机械化技术体系成熟,机具装备水平和作业水平大幅度提高,机械种植和收获水平均提高到 30% 以上,综合机械化水平突破 40%,为马铃薯产业的发展提供坚实的物质技术支撑。

我们要认清形势,坚定信心,抓住机遇,克难攻坚,解决发展中的问题,不失时机地加快推进,努力实现马铃薯生产机械化发展的各项目标任务。

三、加强领导,努力提高马铃薯生产机械化的发展水平

当前和今后一段时期,农业部确定将发展马铃薯生产机械化作为重要工作任务来抓。发展马铃薯生产机械化的总体思路是:坚持因地制宜、分类指导,重点突破、以点带面,大力扶持、加快推进的原则,以推进马铃薯优势产区机收、机播为重点,实行农机与农艺相结合,加大投入力度,强化技术创新,积极示范引导,加强培训宣传,组织社会服务,加快推进马铃薯生产机械化,促进马铃薯产业化。各级农业机械化主管部门要切实加强组织领导,把发展马铃薯生产机械化摆上重要议事日程,精心组织,抓紧抓好。要结合实际,着力做好以下几个方面的工作:

第一,抓紧制定发展规划。及早制定马铃薯生产机械化发展规划,明确发展目标、区域发展重点、主要技术模式、工作思路和措施,并认真组织实施。要完善工作计划、方案,统筹农机管理、科研、生产、鉴定、推广和安全监理等方面的力量和资源,明确分工,落实责任,合力推进。要争取主产区各级政府的重视和支持,把马铃薯生产机械化列为当地发展现代农业、推进新农村建设的重要内容,纳入当地经济社会发展的总体规划,推动马铃薯生产机械化加快发展。

第二,积极争取多方投入。今后一个时期,要把马铃薯生产机械列为各级购机补贴范围并予以倾斜,扩大补贴机具种类,加大补贴的力度,鼓励地方购机补贴资金累加补贴,支持、引导农民和各种渠道资金投入,为马铃薯生产机械化的发展创造良好条件。要逐步扩大全国马铃薯生产机械化示范县建设规模,将马铃薯生产机械化示范推广列入有关的项目计划中,积极争取多渠道的投入,加大资金、技术和项目整合力度,集中力量建设一批示范区(点),实施项目带动战略,以示范基地为依托,开展技术试验、机手培训和宣传,示范、带动马铃薯生产机械化的发展。

第三,大力推进技术创新。要坚持农机和农艺相结合,注重农机农艺技术协调发展,成立农机与农艺结合的专家组,加强对马铃薯生产机械化工作的指导,统一研究和协调解决马铃薯生产机械化发展中遇到的困难和问题,建立完善不同区域和种植模式农业机械化技术与农艺技术集成配套的全程机械化生产工艺,以机械化引领马铃薯生产的标准化种植、规模化生产。要组织农机科研、生产、推广部门,针对不同区域马铃薯种植模式,加强机具科研攻关和技术创新开发,进一步熟化技术,加快成果转化,开发生产能满足各主产区要求的马铃薯生产机械,满足各地马铃薯生产发展需求。要鼓励生产企业进行技术改造和生产线建设,引导扶持企业生产上规模,产品上档次,满足农民的要求。

第四,着力提升机具质量。做好机具鉴定,强化质量监督,积极组织开展马铃薯生产机械的试验选型、质量调查工作,通过选型鉴定,质量跟踪,选择一批性能可靠、适用性强、技术含量高的机型向社会公布,并通过召开马铃薯生产机械化现场会、推介会等形式,引导农民选用。同时,要及时向生产厂家反馈鉴定、调查结果,引导、帮助企业不断提高机具适应性、可靠性。要加强质量监督和投诉监督,及时协调处理机械质量问题,督促生产厂家提高服务质量和三包水平,维护农民合法权益,促进马铃薯生产机械化健康发展。

第五,不断完善发展机制。按照市场化经营、社会化服务的要求,大力培育壮大农机大户和农机专业合作社、作业公司等社会化服务组织,鼓励和支持他们以区域内规模化服务和跨区作业为方向,开展社会化作业服务,建立完善马铃薯生产机械化推广应用的长效机制。特别是要深入贯彻落实《农业部关于加快发展农机专业合作社的意见》,大力扶持马铃薯机械化生产专业合作社发展,通过合作社,实现马铃薯规范化种植、标准化生产、规模化经营、订单化服务,培育壮大马铃薯生产机械化作业市场,加快马铃薯生产机械化的发展。要加强机具的维修保障能力建设,抓好马铃薯生产机械化安全生产,建立完善信息调度服务平台,完善跨区作业的保障机制,为马铃薯机械作业市场拓展创造良好条件。

在全国农业系统纪检监察工作座谈会上的典型发言材料(摘要)

(2009 年 10 月 13 日 · 浙江杭州)

农业部农业机械化管理司司长　宗锦耀

农机购置补贴是党中央、国务院强农惠农政策的一项重要内容,也是扩大内需、促进我国经济平稳较快发展的重大举措。近年来,中央财政不断加大补贴力度,资金规模由 2004 年的 7 000万元增加到 2009 年的 130 亿元,6 年翻了近 8 番,补贴范围已覆盖全国所有的农牧业县(场)。我们认真贯彻党中央、国务院的决策部署和农业部、财政部有关规定,精心组织实施,建立健全制度,严格规范操作,加大政策宣传,强化监督管理,确保农机购置补贴政策全面实施到位。

一、实施农机购置补贴政策的主要做法

近年来,各级农业机械化主管部门、财政部门密切配合,扎实工作,形成了一套科学规范、行之有效的制度和办法,主要做法是:

一是精心组织,落实责任。农业部、财政部密切配合,对全国农业机械发展现状和需求进行了深入调查分析,科学制定了农机购置补贴规划,为农机补贴政策持续有效实施打下了坚实基础。各级农机、财政部门认真落实责任制,明确任务,精心组织实施。许多省区市将农机补贴实施列入地方政府对农业机械化主管部门的考核内容。大部分省区市农业机械化主管部门专门成立了行政一把手任组长的领导小组,做好统筹协调,为农机购置补贴提供了有力的组织保障。

二是建立制度,完善机制。经过多年实践,农机购置补贴已形成了一整套管理制度。财政部、农业部联合制定了《农业机械购置补贴资金管理暂行办法》,确立了"五项制度"为核心的操作办法,即:补贴机具竞争择优筛选制、补贴资金省级集中支付制、受益对象公示制、执行过程监督制、实施效果考核制。每年还制定年度农机购置补贴实施方案,指导各地开展农机购置补贴工作。各地也制定了补贴资金使用管理办法或实施细则,出台了农机购置补贴工作实施规范、监督管理办法、绩效考评办法、档案管理办法、补贴产品经销商管理办法等一系列规章制度。

三是规范程序,阳光操作。坚持突出重点、兼顾一般的原则,补贴资金向粮食等农产品大省倾斜、向主要农作物生产薄弱环节机械倾斜、向服务组织和农机大户倾斜。以机具选型和补贴对象确定为重点,加强规范操作,努力做到公开、公正、公平。部、省两级补贴机具选型和补贴目录制定工作,邀请纪检监察部门全程参与,自觉接受监督。严格执行公示制度,对农民实际购机情况公示到乡村,接受农民监督。一些省份开发了农机购置补贴管理系统,实现网上申报、审核,提高了效率,加快了结算,方便了监管,使操作更加科学、规范、高效。

四是强化措施,搞好服务。2009 年,为尽快拉动内需,促进经济增长,我们较 2008 年提前两月启动了补贴工作,连续发出紧急通知,要求加快实施,及时结算,半月报送一次进度。积极协调财政部尽快下达第二批 30 亿元补贴资金,确保补贴机具在"三秋"农业机械化生产中发挥有效作用。开通了全国农机购置补贴信息系统网页,方便农民、企业查询补贴政策信息。公布了购机补贴热线电话,为企业和农民提供咨询。陕西等省还探索建立了农机购置补贴产品超市;江苏组织"一站式"、"零距离"服务,深入到农户家中与农民签订购机合同;山西组织开展"农机大回访"行动,对补贴机具质量、服务进行跟踪调查。为减轻企业垫支压力,江苏、陕西还建立了补贴资金预拨付制度。

五是严肃纪律,加强监管。严格执行国务院提出的"三个严禁"规定(即严禁采取不合理政策保护本地区落后生产能力,严禁强行向购机农民推荐产品,严禁借国家扩大农机具购置补贴之际乱涨价);要求全系统做到"八个不得"(即各级农业机械化主管部门和农业机械化推广机构不得指定经销商;不得违反规定程序确定补贴对象;不得将国家和省级推广目录外的产品纳入补贴目录;不得保护落后强行向农民推荐补贴产品;不得向农民和企业以任何形式收受任何额外费用;不得以任何理由拖延办理农民购机补贴手续和补贴资金结算手续;不得委托经销商代办代签补贴协议或机具核实手续;不得以购机补贴名义召开机具展示会、展销会、订货会)。农业部领导高度重视农机购置补贴政策的实施,中纪委驻农业部纪检组组长朱保成多次专题听取农机购置补贴工作汇报,亲自主持会议研究制定农机补贴政策落实情况监督检查工作方案。农业部先后派出 25 个联合督导组,分赴全国各省市检查指导实施工作。利用农机补贴档案管理信息系统,对全国农机补贴实施情况开展了电话抽查和重点督查。2009 年 7 月,根据新华社反映的情况,农业部立即派出联合调查组,对安徽省太和县发生的两起倒卖农机补贴名额事件进行了全面核查，建议太和县委、县政府对主持工作的县农机局副局长给予了行政撤职处分，对其他相关责任人进行了严肃处理。并将有关情况向全国农业机械化系统作了通报，加强警示教育，坚决杜绝类似问题的发生。

六是加强宣传，营造环境。农业部和财政部采取多种形式及时将农机购置补贴实施情况向社会公布，加强政策和工作成效的宣传。各地也充分利用广播、电视、报纸、网络等媒体，广泛宣传购机补贴政策、补贴目录、实施方案、申请程序等，采取张贴公告到村、发放政策指南到户、发送手机短信到人等方式，使补贴政策家喻户晓。

二、农机购置补贴政策的实施成效

农机购置补贴政策的实施，对优化我国农业装备结构、加快农业机械化发展进程、促进农业稳定发展和农民持续增收发挥了重要作用，同时也对拉动内需、推动农机工业振兴、促进经济平稳较快发展起到了积极作用。实践证明，农机补贴是一项利国利民、兼顾农工、一举多得的好政策，取得了显著成效。

一是提高了农业机械化程度，加快了农业科技进步。2004—2008 年我国农机总动力年均增幅在 7% 左右，明显高于补贴前 5.5% 的水平。2009 年全国耕种收综合机械化水平预计可达 48%，比 2003 年提高 15.5 个百分点，近三年每年提高 3 个百分点以上。主要农作物生产机械化快速推进，小麦基本实现了全程机械化，玉米、油菜机收及水稻机收、机插等薄弱环节机械化取得突破，其中水稻机收水平超过 50%。农机作业领域由种植业向畜牧业、渔业、林果业、设施农业、农产品加工业等领域扩展，由产中向产前、产后延伸。

二是推进了农业生产方式转变，促进了农业稳产农民增收。在农机购置补贴政策推动下，农业机械得以快速推广应用，促进了农业生产规模化、标准化、集约化和产业化，提高了土地产出率、劳动生产率和资源利用率，改善了农民生产生活条件，降低了农业生产成本，促进了农业增产和农民增收。在节本增效方面：推广小麦机械化精量播种技术每公顷可以节约种子 45—60 千克；机械深施化肥可提高化肥利用率 10%—15%；联合收割机收获小麦可减少损失 3% 左右。在增加粮食单产方面：大型机械深松整地增产幅度达到 10%—15%；水稻机插秧每公顷能增产 375 千克以上。在提高劳动生产率方面：机插秧与人工插秧相比可提高生产效率 20 倍以上；一台水稻联合收割机可替代 200 多人。2009 年“三夏”跨区机收为广大农民节省人工费用 40 亿元，减少粮食损失 25 亿千克左右，农机手纯收入 26 亿元，共为农民节本增收近 110 亿元。

三是拉动了农村需求，促进了农机工业和服务业发展。2004—2008 年中央财政共投入 69.7 亿元，带动地方投入 52 亿元，拉动农民投入购机资金达到 373 亿元，补贴购置各类农机具 240 万台（套）。2004 年以来全国农机工业保持了持续快速发展，总产值年均增长近 20%。2008 年，规模以上农机工业企业产值达到1 915亿元，产销率达 98% 以上。2009 年，虽然受到国际金融危机的冲击，但农机工业依然保持了良好的发展态势。1—8 月，全国规模以上农机企业产值达到1 480亿元，同比增长 22.7%，增幅在机械工业 13 个行业中列第一位。骨干企业就业人数比 2008 年同期增加 20% 以上。农机销售、作业、维修市场不断发展壮大，2008 年农机从业人员超过4 000万人，收入达到2 930亿元。

2009 年农机补贴工作启动早、进展快、措施实、督查力度大，实施效果明显。截至 9 月底，全国已执行农机购置补贴资金 105 亿元，占投入资金 130 亿元的 81%，补贴各类农机具 258 万台套，受益农户超过 235 万户。农机补贴政策在扩内需、调结构、促发展、保民生等方面作用突显，农民得实惠，企业得效益，政府得民心。

三、下一步实施农机购置补贴的工作措施

总体上看，农机购置补贴制度比较完善，操作基本规范，成效十分显著。但随着补贴规模的不断扩大，也出现了一些不容忽视的新情况新问题，主要表现在：补贴资金缺口仍然较大，远远不能满足农民的购机需求；个别地方操作不够规范，没有严格按照规定确定经销商，少数地方存在向企业收费现象；部分地区补贴资金结算较慢，增加了企业的经营成本；农机产品供应和企业售后服务能力还不能完全适应农业生产需要和农民的要求等。

下一步，我们将认真学习贯彻十七届四中全会和中纪委第四次全会精神，按照这次会议和中央纪委驻农业部纪检组组组长朱保成的指示要求，本着对党和人民高度负责的态度，进一步加大政策执行力度，不折不扣地将补贴各项工作执行到位，确保政策实惠一分不少地落实到农民手中。

一要进一步明确职责，落实管理责任。要把农机购置补贴作为头等大事来抓，进一步加强组织，落实领导责任制。充分发挥省市县的作用，把责任落实到人，把任务明确到地方。要抓好方案制定、机具选型、政策宣传、购机审核登记、公示等关键环节工作。主管领导要集中精力重点抓，责成专门处室具体负责，把工作做细做实。

二要进一步强化措施，加快实施进度。目前各地正抓紧组织实施第二批 30 亿元补贴资金，农业部已印发《关于切实做好第二批农机购置补贴资金实施工作的紧急通知》，下一步将加大执行情况的检查监督力度，确保尽快发挥补贴资金的效用，满足农民购机需求和秋收、秋种、秋耕农业生产需要。督促各地加快补贴资金结算进度，减轻企业资金压力。

三要进一步规范操作，加强监督检查。严格执行国务院“三个严禁”要求，坚持“五项制度”，做到“八个不得”，严格程序，阳光操作。加强监督，严肃纪律，发现的问题严厉惩处，决不姑息。进一步扩大购机补贴网络信息化管理的范围，实现购机申请、审核、结算、档案管理的信息化网络化，提高管理服务效率。

四要进一步加大宣传力度，营造良好环境。大力宣传农机购置补贴工作制度、机制和程序，让补贴政策家喻户晓，接受社会监督，营造全社会共同关注、共同支持、全面落实强农惠农政策的良好环境。

五要进一步加强调研，完善实施办法。今后我们将与财政等部门一起，就农机补贴政策实施深入开展调查研究，进一步修订资金管理办法，完善管理制度，切实把政策不折不扣落到实处，真正让党和政府放心，让农民和企业满意。

农业机械化是农业现代化的重要标志。发展农业机械化是人民的愿望，时代的要求，历史的必然。我们要继续把实施好农机补贴政策作为坚决贯彻执行党中央、国务院决策部署的重大行动，确保这项利国利民的好政策全面实施到位，真正把好事办实，实事办好，推动我国农业机械化科学发展，为实现中国特色农业现代化，夺取全面建设小康社会新胜利，建设社会主义现代化国家做出更大的贡献！

在《中国农机化导报》农业机械化宣传工作会议上的讲话(摘要)

(2009 年 9 月 17 日 · 宁夏银川)

农业部农业机械化管理司副司长　刘　宪

一、充分认识农业机械化发展新阶段对新闻宣传工作的新要求

党中央、国务院历来高度重视新闻宣传工作。近年来,中央领导同志多次做出重要指示。胡锦涛总书记指出"宣传思想工作关系党和国家工作全局",将宣传提高到一个很高的位置。中共中央政治局委员、中央宣传部长刘云山同志多次强调:"舆情信息工作是宣传思想战线的一项基础性工作,无论怎样强调重要意义,都不过分"。农业部部长孙政才同志多次在媒体对农业和农村工作的报道上做出重要批示,部党组专题研究农业新闻宣传工作,提出总体要求和具体措施。

新闻宣传是各项事业的重要组成部分,也是推动农业机械化事业的一个重要举措。我国农业机械化进入快速发展的新阶段,对新闻宣传工作提出了新的更高的要求。近年来,各级农业机械化主管部门做好春耕、三夏、三秋等重点农时季节农业机械化作业的宣传,加大对农机跨区作业、购机补贴政策实施、农业机械化新技术推广等工作的报道,得到领导和社会广泛关注,为农业机械化发展创造了良好的舆论氛围。2009 年"三夏"期间,我司精心组织跨区机收小麦的新闻宣传,从 5 月下旬至 6 月中旬,掀起了 4 次宣传高潮,各主要媒体刊发"三夏"跨区机收新闻 120 多篇,为解决联合收割机的通行便利、供油等问题,提供强大的舆论支持。实践表明,农业机械化新闻宣传工作在贯彻农业机械化方针政策,展示发展成就,优化发展氛围,服务领导决策,树立部门形象,推进政务公开等方面都能够发挥独特的作用。

随着农业机械化步伐加快,农业机械化领域的新闻热点不断涌现。特别是 2009 年以来,中央大幅度增加购机补贴资金总量,从 2008 年的 40 亿增加到 2009 年的 130 亿,社会各界对农机管理部门的关注度空前提高,新闻媒体对购机补贴政策的宣传报道明显升温。这些新闻报道,既有对成绩的肯定,也有对工作进展的关注。我们做了一个网上舆论调查,以"农机补贴政策"作为关键词进行网页检索和新闻检索,关于"农机补贴"新闻报道和网页约有 30 万条。这是过去几十年工作中没有的新情况。我们对排名前 100 篇的网页、新闻进行的阅读分析结果显示,绝大多数网页、新闻稿对农机补贴政策的执行情况给予了正面的、积极的评价,约有 6% 的网页(包括论坛跟帖)对完善农机补贴政策提出了建议,约有 1% 的新闻稿对农机补贴政策提出了质疑。这既说明社会舆论对购机补贴政策执行情况总体是持肯定态度的。也说明我们的工作还有还存在不足之处,还有需要进一步规范的地方。有几篇失实报道,在没有调查核实的情况下,对购机补贴政策执行情况予以否定,产生一些负面影响,给我们的工作造成了很大的被动。这也提醒我们,必须高度重视新闻宣传工作,敏锐把握舆论热点,加强正面宣传报道。用主流的声音遏制"小道消息",及时主动地导引社会舆论,通过新闻宣传为农业机械化事业"借势"和"造势",努力在社会上营造关注农业机械化、支持农业机械化、发展农业机械化的良好氛围。农业机械化新闻宣传工作的成效大小,关系到社会各界对农业机械化工作的认知和支持程度,关系到农业机械化行业的社会形象和社会地位,关系到农业机械化战线的凝聚力和战斗力,直接影响到农业机械化事业发展的速度、质量和效益。进一步重视和加强农业机械化新闻宣传工作,既是新时期农业机械化主管部门行政能力建设的重要任务,又是推进农业机械化改革与发展的重要舆论保障。对此,我们必须要有足够的认识。

二、努力完成农业机械化发展新阶段新闻宣传工作的新任务

当前,我国农业机械化总体上已经完成从初级向中级阶段的跨越,正处在新的历史起点上,向着更大规模、更广领域、更快速度、更高水平的方向发展。农业机械化发展的新阶段面临良好的机遇:一是需求旺盛。我国农业发展方式正从依赖和占用人力资源向依靠科学技术和现代农业装备方向转变,农业劳动力占全社会从业人员比重降到 40% 以下;使用机器的成本低于人工,大规模发展农业机械化成为趋势性的需求。二是工业支撑有力。经过 60 年的建设,我国农机工业体系基本建立,规模以上农机企业达到2 000家,科研创新能力和产能不断提高,2009 年产值预计超过2 400亿元。三是国家财力倾斜。近年来,国家财政对农业机械化支持力度不断加大,购机补贴、科研开发、技术推广、教育培训等方面的投入逐年增长。四是发展方向明确。经过 60 年探索,走出了一条"农民自主、政府扶持,市场引导、社会服务,共同利用、提高效益"适合中国国情的农业机械化发展道路。五是法律提供保障。以《中华人民共和国农业机械化促进法》颁布为标志,我国农业机械化的政策法规体系基本建立,为农业机械化发展提供了良好的政策法规环境。总之,我国农业机械化发展正在经历着的广泛而深刻的变化,面临着前所未有的发展前景。

农业机械化发展的新阶段,既有量的积累增长,更有质的变化提高。一是发展速度将进一步加快。我国加快发展农业机械化的物质技术基础、组织运行基础、实践认识基础都已具备,进入了快速成长期。预计 2020 年我国耕种收综合机械化水平达到 65% 以上。二是发展质量将进一步提高。农机产品逐步向高质量、高科技、高性能、低能耗、低排放和多功能的方向发展。农业机械化发展由注重数量增长向注重结构优化转变,更加注重工程技术、生物技术和信息技术的集成和资源综合利用。三是发展领域将进一步拓宽。围绕大农业,发展大农机。机械化生产由粮食作物向经济、饲料作物拓展,由耕种收环节机械化向产前、产中、产后全过程机械化延伸，由种植业向畜牧业、渔业、林果业、设施农业和农产品加工等领域进军。四是发展机制将进一步不断完善。农机大户、农机专业服务组织不断发展壮大，农机服务组织化程度进一步提高，服务机制不断创新，服务品牌效益开始显现，农机跨区作业范围进一步扩大，农机销售、作业、维修三大市场不断完善，农机服务产业化进程加快。阻碍农业机械化科学发展的三个难题将得到一定程度的解决。一是解决土地小规模经营与机械化大生产的矛盾。二是解决农机与农艺融合不紧密的问题。三是解决丘陵山区农业机械化发展滞后的问题。我们应该充分认识已经到来的农业机械化发展新阶段，

了解新阶段的新任务。一靠政策，二靠科技，三靠投入，四靠人才，五靠宣传推动，完成新阶段发展农业机械化的新任务。

进入这么一个崭新的发展新阶段，不仅需要我们做好政策、科技、人才和投入方面的准备，更要做好舆论方面的准备。全力以赴做好新形势下农业机械化新闻宣传工作：

一要加强对新闻宣传工作的领导。各级农机管理部门要把新闻宣传工作摆上重要议事日程，主要领导要亲自过问亲自抓，分管领导要经常抓具体抓，不懈怠。不仅要在思想认识上重视，更要在工作中落实，保障人员和经费到位。把新闻宣传工作与重点农业机械化工作一起研究、一起布置、同步检查、同步考核。在制定年度预算的时候，就要充分考虑宣传经费支出。在召开重要会议、组织重大活动之前，就要把新闻宣传材料准备好。要发挥好《中国农机化导报》等媒体的作用，广泛宣传发展农业机械化的主张和措施，营造发展农业机械化的舆论环境。

二要搞好新闻宣传的策划。近几年来，农业机械化管理司每年都坚持在年初印发《农业机械化宣传工作要点》，并召开媒体通报会，共同策划宣传报道计划，取得了良好成效。各级农机管理部门都要围绕重点农业机械化工作进展情况，提前做好宣传方案，加强与媒体和记者经常沟通，突出报道重点，力求实效。《中国农机化导报》也要“主动出击”，进一步加强与各地农业机械化主管部门、行业协会、重点企业等的联系，围绕中心，服务大局，搞好配合，不断提高新闻宣传策划的能力和水平。

三要提炼新闻宣传素材。要不断提高新闻敏感性，这是从事新闻宣传工作的基本素质。农业机械化活动每天都在进行着，各种新事物、新情况、新经验、新典型、新问题和热点、亮点、难点问题随时都可能出现。要善于从平淡、纷繁的工作中提炼新闻素材。前不久，农业机械化管理司在佳木斯召开全国农业机械化科技教育工作会议，提出两个新的、重要的判断：一是当前我国农业机械化正在由数量增长型向质量效益型、创新驱动型转变。二是农业的根本出路在于机械化，农业机械化的根本出路在于科技进步。农业机械化工作最大的潜力和希望也在科技教育。《中国农机化导报》围绕这些新观点、新论断，及时组织力量，撰写了一系列评论员文章，同时配合这次会议陆续刊发了各地一些经验交流文章，在行业内产生了巨大反响，达到了统一思想、推动工作的目的。这个做法各地应该学习效仿。

四要抓好重要时段的新闻宣传工作。农业机械化工作是与农时季节紧密相连的。我们要在“春耕”、“三夏”、“三秋”等重点农时季节，加大对农业机械化重点工作的宣传。唱好农机“四季歌”，这样能更加容易吸引社会关注的目光，达到事半功倍的效果，不断掀起农业机械化新闻宣传高潮。近年来，《中国农机化导报》围绕农业机械化春耕备耕、“三夏”跨区作业、“三秋”农业机械化生产等重要农时季节的机械化生产工作，及时组织力量，采写了大量生动鲜活的报道，取得了良好的效果。今后要继续坚持抓下去。

五要发挥各新闻宣传媒体的优势。各级农业机械化主管部门要加强与中央、地方和行业媒体的沟通与合作，注意发挥好这三个层次宣传阵地的作用，形成宣传的合力。要重视报刊杂志等传统媒介、广播影视等音像媒介以及网络手机等新兴媒介的作用，把握好这三个媒体方阵的特点，有的放矢，形成全方位、多层次的新闻宣传格局。要注意掌握网络舆情动态，积极组建网络评论员队伍，积极推动正面舆论导向。《中国农机化导报》要在不断提高纸质媒体宣传效果的同时，切实建设好、维护好中国农机新闻网，充分发挥网络新闻宣传的巨大作用。

三、《中国农机化导报》要成为农业机械化发展新阶段的强势媒体

2005 年 1 月，农业部和新闻出版署正式批准将《中国农机安全报》更名为《中国农机化导报》。办报宗旨也由过去的以宣传农机安全生产、对农机手进行安全生产教育为主要内容，调整为以宣传农业机械化全行业为主要内容；服务对象也由农机监理部门和农机手扩大到农机管理、科研、制造、维修等科研院所、农机服务组织和其他行业协会等单位。5 年来《中国农机化导报》作为国内唯一国家级农业机械化专业报纸，在发挥报纸的功能，积极投身农业机械化各项工作、关注农机全行业的发展和进步等方面做了许多工作，取得了有目共睹好成绩。报社的社会影响力逐步扩大，为营造有利于农业机械化发展的良好社会氛围做出了积极的贡献。

为进一步加强对中国农机安全报社的业务指导，强化农机行业新闻宣传管理工作，充分发挥报纸服务行业发展的作用，2009 年 5 月 9 日，农业部领导决定将中国农机安全报社的业务归口司局由办公厅调整为农业机械化管理司。6 月 10 日，农业机械化管理司第四次常务会，专门听取了报社领导班子的工作汇报，对报社的工作提出了指导性的建议。希望《中国农机化导报》能不断改革创新，增强舆论引导权威性、公信力和影响力方面迈出新的步伐，将报纸办出特色、办出水平、扩大影响力，增强凝聚力，努力办成高水平、高质量的行业强势媒体。为此，我对报社今后的工作提出几点希望和建议。

一要进一步明确办报方向，提高报道质量。中国农机安全报社不同于其他的农机行业媒体，既是一个新闻单位，也是一个部属农机事业单位。因此，在坚持党性原则，牢牢把握正确舆论导向原则下，要不断提升报纸新闻报道的权威性、导向性和可读性。要做到权威性，最有效的方法是要围绕农业部工作部署和农机管理司的重点工作开展宣传报道，主动去呼应司里的各项重点工作，超前布局、系统把握和深度报道，使新闻宣传真正融入到农业部和农业机械化管理司的中心工作中去，向全行业、全系统，向基层和农民机手传递最准确、最权威的声音；做到导向性，就是发挥专业报纸的特点，敏锐捕捉行业发展的热点信息和新亮点，进行搜集、整理、分析和深加工，为全行业提供前瞻性的资讯，为上级领导决策提供参考。同时还要提高可读性，坚持以人为本，增强新报道的亲和力、吸引力、感染力。加强原创作品的采编，做到内容贴近读者，栏目设置合理、版式

活泼，文风清新。报社同志要找准定位，突出优势，努力工作，努力将《中国农机化导报》办成农业机械化行业的“喉舌、窗口”和“信息发布平台”。

二要进一步加强自身建设，增强报社的凝聚力和战斗力。首先要加强领导班子建设，重大事项要集体讨论，实现科学决策、民主决策，促进班子的团结与协作，进一步完善有关规章制度。其次要加大对一线采编团队、经营团队人才的培养和使用，营造人才辈出、人尽其才的工作氛围。经常性地开展各种培训，提高报社人员队伍的政治素质、业务素质，增强核心竞争力。2009 年 5 月，报社编辑部获得了国家机关“青年文明号”称号，这是一个良好的开端，希望报社继续保持荣誉，在创建精神文明单位上再创佳绩。

三要做好报社宣传工作，推动报纸发行和读报用报。各地各级农机管理部门要把做好读报用报工作列入日程。在宣传方面，各省市自治区农机管理部门要在综合部门明确人员，建立固定的联络渠道，积极踊跃为报社提供稿件，及时报道本地、本系统的工作，利用好报社的优质资源为农业机械化事业服务。同时，报社也要主动与各地农机管理部门加强联系。原来中国农机安全报社有个十分响亮的名字“农机监理人员之家”，现在还应该加上一个“农机宣传工作者之家”，更好地为全国农业机械化系统服务。在发行和读报用报工作方面，希望各地农业机械化管理部门的同志多做工作，使报纸覆盖到本地区所有的农机管理、鉴定、培训、推广、监理各个部门。要适应农业机械化发展要求，不断扩大读者面，目前全国已经登记注册，成为独立经济体的农机专业合作社有8 000多个，各省都出台了相应的扶持政策，要把他们作为最有效的读者群体，在他们中发展读者。农机管理部门要支持报社在农机专业合作社中做好读报用报工作。

四要遵循媒体发展规律，做好报社未来几年的发展规划。未来几年，农业机械化事业仍将保持快速发展势头，对于报社而言，仍将是难得的发展机遇。报社领导班子要及时总结几年来的发展经验，深入分析其中的规律和得失。要结合当前国家关于农业机械化工作及新闻宣传工作的一系列政策，及早制订报社未来五年的发展规划。要尊重市场规律，推动报刊发行和广告收入跃上一个新台阶。努力寻找和挖掘每一个现实和潜在的读者，尽可能地扩大报纸的发行量，重点在农机制造企业，农机流通企业和农机维修企业中建立读报用报体系。要下大力气开发广告市场，实现报社与企业的共生双赢。通过提升报纸的影响力、公信度及有效读者覆盖率来增强对社会各界的吸引力。

在全国保护性耕作座谈会暨北京全面实施保护性耕作项目验收会上的讲话（摘要）

（2009 年 10 月 29 日 · 北京）

农业部农业机械化管理司副司长　**刘　宪**

这次会议目的是总结交流各地保护性耕作推广成效和经验，验收北京全面实施保护性耕作项目，研究部署 2010 年的有关工作，加快我国保护性耕作技术的推广应用。

会议听取了北京市全面实施保护性耕作项目执行情况的汇报，参观考察了现场，专家组对北京市全面实施保护性耕作项目进行了评审验收。各省代表介绍了开展保护性耕作技术推广的经验和做法，农业机械化管理司产业发展处介绍了《保护性耕作工程建设规划（2009—2015 年）》的有关情况。

农业机械化管理司司长宗锦耀出席会议并做了重要的讲话。宗锦耀司长在讲话中全面系统总结了新中国成立 60 年来农业机械化发展取得的成就，深刻分析了新形势下推进农业机械化发展的战略任务，明确提出了推进农业机械化发展战略思路和战略措施。宗锦耀司长指出，保护性耕作技术作为一项生态工程和增产工程，始终得到国家的高度重视和社会的普遍关注。最近五年的中央“一号文件”都明确提出要大力发展保护性耕作。特别是在干旱、半干旱地区，保护性耕作技术不仅能提高土地有机质和微生物含量，并且具有保水、保墒、保肥的功效，是农业可持续发展的有力保障。2008 年冬季和 2009 年春季的特大干旱凸显保护性耕作技术的抗旱效果。另外，推广保护性耕作技术还可以减少作业环节，节约柴油等能源，减少秸秆焚烧和温室气体排放，达到节本增效的目的。最后，宗锦耀司长就今后进一步加大扶持力度，主攻薄弱环节，加强指导管理，培育发展主体，利用保护性耕作工程建设规划实施和购机补贴等政策，加快推进保护性耕作等重点工作做了部署。宗锦耀司长的讲话，对指导今后一段时期保护性耕作发展的非常重要，我们要认真学习，全面领会，抓好落实。下面，我讲几点意见。

一、我国保护性耕作技术推广取得阶段性成果

推广保护性耕作技术是推进农业机械化发展中的一项重要工作。近几年，各地认真组织开展保护性耕作示范和推广，加强保护性耕作技术研究、指导和交流，保护性耕作技术日益完善和成熟，实施面积连年增长，取得了良好的社会效益和经济效益，积累了丰富经验，为今后大面积推广应用奠定了基础。突出表现在：

——投入力度不断加大，作业面积较快增加。截至到 2009 年，中央财政累计投资 2 亿元，地方财政投入资金 8 亿元，带动农民投入 26 亿元，累计建设 256 个部级、315 个省市级保护性耕作示范县，项目共涉及到 300 多万户。2009 年，新增投入 1.3 亿元，农民自筹资金超过 6 亿元。项目区保护性耕作技术实施面积突破3 533.33千公顷，机械化免耕播种面积达到

8 666.67千公顷，秸秆机械化粉碎还田面积达到16 666.67千公顷（加上非项目区全国实施面积合计21 333.33千公顷），分别比 2008 年增加 23%、3.1%、25%。

——装备水平不断提升，作业质量明显提高。为提高保护性耕作发展的质量和效益，各地采取引进试验、消化吸收、革新改造、示范推广、创新提高等途径和办法，科学调整农机装备结构，提升装备水平，为保护性耕作技术推广应用提供了坚实的物质基础和技术保障。同时，各地充分发挥国家农机具购置补贴政策的带动效应，积极引导农民购买保护性耕作机具，2009 年全国保护性耕作项目区新增免耕播种机 6.3 万台（套），新增 5.47 万台（套）。目前，全国保护性耕作项目区累计拥有免耕播种机达 29.8 万台（套），拥有其它保护性耕作机具 47.54 台（套），分别比 2008 年增加 26.7% 和 13%。

——技术推广不断深入，农民需求日趋旺盛。各地紧紧围绕保护性耕作的关键技术、关键机具、关键环节，不断完善技术路线、技术模式，设立新技术示范项目，强化技术支撑体系建设，切实解决因作业质量引起的农作物产量不稳定等突出问题。大力开展宣传培训，通过培训班、现场演示会、机具发放会等多种形式和方式进行广泛宣传，普及保护性耕作知识，提高农民对保护性耕作的认识，提高技术人员的整体素质。2009 年，全国共举办保护性耕作技术培训班 1.67 万次，累计培训技术人员达 55 万人次，培训农民超过 400 万人次；举办机具演示会7 299次，印发宣传资料5 135万份，利用媒体宣传 3.17 万次。尤其是 2009 年，在遭受历史上罕见的特大旱灾的情况下，保护性耕作在防御和提高抗旱能力方面发挥了重要作用，抗旱增产效果明显，农民的认知程度普遍提高。

——社会经济效益明显，可持续发展能力增强。保护性耕作的实施，降低了作业成本，增强了地力，减轻了水土侵蚀，提高了土壤蓄水保墒能力，为实现粮食连年增产做出了突出贡献。据测算，保护性耕作与传统耕作相比，一季作物可减少作业工序，省工 75—120 个/公顷，节省柴油约 48 升/公顷，节水 525—975 立方米/公顷，减少化肥投入量 10% 左右，增产 5%—15%，综合经济效益达 900—1 200元/公顷。按 2002—2009 年 8 年累计实施保护性耕作16 666.67千公顷计算，可为农民节本增效 150 亿—200 亿元。

——规模化推进取得新突破，示范推广取得阶段性成果。2006 年以来，北京市为了改善生态环境，建设资源节约型环境友好型都市现代农业，促进农业增产、农民增收，实现农业可持续发展，全面启动实施保护性耕作项目。经过三年的努力，新增保护性耕作面积 91.33 千公顷，粮田保护性耕作技术应用水平达到 90% 以上，新增各类保护性耕作机具3 803台，北京市率先建成了全国第一个全面实施保护性耕作示范市，为规模化推进保护性耕作树立了典范。经专家组验收，项目达到了预期效果，粮食产量略有增加，作业成本降低 975 元/公顷，土壤有机质含量提高，抗旱保墒效果显著，农田扬尘减少 60% 以上，环境得到有效改善，取得了较好的社会与经济效益。在此，我代表农业部农业机械化管理司向北京市农业局以及所有项目承担单位表示热烈祝贺！希望北京市农业局再接再厉，在新的起点上进一步完善优化技术模式，巩固扩大项目成果，逐步提高标准化、规范化程度，在保护性耕作技术推广应用中做出更大贡献。

总体上看，保护性耕作技术推广项目在北方旱作地区的实施，已经形成了比较科学的区域技术模式，开发出了一批先进适用的专用机具，积累了丰富的技术推广经验。但是，目前我国保护性耕作正处于大面积推广的起步阶段，推广面积小，发展还不平衡，制约因素还很多。一是保护性耕作认识方面的问题，改变传统种植习惯需要一个长期的过程。保护性耕作推广涉及的领域多，内容比较复杂，农民接受起来难度比较大；二是基层推广技术力量薄弱，技术创新和支撑体系不够完善，技术指导不规范，增产效果还不十分明显，影响农民的积极性；三是部分免耕播种机性能与质量还不能满足生产实际的要求，大型机具少，售后服务不到位等。

二、进一步明确保护性耕作发展的目标思路和重点任务

2009 年，国务院批准了《保护性耕作工程建设规划（2009—2015 年）》。2010 年是《保护性耕作工程建设规划（2009—2015 年）》实施的第一年，同时也是国家保护性耕作技术推广项目实施的关键之年，做好保护性耕作技术推广对改善农机结构，加快农业机械化新技术应用，提高农业机械化发展质量和效益，促进农业可持续发展都具有十分重要的意义。

今后一个时期，加快推进保护性耕作的工作思路是：以党的十七大和十七届三中全会精神为指导，深入贯彻落实科学发展观，全面实施《保护性耕作工程建设规划（2009—2015 年）》，以改善生态环境、增加粮食产量和农民收入为目标，以科技创新和技术集成为先导，以北方旱作农业区为重点，以强化技术应用能力和社会化服务为支撑，以增加投入为保障，针对不同区域特点建立和完善保护性耕作主导技术模式，加快保护性耕作发展应用步伐。

做好当前和今后一个时期保护性耕作工作，推进《保护性耕作工程建设规划（2009—2015 年）》的实施，必须坚持以下四项基本原则。

——因地制宜，分类指导。结合我国土地经营规模小、种植制度复杂、区域发展不平衡、技术需求各异等特点，坚持工程措施和生物措施的有机结合，推动技术集成，创新技术模式，促进形成适合国情的保护性耕作技术体系。

——循序渐进，稳步发展。遵循"试验—示范—推广"的科学程序，准确把握不同区域保护性耕作发展水平和特征，根据试验、示范、推广不同阶段的差异，分区域规划、有步骤地实施，通过保护性耕作工程示范区建设和保护性耕作技术推广项目，带动周边地区保护性耕作发展。

——依靠科技进步，提高建设水平。以现代农机装备为载体，坚持农机与农艺相结合，集成和配套应用良种、水肥、植保等农艺技术，促进形成各具特色的高产高效农业生产制度和模式。

——引导多元投入，建立长效机制。以国家投入为引导，以农民为主体，广泛吸引农民和社会力量加大投入，依托农机专业合作社等农机服务组织，尊重市场经济规律，开展市场化、社会化服务，逐步建立起保护性耕作发展的长效机制。

做好当前和今后一个时期保护性耕作工作，推进《规划》的实施，必须处理以下两个关系、重点关注四个问题。

（一）要处理好保护性耕作技术推广项目和工程建设的关系。保护性耕作技术推广项目是国家财政项目，主要用于保护性耕作技术的研究开发、试验示范、宣传推广等方面；国家保护性耕作工程建设是基本建设项目，是以配置保护性耕作专用机具、维修机耕道、平整土地以及机具棚库等附属设施建设为主要内容，同时配置相应的示范培训样机和仪器设备。保护性耕作技术推广项目是保护性工程建设的前期准备和基础。保护性耕作工程建设是保护性耕作技术推广发展到一定阶段的必然要求，是保护性耕作技术推广在更大范围的普及应用，同时也为保护性耕作技术推广提供更为广阔的舞台和载体。两者要紧密结合，互为补充，相互推进。国家保护性耕作工程区建设要优先考虑保护性耕作技术推广技术条件好、辐射带动能力强、基础设施相对比较完善的市县，整合有效资源，挖掘最大潜力，充分发挥效能，把保护性耕作技术推广提高到一个新的层次。

（二）要处理好保护性耕作技术推广项目与其它农业机械化技术的推广关系。由于我国自然条件、气候条件、耕种制度和农民的认识程度存在比较大的差异，各地保护性耕作技术的发展也不尽相同。应当看到，近几年随着我国农业机械化的快速发展，新技术、新装备推广应用步伐加快，机械深松、机械化秸秆还田、化肥深施、免耕播种和少免耕播种等一大批先进农机装备和技术投入使用，为保护性耕作推广提供了广阔空间。对此，需要按照保护性耕作技术的核心内容和基本要求，将不同的农业机械化技术进行集成、调整和归并，尽可能使保护性耕作技术简单化、标准化、大众化，制订统一的技术路线，使基层技术推广人员更容易掌握，农民更容易接受。只有因地制宜，紧跟农业机械化技术进步，不断发展和创新对保护性耕作技术的认识，丰富保护性耕作的理论，完善不同区域保护性耕作的模式，转变发展方式和发展观念，才能实现我国的保护性耕作更高层次、更广领域、更大范围的推广应用。另外，开展保护性耕作技术推广，也不能否定或忽视其它的农业机械化新技术的推广，各种农业机械化技术应互相包容，相互借鉴，相互促进，不能因推广保护性耕作而忽视或影响其它方便易行、节本增效的农业机械化技术的推广应用。

（三）要重点关注四个问题。一是产量问题。保护性耕作技术如果不能够增产就会直接影响农民的需求。解决农民的需求问题，关键在增产增收。现在的保护性耕作技术在增产方面还有些表现不足，其中有客观原因，也有技术培训不到位、不完善的地方。因此，要将保护性耕作技术推广与其它农业增产的技术推广项目有机结合起来，丰富保护性耕作的技术内容，强化农机农艺结合，共同推进，实现倍增效应。二是长效机制问题。解决长效机制问题的核心是增强服务能力的供给问题。破解有保护性耕作项目才能推广，没有项目就难以推广的难题，大力扶持农机专业合作社等农机社会化服务组织购买保护性耕作机具，鼓励服务组织参与保护性耕作技术推广工作，形成社会化服务、市场化运作、合作化经营、规模化推进的良性循环机制。山西省临汾市尧都区开展保护性耕作17年，推广面积由1.2公顷扩大到12.4千公顷，并且以每年1.33千公顷的速度不断发展，为全国提供了可资借鉴的成功经验，应该很好总结宣传。三是技术模式标准化问题。目前的保护性耕作技术内容仍然比较复杂，要结合农民素质和可接受水平，循序渐进，分阶段、分步骤地逐步推广保护性耕作技术。技术模式要根据农民的愿望，尽可能简单化、通俗化、标准化，制订的技术路线要做到简洁明了，简单易行，相同地区要尽量使用一种标准化的技术模式，便于大面积推广应用。只有这样，才能使保护性耕作有更大影响，才能在促进农业生产方面发挥更大作用。四是保护性耕作面积统计问题。目前保护性耕作推广面积小，主要原因是推广力度不够，但是统计口径方面也有一些不完善的地方。有专家认为，如果按目前我国在用的免耕播种机保有量推算，2009年全国保护性耕作面积至少在6 666.67千公顷，一些地方的统计数据对辐射带动面积的统计误差比较大。因此，今后的保护性耕作不能只按照保护性耕作示范项目县的实施面积或按专业要求来统计，还应当包括示范带动的非项目示范县的保护性耕作面积。要通过合理界定保护性耕作的范畴，客观反映保护性耕作的推广应用面积。

三、扎实做好2010年保护性耕作的各项工作

目前，我国农业机械化已经进入快速发展的最好时期。我们要紧紧围绕当前我国农业机械化发展的战略任务、战略思路、战略措施，转变发展观念、创新工作方式，努力做好2010年的保护性耕作技术推广和规划实施的各项工作。

（一）超前谋划，提前做好工程建设项目准备工作。抓好第一批保护性耕作项目县建设的工作，对全面实施《保护性耕作工程建设规划（2009—2015年）》具有非常重要的意义。各地要早动手、早准备，选择推荐技术准备充足、基础条件好、带动能力强的项目县，主要领导要亲自抓，严格按照工程建设的要求，认真组织开展工程项目的基础调研、可行性研究、初步设计、项目申报立项和衔接准备等前期工作，争取尽早启动实施。

（二）增加投入，扩大保护性技术推广示范面积。配合《保护性耕作工程建设规划（2009—2015年）》实施，争取扩大财政推广经费投入。要积极争取与保护性耕作有关的深松作业补贴、秸秆还田补贴和现代农业机械化示范区项目资金，丰富保护性耕作技术推广项目内容。有条件的地区，要整合项目资源，扩大保护性耕作项目覆盖范围。购机补贴资金向购置保护性耕作机具倾斜，要将保护性耕作技术作为阳光工程农机培训的重要培训内容，努力扩大保护性耕作实施面积。

（三）加强管理，提高财政专项资金管理质量。在原有项目管理规定的基础上，要进一步健全和完善各项管理办法。继续加强项目的监督、检查和指导工作，增加农业部保护性耕作专家组成员，拓宽专业领域、丰富工作内容，充分发挥专家组和各级技术指导人员的作用，加强技术指导，确保实施效果。加强长期监测点的投入和建设，继续做好实施效果的监测工作。

（四）加大科研创新，不断完善技术发展模式。争取在科研项目中设立保护性耕作项目，加大技术模式和实施方法的研究与完善，发展适合不同地区实际的技术路线，探索针对不同地区情况的管理方法和模式，加强机具的研究开发与成果转化，鼓励发展大型保护性耕作机具，提高机具质量和可靠性，促进保护性耕作又好又快发展。

（五）积极开展宣传培训，营造良好的社会环境。通过各种媒体进行广泛宣传，让社会各界更加了解实施保护性耕作技术的重要意义。继续修订和印发技术指导图册，加大培训力度，使农民机手掌握技术规范和实施要领，不断提高农民的认知和接受程度，转变传统耕作观念，形成良好的发展氛围。

（六）加强协调沟通，努力形成促进持续发展的合力。各级农业机械化主管部门要把发展保护性耕作作为重点工作来抓，精心组织，周密部署，狠抓落实，要及时向当地党委、人大、政府汇报保护性工作进展情况，争取领导重视，把保护性耕作纳入政府主要议事日程。要主动加强与发展改革、财政、环境保护等有关部门协调沟通，争取支持，形成合力，为保护性耕作实现跨越式发展营造良好的外部环境。同时，要加强交流合

作，开展技术交流、信息交流、学术交流，实现资源共享，促进保护性耕作健康快速发展。

这次全国保护性耕作座谈会是在启动《保护性耕作工程建设规划（2009—2015年）》前期召开的一次重要会议。当前，保护性耕作发展正处于关键阶段，政策环境好，发展潜力大，前景十分光明。我们要认真贯彻宗锦耀司长讲话精神，紧紧抓住快速发展的机遇期，乘势而上，继续加大保护性耕作技术推广力度，确保《保护性耕作工程建设规划（2009—2015年）》如期实施，确保把保护性耕作这件利国利民、实现生态与经济发展双赢的事情抓紧抓好。

在全国农机推广站站长会上的讲话（摘要）

（2009年11月4日·福建厦门）

农业部农业机械化管理司副司长　刘　宪

一、我国农业机械化呈现前所未有的良好发展态势

（一）农业机械化快速发展，为实现农业稳定发展、农民持续增收提供了重要保障

2009年，在农业部党组和各级党委政府领导下，全国农业机械化系统认真贯彻党中央和国务院要求，加快推进农业机械化，在国家农机购置补贴政策等强农惠农政策的拉动下，农民种粮务农积极性高涨，购置使用先进机具的意愿强烈，农业机械化呈现快速发展局面。突出表现在：

——农机装备总量和农机工业增长迅速。预计2009年末全国农机总动力将达到8.75亿千瓦，同比增长6.4%。农民购置补贴机具意愿向水稻插秧机、玉米收获机、谷物收获机、大中型拖拉机等高性能、新领域机械集中，装备结构进一步改善。1—8月份全国规模以上农机企业累计完成工业总产值、销售产值分别达1 480.8亿元、1 443.3亿元，同比分别增长22.7%、22.8%，企业经济效益全面回升。

——农业机械化田间作业水平不断提高。预计全年耕种收综合机械化水平将超过48%，同比增长2个百分点以上。春耕期间，机耕、机播作业水平分别达到58%和37.1%，较2008年分别提高2.7和1.5个百分点。"三夏"期间，小麦机收率84%，较2008年同期提高近2个百分点；夏玉米机播率75%，较2008年同期高2个百分点。"三秋"玉米机收、水稻机收和小麦机播率预计分别超过12%、54%、82%，较2008年同期分别提高2个、4个和2个百分点。

——农机社会化服务领域不断拓宽。农机跨区作业由小麦机收向玉米机收、水稻机插和机收等领域拓展。"三夏"期间，全国投入小麦联合收割机44万台，比2008年增加2万台。早稻收获期间，投入早稻联合收割机21万台，其中参加跨区作业的有15万台，比2008年增加2万台。"三秋"农业机械化生产投入机具总量预计达到2 800万台套以上，较2008年增长7.7%。大力开展集中会战与有序流动相结合的农机抗灾减灾作业，在抗旱浇灌小麦、抢收小麦、稻田排涝等抗灾减灾作业中发挥了主力军作用，弥补了部分地区水利设施不足的问题。此外，除主要粮食作物外，马铃薯、畜禽养殖业、林果业、设施农业、农产品初加工业等各个领域机械化生产也呈加快发展态势。

（二）技术推广力度加大，为农业机械化快速发展提供了强有力的技术支撑

农业机械化技术推广是农业机械化科技成果转化为现实生产力的必然途径，是实施科教兴农战略的重要载体。近几年来，各级农机推广机构紧紧围绕农业机械化发展的中心工作和重点任务，不断推进基层农机推广体系改革和建设，加大先进适用农业机械化新技术、新机具和新设备推广力度，在实施重大农业技术推广项目，落实购机补贴政策，提高农民素质等方面发挥了重要作用，取得明显成效。

——水稻机插秧步入快速发展轨道。目前，我国水稻机械化栽植水平仍然很低，为加快推进水稻生产全程机械化，农业部在水稻产区建设了145个水稻机械化育插秧技术示范县。2009年，全国新增水稻机插面积733.33千公顷，达到4 000千公顷左右，机械化栽植水平比2008年提升了3个多百分点，达到16%。从总体上看，水稻育插秧机械化技术推广在水稻产区已全面启动，进入了快速发展阶段。2009年全国机动插秧机增加近4.3万台，增长32%，保有量超过20万台。所有的水稻产区都已展开水稻育插秧机械化技术示范推广，主产区技术示范推广范围不断增加。

——油菜生产机械化试点开局良好。2008年秋冬种以来，农业部紧紧围绕贯彻落实《国务院办公厅关于加快促进油料生产发展的意见》精神，全力推进油菜生产机械化试点工作。启动了油菜生产机械化试点项目，在长江流域10个油菜主产省建设了20个油菜生产机械化示范县，带动全国油菜生产机械化技术的推广应用。试点项目涉及农户22万户，地方政府配套资金523万元，带动农民投入资金1 932万元，辐射带动作用十分明显。各有关企业积极开发相关配套机具，各种油菜直播机具、育苗移栽机具和油菜联合收获机械生产取得重大进展。

——玉米机械化收获取得突破性进展。目前，全国玉米收获已接近尾声，机械化收获发展迅速。2009年全国共投入玉米联合收割机近8万台，机收水平达13%，比2008年提高2.4个百分点。尤其是主产省呈现出加速的发展势头，山东省机收水平超过50%，比2008年提高了17个百分点；河南省、河北省机收水平超过20%，比2008年提高10个百分点。全国2009年新增玉米收获机3.3万台，增长了70%；其中山东比2008年增加1.44万台，增长幅度是前两年的总和；河南比2008年增长1万台，保有量达1.46万台，增幅215%。

——保护性耕作面积稳步扩大。全国累计已建设256个部级保护性耕作示范县、315个省市级示范县，项目共涉及到

300多万户，实施面积突破3 533.33千公顷，机械化免耕播种面积达到8 666.67千公顷，全国秸秆机械化粉碎还田面积达到21 333.33千公顷（其中保护性耕作区域16 666.67千公顷），分别比2008年增加23%、3.1%、25%。目前，全国保护性耕作项目省累计拥有免耕播种机达29.8万台/套，拥有其它保护性耕作机具47.54台/套，分别比2008年增加26.7%和13%。

——农业机械化技术培训亮点突出。1—7月份，全系统共培训新购机农民46.2万人次，培训各类农业机械化人才271.5万人次，为农业机械化技术推广提供了强有力的人才保障。阳光工程农机培训全面启动，预计全年培训农机使用和维修人员11万人。特别是保护性耕作技术推广步伐继续加快，全国共举办各种保护性耕作培训班约2 500期，培训农民30多万人次。

2009年农业机械化发展形势之所以有如此大好局面，主要得益于以下几方面：一是党中央、国务院高度重视发展农业机械化，一系列扶持政策陆续出台，力度不断加强；二是各方面投入大，农机购置补贴规模大幅度增加，科研、推广、教育等项目投入资金和农机制造能力逐年扩大；三是农机作业成本普遍低于人工成本，农业机械化的经济效益显著，亿万农民购机的热情空前高涨；四是农机社会化服务、合作化经营缓解了家庭承包小规模经营与机械化大生产的矛盾；五是农村劳动力继续向非农产业转移，机械化作业市场空间扩大，农业生产对农机依赖度上升。

但是，在农业机械化快速发展的同时，一些新的矛盾和问题也开始逐渐显现，主要表现在：农机装备结构不合理；发展的速度、质量和效益不协调；技术人才短缺，技能水平不高；农业机械化技术培训、推广、安全监理等公共服务能力建设滞后；农机与农艺结合不紧密等。这些问题必须引起高度关注，认真研究对策，要通过发展来解决问题，也要通过解决问题来促进发展。

二、技术推广在农业机械化发展中具有举足轻重的作用

农业的根本出路在于机械化，推进机械化的最大的抓手和工作潜力在于科技。从这个意义上说，农业机械化技术推广工作是我们农业机械化工作的核心业务，在农业机械化事业全局中占有举足轻重、不可或缺的重要地位。农业机械化是用先进技术装备农业生产的过程，同时也是先进农业生产技术的载体。农业机械化技术推广不仅包括农业机械技术，而且还包括农艺技术，是现代工程技术、信息技术与生物技术的融合。因此，农业机械化技术推广是“化”的具体体现，是先进的农业机械化技术和现实生产力之间的“转化器”，是促进农机与农艺相结合的“连通器”，是提高农业机械化作业水平的“加速器”。建设现代农业，破解制约农业机械化发展的难题，促进农机农艺结合，主要靠推广的途径来实现：

第一，农业机械化技术推广是改善农机装备结构的需要。近几年，国家加大农机购置补贴力度，农民购买农机积极性高涨，如何在农业机械化发展过程中实现速度和效益、数量和质量的统一，改善装备结构，提高作业质量和效益，关键在农业机械化技术的推广应用。只有把质量高、性能好、机具配备合理的先进适用农机装备介绍、示范、推广、应用到农业生产实际中去，发挥农业机械化的最大效用，才能改善我国农机装备结构。

第二，农业机械化技术推广是实现农业生产全过程机械化的需要。当前，在粮食作物中的只有小麦基本实现了机械化生产，玉米收获、水稻种植环节机械化水平仅为13%和16%，一些作物由于生产环节劳动强度太大已经影响到农民种植的积极性。一方面有农机装备技术不过关等方面的问题，另外也有农艺与农机的方面的问题。主要反映在我国传统的育种目标、种植模式较多注重高产，较少关注主要作业环节中的机械适应性，导致机具开发无所适从、无从下手，制约了一些生产环节机械化。解决农业机械化发展的技术瓶颈问题，需要我们各级农机推广机构理清思路、加大力度，创新体制机制，形成部门联动，开创性地去推动。

第三，农业机械化技术推广是保障农机安全生产的需要。农机技术推广的大量工作是人员培训。农机操作人员的技术水平，既影响农机的使用效果和经营效益，更关系到人民群众生命和财产安全。做好农机技术推广工作，是实现农机安全生产的一项基础条件。随着农业机械化的快速发展，农机数量的不断增加，我们不但要发挥好农民积极性，还要保护好农民的权利，更要保障农机安全作业。只有做好先进适用、安全可靠的农机技术推广工作，让农民使用好、维护好，减少事故隐患，才能确保农机安全生产。

第四，农业机械化技术推广是降低农业生产成本、实现农业节能减排和可持续发展的需要。农业机械化技术推广的目的是为了减少农业劳动力和减轻劳动强度，降低农业生产成本，提高土地产出率、劳动生产率、资源利用率。当前，随着社会科技进步日新月异，适应农业规模化、精准化、设施化等要求，多功能、智能化、经济型农业装备设施不断涌现，迫切需要使这些先进技术尽快应用到农业生产的各个环节。做好农业机械化技术推广工作，对加快推广节油、节水、节肥、节种、节药等机械化技术，推动秸秆机械化综合利用、保护耕地资源、提升地力，建设资源节约型、环境友好型农业，促进农业生产方式的变革，推进农机节能减排，都具有十分重要意义。

同时，农业机械化技术推广也是加快健全和完善农机社会化服务体系，提高农业生产的组织化程度，提高我国农产品竞争力的迫切需要。总的来说，农机技术推广是事关农业机械化发展全局的大事，做好农机技术推广工作意义深远，使命光荣。

三、扎实做好当前和今后一个时期农业机械化技术推广工作

当前和今后一个时期，各级农业机械化管理部门和推广机构要认真按照走中国特色农业现代化的基本要求，加快推进农业机械化，促进农机农艺结合，因地制宜地推进关键环节、重点作物和重要时段的机械作业，鼓励有条件的地方率先实现农业机械化。大力推进农机服务市场化、专业化和产业化，不断提高农机具利用效率和效益。加强政策支持力度，推动农机装备总量稳步增长，结构不断优化，质量明显提升，粮棉油糖等大宗作物耕种收和植保、灌排机械化水平大幅度提高，养殖业、林果业、农产品初加工机械化协调推进。

（一）抓好农业机械化重点技术的示范推广。加快普及应用主要粮油作物种植、收获等环节机械化技术，积极推广棉花、甘蔗、茶叶等经济作物生产机械化技术，重点做好保护性耕作、精量播种、深松、化肥深施、水稻育插秧、秸秆还田与

捡拾打捆、玉米收获、薯类收获、高效植保和旱作节水等主推机械化技术的推广应用,推进农业生产节本增效和农业可持续发展。保护性耕作是农业机械化系统的一项长期重要的技术推广工作,2010年随着国家《保护性耕作工程建设规划(2009—2015年)》的启动实施,对保护性耕作技术推广提出了更高的要求。我们要认真总结工作经验,进一步明确工作思路,创新工作方式、方法,把保护性耕作技术推广提升到一个的新层次。此外,要多渠道争取投入,进一步拓展农机技术推广服务领域,促进设施农业、林果业、畜牧业、渔业等装备技术的全面提升。认真总结和推广普及农业机械化节能减排技术。

(二)加强重点农时季节的生产技术指导。各地农业机械化推广机构要发挥自身技术优势,密切配合主管部门按照农业部的部署,紧紧围绕今冬明年的技术推广重点,抓好"秋冬种""三夏"、"三秋"等农业机械化作业的重点时节的生产技术指导,大力推广适合本地区特点的农业机械化技术,扎实提高主要农作物、重点生产环节的农业机械化作业水平。同时,各地要加强对农业机械化推广情况的统计、分析、总结,按照有关要求及时报送工作进展信息,农业部推广总站要做好信息汇总和统计指导工作。要广泛宣传农业机械化的技术优势和增产效果,为做好推广工作营造良好的社会氛围。

(三)积极稳步推进农业机械化推广体系改革和发展。要按照强化公益性职能、放活经营性服务的要求,加大基层农机推广机构改革力度,加强机构、队伍、运行机制和条件建设,全面提升公共服务能力,建立健全运行高效、服务到位、支撑有力、农民满意的乡镇或区域性农机推广站。做好农机推广体系的建设与改革,既要着眼当前,还要谋划长远。对内要创新服务体制和机制,增强服务能力;对外要加强与农业系统的联合与合作,为农业机械化技术推广拓展空间,加强融合与交流,切实解决好农业机械化科技成果转化存在的突出问题。要加强对推广人员的技术培训,掌握与农业机械化技术推广有关的种子、栽培、植保等农艺方面的知识,转变推广观念,丰富推广内涵。

(四)争取投入,增强技术推广能力和服务水平。要充分整合现有资源,利用好正在实施的购机补贴、保护性耕作、优粮工程及水稻机械化示范项目等中央及地方资金项目,积极开展新技术试验、示范和推广服务,发挥项目的示范带动和辐射作用,进一步促进科技成果的转化和先进技术在农业生产中的应用。加强能力建设,积极争取投入,完善服务功能,健全服务设施,不断增强农业机械化技术推广的服务能力和服务水平。

最后,希望农业部农业机械化技术开发推广总站进一步发挥好在全国农机推广系统的"龙头"作用,更加主动自觉地围绕全国农业机械化发展大局,科学谋划,积极工作。要切实加强总站自身建设,继续在人才队伍、业务能力、思想作风建设等方面,发挥好对全国的示范和带动作用。

2010年以来,在各级农业机械化主管部门和推广机构的共同努力下,全国农业机械化继续保持快速发展态势,已经全面实现了年初确定的各项发展目标,为保持农业农村经济平稳较快发展做出了积极贡献。2010年的农业机械化技术推广工作头绪多,任务重,希望各级农业机械化主管部门和推广机构高度重视,切实加强组织领导,早谋划、早安排、早准备,扎扎实实做好农业机械化技术推广的各项工作,为加快推进农业机械化,促进农业发展、农民增收、农村繁荣做出更大贡献!

在全国设施农业工作座谈会上的讲话(摘要)

(2009年11月25日·海南海口)

农业部农业机械化管理司副司长 刘 宪

这次会议是农业部农业机械化管理司召开的关于设施农业发展的第一次会议。会议邀请专家围绕设施园艺、设施养殖和设施渔业的技术发展做了专题学术报告,参观了设施农业现场,总结交流了各地发展设施农业的经验和做法,研究提出了今后一个时期设施农业的发展思路和相关的扶持措施。下面,我讲三点意见。

一、深刻认识发展设施农业的重要意义

设施农业是集生物技术、工程技术、环境技术为一体的现代农业生产方式,具有技术密集、集约化和商品化程度高的特点,可有效提高土地产出率、资源利用率和劳动生产率,提高农业效益和竞争力。促进设施农业又好又快发展既是当前农业农村经济发展新阶段的客观要求,也是克服资源和市场制约、应对农业国际竞争的现实选择,对于发展现代农业、保障农产品有效供给、促进农民增收、农村繁荣都具有十分重要而深远的意义。

(一)发展设施农业是推进工业化、城镇化、农业现代化的重要内容

设施农业是农业农村经济发展到一定阶段的必然趋势,也是农业现代化的一项重要内容。发展设施农业能够加快农业新技术的普及应用,改变传统的生产观念,满足高产、优质、高效、生态、安全、均衡生产的要求。同时,设施农业建设和运行维护可以有效带动农村建筑、材料、机械、化工等城镇农用工业和相关产业的发展,拓宽农民就业和增收的渠道,加快推进工业化、城镇化、农业现代化的进程。

(二)发展设施农业是调整农业结构、实现农民持续增收的有效途径

设施农业具有高技术、高产出、高投入、高风险的特点,对农业结构调整和农民增收有重要影响。设施农业能够改

变自然环境，充分发挥生物潜能，在大幅提高单产的情况下保证质量和供应的稳定性，具有满足市场需求和抵御自然灾害的功能。设施农业产业不仅是城镇居民的“菜篮子”，也是农民的“钱袋子”，被誉为农民的“绿色银行”。此外，促进设施农业发展，有利于进一步优化农业产业结构，拓展农业功能，发展休闲和观光等农业旅游服务业，促进农民持续增收。

（三）发展设施农业是提高资源利用率、提高农业生态环保水平的重要手段

我国是一个农业大国，人口多、耕地少，人均耕地和水资源相对不足，农业发展面临人口增长、社会需求增加、资源短缺和生产环境恶化的挑战。设施农业通过生物、工程与环境技术的综合运用，可有效提高农业资源综合利用水平，提高耕地产出率，减少水资源、肥料、化学药剂的使用量和能源消耗量，实现农业生产的环境友好和资源节约，促进农业生态文明建设。

（四）发展设施农业是增加农产品有效供给、保障食品安全的有力措施

优质园艺产品、畜禽产品和水产品的均衡供应与消费，是衡量城乡居民生活质量水平的重要标志，也是农业基础地位和战略意义的具体体现。设施农业通过创造可控生产环境，提高农产品产量和质量，保证农产品的鲜活度和全年持续供应。同时，在设施标准化生产的前提下，能够使农产品生产环节处在有效的安全监控范畴之内，成为食品安全的有力保障。

二、认真总结发展设施农业的成绩和经验

多年来，各地不断加大投入力度，认真组织开展设施农业示范、推广，加强技术研究指导，我国设施农业实现了快速发展，取得了显著的社会经济效益，积累了丰富的经验。

（一）扶持力度不断增强，设施规模迅速扩大

各地充分发挥财政资金的引导作用，把扶持设施农业建设作为促进农业农村经济发展的重点，加大资金、技术等扶持力度，采取多种措施支持和鼓励设施农业建设，设施规模迅速增大。据统计，目前我国设施园艺面积已突破3 343.33千公顷（含小拱棚），总面积居世界第一。一些地区将设施农业装备纳入国家购机补贴目录，扶持设施农业机械化生产发展，提高设施园区技术装备水平；一些地区制定了设施农业总体发展规划，出台了一系列促进发展的优惠政策，设施农业呈现出良好的发展态势。2008 年北京市投资 20 多亿元发展设施农业，对设施主体建设给予 80% 的资金扶持。天津共引进设施蔬菜新品种 152 个，推广设施专用技术和装备 48 项，应用最新技术 10 项。海南省提出了《设施农业建设规划（2011—2015）》，每年省财政安排专项经费1 000万元，2015 年设施园艺总面积将达到 30 千公顷以上。

（二）技术创新不断加快，特色产业逐步形成

据不完全统计，我国正在进行和已经完成的设施农业科研项目及成果数量近 700 项，已取得国家级和省部级科研成果 100 项，地方科研成果数量约 560 余项，建成了一批农业科技示范园区和畜禽规模养殖场。温室新型保温覆盖材料、智能化环境调控技术、温室建造与运行、规范化栽培技术与无土栽培技术等方面的研究步伐加快，高效节能日光温室番茄、黄瓜的公顷产可达 27 万千克以上，蔬菜平均单产比 1995 年增长 80%。全国省级以上的农业科技园区和现代农业示范区已达 400 多个，形成了一批特色鲜明的设施农业生产基地，对农民的示范带动作用明显增强。

（三）装备水平不断提高，现代设施产业初具规模

设施农业装备的研发生产能力明显提高，设施农业生产技术装备水平大幅提升。一大批由我国自行设计、制造，具有中国特色的现代温室设施相继建成，温室制造及配件生产的企业、建筑施工企业数量快速增长，设施产业生产规模不断扩大，为设施农业发展提供了高质量、高性能的物质装备。目前，国内注册的温室制造企业已从 20 世纪 80 年代的 5—6 家发展到近 400 家，年产值超过 20 亿元。山东省推行了“五改”技术，并对设施农业装备的研发生产实行“三个优先”政策。浙江省重点引进推广了规模化养殖、标准化生产和无害化处理机械与技术，规模化畜禽养殖场内部饲养环节使用设施装备的比重达到 85% 以上。辽宁省新建温室已全部实现节水灌溉。宁夏灌区设施农业微耕机（包括大棚拖拉机）数量达到2 000多台，卷帘机械数量达到 2 万台。

（四）产业化进程不断加快，经济效益显著提升

各地大力扶持龙头企业发展，鼓励和支持设施农业企业、种植大户、运销专业户、经纪人等成立专业合作社、组建专业协会，突出当地优势，按照市场需求组织农民进行规模化、标准化生产，设施农业的产业化进程不断加快，取得了良好的社会经济效益。据调查，设施农业与相同作物露地栽培相比，其经济效益能够实现成倍增长，综合优势得到了充分体现。新疆建设设施农业的重点区域，基本建立了县乡村的设施农业技术服务网络，对设施农业的产业化发展起到了重要的保障作用。

（五）标准化建设不断完善，技术应用水平普遍提高

截至 2009 年，已颁布设施园艺国家和行业标准 25 项，在编和待审标准 10 项，为促进我国设施园艺走向标准化、规范化奠定了技术支撑。为提高农民对设施农业的认识和技术掌握的程度，各地充分利用报纸、电视、广播等媒体宣传有关蔬菜、畜牧、水产、食用菌等产业发展的技术知识，利用送科技下乡、科普赶集、召开现场演示会等方式展示最新设施农业生产机械，向农民推广卷帘机、大棚微滴灌机、微耕机、蔬菜移栽、植保机等技术，农民发展设施农业的认知水平和操作技能普遍提高。

在看到发展成绩和经验的同时，我们也应该清醒地认识到，虽然我国设施农业规模较大，但科技含量和装备水平不高，技术创新不足，产业亟待升级；虽然设施农业整体发展较快，但设施养殖发展相对滞后，健康养殖技术和装备推广应用不够，发展还不平衡；虽然制定了一些设施农业建设标准，但缺乏针对性，没有形成区域特色的模式。另外，从事设施农业生产的人员素质不高，设施管理落后，个别地方片面追求发展速度，存在一定的盲目性等。要切实解决这些问题，必须深入贯彻落实科学发展观，解放思想，创新机制，更新观念，理清工作思路，采取更有力的措施促进设施农业健康持续发展。

三、明确促进设施农业发展的思路和任务

按照建设现代设施农业的要求，今后一个时期设施农业发展的总体思路是：以基础设施、生产条件、物质装备、信息技术抓设施工程建设，以优良品种、种植方法、水肥管理、病虫害防治等抓农艺建设，以生物技术、物理技术、环境技术抓生态建设，坚持工程、农机、农艺与生态相结合，坚持机械化生产与机械化清洗、分级、包装、储运相衔接，坚持标准化、品牌化与产业

化相促进,不断提升设施农业发展的科技含量,实现设施农业从大国向强国的转变。

按照以上思路,需要明确两项基本任务。一是立足设施农业发展全局,统筹做好协调服务工作。设施农业是一项综合工程,涉及种植、养殖、农业装备等领域,统筹设施农业整体发展,需要多部门密切配合,形成合力,共同促进设施农业科学发展。目前,各地抓设施农业主要是政府统抓、部门负责,有的地方是归口农业部门,有的地方是归口农机部门,有的地方还没有归口管理部门,无论那个行业、那个部门抓,都需要农机等多部门发挥各自优势,通过抓好发展的各个环节来共同推进设施农业的发展。从设施农业的含义来讲,设施农业的主要特征是设施,没有设施就不可能发展设施农业。农机装备是设施农业中的重要物质基础,是设施农业现代化的重要标志。2008 年,农业部办公厅印发的《农业机械化管理司主要职责内设机构和人员编制规定的通知(农办人[2008]68 号)》明确规定,农业机械化管理司负责"提出设施农业重大经济、技术政策并监督实施"。为了做好这项工作,农业部印发了《关于促进设施农业发展的意见》。希望各省农业机械化主管部门认真贯彻农业部的意见要求和这次会议精神,明确相应职能和分管的处室、人员,积极争取扶持政策,发挥牵头作用,加强与有关部门的协调、沟通,统筹做好促进设施农业发展的各项工作。二是立足农业机械化行业总体发展全局,做好设施农业装备建设工作。设施装备是农业机械化的重要组成部分,农业机械化应当在发展设施农业中起到引领和支撑作用。当前,我国农业机械化呈现前所未有的良好发展态势,农机装备总量增长明显,农业机械化作业水平稳步提高,农机社会化服务领域不断拓宽,为实现农业稳定发展、农民持续增收以及设施农业健康发展提供了重要保障。各级农业机械化主管部门要统一认识,理清思路,找准切入点,紧紧抓住农机购置补贴规模增加,推广、科研、教育等项目资金逐年扩大的有利时机,研究提出促进设施农业发展的重大经济技术政策。

(一)关于促进设施农业发展的经济政策

1. 加大购机补贴扶持力度。国家农机具购置补贴政策是农业机械化主管部门推进设施农业发展的重要手段。要进一步扩大《国家支持推广的农业机械产品目录》中设施农业装备的品种,为加大对设施农业装备的购置补贴力度提供支持。根据各地不同的区域特点和设施技术,重点建设和装备一批具有国内先进水平的设施农业示范园区,重点推广日光温室自动卷帘技术、温室节水灌溉与施肥一体化技术、高效低量与超低量喷药植保技术、温室智能化环境控制技术、CO2 施肥技术,通过推广重点设施技术和机具,逐步培育壮大龙头企业,推进设施农业的产业化经营,促进设备设施的更新换代和产业的技术升级。

2. 积极争取有关扶持政策。设施农业工程造价较高,投入较大,靠农民自身积累发展较困难。要积极争取对设施农业发展政策,做好农业发展银行、农村商业银行、农村信用社等金融机构的协调工作,为设施农业投入提供优惠贷款;建立小额信贷资金,解决农户、合作组织发展设施农业及产品营销方面资金困难的问题。有条件的地区,要争取设立财政专项和基本建设项目,扩大国家资金投入的总量,引导农民增加投入,把争取国家支持、农民投资、社会投资和企业投资有机地结合起来,不断增强农民发展设施农业和抵御自然灾害的能力。

(二)关于促进设施农业发展的技术政策

1. 加强设施农业技术的科研开发。加强设施农业技术的科研开发是促进设施农业技术进步的重要途径。以设施农业大国向设施农业强国转变为目标,适应农业规模化、精准化、设施化等要求,以田间作业、设施栽培、健康养殖、精深加工、储运保鲜等环节为重点,通过 948、科技支撑计划及行业科技等项目,加快开发多功能、智能化、经济型农业装备设施。加大成果转化力度,建立成果推广应用长效评价机制,提高成果应用水平,提升设施农业发展的科技含量。最近,国家在公益性行业科研项目中,启动了"现代农业产业工程集成技术与模式"项目,计划在设施农业工程体系(种养业生产装备与设施)等方面开展工程集成技术及模式研究,希望通过这一项目的研究和实施,能够更好地提升我国设施农业工程技术的整体水平。

2. 加大设施农业技术人员培训。加大设施农业技术人员培训是提高设施农业技术应用和管理水平的重要手段。建立健全设施农业推广服务体系,建设设施农业示范基地,提高新技术推广服务能力和社会影响力。定期举办设施农业发展论坛等活动,加强设施农业交流合作。把设施农业操作人员培训纳入"阳光工程"培训,壮大技术人才队伍,把提升设施农业发展质量转到依靠科技进步和提高劳动者素质的轨道上来。

3. 推进设施农业标准化建设。推进设施农业标准化建设是实现设施农业科学发展的重要保证。大力推进设施农业建筑、设施农业装备、设施园艺栽培等方面的标准化建设,指导先进设施装备和高效生产模式投入生产应用。抓好以日光温室、大棚为基础,高效智能温室为先导的设施标准化建设工作,建立和完善设施农产品机械化生产与加工模式,做好物流与其它衍生服务标准化工作。各地区要因地制宜,制定符合本地实际需求的设施农业地方标准,由点及面,提高标准化、规范化在设施农业领域中应用的广度与深度。

(三)编制好全国设施农业发展"十二五"规划

全国设施农业发展"十二五"规划是促进设施农业科学发展的重要依据。要通过制定"十二五"规划,明确发展设施农业的指导思想、目标任务、发展区域重点、主推技术和保障措施等,提出相关的经济技术政策。各级农业机械化主管部门要因地制宜,结合本地实际,以市场为导向,以农民、农民专业合作社和设施农业生产企业为主体,明确区位优势和发展方向,科学制定设施农业发展规划,指导设施农业的建设和发展。要组织动员各领域技术专家,充分发挥各方面的积极作用,使设施农业建设、机具配备更加符合农艺生产要求。要注重规划的科学性和可行性,把制定规划与争取各方支持有机结合起来,不断探索发展设施农业的新思路、新方法,找准突破口,开好头、起好步,创作性的开展工作。

加快发展设施农业速度,促进设施农业健康发展,是发展现代农业、实现农业现代化的重要内容。我们要进一步提高认识、开拓创新,扎实做好促进设施农业科学发展的各项工作,要动员调动农机管理、推广、培训、维修、信息服务等方面的力量,把握工作的主动性,争取在推进设施农业发展方面有更大作为,为发展农业农村经济,建设社会主义新农村,全面建设小康社会做出新的更大贡献!

在2009年全国农业机械化春耕备耕现场会暨水稻育插秧机械化技术示范推广项目启动会上的讲话(摘要)

(2009年2月17日·浙江余姚)

农业部农业机械化管理司副司长 刘恒新

新春伊始,我们在余姚召开2009年全国农业机械化春耕备耕现场会暨水稻育插秧机械化技术示范推广项目启动会,目的是学习贯彻中央1号文件精神,落实中央农村工作会议、全国农业工作会议和全国抗旱保春耕视频会议要求,总结交流2008年全国水稻育插秧机械化技术示范推广工作的成绩和经验,研究部署2009年工作,培训新建项目县主管人员,加快突破水稻育插秧机械化关键环节,进一步推进水稻生产机械化。刚才,农业部农业机械化管理司司长宗锦耀同志深刻分析了全国农业机械化面临的好形势,部署了农机抗旱救灾和春耕备耕工作,提出了扎实工作,加速推进水稻生产全程机械化的总要求、总动员,这为我们开好会议明确了目标,指明了方向。在这次会议上,浙江、辽宁、四川和江苏省如东县将介绍开展水稻机械化育插秧技术示范推广工作经验,农业部水稻生产机械化专家组的专家要讲授、示范水稻机械化育插秧技术,与会代表还将现场参观育秧流程、插秧机作业演示及模拟操作并分片区研讨交流。会议的召开,标志着2009年全国水稻育插秧机械化技术示范推广和农机春耕备耕工作正式启动。下面,我讲几点意见。

一、客观分析当前水稻机插秧发展形势

2008年,农业部大力推进水稻育插秧机械化发展,在水稻产区建设了100个水稻机械化育插秧技术示范县,带动全国水稻育插秧机械化技术推广应用。各地建立了省级示范县370个,建立育插秧机械化示范点6 000个,地方财政投入配套资金8 900万元,带动农民投入资金2.9亿元。项目共涉及80多万户农户,项目区新增插秧机1.9万台,机插秧面积264千公顷,节本增效总计达到2亿元,取得了显著成效,辐射带动作用十分明显,为机插秧的大面积普及推广奠定了坚实基础。2008年全国机插秧面积新增533.33千公顷,达到3 000千公顷,机械化栽植水平比2008年提升了2个多百分点,超过13%,其中机插秧水平达到10.3%,比2008年提高1.7个百分点。全国新增机动插秧机近5万台,增长32%,保有量已达20万台。总体上看,水稻育插秧机械化技术在水稻产区示范推广全面启动,进入了快速发展阶段。

(一)发展步伐加快。经过几年的努力,水稻机械化育插秧推广在一些地方已进入整体推进阶段。乡、村整体推进力度进一步加大,由整村推进逐步向整乡推进,整县扩展。2008年,黑龙江机插率超过80%的有26个县市;江苏省新增插秧机1.1万台,连续第二年超万台,其中高速机新增738台,是2008年的2.6倍,全省有2个省辖市、9个县、187个乡镇、3 000多个村基本实现了以机插秧为主的水稻种植机械化。安徽省县县开展了机插秧示范,有25个村实现了机插秧整村推进。湖北省机插秧面积达3.33千公顷的县(市、区)有11个,达6.67千公顷的县(市、区)有7个。吉林机插秧水平达到26%,辽宁机插秧水平达到18%,均比2008年提高5个百分点以上。

(二)区域竞相推进。全国所有水稻生产省(区、市)都已展开水稻育插秧机械化技术的示范推广,呈现你追我赶的局面。从发展格局上看,双季稻区、长江中下游单季稻区、西南稻区和北方稻区等各类型区全面启动,竞相发展。2008年,长江中下游单季稻区水稻种植面积占全国的19%,机插秧水平达到11.6%,比2008年提高3.2个百分点,发展最快。江苏机插水平25%,较2008年提高6个百分点。北方稻区水稻种植面积占全国的17%,机插秧水平达到37.7%,比2008年提高1.5个百分点,机插秧水平全国最高。双季稻区水稻种植面积占全国的49%左右,机插秧水平2.3%,比2008年提高1个百分点,开始起步,发展潜力巨大。湖北机插秧水平达到10%,比2008年提高2个百分点。西南稻区水稻种植面积占全国的15%左右,机插秧水平1.7%,比2008年提高0.6个百分点,发展需求旺盛。四川省机插秧面积达到11.33千公顷,比2008年增长了4.6倍;重庆机插秧水平达到5%,比2008年提高2个百分点。总体上看,虽然各地发展水稻生产机械化的基础和条件各不相同,但都呈加快发展的势头。

(三)技术日臻完善。各地在项目实施过程中,根据农业部《水稻育插秧机械化技术要点》,结合当地生产实际,因地制宜地进行消化吸收,总结形成了具有地方特色的机械育、插秧技术规范,有效地提高了当地机插稻的技术到位率和生产水平。技术本土化基本完成,绝大多数省份已探索出适合本地的育插秧机械化技术。机械化整地、育秧、机插、田间管理、收获等全程机械化技术配套应用,以软盘育秧、双膜育秧等田间低成本标准化育秧技术为核心的机插秧技术体系正在各地开花结果。

(四)运行机制不断创新。一批以开展机插秧服务为主的服务公司、合作社、农机大户等已经成为当地机插秧的主力军,特别是农机合作组织发展迅猛,采取订单预约、专业服务、一条龙服务、代耕代种、场县共建、跨区服务等多种形式,满足农民需要。随着服务内容、服务方式、服务范围不断拓展,服务组织的装备实力不断加强,机具使用效率明显提高,经营收益大幅增加。服务组织多样化,经营方式市场化,服务内容专业化,投资主体多元化,促进了机插秧的健康持续发展。

(五)育插秧机械蓬勃发展。我国在水稻育秧设备、插秧机械的研发创新,为育插秧技术的推广提供了支持,育插秧机械化技术的推广应用,为这些机械开拓了市场,推动发展。伴随着水稻机插秧的快速推进,插秧机行业呈迅猛发展之势,生产厂家超过了32家,2008年产量超过5万台。一大批国际、国内品牌的多种型号插秧机产品相继面市,不同价位和功能的步

进式、独轮乘坐式、高速乘坐式插秧机满足了不同地区、不同层次用户的要求,并开始呈现出向高效化、舒适化方向发展的趋势,插秧机市场生机勃勃,供不应求。列入2009—2010年国家支持推广目录的插秧机已有30个品牌、55种机型,育秧机械有5个品牌、5种机型,形成了市场多品牌竞争态势。从去年农业部组织的插秧机产品质量调查来看,插秧机平均首次故障前作业面积达到12公顷以上,平均首次故障前作业时间达到70小时,基本能保证在半个以上作业季节内不出现故障和影响插秧作业,质量状况较好。70%以上用户对插秧机的作业质量、维修保养方便性、操作方便性、动力匹配、售后服务情况、适用性、可靠性和安全性的总体评价为好。综合考虑我国插秧机生产企业的生产条件、质量保证及售后服务能力等多方面因素,插秧机产品性能和作业质量能够满足我国水稻产区生产要求,大面积推广水稻插秧机的条件已经具备。

当前水稻育插秧机械化发展中存在的主要制约因素:一是技术推广力量不足。基层一线既掌握农机又掌握农艺技术的人员较少,难以满足大面积推广水稻育插秧机械化技术的需要。二是改变农民的种植习惯需要一个过程。机插秧的育秧环节、后期管理与传统的水稻栽植方式有较明显的差异,技术要求较高,留守农民往往难以接受,虽然许多农民认为机插秧好,但担心育秧技术不掌握,田间管理技术不到位,而不敢用机插。同时机插水稻育秧环节较繁杂,农民习惯于粗放型种植,掌握的技术参差不齐,影响技术的推广。三是一些机械的质量及服务不到位。由于插秧机产品零配件质量和装配质量不高引起的质量问题时有发生,一些地方插秧机售后服务难尽人意,影响插秧进度和机手效益。

二、认真总结2008年水稻育插秧机械化工作经验

2008年,各水稻产区全力实施好农业部和省级水稻育插秧机械化示范推广项目,完善技术体系,以点带面,稳步推进。通过政府引导扶持,加强技术宣传培训示范,积极推进机插秧跨区作业服务,水稻育插秧机械化快速发展,积累了许多行之有效的做法和经验,归纳起来,有以下几方面:

(一)强化行政推动,加大资金投入。农机部门争取政府支持,变农机部门"单打独斗行动"为积极融入政府综合行动,建立领导小组,调动农机系统各方面力量,落实工作责任,为技术的推广提供了坚强的组织保证。大多数省区市出台了机插秧推广工作发展意见、召开了工作部署会议或将机插秧工作列入工作考核目标,为基层农机部门开展工作提供了动力,为机插秧推广工作注入了新的活力。各地用好购机补贴,整合"国家优粮工程现代农机装备推进项目""以机代牛工程""农业部水稻育插秧机械化技术示范推广"、"农机科技入户工程"等项目资源,加大投入力度,全力推广机插秧技术。安徽省农业机械管理局安排8.4万元专项资金对机插秧示范推广工作中做出突出成绩的单位和个人给予一定的物质和精神奖励;江苏对全省实现水稻机械化的市县专款奖励;浙江省出台作业补贴政策,对推广水稻机插秧给予每公顷600元的补助,这些措施进一步提高了各地推广机插秧技术的积极性。

(二)强化宣传发动,狠抓培训指导。各地的实践证明,水稻育插秧机械化示范、推广成败与否,农机具质量满足要求与否,关键在于育秧技术培训是否到位。为了让农民看得清、听得懂、学得会、用得好,农机部门积极引导、帮助农民认识技术效益,掌握技术要领,克服畏难心理。把推广工作的重心下移,采取了送教上门的办法,以村民组为单位把农民集中起来,进行技术培训,做到了培训面对面、服务心贴心、指导手把手,提高了技术到位率,加快了机插秧技术的普及推广应用。同时,大力培训基层农业、农机技术人员和乡村干部,培养技术骨干。利用各种新闻媒体,采取灵活有效的形式,广泛宣传机插秧的优势,营造良好的社会氛围。2008年各级农机部门组织召开各种现场演示会2 800次,通过媒体宣传2 770多次,印发机插秧宣传资料超过101万份。全国累计开展培训2 760期、培训15.3万人次。

(三)强化机制创新,推进市场运营。在机插秧的推广中,各地积极探索有效推广模式,建立经营服务市场化运作机制,加强机插秧社会化服务组织的建设,培育机插专业户,为周边农户提供育秧、机插等作业服务,拓展服务范围,扩大服务对象,增加作业量,建立健全长效机制,有效地提高了机具的利用率和经营效益,加快了机插秧技术的推广。同时,积极推广订单机插秧作业模式,提高跨区作业的组织水平,加强插秧机维修和配件供应能力建设,以进一步开拓和发展作业市场,增强机插技术推广应用的发展后劲。浙江省在技术推广过程中坚持以种粮大户为首要服务对象、以农机合作组织为服务载体,以农机推广部门为技术依托,生产企业为技术保障的新型的推广服务模式,取得了良好的效果。

(四)强化农机农艺结合,保障技术顺利实施。生物技术与工程技术结合,农机与农艺相互适应,互促共进,是现代农业的发展方向。农业机械化技术的推广,不但是推广应用机具,还要推广应用与之相配套的栽培技术。机械插秧涉及水稻品种的选择、育秧、植保以及大田管理等农艺技术。各地在项目实施工作中,成立技术实施小组,由农机、农艺、管理等方面专家组成,负责制定项目实施技术方案和规范。农机部门积极主动和种植业部门密切配合,团结协作,吸收农艺人员参加试验示范和技术指导工作,共同研究制定适合本地发展的机械化育秧和插秧技术路线,建立农机和农艺的合作机制,营造良好的工作氛围。湖北、贵州、重庆等省市农机部门与农业部门联合下发工作通知或实施方案,用以指导全省水稻育插秧机械化技术的推广应用,有效推动了机插秧的发展。

(五)强化以点带面,加快辐射带动。要加快水稻机插秧技术的普及,需要不断创新工作方法,根据各地实际情况,找准切入点。机插秧推广的主体是农机大户、种粮大户和农机服务组织,要全面推广机插秧技术,必须充分调动他们的积极性。他们不仅熟悉农业机械,而且对农机发展的新信息、新技术十分关心。动员和鼓励他们了解机插秧技术,投资购买插秧机,不仅能为他们开辟新的致富门道,而且能打开机插秧推广工作的新局面。各地实践表明,坚持以农机大户、种粮大户、农业科技示范户和农机服务组织为基础建立示范点,设立试验对比田,以实实在在的典型,做给农民看,带着农民干,是辐射、带动广大农民学习应用水稻育插秧机械化技术的有效途径。

各地在工作中创造的这些行之有效的经验和做法,既是对过去工作经验的总结,也是各地今后工作中要坚持的方向。当前水稻育插秧机械化的良好发展势头,是各地共同努力、辛勤工作的结果。我们要再接再厉,不断总结经验,创新工作方法措施,推动水稻育插秧机械化加快发展。

三、扎实做好2009年水稻育插秧机械化技术示范推广工作

2009年,加速推进水稻育插秧机械化技术示范推广工作的思路和目标是:以实施项目为引导,增加投入,建立一批示范推广基地,加大技术示范、培训和宣传力度,进一步完善不同区域的技术路线和技术模式,加强机具质量和售后服务监督,强化插秧机等机械的维修保障工作,精心组织项目绩效考核,推动水稻育插秧机械化的大发展,力争实现全国新增水稻机械化插秧面积733.33千公顷,增长25%,水稻机械化插秧水平提高2.5个百分点的目标,加速我国水稻生产机械化进程。各地要按照上述工作目标和思路,抓住重点,组织好全年的水稻育插秧机械化技术示范推广工作。重点是:

(一)做好项目工作,加大示范带动力度。加大政府扶持引导力度,扩大水稻育插秧机械化技术示范推广项目的实施范围,实施项目带动,加快突破育插秧机械化。2009年,农业部将在续建80个项目县的基础上,加大力度,新建65个项目县,在全国24个省(区、市)145个县开展水稻育插秧机械化技术示范推广。中央项目资金到位会有一段时间,但农时不等人。各地要不等不靠,提早安排、尽快部署,抓紧启动项目实施工作。要及早抓好人员培训、示范点选建、机具采购、编印技术宣传资料等相关工作,落实项目任务,为完成全年任务打足提前量。要力争将示范点建设和全国粮油示范高产创建示范片结合,发挥机械化育插秧技术的优势,促进水稻高产稳产。要严格按照农业部《水稻育插秧机械化技术示范推广项目指南》、《水稻育插秧机械化技术要点(试行)》的要求和批复的项目任务书组织项目实施,加强项目资金管理,严格执行有关财务管理制度,确保专款专用,并及时按照有关要求报送项目实施进展、工作总结与资金使用情况,保证项目顺利实施。在做好中央项目的同时,各地要结合实际,建立省(区、市)、市示范县(点),加大项目示范带动力度。

(二)统筹购机补贴和项目资金,加大技术培训推广力度。要把握水稻育插秧机械化快速发展和中央农机购置补贴大幅度增加、覆盖所有农业县市等新的形势,用好农机购置补贴资金,把水稻插秧机作为重点机型补贴,并争取地方购机补贴资金支持,对水稻插秧机等进行累加补贴,充分调动农民购机积极性,引导农机大户、种植大户、农业公司等投入。示范推广项目资金主要用于开展技术培训、示范和宣传等工作。用于举办各种类型的插秧机手培训班,深入农村、田间地头,召开机插育秧和机插作业现场会,现场培训育秧农户,使机械化育插秧技术进村入户。特别要加强对县、乡和村级农业、农机技术干部的培训。进一步发挥农业部专业组的作用,加强分类指导,提高技术培训的针对性、覆盖面,以培训技术骨干为主要对象,通过课堂授课、模拟操作演练和分组研讨交流等形式,强化培训的整体效果,壮大水稻育插秧机械化技术示范推广的技术力量,进一步搞好技术指导和管理服务,推动水稻育插秧机械化技术的普及应用。

(三)开展总结交流,提高项目实施绩效。组织对2007年启动实施的20个项目县进行验收,开展阶段工作总结。按照《主要农作物生产机械化示范项目验收办法》,对各地的项目实施工作进行检查考评,进一步总结经验,加强管理,鼓励先进,提高项目绩效。同时,组织开展不同区域机插育秧技术总结、交流,汇编印发相关成果。总结育秧关键技术及相关的栽插密度和施肥除草技术量化指标,进一步完善不同区域的育秧技术及配套的机械化技术路线,形成适宜当地实际的水稻育插秧机械化技术规程或标准,推动技术本地化和标准化,加快技术普及,推动全国水稻育插秧机械化技术示范推广工作深入开展。

(四)实行政企联动,加快维修人员培育步伐。支持、组织和引导农机职业技能培训机构联合插秧机等生产企业,直接面向农机社会化服务组织的农机能手、基层维修网点人员开展维修技术培训和示范指导,以培育高技能插秧机等高性能维修人才为主要目标,有效壮大插秧机以及收获机维修力量,确保插秧机等机械能维修,用得好,有效益,不误农时,支持保障水稻育插秧机械化的快速发展。2009年农业部将加强政企联动,组织农业部农机行业职业技能鉴定指导站等单位,联合有关企业,开展水稻插秧机等机械维修人员的技术培训和职业技能鉴定工作,从水稻产区农机社会化服务组织和农机维修网点中选调技术人员到生产企业进行技术培训和技能训练,采取政府搭台,企业唱戏的形式,培育出一批高技能插秧机维修人才,增强全国插秧机维修技术力量。各地也要因地制宜,采取灵活形式,加大维修人员培育力度,支持插秧机等农机维修能力的建设。

(五)加大监督力度,提高机具质量。当前,插秧机生产企业增加较快,产品类型不断增多,但一些企业规模普遍偏小,近一半的企业产量在1 000台以下。同时机具性能、质量和售后服务水平,良莠不齐。2008年农业部组织的水稻插秧机质量调查中,有30%的机手对机具适应性和企业售后服务工作不满意。因此,加强机具的质量监督尤为重要。要组织修订完善《水稻插秧机技术条件》等标准,加快制定插秧机关键零部件的技术条件和检验方法标准,加强插秧机产品标准体系建设。各地要以补贴机具的质量监督调查为重点,加大工作力度,加强机具试验鉴定、质量调查、质量投诉监督和质量督导等工作,帮助、引导和督促企业加强插秧机零部件质量的管理,确保整机持续稳定满足生产需要,成为农民满意的产品。同时,要及时向生产厂家反馈鉴定、调查和农民投诉结果,促使企业不断增强机具的适应性、可靠性,持续提高产品质量。

在2009年全国农机跨区作业工作会上的讲话(摘要)

(2009年5月7日·河南郑州)

农业部农业机械化管理司副司长 **刘恒新**

我们在河南召开全国农机跨区作业工作会,主要任务是认真贯彻中央1号文件精神,全面总结2008年农业机械化生产的成效,深入分析农机跨区作业的形势,交流各地的好做法好经验,进一步研究部署2009年农机跨区作业工作,推动农业机械化进一步发展,为全年粮食稳定增产和农民持续增收做贡献。

这次会议在河南召开很有意义。河南是全国粮食生产第一大省,也是小麦生产第一大省,小麦产量占全国的1/4多;粮食总产连续3年超过500亿千克,连续九年全国第一,为国家粮食安全做出了重要贡献;河南也是农业机械化大省,跨区作业的主战场,小麦机收水平近95%,全省参加跨区机收的机车近8万台,河南农机部门组织开展跨区作业积累许多好的经验做法。河南、山东和湖北省的同志作了典型交流,工作有思路、有创新,十分扎实有效,感到很振奋,也很受启发!农业部和福田雷沃国际重工公司举行了"三夏"跨区作业信息服务合作签约仪式,标志着2009年"三夏"跨区作业信息服务工作正式启动。下面,我讲三点意见:

一、充分肯定2008年农业机械化生产的显著成效

2008年是我国农业和农村经济发展历程中极不平凡的一年。各级农业机械化主管部门经受住了低温雨雪冰冻和汶川特大地震等多种严重自然灾害的考验,有效应对了柴油供应严重紧张、价格高位运行等诸多不利因素的冲击,扎实工作,以推进农机跨区作业为抓手,狠抓重要农时、重点作物、关键生产环节和粮食主产区的机械化生产,农机投入总量、作业面积、机械化作业水平均创历史新高。全年参加跨区作业的联合收割机总数达到46.3万台,减少粮食损失25.5亿千克,增加机手收入45亿元,共计增收节支192亿元,比2008年增加20亿元,为粮食增产、农业增效和农民增收做出了积极贡献。2008年农业机械化生产的主要成效和特点表现在以下几个方面。

(一)关键农时季节农机具投入充足,作业水平再创新高。春耕期间共有2 010万台农机具投入到生产中,比2008年增加60万台,共完成机耕面积38 266.67千公顷,机耕水平达到55.3%,比2008年提高2.3个百分点;完成机播面积24 600千公顷,机播水平达到35.6%,比2008年提高1.6个百分点。"三夏"期间全国共组织投入联合收割机超过42万台,其中参加跨区作业的27万台,双双超过2008年2万台;机收面积达到17 533.33千公顷,"三夏"小麦机收率82.3%,提高1个百分点;日最高收获小麦1 233.33千公顷,收获进度与2008年持平;河南、山东、江苏、安徽省小麦机收水平均超过95%;夏种作业中,共机播玉米7 466.67千公顷,机播率73.6%;中稻机插秧面积866.67千公顷,机插率12%,机播、机插水平再创新高。"三秋"期间全国共上阵各类农业机械2 600多万台套,比2008年提高4%;中晚稻机收面积12 266.67千公顷,机收水平52.8%,增长5个百分点;耕整地56 666.67千公顷,机耕率达84%;播种小麦17 466.67千公顷,机播率80.6%,较2008年都有不同程度的增长。江苏省水稻机收水平达到94%,全省有2个市、9个县、187个乡镇、3 000多个村基本实现了水稻全程机械化。山东省玉米机收水平达到35.8%;东营、淄博两市玉米机收率分别达到72%和71%,在全省率先基本实现了玉米生产机械化。

(二)薄弱环节机械化生产不断突破,农业机械化在各领域全面发展。水稻机收水平比2008年提高4个百分点,越过50%,实现历史突破。水稻插秧机增长5万台,达到20万台,水稻机械栽植水平达到13%,比2008年提高2个百分点。玉米联合收割比2008年增加1.5万台,达到4.1万台,机收水平达10%,比2008年提高2.7个百分点,加速发展。油菜专用型直播和兼用型播种机具总销量达到8千多台;收获机械总销量达到6千多台,油菜机械直播、联合收获等技术推广应用步伐加快,油菜机收水平超过6%,呈现出良好发展态势。机械秸秆还田面积快速增加,综合利用水平进一步提高。河南省玉米秸秆还田水平达68%,比2008年提高11个百分点;山东省秸秆综合利用率达68%,秸秆焚烧现象比往年明显减少。薯类、茶叶、果园、牧业、设施农业等生产机械化也得取得了长足发展。

(三)农机作业服务水平稳步提升,市场秩序井然。订单作业、合同作业、承包服务等方式得到大范围推广,一条龙作业、复式作业等作业模式得到进一步应用。机具转移顺畅,市场稳定有序,供需基本平衡,未出现机车供需严重失衡、作业价格大涨大落的现象。各地大力推广农业机械化新技术、新机具,农机作业质量标准逐步采用,机收破碎率、损失率普遍降低,机耕地平整度、机播均匀度均有不同程度改善,主要作业质量逐步提高。各地通过加大农机具投入总量,扩大单机作业面积,大力推广农机节油、节药、节种、节肥技术,为农业增产增收发挥了重要作用,也稳定了机收、机械耕整地、机播、机械秸秆粉碎还田等主要作业价格,提高了农机经营效益。主要环节机械作业价格比2008年提高75元/公顷左右。作业价格合理,也使得作业市场总体规范有序,农业机械化稳定发展。

一年中,各级农业机械化主管部门在各级党政领导指导下,在有关方面密切支持配合下,见势早,行动快,克服困难,努力工作,落实各项政策,确保了农业机械化生产工作顺利开展。一是加强领导、周密部署。农业部在主要农时季节前都提早安排部署。农业部部长孙政才、副部长张宝文、副部长张桃林等领导靠前指挥,深入作业一线检查指导。主产省政府或者农业机械化主管部门联合相关部门印发了专门文件,召开了工作会议,落实农机具购置补贴和农机作业服务税费减免等政策,提早准备安排,把工作落到实处。一些省还组织召开了区域间农机跨区作业供需协调会,组织签订作业合同,促进机具有序流动,不断扩大跨区作业规模。各级领导的重视,激励、推动了地方工作,为农业机械化生产创造了有利条件。二是突出重点、拓展领域。以重点作物、关键生产环节为突破口,不断拓宽机械化的应用领域,推进农业机械化生产工作。农业部先后召开水稻、玉米、油菜等作物生产机械化工作会议和"三夏"、"三秋"现场会,谋化全局,指导全国工作;组织实施主要农作物生产机械化示范、保护性耕作等重点项目,建设100个全国农业机械化示范区,带动全国工作。各主产省因地制宜,明确重点,加大了相关机具扶持力度,实施项目带动战略,建设了一批技术培训和示范基地,以点带面,稳步推进,通过突破关键环节、重点作物机械化,开展社会化作业服务,进一步扩大农机作业规模,拓宽领域。三是协调配合,形成合力。在大规模农机作业期间,各地加强协调,与公安、交通、石油、石化、气象、物价等部门与农机部门联动,积极服务"三农"。在"三夏"期间,面对各地不同程度出现的柴油供应偏紧,限量供应、带机加油、机手长时间排队加油、加高价油等情况,各级发展改革部门加强对农用柴油供应市场的协调,开展价格的监管。石油石化系统加强油源调配,重点保证麦收区柴油供应,努力对农机实行优先加油、加满油,保证了农机作业顺利进行。电视、广播、报刊、网络等各类新闻媒介和宣传渠道,在重点农时季节加大了农业机械化新闻宣传力度,振奋了精神,引导了工作。特别是在"三夏"期间,中央电视台等主流媒体直击油料供应不足等焦点问题,推动了相关工作,为农业机械化生产的发展营造了良好氛围。此外,关键农时农机生产企业有力的服务也为机械化生产提供了技术服务保障。四是精心组织，服务到位。各地农业机械化主管部门按照目标更加明确，组织更加有力，管理更加完善，服务更加优化，政策更加落实，措施更加有效的要求，切实做好农机跨区作业各项组织服务工作。2008 年“三夏”开始之前，农业部发出了《致“三夏”作业农机手的一封信》；印制了《跨区作业证》27 万张，组织 9 个督导组分赴 10 个省市检查督导各地工作，通过“三夏”信息服务中心为 11.4 万机手及时发送天气、供求、价格等信息。各省共检修机械 185 万台套，培训农民机手和操作人员 43 万人次，确保了农机具和驾驶操作人员以良好的状态投入农业生产。各地成立了3 000多个接待服务站，同时还切实加强农机安全检查和质量监督，积极开展短信息服务，促进收割机械有序流动。地震灾害发生后，农机系统主动帮助灾区群众和入川救援人员家属收割小麦，河北、江苏、河南、山东、甘肃省共成立了 860 多个农机帮扶服务队，完成帮扶作业面积 346.67 千公顷。

2008 年农业机械化生产的成效来之不易，经验弥足珍贵，这是我们做好今后工作的重要基础。我们要认真总结，继承和创新，不断做好农业机械化生产工作，巩固和发展农业机械化生产发展的好势头。

二、准确把握当前农机跨区作业的发展形势

2009 年是全面贯彻落实党的十七届三中全会精神的第一年，也是应对国际金融危机、保持经济平稳较快发展的关键一年。农业生产既要克服国内外环境变化带来的负面影响，又要应对难以预测的自然灾害的挑战。粮食稳定发展、农民持续增收的制约因素增加，难度显著加大。农机跨区作业工作面对着很多新形势、新任务和新要求，需要我们清醒的认识，准确的判断，有效的应对。

分析当前农机跨区作业的发展，今后一段时间，主要有四个趋势：

（一）水稻和玉米跨区机收成为新亮点。近两年，通过购机补贴政策的拉动，示范项目引导，水稻、玉米跨区机收需求旺盛，发展迅速，已成为农业发展、农民致富的一条金路子。“轮子动起来，钞票赚进来”，去年参加跨区作业的水稻联合收割机 12 万台，台均作业 60 公顷，纯收入 1.4 万元；参加跨区作业的玉米联合收割机 1.34 万台，台均作业 46.67 公顷，纯收入 1.5 万元；目前，水稻机收水平刚过半，玉米机收水平只有一成，增长潜力和空间大，由于购机补贴的持续增长，机具总量不断增长，水稻、玉米机收发展速度将逐渐加快。

（二）合作社正成为跨区作业的生力军。《中华人民共和国农民专业合作社法》实施之后，农机专业合作社发展迅速，一些跨区作业队也转型为合作社。合作社机械种类多、数量多、机手技术水平高、作业灵活，在跨区作业中信誉度高，力量逐渐发展壮大。合作社内部进行分工协作，降低了运行耗损，大大提高了作业的效率，提高了市场竞争能力，成员收益大幅度提高，吸引了越来越多的机手入社参加跨区作业，农机专业合作社逐步发展成为市场的有生力量。

（三）生产全过程作业服务加快发展。通过生产实践和培训，广大机手努力学习掌握农机、农艺技术，推动良种、良法配套，为农户提供耕、种、管、收等“一条龙”的生产全过程农机作业服务，跨区作业领域已从最初的粮食作物收割，扩展到大田耕翻、机械播种、水稻栽插、油菜收割等，并逐渐向灌溉、植保、农田水利建设等领域发展，专业化、全程化机械生产服务呈加快发展的趋势。开展机收、秸秆还田、运、耕、播生产全过程服务，每公顷作业服务费比分环节服务有较大幅度降低，深受越来越多的农民欢迎。适应生产全过程作业服务发展，机具向大功率、高效率和复合功能发展，多功能复合作业渐受青睐。

（四）订单作业发展迅速。在一些地方，异地订单作业成为新趋势。开展订单作业推动供需有效衔接，规范市场交易行为，避免了跨区作业机具的盲目流动，降低了外出作业风险，减少交易成本，保障机手和农民的双方利益，为越来越多的农民所采纳。一些作业机手和服务队，通过多年的合作，与相关作业区域建立起良好的长期合作关系，跨区作业目的性强，收益稳定。山东省的农机协会、农机专业合作社、农机大户充分发挥作用，积极组织机手与种植户签订作业协议，并积极与省外联络，实行订单跨区作业，带动了玉米机收市场，也拉动了对玉米联合收割机的需求。江苏省通过订单作业，每年有 3 千多台高性能联合收割机到黑龙江进行作业，作业面积超过 13.33 千公顷，取得了非常好的收益。

从 2009 年的形势看，农机跨区作业的有利条件主要有五个方面：

（一）社会氛围空前良好。为应对国际金融危机，保持国民经济平稳较快发展，国家高度重视粮食生产，采取了一系列强有力的措施，保障粮食和农业生产稳定发展。中央财政把“三农”作为优先支持的重点，安排“三农”投入7 161亿元，比 2008 年增加1 206亿元。大幅度增加了农机具购置补贴、提高了粮食最低收购价。各地也普遍加大了对“三农”的投入力度，更加积极自觉地支持农业农村发展。党的十七届三中全会提出，要积极发展现代农业，提高农业综合生产能力，加快推进农业机械化。2009 年中央 1 号文件强化了加快推进农业机械化具体扶植措施，重农强农和发展农业机械化的良好氛围，为农机跨区作业营造了良好的市场环境。

（二）农机装备水平大幅提高。中央财政农机购置补贴资金由 2008 年的 40 亿元增加到 130 亿元，广大农民购机热情高涨，农机工业产销两旺，扩大内需效应十分明显。目前，全国已落实到农户补贴资金 61.6 亿元，补贴机具逾 132 万台，受益农户 122 万户，带动地方财政投入 16 亿元。落实补贴资金的 68% 用于购置大中型拖拉机、玉米联合收割机、插秧机、谷物收获机械，农机装备结构进一步优化。一季度，农机总动力达到 8.3 亿千瓦，同比增长 6%。农机装备水平的提高，为跨区作业提供了有力的物质保障。

（三）农民机具投入和增收预期积极。根据农业部的摸底调查情况来看，2009 年跨区机收作业市场的需求仍然比较旺盛，广大农民农机投入积极性高涨。“三夏”麦收将于 5 月下旬全面展开，投入的小麦收获的联合收割机将超过 44 万台，其中参加小麦跨区作业的超过 28 万台，双双超过 2008 年。南方的水稻跨区机收 7 月初开始，参加跨区作业的收割机 14 万台，增加 2.2 万台；玉米机收将于 9 月初开始，参加跨区作业收割机 2 万台，增加 0.8 万台。2009 年的机收作业价格将于 2008 年基本持平，略有提高。

（四）油料供应预期良好。受世界经济发展形势的影响，国际石油价格有相对稳定预期，国内柴油价格与 2008 年相比，低位运行，供应比较充足。国家实施了成品油价格和税费改革，取消公路养路费、逐步有序取消政府还贷二级公路等收费，降低了农机跨区作业的成本。中央 1 号文件明确要求建立农业生产用油保供机制，一些地方出台了柴油保供和优惠供应的政策措施。总体上看，"三夏"期间出现价格大涨、供应紧张的可能性较小，跨区作业油料供应预期向好。

（五）跨区作业准备工作充分。各地高度重视，做到早谋划、早部署、早落实。农业部印制了30万张《联合收割机插秧机跨区作业证》，已免费发放到机手手中。从刚才3个省介绍的情况看，各省区市准备工作抓得早、抓得实，都制订了周密的工作方案，落实了有关优惠政策，并认真做好机手发动、作业队组建、信息发布、机具检修检验、人员培训、作业证发放登记等各项准备工作，已检修各类机具60多万台，机具准备已经到位；引进外来机具作业的省份已经成立接待服务站500多个。各省区市对2009年跨区作业可能出现的问题也进行了分析和预测，制定了积极的应对措施。2009年各地的组织、服务工作准备早、行动快、措施实、创新多，各项工作主动，为确保农机跨区作业奠定了坚实的组织基础。

2009年影响农机跨区作业的主要因素，主要有四个方面：

（一）自然灾害的影响存在。目前部分麦区旱情尚未根本解除，一些地区还遭遇了较为严重的连阴雨，后期还要经历干热风、烂场雨等多种自然灾害的考验。5月底、6月份麦收区局部地区时有雷雨大风等灾害天气，对小麦的收获和晾晒产生不利影响。气象不确定因素会造成作物成熟时间的变化，引起局部地区需求波动，给收割机按计划转移带来影响。

（二）粮食生产效益下降。据农业部物价监测点调查，2008年稻谷、小麦、玉米三种粮食公顷均收益比2008年减少471元，减少18.7%。2008年下半年以来，国内农产品价格继续呈现全面下行的态势，个别农产品出现卖难，农民增收的难度加大，对提高农民用机需求产生不利影响。

（三）放松粮食生产和农业生产的倾向不容忽视。历史经验证明，越是农业丰收的时候，越有可能发生形势逆转。在连续5年增产增收的形势下，放松粮食和农业生产的倾向明显抬头。部分地方政府和部门盲目乐观，会降低对农机跨区作业的重视程度，不利于组织工作的开展。

（四）局部地区出现供需矛盾的压力加大。由于机具数量的增加，个别地方可能会出现机手互相压价的恶性竞争以及地方保护等问题。没有落实作业任务，盲目外出流动作业的联合收割机对部分地方正常的作业秩序会造成一定的冲击。另一方面，由于天气等原因，会造成某一时段部分地区联合收割机供需失衡，兑现作业合同的难度加大。

面对异常复杂的形势，我们既要增强忧患意识，把困难估计得更充分一些；也要看到有利条件，坚定信心，把应对措施考虑得更周全一些，趋利避害，化挑战为机遇、变压力为动力，扎扎实实做好2009年的农机跨区作业工作。

三、切实做好2009年农机跨区作业各项工作

综合分析农机跨区作业面临的形势和任务，2009年农机跨区作业的指导思想是：以科学发展观为指导，紧紧围绕提高重要农时、重点作物、关键生产环节和粮食主产区机械化作业水平的目标，以作业区域清晰、服务半径适度、服务对象牢固、作业收益稳定为原则，以推动跨区作业由夏季向春秋两季延伸为方向，以巩固优化小麦机收、加快推进水稻机收机插、大力拓展玉米机收、积极培育油菜、马铃薯机收为重点，着力拓展农机跨区作业的领域、范围和规模，提高农机跨区作业的组织化、信息化和规范化水平，提升跨区作业的速度、质量和效益，推动农机跨区作业向纵深发展，为加快推进农业机械化，促进粮食稳定增产、农业不断增效、农民持续增收做出新贡献。

目标任务是：一是推进机具投入总量进一步增加。"三夏"投入收获小麦的联合收割机44万台，增加2万台。收获水稻的联合收割机比2008年增长5万台左右，达到41万台。玉米联合收割机比2008年增长2万台左右，总量达到6万台。二是推进作业水平进一步提高。力争跨区机收水平创出新高，跨区机耕、机播水平有新的突破。"三夏"小麦机收水平比2008年提高1个百分点，达到83%左右；水稻机收水平提高4个百分点，达到54%左右；玉米机收水平提高2个百分点，超过12%。三是推进作业市场秩序进一步优化。强化组织调度、信息引导，推进区域协作，密切部门配合，严格市场管理，保持供需平衡，防止出现作业价格大涨大落，防止出现柴油供应脱销限供，促进机具顺畅转移，有效作业，保持机手收益平稳。

工作安排上，要以"三夏"为重点，着力从八个方面做好工作。

（一）要在前期准备上下工夫。一是抓好培训。及早开展机手机械保养维修、操作技能、安全生产等知识培训，加强对农机跨区作业中常见问题与处理方法、相关法律法规、文明用语等方面的教育宣讲，确保机手以良好状态投入跨区作业，推动服务文明化、作业规范化、操作精细化。二是做好《跨区作业证》发放工作。确保领取跨区作业证的联合收割机、与背负式联合收割机配套的拖拉机，具备合法有效的号牌、行驶证，年度检验在有效期内；驾驶人有合法有效和符合准驾要求的驾驶证。发放《跨区作业证》过程中，禁止收取任何费用、禁止异地发放、禁止由作业组织代发、禁止向农机经销商发放，严厉查处违规者。三是做好供需协调工作。通过积极与作业地农业机械化主管部门交换作业信息、进行实地考察等途径，了解掌握市场动态；要推动派机方和引机方建立长效合作机制，掌握好季节时间差，加强协作，签订好作业标准合同，规范市场交易行为。

（二）要在落实政策上下工夫。2009年1号文件提出了进一步加快发展农业机械化的政策措施，具体涉及到购机补贴、农业机械化基础设施和公共服务能力建设、农机研发制造、农机作业补贴、农机信贷、燃油供应保障机制、报废更新经济补偿制度等方面，措施之多、含金量之高，振奋人心。2009年以来，各项政策逐步落实，购机补贴实施顺利。下一步各地要进一步争取扶持农业机械化发展政策，加大对农机专业合作社的扶持力度，落实好对农机作业服务组织和农机维修免征所得税和跨区作业免费通行政策，为跨区作业创造良好的政策环境。要认真落实好购机补贴政策，按照农业部、财政部的有关要求，规范操作，强化监管，提高工作效率，加大宣传力度，提高服务水平，确保补贴政策的实惠不折不扣落到农民手中，让农民得实惠，企业得效益，政府得民心，确保补贴机具在"三夏"、"三秋"等关键农时季节中发挥作用。

（三）要在信息引导上下工夫。获取及时、准确、有价值的作业信息是农民和机手最关心的问题。要将信息引导，作为跨区作业组织工作中的头等大事来抓，进一步加强信息服务工作，建立健全信息采集、发布制度，完善信息收集渠道和发布办法，丰富信息内容，创新服务形式，引导机具合理流动，提高机具作业效率。2009年农业部继续与福田雷沃重工合作，通过免费手机短信形式为广大机手提供信息服务。各省区市要利用好这个平台，深化信息服务，在作业期间要确定专人负责这项工作，及时发布相关作业信息。同时，也要结合实际，与气象、通讯等部门合作，开展省内形式多样的信息服务。要密切注意作业期间天气变化和作业市场供求状况，发布作业市场动态信息，加强机具调度，做好省际间信息协调沟通。各省区市要及时编发跨区机收快报，反映工作动态和存在的问题，供领导和有关媒体掌握，促进有关问题的及时解决。“三夏”期间，继续实行日报制度。作业期间，各省区市要做好值班，确保信息咨询服务和突发事件及时有效处理。

（四）要在提高组织化程度上下工夫。各地农业机械化主管部门要大力培育和扶持农机专业合作社、农机服务组织、农机作业队参加农机跨区作业。要将发放《跨区作业证》作为农业机械化主管部门强化跨区作业市场组织引导的重要手段。对于没有明确作业地点和作业任务，盲目外出的机具，派出地的农业机械化主管部门要加强管理，强化组织，做好服务，帮助机手做好供需协调，明确作业地点和任务，鼓励他们加入合作社、参加作业队。要推进区域间建立合作机制，固定服务对象。大力组织推广订单作业、承包服务、“一条龙服务”、“套餐服务”，降低交易成本和风险，提高跨区作业效益。组织合作社、作业队等积极开展帮扶，深入地震灾区等经济困难地区，为困难群众开展包、帮、扶作业，体现社会主义大家庭的和谐与温暖。

（五）要在争取部门支持配合上下工夫。各地要在党委、政府的统一领导下，加强与相关部门配合与协作，为跨区作业创造良好的环境。一是与发展改革、商务部门和石油石化企业联系协调，增加重要农时季节和用油集中地区的资源调度，推广发放优先加油卡的作法，确保重点作业季节的农机用油；增加乡镇加油站网点数量，采取“田间流动加油车”等各种便民措施；强化对农用燃油市场的监管力度，维护农业用油市场稳定和价格秩序。二是与公安交通管理部门密切配合，对重点地区、重点路段加强管理，严格查处无牌行驶、无证驾驶和拖拉机载人等违法行为，维护道路交通秩序，及时处理农机发生的道路交通事故。三是积极与交通部门沟通、协调，督促落实《收费公路管理条例》相关规定，保证作业机具免费通行，顺利转移。四是支持、监督农机生产企业完善售后服务。要及时了解各生产企业在当地的产品销售情况和服务情况，积极协调和加强企业与农机手的联系，及时协调处理机械质量问题，促进生产企业提高机械质量和服务水平。生产企业应增加维修网点，完善零配件供应渠道，提高服务能力，有条件的企业应为农民提供点对点服务，解决机手燃眉之急。

（六）要在规范市场上下工夫。各地农业机械化主管部门要强化对中介组织的管理，加强培训和监督工作，提高中介服务组织的业务能力和服务水平。要坚决制止上路拦机截机的行为发生，密切与相关部门协作，针对以往发生的情况，总结经验，制订工作预案，周密安排好机车的安全转移，对砸机、打人等行为要严厉打击，依法追究有关责任人的责任。各地农业机械化主管部门要努力为进行跨区作业的机手安排好作业任务，引导机具合理有序流动，严禁各种形式的市场封锁、地方保护。要加强投诉监督，及时处理好发生的作业纠纷。要针对重点农时季节农机安全生产的特点，组织开展农机隐患排查治理，消除农机事故隐患，预防农机事故发生，推动农机作业快速、高效、安全开展。

（七）要在推广农业机械化新技术上下工夫。要大力宣传农机作业质量标准，加强作业质量监督。培训农民，提高农机手操作技能，促进农艺技术的到位率，发挥农机在增产增收中的作用。通过机具补贴、试验示范、作业补贴等方式，大力推广秸秆还田、精少量播种、保护性耕作等技术，促进农业生产的节本增效。要高度重视跨区作业可能引起的病虫害传播，与有关单位合作宣传病虫害防控知识，组织指导农机手在机具转移前务必清理好联合收割机，减少机具携带病菌的几率。要推进优质优价，通过市场机制作用，加速新技术推广，提升机具作业质量。

（八）要在新闻宣传上下工夫。充分借助电视、广播、报刊、网络等各类新闻媒介和宣传渠道，在春耕备耕、夏收夏种、秋冬种等重点农时季节加大农业机械化新闻宣传力度。积极配合中央电视台等主流媒体对农机跨区作业进行多角度、高密度的宣传报道，为跨区作业和农业机械化发展提供强大的舆论动力，振奋精神、树立形象、优化服务、引导工作。今天邀请了中央电视台、中央人民广播电台、农民日报等主要媒体和行业媒体参加会议，目的就是搞好农业机械化主管部门与新闻单位的供需对接，加强沟通与合作，在“三夏”、“三秋”期间策划一系列有力的宣传报道。重点是深入挖掘提炼农机管理、科研、培训、推广、监理等方面工作的新举措、新成果和新经验；关注短信息服务、燃油价格及供应、农民增收等热点问题，宣传购机补贴的成效，宣传农机跨区作业在帮困助贫、抗灾救灾夺丰收等方面取得的新成效，宣传农机、公安、交通、石油石化等部门密切配合，共同推动、发展农机跨区作业的典型事迹。农业机械化主管部门要主动为新闻单位找素材，选角度，做策划，与新闻媒体一道，共同唱响加快农业机械化发展的主旋律，展示农业机械化工作的新突破、新亮点、新成就，形成农业机械化新闻宣传声势，为跨区作业营造良好的社会氛围。

在全国玉米机收暨“三秋”农机化生产现场会上的讲话（摘要）

（2009年9月3日·山东泰安）

农业部农业机械化管理司副司长　**刘恒新**

一、巩固和发展玉米机收的良好态势

玉米是我国种植分布最广泛的粮食作物，全国31个省区市都有种植，年种植面积近3 000万公顷，年产量1 650多亿千克，2008年全国种植面积和产量分别占粮食种植面积的28%和粮食总产量的31%，在粮食生产中占有极重要地位。玉米作为重要的传统食品、饲料和工业原料，其用途已渗透到我国

工农业的各个方面,玉米生产对整个国民经济发展有着巨大的影响,提高玉米综合生产能力是保障我国粮食安全、促进畜牧业和粮食加工业发展,实现农业增效和农民增收的长期战略目标的需要。近年来,随着《中华人民共和国农业机械化促进法》的公布施行和国家农机购置补贴政策的实施,广大农民购置、使用玉米生产机械的积极性高涨,玉米耕整地、种植和田间管理等环节机械化作业机具问题基本解决,机播水平达到64%。但是玉米收获环节的机械化发展较慢,基本上以人工为主,是玉米生产机械化乃至粮食生产机械化中最突出、最薄弱的环节。广大农民对提高玉米生产机械化水平特别是玉米收获机械化水平的呼声日益高涨。从2005年开始,农业部将推进玉米收获机械化列为农业机械化的一项重要工作,在条件比较成熟的山东省和河北省,开展玉米收获机械补贴试点。2007年,农业部召开了首次全国玉米收获机械化现场会,将玉米收获机械补贴试点扩大到9个省(区、市)。2008年,农业部启动全国玉米生产机械化示范县建设工作,召开了全国玉米生产机械化工作会议,玉米收获机械补贴在全国展开,玉米机收进入了全面推进的阶段。各地加强组织领导,加大投入力度,积极示范引导,推进技术创新,推动社会化服务,政策效应不断显现,玉米收获机械化呈现出良好的发展势头。2008年底,全国玉米联合收割机保有量达4.71万台,机收面积达3 168.67千公顷、分别比2004年增长741%和397%。机收水平达10.6%,提高了8.11个百分点。玉米机收已成为农业机械化发展的一个热点、亮点和增长点。表现出三个显著特点:

第一,农民购机用机热情高涨,发展速度不断加快。玉米收获机和机收作业供不应求,机具保有量和作业量高速增长。近三年玉米收获机械保有量增幅保持在70%左右,机收面积增幅保持在50%以上。2008年玉米收获机保有量增幅达77.7%,台均作业量66.67公顷以上。山东省2008年新增机具上万台,机收水平提高近10个百分点。河南省近两年玉米收获机、作业面积翻番增长,玉米机收水平从2004年的0.88%提升至2008年的12.12%。

第二,企业产品研发制造积极性空前,技术装备加快发展。我国参与玉米收获机械研发、生产的企业多达100余家,新技术、新产品不断推出。玉米收获机械化中的主要技术瓶颈问题基本解决,收获机械基本定型,形成了悬挂式、自走式和玉米割台三种机型。目前悬挂式玉米收获机可靠度达到95%以上,具备了推广应用的条件,基本上能满足农业生产的需要。自走式加快发展,逐渐成熟。互换割台的玉米/小麦两用机异军突起。列入《2009—2011年国家支持推广的农业机械产品目录》的玉米收获机械已达123种,生产企业和产品数量均比前两年大幅增加。

第三,政府支持力度不断加大,玉米机收市场日趋活跃。国家购机补贴资金逐年大幅度增加,对玉米收获机械购置补贴力度不断加大。山东、山西、河北、辽宁等主产省实行地方资金累加补贴。2008年全国补贴购置玉米收获机1.5万台,补贴资金4.47亿元。2009年1—7月份,全国补贴购置玉米收获机2.6万台,补贴资金8.2亿元,分别比2008年增长73%和83%。全国建设了26个玉米生产机械化示范县。吉林省建设了30个示范区。辽宁省政府召开了玉米生产机械化工作会议,出台了加快发展玉米生产机械化的意见。不少省市也通过地方购机补贴资金、作业补贴、技术推广资金等扶持玉米收获机械化的发展,政策扶持力度不断加大,形成了许多具有区域特点的玉米机械化生产与服务模式,玉米收获机械跨区作业范围逐步扩大。玉米机械专业合作组织、服务队、作业大户等发展迅速,通过承包、订单、跨区作业等方式开展社会化作业服务,服务模式在探索中不断创新,作业市场不断扩大。

总的看,农民的迫切需要、技术的创新与产品快速开发、社会化服务发展和政府部门的大力推动,为玉米收获机械化的发展创造了良好的氛围和条件。当前,玉米收获机械化已进入快速发展阶段,成效显著,形势喜人,弥足珍贵。在看到成绩和有利条件的同时,也不能忽视一些制约因素和隐患。一是存在机具生产企业一哄而上的隐忧。一些小规模企业盲目上马,生产批量不大,研发制造水平不高,售后服务滞后,产品适应性、可靠性有待进一步提高。二是农机与农艺配套难的问题有待解决。玉米种植标准化程度低,行距多种多样,大范围跨区作业难度大,影响机具利用率和使用效益。三是科学示范推广扎实推进的问题要引起重视。避免选型不科学、引导不利造成损失,影响玉米收获机械化的健康发展。我们要倍加珍惜当前的好形势,未雨绸缪解决发展中的新问题,乘势而上,顺势而为,再接再厉,推动玉米收获机械化发展再上新台阶。

二、又好又快地推进玉米收获机械化发展

2007年召开的全国收获机械化现场会和2008年召开的全国玉米生产机械化工作会会议,对发展玉米收获机械化作了全面部署。基本思路是坚持因地制宜,分类指导,重点突破的方针,遵循以点带面、先易后难、强化服务、梯度推进的原则,坚持农机农艺互动,以发展适应特定产区的机型引领突破;社会化服务促动,以推进区域内跨区作业引领突破;梯度推进带动,以实现重点区域率先发展引领突破;多种技术联动,以完善背负式收割技术引领突破。综合分析当前发展玉米收获机械化面临的形势和任务,我们要牢牢把握上述基本思路,坚持将推进玉米收获机械化列为玉米主产区各级农业机械化主管部门的中心工作,认真总结,明确任务,结合实际,加强领导,加大玉米收获机械化发展的推进力度。要着力做好以下几个方面的工作:

(一)以做好项目工作为抓手,加大示范带动力度。抓好全国玉米生产机械化示范项目和各省(区、市)示范县(点)建设项目,实施项目带动,加大示范带动力度。2009年,农业部在全国13个省(区、市)26个县开展玉米收获机械化技术示范推广。中央项目资金已经到位。各地要结合"三秋"生产,尽快部署,按照建立玉米生产机械化示范点、完成技术集成配套、组织开展跨区作业、订单作业等社会化服务的要求,加强项目资金管理,如期完成项目任务,加快技术辐射和应用。2010年,中央示范项目的范围和规模将进一步扩大,各地也要加大地方项目支持力度,通过项目的实施,突破玉米机收瓶颈,形成一个以机械化为支撑、区域适用性广的玉米标准化生产体系、一套社会化作业服务模式和一支技术推广服务队伍,以点带面,加快玉米机收和玉米生产全程机械化发展步伐。

(二)以用好购机补贴资金为抓手,加大资金投入力度。各地要抓住中央农机购置补贴大幅度增加、覆盖所有农业县市的机遇,用好、用足农机购置补贴资金,把玉米收获机作为重点机型补贴,并争取地方购机补贴资金支持,进行累加补贴,充分调动农民购机积极性,引导农机大户、种植大户、农业公司等投入。积极争取多渠道、多方面的支持,将玉米收获机械化列入有关的项目计划中，开展机手培训、技术示范、机具技术攻关，引导推动玉米收获机械化的发展。

（三）以机具选型质量调查为抓手，加大技术创新推进力度。要继续组织开展玉米收获机械的试验鉴定、质量调查工作，加强对补贴机具质量督导工作。通过选型鉴定，质量跟踪，及时向生产企业反馈鉴定、调查结果和用户意见，不断促进机具适应性、可靠性提高。把性能可靠、适用性强、质量稳定、服务好的机具和企业推荐给农民。要加快制定技术条件和检验方法标准，加强收获机产品标准体系建设。要加强投诉监督，及时协调处理机械质量问题，督促生产企业改进产品，提高服务质量和三包水平，维护农民合法权益，促进玉米机收健康发展。

（四）以扶持农机专业合作社发展为抓手，加大机收市场培植力度。深入贯彻落实《农业部关于加快发展农机专业合作社的意见》，大力扶持从事玉米生产、玉米机收的专业合作社发展，带动、引导、推动农村集体经济组织、农机大户、机收作业公司等开展跨区作业、合同订单作业、“一条龙”作业等，规范中介行为，培养壮大玉米机收作业的社会化服务主体，有效提高机具的利用率和经营效益，培育玉米机收作业市场，提高玉米收获机械的作业规模、作用效率和经营收益，以利益的驱动拉动玉米收获机械化的发展。特别是要通过农机专业合作社，实现玉米规范化种植、标准化生产，规模化经营、订单化服务，推动农机农艺配套，破解玉米机收社会化服务的难题，加快玉米机收作业市场的发展。

（五）以强化科学示范推广为抓手，加大组织领导力度。按照农业机械化技术推广的规律，通过选型试验、示范引导、面上推广的工作程序组织开展示范推广工作。要放眼全国，选好机型。要注重总结，巩固成效，及时改进不足。要注重示范，让事实去说服引导农民。要发挥生产企业的积极性，合力推进工作。要注重农机和农艺相结合，坚持农机农艺技术协调发展，成立农机与农艺结合的专家组，建立合作机制，发挥各自优势，加强对玉米收获机械化工作的指导，统一研究和协调解决玉米收获机械化发展中遇到的困难和问题，推动玉米收获机械化的顺利发展。要把推进玉米收获机械化工作列入重要议事日程，统筹农机管理、科研、生产、鉴定、推广和安全监理等方面的力量和资源，制订完善工作计划和方案，将工作抓实抓细抓到位。

三、扎实做好2009年“三秋”农业机械化生产工作

秋粮占全年粮食产量的70%，做好“三秋”农业机械化生产工作，直接关系到全年粮食的丰产丰收和2010年夏季粮油的收成。当前，我国秋粮生产总体进展顺利，但仍面临洪涝、干旱等灾害的考验，防灾抗灾、田间管理和抢收抢种任务十分艰巨。各级农业机械化主管部门要把抓好“三秋”农业机械化生产作为当前最重要最紧迫的任务，加强组织领导，明确目标任务，强化服务管理，狠抓措施落实，切实把各项工作落到实处。要以作业机具稳步增长、作业水平不断提高、作业市场稳定有序为目标，以狠抓水稻、玉米机收，秸秆机械粉碎还田，小麦、油菜机播以及农机抗灾减灾作业为重点，不断提升秋收和秋冬种生产机械化水平，充分发挥农机在增粮、增收中的作用。要确保投入机具总量比2008年增加200万台套，达到2 800万台套以上；玉米机收水平提高2个百分点，超过12%；水稻机收水平提高4个百分点，越过54%；小麦机播水平提高2个百分点，超过82%；油菜、马铃薯等作物的机械化播种取得明显进展。重点抓好以下几方面工作：

（一）切实加强组织领导。把秋季农业机械化生产工作作为当前农业机械化工作的中心任务，紧紧围绕重点作物、关键生产环节和主产区的机械化生产，明确任务、落实措施，强化责任，提高作业水平，保障秋季农业生产的顺利进行。要组织开展技术培训，提高农机手操作技能。要积极协调、组织有关部门和单位，备足质量可靠的零配件和油料，积极开展送机、送件、送油到村、到户、到田服务，确保物资供应到位。要组织技术人员深入乡村，指导帮助机手维修和保养机具，保证机具以良好的状态投入作业。

（二）全面落实扶持政策。认真落实好购机补贴政策，按照农业部、财政部的有关要求，规范操作，强化监管，提高工作效率，加大宣传力度，提高服务水平，确保补贴政策的实惠不折不扣落到农民手中，确保补贴机具在“三秋”中发挥作用。落实好对农机作业服务组织和农机维修免征所得税和跨区作业免费通行政策，积极争取并实施好作业补贴、机具更新、信贷支持等扶持农业机械化发展政策，发挥好政策作用。

（三）大力推进跨区作业。以水稻、玉米跨区机收为重点，推动秋季农机跨区作业由机收向机耕、机播等领域拓展；扎实做好跨区作业机具检修维护、跨区作业证发放、作业供需协调、机手培训、技术指导、信息引导和接待服务等工作。强化组织调度、推进区域协作，密切部门配合，严格市场管理，保持供需平衡，防止出现作业价格大涨大落，促进机具顺畅转移、有效作业，保持机手收益平稳，努力提升秋季农机跨区作业的深度广度和质量效益。

（四）积极推广农业机械化新技术。2009年，农业部制定了《“三秋”农机作业技术指导意见》，各地要结合实际，组织技术人员深入生产一线，因地制宜开展技术示范训和指导，大力推广应用保护性耕作、化肥深施、机械深松、精量播种、秸秆还田、节水灌溉、高效施药等节本增效新技术、新机具，加强农机农艺结合，提高技术到位率。要大力宣传农机作业质量标准，加强作业质量监督，推进优质优价，加速新技术推广，切实提高“三秋”农业机械化生产科技水平。要着重提高小麦机播质量，保证机播深度、播种均匀性，特别要是镇压、保墒、保苗。

（五）认真抓好农机防灾减灾。立足于防大灾、抗大灾、救大灾，制定完善工作预案，开展农机防灾减灾宣传教育和技术培训；强化技术指导和服务，提高农民和机手防灾救灾的技术水平。及时组织农机作业队，开展抢收抢种、病虫防治、提水灌溉、抢排积水、抢修灾毁农田、抢运救灾物资等抗灾救灾应急作业，充分发挥农机在防灾减灾中的积极作用。当前，辽宁、吉林、内蒙古、湖北、湖南5省要千方百计组织农机投入抗旱工作，支持旱区农业生产发展。

（六）高度重视安全生产。深入全面开展农机安全生产“三项行动”和“三项建设”，加强“平安农机”创建工作。要结合“三秋”农机生产特点和“国庆”等重大节日安全工作要求，全面落实安全生产责任制，强化安全生产检查，加强农机手安全教育和操作技术培训，组织开展事故隐患排查治理，消除农机事故隐患，预防农机事故发生，推动农机作业快速、高效、安全开展。各地要密切与公安、交通等部门配合，严格查处驾驶操作人员违法违章行为，及时处理农机发生的道路交通事故，保证路况良好、畅通，为拖拉机、联合收割机等农机的安全转移

和作业创造有利条件。

（七）着力提高作业组织化程度。大力培育和扶持农机专业合作社、农机服务组织、农机作业队投入"三秋"生产，开展农机跨区作业。大力组织推广订单作业、承包服务、"一条龙服务"、"套餐服务"，降低交易成本和风险，提高跨区作业效益。要充分利用"农机跨区作业服务直通车"信息服务平台和手机短信等手段，及时发布相关信息，加强信息引导。特别要组织合作社、作业队等积极开展帮扶，做好为农村军属、烈属、孤寡困难户、缺少劳力的农户和灾区受灾户优先、优惠作业服务工作，解决他们的后顾之忧。

（八）主动做好进度统计宣传工作。各省区市农业机械化主管部门要认真组织开展机械化生产作业进度统计，向农业部报送秋季农机作业进度和工作动态，及时准确反映各地工作进度和成效。要利用各种新闻媒体，通过多种形式，面向社会广泛宣传和报道秋季机械化农业生产工作动态以及农机部门采取的措施和工作成效，积极营造良好的舆论氛围。

在2009年全国农机安全监理站长会议上的讲话（摘要）

（2009年11月30日·广东广州）

农业部农业机械化管理司副司长　刘恒新

2009年是新中国成立60周年，《农业机械安全监督管理条例》刚刚开始施行，召开这次全国农机安全监理站长会，总结我国农机安全监理工作取得的辉煌成就，交流各地的工作经验，落实《农业机械安全监督管理条例》要求，谋划和部署今后一个时期农机安全监理工作，十分必要。借此机会，就农机安全监理工作，讲几点意见。

一、肯定成绩，增强做好农机安全监督管理工作的信心

近年来，在各级政府领导下，各级农业机械化主管部门及农机安全监理机构坚持"安全第一、预防为主、综合治理"的工作方针，以预防和减少农机事故、推进农业机械化又好又快发展为目标，不断创新工作思路，突出工作重点，克服困难，奋力拼搏，取得了可喜的成效。

（一）完善法规，推动监理工作法制化。近年来，为了切实履行《中华人民共和国农业机械化促进法》、《中华人民共和国道路交通安全法》及国务院第412号令等有关行政法规赋予农业机械化主管部门的安全管理职能，农业部公布实施了《拖拉机驾驶证申领和使用规定》、《拖拉机登记规定》、《拖拉机驾驶培训管理办法》和《联合收割机及驾驶人安全监理规定》4个规章及其相配套的4个工作规范性文件。先后发布了有关拖拉机和联合收割机号牌、证件等6个行业标准；修订了GB16151.1—3—1996《农业机械运行安全技术条件》拖拉机、挂车、联合收割机3个国家强制性标准。2009年9月17日国务院总理温家宝签署国务院第563号令公布了《农业机械安全监督管理条例》，2009年11月1日开始施行。与此同时，各地也加快了农机法制化进程，全国有28个省（区、市）公布实施了农业机械化条例或有关地方性法规，其中有18个省（区、市）进行了重新修订。通过各方面的努力我们已经初步形成了以法律为统领，规章、规范、标准为支撑，中央和地方相结合的农机安全监管法规体系，全面推进了农机安全监理法制化进程，为开展农机安全监理工作提供了法律法规保障。

（二）加强业务建设，推动监理工作规范化。随着一系列法律法规、标准、规范的公布实施，农业部近年来强化了农机安全监理业务规范，开展了行风建设、专项整治等活动，加大了监理工作的督查力度，推进了农机安全监理规范化。农业部先后召开了全国农机安全生产与法制工作会议、全国农机安全监理工作会议，下发了《关于加强农机安全监理工作的意见》，明确了监理工作思路任务，提出了明确而具体的工作要求。2006年组织开展了行风评议活动，推动了监理业务和工作制度的完善，促进了监理人员的素质提高。2007年，在全国范围内开展了拖拉机登记和驾驶证申领专项整治工作，开展了农机行业隐患排查治理专项行动，打击违规发放的牌证行为，规范了监理业务工作，整治农机安全隐患。2008年农业部在黑龙江等6个省区选择基础较好的基层监理机构开展的农机安全监理规范化建设试点，探索了基层监理机构的规范化建设的模式。我们以活动促"规范"，以典型带"规范"，以素质保"规范"，文明监理、优质服务之风在全系统不断普及，很多地区形成了以基层窗口建设为重点，依法监管与优质服务相结合的规范化工作局面。

（三）创建"平安农机"，推动监理工作长效化。2006年农业部联合国家安全生产监督管理总局启动了"创建平安农机，促进新农村建设"活动。各地结合实际，落实措施，营造氛围，创新方法，全面推动农机建立各项工作取得进展。截至2008年，各省（区、市）共创建"平安农机"示范县（区、市）440个、示范乡（镇）4 655个、示范村3.5万个、示范户35万多个。2008年底，农业部和国家安全生产监督管理总局联合命名表彰了104个全国"平安农机"示范县（区、市）。2009年3月份，农业部还联合国家安全生产监督管理总局召开了全国创建"平安农机"工作会议，交流了创建工作经验，启动了新一轮创建工作，到2011年我们将再推出200个全国平安农机示范县（区、市）。通过开展"平安农机"创建活动，各级政府对农机安全生产更加重视，多部门协作机制得到完善，安全宣传进一步加强，农民机手的安全意识得到提高，基层安全监管网络进一步完善，农机安全生产工作基础得到夯实，在创建地方初步形成了政府主导、农机主抓、部门配合、群众参与的农机安全长效机制。

（四）强化能力建设，推动农机监理工作科学化。近年来，农业部加强农机安全监理的信息化建设，将"全国农机监理信息系统"纳入了国家"金农"工程建设内容，确立了全国农机监理业务联网目标。2009 年,农业部为 100 个基层农机安全监理机构配备移动式拖拉机检测车辆及设备。组织开发并启用了《全国农业机械事故报送分析系统》,进一步规范了农机事故统计报告工作。组织开发并启用了《全国农机驾驶人理论考试系统》,实现了理论考试网络化管理,进一步加强了考试环节的规范和层级监督管理。各地也加快了信息化建设,全国有 10 个省(市)建设了区域农机监理信息网络,实现全省农机监理系统网上办理业务。江苏、福建、湖北、广东等不少省(区、市)积极争取有关部门的支持,将安全生产体系建设纳入财政支持范围,重点支持农机安全监理检测装备购置和省农机安全监理信息系统建设,加大对农机安全监理工作投入,在改善农机安全监理机构办证条件、执法手段和推进信息化方面成效显著。还有的地方重视农机事故规律性、预防事故技术研究,推动工作创新。通过现代化手段和方法的应用,增强了监管效果,减少了安全隐患,更好的发挥了为农业机械化发展保驾护航的作用。

这些年,农业部农机监理总站协助农业机械化管理司里做了大量的工作,在调查研究、法规制度建设、事故统计分析、系统能力建设、大型活动组织、省级师资培训、安全知识宣传与教育等方面发挥了重要作用。

在大家的努力下,全国农机安全生产形势持续好转。2008 年,全国累计发生在国家等级公路以外的农机事故1 495起,死亡 322 人,事故起数和死亡人数分别比 2004 年下降了 70% 和 77%。

总结这些年工作,我们积累了一些宝贵的经验:坚持政府主导,强化部门合作是做好农机安全监理工作的重要保证;坚持依法行政,强化优质服务是做好农机安全监理工作的重要基础;坚持围绕发展,强化治本措施的落实是做好农机安全监理工作的关键;坚持不断创新,强化能力建设是做好农机监理工作的重要措施。

二、分析形势,明确农机安全监理工作思路

我国总体上已进入以工促农、以城带乡的发展阶段,进入加快改造传统农业、走中国特色农业现代化道路的关键时刻,进入着力破除城乡二元结构、形成城乡经济社会发展一体化新格局的重要时期。安全生产关系人民群众的生命财产安全,关系改革发展和社会稳定大局。把握农机安全监理工作面临的形势,对于我们做好工作十分重要。

(一)深入学习贯彻落实科学发展观对农机安全监督管理工作提出了新要求。科学发展观的核心是以人为本,基本要求是全面、协调、可持续发展,根本方法是统筹兼顾。农机监理工作落实科学发展观,就是要把保护农民的人身财产安全作为工作的出发点和立足点,把全面、协调、可持续推动农机监理事业和推动农业机械化发展作为工作的主要目标,把统筹兼顾作为工作的基本内容。党和国家十分重视安全生产工作,把安全发展纳入我国社会主义现代化建设的总体战略,农机安全是国家安全生产 13 个重点行业和领域之一,2007 年、2008 年、2009 年三年的中央一号文件都提出了加强农机安全监理工作、提高农机安全监管能力的要求,这些充分体现了党和国家对农机安全生产的高度重视。能否做好农机安全监管工作,工作上能否创新,能否通过具体的行动实现好、维护好、发展好人民利益,是检验我们前一阶段开展学习和实践科学发展观活动的成果的重要标准,是干部受教育、科学发展上水平、人民群众得实惠的重要体现。我们要全面领会科学发展观的深刻内涵,进一步强化以民为本意识,想农民所想,急农民所急,真心实意为农民谋利益,进一步增强责任感和紧迫感,绷紧安全生产这根弦,常抓不懈,强化管理和服务,减少事故,保民平安。

(二)快速发展的农业机械化对农机安全监理工作提出了新考验。进入了中级发展阶段农业机械化发展速度加快,领域拓宽。全国农机总动力由 2003 年的 6.04 亿千瓦达到 2008 年的 8.22 亿千瓦,增幅 36%,年均增长 6.4%,较 2000—2003 年年均增长率高出 1.5 个百分点;耕种收综合机械化水平由 2003 年的 32.4% 达到 2008 年 45.8%,年均增长 7.2%,较 2000—2003 年年均增长 0.1% 高 7.1 个百分点。2008 年大中型保有量达到 300 万台,小型保有量达到1 722万台,联合收割机保有量超过 74 万台,玉米收获机械 4.7 万台,插秧机 20 万台,全国农机户3 833万户,农机作业服务组织 16.5 万个,其中经工商注册登记的农机专业合作社8 622个,全国农业机械化经营总收入3 466亿元。在主要粮食作物生产机械化迅速发展的同时,农机作业领域也由粮食作物向经济作物,由大田向设施农业,由种植业向养殖业、农产品加工业全面发展,由产中向产前、产后延伸。农业机械化新技术加快普及,集收获、耕整、播种于一体的机械化复式作业应用范围不断扩大。随着国家一系列强农惠农政策实施力度的进一步加大,未来 10—20 年,我国农业机械化将会继续保持这种发展态势。农业机械化事业的快速发展,能否保持农机安全生产的良好形势,是对农机安全监理工作的新考验。我们必须开拓工作视野、拓宽工作范围,增强工作的主动性,适应形势变化,以只争朝夕的精神不断提高农机安全监理工作水平,服务于快速发展的农业机械化。

(三)农业和农村经济的发展对农机安全监理工作提出新期待。随着工业化、信息化、城镇化、市场化、国际化深入发展,现代农业和新农村建设的不断推进,当前农村面临着深刻的变化。一方面农村劳动力向城镇转移不断加快,农村劳动力数量和结构也发生了变化,目前转移到城镇就业的农民有 2.3 亿,留在农村务农的人员,往往年龄偏大、文化素质偏低,农业兼业化老龄化现象日益普遍,农业劳动力素质呈现结构性下降,农机安全事故的隐患增加,这给农机安全监理工作提出新的问题;另一方面随着农业和农村经济社会的发展,农民的物质文化水平不断提高,农民和全社会对关注生命、保护人身财产安全的要求不断增强,农民希望发展农业机械化改善农业生产和生活条件实现安全致富,期待农机安全监理工作有新的作为。同时,随着各级政府对农机安全生产工作的重视、随着一些保障措施的落实,政府和社会对农机监理工作也有新的要求和期待。在新的形势下,如何抓住机遇、如何开拓创新、如何发挥作用,农业机械化系统期待农机监理工作有新的作为。农机监理工作者必须认识到责任的重大,增强责任感,以不断努力的工作成效推动农业机械化的安全快速发展,不辜负社会各界的期望。

近年来,农机安全生产形势虽然保持了持续稳定好转的良好局面,但是,农机事故频发,给人民群众的生命和财产带来损失严重。2008 年,全国发生农机事故8 319起,死亡2 732人,受伤8 296人,直接经济损失2 181万元。2009 年 1—10 月份,全国发生国家等级公路外的农机事故 555 起,死亡 123 人,受伤 471 人,直接经济损失 373.93 万元。我们应清醒地看到,当前农机安全生产基础依然薄弱,农机安全监理工作仍然存在一些问题:一是重视不够。部分地方政府重视不够,没有把安全生产工作列入议事日程,没有落实农机安全生产责任制,没有对农机安全生产给予相应的投入,监理装备落后;部分农业机械化主管部门重视不够,没有把农机安全监理工作融入到农业机械化工作之中,农机安全监理工作与农业机械化工作没有做到同推进、同发展。二是工作不规范。个别地区农业机械化主管部门及其所属农机安全监理机构领导还存在收费养人的思想,有令不行,有禁不止,存在违规办理牌证、违规跨行政区域发牌发证的现象。三是基础薄弱。一方面,一些农机手安全意识不强,法制观念淡薄,违法载人、无牌行驶、无证驾驶、脱离年检等违法行为现象严重。另一方面,由于对农业机械的设计制造、生产、销售、维修、使用和报废回收的各个环节监管不到位,机具状态差,潜藏着农机事故隐患。再一方面部分农机安全监理人员法规意识不强,业务能力不高,影响监管职能的履行。

各级农业机械化主管部门及农机安全监理机构要树立忧患意识,增强工作主动性,切实解决好工作中存在的问题,把农机安全监理工作摆到更加突出的位置,更加自觉地做好农机安全生产工作,把工作抓细,把措施落实。

当前和今后一段时期,农机安全监督管理工作的指导思想是:以邓小平理论和"三个代表"重要思想为指导,深入贯彻落实科学发展观,牢固树立安全发展理念,按照"安全第一、预防为主、综合治理"的方针,紧紧围绕农业和农村经济发展,以预防和减少农机事故、推进农业机械化又好又快发展为目标,以落实法律法规要求、完善农机安全监督体系、强化安全生产责任制、提高农机安全监理规范化水平为重点,坚持依法行政、文明监理、优质服务,转变思想观念,改进工作作风、改善监理手段,提高安全监督管理能力,狠抓源头管理、执法监控、宣传教育三个环节,努力构建政府主导、农机主抓、部门配合、群众参与的农机安全生产长效机制,促进农机安全生产,为发展现代农业、建设社会主义新农村和构建和谐社会做出积极的贡献。

农机安全监督管理工作的目标任务是:从抓好农机产品质量、使用质量、维修质量、操作人员的素质和农机作业环境条件入手,重点抓好关键生产环节、重点农机具和重要农时季节的安全生产,提高农机产品质量和维修质量,提高农民安全生产意识和农机驾驶操作人员水平,改善农机安全技术状态,全面提升农机安全监督管理工作水平,确保农机安全生产形势持续稳定好转。要实现这一目标任务,关键是要贯彻落实好党和国家安全生产法律法规和方针政策,要增强以下三个意识。

一要增强农业机械全过程监管意识。影响农机安全的环节包括设计制造、生产销售、使用与维修、报废与回收等。要减少事故,必须对农业机械从研发到报废回收全过程的监管。各级农业机械化主管部门一定要增强全过程监管意识,一方面主动协调公安、质检、工商等有关部门,抓好对农业机械生产、销售、回收等环节的安全监管;一方面,发挥好农机安全监理机构、农机鉴定机构作用,农机安全监理机构特别要履行好牌证管理、事故处理、安全检查、实地检验、宣传教育等职责,农机试验鉴定机构要做好安全鉴定、投诉等相关工作,农业机械化主管部门要加强对监理工作的指导与监督,要确保安全监管各项职能的履行和各项措施的落实。对农机生产销售使用全过程的无缝监管,是预防农机事故发生的根本保证。虽然《农业机械安全监督管理条例》没有指明农机监理机构,但是作为农业机械化主管部门重要组成的农机监理机构的职能没有变,任务只会增加,责任只会更大。

二要增强农业机械全范围监管的意识。按照 NY/T1640《农业机械分类》标准,农业机械包括 14 大类。农业机械安全监督管理应包括对 14 大类的所有农机的安全监管。由于各类农业机械作业特点不同、对人身危害程度不同、事故发生概率不同,所采取的安全监管方式也会不同。农业机械化主管部门及其农机安全监理机构有义务对所有的农机操作人员做好安全知识宣传,加强对操作者的安全教育,提高安全操作技能。要根据投诉情况和农业安全生产需要,组织开展对在用的特定种类农业机械进行安全鉴定和重点检查。对于在使用过程中,容易造成安全事故,危及人身和财产安全的拖拉机、联合收割机、机动植保机械、机动脱粒机、饲料粉碎机、插秧机、铡草机等农业机械,在做好以上工作的同时,还要实行免费实地检验,鼓励报废更新。对于占农机事故 90% 以上的拖拉机、联合收割机,除采取以上措施外还要进行机具登记管理和人员注册管理,并进行年度检验。对有的机具还要采取生产许可和安全强制认证管理。各级农机管理部门及其农机监理机构一定要增强对全范围农业机械进行安全监管的意识,加强在农田、场院等场所对所有农业机械进行安全监督检查,了解和掌握农业机械安全使用状况、驾驶操作人员安全素质情况等,及时查纠各类违法违章操作行为,排除事故隐患,减少事故的发生,保障人民群众的生命财产安全。在此我强调,要高度重视事故统计工作,一要统计上来,分析数据的变化,发现问题。二要认真分析原因,针对问题采取措施,改进工作。

三要增强农机安全生产全服务的意识。强化服务是政府职能转变的基本要求,是牢记党的旨的具体体现。各级农业机械化主管部门和农机监理机构要树立服务意识,推进执法依据、办事程序、收费项目标准、办事人员、办事结果公开,实行承诺服务和首问负责制,推进一站式业务办理模式。要主动为企业、维修网点、农机手服务,寓监管于服务之中。要走出办公室,深入到生产一线,方便农民,方便基层,倾听农民的心声、了解农民的需要、体谅农民的困难,要真正做到培训办证到乡村,实地检验到村屯,隐患排查到田头,技术咨询到家中,要推进免费监理的做法,落实对农民多予少取放活的政策。对于农机手违章情形,要先教育,多引导,慎处罚,重在事故隐患的排除。要切实做好定期对危及人身财产安全的农业机械进行免费实地检验,对在安全检验中发现的事故隐患要告知所有人停止使用并及时排除隐患。做好农业机械事故的认定和调解处理工作,为事故损害赔偿等后续事宜提供便利,维护社会稳定。要定期汇总农业机械产品质量、维修质量投诉情况,依据农业机械投诉者反映的质量信息,有针对性地采取质量督导、质量调查、调解处理、公布投诉结果等措施,解决投诉纠纷,维护当事人的合法权益,促进社会和谐稳定。要通过对全部监管对象的全面服务,共同营造和谐安全的氛围。要通过对监管对象的全面服务,共同做好事故隐患的排除,营造平安农机的氛围。

三、认真贯彻条例,推动农机安全监理工作再上新台阶

《农业机械安全监督管理条例》已于 11 月 1 日开始实施。《农业机械安全监督管理条例》是农业机械管理的第一部行政法规,是农业机械化主管部门依法履行职责,提升农业机械安全监管能力,有效预防和减少农业机械事故的重要保证。各地要以宣贯条例为契机,完善农机安全监管体系,加强农机安全监理队伍建设，加大安全生产投入，切实抓好农机安全监督管理工作。

（一）认真学习，加强组织领导。各级农业机械化主管部门要认真组织全体干部职工学习《农业机械安全监督管理条例》，使广大农业机械化系统干部职工了解条例的精神实质、主要内容、立法思想，领导同志要理解法规的赋予职责权利义务，具体工作人要掌握执法程序。，各地要利用多种渠道和舆论工具，采取多种形式向全社会、农民群众和广大农机手宣传《农业机械安全监督管理条例》，让广大机手、农民群众了解法律条文，掌握有关法规知识，提高遵纪守法意识。各地农机管理部门要加强农机安全监理工作的领导，既要抓条例的宣传贯彻，也要认真研究本地区农机安全生产存在的问题，明确措施，层层落实责任，还要重视解决工作中存在的困难。主要负责人为第一责任人，分管领导要集中精力抓，要将学习宣传《农业机械安全监督管理条例》作为推动农业机械化发展的重要任务抓紧抓好抓到位。

（二）履行职责，切实做好《农业机械安全监督管理条例》贯彻实施工作。各地要按照农业部《关于贯彻实施 <农业机械安全监督管理条例> 的通知》（农机发[2009]7 号）精神要求，贯彻实施好《农业机械安全监督管理条例》。各级农业机械化主管部门要做好《农业机械安全监督管理条例》各项规定、制度和措施的落实工作，把责任落实到岗位，把任务落实到个人，严格依法行政，切实履行好法定职责。要尽快落实免费实地安全检验，农机安全使用状况分析评估，特定种类农业机械的安全鉴定和重点检查，制定安全操作规程，报废、回收的监管等职责。各级农业机械化主管部门及农机安全监理机构要主动与财政、工业、公安、质检、工商、安监等部门联系，建立工作机制，争取支持，搞好配合，合力做好《农业机械安全监督管理条例》贯彻实施工作。

（三）完善体系，提高农机监管能力。各地要主动向当地党委、政府汇报，抓紧制定农业机械安全监督管理体系建设规划，理顺职能，充实力量，完善手段，为《条例》的实施提供组织保障。《农业机械安全监督管理条例》的贯彻实施，对农机安全监理执法人员提出更高的要求。要加强队伍建设，继续开展农机安全监理执法人员的思想作风教育，强化农机监理执法人员的业务培训工作，提高执法队伍的履行职责任务能力。要加强制度建设，按照有关法规和业务规范的要求，结合实际，进一步完善好有关规章制度，规范安全监管行为，层层落实安全生产责任制，建立健全农机系统安全生产责任考核制度。要加强装备建设，积极争取财政对农机安全的投入，将农业机械安全监督检查车辆、事故勘察车辆、农机安全技术检测线、驾驶员移动考试车和专用场所及设备作为争取投资的重点，努力改善农机安全监理手段。要通过体系的不断完善更好的落实法规明确的任务

（四）突出重点，建立长效机制。2009 年，农业部和国家安全生产监督管理总局已经启动了新一轮的“平安农机“创建活动。各地要以宣传贯彻《农业机械安全监督管理条例》为契机，牢牢把握创建工作的目标任务和要求，结合实际，制订和落实创建工作方案，有序推进创建工作开展。要积极争取地方政府重视和支持，建立长效的保障机制，安排必要的资金，保证创建工作持续开展。要加强部门协作，充分发挥基层组织和各种协会的作用，共同建立农机安全生产长效机制。

我国正处在由传统农业向现代农业迈进的关键时期，农业机械化也进入了中级阶段，这个时期是农机事故易发期，也是农机安全监理工作关键期，各级农机化主管部门以及农机安全监理机构要认真落实党和国家安全生产方针政策，以宣传贯彻条例为契机，抓住机遇，与时俱进，扎实工作，开创农机安全监理工作新局面，为促进农机化又好又快发展，为农村社会的和谐稳定做出新的贡献！

农业机械化论坛

在新的更高的起点上推进农业机械化

中华人民共和国农业部副部长　张桃林

改革开放30年来，我国农业农村经济实现了前所未有的巨大发展，农村面貌发生了翻天覆地的根本变化。30年来，农业机械化事业适应农村经济体制的深刻变化，在改革中前进，在创新中发展，农机装备水平、作业水平、科技水平、安全水平、服务水平得到全面提高。

2008年底，全国农机总动力达到8亿千瓦，年均增长速度为6.6%；全国机耕、机播、机收水平分别达到61.8%、35.3%、32%，耕种收综合机械化水平达到45%，比1978年提高了25个百分点；全国各类农机户、农机服务组织达到3 760万户，农机从业人员超过4 000万人。根据有关发展阶段的评价标准，我国农业机械化总体上已跨入了中级阶段，向着更大规模、更广领域、更快速度、更高水平的方向发展。

农业机械是建设现代农业的重要物质基础，农业机械化是农业现代化的重要标志。实践证明，发展农业机械化，一是有利于增强农业综合生产能力，保障粮食安全；二是有利于提高劳动生产率，促进农民增收；三是有利于培育新型农民，推进新农村建设。全国现有4 000多万农机手，他们思想解放，市场意识强，是新型农民的代表，其中不少人正在成长为社会主义新农村建设的带头人；四是有利于振兴农机工业，促进国民经济持续发展。

国务院决定，2009年购机补贴资金规模提高到100亿元，这是提高农业机械化水平、拉动农机工业发展的有效措施，也必将对扩大内需、保持我国经济平稳较快发展产生积极的影响。

当前，我国农业机械化事业正面临着难得的发展机遇。党的十七届三中全会明确指出，要加强农业物质技术装备，不断促进劳动过程机械化。随着各项强农惠农政策的进一步落实，农村金融信贷扶持政策进一步完善，土地规模化经营进一步推进，尤其是农机具购置补贴的大幅度增加，农民对农机具购置和农业机械化作业的需求越来越强，将为农业机械化的加快发展增添新的动力。为此，应抓住机遇，乘势而上，把握好农业机械化发展面临的新形势、新任务，谋划好推进农业机械化科学发展的新思路、新举措。

第一，大力推进农业机械化全面协调可持续发展。新中国成立以来特别是改革开放30年来，我国农业物质装备水平已经有了很大改善，但仍不能满足建设现代农业的迫切需要。按照科学发展观的要求，推动农业机械化全面协调可持续发展，是当前和今后一个时期迫切需要解决的问题。

一要坚持全面发展，不断拓展农业机械化工作领域。不仅要加快推进粮食作物生产全程机械化，还要积极发展经济作物生产机械化，进一步提升畜牧业、渔业、林果业、设施农业和农产品加工业机械化水平。不仅要大力推动农作物耕种收环节机械化，还要推动种子处理、灌溉、植保、烘干、贮藏等各个生产环节的机械化，全面提高农业的产前、产中、产后等各领域机械化水平。

二要坚持协调发展，不断提高农业机械化发展质量。在推动农机动力总量增长的同时，进一步优化农机装备结构，提高产品性能和质量；在扩大作业规模的同时，进一步提高生产经营效益，更加重视安全生产。三要坚持可持续发展，不断完善农业机械化发展机制。研发推广经济适用、节本增效的农业机械，积极发展农机社会化服务，建立效益促发展的新机制，努力让农民在农机作业中实现增产节支，让农机手在农机作业中获得较好的经济回报。

第二，积极发展壮大农机服务组织。目前全国已有近4 000万农机户，但其中农机专业户仅占11%，存在机具设备少、经营规模小、组织化程度不高、市场竞争力不强等问题。要坚持“扶持、引导、规范、服务”的方针，鼓励支持农业生产经营者通过机械、土地、资本、技术等生产要素联合，创办多种所有制形式的农机合作社、农机作业公司等新型农机服务组织，不断提高服务能力，扩大服务规模，提升服务质量与效益，使之成为引领农机手开展农机作业服务的现代农业经营组织。鼓励农机服务组织承包经营闲置和流转土地，为农户、种养大户、农业企业提供代耕代种代收等系列化农机作业服务，促进农业生产方式的转变。

一要加大政策扶持。落实有关税费减免、信贷优惠、购机补贴、作业补助等扶持政策，逐步建立扶持农机服务组织发展的政策体系。鼓励工商企业等社会资本投资组建农机服务组织，促进投资主体多元化。

二要引导创新发展。大力宣传推广典型经验，引导农机服务组织依法经营、规范运作、诚信服务，创建服务品牌，积极推动跨区作业、订单作业、承包作业、一条龙作业等服务方式的创新发展。

三要规范市场秩序。逐步建立规范农机服务组织发展的相关规章制度，建立统一开放、竞争有序的农机作业市场。

四要强化服务指导。以农机推广、培训、维修、信息咨询等体系为支撑，积极为农机服务组织提供政策指导、技术培训、人才培养、信息咨询等服务，推进农机服务市场化、社会化、产业化。

第三，进一步提升农业机械化公共服务能力。随着农村改革的不断推进，一些基层农机事业单位的体制不顺、机制不活、队伍不稳、保障不足等方面的问题日渐突出，农业机械化公共服务能力日趋薄弱，特别是农机技术推广、质量监督、安全监理和信息服务的能力和水平远不能适应农业机械化快速发展的需要。提供农业机械化公共服务，是各级政府和农机管理部门的重要职责。

一要推进农机技术推广体系的建设。构建以国家农业机械化技术推广机构为主导，农机服务组织为基础，农机科研、教育等院所和农机生产企业广泛参与，分工协作，服务到位，充满活力的多元化农机技术推广体系。

二要加快农机质量监督体系建设。健全农业机械化行业和地方标准体系，加快推进鉴定机构能力认定。努力提高农机产品质量、作业质量、维修质量和服务质量水平。

三要强化农机安全监理体系建设。努力构建以源头管理、执法监控、宣传教育为主要内容的农机安全生产长效机制。加强农机监理装备建设，提高安全监管能力。开展农机安全宣传教育和创建“平安农机”活动。

四要完善农业机械化信息服务体系。建立健全以计算机和现代通讯技术为主要手段，功能齐全、服务优良、高效共享的农业机械化信息网络，以信息化推动农业机械化进程。

第四，加快农业机械化科技创新。农业机械化自主创新能力不强，农艺与农机结合不够紧密，技术推广机制不活仍是我国农业机械化科技进步中存在的突出问题。解决这些问题，需要从三个方面下工夫：

一是加强农业机械化关键技术创新。坚持基础理论研究和产品应用开发相结合，适应农业规模化、精准化、设施化发展的要求，加快开发多功能、智能化、经济型农业装备设施，集中力量开发一批具有自主知识产权的核心技术和新型农机产品。

二是推进农业机械化科研机制创新。加快建立以企业为主体，以市场为导向，科研、制造、教学、推广等单位紧密衔接的农机科技创新体系，探索完善多方协作、良性互动、共同发展的农业机械化科技创新机制。

三是积极探索农业机械化技术推广方式创新，加快科研成果转化为现实生产力。

第五，加强农业机械化基础设施建设。近年来，我国大中型、高性能的农机装备增长很快，但相应的配套设施建设严重滞后，“有机无处走、机闲无处放、机坏无处修”问题突出。加大农业机械化基础设施建设，是一项打基础、利长远，促内需、保增长的大事。我们要抓住机遇，争取实施一批增强农业机械化发展后劲的大工程大项目。积极争取在乡镇土地利用总体规划及乡村道路建设、农田基本建设、农业综合开发等项目规划中安排机耕道路建设内容，改善农机作业通行条件。争取中央和地方对农机场库棚、维修站设备设施建设给予补助性投资扶持，改善农机具尤其是高性能机具的保养和维修条件。依托农机合作社建设农机维修服务网络，积极吸引生产企业加盟，建立高性能农机具维修站点和区域骨干维修站点。

第六，重视和加强农业机械化人才队伍建设。随着农机装备的快速增长，相当一部分新机手缺乏基本知识和操作技能的系统培训，科技人员、管理人员的知识结构、综合素质亟待丰富和提高。要造就一支技能娴熟的农业机械化实用人才队伍。充分利用现有的农业机械化教育资源，结合各类培训项目，加大对农民机手的教育和培训。要造就一支业务精通的科技人才队伍。依托重大科研项目、重点学科、科研基地，加强农业机械化科技创新团队建设，培育农业机械化科研领军人才。要造就一支素质全面的农业机械化管理人才队伍。坚持在实践中锻炼人才，不断更新知识结构，努力建设一支理论功底扎实、结构合理、充满活力、开拓创新的农机管理干部队伍。

（摘自 2009 年 3 月 15 日《经济日报》）

依法促进农业机械化发展

全国人大农业与农村委员会副主任委员　**尹成杰**

《中华人民共和国农业机械化促进法》于 2004 年 11 月 1 日正式实施，标志着我国农业机械化发展进入了依法促进的轨道。农业部和各地加快了农业机械化法制建设步伐，先后制定了一批适合国情、适应农业机械化发展需要、符合法治管理要求的农机行政规章和地方性农机法规、政府规章。2009 年国务院常务会议审议通过《农业机械安全监督管理条例》，并于 11 月 1 日正式实施，标志着中国特色的农业机械化法律法规体系已经基本建立。

《中华人民共和国农业机械化促进法》公布实施以来,在促进、规范、引导和保障农业机械化发展方面发挥了重要作用,产生了广泛深刻的社会影响。通过贯彻实施法律、法规和规章,带动了各级政府、农机企业和农民的多元化投入,促进了我国农机装备总量持续增长,装备结构进一步优化,农机制造能力显著增强,农机社会化服务组织不断发展壮大,推动了我国农业机械化实现跨越式发展。

各地各部门要重视和加强农业机械化法制建设,为促进我国农业机械化事业又好又快发展提供有力的法制保证。当前要突出做好以下四个方面的工作。

第一,要把贯彻落实好《中华人民共和国农业机械化促进法》和农机安全监管条例作为建设现代农业的重要任务。实现农业现代化,机械化是前提。当前,随着我国工业化城市化进程加快,农村劳动力结构快速变化,农业生产方式正在发生重大变革。必须加快推进农业机械化,发展农机社会化服务组织,来解决当前农业生产缺人手、科技推广缺人才的突出矛盾,为现代农业发展提供有力支撑。

第二,要继续做好《中华人民共和国农业机械化促进法》及其配套法规、规章、政策措施的学习宣传和贯彻落实工作。各级政府和有关部门要按照各自职责密切配合,加大学习宣传和实施力度,让基层农民群众、技术人员、农机服务人员、乡镇干部充分了解这部法律和法规,发挥这部法律和法规促进农业机械化发展的作用。加强农业机械化新闻宣传工作,搞好舆论引导,为贯彻促进法和监管条例的实施创造良好的氛围。

第三,要严格执法,加强监督,切实提高农机执法能力。要按照"权责明确、行为规范、监督有效、保障有力"的要求,加强农机行政执法制度建设,提高农机执法装备水平和执法队伍素质,全面履行安全监理、农机推广、农机维修、农业机械化质量监管等方面的管理和行政执法职能。加大对法律实施的监督力度,促进法律监督检查的经常化和制度化。要加强对农机执法的组织指导和监督,提高执法队伍素质和水平,确保公正执法、严格执法。

第四,要继续做好配套法规规章和政策的制定工作。围绕扩大农业机械化服务领域、增强农机研发能力、创新农机经营机制、降低农机作业成本,提高农机安全生产水平等方面,完善配套法规规章和政策。要将在工作实践中行之有效的一系列农业机械化扶持政策和规章,如农机作业补贴、报废更新、政策性保险等,通过立法程序上升为法律、法规和规章,形成完整、统一的农业机械化法律制度体系。

(摘自 2010 年 2 月 2 日《人民日报》)

我国农业机械化发展

——辉煌的成就　宝贵的经验

全国政协常委、民盟中央常务副主席　**张宝文**

一、我国农业机械化发展历经了四个阶段

新中国成立以来,党中央和国务院高度重视发展农业机械化。回顾我国农业机械化发展历程,大体上可分为 4 个主要发展阶段:

一是 1949 至 1980 年,创建起步阶段。毛泽东同志提出了"农业的根本出路在于机械化"的著名论断。党中央制定了明确的农业机械化发展目标和相应的指导方针、政策。国家支持群众性农具改革运动,在有条件的社队成立了农机站,迅速建立了较为完善的农机管理、科研、教育、制造、流通、鉴定、推广、监理、维修和服务体系。

二是 1981 至 1995 年,体制转换阶段。农村实行家庭联产承包责任制后,集体农机站逐步解散,国家对农业机械化和农机工业的直接投入逐渐减少,农民逐步成为投资和经营农业机械的主体。农机工业开始大规模结构调整,适合农村小规模经营的小型农机具、农用运输车等应运而生。

三是 1996 至 2003 年,市场引导阶段。随着农村劳动力大量外出务工,农村劳力呈现结构性、季节性、区域性短缺的趋势。小麦跨区机收等农机社会化服务快速发展,高效率的大中型农机具开始恢复性增长。联合收割机异军突起,一度成为农机工业发展的支柱产业。

四是 2004 年以来,依法促进阶段。当年,《中华人民共和国农业机械化促进法》公布实施,购机补贴资金政策开始启动,规模逐年扩大,显著拉动农业机械化发展和农机工业增长。我国农业机械化进入了历史上发展最快的时期。

二、农业机械化已进入中级发展阶段

60 多年来,我国农业机械化在改革中前进,在创新中发展,取得了举世瞩目的发展成就,总体上已经进入了中级发展阶段,实现了历史性的跨越。

从装备水平上看,2009 年全国农机总动力将达到 8.75 亿千瓦,比 1949 年增长了 1 万倍以上;高性能、大功率的田间作业动力机械和配套机具快速增长,农机装备结构进一步优化。

从作业水平上看,全国农业耕种收综合机械化水平去年已达到 48.8%,小麦生产已经基本实现了全程机械化,水稻、玉米生产机械化快速推进,畜牧业、渔业、林果业、农产品加工业和设施农业等领域的机械化全面发展。

从制造水平上看,我国农机工业从无到有,规模以上农机生产企业达到2 000多家,科研创新能力和生产能力不断增强,已发展成为世界农机生产大国。

从服务水平上看,农机大户、农机合作社等新型农机服务组织不断发展壮大,农机服务领域不断拓宽,农机服务产业化进程加快,农机销售、作业、维修三大市场蓬勃发展,4 000多万农机手已成为建设现代农业的主力军。

三、农业机械化进程中积累了宝贵经验

回顾和总结新中国成立以来农业机械化发展历程,可以得出很多重要启示和宝贵经验。

一是必须坚持以人为本,兴机富民。尊重农民在农业机械化发展中的主体地位,最广泛地调动农民群众的积极性、主动性和创造性,加快推进农业机械化,让广大农民群众共享社会文明进步的成果。

二是必须坚持因地制宜,分类指导。根据不同区域的自然禀赋、经济条件和耕作制度,采取不同的发展战略和推进措施,鼓励有条件的地方率先实现农业机械化。

三是必须坚持重点突破,全面发展。大力推进农机农艺结合,加快实现粮食主产区、主要粮油作物、关键生产环节机械化,带动农业机械化全面协调发展。

四是必须坚持加快创新,完善机制。增强自主创新能力,加快开发应用先进适用的农业机械化技术和机具,完善农机社会化服务机制,提高农机利用效率和经营效益。

五是必须坚持市场引导,政府扶持。以市场需求为导向,引导社会资本、技术和人才等要素投入,加强财政、税费、金融等政策扶持力度,充分调动企业研发生产和农民购置使用农业机械的积极性。

六是必须坚持依法管理,积极推进。不断完善农业机械化法律法规体系,营造良好的发展环境,提高依法行政的能力和水平,努力建立促进农业机械化又好又快发展的长效机制。

(摘自2010年2月2日《人民日报》)

顺应劳动力变化趋势推进农业机械化

国务院研究室农村司司长　**韩　俊**

近几年是我国农业机械化发展最快的时期,也是成效最好的时期。农机数量的快速增加,农机质量的大幅提高,农机作业覆盖领域的不断拓展,不仅对促进农业连续增产和农民的持续增收做出了重要贡献,而且对保持国民经济平稳较快发展发挥了积极的作用。目前,我国正处在工业化、城镇化快速推进的重要时期,正处在农业现代化加快的关键时期,农业机械化发展面临着难得的历史机遇。

农村社会变革为农业机械化发展提供了巨大需求。大量农村劳动力向工业和城镇转移,大大改变了农村的人口和社会结构,青壮年劳动力特别是从事农业生产的青壮年劳动力急剧减少,农业劳动力短缺的问题将持续发展,越来越多的农业生产作业需要农机来完成,这给农机推广提供了巨大的需求空间。

现代农业建设为农业机械化发展提供了强劲动力。农业要不断提高产量,不断提高质量,要适应多样化的需求,这对农业的标准化、精准化,对农业的生产规模、生产效率,都提出了更高的要求。大规模的农田设施建设,短暂农时的抢收抢种,播种灌溉等的精准要求,越来越多的农业生产必须依靠农业机械作业来完成。现代农业的不断推进,将给农机发展带来持久的推动。

制造业水平提升为农业机械化发展提供了坚实基础。在工业结构调整和振兴中,我国的整个装备制造业水平显著提高,技术、资金和智力密集程度以及产业竞争能力都大幅提升,这为农机工业发展打下了深厚的物质和技术基础。近两年,即使在国际金融危机严重冲击下,我国农机工业保持了良好的增长态势,农机工业增加值和出口额的增长都位居机械工业前列。一大批适应中国国情特点的农机产品受到农民的青睐。

国家政策支持为农业机械化发展提供了良好环境。我国不仅在产业振兴规划中,把促进农机工业发展放到了重要位置,而且不断扩大农机补贴规模。去年中央财政农机具购置补贴已达130亿元,这大大降低了农户的农机购买和使用成本,极大调动了农民的积极性。

在我国的经济发展中,农业机械从来没有像今天这样被农民所渴盼,农机作业从来没有像今天这样被生产所需要,农机制造从来没有像今天这样被现代技术所支撑,农机购买从来没有像今天这样被国家政策所鼓励。农业机械化正保持着难得的良好推进势头,也面临着难得的历史机遇。积极适应新形势、新任务和新要求,加快推进农业机械化是历史赋予我们的使命。

(摘自2010年2月2日《人民日报》)

推动我国农业机械化科学发展战略思考

农业部农业机械化管理司司长　**宗锦耀**

一、新阶段农业机械化发展的战略任务

发展农业机械化是一项重要的农业基础建设。农业机械化在提高农业综合生产能力、保障农产品有效供给、促进农业稳定发展和农民持续增收方面具有十分重要的支撑作用。到2007年我国耕种收综合机械化水平已达到42%,农业劳动力占全社会从业人员比重已降至38%左右,这标志着我国农业机械化发展已经由初级阶段跨入了中级阶段。这是我国农业机械化发展历程中一次具有重大意义的历史性跨越,说明农业生产方式发生了重大变革,机械化生产方式得到多数农民认可,由原来的次要地位基本转化为主导地位,在农业现代化进

程中“人减、机增”的趋势不可逆转，对农机装备和农机作业的需求将呈现出刚性增长的态势。可以预见，随着国家经济社会的发展，推进农业机械化的社会氛围、法律政策、经济基础、发展机制等条件将持续向好，我国农业机械化迎来了历史上最好的发展时期，农业机械化呈加快发展趋势（耕种收水平2007年42%，2008年已达45.8%，今年预计超过48%）。进入中级阶段，农业机械化的发展已经和我国发展现代农业、建设社会主义新农村、继续全面建设小康社会和推进社会主义现代化的进程紧密联系在一起。我们要适应新形势、新任务和新要求，认真履行新阶段农业机械化发展肩负的历史使命。

第一，发展农业机械化，是建设现代农业的迫切需要。农业机械化水平是衡量现代农业发展程度的重要标志，没有农业的机械化，就没有农业的现代化。近些年来，农机作业社会化服务已成为农业社会化服务的重要力量，同时推动了农村经营体制机制的创新，机械化水平的高低已成为影响农民生产意愿的重要因素，先进农机装备广泛应用已成为吸引高素质劳动力、资本、技术等各类生产要素发展现代农业的重要纽带。目前，我国农业基础依然薄弱、生产手段落后、农业生产力水平还比较低。促进农业“两个转变”，需要以农业机械为载体加快先进农业技术应用和标准化生产步伐，引领农业生产方式变革，创新农业组织形式，为农业规模化、集约化、产业化经营创造条件，提高农业劳动生产率、土地产出率、资源利用率，提升农业素质、竞争力和效益。

第二，发展农业机械化，是社会主义新农村建设的重要任务。农业机械是农村先进生产力的代表，是推动农村生产发展的重要力量。发展农业机械化，有利于降低农业生产成本、增加农机作业收入，促进农民生活宽裕；有利于使水肥药种等农业投入品实现精准化使用，秸秆等资源实现循环利用，减少污染，促进农田基本建设、乡村道路修缮、河道疏浚等农村基础设施建设，推进村容整洁；有利于推动土地规模化种植、农业产业化经营，提高农业生产组织化程度，促进乡风文明、管理民主。目前，活跃在乡村的农机手超过4 000万人，约占乡村人口的5%，占农业劳动力的13%。主要生产环节机械化的推进，将造就越来越多的农机作业能手、维修能手、经营能手，催生更多种植大户、养殖大户，成长为高素质新型职业农民、发展现代农业的中坚力量和社会主义新农村建设的带头人。

第三，发展农业机械化，是全面建设小康社会的有效途径。实现全面建设小康社会的难点、重点在农村。要通过发展农业机械化把农民从土地中解放出来，彻底改变九亿农民搞饭吃的局面；从传统的农业生产方式中解放出来，彻底改变以人力和畜力为主的落后低效的生产方式；从繁重的体力劳动中解放出来，彻底改变“面朝黄土背朝天”、“日出而作，日落而息”的生活方式。发展农业机械化，一方面有利于农业节本增产增效，另一方面解放出更多的农村劳动力从事非农产业，拓宽农民增收的途径，让广大农民共享现代社会物质文明和精神文明的成果，不断改善生产生活条件，缩小城乡、工农差距，实现社会的全面小康。

第四，发展农业机械化，是工业化、城镇化深入推进的必然要求。工业化、城镇化、农业现代化进程中，我国农业劳动力供给出现了新的趋势，由原来的无限供给转变为有限供给，由绝对过剩转变为相对过剩，农业劳动力结构性、季节性、区域性短缺矛盾日益突出。随着留在农村的青壮劳动力减少，必须用农业机械替代人力，缓解农业生产中劳动力短缺的突出矛盾，使农业不萎缩、不凋敝，发展农业机械化是迫在眉睫、必不可少、立竿见影、关系长远的重要措施。同时，农机工业的快速发展（2008年总产值超过2 000亿，2009年上半年增速达23%，位列机械行业第一），成为国民经济的有生力量和吸纳农民工转移就业的重要渠道。可以说，加快农业机械化步伐，是进一步巩固农业基础地位，保障国家粮食安全，推动工业化、城镇化进程，促进国民经济社会持续健康发展和现代化建设的迫切需要。

履行中级阶段历史使命，基本实现农业机械化，是我们农机工作者面临的战略任务。我们要从实现农业现代化、全面建设小康社会、发展中国特色社会主义的高度，充分认识发展农业机械化的战略意义，进一步增强责任感、使命感和紧迫感，扎扎实实地推进农业机械化。

二、农业机械化科学发展的战略思想

在我国实现农业机械化的历史进程中，必须始终坚持用科学发展观为统领，坚定走中国特色的农业机械化发展道路。

一要始终坚持发展是第一要务，努力实现农业机械化又好又快发展。目前，我国农业机械化整体水平仍比较低，相当于日韩70年代末80年代初的水平，还不能适应建设现代农业的要求。今后一个时期，必须采取更加有效的措施、更大的支持力度，推动农机装备总量持续增加，结构进一步优化，农机作业水平不断提高，努力做到速度和质量、效益、安全发展的有机统一，实现农业机械化科学发展、和谐发展、安全发展，为发展现代农业打下坚实的基础。

二要始终坚持以人为本，充分发挥好广大农民群众发展农业机械化的积极性。农民群众是发展农业机械化的主体，是推动农业机械化发展的关键因素。要加强农业机械化技术推广和普及，让农民群众充分共享社会进步的成果，加强农机质量和安全监督，实现好、发展好、维护好广大农民的根本利益。

三要始终坚持全面、协调、可持续发展，切实提高农业机械化的发展质量。要围绕大农业，建设新农村，全面发展农业机械化。不仅要推进粮食生产的机械化，而且要推动经济作物、林果业、畜牧业、渔业、设施农业的机械化；不仅要推动耕种收环节的机械化，还要推动种子处理、灌溉、植保、烘干、贮藏、初加工等各个环节的机械化；不仅要提高产中机械化水平，还要提高产前、产后机械化水平；不仅要精心组织农业机械为农业生产服务，而且要充分发挥农机在改善农民生活条件、开展农村基础设施建设方面的作用。当前，一些作物由于生产环节劳动强度太大、人工成本过高，已经影响到农民种植的积极性。我国大中型拖拉机及配套农具、一机多用和高效复式作业的机械比例仍很低，适应特色农产品生产需求的新型农业机械比较缺乏。在保持较高农业机械化发展速度同时，我们要采取有效措施加强宏观调控，强化科研开发，逐步改善农机装备总量中“三多三少”（动力机械较多、配套农具少；小型机具较多、大中型机具少；低档次机具较多、高性能机具少）问题，促进各个作物、各个环节、各个区域的生产机械化协调发展。效益是推动农业机械化可持续发展的根本动力，要研制推广经济适用、节本增效的农业机械，满足农民对提高农机产品质量、作业效率、舒适性等各方面不断增长的需求，探索出符合农业生产实际的农业机械化技术路线，激发农民购置更新和经营使用农业机械作业的积极性。同时要按照节能减排的要求，对高能耗、高排放的老旧机具逐步淘汰和更新，鼓励发展节油、节水、节肥、节种、节药和资源综合利用的节约型农业机械，以及秸秆机械化综合利用、高效植保、保护性耕作等环保型机械化技术，促进农业可持续发展。

四要始终坚持统筹兼顾，形成协调一致共促农业机械化发展的局面。要统筹机耕道路、农机场库棚、农业机械化信息系统等基础设施建设，不断改善农机作业条件。要统筹农业机械化推广、鉴定、监理、培训、修理等体系建设，不断改善工作条件手段，提高公共服务能力。要统筹农机工业、科研、流通等支撑行业发展，统筹国内国际农业机械化技术资源，促进国内农业机械化技术进步和产品结构优化升级。

新阶段推动农业机械化科学发展，转变发展方式是当务之急。实现由数量增长型发展方式向质量效益型、创新驱动型发展方式转变，要处理好以下六个关系：

——提高农机装备水平，必须处理好量和质的关系，做到量质并举、结构合理，走资源高效利用、效益显著、可持续发展的路子；

——提高农业机械化水平，必须处理好主要粮油作物生产机械化和其他农产品生产机械化的关系，做到农林牧副渔业机械化的全面发展；

——提高农机科技创新能力，必须处理好产学研推、农机农艺的关系，提高协同创新能力和创新效率，加快攻破技术瓶颈，扭转高端新产品新技术受制于人的局面；

——提高区域共同发展水平，必须加大对欠发达地区农业机械化工作的扶持和引导，找准薄弱环节、重点突破，实行政策倾斜，推动与发达地区良性互动、资源共享，缩小发展差距；

——提高农机社会化服务能力，必须以市场为导向培育扶持农机合作社等农机服务组织发展，拓展服务领域，提高服务组织化程度，提升服务效益；

——确保农机安全发展，必须提升农机安全监督管理能力，完善监管机制，加强对农机产品质量监管、准入管理，以及安全使用培训教育和监督检查，让农民放心购置和正确使用，质量可靠、防护到位的农业机械。

新的历史条件下，深入贯彻落实科学发展观，实现农业机械化科学发展，就要遵循农业机械化发展的一般规律，立足我国基本国情，走中国特色的农业机械化发展道路。

实践证明，一个国家只有在经济可行这个前提下，结合农业劳动力、土地资源、农业种植制度、自然经济条件等情况，辅以恰当的政策引导，探索出适合国情的良性发展机制，才能促进农业机械化持续快速健康地发展。我国农村人口多、地块小，农民收入低、自我积累能力很弱，这样的国情决定，每家每户买农机，既买不起也不经济。必须认识到，与其他已经实现农业机械化的国家不同，我国的农机不仅要作为替代人畜力作业的手段，而且要作为农民勤劳致富的工具；我国农民购买农机特别是价值较高的大中型机具不仅要为自家服务，更重要的是要开展社会化服务。所以我国农业机械化工作的重心应该是发展以跨区作业为代表的农机社会化服务，发展壮大各类农机服务组织，不断拓展农机服务领域，利用市场有效配置农机资源，促进农机的共同利用，提高农业机械利用率和效益，走“农民自主、政府扶持、市场引导、社会化服务、共同利用、提高效率”为主要特征的中国特色农业机械化发展道路。

探索中国特色农业机械化道路，是一篇大文章，是一项长期而艰巨复杂的历史任务，我们应始终坚持以下基本原则：

——因地制宜，分类指导。根据不同区域的自然禀赋、经济条件和耕作制度，采取不同的发展战略和推进措施，鼓励有条件的地方率先实现农业机械化。

——全面发展，协调推进。加强农机农艺结合，加快实现粮食主产区、主要粮油作物、关键生产环节机械化，带动农业机械化全面协调发展。

——自主创新，优化结构。增强农机自主创新能力，加快研制推广先进适用、节能环保、安全可靠、新型高效农业机械，优化升级农机工业结构和农机装备结构，保障农业可持续发展。

——共同利用、提高效率。鼓励农业生产经营者共同使用、合作经营农业机械，大力开展跨区作业等社会化服务，提高机具利用率和经营效益。

——市场引导，政府扶持。以市场需求为导向，运用财税、金融等政策措施，引导社会资本、技术和人才等要素投入，调动企业研发生产积极性，鼓励农民购置使用农业机械。

三、农业机械化科学发展的战略措施

党中央国务院对发展农业机械化的支持力度越来越大、对农业机械化工作的要求越来越高。为贯彻落实党的十七大、十七届三中全会精神，加快建设现代农业，我们研究提出了今后一个时期农业机械化发展目标：推动农机装备总量稳步增长，装备结构不断优化，粮棉油糖等作物田间机械化水平大幅度提高，养殖业、林果业、渔业、设施农业及农产品初加工机械化协调推进，农机自主创新能力和制造水平显著提升，农业机械化服务体系不断完善，对农业持续稳定发展的服务能力进一步增强。到2015年，农机总动力达到9亿千瓦以上，主要农作物耕种收综合机械化水平超过55%，农机自主创新能力不断提高，逐步形成一批拥有国际先进性能指标的农机产品、核心技术。到2020年，农机总动力达到9.5亿千瓦以上，主要农作物耕种收综合机械化水平超过65%，建立完善的农机自主创新体系，能够自主制造农业生产所需要的各种关键农机产品，努力实现农业机械化发展由中级阶段向高级阶段的历史跨越。

在发展思路上，要坚定走中国特色农业机械化发展道路，以发展农机服务组织为主攻点，以提升薄弱环节机械化水平为突破点，以推广先进适用农业机械化装备和技术为着力点，落实完善政策，培育发展主体，加强管理指导，大力提高农机装备水平、作业水平、安全水平、科技水平和服务水平，促进农业机械化全面协调可持续发展。

要确保以上发展目标和发展思路实现，应采取以下对策措施：

（一）完善政策，创造环境。贯彻执行《中华人民共和国农业机械化促进法》，推动法定扶持措施全面落实。一方面要用足、用好、用活当前的农机购置补贴等优惠政策，切实发挥补贴政策的宏观调控作用，引导农民购置先进适用、安全可靠、节能环保的农机具，真正解决农民买不起而农业生产又急需的机具购置问题。要积极协调，使农机作业服务税费减免、重点环节农机作业补贴等政策具体化，培育扩大农机需求市场，在促进农机社会化服务发展方面发挥应有作用。另一方面，要抓住当前农业机械化发展的良好机遇，积极争取得到各方面的支持，争取更多的信贷支持、政策性保险、科研、工业技术改造等优惠政策和项目，争取实施农业机械化推进工程，增加农村机耕道、机库棚等基础设施投入,完善农机检测、监管、推广、培训手段,力争在农业机械化公共服务能力建设、科技创新能力建设投入方面取得新突破。

(二)科技创新,振兴工业。大力提高农机科技创新能力,集中力量攻克困扰产业发展的工艺材料、基础部件、关键作业装置等技术瓶颈,增加技术储备,形成一批具有自主知识产权的核心技术成果,培养一批具有创新能力的人才和团队。适应农业规模化、精准化、设施化等要求,加快组织开发多功能、智能化、经济型农业装备设施,重点在田间作业、设施栽培、健康养殖、精深加工、储运保鲜等环节取得新进展,加快研制适合丘陵山区使用轻便农业机械。进一步优化农机产业和产品结构。整合资源,形成布局合理、优势互补、协调发展的产业格局,提升大中型农机产品生产集中度,提高动力机械与配套农具、主机与配件开发生产标准化、系列化、通用化程度。加大农机企业技术改造力度,改善企业研发和生产条件,促进新技术、新工艺、新设备、新材料应用,推广柔性制造等先进生产方式,提升制造能力和质量水平。

(三)把握重点,全面发展。找准制约粮食作物和优势农产品发展的农业机械化环节,加快普及应用主要粮油作物播种收获等环节机械化技术,重点加快普及水稻育插秧、玉米机收技术,积极推广棉花、甘蔗、茶叶等经济作物生产机械化技术,促进农业生产节本增效。大力推广保护性耕作、旱作节水、精量播种、化肥深施、高效植保和农作物秸秆综合利用等节约环保型农业机械化技术,促进农业可持续发展。同时,要全面理解农业机械化的概念,协调推进种植业、畜牧业、林果业、渔业、设施农业及农产品加工的生产机械化,拓展服务领域,实现农业机械化的全面发展。多形式、多渠道开展农机技术培训。依托阳光工程等农民培训工程、农技推广项目,充分利用农机企业、基层农机推广体系以及各类教育资源,开展技术技能培训和新技术普及,提高农民对新技术的认知程度和农业机械操作水平,全面提升农机从业人员素质,造就一批新型职业农民。

(四)培育主体,社会服务。推进农机服务市场化、专业化和产业化,培育农机作业、维修、销售服务市场。把积极培育新型农机服务组织作为建设农业社会化服务体系的主攻方向,把农机专业合作社作为推进农业机械化发展的重要组织形式。鼓励农业生产经营者通过机械、土地、资本、技术等生产要素联合,创办农机合作社、农机作业公司、农机协会等新型农机服务组织,提高农机作业组织化程度。在资金投入、税费减免、人员培训、信息服务等方面加大扶持力度,加强示范引导,积极培育建设,强化指导服务,推动农机专业合作社等农机服务组织数量大幅度增加,发展质量明显提升,服务领域进一步拓展,农机利用率和经营效益进一步提高。鼓励农机制造企业自建品牌营销网络,专业流通企业发展连锁经营和区域中心市场,方便农民选购农机,提供优质的维修和配件供应等售后服务。健全县、乡农机维修网点,做到中小型机具小修不出乡、大修不出县。

(五)强化监管,安全发展。完善农机质量标准体系,制(修)订农业机械安全技术强制性国家标准,保障农机产品质量、维修质量和作业质量。依法组织开展在用农业机械的质量调查,强化对财政补贴机具质量保障督导和质量跟踪调查,对生产、销售不符合安全技术标准,以及未获得必需的许可、认证的农业机械,依法追究生产者、销售者产品质量责任。健全农机质量投诉网络,督促企业履行质量承诺和售后服务承诺。严厉打击制售假冒伪劣农业机械产品的行为,规范农机作业服务、维修服务、中介服务、机具租赁服务、旧农机具交易市场。尽快制定农业机械更新报废制度。加强对农业机械安全法律、法规、标准和知识的宣传教育,结合农时季节,定期组织对在用的、涉及人身财产安全的农业机械安全状况进行实地的安全检验。加强基层农机安全监理执法队伍建设,提高安全监管能力,预防和减少农机事故发生。

(六)完善体系,创新机制。加强农机管理、鉴定、推广、监理、维修、教育、培训体系建设,改善工作条件手段,提升人员队伍素质,提高为农业机械化发展提供公共服务的能力,切实发挥体系的支撑保障作用。要创新农业机械化发展体制机制。加快建立健全以企业为主体、市场为导向、产学研推有机结合的农机科技创新体系,强化中央与地方科研团队的纵向协作,强化农业机械化科研院所、高等学校、骨干企业及其他部门相关科技力量的横向联系,充分发挥农业机械化科技的整体优势。建立健全农机与农艺专家协同攻关机制,制定科学合理的农艺标准和机械作业规范,将适宜机械化生产作为作物品种选育和农艺技术研究的重要考核指标,促进农机和农艺技术有机结合。推进农业机械化技术推广体系的改革和建设,逐步建立推广机构服务指导、农机服务组织、企业参与合作的新型农机推广机制。加快完善农业机械安全监督管理法规,健全农业机械安全生产责任制,形成农业机械化主管部门主抓、有关部门联动、社会广泛参与的农机使用安全监督管理机制。

实现农业机械化是历史的必然、时代的要求、人民的愿望。推进农业机械化科学发展,意义重大,前景光明,任务艰巨。我们要进一步提高认识、坚定信心、与时俱进、开拓创新、求真务实、埋头苦干,促进我国农业机械化又好又快发展,为建设现代农业和社会主义新农村、夺取全面建设小康社会新胜利、推进社会主义现代化做出新的更大的贡献!

农业机械化发展趋势与发展方式的转变

农业部农业机械化管理司副司长　刘　宪

一、农业机械化发展趋势

随着我国工业化、城镇化和农业现代化深入发展,农业劳动力结构和农民生产生活观念深刻改变,我国农业机械化发展呈现出新的特点。当前及今后5年,也就是"十二五"期间,可以用五个持续来概括:

一是发展速度持续加快。我国主要农作物耕种收综合机械化水平在2006—2009年连续4年同比上年提高3个百分点，增幅创历史新高，2010年机械化水平将超过50%，预示着农业劳动机械化主导时代的到来。机械化生产将逐步占据主导地位，成为农业生产主力军。

二是需求持续旺盛。需求热点集中在大中型动力机械、水稻插秧、玉米收获机械等。随着农业结构深入调整，对经济作物、养殖业、林果业、设施农业和初加工机械的需求明显增加。同时，农机使用者对产品的适应性、可靠性和作业效率、售后服务的关注度显著提高。

三是发展机制持续创新。农机合作社和以农机作业为主体的农业公司等社会化服务组织不断涌现，服务领域拓展、服务形式多样化、总体经营效益提高，实现了普通农户与农机经营者利益以及社会效益多赢，为立足家庭承包经营加快推进农业机械化创造了条件。解决农业小规模经营与大农机生产之间的矛盾将有新的探索和突破。

四是农机工业持续增速。产业集中度加快提高、产品结构加快调整，粮食作物各主要环节机械化装备基本成熟，呈现快速普及应用态势，其他农产品生产和初加工机械化装备和技术创新日趋活跃，方兴未艾。

五是政策环境持续向好。农业机械化的法律法规体系建设步伐加快，最近，国务院审议并原则通过了关于促进农业机械化和农机工业又好又快发展的意见，对农机科研、农机制造、农机流通、农机推广培训、农机社会化服务服务、农机监督管理明确了任务要求和扶持措施，各地积极创新农业机械化扶持政策，"十二五"期间，随着"三大"工程的实施(农业机械化推进工程、保护性耕作工程、农机培训阳光工程)，中央和地方在农业机械化科研、教育培训、购机补贴、作业补贴等方面的投入力度持续加大。

当前，我国农业机械化发展仍存在一些薄弱环节和重大挑战。一是农业机械化水平总体不高，装备结构不够合理，不同区域、农业各产业、各环节农业机械化发展很不平衡；二是农业生产和农机服务组织化程度还比较低，农机农艺融合不够紧密，农机利用效率还有很大提升空间；三是农业机械化基础设施和相关公共服务体系建设严重滞后。四是部分环节适用农机产品和技术供给不足，不能有效满足农民日益增长的多样化需求。五是应对日益凸显的能源短缺约束和建设资源节约型、环境友好型社会要求，农机肩负重要使命，同时节能减排任重道远。

总的来看，当前及今后5年，我国农业机械化发展机遇十分难得，处在加快发展、结构改善、质量提升的关键时期。

二、加快转变发展方式任重道远

在工业化、城镇化加速推进的重要时期，在传统农业向现代农业迈进的关键阶段，农村空心化、农业兼业化、农民老龄化的趋势日趋明显，迫切要求农业发展方式由粗放经营向集约化经营加快转变，要求农业生产方式由依赖和占用人力资源向依靠科学技术和现代农业装备加快转变。在这一时期，农民对农业机械的需求越来越迫切，农业生产对机械化的依赖越来越明显，农业机械化在加快农业发展方式转变、建设现代农业中的支撑引领作用越来越突出。日益成为保障农产品有效供给，促进农业稳定发展的重要支撑；日益成为深入发展农业社会化服务，促进农业经营体制机制创新的推动力量；日益成为引领农艺制度深刻变革，促进农业技术集成应用的主要载体；日益成为建设资源节约型环境友好型农业，促进农业可持续发展的有力措施；日益成为培育新型职业农民，促进农业劳动者素质提高的有效途径。

农业机械化本身发展方式转变，主要是由数量增长型向质量提升型转变、由规模扩张型向效益改善型转变、由要素驱动型向创新驱动型转变、由外延式增长型向内生增长型转变。解决农业机械化发展总体存在"两高两低"、"三多三少""三快三慢"的突出问题。(农机作业水平存在"两高两低"格局，种植业较高，畜牧业、渔业、林果业、设施农业、农产品加工业较低，在种植业中，粮食生产机械化水平较高，经济作物生产机械化作业水平较低；装备结构依然存在"三多三少"的问题，动力机械较多、配套农具少，小型机具较多、大中型机具少，低档次机具较多、高性能机具少；在区域发展布局上表现为"三快三慢"的趋势，平原地区快、丘陵山区慢，东部和北方快、西部和南方慢，旱地快、水田慢。)这些突出问题如不高度重视、采取有效措施推动解决，将制约我国农业机械化全面协调可持续发展。

优化农机装备结构和区域布局，重点在以下三个方面下工夫：

一是在促进农机装备总量增长的同时优化装备结构。重点调整促进大马力、高性能、复式作业机械的发展，加快老旧农业机械的更新报废，促进作业机械和拖拉机配套机具的发展，提高配套比，改善利用率，降低单位能耗，避免低水平重复购置、资源浪费和效益下降。

二是在促进重点突破的同时各领域各环节协调推进。继续集中力量主攻薄弱环节，尽快提高粮食生产机械化水平，由耕种收环节机械化向产前、产中、产后全过程机械化延伸，同时围绕优势农产品区域布局，因地制宜逐步推动经济作物、养殖业、设施农业、农产品初加工业和农业废弃物综合利用机械化，全面服务农业生产、农民生活、农村生态。

三是在实现全国农业机械化发展总体目标的同时推进区域协调发展。继续鼓励农业机械化发展基础比较好的地区率先发展，更好地发挥辐射带动、示范引领作用；同时加强对丘陵山区农业机械化工作的支持与指导，按照全力普及机耕、大力发展机收、努力突破机插机播的思路，鼓励企业研发生产和支持农民购置使用经济实惠、轻便耐用的粮食作物生产机械，同时加快特色作物生产机械发展，推动丘陵山区机械化实现跨越式发展。

各级农业机械化主管部门要采取有效措施促进农机装备结构布局调整。

一要制定发展规划。认真做好现有机具普查，立足农业主导产业发展需要和经济地理条件，科学制定装备需求规划，提出优化农机装备结构布局调控引导措施。

二要加强政策引导。通过合理确定农机购置补贴范围及比例、建立完善农机报废更新制度等政策措施，努力实现大中小型机械、高中低档次机械、动力机械与配套农具、粮食作物机械与其他农产品机械合理配置。

三要强化科研推广。全力推动农业机械化重大课题立项和研究，改善科研手段和条件，集成与提升利用行业现有的科技资源，加强农业机械化科技领域的交流、联合与协作，建设强有力的农业机械化科技人才队伍和创新体系，加快普及应用主要粮油作物种植、收获等环节机械化技术，积极推广棉花、甘蔗、茶叶等经济作物生产机械化技术,重点做好保护性耕作、精量播种、深松、化肥深施、水稻育插秧、秸秆还田与捡拾打捆、玉米收获、薯类收获、高效植保和旱作节水等主推机械化技术的推广应用。对生态效益和社会效益明显的农业机械化新技术和新机具实行推广和应用补贴,创新农业机械推广服务方式,引导广大农民积极采用新技术和新机具。充分发挥企业的研发积极性,加快成果转化及应用速度。

四要推进社会化服务。通过发展农机合作社、农机作业公司等新型农机服务组织和农机大户,引导促进先进、大型、高效农业机械的购买使用和集成配套。

五要开展试点示范。在全国100个农业机械化示范区和500个农机服务组织示范点组织装备结构布局调整示范工作,探索经验。

六要明确职责任务。增强宏观调控意识,明确结构调整目标,做到全国及各地目标任务明确、责任落实到位、监督考核跟进,为促进农业机械化又好又快发展做出贡献。

转变农业机械化发展方式,优化农机装备结构布局,需要我们的农机制造行业和农机流通行业适应农业机械化发展趋势要求,找准位置,长远谋划,迅速行动,开拓创新,发挥更大的作用。

农机制造行业应着力优化农机产品结构,形成适应我国不同地区经济水平、产品高中低端共同发展的格局。围绕重大产品开发,加快产业升级和产品更新换代。重点突破水稻插秧、玉米收获、油菜种植和收获机械瓶颈,大力发展100马力以上大型拖拉机、50—70马力节能环保型水田拖拉机、多功能谷物联合收割机、玉米收获机、甘蔗收获机、棉花收获机、大中型动力机械配套农机具、保护性耕作机具、适合丘陵山区使用的小型机械等。新技术和新产品的开发要充分考虑农作物品种、耕作制度和经营体系的需要,提高农机具的适用性,并且要努力实现动力机械与配套农具、主机与配件的标准化、系列化、通用化开发生产。各企业应加大技术改造力度,改善产品研发和生产条件,提高农机制造工艺及工装水平,提升产品质量。

农机流通行业应构建农机制造企业品牌营销网络、专业农机流通企业销售网络相结合的新型农机流通体系。优化农机销售市场布局,发展连锁经营,培育一批辐射面广、服务质量好的大型农机流通企业、品牌农机店、区域性农机市场,健全农机零配件供应网络,提高农机产品流通效率,方便农民购机。建立售后服务中心,认真履行农机产品"三包"责任,让农民放心用机。

我国油菜生产机械化发展的现状与推进措施

农业部农业机械化管理司副司长　刘恒新

抓好油菜生产,对于稳定食用植物油市场、满足消费需求、增加农民收入、促进经济发展意义重大。油菜生产用工量大,机械化水平较低,广大农民对发展油菜生产机械化的需求一直十分迫切。2008年油菜耕种收机械化水平只有23%,其中机耕水平45%,机播9.7%,机收水平7%。为了加快推动油菜机械化发展,农业部从2008年起设立专项,在主产省建设示范县,开展油菜生产机械化示范、技术培训等工作,带动全国油菜生产机械化技术推广应用。2009年各地已建立省级示范县80个,建立油菜生产机械化示范点170个,带动地方财政和农民的投入。总体上看,全国油菜生产各环节机械化技术路线不断清晰,机具快速,示范推广开局良好。

一、当前我国油菜生产机械化发展主要特点

1. 发展速度稳步加快。油菜生产机械化一些薄弱环节取得了突破,呈现出全环节,全范围的发展态势。2009年油菜机耕面积3 717.33千公顷,比上年增加753.33千公顷,机耕水平51.2%,比去年提高6.2个百分点;机械化种植面积800千公顷,比去年增加160千公顷,机械化种植水平达到11%,比去年增加1.3个百分点;机收面积近600千公顷,比去年增加140千公顷,机收水平达到8.2%,比去年提高1.2个百分点。南方产区发展速度加快,安徽省机械种植水平超过8%,江苏省机播水平达到3%,分别比2008年提高了6个百分点、1个百分点;湖北省机收水平超过8%,比去年提高3个百分点。湖北省潜江市近几年克难攻坚、不断探索,油菜生产机械化突破性进展,机械收获面积达到20千公顷,占播种面积的50%以上,机械直播面积由2005年的6.67公顷提高到2千公顷,机械化水平的提高也促进了油菜种植面积的增长,全市油菜种植面积由2007年的26.67千公顷恢复到目前的36千公顷。北方产区机播面积达到553.33千公顷,占全国机播面积的70%,内蒙、青海机播水平达到90%以上。

2. 发展氛围逐步形成。油菜生产机械化工作得到了各级政府和领导的高度重视和支持。一些省区市出台油菜生产机械化推广工作发展意见、召开工作部署会议,把油菜生产机械化发展列入工作考核目标,为基层农机部门开展工作提供了动力。安徽明确目标早布置,专家指导抓示范,政策倾斜促发展,部门合作抓质量,全力推进推广工作。各地用好购机补贴,整合"国家优粮工程现代农机装备推进项目""农业部主要农作物生产机械化示范项目"、"农机科技入户工程"等资源,加大投入力度。湖北、安徽、江西等地油菜机具的补贴比例达到50%以上,浙江省以作业补贴为向导,对机收给予600元/公顷的作业补贴,提高了农民购机用机的热情。

3. 机械化技术路线逐渐清晰。经过近几年的试验示范,各地根据农业部《油菜生产机械化技术要点》,结合当地生产实际,因地制宜地进行消化吸收,总结形成了具有地方特色的机播、机收技术规范,有效地提高了技术到位率和生产水平。有的省在种植环节重点发展免耕直播开沟栽培技术,可一次性完成油菜种植开沟、灭草、播种、施肥、覆土等作业,大大减少了播种时间。四川省坚持技术引进并结合本地实际加快研究创新,通过试验对比,确定了适宜机收品种,总结形成了适合当地的机直播密植技术,开发了适合当地农民要求的油菜机动脱粒机,满足生产需要。湖南、贵州、江西等省在收获环节推广联合

收获和分段收获技术，分类指导，加快技术普及，帮助农民降低劳动强度，减少劳动投入，提高经济效益，实现节本增效。总体看，由于各地区域间差异较大，机播是人工撒播机械开沟、机直播、机移栽三种方式并存；分段收获、联合收获并存。

4. 适宜机具产销两旺。当前，油菜直播、开沟、和收获机械的研发创新方面均取得了较大的突破，一定程度地满足了生产实际需要。机具生产企业生产规模逐年扩大，产品性能逐年提高，移栽机、新型联合收获机相继研制成功，为油菜生产提供了新的装备支撑。列入《2009 年—2011 年国家支持推广的农机产品目录》适用于油菜直播的机具型号达到 26 个。2009 年各种专用油菜直播和兼用型油菜播种机具总销量达到8 000多台，各类收获机械7 000余台，为推进油菜生产机械化奠定了基础。2009 年，全年投入油菜耕整地机械 224 万台套、种植机具 5.6 万台，各类收获机械 2 万台，均比上年有较大增长。

据统计，2009 年油菜生产机械化示范项目共涉及 9.5 万户农民，项目区共投入播种机2 800台，机播面积 7.67 千公顷，投入收获机2 040台，机收面积 9.07 千公顷，节本增效总计达到3 355万元。

二、当前制约油菜生产机械化发展的主要因素

1. 栽培方式标准化程度不高。农村家庭经营，规模小，农户之间品种类型、播种行距、播种密度、播种时间存在不同程度的差异，适合机械化生产的农艺栽培技术体系，油菜生产机械化的标准体系还不完善，给机具研发和机具规模化作业带来困难，农民、生产企业、农机户共赢的机制还没有完全建立起来，制约了油菜生产机械化的发展。

2. 适宜机械化作业的品种不多。目前我国长江流域推广的油菜品种多为偏晚熟品种，生育期较长，前茬多为水稻，在水稻收获后，采用机械直播，油菜冬前正常生长需要时间难以保证，影响油菜产量。采用移栽方法种植的油菜茎秆粗壮、分枝多、上下层角果的成熟期不一致，不利于机械联合收获。

3. 先进适用的机具不多。现有的油菜直播机大多采用播稻、麦的外槽轮式排种器，播种精度低、技术性能不稳，特别是土壤含水率高时或雨后播种，机械作业困难，出苗质量不尽人意。现有的油菜移栽机主要适用于钵体苗移栽，需要穴盘育苗，育苗成本高，辅助用工多，作业效率没有预期的高。我国现有的油菜联合收割机主要是在稻麦联合收割机的基础上局部改进形成的兼用型产品，收获油菜的损失率较高。油菜分段收获具有适收期长、适应性强等优势，但由于油菜收获时间短，单台年作业量有限，农民需求与企业积极性不高，相应的割晒和捡拾脱粒机不多。有的油菜直播机、开沟机的企业，生产工艺装备落后，产品性能、质量差，也影响农民使用机械的积极性。

4. 示范推广力度不够。油菜生产机械才刚刚起步，研发、成果转化、试验示范、宣传培训等方面都需要投入。目前政府的引导力度有限，在多数地方未能相成农民用机具、买机具、企业研发生产机具的良性发展局面。

三、推进我国油菜生产机械化发展

一是充分发挥项目示范带动作用。在前两年的基础上，2010 年农业部再建设 20 个油菜生产机械化项目县，通过项目的实施，各示范县要形成适合当地生产技术模式和机具配套方案，要培育一批懂技术、会操作的农机手，要用事实增强农民用机、买机的积极性。要通过示范点的星星之火，燎原油菜主产区机械化快速发展之势。

二是继续加大对机具的扶持力度。通过政府的适当投入，调动企业研发制造的积极性。在实施购机补贴政策中，资金总量要优先满足油菜生产区购置油菜生产机械的需要，鼓励地方累加补贴。在实施好阳光工程培训工作中，把油菜机械化作为重要的培训内容，提高农机手的技能。

三是持续推进农机与农艺的结合。鼓励各地组成农机和农艺专家共同参加的技术指导组，共同研究解决生产中所遇到的问题，选好适宜的栽培模式，共同指导当地油菜生产机械化技术的普及。要利用好行业科技的阶段性成果，推广适宜的品种、机具，让科研成果尽快转化成生产力。

四是全力推进油菜生产社会化服务。从种植标准化入手推进规模化，为机械化作业创造条件。发挥种粮大户、农机大户和农机服务组织的作用，优先让这部分人购买机具、实施项目，提高他们实施技术的能力。要推广一些地方实施油菜机械收获作业补贴的做法，培育作业市场，加强供需的衔接来推进作业机具的合理流动，提高机具的经营效果，增加农机手的积极性。

发展油菜生产机械化任重而道远，需要政府、企业、科研、推广等方面共同努力，我们相信在国家的重视下、地方政府的扶持下，各方齐心努力，在今后一个时期油菜生产机械化会快速发展，更好得为发展油菜生产提供支撑。

购机补贴　一举多效

财政部农业司副司长　**卢贵敏**

实施农机购置补贴，是党中央国务院强农惠农政策的重要内容，为加快推进农业机械化和建设现代农业，增加农民收入，拉动农机工业发展，扩大农村需求，促进经济平稳较快发展做出了积极的贡献。

按照党中央国务院的部署，财政部、农业部于 2004 年共同启动实施了农机购置补贴政策，当年安排了补贴资金 0.7 亿元在 66 个县实施。此后，中央财政不断加大投入力度，补贴资金规模连年大幅度增长，实施范围扩大到全国所有农牧县和农场。2004—2009 年，中央财政累计安排农机购置补贴资金 199.7 亿元，其中 2009 年安排 130 亿元，比 2008 年增加 90 亿元，增长 225%。从 2009 年实施情况看，全年共补贴各类农机具超过 343 万台套，受益农户逾 300 万户。

农机购置补贴政策实施以来，推动了全国农机总动力快速增长，耕种收综合机械化水平持续提高，为保障我国粮食安全和农民增收，巩固农业在国民经济中的基础地位发挥了重要作用。

农业机械化一头连着农业、一头连着工业，产业链条长，拉动内需效果明显。通过实施农机购置补贴政策，极大地调动农民购机用机的积极性，直接拉动市场对农机产品的总需求，同时也促进了农机工业的技术升级和产品结构优化。

面对国际金融危机的冲击，我国农机工业依然保持快速发展的骄人业绩。2009 年规模以上农机企业产值预计超过2 100 亿元，增幅超过 20% 以上，在机械工业 13 个行业中名列第一。中央财政投入的 130 亿元，拉动地方和农民投入 360 亿元，拉动国内生产总值(GDP)增加约1 130亿元。实践证明，购机补贴政策取得了农民受益、工业发展、内需拉动等一举多得的政策效应。

经过多年的探索和实践，在政策实施过程中积累了一些行之有效的操作办法。比如，农机购置补贴执行"差价购机"办法，也就是说，只要农民交纳扣除补贴款(一般为原售价的 30%)的差额部分，就可以将农机提走开回家，这既解决了农民购机筹款难的问题，更重要的是提高了资金补贴效率，使农民享受的补贴实惠一次性全部到位。农机购置补贴执行"产品选型"办法，即通过竞争性选型，将先进适用、技术成熟、安全可靠、节能环保、服务到位的机具选入补贴目录，供农民自主选择购买，可实现扶优扶强，促进农机工业技术升级和产品结构优化，提高产品质量和售后服务质量。农机购置补贴执行"优先补贴"办法，即当申请补贴人数超过能够享受到的补贴人数时，对种粮大户和农机专业合作社、农机大户给予优先补贴，有利于提高其服务能力，扩大服务规模，推动农机服务专业化。

总体来看，目前农机购置补贴政策体系和管理制度比较完善，操作基本规范，成效十分显著。但是随着补贴资金规模、补贴政策实施范围的不断扩大，在补贴政策具体实施过程中也出现了一些新情况和新问题。今后，财政部门将积极会同有关部门认真总结经验，进一步完善管理办法和操作程序，做到执行到位、监管到位、落实到位，确保农民真正受益。

一要进一步明确职责。把实施好农机购置补贴政策作为一项政治任务抓紧抓好，加强组织领导，落实管理责任制，为实施好农机购置补贴政策提供强有力的组织保障。

二要进一步增加补贴资金规模。按照存量不动、增量倾斜的原则，新增的补贴资金适当向种粮大户、农民专业合作社倾斜。扩大补贴机具种类，把牧业、林业和抗旱、节水机械设备纳入补贴范围。

三要进一步完善管理办法和操作程序。尽快修订出台农机购置补贴资金管理办法，完善管理制度，启动实施全国统一的农机补贴计算机管理系统。积极会同有关部门研究完善补贴机具选型、经销商选择、市场价格和质量监管、补贴资金结算、售后服务等操作程序和环节的具体措施和办法。切实加强补贴政策实施的全程监管，严厉查处问题，决不姑息。

四要进一步加大宣传力度。采取各种形式，积极宣传农机购置补贴工作机制、管理制度、操作程序和补贴目录等，让补贴政策家喻户晓，努力营造全社会共同关注、共同支持、共同监督农机购置补贴政策实施的良好氛围。

(摘自 2010 年 2 月 2 日《人民日报》)

加快工业化城镇化要求推进农业机械化

国家发展和改革委员会宏观经济研究院副院长　**马晓河**

国际经验表明，一国工业化、城镇化发展到一定时期，必须推进农业机械化。

这是由三方面决定的，一是当工业化进入中期阶段后，由于大量农业剩余劳动力和农村人口不断进入城镇和非农产业，使得农村人口持续减少，农业领域的劳动力绝对数量不断下降，此时农业发展越来越需要增加现代物质技术投入，以提高农业劳动生产率和土地生产率。二是工业化达到一定水平后，工业具备了相当的生产规模和产能，这些产能也要求寻找有效的消费市场。就是说，经济发展到一定时期，由工业化带来的成果出现了巨大外溢效应，这种外溢效应必然会以多种形式向农业领域覆盖。由此，就形成了以化肥、农膜、农药、农机、农具等工业产品装备农业的现代化过程。三是随着城市化的快速推进，城市人口的不断扩张，社会对农产品的需求规模越来越大，质量越来越高，供给越来越便捷。这就要求农业从生产、加工、储藏到销售，必须实行规模化、标准化、设施化、产业化。显然，在农业规模化、标准化、设施化、产业化过程中，农业机械化起着举足轻重的作用。因为，用现代物质技术装备农业的过程，几乎每个环节都渗透着机械化，没有机械化的农业现代化是不可想象的。

当前，我国已经进入工业化中期阶段，城镇化加速发展，产业结构快速转变，对农业发展提出了新的挑战和要求。

一是农村劳动力和人口大量、快速向城镇转移，使得以往主要依靠增加劳动投入的农业发展方式面临挑战，仅仅依靠"老弱病残"搞农业越来越困难。从 1991 年到 2008 年，农业领域的劳动就业数量已经由39 098万人减少到30 654万人，今后随着城镇化步伐的加快，农业劳动力还将继续减少。面对这种趋势，必须寻求新的投入方式，增加资本投入，提高农业的现代物质装备水平，其中机械化就是重要内容之一。

二是我国人多地少，农业资源高度稀缺，快速工业化、城镇化还将加剧这一矛盾。面对如此国情，我国农业既要保障粮食等大宗农产品的供给安全，又要不断增加务农者的收入。因此，在现阶段，我国必须发展既能提高农业劳动生产率又能提高土地生产率的机械设备。就国情来讲，我国农业经营规模偏小，农民收入偏低，单纯依靠农民自身实现农业机械化是不现实的，必须借助政府的力量，通过"以工补农、以城带乡"的途径来完成。

目前，从经济发展阶段和国家实力衡量，我国已经具备了加快农业机械化的条件和能力，从经济结构看，我国非农产业产值比重已接近 90%，城镇化水平达到 45.7%，表明我国从工业化和城镇化两方面具备了支持农业实现机械化的经济基础。从国家财力看，进入新世纪以来，国家财政收入保持持续较快增长,全国财政收入从2000年13 395亿元增加到2008年的61 330亿元,2009年又进一步增加到68 477亿元,说明国家公共财政具备了支持农业提高物质技术装备的能力。另外,从金融角度看,目前我国社会资金充裕,人民币储蓄存款已超过59.77万亿元,也表明我们完全可以利用金融资本支持农业现代化建设,推进农业机械化。因此,今后国家要制定农业机械化发展规划,完善支持政策,进一步增加农机具购置补贴规模,加强农机鉴定、推广、监理、维修、培训、信息等公共服务体系建设,引导农民走有中国特色农业机械化道路。

(摘自2010年2月2日《人民日报》)

“十二五”中国农业机械化发展展望

中国农业大学教授　白人朴

跨入新世纪的头十年,中国农机人继往开来,求真务实地抓住和用好了战略机遇,面对挑战,奋力拼搏,创造了无愧于历史的业绩,开创了前所未有的农业机械化发展新局面,良好的发展态势为第二个十年更好更快发展奠定了坚实基础。在即将进入第二个十年的时候,农机人必须清醒地认识历史和时代赋予的更加艰巨的崇高使命。“十二五”是承前启后、继往开来,确保实现2020年奋斗目标的发展关键期,也是机遇好、挑战大的矛盾凸显期和战略转型期。面对新的机遇、挑战和使命,我们有必要认真地回顾“十一五”,展望“十二五”,深入贯彻落实科学发展观,在中国特色农业机械化道路上,继续推进农业机械化事业取得新的更大成就,努力为现代农业和国民经济持续快速健康发展做出新的更大的贡献。

一、“十一五”成就巨大,中国农业机械化发展已经站在新的历史起点上

“十一五”中国农业机械化发展成就巨大,盛况空前。主要标志有五:一是提前超额实现了规划目标,成效显著;二是农业机械化发展水平迈上了新台阶,整体跨入了中级阶段,先进地区已向高级阶段迈进;三是耕种收综合机械化水平跨过50%的历史转折点,这是中国农业发展史上又一座重要的里程碑;四是实现了农业机械化与农机工业协调发展,互促共进;五是农业机械购置补贴达到新高度,国务院出台《关于促进农业机械化和农机工业又好又快发展的意见》,形成了历史上最好的农业机械化法制、政策和发展环境。

全国农业机械化发展“十一五”规划提出的发展目标,已提前超额实现,成效十分显著(见表1)。其一,我国农业机械化发展水平,整体上实现了从初级阶段进入中级阶段的历史性跨越,先进地区已率先向高级阶段迈进。衡量中级阶段、高级阶段的两个指标是:耕种收综合机械化水平40%—70%(中级)、>70%(高级);农业劳动力(指农林牧渔业从业人员数)占全社会从业人员比重40%—20%(中级)、<20%(高级)。2007年,我国耕种收综合机械化水平达到42.5%,已大于40%,农业劳动力占全社会从业人员比重约38%,已小于40%。标志着我国农业机械化发展总体上已进入中级阶段,已在新的历史起点上继续向前迈进。分省来看,耕种收综合机械化水平超过40%的省(自治区、直辖市),2007年有17个,2009年达18个;达70%以上的2007年有2个,2009年达5个;第一产业从业人员占全社会从业人员比重<40%的省(自治区、直辖市),2007年有11个,2009年达15个;<20%的2007年为4个,2009年达5个。可见,部分先进地区的农业机械化发展,已率先向高级阶段迈进;其二,2008年,全国农业机械总动力达8.2亿多千瓦,耕种收综合机械化水平达45.85%,提前超额实现了2010年分别达到8亿千瓦、45%的预期目标。预计2010年全国农业机械总动力将达9亿千瓦以上,耕种收综合机械化水平将首次超过50%,达52%左右。这标志着中国农业生产方式发生了有史以来机械化生产方式比重首次大于传统生产方式比重的历史巨变,机械化生产方式已经在农业生产中取得主导和支配地位,形成现代农业发展的新的物质技术基础。这个重大转折,意味着农业生产要素正在发生先进替代落后、现代改造传统的根本性转变。增加农业机械装备、培育会操作使用现代农业装备的新型农民,减少传统农民、减少农用役畜的大趋势正在加速,积极发展现代农业,大力推进农业机械化的历史潮流已不可逆转;其三,农机服务产业化进程明显加快。各类农机服务组织和农机户以年均增加150万个的增幅蓬勃发展。2009年,各类农机作业服务组织17.5万个,农机专业户446.4万个,农机专业合作社1.49万个。尤其农业部《关于加快发展农机专业合作社的意见》出台后,农机专业合作社更加迅猛发展,农机服务模式不断创新,领域不断拓宽,服务功能不断增强,机制更加灵活,市场进一步规范,服务质量不断提升,效益显著提高,在农业增产增效和农民增收中发挥的作用越来越大。农机社会化服务成为中国特色农业机械化发展道路的重要内容,解决了农业机械高效利用与亿万农户小规模生产的矛盾,使农机经营者能够有组织地应对千变万化的市场,适应农民需求开展有效的农业机械化服务,从而使农机经营者和用户双受益。2009年,全国农业机械化经营总收入已近3 900亿元,比2005年约增加1 290亿元。活跃在乡村的农机从业人员已超过5 000万人,约占第一产业从业人员的1/6,已成为建设社会主义新农村,积极发展现代农业的一支富有活力的强大生力军;其四,农机安全生产水平有较大提高,平安农机创建活动深入开展,农业机械事故明显下降。2005—2009年,农业机械事故年死亡人数,从1 064人减少到262人,年均递减29.5%,实现了规划要求下降10%以上的农机安全生产目标;其五,农业机械化对农业和国民经济持续发展的综合保障能力进一步增强,实现了速度、质量、效益同步增长。主要表现在:规划要求农业机械化“为实现2010年全国农业劳动生产率比2000年翻一番提供支撑”的目标已于2007年提前实现,如今已大大超过预期。2007年,我国第一产业劳动生产率达9 104元/人,比2000年4 146元/人翻了一番多,2009年达12 000元/人,预计2010年将为2000年的3倍多。与此同时,

第一产业从业人员年均减少1千多万人，农村居民每百户平均拥有的役畜头数，从2000年42头降到2008年26头，减少了16头。有些先进地区农用役畜已经完全退出了农业生产的历史舞台。用现代物质条件装备农业的力度加大了，乡村农机从业人员以年均230万人的增幅递增，占乡村从业人员的比重由“十五”末8%上升到10%以上，新型农民增多了，农业生产装备和生产条件改善了，促进了农业生产大发展和农业效益大提高，农业机械化对农业和国民经济持续快速发展的支撑和保障能力明显增强；农业机械化快速发展是中级阶段的重要特征，“十一五”期间，全国耕种收综合机械化水平，史无前例的连续四年(2006—2009)年提高幅度在3个百分点以上，创造了快速发展的历史记录；在快速发展的同时，效益明显提高：亿元第一产业增加值农机动力用量从2000年3.52万千瓦，减少到2009年2.46万千瓦，减少了30%，节能降耗取得重要进展；亿元第一产业增加值劳动力用量从2000年2.41万人，减少到2009年0.83万人，减少了65.6%，为工业化、城镇化和二、三产业发展提供了有力支撑；农业机械化发展，农业综合生产能力提高，为粮食产量连续三年稳定在1万亿斤以上提供了强有力的物质技术支撑，农业机械化为保障国家粮食安全和粮农增收作出了巨大贡献；农业劳动生产率提高促进了农民增收，全国农民人均纯收入2008年比2000年翻了一番多，2009年突破了5千元大关，达到5 153元，农业机械化功不可没。

表1　全国农业机械化发展“十一五”规划目标实现情况

规划目标	实现情况
我国农业机械化发展水平迈上一个新台阶，整体进入中级阶段，有条件的地区率先进入高级阶段。	2007年，我国耕种收综合机械化水平42.5%，农业劳动力占全社会从业人员比重38%，整体已进入中级阶段。 2009年，耕种收综合机械化水平达70%以上的省(市、自治区)有5个；第一产业从业人员占全社会就业人员比重<20%的省市有5个。有条件的地区已率先进入高级阶段。
农业机械化对农业和国民经济持续发展的综合保障能力进一步增强，为实现2010年全国农业劳动生产率比2000年翻一番提供支撑。	2007年，全国第一产业劳动生产率9 104元/人，比2000年4 146元/人翻了一番多。 2009年，全国第一产业劳动生产率已达12 000元/人。 预计2010年将为2000年的3倍多。
农业机械总量稳步增长。农业机械总动力预期达到8亿千瓦，农业机械装备结构进一步优化。	2008年，全国农业机械总动力达8.219亿千瓦，2009年达8.75亿千瓦。预计2010年将达9亿千瓦以上。农业机械装备结构明显优化：大马力、高性能、复式作业机械保持较高增幅，经济作物、畜牧、养殖、林果及农产品产后处理加工机械、适应结构调整、资源节约和环境友好的农业机械装备得到较快发展。
农业机械化水平明显提高。耕种收综合机械化水平预期达到45%。	2008年，全国耕种收综合机械化水平达45.85%。预计2010年将超过50%达到52%左右，这是农业机械化生产方式在中国农业生产中取得主导和支配地位的重要里程碑。
农机服务产业化进程明显加快。	各类农机服务组织和农机户以年均增加150万个的增幅蓬勃发展。2009年，农机作业服务组织达17.5万个，农机专业户446.4万个，农机专业合作社1.49万个。农机服务模式不断创新，领域不断拓展，功能不断增强，机制更加灵活，市场进一步规范，服务质量不断提升，效益显著提高，全国农业机械化经营总收入已近3 900亿元，比2005年约增加1 290亿元。
农机安全监管能力明显增强。农业机械事故死亡人数下降10%以上。	农机安全生产水平有较大提高，平安农机创建活动深入开展。2005—2009年，农业机械事故年死亡人数，从1 064人减少到262人，年均递减29.5%。
农业机械化自主创新能力和技术应用水平明显提升。逐步推出一批具有自主知识产权的农业机械化技术和具有竞争能力的先进适用、安全可靠、价格合理的农业机械产品。	农机品牌建设取得重要进展。2006年，有8个拖拉机产品(大中型拖拉机4个，手扶拖拉机4个)列为中国名牌产品；5个拖拉机产品、6个联合收获机产品被选为中国“最具市场竞争力品牌”。 纳入国家农机购置补贴范围的农机产品明显增多。由2004年重点补贴以粮食生产为主的6大类农业机械，逐步扩大到粮棉油作物及特色经济作物、养殖业、林业等12大类45个小类180个品目的农业机械，各省还可以根据需要自行增加不超过20个品目的农业机械纳入中央财政补贴范围。 农业机械化发展推动农机工业产销两旺。农机工业总产值在2005年突破1 000亿元大关的基础上，2009年又突破2 000亿元大关，达2 264.6亿元。增幅在我国机械工业13个行业中列第一位。成功应对国际金融危机严重冲击，卓有成效地实现了逆势增长。 我国农机制造工业体系基本形成，已成为世界农机制造大国，正在努力向由大到强、实现振兴方向转变。 主要农机产品品种和产量能满足国内市场90%以上的需要。农机出口额2006年首次超过了进口额，成为农机进出口从贸易逆差转为顺差的转折年。农业装备产业技术创新战略联盟已取得阶段性成果。高性能、大功率农机产品依赖进口的局面正在发生改变。中国一拖集团已成功推出具有自主知识产权的国产首台东方红牌380马力大型拖拉机。

"十一五"期间，在中央积极发展现代农业，大力推进农业机械化，强调用现代物质条件装备农业的方针指引下，农业机械购置补贴政策实施力度空前加大，农业机械化与农机工业实现了互促共进、协调发展。全国农业机械购置年总投入从"十五"末不到300亿元，猛增到2009年已超过609.7亿元；农机购置投入强度（每公顷农作物播种面积年农机购置投入），从"十五"末不到200元，增加到2009已超过384元；每公顷播面拥有农机动力从"十五"末4.4千瓦，增加到目前5.6千瓦；农业机械化作业领域由种植业向畜牧业、渔业、林果业和设施农业全面扩展，由产中向产前、产后延伸，由平原向丘陵山区推进，展现出农机市场的广阔空间。与此相应，农机工业呈现出产销两旺的发展局面。农机工业总产值在2005年突破1 000亿元大关的基础上，2009年又突破2 000亿元大关，达2 264.6亿元，增幅在我国机械工业13个行业中列第一位。扩大内需成功应对国际金融危机严重冲击，卓有成效地在国际农机市场下滑的情况下，实现了逆势增长。我国已成为世界农机制造大国，主要农机产品品种和产量已能满足国内市场90%以上的需要。正在努力向由大到强、实现振兴方向转变。高性能、大马力农机产品依赖进口的局面正在发生改变。2009年，中国一拖集团已成功推出具有自主知识产权的首台东方红牌380马力大型拖拉机。"十一五"期间，农机品牌建设取得重要进展。2006年，有8个拖拉机产品（大中拖4，手扶拖拉机4）列为中国名牌产品；5个拖拉机产品、6个联合收获机产品被选为中国"最具市场竞争力品牌"。与此同时，2006年也成为我国农机进出口从贸易逆差转为顺差的转折年，农机出口额首次超过了进口额。中国农机军团积极参与国际竞争，向国际市场进军的态势方兴未艾。

从发展环境分析，"十一五"期间承前启后，形成了我国历史上最好的农业机械化法制、政策和发展环境。"十五"期间，《中华人民共和国农业机械化促进法》正式颁布实施，使我国农业机械化发展，进入了有法可依、依法促进的法制轨道。从2004年起，中央一号文件将农业机械购置补贴纳入国家支农强农惠农政策的重要内容，农业机械购置补贴政策正式成为国家农业支持保护体系的重要组成部分。为开创农业机械化发展新局面，形成农业机械化发展法制、政策环境奠定了良好基础。"十一五"期间，《农业机械化促进法》在全国深入贯彻实施，相关配套政策、规章相继出台，农业机械购置补贴力度年年加大，中央财政农业机械购置补贴资金从2004年0.7亿元，逐年增加到2010年155亿元，达到历史新高度。带动全社会农机购置总投入从249亿元，增加到609.7亿多元，翻一番多。国家实行工业反哺农业、城市支持农村的方针，随着经济发展和财政实力的增强，反哺和支持力度越来越大。政策深得民心，实施成效显著，体现了党的主张与人民意愿相统一，深受农民、农机企业和广大农机工作者的拥护、欢迎。最近，国务院常务会议讨论并原则通过了《关于促进农业机械化和农机工业又好又快发展的意见》，这个文件是在贯彻实施《中华人民共和国农业机械化促进法》，我国农业机械化取得巨大成就的基础上诞生的。在"十一五"末出台，深入贯彻落实科学发展观，全方位统筹兼顾，突出重点，把促进农业机械化与促进农机工业发展结合起来，把推进农机社会化服务与推进现代流通体系建设结合起来，把农业机械化与信息化建设结合起来，对促进和指导新世纪第二个10年我国农业机械化更好更快发展，具有重大战略意义。总之，在"十五"奠定的基础上，"十一五"进一步健全、完善、提升，形成了我国历史上最好的法制、政策和发展环境，为"十二五"更好更快发展奠定了坚实、良好的基础。

二、"十二五"发展展望，中国农业机械化必将开创新局面

当前，全国、各地都在研究、编制"十二五"规划。《中华人民共和国农业机械化促进法》规定，"县级以上人民政府应当把推进农业机械化纳入国民经济和社会发展计划"。中央一号文件提出要"积极发展现代农业"，"大力推进农业机械化"。所以，编制好规划，是贯彻落实中央精神，依法促进农业机械化的非常重要的任务，一定要抓紧抓好。

从研究角度，编制规划必须坚持以科学发展观统领农业机械化发展全局，把中央精神与农业机械化发展实际结合好。规划要体现全局性、战略性、政策性、指导性和可操作性，把"十二五"继续发展与"十一五"发展衔接好，注意发展的连续性和与新形势、新要求相适应的推进性。因此，对"十二五"我国农业机械化的发展，要研究农业机械化自身发展的内在规律性（内因是变化的根据），还要研究农业机械化的发展环境（外因是变化的条件，外因通过内因而起作用），准确把握新起点上农业机械化发展的新特点、新要求，找准制约发展的主要矛盾和问题，提出进一步发展的指导思想、发展目标、重点、格局及促进发展、实现目标的主要措施。"十二五"是2010年到2020年间的关键五年，对新世纪第二个十年的发展，对全面实现2020年的宏伟战略目标，具有承前启后的关键作用。在这个发展关键期，又是矛盾凸显期和战略转型期，农业机械化发展任务十分光荣和艰巨。所以，"十二五"农业机械化发展要有新的思路和举措，要努力开创农业机械化发展的新局面。

综合分析农业机械化自身发展规律和发展环境，可以对"十二五"农业机械化的发展前景作出如下初步预测：

1. 新起点。"十二五"期间，全国耕种收综合机械化水平在50%以上的新起点向前发展。发展区段在>50%—64%之间。年平均提高幅度在2.5个百分点左右。在保持发展连续性、稳定性的同时，更加注重提高发展质量和效益，把调整结构、转变发展方式，产业优化升级放在更加突出的位置，为国民经济增长保持8%左右，第一产业增加值增幅保持6%左右，提供农业机械化支撑。

2. 新特点。成长期（快速发展）与转型期（结构调整、矛盾凸显）交融，由投入型增长（重在量的增长）向结构效益型增长（重在质量、效益提高）转变。农业机械化肩负着保粮食安全与促农民增收双重任务，既要提高综合生产能力，促进增产保安全，又要提升农业比较效益，调结构促增收保稳定。在新时期，对增收、增效的要求更高，但增收比增产更难，调整结构、提高效益比提高能力、增加产量更难。既要加快发展速度，又要提高发展质量和效益，但提高发展质量和效益，比加快发展速度更难。农业机械化发展要把在加快速度中调整，与在调整中加速结合起来，更加注重提高发展质量和效益。在前进道路上还存在不少困难和问题，主要矛盾仍然是结构调整、产业升级、国际竞争对农机新技术、中高端产品需求迫切与有效供给不足的矛盾。在新起点上，适应结构调整和产业升级需要的先进适用农机装备有效供给不足，高端产品对外依赖度大的矛盾更加凸显。但总体来说，还是机遇前所未有，挑战前所未有，机遇大于挑战。我们要紧紧抓住机遇，主动应对挑战，在拼搏解难中开创新局面,做出新贡献。

3. 新环境。"十二五"期间,我国人均GDP、产业结构、就业结构、城乡结构、支持政策和制度建设、第一产业劳动生产率和农民收入将发生以下变化:

——GDP增幅保持8%,人均GDP将在>4 000美元—5 000美元区间运行。先进地区人均GDP已达1万美元以上。农业机械化要为我国进入上中等收入国家的新需求,提供物质技术支撑;

——第一产业增加值占GDP比重将在10%左右运行,"十二五"后期将降到10%以下。比重下降,支撑能力增强,国民经济对增强现代农业基础、统筹城乡发展的要求越来越迫切,工业反哺农业、城市支持农村的能力和力度也日益增大;

——就业人口将在7.8亿—8亿区间运行,"十二五"末将突破8亿。第一产业从业人员将降至3亿以下,在2.9亿—2.3亿区间运行。第一产业从业人员占全社会就业人员比重将逐渐降到"十二五"末的30%以下,人员减少了,对劳动者的素质要求提高了。传统农民减少了,新型农民会大量增多。也就是说,"十二五"期间,随着用现代物质条件装备农业力度加大,农业装备水平的提高,农机手培训等阳光工程深入开展,会操作使用和经营管理现代农业装备的新型农民会大量增加;

——随着城镇化加速,城乡结构会发生历史性重大变化。"十二五"期间,我国城镇化率将实现突破50%的历史转折。城镇人口大于乡村人口的历史巨变将在"十二五"期间发生,"十二五"末我国城镇人口将超过7亿。这对现代农业发展将产生新的迫切需求。对农产品数量、质量、品种、结构,对节约资源,改善环境,发展生态农业、资源节约型农业、环境友好型农业,都提出了新的更高的要求。统筹城乡发展,城市支持农村的力度会空前加大。也要求农业机械化为城镇人口超过50%以后提供强有力的物质技术支撑;

——支持政策将更加有力,农业机械购置补贴制度将更加健全完善。根据中央一号文件要"建立促进现代农业建设的投入保障机制","建立健全财政支农资金稳定增长机制","加快构建强化农业基础的长效机制","要用现代物质条件装备农业","扩大农机具购置补贴规模、补贴机型和范围"的精神和"存量适度调整,增量重点倾斜的原则",在中央财政农业机械购置补贴资金已达155亿元的基础上,大家都很关注"十二五"怎样继续稳定增长?从国民经济增幅保持8%对农业机械化的需求进行测算,"十二五"期间中央财政投入农业机械购置补贴的资金总量需达1 000亿元。比较合理的安排是在2010年155亿元的基础上,再逐年增加15亿元,年增幅8%左右。这样安排符合中央逐年增大支持力度,健全财政支农资金稳定增长机制、促进现代农业建设的投入保障机制、强化农业基础的长效机制精神,也较符合农业机械化发展成长期需求旺盛的实际,财政也有支持能力,所以是必要的,也是可行的,对保持政策连续性和提高财政投入有效性是可取的。健全完善农业机械购置补贴制度,指不仅要增加补贴力度,更要使补贴资金真正落实到位,公平公正,提高效率,减轻运行负担和降低运行成本,还要用好投入,使国家财政资金发挥更好的投入效果,把好事办好。

"十二五"期间,国家对农业机械化的财政支持,将在加大农业机械购置补贴力度的基础上,向组合配套支持推进。如,购机补贴、作业补贴、燃油补贴、基础设施建设、研发创新支持等,《中华人民共和国农业机械化促进法》第六章扶持措施的四条法规,将更全面地贯彻实施。农业机械化的法制、政策和发展环境将趋向更好。

——"十二五"期间,第一产业劳动生产率将提高到2万元/人以上,与全社会劳动生产率的差距,将由目前1:3.7左右逐渐缩小到1:3左右。相应地农民人均年纯收入将逐步提高到"十二五"末超过1万元。农业机械化发展将为农民增收做出重要贡献。农民收入提高了,会成为加快农业机械化发展的重要社会经济条件。"十二五"期间二者互促互动关系,将达到一个新高度、新境界。

4. 发展思路及着力点。农业机械化发展要坚持不懈抓住两条主线:保障国家粮食安全,促进农民增加收入。围绕主线在保增长、调结构、扩领域、上水平、促增收上下工夫。农业机械化发展水平要上一个新台阶(耕种收综合机械化水平提高到60%以上,第一产业劳动生产率提高到2万元/人以上),发展格局进一步优化,开创出发展新局面。为此,要抓好8个着力点:

一是粮食生产全程机械化取得新突破。在小麦生产已基本实现全程机械化的基础上,粮食生产全程机械化的主攻作物是水稻、玉米、马铃薯。"十一五"期间,水稻、玉米生产机械化最薄弱的环节水稻机械种植、玉米机收水平已达20%左右,已经出现实现全程机械化的县市,从技术成熟度和农民认可两方面已取得可喜进展,可以说已开始进入成长期。"十二五"将会取得新突破,即将会分别出现率先实现水稻、玉米生产全程机械化的先进省。马铃薯生产全程机械化,在购机补贴和西部大开发支持力度加大的情况下,也会取得重要进展。重点突破,全面推进,"十二五"要为加快推进全国粮食作物生产全程机械化及粮食产业化工程建设,促进粮食增产、粮农增收,做出重要贡献。

二是主要经济作物生产机械化与产业化取得明显进展。中国农业机械化科学研究院建议把我国12种有区域比较优势,种植面积和产量居世界前列,在全球贸易中有重要地位和影响的经济作物,列为加快推进优势特色经济作物生产机械化的发展重点。对业界和领导部门都很有参考价值。这12种经济作物是:油菜、棉花、花生、大蒜、生姜、茶叶、甘蔗、苹果、柑橘、板栗、枣、花卉。"十二五"期间,对这些有优势特色的主要经济作物的农业机械化发展,要从资金、装备和人才上,加大支持力度,积极推进,取得明显进展。要注意与地区经济发展结合,机械化与产业化结合,发展各地特色农业机械化。用统筹兼顾的根本方法,正确处理好粮食生产机械化与经济作物生产机械化协调发展的关系。农业机械化要为产业结构调整,优化布局,促进地区经济发展和农民增收做出新贡献。

三是畜牧、养殖业机械化取得新进展。农业机械化为发展农区畜牧业,农牧交错区畜牧业、牧区畜牧业、草山草坡畜牧业、淡水养殖业、海水养殖业提供物质技术支撑。

四是进一步优化区域农业机械化发展格局。近年来,在深入实施积极推进东部率先,西部大开发,东北振兴,中部崛起,区域协调发展战略的基础上,国务院又与时俱进地进行了新一轮区域发展战略布局,批复了一系列省级区域发展规划,把省级区域发展规划上升为国家战略,体现了国家用有重点的发展实现均衡发展,推进区域协调发展的大局观和战略布局。农业机械化发展要适应区域分工与协调发展的新形势和新要求,从贯彻实施国家战略的新高度,进一步优化空间布局,按照因地制宜、经济有效、保障安全、保护环境、突出重点的原则，结合各地资源禀赋，围绕优势农产品产业带建设和特色农业经济发展的要求，大力推进农业机械化发展，逐步形成各具特色的农业机械化区域发展新格局，谱写新形势下农业机械化区域发展新篇章。

五是进一步提高农业装备水平。用现代物质条件装备农业，提高农业装备水平有量的增长和质的提高。在农业机械总动力已达9亿千瓦的基础上，"十二五"期间提高农业装备水平要更加注重质的提高。即在改善装备结构，扩展装备领域，提高装备科技水平，在推广先进适用、节能、降耗、环保、安全、有自主知识产权的机具上取得新进展，达到新高度。

六是要抢占人才发展先机，坚决贯彻实施人才优先发展战略。最近，全国人才工作会议确立了人才优先发展战略布局。标志着在整个经济社会发展战略布局中，人才处于优先发展的重要位置，我国人才发展进入了优先发展的新阶段。坚持"四个优先"：人才资源优先开发、人才结构优先调整、人才投资优先保证、人才制度优先创新，是中国人才发展的重大历史机遇。农业机械化系统有5千多万人的队伍，有近6千亿元的各种农机装备，是代表先进生产力的发展方向，是建设社会主义新农村的强大生力军。但人员素质不同，同样的机具装备，不同的人使用管理经营效果大不一样。在大量增加现代农业装备的同时，急需加大人才培养力度、创新人才培养模式、提高人才培养质量、大幅度提升各类农机人才整体素质和能力。"十二五"要抓住实施人才优先发展战略的历史机遇，进一步加强实施阳光工程，完善农业机械化教育培训体系。从加强农业机械化专业人员在职培训，农机从业人员职业技能和生产经营技术培训，提高农业机械化高等教育质量和水平等各方面采取新举措，开创农业机械化人才建设新局面，为推进农业机械化又好又快发展提供强有力的人才保证。

七是把农机社会化服务提高到一个新水平。坚持市场化、产业化方向，发展有利于农机共同利用、高效利用的农机社会化服务，是中国特色农业机械化发展道路的重要内容，要不断健全完善。"十二五"要在加强服务体系建设，提高组织化程度，提高服务能力、服务质量和服务效益等方面上新的台阶。尤其要把农业机械化综合服务体系建设（作业服务、中介服务、流通服务、维修服务、推广服务、培训服务、信息服务），农机专业合作社建设，农机服务品牌建设，提高到一个新水平。

八是进一步提高农机行业对外开放水平。在新起点上推进农业机械化发展，必须要有全球眼光，统筹农业机械化的国内发展和对外开放，加强对外交流与合作，不断提高对外开放水平。坚持互利共赢原则，充分利用国内外资源，开拓国内、国际两个市场，以开放促发展。世界看好中国，中国走向世界已经成为新的时代潮流，中国已经成为21世纪世界农业机械化发展的新亮点。我们必须抓住机遇，积极为推进中国农业机械化又好又快发展和世界农业机械化的新发展做出历史性贡献。

"十二五"中国农业机械化发展形势分析

中国农业大学教授　**杨敏丽**

《中共中央关于制定国民经济和社会发展第十二个五年规划的建议》（以下称《建议》）提出，把保障国家粮食安全作为首要目标，加快转变农业发展方式，提高农业综合生产能力、抗风险能力、市场竞争能力。明确要"加快农业机械化"，促进农业生产经营专业化、标准化、规模化、集约化。2010年是"十一五"最后一年，"十一五"期间国家强农惠农支持政策力度不断加大，极大地推进了农业机械化和现代农业地发展，为"十二五"农业机械化发展奠定了良好的基础，呈现出前所未有的发展态势，农业机械化将在一个更高的平台和起点，为现代农业提供支撑和保障。

一、"十二五"农业机械化发展环境

在工业化、城镇化深入发展中同步推进农业现代化，是"十二五"时期的一项重大任务。近年来，我国工业化、城镇化、农业现代化进程不断加快，经济实力和财政能力不断加强，为农业机械化发展提供了前所未有的良好发展环境。

（一）发展条件与基础

1. 外部条件

（1）法制与政策。农业机械化法制和政策环境持续优化。自2004年6月25日《中华人民共和国农业机械化促进法》颁布后（以下称《促进法》），"十一五"期间，《农业机械安全监督管理条例》（以下称《条例》）、《国务院关于促进农业机械化和农机工业又好又快发展的意见》（以下称《意见》）等法规政策相继颁布，农业机械化法律法规政策体系框架基本形成。自2004年以来的连续7个中央一号文件不断强化对农业机械化的支持力度，中央财政五年用于购机补贴投入累计达到351亿元。《中共中央关于推进农村改革发展若干重大问题的决定》（以下称《决定》）指出，我国总体上已进入以工促农、以城带乡的发展阶段，进入加快改造传统农业、走中国特色农业现代化道路的关键时刻，进入着力破除城乡二元结构、形成城乡经济社会发展一体化新格局的重要时期；到2020年农民人均纯收入比2008年翻一番，资源节约型、环境友好型农业生产体系基本形成；不断促进农业技术集成化、劳动过程机械化、生产经营信息化。《建议》进一步提出加快农业机械化，为"十二五"农业机械化发展创造了良好的法制政策环境。

（2）经济与财政。我国经济实力和财政能力不断增强。2009年，全国人均GDP已达3 743.96美元，农业增加值占GDP比重已降到10.3%；财政收入和财政支农资金分别达到68 477亿元和7 253.1亿元；农业劳动力占全社会从业人员比重已降到36.61%，城市化率已达46.59%；农民年人均纯收入突破5 000元大关，购买力逐步增强，在国家强农惠农政策引导下，农民购机用机积极性高涨。在农业机械化投入方面，2009年全国各级财政对农业机械化的总投入达到689.7亿元，农业机械化财政投入占财政收入的2.12%，占财政支农资金10.77%。其中吉林、黑龙江、安徽、西藏、新疆5个省（区）农业机械化财政投入占地方财政收入的比重高于5.0%，有17个省(区、市)比重在5.0%—2.12%之间(高于全国平均水平)；河北、吉林、黑龙江、安徽、江西、山东、河南、湖北、湖南、四川、新疆等11个省(区)农业机械化财政投入占财政支农资金比重高于全国平均水平。

(3)市场与社会。随着工业化、城镇化的快速发展，我国总体上已进入工业反哺农业、城市支持农村、加快形成城乡经济社会发展一体化新格局的关键时期。统筹城乡综合协调发展不断深入，农业劳动力快速转移，机械化作业比较效益更高，成为农民的重要选择，农业机械化发展内在需求更加迫切。

2. 自身基础

(1)装备基础。"十一五"期间，农业机械化科研、制造较快发展。农业机械化部分"瓶颈"环节技术与技术集成问题得到解决，特别是大马力拖拉机关键技术研发取得成功，水稻种植和收获机械化生产技术与装备基本成熟，玉米收获、马铃薯播种与收获机械化技术持续突破，油菜、牧草和甘蔗收获，节水灌溉，秸秆粉碎还田和复式作业机具创新研究取得重大进展。农机工业产业组织结构不断优化，产业集群初步形成，基本建立了适应我国农业生产的农机工业体系。农机产品门类持续增多，适用性、安全性、可靠性进一步增强，科技含量和售后服务水平不断提高。预计2010年全国农机总动力达到9.2亿千瓦，2006—2010年农机总动力年均增幅为6.06%，实现稳步增长。同时装备结构不断调整优化。自2009和2010年农机总动力增幅逐年下降(见表1)，表明动力利用效率在不断增加；大中型拖拉机、插秧机、联合收获机年均增长分别达到26%、35%和20%，其中玉米联合收获机年均增长74%；大中型拖拉机拥有量增幅远大于小型拖拉机拥有量增幅(见表1)；大中型拖拉机拥有量比例与小型拖拉机拥有量比例从2005年底的1:11提高到2009年的1:5。农机装备的稳步增长和结构的优化调整，为农业机械化发展奠定了良好的物质技术基础。

表1　农机总动力及结构变化

年份	农机总动力(亿千瓦)	年增长率(%)	大中型拖拉机保有量年增长率(%)	小型拖拉机保有量年增长率(%)
2001	5.50	—	—	—
2002	5.80	5.5	—	—
2003	6.05	4.3	7.6	3.0
2004	6.40	5.8	14.7	5.1
2005	6.86	7.2	25.1	4.9
2006	7.26	5.8	20.1	1.4
2007	7.69	5.9	22.2	4.4
2008	8.22	6.9	46.3	5.7
2009	8.75	6.4	17.0	1.7
2010(预计)	9.20	5.1	—	—

(2)作业基础。"十一五"期间，保护性耕作、精量播种、化肥深施、机械深松、机械育插秧、玉米机收、秸秆还田、高效植保、农用航空、设施农业、牧草生产、畜牧水产养殖等一大批农业机械化新技术、新机具在农业生产中更广泛应用，我国农业机械化发展整体跨入中级阶段。2009年，全国农作物耕种收综合机械化水平达到49.13%(预计2010年将达到52%以上)。"十一五"时期，农作物耕种收综合机械化水平增幅为前17年增幅的总和(按2010达到52%计算)，农业生产方式实现了以人畜力为主到机械化为主的历史性转变。主要粮食作物生产机械化快速推进。小麦生产全程机械化基本实现；水稻生产机械化取得重大进展，机械种植和收获水平分别达到16.7%和56.7%，年均提高2.4和5.8个百分点；玉米机收水平达到16.9%，年均提高3.5个百分点，进入提速发展阶段；马铃薯及油菜、棉花、花生、茶叶等主要经济作物生产机械化取得突破性进展。畜牧水产养殖业、林果业、设施农业及农产品初加工等机械化全面发展。农业机械化作业水平快速提高，极大增强了农业综合生产能力。

(3)组织基础。农机社会化服务作为农业机械化发展的重要方式与组织载体，呈现出组织形式多样化、服务方式市场化、服务内容专业化、投资主体多元化的特征，我国正逐渐成为农机服务大国。2009年，全国各类农机作业服务组织达17.5万个，其中，经工商注册登记的农机专业合作社达到1.49万个。股份制农机作业公司、农机经纪人等新型农机社会化服务组织不断涌现，呈现多样化发展格局。以市场为导向，各类农机服务组织采取集团承包、"一条龙服务"、代耕代种和"场县共建"等方式，积极开展订单服务、租赁服务、承包服务和跨区作业，满足了农业生产和农民的迫切需要。以中央资金为引导，农民个人投资为主体，社会投入为补充的多渠道、多层次、多元化投入机制逐步形成，促进了农业规模化、专业化、标准化生产和产业化经营，提高了农业劳动生产率、土地产出率和资源利用率，为现代农业建设提供了有力保障。

(4)体系基础。以公益性农业机械化技术推广机构为主体，农机大户、农机服务组织为基础，科研院所与高等院校及农机制造企业为补充的农业机械化技术推广服务体系，农机鉴定检测、质量投诉监督、标准化等农机质量保障体系，产学研推相结合的农业机械化科技创新体系，适应我国农业生产的农机工业体系和农机流通市场体系基本建立并逐步完善，公共服务能力不断增强。

由以上分析可见，无论从农业机械化的外部条件还是自身基础看，农业机械化发展的农业农村经济社会基础更加牢固，经济社会条件更加成熟,政策环境更加优化,内在需求更加旺盛,农业机械化将处在加快发展、改善结构、优化区域、提升质量的关键时期。

(二)面临的挑战

1.市场消费需求升级,依靠农业机械化保障农产品有效供给的任务更加艰巨。随着经济社会发展和人民生活水平的提高,对农产品需求刚性增长的态势不会改变,对农产品品种、数量、质量的要求越来越高,农业机械化保障农产品有效供给、实现增产增效的压力越来越大。我国农业机械化总体水平不高,发展速度不一(见表2、表3);区域发展不平衡,技术路线与技术模式不明确,还不能完全满足继续实现粮食等主要农产品总量平衡、结构平衡和质量提升的发展需求。2009年,主要粮食作物中,水稻种植和玉米收获环节机械化水平均不到20%(2010年预计将突破20%,见表4、表5),油菜机播机收、棉花机收水平还很低,其它优势农产品的播种、收获环节机械化刚刚起步;丘陵山区农业机械化发展严重滞后;一些作物由于作业环节劳动强度太大已经影响到农民种植的积极性。

2.农业发展方式加快转变,通过农业装备提升农业综合生产能力的要求更加迫切。随着工业化、城镇化快速推进,耕地和水资源紧缺约束越来越突出,传统农业发展方式与资源环境的矛盾,以及传统农业生产组织形式和经营机制存在的问题越来越突出,实践中农民对农机作业需求越来越迫切,农业生产对农机应用的依赖越来越明显,农业机械化在加快农业发展方式转变、建设现代农业中的支撑引领作用越来越突出。但是我国农机装备制造业自主创新能力不强,农机装备结构不合理,加工工艺落后,产品结构以动力机械、中小型和中低端产品为主,高性能插秧机、采棉机等农机具和许多关键技术对外依存度高。大量技术落后耗能高的老旧拖拉机仍然使用,作业能耗大;一机多用和高效复式以及能够综合利用的机械较少,不符合资源节约、环境友好型农业建设的要求。既适用可靠又经济实惠的农机产品缺乏,丘陵山区用小型、轻便、耐用的种植收获机型少,经济作物、特色农产品、养殖业等农机产品质量和性能普遍不高,多数生产环节机具仍为空白。传统育种目标和栽培技术较注重高产量,忽视机械适应性;农业生产标准化、规模化程度不高,影响机具效率发挥;农机研发对作物品种、形态关注不足,改进工作滞后。通过农业机械化提升农业综合生产能力的任务相当艰巨。

3.农业劳动力快速转移,农机社会化服务支撑农业农村经济发展的能力还不强。进入"十二五",农村劳动力转移速度将明显加快,大量高素质农村劳动力将向非农产业转移,农业生产对实现机械替代人力,加快提高农业劳动生产率的需求更加迫切。随着结构调整和产业升级进程加快,主要依靠经济增长带动就业的效应减弱,农民外出就业增收空间收窄,保持农民收入较快增长的难度加大。同时,能源和生产资料价格大幅度上涨,生产用工成本和农机作业成本上升,农业生产比较效益持续下降,一定程度上制约农民使用农业机械化新技术、新机具的积极性。这其中主要原因在于我国农机服务组织化程度还较低,社会化服务规模不够大,体制机制创新不够,影响生产效果与效益,还不能完全适应当前的发展要求。

4.农业机械装备总量快速增加,通过改善公共服务和基础设施条件推进农业机械化科学发展的问题还较多。随着农业结构调整的不断深化,专业化生产规模不断扩大,农业机械保有量迅速增加,但与之相配套的示范、推广、培训、安全监管等公共服务能力依旧薄弱,农业基础设施建设特别是适合农机作业的农田整治力度还不够大,机耕道、机具场库棚、维修网点等基础设施建设严重滞后,"有机无路走、机闲无处放、机坏无处修"的现象还比较普遍,农机销售、维修、配件供应等服务体系很不完善,农机安全生产形势依然严峻,改善农业生产设施条件、加强农业基础建设的要求更加迫切。

表2 2009年全国及各省耕种收综合机械化水平

序号	地 区	耕种收综合机械化水平(%)	农业劳动力占全社会从业人员比重(%)	序号	地 区	耕种收综合机械化水平(%)	农业劳动力占全社会从业人员比重(%)
	全 国	49.13	36.61	16	陕 西	48.50	46.34
1	黑龙江	89.95	40.59	17	宁 夏	47.99	43.76
2	新 疆	79.83	44.05	18	青 海	43.22	43.57
3	天 津	75.80	15.17	19	浙 江	35.74	18.05
4	山 东	75.51	37.21	20	湖 北	34.72	34.63
5	内蒙古	71.20	47.74	21	广 东	33.38	28.07
6	河 南	65.79	48.62	22	湖 南	32.09	49.28
7	河 北	64.58	40.48	23	江 西	31.43	39.90
8	江 苏	62.18	20.45	24	甘 肃	30.83	52.39
9	北 京	60.25	5.26	25	海 南	25.83	48.77
10	安 徽	59.87	44.31	26	广 西	23.62	54.67
11	辽 宁	58.98	31.57	27	重 庆	20.48	36.80
12	上 海	57.26	5.30	28	福 建	18.18	30.61
13	吉 林	56.97	42.95	29	四 川	12.00	44.75
14	西 藏	53.81	55.05	30	云 南	9.13	61.92
15	山 西	50.15	40.28	31	贵 州	4.20	52.23

注:表中数据根据农业部农业机械化管理司《2009年全国农业机械化统计年报》整理,并按耕种收综合机械化水平由高到低排序(不包括港、澳、台地区)。

表3　2004年—2009年全国及各省耕种收综合机械化水平年增长幅度

序号	地　区	2009年	比上年年增长百分点(个)	2004年—2009年年均增长百分点(个)	序号	地　区	2009年	比上年年增长百分点(个)	2004年—2009年年均增长百分点(个)
	全　国	49.36	3.51	3.52	16	江　西	31.43	0.75	3.05
1	山　东	75.51	3.34	5.86	17	浙　江	35.74	0.62	2.86
2	吉　林	56.97	5.77	5.59	18	内蒙古	71.20	6.54	2.78
3	上　海	57.26	3.14	5.34	19	黑龙江	89.95	6.46	2.63
4	安　徽	59.87	2.47	5.25	20	河　北	64.58	3.35	2.58
5	河　南	65.79	11.70	5.24	21	辽　宁	58.98	-1.72	2.37
6	广　东	33.38	8.07	4.22	22	新　疆	79.83	2.34	2.32
7	天　津	75.80	0.81	4.17	23	北　京	60.25	21.83	2.28
8	江　苏	62.18	1.16	3.81	24	福　建	18.18	-0.02	2.20
9	湖　南	32.09	0.26	3.69	25	山　西	50.15	5.47	2.11
10	海　南	25.83	3.42	3.47	26	云　南	9.13	0.95	1.05
11	重　庆	20.48	3.41	3.39	27	四　川	12.00	0.92	1.01
12	宁　夏	47.99	4.82	3.39	28	甘　肃	30.83	2.01	1.00
13	广　西	23.62	2.67	3.38	29	西　藏	53.81	-0.20	0.65
14	湖　北	34.72	1.93	3.17	30	贵　州	4.20	0.20	0.48
15	陕　西	48.50	3.00	3.06	31	青　海	43.22	-0.41	0.28

注:表中数据根据农业部农业机械化管理司《2009年全国农业机械化统计年报》整理,并按2004—2009年耕种收综合机械化水平年均增长百分点由高到低排序(不包括港、澳、台地区)。

表4　2009年全国及各省市区水稻耕种收综合机械化水平

序号	地　区	机耕水平(%)	机播水平(%)	机收水平(%)	耕种收综合机械化水平(%)	序号	地　区	机耕水平(%)	机播水平(%)	机收水平(%)	耕种收综合机械化水平(%)
	全　国	83.27	16.71	56.69	55.33	16	天　津	76.81	22.94	49.00	52.31
1	宁　夏	99.05	72.07	95.05	89.76	17	北　京	72.50	22.50	45.00	49.25
2	黑龙江	100.00	81.93	81.34	88.98	18	江　西	74.66	4.35	57.73	48.49
3	江　苏	98.77	48.14	94.80	82.39	19	广　东	82.60	1.73	48.64	48.15
4	上　海	99.99	37.88	99.40	81.18	20	海　南	72.74	0.83	53.30	45.33
5	内蒙古	81.01	50.44	76.23	70.41	21	重　庆	87.60	7.69	21.11	43.68
6	吉　林	100.00	40.73	60.46	70.36	22	广　西	73.68	2.97	29.38	39.18
7	安　徽	98.30	8.81	85.15	67.51	23	福　建	67.71	1.12	22.22	34.09
8	浙　江	99.72	9.27	82.19	67.33	24	陕　西	53.08	6.34	33.90	33.31
9	湖　北	82.94	15.79	77.84	61.26	25	四　川	48.35	7.58	25.61	29.29
10	河　南	89.16	2.32	67.40	56.58	26	山　西	37.27	0.00	37.27	26.09
11	新　疆	71.62	33.28	58.70	56.24	27	贵　州	51.63	3.54	9.74	24.64
12	河　北	97.58	16.77	39.10	55.79	28	云　南	45.62	0.11	9.60	21.16
13	辽　宁	84.22	26.46	45.95	55.41	29	甘　肃	8.77	8.77	7.54	8.40
14	山　东	84.85	8.74	59.77	54.49	30	西　藏	0.00	0.00	0.00	0.00
15	湖　南	91.07	2.72	55.69	53.95	31	青　海	0.00	0.00	0.00	0.00

注:表中数据根据农业部农业机械化管理司《2009年全国农业机械化统计年报》整理,并按水稻耕种收综合机械化水平由高到低排序(不包括港、澳、台地区)。

表5 2009年全国及各省市区玉米耕种收综合机械化水平

序号	地区	机耕水平(%)	机播水平(%)	机收水平(%)	耕种收综合机械化水平(%)	序号	地区	机耕水平(%)	机播水平(%)	机收水平(%)	耕种收综合机械化水平(%)
	全国	83.55	72.48	16.91	60.24	16	青海	86.96	17.92	0.19	40.22
1	山东	93.07	94.16	52.99	81.38	17	甘肃	54.25	24.94	3.37	30.19
2	天津	100.00	100.00	36.29	80.89	18	重庆	58.98	0.00	0.00	23.59
3	新疆	100.00	97.48	34.81	79.69	19	浙江	45.07	0.41	0.00	18.15
4	黑龙江	100.00	100.00	26.50	77.95	20	广东	43.61	0.00	0.00	17.44
5	内蒙古	100.00	98.12	9.79	72.37	21	湖北	30.09	6.07	2.54	14.62
6	辽宁	100.00	94.32	8.20	70.75	22	广西	28.63	0.00	0.00	11.45
7	河北	98.92	86.31	16.77	70.49	23	云南	15.79	0.13	0.05	6.37
8	吉林	95.58	95.54	8.28	69.38	24	海南	15.29	0.00	0.00	6.12
9	北京	78.36	96.63	26.15	68.18	25	湖南	13.24	0.01	0.96	5.58
10	河南	85.52	81.40	23.13	65.57	26	四川	11.61	0.04	0.00	4.66
11	宁夏	90.65	65.69	19.26	61.74	27	贵州	0.96	0.11	0.04	0.43
12	山西	84.76	70.25	11.09	58.30	28	上海	0.00	0.00	0.00	0.00
13	陕西	89.62	58.48	14.02	57.59	29	福建	0.00	0.00	0.00	0.00
14	安徽	60.49	55.63	13.31	44.88	30	江西	0.00	0.00	0.00	0.00
15	江苏	84.32	16.76	11.01	42.06	31	西藏	0.00	0.00	0.00	0.00

注：表中数据根据农业部农业机械化管理司《2009年全国农业机械化统计年报》整理，并按玉米耕种收综合机械化水平由高到低排序（不包括港、澳、台地区）。

二、"十二五"农业机械化发展趋势

"十二五"期间，农业机械化将成为加快转变农业发展方式的重要支撑，呈现出发展速度加快、产前产后延伸、质量效益提高、农机农艺融合、区域发展协调、社会服务主导等趋势。

（一）发展速度加快

《决定》提出，到2020年农民人均纯收入比2008年翻一番。"十二五"期间，农业劳动力转移速度将进一步加快，现代农业生产要素进一步取代传统生产要素，在农业生产中占据主导地位，农业劳动生产率大幅度上升，农业机械化将科学、快速发展。农作物耕种收综合机械化水平将会稳步提升2—3个百分点，到2015年达到60%以上。水稻栽植、收获机械化，玉米收获机械化进入提速发展期。油菜、马铃薯收获机械化全面展开。畜牧业、设施农业、林果业机械化快速发展。

（二）产前产后延伸

生产格局发生将发生重大变化，农业机械化将由产中进一步向产前产后延伸，并与区域产业化发展相协调，为产业化提供物质装备支撑。配合提升农产品质量的要求，小麦产后处理机械化，垦区和经济发达地区的水稻、玉米产后处理机械化将提上议事日程；马铃薯、茶叶、烟叶等作物的产后加工将全面展开。

（三）质量效益提高

根据不同区域自然禀赋、耕作制度和经济条件，农业机械化将由资源开发型向资源节约型、环境友好型转变，由投入型增长向效益型增长转变。适应农业规模化、精准化、设施化等要求，围绕发展高产、优质、高效、生态、安全农业，多功能、智能化、经济型、高性能农业装备设施将会大发展，田间作业、设施栽培、健康养殖、精深加工、储运保鲜等环节将成为发展重点。根据2006—2010年农机总动力年均增长幅度，以及结构调整，高耗能老旧拖拉机在"十二五"期间将有序淘汰，大功率、多功能、复式作业机具将大幅上升，动力利用效率不断提高，农机总动力控制在10亿千瓦左右较为适宜（若按照2006—2010年农机总动力年均增幅6.06%发展，预计到2015年全国农机总动力将达到12.34亿千瓦。但实际情况是，由于结构调整和经营规模的扩大，动力利用效率提高，2009和2010年增幅已经开始下降，2010年增幅已降到5.1%。综合考虑2015年控制在10亿千瓦较为适宜）。

（四）农机农艺融合

标准化、规模化生产是农业机械化水平进一步提高的基础。农机农艺相互配合，相互适应，互促共进是农业机械化发展的重要趋势。农机农艺融合度进一步提高，建立农机农艺科研单位协作攻关机制；制定科学合理、相互适应的机械作业规范和农艺标准，机械适应性将成为科研育种、栽培模式推广的重要指标，适合机械化作业的品种和种植模式将得到广泛推广。

（五）区域发展协调

各区域将进一步明确农业机械化技术路线和主要农作物

生产机械化技术模式。粮食主产区以及平原地区，土地流转的速度将会有所加快，大功率、先进适用的农业装备将得到更加广泛地推广应用，农业机械化发展水平将随之稳步上升。丘陵山区机械化将成为发展的热点与难点，受地形地貌的影响，先进适用的小型特色农机具存在着相当大的发展空间，农业机械化将提速发展。

（六）社会服务主导

适应农业生产经营专业化、标准化、规模化、集约化的要求，农机社会化服务作为农业机械化发展的重要依托与组织载体，其组织化、规模化、专业化、标准化、产业化、市场化程度亦不断提高。农机专业合作社的服务功能将显著增强，服务质量、能力和效益明显提高，将成为农业机械化技术推广及其他公益性职能延伸的重要组成部分。

三、对策建议

（一）加强农业机械化区域布局研究

明确区域农业机械化技术路线和装备配备原则是农业机械化科学、健康、高效发展的基础。急需结合发展高产、优质、高效、生态、安全农业及各地主导产业发展，加强区域农业机械化技术路线、主要农作物区域机械化生产技术模式、装备配备原则等方面的研究，明确农业机械化区域布局。加强农业机械化发展的区域性指导，调整农业机械化结构，提升农业机械化发展质量。

（二）亟需开展全国性的农业机械普查

情况明才能决策准，摸清家底，有利于加强宏观引导。部分省份已初步开展农机普查工作，并取得良好效果。近些年，农业机械发展迅速，机具量大增，某些环节的作业机具已经出现饱和，并影响到作业效益和农民收入。一些耗能高、老旧农业机械仍在使用，对能源消耗、生态环境造成严重影响。由于购机补贴政策的实施，部分农民购机存在一定盲目性，机具配套不合理，利用效率不高。农业机械的官方统计数据与实际情况存在偏差，不利于宏观调控与引导。因此，急需整合资源，开展全国性农业机械普查工作，以有利于提高装备利用效率和财政投入效率，为优化农机装备结构布局、提高购机补贴政策实施效率和制定农机具更新报废补偿机制提供科学依据。

（三）实施区域差异化支持政策

兼顾效率与公平，实施区域化支持政策。在农业机械购置补贴上，实行差别比例补贴，补贴比例的确定应充分考虑区域农民购机能力、不同作物机械化发展水平及作业市场化程度，差别对待，并向粮食主产区、非主产区产粮大县，以及重点战略产业、急需环节和经济落后地区倾斜，提高贫困地区、边远地区和丘陵山区补贴标准。对于经济欠发达地区，地方财政能力较弱，实行扶持性补贴；对于经济发达地区，应充分调动地方财政投入力度，实施引导性补贴；区域农民购机能力较强和作业市场效益好的农机具可适当降低补贴率，采取财政贴息的方式，支持金融信贷机构向农民提供购置农业机械贷款，实施混合型补贴。对于政府导向的新技术、新机具应加大补贴，促进其尽快普及，提高农业科技含量。合理确定补贴对象，加大对具有一定规模的农机专业合作社、种植大户和农机大户等农机服务组织的支持力度。出台相关政策，鼓励农业机械化发展先进地区对口帮扶落后地区，促进区域协调发展。坚持政府引导，市场主导。促进资金合理应用。

（四）强化农业机械化科技创新与技术推广

有效整合财力资源、智力资源，避免重复投入浪费。统筹规划，推动整合农业机械化科研院所的有效资源，加快建立以企业、高等院校和科研机构为主体，市场为导向，产学研推相结合的农业机械化科技创新体系，努力提高农业机械化技术集成和装备配套水平。促进农机农艺协调发展，建立农机农艺科研单位协作攻关机制。进一步健全运行高效、服务到位、支撑有力、充满活力的农业机械化技术推广体系，加快普及主要农作物生产关键环节农业机械化技术，促进先进适用、技术成熟、安全可靠、节能环保、服务到位的农机装备广泛应用。

（五）重点扶持具有一定规模的种粮大户、农机大户和农机合作组织发展

将农机专业合作社等服务组织和农机大户作为农业机械化发展的主体，通过政策、资金倾斜和技术指导，增强其自我发展壮大的基础和为其他农户提供服务的能力。努力培养农机专业合作社成为延伸农业机械化公益性服务的载体和引领农业机械化发展的龙头，合理规划，积极培育建设，努力带动高性能机械、先进农业技术推广应用和适度规模经营发展。积极支持引导农机服务组织开展跨区作业等产前、产中、产后农业社会化服务，发挥农业生产主力军作用，显著提高经营服务效益，吸引更多的资金、人才、技术等资源要素回归和投入农业，促进农业生产经营的专业化、规模化、标准化、集约化。

（六）完善农业机械化配套支持政策与相关制度

农业机械购置补贴资金规模逐年增大，极大地促进了农业机械化快速发展。但从目前政策执行情况看，农业机械化扶持政策略显单一，配套支持政策与相关制度亟待完善。全面贯彻落实中央有关文件精神，以及《促进法》、《条例》、《意见》等相关条款与规定，加大农业基础设施建设、农机安全生产监管、科技推广培训等方面的投入。实施重点作物关键环节机械作业补贴，实行农机具更新报废补偿机制并与购机补贴工作紧密结合，完善农业机械化统计制度和农业机械保有量预警制度，力争设立购机补贴和作业补贴工作经费，完善工作机制，提高政策效率。

转变农业机械化发展方式的战略思考

江苏省农机学会　**沈广树**

一、我国的农业机械化发展的巨大成就

经过新中国建立60多年来，特别是改革开放30多年来的建设，我国的农业机械化发展取得了巨大的成就，目前正处于历史转折的关键时期。

1. 2010年我国主要农作物综合机械化水平将突破50%，农业生产方式将实现从依赖人畜力为主，向依赖机械化为主的历史性转变。下一个五年，即到2015年，全国农作物耕种收综合机械化水平将要超过60%；今后十年，即到2020年，主要农作物耕种收综合机械化水平超过65%，粮食作物生产基本实现机械化。与此同时，经济作物、林牧渔业（水产养殖）机械化也已经全面启动。尤其是棉花、油菜、茶叶生产机械化，畜牧、水产养殖机械化和牧草生产机械化等，已经取得了较大的进展。

2. 农业机械装备水平大幅度提高。我国拥有的农机总动力已经达到8.75亿千瓦，各种拖拉机拥有量达到2101.42万台，其中大中型拖拉机达到350.52万台，联合收割机拥有量达到85.84万台。我国的农业机械产品的生产量、小型农业机械的拥有量已经居世界第一位。

3. 建立起了门类齐全的农机工业体系和覆盖广大乡村的农业机械化管理服务体系，基本形成了适合我国国情的、具有自身特点的农业机械化发展道路。

4. 积累了在人多地少、家庭承包经营条件下组织开展农业机械化服务和加强农机管理的经验。这就是尊重农民群众的主体地位，赋予农民群众发展农业机械化的自主权，国家和地方人民政府在政策措施上予以扶持；通过市场机制的引导，组织有机户为广大的无机农户开展农机服务和跨区作业，以合作共用提高农业机械化效益。同时依靠科技进步，不断提高农业机械化发展的技术水平，适应经济社会发展对农业机械化的要求。

二、我国农业机械化发展存在的不足和面临的挑战

1. 农业机械化发展依然不足，发展不平衡，发展的任务依然十分艰巨。粮食作物中，小麦生产基本实现了机械化，水稻、玉米的收、种环节机械化程度还比较低；经济作物、林牧渔业机械化水平就更低了，许多方面还是空白。分地区看，平原地区、东部经济发达地区农业机械化水平较高，丘陵山区、中西部经济欠发达地区农业机械化水平较低，尤其是一些贫困地区，农业生产所需的灌排机械设施都不具备，抗御自然灾害的能力薄弱。

2. 现有的农业机械装备结构不合理，技术水平低。农业机械装备中低技术档次的机具多，高性能机械少，而且大量的应当报废的陈旧农业机械没有及时地予以报废更新，带来了效率低、能耗高、不安全等诸多的问题。我国的农机产品生产制造技术和品种结构不能适应农业结构调整需要，中小型低端产品产能过剩，供大于求，而很多技术含量和生产效率高的大中型产品，不能生产或没有形成生产能力。我国农业装备制造业制造技术与发达国家相比，约有20—30年的差距。许多农机生产企业设备陈旧，产品质量难以控制。

3. 农业机械化公共服务体系薄弱，分散在千家万户的农业机械组织化程度不高，没有发挥出应有的效率和效益。近几年，在国家实施购机补贴政策的激励下，农业机械的拥有量大幅度增长，但是农民群众所需要的农业机械化技术推广、培训、安全监理和维修保障设施建设没有相应跟上去。县、乡基层农业机械化公共服务机构不健全，人员老化、服务弱化，一些地方在乡镇机构改革中撤销了农业机械化公共服务机构和岗位，致使农业生产所需要的机械化作业无法组织，农机手所需的技术和信息服务难以到位。我国农村所拥有的农业机械装备已经相当于（某些方面甚至超过）欧美发达国家的水平，但我国的农机作业水平却与之相差很远，除现有的农机装备技术水平低，作业功能差以外，缺乏农业机械化服务网络，使农机装备没有发挥出应有的效率也是重要的原因之一。

4. 农业机械化发展面对着资源（能源）紧缺和生态环境严峻的约束和挑战。我国的资源特别是能源紧缺，农业生态环境严峻，今后的农业机械化发展，必将面临资源环境的约束。惟有转变发展方式，依靠技术进步，调整装备结构，提高农业机械的技术水平和组织化程度，适应农业生产和保护资源环境的要求，才能获得新的发展空间，保持持续健康的发展势头。这是我们进行农业机械化发展战略思考的出发点和立足点。

三、实施四大战略，加快农业机械化发展方式的转变

"十二五"及今后更长的时期内，我国仍将处于工业化、城镇化的快速推进时期。随着农村劳动力持续不断地转移和农业生产水平的进一步提高，必将产生对农业机械化的新需求。我们要抓住发展机遇，应对面临的挑战，关键是要转变发展方式，着力解决好上述四个方面的结构性矛盾。为此建议实施四大战略，在转变农业机械化发展方式上取得实质性的进展。

1. 以提升农机装备水平为重点的改善结构、转型升级战略。我国有较强的农业机械制造能力，同时也具有一定的研发设计和产业配套能力，可以此为基础，通过政策引导调节，改善农业机械的装备结构。一是在增量上注重发展大中型、高性能农业机械和采用新技术的小型农机装备，增加作业功能，继续推进粮食生产的机械化；二是在存量上实施老旧农业机械的报废更新，通过五年的努力，解决拖拉机、联合收割机、机动植保机械和固定作业的柴油机的更新换代问题；三是研发生产蔬菜、棉花、甘蔗等经济作物和设施农业所需要的机械设备，增加农业机械产品的品种，适应农业结构调整对农业机械化的要求。

2. 以发展丘陵山区和林牧渔业机械化为重点的助农增收、扩大内需战略。丘陵山区占了我国国土面积的大部分，这一地区除了粮食饲料初加工和农业运输的机械化有所发展外，农田作业和其他领域的生产机械化水平还很低。林牧渔（主要是水产养殖）业机械化的许多方面还是空白。在平原地区农机拥有量接近饱和，市场空间已经不大的情况下，应当加大对丘陵山区和林牧渔业机械化的支持力度，培育农业机械化新的增长点，扩大市场需求。丘陵山区和林牧渔业机械化应以助农增收为重点，以提高农机应用的经济效益为中心，结合当地实际需要，有选择地发展先进适用的农业机械化技术和机具，增强内生发展动力，而无须追求"化"的水平提高。

3. 以加强农业机械化公共服务体系建设为重点的保障安全、提质增效战略。我国目前的基本保障支出占政府总支出和GDP的比重仅为同等国家的一半左右，扩大基本公共服务支出是国家确立的改善民生、扩大内需的重点战略之一。党的十七届三中全会通过的《中共中央关于推进农村改革发展若干重大问题的决定》指出："农村社会事业和公共服务水平较低"，要"推进城乡基本公共服务均等化"，"着力增强乡镇政府社会管理和公共服务职能"。"加快构建以公共服务机构为依托、合作经济组织为基础、龙头企业为骨干、其他社会力量为补充，公益性服务和经营性服务相结合、专项服务和综合服务相协调的新型农业社会化服务体系。加强农业公共服务能力建设，创新管理体制，提高人员素质，力争三年内在全国普遍健全乡镇或区域性农业技术推广、动植物疫病防控、农产品质量监管等公共服务机构，逐步建立村级服务站点。"农业机械化公共服务是农业技术推广的一部分，既有改善农民生活质量、扩大农村需求的功效,又是增强农业的物质技术基础,提高农业机械化的发展质量和宏观经济效益的有效保障。应当抓住机遇,积极争取各级财政资金的投入,加强农业机械化公共服务特别是县、乡公共服务机构的建设,健全农业机械化服务网络,解决农民群众对农业机械化技术推广、培训、安全监理、信息和维修服务的迫切需要,保障安全,提高农业机械化发展的质量和效益。

4. 以促进农机节能减排、保护农业生态环境为重点的绿色发展战略。我国政府已经提出2020年单位GDP二氧化碳排放比2005年下降40%—45%的自主减排目标,并正在制定实施相应的行动规划。农业机械是国民经济中节能减排的一个重要方面,根据江苏省对农机污染物排放普查的数据推算,全国农业机械的排放总量约为1.2亿—1.5亿吨,其中四种污染物(一氧化碳、氮氧化物、甲烷、颗粒物)排放量约为700多万吨。农机战线实施绿色发展战略,将对我国的节能减排和资源环境保护做出贡献,同时也为农业机械化的持续发展提供了空间。推进农业机械化绿色发展战略,一是要大力推广节能、节水、节药、高效、低排放的新型农业机械;二是要结合农业机械报废更新,淘汰现有的能耗高、污染重的机型;三是开发推广农村废弃物和可再生能源利用的技术装备,以及农业生态环境保护的技术装备,如农作物秸秆还田和综合利用、畜禽粪便处理和沼气的利用、渔业水处理和水生物的处理利用等,这是一个新兴的领域,未来是可以大有作为的。

四、推进农业机械化发展方式转变的有关政策重点

1. 继续实施并不断完善农机购置补贴政策,加大支持力度,引导重点发展的领域,同时在操作层面上注重发挥市场机制的作用,防止扭曲市场。如丘陵山区和设施农业需要的多数是小型农业机械,应当扩大农机具购置补贴的品种覆盖面,让农民有更多的选择,但要提高补贴机具的技术门槛,防止低水平机具重复购置,造成资源浪费和效益下降。对报废更新的农业机械,应当增加补贴的比例,以调动农民的积极性。对促进节能减排、农村废弃物和可再生能源的技术装备,要采取优先和优惠并举的政策措施。目前由于列入补贴的机具种类较少而资金量较大,在补贴品种的范围内已经形成了补贴市场,因此在操作层面上要贯彻市场主体平等的原则,一是对符合国家规定的推广条件的农机产品的提供者,要让他们平等地进入市场竞争;二是对补贴机具的购买者,也要让他们有平等的购买机会,防止扭曲市场。

2. 加强对资源、环境、质量、安全等方面的法规制度建设,发挥农机管理部门监管职能作用。依据《中华人民共和国农业机械化促进法》、《农业机械安全监督管理条例》和相关的法律、法规,在资源、环境方面要建立农业机械的报废更新制度和落后机型的淘汰制度;在农机质量和服务方面要建立农机经销商和维修者对县级农机管理部门的承诺制度;在安全生产方面要建立涉及人身安全的农机产品的安全鉴定制度和安全监理的具体规章制度。加强农业机械的行业管理,保证转变农业机械化发展方式的战略目标的实施并建立长效机制。

3. 加强农业机械化公共服务体系建设,为农业机械化发展提质增效提供保障。农业机械化公共服务体系的建设应当以县、乡镇为重点,建立以县级农业机械化公共服务机构为依托,乡镇农业机械化技术推广机构(或者岗位)为支撑,农机合作组织和其他力量为补充的农业机械化公共服务网络。为此一是要在政策上明确农业机械化公共服务机构的职能,特别是要明确乡镇的农业机械化公共服务职能和相应的岗位;二是要积极争取各级财政资金投入,加强农业机械化公共服务的基础设施建设,提高服务能力;三是加强人才队伍建设,解决基层农业机械化公共服务机构人员老化、服务弱化的问题。建议在全国不同类型的地区建立农业机械化公共服务体系建设的试点,探索具体的服务模式,树立样板,积累经验。

4. 大力推进农业机械化技术创新,促进农机装备优化升级和先进适用技术的应用普及。在新形势下,保持农业机械化持续发展并应对资源环境方面的严峻挑战,最根本的就是要加快技术创新的步伐,把未来的农业机械化发展建立在新的技术基础上,以质量和技术水平的提高作为农业机械化发展的动力。农业机械化技术创新应当结合现代农业发展的实际需要,围绕当地的主导产业进行。为此,一是要加快适应现代农业的农业机械化生产技术体系建设,加强农业机械化技术推广普及;二是依托重大农业项目,建设农业机械化科技创新基地;三是促进产、学、研、推(广)相结合,加快农机新技术、新产品开发和科技成果转化;四是建立不同层次的农业机械化示范区和示范点,发挥应用先进技术建设现代农业的示范作用。

发展农机合作社　推动农业机械化

农业部农村经济研究中心研究员　郑有贵

在工业化和城镇化背景下,农业的发展越来越高度依赖机械化。为此,党的十七届三中全会提出了劳动过程机械化这一重大历史性命题。但是,农业机械化发展面临着农民购不起、农机具利用率低和使用不经济、配套基础设施建设难推进、农机作业耗能高和污染等问题。发展农机合作社则可以很好地破解这些难题。鉴于此,应当积极促进农机合作社的发展,以实现农业机械化的科学发展。

一、农业机械化进一步发展的困境

在实施家庭承包经营制度初期,经历激烈争论后,顺应广大农民发展家庭经济的要求,国家允许农民购买大中型农机具。这一重大政策的历史性突破,使重塑起来的农民家庭经济与农机具这一先进生产要素配置在一起,成为促进农业和农村经济快速发展的重要因素。但是,在实践中,农户分散购买和经营农机具也存在四个难题:

一是购不起。现阶段农民购不起农机具,与改革初期的表现形式有所不同,即不是绝对购买不起农机具,而主要表现在高性能农机具、大中型农机具购置费用高和配套设备难以齐备等方面。正因为如此,现阶段农业机械化发展存在结构性问题,农机装备"三多三少"的问题较为突出,即小型机械多、大中型机械少,动力机械多、配套农具少,低档的机械多、高性能先进适用机械少。到2007年,全国共有3 600万个农机户,平均每个农机户拥有农业机械价值1.2万元,只相当于一部手扶拖拉机和基本配套农具的价值。其中,提供社会化服务的农机专业户400万个,只占农机户总数的11%,平均每个农机专业户只有1.3个从业人员。能够提供耕、种、收、初加工"一条龙"的农机社会化服务组织或大户则更少。农业机械化的这种发展态势,难以满足现代农业发展的需要。

二是使用效率低和不经济。笔者调研中与农民座谈时,农民普遍反映,单家独户购买农业机械后,作业量难以饱和,不仅导致农机具资源的浪费,还导致使用农业机械不经济。一些经济实力强的农机专业大户,也是因为担心作业量不饱和、投资回报预期不明而不愿意购买高性能和大中型农机具,这影响了农业机械化的进一步发展。

三是机耕道、机具场库棚、维修网点等配套基础设施建设难以推进,普遍存在"有机无路走、机闲无处放、机坏无处修"的现象,且田块细碎化,约束了农业机械的使用,农机效能不能充分发挥,也影响农机作业的收益。

四是使用质量不高的农机具,导致单位作业量油耗高和滴漏油污染,不利于资源节约型社会和生态文明建设。

二、农机合作社的优势

各地因地制宜,逐步探索形成农机专业户、农机合作社等多元化农机服务组织模式。这些农机服务组织在破解农民购不起、农机具利用率低和使用不经济、农机作业耗能高和污染等问题上发挥着重要作用。通过比较分析,我们可以发现,在多种农业机械化服务组织模式中,最值得倡导的是农机合作社。与其他农机服务组织相比,农机合作社有以下六方面的优势:

1. 在解决农民购不起问题上更具优势。高性能和大中型农机具的使用,一方面可以更好地实现农业增产、增效和农民增收;另一方面还可以实现节能减排,更好地发挥农业机械化在促进生态文明建设上的作用。农机合作社除了通过向金融部门贷款和获得政府农机具购置补贴外,还可以通过合作社的积累和向成员筹集资金等方式,解决购置高性能机具、大中型机具和配套机具的资金短缺的难题,从而可以很好地解决购不起农机具的问题。

2. 在提高农机具利用率和经济性上更具优势。农机合作社的发展,可以在很多方面提高农机具的利用率:①合作社统筹购置,可以解决重复购置问题,实现机具的配套,有利于提高农机具的利用率;②合作社与成员是利益一致的经济共同体,这一特质使农业机械作业市场稳定,有利于提高农机具的利用率;③随着农机合作社实力的增强和经营能力的提高,市场信息获取能力和市场开拓能力也会增强(如一些农机合作社开展跨区作业等即是很好的例证),也有利于提高农机具的利用率。

3. 在促进农民增收上更具优势。农机合作社还可以从两方面促进农民增收:①由于农机合作社为成员提供机械作业服务不以盈利为目的,可以把农机作业费用降到最低水平。②农机合作社在发展机械作业服务的基础上,还可以逐步扩大贮藏加工、产品销售、生产资料购买等领域的业务,拓宽农民增收渠道。

4. 促进农机具与其他生产要素实现更优配置。农机合作社的互利合作机制有利于协调成员之间的关系,加上经济实力的增强,有利于逐步解决好"有机无路走、机闲无处放、机坏无处修"等问题,更好地发挥农业机械化的作用。

5. 在促进职业农民队伍发展上更具优势。一方面,由于合作社是一所技术交流和培训的学校,可以提高职业农民所需要的知识和技能;另一方面,由于农机合作社实现了生产要素的优化配置,解决了农业生产经营中的社会化服务问题,一部分农民可以专门从事非农产业(在农业机械化之前,很多外出就业的农民在农忙季节要回乡干农活),而从事农业的农民也可以实现专业化分工,这有利于先进实用技术的应用,有利于提高农民从事农业生产经营的技能。

6. 在提高财政支农资金使用效率上更具优势。各地实践表明,农机合作社的发展为国家财政支农提供了一个更加有效的载体,对农机合作社的财政支持可以提高财政支农资金的使用效率,收到事半功倍的效果。

三、政策建议

鉴于农机合作社的优势,应当明确农业机械化的组织模式以合作社为主,将农机合作社作为支持主体,在财政、税收、信贷、政策性保险、用电用油用地等方面对农机合作社予以支持,解决农机合作社购置农机具、建设农机具场库棚、机具维修保养、烘干设施、加工和贮藏设施等问题,以促进农机合作社提高服务能力和拓展服务领域,增强农机合作社的凝聚力和带动力。在现有的环境下,需要对现行政策做出适当调整。例如,在实施农机具购置补贴政策时,应以农机合作社为优先对象,实行多购多补,促进农机合作社的发展,以破解农业机械化发展中面临的难题,适应农业发展高度依赖机械化的要求。

(摘自2009年3月30日《农民日报》)

我国中长期农机购置补贴需求研究

张宗毅　周曙东　曹光乔　王家忠

一、引言

日本农业经济学家 Yujiro Hayami 和美国农业经济学家 Ruttan Vernon W.(1985)的研究表明,落后的传统农业不仅不能支持工业的发展,还会拖工业的后腿,阻碍工业化和现代化进程。只有改造传统农业,把传统农业转变为现代农业,才能支持国民经济持续发展。舒尔茨认为,新的有利技术供给是传统农业向现代农业转变的必备条件。由于传统农业技术的落后和农民的知识、技能水平较低,其投资收益率相对较低,在发展中国家，要打破农业生产长期落后的均衡状态，首先应该引入一种或几种现代物质要素。农业机械是现代农业的重要生产要素和标志，是先进的现代生物技术、化学技术在农业上大规模应用的物质条件，是农业规模化、标准化生产的重要前提，因此，改造传统农业，发展现代农业必须首先发展农业机械化。

目前，我国二、三产业的劳动生产率远远高于农业，而且由于先进技术的不断采用，工业和服务业的劳动生产率不断提高，农业劳动生产率与其差距则不断拉大，这就促使农业劳动力源源不断地向第二、三产业转移，造成农业劳动力呈现出女性化、老龄化、低文化等特征，并出现结构性、季节性短缺，长期下去将威胁到农业的可持续发展和粮食安全，并进一步阻碍国民经济的发展。要解决这个问题也必须要首先解决传统农业劳动生产率低的问题，而要提高农业劳动生产率，使用农业机械化是必由之路。因此，无论从已有研究理论的角度还是从我国的实际情况来看，发展农业机械化都是十分重要的。

然而，我国虽然从建国之初就十分重视农业机械化的发展，但目前农业机械化发展水平仍然较低。2008 年，我国耕地机械化水平为 65.63%，播种机械化水平为 37.74%，植保机械化水平为 29.96%，机电灌溉水平为 38.27%，收获机械化水平为 31.19%，耕种收综合机械化水平仅为 45.85%。其中，一些主要粮油作物的关键生产环节机械化水平十分低下，如水稻的机械种植水平仅为 13.73%，玉米的机收水平仅为 10.61%，油菜的机收水平仅为 6.97%。为了适应我国农业劳动力转移带来的农业劳动力逐渐短缺的局面，必须大力促进农业机械化，而农机购置补贴是有效的促进手段。近年来，我国党和政府高度重视农业机械化的发展，2004 年出台了《中华人民共和国农业机械化促进法》，2004 年—2009 年以来连续 6 个一号文件都提到要大力发展农业机械化。2004 年以来，我国中央和地方各级政府对购买农机的农民实行了差价购机补贴政策。其中，2004 年—2009 年中央补贴资金规模分别是 7 千万、3 亿、6 亿、20 亿、40 亿、130 亿。补贴政策实施以来，较大地促进了我国农业机械化的发展。但是，补贴资金应该无限制地增加吗？如果不是应该补多少合适呢？这个问题缺少相关研究。

二、文献综述

目前国内外关于农机购置补贴的研究，主要集中在农机购置补贴对农户投资行为的影响、补贴效果研究。如 Cole 等(1988)认为农机投资水平与土地使用期限、机械手水平、经济条件、现有机械的使用年限等因素有关，价格支持、税收、利率补贴政策影响购买时间的选择，但不会改变总投资量，也就是说补贴政策只是影响购买的因素，但不能成为购买农业机械的决定因素。Toshio Kuroyangi(1982)以日本政府在主要稻米产区的耕地保护以及灌溉排旱工程的投资为主要研究对象，建立了政府投入与农业机械化关系的模型，从而实证分析了日本政府的农业支出以及贷款政策对农业机械化资本形成的作用。Paroda(2000)研究指出对于人口众多的国家来说，农业的可持续发展与大多数人的生活水平直接相关，投入品补贴在某种程度上是推动农业增长的动力，但并不能成为永久的措施。国内学者普遍认为，农机具购置补贴会降低农民生产成本，同时为其提供从事非农经营的时间，从而对农民增收有利(李军富，2009；余沪荣等，2008；俞悦，2009；魏云海，2008)。王姣等(2007)在论证农机具补贴对农民收入影响的同时，也分析了补贴对种植业产量的影响，结果表明，农机补贴对于各种规模农户的粮食产量也有正向影响作用。此外，一些学者还就农机具购置补贴对福利、优化农机结构等方面的影响做了研究(李红，2008)。但国内外关于农机购置补贴总量需求的研究较少，白人朴等人(2004)虽然计算了当年补贴资金的规模需求，但计算方法较为粗略，没有考虑经济发展、劳动力转移等多因素的动态变化。

在总结已有研究的基础上，本文的研究思路如下：首先确定包含补贴在内的影响农业机械化水平的主要因素，并考虑到地区差异，运用变系数 Panel Data 模型对历史数据进行拟合，找出各个因素对农业机械化水平之间的定量关系；接着预测除农机购置补贴外的其他变量在 2020 年的数值，根据预测值和前面的定量模型，就可以计算出从现在开始不再补贴情况下，2020 年农业机械化水平能够自发达到的数值；然后，根据手工最大作业量、劳动力转移和耕地面积变化情况，确定 2020 年由于劳动力转移、耕地面积变化农业对农业机械化水平的需求，也即是农机化发展的目标；最后，根据定量模型、农机化发展目标与自发发展水平之间的差值，就可以计算出到 2020 年，为了达到既定目标，需要的农机购置补贴资金。

三、模型选择与构建

(一)影响因素选择

要构建影响农业机械化水平的定量模型，首先要选择影响农业机械化水平的主要因素。本研究认为影响一个国家或地区的农业机械化水平主要有以下几个因素：①经济因素。一个地区的经济环境越好，对农业机械化的投入能力就越强。该变量用地区生产总值除以地区耕地面积表示，假定该变量数值越高，则该地区的农业机械化水平越高。②自然因素。一个地区的土地资源中平原所占比例越大，其农业机械化越容易实现，反之，丘陵山地所占比例越大，则越难以实现农业机械化。该变量用丘陵山地占土地资源比例表示。假定该变量的数值越高，则该地区的农业机械化水平越低。③人口因素。一个地区的农业从业人员越多，劳均土地资源越少，人工完全能够完成农业生产，因此对农业机械化的需求较弱；反之，一个地区的农业从业人员越少，劳均土地资源越多，人工不能够满足农业生产对生产力的需要，必须借助于农业机械。该变量用劳均土地面积表示(单位为：公顷/人)。假定该变量的数值越高，则该地区的农业机械化水平越高。④农业种植结构。这里主要是旱作与稻作的区别，由于旱地机械化的限制较少，所以旱作地区的机械化水平要比稻作地区的机械化水平要高。本处以水稻种植面积占粮食作物播种面积的比例表示。假定该变量的数值越高，则该地区的农业机械化水平越低。⑤农机购置补贴力度。一个地区农机购置补贴力度越大，则农机装备水平越高，其农业机械化水平也越高。该变量以历年累计土地顷均补贴资金表示(单位为：元/公顷)。⑥技术供给。若某个生产环节技术供给不足，则该环节的农机化水平就低下，我国的水稻插秧机械化、玉米收获机械化水平低下和技术供给就有很大关系。但技术供给变量很难量化，再加上技术供给受技术需求的影响很大，一定程度也可以把它看着内生变量，所以本文中的定量分析中不作进一步讨论。但是并不意味着技术供给不足的问题不重要，我国应在农机科研上花大力气，才能满足农业生产日益增长的农机装备需求。

以上六个变量对于农业机械化来说都是外生的，这六个外生变量决定了一个地区的农机装备数量、农机使用效率、农机化作业水平，外生因素和内生因素之间的关系如图 1。

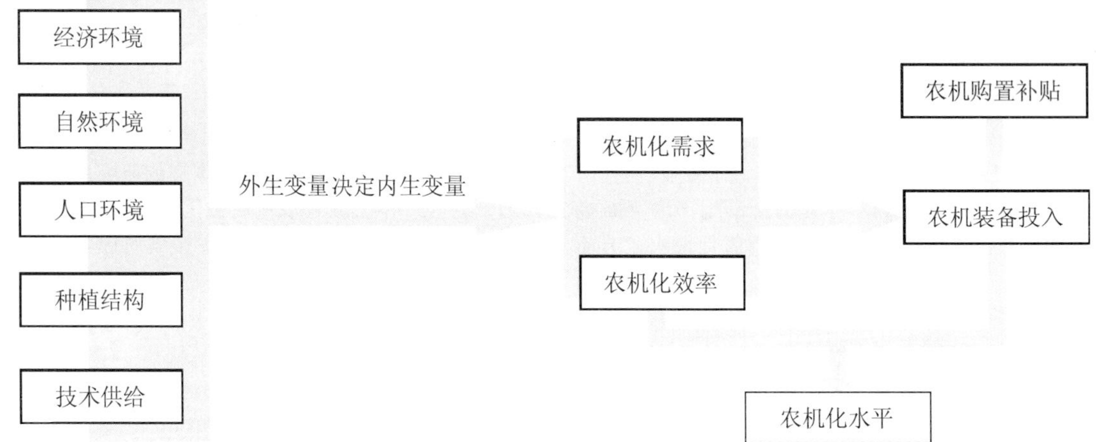

图 1　农业机械化水平外生因素与内生因素关系图

(二)数据说明

与农机相关的数据来源于历年《中国农业机械化年鉴》，其它数据来源于历年《中国统计年鉴》。此外，各省耕地地形数据来源于中国自然资源数据库。被解释变量、解释变量的计算过程如下：

农机化水平 = 机耕水平 0.4 + 机播水平 0.3 + 机收水平 0.3；

耕地顷均 GDP = $\frac{\text{地区 GDP}}{\text{全部耕地面积}} \times 100\%$；

耕地中丘陵比例 = $\frac{2°—6°\text{坡地}}{\text{全部耕地面积}} \times 100\%$；

耕地中山地比例 = $\frac{6°—25°\text{坡地}}{\text{全部耕地面积}} \times 100\%$；

耕地中高山比例 = $\frac{25°\text{以上坡地}}{\text{全部耕地面积}} \times 100\%$；

劳均土地比例 = $\frac{\text{各省耕地总面积}}{\text{第一产业从业人数}}$；

水稻种植比例 = $\frac{\text{各省水稻播种面积}}{\text{粮食总播种面积}} \times 100\%$；

顷均累计补贴 = $\frac{\text{各省历年财政补贴总量}}{\text{各省耕地面积}}$。

(三)模型设定与解释

Panel Data 指在时间序列上取多个截面，在这些截面上同时选取样本观测值所构成的样本数据，也就是把截面和时间序列数据融合在一起的数据。Panel Data 模型具有许多优点。首先，Panel Data 模型可以通过设置虚拟变量对个别的差异进行控制；第二，通过对不同横截面单元不同时间观察值的结合，成为"更多信息、更可变、变量之间更少共线性、更多自由度、更有效"的数据。它通常提供给研究者大量的数据点，增加了自由度并减少了解释变量之间的共线性，从而改进了计量经济估计有效性；第三，Panel Data 是对同一截面单元集进行重复观察，能更好地研究经济行为变化的动态性；第四，也是比较重要的一点，Panel Data 模型能对更复杂的行为模型进行研究。Panel Data 模型能够将在纯截面模型和纯时间序列模型中难以分离出来的效应进行分离和测量。对于本处的研究，Panel Data 模型能够更好地观察各省的边际农机投资倾向的差异，更精确地描述各省主要宏观影响因素与农业机械化水平之间的关系。因此设定变系数 Panel Data 模型如下：

$$y_{it} + a + x_{1t} \times Ln(\beta_{1i}) + x_{2t} \times \beta_2 + x_{3t} \times \beta_3 + x_{4t} \times \beta_4 + x_{5t} \times \beta_5 + x_{6t} \times \beta_6 + x_{7t} \times \beta_7 + \mu_{it} \quad (1)$$

其中，y_{it}表示 $N \times 1$ 维被解释变量即耕、种、收综合机械化水平向量(N 为样本个数，本文中为 32)，x_{1t}—x_{7t}是 7 个 $N \times 1$ 维解释变量(即代表经济环境、丘陵比例、山地比例、高山地比例、人口环境、补贴力度的六个外生变量)，a 是 $N \times 1$ 维常数向量，β_1—β_7 是 $N \times 1$ 维系数向量，其取值受不同个体的影响。μ_{it}是 $N \times 1$ 维扰动项向量，满足均值为零、方差为 σ_{μ}^2 的假设。由于各个地区的农机边际投入不同(即在不同地区用于农机投入的资金占耕地顷均 GDP 的比例不同)，因此对耕地顷均 GDPx_{1t}前的系数 β_1 设成变系数 β_{1i}，即对于每个地区的样本 i 来说，其地区耕地顷均 GDPx_{1t}对农机化水平的影响系数 β_{1i} 均不同。此外，由于耕地顷均 GDP 变量数值的变化范围较大，取其对数以一定程度消除异方差。

将 2001 年—2007 年全国平均数据和 31 个省(市、自治区)数据构成的面板数据带入模型(1)，运用 eviews5.0 软件进行计算，得到结果见表 1。

表 1　农业机械化水平影响因素 Panel Data 模型估计结果

变量	系数	标准差	T 检验	相伴概率
常数	41.1732	2.3773	17.3194	0.0000
丘陵(2°—6°)比例(%)	-0.6971	0.1047	-6.6557	0.0000
山地(6°—25°)比例(%)	-0.2123	0.0410	-5.1772	0.0000
高山地(25°以上)比例(%)	-0.7328	0.1246	-5.8829	0.0000
劳均耕地面积(公顷/人)	10.5871	2.1630	4.8946	0.0000

续表

变量	系数	标准差	T 检验	相伴概率
水稻种植比例(%)	-0.3279	0.0449	-7.3047	0.0000
顷均累计补贴量(元/公顷)	0.0137	0.0043	3.1723	0.0018
Ln(全国——耕地顷均 GDP(万元/公顷))	8.6908	0.4494	19.3371	0.0000
Ln(北京——耕地顷均 GDP(万元/公顷))	3.4278	0.6399	5.3570	0.0000
Ln(天津——耕地顷均 GDP(万元/公顷))	3.7242	0.7205	5.1693	0.0000
Ln(河北——耕地顷均 GDP(万元/公顷))	11.1831	0.6312	17.7179	0.0000
Ln(山西——耕地顷均 GDP(万元/公顷))	8.8598	0.9819	9.0230	0.0000
Ln(内蒙——耕地顷均 GDP(万元/公顷))	14.9592	0.9983	14.9843	0.0000
Ln(辽宁——耕地顷均 GDP(万元/公顷))	8.1210	0.4704	17.2655	0.0000
Ln(吉林——耕地顷均 GDP(万元/公顷))	0.3111	1.2098	0.2572	0.7973
Ln(黑龙江——耕地顷均 GDP(万元/公顷))	25.1825	1.4652	17.1870	0.0000
Ln(上海——耕地顷均 GDP(万元/公顷))	2.4188	0.8198	2.9505	0.0036
Ln(江苏——耕地顷均 GDP(万元/公顷))	9.9369	0.7607	13.0621	0.0000
Ln(浙江——耕地顷均 GDP(万元/公顷))	5.3562	0.7419	7.2198	0.0000
Ln(安徽——耕地顷均 GDP(万元/公顷))	13.8279	0.7239	19.1015	0.0000
Ln(福建——耕地顷均 GDP(万元/公顷))	4.9359	0.5237	9.4260	0.0000
Ln(江西——耕地顷均 GDP(万元/公顷))	19.0497	1.3025	14.6256	0.0000
Ln(山东——耕地顷均 GDP(万元/公顷))	7.8111	0.6498	12.0209	0.0000
Ln(河南——耕地顷均 GDP(万元/公顷))	8.6897	0.6917	12.5629	0.0000
Ln(湖北——耕地顷均 GDP(万元/公顷))	7.9525	0.6847	11.6150	0.0000
Ln(湖南——耕地顷均 GDP(万元/公顷))	14.2019	0.9035	15.7186	0.0000
Ln(广东——耕地顷均 GDP(万元/公顷))	3.7333	0.6879	5.4273	0.0000
Ln(广西——耕地顷均 GDP(万元/公顷))	7.4656	1.0504	7.1074	0.0000
Ln(海南——耕地顷均 GDP(万元/公顷))	6.2737	1.1268	5.5678	0.0000
Ln(重庆——耕地顷均 GDP(万元/公顷))	3.4998	0.4946	7.0766	0.0000
Ln(四川——耕地顷均 GDP(万元/公顷))	2.7488	0.3447	7.9739	0.0000
Ln(贵州——耕地顷均 GDP(万元/公顷))	1.2377	0.7394	1.6739	0.0958
Ln(云南——耕地顷均 GDP(万元/公顷))	-0.6110	0.4838	-1.2627	0.2083
Ln(西藏——耕地顷均 GDP(万元/公顷))	7.8177	3.1011	2.5209	0.0125
Ln(陕西——耕地顷均 GDP(万元/公顷))	11.1069	1.0714	10.3672	0.0000
Ln(甘肃——耕地顷均 GDP(万元/公顷))	0.6026	1.1347	0.5310	0.5960
Ln(青海——耕地顷均 GDP(万元/公顷))	7.2460	0.8324	8.7054	0.0000
Ln(宁夏——耕地顷均 GDP(万元/公顷))	4.0225	0.9584	4.1973	0.0000
Ln(新疆——耕地顷均 GDP(万元/公顷))	9.6928	1.3061	7.4213	0.0000

调整后 R^2 为0.995 2,各变量的回归系数 T 统计值都较大,显著概率均在1%以下,耕地顷均GDP变量的回归系数仅在吉林、云南、甘肃等少数省份不显著。可以看出该模型拟合效果较好,能解释99.52%的方差。原先对于农机化发展影响因素的假设是合理的,也即是农机化水平主要受耕地顷均GDP、丘陵山地比例、劳均土地面积、水稻种植比例、土地顷均累计补贴金额所代表的经济环境、自然环境、人口环境、种植结构、补贴力度等外生因素的影响。

其中全国农机化水平的拟合模型如下:

$$\hat{y}_{全国} = 41.1732 + 8.6908\mathrm{Ln}(x_{耕地顷均GDP}) - 0.6971x_{丘陵比例} - 0.2123x_{山地比例} - 0.7328x_{高山地比例} + 10.5870x_{劳均土地面积} - 0.3279x_{水稻种植比例} + 0.0137x_{顷均累计农机购置补贴} \quad (2)$$

也即是耕地顷均GDP每增加2.718 3万元(或全国GDP每增加3.262 0万亿元,等于2.718 3万元/公顷×1.2亿公顷),地区(或全国)农机化水平增加8.690 8个百分点;耕地中丘陵比例每高1个百分点,会导致农机化水平低0.697 1个百分点;耕地中山地比例每高1个百分点,会导致农机化水平低0.212 3个百分点;耕地中高山地比例每高1个百分点,会导致农机化水平低0.732 8个百分点;劳均土地面积每增加1公顷,导致农机化水平增加10.587个百分点;水稻种植面积占粮食播种面积比例每增加1个百分点,该地区的农机化水平就相应下降0.327 9个百分点;从2004年开始计算,土地顷均农机购置财政补贴资金每增加1元,农机化水平提高0.013 7个百分点,或者说每增加约88亿元农机购置补贴全国农机化水平就提高1个百分点。

用该模型拟合出来的2001—2007年全国农机化水平见表2。可以看出,该模型的模拟效果较为理想,7年的模拟值与实际值差距均小于3个百分点。

表2 2001—2007年模型模拟效果(%)

年份	拟合值	实际值	误差
2001	34.36	33.93	-0.43
2002	35.17	34.42	-0.75
2003	36.45	34.62	-1.83
2004	37.68	37.08	-0.60
2005	39.27	39.00	-0.27
2006	40.87	41.44	0.57
2007	42.97	45.50	2.53

注:本处的实际值=(当年机耕面积+当年免耕播种面积)/当年耕地面积,耕地面积由1996年和2006年两次农业普查数据推算得出,推算方法为等比递增法,因此此处的水平和相关部门公布的数据可能有一定出入。

四、农机购置补贴总规模测算

(一)主要影响因素发展趋势预测

前面的七个因素均是外生变量,现在这些外生变量未来发展趋势进行预测。

耕地顷均GDP:十七大报告中均提出要在2020年国民生产总值比2000年翻两番,2000年国民生产总值为99 214.6亿元,翻两番即在2020年达到396 858.4亿元。《国家粮食安全中长期规划纲要》明确规定到2020年我国要保住18亿耕地面积的红线,因此2020年我国耕地面积将变为18亿亩。则全国耕地顷均GDP在2020年的数值为396 858.4亿元/(18亿亩/15)=33.071 5万元/公顷。

农业劳动力:涉及对未来农业劳动力总量的估算和未来土地规模的估算。根据2002年至2007年全国农业劳动力历史数据,构建自回归移动平均模型如下:

$$\hat{y} = 39058.360 - 1276.972 \times (t - 2001) - 0.997ma \quad (3)$$

调整后 R^2 为0.999 6,模型中系数的显著性均在0.01水平下显著。用该模型预测2008—2020年的劳动力数量,得到表3。可以看出,到2020年,第一产业劳动力将减少为14 789万人。因此2020年我国劳均土地面积将变为18亿亩/15/14 789万人=0.811 4公顷/人,比目前劳均土地面积0.387 1公顷增加109.61%。

表3 2008—2020年第一产业劳动力预测值(万人)

年份	预测值	年份	预测值
2008	30125	2014	22454
2009	28841	2015	21176
2010	27564	2016	19899
2011	26286	2017	18621
2012	25009	2018	17344
2013	23731	2019	16066
		2020	14789

第二次农业普查数据表明,2006年我国农业劳动力年龄在40岁以上的比例高达55.57%,考虑到目前80后、90后的农村人口几乎很少留在农村,2020年(在第二次农业普查14年以后)我国农业劳动力年龄在40岁以上的比例可能高达80%(实际上,我们的调研中发现很多地区的农业劳动力40岁以上比例已经高于80%),农业劳动力的数量和质量都将发生巨大变化,因此预测2020年农业劳动力降低为14 789万人,我们认为是相对合理的。

丘陵山地比例:假定没有土地平整工作,丘陵山地比例不变,则丘陵比例为17.20%、山地比例为23.83%、高山地比例为4.52%(数据来源:中国自然资源数据库)。

水稻种植面积占粮食播种面积比例:假定于2007年同,仍然为27.375 6%。

顷均累计农机购置补贴金额:截至2007年全国顷均累计农机购置补贴金额为57.690 9元/公顷,2008年、2009年的财政补贴总额除以耕地面积得到这两年的累积顷均补贴金额为176.809 1元,两者相加得到2004—2009年顷均累计农机购置补贴金额为234.5元。

(二)农机化发展目标确定

2020年主要环节农机化水平的需求计算方法如下:

$$2020需求 = 1 - \frac{2008年该环节总作业面积}{2008年农业劳动力} \times (1 - 2008年该环节农业机械化水平) \div \frac{2020年该环节总作业面积}{2020年农业劳动力} \quad (4)$$

其中,"2020需求"表示某个作业环节在2020年对该环节农机化水平的需求,$\frac{2008年该环节总作业面积}{2008年农业劳动力}\times(1-2008年该环节农业机械化水平)$表示该环节在不存在农业机械化的情况下劳均最大作业面积,$\frac{2020年该环节总作业面积}{2020年农业劳动力}$表示2020年该环节劳均最大作业面积,不存在农业机械化的情况下劳均最大作业面积与2020年该环节劳均最大作业面积比值表示2020年该环节纯手工作业比例,1减去该数值表示2020年该环节对农机化水平的需求。

用以上方法测算出主要粮食作物主要生产环节2020年对农机化水平的需求如表4。表4中2020年对农机化的需求,将耕种收三个环节加权得到的发展目标为73.95%,表明将2020年发展目标确定为74%比较合理。

表4 2020年主要环节农机化水平需求(%)

环节	2008年水平	2020年需求
耕地	65.63	83.13
播种	37.74	69.44
收获	31.19	66.22

从国际经验来看,美国、前苏联、加拿大、日本、韩国等已经完全实现机械化的国家,从0开始到完全实现农业机械化大多只经历了20年—30年时间,而且在农业机械化综合水平达到40%以后又一个飞速发展的阶段,往往在短短几年内达到一个较高的水平。日本的机耕水平从25%(1960年)发展到66%(1967年)用了7年,年均增加5.58%;从66%(1967年)发展到96%(1970年)仅用了3年,年均增加10%。

从表3—表5我们可以看出,到2020年,我国的劳均土地面积、农业劳动力占总人口比例、每个农业劳动力生产的粮食和肉类等主要经济指标,均优于日本、韩国实现农业机械化时的经济指标,因此即使保守估计,根据国际经验,到2020年,我国农业机械化综合水平达到74%也不能算冒进。我们认为74%的耕种收综合机械化发展目标是合理的。因此,后面的计算将2020年我国农业机械化发展目标定为74%。

(三)农机购置补贴资金总规模测算

假设从2010年开始不再补贴,将前面分析出的几个变量在2020年的预测值:耕地顷均GDP(33.071 5万元/公顷)、丘陵比例(17.20%)、山地比例(23.83%)、高山地比例(4.52%)、劳均土地面积(0.811 4公顷/人)、水稻种植面积占粮食播种面积比例(27.375 6%)、顷均累计农机购置补贴金额(234.5元)代入全国农机化水平的拟合模型(2),可以得到在不进行补贴的情况下,2020年耕、种、收综合机械化水平将达到54.03%。

表5 主要发达国家实现农业机械化时主要经济指标

国家	实现年份	经历时间(年)	劳均土地面积(公顷/人)	农业劳动力占总人口比例(%)	每个农业劳动力生产的粮食(千克)	每个农业劳动力生产的肉类(千克)
美国	1940	30	14.7	8.3	9800	786.5
加拿大	1920	30	39	7.2	28200	775.5
原苏联	1953	24	7.1	14.2	3100	218
英国	1948	17	5.9	2.5	5867	767.5
法国	1955	25	3.8	15.6	4375	505
意大利	1960	30	2.5	12.8	1915	116.5
原西德	1953	22	1.3	12.5	1715	317
日本	1967	21	0.6	10.6	1810	73.5
韩国	1996	20	0.617	6.24	3083	558
中国(目前)	2007		0.39	23.80	1595	218.35
中国(预测)	2020		0.81	11.23	3190.45	436.69

结合前面分析的发展目标,若2020年农机化水平要达到74%,则通过全国农机化水平的拟合模型可计算出需累计投入农机购置财政补贴资金1 695.524 7元/公顷,截至2009年目前每公顷已经投入约234.5元,因此剩下的11年中还需每公顷土地共投入1 695.524 7 - 234.5 = 1 461.024 7元。目前全国土地面积121 735.20千公顷,因此须累计投入购机补贴资金1 461.024 7元/公顷×121 735.20千公顷≈1 778.581 4亿元。分成11年则每年需投入购机补贴1 778.581 4/11≈161.69亿元。

以上资金计算仅考虑种植业生产机械化,2008年全国农用运输车外其他机械总动力为48 821.90万千瓦,其中种植业生产机械总动力为36 955.41万千瓦,所占比重为82.99%,为简化计算,农机购置补贴资金总额可以根据前面计算出的补贴总额除以82.99%进行粗略计算,得到每年各级财政需投入购机补贴总额为194.83亿元。按照目前地方财政年均农机购置补贴20亿左右的规模,中央财政需要年均支付农机购置补贴170亿元左右。

五、结论与建议

通过本文的研究,可以得出以下主要结论:

(一)随着农业劳动力老龄化趋势加剧、农业劳动力向其他产业转移加速,农业机械化在今后提高农业劳动生产率、保障农业生产能力和农村发展中将起到越来越重要的作用。

(二)经济因素、劳均土地面积、自然条件、种植结构、农机购置补贴是影响农业机械化水平的几个重要因素，一个地区的经济水平越高、劳均土地面积越大、丘陵山区面积比例越小、稻作面积比例越小、顷均累计农机购置补贴比例越高，则该地区的农业机械化水平越高。

（三）根据模型测算，到2020年，我国农业劳动力数量将急剧下降，将从目前的3亿左右下降到1.478 9亿，为了满足劳动力转移的需要，全国农业机械化水平必须达到74%，才能填补由于劳动力转移所导致的农业综合生产能力下降。

（四）如果从2010年开始不再进行补贴，我国到2020年农业机械化水平只能达到54.03%，因此为了满足劳动力转移需要，必须对购买农业机械进行补贴，经测算，各级财政支付农机购置补贴总金额至少为年均194.83亿元，按照目前地方财政补贴20元亿左右的规模，中央财政至少应年均补贴170亿元左右。

（张宗毅，农业部南京农业机械化研究所；周曙东，南京农业大学经济管理学院；曹光乔，农业部南京农业机械化研究所；王家忠，农业部农业机械化管理司）

加快突破丘陵山区农业机械化的发展瓶颈

农业部农业机械化管理司　宋建武　刘恒新

我国地形多样，地貌复杂，地势自西而东，逐级下降，陆地高差悬殊，山地、高原、丘陵、沙漠等约占国土总面积的66%，平地约占34%，全国近70%的县区分布于山区。据《中国土地资源数据共享网》统计，丘陵山地占陆地比例超过50%的省份达到19个（含台湾），广泛分布在中南、东南、西南和西北地区。这些省份或地区有的是粮食主产区，有的是特色经济作物优势区，农业农村经济发展潜力巨大，农业机械化发展要求日益迫切。

一、基于丘陵山区分布状况对我国农业机械化发展情况的分析

事物发展遵循一定的客观规律，在螺旋式上升进程中，数量的积累达到一定程度才能引起质的变化。未来五到十年，平原地区农业机械化将由数量增长为主向质量提高为主转变，丘陵山区将呈现数量加速增长特征。基于丘陵山区分布状况，对我国农业机械化发展情况做如下分析。

1. 平原为主省份在高基点上提升农业机械化发展质量的基础条件较好。平原省份（丘陵山地占陆地比例20%以下）主要包括天津、上海、江苏、山东等4省（市），耕地面积占全国总耕地面积的12%，2008年底农业机械化发展水平处于54%—75%之间，已接近或进入高级发展阶段。这些省份发展农业机械化的经济社会条件、地理条件相对较好，目前已基本完成数量积累，进入质量提升和领域拓宽阶段。未来十年，机械化、信息化、智能化联动的特征将逐步显现，发展水平也将整体达到先进国家水平。

2. 平原与丘陵山地交错省份实现农业机械化协调发展的难点在丘陵山区。平原与丘陵山地交错省份（丘陵山地占陆地比例20%—50%）主要包括河北、内蒙古、辽宁、吉林、黑龙江、安徽、河南、海南和新疆等9省（区），耕地面积占全国总耕地面积的40%。2008年底农业机械化发展水平多数处于51%—65%；黑龙江、新疆由于大型农垦国有农场的带动，发展水平分别为83%和75%；海南由于处在热带地区，受作物类别多样等因素影响，总体发展水平较低，为22%。这些省份多为粮食主产区，经济社会条件不是很优越，但受国家强农惠农政策支持，近年来农业机械化发展速度和质量均得到快速提升。但是在这些省份内部，丘陵山区农业机械化发展速度并不快，质量亟待提升。未来五到十年，其发展农业机械化的关键在于全面协调推进，但丘陵山区如何发展，将是摆在这些省份面前的难点和重点。

3. 丘陵山地较多省份打破常规加快农业机械化发展的意愿较强。丘陵山地较多省份（丘陵山地占陆地比例50%以上）包括北京、山西、浙江、福建、江西、湖北、湖南、广东、广西、重庆、四川、贵州、云南、西藏、陕西、甘肃、青海、宁夏等18个省份以及台湾，耕地面积占全国总耕地面积的48%。2008年，除北京、台湾外，其他17个省份多数处在东南、中南、西南及西北地区，受经济条件、作物类别、地域条件等因素影响，农业机械化发展水平总体偏低，基本低于全国45.8%平均水平，特别是重庆、四川、云南、贵州等4个省份，分别为17%、11%、8%和4%，插秧、播种、收获等环节机械化生产才刚刚起步，有的还处于空白。这些地区要想在工业化、城镇化进程中取得较快发展，必须打破常规加快发展农业机械化。未来五到十年，其发展农业机械化的重点在于借鉴他人经验，全面攻克水稻、玉米等主要粮食作物全程机械化难题，突出经济作物生产机械化，兼顾其他领域机械化生产，实现跨越式发展。

二、加快发展丘陵山区农业机械化的重要意义

随着我国统筹城乡经济社会发展力度的不断加大，丘陵山区农业劳动力越来越多地从农村转移到城镇，从农业转移到二、三产业，农业劳动力季节性短缺、结构性变化日趋明显，提高土地产出率、劳动生产率、资源利用率要求迫切。在这一背景下，提高丘陵山区农业机械化水平是贯彻落实科学发展观，促进我国农业可持续发展的重大措施，具有重要意义。

1. 是提高我国农业机械化总体水平的迫切要求。农业机械化作为现代农业发展程度的重要标志之一，只有实现全面、协调和可持续发展，才能为我国粮食及重要农产品供给安全提供坚实保障，为社会主义新农村建设提供更好的支撑。改革开放以来，我国农业机械化取得了长足发展，特别是丘陵山地比例较低省份，综合机械化水平已经进入或超过中级发展阶段，但丘陵山地比例较高省份受地形地貌复杂因素的影响，生产方式多以人、畜力为主，农业机械化水平与平原地区相比严重滞后，多数仍处在初级阶段。即使在平原比例较高省份，其丘陵山区农业机械化发展速度仍旧较慢。“水桶理论”表明，一只水桶盛水的多少，取决于桶壁上最短的那块。我国农业机械化发展水平的高低，同样受制于丘陵山区农业机械化发展程度的高低。今后较长时期内，加快丘陵山区发展将成为我国农业机械化的重点任务和迫切要求。

2. 是提高农业机械化发展质量的重大措施。农业机械化与任何复杂系统的运行一样，既有数量的规定性，也有质量的规定性。我国农业机械化发展近年来虽然取得不俗成绩，但老旧动力机械比例偏高、能耗偏大、节能环保型产品缺乏、动力机械与机具配套比低、农机操作人员素质不高、农机经营组织化程度低等问题依旧突出，总体发展质量不高。丘陵山区作为今后我国农业机械化的重点地区，不能再重复简单地以数量增长为主的老路子，必须借鉴平原地区农业机械化的有益经验、吸取平原地区发展农业机械化的教训，坚持“以质取胜”，努力提高机具的利用效率，提高作业质量和水平，扩大节能环保机具的使用范围，保护丘陵山区自然环境，促进人与自然的和谐发展。科学发展丘陵山区农业机械化，是全面提升我国农业机械化发展质量的重大举措。

3. 是拓宽农业机械化发展领域的关键所在。长期以来，人们对粮食等大宗农作物的机械化较为重视。在发展初期，将农业机械化发展重点确定在这些领域，是有其历史特点和时代要求的，但是随着事物的深入发展，这种观念已经有了重大改变，农业机械化的发展领域也由粮食等种植业作物为主向养殖业、林果业、特色经济作物、初加工业、设施农业等并重转变。我国丘陵山区分布广泛，水、土、光、温、湿等条件各异，生物多样性丰富，作物种类多，发展农牧业生产的领域较宽。这种自然禀赋既是发展丘陵山区特色产业的优势，也是拓宽农业机械化发展领域，建设现代农业，体现农业机械化作用的关键所在。未来一段时期，拓宽农业机械化发展领域，必须加快发展丘陵山区农业机械化。

三、当前发展丘陵山区农业机械化面临的制约因素分析

综观国内诸多研究文章，在分析制约丘陵山区农业机械化发展制约因素时，大都在强调以下几个方面：一是山区地块小而分散，地面高差大，道路窄小且崎岖不平，机耕道建设滞后，机械通过难度大且不安全。二是居住分散，责任田分散，种植分散，生产规模小，一户多处责任田又熟期不一，机械作业难度大。三是山高地广，机具及作业信息传播相对困难。四是经济发展水平和农民购买力低，先进适用、价格低廉的农机产品短缺。五是政策投入支持力度不够，国家补贴资金和财政支农资金有限，金融支持力度小，远远不能满足购机用机要求。

这些问题大都是各界呼吁多年的老问题，有的如机耕道、土地平整问题，各级政府已经投入大量资金予以逐步解决，但解决程度还不够；有的如机具产品供应问题，随着补贴政策的出台、强化和稳定实施，农机制造企业和推广机构也增强了技术攻关和示范推广信心，但产品适应性、可靠性以及经济性问题需要进一步解决；有的如信息不通畅问题，随着近年来移动通讯网、有线电视网、互联网建设力度地不断加大，这个问题正在得到解决。总体看，这些问题的提出主要是从发展丘陵山区机械化的外部条件入手，更多地强调了客观条件的制约，或多或少地欠缺对主观制约因素的分析；更多地提出了努力方向，但从何处着手去解决问题的办法不多，经验总结地不够。日本是公认的农业机械化先进国家，境内山地崎岖、河谷交错，山地占全国面积的80%。就是在这样的条件下，日本用了30年左右的时间，实现了农业机械的普及应用，目前正沿着自动化、智能化方向发展。也就是说，发展农业机械化，客观条件限制并非不可突破，一旦取得突破，其发展速度也将是日新月异。但是要在这方面取得突破，需要从主观能动性方面深入分析存在的问题。

1. 机手联合经营农机实现共同富裕的认识在丘陵山区表现的还不够。改革开放以来，我国已经探索走出“农民自主、政府扶持，市场引导、社会服务，共同利用、提高效益”为主要特征的农业机械化发展道路，这是在人多地少国家或地区发展农业机械化行之有效的路子和办法。但受传统自给自足自然经济等因素的影响，山区农民不善于合作共赢。2008年我国经工商注册登记的农机专业合作社8 622个，其中丘陵山地比例较高的18个省份3 401个，仅占39%。目前，不论是平原地区还是丘陵山区，农机专业合作组织发展充分的地区，其农业机械化水平相对就高，机具利用率和机手效益也高。据实地调研，在贵州，单台半喂入水稻收获机年作业量100公顷，而在江苏的农机专业合作社中，单台年作业量可达到200公顷—333.33公顷。

2. 农机制造企业通过生产丘陵山区适用机械实现产品再造的积极性不高。适合丘陵山区用的农业机械，一般应具备体积较小，轻便灵活、一机多用等特点，生产此类产品的企业则应具备多品种小批量制造体系，但是从国内情况看，这样的产品和企业不多。当前，由于存在理性经济人冲动，绝大多数农机制造企业在补贴政策力度不断加大的背景下，都希望在短期内实现更多利润或者完成资本积累，生产适用性和可靠性强、短期内经济效益难以明朗的产品的动力不足。比如，适合丘陵山区用的两行插秧机，也只有极个别合资企业在“吃螃蟹”，国内企业宁愿守着现有产品也不愿意涉足，即使能预见未来效益，也由于各方面原因不愿意进行产品再造。应该说，随着农机工业国际交流的日益频繁，采用多种方式突破制造技术难题应该不是问题，但这需要有远见卓识的企业家大胆投入。

3. 投资用于丘陵山区土地平整和为机械通行创造条件的项目还不多。长期以来，政府从粮食和重要农产品供给安全考虑，投资农业或者农田的建设项目，更多地安排在农业生产条件较好的粮食大省、大县或者农业大省、大县，用于改造丘陵山区农业生产条件的项目、资金相对要少很多。由于丘陵山区农业生产强度大、成本高，效益低，社会工商资本、金融资本也不愿意投资，即使投资，也是偏重于经济特色作物生产，偏好于较低的山区劳动力成本。丘陵山区发展农业机械化的政策基础、投入基础和条件改善基础均不牢固，投入机制还不完善。

以上分析表明，由于农民、企业和政府等各个主体在发展丘陵山区农业机械化方面都或多或少存在着不愿意、不可以或不能够的主观倾向，突破客观制约条件限制的办法就不多，发展慢的问题就长期存在。

四、加快发展丘陵山区农业机械化的路径选择

平原地区发展农业机械化有丘陵山区无法比拟的条件，但由于技术进步和时代变迁，丘陵山区反而能够获得平原地区原来缺乏的新机遇，能够获得后发优势，这对发展丘陵山区农业机械化具有积极意义。总体看，农业机械化发展快慢本质上是经济现象，企业是否愿意投资有风险的新型农机产品根本上属于经济行为，农户之间是否联合经营农机本质上是经济关系问题。新制度经济学鼻祖科斯认为，要解释或解

决好这些现象、行为和关系，就必须研究对它们产生影响、支配或约束作用的制度安排。加快我国丘陵山区农业机械化发展，必须在制度安排或政策设计方面取得重大创新，结合我国未来一段时期经济社会发展趋势和丘陵山区农村经济发展特点，需要在机制、机具和基础三个主要方面完善制度，加快突破发展瓶颈。

1. 大力创新机制。主要是完善有利于丘陵山区农户实现联合经营的体制机制。2007 年以来，农业部在全国选择了 100 个县开展农业机械化示范区建设，其中部分县属于山区县。三年来，这些县在探索发展丘陵山区机械化方面已经做出成效，最为有效的经验之一就是敞开大门搞示范，积极创新组织模式。首先要强化基层农机部门工作人员的服务意识，克服困难，积极会同其他部门，利用现场演示会，请技术人员讲解新技术、新机具的使用要领，通过电视、报纸、广播媒体开办农机专题，开展宣传和技术培训。其次要结合丘陵山区群众观念更新慢的现实，大力发展农机专业合作组织，发展、鼓励、支持有实力、有意愿、有影响力的人或组织带头组建农机专业合作社，积极培育农机大户，使其成为农机公共服务在偏僻乡村的延伸，将千家万户小生产与千变万化大市场联结起来。第三，创新服务模式，以跨区作业、代耕代种代收、土地托管等服务形式，延伸、扩展农机服务领域，推动农机服务组织规模化经营，产业化发展。通过创新机制，让购机用机者有效益，从而增强农民发展农业机械化的动力。

2. 积极研发机具。企业是机具研发制造的主体，企业愿意或敢于投资新领域的关键，在于它能肯定预期净收益大于预期成本。要使企业打消顾虑，积极投入到丘陵山区农业机械化发展进程中，政府需要研究制定相关保障政策。首先应稳定并不断完善现有的农机购置补贴政策，使企业能够预见到来自政府的鼓励和支持。其次要加大以企业为中心的研发中心建设投入力度，帮助企业降低研发风险。第三，农机部门要加强对生产企业的引导，正确传达生产使用需求信息，使企业能够生产研发适销对路产品。第四，在金融、税收等方面给予创新产品以优惠，增强企业预期收益水平。与此同时，企业本身也要主动开展工作，从产品再造角度出发，敢于投入研发资金，不等不靠，及早掌握核心技术，及早占领技术制高点，从而掌握长远发展的主动权。

3. 努力强化基础。主要是完善有利于改善丘陵山区机械作业条件和增加收入的扶持政策体系。改善丘陵山区农业生产条件不仅是发展农业机械化的需求，也是推进城乡经济社会统筹发展，实现小康社会的内生要求。首先要强化政府投资项目公益性基础地位，在各类项目设计中，对农田整治、机耕道修筑等内容要做合理设计和安排，切实改善农业机械作业的基础设施条件。其次要结合丘陵山区农业生产特点，大力发展特色产业，扩大补贴种类，畅通营销渠道，帮助农民实现丰产增收，不断夯实农民群众购置农业机械的经济基础。同时，农民群众自身也要加强新技术新知识的学习，不断提高增收致富能力。第三，政府和企业要发挥各自优势，加大对农民的新机具、新技术培训力度，打牢发展农业机械化的人才基础。

插秧机作业成本构成要素及其作用分析

江苏省农业机械管理局　范伯仁　薛艳凤　魏　国　张传胜　张　红

当前江苏省水稻机插秧推广工作已进入新的发展阶段，为了解掌握插秧机作业成本支出和产生效益情况，科学引导插秧机开展社会化服务，组织各地市县农机部门对当前插秧机的作业成本构成及其作用情况进行了专题调研分析。

一、方法与内容

1. 调查内容

以省内开展机插秧社会化服务为主的农机大户或服务组织为调查对象，采用问卷调查和现场走访、座谈等形式，调查了 150 个大户或服务组织的插秧机种类、数量、作业面积及服务成本构成情况。

2. 分析方法

采用方差分析、相关分析及通径分析等统计方法分析了插秧机作业成本构成要素及各自的影响力，采用盈亏平衡分析法找出了插秧机在有无财政购机补贴条件下的单机年临界作业量。

二、结果与分析

1. 江苏省机插秧发展概况

江苏省新一轮水稻机插秧技术始于 1999 年，历经十年的发展，机具及配套农艺技术日趋成熟，发展氛围日渐浓厚，水稻种植机械化装备水平及作业水平大幅度提升，实现了发展数量与发展质量的协调性增长。2008 年，全省插秧机保有量达到 4.4 万台，实现机插面积 5.46×10^5 公顷，水稻种植机械化水平达到 37%，较 1999 年提高了 32 百分点，有 2 个省辖市、9 个县、187 个乡镇、3 000多个村基本实现了水稻种植机械化。同时在宣传培训、指导服务、推进机制等方面探索形成了具有江苏省特色的机插秧推广工作模式，为其它农机新机具新技术的推广树立了典型。

2. 插秧机经营服务情况

在机插秧推广过程中，全省农机系统通过培育农机大户、种稻大户和以从事机插秧服务为主的合作社、协会、公司等农机服务组织，逐步确立了规模化经营的市场化运行机制。多年的生产实践表明，这些大户或服务组织已成为购置使用插秧机的主体和受益者，其社会化服务组织程度、作业规模呈逐年增加趋势。2008 年，全省以开展机插秧作业服务为主的农机大户及各类服务组织数量达到3 400多个，完成的机插作业面积约占全省机插总面积的 41.5%。与前几年相比，大户或服务组织的数量以及完成机插面积比例均有明显提高(见表 1)。

就本次调查的情况看，各大户或服务组织间，在拥有机具数量、种类及人员构成等方面不尽相同，单机年作业量及收益情况也有明显差异(见表 2)。

表1 近年全省机插秧大户或服务组织发展情况

年份	合作社、协会、公司等服务组织数(个)	拥有2—5台插秧机大户数(个)	拥有5台以上插秧机大户数(个)	以上大户或服务组织的机插作业面积及其占全省机插总面积比率(%)
2006	307	1437	268	6.85万hm^2、占13.5%
2007	377	2559	314	15.66万hm^2、占37.5%
2008	419	2560	440	约22.67万hm2、占41.5%

表2 被调查机插秧大户或服务组织基本情况

插秧机数量(台)			平均单机作业量(公顷/台·年)		年度总作业量	人员构成情况(人)				机插作业服务价格(元/公顷)		单机年收益(元/台)	
总保有量	高速机	步行机	高速机	步行机	(公顷)	总人数	管理人员	机手	其它人员	带秧机插	不带秧机插	高速机	步行机
1—140	1—37	1—135	8—100	1.33—26.67	8—1866.67	1—481	0—17	1—305	0—304	1125—2550	300—1500	0—57120	-426.4—21870

3.插秧机作业成本及其构成

农机作业成本反映了购机户在机具使用和经营活动中的经济效果及其管理水平。在农业生产中,诸多因素对农业机械使用经济效果的综合影响,最终反映为农业机械使用和经营的盈亏状况。插秧机的作业成本是指插秧机在进行作业时,其使用者(购机户)在完成单位面积作业量所需承担的各项费用总和,主要包括机具折旧费、日常维修保养费和大修提存费、油料费、人工劳动报酬、管理费等,对带秧机插的农机大户或服务组织而言,还包括育秧所需的物资和人工成本费。

1)步进式插秧机带秧机插服务情况分析

①单机年均作业量与单位面积作业成本、利润的变异度。表3反映了不同大户或服务组织在用步进式插秧机进行带秧机插服务时的量(单机年均作业量)、本(单位面积成本)、利(单位面积收益)的变异度。从中可以看出,单位面积作业收入(收费标准)、成本、收益及单机年均作业量的变异度依次增大,说明各自间的变化幅度是依次增大的。即各大户或服务组织在开展服务过程中,单位面积收费标准、投入的作业成本差异不明显,但由此构成的单机单位面积收益差异增大,变异系数 *CV* 达到47.06,极差为1 281.45元/公顷。单机年均作业量间差异最为明显,极差达到25.33公顷/台,变异系数 *CV* 为50.51。由此可以推断,单机年均作业收益差异会更加明显,且单位面积作业收入、成本及单机年均作业量三者间的影响力依次增大,即单机年均作业量是影响单机年均作业收益的主要因素。

表3 步行机带秧机插服务情况变异度

项目	平均值 y	标准差 s	变异系数 *CV*	变异幅度	极差
单位面积收入(收费标准)(元/公顷)	1891.15	17.36	13.76	75—170	1575
单位面积成本(元/公顷)	1308.45	20.19	23.14	49—129.3	1204.5
单位面积收益(元/公顷)	583.50	18.31	47.06	-5.33—80.1	1281.45
单机年均作业量(公顷/台)	2533.5	85.31	50.51	20—400	25.33

这一结论也可从被调查大户或农机服务组织的单机年作业收入、成本中得到证明,如图1。就被调查大户或农机服务组织当前的生产经营规模而言,其步进式插秧机带秧机插服务的单机年作业量与其年作业收入、投入成本间是呈极显著线性相关关系的,相关系数分别为0.980 7、0.935 1** > $r_{0.01}$ =0.834。

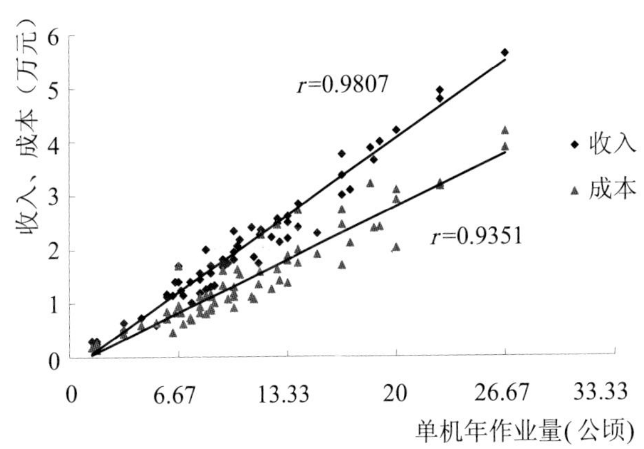

图1 单机年作业量与收入、成本间的关系

②单机作业成本及其构成因素。就步进式插秧机带秧服务而言,其投入的作业成本除统一规定的折旧费、维修费(包括日常维修和大修理提存)、油料费、管理费、劳动报酬费外,还包含育秧过程中投入的种子、软盘、薄膜、肥药水电、床土及人工劳动报酬等。针对机插秧区别于常规育秧、栽插的特点,为便于计算分析和全面地描述其作业成本构成,也为相对准确地分析各构成要素对总支出成本的影响力,在此将步进式插秧机带秧服务的成本支出合并归类为折旧维修费、油料费、管理费、劳动报酬费、种子、盘膜、肥药水电及床土等8个方面的内容。其中折旧、维修费合并计算,并且统一以插秧机总价、作业寿命100公顷进行测算(不计机具残值),对于拥有多种机型的大户或服务组织再折算平均值。

表4反映的是步进式插秧机带秧服务时的作业成本构成要素及其与总支出成本间的关系。

以单位面积总成本为依变数、各构成要素为自变数进行通径分析,结果表明,各成本构成要素与总成本间的相关关系中,除油料费外,其它各要素与总成本的相关系数均达到极显著水平,说明所选要素的确立具有重要的实际意义。根据通径分析理论,应对作用不显著的自变量——油料费予以剔除,但在此利用通径分析的目的仅是评判8个要素作用的相对大小,故予以保留。从表4中可以看出,人工劳动报酬费对总成本的直接影响最大,通径系数达到0.583 7,其后依次是用种费、管理费、床土成本费、肥药水电费、折旧维修费、软盘膜费,油料费最小。同时依通径系数和相关系数,可知各构成要素与总成本间的相关指数 $R^2=0.990\ 6$,大于0.85(即85%),说明本分析中所列各成本要素是影响总成本的重点要素,即影响总成本(依变量)的主要构成因素(自变量)已经找到。至于有的要素(自变量)与总成本(依变量)的相关系数很大,但对总成本(依变量)的直接影响并不一定很大,主要是因为相关系数包含了该要素对总成本的直接关系和间接关系,即是两个变量间相互关系的综合,而直接作用反映的是两者间的本质关系。

表4 步行机带秧机插成本构成要素与总成本的关系

内容	平均值(元/公顷)	标准误差 ε	标准差 S	相关系数 r	通径系数 p
油料费	3.51	0.18	1.48	0.1973	0.0649
管理费	7.44	0.77	6.29	0.3480**	0.2896
折旧维修费	11.80	0.44	3.61	0.3946**	0.1841
用种费	17.62	0.90	7.31	0.3355**	0.3735
人工劳动报酬费	27.93	1.42	11.58	0.6152**	0.5837
肥药水电费	6.61	0.54	4.39	0.4515**	0.2105
软盘薄膜费	7.60	0.42	3.45	0.4481**	0.1797
床土成本费	5.07	0.62	5.03	0.5799**	0.2489
总成本	87.23	2.47	20.19	—	—

当自由度 $V=58$,$r_{0.05}=0.2546$,$r_{0.01}=0.3308$

③成本构成要素分析。以上是基于对所有调查对象在保持机具原值、总作业能力一致、对拥有不同品牌机型综合折旧维修的基础上进行分析的,其结果是对插秧机规模化经营服务的全面反映。

人工劳动报酬费是直接影响总成本的最主要因素,这主要是因为带秧机插服务过程中,既包含插秧机操作手的劳动报酬,也包含育秧过程中所需的人工劳动报酬和插秧过程的辅助用工等,涉及到的环节较多、劳动强度大,加之当前农村劳动力紧张,且以技术工作为主,劳动日报酬相对较高,就本次调查而言,劳动日报酬并非因地区经济条件不同而出现较大差异,如本次调研中,苏南、苏北插秧机手的日报酬基本都是100元—120元。

用种费对总成本的直接影响仅次于人工劳动报酬费。这主要是由于部分育秧采用杂交稻或单位面积播种量过大造成的。其次,因为每亩大田栽插的同一类型品种的基本苗是相对一致的,即每亩大田所需的种子量并不因作业规模大小而出现明显增减,其所需成本相对其它受规模经营影响的构成要素是比较高的,统计分析中的相关系数、通径系数相对较大就充分说明这一点。此外,床土成本费、肥药水电费、软盘薄膜费等对总成本的影响也达到显著或极显著水平,说明带秧机插服务中,育秧过程中投入的物资成本相当可观,平均达到553.35元/公顷,占总成本的42.3%。

管理费投入贯穿整个经营服务过程中。调查结果显示,管理费间的差异较为明显,标准差 $S=6.29$;管理费对总成本的直接影响也相对较大,单位面积平均支出达到111.6元/公顷。管理费的差异及其影响力的大小与大户或服务组织的经营规模、管理水平有关。此外,目前多数大户或服务组织仍属于松散型联合体,加之多数农民尚未形成核算农业生产用工成本的习惯,管理费的支出相对有所弱化,本次调查中有41.2%的大户或服务组织没有填报管理费就充分说明了这一点。据此可以推断,生产中的管理费实际支出可能会高于本次调查结果。

插秧机单位面积折旧维修费对总成本的直接影响较小,这与本次调查的折算方式有很大关系。为便于被调查大户或服务组织折算,一是折旧费、日常维修费、大修提存费合并计算的;二是忽略了不同机型、不同年际间的折旧、维修差异;三是单机的总作业能力(100公顷)是在机具性能保持理想状态下设定的。

油料费与总成本间的相关系数、通径系数均最小,这主要是由于机具类型趋于一致,完成相同作业面积的油耗不高且基本雷同。

2)步进式插秧机不带秧服务情况分析

从表5可以看出,步进式插秧机不带秧服务时,因省去了育秧环节物资与人工劳动报酬支出,作业成本构成要素主要有管理费、人工劳动报酬费、油料费、插秧机折旧维修费等,各要素与总成本间的相关性均达到极显著水平,对总成本的直接影响按人工劳动报酬费、管理费、插秧机折旧维修费、油料费依次递减,影响力的作用顺序与带秧服务是一致的。

表5 步进式插秧机不带秧服务情况表

考察指标	单机作业量(公顷/台)	作业收入(收费标准)(元/公顷)	管理费(元/公顷)	人工劳动报酬费(元/公顷)	油料费(元/公顷)	插秧机折旧维修费(元/公顷)	单位面积总成本(元/公顷)	单位面积收益(元/公顷)	单机年收益(元/年)
平均	12.09	823.65	55.5	217.05	52.65	177	502.2	321.45	3885.3
与总成本间的相关系数	—	—	0.611	0.626	0.641	0.612	—	—	—
与总成本间的通径系数	—	—	0.536	0.581	0.115	0.384	—	—	—

$V=45$,$r_{0.01}=0.372$

3）单机年临界作业量的确定

为更加有效地确立步进式插秧机带秧机插服务的临界作业规模，采用盈亏平衡原理分析插秧机作业的收支平衡点。在进行盈亏平衡分析时，可以把农机作业成本分为固定成本和变动成本，其中不随农机作业量的增加而变动的那部分成本为固定成本，如折旧费、维修费等；随农机作业量的增减成正比例变动的那部分成本为变动成本。如油料费、管理费、人工劳动报酬费、育秧物资费（为便于计算，将用种费、床土成本费、肥药水电费、软盘薄膜费合并）等。在此以东洋 PF455S 插秧机为例，以折旧年限为 5 年、预计净残值率为 5%、大修提存费为 7%、日常维修费为 2% 计算其年临界作业量。

①以 PF455S 销售价格15 600元计算：年折旧费 =（1 − 5%）×15 600/5 = 2 964元/年；年大修提存费 = 15 600 × 7%/5 = 218.4 元/年；年日常维修费 = 15 600 × 2%/5 = 62.4 元/年；

以上文中大户或服务组织的作业收费、相关成本平均值进行计算，假设作业量为 X，则有：作业收入 = 收费标准 × 作业量 $X = 126.13X$；作业成本 =（油料费 + 管理费 + 人工劳动报酬费 + 育秧物资费）X + 年折旧费 + 年大修提存费 + 年日常维修费 $= (3.51 + 7.44 + 27.93 + 36.89)X + 2\,964 + 218.4 + 62.4 = 75.43X + 3\,244.8$；

当作业收入 = 作业成本时，作业量 $X = 4.27$ 公顷，说明在带秧机插服务时，步进式插秧机的单机年临界作业量为 4.27 公顷时，此时收支平衡，不赢利也无亏损。当单机年作业量 > 4.27 公顷时，即可实现赢利，否则就亏损。

②去除各级财政购机补贴，以全省较为普遍、农户实际支付的费用7 000元计算，依上述方法，当作业收入 = 作业成本时，作业量 $X = 1.91$ 公顷，说明在去除财政购机补贴后，步进式插秧机带秧机插服务的单机年临界作业量为 1.91 公顷。

③不带秧服务的单机年临界作业量。依上述方法，可计算出在机具原值状态下，步行机不带秧服务的单机年临界作业量为 6.5 公顷；去除各级财政补贴后为 2.92 公顷；分别较带秧服务的高 2.24 公顷和 1.01 公顷。

4）两种机型作业成本、收益差异分析

依上述方法，以高速插秧机东洋 PD60 为例，分析了其带秧与不带秧、无补贴与有补贴（机具原值为88 000元/台，各级财政累计补贴为 5 万元/台，总作业能力为 400 公顷/台）等情况下的作业服务情况，具体数据列于表 6。

①作业成本差异比较。从本次调查情况来看，机插服务过程中，作业收入（收费标准）、支出成本的多少与是否带秧服务有关，基本不受作业机型的影响，这与我们平时了解的情况是相吻合的。有关成本构成要素，由于两种机型价格差异，折旧维修费的支出差异较为明显，本调查在假设两种机型作业能力（步行机 100 公顷、高速机 400 公顷）一定的前提条件下，单位面积平均折旧维修费相差 90.45 元/公顷。管理费与人工劳动报酬费在不带秧服务时，因省略了育秧环节，支出明显减少；人工劳动报酬费在步行机作业中的支出相对较高，这可能与步行机操作辛苦，而高速机作业效率高、单位面积承担的成本相应降低的结果，而管理费没有明显差异。

②作业收益差异比较。有关单机年均作业量，本次调查数据显示，高速机的单机年均作业量是步行机 3.5 倍，这与实际生产情况是一致的。在作业收益方面，步进式插秧机带秧服务的单位作业面积收益最高，平均为 583.5 元/公顷，其后依次是高速机带秧机插、步行机不带秧和高速机不带秧机插。但由于四种方式间单机年均作业量差异较大，相应的单机年均收益差异也比较明显，高速机带秧机插年均收益最高，达18 544元/台，较高速机不带秧、步行机带秧和步行机不带秧服务分别高 6 912、11 974和14 659元/台。

表 6　两种机型作业服务情况比较（元/公顷）

内容		高速机		步行机	
		带秧机插	不带秧机插	带秧机插	不带秧机插
作业收入（收费标准）		1825.95	797.55	1891.95	823.65
单位面积总成本		1345.95	532.95	1308.45	502.2
育秧物资费		544.65	—	553.35	—
人工劳动报酬费		363.9	158.1	418.95	217.05
插秧机折旧维修费		267.45	177		
油料费		55.2	52.65		
管理费		114.75	52.2	111.6	55.5
单位面积收益		480	264.6	583.5	321.45
单机作业量（公顷/台）		38.63	43.81	11.26	12.09
单机年收益（元/台）		18544	11632	6570	3885
单机年临界作业量（公顷/台）	无补贴	21.23	31.33	1.68	5.86
	有补贴	9.17	13.53	3.75	2.63

③投资收益率比较。投资收益率 R_s = 正常年份盈利额/投资总额，标准投资收益率 R_0 的经验取值范围为 0.07—0.1，当 $R_s \geqslant R_0$ 时，该种投资可以推广；当 $R_s < R_0$ 时，则予以否定。同样以东洋 PD60、PF455S 机型为例，在无购机补贴、以机具原值计算时，高速机带秧机插、不带秧和步行机带秧、不带秧四种服务方式的机具投资收益率 R_s 分别为 0.21、0.13、0.42 和 0.25，说明步行机带秧机插服务的投资回收年限最短，该种服务模式最好，其后依次是步行机不带秧、高速机带秧和不带秧。若有财政购机补贴，则高速机带秧机插、不带秧和步行机带秧、不带秧四种服务方式的机具投资收益率 R_s 分别为 0.49、0.31、0.94 和 0.56，同样是步行机带秧机插服务的投资回收年限最短，该种服务模式最好。

三、结论与建议

1. 插秧机作业成本构成要素及其影响力次序基本明确

本报告在调查大户或服务组织开展机插秧服务收支的基础上，以步进式插秧机带秧机插服务为重点，分析了插秧机作业成本构成要素及各要素对总支出成本的直接影响力。统计分析结果表明：单机作业量是影响作业服务成本、收益的主要因素；插秧机带秧机插服务中，人工劳动报酬费、用种费、管理费、床土成本费、肥药水电费、插秧机折旧维修费、软盘薄膜费、油料费等是作业总成本的 8 个构成要素，且对总成本的直接影响力依次减小；不带秧服务时，因省去了育秧环节物资与人工劳动报酬支出，作业成本构成要素减少为人工劳动报酬费、管理费、插秧机折旧维修费、油料费等 4 个，各要素与总成本间的相关性均达到极显著水平，对总成本的直接影响依次递减，且作用顺序与带秧服务相一致。

2. 带秧机插作业的利润空间高于不带秧服务

无论是高速机、步行机，在开展机插秧社会化服务过程中，带秧机插的单位面积利润、年总利润均较不带秧的高，如前所述，高速机带秧机插的单位面积收益、年总收益较不带秧的分别高215.4元/公顷和6 912元/台，步行机则相应的高262.05元/公顷和2 865元/台。说明大户或服务组织在开展带秧服务过程中，同样考虑到了育秧环节中的利润空间，上述同种机型的带秧与不带秧服务间的收费标准差异均高于育秧成本支出就充分说明了这一点，本次调查中开展带秧机插的大户或服务组织数约是不带秧服务的2倍也充分证明了这一点。

3. 步行机带秧机插服务应是社会化服务的优选方式

本次调查分析结果表明，高速机带秧机插的年收益明显高于高速机不带秧、步行机带秧和不带秧，但由于高速机投资额明显高于步行机，导致高速机的投资收益率不及步行机。所以就投资收益率而言，在目前的财政购机补贴政策下，步行机带秧机插服务的投资回收年限最短，其后依次是步行机不带秧、高速机带秧和不带秧。这为大户或服务组织今后更好地开展机插秧社会化服务提供了理论参考。

4. 预先设定的插秧机折旧维修费核算法接近于生产实际

为便于大户或服务组织进行机具折旧维修费计算，预先设定了统一的计算方法，即单机的总作业能力(步行机100公顷、高速机400公顷)是在机具性能保持理想状态下设定的，忽略了不同机型、不同年际间的折旧、维修差异，并将折旧费、日常维修费、大修提存费进行合并计算，导致插秧机单位面积折旧维修费比理论费用偏低。如东洋PF455S插秧机，以理论上通用的插秧机折旧年限为5年、预计净残值率为5%、大修提存费为7%、日常维修费为2%计算，就当前的年均作业量而言，其单位面积折旧维修费应为3 244.8/11.26 = 288.17元/公顷，而不是15 600/100 = 156元/公顷，这与本方案中的单机总作业能力设定偏高有关。但在当前实际生产中，在役插秧机的机具性能普遍较好，实际折旧维修费远低于通用理论值，也就是说，本次调查使用的插秧机折旧维修费核算方法是比较接近于生产实际的。

5. 有关建议

1)加大财政扶持力度，增加农户投资插秧机效益。以本调查中的步进式插秧机平均单机作业量(带秧与不带秧合并平均)11.7公顷、总补贴为8 600元/台计算，财政补贴可为大户或服务组织减少153元/公顷折旧维修成本，即可实现每亩增加收益153元。因此，为提高农民投资插秧机的经营效益，建议在机插秧推广过程中，进一步加大财政扶持力度。

2)高速机的发展应引起足够重视。随着江苏省机插秧推广应用成效的逐步显现，农机投资者对高速机的需求有明显增加趋势。但在目前累计5万元/台的补贴政策下，高速机的投资收益率不及步行机，这主要是由于其价格过高造成的。为逐步提高江苏省插秧机装备档次，也为插秧机投资者创造更大的利润空间，建议在目前基础上进一步提高对高速机的补贴。假设高速机带秧机插的投资收益率达到当前两种机型带秧服务的平均收益率水平，即 $R_s = 0.72$，需农民投资25 755元，则累计财政补贴额度应为88 000 - 25 755 = 62 245元，即在当前基础上，提高补贴12 245元/台。其次是建议采取有效措施，鼓励和促进生产企业加大技改力度，降低生产制造成本，以降低高速机售价。

3)确立适宜的机插服务模式和规模。本调查结果表明，高速机、步行机带秧服务的单位面积利润空间较不带秧的分别高215.4和262.05元/公顷，尽管高速机的作业量约为步行机的3.5倍，但因其价格过高，步行机的投资回收期相对短。为此，在财政补贴相对不是很高的情况下，投资步行机进行带秧机插服务应是当前大户或服务组织的最佳选择，不足之处是步行机的操作舒适性差，且需要承担一定的育秧风险；对地方财政补贴相对高的地区，采用高速机带秧机插也是较为理想的选择。具体在生产中采用何种投资服务方式，需要各大户或服务组织根据自身的经济、技术、人员条件选择，不宜千篇一律。

4)要注重多技能人才的培养。实际生产中，由于经营规模和技术人员水平与能力差异，会引起油料费、人工劳动报酬费、育秧物资费等成本支出的差异，因此，要围绕增加收益，积极引导大户或服务组织开展带秧机插服务，并大力培养和充分发掘懂经营管理，协调能力强，既掌握育秧技术，又能熟练操使用和维修插秧机的多技能人才，提高组织管理化水平，提高组成人员技能素质，减少人员投入，这是有效降低人工劳动报酬、管理费乃至肥药水电费的有效途径。

5)结合整体推进，以村组为单位开展社会化服务。在服务收费标准基本一致的情况下，降低成本和提高单机作业量是大户或服务组织设法追求的两条增益措施。本次调查有90%以上的大户或服务组织认为田块小而分散，以及秧苗质量、机手操作熟练程度等是影响插秧机作业效率和收益的主要因素。针对目前广大农民应用机插育秧、栽插技术熟练程度参差不齐的状况，以及一家一户式的小规模水稻生产实际，我们认为，以村组为单位进行社会化机插服务是当前较为理想的经营服务模式。为此，建议各地在机插秧推广过程中，应加大力度实施区域性整体推进，尽量以村组为单位进行相对集中育秧、栽插，这样可有效地通过规模化生产，实现秧田肥水药统一管理，减少育秧物资成本、秧苗运输和管理成本，缩短因田块过于分散而转移机具的时间，有助于提高育秧的效率和技术人员的用工效率，也避免了因地区差异而造成育秧与栽插技术中的风险，达到降低成本，提高机具作业效率的目的。此外，通过村组相对集中的规模化经营，有助于发挥典型示范带动效应，加快机插秧整体推进步伐。

农业机械化政策法规及规章

行政法规

【农业机械安全监督管理条例】 2009年9月7日国务院第80次常务会议通过《农业机械安全监督管理条例》，并于2009年11月1日起施行。该条例对在中华人民共和国境内从事农业机械的生产、销售、维修、使用操作以及安全监督管理等活动进行了规定。该条例共分7章包括总则，生产、销售和维修，使用操作，事故处理，服务与监督，法律责任，附则等60条。

农业部部门规章及文件

【农业部关于贯彻实施GB 16151—2008《农业机械运行安全技术条件》国家标准的通知（农机发［2009］1号）】 为贯彻落实有关法律法规的规定，农业部组织对原国家标准GB 16151—1996《农业机械运行安全技术条件》进行了修订。决定新标准自2009年7月1日起正式实施。要求各地做好新标准的贯彻实施工作。

【农业部关于印发《农机安全监理人员管理规范》《农机安全监理机构建设规范》的通知（农机发［2009］2号）】 为贯彻落实2009年中央1号文件关于提高农机安全监理能力的要求，规范农机安全监理机构和人员的管理，建设高素质的农机安全监理人员队伍，推进农机安全监理机构规范化建设，全面提升农机安全监管能力和水平，保障农机安全生产，促进农业机械化又好又快发展，农业部制定了《农机安全监理人员管理规范》、《农机安全监理机构建设规范》，要求各地遵照执行。

【农业部关于进一步加快实施农机购置补贴政策的紧急通知（农机发［2009］3号）】 国务院决定2009年大幅增加农机购置补贴，总规模达到100亿元。农业部、财政部已于2008年12月26日印发了年度实施方案，下达了补贴控制规模。为加快实施农机购置补贴政策，使政策尽快发挥效应，农业部于2009年2月25日发文，要求各地深刻认识实施农机购置补贴政策重大意义，进一步加快实施进度，严格执行政策规定，不断强化监督检查，继续加大政策宣传，切实加强组织领导，确保补贴政策取得成效。

【农业部国家安全监管总局关于深入开展“创建平安农机促进新农村建设”活动的通知（农机发［2009］4号）】 为了贯彻落实党的十七届三中全会精神和2009年中央1号文件关于提升农机安全监管能力的要求，农业部和国家安全生产监督管理总局2009年3月16日联合发文，决定2009年—2011年，继续开展创建“平安农机”活动。通知主要分为指导思想、工作目标、工作重点、主要措施等内容。

【农业部关于加快发展农机专业合作社的意见（农机发［2009］6号）】 为深入贯彻落实党的十七届三中全会决定和中央1号文件精神，加快发展农机专业合作社，推进现代农业和社会主义新农村建设，农业部于2009年6月29日发文，要求各地充分认识发展农机专业合作社的重要意义，进一步明确发展农机专业合作社的总体思路和目标任务，准确把握发展农机专业合作社的基本原则，认真落实发展农机专业合作社的扶持措施，促进农机专业合作社又好又快发展。

【农业部关于贯彻实施《农业机械安全监督管理条例》的通知（农机发［2009］7号）】 《农业机械安全监督管理条例》的公布施行，是农业机械化法制建设中的一件大事，是我国农业机械化发展史上的重要里程碑。为切实做好《条例》学习宣传和贯彻实施工作，农业部于

2009 年 9 月 30 日发文，要求各地充分认识贯彻实施《条例》的重大意义，准确把握《条例》的精神实质，认真履行《条例》赋予农业机械化主管部门的监管职责，广泛开展《条例》的宣传培训，切实推进《条例》执法体系建设，结合本地实际，切实把《条例》规定的各项制度落到实处。

【农业部办公厅关于印发《2009 年全国通用类农业机械购置补贴产品目录》的通知（农办机［2009］1 号）】 按照《农业部、财政部关于印发〈2009 年农业机械购置补贴实施方案〉的通知》（农财发［2008］190 号）和农业部、财政部联合印发的《农业机械购置补贴专项资金使用管理暂行办法》要求，农业部于 2008 年底完成了 2009 年全国通用类农机购置补贴产品选型工作，并向社会公布了中选企业产品名录。在此基础上，农业部办公厅 2009 年 1 月 13 日发文，组织制定了《2009 年全国通用类农业机械购置补贴产品目录》，请各地在抓紧开展非通用类农机购置补贴机具选型的基础上，尽快将该目录与非通用类农机购置补贴产品目录合并形成年度农业机械购置补贴产品目录，并做好补贴机具价格监管工作。

【农业部办公厅关于做好农机抗旱和春耕备耕工作的通知（农办机［2009］4 号）】 为认真贯彻落实中央 1 号文件精神和全国抗旱保春管工作视频会议的部署，做好农机抗旱和春耕备耕工作，农业部办公厅 2009 年 2 月 4 日发文，要求各地切实加强组织领导，认真落实扶持政策，深入开展技术服务，精心组织机具作业，努力保障安全生产，积极做好信息宣传

【农业部办公厅关于切实做好抗旱机具补贴工作的紧急通知（农办机［2009］5 号）】 按照党中央国务院的决策部署，围绕农业部抗大旱、保春管、夺丰收的总体要求，各级农业机械化主管部门要站在全局和战略高度，进一步增强大局意识、责任意识和服务意识，把农机抗旱保苗作为当前最紧迫最重要的任务，加快农机购置补贴政策实施，切实做好抗旱机具补贴的各项工作。农业部办公厅 2009 年 2 月 6 日发文，要求各地进一步加快农机购置补贴实施进度，大力支持旱区农民购买抗旱机具，优先满足抗旱机具补贴需要，进一步加强抗旱机具质量价格监管，深入开展抗旱机具的技术服务。

【农业部办公厅关于开展农业机械化教育培训大行动的通知（农办机［2009］12 号）】 为深入贯彻党的十七届三中全会和中央 1 号文件精神，加强农业机械化教育培训工作，提高农业机械化人才队伍整体素质和水平，推动农业机械化科学发展，农业部决定利用三年的时间，在全国开展农业机械化教育培训大行动，以适应快速发展的农业机械化人才队伍建设的迫切需要。农业部办公厅 2009 年 3 月 19 日发文，要求各地提高思想认识，明确目标任务，突出工作重点，创新培训形式，认真制定方案，切实加强领导。

【农业部办公厅关于印发《农机安全生产“三项行动”实施方案》的通知（农办机［2009］17 号）】 根据《国务院办公厅关于进一步推进安全生产“三项行动”的通知》（国办发［2009］32 号）、《国务院安委会办公室关于印发安全生产执法行动实施方案的通知》（安委办［2009］6 号）、《国务院安委会办公室关于印发安全生产治理行动实施方案的通知》（安委办［2009］7 号）和《国务院安委会办公室关于印发安全生产宣传教育行动实施方案的通知》（安委办［2009］8 号）等文件要求，农业部研究制定了《农机安全生产“三项行动”实施方案》，农业部办公厅 2009 年 4 月 24 日发文，要求结合本地区实际，抓好贯彻落实。

【农业部办公厅关于加强农机安全生产“三项建设”的意见（农办机［2009］26 号）】 为认真贯彻《国务院安委会关于印发安全生产“三项建设”实施方案的通知》（安委［2009］4 号）精神，进一步推进“安全生产年”各项工作，扎实有效地开展农机安全生产“三项行动”，农业部办公厅 2009 年 6 月 16 日发文，提出加强农机安全生产法制机制建设、保障能力建设、监管队伍建设“三项建设”实施意见，要求各地结合实际，认真贯彻执行。

【农业部办公厅关于做好农业机械部级推广鉴定工作的通知（农办机［2009］29 号）】 根据《农业机械试验鉴定办法》和《农业机械试验鉴定机构鉴定能力认定办法》，农业部确定了 19 家农机鉴定单位承担部级农机鉴定工作。为确保部级推广鉴定工作规范有序开展，农业部办公厅 2009 年 7 月 8 日发文，要求各地提高思想认识，完善工作机制，认真组织实施，规范工作行为，加强监督管理。

【农业部办公厅关于印发《〈2009—2011 年国家支持推广的农业机械产品目录〉申报指南》补充规定的通知（农办机［2009］30 号）】 根据农业机械化发展的新要求，为加大对新产品的支持力度，优化农机结构，促进农业机械化科技进步，经征求有关方面意见，农业部对《〈2009—2011 年国家支持推广的农业机械产品目录〉申报指南》（以下简称《指南》）的有关要求作了补充规定（附件），农业部办公厅 2009 年 7 月 20 日发文，要求各地各企业认真贯彻执行。

【农业部办公厅关于印发《农机安全技术检验员培训大纲》《农机事故处理员培训大纲》《拖拉机联合收割机驾驶考试员培训大纲》的通知（农办机［2009］32 号）】 为了加强农机安全监理工作，规范农机安全技术检验员、农机事故处理员和拖拉机联合收割机驾驶考试员的培训考核工作，根据《农机安全监理人员管理规范》，农业部制定了《农机安全技术检验员培训大纲》、《农机事故处理员培训大纲》、《拖拉机联合收割机驾驶考试员培训大纲》，农业部办公厅 2009 年 8 月 3 日发文，要求各地遵照执行。

【农业部办公厅关于切实做好“三秋”农机化生产工作的通知（农办机［2009］40 号）】 为认真贯彻落实全国秋冬种工作电视电话会议精神，切实做好“三秋”农机化生产工作，农业部办公厅 2009 年 9 月 14 日发文，要求各地明确目标，切实加强组织领导；积极协调，全面落实扶持政策；优化服务，大力推进跨区作业；狠抓培训，积极推广农机化新技术；强化引导，着力提高组织化程度；加强监管，切实维护作业安全；做好宣传，努力营造良好氛围。

【农业部办公厅关于印发《农业机械化标准体系建设规划（2010—2015）》的通知（农办机［2009］44 号）】 为深入贯

彻《中华人民共和国农业机械化促进法》,进一步做好农业机械化标准化工作,健全完善农业机械化标准体系,强化农业机械化质量工作,保障农业机械化安全生产,提升农业机械化效益,促进农业机械化又好又快发展,我部编制了《我国农业机械化标准体系建设规划(2010—2015)》,农业部办公厅2009年11月2日发文,要求各地结合本地实际,认真贯彻执行。

【农业部办公厅关于印发《农业机械化生产信息报送制度》的通知(农办机[2009]46号)】 为及时准确掌握主产区关键农时、主要作物和重点环节的农机作业动态情况,科学有效指导农业机械化生产,根据《全国农业机械化生产月历》,农业部农业机械化管理司制定了《农业机械化生产信息报送制度》,从2010年1月1日起实施,农业部办公厅2009年11月17日发文,要求各地认真贯彻执行。各地要切实做好农业机械化生产的组织和管理工作,及时、准确收集、报送、发布相关信息,有效跟踪生产作业进度,加强信息引导和宣传工作,推进农业机械化生产又好又快发展。

地方性法规、规章及文件

【中国农业发展银行山西省分行关于加大信贷政策支持力度推动农机产销企业发展的通知(晋农机计字[2009]9号)】 为贯彻落实党的十七届三中全会、中央经济工作会议和中央强农惠农政策,充分发挥国家信贷资金和财政补贴资金的导向作用,积极引导和支持农机生产销售企业扩大规模、加速发展,提高农机新产品开发推广能力和服务水平,调动农民购买和使用农机具的积极性,扩大农村消费,拉动农村内需,稳定农村经济发展。山西省农机局与中国农业发展银行山西省分行2009年2月23日联合发文,对纳入山西省农机购置补贴范围、符合国家金融信贷政策、承担购机补贴任务的农机生产销售企业进行信贷扶持,要求各地认真做好此项工作。

【山西省农机局 山西省农村信用社联合社关于增加农村信贷投入促进农机事业和农村经济发展的通知(晋农机计字[2009]12号)】 为贯彻落实党的十七届三中全会、中央经济工作会议和中央强农惠农政策,充分发挥国家信贷资金和财政补贴资金的导向作应,积极引导和支持中小型农机产销企业扩大规模和加快农机新产品的开发及推广使用;积极支持农民、从事农机生产的合作社等农机生产经营组织,购买和使用农业机械,扩大农村消费,拉动农村内需,增强农业综合生产能力,稳定农村经济发展。山西省农机局与山西省农村信用社联合社2009年3月9日联合发文,对纳入山西省农机购置补贴范围、符合国家金融信贷政策、承担购机补贴任务的中小型农机企业、购机农民和农机生产经营合作组织进行信贷扶持。要求各地认真做好此项工作。

【江苏省人民代表大会常务委员会关于促进农作物秸秆综合利用的决定】 2009年5月20日江苏省第十一届人民代表大会常务委员会第九次会议通过。并于2009年6月1日起施行。该决定对农作物秸秆综合利用的责任主体、协调机制、利用规划、研究开发、新技术推广、政策支持、责任等进行了规定。

【江苏省人民政府办公厅关于印发江苏省农业机械报废更新办法的通知(苏政办发[2009]123号)】 为促进农业机械更新换代,提高农业机械技术水平和作业效率,降低作业能耗,减少环境污染,保障安全生产,加快农业机械化发展,根据《中华人民共和国农业机械化促进法》、《中华人民共和国节约能源法》、《江苏省农业机械管理条例》等法律、法规。《江苏省农业机械报废更新办法》已经江苏省人民政府同意,江苏省人民政府办公厅2009年11月6日发文,要求各地遵照执行。

【浙江省农业厅浙江省粮食局关于大力发展粮食烘干机械的通知(浙农专发[2009]78号)】 为加快推进粮食机械化烘干,根据《关于2009年农业机械购置补贴的实施意见》(浙农计发[2009]12号)精神,浙江省农业厅与浙江省粮食局2009年6月29日发文,要求各地统一思想,充分认识加快发展粮食烘干机械的意义;加大力度,加快促进粮食烘干机械的发展;合理规划,提高粮食烘干机械利用率;加强指导,积极支持国有粮食购销企业购置、更新粮食烘干机械。

【浙江省发展与改革委员会浙江省农业厅关于印发《浙江省2008—2012年农业机械化发展规划》的通知(浙发改规划[2009]402号)】 为加快推进农业机械化发展,促进高效生态的现代农业建设,根据《中华人民共和国农业机械化促进法》、《全国农业机械化发展第十一个五年规划(2006—2010年)》和《浙江省"十一五"农业发展规划》,特编制《浙江省2008—2012年农业机械化发展规划》。浙江省发展与改革委员会浙江省农业厅2009年5月25日发文,要求各地结合实际,认真组织实施

【河南省农业机械管理局 河南省财政厅 河南省人民政府金融服务办公室 中国人民银行郑州中心支行 中国银监会河南监管局关于扶持农机专业合作社发展的意见(豫农机文[2009]11号)】 为加快扶持农机专业合作社发展,根据《中华人民共和国农业机械化促进法》和《河南省农业机械化促进条例》等相关法律法规,河南省农机局、河南省财政厅、河南省人民政府金融服务办公室、中国人民银行郑州中心支行、中国银监会河南监管局2009年10月20日发文,就支持农机专业合作社发展提出意见,要求各地结合实际,遵照执行。

【湖北省人民政府关于进一步促进农业机械化发展的意见(鄂政发[2009]42号)】 为了进一步加快湖北省农业现代化进程,推进农业机械化又好又快发展,湖北省人民政府2009年9月11日发文,要求各地充分认识加快农业机械化发展的意义,着力提高农业机械化发

展水平，全面提升农业机械化服务能力，完善扶持农机化发展的政策措施，切实加强组织领导。

【青海省人民政府办公厅转发省农牧厅省公安厅关于进一步加强拖拉机等农业机械安全生产管理工作意见的通知（青政办[2009]198号）】 切实加强全省拖拉机等农业机械道路交通安全（以下简称“农机道路交通安全”）工作，充分发挥各级人民政府及有关部门在预防道路交通事故中的作用，有效解决农机道路交通安全工作中存在的突出问题，采取切实可行、标本兼治的措施，全面打牢道路交通安全工作基础，预防和减少重特大农机道路交通事故的发生。青海省人民政府办公厅2009年10月22日发文，要求各地认真贯彻执行。

农业机械化工作

各地工作要览

北京市

【概况】 2009 年,北京市农业机械化管理办公室紧紧围绕首都都市型现代农业发展的重点工作,按照"强基础、抓服务、重规范、保安全、促发展"的原则,扎实工作,努力拼搏,加快都市型农业机械化发展,全面完成农业机械化发展各项任务。一是农机装备水平持续提高,都市型现代农业发展支撑能力进一步增强。全年新增机具 1.6 万余台(套),农机总动力达到275 万千瓦,大型拖拉机、玉米收获机、土壤深松机等作业机具数量也大幅增加,都市型现代农业发展装备支撑能力进一步提高。二是综合机械化水平进一步提高。主要粮食作物耕种收综合机械化水平超过 60%,比 2008 年提高 4 个百分点。其中,机耕水平达到 80%,机播水平达到 70%,机收水平达到 35%,特别是玉米机收水平有很大提高,机收率由 2008 年的 15% 提高到 2009 年的 34.6%。三是农机服务领域进一步拓宽。初步建成网络咨询和热线电话等信息服务平台,形成以农机技术部门为支撑,农机社会化服务组织为延伸,多部门参与的农机服务体系,服务领域不断拓宽,服务能力不断增强。四是农机事故得到有效遏制。2009 年,全市共发生农机田间作业事故 3 起,伤 2 人,未发生 1 起人员死亡安全生产事故,完成农机安全生产控制考核死亡零指标的任务。与 2008 年相比,事故起数减少 8 起,下降 73%;伤人数减少 2 人,下降 50%。

【严格程序,规范操作,全力提升农机装备水平】 2009 年,中央和市级财政共安排北京市农机购置补贴资金 1.135 亿元,比 2009 年增加5 220万元,增幅达到 85.2%。其中中央资金6 000万元,市级资金5 350万元。按照 50% 的比例进行补贴,购机总额达 2.27 亿元,补贴购置的机具涵盖粮食生产、设施农业、畜牧水产养殖和农产品质量安全生产等 7 大类 27 个品种,共有机具 1.6 万多台(套),保温被 100 万平方米,果蔬保鲜库2 500 平方米,受益农户分布在全市 13 个郊区县,共 4 万余户。主要措施如下:一是组织市、区县开展农业机械化发展需求调研,按照突出重点与兼顾特色相结合的原则,有针对性地进行机具选型,重点解决农业机械化生产薄弱环节、设施农业等重点产业发展的机械需求。二是规范程序,阳光操作,确保补贴政策惠及农民。三是加强监管,优化服务,农机质量管理得到进一步加强。按照农业部有关要求,加强农机维修质量监管,及时组织区县完成维修企业的网上申报,共完成 409 家农机维修企业的网上申报、建档和年度报表等工作。组织区县定期对维修企业进行执法检查,提高维修企业正规化管理。积极开展质量投诉,保护农民利益。2009 年共接到质量投诉 7 宗,其中一起为新购机具安装不合格。经过与厂商和作业机手沟通协调,为消费者挽回经济损失近 5 万元。

【把握关键,突破难点,带动农业机械化全面发展】 一是突破玉米机收瓶颈,粮食生产全程机械化迈出新步伐。以农机购置补贴为引导,增加对玉米收获机械的购置补贴,做好服务,增加作业面积。市、区县农机部门充分利用电视、广播、报刊等多种形式广发宣传玉米机收工作。2009 年召开玉米机收现场会 20 多次,新增玉米收获机 200 台,共完成玉米机收面积 39.67 千公顷,比 2009 年增加 18.2 千公顷,玉米机收水平提高到 34.6%。单机单季作业面积平均在 46.67 公顷左右,最高达 160 公顷。

二是加快土壤深松和秸秆综合利用技术推广,进一步巩固全面实施保护性耕作成果。围绕都市型现代农业基础建设及综合开发确定的重点工作,加大对土壤深松和秸秆综合利用的技术推广力度和检查力度。全市共推广土壤深松机 101 台,51.45 千瓦以上的大型拖拉机 290 台,全年共完成深松作业面积 11.99 千公顷。全市新增秸秆还田机1 400多台,小麦秸秆还田 48.27 千公顷,机收玉米秸秆全部还田。全年实现保护性耕作 188.64 千公顷,占播种面积的 86.8%,北京市全面实施保护性耕作项目通过农业部专家组验收,保护性耕作应用水平居全国领先。

三是推进农业机械化示范点建设,技术示范推广能力进一步增强。按照“突出重点、示范带动,优化服务、注重实效”的原则,制定并下发《农业机械化示范点建设标准》,确定全市重点建设的设施农业、粮食生产、机蔬菜、草莓种植、设施园区、林果生产6个农业机械化示范点的建设,并确定重点提高食用菌、芦笋2个产业的机械化水平。对示范点急需的适用机具进行补贴,购置微耕机、卷帘机等农业机械9 500余台套,保温被60万平方米,果蔬保鲜库2 500平方米,初步解决示范点内劳动强度大、劳动效率低和经济作物储存保鲜难的问题。

【创新机制,整合资源,构筑特色农业机械化发展服务平台】 一是建立长效保障机制,确保农机作业用油。为彻底解决今后农用燃油供应可能给农业机械化生产带来的影响,3月10日,北京市农业局与中石化北京石油分公司签订《北京市农用油品供应保障机制合作框架协议》。2009年中石化北京石油分公司将提供6万吨燃油作为农业用油,以满足农业生产需要。安排其中1万吨燃油以批发价格供应农机社会化服务组织和农机大户,为农民节约生产成本500多万元。设立农用燃油专供点,开辟绿色通道,免费制作发放1.4万多张农机专用加油卡,农机户凭卡加油,确保农用燃油供应及时到位。

二是搭建信息服务平台,进一步提升全市农业机械化服务水平。为破解农机作业供求双方信息脱节问题,2009年建设“北京农机信息服务直通车”,为农机手、农机管理人员、农民等传递农机作业、天气预报、农机维修知识等各种信息咨询服务,并于三夏前开通市级呼叫系统热线电话和手机短信平台,免费在10个远郊区(县)为农机管理、服务组织、农机大户、种养大户、村级农机推广员等人员发放手机1 800多部,构建起由网站、热线电话、短信平台、终端手机组成的全方位立体式信息服务平台。“信息服务直通车”开通以来,共计发布天气预报、机具供求等各类信息3 118条;短信平台累计发送信息共4.1万余条。

三是壮大农机服务组织,提升社会化服务水平。2009年全市作业面积在200公顷以上的农机服务组织有202个,作业区域逐渐从平原地区向边远山区扩展,服务领域逐步由为粮食生产服务向畜牧、水产、设施农业和林果业等领域拓展。

【抓好农机教育培训工程,农机从业人员素质得到进一步提升】 一是了解基层需求,科学制订规划。在全市开展农业机械化教育培训调研,调研涉及13个区县、10所农业机械化教育培训机构和150名农机从业人员,初步提出未来五年北京市农机从业人员培训规划。二是分类培训,提高不同人员的能力素质。三是编写教材,为提高培训质量奠定基础。编写完成并出版发行《北京市农机操作工培训手册》,编写出版农机科普丛书并赠送8 000余套。四是培训形式多样,提高培训的吸引力。除举办培训会,开展课堂教学外,市农业部门还组织举办技能大赛、金蓝领农机技能大赛等形式多样的活动,全年共组织培训11期,培训人员541人次;开展拖拉机驾驶员、职业技能、新购机农民培训等34 143人次,完成5期共计418人的职业技能鉴定。

【明确职责,强化监管,农机安全生产平稳运行】 一是创新工作机制,部门联动推进农机安全。启动“北京市农机安全生产联合行动”,形成“政府领导,部门配合,社会参与,齐抓共管”的农机安全生产有利局面。根据农机作业特点,每月组织2—3次不同主题的安全生产联合行动,全市四部门开展联合行动100余次,出动农机执法人员3 101人次,排查农机安全生产相关单位和场所5 895个,排查事故隐患2 398项,已整改2 299项,整改率达到了95.9%。二是强化源头管理,把好安全生产关口。改版网络安全监督管理系统,牌证管理职能由直接办理向监督检查转变。全市共核发牌照661副,核发驾驶证834个,办理转移、变更、增驾、补换牌证与驾驶证1 647份,办理年度检验登记14 974份,年度检验拖拉机1.7万台,其它各种农业机械4.3万台。三是狠抓隐患排查,事故防范力度得到加强。四是加强科技支撑,农机监理技术水平取得新突破。完成2条移动检测线和2个固定检测点的建设,为把好农机监理检测和考试两大安全准入关口提供科技支撑。五是“平安农机”创建力度不断加大,取得明显成效。

【瞄准重点,加强宣传,进一步提高农业机械化影响力】 一是强化队伍建设,完善报送制度。建立北京市农业机械化系统信息宣传员队伍,完善信息报送月通报制度。二是大型活动,重点宣传。组织网络、电视、报刊等多种媒体对春耕备耕、三夏、三秋农机生产现场会等大型活动进行重点宣传报导。三是现场观摩,注重实效。加强新型机具、关键作业环节的现场观摩活动,全年组织100多次现场会,让农民和机手可看、可学、可用。2009年的农业机械化安全工作做到电视上有图像、广播上有声音、报纸上有文章、网络上有内容。全年在各种新闻媒体播出、刊登宣传稿件150余篇(次),制作电视专题片5部,共发放安全生产知识明白纸17万张、宣传海报6万张,制作横幅200条,安全提示卡5 000张,宣传展板8 000块,宣传挂历5 000本、DVD播放机250台;组织开展农机安全生产宣传教育咨询活动120余次,参与咨询的农民群众近万人次。

天 津 市

【概况】 2009年,天津市农业机械管理部门从优化农机装备结构,提升农机科技创新和示范推广水平、保障重要农时的农业机械化作业、强化农机质量和安全监督管理等几个方面入手,全面完成全年各项任务。一是综合机械化水平进一步提高。全市主要粮食作物耕种收综合机械化水平将超过78.6%,实现年度目标。其中,机耕水平达到93%,机播水平达到86%,机收水平达到52%。二是农业机械化科技应用水平进一步提升。示范推广农业机械化新技术10项,完成示范推广面积达43.33千公顷。三是农机专业服务组织进一步壮大。共扶持新建农机专业合作社37个,使全市农机专业合作社数量发展到85个,服务范围覆盖53个乡镇。四是农机事故得到有效抑制。全市发生在田间的农业机械事故13起,死亡5人,伤19人,直接经济损失6万元。农机事故死亡人数与2008年同期相比减少3人,低于市人民政府考核指标。2009年,天津市农业机械管理部门按照农业部的部署,加强指导服务,在农机科技创新、安全监理、技术推广、质量监督、社会化服务、信息宣传等各项工作中均取得新的进展。

【认真实施农机购置补贴政策】 2009

年,中央财政补贴天津市的补贴资金达6 000万元,市财政补贴为1 800万元,两级财政2009年的补贴总量达到7 800万元。天津市农业机械管理部门严格规范操作,加强资金监管等,保证农机补贴政策的顺利落实。拉动农民投入购买农机的资金超过1.3亿元,受益农户1.2万户。全市共协议补贴各类农业机械15 806台,其中:新增大中型拖拉机1 550台,水稻插秧机46台,水稻收割机33台,玉米收获机281台,田园管理机3 823台,卷帘机2 847台,旋耕机1 404台,秸秆还田机426台,高效植保机械600台,畜牧养殖机械280台,水产养殖机械3 908台,其它机械256台。新增农机动力9.5万千瓦。此外,主动开展小麦收割机报废更新补偿试点工作,利用市财政补贴资金264万元,补贴更新110台小麦收割机。

【着力提升主要农作物关键生产环节的机械化水平】 2009年,天津市农业机械管理部门精心组织农业机械化生产。春耕期间,投入农机具6.6万台(套),完成机耕164千公顷,机播140.67千公顷。三夏期间,投入小麦联合收获机2 500台,机收小麦112.67千公顷;播种机2万余台,机播夏玉米110千公顷。三秋期间,投入玉米收获机836台,机收玉米62.67千公顷;水稻收割机192台,机收水稻11.33千公顷;播种机8 782台,机播冬小麦109.33千公顷。另外,通过实施耕地平整机械化、玉米收获机械化、水稻全程机械化、设施农业生产机械化和高效植保机械应用等5项农业机械化推进项目,利用农机补贴资金,对激光平地机、玉米收获机、水稻插秧机、水稻收割机等机具给予重点补贴,促进主要农作物关键生产环节的机械化水平的提升,玉米机收水平达到35.6%,比2008年提高15个百分点;水稻机收水平达到66%,比2008年提高19个百分点。

【积极培育发展农机合作服务组织】

2009年,天津市农业机械管理部门继续落实服务组织扶持政策,强化指导服务,结合实施补贴政策,大力扶持农机服务组织建设。截至目前,利用补贴资金1 300余万元,扶持建设农机专业合作社37个,选配机具400余台,已初步形成每个合作社能够在266.67公顷土地上开展粮食全程机械化生产的服务能力。农机合作社的发展,使社员的收入显著增加。2009年,每个农机合作社的作业收入平均可达40万元左右,通过盈余分配,每个合作社成员可获分红1.5万元以上。同时,农机户的经营收益也不断增加,2009年玉米收获单机作业面积平均为66.67公顷,年作业纯收入超过3万元。此外,有效组织小麦跨区作业。全市有近500台小麦联合收割机赴河南、山东等省跨区作业,单机平均纯收入达到1.2万元。

【加大农业机械化科技创新和示范推广力度】 2009年,天津市农业机械管理部门结合农业生产实际,以科技项目为依托,重点开展保护性耕作机械化、物理农业机械化、秸秆综合利用机械化和设施农业精细生产机械化等10项农业机械化新技术、新机具的示范推广。科技项目总投入1 173万元,其中:部、市财政资助科技经费452万元,自筹资金720万元。在蓟县、宝坻等10个区县建立科技示范点64个,科技示范户996个,举办技术培训班及现场演示会共195次,培训农民9 509人次,完成推广面积43.33千公顷,新增各类新设备新机具1 874台套,新增经济效益5 704万元。

组织成立天津市农机企业科技创新中心,增进农业机械化产学研体系建设。通过整合科技力量,实施项目带动,对一批农业生产急需的关键性和共性技术进行重点攻关,形成一批具有自主知识产权的核心技术成果,研制开发自走式采棉机、搂膜机等8个农机新产品,获国家专利2项。

【狠抓农机安全监理规范化建设】 2009年,天津市农业机械管理部门继续深入开展"平安农机"创建活动,逐级落实农机安全生产责任制,组织农机安全生产隐患排查和专项治理,维护本市农机安全生产良好局面。签订安全生产协议5 000余份,年检拖拉机、联合收割机15 143台,其中拖拉机和联合收割机新注册登记分别为2 287台和364台。组织驾驶员安全教育12 906人,启用农业部《交通法规安全常识综合试题》系统,进一步规范农机驾驶员考试,新考核拖拉机、联合收割机驾驶员1 443人。在组织开展的对"两无"拖拉机、联合收割机的专项治理活动中,共组织农机监理执法人员1 503人次,对11 174台次拖拉机、联合收割机及其驾驶人进行牌证检查和安全教育,查处无牌证拖拉机462台,漏检车辆640台,共办理上照508台,补检543台拖拉机(联合收割机),有128人补办驾驶证,236人参加复训。在组织开展的隐患排查治理和"百日督查"活动中,排查各类隐患789项,整改787项,整改率达到99.7%。同时,还与市农委、市安监局联合制定《天津市深入开展"创建平安农机促进新农村建设"活动实施方案》,共投入创建资金52万元。

【农机质量监督管理进一步加强】 2009年,天津市农业机械管理部门狠抓农机补贴产品质量监督,开展农机打假宣传和咨询服务活动。指导各区县对农机市场、农机销售点进行检查,出动执法人员472人次,检查农机维修点和农机经营点606个。另外,根据农业部要求,组织全市农机生产企业开展年度调整申报工作,有18家企业的81个产品获推荐资格。组织完成对18个农机企业的18个类型、61个型号的91种农机产品进行新产品鉴定和推广鉴定,核发农机推广鉴定证书62个。

【加强对农机从业人员的培训】 2009年,天津市农业机械管理部门结合本市"农民素质提高工程"和农业部农业机械化教育培训大行动的部署,采取多种形式,广泛开展职业技能培训,培训农民6 100人次。农机职业技能培训与鉴定人数较上年有较大增长,共鉴定各类工种4 031人次,其中农机修理工15人次,收割机驾驶员94人次,拖拉机驾驶员773人次,农机操作工人1 301人次,电工756人次,电焊工1 092人次。

【切实推进依法行政工作水平】 2009年,天津市农业机械管理部门开展行政审批大提速工作,行政审批事项整体办结时限缩减到32天,压缩24%,提高审批效率。完成2009年度市人大立法预备项目《天津市农业机械化促进条例》的各项工作,修订条例草案。加强法律宣传,组织开展《中华人民共和国农业机械化促进法》颁布施行5周年纪念活动。组织召开学习贯彻实施《农业机械安全监督管理条例》会议,对法规的学习宣传培训工作进行部署。组织开展

“三步式”执法和农机系统行政处罚自由裁量权执行情况的检查，规范行政执法行为。加强农机行政执法人员培训，举办全市农机执法类别行政执法人员培训班，培训执法人员160余人。积极推进政府信息公开，发布各类农业机械化信息2 200余条。

【着力抓好自身服务能力建设，提高试验示范和推广服务的水平】 2009年，天津市农业机械管理部门积极争取财政支持，加强市农业机械化示范推广中心和试验服务中心建设，综合楼主体和室内外装修均已竣工。完成示范园区的规划设计，形成以旱作农业机械化、水稻生产机械化、水产养殖、林果和设施农业示范区为主体的设计蓝图。在示范区内组织召开水稻机插机收、棉花机械化移栽和玉米机械化收获现场演示会，实施激光平地、水稻移栽、机械化水稻育秧、高速机械化水稻插秧和机械化棉花移栽等多项先进适用农机具的示范；利用纳米技术及水车式增氧机、涡轮式增氧机、净化水质耕水机等设备技术，开展水产养殖机械化示范；在林果业示范区基地栽种果树1.73公顷，1 500棵，各示范区的示范作用均得到发挥。完成试验服务中心场院610米道路建设，完成农机展示大厅的初步规划设计，开展自有20公顷土地的规划工作。

【经验与体会】 一是加大和多渠道的资金投入是农业机械化发展的重要基础；二是法律保障和政策扶持是农业机械化发展的重要保障；三是实施有效扶持政策，形成促进农业机械化发展的长效机制；四是坚持重点突破、分类指导、整体推进的工作方法不动摇；五是把培育壮大农机服务组织，推进农机社会化服务，增加农民收入作为根本出发点；六是依靠技术创新和机制创新，为农业机械化可持续发展注入强大的动力。

河北省

【概况】 2009年，河北省农业机械化管理局各项工作开展顺利，实现年初确定的各项目标。农机装备总量增加，全省农机总动力达到9 940万千瓦，比上年增长4.5%；综合机械化水平比上年提高1.5个百分点，达到62.7%，其中小麦机收达到97%，机播97.9%；玉米机收水平达到20%，比上年增加7个百分点。

【落实农机补贴政策，优化农机装备结构】 2009年，中央安排河北省农业机械购置补贴专项资金5.5亿元，在全省186个县（市、区）实施，资金使用覆盖全省所有农牧业县（市、区）。中央补贴资金用于动力机械等12大类35小类的机具补贴。落实到位各类农机具79 635台，落实中央补贴资金5.2亿元，占补贴资金总额的94.5%，受益农户达7万余个。此外，为提高补贴资金导向作用，加大对新型农机具推广力度，2009年省级财政安排补贴资金计2 500万元（其中节水精播机具补贴资金400万元），用于对玉米收获机、小麦免耕播种机、秸秆青贮收获机实行累加补贴，以及对节水精播机具的购置补贴，累加补贴的比例不超过10%，节水精播机具补贴比例为30%。2009年落实省级资金1 859万元，占总资金的74.36%。省以下各级财政投入农机购置补贴资金1 037万元，带动农民和农机服务组织投入11.7亿元左右。全省新增大中型拖拉机17 379台，新增拖拉机配套机具24 957台（套），大中拖和配套机具配套比达到1:2。全省新增玉米联合收获、免耕播种、秸秆粉碎还田、旋耕等作业面积200万公顷以上，创造经济效益8亿多元。

【坚持农机农艺结合，推广农业机械化新技术】 一是玉米机收试验示范与全面推进并重。以国家和省财政农机购置补贴、农业机械化示范县为重点，普遍布点，重点突破，不断扩展和延伸。2009年，全省新增玉米联合收获机2 754台，机械化收获面积达到573.33千公顷，玉米机械化收获水平达到20%。

二是做好保护性耕作技术的示范推广工作。对全省13个保护性耕作项目县小麦的苗情、墒情、根系、产量等情况进行全程监测，做好各项数据的整理。组织2009年度新建保护性耕作项目县参加农业部组织的保护性耕作培训班。2009年河北省实施保护性耕作的部级项目县13个，其中：新建4个，续建5个，滚动4个，国家投资240万元，全省实施面积达到133.33千公顷，累计实施面积达600千公顷以上。

三是做好6个机械化生产示范基地建设。按照农业机械化管理司的部署，2009年河北省建立玉米、水稻、花生、马铃薯等6个机械化生产示范基地。示范基地在农机专业合作组织、种粮大户、农机大户和科技示范户为主的基础上，设20个示范点。各示范基地紧紧围绕提高重要农时、示范作物、关键生产环节机械化水平的目标，从解决作物生产机械化的技术瓶颈和关键制约因素入手，引进、示范先进适用的机械化生产新技术、新机具，进行机械化生产技术的组装配套，建立健全全程机械化生产工艺，加强农业机械化技术与农艺技术的集成配套，形成以机械化为支撑、区域适用性广的标准化生产体系。示范区完成玉米机械化收获示范面积533.33公顷，水稻机械化插秧、收获示范面积133.33公顷，马铃薯机械化播种、收获面积266.67公顷，花生机械化收获面积66.67公顷。通过开展技术宣传、培训、组织跨区作业、订单作业等社会化服务，开展机械化生产作业，推进区域农作物生产机械化，实现农业生产高产、高效、低耗、增收。

【充分发挥农机效能，确保粮食生产安全】 2009年，河北省各级农机管理部门协调联动，充分发挥农机在不同时节农业生产中的作用，确保春种春耕、三夏、三秋机械化生产及时有效开展。

2009年春季，河北省出现50年未遇的干旱，各级农机部门全力以赴抓好春耕备耕工作，大力推广保护性耕作、节水精播等技术，有针对性地组织开展技术培训，向机手传授农机新技术，组织农机抗旱小分队深入基层修理机具、协调抗旱灌溉，确保不误农时。抗旱保春耕期间，全省共投入技术人员6 898人，投入作业的各种农业机械达到310万台套，完成机耕面积2 310.67千公顷，机播面积2 478千公顷，机械灌溉3 400千公顷。

三夏期间，全省共组织9个市的近200支跨区作业队，2万台联合收割机参加全国小麦跨区机收会战。异地作业面积400千余公顷，作业总收入2亿多元。引进外省上万台小麦联合收割机，组织本省6万多台联合收割机，100多万台拖拉机、农用车、玉米免耕播种机等机械投入作业，基本实现小麦机收、秸秆还田、玉米播种“一条龙”作业，农业机械的作用得到充分发挥，三夏变“两夏”，大大缩短夏收和夏种时间。各地农机管理部门还组织开展农机帮扶活动，帮助军、烈、孤、困、寡和外出打工户及时收获小麦,加快小麦收获进度,全省小麦收获仅用18天左右,机收、机播率均达到97%以上,联合收获面积达到90%以上。

在秋季农机生产中,全省投入各种农业机械105.4万台,玉米机收率达到20%,小麦机播率达到97.9%。一是坚持农机、农艺相结合,充分发挥农业机械的科技载体作用,确保农机作业质量。二是各级农机部门以秋季农机新技术、新机具为重点,开展技术示范、培训和指导,努力提高机手的操作水平,保证机具完好率、出勤率和作业效率。三是突出抓好播前秸秆处理及整地、播种作业、播后镇压三个环节,适时、适墒、适量播种,确保播种质量。播后镇轧压实,确保出苗整齐、均匀,提高小麦抗寒、抗旱能力。四是充分发挥农机合作社、协会、专业公司和农机大户等农机服务组织的作用,大力发展不同形式的农机服务组织,创新服务模式,切实做好秋季农机作业的组织管理与服务。五是全面落实安全生产责任制,加强农机手安全教育和操作技术培训,组织开展安全治理,消除农机事故隐患,推动农机作业快速、高效、安全开展。

【创新农机服务机制,加快服务体系建设】 近几年,河北省农机服务体系在服务组织的结构、形式、功能和范围等方面发生较大变化,通过加大政策扶持、实施分类指导、加强规范管理等措施,农机专业合作社、农机协会、农机大户等新型农机服务组织,从无到有,从小到大,成为农业机械化事业发展的新亮点和生力军。到2009年底,全省成立各类新型农机服务组织22 891个,从业人员达到11.6万人。其中农机协会1 721个、农机专业合作社90个、农机作业公司704个,农机服务队(联合体)6 057个,农机大户14 391个。

【加强法律法规宣传,创造良好的农业机械化发展环境】 2009年,在《中华人民共和国农业机械化促进法》颁布实施5周年之际,河北省各级农机管理部门开展丰富多彩的纪念宣传活动,为农业机械化事业健康、快速发展创造良好环境。通过《中华人民共和国农业机械化促进法》实施5周年纪念宣传活动,使更多人了解《中华人民共和国农业机械化促进法》,对农业机械化事业的发展起到积极的促进作用。

【加强信息宣传,扩大社会影响】 到2009年11月20日,河北省向农业机械化管理司报送政务信息178篇,采用54篇;向中国农业机械化信息网提交信息334篇,采用308篇;向各新闻媒体投稿107篇,农民日报等省级以上报刊采用75篇。新华网河北频道、中国农业信息网、河北政务网、河北农业信息网转载31篇。

山 西 省

【概况】 一是农机装备总量快速增长。到2009年底,山西省农机总动力达2 690万千瓦,比上年增加181万千瓦,增幅7%。其中,大中型拖拉机6.2万台,比上年增加1.03万台,增幅19.9%;联合收割机1.03万台,比上年增加2 076台,增幅25.2%。同时,畜牧、设施农业、林果及农产品加工机械等均得到快速发展,农机装备结构得到了有效调整。二是农业机械化作业水平稳步提升。2009年全省机耕、机播、机收面积达2300千公顷、1940千公顷、840千公顷,将分别比上年增加120千公顷、174.67千公顷、94千公顷,增幅分别为6%、10%、13%,全省主要作物机械化综合水平达46%,比上年提高2.3%。三是农业机械化效益显著提高。2009年全省农业机械化经营总收入可达87亿元,比上年增加8.1亿元,增幅可达10.3%。其中农机户经营纯收入可达49亿元,比上年增加10亿元,增幅可达25.6%,全省农民年人均纯收入实现230余元。四是农机安全生产形势向好。2009年,山西省发生一起农机事故,死亡1人,重伤3人,事故率较上年同期下降50%,低于省人民政府对农机安全生产的总体控制考核指标,农机安全生产形势总体趋于稳定。

【认真贯彻落实农机具购置补贴政策】 2009年,山西省共落实中央农机补贴资金3.8亿元,比上年增加2.8倍;省财政投入3 500万元,比上年增加1.3倍;已补贴6.89万户农民购买各类机具7.93万台,提前超额完成省委、省人民政府下达的补贴4万农户购买5万台农机具的目标任务,曾5次受到农业部通报表彰。

主要采取措施:一是早安排、早部署、早行动。春节前,完成农机补贴产品组织筛选、经销企业布局定点、制定和公布实施方案等工作,确保春耕生产前及时开始农机具购置补贴工作。二是制定切合实际、针对性强的累加补贴政策。在中央财政对所有农机具补贴30%政策的基础上,对58.8千瓦以上大型拖拉机实行累加补贴10%,对玉米收获机、薯类种植收获机实行累加补贴15%的政策。三是简化农机购置补贴程序。从往年省、市、县三级逐级审批程序,改为县级网上直接审批,省、市实施网上监管,实现适时申报、适时审批,大大提高工作效率。四是增加定点供应企业数量。从2008年的31个增加到2009年的94个,并实行“三个自主”的政策:生产企业自主指定销售企业,农民自主选择经销商,自主选择购买农机产品,为广大农民享受售前、售中、售后服务提供机制保障。五是在全省开展“三方万户百日”农机大回访行动。共走访农机户8.9万户,拖拉机8.4万台、联合收割机4千台,现场接受农民咨询10万多人次,帮助农机户检修机具1.3万台,征集农民对发展农业机械化合理化意见1万余条。

【精心组织农机田间常规作业和农机跨区作业】 针对2009年春季山西严重干旱的实际,在春季“一抗两保农机作业”中,山西省农业机械管理部门提前补贴农民购买排灌抗旱机械4 594台,并组织20万余台(件)其它机具,完成机械耕整地1200千余公顷、机械播种1 206.67千余公顷、机械灌溉266.67千余公顷。三夏期间,全省投入各类农业机械42.3万台(件),其中联合收割机1.1万台,共完成机收面积625.33千余公顷,机收率达到86.7%,分别比上年提高9.1%和4.5%,作业进度较往年提前4天完成,争时间、抢积温,完成复播面积406千余公顷,比上年增加100千公顷。在三秋机械化作业中,围绕省委省人民政府提出的“保秋粮、保增收”要求,狠抓秋季重点作物关键生产环节和主产区的机械化生产,全省共投入各类农业机械21.86万台,完成小麦机播面积620.4千公顷,玉米收获1 361.27公顷,玉米机收125.73公顷,马铃薯机收48.6公顷。玉米和马铃薯机收水平分别达到12%和33.7%,分别比上年提高7.7%和23.2%。

【加快构建新型农机社会化服务体系】 2009 年,山西省农业机械管理局新成立农机社会化服务管理处,确定以发展农机专业合作组织和建设农机大院为其重点工作职能,开展一系列具体工作。一是抓实调查摸底和研究工作。对全省现有的各类农机社会化服务组织进行摸底调查,对农机社会化服务需求进行专项调研。据统计,全省有农机维修网点5 800个、农机销售网点606 个、农机专业协会50 个、农机服务站(队)330 个、农机专业合作社 388 个(含农机大院148 个)。二是印发《关于进一步加快全省农机专业合作社建设实施意见》,并根据《意见》精神和各地实际,将1 000万元建设资金划拨各地使用,农机专业合作社和农机大院建设工作稳步推进。三是抓好规范性指导。山西省农机局编印下发《山西省农机专业合作社培训资料》,并在 9 月份举办全省农机专业合作社和农机综合服务站站长培训班,聘请专家对全省 70 余名市局业务科长及社、站长进行辅导培训。

【稳步推进保护性耕作建设】 2009 年,山西省新增保护性耕作实施面积 69. 33 千公顷,总面积达到 573. 33 千公顷。在工程建设中,突出抓四个环节:一是争取政府支持,加大保护性耕作行政推动力度。2009 年,省财政保护性耕作专项资金增加到1 100万元,市县配套资金也大幅增长,其中孝义、高平、长子等县财政投入都达到 100 万元以上;全省利用购机补贴资金3 500万元引导项目区农民发展保护性耕作机具,较上年增加 2 倍多;各项目县均以政府名义下发保护性耕作实施方案,并将此项工作纳入政府年度考核内容体系,为推动实施保护性耕作奠定良好基础。二是狠抓保护性耕作技术培训,注重提高项目区技术应用水平。3 月,组织召开全省保护性耕作现场培训会,6 月和 9 月,分别结合三夏作业和秋收作业召开保护性耕作生产作业现场会,累计培训项目区技术骨干400 余人。各市县农机部门通过举办技术培训班、机具演示会,培训农机户与农民达 6 万余人。三是加大科技开发力度,提升保护性耕作技术水平。重点组织“多用途少免耕播种机”的研究与开发,在试验考核基础上,示范推广 200 多台。四是通过整合项目,扩大保护性耕作示范规模。通过积极争取,将机械化秸秆还田技术列入《2009 年现代农业玉米丰产方建设工作方案》,并争取到中央资金 600 万元,新增秸秆还田面积13. 33 千公顷。

【强化新技术及新机具技术普及应用和科研开发力度】 2009 年,山西省共举办各类农机现场演示会 183 次,推广各类机具 5. 2 万台(件),开展技术培训221 余次计 4. 3 万人,累计推广示范作业面积达到4 333. 33千公顷。重点组织多次农业机械化新技术新机具展示会。3 月举办第四届北方现代农业装备展示会;9 月组织全省马铃薯机械化作业和全省秋季农业机械化生产现场会;10 月21 日—26 日承担中国(山西)特色农产品交易博览会农业机械展示区,共展示省内外 65 个农机生产企业生产的 10 大类 260 多种农机产品,组织省内外生产、经销企业签订贸易合同 17 个,交易额2. 68 亿元,达成供销意向协议交易额7. 78 亿元,参观群众达 8 万余人,山西省委书记张宝顺、省长王君等省级领导和农业部农机鉴定总站、推广总站等站领导到现场进行参观指导。农产品加工机械的试验和推广,启动“山西省农产品加工企业档案”和“加工机械档案”工作,开展全省农村米面油加工现状调研,并形成专题报告呈送省人民政府主要领导,省领导批复要加强此项工作。农机科研在“不对行轻型玉米收割机”等 5 个项目上通过科研鉴定,具备批量生产条件;围绕省级现代农业示范区建设,开展农业机械化示范项目调研与对接工作,确定 2 个“10 万亩保护性耕作示范区”和 1 个“万亩现代设施农业示范项目”。

【狠抓农机安全生产】 2009 年,山西省农机监理部门重点开展四项活动:一是开展为期一年的农机安全生产专项整治活动。专项整治以实现“三个 100%”(应上户机车注册率 100%,所有登记机车 100%配有正式驾驶员,所有登记机车应检率 100%)为目标,通过开展专项整治活动,各类机车新上户32 865台,较上年同期增长 35. 3%;检验各类农业机械 40 965 台,与上年同期相比提高135. 7%;新训新考驾驶员19 969人,较上年同期增长 32. 3%。二是组织开展农机安全生产“三项行动”。共排查各类农机安全生产隐患 7. 29 万项、9. 9 万人次接受安全培训、发放安全宣传资料35. 15 万份。三是启动第二轮全省“创建平安农机”活动。省农机局与省安全监督管理局联合印发第二轮“创建平安农机”实施方案,在全省扎实有序推进。四是狠抓主要农时和重要节日的安全生产大检查,全省累计检查各类农业机械21. 5 万台(次),纠正违章 2 万余台(次)。

在农机产品市场监管方面:一是在全省开展以“质量监管、维权护农”为主题的“3 · 15”大型农机质量维权宣传咨询活动。全省共出动宣传人员1 000余人次,宣传车辆 120 余台,制作宣传版面180 多块、宣传横幅 400 多条,散发各类宣传资料 31 万份,现场接受群众咨询 3 万人次,现场受理投诉 13 起。二是对农机市场产品质量及售后服务开展检查督导活动。对全省 94 家农机补贴产品经销企业经销的 6 大类 64 个品牌5 560台机具进行质量检查,对 2009 年度享受购机补贴的玉米收获机用户开展质量调查,对列入山西省农机补贴目录的 22 家微耕机和 12 家小型拖拉机生产企业进行督促检查,依据质量检查情况和农民反馈的意见,分别对生产和经销企业提出整改意见。三是认真组织农机试验鉴定和质量检验工作。共完成农机试产鉴定、推广鉴定、监督抽查等 362 项。四是组织完成《2009 年—2011 年国家支持推广的农业机械产品目录》2010 年度调整申报和《2010 年—2012 年山西省支持推广的农业机械产品目录》的编制工作。

【主要问题】 一是农机装备结构调整仍然不够到位。存在动力机械多、配套农具少,小型机具多、大中型机具少,单一作业机具多、复式作业机具少等“三多三少”的问题。二是农机科研开发能力缺乏后劲。由于经费紧张、体制不畅、机制不活等原因,导致农机科技人员流失和断档现象严重,农机自主创新能力明显薄弱。三是农业机械化基础设施建设薄弱。主要是农村农机具库棚、机耕道建设不足,80% 以上的机具露天存放,大量农业机械处于“作业无路走、机闲无处放”的状态;农机维修网点总量少,布局不够合理,广大农民得不到及时有效的技术服务。四是农机驾驶操作人员技术素质不高。随着农机购置补贴政策的落实,全省农机装备总量快速增加,农机驾驶操作人员也增长很快,但新机手普遍缺乏系统培训,老机手迫切需要更新知识,总体看,农机教育培训滞后于农业机械快速发展的需要。五是农业机械化公共服务能力不强。由于基层农机服务设施落后、农机安全监理装备薄弱、农机质量检测手段落后等原因,导致农业机械化公共服务能力远不能适应农业机械化快速发展的需要。六是农机依法行政水平还有待提高。农业机械化法律法规和配套政府规章还需要进一步完善,农机执法人员素质有待进一步提高。

内蒙古自治区

【认真组织机械化生产及抗灾救灾】 2009 年春耕春播期间,内蒙古自治区投入农机具 44.9 万台,完成机耕5 174千公顷、机播5 348.67千公顷、机械浇灌地1 280.67千公顷,机播面积占春播面积96.4%;投入农机技术人员1 941 人次,指导和帮助农牧民检修农机具 63.75 万台,培训农机手 2.7 万人次,召开现场会 48 次,推广新机具2 742台。夏收期间,组织联合收割机6 000余台开展跨区作业,实现机收小麦 451.15 千公顷,机械化水平达 92%,较上年提高 5.4 个百分点;组织出区作业联合收割机1 013台,同比增加 652 台,为机手实现创收近4 000万元。秋季机械化生产,截至 11 月 16 日,投入农机具 90.9 万台套,其中拖拉机 62.7 万台、大型收获机械 1.47 万台,完成机收2 340千公顷,其中完成玉米、大豆、水稻、马铃薯、油菜、青饲料、向日葵七大作物机收面积1 495.07千公顷,机收水平分别达到 8.9%、72.6%、80.5%、40%、94.5%、56.7% 和 4.3%;农业机械化综合作业水平达到 65% 以上,同比提高 2.74 个百分点。2009 年春季,内蒙古自治区大部分地区出现严重旱情,全区各级农机部门积极抗旱,做到领导到位、责任到位、措施到位、行动到位;突出技术保障,强化技术服务,密切与气象等部门配合,充分发挥农业机械在抗旱救灾中的保障作用。截至 9 月 9 日,全区投入 80.8 万人次进行抗旱,组织抗旱服务队 441 个,投入抗旱农机具 54.2 万台套,抗旱浇地2 102.4千公顷。9 月 25 日,由内蒙古自治区农牧业厅承办召开全国马铃薯生产机械化现场会。

【搞好农机购置补贴政策落实】 2009 年,中央财政投入内蒙古自治区专项补贴资金 5.5 亿元,内蒙古自治区财政投入补贴资金 800 万元。合计补贴购机 90 505台套,受益农牧户68 784户。全区实现农机销售 21.2 亿元,较上年增长 89.4%;农机总值、总动力、经营服务收入分别达到 245.8 亿元、2919.7 万千瓦和 253.7 亿元,同比分别增长 15.4%、5% 和 187.5%;大中型拖拉机及其配套农机具分别达到 47.8 万台和 68.8 万台,同比分别增长 5.8% 和 7.7%。

一是自治区财政资金全部投放到 33 个牧业旗,对牧民购置机具累加补贴,累加补贴率最高可达 50%,并在牧区增加 13.23—17.64 千瓦齿轮传动拖拉机补贴。二是生产企业自主选择供货商。全区新增 96 家专项供货企业,总数达到 146 个,覆盖全区所有盟市,同时为便捷高效实施补贴,允许区内 93 个生产企业和区内外 25 个奶业机械厂家直销补贴供货。三是简化购机申请。农牧民可向乡镇农机站申请购机补贴,也可直接向旗县农机主管部门申请,方便农牧民选择,提高办事效率。四是将 5 个设置独立管理机构的垦区按照旗县建制对待,由所在盟市农机主管部门对口管理,调动农垦部门的积极性,密切与政策相关业务领域的合作。五是印发《落实农机购置补贴政策监察办法》,启动监察员制度。监察员由盟市遴选、自治区农牧业厅任命,所有供货企业所在地都要派监察员,对每台补贴机具在提货时登记发动机、车架、补贴标识号码,防止虚开发票、套取补贴资金行为。六是通过"自治区农机购置补贴管理信息系统"公开补贴购机农牧民名单,广泛接受社会监督。七是加速补贴资金报帐结算,严格限定结算审账时限为旗县 5 天、盟市 15 天、自治区 5 天。八是与自治区农村信用联合社联合印发通知,办理购机补贴贷款,全区已办理购机补贴贷款达2 649.7万元。

【加强农机专业合作社和示范园区建设】 2009 年,内蒙古自治区将农机合作组织和示范园区建设作为重点工作,以培育农机服务合作组织为切入点,由合作组织领办示范园区,两方面工作结合开展,共同推进。一是组建自治区农业机械化示范园区建设专家组,召开首届专家会议,研究确定自治区 2010—2015 年农业机械化示范园区建设六年规划(提纲)、2009 年农业机械化示范园区建设实施方案、示范园区技术标准和效益指标体系。二是部署示范园区和合作组织建设工作。按照示范园区建设方案,突出部级示范项目的龙头带动作用,着重搞好农业机械化新技术特别是成套技术集成应用,创新社会化服务,加强示范园区建设指标监测。2009 年,新增 100 个示范园区,全区示范园区总数达到 171 个,305.33 千公顷,基本达到每旗县都有示范园区。全区各类新型农机服务组织达到 810 个,农机作业环节社会化服务比重达到 35%。三是召集赤峰市、乌兰察布市召开农业机械化示范园区建设座谈会,就设施农业和马铃薯作物农业机械化示范园区建设进行专题研究部署,为 2010 年以盟市级建制为单位,围绕当地特色作物推进示范园区更大规模发展进行前期准备工作。

【提升保护性耕作技术推广工作】 2009 年,内蒙古自治区开展保护性耕作试验研究和示范推广的旗(县、区)达到 61 个,占适宜开展保护性耕作旗县的 70%。其中列入农业部示范项目的旗县 31 个,自治区级项目旗县 30 个,共涉及 150 多个乡镇苏木、14 个国营农牧场,60 多万户农牧户。31 个农业部保护项目县完成保护性耕作示范面积 235.67 千公顷,比上年增加 60.4 千公顷。全区保护性耕作配套技术应用面积达到 812.47 千公顷,约占全区总耕地面积的 11.4%;比 2008 年净增 112.67 千公顷,增幅达 16%。全区免少耕播种机械达到 4.5 万台,较上年增加 0.62 万台。全年共计实现节约生产成本 1.6 亿元、增产粮食 20 万吨,增收节支效益达到 4.06 亿元。另外,自治区农牧业厅与中国农机院联合举办共建保护性耕作示范园区合作协议签字仪式暨新闻发布会、保护性耕作发展论坛等活动,2009 年,双方协作,在呼伦贝尔牙克石市、额尔古纳市、陈旗共建 15 个高标准的保护性耕作示范区。

【狠抓农业机械化质量工程】 2009 年,按照全国农机质量工作会议和全区农机专业工作会议精神,内蒙古自治区农牧业厅适时启动"农业机械化质量工程"。

一是制定完善自治区农机推广鉴定实施办法,明确鉴定工作程序,统一鉴定工作内容,规范鉴定人员行为,提高鉴定工作质量。2009 年自治区农业机械推广鉴定统一采用农业部颁发的鉴定大纲,截至 9 月底,已完成各类技术鉴定 348 项。二是严格执行国家和自治区支持推广目录管理办法,完善评审制度,规范申报程序,有效落实地方推荐程序,实现工作科学、公正、高效、廉洁,保证支持推广产品目录质量可靠、优良、先进适用,2009 年完成推荐申报国家支持推广目录产品 117 项。三是安排部署农机质量跟踪调查和生产企业调查工作,把生产企业、销售市场现场督导、用户访谈结合起来进行。上半年,重点对巴彦淖尔市的 14 个生产企业的 18 种机型 90 台机具进行问卷和用户跟踪调查,走访 22 户农机户;9—10 月,在玉米主产区通辽市集中开展玉米收获机械质量跟踪调查,在自治区中西部地区重点开展马铃薯收获机质量跟踪调查。四是组织开展产品质量抽查和农机市场打假专项治理工作,完成国家牧机产品监督抽查 25 项,自治区农牧机产品质量监督抽查 40 个批次;重点开展打击制售假劣农机、零配件及盗用冒用转让农机推广鉴定证、证章等违法行为活动,查处假冒伪劣农机产品4 814件,价值达 18.26 万元。同时,按照"质量工程"方案要求,与农机购置补贴产品的生产企业协作,调研、起草高性能农机具维修站点建设工作方案,开展产、销、修体系筹建设试点工作,以畜牧业机械化为切入和突破,探索企业技术联盟机制,解决畜牧业机械技术短缺问题。并围绕主要作物、重点环节和关键技术,开展作业标准和操作规范制定工作。

【强化农业机械化培训、职业技能鉴定等管理工作】 2009 年,内蒙古自治区按照农业部《关于开展农业机械化教育培训大行动的通知》精神,加强农机培训和职业技能鉴定工作。

一是农机培训与购机补贴政策落实相结合,对补贴购买机械的农牧民全部培训。二是职业技能培训鉴定与阳光工程结合,培育新型农牧民。2009 年,农业部下达内蒙古自治区阳光工程农机培训指标2 000人,经多方协调,争取到培训名额7 000人,约占全区培训总额的 17.5%。上半年,培训各级农机管理干部 350 人、技术人员 120 多人、农机手 6 万余人;职业技能颁证达2 675个,是全年计划任务的 2.6 倍,高于上年全年鉴定数 459 个。同时,加强与劳动部门的农村牧区劳动力供需对接,扩展农村牧区劳动力转移就业渠道。三是规范驾驶员培训与考试工作。按照自治区农牧业厅《拖拉机驾驶培训机构教学人员管理办法》,进一步明确、细化拖拉机驾驶培训机构职责,提高培训质量。

2009 年完成对全区驾校理论教员和教练员资格考试考核工作,年底颁发"准教证"和"教练员证",保证 2010 年所有驾校教员全部持证上岗。农机监理机构按培训机构提供的培训记录进行考试,加强考试管理,截至三季度末,全区拖拉机驾驶办证27 954人、联合收割机驾驶办证 432 人,均较上年同期有较大提高。

【认真搞好农业机械化宣传信息工作】 一是大型活动宣传效果显著。在及时快捷开展日常信息宣传基础上,突出大型活动的宣传。7 月—8 月,内蒙古农牧业厅连续举办"与中国农业机械化科学研究院携手共建保护性耕作示范园区合作协议签字仪式暨新闻发布会"、"保护性耕作发展论坛"、"全区保护性耕作座谈会",会议期间,邀请人民日报、经济日报、新华社、中国农业机械化导报及内蒙古多家新闻媒体记者开展系列宣传,8 月 16 日,《人民日报》"新农村"做专版报道。9 月 25 日,内蒙古广播电台"绿野之声"现场直播在内蒙古达茂旗召开的"全国马铃薯生产机械化现场会",农业机械化管理司司长宗锦耀等各级领导、合作社负责人以及农民朋友走进直播车,共同探讨马铃薯机械化生产情况。11 月 1 日—30 日在全区农业机械化系统开展《条例》学习宣传月活动。活动期间,利用电视、广播、报刊、网络等媒体大力宣传该条例的内容、意义、作用,学习宣传月活动开展得有声有色。二是政务信息报送任务完成较好。向农业部农业机械化司及中国农业机械化信息网提交各类政务信息 200 多条。三是自治区农牧业厅与农业部保护性耕作研究中心合作编印《保护性耕作技术》宣传图册 1 万册,编印《保护性耕作技术挂图》1 万套,全部发放给项目区广大农户。四是开展手机免费短信服务。锡林郭勒盟锡林浩特市利用网络和通讯手段,开展为农牧民提供农机作业手机短信服务,便捷农牧民农机作业服务供需信息沟通。

辽 宁 省

【概况】 2009 年,辽宁省农业机械化投入 19.54 亿元,同比增长 70%;农机总动力达到2 110万千瓦,农机总值 120 亿元,同比增加 68% 和 16%;综合机械化水平 60%,同比提高 4%。

【重引导,抓补贴政策落实,促进装备结构优化】 2009 年,辽宁省争取省以上农机购置补贴 6.1 亿元,其中,中央财政 5.6 亿元,是上年的 2.49 倍;省级财政 5000 万元,是上年的 2.04 倍。市县配套 1.73 亿元,带动农民投入 12.1 亿元,是上年的 4.05 倍和 2.33 倍。直接受益农户 7.5 万户,是上年的 2.5 倍。按照"五制"法(即目录招标制、受益公示制、全程监管制、省级支付制和档案抽查制)落实补贴政策,进一步完善管理,规范操作,强化监管。全年补贴推广机具 7.5 万台(套)。其中,新增拖拉机 2.23 万台,保有量达到 37.68 万台;水稻插秧机4 954台,保有量达到12 697台;水稻联合收割机 916 台,保有量达2 187台;新增玉米联合收割机 897 台,保有量达到1 552台;新增经济作物和设施农业机械设备 1.79 万台(套),畜牧水产设备 1.1 万台套。农机购置补贴工作被评为"省直机关第一季度最佳实事"之一。

【搞示范,抓机插和机收,促进水稻生产全程化】 2009 年,辽宁省农业机械管理部门在全力抓好海城市、大石桥市、北镇市等 7 个部级水稻育插秧机械化县的基础上,全省安排省级农机专项资金 390 万元,确定新民市、海城市、千山区、新宾县、桓仁县、东港市、北镇市、大石桥市、辽阳县、开原市、盘山县、大洼县等 13 个县(区、市)为省级水稻生产全程机械化示范县,核心示范面积达 40 千公顷。2007 年—2008 年开原市水稻育插秧机械化示范推广项目通过农业部考核验收。全省共完成水稻机械插秧 163.07 千公顷,同比增加 41.73 千公顷,彻底消除机插空白村。强化水稻跨区作业组织管理,引进外省收割机2 575台,共完成机收水稻 279.53 千公顷,同比提高 71.33 千公顷,机收水平 41.9%,同比提高 10.7%。通过实施水稻全程机械化,使全省稻农节本增收 6.6 亿多元。

【攻难点,抓玉米机械收获,促进玉米生产全程化】 2009 年,辽宁省农业机械管理部门认真贯彻省人民政府《关于加快发展玉米生产机械化的意见》,加大项目带动和政策扶持力度,投入省级专项 390 万元,在辽中县、台安县、凤城市、义县、盖州市、灯塔市、昌图县、铁岭县、建平县、绥中县等 13 个县(区、市)进行省级玉米生产全程机械化示范。在中央财政 30% 的基础上,省级累加补贴 20%。玉米精量播种1 367.33千公顷,同比增加 19.5%;玉米机收达到 152.6 千公顷,同比增长 68.3%,玉米机收水平达到 7.1%,同比提高 2.6 个百分点。

【定重点,抓保护性耕作,促进农机耕作制度改革】 2009 年,保护性耕作被列为辽宁省各级政府考核指标。辽宁省农业机械化管理局争取省财政投入5 730万元,其中:用于“200 万亩保护性耕作项目”补助4 000万元;用于农民推广“100 万亩深松”的作业补贴1 000万元。新增国家级保护性耕作项目区 6 个,全省已建立起省级以上保护性耕作示范县 46 个,核心示范 179.27 千公顷,辐射面积 333.33 千公顷。2009 年,辽宁省农业机械化管理部门对沈北新区、黑山县、辽阳县、连山区、喀左县、兴城市、彰武县、阜蒙县、凌海市和绥中等 10 个部级保护性耕作项目区进行检查验收。结果表明,保护性耕作和深松技术在大旱之年抗旱保产效果显著。与传统耕作相比,保护性耕作每公顷增加蓄水量 135 吨,增加有机质含量 0.03%,公顷增产1 500千克,深松公顷增产 900 千克,全省增产粮食 56 万吨,农民增收 9.7 亿元。

【出政策,抓服务组织创新,促进农机服务产业化】 2009 年,辽宁省农业机械化管理局大力扶持农机大户、农机合作社等新型社会化服务组织,农机购置补贴向农机合作社建设倾斜,不限数量和种类,对农机大户和农机服务组织购置大型机具给予信贷支持。创新服务模式,大力推广北镇市两农民创造的“五包两定一分散”农机经营服务模式(即:包旋耕、包耙地、包育苗、包机插秧、包机收获;定合同、定费用;管水、施肥、打药等环节由农户分散进行)。全省各类农机服务组织已发展到 2.5 万个。培育和发展经过工商注册的农机合作社 104 个,农机专业合作社达 373 个;扶持发展农机原值在 20 万元以上的农机大户达5 595个;农机经营服务收入突破 100 亿元大关,农机经营纯收入达 40 亿元。

【保增长,抓农机跨区作业,提高农业机械化水平】 2009 年,围绕实施保护性耕作、水稻机械插秧、玉米精量播种、经济作物和设施农业机械化,辽宁省农业机械化管理局精心组织农业机械化生产。采取“全省举办集训班、分市举办普及班、逐县举办提高班、乡镇举办巩固班、田间举办对比班”等方式,开展农机节本增效技术培训,培训农机管理、技术推广和农机手 15.9 万人次。为确保农机作业用油,争取政府支持,与石油供应部门密切配合,建立起农机生产用油供应的绿色通道。全年调拨专项柴油指标 80 万吨,确认加油站点 525 个,实行“农机作业燃油供应保障卡”,保证 30 万多台套农机作业用油。强化农机跨区作业组织管理,充分发挥农机大户和各级农机服务组织的作用,提高机具利用率和农机使用效益,推动全年农业机械化生产的顺利完成。

【明责任,抓平安农机创建,促进农机监管规范化】 2009 年,辽宁省农业机械化管理局以无牌证农机及驾驶人专项整治工作为重点,以“十百千万”平安农机创建活动为载体,积极开展农机安全隐患百日督查、农机安全生产大检查活动,与 14 市签订农机全目标管理责任书,出动安全监理人员3 093人次,对 959 个乡镇、3 619个村屯,组织开展全省农机安全隐患排查工作。排查拖拉机 5.5 万台次,排查一般事故隐患17 023起,整改率 85.3%;排查重大隐患2 562起,整改率为 92.2%。配合《辽宁省农业机械安全管理办法》实施,举办市县农机监理业务骨干培训班,农机队伍监管水平和依法行政的能力有很大的提高。为强化农机监管工作,组织开展农机打假扶优、农机维修市场监管检查、农机质量投诉和农机市场检查活动,对全省 2009 年享受政府补贴的水稻插秧机、玉米收获机进行全面质量跟踪调查。

【存在问题】 部分机具价格较高,重点机具补贴比例偏低,农民筹集差价资金难度依然较大,薄弱和关键环节所需重点机具数量增长缓慢。农业机械化投入结构还不完备,农机科研教育、技术培训、推广应用、维修管理、信息服务、机具库棚以及农机作业标准体系等基础设施建设亟待加强。农机合作社等新型农机服务组织发展滞后,农机服务组织化程度不高,社会化服务功能不强,不能适应农村劳动力结构变化和土地规模化经营需要。燃油价格居高不下,影响营机户从事农机作业的积极性和效益。部分补贴机具质量和售后服务水平不高,农民操作水平较低,玉米机收推进速度不快、效益不高。农业机械化政策法规支撑体系还不完备。

吉 林 省

【概况】 2009 年,吉林省农机管理部门认真贯彻落实中央一号文件精神和全国农业、农机工作会议精神,紧紧围绕全省农业农村中心工作,扩内需,保增长,突出发挥农业机械化在提高农业综合生产能力,增加粮食产量,促进农业稳定发展和农民持续增收以及新农村和现代农业建设中的重要作用,全省农业机械化呈现快速发展态势。

【农机装备总量持续增长】 2009 年,吉林省农机总动力超过2 000万千瓦,比上年提高 11%,拖拉机保有量达到 83 万台,比上年增长 5 万台,增幅为 6.4%。农机装备结构在市场需求和持续发展的拉动下得到优化,36.75 千瓦以上拖拉机达到 4 万台,比上年增加 2 万台,增加一倍,水稻插秧机、水稻收获机和玉米收获机达到9 500台、7 300台、2 300台,分别比上年增长 25.5%、66% 和 64%。

【农机作业水平显著提高】 2009 年,吉林省农作物耕种收综合机械化水平超过 55%,比上年提高 4 个百分点。水稻机插、水稻机收和玉米机收等关键环节进一步突破,作业水平增长迅速,水稻机插、水稻机收和玉米机收水平分别可达到 39%、46% 和 7%,分别比上年提高 9 个、7 个和 3 个百分点。

【农机社会化服务能力明显增强】 2009 年,吉林省各类农机合作组织、农机大户蓬勃发展。全省各类农机服务组织和农机户达 90 万户,经营土地规模在 200 公顷以上的农机大户和农机合作组织达 410 户,农机生产的组织化程度显著提高。

【地方农机工业得到发展】 2009年,吉林省农机购置补贴拉动农民投资规模达20亿元以上,省内农机生产企业不断发展壮大,全省规模以上农机生产企业达160户。

【落实农机购置补贴政策成效显著】 2009年,吉林省落实国家农机购置补贴资金7.5亿元,安排5亿元用于农机购置补贴,实施范围覆盖到全省所有的县(市、区),补贴产品达10大类128个品种,比上年增加1倍多,共补贴各类农机具7.5万台(套),受益农户6.5万余户。

一是不断加大扶持力度。省农委与省农行、省农村信用社积极协调,签署农民购机贷款框架协议,对农民购置农业机械给予信贷支持,为农民购机提供资金保证。二是不断优化补贴产品。按照农业部的要求,在广泛调研的基础上,组织专家、基层农机技术人员对非通用类补贴产品进行选型确定,保证非通用类农机补贴产品先进适用、技术完善、质量可靠、节能环保、服务到位。三是调整补贴产品供应商。农机补贴产品供应商由政府采购招标确定,调整为由农机生产企业自主确定。全省农机补贴产品供应商达到140家,分布在全省所有的市(州),农民选择购买农机更方便。四是操作环节公开透明。公开补贴资金数量、产品、价格、程序和供应商。按照优选条件或报名顺序确定补贴对象,并公示。五是开展便民购机服务。举办农业机械产品展示会;年度农机补贴产品目录发放到乡镇农机站,农民随时查阅;县级农机主管部门设立补贴政策、补贴程序公告栏,指导农民办理购机手续。六是加强政策执行监管。对供应商进行培训,规范供应操作环节;制定《吉林省农机购置补贴监督管理办法》,组织人员对农机补贴工作执行情况进行督促检查;设立质量投诉站和监督举报电话,协调解决农民在购机中发生质量、价格或供货不及时等问题。七是开展新机具使用培训。采取集中培训、现场演示等形式免费开展大型拖拉机、玉米收获机、水稻插秧机、水稻收获机的使用培训。作业季节,县、乡级农机技术人员到田间地头进行技术指导和咨询,及时排除故障,解决技术难题。八是大力宣传补贴政策。通过广播、电视、报纸和网络等多种形式广泛宣传农机购置补贴政策,做到家喻户晓。设立购机补贴专家咨询热线电话,年解答农民提问10万人次以上,发放政策解答宣传册(单)10万余册(张)。在省人民政府网站开展在线访谈。在吉林农业机械化信息网站"农机购置补贴管理系统"开辟"在线咨询"专栏,方便农民进行政策和技术咨询。

【全程农业机械化示范区建设取得阶段性成果】 2009年,吉林省继续在30个粮食主产县实施全程农业机械化示范区建设,加大资金投入规模。示范区建设资金总投入8.5亿元,其中安排国家农机购置补贴资金2.5亿元,省级配套1亿元,农民自筹5亿元。扶持发展农机大户和农机专业合作组织1 700个,新增大型机具1万余台,示范作业面积20万公顷。

为加大示范区建设的推进力度,吉林省农业机械化管理部门对示范区建设的有关内容做出调整,包括机具补贴比例、补贴额度、建设规模、建设主体的标准条件等,进一步扩大建设规模,突破关键环节,推动全程农业机械化。开发"农机购置补贴管理系统",信息传输网络化,科学管理,提高工作效率。安排省级资金,对农民购买机具贷款给予一定的贴息补助。

【现代农业农业机械化示范园区开端良好】 2009年,按照"国内先进、国际一流"的建设目标,在吉林省粮食主产县榆树和九台建设旱田和水田两种模式的现代农业农业机械化示范区,建设面积5千公顷,资金投入规模为8 000万元,其中:国家投资7 000万元,地方配套1 000万元,通过采购招标的形式,购置国内外最先进的旱田机械设备63台套,水田机械设备81台套,新建60栋3万平方米育秧大棚。项目区组建农机生产合作社,完成地块的集约落实工作。成立由吉林农大专家教授组成的技术指导队伍,开展进口拖拉机和农机具的使用操作培训。完成示范基地场库棚建设规划。2009年项目区田间作业耕种收综合机械化水平提高到80%以上,新增粮食产量超过500万千克。

【机械深松成效显著】 2008秋2009春,吉林省率先在全国实施深松作业补贴试点,投入省财政和农发资金1.23亿元,在11个县(市、区)实施深松作业补贴面积553.33千公顷。2009年,吉林省进一步加大实施力度,投入1.7亿元深松补贴资金,其中:省财政8 500万元,市县财政配套8 500万元,2009秋2010春实施深松作业补贴面积1 133.33千公顷,补贴范围由试点推向全省。2009年,深松作业抗旱效果非常突出,平均增产粮食达10%以上。

【农业机械化生产管理服务水平进一步提升】 2009年,吉林省农业机械管理部门科学谋划和组织春耕和秋季农业机械化生产,协调农用柴油供应和生产调度,采取多种形式开展农机培训,充分发挥补贴机具的作用。全省机械耕地面积4 304千公顷,机耕水平达77.8%;机械播种面积3 340千公顷,机播水平达到66.8%;机械收获652.67千公顷,机收水平达到13%。发布跨区作业信息,办理跨区作业证1 200个,培训农机跨区作业人员200多人次,组织参加跨区作业服务组织38个,建立跨区作业接待服务站15个,帮助解决跨区作业问题80多件。举办各类培训班300场(次),培训农民7.5万人次,职业技能鉴定培训近2 000人次,发放农业机械化实用技术手册和宣传单7万份。

【农机新技术推广应用实现重大突破】 2009年,吉林省农业机械管理部门加快水稻机插、水稻机收、玉米机收、机械深松、保护性耕作、秸秆综合利用、等离子种子处理技术推广步伐,将机械深松由试点推向全省,作业面积占全省可深松面积的1/3以上,建设省部级保护性耕作示范县17个,保护性耕作面积46.67千公顷以上,水稻机插、机收走入快速发展轨道,续建、新建部级水田育插秧示范推广县4个,全省水田机插面积262千公顷,水田机收面积306.67千公顷。玉米机收成为农业机械化发展的新亮点,新增玉米收获机900台,玉米机收面积180千公顷。

【农机安全生产形势持续好转】 2009年,吉林省农业机械管理部门在全省范围内开展以"安全生产执法行动、治理行动、宣传教育行动"为内容的三项行动,和"农机安全生产法制机制建设、保障能力建设、监管队伍建设"的三项建设,创建"平安农机"示范县18个,示范户6 000个，清理注册和检验拖拉机、联合收割机以及新考驾驶员分别高于上年同期水平，拖拉机、联合收割机注册率达75.6%，检验率达85.7%，驾驶员持证率达87.9%，全年未发生特大农机事故，事故率和死亡率分别控制在农业部规定的范围内。加强安全法规建设，省人民政府2009年第8次常务会议讨论通过《吉林省农业机械事故处理办法》，进一步完善农机安全监管体系。

【农机质量监督管理不断强化】 2009年，吉林省农业机械管理部门以试验鉴定、质量投诉、质量调查、职业技能鉴定和维修管理为重点，着力构建和完善农业机械化评价监督工作体系，检测能力不断增强，进入农业部部级质检中心的先进行列。全年完成部级推广鉴定4项、省级推广鉴定134项，对省内外28家农机生产企业的33种联合整地机、玉米收获机选型试验。受理农机产品投诉咨询85起，成功调节14起，为农民挽回经济损失2.7亿元。

【农业机械化发展环境更加优化】 2009年，吉林省农业机械管理部门抓住《中华人民共和国农业机械化促进法》公布实施五周年的有利契机，及时修订《吉林省农业机械安全监督管理条例》，并以省长令发布实施。通过政府新闻发布会、《中国农机化导报》、《吉林日报》、吉林电视台、吉林广播电台等主流媒体，宣传农机购置补贴政策、全程农业机械化示范区建设、建国六十周年农业机械化发展成就及各地的工作经验。全年在省级以上新闻媒体播出、刊登新闻信息500余条，与吉林广播电台共同制作全程农业机械化示范区建设大型专题12期，影响广泛，效果显著。编发《农业机械化信息简报》16期，8 000余份。开通41个市县级农业机械化信息网站，全年发布各类信息3 000余条。

黑龙江省

【概况】 2009年，黑龙江省农业机械化工作以推进现代农业建设为核心，努力加强农业机械化建设，全省农业机械化呈现出又好又快的发展局面。农业机械化工作紧紧围绕“千亿斤粮食产能工程”建设，大力推进农业机械化发展，主要工作都有新的突破。

【努力筹措资金组建现代农机专业合作社】 2009年，黑龙江省利用一切可以利用的资金，组建现代农机专业合作社123个，投资12.5亿元，黑龙江省现代农业农机专业合作社达134个。一是利用国家和省财政资金组建25个现代农业农机专业合作社，共投资2.7亿元。购买132.3千瓦以上拖拉机138台，配套农具146台。二是利用中行贷款6.8亿元，组建68个现代农业农机专业合作社。三是利用北欧投资银行贷款3亿元，组建30个现代农业农机专业合作社。该项目已得到国家发改委批复。

【落实国家农机购置补贴】 2009年，中央财政投入黑龙江省农村农机购置补贴资金9.5亿元，其中第一批投入6亿元，第二批投入3.5亿元。第一批投入的6亿元补贴资金，由省畜牧兽医局落实畜牧用挤奶机、贮奶罐等设备2 750万元；农业机械部分落实57 250万元。农机部分补贴资金的投入共吸引农民自筹资金14.68亿元，采购资金总额达20.44亿元。购置大中型拖拉机11 009台，各种配套农具17 988台，联合收获机5 675台，水稻插秧机2 823台，总计购置农机设备总数达37 495台，直接受益农户近2万户。

【狠抓三秋农业机械化生产、深松整地】 2009年，黑龙江省加大秋整地工作力度。8月初，黑龙江省农业机械化管理局加强与省财政厅协调，做好秋整地的准备工作，并制定秋整地工作方案。截至11月11日，全省农村完成秋整地5 552.45千公顷，其中深松面积3 218.81千公顷，水田整地完成732.87千公顷，已超额完成2009年的秋整地工作任务。

【农业机械化培训和市场整顿工作效果显著】 2009年，黑龙江省农机管理部门积极开展农机培训和监督管理工作。共培训各类农机人员132 595人，农机驾驶员78 548人；农机管理人员3 800人；农机推广技术人员4 300人；购机补贴农民12 900人；农机职业技能鉴定培训687人；农机销售员1.4万人；农机修理工18 200人；农机市场质量监察员160人；全省共检验农机维修厂点2 735个，检验销售网点2 786家，出动执法人员5 600人次，整顿农机市场240个次。

【农机科技示范项目建设与管理】 2009年，黑龙江省承担农业部3个农业机械化科技示范项目。一是保护性耕作项目。实施保护性耕作10.67千公顷，有16个乡、30个村承担示范任务，共培训184名技术员和3 017名农户，在示范点召开现场会12次，共有420人次到田间进行技术测试。示范区玉米产量平均公顷增产1 065千克。32个省级示范区面积由2006年的66.67公顷增加到2009年的16千公顷，其中国家级10.67千公顷，省级5.33千公顷。全省辐射面积已达386.67千公顷。二是水稻机械化育插秧技术示范项目。7个项目示范县有35个乡镇223户农户列为示范点，辐射农户4 200户。试点村2009年新增大棚288栋，平均每个育秧大棚面积达到300平方米；新增育秧软盘34.2万个；新增插秧机212台；新增水稻收获机239台；新增育秧播种机、覆土机、蒸汽催牙机各80台；举办技术培训班28期；示范演示会22次；媒体宣传21次；每公顷增产900千克；每公顷节本525元。培训技术员224人，培训农民2 462人；共发放宣传资料3.1万册。7个项目示范县共完成机插秧面积10 023.33千公顷。三是玉米机械化示范项目，全年共实施面积80公顷，2个项目示范县有6个乡镇30户农户列为示范点，辐射农户150户。经一年的示范测产，平均公顷产达10 239.6千克，比上年增产474.6千克/公顷。

上海市

【不断提高农机装备和农业机械化生产水平】 2009年，上海市各级农机部门围绕发展高效生态农业，进一步优化农机装备结构。到2009年底，上海市农机总动力增长3.1%，达98.21万千瓦，其中大、中型拖拉机5 200台、联合收割机2 200台、乘坐式高速插秧机810台。同时牢固树立为农服务意识，高度重视三夏、三秋等重要农时季节，开展技术服务，帮助指导农机手做好机具检修任务；协调落实好机具和零配件的储备、供应及售后服务工作；引导跨区作业市场稳定运行，确保耕、种、收和秸秆机械化还田为重点的农业机械化生产顺利进行。三夏、三秋期间，全市共投入各类农机具2.5万余台次，其中，联合收割机近5 000台次，大、中型拖拉机9 000余台次，二麦、水稻机收率接近100%，水稻机种率达到37.5%，比上年增长4.5个百分点。

【认真落实好各项农机扶持政策】 2009年，上海市争取到农机专项资金计1.37亿元，其中，中央补贴资金4 000万元，市财政补贴资金8 000万元，秸秆综合利用项目资金1 000万元，机插秧作业补贴700万元，比上年增长46%。在落实资金上坚持购机补贴五项制度，抓好规范操作，抓好监督管理，早协调、早安排、早启动，周密部署，精心组织，全市利用补贴资金购置各类农机具近1万台(套)。

【加快推进主要农作物生产机械化】 2009年，上海市继续大力推广水稻机械化育插秧技术，共完成水稻机插秧面积21.33千公顷，较2008年增加近7.33千公顷，超额完成原定20千公顷目标。2009年，市级财政资金对机插秧作业进行每公顷300元的作业补贴，提高农户机插秧积极性，加强推广力度；各级农机、农艺部门充分合作联动，深入一线现场指导培训，加强技术支持；新增高速插秧机260台、育秧播种机74套，现全市共拥有乘座式高速插秧机810台，播种流水线230台套，建立规模化育秧点150多个。

2009年，上海市农机管理部门根据“扩大试验示范，适当增加面积”的总体工作设想，加大推广力度，积极鼓励农户购买使用油菜收获机械。举办油菜机械收割现场会，演示油菜机械联合收割和分段收割的先进装备。各级农机部门采取宣传、试点、示范、培训等多重手段，油菜机械化收获取得突破性进展。2009年，新增油菜收割机37台，三夏期间实现油菜机械化收获1.07千公顷，超额完成0.8千公顷的原定目标；并配置集浅耕、灭茬、开沟、施肥、播种功能于一体的复式作业机，加快开展油菜机械化直播技术示范推广工作。

【不断加强技术创新和推广力度】 2009年，上海市设立科技兴农重点攻关项目，成功研发适应设施菜田生产的耕作、播种、铺膜、移栽、植保、施肥等机械，并在此基础上推进设施菜地生产用小型农机的示范应用；设立科技兴农重点攻关项目“水稻育苗生物基质床土的研究、试验与示范”，利用各种农业废弃物为主要原料，经生化处理后研制成水稻育苗生物基质床土，能够较为有效地解决泥土育秧取土难问题，降低育秧成本，为农业废弃物综合利用提供新途径；针对机械化育秧对床土要求高，国内现有机具不能满足生产要求的实际情况，研发FST—3000型碎土筛土机，实现碎土、输送、筛土等多道工序一次完成；针对2008年油菜播种时出现的问题，进一步开展油菜机械化生产技术示范推广项目，重点对油菜直播机排种器、种箱与肥箱结构进行改进，改善加工工艺，提高机具的可靠性，并做好油菜机种、机收的技术服务。

【大力推进农机服务组织建设】 2009年，上海市以发展农机专业合作社为重要抓手，大力推进农机服务组织建设，全市现有农机专业合作社102家，2009年新增28家。浦东新区通过成立5个农机专业合作社基本覆盖现有粮田面积。对合作社农机库房建设、零配件供应、购机补贴力度、生产作业进行扶持，对合作社建设管理要求做到“四个统一”，即统一资产、统一经营、统一调度、统一分配，取得一定成效。松江区统筹规划农机专业合作社建设，以2—3个村、200—333.33公顷、家庭农场20—30户为服务范围，统一签订农机服务协议。农机库房建设和农机购置补贴政策对农机专业合作社适当倾斜，并以“大机专业化、小机家庭化”为指导原则进行农机配置，提高农机社会化服务能力。

【切实加强农机安全监理工作】 一是依法实施行政审批事项办理工作，着重抓好牌证核发工作。2009年，拖拉机、联合收割机的登记注册率达97%以上，安全技术检验率继续保持在85%以上，拖拉机、联合收割机驾驶证持证率达到100%。二是广泛宣传，营造良好氛围。召开农机“安全生产月”专题现场会；依托远程教育平台进行农机安全生产教育；制作各类宣传资料计3万余份，发放到生产一线。三是强化执法检查，推进农机安全生产。结合三夏、三秋农时生产季节，对农机具使用、农机手安全驾驶、机库油库等进行执法检查，对存在隐患及时进行排查。四是继续推进“平安农机”创建活动。2009年度已创建合格并通过验收的示范镇5个、示范合作社2个、示范村13个。五是引导农机保险稳步发展。2009年，农机具综合保险补贴比例为50%，拖拉机、联合收割机参加农机具综合险数占安全技术检验合格数的比例连年上升，现已达到90%以上。六是农机安全生产形势平稳。2009年，发生6起农机事故，造成1人死亡、4人受伤，直接经济损失0.15万元。与上年相比，农机事故减少11起(下降64.7%)，死亡人数持平，受伤增加1人，直接经济损失减少1.37万元(下降90.1%)。

【切实提高农机质量检测与监管水平】 2009年，上海市认真做好农机试验鉴定、检测、质量管理等方面工作，提高农机质量安全水平。一是努力加强基础建设，提升农机鉴定能力，全年共完成挤奶设备、直冷式奶罐等5个扩充项目的计量认证；完成碎土筛土机械、硬质塑料水稻育秧盘、孵化机等12个新产品鉴定大纲的编写；先后添置各类标准文本48个，同时审核作废10本原受控标准，并对3本作业指导书进行换版修改。二是认真做好各项农机鉴定、检测任务，严把产品质量关，全年完成包括种植业生产、水产养殖、禽畜饲养等37个农机产品的推广鉴定和28个检测项目。三是认真开展农机质量监管工作，重点对政府补贴农机的产品质量、作业质量、维修质量、服务质量状况，通过发放调查表、走访客户以及接受咨询的方式，对产品适应性、可靠性、有效性、安全性及售后服务作总体评价，并对质量反馈情况比较集中的产品与生产厂商沟通磋商，及时解决；通过3·15农机消费者维权活动使得农民群众质量意识和维权能力进一步提高。

【稳步推进农机人才队伍建设】 2009年，上海市开展涉及基层农机推广人员培训、农机实用技能培训和农机执法管理人员培训等各类培训254期，共培训12 097人次。其中：农机管理技术人员培训班31期，培训793人；拖拉机联合收割机驾驶人培训班27期，培训1 202人；插秧机操作手培训班15期，803人；农机维修人员培训班5期，222人；农机技术骨干以及其他实用技术培训班27期，1 036人；农机驾驶操作人员农机安全知识教育149期次，培训8 041人次，其中远程教育培训1 337人。组织开展农机职业技能鉴定5批，合格人员710

人，其中：中级农机修理工 131 人，初级插秧机操作工 579 人。

【积极开展农机政策法规调研】 2009 年，上海市农业机械管理部门积极开展多项农机政策法规调研工作。一是开展“上海市农机操作人员队伍建设”专题调研，并根据调研积极协调承包流转土地、进行用工补贴、提高社会保障、提升社会地位等对策措施；二是为调整优化农机装备结构，推广应用高效节能的新型机具，提高农业生产机械化水平，组织开展“高水平农业机械化设施”专题调研；三是为有效解决因秸秆焚烧或废弃所带来的农业面源污染，促进秸秆资源化、商品化和产业化利用，发展循环经济，农机系统配合市发展改革委员会进行调研并制定《上海市秸秆综合利用规划》(2010 年 - 2015 年)，对至 2015 年上海市农作物秸秆综合利用进行规划部署。

【持续做好农业机械化信息宣传工作】 2009 年，上海市继续做好信息宣传工作，信息和宣传融为一体，基本实现资源共享，推进农业机械化信息体系建设。一是做好政务信息公开工作，强化责任意识，加大公开力度，完善公开机制，促进政务信息工作制度化、规范化管理；二是做好“农机热线”咨询服务工作，借助“农科热线”信息平台，安排专人负责农机专线的咨询服务工作；三是做好“上海农业机械化信息网”信息维护工作，截至 11 月 17 日共更新发布信息 598 条(其中原创信息 126 条，有 2/3 信息被中国农业机械化信息网采用)，比上年同期增加 42%，同时围绕《中华人民共和国农业机械化促进法》公布实施 5 周年，在网上开辟活动专栏，做好纪念宣传工作。

【存在问题】 一是农业机械化发展的政策保障体系仍有欠缺，主要体现在地区性政策法规建设有待加强；二是农机购置补贴资金投入大幅增加，购置补贴政策监管机制需进一步健全；三是农机具拥有量不断提高，农机配套库房建设有待加强；四是农机服务领域不断拓展，急需各专业领域的人才，尤其是畜牧水产养殖、蔬菜生产和保鲜加工方面，农机队伍建设需进一步加强，要培养一批高素质、专业化的人才；五是地区间农机组织化程度发展不平衡，部分地区农机服务以散户为主，农忙季节调度困难，农机社会化服务体系建设有待加强。

江 苏 省

【农业机械化投入大幅增长，农机装备结构进一步优化】 2009 年，江苏省共落实农机购置补贴资金 8 亿元。其中中央财政资金 5.4 亿元，省级财政 1.5 亿元。全省各级农机部门精心组织，严格监管，农机购置补贴政策的实施取得积极成效。截至 10 月底，全省农机购置补贴资金已全部实施完毕，已补贴机具 13 万台套，受益农民及农机服务组织 8 万多个，直接带动农民投入超过 17 亿元。全省新增大中型拖拉机近 1.36 万台，其中 55.13 千瓦以上的超过 50%，总保有量达 7.4 万台；新增联合收割机4 600台，保有量达 8.9 万台；新增步进式插秧机9 173万台，乘坐式插秧机1 389台，保有量达到 5.5 万台；新增秸秆还田机械 2.2 万台，保有量达到 6.26 万台。

【“六个三”工程顺利推进，农业机械化协调发展水平进一步提高】 江苏省农业机械管理局从 2009 年起在全省启动实施“六个三”工程，项目实施取得积极进展。兴化、东海、沭阳等 3 个“百万亩”以上的水稻种植大县新增插秧机均超过 500 台，新增机插秧面积均超过 6.67 千公顷，超额完成目标任务；吴江、常熟、如皋三个县(市)水稻种植机械化水平分别达 80% 以上；丰县、赣榆、响水三个玉米生产机械化示范县玉米生产机械化水平进一步提高，其中丰县玉米生产机械化水平已达到 75%；溧阳、宝应、丹阳三个油菜生产机械化示范县积极加强农机与农艺的结合，加大机械化种植的试验示范力度，试验示范范围不断扩大；成立三个农机研发中心，其中江苏省高效植保机械研发中心正式挂牌成立；江阴、武进和张家港三个县(市、区)，高效农业机械化水平提高近 10 个百分点。

【水稻机插秧全面推进，农机作业水平进一步提高】 2009 年，江苏省主要农作物综合机械化水平达 76%。其中：小麦机收水平达 96%，小麦机播水平达到 90% 左右；玉米种植机械化面积达到 47.4 千公顷，比上年增长 46%。收获机械化面积 26.67 千公顷；水稻机械化收获水平将超过 94%，水稻机插秧面积达到 733.33 千公顷，比上年增加 200 千公顷，全省水稻种植机械化水平超过 40%。苏锡常 3 个省辖市及 12 个县(市、区)、250 个乡镇、4 000多个村基本实现水稻种植机械化。

【农机服务产业化迈出新步伐，农机助民增收水平进一步提高】 2009 年，江苏省各类农机合作组织总数达到4 300个，其中按照《农民合作社法》登记的农机合作社达1 000多个。农机利用效率明显提高，经营效益不断提升。其中农机合作组织的服务规模超过 66.67 公顷的农机合作组织近 600 个，超过 333.33 公顷、666.67 公顷的分别达到 150 个和 60 个。全省共组织7 000多个跨区机收服务队，投入联合收割机突破 10 万台，其中引进外省联合收割机 3 万多台。2009 年，全省农机社会化服务总收入超过 160 亿元，其中跨区作业收入超过 30 亿元，为全省农民人均创收 85 元左右。成立江苏省农机节能与维修技术指导中心。全省农机维修能力进一步提高，全省所有乡镇实现农机维修点全覆盖。

【新机具新技术的引进示范推广步伐加快，服务现代高效农业建设领域进一步拓展】 2009 年，江苏省各地围绕现代高效农业发展，积极开展新机具示范推广，全省新增各种特色农业机械装备超过 2.5 万台套，全省高效农业生产机械化水平达 35%。上半年，在南京成功举办第五届中国(江苏)国际农机展，有 300 多家国内外农机企业参展，展示 2 000多种国内外先进的农机产品。2009 年省人大出台《关于促进农作物秸秆综合利用的决定》，提出秸秆机械化还田 3 年规划，省人民政府召开全省秸秆综合利用推进工作会议，确定 10 个秸秆综合利用示范县、5 个试点县，对秸秆机械化还田工作进行全面部署。各级农机部门认真贯彻落实《决定》和会议精神，加强组织领导，认真组织实施，夏秋收获期间，各示范、试点县和示范乡镇共完成麦秸秆机械化全量还田面积达 500 千公顷，超额完成省人民政府确定的目标任务。

【农机法治化管理水平进一步提高】 2009 年，江苏省农机部门组织开展“三项行动”、“三项建设”和新一轮“平安农机”

创建活动。全省道路外和上道路农机安全事故有所下降,农机安全生产形势总体平稳。1—9 月,全省道路外农机事故 76 起,同比下降 26.21%,死亡 11 人,同比下降 26.67%。为进一步提高农机质量监管水平,江苏省农业机械管理局将 2009 年定为“农机质量管理年”,在全省先后组织开展送农机下乡、农机质量投诉监督“3·15”、售后服务质量跟踪调查、农机质量宣传咨询、农机打假、农机放心消费创建等一系列活动。顺利完成在全国率先开展的农机污染源普查任务,普查工作全优通过国家污染源普查工作验收组验收。农机报废更新试点范围扩大到半喂入联合收割机和血防区的 36.75 千瓦以上大中型拖拉机,全省共报废更新半喂入联合收割机和大中型拖拉机近 400 台。农机政策性保险工作全面展开。全省参加政策性保险的农业机械达 6.66 万台,保费累计达1 500多万元,上半年省财政安排保费补贴 270 多万元。

【农机“111 人才”工程顺利推进】 2009 年,江苏省农机管理、科技和技能人才队伍建设不断深入。全省先后举办全省市、县农机局长知识更新培训班、全省基层农机推广人员培训班和高层次人才研修班。农机职业技术培训与鉴定工作取得新成绩,全省开展农机教育培训 16 万人次,技能鉴定合格人数近 2 万人。为发挥专家学者对农机重大科技项目和发展规划的决策咨询作用,弥补行政管理的不足,江苏省农业机械管理局成立由 23 位农机、农艺专家组成的“江苏省农业机械化科学技术委员会”。为加快培养 1 支农机科技人才队伍,在省职称办公室的大力支持下,江苏省农业机械管理局成立全省农机工程专业高级职称评审委员会,于年底评选出首批农机工程高级工程师。

【问题和不足】 一是农业机械化发展不全面、不协调。农机作业服务覆盖面不宽。玉米、油菜等主要农作物生产机械化水平还比较低,特别是以设施种植业、设施渔业、设施养殖业为重点的高效农业装备存在许多薄弱环节。农机装备结构不合理,“三多三少”现象仍然存在,农机节能环保问题比较突出,据 2009 年全省农机污染源普查测算结果显示,江苏省有 30% 的大中型拖拉机和 50% 的小型拖拉机超过使用年限,单位能耗超过标准的 20%—30%,4 项(一氧化碳、炭氢化合物、氮氧化合物、颗粒物)污染物排放总量达到 30.34 万吨。二是农机科技创新能力不足。全省农机科技创新水平仍然不高,与现代农业的发展要求相比还有较大的差距。农机科技创新投入不足,农机推广体系建设尚需进一步加强,特别是乡镇农机推广体系建设滞后。农机制造企业自主创新能力薄弱,产品技术含量不高,核心竞争力不强,知名品牌不多,不能满足农业生产高效化、多样化的需求。三是农机社会化服务水平不高。按照《农民合作社法》登记的农机专业合作社仅1 000个,在这些农机合作组织中,真正有规模,实现保姆式、一条龙服务的还不多。四是农机保障体系建设滞后。各级财政用于农机推广、管理服务、安全生产、教育培训等农业机械化发展支撑体系建设的经费还比较缺乏。农业机械化发展的基础仍然比较薄弱,机耕道、农机场库棚等基础设施比较落后,配套体系尚未完全建立。技能人才,特别是复合型的技能人才显得尤为缺乏。

浙 江 省

【概况】 2009 年,浙江省围绕农业六大提升行动,突出加快发展、提高质量、拓展领域、强化服务,更加注重农机与农艺的协作配合,更加注重存量与结构的提升优化,更加注重发展与安全的统筹兼顾,通过加大力度实施农业机械化补贴政策和促进工程项目,重点推进粮油及农业十大主导产业关键环节机械化,整体提升农业机械化水平。全省农机总动力达1 900万千瓦(不包含渔业机械),每百亩耕地拥有农机动力 80 千瓦,粮食耕种收综合机械化水平达 58%。

【认真落实农业机械化扶持政策】 2009 年,浙江省把落实农业机械化扶持政策尤其是购机补贴政策作为推动农业机械化新技术推广的主要抓手,主要采取以下措施:(1)扩大补贴范围。补贴机具种类由上年 10 大类 32 种扩大到 2009 年 10 大类 57 种产品,补贴对象由原来的本省籍农民和农业生产经营组织扩大到本省籍农林牧渔民和各种农业生产、经营、服务组织。(2)放宽购机补贴数量限制。取消农机(粮食)专业合作社等农机作业服务组织可享受补贴的购机数量限制。(3)鼓励农机报废更新。对本省籍拖拉机报废更新后购买补贴产品目录内农业机械的,补贴标准再追加 10%。(4)提高补贴标准。对购买水稻插秧机及其配套设备、烘干机等制约水稻生产全程机械化薄弱环节的机械装备,在中央补贴标准 30% 基础上再提高 30%。(5)延长补贴政策实施时间。较上年提前 2 个月出台补贴政策,政策实施截止时间由原来的 9 月底延至 11 月底。(6)简化申购程序。对需求量大、销售价较低的小型农业机械,允许农民申请后即时签定购机补贴协议。(7)加快资金结算进度。中央补贴资金结算由上年的 4 个月结算一次改为每 2 个月结算一次。(8)减轻地方财政压力。对经济欠发达地区,省财政配套补贴资金比例由原来的 60% 提高到 70%,县(市、区)财政配套比例由 40% 降为 30%。

全年落实农机购置补贴资金 3.07 亿元,其中中央资金 2.4 亿元,省级资金 0.35 亿元,县(市、区)配套 0.32 亿元,带动农民和农业生产经营组织自筹资金 5.48 亿元。落实农机作业环节补贴资金1 754.58万元,补贴水稻机插、油菜机收面积 65.56 千公顷(不含宁波)。落实农业机械化促进工程项目资金 700 万元,安排项目实施点 22 个。新增各类农业机械 8.54 万台套,其中全喂入联合收割机1 360台,高性能半喂入联合收割机 715 台,大中型拖拉机1 209台,插秧机 1 185台,粮食烘干机械 234 台,茶叶加工机械 3 万多台套,受益农户达 7.5 万人。依托农机购置补贴、作业环节补贴等惠农政策和农业机械化促进工程项目实施以及农业机械化示范区建设,着力推进水稻机插和油菜机收的推广应用。全省共推广水稻机插面积 78.05 千公顷,较上年增长 117.6%。完成油菜机收面积 8 714.87 公顷,较上年增长 323%。

【加快培育各类农机服务组织】 2009 年,浙江省继续鼓励引导种粮大户、农机大户和基层组织组建农机专业合作社、农机作业公司等服务组织,鼓励引导农业龙头企业、工商企业等投资兴办农业服务产业,鼓励引导农机经营组织开展“全程化”、“菜单式”的作业服务,大力推进农机服务市场化、社会化、产业化。全年新增农机专业合作社 200 家,合作社总数达到586家。全年投入跨区作业联合收割机4 700台，完成跨区机收面积183.91千公顷，实现跨区作业总收入1.79亿元，跨区作业辐射半径、服务内容、作业规模进一步扩大。积极做好教育培训及技能鉴定工作，全年新训、轮训各类农机驾驶操作及维修人员7万人次，鉴定人数超过2 300人次，鉴定工种涉及农机操作工、拖拉机驾驶员及农机修理工等。大力推进农机服务信息化，完善"农民信箱—农业机械化服务园地"、"农机跨区作业服务直通车"等信息平台，及时收集发布农机作业、维修、销售等市场信息。

【切实加强农机安全生产】 2009年，浙江省坚持"安全第一、预防为主、综合治理"的方针，围绕实现"三个零增长"总目标，切实抓好农机安全生产工作。

一是严格落实安全生产责任制。层层签订农机安全生产责任书，将农机安全生产责任落实到乡镇、村组和机手。省与市、市与县责任书签订率达100%；县与乡镇、村、户签订率超过96%。通过层层落实责任、分解指标，建立起纵向到底、横向到边的农机安全生产责任体系。

二是深化"平安农机"创建。会同省安监局、省公安厅继续合力推进"平安农机"创建，提出2009年—2011年全省深化"平安农机"创建目标任务和工作措施。全年创建完成"平安农机"示范县（市、区）3个、示范乡镇47个、省级示范村25个。

三是深入开展"三项行动"。（1）深入开展安全生产执法行动。组织对全省50家拖拉机驾驶培训机构进行执法检查，查纠违规培训行为4起。组织开展全省农机维修站（点）清理整顿，对2 245家站（点）进行执法检查，取缔无证农机维修站（点）11个。会同公安、交通、安监等部门积极开展联合执法检查，严厉打击拖拉机载人、无牌行驶、无证驾驶、报废机车上路行驶、超载超速等严重违法行为，1—10月累计查处各类违法行为26 115台次。（2）深入开展农机安全隐患治理行动。全省排查有关生产单位、场所51 389家（处），排查各类农机安全隐患27 323个，落实整改26 710个，整改率97.8%。积极推动老旧拖拉机报废更新，在购机补贴政策中，落实鼓励报废更新的资金安排，并强化路面检查，对已到使用年限的上道路行驶拖拉机实行强制报废。全省报废拖拉机5 110台，其中强制报废上道路行驶拖拉机1 487台。（3）深入开展农机安全宣教行动。充分发挥报刊、电视、广播、网络、短信等宣传平台作用，依托驾驶培训学校、农机安全片组及"平安农机"示范村镇等宣教阵地，广泛开展农机安全宣教活动。全省累计开展安全宣传4.48万人次，接受安全培训10.34万人次，发放宣传资料40.38万份。

四是着力抓好"三项建设"。（1）推进公安驻农机警务联络室建设。新建2个市级、9个县级警务联络室，全省已有6个市、65个县（市、区）建立这一机制，分别占有农机监理建制市、县（市、区）的55%、82.3%。（2）推进农机监理规范化建设。连续三年对市、县农机监理机构购置农机安全监理装备设施给予补助。会同省计量科学研究院对全省在用拖拉机检测线进行检定/校准。同时，加强农机监理信息平台建设，对农机监理业务网上办证系统进行升级。（3）加强监理队伍建设。抓住农机部门机构体制重新理顺的契机，着力推进农机监理部门"参公"管理，深入开展系统行风政风建设。

【进一步强化农机产品质量监管】 2009年，为规范农业机械产品推广鉴定，浙江省制定发布《浙江省农业机械产品推广鉴定受理审批制度》。加强农机新产品推广鉴定工作，完成199个省级推广鉴定产品和134个委托性能检测产品。抓好农机产品质量督导工作，组织对台州市兴穗农业机械有限公司等12家企业享受补贴的在用秧盘、油菜收割机等进行实地质量调查，配合农业部对浙江三联收割机制造有限公司等4家农机企业进行质量督导检查，了解掌握了补贴机具的质量信息，为进一步完善政策、加强管理提供决策依据。推进农机产品质量监督投诉体系建设，全年新增农机产品投诉机构15家，全省农机消费者维权监督站总数达54家，覆盖了全省50%以上的市、县地区。

安徽省

【概况】 一是装备总量稳步增加，结构改善趋势明显。2009年安徽省农机总动力达5207万千瓦，比上年增长4.6%。大中型拖拉机达10.8万台，增长20%，大中型拖拉机配套农具达19万台（套），增长24%。联合收割机达9万台，比上年增长16%，其中玉米联合收割机达1985台，增长94%。水稻插秧机达8213台，增长120%。

二是作业水平不断提高，适用范围继续扩大。全年机耕、机播、机收面积分别为7049千公顷、3234千公顷和4713千公顷，比上年分别增长2.4%、7.9%和4.2%。农业生产耕种收综合机械化水平达到59.2%。

三是专业组织加快发展，服务能力显著增强。在农民自发需求、政府积极扶持和市场引导下，全省农机服务组织蓬勃发展。作为农机服务的重要组织形式，2009年全省登记注册的农机专业合作社新增190个，总数达到420个，增长83%。全省农业机械化作业总收入达到400亿元，比上年增长15%。

四是农机监管继续强化，安全生产形势稳定。至10月底，全省共发生国家等级公路以外的农机事故20起、死亡4人、重伤14人、直接经济损失36.61万元，农机安全生产考核指标控制良好，安全生产形势稳定。

【抓购机补贴政策落实】 安徽省2009年共获得中央财政农机购置补贴资金6.1亿元，比上年增加4.1亿元，增长205%。省财政资金1000万元，部分市县财政380万元，补贴资金规模再创新高，补贴范围进一步扩大，补贴比率再度提高，补贴机具种类更加齐全。共补贴农民购买各类农机具10.9万台，机具总额近27亿元，政策受益农户和农机服务组织10.3万个，带动农民投入16亿元。

一是抓好实施，加快进度。在积极做好政策宣传的同时，采取培训业务骨干，开发应用软件，优化结算方法，增加结算次数，实行激励机制，严格落实资金结算时限要求等举措。二是抓好规范，严格程序。安徽省农业机械管理局会同省财政厅制定《县级农业机械购置补贴操作暂行办法》，明确程序，规范行为。投入运行购机补贴网络管理系统，在提高效率的同时，促进政策落实的公开透明。三是抓好检查，堵塞漏洞。8月—9月份，全省成立541个检查组，对全年农机购置补贴资金实施情况进行全面检查。逐户逐台，边查边改。共查纠各类购机补贴违规行为544件，仅占全省总量的 0.5%。四是抓好监管，严肃纪律。印发《关于进一步规范操作购机补贴的紧急通知》，修订《农机购置补贴产品经销商管理办法》。先后派出 4 个抗旱机具补贴督查指导组和 5 个购机补贴督查组，分片包干，明查暗访，全程监管。

【抓农机专业合作组织发展】 一是强化认识，加大行政推动。4 月下旬，在巢湖召开全省农机专业合作组织建设现场会。分析形势，参观典型，交流经验，提出发展思路、目标任务和工作要求。二是拟定标准，加强基础性工作。初步拟定"农机专业合作社示范社建设规范"，进一步规范农机专业合作社的发展。三是加大扶持，增加政府投入。积极争取到省财政把支持农机合作组织建设纳入财政预算，在安排 100 万元专项经费基础上，再安排专项资金 172 万元，重点扶持 34 个农机专业合作社。对农机专业合作组织实行购机补贴政策倾斜。四是创新举措，加快发展。各地认真贯彻全省会议精神，加强指导，积极扶持，全省农机专业组织在数量、规模上都快速扩张，服务实力明显增强，作用发挥日益突出，经济和社会效益更加明显。2009 年 6 月，农业部副部长张桃林专程到安徽省考察，高度肯定本省农机专业合作社发展。9 月，安徽省有 2 个农机合作组织负责人获得 2009 年度"神内基金农技推广奖"。

【抓关键农时重点环节机械化生产】 在 2009 年春耕、三夏、三秋等重要农时季节，安徽省各级农机部门树立服务意识，注重政策落实，创新服务平台，强化组织领导，精心做好各项工作，真正将各种惠民政策和服务项目不折不扣地落实到田间地头。

一是全力以赴抗旱保苗。面对 2008 年冬 2009 年春 50 年一遇的特大旱情，安徽省农业机械管理局启动抗旱保苗应急机具补贴，安排1 500万元资金，支持和方便农民购买急需的抗旱机具。全省投入资金2 562.69万元，补贴购置抗旱机具 4.37 万台(套)。各地农机部门全力以赴，组织抗旱机具 144 万台(套)，农机抗旱灌溉1 693.33千公顷，占全省抗旱灌溉面积的 87.7%。

二是积极抓好春耕备耕。抗旱保苗取得阶段性成果后，各级农机部门全面转入春季田管和春耕备耕。在保障农机市场供应，配合工商、质监部门加大农机销售、维修市场监管的同时，各地组织近 1 600名农机技术人员，帮助农民检修机具 8.2 万台套，培训农机人员 3.2 万人次。完成机耕作业1 150.67 千公顷，机播作业 224 千公顷。

三是精心组织小麦跨区机收。各级农机部门采取"加强组织领导、强化部门配合、搞好机具调度、保持信息畅通、注重宣传引导、开展麦收督查"6 项措施，强化"信息、技术、气象、后勤、安全、供油"6 项服务，推动小麦跨区机收作业市场不断成熟和完善。全省建立 200 个标准统一的农机跨区作业接待站，建立农机部门 24 小时值班制度，设立热线电话 62 部，建立与公路、公安交管、气象、石油供应等相关部门的联系制度。麦收期间，各级农机部门组织 500 多名农机技术人员，组建 100 多个服务队，配备 60 多辆服务车，深入麦收一线，开展巡回服务。

四是全面提高秋季农机作业质量。各地认真落实全省秋种工作电视电话会议部署，坚持农机农艺结合，在提高示范效果上想办法，在提高生产组织化程度上下工夫，在扩大作业规模、提高作业质量上花力气，精心组织，搞好服务。①狠抓机手培训。把农机手操作技术培训作为秋季农机工作的重要抓手，邀请农艺专家参与，培养一批操作熟练、农艺精通的复合型农机手。全省秋季培训机手 12.7 万人。②狠抓新技术应用。紧紧围绕提高秋种质量，通过加大补贴力度、层层召开现场会等，大力推广示范深耕深松、秸秆还田、旋耕施肥播种镇压多功能复式作业等农机新机具新技术。③狠抓农机服务。各地组织农机技术人员深入秋种一线，开展技术服务，保障秋种农机作业质量。积极组织机手开展旋耕播种跨区作业，重点帮助农机专业合作社等服务组织开拓作业市场，扩大作业面积。各地农机专业合作社机播作业面积达到 250 千公顷，占秋季机播面积的 12%。④狠抓装备水平提升。加快落实第二批中央财政补贴资金，引导农民购买大中型动力机械，深耕深松机，旋耕播种施肥机，秸秆综合利用机械，玉米与水稻收获机械以及油菜播种机械，提高秋收和秋冬种生产机械化水平。全省投入拖拉机 158 万台，播种机 27.6 万部，联合收割机 3.7 万台；完成小麦机播 2 133.33千公顷，机播率 90%，比上年提高 2 个百分点；水稻机收1 686.67千公顷，机收率 85%，比上年提高 5 个百分点。

【大力推广水稻机械化育栽技术】 召开全省水稻育插秧机械化技术推广工作会议。将部省级水稻育插秧机械化示范县由 22 个增加到 25 个。全省召开不同规模的机插秧现场会 275 场，印发宣传技术资料 25 万余份，媒体宣传 427 次，举办机插秧技术培训班 577 期，培训技术骨干和农民34 187人次。全省 2009 年水稻栽植机械达8 416台。插秧机总量达8 213台(其中高速插秧机 892 台)，比上年增长 115%，插秧机增长连续三年翻番。完成机械化栽植面积 171.8 千公顷，机栽水平达 7.6%，其中机插秧面积 148.6 千公顷，机插率达 6.5%。

【大力推广油菜生产机械化技术】 2009 年全省共建立部、省级油菜生产示范县 12 个，新增 4 个。继续加大对油菜直播、开沟、联合收获、秸秆还田等机械补贴力度，进一步促进油菜生产机械的增加。全省油菜收割机保有量达 684 台，新增 368 台，增长 116%；油菜开沟机 26 890台，新增3 789台，增长 16.4%；油菜直播机保有量 598 台，新增 246 台，增长 70%。机收油菜 8.2 千公顷，机收率 1.1%；机械化种植油菜 59.33 千公顷(其中机直播 18.33 千公顷，撒播机开沟 41 千公顷)，机械化种植率达 8.1%。许多县油菜联合收割机增长和作业面积均实现了零的突破。全省举办油菜机收、机播技术现场会和培训班 180 余次，培训农民和农机技术人员5 000人次。

【大力推广小麦生产高产机械化技术】 通过补贴拉动和项目实施，加快小麦生产机械化的转型升级。在小麦生产的播种环节，加大大功率拖拉机和高效节能的复式作业机械的推广力度，扩大"两深一精"小麦高产技术的应用范围，推行保护性耕作方式。各地农机部门强化农机农艺结合，通过试验示范，不断完善农业机械化技术措施，形成科学合理的技术操作规范和机具配套方案，为小麦高产攻关提供保障。2009 年秋冬种生产中，全省投入小麦种植的大中型拖拉机 8.5 万台，秸秆还田机 2.1 万台，深耕、深松机 1.6 万台，复式作业机械 1.8 万台；完成秸秆还田面积 413.33 千公顷,深耕深松作业面积408千公顷,复式作业面积360千公顷。

【大力推进玉米生产机械化】 2009年9月在安徽省蒙城县成功举办全省玉米机收现场会。各地通过多种形式向农民演示和推广玉米机收技术,做好玉米机收信息的收集、整理与发布,大力引进适合安徽省的玉米生产机械,引导农民购买玉米机收机械,组织有机户开展玉米机收作业服务,努力扩大玉米机收面积。全年新增玉米收割机696台,总量达到1 720台,机收玉米108千公顷,比上年增加43.87千公顷,增长68.4%。

【大力推广山特产品生产机械化技术】 2009年,皖南、大别山区在着力发展粮食生产机械化的同时,结合山区经济发展特点,充分发挥购机补贴拉动作用,进一步发展以茶叶机械化为代表的山特产品生产加工、畜牧水产养殖机械化。全省新增茶叶加工机械1.5万台,山核桃脱蒲机等特色农产品加工机械1 500台,畜牧水产养殖机械3 500台,保鲜贮藏设备800余座。

【加强农机安全监理工作】 2009年,安徽省认真贯彻农业部、国家安全监管总局工作部署,开展"创建平安农机,促进新农村建设"活动,实施农机安全生产"三项行动",建立健全农机安全责任体系。安徽省农业机械管理局和各市签订农机安全生产目标责任书,明确目标,强化责任。加强执法队伍建设,与省法制办联合举办4期培训班,637人取得农机行政执法资格证。各地以"三项行动"为契机,进一步建立健全农机、公安部门联合执法长效机制,拓宽执法权限和执法范围,共同维护农村道路交通秩序。认真开展隐患排查,保障冬季和恶劣天气条件下的农机道路安全。加强农机监理收费管理,严格执行拖拉机交强险政策,查处和纠正基层违规行为,及时调查处理机手、网民的投诉和反映,化解矛盾,维护农民利益和农机部门形象。认真贯彻实施《农业机械安全监督管理条例》。精心组织学习宣传活动,全面贯彻条例的各项规定。截至10月,全省投入安全生产资金298万元、开展农机安全检查5 337人次、查处无牌无证车辆930余台,纠正违章1万余起;发放宣传材料16万份、培训教育机手39 600人次。

【加强农机队伍建设】 2009年,安徽省进行全省拖拉机驾驶培训学校专项整治,进一步规范教学管理,提高培训质量。各地积极探索农机培训新形式,结合新型农民培训民生工程和阳光工程培训,结合购机补贴政策落实,因地制宜开展农机适用技术培训。实施职业技能鉴定考务软件系统升级,提高鉴定管理水平。安徽省高技能人才鉴定培训基地揭牌,填补本省高级农机人才培训鉴定的空白。举办技能鉴定考务软件使用培训班,规范鉴定数据的录入和报送工作。加强考评员队伍建设,17位同志参加部指导站培训,取得考评员资格证。组织2批次17人参加农业部组织的农机高技能人才培训,取得相应资格证书,充实本省高级修理工师资力量。全省共培训各类农机人员117 639人,其中农机驾驶操作人员91 194人、农机经营服务人员8 770人、农机管理人员1 954人、农机职业技能培训15 721人。新型农民培训民生工程200名省级农机大户培训任务也顺利完成。开展农机行业职业技能鉴定192批次,鉴定各类农机人员1.9万人。

【加强农机产品鉴定工作】 2009年,安徽省农业机械管理局制定《安徽省农业机械推广鉴定实施办法》,草拟《安徽省农业机械新产品鉴定管理办法》,对农业机械推广鉴定和新产品鉴定提出规范化要求,切实保证两项鉴定工作的有序开展。受理32家企业98个产品申请农机新产品鉴定,核发了91个产品的农机新产品鉴定证书。

福建省

【概况】 2009年,福建省各级农机部门深入贯彻落实科学发展观,围绕农业发展、农民增收、农村繁荣的目标,加快推进农业机械化,启动农业机械化推进工程,大力实施"农机推广年"活动,以实施购机补贴政策、推广先进适用、技术成熟、安全可靠、节能环保、服务到位的农业机械为抓手,以水稻机械化育插秧技术示范推广为主攻点,以发展农机社会化服务组织建设为突破点,有效推动劳动过程机械化,全面提高农机推广服务和安全监理能力,促进农机装备水平、作业水平、安全水平、科技水平和服务水平上新台阶。2009年,全省农业机械总动力达到1 150万千瓦;插秧机达到1 063台;联合收割机达到3 841台;耕种收机械化作业面积分别达到866.67千公顷、8.67千公顷和173.33千公顷,耕种收综合机械化水平预计达到23.7%;农机安全生产形势继续保持稳中趋好,死亡人数控制在23人以下。

【行动迅速,措施严密,购机补贴出现新格局】 2009年,中央分两批下达福建省补贴资金共计1.8亿元,省级补贴资金为0.315亿元,全省补贴资金总量2.115亿元。至4月27日,本省已将第一批中央资金1亿元、省级补贴资金3 150万元全部消化完毕,使用资金进度为全国第二名。至11月19日,第二批中央资金0.8亿元也全部消化完毕。全省新增农业机械13.39万台,其中耕整地机械1.95万台,田间管理机械3.03万台,联合收割机1 456台,机动插秧机644台,拖拉机1.49万台。2009年,适合福建省特色农产品的初加工机械,如茶叶、水果初加工机械新增量达3.88万台,销售总额达1.73亿元,补贴总额达4814万元,为各类机具之最。

一是做到"三早":早谋划、早选型、早部署。福建省农业机械管理局从2008年11月开始筹划2009年的农机购置补贴工作,2009年2月10日,召开全省农机购置补贴工作视频会议,全面部署农机购置补贴工作。机具的选型、补贴目录的制订、实施方案的出台和购机补贴工作正式启动等重要环节进度均较往年提前2个月。

二是增加资金投入,扩大补贴品种。2009年福建省农业机械购置补贴资金投入增大,总额为2.115亿元,其中中央补贴资金1.8亿元,省级累加补贴资金0.3150亿元,比上年分别增加2.6倍和2.7倍。补贴机具种类由上年9大类18小类30个品目增加至11大类30小类65个品目。茶叶初加工机械入选企业由2008年的1家企业7个品种增加到19家企业113个品种。

三是加大宣传力度。2009年,省农业机械管理局提前2个月下发《福建省2009年农业机械购置补贴专项实施方案》和《福建省2009年农业机械购置补贴产品目录》,同时,编制"购机补贴15问",就补贴重点、申报程序等农民关心的问题进行解答。3月15日,在莆田市荔城区黄石镇召开了福建省“送补贴农机下乡”启动仪式暨“全国农机质量投诉监督3·15统一大行动”福建分会,在全省各地掀起购机补贴政策宣传高潮。

四是采取措施加强价格监管,严格农机购置补贴工作的纪律要求。结合福建省实际,提出各级农机管理部门工作人员应该严格遵守的“十不准”纪律:①不准以权谋私,吃拿卡要,收受礼品礼金,非法向购机农民或生产企业、经销商收取任何费用;②不准违反规定程序确定补贴对象,搞权力补贴、人情补贴;③不准与生产企业、经销商串通谋取非法利益;④不准强行向农民推荐补贴产品,搞地方保护主义;⑤不准虚报、瞒报补贴资金使用进度,扰乱工作秩序;⑥不准以任何理由拖延办理农民购机补贴手续;⑦不准委托经销商代签代办补贴协议或机具核实手续;⑧不准为未经现场核实的机具办理核实手续上报上级申请结算;⑨不准弄虚作假套取国家补贴资金;⑩不准以任何理由搭车收费。

五是及时补充补贴产品目录,适应农民购机需求。根据农业部关于做好第二批农机购置补贴资金工作的通知要求,本省第二批中央补贴资金0.8亿元新增四类机具:①收获机械类,主要是电动采茶机;②田间管理机械类,主要是果树修剪机;③设施农业设备类,主要是塑料大棚结构;④其他农业机械类,主要是台湾农业机械。编制《福建省2009年农业机械购置补贴补充目录》,于10月27日开始实施。

【领导重视,广泛推介,新机具推广步伐加快】 2009年,福建省“五新”新机具推广工作主要以水稻和优势农产品生产机械化为重点,以农机购机补贴和技术服务为手段,全面开展“农机推广年”活动,主推“水稻机械化育插秧技术”、“水稻机械化收获技术”、“经济作物耕作起垄技术”、“茶叶机械化修剪采摘及初加工技术”等及相应的机械设备。全省主推机具数量增长迅猛,新增插秧机644台、大中型拖拉机217台、半喂入联合收割机276台、全喂入联合收割机1 046台、耕整地机械1.87万台,田间管理机械3.03万台,茶叶机械1.8万多台,植保机械5 000多台。全省有48个县开展水稻机械化育插秧技术的示范推广,已完成机插秧面积9.07千公顷,比上年同期增长1.6倍,可为农民节本增效超过1 000万元,增产粮食约400万千克。

一是领导重视,工作保障。为加大农机推广力度,促进农业机械化水平的提高,省农业厅将2009年确定为“科技推广年”,并将农机推广列入省人民政府重点督导的“农业五新示范推广工程”内容之一,省农业机械管理局也将2009年确定为“农机推广年”,制订实施方案,明确推广目标,下达推广任务。

二是广泛展示推介,加大宣传推广力度。2009年是省农业机械管理局召开现场会最多的一年。为配合农机推广年活动,省农机局分别在莆田、泉州晋江、武夷山市、三明清流举办4场全省性的大型机具展示、演示会,吸引周边大量农民参观和咨询,取得很好的宣传效果。

三是培训和入户指导并举,提高农民的技能。全省各级农机管理部门依托现有的农机培训机构和企业技术力量,充分发挥省、市、县三级专家服务团技术专家的骨干作用,积极开展“五新服务春耕”活动。局新机具示范推广省级专家团成员多次深入基层,开展技术培训和巡回指导。各市、示范县也积极组织当地农机、农艺专家和技术人员深入农户家中、深入田间地头,手把手地教农民学习新技术,提高示范户应用新技术的能力。

到11月15日,全省共培育各种农业机械化技术示范户816户,举办现场演示会609场次、技术培训班553场,培训技术人员2 347人次、示范户和农民18 292人次,印发各种技术的宣传材料约11.5万份。新增各类机具69155台(套),涉及农户近34万户,建立各种形式的农机作业服务组织176个。

【明确责任,强化督查,安全监管深入开展】 2009年以来,福建省农机部门认真按照全国“安全生产年”和福建省安全生产“责任落实年”活动的工作要求,加强农机安全生产监督管理,积极消除农机事故隐患,确保农机安全生产。拖拉机新机登记注册17165台。1月—11月全省农机安全生产形势稳中趋好,农机事故四项指标全面下降。截至11月20日,共发生在国家等级公路以外的农机事故56起,同比下降36.4%。

【着力抓好“一岗双责”,落实农机安全生产责任制】 2009年,福建省农业机械管理部门按照省人民政府“一岗双责”的要求,认真落实省、市、县三级农机部门一把手的安全生产“一岗双责”的监管责任,将有关规定全面落实到位。根据省人民政府下达省农业厅的2009年农机安全生产目标责任,分别向各设区市农机部门分解下达了安全生产目标责任。形成省、市、县、乡(镇)责任到位、职责明晰、一级抓一级、层层抓落实的“四级安全管理网络”。

【落实例会制度,强化监督检查】 2009年,福建省农业机械管理部门分别在泉州、三明清流和莆田市召开3次季度安全生产形势分析会,适时研判安全生产形势。在整治拖拉机外挂、多功能拖拉机管理、建立部门联合执法机制等方面取得新的进展和突破。根据省人民政府办公厅专题协调会议精神,由省经贸委、农业厅、质量技术监督局、工商局、公安厅、省机械工业联合会联合制定下发《多功能拖拉机专项整顿工作方案》,实施淘汰报废制度,设置缓冲过渡期;加强行业企业自律,引导生产企业转产;开展生产企业整顿,加强使用领域监管;组织联合执法,各有关部门各行其责,开展为期两个月的集中专项整治工作,加强对多功能拖拉机的生产、销售、注册登记、使用等各环节进监督管理,消除安全隐患。

【积极开展“三项行动”,强化安全监管】 2009年,福建省农业机械管理局分别下发《福建省农机安全生产“三项行动”实施方案》、《关于加强农机安全生产“三项建设”的实施意见》、《福建省深入开展“创建平安农机促进新农村建设”活动工作方案》,对“三项行动”进行全面部署。1月—10月,全省共排查道路外乡镇村道、田间场院等农业机械停放、作业、转移场所拖拉机15 437台次,排查“一般隐患”4 919项,已限期整改4 284项,整改率达87%。

【积极开展宣传教育,增强安全意识】 2009年初,福建省农业机械管理部门下发《2009年福建省农机安全宣传工作方案》,明确宣传教育的指导思想、工作目标、宣传内容和宣传方式。6月份,下发《2009年全省农机“安全生产月”活动方案》,在全省开展以“关爱生命、安全发展”为主题的安全生产月活动。

【认真做好拖拉机驾校监管】 2009年,

福建省农业机械管理部门实地审核南安、漳平等驾校用地和办学条件，截至年底，省农机局受理变更拖拉机驾驶培训机构7家。同时，在南平举办一期拖拉机教练员培训班，发放教练员证31本。

【积极开展农机社会化服务，促进专业组织发展】 按照2009年初召开的全省农业机械化工作会议的安排，福建省2009年大力培植、引导一批规模大、机制活、服务能力强、有效益的农机服务组织，规范和促进农机社会化服务组织的健康发展，促进农业机械化水平的提高和农业机械的使用效率，更好地服务于农业生产。

【鼓励、扶持发展农机专业合作社】 通过购机补贴政策倾斜，引导农机大户积极成立农机作业服务组织。仅上半年，就已新增138家经工商注册的农机专业合作社。农机作业服务组织规模提升、档次提高、服务领域扩展。9月初，福建省召开首次农机专业合作社长、理事长座谈会，就农机合作社的发展倾听代表们的意见和建议。

【积极开展社会化服务，服务农业生产】 2009年，福建省农业机械管理局下发《关于做好2009年农机春耕备耕和抗旱工作的通知》、《关于做好2009年农机跨区作业及夏季机械化生产工作的通知》，要求各级农机管理部门要精心组织农机务农和跨区作业。2009年完成机耕面积866.67千公顷，比上年增长16.37%；机收面积173.33千公顷，增加18%；机插面积8.67千公顷，增加148%。全年免费办理并发放《跨区作业证》496本。

【做好抗灾救灾和抗旱工作】 2009年8月，福建省农业机械管理局转发《农业厅关于做好防御第8号热带风暴“莫拉克”工作的紧急通知》。11月份，下发《关于做好当前农机抗旱救灾工作的紧急通知》，要求各级农机部门要积极组织农业机械抗旱救灾，大力支持购置抽水抗旱机械。农机购置补贴政策积极向抗旱机具倾斜，在资金上予以保障。

【加强基础性建设，提升鉴定能力，提高农机质量水平】 一是积极拓宽农机推广鉴定范围。3月，省农业机械管理局与省农机鉴定推广总站共同对农业机械推广鉴定有关问题进行研究讨论，并达成共识。二是制定《2009年福建省补贴机具质量调查监督工作方案》，明确2009年质量督导对象和质量跟踪对象，成立省质量保障督导组及质量跟踪调查组。三是积极开展农机推广鉴定工作。核发《农业机械推广证》16份。四是组织专业技术人员编写有关农机产品推广鉴定大纲。完成茶叶烘干机、乌龙茶包揉机、太阳能灭虫灯、柚果分级机、食用菌机械、喷灌机械等34种产品推广鉴定大纲的编写并已通过专家评审即将实施。完成《2009年—2011年福建省农业机械推广鉴定种类目录指南》的起草工作。五是下发《2010年—2011年福建省支持推广的农业机械产品目录》申报指南。对申报程序、申报条件、申报范围、申报材料、材料报送等做明确规定。

江西省

【概况】 2009年，中央持续加大农机购置补贴投入，农民购买农机热情空前高涨，农业机械化综合水平快速提高，江西省农业机械化总量与农业机械化作业水平取得历史最好水平，农业机械化成为推进现代农业发展和农民增收的重要力量。

【农业机械化进程明显加快，农业综合生产能力显著增强】 2009年，中央财政先后2批共安排江西省购机补贴资金4.8亿元，省财政安排购机补贴资金0.2亿元，计5亿元，中央和省财政资金分别比上年的1.9亿元和0.1亿元增长153%和100%。补贴机具种类进一步扩大，由9大类27个品目扩大到12大类67个品目。至11月底，全省共完成补贴资金4.66亿元，实施进度逾93%，拉动农民投入9.5亿元。全省农机总动力增长441.9万千瓦，增幅为15%，达到3387.9万千瓦。共补贴各类机具20.3万台，受益农户逾16.8万户。其中，大中型拖拉机1860台，较上年增长62.8%；手扶拖拉机73450台，较上年增长98.5%；水稻插秧机1 636台，较上年增长94.5%；全喂入联合收割机9 435台，较上年增长80.5%；半喂入联合收割机779台，较上年增长47.8%；耕整机械36 483台、植保机械8 747台、茶叶机械1 529台、其它机械6.7万台。农机装备结构进一步优化，发展水平逐步协调平衡，一大批大功率、多功能、高性能及薄弱环节农业机械增长迅速。

【农机作业水平稳步提升，农业机械化协调发展】 2009年，江西省水稻种植面积3 448.13千公顷(其中早稻1 490.4千公顷、中稻387.27千公顷、晚稻1 570.47千公顷)，机耕作业面积2 589.53千公顷、机收作业面积2 034.4千公顷，机耕、机收作业水平分别达到75%、59%，比2008年分别提高了5和4个百分点。水稻生产耕种收综合机械化水平达到46%，比上年增加3.5个百分点。水稻机插面积153.33千公顷，比上年增长80千公顷，机插水平达到4.5%。全省水产养殖机械推广如火如荼，耕水机械得到大面积推广应用；农机作业领域由种植业向畜牧业、渔业、林果业、设施农业、农产品加工等领域扩展，作业环节由生产环节不断向产前、产后延伸。

【农机专业合作社不断壮大，服务效益持续增加】 2009年，江西省农机专业合作社达227个，占全省1402个乡镇的16.91%，入社人数7580人，分别比上年增长51%、27.7%。平均每社拥有社员33.4人。全省农机专业合作社作业服务面积达466.67千公顷，其中，机耕200千公顷，机收173.33千公顷，机插秧17.93千公顷。分别约占全省的8.4%、8.5%和12%。服务范围遍及全省乡村，跨区作业迈向全国十几个省市。全省农机专业合作社全年服务总收入达2.6亿元，社员人均作业服务收入3.4万元，比上年分别增长60%、26%，约占全省农机农田作业收入的10%，是全省农机手平均水平的3.2倍。2009年全省组织以合作社为龙头的赣机北上、赣机西征联合收割机达到1 000台，台均作业收入达到5万元。

【农机事故大幅下降，安全生产形势平稳良好】 截至2009年10月，江西省共发生农机事故78起，受伤63人，死亡4人。与上年同期相比，事故起数减少355起，少死亡8人，分别下降83.9%和83.3%。全省共检查隐患排查单位2999个，其中检查单位162家，作业场所2682个，其它155个。一般隐患2845个，已整改2696个，整改率94.8%。全省共开展农机安全检查6471人次,共治理黑车1542台;治理非驾697人。全省没有发生一起重特大农机事故,农机安全生产形势进一步好转。

【认真落实农机购置补贴政策,确保惠农政策惠及农民】 2009年,江西省农机购置补贴资金总量达5亿元,其中,中央财政48 000万元,省财政2 000万元,实施范围遍布全省99个县市区,拉动农民投入近10亿元。在具体落实过程中,着重做到以下几点:第一是部署启动"早"。2009年启动比上年早一个月。2月19日召开全省农机购置补贴启动工作会议,正式拉开江西省实施农机购机补贴的序幕。第二是组织领导"强"。全省各级成立补贴工作领导小组、技术专家组,负责全省农机购置补贴工作,省局与各设区市农机部门负责人现场签订责任书,统一思想认识,为确保补贴政策落到实处提供重要保障。在2009年中期召开全省农业机械化管理工作座谈会,分析当前实施购机补贴政策上存在的一些问题和产生问题的根源,对实施好农机购置补贴提出意见建议。第三是操作方式"新"。江西省在全国率先推广应用农机购置补贴网络系统操作软件,大大缩短农民申购、办理时间,降低补贴操作成本,确保农机购置补贴工作规范、高效运行。第四是监督管理"严"。2009年5月,省人民政府办公厅转发省农业厅省财政厅《关于进一步完善农机购置补贴工作意见》,进一步完善购机补贴程序,进一步加强对补贴机具供货点管理,进一步规范补贴机具选配、补贴机具档案和供货点管理,从制度上再次严格要求购机补贴操作。在执行操作过程中,严格执行国务院"三个严禁",坚持"五项制度",做到"八个不得"。第五是政企银携手"活"。江西省农机部门主动为企业和金融单位牵线搭桥,为农民购机提供贷款资金支持,实现政银企联动,产融用结合,突破金融支农瓶颈制约,疏通信贷渠道。

【努力扩大水稻机械化育插秧面积】 2009年,江西省各地利用省人民政府把水稻机械化育插秧技术列为重点推广的十大农业技术的契机,积极争取政府对水稻机插工作的重视,全省大部分地方将机插目标纳入政府考核目标,通过行政手段来推动;对购买插秧机实行累加补贴政策,使得全省水稻机械化育插秧技术推广全面加速。认真组织实施新建、樟树等10个部级水稻育插秧机械化示范项目县的机插示范工作,新建100个示范点,示范面积达到18千公顷。"合作社+农户"、"公司+农户"、"农机户+农户"及耕种收一条龙服务等服务新模式逐步成熟;"标准化育秧、机械化插秧、产业化经营、社会化服务"的新路子已经形成。全年水稻机插面积153.33千公顷,同比增长85%,机插水平达4.5%。超额完成全年水稻机插推广任务,并形成具有江西特色的双季杂交水稻机械化育插秧体系。经过测产,机插水稻普遍比人工栽插的水稻增产8%左右。崇仁县推广"保姆式"机插秧服务方式,通过"保姆式"服务,该县机插实现跨跃式的发展,新增推广插秧机105台。赣州市把降低成本作为一项重要的技术难题来攻关解决,创新推出"木格连体"育秧法,减少因换秧停机的时间,机插进度明显加快。

【优势农产品机械化生产技术全面推进,不断深化作业环节】 2009年,江西省着力拓宽农业机械化生产领域和生产环节,加快油菜、茶叶、畜牧业、渔业、苎麻、马铃薯、设施农业等优势农产品机械化技术推广应用。一是油菜机械化示范基地面积不断扩大。全省采取以点带面,以点促面,倾力推进油菜生产全程机械化。重点抓彭泽县和湖口县2个全国油菜示范基地,并完善九江、南昌、吉安等市县的省级油菜机械化生产示范基地建设,主推油菜免耕开沟直播,机械移栽和机收油菜三大技术。九江市补贴开沟机900余台,并引进国内技术相对较成熟的油菜条播机6台,完成油菜免耕直播机械化生产面积26.67千公顷,油菜免耕直播生产节本增效5 040多万元。二是花生机械化生产稳步推进。2009年,全省花生主产县区继续加大花生生产机械化技术的试验示范推广,樟树、进贤等主产县至少抓一至两个示范点,重点抓好花生收获、采摘、脱壳等机械化生产技术试验示范推广,使花生生产机械化水平得到进一步巩固提高。对比机播覆膜、不覆膜与手工播种的花生,公顷产量分别为5 142.75千克、1 675.5千克、3 545.25千克,使农户进一步看到机械化生产的优势,提高发展机械化生产的积极性。三是果业机械化技术推广亮点多、效果好。2009年赣南脐橙、甜柚、南丰蜜桔、赣北早熟梨等果业生产机械化全面起步,"农机再上山"亮点纷呈,成果明显。

【大力组织农机投入春耕、"双抢"和秋收冬种农业生产】 在2009年春耕生产期间,围绕江西省委省人民政府提出的"保增长、保民生、保稳定"主题活动,全省组织开展"百万农机闹春耕"活动。3月20日,省农业机械管理局在余干设主会场,省委常委省人民政府副省长陈达恒出席"百万农机闹春耕"活动开幕式,全省20个县分会场同时展开。全省春耕期间投入大中型拖拉机、手扶拖拉机、微耕机80多万台(套),机耕面积1 131.33千公顷,机耕水平达到76.28%,比上年提升6.28百分点。"双抢"期间全省组织开展农机大会战,共投入联合收割机3.8万台,其中,引进外省高性能联合收割机3 000多台,耕作机械30.5万台套,插秧机1 600台,机动脱粒机66.2万台,灌溉机械17.8万台(套),早稻机收面积877.6千公顷,机收水平高达58.9%;机耕面积1 117.8千公顷,机耕水平75%;机插面积54.67千公顷。秋收冬种期间全省共组织联合收割机3.9万台,机收面积879.33千公顷,机收水平59%。

【着力做精农机跨区机收】 2009年5月份,全省跨区机收服务队组织500台联合收割机北上收割小麦,作业总收入2 880万元,台均作业收入5.76万元。2009年8月份,全省又组织500台高性能联合收割机入渝、川、陕等省(市)跨区收割水稻,作业总收入2 500多万元,台均作业收入5万元。同时还引进外省高性能联合收割机3 000多台,加快了江西省水稻收割进度。

【大力推进农机专业合作社建设】 截至2009年9月,全省农机专业合作社达227个,占全省1 402个乡镇的16.91%,入社人数7580人,分别比上年增长51%、27.7%。平均每社拥有社员33.4人(户)。2009年,全省农机专业合作社全年服务总收入达2.6亿元,社员人均作业服务收入3.4万元,比上年分别增长60%、26%,约占全省农机农田作业收入的10%。为进一步推动农机专业合作社的快速发展,2009年11月,在鄱阳县召开全省农机专业合作社经验交流会。

【加强农机人才培训和农机质量监管】 2009年，江西省围绕农业机械化发展的总体要求，建设农机管理人才队伍、技术人才队伍、作业服务人才队伍等三支农业机械化队伍，保障和提高农业生产能力。全省新审批农机驾驶培训学校9个，举办农机科技培训班626期，共培训农业机械化人才9.7万人次，其中培训新购机农民9万人次。重新启动阳光培训，继续推进农村劳动力的转移。针对农机职业技能鉴定和高技能人才队伍建设工作的需要，加大对农机实用技能人才的培训开发力度，全省举办10期农机职业技能培训班，核发农机职业技能鉴定证书1 500本，农机维修从业人员素质和职业技能得到显著提高。全省以贯彻落实农业部《农业机械质量投诉监督管理办法》为契机，加快农机质量监督管理体系的基础建设工作，健全和完善全省各级、特别是县一级农机质量投诉机构，农机质量监管能力得到强化和提升。2009年，对茶叶加工机械、耕作机械等农机产品开展鉴定，有56家企业209个产品通过推广鉴定，推广鉴定项目比2008年项目增加40%。全省联合收割机共抽检9批次，7批次合格，合格率为78%；农用运输机械共抽检4批次，3批次合格，合格率为75%；柴油机共抽检6批次，4批次合格，合格率为66.7%。并组织技术人员现场对农机产品和零配件进行抽查，指导农机用户提高识假辨假能力。

【狠抓农机安全生产，着力打造"平安农机"】 2009年，江西省农机死亡人数控制指标呈现出大幅下降趋势。一是加强对重要农时与重要节日的安全检查。针对春节期间、春耕期间、"双抢"季节和国庆节假期间农机事故多发的特点，全省加强安全检查。与安监、公安、交通等部门联合执法154次，重点打击拖拉机违法载人、疲劳驾驶、酒后驾驶、"黑车非驾"、人货混装等严重违法违章现象。二是按照省人民政府和农业部加强安全生产工作的方针政策，深入开展农机安全生产"三项行动"，严厉打击无牌行驶、无证驾驶、人货混装、载人等严重违法行为；狠抓隐患排查治理，认真解决农机安全生产薄弱环节和突出问题；加强农机安全宣传教育，营造良好的舆论氛围，增强民众安全生产观念。三是扎实开展农机安全"阳光执法"。通过"阳光执法"，推进政务公开，转变机关作风，规范执法行为。培养和造就一支政治强、业务精、作风硬的农机安全执法队伍，促进农机安全执法管理目标化，执法行为规范化、执法监督经常化，农机安全生产执法更透明和公正。

山东省

【农机装备水平大幅度提高】 2009年，山东省农机总动力发展到1.1亿千瓦，农机总值630亿元，分别比上年增长6.3%和7.7%。拖拉机总数达到237万台，其中大中型拖拉机39万台，增长7%。联合收获机械16.06万台，增长22.6%，其中玉米联合收获机4.02万台，增长51.7%。全省各类免耕播种机已发展到14.57万台，其中小麦免耕播种机2.03万台，2009年新增1.04万台。经济作物及农村各业机械增加4万多台。

【农机作业水平全面提升】 2009年，山东省机收小麦3 450千公顷，机收率达97.4%。机收玉米1 546千公顷，机收率达53%，增幅达到17个百分点，连续两年增速超过15%以上。夏季完成玉米机播2 374千公顷，其中贴茬免耕播种2 300千公顷，占玉米播种面积的80%，比上年增加27.8%。秋季小麦免耕播种达到406.67千公顷，占小麦播种面积的11.5%，比上年翻一番，覆盖到所有农业县。完成机械化深松666.67千公顷，深松率达20%以上；以玉米收获秸秆还田为主的秸秆综合利用面积达到2 066.67千公顷，综合利用率达到70.8%，大部分市县基本杜绝秸秆焚烧现象。另外，花生等经济作物机械化水平达56%，林果业、畜牧业、水产养殖业和农产品加工机械化也都取得长足发展。全省农业综合机械化水平达到75%，其中粮食机械化水平86%。

【农业机械化发展效益更加显现】 2009年，山东省农机服务总产值达400多亿元，增加值263亿元，农业机械化为农民人均实现纯收入450元，对全省农民人均纯收入贡献率达到7.4%。同时，农业机械化的快速发展拉动了农机工业的蓬勃发展。全省规模以上农机工业企业实现总产值突破1 100亿元，比上年增长15%，实现利润58亿元，增长近26%。

【农业机械化发展环境进一步优化】 2009年，山东省省委、省人民政府把农业机械化工作进一步提上议事日程，始终将其摆在现代农业和新农村建设的突出位置。省长姜大明亲赴小麦机收现场进行视察指导，省委副书记刘伟多次对农业机械化工作做出重要批示，副省长贾万志对山东省实现农业机械化向高级阶段跨越提出具体要求。各级党委、政府都加强对农业机械化工作的领导，出台优惠政策措施，大力推动农业机械化发展。广大农民群众把农业机械化作为增收致富和创业发展的重要手段，发展农业机械化的积极性空前高涨。全社会重视农业机械化、支持农业机械化，农业机械化发展氛围良好，推动了全省农业机械化的跨越式发展。

【实施农机购置补贴政策卓有成效】 2009年，山东省落实国家和省购机补贴资金9亿元，共补贴各类机具12.5万多台套，受益农户近8.7万户，带动农民投资21亿元。工作中，各级始终把实施农机购置补贴政策作为一项重要的政治任务，立足早，突出快，求实效。

一是严格规范工作程序。坚持一套实践证明行之有效的工作制度，并不断加以创新和完善，切实做到各项程序一个步骤不少，一个环节不缺。二是强化服务措施。尽可能把合格农机产品纳入补贴目录，扩大农民的选择空间。严格控制补贴机具最高价格，最大限度让利于民。在全省普遍推行提机、建档、挂牌等一条龙服务和"四包"技术服务，方便机具管理和使用维护。三是切实搞好监管。重点加强对报名、供货和资金结算等关键阶段的监控。在山东农业机械化信息网上公布各级购机补贴监督和咨询电话，自觉接受社会各界的咨询和监督。四是严肃工作纪律。各级农机部门的纪检监察机构始终参与补贴工作各环节进行全程监督。不断完善工作纪律和工作规范，会同省财政厅联合印发《严格规范农机购置补贴工作的意见》，对各级农机部门、生产企业和农民提出21条规范。

【玉米收获保护性耕作机械化跨越发

展】 2009年,山东省坚持把玉米收获保护性耕作机械化作为全省农业机械化工作的重中之重来抓。一是加大政策扶持力度。继续把玉米收获和保护性耕作机械作为购机补贴重点,对玉米种植面积大、机械需求量多的地区给予重点扶持。各市也纷纷出台政策加大重点机具的补贴力度。省和许多市县还安排专项资金,对玉米机收、免耕播种和秸秆还田等进行作业补贴。二是加强技术培训和推广工作。继续广泛深入开展玉米机收和小麦免耕播种保护性耕作"大培训、大推广、大普及"活动,大力推广玉米机收、秸秆还田、小麦免耕播种"一条龙"作业技术模式,推动玉米机收和保护性耕作的相互促进和快速发展。三是强化工作督导。省农业机械管理办公室对各地玉米机收保护性耕作进展情况进行重点检查督导。各市人民政府都将玉米机收保护性耕作工作纳入工作目标考核体系,大部分市县政府主持召开玉米收获保护性耕作机械化作业现场演示会。三秋前,农业部在山东省召开全国玉米机收暨三秋农业机械化生产现场会,对山东省玉米收获保护性耕作机械化的发展产生很大促进作用。

【经济作物机械化创新示范成效显著】 2009年,山东省继续深入实施农业机械化创新示范工程,注重发挥17个全国和省级农业机械化示范区的作用,重点围绕突破花生、薯类、三辣蔬菜等大宗经济作物机械化发展的"短腿"问题,建立20个经济作物机械化创新示范基地,进行试验选型,确定作业技术路线和规程,并进行示范推广。组织农机管理、推广、科研、院校、生产等部门进行联合攻关。2009年全省有84家企业的104种经济作物生产机械通过省里推广鉴定,鉴定产品数量是上年的近两倍,基本涵盖山东省种植面积较大的经济作物,为经济作物机械化的快速发展打下良好基础。2009年,全省马铃薯、地瓜收获机械发展到近3 000台,机收率达到17%;花生收获机械2.2万多台,机收率达到40%;设施农业的耕种机械达到9万多台套,电动卷帘机6.6万多台套,增长幅度都在15%左右。

【农机合作服务组织建设快速推进】 一是注重对农机合作组织建设的科学规划。省里制定《关于加快农机合作社发展的意见》,明确指导思想、发展目标和工作措施,提出"建设标准化、管理规范化、经营企业化、作业规模化、生产科技化"的建设要求,并召开专门会议进行部署。各市县农机部门制定加快发展的意见。2009年各类农机合作社已发展到3 200个,比上年增加10%。其中,在工商部门注册登记的由上年的150个发展到1 050个,是上年的7倍。有5个市提前1年和5年实现山东省和农业部提出的每个乡镇至少有一个注册农机合作社的目标。农机专业大户达到5万多个,农机大户和农机户510万个。二是加强农机合作组织建设的扶持和规范。省里除了在购机补贴上进行重点支持外,还安排600万元专项资金,对100个农机合作社进行重点扶持。同时,积极指导农机合作社完善制度,引导其依法经营、规范运作、诚信服务、提高效益。三是农机合作社发挥重要作用。以农机合作社为龙头的各类农机服务组织已承担全省50%以上的农机作业量。

【农机依法行政与管理水平进一步提高】 2009年,山东省人大农委、省人民政府法制办公室和山东省农业机械管理办公联合召开纪念《中华人民共和国农业机械化促进法》暨贯彻《农机安全监督管理条例》座谈会,对《中华人民共和国农业机械化促进法》实施5年来的情况进行全面总结,并对今后贯彻《中华人民共和国农业机械化促进法》、《中华人民共和国农机安全监督管理条例》等农业机械化法规做出部署。山东省农业机械管理办公室先后制定出台《山东省农业机械化质量投诉监督管理办法》等多项规章制度。各地人民政府也纷纷出台贯彻农机法律法规的意见办法,为依法管机、依法兴机提供制度保障。大力推进农机人才队伍建设。将玉米收获、秸秆还田、保护性耕作技术培训和农机驾驶员培训作为重点,充分发挥农业机械化学校和乡镇农机服务组织的作用,结合开展农业机械化教育培训大行动,组织开展科技下乡和阳光工程农机培训等活动。全省共设立培训点1 570个,发放各类宣传资料56万份,送科技下乡1 487次,举办各类专题培训班3 200期,培训各类农机人员近50多万人次。加强农机依法行政能力和设施建设。全省已有118个县(市、区)建立集牌证办理、信息服务等多项功能于一体的农机监理服务大厅,占总县数的90%。全省17市已有半数以上引进安装先进的农机安全技术检测线。许多市、县和部分乡镇农机监理系统进行计算机联网,实现业务信息共享和远程监督。农机质量监管全面展开。通过开展"农民满意农机产品"评选、"星级文明农机维修网点"创建、农机产品质量跟踪调查、农机产品质量投诉服务等活动,促使农业机械化质量全面管理得到进一步加强。

【"平安农机"创建扎实有力】 2009年,山东省农业机械管理部门认真贯彻落实省委、省人民政府关于进一步加强安全生产工作的意见,坚持专项检查与常规管理相结合,示范引导与广泛宣传相结合,扎实实施"安全生产责任落实年"和"打非、治违、抓责任"三项行动,持续开展"平安农机"创建活动,继续深入开展农机"三率"专项整治,推动农机安全生产持续保持平稳良好态势。全省已创建国家级示范县7个,省级示范县28个、示范乡519个、示范村6476个、示范户5.8万个;农机挂牌率、检验率和农机驾驶操作人员持证率分别比上年提高4.57、5.25和3.59个百分点;全年发生农机田间作业事故5起,伤亡4人,分别比上年减少1起和2人,没有发生重特大农机安全事故。农机安全生产水平在全省十一个行业和领域中持续名列前茅。

河南省

【概况】 2009年,河南省农机系统在农业部和河南省委省人民政府的正确领导下,坚持以实施农机购置补贴为抓手,以建设农机专业合作社为重点,以组织重要农时机械化生产为中心,以促进农业稳定发展、农民持续增收为目标,开拓进取,真抓实干,克服金融危机、自然灾害等不利因素带来的困难,为夺取本省第五个粮食丰收年做出积极贡献。

【农业机械化发展形势持续向好】 2009年,河南省农机购置补贴资金成倍增长,覆盖面继续扩大,拉动内需效应十分明显。不少务工返乡农民瞄准农机服务业,积极投资农机,就地就业。金融危机对农机行业的负面影响小于预期,有利因素多于预期。农机发展形势持续向好,农机市场进一步升温,农机销售呈现出旺季提前、淡季不淡的局面。全省农机总动力达到9 610万千瓦,较上年底增长4%;大中型拖拉机达到22.24万台,增长9.7%;大中型配套农具达到47.1万台,增长9.1%;联合收割机12.05万台,增长17.5%;其中玉米联合收割机达到1.4万台,增长两倍。多项发展指标上半年已超出年度计划。

【农业机械作用日益突出】 一是农机在抗旱保丰收中成效显著。2008年冬2009年春河南省遭受50多年不遇的罕见旱灾,省农业机械管理部门提前启动农机购置补贴工作,积极组织农业机械投入抗旱斗争,发展抗旱机具21 557台,抽调1.6名技术人员深入一线指导工作,投入抗旱机具286.3万台套,机灌面积占小麦抗旱灌溉面积的80%。

二是优势环节机械化水平稳步提高。三夏期间全省共投入生产机械400多万台,其中主力机械联合收割机13万多台,机收小麦5 026.67千公顷,机收率达95.6%。2009年三秋,全省共组织520多万台(套)农业机械投入生产,其中拖拉机300多万台,玉米收获机1.83万台,播种机84万台,耕整地机械91万台。耕整地环节全部实现机械化,机耕面积达到5 333.33千公顷以上,其中深耕率达到60%左右。小麦播种环节除受土地条件限制的山区和受种植模式限制稻区外,全面实现了机械化。机播小麦5 030.67千公顷,机播率达到95.5%。

三是农业机械化全面推进。玉米秸秆还田达到2 200千公顷,机械还田率76.7%,较上年增长6个百分点,玉米机播面积达到2 133.33千公顷,较上年增长8.7%。全省新增水稻联合收割机719台,完成机收面积372千公顷,比上年增加32千公顷,机收率达60%。玉米机收面积达到613.33千公顷,机收率21.3%,较上年翻一番。保护性耕作技术倍受农民青睐,规范化实施面积达到233.33千公顷左右。同时,在实施区外农民使用免耕播种机作业十分踊跃。

【农机社会化服务蓬勃发展】 2009年,河南省农业机械管理部门按照"强基础、拓市场、重规范、增效益"的要求,强力推进农机专业合作社建设。农业部在河南省召开全国农机专业合作社建设经验交流会,省人民政府专题召开农机专业合作社代表座谈会,河南省农业机械管理局联合省人民政府金融办、省财政厅、人行郑州中心支行、省银监局制定"扶持农机专业合作社发展的意见",对900余个合作社,每个授信贷款100万元的政策支持。全省农机销售、作业、服务总收入达到210亿元,其中农机作业收入67.2亿元。全省经工商部门登记注册的农机专业合作社达1 600多个,入社农户超过2万户,从业人员4万多人,服务农民1 700余万户。农机合作社实行规模化、专业化经营,服务形式以整村、整组承包为主,统一签订合同,统一收费标准,统一作业质量,统一集中核算,实行联机作业、连片作业、复式作业、收运一条龙等多种作业模式。焦作市496家农机合作社订单作业合同面积达112.67千公顷,占三秋总作业面积的75%,作业服务收入达1.35亿元。

【玉米收获机械化取得突破性进展】 2009年,河南省将玉米收获机械化由试验示范阶段转向强力推进阶段,采取示范带动、扶持推动、点面互动的措施,力求玉米收获机械化取得新突破。全省选定焦作、漯河、平顶山、济源四个省辖市为玉米机收先行市,要求机收率达到30%—50%。要求各省辖市选定1—2个县作为玉米机收先行县,要求3年内机收率达到80%以上。将玉米收获机械化列入省人民政府工作目标,在河南省秋粮生产"450行动计划"中,明确玉米机收发展目标的措施,并安排专项资金扶持推动。各省辖市也通过对玉米收获机械累加补贴和作业补贴措施进一步推动。上半年农机补贴资金37%用于补贴玉米收获机械,下半年新增资金主要用于补贴玉米收获机械及其配套的拖拉机。全年新增玉米收获机械近万台,组织1.83万台玉米收获作业投入作业,其中引进外地机械4 000多台。完成机收面积613.33千公顷,比上年翻了一番。

【农机购置补贴有效落实】 2009年,河南省共落实农机购置补贴资金两批8.8亿元,是上年的近4倍。第一批6.3亿元,其中农业部资金6亿元,省级财政资金3 000万元,与上年持平。第二批2.5亿元。2008年底,河南省农业机械管理部门就开始谋划农机补贴工作,2月10日全面启动,实施时间比往年提前两个月左右。第二批农机购置补贴于9月29日启动。为落实省委、省人民政府秋粮生产"450"行动计划,在资金分配上坚持"突出重点,统筹兼顾"的原则,根据各地前期补贴工作进展和农作物种植情况,对玉米生产机械化先行县和农业机械化示范县进行倾斜。在此基础上,对秋季粮油生产所需的保护性耕作、油料生产、玉米秸秆还田、秸秆青贮、水稻生产机械,及深耕深松和大型旋耕机具等进行补贴。截至10月30日,本省2009年农机购置补贴机具全部落实到位。全省共落实补贴机具113 794台(套),其中各型拖拉机32 743台;收获机械21 262台;排灌机械21 328台,受益农户98 734户。已结算农机购置补贴资金5.2亿元,结算率59.09%。

【农业机械化发展环境继续优化】 2009年,河南省委省人民政府对农业机械化工作高度重视、大力支持。年初,省委召开农村工作会议,安排1 350万元对100个明星农机专业合作社和30个种粮大户给予重奖。7月,省人民政府又安排900万元对农机专业合作社开展玉米跨区机收给予专项补贴。省委书记徐光春对本省农机专业合作社发展批示:"这件事顺时势,合民意,发展很有必要,很受欢迎,要因势利导,加强研究,规范发展,使之更好地推动农业发展、造福农民群众。"刘满仓副省长在三夏、三秋先后做出批示:"2009年夏收天气变化大,情况较复杂。你们积极主动,克服困难,促进了夏收顺利进行,为夏粮丰收做出了贡献。望再接再厉,为夺取秋粮丰收、农民增收做出新贡献"。他还强调:"2008年本省农机专业合作社的发展取得明显成效。2009年要再加大力度,改革创新,全力扶持,力争到年底再上新台阶。"

湖北省

【概况】 2009年,湖北省农机部门深入贯彻落实科学发展观,认真贯彻中央、省委一号文件关于"加快推进农业机械化"的部署,紧紧围绕粮食稳定增产、农业不断增效和农民持续增收的目标,周密实施农机购置补贴政策,精心组织"春耕"、三夏、三秋农业机械化生产,大力推广农业机械化新技术和新装备,切实加强农机安全生产,全省农业机械化发展态势快速,农业机械化发展形势良好。

【农业机械化工作呈现八大新亮点】 一是省农业机械化管理办公室升格为副厅级，是此次省直机构改革中唯一机构升格的单位。二是省人民政府颁布《关于进一步促进农业机械化发展的意见》，阐述加快农业机械化发展的重大意义，明确当前和今后一个时期的奋斗目标、工作重点、扶持政策和组织领导，这是继1997年以来省人民政府出台的又一个促进农业机械化发展的指导性文件。三是中央及省两级投入农机购置补贴资金达6.13亿元，创历史之最。四是全省出现政府主抓、多部门共创"平安农机"的新局面。省人民政府办公厅转发《省农业厅、省安监局关于全省创建"平安农机"活动实施方案》，8月20日，副省长段轮一出席全省"平安农机"创建工作现场会并作重要讲话，全省农机事故较上年有所减少。五是以茶叶为主的山区农业机械化发展较快。省农业厅厅长祝金水出席山区农业机械化现场会并作讲话。六是全省农机总动力首次突破3 000万千瓦，拖拉机首次突破100万台，水稻机插秧面积达到266.67千公顷。由于机插秧和直播技术的推广，本省双季稻种植面积增加33.33千公顷，提高粮食复种指数，增加粮食产量。七是超额完成省人民政府下达的建立5个无耕牛乡镇(场)、300个无耕牛村的任务，分别达到9个和329个。八是农机专业合作组织发展迅速，农业机械化组织程度明显提高，农机专业合作社达488个。

【农机装备总量大幅度增长】 2009年，湖北省农机总动力达3 008万千瓦，比上年新增加211万千瓦，增长7.5%。拖拉机109.69万台，比上年增长14.67%。其中大中型拖拉机将达到11.33万台，比上年增加9090台；小型拖拉机98.36万台，增加131266台；联合收割机40127台，比上年增长14.7%，增加5144台；插秧机1.3万台，比上年增长67%，增加5216台；拖拉机配套农机具216.35万部，比上年增长16.8%，增加21.11万台(套)，农机具配套比达到1:2；农机固定资产总值达到210亿元。

【农机作业水平进一步提高】 2009年，湖北省完成机耕面积4000千公顷，比上年增加114千公顷；机械播种526.67千公顷，比上年增加57.33千公顷，其中机械插秧266.67千公顷，比上年增加52.67千公顷，全省80%乡镇开展水稻机插秧工作，有3个县市实现"10万亩"连片，有10个县市实现"万亩"连片，有12个县市机插秧面积超过6.67千公顷。水稻机械直播20千公顷，小麦机播，油菜、马铃薯、水稻机械直播计260千公顷；机械收获小麦水稻油菜2 278.67千公顷，比上年同期增加26.67千公顷，其中机收小麦692.67千公顷，比上年增加26.64千公顷，机收水平达到70%；机收油菜92.67千公顷，比上年增加34.45千公顷，油菜关键环节生产机械化继续在全国领先；机收水稻1 493.33千公顷，秸秆还田360千公顷，9架农用飞机作业226.67千公顷。机耕机收机播水平全面提升，主要农作物耕种收综合机械化水平达54%，比上年增加2个百分点。

【农机购置补贴政策全面落实】 2009年，湖北省落实农机购置补贴政策呈现六个特点：一是规模增大。2009年中央财政安排本省农机购置补贴资金6亿元，比上年增加4.1亿元，省财政安排农机购置补贴资金1 300万元，中央和省级财政共安排6.13亿元，比上年增加4.1亿元，增长187%。农机购置补贴的范围覆盖全省所有农业县市区和所有农场。二是种类增多。补贴机具种类增加到12大类37个小类82个品目1629个产品机具，比上年增加633个农机产品。三是实施进度加快。2009年的购机补贴工作相比上年提前两个月，全省第一批中央资金5亿元于8月上旬全部实施完毕。第二批中央资金1亿元下达后，全省各地迅速行动，积极推进，在一个月时间内，将所有补贴资金全部落实到位，确保农民在春耕秋种大忙季节购置农机。截至11月5日，全省共补贴中央资金6亿元，省级资金1 300万元，补贴各类农机具13.1万台(套)，其中拖拉机3.1万台，插秧机5 400台，联合收割机5 900台；受益农户达12.6万户。四是拉动明显。2009年农机市场销售红火。购机补贴拉动农民投入30多亿元。五是结构优化。大功率拖拉机、高性能插秧机、联合收割机、主要作物薄弱环节生产所需农业机械增长迅速。六是加强监管。为确保购机补贴政策的严肃性，本省对个别违规操作的地方实行了制裁措施。

【"以机代牛"工程全面实施】 "以机代牛"是省人民政府2009年初承诺为群众办的十件实事之一。省财政安排血防"以机代牛"工程专项资金600万元，在阳新县、孝南区、汉川市、赤壁市、嘉鱼县、仙桃市、潜江市、公安县、江陵县、监利县、沙市区、松滋市、石首市、黄州区、洪湖市、荆州区、团风县和荆州开发区等18个重疫区县市实施。按照宰杀1头病牛并落实耕田机械的农户补贴1 200元的标准，计划宰杀病牛5 000头。为配合血防重疫区"以机代牛"工程推进，本省对36个(含上述18个县市)血防重点治理县市在补贴资金安排上给予重点倾斜，共安排购机购补贴资金31 547万元，占年度总资金52%，其中给有宰杀病牛任务的18个血防重疫区县市安排购机补贴资金17 757万元。截至10月30日，18个血防重疫区县市共宰杀病牛5 000头，补贴机具2 000多台(套)。全省血防疫区已建立9个无耕牛乡镇和329个无耕牛村，超额完成省人民政府下达的建立5个无耕牛乡镇(场)、300个无耕牛村的任务。血吸虫病疫区汉川市的刘家隔镇、沙市区的立新乡等9个无耕牛乡镇的农民种田全部实现机械化。

【农机科教取得新成绩】 2009年，湖北省有21个县市实施农机推进项目，对在建项目进行技术指导和进度检查，对宜城、仙桃等部分县市竣工的项目进行验收。帮助本省农机生产企业开发农机新产品90个，并通过推广鉴定。组织农机产品推广鉴定140项，向农业部申报增补9大类110个农机产品进入国家支持推广的农机产品目录。同时，组织企业申报增补进入本省支持推广的农机产品目录达600多个。通过抓技术示范推广，重点推广水稻、油菜、小麦、马铃薯、茶叶、烟叶等主要作物生产机械化技术和秸秆还田、沼渣抽排、节水喷灌、农用飞机作业等工程技术，组织技术培训人数达10多万人次。10月10日—12日，成功承办第八届武汉国际农业机械博览会，参展面积首超8 000平方米，参展企业154个，参展产品1 670个，现场签订农业机械和新技术项目63个，成交及协议交易金额达1.811亿元。重新组建湖北省农机职业技能鉴定站，全省共发放农机行业职业技能鉴定证书3 150份，审核发放农机维修合作证115本。

【农机安全生产形势保持稳定】 一是认真落实“安全生产年”活动的各项部署，学习领会国家和省委、省人民政府关于加强安全生产的一系列文件精神，积极开展农机安全生产大检查、执法大检查活动。二是积极推进农机安全生产“三项行动”（农机安全生产执法行动、治理行动、宣传教育行动），加强农机安全生产“三项建设”，（法制机制建设、保障能力建设、监管队伍建设），突出抓好重要农时季节、重点区域、重点机械的安全生产工作。三是认真开展全省范围内新一轮的“平安农机”创建活动，搞好“十百千万”工程建设。2009年8月5日，省人民政府办公厅转发了《省农业厅、省安监局关于全省创建“平安农机”活动实施方案》。全省出现多部门齐抓共创“平安农机”的新局面。四是开展提高“三率”（持证率、挂牌率、年检率）工作。截至10月底，全省已制作拖拉机及联合收割机号牌53 890副，发放47 590副，核发行驶证51 200本，新考驾驶证11 600本，检验拖拉机等农业机械104 550台，驾驶证到期核换证25 585本。上述措施使农机安全生产形势有所好转，农机事故稳中有降。截至11月，全省共发生农机事故21起，死亡6人，伤13人，直接经济损失25.76万元，农机事故四项指标较上年同期相比大幅下降，全省未发生重特大农机安全事故。

【农机专业合作社蓬勃发展】 2009年，湖北省农业机械化管理办公室开展100个模范农机大户创建和十佳农机专业合作社创建活动，推动了农机大户和农机专业合作社发展。2009年，全省新增农机大户6 100户，总数达到2.41万户；新增农机专业合作社235个，总数达到488个，农机合作社年实现农机经营服务收入5.8亿元。6月，省农业机械化管理办公室和省农村专业合作经济组织指导办公室联合，命名表彰“十佳”农机专业合作社”和10个“优秀农机专业合作社”，省财政对十佳农机专业合作社给予资金扶持。各级财政部门扶持农机专业合作社发展的资金达477万元。武汉市财政拿出200万元对农机合作社实行以奖代补。为推进农机专业合作社的发展，11月16日—18日，天门市开展首届农机专业合作社知识竞赛与技能比武活动，参赛农机专业合作社33个，参赛人员100多人。比赛设一等奖1名，奖价值3万元的拖拉机一台；二等奖2名，各奖手扶式插秧机一台；三等奖3名，各奖手扶拖拉机一台；鼓励奖若干名，凡参赛队均奖现金1 000元。与此同时，京山、浠水等县农机部门招商引资建立农机大市场，钟祥市争取到国家发改委投资1 000万元建设中南地区最大的农机物流配送市场。

【“作风、能力建设年”活动取得成效】 2009年，湖北省农业机械化管理办公室通过开展“作风、能力建设年”活动，取得明显成效。一是干部能力有所提高。主要是推动科学发展能力、应急和谋远能力、创造性工作能力、统筹协调能力、团结和谐能力、廉洁从政能力、化常为专能力、服务基层和企业能力等“八种能力”，均有不同程度提高。二是省农业机械化管理办公室由正处级升格为副厅级机构。三是促进农机工作。全省农业机械拥有量大幅度增长，机械化水平大幅度提升，农民购机、用机热情空前高涨，农业机械化呈现可喜新局面。

【存在问题】 一是土地小规模分户经营与机械化大生产的矛盾；二是农机与农艺不配套的矛盾；三是平原湖区与山区机械化发展的差异增大；四是农业机械化公共服务体系和服务能力与农业机械化快速发展不协调的矛盾；五是农用柴油价格上涨与农机作业成本增加的矛盾；六是购机补贴资金不能满足广大农民需要的矛盾。

湖 南 省

【概况】 2009年，湖南省农业机械总动力达4 400万千瓦，同比增加379万千瓦，增长9.4%；全年完成机耕面积4 200千公顷、机收面积2 344千公顷、机械化植保面积766.67千公顷，水稻耕种收综合机械化水平提高到40.5%。

【强化措施，农机购置补贴政策落到实处】 2009年，湖南省补贴资金总额7.027亿元，其中中央财政资金6.7亿元、省财政资金700万元和市县财政资金2 570万元，在128个县市区（含农场管理区）实施。到11月底，补贴资金已全部落实到位，共计补贴机具37.48万台（套），其中拖拉机2.28万台，旋耕机和微耕机1.03万台，耕整机和机耕船18.3万台，水稻联合收割机1.54万台（其中半喂入收割机1 122台），插秧机691台，植保机械3.52万台，排灌喷灌机械4.17万台，谷物加工机组4.78万台，全省36.58万个农户及农机服务组织受益，带动农民投资近20亿元。

一是广泛宣传发动。年初召开全省农机购置补贴工作会议，全面动员部署农机购置补贴工作，并对各市、县项目实施负责人和补贴产品生产企业相关人员进行专题培训。各农机部门采取多种形式广泛宣传补贴政策，让农民全面了解补贴政策的相关规定、补贴操作流程和补贴机具种类，引导农民购买补贴机具。常德市安排5万元宣传经费，在《常德日报》刊登农机购置补贴公告，在常德图文频道开设专栏宣传补贴政策，并加印1万册补贴产品目录发放到全市3 508个行政村；各地组织人员深入乡镇村组、田间地头，进村入户宣传补贴政策，发放宣传资料；省局投入30多万元，对湖南农业机械化信息网进行升级、改版。

二是开展多形式的机具现场推介。省农业机械管理局借全国水稻跨区机收启动仪式在本省举办的契机，举办水稻生产全程机械化现场演示会；召开全省农机机电产品展示交易会，国内外200多家农机生产企业的50多类产品参展。各地开展形式多样现场推广活动，有的结合春耕、双抢、冬种，举办机械化作业现场会，有的乡镇或集镇集中展示重点推广机具，有的根据当地发展特色农业的需要，举办烟叶种植机械、油菜播种与收获机械、柑桔分级打蜡机等现场推介会。据不完全统计，全省举办各种形式的现场展示、推广活动180多场次。

三是完善项目实施的相关制度和措施。改进资金分配办法，即根据粮油播种面积和农业人口数量计算出全省和各市州的分配资金综合系数，根据农民年平均收入计算出资金参考安排额度，再综合考虑各市州收割机、拖拉机等主要机具的保有量、往年项目资金完成情况，确定全省补贴资金安排计划。为使资金安排更加符合各地实际，资金分上半年和下半年两次下达，下半年资金下达时，结合上半年资金完成情况进行微调，如有部分市县到11月不能完成的再统一调剂,有效保证补贴资金的合理使用,避免擅自调剂补贴资金的现象。开发购置补贴信息报送系统,完善网上填报功能,实行牌证管理的补贴机具在上报结算资料时必须同时上报该机的行驶证复印件,并将牌证管理信息纳入补贴资金结算的校验程序,有效预防套取补贴资金的行为。严格执行补贴产品生产企业自主推荐经销商制度,适当增加区域代理商和项目县经销商数量,为方便农民购机,下半年又增加 327 个基层经销商。为减轻企业的资金压力,省农业机械管理局充实购机补贴办公室的人员力量,实行按季结算,加快资金结算进度,受到各生产企业的好评。

四是积极争取部门支持。各级农机部门积极争取财政、农业综合开发、扶贫、烟草等相关部门的支持,在争取配套补贴资金和工作经费上都取得较大突破。省农业机械管理局与省烟草局联合制发烟草农业机械购置补贴的文件,省烟草局安排8 000多万元用于烟草农业机械的购置补贴;争取省财政安排 400 万元农机购置补贴工作经费。全省市县两级共落实配套补贴资金2 570万元、工作经费1 220万元。怀化市人大开展执法检查,市人民政府投入 200 万元用于累加补贴;邵阳市农机局争取农业综合开发和移民开发资金对项目区农民购机给予累加补贴,并出台农村信用社为购机农户提供机具价款 50% 以内贷款的政策;衡阳市人民政府奖励农机合作组织和农机大户 100 万元的农业机械。通过拓宽资金渠道,增加购机补贴项目的实际投入。

五是加大专项督查力度。年初,全省组织开展"万名干部下基层,百万农机促春耕"活动,省农业机械管理局组织 5 个组分赴各市州,在指导督促农机春耕生产工作的基础上,重点督查农机购置补贴政策落实情况;年中,与省财政厅联合开展一次专题检查,结合国家发改委、农业部、财政部、工信部的调研,又组织开展明查暗访和专项督查。年末,对各地的整改情况,并根据农民群众反映的情况开展了重点抽查。与此同时,各级农机部门的纪检监察机构全程参与监督,对反映的有关问题和举报,及时进行调查核实和处理,有效保证补贴政策的落实。

【狠抓示范,水稻育插秧和油菜生产机械化技术推广取得成效】 2009 年,湖南省把水稻育插秧和油菜生产机械化技术作为主推技术来抓,在资金投入上重点倾斜,在人员力量重点保证,取得了良好的成效。18 个部、省水稻育插秧机械化项目县投入资金 300 多万元,按照相关技术要求,从技术培训、试点示范、集约化育秧中心建设、机插秧大户培育等方面入手,大力推进水稻育插秧机械化。项目县共建水稻育插秧机械化技术示范点 50 多个,新增插秧机 236 台,完成机插秧面积 4.33 千公顷。全省共举办机插秧技术推广和软盘育秧示范现场会 99 场次,举办技术培训班 93 次,培训农民机手8 000多人、技术人员近3 000人,很多市县对机手和农户实行机插秧作业补贴。全年推广插秧机近 700 台。油菜机械化列入省人民政府的重要议事日程,"早熟油菜技术和机械化技术研究"攻关项目获省人民政府安排专项资金 1 000万元。衡阳、澧县两个油菜生产机械化示范县在机具选型配套、技术集成、技术培训方面做了大量工作,全省推广油菜直播机 400 多台,油菜机械化直播达 26.67 千公顷、机械化收获 13.33 千公顷。

【农机科研、鉴定和技术培训迈出新步伐】 一是加大农机科研、推广力度。省农业机械管理局组织省农机鉴定站和高等院校、生产企业的专家,开展秸秆气化综合利用的成套设备和技术攻关,从经费上予以重点倾斜,经过一年的攻关,已在稻草预处理设备、集中供气气化装置、气化炉焦油处理技术等关键技术上取得突破,研制出初步样机,并进行相关测试验证;同时,开展油菜早熟工程和油菜机播机收技术研究、推广,取得初步成效;与省烟草局联合,组织省农机鉴定站、常德市农机研究所等单位,开展烟叶采编机等烟叶生产机械的研发。二是强化农机产品质量监督和推广鉴定。加强农机产品质量监督抽查和市场抽查,全年共完成旋耕机 35 批次的国家产品质量监督抽查,省质量技术监督局委托的柴油机 30 批次、拖拉机 37 批次、喷雾器 21 批次、农副产品加工机械 42 批次等农资产品打假市场抽查任务和水田耕整机械、农用运输机械、收获机械、茶叶加工机械 119 个厂家产品的定期检验。进一步抓好农机产品推广鉴定和支持推广产品的评审工作,全年完成 241 个农机产品的推广鉴定,对 102 家农机企业的 197 个产品进行评审,推荐现代农装株洲联合收割机有限公司等 97 家企业的 190 个产品进入《2009 年—2011 年国家支持推广的农业机械产品目录》。三是拓宽农机教育培训领域。省农业机械管理局组织开展农机培训机构师资培训班,并结合阳光工程农机培训检查,对农机培训机构的资质进行复审。全省有 105 所学校通过拖拉机驾驶培训学校资质审验并获得农业部《拖拉机驾驶培训许可证》,全年共培训拖拉机、收割机驾驶员 2 万多人次,培训各类农机操作人员 10 万多人次。各市县农机学校充分发挥资源和技术优势,完善硬件设施,建立健全各项教学管理制度,积极与有关部门衔接,拓宽培训领域,全省大部分农机学校被批准为"阳光工程培训基地",培训人数占全省阳光工程培训总人数的 30%。

【农机安全生产形势明显好转】 一是强化农机安全生产责任制。对全省农机安全生产目标管理办法进行修改完善,制定科学的目标管理评价指标体系和百分制量化考评计分标准,修改目标管理检查评比办法,改革目标管理的奖励办法。科学测算和分解下达农机安全生产控制指标,层层签订农机安全生产责任状,初步形成严密的农机安全生产责任体系。对农机事故总量、重特大事故起数和农机安全控制指标超标以及政令不通的单位,一票否决评优和奖励资格。

二是加强农机监理执法能力建设。各级农机部门及时调整和充实农机监理人员,优化人员结构,全省 140 个农机监理机构中已批准参公管理的 65 个,实际在岗人数达1 415人。夯实农机监理装备建设,加强农机监理员和农机考试员业务培训,并实行新的农机监理运行机制,严把上牌、考试、发证和检审关;同时积极争取各级政府重视和安监、人事、编制、财政、公安等部门的支持,切实提高行政执法水平。广泛开展"创建平安农机,促进新农村建设"活动,新创建"平安农机"示范县 5 个、示范乡镇 118 个、示范村 633 个、示范户3 540,累计建成"平安农机"示范县 12 个、示范乡镇 213 个、示范村1 303个、示范户7 560个。

三是大力整治农机安全生产秩序。采取多种途径深入开展农机安全宣传教育活动,提高广大农机驾驶操作人员的法制意识。积极开展农机安全生产执法、农机安全隐患排查治理和农机安全宣传教育“三项行动”，共检查机车7.68万台次，纠正违章6 618次，查扣无牌拖拉机196台，查获无证驾驶268人，排查一般事故隐患14 749起，整改79%，排查重大隐患1 653，整改62%；全年共发生农机事故49起，受伤49人，死亡5人，经济损失26.6万元，与2008年同期相比，事故起数下降6%，重伤人数下降23%，死亡人数下降29%。

【强化组织，农机社会服务功能不断提升】 一是全力投入抗灾救灾。2009年，湖南省灾情非常严重，从7月下旬起持续干旱。全省农机部门认真做好抗旱救灾所需的农机具、配件、农用柴油等物资的协调组织和供应工作，确保抗旱机具用得上、用得好。同时，根据实际需要对农机购置补贴资金进行适当调配，保证重灾区抗旱机具的购置需求。各地农机部门充分发挥技术优势和服务体系的作用，组织农民机手和农机抗旱“110服务队”投入抗灾救灾，深入田间地头检修抗旱机具，指导农民使用、维修农机具，帮助农民解决抗旱救灾中遇到的实际困难。

二是及时处理农机产品质量投诉。接到农机产品质量投诉后，采取电话调查、现场取证等方式，及时了解情况，迅速召集双方当事人协调处理矛盾，较好地维护了农机户的合法权益，全年共妥善处理质量投诉近40起。如年初永州和安化农民因质量问题投诉湖南鹏扬皇马科技农业机械产业有限公司皇马牌收割机，要求退机。经组织技术人员鉴定，投诉情况属实，省农业机械管理局及时做出取消该型收割机购机补贴目录的决定，发文取消皇马牌4LZ—0.5型联合收割机补贴产品目录资格。

三是大力扶持农机合作组织发展。以农机购置补贴政策为引导，从技术、信息、政策等方面，为农机大户和农机服务组织提供全方位服务，引导和培育农机大户发展。大力宣传《农民专业合作社法》，支持和引导农机大户、专业户建立“自我组织、自我管理、自我服务、自负盈亏”的专业合作组织，提高农机社会化服务的组织程度。2009年，全省新增工商登记注册的农机专业合作组织500多家，农业机械化服务组织累计已达2.8万余个，其中有700多个依照农机专业合作社模式运行；农机专业户发展到6万多户，其中农机大户3万多户。全省农机服务组织签订技术集团承包作业合同300多万份，承包作业面积1 000千公顷。

广东省

【农业机械购置补贴实施效果明显】 2009年，中央下达给广东省农机购置补贴资金2.2亿元，省安排农机议案农机购置补贴专项资金3 770万元。截至2009年11月15日，全省共受理农户申请9.5万多户，申请购买机具近15万套，秧盘140万个，申请中央财政农机购置补贴资金22 155万元，省级财政资金3 849万元，申请资金超过全年资金指标。

一是加强领导，明确职责。通过召开全省农机购置补贴工作会议，对农机购置补贴实施工作进行部署，统一认识，明确工作要求、职责分工及操作程序。二是采取得力措施，切实加快实施进度。省农业厅和省财政厅通力合作，在2月16日公布2009年中央财政农机购置补贴实施方案和补贴产品目录，比2008年提前2个多月。三是加强宣传，切实做好服务维护农民利益。通过举办各种推广演示会、现场会等90多场次，加大推广力度。开展“农机购置补贴政策宣传月”活动，制作通俗易懂的操作流程图，通过派发宣传资料，举办展览、咨询会、知识问答等形式，利用有线电视、广播、报纸、网络等媒体，向社会各界宣传农机购置补贴政策。四是加强监管，接受社会各界的监督，防止和打击暗箱操作、虚报冒领补贴资金等行为，避免出现多收购机款、供货不及时和服务不到位等导致农民利益受损等现象。

2009年3月9日—4月10日，广东省各级管理部门和农机生产企业积极配合国家审计署广州特派办对全省实施农机购置补贴政策的情况进行专项审计。4月下旬，省财政厅、农业厅专门组成检查组，结合国家审计署广州特派办的初步审计意见，在全省范围内开展落实农机购置补贴政策的突击检查。5月中旬—6月中旬，省农业厅组织各地农机管理部门、农机购置补贴工作监督员在全省进行全面督查。从2009年6月开始，财政部驻广东省财政监察专员办事处组织两个组在全省展开农机购置补贴资金的使用情况调查，各级农机管理、财政部门和有关生产企业积极配合，对工作中存在的问题及时整改，省农业厅农业机械化管理办公室在9月—10月组成3个督导组在全省开展农机购置补贴工作实施情况的重点督查。

【水稻育插秧机械化进展顺利】 2009年，广东省各级农机管理部门按照农业部农业机械化管理司的要求，积极按照年初农业机械化工作会议制定的目标，采取得力措施，狠抓落实，水稻育插秧机械化水平有明显提高，全省插秧机数量达1 150台，新增695台，机插面积26.67千公顷，比上年新增19.33千公顷，机插水平达到1.44%。主要采取三项措施：一是通过项目示范带动。在8个全国育插秧机械化示范县的基础上，在全省建立20个省级水稻插秧机械化示范县，实施年度为2009年—2011年。由于各地重视，措施得力，育插秧机械化示范县项目实施取得比较明显的效果，20个示范县拥有插秧机458台，其中2009年新增365台，机插面积10.67千公顷，机插水平达到2.42%。二是认真组织好“农机助春耕生产现场会”。3月，分别在阳江阳东县、韶关乐昌市和汕头潮阳区举办春耕机插秧现场演示会。有种粮大户、农机专业合作组织等800多人次参加现场会并观摩机插秧示范推广演示。三是大力扶持农机专业合作组织购买插秧机。先后扶持廉江市建成农业机械化专业合作社和阳东县笏朝村农机合作社。阳东县笏朝村农机合作社购买6台插秧机，2009年机插秧面积达466.67公顷。

【农机社会化服务体系建设全面推进】 2009年，广东省各级农机管理部门抓住机遇，积极与工商等部门合作，加大对农机专业合作社发展的扶持力度。省农业机械化发展议案2009年投入110万元重点扶持建设11个专业合作社。全省农机专业合作社数量达到76个，其中2009年新增61个；社员数量达到2 136户，服务农户的数量为76 708户；共拥有机具2 542台套，其中大中型拖拉机212台；作业面积39.2千公顷，作业收入达到4 785.42万元。资产总额达到7 244.9万元。

【农机安全生产形势平稳，农机质量管理工作取得进展】 2009年，广东省农机管理部门认真贯彻国家和省有关安全生产法律法规和方针政策，围绕国家和省开展“安全生产年”活动和安全生产“三项行动”“三项建设”的工作部署，以“关爱生命，安全发展”为主题大力开展农机安全生产宣传教育活动，狠抓各项工作落实，取得了一定成效，农机安全生产形势总体平稳，全省没有发生较大以上农机事故，死亡人数为零。

一是全面落实安全生产责任制。2009年3月30日，广东省农业厅与21个地级以上市农业局签订农机安全生产责任书，明确各项安全生产责任与责任目标。各级农业部门、农机监理机构与机手签订了农机安全责任书，实行目标责任管理，形成一级抓一级，层层抓落实的农机安全生产监管良好局面。全省签订各种农机安全责任书5.3万份。

二是增加资金投入，加强农机监理规范化建设。2009年，省级与地方投入各级监理机构装备配置和办证窗口建设近800万元，增添了监理执法车5台、安全检测车21辆等监理装备，开展共建“文明监理，优质服务”监理办证示范窗口15个。对国家验收通过的“平安农机”示范县（区）给予一定的资金扶持。落实各项措施，组织开展农机安全各项治理行动。

三是组织开展“农机安全生产专项”和“三项行动”等检查活动。全省共出动监理人员6 500多人次，检查农业加工企业、养殖场、机库棚和有关场所2 668个，查出一般安全隐患7 716项并当场完成整改，排查拖拉机近万台，查处拖拉机无牌行驶、无证驾驶、违法载人等各种违法违规行为6 412台次。

四是加强农机安全生产宣传工作。6月12日，在新丰县组织开展以“关爱生命，安全发展”为主题的“农机安全生产咨询日”活动，发动当地广大农民群众、农机手和中小学生2 000多人参与，发放各种宣传资料近2 000册。

五是农机质量管理工作成效明显。通过进一步加强农机质量保障体系的建设，提高农机质量检测水平，全年共完成农机试验鉴定项目93项，其中委托试验39项，适应性试验6项，部级推广鉴定7项，省级推广鉴定41项，尚有46项农机试验鉴定项目已经受理。全年仅有2宗农机质量投诉。

主要采取四项措施：一是加强质量体系能力认证工作。5月中旬，广东省农业机械鉴定站顺利通过农业部设施农业机械设备质量监督检验测试中心（广州）的认可复查和部级计量认证；11月中旬，顺利完成省级实验室资质认定复评审工作。二是加强硬件的建设，购置水泵自动测试系统、植保机械检测设备、材料测试系统、动力测功机、三维坐标仪、万能测齿仪等设备，并对设备进行安装调试，并投入检测。三是加大宣传力度。3月13日，在河源市紫金县组织举办“广东省农机安全生产暨农机购置补贴政策宣传咨询日”活动，参加会议的农民达2 000多人。四是加大农机购置机具的质量管理工作。开展质量跟踪调查工作，制定《2009年微耕机、半喂入联合收割机质量跟踪调查实施方案》。共调查微耕机、半喂入联合收割机各30台。通过调查，发现进入补贴的微耕机和半喂入联合收割机整体情况比较好，均能满足当地的农业生产需要。加强对生产厂家和经销商的管理，召开进入补贴目录的生产企业和经销商大会，严格要求各企业做好售后服务及产品供货工作。在夏收和产品旺销季节，组织督导组，开展对进入补贴产品的生产企业进行企业生产条件、质量保证能力等情况督查，确保企业的售后服务能力不走样。并督促厂家和销售商组织三包服务组，确保在项目实施县的农机户能够及时有效的享受到三包服务，保障购机户机器的正常作业。

【农机科技研发和应用能力不断增强】 2009年，广东省农机部门积极争取各方面的支持，进一步加大对科研创新的支持力度，农机科研创新能力进一步增强。加大对科研项目的扶持力度，2009年，省扶持农业机械化发展议案投入390万元扶持对甘蔗收获机等16个科研项目进行研发。加大对农机科研的基础创新能力的扶持力度，扶持建设广东省农机研究所建设南方农业装备产业技术创新中心，该中心已完成前期准备工作，进入全面建设阶段。科研成果的应用转化水平进一步提升，经济效益明显。全年共有61种农机产品通过省级以上部门的鉴定。以广东省农机所为例，该所2009年科研开发服务5 891.3万元、生产和销售8 926.3万元。

【农业机械化推广模式不断创新】 2009年，广东省农机管理部门结合农业生产的实际，积极引进、推广适应广东的农机具和新技术，举办两场较大规模的农机演示会。一是于6月16日—18日在广州举办首届广东省现代农业装备演示会，副省长李容根莅会。农业部农业机械技术推广总站、省人大农委、省人民政府办公厅、省政协经济委、省发展改革委员会和广州市副市长陈国等领导出席开幕式。各市县农机部门代表，全省农业龙头企业、农机社会化服务组织代表及相关人员3 000多人次到会观摩。中国一拖、洋马等国内外83家农机生产、科研与经销单位参展，参展的农机产品包括水稻生产机械等7大类近200种的500多台（套）设备。二是于11月12日首次举办冬种生产机械化现场演示会，组织近30家农机生产企业，100多台套农机具参加演示。主要展示当前广东省农民非常迫切需求冬种马铃薯、甜玉米、蔬菜和花生等作物的机械化技术和装备，包括冬种生产的整地、节水灌溉、植保、中耕和收获环节。同时做好新技术的推介工作，重点做好两种新产品新技术推介会，4月28日在清远市举行谷物烘干机新产品技术推介会，主要探索稻谷集中烘干社会化服务模式，培育和扶持稻谷烘干社会化服务市场，改变农民靠天收谷的现状，提高农业生产效率，确保粮食安全。大力推广耕水机械化技术，在农业部农机推广总站统一部署下，结合广东的实际情况，先后在湛江、茂名、阳江、江门、肇庆、珠海、中山、广州、清远、汕头等地建设11个耕水养殖机械化技术示范基地共33.33公顷，根据养殖品种和周期，从养水、投苗期起就全程指导其进行耕水养殖，进行养殖水质的监测。

【农业机械化统计和宣传工作有序开展】 2009年，广东省农机管理部门认真做好农业机械化统计工作，依据全国统计报表的新变化，结合本省基层统计人员变动比较大的现状，加大培训力度，开展两期农业机械化统计培训班，提高农机管理人员的素质。加大宣传工作，积极利用报纸、杂志等各种渠道开展农机推广宣传。借助广东省农业机械化信息网络平台和《南方农村报》、《现代农业装备》、《南粤农机推广》等杂志等大力宣传推广先进适用农机新技术和新机具。同时，与广东电视台合作制作耕水机、水稻育插秧、首届现代农业装备演示会和冬种生产机械化技术推广等节目。特别在广东电视台《摇钱树》栏目推出耕水机的节目，在广大水产养殖户中引起广泛反响，在播出后短短一个月时间里就有关于耕水机的电话咨询达1 000多次。并将专题片制成DVD光碟向全省广泛派发，通过市、县和乡镇信息网络进行播放、宣传。

广西壮族自治区

【概况】 2009年，广西壮族自治区各级农机部门深入贯彻《中华人民共和国农业机械化促进法》，认真落实农机购置补贴和"农机下乡"惠农政策，紧紧抓住重点作物、关键环节生产机械化，大力实施"千乡万村现代农机装备推进工程"，加大山区特色农业机械化技术推广应用力度，全面完成农业部和自治区人民政府下达的各项工作目标任务，取得较好成绩。

【农机装备水平和作业水平快速提高，各主要指标达到或超过近年平均增幅】 到2009年底，广西壮族自治区农机原值169亿元，比上年增长8%。农机总动力2500万千瓦，增长5%。各类拖拉机拥有量92万台，增长15%；插秧机6017台，增长233%。综合机械化水平23%，提高2个百分点。

【提前完成农机购置补贴和"农机下乡"工作】 2009年，中央安排广西农机购置补贴资金3.4亿元，比上年增长209%；自治区配套资金4600万元，比上年增长196%；市、县配套资金2900万元，比上年增长35%。同时，自治区财政安排资金3 700万元，实施"农机下乡"工程。补贴资金总量成倍增长。截至10月底，各项补贴资金已全部使用完毕，共补贴农民购置各类农业机械17万台，比上年增长339%，其中，水稻插秧机4212台，水稻联合收割机4 900台，各类拖拉机33 553台，各类耕整地机械93 639台，分别比上年增长232%、45%、247%和381%。

【农机专业合作社发展迅速】 2009年，广西壮族自治区新增农机大户（农机固定资产20万元以上）1 000户，比上年增长27%；全区已注册登记的农机专业合作社有420个，比上年增长101%，入社人数5 240人，入社机具9 664台，入社资产1.8亿元。农机大户、农机专业合作社发展迅速。全年投入水稻跨区作业联合收割机1 300台，跨区机收作业面积48.67千公顷，跨区机收作业服务收入6 000万元，水稻机插秧服务、植保服务等农机作业服务也有所发展，全区农机作业服务总值达210亿元。

【农业机械化技术推广和丘陵山区特色农机具应用步伐加快】 2009年，广西壮族自治区农业机械化管理局围绕水稻、甘蔗两大作物的种植和收获两个关键环节，大力推广水稻插秧机、联合收割机和甘蔗深耕深松、中耕培土和收获等机械，提高机械化作业水平。全年完成水稻机耕面积1 500千公顷，同比增长3%；机插秧面积59.33千公顷，同比增长206%；机收面积566.67千公顷，同比增长41%。甘蔗机械深耕深松266.67千公顷，中耕培土面积100千公顷。大力推广适应丘陵山区的小型特色农业机械，农机购置补贴机具类型扩大到丘陵山区小型机械、小型耕作机械、收获机械以及木薯、桑蚕、茶叶等特色作物生产机械发展迅速。全年新增小型耕作机械12万多台、小型收割机械8 000多台。

【农业机械化发展环境进一步优化】 2009年，农业部副部长张桃林以及农业机械化管理司领导多次到广西调研指导，大力支持广西农业机械化工作。自治区党委副书记陈际瓦带领发展改革、财政、科技等部门领导到农机部门调研，形成自治区党委文件，推动解决基层农机推广机构基础设施及推广条件等问题。自治区副主席陈章良多次批示农机部门的请示事项，解决农机工作遇到的重大问题，并督促推动甘蔗收获机械化加快发展。广西将农业机械化发展列入国民经济和社会发展计划，纳入自治区政府工作主要目标任务及考核内容。自治区发展改革、财政等综合部门在发展计划、财政投入、项目安排等方面，对农业机械化给予大力支持，农业机械化发展环境得到改善。

【抓好农业机械化生产的组织服务工作】 2009年，广西壮族自治区农业机械化管理局重点抓好春耕、"双抢"和秋冬种期间农业机械化生产组织和农机抗灾救灾、灾后恢复重建工作。全年共组织19万人次农业机械化技术人员下乡服务机手，检修调试农机具53万台套；组织160万台次拖拉机开展农业机械化作业服务。充分发挥农业机械抗灾救灾和灾后恢复重建的主力军作用。针对6月严重洪涝灾害、8月持续旱情，分别组织1万多台水稻联合收割机、70多万台抗旱排灌机械投入夏收作业，加快早稻收获进度和抗旱救灾生产工作，把因灾损失降到最低程度。

【抓好农机购置补贴工作】 2009年，广西壮族自治区农业机械化管理局结合地方特色和农业生产实际需要，认真做好补贴需求调查和产品选型，确定补贴目录。逐级落实补贴资金，制定切实可行的补贴实施方案。进一步规范工作程序，提高工作效率，完善监督机制，确保国家资金安全，农民真正受益，普遍受到了各级政府的充分肯定和广大农民的欢迎，为保证"千乡万村现代农机装备推进工程"各项目标任务完成打下良好基础。

【抓好水稻生产机械化推进工作】 2009年，广西壮族自治区农业机械化管理局围绕"千乡万村现代农机装备推进工程"，切实抓好水稻生产机械化推进工作。一是认真实施水稻生产机械化示范项目，突破关键环节机械化"瓶颈"。重点抓好6个自治区级水稻生产全程机械化示范项目实施，充分发挥辐射带动作用。积极推进山区特色机械化发展。二是继续做好水稻跨区机收工作，不继提高水稻机械收获水平。三是加大力度，推进水稻机械化插秧再上新台阶。加大示范资金投入，协调农业部门、企业力量共同做好水稻育插秧示范工作。引导品牌插秧机生产企业开展机插秧示范，增强示范力度。

【加强引导农机户成立农机专业合作社】 2009年，广西壮族自治区农业机械化管理局加大宣传发动和引导工作力度，优先支持农机具购置补贴，协助办理工商注册登记，给予项目资金支持，提供作业信息，协调连片规模作业服务，帮助增强服务效益，提高各地创办农机专业合作社的积极性，进一步丰富农机服务体系的建设内容，促进农机服务体系的创新发展。

【加强联合协作,推进甘蔗收获机械研发与应用示范】 2009年,广西壮族自治区农业机械化管理局积极争取财政、科技、农业、糖业等部门以及制糖和研发企业的协作配合,努力探索甘蔗收获机械化技术新模式,推进甘蔗联合收割机的试验和示范,取得了较好成效。一是争取自治区财政资金190万元,研制切段式甘蔗联合收割机,2009年2月,第一台样机作业试验获得成功;第二台样机也已投入生产应用试验。二是组织中国农业大学和柳州汉森机械制造有限公司开展技术合作,成功攻关整秆式甘蔗联合收割机的关键技术,大幅度提高机具技术性能和作业质量。11台整秆式甘蔗联合收割机已投入2009年—2010年生产应用。

【加快先进适用农业机械化技术推广应用】 2009年,广西壮族自治区农业机械化管理局围绕水稻和特色优势作物生产需要,以基地为引导,积极示范和推广先进适用机械化技术。全区各县基本建成1个以上水稻育插秧机械化示范片,甘蔗主产区建成31个核心示范区面积在3.33公顷以上的甘蔗生产机械化示范基地,一些地方还因地制宜建立木薯、水果、茶叶等优势特色农产品生产机械化示范基地。各地农机部门加大科技入户工作力度,积极开展技术培训,加快水稻育插秧、水稻收获、蔗地深耕深松、甘蔗收获(装载)等机械化技术推广应用步伐。

【农机安全生产形势持续好转】 2009年,广西壮族自治区农业机械化管理局认真贯彻落实国家和自治区安全生产各项方针政策和工作部署,以预防和减少农机伤亡事故、防范群死群伤重特大农机事故发生为重点,进一步强化各项工作措施。一是继续加大"平安农机"创建工作力度,推动平安农机"十百千万"工程,成效显著,得到国家安监总局、农业部和自治区人民政府的充分肯定。二是扎实开展"安全生产年"和安全生产"三项行动",着重抓好县、乡、村农机安全管理组织和县、乡、村三级联动体系建设。三是落实农机安全生产责任,基本形成"横向到边、纵向到底"的农机安全生产责任体系。四是大力开展以拖拉机违法载人为重点的农机安全专项整治。五是强化农机产品源头管理。加强质量监督检验和鉴定工作,全面实施农机产品目录管理,深入开展农机市场整顿与打假,做好农机产品质量投诉监督工作。全年未发生重大农机产品质量事故,农机安全各项指标均在国家和自治区控制范围之内。

【发展形势和存在问题】 广西壮族自治区农业机械化发展还存在一些突出问题与不足,一些长期制约农业机械化发展的难题仍未解决。一是广西壮族自治区农业机械化发展水平与全国平均水平相比还有很大差距,而且差距呈现扩大趋势。2009年全国耕种收综合机械化水平比上年提高2.7个百分点,将达到48.5%,广西壮族自治区耕种收综合机械化水平比上年提高2个百分点,刚达到23%,相对差距从上年的24个百分点扩大到2009年的25.5个百分点。二是广西壮族自治区农业机械化发展水平相对滞后于农业农村经济发展,不能适应新农村和现代农业建设要求。集中表现在农业机械化水平总体低,现代农机装备数量少、结构不够合理。一些作物由于生产环节劳动强度过大、人工成本过高已经影响到农民种植的积极性。适应区域特色农产品生产需求的新型农业机械比较缺乏,引进研发和推广应用不够。三是基层农业机械化技术推广体系薄弱,严重制约了农业机械化新技术新机具的普及应用。广西壮族自治区基层农业机械化技术推广机构尚不健全,多年没有专项投入,推广条件差,技术力量严重不足。四是燃油价格高,农民经营使用农机成本增幅大。2009年,国家实行燃油税改革后,农民机手普遍强烈反映油料价格高,农机作业用油未获补贴,增加农机作业成本,加重了农民负担。五是机耕道路、机库(棚)等基础设施落后。机耕道路、机库(棚)等农业机械化基础设施还没有列入新农村建设规划,相当数量连片平坦、面积较宽的田块没有配套建设机耕道路,不适应机械化作业。

海南省

【概况】 截至2009年末,海南省农机总动力达到400万千瓦,比上年增长7.22%;拖拉机7.2万台,比上年增长7.14%;完成机耕面积369千公顷(新标准),机播面积3千公顷,机收水稻面积157千公顷,分别比上年增长7.46%、54.64%和10.1%;机耕水平和机收水稻水平分别达到45%(按新制度方法计算)和50%,比上年提高3.13和4.39个百分点;耕种收综合机械化水平达24%,比上年提高1.96个百分点;全省农机从业人员人均农机经营收入突破9 000元,全省农机服务业促农民增收人均可达260元。

【认真组织实施农机购置补贴工作】 一是制定实施方案,确保购机补贴工作有序进行。2009年,海南省农机部门积极向中央和省财政争取农机购置补贴资金9 400万元,比上年增加6 230万元,其中中央财政安排海南省农业机械购置补贴资金9 000万元(含农垦2 700万元)。海南省农机管理部门会同省财政厅拟定《海南省2009年度农业机械购置补贴资金实施方案》,并经农业部、财政部批准后组织实施。同时在中国农业机械化信息网、海南农业机械化信息网上对购机补贴机具种类、范围、金额、经销商资格审查情况进行公示,增加工作透明度,努力做到"公开、公正、公平"。

二是采取有力措施,抓好贯彻落实。8月21日,召开全省农机购置补贴工作会议,对项目进展缓慢的原因进行深入分析,提出五项针对性措施促进农机购置补贴工作,要求各级农机部门要转变观念,不断提高服务意识和服务质量,要进一步解放思想,不断拓展购机补贴新领域、新空间,把喷滴灌、设施农业、农产品加工机械、水产、畜牧养殖机械的补贴工作抓上来。根据农垦生产的实际需要,在购机补贴产品目录中补充喷药、运输机械,加快农垦资金的使用进度。增补部分喷滴灌机械设备产品列入2009年海南省非通用类农业机械购置补贴产品目录,以满足果树种植、大田和膜下灌溉等农业生产的需要。对农民机手需求强烈的金鹿、长运牌拖拉机调整为可使用中央资金进行补贴。根据全省补贴资金结算统计情况分析,对于确因需求预测不准,落实有难度的市县的资金分配进行了调整,以进一步加快实施购置补贴政策。

三是加强工作督导,确保规范操作。严格按照财政部、农业部和省财政厅、省农业厅的相关规定和要求,规范程序,阳光操作,做到公正、公平、公开。积极配合纪检监察、审计等部门加强监督检查,针对发现的问题要及时采取有力措施加以解决，截至11月25日，全省购置补贴资金已全部实施完毕，实施进度为100%，引导农民直接投入约5.9亿元，全省享受中央财政购机补贴的机手32 350人(户)，中央财政资金补贴机具共计43 286台(套)。

【加强农机安全监督管理，积极推进平安农机创建活动】 一是切实抓好“三项行动”、“三项建设”，确保农机安全生产。深入开展农机安全专项整治，积极开展“115”(即每季度的第一个月的15日)机手学习日活动，确保两会、两节、国庆期间的农机生产安全。为开展好农机行业安全生产执法工作，省农机部门除配合省安委办组织的安全生产督查组的工作外，组织3个检查组从9月7日到25日下到18个市县开展督查工作。同时结合农业厅和澄迈县委县政府在永发组织的“农资产品交易会”，组织周边的定安、澄迈、海口开展农机安全生产执法行动，严厉打击危害安全生产、危害社会稳定的农机违法违章行为。全省共组织农机新驾驶员考试106期，6 069名机手参加考试；组织农机安全执法检查1 758天次，出动执法人员8 363人次，检查机车4.76万台次，排查一般隐患3 966项，已整改3 893项，整改率98.2%。

二是抓好农机牌证核发管理，加强农机安全生产源头管理。继续加大农机牌证核发力度，加强农机及其驾驶安全管理，严把农机培训登记和驾驶证申领准入关，努力提高农机上牌入户率、驾驶人持证率。

【抓好农机新技术新机具示范推广，促进农业生产方式转变】 一是开展水稻育插秧机械化技术示范推广。继续在琼中、定安、澄迈、文昌、琼海、三亚等市县开展水稻机插秧技术推广，引进东洋、久保田、井关、洋马等手扶式及乘座式插秧机。据初步统计，以上市县建立机插秧示范点15个，全年新增机插秧面积400公顷，新增插秧机148台，共举办机插秧技术、机插育秧示范现场会12场次，培训农民机手650人，技术人员45人。

二是开展水产健康养殖水体净化处理新技术新装备“耕水机”试验示范。在文昌谭牛、文昌会文、琼海市青葛镇、琼海市博鳌镇、老城开发区五试点，选择有代表性的水产养殖大户，开展水产健康养殖水体净化处理新技术新装备“耕水机”试验示范，总示范面积15.33公顷，并进行“增氧机配合耕水机”与单独安装增氧机开展对比试验。先后在文昌、琼海及老城开发区五试点开展示范宣传大小规模现场会3次，现场观摩的养殖户群众累计达160人次，共发放宣传材料200多份。

三是开展农机新产品鉴定检测业务工作。完成海南金鹿农机发展股份有限公司生产的工农—16KⅡ—2T型后轮驱动拖拉机和工农—16KⅡ—2F型后轮驱动拖拉机的型式检验工作。完成海南昱隆科技开发有限公司生产的太阳能灭虫器的新产品型式检验工作。

四是做好农机质量投诉和农机质量安全工作。2009年共处理儋州市一起全椒牌旋耕机、东方市一起福田雷沃牌拖拉机、文昌县一起(集体投诉)锋陵牌半喂入式收割机的农机质量投诉事件，对农机产品质量、销售服务等方面进行现场核查、检验，经对发生投诉事件的用户和销售厂家进行沟通、调解，使得投诉事件得以妥善解决。

【抓好农机教育培训，提高农机管理干部及农机手素质】 2009年，海南省共培训农业机械化人才18 530人次，其中：培训拖拉机、联合收割机驾驶员及操作手8 270人次；维修工620人次；技术人员510人次；管理人员380人次；其他人员8 750人次。一是结合海南农业机械化科学技术普及应用的需要，抓好农机科技下乡活动及农民机手的科技教育培训工作。二是组织农机科技现场会16场，开展各类宣传活动58次，培训农民技术操作人员7 643人次。三是利用企业技术力量加大农机科技培训。组织发动有关农机企业对新购机户：驾驶员、操作手、修理工、农机服务人员加大科技培训。2009年培训新购机农民机手5 370人次。四是稳步推进农机职业技能鉴定工作。儋州市农机学校、海口市农业机械学校针对农机职业技能鉴定和高技能人才队伍建设工作的需要，利用市阳光培训工程，积极举办各类职业技能培训班。

【抓好农机作业生产，保粮食、冬季瓜果菜丰产丰收】 一是加强农机服务体系建设，引导、扶持农机专业合作经济组织。农机管理部门坚持一手抓农业机械化发展，一手抓服务组织创新，积极探索与社会主义市场经济体制相适应的农业机械化服务组织新形式。引导农机大户，组织农机经营协会、农机合作社、农机专业服务公司等，成立农机专业合作经济组织，开展跨区作业，提高经济效益和农机利用率，提高农机作业水平。全省已成立农机专业合作社58家。

二是抓“冬种春耕夏收”农机会战，打造水稻跨区机收作业品牌工程。各级农机管理部门把组织农机务农工作放在首要任务，通过科技下乡、科技入户等形式，积极组织广大技术人员，深入田间地头，指导广大农民应用农业机械化新技术。同时，做好后勤保障工作，组织和指导农民机手保养、调试和检修各类农机，确保春耕、夏收生产顺利、安全进行。

水稻跨区机收作业是本省农机作业服务的品牌工程，也是农民增收的主战场之一，受到各级农机部门的高度重视。各级农机部门深入基层，对机收市场进行调查研究，召开周边市县农机部门代表参加的跨区作业协调会，向参加跨区作业的广大机手和农机服务组织提供市场信息。同时，加强协调，组织签订机收作业合同，做好水稻收割机检修，零配件、油料供应点服务工作。在机收作业期间，省农业机械管理局组织省农机监理所和市县农机管理部门深入作业现场进行检查，确保跨区机收安全顺利开展。在各级农机部门的精心部署和周密安排下，跨区作业顺利开展，共投入联合收获机1 800台，组建跨区作业服务队56个，跨区机收水稻60千公顷。

【存在问题】 一是农机管理服务能力薄弱，跟不上农业机械化发展的要求；二是农机购置补贴项目进展较慢；三是农机安全生产存在隐患，农业机械的安全生产监督管理工作难度大。

重庆市

【概况】 2009年，重庆市农机系统认真落实“314”总体部署，以落实农机购置补贴政策为抓手，突出抓好农机新技术新机具推广，着力优化农机装备结构，大力加强农机质量保障和安全生产监督管理，积极推进农机社会化服务体系建设，狠抓重点任务的贯彻落实，各项工作都取得较好成绩。

【农机推广再创佳绩】 2009年,重庆市农机推广的速度前所未有,早在7月,就已经提前完成全年目标任务。截至12月底共推广微耕机6.5万台,是上年推广的近3倍之多,微耕机总拥有量突破十万台大关达到12万台;推广小型收割机1 146台,是上年的10倍;推广插秧机2 567台,其中两行插秧机2 176台,四行插秧机391台,较上年增长126%,完成全年目标任务的142%;推广拖拉机1万台,较上年增长38%,圆满完成年度目标任务。

2009年,重庆市共完成机耕面积1 200千公顷,比上年提高20%,随着微耕机推广量连创新高,机耕作业量每年将以133.33千公顷以上的速度递增,机械化耕作将逐步实现普及应用。2009年全市农业耕种收综合机械化水平达到21%,比上年增长4个百分点。

【机插秧取得新的突破】 2009年,重庆市水稻机插秧产量普遍稳产高产,农民接受程度越来越高,机插秧推广应用步伐明显加快。据统计,2009年共推广插秧机2 567台,较上年增长126%,其中两行插秧机2 176台,四行插秧机391台;完成全年目标任务的142%,购置秧盘531.6万张,落实水稻机械育插秧面积53.33千公顷。插秧机推广数量和水稻机插面积均已超额完成全年目标任务,全市水稻机插秧技术推广应用进入了提速发展的"快车道"。

【水稻机收创历史新高】 2009年机收季节,重庆市级和各重点作业区县农机主管部门均建立机收接待站,并开通热线服务电话,为机手提供各项服务。全年共完成机收作业140千公顷,占到前两年机收总面积的70%,重庆电视台还首次对重庆市的机收现场会进行现场采访和卫星直播。

【补贴资金监管规范有效】 2009年,在农业部的关怀和支持下,重庆市共争取到中央购机补贴资金2.3亿元,比上年增长1.5亿元。随着补贴资金总量增加,社会关注度也随之提高,为把购机补贴工作抓实抓细抓好,主要做到"四严":一是严格资金管理。不折不扣执行《农业机械购置补贴专项资金使用管理办法》的规定,严肃纪律,阳光操作,认真落实购机补贴"五项制度",加强补贴申请、登记审核、受益公示等关键环节监管。坚决防止暗箱操作、执行政策"走样"、虚报冒领套取补贴资金、转手倒卖补贴机具等违法违纪行为发生。二是严格按规范操作。明确规定各级农机管理部门要按照市农委《关于进一步加强农机购置补贴管理工作的通知》(渝农发〔2009〕98号)要求,对资料审查、购机真实性核查、购前审批、受益公示、签订合同等工作认真履职,承担责任,对违规操作和工作不作为、不及时、拖延或不按规定办理补贴申请的区县,暂停安排补贴资金,并追究责任。对参与违法违规操作的经销商,永久性取消经营补贴产品的资格。三是严格目录选型。结合增补和完善《重庆市2009年度农业机械购置补贴产品目录》,及早筹划2010年目录选型工作,坚持突出重点、补到关键,不无原则提高补贴标准、随意扩大补贴范围。补贴程序和补贴目录向社会公开。四是严格督促检查。认真按照《重庆市农机购置补贴产品经销商管理暂行办法》,对农机购置补贴实施情况进行定期和突击检查,自觉接受财政、审计、监察等部门的监督。同时,采取得力措施,防止低价倾销、恶性竞争等行为发生,保障技术培训水平和产品售后服务。对违反规定的,一经查实,立即取消企业享受补贴资格,并永久取消相关经销商经销补贴机具资格。对因补贴农机产品质量问题引发群体性投诉,造成严重影响的,取消该企业下年度享受补贴的资格。

2009年,全市计发放补贴资金2.34亿元,扶持农民购买农机约15万台套,带动农民和农机经营者投入6亿元。

【农机服务体系发展壮大】 2009年,重庆市为扶持、引导农机专业服务组织发展,对农机专业合作社购买微耕机、两行收割机每台分别增加补贴500元、1 000元。这一举措的实施,很好的发挥了农机补贴政策的导向作用,全市农业专业合作社得到蓬勃发展,从上年的不足100个,迅速发展壮大到476个。同时积极采取得力措施,认真推进市人民政府"民心工程"的组织落实,农机销售、维修市场不断发展健全,2009年共新增农机维修网点106个,建成农机销售网点859个。

【农机工业市场前景广阔】 2009年,受补贴政策拉动,农机市场红火,产销两旺,据统计,全市农机工业年总产值达60多亿元。重庆农机工业已经成为全市传统机械制造业新的经济增长点,为全市保持经济发展、保障财税收入、保证就业岗位、促进就业稳定作出了积极贡献。

【示范基地建设扎实推进】 2009年的国务院3号文件《关于推进重庆市统筹城乡改革和发展的若干意见》中,明确提出"支持重庆建设全国农业机械化综合示范基地",这表明,丘陵山区农业机械化发展进入国家战略层面。这项政策,受到市人民政府有关领导的高度重视,为认真落实推进措施,提高规划质量,已和中国农业大学签订合作协议。共同完成《重庆市全国农业机械化综合示范基地规划》,基本方针是通过建设全国农业机械化综合示范基地,探索出一条适合丘陵山区的农业机械化发展道路,为全国丘陵山区的农业机械化发展积累新经验、探索新机制。布局规划是,在永川、江津、长寿、垫江、梁平、开县、秀山、南川、涪陵等水稻主产区,推进水稻生产全程机械化示范基地建设;在长江三峡库区和渝东南地区推进柑橘、烟叶、茶叶、中药材及食用菌等特色农产品生产加工机械化示范基地建设;在涪陵、潼南、铜梁、璧山等地,推进蔬菜、榨菜生产机械化示范区建设;在巴南、綦江、万盛等区县,推进茶叶生产机械化示范片建设;在丰都、万州、云阳等长江流域区,南川、酉阳、彭水等乌江流域区,潼南、大足、合川等嘉陵江流域区推进油菜机械化示范基地建设。

四川省

【概况】 2009年,四川省农机工作紧紧围绕省委、省人民政府关于农业和农村经济社会发展战略目标,按照农业部农业机械化管理司的统一安排部署,加快农机灾后重建,认真落实各项支农惠农政策,组织开展农业机械化作业,狠抓农村机电提灌站和乡村机耕道路建设,大力示范推广农业机械化新技术新机械,依法行政,加大农机市场监管力度,强化农机安全生产,全省农业机械化发展保持良好势头,全省农机拥有量不断增长,农机装备结构不断改善,农业机械化水平不断提高。2009年,全省农机总动力达2 940万千瓦，比上年增长8%；耕种综合机械化水平达28%以上，比上年提高2.4个百分点；为农民人均增收20余元。

【农机灾后恢复重建进展顺利】 2009年，四川省农机管理部门着力加强与农业部和省级相关部门的配合协调，积极争取落实农机灾后恢复重建资金，强化技术指导。截至11月底，全省已修复重建机电提灌站1 490处，机耕道路2 034.2千米，修建农机库房6 776平方米，服务体系业务用房4 531平方米，购买仪器设备118台/套。农机灾后重建累计完成投资达4.2亿元。

【农机购置补贴工作成效显著】 2009年，中央安排四川省农机购置补贴资金6亿元，在21个市州的174个县实施。直接拉动农民和农机专合组织投入资金6亿多元，这是直接增加农民收入、促进本省农机工业加快发展的有力举措，对推动四川省应对全球金融危机、扩大内需、调整结构、促进经济平稳较快增长发挥着积极作用。2009年，全省完成农机购置补贴项目投资额达11亿元，补贴农户购机13万多台/套。

【农业机械化生产作业全面开展】 2009年，四川省投入联合收割机3万多台次，650多个跨区机收服务队开展机械化收获作业服务，全年完成机收面积786.47千公顷，比上年增加10.8%，其中机收小麦214千公顷，机收水稻近466.67千公顷，占全年计划小麦、水稻机收的113%。全省机耕作业完成1 504.67千公顷。

【农业机械化新技术新机械示范推广力度加大】 2009年，四川省开展水稻机械化育插秧技术培训16 520人次，推广插秧机841台，本省插秧机总量已突破2 000台，机插秧面积20.8千公顷。围绕秸秆禁烧，大力推广机械化秸秆综合利用技术，完成小麦、油菜等农作物秸秆机械化直接和间接还田140千公顷；扎实推进“南方机械化保护性耕作技术前期试验示范”、开展草业机械化技术试验示范、太阳能开发利用相关技术前期示范；结合农业机械化新技术新机具推广，完成各类农业机械化技术培训5万余人次。

【农村机电提灌和乡村机耕道建设加快】 2009年，四川省全年修复、新建及改造农村机电提灌站2 952座/113.8万千瓦，提水35.5亿立方米，新增提水控灌面积7.6千公顷。积极推进乡村机耕道建设。全省新建乡村机耕道5 369公里；硬化乡村机耕道3 386公里。

【农机服务社会化产业化程度提高】 2009年，四川省拥有农机专业合作社、农机协会、农机服务队等农机服务组织1 635个，农机大户6 120个。农机专业合作组织积极为广大农户开展机耕、机播、机收、机灌、植保、加工、运输等农机服务，发挥了积极作用。

【农机市场监督和安全生产形势持续好转】 2009年，四川省农机管理部门加强农业机械生产、流通、维修市场监督管理，依法查处农机市场中出现的违法违规行为，促进了全省农机工业健康发展；加强对全省农机装备的安全监督管理，农机安全生产形势进一步好转。全省发生农机事故4起、重伤1人、死亡1人、直接经济损失1.8万元，四项指标大大低于省人民政府下达的控制指标。

贵州省

【概况】 2009年，贵州省各级农机部门认真贯彻党的十七大和十七届三中全会精神，深入贯彻落实科学发展观，紧紧围绕农业发展、农民增收、农村繁荣的目标，坚定走中国特色农业机械化发展道路，以发展农机服务组织和建设农业机械化示范区为主攻点、以提升薄弱环节机械化水平为突破点、以推广先进适用农业机械化装备和技术为着力点，精心组织主要作物、重要农时、关键环节的农业机械化生产，不断拓展农业机械化服务领域，继续加强农机安全监理、农机质量监督和农机从业人员培训，全面提高农机装备水平、作业水平、安全水平、科技水平和服务水平，全省农业机械化工作取得新进展、新成效。2009年全省农机工作的主要工作目标是：新增各类机具5万台(套)，农机总动力达到1 550万千瓦，机耕面积600千公顷，机械化脱粒300万吨。

【认真落实农机购置补贴政策】 2009年，中央财政进一步扩大农机购置补贴规模，增加补贴机具种类，扩大实施范围，贵州省农机购置补贴覆盖全省所有农业县。中央下达贵州省的农机购置补贴资金为1.6亿元，加上2008年结转到2009年使用的中央补贴资金710.754万元，2009年中央购机补贴资金总计为16 710.754万元；省级配套资金5 540万元，共达到2亿多元。

全省安排补贴资金86个县，其中84个县安排部级资金，资金分配额为20万元到600万元。为切实用好、管好购机补贴资金，贵州省农业机械管理局多次召开会议，明确责任，积极做好购机补贴的各项工作，满足2009年全省农业生产和灾后重建的需要。1月，贵州省农业机械管理局就农机产品选型进行严格筛选，制作并发布2009年贵州省农机购机补贴产品选型目录。2009年中央资金给每台机具的补贴标准和上年一样，为该机具销售价的30%，省级资金给每台机具的补贴标准为8%。到11月30日止，已完成中央购机补贴资金15 999.82万元，省级购机补贴资金5 540万元，农户享受补贴已购置各类农业机械98 599台/套，其中，耕作机械52 132台/套；动力机械5 781台/套；植保机械1 731台/套；农产品加工机械26 478台/套；其它机械3 778台/套。受益农户为95 622户。

【立足抗灾夺丰收，拓展农业机械化服务领域】 2009年上半年贵州省低温多雨，下半年又发生旱灾。各级农机部门在当地党委、政府的统一部署下，以实施“农机科技增粮行动计划”和“农机科技进农家行动计划”为主要内容，组织开展好农机社会化服务，抓好抗灾救灾工作。同时，把“春耕”、三秋作为农机促粮食增产、农业增效、农民增收的主战场，积极组织机耕、机收服务队、抗灾救灾突击队，加快农作物的抢种抢收进度，组织开展以耕、种、收为重点的机械化作业。全省在购机补贴政策拉动下，年末新增各类耕作机具5.21万台，完成机耕面积606.67千公顷，机械灌溉416.67千公顷，机械半机械化脱粒355万吨，组织农机科技人员下乡5万人次，农机出勤241.9万台次，组织机耕服务队1 367个，抗灾救灾服务队452个，投入抗灾救灾机具52.5万台，检修各类农机具34.98万台次，培训各类农机人员30万人次。

【加大农业机械化新技术、新机具的示范推广力度】 2009 年,贵州省在购机补贴政策的拉动下,通过农业机械化项目的有效实施,进一步加快农机新机具、新技术的推广步伐。

一是按照“稳点、扩量、巩固、提高”的要求,继续全力抓好水稻机插秧“百万亩示范工程”的实施。2009 年,全省水稻机插秧工作进展顺利,完成机插秧 2 万公顷。二是继续组织实施好马铃薯生产机械化示范推广。本省是农业部农业机械化管理司确定的全国五个开展马铃薯生产机械化示范省区之一,贵州省在总结前三年项目实施的基础上,组织在 20 个县进行示范推广,投入资金 200 万元,各实施县马铃薯生产机械化攻坚战取得新进展。三是加大茶叶生产机械化示范推广力度。在 24 个宜茶县实施茶叶生产机械化示范,每县投入 18 万元,共投入资金 77 万元,主要用于补助茶农购茶机补贴,帮助茶农购置耕作、修剪、采摘等机械,通过项目的有效实施,进一步完善组织协调机制,加强培训和宣传力度,提高茶叶生产主要环节的机械化水平,推进茶叶生产机械化向纵深发展。四是做好农业机械化示范区建设。按照实施方案继续在 9 个县实施,2009 年新增投入 180 万元,每县投入 20 万元,现各县在政策扶持、资金支持、制度建设、项目管理、监督检查和宣传引导上进行落实,示范区建设将通过提高示范区农机技术装备和农机作业水平,进一步增强农业综合生产能力,增加农民收入。五是加强农机服务体系建设。重点选择 26 个县,投入资金 208 万元。各地县结合本地实际,把建立各类农机服务组织作为农机部门的重点工作,认真帮助条件成熟的乡镇组建农机专业合作社。同时,各县对农机协会、农机服务公司、经销服务组织、维修服务组织、安全服务组织的建设也积极引导,做好协调服务,充分发挥农机服务组织在农业生产和促农增收中的作用。六是玉米机械化收获的试验示范。进一步做好机具的选型调研,积极与农业部门配合,在示范点引导农民改变玉米种植习惯,规范种植,适宜机收,使玉米机械化收获在本省取得新进展。

【努力实现农机安全生产形势进一步好转】 按照“安全第一、预防为主、综合治理”的方针,2009 年,贵州省各级农机部门切实做好拖拉机、联合收割机、自走式农业机械登记、牌证核发和安全技术检验及驾驶人员的培训等工作,从源头上加强管理。一是加大农机安全生产宣传教育,进一步提高农机经营使用者和农民群众的安全意识。二是深入开展全国安全生产“隐患治理年”活动和农机安全生产百日督查行动,深化拖拉机及驾驶员无牌无证和“五整顿、三加强”专项治理活动,提高拖拉机、联合收割机的挂牌率、检审率。省农机局已组成五个安全生产督查组从四月底到七月底深入到 9 个市(州、地)开展专项督查,确保农机安全作业。三是建立健全农机安全生产长效机制。积极探索创新农机安全监理工作新机制,学习借鉴外省的好经验。增强服务意识,提高服务质量加大安全检查力度,纠正违法违规行为,消除事故隐患。四是坚决遏制重特大农机事故发生。全省农机安全生产形势比较平稳。

云 南 省

【概况】 到 2009 年年末,云南省农业机械总值达到 131 亿元,比上年增长 10%;农机总动力达2 110万千瓦,比上年增长 5%;拖拉机拥有量 50 万台,增长 7%;收获机械 3000 台,增长 18%;微耕机达 10 万台,增长 75%。机械化耕、耙、播、收面积达1 460千公顷,比上年增长 15%。其中机耕面积达 1 333.33 千公顷,增长 16%;机收面积达 120 千公顷,增长 9%;机械排灌达 333.33 千公顷,增长 7%。

截至 12 月,全省共发生拖拉机道路交通事故 51 起,死亡 41 人,受伤 78 人,直接经济损失 43.2 万元。与 2008 年同期相比,事故起数增加 4 起,上升 8.5%;死亡人数减少 29 人,下降 41.4%;受伤人数减少 13 人,下降 14.3%;直接经济损失增加 31.33 万元,上升 264%。发生道路外农机事故 12 起,死亡 4 人,受伤 6 人,直接经济损失 6.9 万元;农机供油站(点)、修理站(点)、加工站(点)无重大伤亡事故发生。全省农机安全生产保持平稳态势。

【认真组织贯彻实施购机补贴政策】 2009 年,云南省农机购置补贴项目 3 月启动,各项工作开展顺利。截至 9 月 30 日,第一批 2 亿元的补贴资金全部完成,共补贴各类机具 6.5 万台。其中:大中型拖拉机1 400台、联合收割机 400 台、手扶拖拉机和微耕机 4.7 万台、其它机具 1.6 万台,带动农户投入 3.8 亿元。2009 年,云南省购置补贴机具达1 192个机型,在 2005 年的基础上扩大近十倍。补贴范围从粮食作物拓展到经济作物和养殖业;从传统耕耙播收环节拓展到农产品初加工、冷藏贮运等环节;从拖拉机配套犁、旋耕机等传统装备发展到挤奶储奶设备、温室大棚等设施农业以及环境保护等装备。第二批中央农机购置补贴资金为 0.2 亿元,全年共计实施中央农机购置补贴资金 2.2 亿元。补贴资金投入额度在 2008 年的 1 亿元的基础上翻了一番多,并首次在全省 128 个县(市、区)同时实施,农机购置补贴项目实现全省覆盖。在中央农机购置补贴政策的示范带动下,本省各级烟草部门对烟草生产机械累加补贴、对烟草生产机械化作业补贴资金达 1 亿多元。

为保障项目的顺利实施,省农业厅在总结过去经验做法的基础上,创新工作方法,加快实施进度,效果明显。一是 2009 年全省农机购置补贴资金采取滚动式结算。自项目实施之日起就开始受理经销商补贴资金的结算申请,并根据总体报送情况组织审核结算,切实提高补贴资金结算效率。二是采取预拨补贴资金方式。针对申报补贴资金量大的经销商,为减轻资金周转压力,省农业厅于 7 月对 5 家经销商预拨了3 500万元的补贴资金,确保补贴机具按时就位和项目顺利实施。三是探索设施农业补贴方式。截至 9 月 30 日,全省大棚试点完成 86.67 公顷,滴灌扩大到 10 多个县,完成1 000公顷。四是完善工作制度。为明确工作职责,要求各地有关部门统一制作宣传挂图并悬挂到明显位置,自觉接受农民监督。五是加强信息交流。为及时掌握项目实施进度,确保项目按时完成,从 6 月开始,每 15 天下发一期《云南省 2009 年度农机购置补贴项目实施进度情况通报》,在及时掌握项目进度的同时,有效促进全省各地项目实施情况的交流。六是组织业务培训班。培训质量监管员、投诉员和农机监理员 200 多人次,在 20 个县设立产品质量、价格监测点,开展对市县项目管理人员的培训、轮训工作,不断提高政策执行能力和业务水平。

【抓关键农时季节,围绕重点产业,发展

农机社会化服务】 2009年,云南省农业厅农业机械化管理处抓住春耕、三夏和三秋生产关键环节,积极开展农机手培训、机具检修、安全生产管理,组织农业机械投入生产。与此同时,以农机补贴项目实施为契机,紧紧围绕重点作物、关键生产环节和优势特色农产品积极组织开展农机社会化服务。年初,组织召开全省农机专业合作组织工作座谈会,认真分析农机社会化服务面临的形势,部署今后一段时期加快推进农机社会化服务工作,明确进一步加大对农机服务组织、农机大户和作业市场扶持力度,发展农机订单作业的工作目标和工作措施。

认真贯彻农业部等六部委《关于做好农机跨区作业的意见》,组织水稻机收、烤烟生产订单作业和跨区作业,提高农机服务组织、大户的机械利用率,达到“有活干、出效益”的目的。2009年,全省共组织了3 000多台(次)大中型拖拉机、联合收割机进行跨区作业,完成作业面积133.33千公顷,跨国作业13.33千公顷,完成烟草订单作业面积100多千公顷。

【紧抓“购机补贴”政策机遇,加大示范力度,积极推进适用新技术的引进、试验和推广】 一是根据云南省农业生产的需要,将节水灌溉机械和大棚设施列入购机补贴类别。截至9月底,全省共补贴各类机具6.5万台,其中:大中型拖拉机1 400台,联合收割机500台,手扶拖拉机、微耕机4.7万台,其它机具1.6万台,微型冷库完成170座,大棚设施完成86.67公顷,滴灌1 000公顷。云南省农业厅在对试点县、农户和相关企业进行调研的基础上,参考国家相关标准,结合云南设施农业工程技术发展及“购机补贴政策”的要求,编制《设施农业温室工程建设技术规范(试行)》及《机械节水灌溉工程建设技术规范(试行)》两个技术规范文件,进一步加强购机补贴温室大棚建设和机械节水灌溉工程建设的实施。

二是为突破制约水稻生产全程机械化的技术“瓶颈”,继续把水稻机械化育插秧技术作为一项主攻技术来抓。按照《水稻机械化育插秧技术示范推广项目指南》和《水稻机械化育插秧技术要点(试行)》的要求组织实施,从技术培训、试验示范、扶持农机合作社、培育机插秧大户等方面入手,大力推广水稻机械化育插秧技术。2009年,全省有近30个县(区)开展机械化育插秧技术的示范推广工作,推广插秧机100余台(其中高速机10余台),完成机插面积约2 000公顷,新增加的示范县都取得较好的试验、示范效果,如澄江县机插水稻亩产达820—850千克,单产高于传统栽插方法。

三是微型冷库是适合家庭联产责任制的生产模式和农民操作使用水平的实用保鲜技术。它既是农民群众增收的实用技术,也是食品安全储藏的主要技术。在推广过程中,按使用对象的不同,将微型冷库的发展分为四类:一是农村产地农民使用的农产品(食品)加工储藏用的冷库;二是农村乡(镇、村)集市贸易及超市用的冷库;三是农村农户销售农产品(食品)及农家乐食品服务的冷库;四是农村卫生防疫药品储藏的冷库。为便于“购机补贴”政策的操作,根据微型冷库的库体外形尺寸,隔热材料种类及厚度、安装形式、安装地点、制冷设备等进行分类定型,推广定型产品。2009年推广微型冷库近300座。

【以农机安全生产为中心,切实开展好“三项行动”】 一是深入开展农机安全生产执法行动。全省共出动执法车辆9 778车次,出动农机监理员26 796人次,深入乡镇、村寨15 487个,查处无牌行驶车辆2 606车次,查处无证驾驶1 549人次,查处违法载人5 717人次,查处客货混装3 297车次,查处酒后驾驶63人次,扣留拖拉机247辆,扣留拖拉机驾驶证221本。

二是深入开展农机安全生产治理行动。截至2009年11月底,全省共排查单位31 853个,其中排查:一般隐患16 677项,已整改15 120项,整改率达91%,排查重大隐患182项,已整改164项,整改率达90%,列入治理计划12项。

三是深入开展农机安全宣传教育行动。全省共投入农机安全生产资金190余万元,开展农机安全检查33 579人次,开展农机安全宣传79 376人次,接受安全培训157 725人次,发放宣传资料152万份。集中教育拖拉机驾驶人350 376人,占全省拖拉机驾驶人总数(357 358人)的98%,刻录342张《平安农机》警示光碟,组织编写《农机安全生产宣传手册》,并印制14万册,发放给全省各县(市、区)农业(农机)部门及农机手。

【切实加强农机安全生产法制机制建设】 一是深入贯彻落实《中华人民共和国道路交通安全法》、《中华人民共和国农业机械化促进法》、《中华人民共和国道路交通安全法实施条例》、《农业机械安全监督管理条例》、《云南省道路交通安全实施条例》等法律法规,提高农机监理队伍依法行政水平。二是认真贯彻执行GB 16151—2008《农业机械运行安全技术条件》和GB 7258—2004《机动车运行安全技术条件》、GB 16877—2008《拖拉机禁用与报废》等国家标准及农业部“三令两规范”的要求,进一步规范本市拖拉机等农业机械登记、检验和驾驶(操作)人员考试、核发证件及农机事故处理等工作程序,规范各项农机监理业务。三是健全完善各项管理制度。制定岗位职责制度、执法票据管理工作制度、执法人员学习制度、执法人员责任追究制度、值班管理制度、着装管理规定、专用车辆使用管理规定等“五个管理制度”、“两个管理规定”,进一步规范我市农机监理执法工作。

【切实加强农机安全生产保障能力建设】 一是加强农机监理装备建设。提高本省农机安全监理执法装备水平,为农机监理规范化管理和农机安全生产监管提供了强有力的保障。二是推进应急能力建设。为及时有效地实施应急救援,保障重、特大农机事故应急处理工作顺利进行,本省农机监理部门进一步完善农机安全事故应急救援预案,建立了统一指挥、职责明确、规范有序、反应灵敏、运转高效的工作机制。三是加强农机监理信息化建设,尽快实现全省农机监理业务网上办理和信息资源共享。四是进一步理顺农机安全管理体制。

【切实加强农机监理队伍建设】 按照农业部《农机安全监理人员管理规范》的要求,结合农业机械化教育培训大行动活动的实施,省监理站有计划、有组织地开展对监理人员的政治理论、监理业务、执法培训工作。一是举办农机监理执法培训班,提高监理队伍综合素质。二是组织农机监理人员专业岗位培训,提高专业技术水平。各州市、县严格按照《农机安全监理人员管理规范》要求,规范监理人员管理,推行考试员、检验员、事故处理员资格考试、持证上岗制度。三是组织监理业务骨干赴省外、发达地区考察学习,开阔视野。

【做好农机试验鉴定工作】 1. 围绕购机补贴政策的落实,积极引导农机生产企业研制、开发、生产云南省农业生产需要、农民需求的农机产品。截至 11 月 15 日,共组织对昆明老象工贸有限公司等 19 个企业生产的老象牌 1WG6. 3 型微耕机等 32 个农机产品进行推广鉴定,报经省农业厅批准,核发了云南省农业机械推广鉴定证书。同时,对企业下一步加强产品质量管理、规范生产秩序、加强安全生产、节能降耗等方面提出具体要求。围绕补贴农机具开展质量跟踪调查,2009 年国家财政资金补贴农机产品质量跟踪调查工作,在 11 个州、市的 20 个重点县开展,重点调查本省量大面广的手扶拖拉机、微耕机和茶叶机械,本次共调查了 820 户享受购机补贴户,其中对产品总体质量不满意的有 10 户,占 1.2%,认为产品不安全的有 5 户,占 0.6%,对"三包"服务不满意的有 18 户,占 2.2%。

2. 根据农业部《2009 年补贴机具质量调查监督工作方案》,结合本省实际,省农业厅起草并印发了《云南省 2009 年补贴机具质量调查监督工作方案》,就做好云南省 2009 年补贴机具质量调查监督工作从指导思想、工作内容、时间安排与组织、保障措施等方面提出要求。在"放心农资下乡进村宣传周"和"3 · 15"农机产品质量宣传活动期间,各州(市)、县(区)农机产品质量投诉分站积极参与当地政府、农机主管部门和消费者协会组织的活动,全省共出动农机执法、投诉受理和科技人员2 020人次,印发宣传资料、明白纸 31.597 万份,标语横幅 379 条,一封信 10.95 万份,磁带光盘 4562 盒/张,举办现场咨询培训 294 场次,接待群众咨询 18.016 万人次,受理投诉举报 4 人次,案件回访 8 件,现场展销优质农机产品1 011台/件,总金额 824.7 万元。

3. 做好农机产品质量投诉受理日常工作。2009 年全省共受理农机产品质量投诉案件 33 件,成功调解 33 件,为农民挽回经济损失 4.08 万元。一是拖拉机投诉 22 件,占投诉总量的 66.67%,其中国家财政补贴机具 18 件,4 件无补贴。二是联合收割机投诉 5 件,占投诉总量的 15.15%,其中国家财政补贴机具 4 件,地方财政补贴 1 件。三是农机具投诉 6 件,占投诉总量的 18.18%,为国家财政补贴机具。四是未发生补贴机具质量重大事故和群体投诉案件。

4. 建立农机产品质量、价格信息员制度。为加强农机产品市场流通体系建设,本省决定建立农机产品质量、价格信息员制度,以进一步加强对重点农机产品的监管和指导。在全省有代表性的 20 个县聘请了 20 名农机产品质量和价格信息员,负责所属区域的主要农机产品质量、价格信息的收集和报送工作。

【努力推进教育培训工作再上新水平】 2009 年,云南省紧紧围绕全省农业机械化发展及农机培训工作重点,积极开展各类农机干部培训工作,全年共举办培训班 6 期,共计培训 422 人。其中,举办拖拉机及联合收割机教练员、理论教员、总教练员、安全技术员培训班 2 期,共培训 137 人;举办农机购置补贴企业和经销商售后服务人员培训班 1 期,培训 124 人;举办农业管理和科技干部培训班 1 期,培训 61 人;举办农机管理干部和专业技术人员培训班 2 期,共培训 100 人。

【积极规范农机培训管理工作】 对农机培训工作进行规范化管理及监督检查,是确保培训质量,从源头上治理和防范拖拉机道路交通安全事故、保障农机安全生产的重要手段。2009 年,本省在做好州(市)县农机培训规范化管理工作的同时,积极为州(市)县农机培训做好业务指导和靠前服务工作。一边宣传贯彻农业机械化及农机教育培训的有关政策、法规文件精神,一边总结 2008 年度全省农机教育培训工作,学习交流全省先进农机校办学经验,共同研究探讨农机培训工作的形势、任务及发展思路,为 2009 年全省农机培训工作的有效开展起到了积极的推动作用。

西藏自治区

【概况】 2009 年,西藏自治区各级农牧部门以"一产上水平"和农牧民增收为目标,以做好农机购置补贴工作为重点,着力优化农机装备结构,加强科技创新和技术推广、技术培训,精心组织重要农时的农业机械化作业,着力培育和扶持农机社会化服务组织,进一步加大农机示范区建设工作力度,使全区农业机械化发展形势呈现出可喜的局面。

【全面落实农业机械化扶持政策】 2009 年,西藏自治区农机购置补贴规模达到5 000万元,补贴机具选型 738 个品种,全年补贴各类农业机械15 492台/套,引导农民投入 1.17 亿元,受益群众达到19 460户。根据 2009 年第四季度测报,全区农机总动力达到 356.74 万千瓦,各种拖拉机达到 10.6 万台,各种配套作业机械达到 6.97 万台,全区农机装备总量保持较快增长,农业机械化装备结构进一步改善。

【农机装备总量持续增长】 一是落实工作机构,加强组织领导。2009 年入春,西藏自治区各地(市)农牧部门和补贴实施县成立农机购置补贴工作领导小组和技术服务小组,加强领导,强化管理,做好规划,认真制定本地区《农机购置补贴实施方案》。明确任务,落实责任,建立协调联动机制,及时解决和处理补贴工作中遇到的困难和问题。

二是坚持因地制宜,分类指导的原则,做好补贴规划。组织农机专业技术人员在调查研究的基础上,理清思路,创新方法,科学制定补贴规划,明确建设目标、任务、内容和措施,突出地理优势和产业发展优势。统筹区域布局,机械选购从实际出发,宜大则大,宜小则小;统筹机械协调发展,合理制定机械购置结构和比例,坚持运输机械和农田作业机械同步发展、动力机械与作业机械配套发展。按照《补贴实施方案》,精心组织农机技术人员编制《农机购置补贴产品目录》,确保方案的科学性,具有可操作性。

三是强化管理,落实措施,认真落实购机补贴各项工作。从实际出发,认真落实省级"制定方案、编制目录、确定供货方"等 7 项工作,县级"公布政策和目录、受理购机申请、确定受益群众"等 10 项工作,提高项目建设质量。

四是规范管理,严格操作程序。严格按照《农业机械购置补贴专项资金使用管理办法》的规定,规范管理,阳光操作,认真落实五项制度。

五是加强督导,严格监督检查。高

度重视购机群众和基层部门对购机补贴工作的意见和反映，完善措施，做好补贴机具和作业服务管理，加强生产指导和技术服务，解决群众在生产中遇到的各种问题。加强经销商管理，对补贴机具的“三包”服务、技术服务、零部件供应、机具维修保养等工作加强督导，促进服务，确保机具完好、性能良好，发挥作用。

【农机作业水平不断提升】 2009年，在农业部的支持下，西藏自治区进一步加大农机示范区建设工作力度，新增拉萨市林周县、山南地区扎朗县、隆子县、林芝地区林芝县、昌都地区洛隆县五个农机示范区建设项目。一是示范区建设与农机购置补贴工作相结合，加大示范区农业机械新品种引进和展示，加快调整农业机械品种结构、品质结构和功能结构，提升装备水平。二是示范区建设与积极扶持农机服务组织相结合，推动农机社会化服务进程。按照“请进来、走出去”的方针，组织示范区分管领导和技术人员赴山东、江苏学习、考察、实践农机示范区建设工作；帮助企业建立章程、制定规章，规范企业法人治理结构和组织结构；引导企业积极开展农机作业服务，拓宽发展空间。三是按照“加快推进农业机械化”的要求，全面落实示范区建设任务和工作目标，抓好基础设施建设、农机装备建设，强化示范区运作模式和工作机制创新，广泛开展农机科技推广与服务。四是加大扶持，加快发展。在实施农机购置补贴的基础上，进一步加大资金扶持力度，2008投入资金140万元，2009年再次投入240万元，促进和完善示范区发展机制。在农业机械化示范、引导、带动作用下，全区农机服务领域不断扩大：

1. 扩大种植业服务范围，有力地促进了农业机械的田间作业水平。2009年全区机械化半机械化面积稳步提高，机耕、机播、机收面积分别达到133.33千公顷、131.33千公顷和112千公顷，分别比2008年增加1.33千公顷、2 000公顷和2 000公顷。

2. 农业机械不断向农牧业生产的深度和广度进军。服务领域由产中，向产前、产后延伸，由种植业向畜牧业、农畜产品加工业延伸，由粮食作物向经济作物、饲草料作物发展。农业机械在土地改良、兴修水利、农畜产品加工等方面发挥重要作用。

3. 加快农机社会化服务进程。按照投资多元化、运作市场化、经营专业化、形式多样化、服务社会化的要求，鼓励开展多种经营，多途径、多渠道、多形式实现农机社会化服务。一大批大功率、高性能、低排放的运输机、挖掘机、装载机等农业机械被投放市场，服务社会。农业机械在果林产业、道路施工、桥梁建设、工程建筑、交通运输等行业、产业广泛使用，为西藏经济跨越式发展做出贡献。

【科技创新能力进一步增强】 一是着力抓好农机科技产品的推广和应用。各级农牧部门强化农机产品的高原性、可靠性、经济性试验，更加注重引进、推广性能好、效率高、功能复合、科技含量高的农机产品，更加注重先进适用、安全可靠、节能环保的农业机械。二是积极推行农机科技创新与技术集成服务，加强技术集成、配套和组装，完善农机服务技术路线，创新服务模式，实行轻简化技术，方便农牧民生产和应用。三是大力推广精细整地、种子处理、科学施肥、精量播种、机械收割技术。小麦地膜覆盖技术、玉米地膜覆盖技术、马铃薯机械种植等一大批新型技术得到推广应用。四是以提高农业综合效益和农牧民收入为目标，推行农机与农艺相结合的生产管理手段，创新生产模式，结合农业标准化和高产创建示范活动，制定科学合理的农艺标准和机械作业标准，提升农机与农艺的紧密度。农机科技创新与应用能力进一步提升。

【农产品供求格局发生变化】 2009年，西藏自治区主要农产品有效供给面临新的任务和挑战：市场对农产品的要求不断加大，既体现在数量上，也体现在质量上，种植业协调发展的压力不断加大，粮食安全生产，特别是青稞安全生产任务十分艰巨，客观上对农业机械化发展提出更新更高的要求。

【存在问题】 一是实际用于农田作业的动力仍显不足，平均每公顷耕地仅拥有动力4.5千瓦，低于全国平均水平。二是装备结构还不够合理：运输机械多、作业机械少，小型机具多、大中型机具少，低档次机具多、高性能机具少，农机“三多三少”的问题依然比较突出。三是我区农业机械化发展基础依然比较薄弱，还需要进一步加大政策、资金扶持力度。四是我区农机管理体系建设仍然不健全，编制不足，有待进一步解决。五是农机服务的组织化程度较低，规模不大，效益不高，需要进一步加强“专合组织”建设。六是农机产品质量不高，性能不稳定，一定程度上影响机械效能的发挥。

陕西省

【概况】 2009年底，陕西省农机销售总额达到16亿多元，农机总动力1 900万千瓦，分别比上年增长62%和11.1%。拥有拖拉机25万台，其中：大中型拖拉机6.7万台，分别增长8.2%和21.9%；联合收割机2.2万台，增长16.48%；全省完成机耕（深松）作业面积2 333.33千公顷，机收1133.33千公顷，机播1720千公顷，耕种收综合机械化水平达到49%，增长2.15个百分点；农机经营总收入72亿元，比上年增长14%。截至11月底，全省共发生农机安全事故54起，死亡2人，受伤19人，直接经济损失14.49万元，农机事故死亡人数在省上下达的控制指标以内。

【农机购置补贴政策落实到位，政策拉动作用明显】 中央财政下达陕西省农机购置补贴资金4.7亿元，补贴带动地方财政投入4 100多万元，拉动农民投资近10亿元。全省共补贴购置农机具23万多台，其中：玉米联合收获机2 739台、大中拖13 855台、果园耕作及植保机械设备1.6万台、畜牧业饲料（草）加工及挤奶机械设备5万台，直接受益农户（合作组织）22万个。全省农机工业总产值达4.5亿元，较上年增长18%以上。

主要工作特点：一是农民购机需求持续旺盛，高于预期。二是大型机械增速较快，设施农业、果业、茶叶、畜牧业等主导产业机械需求增长较快。三是5 000多名返乡农民工购机创业成为新亮点。四是督查力度加大。先后三次安排专项督查组，分赴各地及企业、农户，专项督查购机补贴政策落实情况，各市普遍开展督查，对发现的违规违纪问题及时进行纠正处理。五是落实农机购置补贴政策实现“两结合、五到位和三创新”。“两结合”：农机补贴与各地产业发展相结合，与农业机械化重点项目实施相结合。“五到位”：政策宣传到位，责任落实到位,监督执行到位,技术培训到位,全程服务到位。"三创新":建立覆盖陕西东西部的两个农机购置补贴超市,完善了超市功能;开展补贴政策审批权下放改革试点;全面应用农机网上购机补贴审批信息系统,有效确保补贴资金安全。

【农业机械化作业水平不断提升,农机服务能力明显增强】 2009年,陕西省完成小麦机收908.67千公顷、玉米机收160千公顷、水稻机收41.33千公顷,分别比上年增长2.68%、179.37%、14.45%;玉米机播650千公顷、小麦机播976.67千公顷、水稻机插秧1.16千公顷,均超额完成计划任务。一是春季以抗旱保春管为重点;二是夏季以作业证发放、柴油供应和发布作业信息等三项服务为重点,开展联合收割机检验、安全生产宣传教育和组建跨区机收作业队等工作。陕西省农业机械管理局与中石油陕西销售分公司联合下发通知,部署农机24小时不间断供油"绿色通道"。在中国农业机械化信息网和陕西农业机械化信息网上发布本省与毗邻6省(区)的小麦机收市场信息,编印并免费发放《二〇〇九年小麦跨区机收服务手册》1.5万册。市、县两级农机部门开通70多部24小时值班机收服务热线电话;三是秋季以玉米机收为重点,强化项目示范和宣传引导,安排1亿元购机补贴资金用于玉米收获机补贴,安排省级专项110万元,在户县等10个县(区)组织实施玉米生产机械化示范项目。

【加快培育和壮大新型农机服务组织】 2009年,陕西省通过会议推动,典型引导,争取省财政资金扶持等发展方式,全省新增农机专业合作社30多个,总数达到80个;新培育发展农机原值20万元以上农机大户70多个,总数发展到930个。全省农机服务组织及农机户达到89万户。

【农业机械化示范区建设】 2009年,陕西省按照产业发展需求,探索发展模式的思路,建立14个机械化示范县(区)。在三原县建立农业机械化综合示范县。建立一个66.67公顷果园机械化耕作、太阳能杀虫示范点,1 000头机械化养猪,66.67公顷设施农业示范点和一个收贮加工秸秆饲草1.5万吨的农作物秸秆机械化利用合作社。其它的设施农业、玉米、茶叶、畜牧养殖和马铃薯机械化生产示范县以及在不同区域建立的25个不同类型的优势特色产业农业机械化示范区,集成推广运用成熟配套的农机具和农业机械化技术,实现点面推进,示范作用良好。

【保护性耕作项目】 2009年,陕西省按照明确技术、加强培训、增加机具、整村推进的目标要求,新建和续建部省示范县38个,新增保护性耕作面积32.87千公顷,新增各类保护性耕作机具4 438台,示范面积达到172.87千公顷,拥有各类保护性耕作机具25 250台。

【秸秆综合利用项目】 2009年,陕西省财政投资2 000万元,在22个重点禁烧县区实施秸秆综合利用项目。按照省上确定的目标任务,坚持示范引路,多技并举,整村整乡推进和组建专业合作社(队)强势推进的原则,巩固提升农作物秸秆综合利用水平。夏季机械捡拾小麦秸秆66.67千公顷,收贮秸秆10万吨。22个重点县夏季秸秆利用水平比上年提高10个百分点以上,基本上实现少焚烧或不焚烧。2009年的秸秆利用和禁烧工作得到省委、省人民政府的充分肯定。农业部张桃林副部长和农业机械化管理司领导在陕检查农业机械化工作时,也给予肯定。秋季,全省完成青贮、微贮、黄贮和干贮玉米秸秆饲草800多万吨。全年农作物秸秆机械化综合利用达到1266.67千公顷,占小麦、玉米播种面积的50%多。

【加强农机安全和质量监督工作】 2009年,陕西省深入开展创建"平安农机"活动,涌现出4个全国平安农机示范县,11个省级示范县和103个示范乡镇;新购置补贴农机检测设备11套,近80%的县区拥有农机安全检测设备,7个县拥有驾驶员考试电子桩考仪;深入开展农机安全隐患排查整治工作,全省出动农机执法监理人员23 569人次,排查安全隐患35 814项,整改32 471项;开展农机安全互助保险试点,19个县区试点获得成功,为农机安全监理工作探索出一条新路子。

按照农业部《关于进一步加强农业机械化质量工作的意见》,建立健全农业机械化质量管理规章,完善标准体系,强化质量管理手段,规范农机销售、作业、维修市场,加强农机质量投诉监督管理。对20余家农机生产企业列入国家财政补贴的40余种机械进行了质量跟踪调查;对省内外16家企业42种玉米播种机具进行对比试验;组织开展"3·15"农机质量投诉宣传活动和放心农资下乡进村宣传周启动仪式,开通投诉服务咨询热线电话;受理各类农机质量投诉案件15起,调解解决12起,终止1起,为农民和农机用户挽回经济损失12万元。

农机维修管理工作取得新进展。在19个市、县(区)组织实施农机职业技能鉴定维修示范项目。项目区共鉴定农机从业人员1 900多人,占全省鉴定总数的61.3%,审定农机维修厂(点)501个,占审定总数的52%。

【农机培训力度加大,人才队伍素质明显提高】 2009年,陕西省认真组织开展农业机械化教育培训大行动。全省各地积极行动,充分利用实施农机购置补贴政策和农业机械化重点项目的时机,采取事企联合、校企联动等方式,搞活培训形式,提高培训效果,大力开展教育培训。截至目前,全省已培训各类农机人员12万人次,其中联合收割机手1.4万人次,新训拖拉机驾驶员等1.6万人次,复训各种农机作业服务人员9万人次。

【农业机械化信息宣传覆盖面扩大,社会影响不断提升】 2009年,陕西省围绕全省农业机械化重点工作,加大宣传力度,为推动农业机械化发展营造良好舆论氛围。通过农业机械化信息网、政务信息、简报等多种形式,广泛宣传农业机械化发展成效和工作动态。刊发《陕西农业机械化》杂志六期,编发《农业机械化信息》48期,发布信息快报1 400余条,为领导决策提供依据。加强与新闻媒体沟通与联系,使农业机械化工作成为各级新闻竞相报道的热门题材。特别是三夏、三秋期间和农机购置补贴政策集中实施阶段,农业机械化宣传密度大,宣传质量高,社会反响较好。

甘肃省

【概况】 2009年,甘肃省农业机械化工作以全面落实农机购置补贴政策为抓手,增装备,调结构,抓生产,建基地,搞培训,推技术,保安全,农机装备水平、作业水平、安全水平、科技水平和服务水平得到进一步提高,农业机械化继续保持了蓬勃发展的良好势头。

【农机装备总量持续快速增长】 农民购买农机需求强劲。2009年,投放各类补贴机具9.6万台件,大中型拖拉机保有量达到4.1万台,增长7%;小型拖拉机达到43.56万台,增长3%;小型耕整机械达到3.6万台件,增长40%。全省农业机械总值达到116.3亿元,增长7%;全省农机总动力达到1 780万千瓦,增长5.76%。

【农业机械化作业面积持续扩大】 2009年,甘肃省机耕、机播、机收面积分别达到1 640千公顷、1 040千公顷、508千公顷,分别比上年同期增长2%、2%、1.89%,预计全年耕、种、收综合机械化水平达到31%,较上年提高0.5个百分点。

【农业机械化经营服务组织蓬勃发展】 2009年,甘肃省前11个月就有8万户农民享受到农机购置补贴,全省农机专业户将达到8.8万户,与上年相比增长6.5%;农机大户(农业机械原值50万元以上)将达到50户,与上年相比增长近43%;新型农机经营服务组织达到近100个,与上年相比增长近42%。到年底,全省农机经营服务总收入、农机经营纯收入分别达到70.73亿元和24.22亿元,分别增长6%和5%。

【加快农业机械化科技成果转化步伐】 截至2009年11月底,甘肃省落实中央和地方农业机械化科技推广资金464万元,其中:农业部资金161万元,省科技厅60万元,省级财政农业机械化科技推广专项资金243万元。承担各类农业机械化科技项目25项。预计全年新技术示范面积将达613.33千公顷,新增粮食1.8亿千克,新增农业产值2亿多元。

【农机安全生产形势保持稳定】 2009年1月—10月,甘肃省农机安全生产形势保持稳定,全省共发生农机事故8起、受伤8人、死亡3人、经济损失2.67万元,与上年同期相比,事故起数、死亡人数分别较上年同期下降27.27%、40%,受伤人数、经济损失分别较上年同期有所增加。

【切实抓好农机购置补贴政策的贯彻落实】 2009年,中央和省级安排农机购置补贴资金2.3亿元,其中:中央财政2.2亿元,省财政1 000万元,分别安排在85个县(市、区)和13个农垦农场实施。截至11月20日,完成补贴资金21 966.4万元。全年拉动农民投入超过4.3亿元。主要工作:一是对2009年农机购置补贴资金需求及机具需求情况进行调查研究,明确2009年重点扶持发展的农业机械化技术和具体累加补贴的机具种类,研究制定2009年农机购置补贴资金使用计划和实施方案。二是与省有关部门召开了非通用类补贴产品选型会,审定补贴产品和价格。三是召开全省农机购置补贴工作会议,对2009年补贴工作进行安排部署。四是严格把关,督促供货。2009年在资金规模翻倍的情况下,严把农机购置补贴资金使用审核审批关,同时协调督促企业按时供货。截至11月初,所有的县(农场)通过审批,基本完成供货。五是继续对马铃薯种收机械和保护性耕作机械进行累加补贴。截至11月底,2009年累计补贴马铃薯种收机械近300台、保护性耕作机械200多台。六是抓好补贴机具产品质量问题的监督检查。协调解决补贴机具产品质量问题,受理质量咨询投诉电话3个,所有投诉已得到妥善处理。七是加强补贴实施工作督查,分片召开农机购置补贴机具政策落实会议,开展全省农机购置补贴政策培训工作。对300多名农机购置补贴政策操作人员进行专门培训。八是召开全省农机购置补贴产品供货企业座谈会,向企业通报全省农机购置补贴和补贴产品质量供货、售后服务情况,了解企业供货中的困难,协商解决相关问题。九是赴陕西省学习考察农机购置补贴超市运作经验。

【狠抓重点农时季节农业机械化生产】 2009年,甘肃省受旱严重,旱情持续时间长,波及范围广,受旱程度重,农业生产受到严重影响。全省各级农机部门加强组织领导,组织农业机械投入重点农时季节农业机械化作业和抗旱救灾。一是统筹安排组织农机抗旱保春耕工作。及时安排部署,组织动员132万台(件)拖拉机、播种机、铺膜机等农业机械投入抗旱保春耕机械化作业,完成机播小麦287.33千公顷,机播玉米、洋芋等403.47千公顷;完成机耕585.17千公顷,机械镇压532.37千公顷,机械深施化肥661.6千公顷。二是切实做好联合收割机跨区收获小麦工作。抓安排部署、抓接待服务、抓安全监督,核准发放2 404份《跨区机收作业证》,组织2 320台联合收割机组队出省参加全国跨区机收会战,出省机收小麦160千公顷,直接经济收入超过6 700万元;组织省内外4 620台(次)联合收割机收获小麦面积达到320.67千公顷,比上年增加33.51千公顷,增幅达11.67%。三是组织伏秋翻、秋冬种农业机械化生产工作。各地抓住七、八、九月有效降水机遇,积极组织开展"抢墒、保墒、抢种"农业机械化生产,累计投入农业机械42.07万台,完成机耕849.33千公顷,机械镇压706千公顷;完成马铃薯机收57.77千公顷,玉米机收19.07千公顷(含高秆机收),小麦机播282.58千公顷。四是组织机械抗旱救灾。各级农机部门认真落实省委省人民政府抗旱工作安排部署,扎实开展科技抗旱,组织农业机械拉运人畜饮水、提水灌溉、复耕复种,完成机械浇灌31.15千公顷,组织拉运人畜饮水228.41万吨,为全年粮食总产超过900万吨做出贡献。五是搞好保障服务。全省组织抽调3 153名农机管理干部和技术人员,帮助广大农民机手保养、调试和检修各类农田作业机械,维修拖拉机22.49万台,检修农机具48.23万台件,确保了机具及时投入农业机械化生产。共召开各类农业机械化新技术现场演示会618场次,印发科普宣传资料74.49万份,现场培训各类农机人员6.32万人,有力地推动了农业机械化新技术推广。

【突出重点,狠抓农业机械化新技术新机具推广】 一是组织实施保护性耕作技术示范工程。新增玉门、古浪、庆城3个农业部保护性耕作示范县,农业部示范县达到17个,保护性耕作示范面积达到56.82千公顷,新增10千公顷;完成免耕播种90.05千公顷,机械化秸秆还田49.58千公顷。二是继续加大马铃薯生产机械化技术示范推广力度。2009年将民乐等11个县列为马铃薯机具补贴的试点县,继续采取累加补贴的办法,大力推广马铃薯生产机械化技术,马铃薯机械化种收示范面积达到90千公顷,较上年增加23.33千公顷。三是继续加大农业机械化示范区建设力度。2009年在武威、庆阳、酒泉、定西、张掖、河西、临夏、平凉、白银及陇南等地建立10个省级机械化示范区。截至11月底，全省新增玉米联合收获机92台，挖掘机147台，油菜收获机130台，机械卷帘机2 945台，油菜机械化收割3.6千公顷，机械化精量播种技术437.91千公顷，设施农业配套机械化0.75千公顷。四是继续加大机具研制开发力度。组织开展马铃薯机械化覆膜起垄机、山地播种机的研发工作，新型免耕播种机研制成功并投入生产，油菜收获机、玉米双垄沟覆膜起垄机被列入省科技厅重点科技项目，进入中试转化和大面积示范应用阶段。五是继续加大玉米全膜双垄沟播机械化技术示范推广力度。2009年在平凉、庆阳、定西和兰州等地布点示范，共完成示范面积76.67千公顷，并将起垄覆膜机纳入省上全膜双垄沟播技术推广专项，落实配套资金880万元，补贴投放机引起垄覆膜机569台，人畜力起垄覆膜机1.33万台。国家科技部部长万钢及甘肃省副省长郝远等领导先后到示范点考察全膜双垄沟播机械化作业，示范建设项目获省科技厅列项支持，落实项目资金50万元。六是继续加大农业机械化教育培训力度。全省70所农业机械化学校承担"阳光工程"培训任务，落实培训补助资金550万元，承担培训任务13 750人；积极开展农业机械化教育培训大行动，培训各类人员12.6万人（次）。七是开展农业机械化技术标准制定工作。有8项农业机械化地方标准通过省质量技术监督局审定，发布为地方标准，有等七项地方标准列入2009年地方标准项目计划。八是完成国家农业机械推广目录上报和省农业机械产品支持推广目录调整工作。

【加强监管，扎实开展农机安全生产监督管理工作】 一是认真搞好拖拉机、联合收割机及驾驶人检审验工作。截至10月底，共检验农业机械13.78万台，检验率为82.04%；驾驶员到期换证审验3.41万人，审验率为78.81%；新增报户农业机械19 452台；新考驾驶员19 290人。继白银市、肃北县之后，静宁县2009年对农业机械实行免费检审验。二是开展拖拉机登记和驾驶证申领专项整治工作。三是继续加强监理队伍建设。深入开展农机监理系统行风建设，并对全省农机监理系统行风建设工作进行总结验收，有29个单位和57名个人受到表彰；举办全省农机安全检验员培训班。四是深入开展专项整治和农机安全检查。在2009年3月和9月集中开展多路安全生产大检查，深入排查安全隐患。截至10月底，全省共检查农业机械31.24万台（次），查处违章43 197台（次），督促登记报户拖拉机26 135台，培训考证25 259人，排查农机事故隐患21 437项，整改治理21 433项，整改率99.98%。五是抓监理装备建设。公开招标采购45台车载检测线，分两批投放到18个基层农机监理机构。六是启动"创建平安农机，促进新农村建设"活动。七是扎实开展安全宣传教育工作。共印发宣传材料52万份，张贴标语1.4万条，广播、电视宣传1 854场次，举办安全知识讲座375场次。

【依法履责，认真开展农机质量监督检验工作】 一是开展农机质量监督检测工作。累计完成农机零配件检测248批次，产品合格率为88.7%；完成播种机检测9批次，产品合格率为100%。二是开展农业机械推广鉴定工作。全年共受理83家生产企业247组农机产品的鉴定申请，有217组产品通过省级推广鉴定。三是开展农资打假护农专项整治活动。对518家农机生产、销售企业进行检查。四是认真搞好农机产品质量投诉受理工作。受理投诉案件30起，已处理30起，结案率100%，为农民挽回直接经济损失57万多元。五是开展农机职业技能鉴定工作。截至11月底，对1 359名农机人员进行农机职业技能鉴定。六是开展农机质量调查工作，重点对兰州市等12个市州在用铡草粉碎机进行质量调查。

【加强宣传，为农业机械化发展造势】 一是举办农业机械化发展高峰论坛。在9月15日举办"2009甘肃农业机械化发展高峰论坛"，邀请中国农业大学、兰州大学、省委党校、甘肃机械研究院等知名专家学者，共同研究探讨甘肃农业机械化发展，全省14个市州、86个县市区农机管理部门和市州农机推广机构及100多家农机企业代表参加论坛。省人大副主任马尚英、省政协副主席张世珍及省直有关部门领导出席论坛，省农牧厅厅长武文斌在论坛上作报告，农业机械化管理司副司长刘恒新致贺词，省农牧厅副厅长王亨通致词并主持高峰论坛。二是组织召开纪念《中华人民共和国农业机械化促进法》实施五周年暨贯彻《农业机械安全监督管理条例》座谈会。省人大农委、省人民政府法制办、省农牧厅联合于11月12日在兰州成功召开座谈会，省直农机系统干部、基层农机部门代表、农机大户代表共60多人参加座谈会，省人大副主任马尚英出席会议，省人大农委主任委员程正明、省农牧厅厅长武文斌、省人民政府法制办副主任马占元出席会议并作讲话，另外省财政厅、省交通厅、省委农办等有关部门领导也出席会议。

【存在问题】 一是农机购置补贴资金需求缺口仍然较大，特别是省级补资金太少，缺口更大；二是农用柴油价格上涨，对农业生产造成不利影响；三是新型农机服务组织发展滞后，农机服务社会化程度低。

青海省

【概况】 2009年，青海农业机械化工作在农业部农业机械化管理司的关怀指导和省农牧厅的正确领导下，全省各级农机部门认真贯彻落实中央和省委一号文件精神，深入贯彻落实科学发展观。农业机械化继续保持良好发展势头。

【农机装备总量持续快速增长】 2009年，青海省新增拖拉机1.2万台，各类配套机具2.5万台（件）。全省各类拖拉机拥有量将达到26万多台，配套机具达到23万台，与上年相比分别增长4%和13.4%。农机购置补贴新增18.375千瓦以上的大中型拖拉机达到855台，58.8千瓦以上的大型拖拉机172台，17.64千瓦以下小型拖拉机1.1422万台（其中小四轮拖拉机471台）。全省大中型拖拉机总量达到0.5万台，与2008年相比增长13.64%。农机配套机具购置补贴2.0713万台（件），到年底全省各类配套机具达到23万台（件）。动力机械与机具的配套比由上年的1∶0.81达到1∶0.85。截至2009年10月底，青海省新增农机总动力10万千瓦，到年底全省农机总动力达到366万千瓦，增长2.9%；全省农业机械总值将达到28亿元。

【特色产业机械持续快速增长】 2009年,青海省新补贴的马铃薯种植收获、保护性耕作、牧草收获加工、秸秆综合利用、设施农业、农副产品加工等机械均有较大程度的增幅。新增许多适应农牧业生产的机械,补贴挤贮奶设备129台,补贴资金93万元;清粪车380台,补贴资金680万元,这些机具补贴总资金为773万元,占2009年全省农业机械购置补贴资金的10%。2009年还补贴购置卷帘机121台(套),磨面机、榨油机152台(套)。

【青南少数民族地区农业机械快速增长】 2009年玉树州、果洛州、黄南州的农业机械购置补贴资金较上年分别增加798万元、76万元和52万元,增幅分别为193.69%、108.57%和61.18%。补贴资金的加大,将促进青南地区农业机械的快速增长。

【农业机械化作业水平不断提高】 2009年,青海省机耕、机播、机收面积分别达到266.67千公顷、240.67千公顷、106.67千公顷,其中:化肥深施94.67千公顷,占计划任务的101.3%;精少量播种45.33千公顷,占任务的103%;沟播13.33千公顷,占计划任务的102%;蚕豆点播10.67千公顷,超额完成计划10千公顷的7%。2009年耕、种、收综合机械化水平达到43%,较上年提高1个百分点。

【农机购置补贴资金投入不断提高】 2009年,中央补贴青海省资金投入达到7 000万元,地方财政资金投入达到1 159.5万元(其中工作经费222.5万元),与上年相比增加5 000多万元。全省补贴购置各类农机具4.47万台(件),拉动农民资金投入1.5404亿元,较上年增加7 100多万元。

【加大油菜机械化收获的力度】 2009年,青海省农牧机械管理局配合企业在互助县举办油菜收割机现场观摩会,为油菜收割机的推广应用奠定良好基础。在2009年的购机补贴中,将油菜收获机械的补贴比例提高到40%,使2009年油菜收获机械有较大幅度的增加,促进油菜机械化收获技术的推广。

【马铃薯机械化生产加快推进】 2009年青海省采取累加补贴的办法,将马铃薯机械机具补贴比例提高到50%,重点补贴发展马铃薯种植、收获机械,补贴该机具199台。2009年马铃薯机械化播种和收获面积达到3 333.33公顷。

【农机服务组织发展迅速】 青海省现有经工商部门批准的农机服务组织(农机协会)21个,其中2009年新成立的有9个。2009年,为加快农机服务组织的建设,按省农牧厅要求,省农机部门派专人领办门源县北山农机协会。服务组织的发展和壮大,促进了当地农牧业的生产。2009年,全省农机服务组织服务总收入达2 000多万元,获得了很好的经济和社会效益。

【农机培训规模进一步扩大】 2009年,青海省各地农业机械化学校承担“阳光工程”和“农民实用技术培训”中的农机驾驶员、农机修理、保护性耕作、机械化牧草加工等项目培训任务,争取培训资金444.5万元,培训人员1万多人,举办全省保护性耕作培训班2期,机械化剪羊毛技术培训班3期。全省已培训各类农机技术人员1.8万人(次)。农机行业技能培训工作有新进展,完成考核、鉴定516人。

【平安农机创建活动进展顺利】 2009年,省财政安排资金50万元开展平安农机创建活动,建设平安示范县1个、平安示范乡(镇)22个,平安示范村63个,进一步加强基层农机安全监理工作。

【农机企业的农机研发水平有进一步提高】 2009年,青海省农机企业研发了起垄机、适合山地的小型履带式马铃薯收获机和玉米脱粒机;生产出手扶拖拉机带动的免耕播种机、环保灭鼠器。

【精心组织实施农机购置补贴政策落实工作】 2009年,中央和青海省共安排本省农机购置补贴资金7 800万元,11月底全部完成。完成补贴资金6 252.95万元,购置各类农机3.54万台,受益农户3.45万户,拉动农民投资1.18亿元。

一是动手快、起步早。2009年2月,对春播较早的12个县提前启动购机补贴政策,4月全面启动,比上年提前1个多月。二是购机补贴目录的制订更加符合本省实际。2009年的购机补贴目录中,对挤贮奶设备、保护性耕作、卷帘机、马铃薯种植收获、微耕机等机具给予累加补贴,加大适合本省农牧业发展机具的推广力度。三是加快资金结算进度,加强信息上报进度。平均每月结算一次购机补贴资金,按农业部要求每半月报一次资金结算表、购机补贴进度表和购机补贴信息。四是加强监督,督促经销商做好售后服务。到湟中、化隆、互助、门源等地检查购机补贴工作,解决农民投诉事件。对购机补贴产品进行质量、价格、服务跟踪,对联合收割机进行专项质量调查,调查机具46台,走访用户133户。五是2009年的购机补贴工作向各农牧场倾斜,各农牧场享受补贴资金500万元左右,基本满足需求。六是为进一步做好农机补贴工作,规范经销商的行为,加强监督管理。结合本省实际,起草《青海省农机购置补贴产品经销商管理办法(试行)》。该办法经与省农牧厅相关部门商讨并征求财政厅和经销商的意见后,印发全省贯彻执行。七是在4月召开的全省农机购置补贴工作会议上,认真总结几年来全省购机补贴工作,肯定成绩,交流经验,对前三年购机补贴实施好的先进县进行表彰奖励。

【加大保护性耕作技术的推广力度】 2009年,青海省保护性耕作技术示范县为10个,其中国家级项目县为贵德、民和、同德3县,省级项目县为德令哈市、湟中、互助等7县(市)。中央下达保护性耕作技术资金60万元,省级资金50万元,地方配套及农牧民自筹资金173.99万元。10个项目县完成保护性耕作面积10.92千公顷,新增保护性耕作机具271台。为加快保护性耕作技术的示范推广,2009年全省加大宣传和培训工作。在互助县举办全省保护性耕作技术现场观摩会。各实施县也针对管理人员、技术人员、机手和农民,分别编写技术培训教材和宣传资料,采取分层次培训的方式进行形式多样的培训,提高项目实施人员的素质。各地利用广播、电视等新闻媒体和召开现场演示会等形式,加大对保护性耕作技术的宣传。2009年,全省举办各类保护性耕作培训班103期,培训技术人员308名,农牧民6 057人次,机具演示会30次,发放宣传资料57 250万份,媒体宣传85次。组织有关技术人员编辑挂图,向广大农牧民群众印发《青海省保护性耕作技术挂图》1 万余张。门源县 2008 年和 2009 年县上组织实施保护性耕作技术，实施面积分别为 20 公顷和 100 公顷，取得明显经济和社会效益。

【开展农机安全生产监督管理工作的调研】 2009 年，青海省农牧厅牵头组团与省人民政府办公厅、省公安厅、省编办有关人员到云南省就农机安全监理工作进行考察调研。省农牧厅与省公安厅联合向省人民政府提交《关于提请印发〈关于进一步加强拖拉机等农业机械道路交通安全管理工作的意见〉的请示》，10 月 22 日，省人民政府办公厅批准并向全省转发这个文件，这为下一步抓好全省农机安全监理工作创造了极为有利的条件。另外，与省扶贫开发局联合下发《关于加强对扶贫开发整村推进中购置拖拉机进行牌证管理的通知》、与省安全生产监督管理局联合下发《青海省开展“创建平安农机、促进新农村建设”活动方案》、下发《农机安全生产“三项行动”实施方案》等农机安全监理方案的文件。这些文件的贯彻执行，促进了农机安全管理工作的开展。

【创新经营组织模式，着力解决农牧民专业合作组织的“空壳”问题】 2009 年，青海省重点扶持 5 个区域性农机服务专业合作社（门源县、化隆县、民和县、互助县、湟源县各 1 个）。5 个农机服务组织在 2009 年享受农业机械购置补贴资金 150 多万元，购置各类农机具 78 台（套），多数农机服务组织 2009 年购置大型捆草机、免耕播种机、油菜收获机等。化隆县生强农机服务专业合作社 2009 年完成保护性耕作面积 156.07 公顷，机械作业面积达 524 公顷，作业收入 154 万元，净收入 40 万元。该服务组织还在二塘乡、巴燕镇、谢家滩乡流转土地 320 公顷，成为海东地区土地流转大户；门源县的农机服务专业合作社对本乡及周边地区近2 000公顷耕地提供耕、耙、种、磨药剂灭草及收割一条龙作业服务，作业收入 63.1 万元。

【认真抓好机械化田间生产工作】 2009 年，青海省农机部门积极组织全省各级农机管理、推广和技术人员深入田间地头，努力做好农业机械化生产、农机新技术推广的指导和服务工作。充分发挥农机专业合作社作用是 2009 年农业机械化生产的一大亮点，全省 20 多个农机专业合作社利用机具全，技术精，组织有力等优势，开展多种形式的跨区服务，不仅作业质量好，而且效率高，在农业机械化生产中发挥了不可替代作用。

【围绕农牧业结构调整，集中优势推广重点技术】 随着农牧业结构调整的深入，2009 年，青海省在继续抓好科技含量高、市场前景好、投入少、收效快的化肥深施、精少量播种、蚕豆点播、垄膜沟植、旱作沟播、马铃薯机械化点播等技术推广的同时，加大保护性耕作和结构调整之后形成的主导农作物杂交油菜、马铃薯、设施农业等支柱产业现代农机装备的引进和研发力度，做到因地制宜、分类指导，有选择地进行重点发展、重点突破。

【加快温棚机械化技术的推广】 2009 年，青海省农机推广部门通过财政部门支持资金，选择 2 个点共 10 个温室大棚进行高标准的温棚机械试验示范工作，引进微耕机、微灌、二氧化碳发生器、通风机、常温烟雾机、卷帘机以及保温被等部分温棚现代化生产设备，为下一步开展温室大棚生产机械化技术大面积推广奠定基础。

【充分发挥职能，搞好农机质检工作】 2009 年，青海省农机部门对农用挂车、犁、播种机、脱粒机、旋耕机等 9 类产品 61 批次，105 台农牧机械进行检测，出具鉴定、检测报告 61 份，检验合格率 100%。对初次进入农机补贴目录的部分农机产品进行地区适应性鉴定，对农机购置补贴产品进行质量、价格、服务跟踪，对联合收割机进行专项质量调查，调查机具 46 台，走访用户 133 户。

【存在问题】 一是贫困地区农民购买能力有限，农机购置补贴比例较低，有的地区工作经费不能保证，影响了支农惠农政策的落实。二是省级农机购置补贴资金量偏低，使得地方选择补贴的如脱粒机、小四轮拖拉机等产品满足不了农民实际需求，累加补贴量偏少。三是农用柴油涨价，农机作业成本上升。四是新型农机服务组织发展滞后，农机服务社会化程度低。五是农机维修管理工作落后，差距很大。

宁夏回族自治区

【概况】 一是农业机械化备受各级领导的关注。2009 年以来，宁夏回族自治区党委、政府主要领导先后两次参观农机装备展示现场，三次莅临农业机械化示范园区、作业现场检查指导农业机械化工作，并听取农业机械化工作汇报。宁夏电视台、宁夏日报等新闻媒体先后多次报道农业机械化情况，各级政府对农业机械化关注程度空前高涨。

二是农机装备水平持续增加。全区农机总动力达665 万千瓦，比上年增加 4%；农用拖拉机拥有量达 20 万台，其中：大中型拖拉机达 2 万台，比上年增加 5%；联合收割机5 000多台，比上年增加 47%；各种配套农机具达到 27 万台（套），机具配套比 1：1.4；马铃薯种植、收获和玉米收获机械、全膜覆盖机械、卷帘机械大幅增加。

三是农业机械化作业水平显著提高。全区主要粮食作物耕种收综合机械化水平达到 50%，比上年提高 4 个百分点以上。灌区小麦、水稻生产基本实现机械化，水稻机械化种植水平超过 70%，其中机械插秧水平达到 22%，机械收获水平达到 95%；马铃薯机械化种植、收获水平达到 20% 以上，优质牧草机械化收获水平达到 70% 以上，玉米机械化收获水平达到 20% 以上，设施农业机械化快速推进。

四是农业机械化示范区建设成效显著。全区新建农业机械化示范县 3 个，农业机械化示范园区达 15 个，使全区农业机械化示范园区达到 35 个，示范面积达到 46.67 千公顷，对提高全区农业机械化作业水平具有很好的示范促进作用。

五是农机社会化服务组织进一步发展壮大。全区农机专业服务组织数量达到 170 家，比上年末增加 75 家，其中新建大型农机作业服务公司 6 个，各类农机作业服务组织年可作业服务面积 266.67 千公顷。

六是农机安全生产形势稳中趋好。2009 年，全区建设国家级平安农机示范县数量达到 2 个，创建自治区级平安农机示范县 3 个，农机事故死亡人数在国家下达的控制指标内，在银川市三区及灵武市开展农机免费管理试点，实行

"五免一救助",受到农民的欢迎。

【落实农机购置补贴政策】 2009年,宁夏回族自治区在农机购置补贴政策实施过程中,始终坚持向农业主导产业、农业机械化示范园区、农机专业合作组织倾斜的原则,并将农机购置补贴政策同农业机械化项目进行捆绑,同安全监理紧密结合,实行项目化管理。2009年,中央和自治区共安排宁夏回族自治区购机补贴资金1.8亿元,其中:中央财政1.5亿元,自治区财政3 000多万元,比上年增加1.4亿元。全区共补贴各类农业机械5万多台(套),购机总额达6亿多元,带动农民直接投资4.5亿元,资金拉动比1:2.5,实施范围覆盖全区22个县(市、区)和14个国营农场,受惠农户5万多户。

【建设农业机械化示范园区】 2009年,宁夏回族自治区紧紧围绕特色产业发展,依托农机专业合作组织,按照区、县共建的原则,在巩固2008年建设成果的基础上,又新建3个农业机械化示范县和15个农业机械化示范园区,使园区内玉米、马铃薯机械化作业水平达到100%,园区建设面积达到46.67千公顷。

【推广农业机械化新技术】 一是保护性耕作技术。在全区13个县(区)示范推广保护性耕作技术,示范面积已超过26.67千公顷,新增实施面积6.67千公顷,其中,冬麦收获后免耕播种青饲玉米5 333.33公顷,麦后免耕复种豆类1 333.33公顷,冬麦免耕种植超过16.67千公顷。二是马铃薯全程机械化技术。突出抓马铃薯机械化种植、收获两大作业环节机械化技术的示范推广,在西吉县建设马铃薯机械化示范县,在山区建设12个马铃薯全程机械化示范园区,先后召开5次现场演示会。全区马铃薯机械化种植收获作业水平达到20%,比上年提高8个百分点。三是玉米全程机械化技术。重点示范推广玉米精量播种和机械收获技术,建设2个玉米机械化示范县和8个玉米全程机械化示范园区,使全区玉米机械播种水平达到60%,玉米机收水平可达到20%左右。四是水稻全程机械化技术。重点推广水稻机械化育插秧技术和旱直播技术,建设4个水稻全程机械化示范区,在示范园区的带动下,全区水稻机械化种植水平达到70%,其中机械化插秧水平达到22%,水稻机收水平达到95%以上。五是设施农业机械化技术。重点示范推广机械卷帘、机械耕整地和增温技术,在全区建设23个现代设施农业机械化示范园区。安装设施卷帘设备1.22万台,全区设施农业机械化卷帘技术得到广泛应用。

【组建农机作业服务公司,着力提升农机社会化服务能力】 2009年,宁夏回族自治区积极培育、扶持农机专业合作组织建设,制定并下发《关于加快农机专业合作组织发展的意见》,明确发展目标和任务,对农机作业公司、农机专业合作组织在机具购置方面予以扶持、优先安排。在购机补贴政策的带动下,全区农机专业合作组织达到170家,新增75家。在全区组建6个大型农机作业服务公司、20个饲料加工配送中心,增强农机社会化服务的能力,扩大服务覆盖范围,提升农机专业合作组织的档次,展农机作业服务。

【开展农机免费管理试点、平安农机创建和规范化建设】 一是延伸农机补贴惠农政策。2009年,银川市、灵武市创新农机安全管理机制,采取政府买单对农机和农机手实行"五免四优一救助"政策。二是全面落实农机安全生产责任制,各级农机主管部门与监理机构、各县区政府与农牧(农机)部门以及乡镇、乡镇与农机户、农机手层层签订农机安全生产责任书,使农机安全生产责任落实到人。三是狠抓拖拉机、联合收割机挂牌入户、驾驶人持证工作。2009年,全区累计登记上牌拖拉机、联合收割机10 910台,比上年增长2.5倍;驾驶人考证6 210人,比上年增长5倍。四是突出抓"平安农机"创建活动、规范化建设和三项行动,全区已申请创建国家"平安农机"示范县3个、自治区"平安农机"示范县4个;示范乡(镇)57个、示范村658个、示范户8 879个。同时,加强与公安交警部门的协作,开展联合执法,确保农民的生命财产安全。全区未发生重特大农机安全事故。一般事故2起,死亡1人,死亡人数与控制考核指标持平。排查农机安全隐患5090起,整改4 983起。五是进一步完善制度。严格牌证管理制度,申报审批程序进入政府政务大厅,公开透明。各级农机监理机构按照国家及自治区安全生产的有关要求,制定并完善《农机事故紧急救援预案》等一系列制度。

【组织农机跨区作业】 2009年三夏、三秋期间,宁夏回族自治区共有3 000多台联合收割机参加跨区作业,组织1 000多台联合收割机远赴河南、河北、陕西、内蒙古等地参加一年一度的小麦机收大会战,平均单机年创收可达2万元以上。同时,组织山川及周边省区的农机专业合作组织开展马铃薯跨区机收作业,取得良好示范效果。

【开展农机产品质量监管,维护农民合法权益】 一是加大对农机购置补贴机具的质量跟踪调查和售后服务质量的督查力度,开展农机产品打假活动,积极开展联合执法。与工商、质监部门密切协作,对重点区域、重点市场进行专项整治,净化农机市场。二是继续在全区实行农机维修网点审核和修理工就业准入制度,积极开展农机维修经营网点等级评审工作,提高了全区农机维修质量。三是加强农机质量投诉工作,共受理各类农机投诉5起。四是严格推广鉴定受理、审查和监督检查制度,切实维护获证企业的合法权益。全年共完成新产品鉴定33项,推广鉴定74项,农机质量监督检验11项,各类委托检验和仲裁检验8项。

【创新农业机械化技术培训模式,积极开展阳光工程培训】 一是采取农机部门搭台,农机生产经销企业唱戏,基层推广人员、农机户、购机户参与,现场操作新的培训模式,取得良好效果。共举办农业机械化实用技术培训班2期,培训200余人次。二是结合阳光工程,加强农机驾驶操作人员和维修工培训,全年共完成3 500名农机驾驶员、修理工的培训任务。

【存在问题】 一是发展总体水平比较低。宁夏回族自治区主要粮食作物耕、播、收机械化水平达到50%,但与发达省区相比还有很大差距,特别是玉米机械化水平远低于全国平均水平,马铃薯种植、收获机械化也刚起步。而且山川农业机械化发展也不平衡。二是农机使用效率不高,结构性矛盾突出。突出表现为三高三低和三多三少。三是农业机械化新技术推广投入不足，许多特色优势产业所需机具难以引进、示范、推广。四是农用柴油价格的持续上涨，造成农机作业成本大幅度增加，已经给农业生产造成严重影响。

新疆维吾尔自治区

【概况】 2009 年，新疆维吾尔自治区农机装备水平、作业水平和服务水平都有显著提高。

一是农机装备和农业综合生产能力显著提升。全区农机总动力达到1 165万千瓦，较2008 年增长10.32%；拖拉机拥有量达 52 万台，增长 8%；联合收割机4 113台，增长 23.7%；配套农机具 89.91 万台(架)，增长近20%，其中大中型配套机具33.38 万台(架)，增加10 万台(架)，小型配套机具 56.53 万台(架)，增加4.3 万台(架)。

二是农机购置补贴拉动内需作用进一步凸显。2009 年，中央财政安排新疆维吾尔自治区农机购置补贴资金达 6.2 亿元。共带动各级政府投入资金3 258万元(含自治区农机购置补贴服务体系建设资金1 500万元)。总投入补贴资金接近 6.4 亿元，共购置农机装备94 011台(架)，拉动农民自筹资金超过 12 亿元，受益农户及农机服务组织达67 032个。

三是农机安全生产形势总体保持稳定。全区共发生农机事故 99 起，死亡24 人，受伤99 人，直接经济损失 5.63 万元，与2008 年同期相比，事故起数、死亡人数和直接经济损失分别下降 10.8%、45.5% 和 42.1%，但受伤人数上升10%。全区未发生一次死亡 3 人以上重大农机事故，死亡控制指标占自治区下达全年指标的 54.5%。

【精心组织机械化生产】 一是逐级成立工作领导小组对农业机械化生产作业进行协调统筹和监督检查，同时抽调业务技术精、思想素质高的同志组成技术服务队，在作业第一线开展技术服务和作业质量检查。二是做好机具的检修保养工作，保证机具工作状态良好，抓好关键农时的农业机械化生产。各地对投入农业生产的各类农机具逐台验收，同时严格实行机具作业准入制度，对符合作业条件的机具发放作业证，杜绝无证、带病机具下地作业。春耕春播期间，全区共投入大中型拖拉机 9.17 万台次，投入小型拖拉机 17.19 万台次，投入各类农具33 万台(架)次，投入农机人员 28.96 万人次，共检修大中型拖拉机 11.5 万台架，检修小型拖拉机 22 万台架，检修各类农具 37.6 万台架。三是积极协调农机生产经销企业，实现售后三包技术人员深入田间地头开展跟机服务，保证农用零配件充足供应。四是积极组织开展跨区作业服务，拓宽服务领域，为广大农机手增加收入搭建平台。2009 年，向各地发放《跨区作业证》2 500份，建立跨区作业接待服务站 164 个，接待服务队 208 个。跨区作业面积 219.76 千公顷，参加跨区作业收割机2 008台。其中昌吉州参加夏收作业高峰期作业的收割机达到1 000多台，日收小麦超过 10 千公顷。五是各地农机管理部门结合科技之冬、送教下乡等活动，广泛开展农村富余劳动力转移、农机职业技能、农机新技术新机具等各类培训。共举办各类培训班3 544期，培训各类人才近 87 万人次。

【完善农机购置补贴政策的体制机制，落实好农机购置补贴政策】 2009 年，中央安排新疆维吾尔自治区的购置补贴资金达 6.2 亿元，是上年的 3.1 倍。为了落实好这项政策，全区各级农机管理部门积极采取各项有效措施，进一步完善农机购置补贴政策的体制机制，确保补贴政策落实到位。一是做好实施前的摸底调查工作。各级农机部门在上年底对农牧民的购买能力和购置意向等信息进行调研。二是做好农机购置补贴目录的制定工作。共有 315 个企业的1 840多个农机产品进入 2009 年农机购置补贴目录，比 2008 增加 40%。对没有列入目录的抗旱机具统一组织开展省级机具选型工作。对各企业申报上目录的677 个产品进行审核筛选，编制《新疆维吾尔自治区 2009 年抗旱农业机械购置补贴产品目录》，共 3 个品种，140 个产品进入该目录。三是加强农机购置补贴政策培训工作。举办全疆县以上农机购置补贴管理工作培训班，100 多人参加学习培训。四是强化农机购置补贴监督管理工作。严格按照三个“规范性文件”、五个“制度”、八个“坚决禁止”，不折不扣的落实政策，针对发现的问题立即派专项检查组赴有关地州检查并要求整改。五是加强农机购置补贴经销商的管理，规范购置补贴机具经销秩序，确保农机购置补贴资金运行安全。全区共完成112 个二级经销商的资格审查和认定工作。

【加强农机科技推广应用，积极发展现代农业】 2009 年，新疆维吾尔自治区各级农机部门充分依托项目带动战略，致力于新技术新机具的示范推广，取得较好效果。一是积极争取和整合农业机械化项目。除购置补贴、服务体系建设项目外，还落实农业部引进国际先进农业科学技术项目 1 项，落实自治区科技兴农项目 2 项，落实自治区农业机械化技术推广项目 1 项，落实自治区农业机械化新技术新机具研制开发项目 1 项。新入库项目 40 余项，新入库专家 10 余人。各类项目资金计 5.185 亿元。二是继续推进棉花、粮食、特色林果业和畜牧业四大高效综合机械化示范基地建设。各地农机部门在注重技术集成、项目整合、农机与农艺相结合的基础上，认真组织示范基地建设。2009 年全疆共完成示范基地建设 33.53 千公顷，通过示范基地的带动，一大批先进适用的机械化新技术和新机具得到推广。三是大力示范推广联合整地、精量播种、节水灌溉等农机节本增效技术，降低作业成本、促进农民增收。仅昌吉州 2009 年就实现节本增效 1.18 亿元，平均每公顷节本增效达2 100元。四是举办各类现场展示演示会，积极创造多层次、全方位的农业机械化新技术新机具推广平台。2009 年，共举办各类现场展示演示会 668 场次。第十届新疆国际农业机械博览会的成功举办，将新技术、新机具的展示演示推向更高层次。展示了来自国内外的 500 家企业，115 类、5 000多台件农机产品，参展人数达 6 万多人次，展会现场销售额超过 2 亿元，意向成交 2.5 亿元，参展规模、成交金额均创历届之最。

【加快推进畜牧业、林果业机械化】 2009 年，新疆维吾尔自治区抓住国家实施农机购置补贴政策的有利时机，积极引导农牧民、畜牧业、林果业生产服务组织购置先进适用的畜牧业机械和林果业机械，加快提高畜牧业、林果业生产及加工整体装备水平，尤其是畜牧业机械化转场试点工作取得显著成效。2009 年，按照中央政治局委员、自治区党委书记王乐泉同志的重要指示，自治区农牧业机械管理局首次组织开展畜牧业机械化转场试点工作，在牧区逐步实现冬春舍饲、夏秋放牧，并将富蕴县、霍城县、阿合其县做为试点。3个试点县的转场工作进展顺利。3个试点县对7个乡（镇）130户牧民进行牲畜机械化转场，共投入牲畜转场汽车（拖拉机）205车次，完成转场牲畜2.29万只/头，拉运牧民生产生活用品及饲料200余吨，平均转场费用8.14元/只，较人工转场节约15.2元，实现节本增效34.7万余元。此外，根据自治区党委、自治区人民政府《关于进一步提高特色林果业综合生产能力的意见》的精神，新疆维吾尔自治区农牧业机械管理局联合林业厅出台《关于加强林果机械化科学管理，提高特色林果业综合生产能力的意见》，把新疆林果业机械化的发展推向新起点，在6个自治区级林果作业服务队的示范作用带动下，全区林果业机械化保持良好发展势头，推广应用范围不断扩大。

【做好农机安全监理工作，确保农机安全生产】 2009年，新疆维吾尔自治区各级农机管理部门进一步加大农机安全监理工作力度，积极建立有效的农机安全生产突发事件应急预案，坚持从源头上消除各类农机事故隐患，确保安全生产责任制的落实。一是在农业机械化"三大战役"期间，针对农时紧、任务重及农牧民乘坐拖拉机较为频繁的特点，各地农机安全监理部门组织农机监理人员以监理分队的形式分片深入一线大力开展田检路查，治理整顿无牌无照、酒后驾车、违章载人等违章行为，确保农牧民生命财产安全。二是深入开展创建"平安农机，促进新农村建设"和"农机安全三项行动"活动。三是开展形式多样、内容丰富的安全宣教活动，普及农机安全法律法规和安全知识，强化农机驾驶操作人员的安全意识，努力提高广大农牧民群众及驾驶操作人员的安全文化素质。四是加强与公安部门的协作配合，建立拖拉机路面动态管理的安全检查联动机制。2009年，全区共出动农机执法人员3万多人次，检查拖拉机、联合收割机170万台次，纠正违章8万台次。五是根据自治区主席努尔·白克力、自治区党委常委宋爱荣的重要批示精神，针对私改小拖拉机动力现象，自治区农牧业机械管理局制定下发《新疆维吾尔自治区打击非法拼装、改装拖拉机及非法生产超长超宽拖车专项整治活动实施方案》，同时成立检查组对重点地区进行排查，各地共检查经销网点1 766个，维修网点2 625个，查处非法拼装改装网点102个，超长超宽拖车2 360台。

【依法加强农机市场监督管理工作，深入推进农机依法行政】 一是积极争取建立健全农机市场执法监督管理体系，确保执法监管机构、人员、经费、场所四落实，保障农业机械法律法规得到有效实施。阿克苏、阿勒泰、和田、塔城等4个地区，伊宁市、和田市等7个县（市）已经编办批准成立农机市场监管部门；暂时成立不了的也确定具体部门和人员兼职承担农机市场执法监管任务，责任到人。全区农机市场执法监管工作人员已达288人。二是各级农机部门积极行动，认真组织开展"3·15"农机质量宣传活动，广泛宣传各项农业机械化法律法规，提高广大农民的消费意识和法律意识。三是进一步加强农机试验鉴定、选型、质量调查、质量投诉以及标准化制定工作，为农民提供安全可靠、性价比高的适宜农业机械。四是全面开展对农机销售、维修以及作业市场的执法检查，严厉打击假冒伪劣农机产品。为使农机市场监管工作打开新的局面，2009年，自治区农牧业机械管理局组织开展乌昌地区农机市场监管执法行动，执法组共检查1 788种型号的农机产品，对62个没有市场准入资格和准入期限过期的农机产品进行停售处理。

【加强农业机械化宣传工作，营造农业机械化发展良好氛围】 2009年，新疆维吾尔自治区各级农机部门紧紧围绕农机立法、跨区作业、购机补贴、技术推广、安全生产、服务体系建设等重点工作，充分利用《新疆农机网》和《新疆农业机械化信息》、中国农业机械化信息网、中国农业机械化导报等农机行业媒体及新疆日报、经济报、电视台等新疆主流新闻媒体，积极开展新闻宣传工作，认真及时报送大量有价值的信息，广泛深入地宣传农业机械化政策法规、推动措施、工作经验、先进典型。在乌鲁木齐"7·5"事件网络中断期间，积极转变宣传方式，把更多的精力投入到电视、电台、报刊杂志、内部简报等宣传方式上来。2009年，以精量播种、化肥深施等节约型农业机械化技术为主要内容，拍摄5集专题片，播出后深受农民群众欢迎。同时，以建国60周年为契机，同新疆电视台联合录制自治区农机系统"东方红"杯知识竞赛，收到很好效果。截至11月20日，共收到各地州和局属各单位的信息4 500余条，新疆农机网发布信息4 000条，被中国农业机械化信息网采用1 577条（7月5日之前）。编辑《新疆农业机械化信息》36期，刊登信息103条。

【存在主要问题】 农机装备结构虽然得到一定程度改善，但部分地区仍然在存在不合理的状况；基层农机管理部门基础设施建设依然很薄弱，仍需要进一步加大投入；由于受国际油价的影响，农用柴油价格起伏不定，农民负担依然较重；农机质量以及安全性能检测设备依然不能满足日益先进和快速增长的农业机械产品；基层农机部门体制不顺的状况仍然制约农业机械化的发展。

大连市

【概况】 2009年，大连市农机总动力达到322万千瓦，比2008年增长2%，百亩耕地农机总动力达到80千瓦；拖拉机拥有量达到6.2万台，比2008年增长20%；其中，大中型拖拉机保有量达到8 150台，增加479台；水稻插秧机、收获机达到364台，增124台，机引各种机具达到7.1万台，拖拉机与农机具配套比为1:1.5。全市完成机械化耕整地240千公顷，与上年同期持平；机械化播种150千公顷，其中免耕播种2 000公顷；水稻机械化插秧6.67千公顷。农作物机械化收获62.27千公顷。农业机械化耕种收综合水平达到54%。全面完成农业机械化技术推广任务。实施保护性耕作10.33千公顷，超出计划333.33公顷；新增农业机械7 420台，超出计划5 420台。其中新增水稻生产机械104台，超出计划4台。

【围绕补贴政策，狠抓农机补贴资金落实】 2009年，中央下达给大连市农机购置补贴资金3 000万元。一是补贴工作早部署。自2008年11月起，对2009年全市农机需求情况进行调查，多次召开由各区市县农机主管部门领导参加的专题会议，研究部署2009年农机购置补贴工作，并根据财政部、农业部实施方案要求，于2009年1月10日制定并印发《2009年大连市农机购置补贴实施方案》报送农、财两部。为让农民及早得到补贴信息，在辽宁省农机补贴纸质目录印发前，把农业机械化管理司和省农机电子补贴目录通过电子信箱发给各区市县和乡镇政府农机部门，宣传工作比往年提前2个多月。二是操作规程早确定。严格按照中央两部“农财发字[2008]190号”文件要求确定经销商、补贴对象和补贴程序，严格规范操作程序，充分尊重农民自主选择权，并将农机购置补贴操作流程印发给农民，自觉接受公众和社会监督。严格执行农民申请、补贴对象公示、签订补贴协议等程序，严把申报关、验机发放关、售后监管关，建立完整的补贴机具档案等。三是补贴纪律早明确。在补贴工作实施中严格执行国务院“三个禁止”，认真落实“五制”，切实做到“八个不得”。实施过程中，严格按照辽宁省农机购置补贴目录进行补贴，形成相互协调，相互监督，共同服务机制。四是各项培训早安排。举办由各区市县、重点乡镇农机工作人员参加的补贴政策及实施工作培训班，召开农业机械展示说明会及举办购机农民机械驾驶操作培训班，确保农机购置补贴工作顺利进行和农民对先进机械的驾驶、操作。五是累加补贴早确定。为加快大连市水稻全程机械化和玉米机收发展，2009年把发展水稻生产和玉米机收作为农业机械化发展重点，年初会同市财政局农业处对“财农[2008]326号”文件进行修改，对农民购置水稻插秧机、水稻(玉米)收获机在中央实施30%补贴的基础上，给予20%的累加补贴。六是各项监管早安排。开展对补贴机具到位、使用的监督管理，全年进行4次重点补贴机具检查，防止买空卖空以及倒卖补贴机具行为的产生。

截至10月末，中央和大连市两级农机购置补贴资金3 400万元全部落实，拉动农民投入6 000多万元，受益农户6 100多户。

【根据农时季节，狠抓农业机械化生产指导】 2009年，召开4个全市性农机生产现场会：即“大连市农机春播生产现场会”、“大连市水稻机械插秧现场会”、“大连市玉米机械化收获现场会”和“大连市水稻机械化收获现场会”。4个农机现场会充分展示、演示和推广先进实用的拖拉机、水稻插秧机、水稻(玉米)收获机等动力机械以及精良播种、免耕播种、地膜覆盖、机械打药等现代农具。2009年，全市80%多农田实现机械整地，其中90%水田实现机耕，26%实现机插秧，61%实现机械化收获。玉米机收现场会，通过各企业收获机械作业演示，对玉米收获机的选型起到了很好的作用。大力推进现代化农业耕作技术，认真搞好金州区、普兰店市、瓦房店市国家保护性耕作试点项目，指导农民实施保护性耕作，全市落实保护性耕作面积10.33千公顷。围绕设施农业发展，大力推进设施农业机械化，实施机械旋耕整地、起垄筑畦、植保打药、灌溉追肥、机动卷帘等作业。

【围绕农机服务，狠抓农机服务体系建设】 2009年，大连市农机部门坚持“扶持、引导、规范、服务”的方针，鼓励和支持农民通过农业机械、资金、土地等生产要素入股，创办多种所有制形式的农机合作社、农机作业公司等，加强服务体系建设。一是明确发展目标。本着“先发展，后规范”的原则，确定全年新发展农机合作社和农机大户目标，并将目标分解到各区市县，围绕目标狠抓工作落实；二是实施补贴支持。放开农机合作社购买补贴机具的数量，农机购置补贴资金重点向农机合作社、农机大户、农机服务公司和种粮大户倾斜，强化对农机合作社支持。许多合作社购置到急需的农机具，实力得到加强。庄河市青堆子为民农机合作社2009年一次性购置1台水稻插秧机和4台水稻收割机；三是加强服务指导。为充分发挥农机合作社的服务功能，加强对农机合作社、农机大户、种粮大户技术培训工作，举办3期培训班，参加培训人员达200多人次。积极开展农机政策、技术、产品、作业、维修、信息咨询等服务，方便农机服务组织开展工作；四是推广先进典型。通过推广典型经验，引导农机服务组织发展，加快服务体系建设。推广旅顺口区配备村级农机协管员，形成区、街道、村三级农机服务体系和庄河市栗子房惠民农机合作社典型经验；五是落实以奖代补政策。对10个示范作用较大、服务效果明显的农业机械化服务组织，根据其示范作用和服务效果，给予以奖代补支持。

2009年，全市新发展农机专业服务组织37个，其中农机专业合作社26个，合作社新增农机具630台套；新发展资产在20万元以上的农机大户100余个，新增农机具600多台套。

【创建文明网点，积极开展农机维修服务】 2009年，大连市农机部门在全市411个农机维修网点中，按照“文明农机维修网点”标准开展创建活动。对农机维修网点的技术条件、文明经营、遵章守法和社会评价等方面进行检查评比，对在检查中发现的问题提出整改意见，有效规范农机维修网点经营活动，强化服务功能，提高维修服务水平。认真做好网点认证工作，按照农机维修网点认证许可标准，批准新建8个农机维修网点。积极组织农机维修网点围绕农业生产开展维修服务。2009年，全市各维修网点对拖拉机、联合整地机、旋耕机、灭茬机、播种机等春播机械以及水稻、玉米收获机械进行检修，共检修各种动力机械8 700多台，农具14 600多台，确保农机作业顺利进行。

【强化农机监管，认真抓好农机安全生产】 2009年，大连市农机安全工作以“创建平安农机，促进新农村建设”活动为主线，按照农业部“安全教育普及化，安全管理源头化，专项治理经常化，示范建设标准化”要求，坚持“安全第一，预防为主”的方针，积极开展农机安全生产工作。召开全市农机安全生产“三项行动”动员会，制定大连市农机生产安全“三项行动”方案，提出实施意见。一是开展农机安全教育活动。围绕“农机安全三项行动”、“农机安全月”、“法律宣传周”、“农村科普大集”、“平安农机进校园”等活动，进行农机安全教育，举办农机管理和安全人员的培训班，印发农机安全手册2 000多册，印发《辽宁省农业机械安全管理办法》宣传单3 000多张。二是组织全市农机管理和农机安全监督人员认真学习《辽宁省农业机械安全管理办法》和国务院《农业机械安全监督管理条例》，并根据条例对全市具有农机行政执法资格的农机安全监理人员进行相关法律法规和政策培训，强化执法能力。三是加强对重点地段、重点时段和重要农时季节的农机生产安全监控，加强对拖拉机无牌无证、超载超重、酒后驾驶、违法载人、脱检脱保等违法行为的监管。开展了农业机械年度检验，共路检田查农机车辆3 800多台，纠正违法行为120多起，检验合格农机2万多台，清理整顿黑车650台，清理无证驾驶人员510人，培训、考核农机驾驶员300多人，培训农机人员8 860人，确保农机生产作业安全。

【围绕农机发展，开展专题调查和宣传工作】 2009年，根据农业机械化管理司和省农业委员会要求，大连市农业机械化管理部门围绕全市农业机械化发展，先后对农机购置补贴、农机春播生产、补贴机具使用、农业机械化质量、农机安全生产、农机合作社、农机维修、农业机械化示范园区建设以及农民来信来访等进行调查，针对调查中发现的问题及时提出解决意见，形成30多篇调查报告和汇报材料，上报农业机械化司、省农委和相关部门。完成农机现场会及相关会议领导讲话材料7篇。完成《大连市开展纪念宣传中华人民共和国农业机械化促进法公布实施5周年实施方案》、《2009年大连市农机购置补贴实施方案》等各类方案6个。按照农业机械化管理司每周上报1篇农机购置补贴信息、每两周上报一次农机进展情况要求，认真搞好农机补贴信息和农机补贴实施进展情况的报送工作，全市上报各类农机信息和补贴工作进展情况60多篇。进一步加强农机宣传报道工作，2009年，新闻媒体对大连市农机补贴政策落实、农机春播生产、水稻工厂化育苗和水稻机械化插秧、水稻（玉米）机收以及农机具检修、农机跨区作业等项工作进行专题报道，营造较好的农业机械化发展舆论氛围。

【存在问题】 一是农机与农艺要求不相适应，制约农业机械化的发展。二是农业机械的发展与基础设施配套建设不相适应。表现在机械增长发展较快，而机耕道建设、机具库棚建设滞后。三是农机安全检测手段落后，缺少现代化的农业机械检测设施和设备。四是部分农机具功能不全和质量不高，满足不了农业生产的需要。五是各地区、各业体之间农业机械化发展不平衡等等。

宁波市

【概况】 2009年，宁波市农机系统围绕中央保持农业农村经济平稳较快发展和“保增长、保民生、保稳定”重大决策，以农机“七大行动”为抓手，认真落实党的各项惠农政策，不断推进农机服务创新，增强农机科技支撑，提升农机监管水平，农业机械化工作保持强劲发展势头。

一是农机服务体系建设取得重大突破，农机经营服务效益持续增加。新增农机专业合作社85个，总数达到157个，是上年的2.18倍。农机服务效益保持持续稳定增长良好态势，全市农机作业、维修、销售、运输等经营服务总收入预计达到23.5亿元以上，同比增加10%以上。

二是水稻机插技术进一步成熟，推广应用步伐明显加快。插秧机拥有量达到949台，完成水稻机插19.41千公顷，分别比上年增加423台和8.41千公顷，增加80%和76%，较好完成市人民政府“确保16.67千公顷，力争20千公顷”的机插任务，推广面积和速度继续保持全省领先地位。

三是农机扶持政策实效显著，农民购用机积极性持续高涨。全年共投入农机购置和作业补贴资金约8 200万元，同比增加1.11倍。其中中央购机补贴3 000万元，市县二级购机补贴2 500万元，市县二级农机作业补贴2 700万元。实施作业补贴24千公顷，购置补贴各类农机具5 633台，享受购机补贴服务组织和农户3 740个。

四是农机装备结构进一步改善，机械化综合水平进一步提高。农机总动力预计达到317万千瓦，同比增加2.3%。新增各类农业机械1万多台（套）。水稻机耕、机插、机收率分别达到99%、20%、99%，水稻耕种收综合机械化水平达到71%，比上年增加近2个百分点，高出全国平均约20个百分点。油菜、茶叶等优势农产品生产机械化水平稳步提高。

五是平安农机建设取得明显成效，农机安全生产保持不断趋好的发展态势。1月—11月共发生本地拖拉机有责死亡事故20起，死亡20人，比上年减少8人，占市人民政府下达的农机安全生产目标管理控制指标的40%。共发生辖区内拖拉机责任事故98起，死亡24人，分别比上年同期下降22.83%和25%，死亡人数占省农业厅下达的全年控制指标的55.81%。安全形势为历年最好。

六是农机教育培训工作深入开展，农机人才队伍建设成效明显。共培训各类农业机械化管理、技术、服务人员1.6万多人次，比上年增加33%。农机职业技能鉴定规模进一步扩大，参加农田拖拉机、联合收割机、插秧机等职业技能培训考核鉴定的农机人员达657人。

【组织实施农机强农惠农行动】 一是创新机制，强化监管，确保中央农机购置补贴政策落实。2009年，中央给宁波市的农机购置补贴资金增加到3 000万元，为抓好落实，宁波市农机管理部门创新内部监管机制，制定由市县一把手签订的《宁波市农机购置补贴廉政建设责任书》，同时积极探索开展农机购置补贴防腐预警机制建设，加强对购置补贴实施过程的督导检查，对补贴机具、购置发票和差额购置情况等进行层层把关。二是加大力度，不断完善本市农业机械化扶持政策和措施。以中央大幅度增加农机购置补贴和市人民政府建设粮食功能区为契机，专门出台政策，对发展粮食生产全程机械化和社会化服务组织给予重点扶持，对经济作物、畜牧水产、农产品加工等农业机械也给予30%的补贴，同时落实1 500万元作业补贴资金，对实行全程托管式经营服务的农机合作组织和参与“五统一”服务的农户给予每公顷900元—1 200元的补贴。各县（市）区也出台积极的农机扶持政策。

【组织实施创新农机服务体系行动】 2009年，宁波市农机管理部门以市人民政府建设粮食生产功能区为契机，大力推进农业机械化服务组织创建和规范化发展工作。一是加大创建工作力度。各级都多次召开粮食功能区农业机械化服务组织建设会议，制定出功能区服务组织发展目标、任务和措施，协调农业部门和镇（乡、街道）政府，并积极从农机大户、种粮大户中物色服务组织领头人，帮助服务组织做好人员落实、注册登记等工作，确保功能区服务组织创建工作的顺利开展。二是加大政策扶持力度。对新成立的农机合作社给予资金奖励，对购置大中型农机具给予优先补贴且不受数量限制，对合作社库房及服务用房建造、实行“五统一”作业、引进大学生等进行补贴，调动各方面发展农机服务组织的积极性。三是加强规范化建设。为促进服务组织健康发展，出台《宁波市农业机械化专业服务组织提质工程实施意见》，促进农机合作组织的规范化发展。经评比验收各有2家达到系统示范和市级示范、4家达到省级示范标准。

此外制定农机作业服务指导价，为保障服务组织和受服务农民利益“双赢”起到积极作用。

【组织实施粮食生产全程机械化行动】 通过强化政策扶持和粮食功能区农业机械化服务组织建设，实施整镇整村推进战略等手段，继续在全市范围内大规模推广水稻机插技术，取得明显成效。一是领导重视，政策到位。各级政府继续把水稻机插工作纳入年度目标考核，落实机插面积，大力发展工厂化育秧设施和技术，对购置插秧机给予重点倾斜。2009 年使用的5 215万元农机购置补贴资金中，用于水稻插秧机的高达2 257.84万元，占 43.28%，购买插秧机累计补贴最高达到 80%。二是培训指导服务到位。市县两级从 2008 年底就开始举办大规模机插育秧技术培训班，一年来全市共召开机插现场会 67 次，举办机插培训班 75 期，培训人员3 800人次。各地还重点发展一批机插服务组织和大户，加速机插技术的推广。三是农机农艺密切配合。农机部门根据农技部门建议确定适宜机插的水稻主推品种，两部门经常联合举办现场会和培训班，共同参与机插大田管理工作，起到较好效果。

【组织实施农机科技示范行动】 一是加强对全国和省级农业机械化示范区建设的指导。根据农业部、省农机局关于组织开展农业机械化示范区建设的要求，重点加强对余姚、鄞州等地农业机械化示范区建设的指导，修订完善了《宁波市农业机械化示范基地建设管理办法》，两个县市区都制定了建设规划，并在示范重点和项目等方面有明显进展。二是以示范基地为载体，以项目带动为手段，着力提高示范效果。我们通过项目形式，对具有较大规模、产业特色和发展潜力的农机示范基地和园区，加大资金、技术扶持力度，努力提高农业机械化装备实力和水平。同时为规范管理，制定了《宁波市农机科技推广项目管理办法》。一年来组织实施了市重大科技攻关项目 1 个、农科教项目 8 个、农机示范推广项目 11 个，组织申报农科教项目、科技项目和农机科技推广项目 18 个。

【组织实施优化农机装备结构行动】 2009 年，部分蔬菜移栽、油菜直播等主导产业重点机械化作业环节取得突破，填补宁波市空白。一是大力开展蔬菜移栽机的试验、示范和推广工作。引进日本井关公司生产的先进适用机械，在全国率先开展蔬菜移栽机的试验示范工作，共引进蔬菜移栽机 30 台。9 月 15 日，在县市区试验成功的基础上，召开全市蔬菜生产全程机械化暨特色农业机械现场会，促进蔬菜移栽机的推广，使蔬菜生产全程机械化进程向前推进一大步。二是加大油菜生产机械化推广力度。慈溪市农机局积极开展油菜精量直播和免耕直播技术的研究攻关和试验示范工作，多次举办油菜机械免耕直播技术培训班及现场演示会，取得较好成绩。油菜收获机械化推广也取得较大突破，全市共建立机收示范点 10 个，拥有油菜收割机 64 台，收割油菜 0.8 千公顷，实现从收割到脱粒装袋的油菜收割机械化。三是茶叶机械推广领域进一步拓展。重点加大对名茶生产加工机械化的示范推广，共推广茶叶采摘、修剪和加工机械 1054 台(套)，主要茶叶生产基地及合作社基本实现生产加工机械化。此外，推广池塘增氧机、清淤机和投饵机等水产养殖机械3 229台。特色农机的推广应用面进一步扩大。

【组织重要农时季节的机械化生产】 为切实抓好 2009 年粮食生产，宁波市各地及早安排部署农业机械化生产任务，及早组织调研，了解农民需求，出台指导性意见。2 月 17 日，在余姚举行2009 年购置补贴机具发放仪式，农业机械化管理司司长宗锦耀和宁波市副市长陈炳水等领导出席会议并讲话，拉开农机购置补贴和备春耕工作的序幕。3 月 31 日，在余姚市三七市村农民广场举行“农机六下乡”活动，进一步掀起农机春备耕工作的高潮。春耕、双夏、秋收冬种期间，全市农机部门积极组织联村、联户、联社、联基地活动，开通“农机 110”服务热线，认真做好农机的供应、维修和作业协调等各项服务工作，共组织 90 多万台次农业机械参加各类农田作业，累计作业面积 800 千公顷次。针对双夏和秋收期间出现的持续低温阴雨天气，积极组织协调收割机、烘干机投入抢收抢烘，共烘干粮食 2.6 万吨。同时加强对灾害性天气预警工作，5 次向全市农机系统、农机服务组织、种粮大户发布天气预警，指导做好农业机械化工作。继续做好农机跨区作业工作，在市县农机部门的精心组织下，共组建跨区作业队 48 个，出动各类农业机械 444 台，实施跨区作业 31.48 千公顷，其中机收水稻 21.28 千公顷，小麦 10.2 千公顷，跨区作业总收入2 157.87千公顷，为夺取粮食丰收做出积极贡献。

【加强农机法制和质量管理工作】 一是加强农机法制建设。认真开展《中华人民共和国农业机械化促进法》实施 5 周年纪念宣传活动，加强行政执法责任制工作，做好政策性规范性文件的清理工作，农机依法行政工作进一步加强。二是做好扩权强县工作。完成涉及宁波市农业机械化管理局的 8 项放权强县事项的落实工作，确保宁波市农机系统扩权强县工作的顺利开展。三是狠抓农机质量管理工作。配合工商、质检等部门对农机维修点、农机生产经营企业进行以补贴农机具为重点的农机产品及配件质量“打假保农”监督检查工作，从源头上保障农机产品质量安全。完成农机维修点“十小”整治工作，开展农机维修网点规范化建设和农机维修网点星级评选工作，提升我市农机维修网点的整体维修水平。

【组织实施创建“平安农机”行动】 一是抓好安全生产责任制落实。市、县、镇、安全村、农机安全协管员都层层签订安全责任书，13 550余名农机手签订了安全驾驶协议书，形成一级抓一级、层层抓落实的安全责任体系。二是大力开展安全生产年和农机法制宣传活动。部署开展“安全生产年”深化隐患排查治理工作、农机安全生产“三项行动”。各地还以安全生产年活动为主线，以安全生产月为重点，开展安全生产宣传活动。三是狠抓平安农机长效机制建设。会同市安监、公安部门制订《关于进一步推进创建平安农机促进新农村建设活动的意见》。明确新一轮创建工作目标和计划。新创建省级平安农机示范镇 5 个、示范村 4 个。加强公安驻农机警务联络室建设工作，至 7 月底，全市共有 9 个县级公安驻农机联合执法机构和 7 个区域性公安驻农机警务联络室。四是加强监理规范化建设。在全省率先实施拖拉机报废注销登记公告制度和拖拉机驾驶证注销作废公告制度，在全市监理系统统一四项档案上墙制度。组织开展拖拉机及驾驶人档案清理专项行动，开展全市拖拉机教练员培训。为提高农机事故应急处置能力，11月3日举行农业机械事故应急处置演练现场会，进一步熟悉事故处置的规范和程序，为各地处置农机事故提供借鉴。五是加强安全督查工作。每逢元旦、春节、国庆等重大节假日和“两会”、清明、春耕、双夏等重要农时季节及时段，都由局领导带队组织农机安全生产大检查，确保重要时段的农机安全。

【组织实施农机队伍提质行动】 一是开展深入学习实践科学发展观活动。通过形式多样、富有成效的学习实践活动，使科学发展观的理念和方式方法更好地落实到提升现代农机发展水平，推进现代农业建设的实践之中。二是做好中层干部选拔任用工作。对现职中层领导进行适当调整，对中层副职部分空缺职位实行竞争上岗，新提拔4名干部。三是继续开展“六型”机关和文明机关创建活动。以市第六轮文明机关创建为契机，以活动促工作，以工作带活动，在农机系统深入开展学习型、创新型、服务型、效能型、廉洁型、和谐型“六型”机关建设。四是深入开展农业机械化教育培训工作。各地通过集中培训、送教下乡、远程教育等形式，依托新型农机驾驶、操作、维修、经营人员技术培训、农机干部队伍“素质提升”、农机合作社“提质工程”、“平安农机”创建和农民素质培训等项目，广泛开展大规模农机教育培训工作。7月，举办宁波市首次农机服务组织理事长培训班，近150名农机合作组织理事长参加培训班。五是进一步加强信息宣传工作。进一步加大农业机械化信息宣传工作力度，充分利用建国60周年大庆和春耕、双夏、秋收冬种等社会各界高度关注的时段，在各级新闻媒体不断掀起宣传高潮，营造全社会关注农业机械化、信任和支持农业机械化的良好氛围。

青岛市

【概况】 2009年，青岛市农机总动力达到710万千瓦，较上年增长2%；农机总值达到43.8亿元，较上年增长3%；主要农作物生产机械化综合水平达到79%，比上年提高1个百分点。先后被评为全国农机科普工作先进集体标兵和省级文明单位、全省安全生产工作先进单位，并连续第5次被市委授予“先进基层党组织”称号，实现“五连冠”。2009年，青岛市农业机械化事业实现“十大突破”。

【落实购机补贴政策，农机装备水平实现新突破】 2009年，青岛市农机购置补贴资金达4 900万元，其中，中央资金3 000万元、市级资金1 900万元，比上年增加2 000万元，增长68.9%，创历史最高水平。为落实好购机补贴政策，一是突出一个重点。70%的补贴资金补贴玉米收获机械。二是实施“两个倾斜”。向保护性耕作机具倾斜和农机合作社倾斜。通过调整补贴比例促进重点工作的落实。三是推行“四联单”。分别由购机者、农机销售单位和市县两级农机部门持有。这一创造性做法，使四方责任更加明确，程序更加规范，监督更加严格，确保农机生产厂家和经销企业保质保量及时供应机具。四是完善《补贴目录》。2009年，有150家企业697种产品进入《补贴目录》，比上年增加91家企业和429个品种，分别增加60%左右。五是规范补贴程序。严格按照“三个严禁”、“五项制度”、“八不准”的要求，规范工作程序、坚持阳光操作，确保购机补贴资金“用足、用好、管好”。六是搞好全程跟踪检查。纪检部门实行全程参与和监督，并由班子成员带队组织20多名机关干部，组派5个检查指导组，从报名、购机、装机和用机等环节进行跟踪检查、全程监督，确保购机补贴政策落到实处。共补贴各类机具6 242台，受益农户5 571户，带动农民投资1.1亿元。其中，玉米联合收获机748台(套)，免耕播种机348台，47.78千瓦以上拖拉机641台，手扶拖拉机2 664台，卷帘机909台。在6月22日召开的全国购机补贴工作会议上，受到大会表扬，并得到农业部副部长张桃林的充分肯定。

【精心组织农机生产，农机服务水平实现新的突破】 2009年，青岛市农机从业人员达到48.4万人，完成服务经营总收入35.7亿元，为农民人均增收793元。农机服务产业成为全市农村经济发展和农民增收的重要增长点。一是三夏、三秋期间，分别成立农业机械调度指挥中心，负责组织协调三夏、三秋农机生产工作；二是首次召开三夏小麦长势观摩会、三秋农机工作观摩会，研究分析全市农机生产形势，超前应对不利天气、机械不足等情况，全面部署三夏、三秋农机生产；三是组织引导农机合作社、农机大户等农业机械化发展主体，开展规模化、集约化经营，作业面积和作业效益实现新突破。三夏期间，共组织1万多台联合收割机适时抢收小麦262.67千公顷，机收率达到99%，确保广大农民增产增收；三秋期间，组织拖拉机、播种机和灌溉机等机械35万台(套)抗旱保秋种，完成小麦机播面积247.33千公顷，机播率达到99%；完成花生机收面积65.33千公顷，机收率达到62.8%。四是针对三夏期间柴油供应紧张的问题，积极协调中石化、中石油青岛分公司，加强农用柴油资源储备和供应，确保三夏农机作业的用油需求。五是局班子成员分头带队5个农机生产督导组，分工包片，指导协调农机生产。

【组织农机跨区作业，农民增收水平实现新的突破】 2009年，青岛市农机管理部门先后于5月25日在平度市、9月15日在胶南市举行三夏、三秋跨区作业出征仪式，推动农机服务市场化快速发展。全年组织1万多台农业机械参加跨区作业，全年完成作业面积462千公顷，为农机手增加收入2.12亿元以上。其中，三夏期间，共组织5 000多台小麦联合收割机跨区作业，完成作业面积266.67千公顷，实现作业收入1.4亿元。三秋期间，组织5 256台农业机械跨区作业，完成作业面积195.59千公顷，实现作业收入7 183.4万元，比上年增加1 536万元。尤其是玉米跨区机收实现新突破，共组织玉米收获机1 603台，完成作业面积59.93千公顷，为机手增收5 000多万元。

【加快推进玉米机收，玉米生产机械化水平实现新的突破】 一是充分发挥农机购置补贴的政策性导向作用，大力推广玉米联合收获新机具。2009年全市新增玉米联合收获机748台(套)，使玉米收获机保有量达到3 481台(套)，为提高玉米机收水平、保障三秋农机生产创造了有利条件。二是加快实施玉米联合收获机的装机计划，完成353台互换割台式玉米联合收获机的装机任务。三是通过召开现场会、演示会、举办培训班等形式，大力推广以玉米机收、秸秆还田和免耕播种为重点的农业机械化新技术。四是充分发挥农机合作社等农机合作服务组织的示范带动作用，加强重点区域的玉米机收工作，全力提高玉米机收水平。五是加强检查指导。组建5个检查指导组，实行包市（区）责任制，从国庆期间开始，深入各市（区）检查指导，协调解决问题，切实加快玉米机收进程。2009年，全市完成玉米机收面积139.47千公顷，玉米机收率达到58%，比上年提高7.8个百分点，比全国（13%）、全省（53%）分别高出45个、5个百分点；玉米生产全程机械化水平达到73%，比上年提高3个百分点，全面完成玉米机收和玉米生产全程机械化目标任务。

【深入推进保护性耕作，农机作业的科技水平实现新的突破】 一是落实实施地块，抓好示范方建设。按照积极稳妥的原则，建立10个国家、省、市级示范区，涉及48个村6 000多农户。规划了33个核心示范方，开展免耕播种作业补贴，实现成方连片、整村推进、集中建设。二是落实作业机具，促进农机农艺结合。对保护性耕作实行40%的购机补贴政策，新增小麦免耕播种机373台，保有量达到847台。三是加强试验研究，在平度市兰底镇河北村建立了全国第一个一年两作保护性耕作示范区。围绕该项目申报的《持续高产高效保护性耕作技术体系试验研究》项目已通过农业部八大创新研究项目评审，在全国处于领先水平。四是开展观摩测产对比，取得明显的示范效果。召开全市保护性耕作项目工作会议暨三夏现场观摩会，观摩保护性耕作示范区小麦长势。全市共举办机具演示现场会35次，参观人数达到9 800人次，起到示范一点带动一片的目的。2009年，全市保护性耕作面积达到13.33千公顷，比上年增长16%。经专家组测产，免耕播种小麦产量为7 3515千克/公顷，公顷平均增产5.4%，每公顷实现增收节支1 500元以上，共为示范区农民增收节支2 000多万元。

【建设农业机械化示范基地，农业机械化推广水平实现新的突破】 一是科学规划，合理布局。结合全市现代农业的发展需要和各地环境资源条件，在五市三区规划建设10个农业机械化示范基地，初步探索农业机械化突破种植业局限，向渔业、畜牧业和农副产品加工业发展，逐步推进大农业领域的生产机械化。二是明确目标，狠抓落实。下发实施《青岛市农业机械化科技示范基地建设实施意见》和《申报指南》，明确目标任务，加强工作指导，狠抓工作落实。三是突出示范，加快推进。6月1日，全市首个大蒜机械化示范基地在平度市仁兆镇正式挂牌。到10月底，马铃薯、大蒜、花生、茶叶、水产、畜牧养殖和现代农业等10处农业机械化试验示范基地相继建成，积极探讨解决不同领域关键生产环节的机械化。共引进先进适用的农业机械化新装备100多台（套）、新技术20多项。

【启动农机“安居工程”，农业机械化设施保障水平实现新的突破】 一是与市财政局联合制定下发《2009年青岛市农机安居工程项目指南》，率先在全国开展农机“安居工程”试点，探索解决大型农机存放难问题。二是强化扶持措施。采取“民办公助”方式，扶持5个基础条件好、经营管理规范、有发展潜力的农机合作社建设“安居工程”，每个合作社补助20万元，加快农机库房建设。三是建设标准高，规模较大，农机存放条件明显改善。库房采取砖混或钢结构方式，属独立院落。到10月底，全市5处农机库房全部建成并投入使用，总投资206.4万元，总占地面积12 315平方米，建筑机库、机棚面积3 073平方米，实现青岛市农机安居建设零的突破。10月12日，副市长张元福视察部分农机安居工程，给予高度好评。

【健全农机合作服务体系，农机组织化水平实现新的突破】 一是加大力度发展农机合作社，提出到2010年，在全市有农机作业的乡镇实现全覆盖的发展目标。二是率先在全国出台购机补贴向农机合作社倾斜的政策，重点扶持20个规模大、机制活、服务能力强的农机合作社，补贴额度由30%提高到40%。并且把农机合作社纳入全市重点扶持的农业合作社范畴，2009年扶持3个农机合作社，每个扶持15万元。三是发挥典型示范带动作用。3月31日，在胶州市召开“全市建设农机合作社现场会”，总结推广胶州市的创建经验，引导和规范农机合作服务组织健康发展。全市各类农机合作服务组织达到1 617个，其中农机合作社70个，比上年增加24个。四是农机合作服务组织的机械数量、经营规模和服务效益显著增长。2009年，作业面积达到853.33千公顷，服务总收入达到3.8亿元。

【积极加强农机培训，农机人才队伍的建设水平实现新的突破】 一是面对全省统一取消“农机（驾驶员）技术培训费”的新形势，积极争取财政部门、编委支持，保障农机培训工作经费，确保了农机培训工作的正常运转。二是组织编写并发放《现代农业机械应用技术》教材，重点培训10个农机示范村的购机农民。三是积极开展送科教下乡活动，通过举办培训班、赶科技大集、现场指导示范、发放明白纸等多种形式，对农民进行农业机械化新技术、新知识的培训。2009年，全市共培训各类农机人员6 300多人次，完成职业技能鉴定3 500余人。

【深化“平安农机”建设，农机安全生产水平实现新的突破】 2009年，青岛市积极推进“平安农机”创建活动，涌现出国家级示范县1个，省级示范县2个，省级示范镇10个、300个市级示范村和3 000个示范户。一是认真贯彻落实国务院《农业机械安全监督管理条例》，通过召开座谈会等形式深入学习、广泛宣传，严格执行《条例》各项规定。二是坚持“因地制宜，有所作为”的原则，进一步总结总结推广莱西市工作经验，建立健全县、乡、村三级基层农机监管体系。同时，指导胶州市4处乡镇依托农机合作社加强农机安全监管；召开推进农机监理中队建设现场会，加快中心镇农机监理中队建设；平度市紧密联系实际，切实加强乡镇农机站建设。基层农机安全监理体系建设全面展开，逐步形成有人管事、有钱办事的良好局面。三是切实履行农机部门的监管职责，加大对拖拉机无牌行驶、无证驾驶、超速超载、违法载人、脱检等违法行为的查处力度，严把机械安全检验关、驾驶员培训考试关，从源头上消除农机事故隐患。全市严格查处无牌、无证拖拉机5 000多台，拖拉机、联合收割机在册数达到12万台；核发驾驶证4 000多名，驾驶员在册数达到11万人。2009年，拖拉机、联合收割机年检率达61%、挂牌率达66%；驾驶员持证率达63%，农机“三率”水平在全省领先。四是积极推进农机保险工作，农机安全保障水平明显提高。全市有10万多台拖拉机和6万多名驾驶员参加第三者责任保险和意外伤害保险，其中，新挂牌的拖拉机参保率达到90%，累计为农机手挽回损失600多万元。五是切实加强质量投诉和维修行业管理。全市创建起"星级农机市场（销售企业）"60余个，累计核发《农机维修点技术合格证》43个，农机和配件合格率达到90%以上，受到广大农民朋友的欢迎。2009年，发生农机事故1起，死亡1人，农机事故率大大低于国家标准，农机安全生产指标在控制范围内，农机安全生产形势持续稳定。

【存在的困难和问题】 一是与全市现代农业和农民对农机作业的需求相比，农业机械化的发展还有一定差距；二是购机补贴政策还不能实行普惠制，不能完全满足广大农民的购机需求。三是农业机械化基础配套设施比较薄弱，还不能满足农机数量快速发展的需求。四是农机的组织化水平还需要进一步提高。

新疆生产建设兵团

【概况】 2009年，新疆生产建设兵团农机总动力达到335万千瓦，比上年增长6.37%，大中型拖拉机3.24万台，大中型配套农具6.96万台（架），分别比上年增长8.07%、1.17%，更新大中型拖拉机2 531台，当前兵团73.5千瓦以上的拖拉机已达到5 000余台，联合收割机1 380台，农用飞机32架，畜牧、园艺机械数量比上年增长了10%以上。机耕面积109.5万公顷，机播面积104.7万公顷，机收面积55.1万公顷，机耕、机播、机收水平分别达到100%、99.4%、50%，机械铺膜68万公顷，机械植保面积77万公顷，秸秆还田面积65万公顷，节水灌溉面积57万公顷，种植业综合机械化水平已达到88%，比上年增加2个百分点。飞机作业面积24.3万千公顷。全年机械作业达3.9亿标准亩，农机作业总值32亿元。

【农机购置补贴政策产生积极的带动效应和发展成果】 2009年，新疆生产建设兵团享受国家农机购置补贴资金1.9亿元，在138个团场实施，购置农业机械8 297台（架），其中大中型拖拉机2 131台，占补贴总额的60%，收获机械546台，占补贴总额的6.6%，配套农具和其他机械5 620台（架），占33.4%，有8 169户职工直接收益，直接带动购机资金5.39亿元。通过实施国家农机购置补贴政策，对兵团农业机械化发展起到了积极促进作用。

【以粮食、棉花生产为主的种植业机械化收获工程取得新进展】 2009年，新疆生产建设兵团机采棉模式种植面积280千公顷，采棉机保有量已达607台，完成机采面积115.67千公顷（不含复采面积）。重点示范团场三团、十三团、一四九团全部达到示范团指标，均完成全团70%左右的机采面积，棉花质量也有所提高。为搞好机采棉工作，2009年5月，兵团领导孔星隆副司令员专门主持召开重点示范团场机采棉工作专题研讨会，制定目标，明确方向，完善具体措施。8月中旬，根据年度工作安排组织机采棉技术工作研讨会，兵团李勇先副秘书长、何建民局长到会分别讲话。脱叶催熟剂使用技术的推广呈现规模化、规范化特点，高架喷雾机数量达到816台，脱叶情况较以往明显改善。棉模及运输设备在一师、七师、八师等单位进行示范，并取得良好效果。机采棉加工设备配套工艺随大规模使用日趋成熟，有30余生产线增加三丝清理机等配套设备，加工质量和水平不断提高，已有114条生产线的清理加工能力已提升到可完成200千公顷棉花机收任务的水平。2009年，新疆生产建设兵团体完面小麦机收149.33千公顷，水稻机收18.6千公顷，油料机收完成51.53千公顷，番茄机收完成8千公顷。全兵团机收面积也比上年增加5个百分点。

【农机管理标准化工作及争先创优活动基本实现年度目标】 2009年，新疆生产建设兵团在农机管理标准化争先创优活动中，选择生产全程机械化率、农业机械化基地建设、机械化收获率、单机车作业量、安全生产等5大指标，为农业机械化发展年度考核指标，大部分师和团场都达到或接近相应指标，部分师超额完成任务。另一方面，各单位始终坚持把农机田间作业质量作为农机管理标准化的中心工作，狠抓农机田间作业标准的执行，结合农时进行阶段检查、评比、表彰等措施，按照"五统一，五规范"管理的具体要求，监督检查标准措施到位情况，有效提高整体农业机械化质量管理的水平，在机械生产中发挥极为重要的作用，达到预期目标。

【新技术示范应用取得新成绩】 2009年，机械精量播种、秸秆还田、残膜回收、土壤深松和机械植保等农业机械化技术在新疆生产建设兵团得到持续稳定的大面积应用。高架精量喷雾、土壤深翻、葡萄埋藤和保护性耕作等农业机械化新技术得到进一步示范应用。机械化收获工程取得了新的成绩，推广马铃薯、甜菜、番茄等作物收获机械269台。畜牧园艺业机械化工程进展较快，推广牧草收割机、饲草料打捆机、储奶罐、挤奶器等畜牧机械745台（套），推广葡萄埋藤机、挖坑机、弥雾机等园艺机械780台。此外还对静电喷雾技术、干果收获技术等进行前期准备工作，对棉花机械移栽机械和辣椒收获机进行了田间试验示范，效果令人满意。

【农机社会化服务体系建设，农机安全队伍建设和管理趋于规范】 2009年，新疆生产建设兵团农机基础设施建设得到加强，农一、四、七、八、十师在机务区建设方面取得良好效果。农一师有四个团场已经或再建新型机务区，农八师、农六师2009年都有新启动的机务区基地建设项目，农机服务体系进一步充实，农机"四位一体"服务中心站建设也有新的进展。农机安全管理进一步规范，通过认真贯彻落实《农业机械促进法》、《农机安全监督管理条例》、《兵团农业机械化管理办法》等法律法规以及兵团有关文件精神，坚持"安全第一、预防为主"积极推进农业机械化生产的方针，向工作出色的省农机局学习，特别是黑龙江垦区通过加强监管，他们已连续几年在推进生产机械化中无农机事故。2009年兵团农机事故10起，死亡4人，重伤6人，直接经济损失0.15万元，全年清理黑3 280辆，非驾2 945人，也在控制范围内。

【农机职业技能培训和人才培养取得新成绩】 2009年，新疆生产建设兵团冬修冬训举办各类培训班256期，培训农机人员5万余人次，阳光工程农机培训完成500余人，维修工培训350余人次，专项驾驶员培训2 150余人次。

【通过落实农机购置补贴政策，推进农机装备结构升级和优化】 2009 年，新疆生产建设兵团落实中央财政农机购置补贴资金 1.9 亿元，比上年增长 3 倍，拉动农场职工投入资金 5.39 亿元。在实施过程中，紧紧依据政策，将棉花收获机、玉米收获机、大功率拖拉机、节水灌溉机具和设施农业设备等列入目录。通过各种宣传渠道和形式让购机户了解购置补贴政策，各单位都能严格执行上级要求和“三个禁止”，认真落实“五制”，切实做到“八个不得”。

【精心组织农时各阶段机械化生产活动】 2009 年，新疆生产建设兵团农业生产机耕、机播水平已达 100%，机械化收获水平也达到 50% 左右。从事农机操作人员约 6 万人。在春耕、三夏、三秋主要农时，克服天气恶劣，柴油供应紧张等多重困难，各地各团场早部署、早筹划，精心组织，科学调度，保证农业机械化生产的顺利进行。2009 年，新疆生产建设兵团小麦、水稻、玉米、甜菜等作物跨区机收的规模不断扩大，作业市场有序稳定，运行机制趋于合理，农机定单作业的生产服务形式不断拓展，特别是机收棉花作业，兵团农八师、农一师等单位的部分团场成立机收公司，进行专项机收作业服务，基本实现进度快，质量好，问题少，效果好，受到团场职工的称赞。

【推进农机服务产业化，积极探索农业机械化体制创新】 一是不断创新农机管理体制和经营体制，鼓励发展多种经济成分、多种经营形式的农机经营服务组织。二是积极扶持农机中介和“四位一体”服务组织的发展。各师建立农机信息宣传网，开展多种形式的农机中介服务和市场供求信息服务。2009 年，全兵团拖拉机修理 2.5 万台次，农具检修 5 万余台(架)。三是积极扶持农机合作组织和农机大户的发展，推进农机大户规模经营。增强农机大户的服务能力和经营水平，为农机大户的发展创造良好的外部环境，提高农机大户经营服务能力和辐射带动能力。农一师、农五师、农八师等部分团场有一定数量的合作组织和一定规模的农机大户。

【广泛开展行业技术服务及培训工作，提高农机队伍整体水平】 2009 年，针对新疆生产建设兵团农机系统人员流动性大、新手多的实际情况，通过举办不同层次农机专项技术培训班，共培训农机管理干部、农机技术人员和驾驶操作人员共计 5 万余人次。

【利用项目及外资项目的立项，提高农机具装备水平】 一是参与利用美国进出口银行等外资项目贷款购买 33 台采棉机和 5 台甜菜收获机等大型先进的农机设备的选购工作。二是争取农业部支持保护性耕作项目资金 80 万元，在 4 个团场实施，完成保护性作业面积 16.33 千公顷。三是申请玉米机械收获项目资金 10 万元。四是 105 台国产贵航平水牌采棉机批量下线，并参加 2009 年的机采作业。五是申请国家农机购置补贴专项，带动团场和职工投入农机具购置资金 5.39 亿元，全兵团 2009 年农机户自行购置各种农机具投入资金超过 8 亿元。

【开展全方位农业机械化监管活动】 2009 年，新疆生产建设兵团为确保农机在农时活动中健康平稳较快的发展，通过推广新机具、新技术，加强指导，巡回检查，召开演示会，举办学习班等形式提高农业机械应用水平、作业质量和经济性指标。

【加强农机安全监理工作】 2009 年，新疆生产建设兵团严格农业机械驾驶操作人员考核、核发牌证管理，组织开展以打击“黑车非驾”为重点的专项治理活动和规范化农机安全监理所站的建设，积极开展“文明监理、优质服务”示范窗口创建活动，特别是在农时生产各环节中，用制度规范拖拉机等驾驶操作人员的行为，2009 年 8 月，专门下文强调安全工作重要性，重申规定，拖拉机不得载客拉人，并使巡回检查工作常规化，不断建立健全安全生产责任制，有效预防和遏制重特大事故的发生。

【存在问题】 从整体规模上看畜牧机械、园林机械、植保机械的空白点仍然较多，各类作物收获机械量很有限，常规机械配置质量还有待提高，机具管理区基地建设任务繁重；适应市场经济发展要求的农业机械化管理经营机制尚不健全；柴油价格上涨影响了机具利用率，增加农机户的负担降低了农机户的收入等；就内业管理工作而言，就是人手缺，能力有限，在某种程度上可能会影响工作质量和基本素质的提高。

黑龙江省农垦总局

【概况】 2009 年，黑龙江垦区农业机械化工作认真贯彻落实全国农业工作会议农机专业会议，总局党委(扩大)会议和总局农业工作会议及农机专业会议精神，坚持以科学发展观为统领，紧紧围绕总局党委提出的“抓城、强工、带农”统筹发展方针，实施“300 亿斤商品粮”的工作目标，努力拼搏，开拓进取，圆满地完成了年初计划，开创了垦区农业机械化又好又快发展的新局面。垦区首次突破粮食商品量 150 亿千克大关，农业机械化起到了重要的保证和支撑作用。2009 年，总局农业机械化发展步伐加快，农机装备结构水平，进一步优化和提升，农机标准化管理和田间标准化作业水平进一步提高，推动了垦区现代农业发展登上新台阶。

【农机装备水平显著提高】 2009 年是黑龙江垦区农机投入和争取国家农机补贴资金最多的一年，实现全年农机更新总投入 14 亿元，其中国家农机购置补贴 3 亿元，新增各类农业机械 4.6 万台(件)。继续组织实施 40 个旱田现代农机装备作业区，投资 1.6 亿元，引进国外大型先进的农业机械 243 台(套)，使现代农机装备区累计达到 266 个，负担旱田耕地 933.33 千公顷。同时还更新装备水田机械，青贮收获机，马铃薯，甜菜，芸豆等种植与收获机械，到 2009 年底垦区农机田间综合机械化率达到 96%，比上年提高一个百分点，其中旱田达到 96.5%，水田达到 95.3%；垦区农机总动力 610 万千瓦，比上年增长 8%，不仅农机装备总量增加，而且装备质量水平进一步提高。2009 年航化作业面积达到 878 千公顷，比上年增加 135.33 千公顷，增加 18.2%。

【水稻生产全程机械化水平有提高】 2009 年，黑龙江省农垦总局农机局加快推进水稻生产全程机械化，新增一批性能先进水田机械和设备包括高性能插秧机 720 台，水稻全喂入收获机 842 台，半喂入收获机 317 台，大型自走式割晒机 46 台等，水稻生产田间综合机械化率达 95.3%，同比增长 1.8 个百分点。

【农机新技术和新机具推广成效显著】 2009年，黑龙江省农垦总局农机局坚持农机与农艺紧密结合，重点推广应用保护性耕作技术，精准农业技术，农机自动导航和智能化管理技术，大垄密整形起垄机，水稻育秧集中浸种催芽，水稻高性能插秧机，水稻产地烘干机，青贮收获机，玉米专用收获机，马铃薯，甜菜等播种与收获机械，先后多次在建三江、红兴隆、北安分局等有关农场组织召开新技术，新机具示范试验和推广现场会。其中继续试验水稻植质钵育机插技术和塑盘钵育机插技术。组织实施农业部"保护性耕作示范场"项目等，均取得较好效果。全年农机作业实现节本增效达9亿元以上。

【农机标准化管理和作业水平进一步提高】 2009年，黑龙江省农垦总局农机局结合总局开展农业标准化达标活动，深入开展农机标准化管理达标与创新活动，加强对现代农机装备作业区管理和田间作业机具的检查验收，提高农机标准化水平。加强农机基础设施建设，全年总投资1.5亿元，扩建和新建"场库棚"面积达100万平方米。涌现出一批如红星、宝山、友谊五分场二队，七星、尖山农场等建设标准与管理水平较高的"现代化农机管理服务中心"。

【强化农机安全监理，实现农机安全生产】 2009年，黑龙江省农垦总局农机局加大农机法规宣传教育力度，开展农机安全执法专项检查等活动。培训农机管理人员和驾驶员7万人，检验农业机械30余万台(件)。2009年，没有发生农机重特大事故，实现连续三年零死亡事故的目标。

【"场县共建"，农机跨区作业实现新突破】 2009年，黑龙江省垦区9个分局75个农场计出动7 200台拖拉机和联合收获机，完成跨区作业面积1 533.33千公顷，完成年初计划任务，比上年增加21%，实现垦区农机创收2.07亿元，农村农民节本增收5.06亿元。从总局、分局到农场各级农机管理部门，加强对场县共建跨区作业的组织和服务，取得显著成效。如九三分局各场与嫩江县各乡镇"整村推进"已覆盖全县面积达到70%；农场与地方共建农机合作社已达23个，其中2009年新建14个；九三、绥化、北安等分局加快农机场县市共建步伐，其中北安分局二龙山农场与北安市二井镇共建农机合作社，总投资2 600万元，其中北安分局投资1 600万元用于基础设施建设已投入使用，现代农机装备已到位，作为黑龙江省11个农业现代化示范区之一，得到黑龙江省各级领导认可，成为2009年全省整县(市)推进试点的典型。

【存在问题和不足】 一是垦区仍有大量机型陈旧，性能落后的农业机械，迫切需要更新换代；二是农机人才队伍"青黄不接"的问题更加突出，迫切需要采取有力措施；三是农业机械化发展还不够平衡，经济作物和畜牧生产机械化程度偏低；四是农机经营管理体制与机制改革相对滞后，需要进一步深化改革；五是农机社会化服务体系还不够健全，没有专门的农机推广机构和专职推广人员；六是农机场库棚建设量大，标准高，任务重，迫切需要增加投入和政策扶持。

试验鉴定与标准化

农业部农业机械试验鉴定总站（中国农机产品质量认证中心）

【概况】 2009年，农业部农业机械试验鉴定总站(中国农机产品质量认证中心)在农业部党组和农业机械化管理司的领导下，全面贯彻党的十七大和十七届三中、四中全会精神，以邓小平理论和"三个代表"重要思想为指导，深入贯彻落实科学发展观，积极应对国际金融危机影响，在农业机械化快速发展的新形势下，紧紧围绕农业部农业机械化管理司中心工作，全面履行农业部农业机械试验鉴定总站职能，按照年初确定的"坚持一个中心、推进两个发展、做好三项服务、争取四方面突破"的工作要点，深化改革、开拓创新，规范行为、提升能力，务实高效、扎实工作，狠抓落实、促进发展，切实加强业务建设，不断完善自身建设，充分发挥技术支持和服务保障作用，继续保持较好发展势头，圆满完成各项工作任务。

【农机推广鉴定工作进入协调发展新阶段】 2009年初，农业部发布农业机械第二批部级鉴定能力认定公告，包括农业部农业机械试验鉴定总站在内的19个鉴定机构可以承担部级鉴定工作，农业机械部级鉴定能力认定工作迈出重大步伐。为规范部级推广鉴定工作，推动省级推广鉴定能力的提升和规范化程度，农业部农业机械试验鉴定总站制定《农业机械部级推广鉴定实施细则》、《部级推广鉴定审查员和检验员管理办法》，提出《部级推广鉴定监督检查实施细则》，制定部级推广鉴定受理登记表、受理审查记录表等规范性文件，使部级推广鉴定的实施程序、规则更加完善，也为省级推广鉴定提供参考。组织编制《挤奶机械》等13个农业机械推广鉴定大纲，进一步完善推广鉴定技术体系。举办农业机械部级推广鉴定审查员培训班，拖拉机、谷物联合收割机和水稻插秧机检测技术研讨班，组织召开2009年度拖拉机行业研讨会，累计培训农业机械化系统专业技术人员500多人次，有力提升行业队伍素质。加大科研项目工作力度，《农业装备可靠性检测技术试验方法研究》进展顺利，取得阶段性成果；《农业机械适用性评价技术集成研究》已经立项实施，项目总经费2 288万元，计划5年完成。受补贴政策的拉动，部级推广鉴定申报数量有大幅度增长，2009年，共受理部级推广鉴定申请874项，比上年同期增长近4倍。其中实施统一受理之前由各专业站自行受理148项。5月15日之后，由农业部农业机械试验鉴定总站统一受理726项，实际完成724项(总站238项，各专业站、省站486项)，部级推广鉴定完成数量比上年增长近4倍，实现飞跃式发展。首次开展部级推广鉴定有效期内的监督检查工作,加强对获证产品生产企业的监管。

【农机质量认证工作稳步发展】 2009年,中国农机产品质量认证中心优化体系内部管理,加强人员队伍建设,强化工作计划目标,提高工作效率,在认证综合管理、资源配置、项目执行等方面取得较大发展。组织召开全国拖拉机强制性认证总结座谈会,提升认证效果,扩大认证影响。召开农机产品强制性认证技术专家组会议,注重加强技术研讨,确保认证工作的公正性。举办 ISO9000:2008 标准换版培训班等审核员培训,规范认证审核行为,增强认证审核员能力。推进项目实施无纸化管理,实现数据共享,提高信息准确性、安全性,促进认证工作电子化、科学化。保持认证业务稳步发展,2009 年,共颁发新的 3C 认证证书 122 张,换发证书 96 张,暂停证书 101 张,撤销证书 18 张,注销证书 17 张。农机强制性认证工作的开展,规范农机市场秩序,促进企业质量管理水平的提升,有效保障产品质量安全。

【认真抓好国家支持推广目录管理工作】 2009 年,农业部农业机械试验鉴定总站认真组织开展《2009—2011 年国家支持推广的农机产品目录》(2010 年度调整)工作,召开 2010 年国家支持推广目录编制研讨会,提出 2009 年《目录》调整的指导性建议,通过对 28 个省(市、区)农机管理部门审核推荐的1 328家企业共5 086份申报材料进行整理汇总,及时组织初审和综合审议工作,确保《目录》的科学性、规范性、公正性。开展列入推广目录中企业和产品的监督检查工作,对 10% 的《目录》产品进行监督检查,提高企业认识,进一步扩大《目录》的影响,增强企业贯彻落实国家强农惠农政策、拉动内需促进农机工业发展的信心。编制《国家支持推广的农机产品目录》资料汇编,免费向农机管理部门和广大农民发放,为用户购置农机产品提供参考,受到各省农机管理部门和广大农民的好评。

【充分发挥质量监督保障作用】 2009年,农业部农业机械试验鉴定总站认真贯彻落实全国农业机械化质量工作会议精神,深入开展质量调查、机具督导、质量投诉、打假等工作。3 · 15 期间,承办“2009 年全国机具质量监督 3 · 15 行动”活动,现场向农民发放《2009—2011年国家支持推广的农业机械产品目录》、《假冒伪劣农机产品表现形式和判断方法》、《农机用户维权手册》等宣传资料千余份,营造打假辨假、保障农民权益的良好社会氛围。认真开展玉米收获机械、油菜种植收获机械、农机零配件的质量调查工作和农产品包装材料及机械质量安全普查工作,召开农机产品质量安全研讨会,为下一步制定相关政策提供依据。积极开展补贴机具质量督导工作,深入掌握广大农民对补贴机具质量状况的反映,督促生产企业提升产品质量保障能力,促进农机行业产品质量的提升。召开全国农机产品质量投诉情况通报会,向社会通报农机质量投诉情况。做好农机质量投诉受理工作,共收到农机产品质量投诉 233 件,真正为农民解决实际问题。

【大力推进农业机械化标准化工作】 2009 年,农业部农业机械试验鉴定总站承办全国农业机械标准化技术委员会第三届农业机械化分技术委员会成立大会暨三届一次会议,对农业机械化分标委进行换届改选。进一步做好标准项目实施管理,狠抓制标工作进度,提高标准完成率,组织召开行业标准审定会,《谷物播种机具使用效果综合评价方法》等 13 项行业标准通过审定,进一步提高农业机械化标准化水平。加强农业机械化标准体系前瞻性研究,提出《农业机械化标准体系建设规划(2010—2015)》,组织召开 2010 年农业行业标准农业机械化标准项目立项评审会,为标准化工作科学发展做好规划。加强标准队伍建设,召开农业行业标准农业机械化标准项目管理和标准编写培训研讨班,进一步提高农业机械化系统标准编写水平和标准项目管理水平。

【深入贯彻《农业机械维修管理规定》】

2009 年,农业部农业机械试验鉴定总站加大农机维修政策研究力度,参与《农机安全监督管理条例》和释义有关维修条款内容的起草,提出《农机企业维修能力评价办法》、《农机专业合作社维修能力建设规范》、《农业机械维修合同(范本)》、《农机维修节能十项技术》等规定规范,有效规范维修行业活动,为依法实施行业管理奠定基础。提出农机修理质量标准体系构架,制定 2 个修理质量行业标准,推动农机维修技术应用和维修服务规范水平的提升。推进各省区市农机维修网点的审定工作,实施“农机维修管理信息系统”软件升级和使用培训,全国有 27 省份上报近 1.3 万家网点审定结果,较 2008 年增长 30%。继续开展“政企联动”农机维修高技能人才培训,举办 4 期维修高技能人才培训班,226 名学员通过考核鉴定,185 人取得高级及以上职业资格,促进行业维修水平的提高。首次开展农机维修设备选型推荐工作,制定《农机维修设备选型大纲》,进一步规范农机维修市场。配合农业机械化管理司,办好全国农机专业合作社经验交流会议,规范和引导农机社会化服务组织健康发展。

【认真做好农业机械化信息宣传和服务工作】 2009 年,农业部农业机械试验鉴定总站积极配合农业机械化管理司,实施网刊结合,大力宣传党和国家发展农业机械化的各项方针政策。做好中国农业机械化信息网日常管理工作,建立节假日值班制度。围绕农机购置补贴政策、春耕备耕、农机抗旱保春管等农业机械化重点工作,编发信息25 620条,努力营造促进农业机械化又好又快发展的舆论氛围。中国农业机械化信息网日均点击量超过 57 万次,峰值突破百万次,稳居农业部 18 个行业网站首位。配合农业机械化管理司编印《农业机械化情况》43 期,编发《购机补贴政策实施专刊》43 期,《2009 年三夏农机跨区作业专刊》32 期,较好地完成农业机械化信息宣传工作。办好《农机质量与监督》杂志,完善栏目,及时策划确定每期主题。研究探索杂志运行机制改革,完成《农机质量与监督》由双月刊改为月刊工作,2010 年 1 月开始实行月刊。

【积极筹备“中国农业机械化协会”成立工作】 2009 年,农业部农业机械试验鉴定总站根据《民政部关于中国农机鉴定检测协会更名为中国农业机械化协会的批复》,准予中国农机鉴定检测协会更名为中国农业机械化协会,这既是中国农业机械化发展史上的一件大事,也是深入贯彻落实《中华人民共和国农业机械化促进法》,顺应农业机械化蓬勃发展的时代要求的一项重要举措。在部农业机械化管理司指导下,做好组织机构的调整工作,包括农业部审批、换发证书、刻制新印章、申领组织机构代码证、银行帐号变更等。同时，广泛征集会员，积极筹备协会成立大会各项准备工作，认真策划协会成立后开展的各项业务活动。

【存在问题】 2009年，农业部农业机械试验鉴定总站各项工作虽然取得一些成绩，但面对农业机械化发展新形势、新机遇和新要求，仍有一些问题制约农业部农业机械试验鉴定总站进一步发展，基础研究薄弱、软硬件投入不足、资源配置不尽合理等问题仍然存在，需要我们深入研究分析，采取切实有效的措施，认真加以解决。

2009年下达的农业机械化行业标准项目

序号	项目编号	项目名称	承担单位	项目类型
1	200911010	小麦免耕施肥播种机修理质量	河北省农机修造服务总站	制定
2	200911014	活塞式挤奶机质量评价技术规范	内蒙古农牧业机械试验鉴定站	制定
3	200911021	秸秆颗粒饲料加工成套设备质量评价技术规范	辽宁农业机械鉴定站(农业部农产品加工机械设备质量监督检验测试中心(沈阳))	制定
4	200911030	油菜直播机质量评价技术规范	上海市农业机械试验鉴定站	制定
5	200911055	手扶拖拉机维修质量	江苏省农业机械试验鉴定站	制定
6	200911085	耕整机安全技术条件	湖南省农业机械鉴定站	制定
7	200911113	拖拉机与农机具配套技术要求	甘肃省农业机械试验鉴定站	制定
8	200911119	采棉机质量评价技术规范	新疆农牧业机械试验鉴定站(农业部棉花机械质量监督检验测试中心)	制定
9	200911229	油菜收获机作业质量	农业部南京农业机械化研究所	制定
10	200911230	油菜移栽机质量评价技术规范	农业部南京农业机械化研究所	制定
11	200911231	在用喷杆式喷雾机质量评价技术规范	农业部南京农业机械化研究所	制定
12	200911342	纸质湿帘性能测试方法	农业部规划设计研究院	制定
13	200911343	温室覆盖材料安装与验收规范　塑料膜温室	农业部规划设计研究院	制定
14	200911362	农机监理员证证件	农业部农机监理总站	制定
15	200911363	农业机械田间行走道路建设规范	农业部农业机械试验鉴定总站	制定
16	200911364	轮式拖拉机修理质量	农业部农业机械试验鉴定总站	制定
17	200911365	玉米收获机械修理质量	农业部农业机械试验鉴定总站	制定

2009年发布的农业机械化行业标准

序号	标准号	标准名称
1	NY/T 1766—2009	农业机械化统计基础指标
2	NY/T 1767—2009	农业轮式拖拉机适用性试验方法
3	NY/T 1768—2009	免耕播种机　质量评价技术规范
4	NY/T 1769—2009	拖拉机安全标志、操纵机构和显示装置用符号技术要求
5	NY/T 1770—2009	甘蔗剥叶机　质量评价技术规范
6	NY/T 1771—2009	机采棉轧花机械操作技术规程
7	NY/T 1772—2009	拖拉机驾驶培训机构通用要求
8	NY/T 1773—2009	节油型农业轮式拖拉机燃油经济性评价指标
9	NY/T 1774—2009	农用挖掘机质量评价技术规范
10	NY/T 1821—2009	根茬粉碎还田机安全技术要求
11	NY/T 1822—2009	谷物播种机具使用效果综合评价方法
12	NY/T 1823—2009	温室蔬菜穴盘精密播种机技术条件

续表

序号	标准号	标准名称
13	NY/T 1824—2009	番茄收获机作业质量
14	NY/T 1825—2009	穴灌播种机 质量评价技术规范
15	NY/T 1826—2009	机械施药危害性评估指南
16	NY/T 1827—2009	小型射流泵
17	NY/T 1828—2009	机动插秧机 质量评价技术规范
18	NY/T 1829—2009	农业机械化管理统计规范
19	NY/T 1830—2009	拖拉机和联合收割机安全监理检验技术规范
20	NY/T 1831—2009	温室覆盖材料保温性能测定方法
21	NY/T 1832—2009	温室钢结构安装与验收规范

2009年审定的农业机械化行业标准

序号	项目编号	标准名称	标准负责起草单位
1	增补项目	谷物播种机具使用效果综合评价方法	农业部农业机械化技术开发推广总站
2	200608001	温室蔬菜穴盘精密播种机技术条件	北京市农业机械试验鉴定推广站
3	200709056	番茄收获机作业质量	新疆农垦科学院农机研究所
4	200810011	穴灌播种机质量评价技术规范	辽宁省农业机械化研究所
5	200709103	机械施药危害性评估指南	农业部南京农业机械化研究所
6	200608041	小型射流泵	农业部水泵质量监督检验测试中心
7	200406224	机动插秧机质量评价技术规范	农业部农业机械试验鉴定总站
8	200709008	根茬粉碎还田机安全技术要求	吉林省农业机械试验鉴定站
9	200810222	拖拉机和联合收割机安全监理检验技术规范	农业部农机监理总站
10	200709314	农业机械化管理统计规范	农业部农业机械试验鉴定总站
11	200810119	喷杆式喷雾机安全施药技术规范	农业部南京农业机械化研究所
12	200810232	农用拖拉机质心位置试验方法 质量周期法	农业部农业机械试验鉴定总站
13	200608053	谷物联合收割机禁用与报废	甘肃省农业机械鉴定站

技术推广

农业部农业机械化技术开发推广总站

【概况】 2009年,农业部农业机械化技术开发推广总站积极引导全国农机推广系统,深化改革,认真履行推广职能,加强体系建设,充分发挥农机推广系统的人才、技术和体系优势,结合国家及地方重大农业技术推广项目实施,大力开展农业机械化实用新技术、新机具和新装备的推广普及、宣传培训和技术服务工作,加强自身建设,努力提高技术和服务水平,取得了新成绩。

【农机推广体系改革和建设工作】 2009年,农业部农业机械化技术开发推广总站就农机推广体系改革和建设主要开展以下三方面工作。一是开展农机推广机构队伍的现状调查和督导调研。在全系统内组织开展农机推广机构队伍情况调查,全面掌握全国农机推广体系基本现状和改革动态,发现各地体系改革和建设中存在的新情况、新问题,为加快推进基层农机推广体系建设提供决策依据。二是开展基层农机推广机制创新指导和培训。为进一步推进基层农机推广机制创新,切实加强工作指导,先后到内蒙古自治区和河南省就推广体系机制创新问题举行讲座,并在内蒙古举办全国基层农机推广机制创新培训班。对基层农机推广运行机制创新内容、方法和要求等进行讲解,交流基层农机推广机制创新实践中的好典型好经验，研究探讨增强基层农机推广活力的思路和措施。三是举办基层农机推广人员知识更新培训。为提高基层农机推广人员技术指导能力，总站委托山西、山东、贵州、甘肃四省围绕以提升推广能力为核心，围绕农机新技术、农技推广理论与方法、公共信息服务技术、农业政策法规等内容，开展基层农机推广人员知识更新培训。

【组织召开全国省级农机推广站站长会议】 2009 年，农业产农业机械化技术开发推广总站组织召开全国省级农机推广站站长会议，会议全面回顾中国农业机械化技术推广工作 60 年主要发展历程及取得的成就，总结发展经验，分析当前农机推广工作面临的新形势，研究部署 2010 年农机推广重点工作。

【完成神内基金农技推广奖农机专业评审】 2009 年，根据中华农业科教基金会 2009 年度神内基金农技推广奖评审工作的安排，农业部农业机械化技术开发推广总站承担河北、山西、内蒙古、辽宁、吉林、黑龙江、安徽 7 省(区)农机系统农技推广奖的组织推荐和初评工作，经基金会专家委员会终评，农机系统共有 17 人获得农技推广奖，其中 8 人获优秀推广人员奖，9 人获优秀农户奖。

【加强农业机械化宣传工作】 2009 年，农业部农业机械化技术开发推广总站进一步推进《农机科技推广》杂志和农机推广信息网络建设。一是《农机科技推广》杂志按照农业部农业机械化管理司 2009 年农业机械化新闻宣传工作要点和部推广总站工作重点，坚持以正面宣传为主，坚持以推广工作为主，坚持以农机推广人员为主，积极开展农业机械化政策、信息、技术和人物的宣传工作。加强对 60 年"三农人物"和"农机推广功勋人物"的宣传力度。专门组成采访报道小组，对行业典型人物的先进事迹进行长跨度、宽角度、多媒体的宣传报道。二是进一步建设完善中国农机推广网，增设三夏跨区作业、抗旱、农机安全生产等专栏，加大对基层农业机械化工作宣传报道力度，推动地方农机推广网站的建设，加强信息交流和服务。全国已经开通地方农机推广网 35 个。

【组织开展农机推广系统的培训工作及对外交流与合作】 一是配合农业机械化管理司科教处起草"2009 年农机行业阳光工程培训项目建议书和实施方案"和"农机使用培训大纲(拖拉机、联合收割机、插秧机)"。此项培训计划已在全国各地全面展开。二是作为"中德现代农业示范场建设"的项目办公室，配合国际合作司在哈尔滨举行"中德现代农业示范场"揭牌仪式和"示范场建设项目技术研讨会"。为项目建设单位"内蒙古大兴安岭农场管理局甘河农场"示范场建设的实施提供了相关保障。三是举办"农业机械化新技术系列讲座"第一次讲座，邀请有关专家就"拖拉机、联合收割机的新技术应用及发展动向"等进行讲座，华北、东北十省市自治区农机推广站的部分技术人员参加。四是按照农业部《关于开展 2009 年农业科技下乡活动的通知》，配合部农业机械化管理司和科教司，协同山西省农牧厅科教处在山西省曲沃县组织以"依靠科技进步，发展现代农业"为主题，以"开展山西省重点市县农技推广人员培训、曲沃县农业实用技术培训、曲沃县设施农业现场培训与装备展示"为主要内容的"科技下乡"活动，提高基层农技人员能力素质和农民科学种养水平，为确保粮食安全生产、保障主要农产品有效供给和增加农民收入提供技术支撑。

【庆祝新中国成立 60 周年系列活动】 一是编印《中国农机推广回眸》。为总结弘扬我国农业机械化技术推广事业取得的辉煌成就，进一步提升农机推广公共服务的地位和作用，总站组织编印《庆祝中华人民共和国建国 60 周年——中国农机推广回眸》，系统总结建国以来我国农业机械化技术推广工作取得举世瞩目的巨大成绩，展示农机推广系统在健全体系，完善法规，培育队伍，推广技术，促进"高产、优质、高效、生态、安全"农业发展中所作出的重要贡献。二是委托开展"农机推广功勋人物"推选活动。为庆祝新中国成立 60 周年，总站委托中国农技推广协会农业装备与工程技术分会、《农机科技推广》杂志、中国农机推广网联合开展"农机推广功勋人物"推选活动。按照基层推荐、征询意见，及由农机管理、推广、科教等部门的有关领导、专家组成推选委员会推选的程序，推选出建国以来在农机推广事业发展中发挥了重要作用、做出了突出贡献、并且有历史性重大影响的 60 位农机推广功勋人物，经网上公示后颁发荣誉证书和奖牌。三是组织"全国农机推广农机监理系统书法摄影绘画作品展"。活动受到业内的积极响应，全国各地共报送参展作品 550 幅。四是参与编辑《中国农业机械化科技发展报告》等工作。按照农业部农业机械化管理司统一部署，完成《中国农业机械化科技发展报告》中农业机械化技术推广部分的编写工作；组织完成《中国农业机械化重大问题研究报告》中的"我国农业机械化技术推广问题研究"部分的编写工作。

【保护性耕作项目实施管理工作】 一是承办 2009 年保护性耕作项目培训班。按照农业部农业机械化管理司的有关要求，承办保护性耕作项目培训班，组织农机、植保、土肥、推广、管理等方面的专家授课，集中对 140 余名 46 个新建项目县的项目主管人员及相关 19 个省的项目管理人员进行培训，详细讲解保护性耕作原理与应用、国内外发展情况、农田杂草控制技术、可持续土壤肥力管理、作物生长特性及高产栽培技术途径、项目运行机制、项目申报立项及组织实施要求等，会议邀请来自保护性耕作实践第一线的技术人员为全体代表做经验交流报告。二是完成保护性耕作技术挂图编审及汇编工作。为贯彻落实《农业部 2009 年为农民办实事工作方案》，按照统一部署，本站承担保护性耕作技术挂图编制方案起草、组织专家进行挂图初稿修改审定、修订。各省挂图已免费发放至农户，本站将各省保护性耕作技术宣传挂图汇编印刷成集。三是完成保护性耕作示范项目考评检查。按照农业部农业机械化管理司关于做好 2008 年保护性耕作项目检查考评工作的通知，配合部农业机械化管理司科教处，起草保护性耕作检查指导方案。根据部农业机械化管理司统一安排，对保护性耕作示范项目县进行考评检查，并进行执行情况总结。

【农业机械购置补贴专项工作】 一是农机购置补贴目录制定审核工作。受农业机械化管理司委托，组织专家对参选 2009 年全国通用类农机购置补贴产品目录的1 524个参评产品进行专家初审和综合评分并报部司审定，编制并印发

《2009 年全国通用类农业机械购置补贴产品目录》,为各省制定本省 2009 年农业机械购置补贴目录提供依据。同时协助农业机械化司,审核 31 个省(自治区、直辖市、兵团)上报补贴目录,提出修改意见,复核后发布至农业机械化信息网,确保各地农机购置补贴政策执行公正公开。

二是 2010 年补贴选型工作的开展。为解决 2009 年补贴政策执行时出现的"高配置高报价"、"低配置高价格"、"资金套空现象"等问题,经农业部农业机械化管理司同意,农业部农业机械化技术开发推广总站领导与专项处同志于 9 月份赴 7 家各类农机生产龙头企业进行调研,重新制订 2010 年补贴机具选型文件、评审办法、补贴额和运杂费标准核定办法、补贴机具种类等上报部司,于 11 月 18 日配合部司,邀请召集工信部、农机工业协会、农机流通协会和 27 家企业代表在京召开座谈会,征询意见,为 2010 年补贴工作开展奠定基础。

三是开展农机购置补贴政策督导调研检查工作。按照农业机械化司要求,分赴山西、甘肃、天津、吉林、黑龙江、陕西、河北开展农机购置补贴实施督导调研,对 2009 年一、二批补贴资金使用情况进行督导。协助部农业机械化管理司开展补贴政策举报信调查。赴江苏、江西、河北、安徽、山东等地,针对举报信和反映情况开展调查,形成调查报告上报农业机械化管理司。开展 2008 年农机购置补贴政策执行情况电话抽查。拨打电话2 713个,对抽查情况进行科学分析总结。设立农机购置补贴政策咨询电话,接受基层农民的电话咨询及投诉,定期汇总投诉上报农业部农业机械化管理司。

四是农机购置补贴基本管理系统软件完善与全国农机购置补贴软件开发工作。对 2005 年开发的农机购置补贴基本信息管理系统进行完善,解决原系统不稳定、上报慢的问题,增加网络直报功能。配合农业部农业机械化管理司,编制引发《农机购置补贴编号规则》与《农机购置补贴管理系统数据分类和标准代码》,利用编号,确保补贴机具唯一性,规范各省区市农机购置补贴基础数据收集。根据工作需要与农业机械化管理司要求,组织开展全国农机购置补贴管理系统软件开发工作,软件编制完成后,协助部司对全国 31 个省、市、区、计划单列市、兵团、农垦购机补贴管理和信息员 80 多人开展培训。为补贴政策实施的公开、高效提供有效手段。四是为全国农机购置补贴信息系统收集提供农机购置补贴政策、2009 年通用类与各省补贴目录数据。

五是参加部、司组织各项活动。派员参加 2009 年全国农机质量投诉监督 3·15 行动暨补贴机具质量调查监督工作启动仪式,设立咨询台,开展农机购置补贴政策宣传、咨询,发放 2009 年购机补贴政策宣传材料 400 余份。组织召开农机购置补贴工作座谈会。天津、内蒙古等 18 个省(区、市)主要或主管领导及重点县市农机推广站站长参加会议并做交流发言,丁翔文站长做总结讲话。组织相关人员参加 2009 年—2011 年国家支持推广目录的初审、终审。组织人员协助农业机械化管理司完成企业农机购置补贴资金结算进度汇总,全国农机购置补贴工作会、2009 年部分企业农机购置补贴座谈会、玉米收割机生产企业座谈会的会议前期工作。

【优势农产品重大技术推广项目】 组织实施"2009 年优势农产品重大技术推广——山区农业机械化技术与适用机具试验示范"项目,委托湖北、福建、四川三省分别开展山区农业机械化技术及机具需求调查,组织山区适用农机具的试验示范、现场演示和技术研讨、科技下乡,举办山区适用农业机械化技术及机具培训等,针对山区农业机械化发展现状,积极探索促进山区农机发展的新措施、新方法。

【基本建设项目】 一是东北区吉林省玉米机械化高效生产基地建设项目。完成项目验收材料的编制工作,邀请农机、土建、管理、财务方面的专家,在吉林省长春市进行项目竣工验收。专家一致认为该项目完成初步设计批复的建设内容及规模,达到项目建设预期目标。二是水稻区域生产机械化服务中心建设项目。完成 2006 年—2007 年度水稻区域生产机械化服务中心建设项目财务审查,进行项目资产移交。完成 2007 年—2008 年度水稻区域生产机械化服务中心建设项目验收准备工作,进行项目财务审计及验收工作。三是旱作节水机械化高效生产基地建设项目。完成该项目验收的准备工作,进行项目财务审计及验收工作。四是马铃薯全程机械化技术集成示范基地项目。在对项目实施地点武川、固阳两县调研考察的基础上,完成项目初步设计,协调各实施地点编制项目实施方案,项目集中采购机具招投标工作已完成。五是农作物秸秆能源化利用示范基地项目。完成项目前期调研和初步设计,协调各实施地点编制项目实施方案,项目集中采购机具招投标工作已完成。六是甘蔗生产全程机械化示范基地项目和水稻生产全程机械化区域服务中心项目。完成甘蔗生产全程机械化示范基地项目和水稻生产全程机械化区域服务中心建设项目的可行性研究报告的编制和组织申报工作。

【事企合作项目】 一是秸秆收储运模式研究。《河南省浚县、鹿邑县小麦玉米秸秆收储运模式研究》课题已完成鉴定和验收,《黑龙江省望奎县玉米大豆秸秆收储运模式研究》、《河南省、吉林省、黑龙江秸秆收加储运机械化技术推广项目》课题进入最后收尾阶段,准备结题验收。总站与国能生物发电集团有限公司签署了长期战略合作协议。此次双方长期战略合作必将对推进我国的可再生能源事业及农业机械化的发展产生积极影响。目前正在积极落实具体合作项目,筹备农作物秸秆综合利用原料收集体系建设现场演示会暨加快推进农作物秸秆综合利用研讨会。二是水产健康养殖项目。根据农业部《优势农产品区域布局规划》的要求,受珠海风光耕水机环保技术有限公司委托,农业部农业机械化技术开发推广总站与该公司共同组织开展"耕水机"示范推广项目,在辽宁、山东、福建、江苏、海南、广东等 16 个主要水产养殖优势省(市)部署水产健康养殖新技术、新装备的试验示范和推广,多次召开水产养殖水体净化处理设备新技术新设备研讨会、现场演示,开展技术培训,印发宣传资料,推进了水产养殖的健康、可持续发展。

【农机推广储备项目】 围绕农业部农业机械化技术开发推广总站 2009 年工作要点,以农业机械化关键技术和薄弱环节为重点,编制油菜播种和收获、等离子种子处理、玉米收获、甘蔗种植和收获、马铃薯生产加工、水产养殖、秸秆资源化利用等 7 个储备项目实施方案,邀请有关专家对储备项目进行研究论证。

在充分考察、调研的基础上,各项目储备论证小组已完成项目可行性研究报告初稿。

【科技成果转化项目】 对农业科技成果转化项目“水稻育秧播种机技术项目”进行实地调研和检查,项目按照合同计划进展顺利。并对2010年的农业科技成果转化项目的储备进行摸底调研。

【水稻育插秧技术示范推广】 按照部农业机械化管理司的安排,邀请水稻生产机械化专家组成员和部分省区有关专家,对我国水稻机插育秧技术进行梳理,总结出硬盘育秧、软盘育秧、双膜育秧等三类五种因地制宜的机插育秧技术模式,完成《水稻机插育秧技术模式汇编》,对进一步加大水稻育插秧机械化技术的交流力度,加快机插育秧技术普及和水稻育插秧机械化工作步伐具有重要意义。承办全国水稻机插秧育秧技术交流会暨2007年水稻育插秧机械化技术示范推广项目验收会。

【农业机械化技术推广情况统计分析、总结工作】 按照农业机械化管理司《关于做好农业机械化技术推广情况报送工作的通知》要求,完成夏秋两季各地农业机械化技术推广情况的统计、汇总分析工作。

安全监理

农业部农机监理总站

【概况】 2009年,农业部农机监理总站在农业部农业机械化管理司的指导和各级农机安全监理机构的支持配合下,坚持以邓小平理论和“三个代表”重要思想为指导,贯彻落实科学发展观,坚持安全发展的指导原则和“安全第一、预防为主、综合治理”的工作方针,以预防和减少农机事故为目标,按照2009年本站工作要点,围绕农业机械化中心工作,认真履行农机安全生产监管职责,落实工作计划,深入开展农机安全生产大检查,加大农机安全监管力度,创新工作思路和方法,提升管理水平,完成各项工作任务,取得了一定成效。

【加强完善农机安全监理政策法规和技术标准体系建设】 一是协助农业部农业机械化管理司做好《农业机械安全监督管理条例》修改、完善和释义起草等工作。协助农业部农业机械化管理司为国务院法制办公室制定《农业机械安全监督管理条例》,提供近年来农机安全生产情况,全国农机安全监理机构性质、人员数量、经费来源情况,全国拖拉机联合收割机牌证照管理情况、驾驶操作人员考试和操作证件发放情况及农业机械操作规程等材料。承担《农业机械安全监督管理条例》释义的起草工作。召开3次专家座谈会商定编写工作,释义初稿已交,由法律出版社出版发行。同时,根据国务院法制办的要求,完成条例英文译本初稿的翻译工作。

【完成相关标准的修订工作】 完成GB16151—2008《农业机械运行安全技术条件》国家标准第1号修改单的编制、征求意见、审查和报批工作。完成《拖拉机联合收割机安全监理检验技术规范》行业标准的报批工作。组织编写了《GB 16151—2008〈农业机械运行安全技术条件〉系列国家标准培训资料》,并对外征订发行。

【完成《农业机械事故处理文书制作规范》(征求意见稿)和《农业机械事故处理图形符号》(征求意见稿)的起草工作】 组织起草《农业机械事故处理文书制作规范》(征求意见稿)和《农业机械事故处理图形符号》(征求意见稿),明确了文书制作基本要求、具体文书适用及制作、文书归档及管理,并设计了主要农业机械、田间作业环境的图形符号和27张与事故处理相关的表格、事故处理专用章式样,《规范》将在《农机事故处理办法》公布后印发,图形符号已列入2010年农业行业标准计划。

【起草《农机事故应急预案》(送审稿)】 《农机事故应急预案》(送审稿)经农业机械化管理司第7次常务会议讨论原则通过,经进一步修改完善后,报部安全生产委员会办公室。承担国家安全生产应急救援指挥中心组织的《交通运输安全生产应急管理》培训教材编写任务,本站具体负责农机事故的应急处置原则、技术、方法,并列举事故案例等第四部分的内容编写。教材通过专家审定,2010年印刷发行。

【加强农机安全生产督导检查】 2009年9月,农业部农机监理总站组织全国农机安全生产大检查活动。派出7个检查组分别到山西省等14个省(自治区、直辖市)开展农机安全生产督导检查活动。共计抽查1 680份拖拉机、联合收割机登记档案和驾驶人注册档案,近1 000份安全生产责任书、考试卷等各类文书档案。并深入到56个乡镇、40个平安农机示范村、56个农机合作社和农机专业户了解农机安全生产实际情况。7个督导检查组的检查报告和其他省的安全生产自查报告汇编成册,作为2009年全国省级农机监理站长会议的交流材料进行学习交流。

【加快农机安全监理业务规范化建设】 一是完成农业部农业机械化管理司下达《农机安全法规与相关知识必读》编制任务。《农机安全法规与相关知识必读》第一部分为农业机械安全法律法规及相关知识,《必读》第二部分对拖拉机联合收割机驾驶人理论考试试题汇编。已由中国农业大学出版社发行。

二是指导监理规范化建设工作。农业部农机监理总站设计制作5张一套的农机监理业务流程挂图,并印制3 000多套免费发至全国各级农机安全监理机构。协助农业部农业机械化管理司在黑龙江、江苏、浙江、山东、广西、新疆6个省区各选择一个基础较好的基层监理机构指导农机安全监理规范化建设试点工作。协助部司在江苏省盐城市组织召开农机安全监理规范化建设工作座谈会。

三是加强事故统计报告工作。6月23日,在甘肃省兰州市举办全国省级农机监理业务统计人员培训班。对全国

29 个省(区、市)的 50 多名承担农机事故和农机登记管理的统计人员进行培训,召开《全国农机事故报送分析系统》实际演练环节和农机监理业务统计工作专题座谈会。通过培训,2009 年全国的事故统计报告工作明显规范。另外,农业部农机监理总站按规定的时限和程序完成 2009 年发生的 12 起较大以上农业机械事故向农业部安委会的报告工作。

四是加强农业机械安全技术检验工作。10 月下旬,在山东省泰安市举办省级农机安全技术检验员师资培训班,并对拖拉机安全技术检验进行实践操作。这是第一次对全国负责农机安全技术检验人员的培训。

五是牌证定点监制管理。①拖拉机联合收割机牌证定点生产企业选定工作。编制完成《拖拉机联合收割机牌证定点生产企业专家综合评审办法》,组织召开了专家评审会,确定了拖拉机联合收割机牌证定点生产企业备选名单。经公示后印发了《关于公布拖拉机联合收割机牌证定点生产企业名单的通知》(农机监发〔2009〕6 号),确定 34 家拖拉机联合收割机牌证定点生产企业,分别签定定点生产协议,并给定点生产企业颁发了资格证书和牌匾。②拖拉机登记证书定点生产企业选定工作。制订《拖拉机登记证书样品制作标准及说明》,并印发《关于开展拖拉机登记证书定点生产企业选定工作的通知》(农机监发〔2009〕2 号),开展拖拉机登记证书定点生产企业选定工作。编制完成《拖拉机登记证书定点生产企业专家综合评审办法》,推荐产生拖拉机登记证书定点生产企业备选名单。经农业部农业机械化管理司讨论通过并印发《关于公布 2010—2013 年拖拉机登记证书定点生产企业名单的通知》(农机管〔2009〕36 号)予以公布。组织起草拖拉机登记证书定点生产协议,并组织完成签定工作,制作并发放定点生产证书及牌匾。选定保定钞票纸厂为拖拉机登记证书水印纸定点生产企业,保证新版拖拉机登记证书于 2010 年 1 月 1 日前印制完成。③拖拉机联合收割机号牌定点生产企业补选工作。组织完成拖拉机联合收割机牌证定点企业的补选工作,有 2 家企业补选为拖拉机联合收割机号牌定点生产企业。

【加强农机安全生产宣传工作】 一是参与 3·15 农机安全生产宣传活动。3 月 15 日,农业产农机监理总站参加由农业部组织的 2009 年全国暨江苏省补贴机具质量监督 3·15 行动的农机安全生产宣传活动。农业部农机监理总站专门设计印刷《农机安全生产知识手册》、致农民机手的一封信、农机安全生产宣传挂图等资料,在现场免费发给农民朋友,并解答他们提出的问题。二是举办农机安全宣传咨询日活动。农业部农机监理总站协助农业部农业机械化管理司,和北京市农机监理总站于 6 月 14 日在北京市房山区良乡镇联合举办"农机安全宣传咨询日活动"。在咨询日活动现场,向农机手发放三夏农机安全生产倡议信、农机安全生产知识手册、农机安全生产宣传挂图和农机安全文化衫等,并解答农机手关心的问题。三是设计制作农机手安全宣传挂图和宣传画册。农业部农机监理总站组织制作农机安全生产宣传挂图。挂图共 6 张,包括农机安全监理风采图、拖拉机联合收割机所有人须知、拖拉机联合收割机驾驶操作人员须知、拖拉机联合收割机驾驶安全常识、农业机械作业安全常识和农业机械事故处理常识。挂图在全国征订发行。农业部农机监理总站组织湖北省农机监理总站完成农机手安全生产宣传画册的脚本编辑和图画设计任务,2009 年底前提交农业机械化司审定后印刷发行。

【加强农机安全监理队伍建设】 一是组织编写农机监理人员培训教材。农业部农机监理总站组织起草《农机安全技术检验员培训大纲》、《农机事故处理员培训大纲》、《拖拉机联合收割机驾驶考试员培训大纲》,已由农业部办公厅印发。组织编写了农机安全监理人员培训教材。目前,已完成送审稿的编制工作,计划在年底前召开审定会,明年初印发。

二是组织编印《庆祝中华人民共和国建国 60 周年——中国农机安全监理回眸》一书。组织中国农业机械学会农机安全监理分会、《中国农机监理》杂志、中国农机推广网联合开展"庆祝建国 60 周年推选 60 位农机安全监理功勋人物"(以下简称功勋人物)活动。按照推选办法,完成 60 位农机安全监理功勋人物的推选工作。《庆祝中华人民共和国建国 60 周年—中国农机安全监理回眸》已在国庆节前编印 3 000 册配发至全国各级农机安全监理机构。

三是召开全国农机安全监理站长会议。11 月 30 日—12 月 1 日,2009 年全国省级农机安全监理站站长会议在广东省广州市隆重召开,来自全国 30 个省(自治区、直辖市)100 余名代表参加会议。会议回顾总结中国农机安全监理事业 60 年发展历程及取得的主要成绩和基本经验,分析当前农机安全监理工作面临的新形势,提出 2010 年及今后一段时期农机安全监理的工作思路和重点。

【开展"平安农机"创建活动】 农业部农机监理总站组织制作的 3000 张《平安农机——农机安全生产宣传片》光盘,于 2009 年 3 月份免费发至各级农机安全监理机构。协助农业部农业机械化管理司在广西召开"全国创建'平安农机'工作会议",具体负责会议相关材料的起草工作,同时负责典型发言单位和交流材料的内容的确定,四个典型单位的创建做法和经验,较好地指导各地创建"平安农机"活动的开展。

【开展农机安全生产新技术推广应用及新标准制定】 一是新技术推广应用。为提高农业机械的安全技术性能,2009 年上半年,农业部农机监理总站在新疆、陕西、甘肃、辽宁、吉林、黑龙江、江苏、安徽、湖北、云南等 10 省(区)各选择拖拉机登记数量在2 000台以上的 1 个县启动《拖拉机安全防护性能提升事故预防试验示范》项目,选择国内 2 家反光材料专业生产企业为试点工作提供农机安全专用反光贴,共为 1.1 万台拖拉机运输机组的车厢粘贴农机安全专用反光贴。8 月,在江苏省常州市和浙江永康市举办农机安全专用反光贴粘贴技术培训班。另外,提交的《农机安全反光贴》著作权申请已经国家版权局审核予以著作权登记。

二是新标准的制订和储备。农业部农机监理总站组织开展《农机安全监理证》标准编写工作,制订了标准编制计划,进行相关调研、资料收集和拟订标准提纲,草拟完成《农机安全监理证》(征求意见稿)和《农机安全监理员证件》(送审稿)。按照农业机械化管理司及农业机械化分技术委员会要求,组织开展了农机监理相关标准的申报工作,编制《农业机械安全监理机构技术一般配备要求》和《农机事故处理图形符号》项目申报书。《农机事故处理图形符号》和《农业机械安全监理机构技术装备一般配备要求》两个标准已经批复列入2010年的标准制定计划。

【加强农机监理装备和信息化建设】 一是完成移动式拖拉机安全检测装备项目和装备项目储备。农业部农机监理总站为做好移动式拖拉机安全检测装备项目的实施,首先确定首席专家,拟订项目实施计划,完成《移动式拖拉机安全检测装备项目初步设计》,严格按照批复内容开展项目建设,采取公开招标方式采购设备,并委托北京方正联工程咨询有限公司代理招标。与中标单位山东科大微机应用研究所有限公司签订100套平板式移动式拖拉机安全检测装备的采购合同,其中,2009年购置的83套于年底前安装调试完毕。

二是稳步推进农机监理信息化建设。农业部农机监理总站与农业部信息中心和项目中标单位长城计算机软件公司完成《"金农工程"农机安全监理监管子系统需求规格说明书》及"金农工程"农机安全监理监管子系统原型,细化每个模块的功能与界面。对"说明书"及"系统原型"进行逐条修改和审定。

【加强农机监理分会工作】 在2009年全国农机监理站站长会期间,召开农机监理分会第六届委员会第二次会议,对原会员单位拟替换后的委员候选人进行选举,并补充选举产生新的副主任委员、秘书长和副秘书长等农机监理分会主任委员会成员。

教育培训与职业技能鉴定

农业部农业机械试验鉴定总站

【概述】 2009年,农业部农业机械试验鉴定总站为进一步规范行业考务管理,对全国41个鉴定站和80多家工作站进行考务软件换版升级,统一鉴定职业(工种)名称和范围,促进职业技能鉴定考务规范化管理,提升职业技能鉴定信息统计水平。全年组织编制《推土(铲运)机驾驶员》和《农机专业合作社经理人》职业标准,编制《农机修理》和《农机使用》两本培训大纲,出版发行《农机技术指导员》、《挖掘机驾驶员》职业技能培训教材和《农机修理工》、《农机专业合作社经理人》阳光工程培训教材,进一步完善农机职业技能开发技术体系。举办4期全国农机职业技能鉴定考评员培训班,培训考评人员556人,扩大基层职业技能培训鉴定师资队伍,提升工作能力和水平。推进"金蓝领计划"试点工作,指导试点单位探索高技能人才开发新途径。组织开展农机教育培训需求和资源状况调研,为有效实施农业机械化人才队伍建设提供基础数据支持和理论参考。大力培养农机修理、驾驶操作、管理服务等技能人才,全年核发国家职业资格证书16.5万个,比2008年增长60%以上。

农业机械化科研

农业部南京农业机械化研究所

科技工作

【科研立项】 2009年,农业部南京农业机械化研究所共组织申报各类纵向项目85项,省部级项目立项30项,新增纵向立项经费4 568万元,其中留所可支配经费3041万元,同比增长92%和132%。全所共承担各类纵向项目92项,其中农业部南京农业机械化研究所主持的项目有58项;92个项目中,各部委项目49项,省市项目38项,中国农科院项目5项。在即将启动实施的油菜和麻类两项科技支撑计划中,农业部南京农业机械化研究所有望主持"油菜高产关键机械化技术与装备研发"、"麻类联合收获关键机械化技术与装备研发"两项课题。

【科技成果】 2009年,农业部南京农业机械化研究所完成科技成果鉴定及项目验收结题10项,其中农业部科技成果鉴定3项:"高效施药技术研发与示范"、"超级稻育秧播种机械化技术装备研发与示范"和"蔬菜种子丸粒化关键设备与研发"。"绿茶加工新技术及其关键设备研发"和"生物质成型燃料加工装备技术研究与开发"2项成果已申请农业部鉴定。组织申报中国农科院科技成果奖2项,江苏省科技进步奖1项,其中"花生机械化收获技术装备研发与示范"获中国农科院科技成果一等奖,"高效宽幅远射程机动喷雾机"获2009年度江苏省科技进步三等奖。全年申请专利28项,其中发明专利6项。已获专利授权21项,其中发明专利3项,发表论文85篇。

【科技条件平台建设】 "中国农业科学院南京农业机械野外科学观测试验站"正式挂牌建设。完成试验站《实验室管理条例》、《学术委员会工作条例》和《知识产权保护管理办法》等运行管理制度的制定。

和福田雷沃国际重工联合申报国家发改委促进粮食增产增收创新能力建设专项"农业生产机械装备国家工程实验室";与江苏宇成动力集团有限公司联合申报"江苏省农作物智能收获装备技术重点实验室"。申报"江苏省农作物收获装备工程技术研究中心"。

完成农业部重点开放实验室管理制度、组织结构、主要研究人员、学科方向等内部运作机制建设。初步完成科研实验楼办公室房间分配和实验室仪器设备布置工作。

南京农业机械化研究所加入生物燃气产业技术创新战略联盟。

申报2010年运转费及购置费项目预算4项。

【学术活动】 2009年,本单位组织各类学术活动10余次,其中包括:第十届全国植保机械质量与发展年会,全国旋耕机械行业大会暨第五届理事会换届选举大会,2009年先进农药施用技术学术会,农用无人直升机现代农业施药技术研讨会,油菜联合收割机作业质量研讨会,"机械施药危害性评估方法研究"专家研讨会等。

参加国内外学术会议65个。国际农业和生物系统工程高峰研讨会,第二届中国秸秆综合利用高峰研讨会,全国农机化科教工作会议,全国收获机械学术研讨会,旱地移栽机械技术研讨会,中国农机学会2009年青年学术年会,旱地栽植机械化技术研讨会,亚洲精细农业会议,果园精确喷雾技术学术研讨会等。

大部分中心建立定期学术交流制度,就项目实施方案、研究进展等进行学术交流沟通。部分中心建立了重大项目实施方案专家论证制度,定期邀请所内外相关专家论证把关。组织所内科研人员参加2009江苏省国际农机展和"pro/E发布会"等活动。

【检测工作】 监督抽查检验业务:检验业务量比2008年提高近10个百分点。其中,承担国家质量技术监督检验检疫总局109个批次的植保机械产品质量监督检验任务,国家认证认可监督管理委员会56个植保机械产品的市场专项抽查检验任务、承担承担江苏省质量技术监督局32个批次的植保机械产品和清洗机械产品质量定期检验任务,承担江苏省工商行政管理局市场监督管理处80个批次的植保机械产品质量市场监测检验任务。

部级鉴定检验业务:2009年的部级推广鉴定检验业务量比2008年增加近1倍。共完成98个型号的植保机械产品部级推广鉴定检验任务,耕作机械检测中心完成旋耕机械相关产品推广鉴定任务98个型号。

强制认证检验业务:作为国家认证认可监督管理委员会授权的3个植保机械产品强制性认证检验机构之一承担我国植保机械产品的强制性认证检验任务,共承担强制性认证检验146个批次,比2008年增加20%。

服务行业业务:为100余家企业完成126个批次的植保机械产品和39个批次的旋耕机产品的委托检验任务,检验业务量均比2008年增加1倍以上。

【外事活动和国际交流】 选派1人参加秘鲁国际交流项目,选派1人参加院加拿大国外干部培训班。先后安排所内专家赴马来西亚、奥地利、阿根廷、美国、越南等国开展科研合作与交流以及合作课题研究。联系安排了马来西亚专家参加东亚粮食安全战略合作会议,接待越南农业机械研究院、韩国全罗北道研究院、埃塞俄比亚农业职业技术院校校长培训班、朝鲜农科院等来所学术交流。承办"中国农科院第二期外事培训班"。

【研究生培养】 完成2009级全日制研究生复试与2007级全日制研究生中期考核工作,完成2008级推广硕士课程学习与导师选择工作和2008级硕士研究生开题工作。完成农业部南京农业机械化研究所2010年研究生招生简章编制及研究生招生宣传材料制作工作传。组织完成农业部南京农业机械化研究所专家增列为南京农业大学硕士研究生导师工作,组织完成相关博士论文评审工作。选送3人攻读在职博士学位。

产业工作

【产业全年收入】 2009年,农业部南京农业机械化研究所产业类收入达2 040万元以上,首次突破2 000万大关,较上年同期增长31%。南京设计院收入315万元,江苏大浩销售收入486万元,科研检测中心横向技术服务收入615.7万元,三个产业项目组产品销售收入261.4万元,杂志社收入108万元,联合办学收入47.7万元,房产经营收入100多万元,南京春浩合作开发收入50万元,其他收入56.6万元。

【产业主体】 2009年,农业部南京农业机械化研究所南京设计院引进人才,走专业管理、工民建与农业工程相结合的路子,农业工程专业资质升甲,挂牌成立农业部工程建设服务中心——南京分中心,在努力为院基建局、部计划司做好服务工作的同时开拓新的业务领域,已初见成效;大浩公司依靠进入国家2009—2012年农机推广支持目录和补贴目录的担架式喷雾机和常温烟雾机两个产品,聘用专职推广和销售人员,完成各类机具销售约2 000台套;春浩公司转变经营方针,突出技术研发,承担油菜、棉花收获机械两项948项目,建立麻类生产机械化学科,有了自己的产业体系岗位专家,同时还开展多种形式的横向技术合作;产业项目组继续搞好微波干燥设备、生测喷雾塔、节水装备和自动控制等产品的开发、销售与工程承包;合并两个杂志社,利用所与部门的优势,整合资源,降低成本,杂志社还为农业部农业机械化管理司编辑出版阳光工程农机培训全国通用教材3本、其他专著多部;试制工厂仍处在前所未有的困难中,通过自身努力和所里的支持,保持稳定,也基本完成租赁承包协议规定的上交指标。

【成果转化】 2009年,农业部南京农业机械化研究所成果转化类共获得立项经费235万元。主持科技部成果转化"花生联合收获机产业化"项目,参加成果转化"种子丸粒化技术产业化"项目一项。继续滚动南京市科技产业化项目"超声波臭氧组合清洗装备产业化"一项,招标获南京市"微滴灌实施农业装备示范"项目一项。与企业共同申报江苏省三项工程项目"稻米低温加工关键技术与设备研发"获立项,企业与政府共支持经费230万元。

江苏大浩科技实业有限公司生产的3WKY—40担架式喷雾机、3YC—100常温烟雾机分别荣获"江苏省优秀新产品奖"。

【产业管理】 2009年,农业部南京农业机械化研究所围绕转变服务方式、强化成果转化做大量具体工作,管理服务意识明显增强,与科研创新中心联动,利用科研优势促进产业发展,培育科研成果并广泛联系产业部门和项目组。

积极做好合同管理工作,全年签订经济合同75份,其中"四技"与销售合同36份,总金额562万元,减免税收16万元。进一步加大对外宣传和科技成果转化力度,全年共组织参加全国、省内外各类农机产品订货交易会、国际农机展览会、科技成果洽谈会、成果转化演示会等十余次,提升农业部南京农业机械化研究所的社会综合影响力,扩大农业部南京农业机械化研究所的社会知名度。

人才人事工作

【概述】 2009年,农业部南京农业机械化研究所全所在职职工231人,新增研究员2名、副研究员3名,高级技术职务的人数达到69名,其中研究员16名,副研究员56人。2009年接受毕业生13名,其中1名是海外留学人员。调进1名财务工作人员。完成2010年高校应届毕业生首批公开招聘工作。考试采用结构性面试和笔试相结合的方式,计划招聘毕业生12名。完成全所考核工作,完成全所岗位设置及专业技术岗位分级聘用。

做好创新团队的遴选推荐工作,农业部南京农业机械化研究所主要农作物生产全程机械化研究创新团队、特色经济作物生产与加工全程机械化研究创新团队、有害生物综合防控机械化研究创新团队3个团队被评为中国农科院90个研究所一级的重点科技创新团队。进行了新一轮青年学术骨干遴选,新增4人。

参加院人事局举办的组工干部读书征文活动,征文活动获得三等奖。

做好荣誉评比报送工作。胡志超获江苏省五一劳动奖章,南京市十大科技之星。袁钊和获建国60周年农机推广功勋人物。吴崇友担任重点领域农机化技术推广专家组成员。选派2人参加院外语培训班,选派1人参加国际交流项目,选派1人参加院国外干部培训班,办理出国考察12人的备案手续。选送3人攻读在职博士学位。

通过选送青年科技人员参加外语培训、举办科研技能培训,提供青年人才锻炼平台;鼓励青年人才承担科研项目等形式,加大科技人才的培养力度,取得很好效果。

条件建设

【概述】 2009年,农业部南京农业机械化研究所基础设施综合改造工程项目顺利通过农业部组织的竣工验收,并获得好评。“科研实验室”工程实现主体结构封顶并通过市质监站的主体结构验收。产业孵化中心及配套专家楼工程竣工交付。农业机械化技术创新实验基地已上报农业部,并获得批准。与白马镇政府就基地用地签订协议,并确定用地位置。

国际交流

农业部农业机械试验鉴定总站

【概述】 2009年,农业部农业机械试验鉴定总站协助农业部农业机械化管理司开展外事外经工作,及时有效办理各项外事手续,保障境外考察、审查工作顺利开展,共组织(参加)出国(境)团组13个,涉及11个国家及地区,出国(境)人员23人次,促进农业机械化对外交流合作。深入实施国家外专局引智项目,邀请美国和德国专家来华交流国际检测技术,总站和部分省农机鉴定站检测技术人员参加活动,促进了鉴定系统检测能力提升和技术进步。推荐的2名高工均被选拔为非洲援助农业技术专家,到埃及实施为期一年的技术服务援助。全年共接待印尼农业部、德国农业协会(DLG)等6个代表团20多人次,为拓展农机试验鉴定和质量认证国际合作交流工作打下良好基础。

农机工业与流通

中国农业机械工业

2009 年农业机械制造业经济运行情况

【概况】 2009 年，在党中央、国务院和各级地方政府大力支援农业、出台一系列优农惠农政策的指引下，农业机械制造业进一步大幅增长，形势一片大好。

【工业总产值、工业销售产值、主营业务收入迅速增长】 2009 年，农业机械制造业规模企业数为2 525家，同比增加3.53%，其中亏损企业225 家，同比下降16.67%，共计完成工业总产值2 283.18亿元，同比增长19.76%，其中新产品产值完成226.56 亿元，同比增长18.31%，工业销售产值完成2 239.24亿元，同比增长 20.13%，其中出口交货值完成167.92 亿元，同比下降16.06%，主要原因是受到国际金融危机的影响。

【各种主要经济指标同比增长较大】 一是规模企业总资产大幅增加。2009 年，农业机械制造业规模企业总资产为1 172.59亿元，同比增长16.47%，其中流动资产为 671.72 亿元，同比增长10.27%；固定资产365.62 亿元，同比增长11.09%。二是规模企业主营业务增长迅速。2009 年，规模企业共计完成主营业务收入2 265.10亿元，同比增长19.93%。三是规模企业利润总额和增值税总额快速增长。2009 年，规模企业共计完成利润总额129.73 亿元，同比增长26.85%；上缴增值税42.84 亿元，同比增长10.24%。四是全部从业人员平均数有所增加。全部从业人员平均数为38.81 人，同比下降0.13%。五是规模企业中亏损企业和亏损总额进一步减少。2009 年规模企业中，亏损企业共有225 个，同比减少 16.67%，亏损总额5.83 亿元，同比减少11.13%。亏损企业面8.91%。

农业机械主要产品完成情况

【大型拖拉机】 2009 年，规模企业共计13 个，共计完成74 718 台，同比增加30.69%。按规定，大型拖拉机是指配套内燃机在100 马力以上的拖拉机，由于有的企业没有按规定上报统计数据，把配套内燃机80 马力以上的算作是大型拖拉机，因此，此数据只能作为参考。

【中型拖拉机】 2009 年，规模企业 33 个，共计完成377 215 台，同比增长28.97%。按国家统计局定义，中型拖拉机是指配套内燃机18.375 千瓦(双缸内燃机)—73.5 千瓦的拖拉机，由于有的生产企业没有按国家统计局规定上报数据，把变形拖拉机或配套内燃机单缸18.375 千瓦以上的拖拉机也算作是中型拖拉机，因此，有关数据供参考。

【小型拖拉机】 2009 年，包括手扶拖拉机和小四轮拖拉机，规模企业142 个，共计生产1 891 963台，同比增长9.80%。

【收获机械】 2009 年，包括收割机、各种农作物联合收割机等，规模企业 71 个，共计生产632 269 台，同比增长55.39%，其中联合收割机107 857台，同比增长27.61%。

【场上作业机械】 2009 年，包括脱粒机、扬场机、烘干机等，规模企业33 个，共计生产379387 台，同比增长49.71%。

【低速载货汽车】 2009 年，规模企业16 个，共计生产1 070 025辆，同比增长11.72%，其中三轮载货汽车规模企业4 个，共计生产 921 715 辆，同比增长10.07%。

【粮食加工机械】 2009 年，包括碾米机、磨面机、食用油脂加工设备等，规模企业177 个，共计生产2 331 738台，同比增长23.03%。

【饲料生产专用设备】 2009 年，规模企业35 个，共计生产250 248台，同比增长30.42%。

【棉花加工机械】 2009 年，规模企业34 个，共计生产 40 205 台，同比增长11.20%。

经济效益分析

【农业机械产品出口情况】 2009 年，受到国际金融危机影响，全国农机产品出口总金额达到50.52亿美元，同比下降22.13%，规模企业出品出口交货值174.66亿元，同比下降9.69%。按有关资料提供的2009年美元中间价计算（1美元=6.798元人民币），规模企业产品出口总金额为25.69亿美元，占全国农机产品出口金额的50.85%。

【主要农业机械产品进出口情况】 ①手扶拖拉机：进口473台，总金额为41.95万美元，出口82 897台，出口总金额8 247.46万美元，贸易顺差8 205.51万美元。②轮式拖拉机：进口985台，总金额为6 844.48万美元，出口24 776台，总金额为15 951.41万美元，贸易顺差9 106.93万美元。③履带式拖拉机：进口47台（包括履带式牵引车），总金额为445.16万美元，出口103台，总金额281.25万美元。④联合收割机：进口2861台，总金额4 001.37万美元，出口9 420台，总金额13 838.09万美元，贸易顺差9 836.72万美元。⑤根茎或块茎收获机：进口92台，总金额418.52万美元，出口493台，总金额28.95万美元，贸易逆差389.57万美元。⑥甘蔗收获机：进口1台，总金额22.81万美元，出口49台，总金额24.56万美元，贸易顺差1.75万美元。⑦棉花采摘机：进口100台，总金额1 553.66万美元，出口137台，总金额56.44万美元，贸易逆差1 497.22万美元。⑧犁：进口3 956台，总金额455.28万美元，出口212 434台，总金额1 680.98万美元，贸易顺差1 225.70万美元。⑨圆盘耙：进口72台，总金额63.31万美元，出口7 614台，总金额365.71万美元，贸易顺差302.40万美元。⑩播种机（包括移栽机）：进口13 356台，总金额7 203.83万美元，出口124 434台，总金额1 955.89万美元，贸易逆差5 247.94万美元。⑪施肥机：进口2 843台，总金额313.74万美元，出口72 080台，总金额175.84万美元，贸易逆差137.90万美元。⑫草料打包机（包括收集打包机）：进口518台，总金额690.32万美元，出口674台，总金额189.24万美元，贸易逆差501.08万美元。

从上述产品进出口情况可以看出，我国生产的农业机械产品存在一定薄弱环节，即大功率的拖拉机、大喂入量的联合收割机、自走式棉花采摘机、大马力拖拉机配套的农机具及某些畜牧机械产品都还需要进口。

科技发展情况

【概况】 近年来，生产企业对科技投入略有增加，新产品有所发展，但是，与经济发达国家比起来，仍然有所不足。这主要是受到国内市场购买能力限制。

【企业科技投入不足】 据2006年、2007年国家统计反映，规模企业科技投入较少，2006年科技研发投入占主营业务收入的0.25%，2007年略有增加，科技研发投入占主营业务收入的0.36%，规模以下企业科技投入就更少。2009年比2008年有所提高，但是，因为国内农民收入较低，科技开发的费用投入力度有限，新产品产值虽有较大提高，但是，根据国民经济统计概念，“新产品包括在全国范围内第一次研制、生产的国家级新产品和省、自治区、直辖市、部门、地区、企业范围内第一次研制、生产的不同级的新产品”，而且“原则上按三年为一个统计周期，凡在三年期间内投产的新产品，都属于报告期内的新产品”，而生产企业投产的新产品皆属于生产企业第一次投产的产品，因此，在全国范围内重复试制、重复生产的产品较多，而且皆属于传统产品。

【科研成果和新产品发展速度较慢】 2009年，申请机械工业科技进步奖的项目较少，共有16项。其原因就是生产企业科技投入费用不足，根据国内市场需求，开发较高科技产品的力度有限。

【2009年农业机械获得中国机械工业科技进步奖的项目】 ⑴农用车辆蝶形弹簧离合器研究与产业化：由吉林大学、山东时风（集团）有限责任公司完成，获得科技进步二等奖；⑵大功率拖拉机传动系试验台升级改造：由洛阳拖拉机研究所有限公司、洛阳西苑车辆与动力检验所有限公司完成，获得科技进步二等奖；⑶20t/d米糠膨化保鲜技术及关键设备：由中国农业机械化科学研究院完成，获得科技进步三等奖；⑷4L—0.2型谷物联合收割机：由河南科技大学、洛阳海有源农机有限责任公司完成，获得科技进步三等奖；⑸大型玉米种子揉搓脱粒系统研制与开发：由甘肃酒泉奥凯种子机械有限公司完成，获得科技进步三等奖；⑹茶叶程序控制自动揉捻机：由浙江省富阳茶叶机械总厂完成，获得科技进步三等奖；⑺4LL—2.0D型多功能全喂入联合收割机：由浙江省湖州星光农机制造有限公司完成，获得科技进步三等奖；⑻4LZ—3.2型“碧浪”280全喂入联合收割机：由中机南方机械股份有限公司完成，获得科技进步三等奖；⑼“碧浪”244型多功能田园机：由中机南方机械股份有限公司完成，获得科技进步三等奖。

从上述项目中可以看出，生产企业近些年对新工艺、新材料研究较少，特别是关键零部件的新工艺、新材料研究，进展不大。另外，生产企业对企业技术标准体系建立较少。绝大多数生产企业没有按全国技术标准化委员会要求建立企业技术标准，基本采用国家技术标准、行业技术标准，而国家要求是以国家技术标准、企业技术标准为主导，行业技术标准为辅的原则。经济发达国家的国家技术标准是普通标准，生产企业的技术标准是严于国家技术标准的，由于我国生产企业没有建立自己的技术标准体系，因此也就影响了企业的技术进步。

农业机械制造业各小行业发展情况

【农用及园林用金属工具制造业】 2009年，规模企业246家，其中亏损企业29家。规模企业共计完成工业总产值102.36亿元，同比增加18.87%，其中完成新产品产值5.75亿元，完成工业销售产值100.63亿元，同比增加20.24%，其中完成出口交货值28.94亿元，同比减少7.09%，主营业务收入101.64亿元，同比增加22.02%，共计完成利润总额5.48亿元，同比增加17.59%，利税总额9.12亿元，同比增加14.57%。资产总计63.13亿元，同比增加24.54%，其中流动资产35.97亿元，同比增加21.64%，固定资产21.55亿元，同比增加36.39%，全部从业人员年平均人数25 385人，同比增加4.96%。

产品进出口情况：按照我国海关税则共有8个税号（包括锹及铲、叉、镐、锄、耙、斧子、钩刀及类似砍伐工具、修枝剪树篱剪及类似工具、牲畜剪刀等农林业用的手工工具），出口206 393 412把，总金额38 642.49万美元，进口561 242把，总金额353.06万美元，贸易顺差38 289.43万美元。

【农产品加工设备制造业】 2009年，规模企业419家,其中亏损企业32家。规模企业共计完成工业总产值283.82亿元,同比增加28.80%,其中完成新产品产值14.04亿元,完成工业销售产值275.62亿元,同比增加29.20%,其中完成出口交货值13.99亿元,同比增加6.71%,主营业务收入248.25亿元,同比增加29.68%,共计完成利润总额20.84亿元,同比增加23.46%,利税总额29.93亿元,同比增加22.00%。资产总计163.74亿元,同比增加,其中流动资产86.84亿元,同比增加19.09%,固定资产54.74亿元,同比增加21.03%,全部从业人员年平均人数56 484人,同比增加5.02%。

产品进出口情况:按照我国海关税则共有7个税号(包括蛋类、水果或其他农产品清洁、分选、分级机器,种子、谷物或干豆的清洁、分选或分级机器,谷物磨粉业加工机器或谷物、干豆加工机器,水果、坚果或蔬菜加工机器,提取、加工动物油脂或固定植物油脂的机器,绳或缆的制造机器和上述机器的零部件),出口261 877台,零部件17 771.33吨,总金额26 029.36万美元;进口4 067台,零部件166.43吨,进口总金额14 400.81万美元。实现贸易顺差11 628.55万美元。

【饲料加工专用设备制造业】 2009年,规模企业60家,其中亏损企业3家。规模企业共计完成工业总产值31.01亿元,同比下降13.57%,其中完成新产品产值1.81亿元,完成工业销售产值29.49亿元,同比下降15.08%,其中完成出口交货值0.86亿元,同比下降62.93%,主营业务收入31.16亿元,同比下降18.39%,共计完成利润总额0.40亿元,同比下降80.58%,利税总额2.65亿元,同比下降19.70%,资产总计15.99亿元,同比下降26.95%,其中流动资产8.84亿元,同比下降35.57%,固定资产5.05亿元,同比下降2.13%,全部从业人员年平均人数6031人,同比下降7.57%。

产品进出口情况:按照我国海关税则共有1个税则号(动物饲料配制机),出口6866台套,总金额5860.30万美元,进口369台套,总金额877.91万美元,实现贸易顺差4982.39万美元。

【拖拉机制造业】 2009年,规模企业195家,其中亏损企业34家。规模企业共计完成工业总产值345.65亿元,同比增加20.30%,其中完成新产品产值51.09亿元,完成工业销售产值339.03亿元,同比增加19.36%,其中完成出口交货值19.40亿元,同比下降34.28%,主营业务收入378.87亿元,同比增加19.51%,共计完成利润总额11.88亿元,同比增加76.26%,利税总额18.48亿元,同比增加48.55%。资产总计259.06亿元,同比增加14.15%,其中流动资产161.57亿元,同比增加17.28%,固定资产67.09亿元,同比增加9.12%,全部从业人员年平均人数69 422人,同比下降0.57%。

产品进出口情况:按照我国海关税则共有5个税号(手扶拖拉机、履带式拖拉机、轮式拖拉机、其他拖拉机和未列名拖拉机等),共计出口108 280台,总金额27 593.46万美元,其中手扶拖拉机出口82 897台,总金额8 247.46万美元;履带式拖拉机出口103台,总金额281.25万美元;轮式拖拉机出口23 498台,总金额15 198.58万美元;其他拖拉机和未列名拖拉机1782台,总金额3866.17万美元。进口各种拖拉机1565台,其中手扶拖拉机473台,总金额41.95万美元,履带式拖拉机47台,总金额445.16万美元,轮式拖拉机979台,总金额6831.57万美元,其他拖拉机和未列名拖拉机66台,总金额1121.70万美元。总共实现贸易顺差19153.08万美元。

【机械化农业及园艺机械制造业】 2009年,规模企业508家,其中亏损企业44家。规模企业共计完成工业总产值469.75亿元,同比增加17.17%,其中新产品产值72.68亿元;工业销售产值456.83亿元,同比增加17.91%,其中出口交货值56.09亿元,同比增加10.54%,主营业务收入452.65亿元,同比增加19.03%,共计完成利润总额29.20亿元,同比增加23.83%,利税总额亿元,同比增加13.81%,资产总计257.69亿元,同比减少1.63%,其中流动资产143.23亿元,同比减少1.96%,固定资产81.40亿元,同比增加0.18%,全部从业人员年平均人数75 549人,同比减少10.44%。

产品进出口情况:按照海关税则目录共包括16个税号(犁、圆盘耙、其他耙、松土机、中耕机、除草机及耕耘机、播种机、种植机及移植(栽)机、施肥机、未列名农业、园艺及林业用整地或耕作机械、农产品干燥器、联合收割机、脱粒机、根茎或块茎收获机、甘蔗收获机、棉花采摘机、其他未列名收割机、农用液体或粉末的喷射、撒布或喷雾机械器具等),共计出口98 777 128台(架),总金额30 075.11万美元。其中配套农机具(犁、圆盘耙、其他耙、松土机、中耕机、除草机及耕耘机、播种机、种植机及移植(栽)机、施肥机、未列名农业、园艺及林业用整地或耕作机械等)出口1 248 631台,总金额14 724.23万美元,收获机械类(农产品干燥器、联合收割机、脱粒机、根茎或块茎收获机、甘蔗收获机、棉花采摘机、其他未列名收割机等)出口20 532台,总金额15 350.88万美元,其中联合收割机9 420台,总金额13 838.09万美元。植保机械(农用液体或粉末的喷射、撒布或喷雾机械器具)共计出口97 507 965台(架),总金额22 835.46万美元。产品进口659 494台(架),总金额27 114.35万美元,其中进口配套农具(类别同出口)25 825台,总金额10 532.35万美元,收获机械类(类别同出口)进口4299台,总金额11 263.83万美元,其中联合收割机2 861台,总金额4 001.37万美元。

【营林机械及木竹采伐机械制造业】 2009年,规模企业12家,其中亏损企业4家。规模企业共计完成工业总产值4亿元,同比减少66.13%,其中新产品产值0.02亿元,完成工业销售产值4.05亿元,同比减少64.09%,其中完成出口交货值0.02亿元,同比减少99.62%,主营业务收入4.07亿元,同比减少62.76%,共计完成利润总额0.30亿元,同比减少64.28%,利税总额0.45亿元,同比减少53.60%,资产总计5.34亿元,同比减少31.45%,其中流动资产2.97亿元,同比减少37.73%,固定资产1.56亿元,同比减少30.04%。全部从业人员年平均人数1 402人,同比减少14.53%。

产品进出口情况:按照海关税则目录共包括3个税号(只有园林机械中的草坪及运动场地滚压机,割刀水平旋转草坪、公园或运动场地割草机,其他草坪、公园或运动场地割草机等)。产品合计出口8 096 345台,出口总金额50 674.41万美元,其中草坪及运动场地滚压机共出口9 713台,总金额33.25万美元；割刀水平旋转草坪、公园或运动场地割草机共计出口5 280 345台，总金额34 156.08万美元；其他草坪、公园或运动场地割草机出口2 806 287台，总金额16 485.08万美元。

【畜牧机械制造业】 2009年，规模企业52家，其中亏损企业7家。规模企业共计完成工业总产值25.64亿元，同比下降4.68%，其中新产品产值0.23亿元；完成工业销售产值25.39亿元，同比下降4.94%，其中完成出口交货值1.81亿元，同比下降87.80%；主营业务收入26.24亿元，同比下降1.09%，共计完成利润总额2.01亿元，同比增加16.86%，利税总额2.69亿元，同比增加22.27%；资产总计9.97亿元，同比增加9.68%，其中流动资产6.37亿元，同比增加7.24%，固定资产2.70亿元，同比下降5.26%。全部从业人员年平均人数3944人，同比增加21.87%。

产品进出口情况：按照海关税则规定共有8个税号（包括奶油分离器，其他割草机、包括牵引装置用的刀具杆，其他甘草切割、翻晒机器，草料打包机，包括收集打包机，挤奶机，乳品加工机器，家禽孵卵器及育雏器，家禽饲养机器等），产品总共出口1 475 542台，总金额9 050.90万美元，其中出口量较大、金额较多的有割草机、包括牵引装置用的刀具杆出口1 019 122台，总金额4 559.60万美元，家禽孵卵器及育雏器出口10 820台，总金额380.82万美元，乳品加工机器，出口2 377台，总金额1 174.90万美元，其他税号品种均低于200万美元。

【渔业机械制造业】 2009年，规模企业36家，其中亏损企业5家。规模企业共计完成工业总产值19.05亿元，同比增加59.28%，其中新产品产值0.16亿元；完成工业销售产值18.66亿元，同比增加58.54%，其中完成出口交货值2.37亿元；主营业务收入18.42亿元，同比增加52.11%，共计完成利润总额0.65亿元，同比增加14.03%，利税总额1.08亿元，同比增加5.88%；资产总计9.01亿元，同比增加67.16%，其中流动资产4.16亿元，同比增加46.99%，固定资产4.09亿元，同比增加102.47%，全部从业人员年平均人数4 241人，同比增加16.66%。

产品进出口情况：由于在海关税则号中，查不到有关渔业机械产品的税号，因此，海关没有统计。

【农林牧渔业机械配件制造业】 2009年，规模企业491家，其中亏损企业30家。规模企业共计完成工业总产值345.82亿元，同比增加31.79%，其中新产品产值3.45亿元；完成工业销售产值344.03亿元，同比增加34.33%，其中完成出口交货值11.19亿元，同比增加30.87%；主营业务收入337.07亿元，同比增加30.41%，完成利润总额20.54亿元，同比增加12.92%，利税总额29.97亿元，同比增加16.48%；资产总计115.19亿元，同比增加13.44%，其中流动资产65.47亿元，同比增加23.88%，固定资产43.49亿元，同比增加15.57%，全部从业人员年平均人数57918人，同比增加9.45%.

产品进出口情况：按照海关税则规定共有19个税号，主要有一是拖拉机零配件：①装在蹄片上的制动器摩擦片，②拖拉机用其他制动器及其零件，③拖拉机用变速箱及其零件，④拖拉机用装有差速器的驱动桥，⑤拖拉机用非驱动桥及其零件，⑥拖拉机用车轮及其零件、附件，⑦拖拉机用离合器及其零件，⑧拖拉机用转向盘、转向柱及转向器，⑨拖拉机用未列名零件、附件；二是机引农机具零配件；三是联合收割机用零配件；四是其他收获机械及园林机械所用零配件；五是农用液体或粉末的喷射、撒布或喷雾机械器具的零配件；六是畜牧机械零配件：①挤奶机及乳品加工机器的零件，②动物饲料配制机、其他农林机器的零配件，③家禽饲养、孵卵及育雏机器的零件；七是风力发电机组用的零部件；八是农产品加工机械零部件；九是土壤加热器及其加热电阻器零件等。19个税号总出口量525538.50吨，出口金额177 853.65万美元。进口量34 329.53吨，进口总金额45 563.24万美元，实现贸易顺差132 290.41万美元。其中拖拉机零配件（9个税号）总的出口量206 821.86吨，出口总金额85 846.81万美元，进口总量16 449.61吨，总金额20 353.06万美元；机引农机具零配件出口总量53 982.095吨，出口总金额11 206.97万美元，进口总量887.946吨，总金额880.27万美元；联合收割机的零件出口12 072.85吨，总金额4 193.85万美元，其他收获机械及园林机械所用零配件出口总量46 614.308吨，总金额20 570.49万美元，进口总量2 480.832吨，总金额2 597.84万美元；农用液体或粉末的喷射、撒布或喷雾机械器具的零配件（暂时没有查到数据）；挤奶机及乳品加工机器的零件出口总量1 466.40吨，总金额1 445.81万美元，进口总量380.42吨，进口总金额1 016.61万美元，动物饲料配制机、其他农林机器的零配件出口总量5 938.89吨，总金额2 890.69万美元；风力发电机组用的零部件出口总量168 051.27吨，总金额42 716.20万美元，进口总量11 075.59吨，总金额16 474.24万美元；农产品加工机械零部件出口总量17 771.33吨，总金额4 259.98万美元，进口总量166.43吨，总金额578.58万美元。

【其他农林牧渔业机械制造及修理业】 2009年，规模企业199家，其中亏损企业10家。规模企业共计完成工业总产值406.49亿元，同比增长14.98%，其中新产品产值42.58亿元；工业销售产值402.95亿元，同比增加14.49%，其中完成出口交货值3.66亿元，同比下降37.01%；主营业务收入402.75亿元，同比增长14.69%，共计完成利润总额22.90亿元，同比增长33.76%，利税总额27.50亿元，同比增长28.56%；资产总计123.28亿元，同比增长15.53%，其中流动资产63.30亿元，同比增长19.05%，固定资产47.66亿元，同比增长14.27%；全部从业人员年平均数50673人，同比减少3.06%。

【水资源专用机械制造业】 2009年，规模企业158家，其中亏损企业14家。规模企业完成工业总产值85.45亿元，同比增长15.63%，其中新产品产值5.82亿元。完成工业销售产值81.41亿元，同比增长16.08%，其中出口交货值2.46亿元，同比下降5.02%；主营业务收入17.13%，同比增长17.13%，完成利润总额3.59亿元，同比下降9.80%，利税总额7.09亿元，同比下降5.84%；资产总计76.18亿元，同比增长1.22%，其中流动资产47.62亿元，同比下降9.58%，固定资产合计13.93亿元，同比增长277.51%。全部从业人员年平均人数16687人，同比增长1.83%。

产品进出口情况：海关税则中没有产品税号，不清楚。

【其他交通运输设备制造业】 2009 年，规模企业 150 家，其中亏损企业 13 家。规模企业完成工业总产值 164.14 亿元，同比增长 19.59%，其中新产品产值 28.95 亿元。完成工业销售产值 161.17 亿元，同比增长 21.44%，其中出口交货值 27.13 亿元，同比下降 20.74%；主营业务收入 162.18 亿元，同比增长 20.67%，完成利润总额 9.70 亿元，同比增长 63.57%，利税总额 13.80 亿元，同比增长 44.65%；资产总计 73.97 亿元，同比增长 8.84%，其中流动资产总计 45.40 亿元，同比增长 23.20%，固定资产总计 22.36 亿元，同比增长 3.47%. 全部从业人员年平均人数20 345人，同比增长 3.05%。

产品进出口情况：该行业主要产品有低速载货汽车、低速三轮载货汽车、农用挂车、农用自装自卸式挂车及半挂车等。根据海关信息中心统计，农用运输车辆出口 242016 辆，总金额 6386.07 万美元，同比下降 27.68%，其中农用自装自卸式挂车及半挂车出口 7974 辆，同比下降 22.35%，总金额 685.38 万美元，同比下降 39.47%。产品进口：农业运输车辆进口 46 辆，同比下降 38.67%，总金额 555.74 万美元，同比下降 18.78%；农用自装自卸式挂车及半挂车进口 7 辆，同比下降 73.08%，总金额 6.10 万美元，同比下降 81.45%。

【政策建议】 ①坚持自主开发为主，引进技术为辅的原则，发展具有自主知识产权的、适应市场需求的农业装备技术。在农业机械产品开发中，坚持与农艺要求相结合，坚持以适应性为主的原则。②国家鼓励发展适应中国国情、适合农业结构调整、保证粮食安全、保护农业生产环境的适应农村发展的产品。积极发展以信息化技术为先导的自动化、智能化技术，提高传统农业装备的技术水平，推进农业机械化整体技术的提高。③为保证国家粮油安全，优先支持研究粮油作物种植、加工全过程的机械化。重点发展提高综合生产能力、节能减排、降耗、高效利用、节本增效的技术。④为保证人们日益提高的农产品需求，推动农村经济结构的调整，重点发展经济作物、健康养殖、农产品加工、生物质综合利用等技术和装备。⑤积极推进新材料、新工艺的研究。加强农业机械需求的特殊材料、耐磨材料、表面处理新工艺、仿生技术材料等研究和应用。⑥加强研究以信息化技术为先导的功能性、智能化、自动化、提高可靠性的技术研究，提升农业装备的技术水平。⑦国家鼓励和推进企业技术标准体系建设。对于企业建立严于国家技术标准的企业技术标准应予大力支持，以保证企业的技术进步。为了保证企业技术标准的实施，国家鼓励企业建立先进的验证试验设备。⑧国家建立正常的产品淘汰制度，对于性能落后、不适应国内农业发展需求、耗能耗材高、污染农业生产环境的产品应定期淘汰。实施并鼓励农民使用先进的农业机械，提高农业机械化水平，提高农业生产劳动效率和增产增收。 （李全生）

中国农业机械流通

2009 年基本情况

【企业数量增加】 2009 年，全国农机经销企业达8 390家，比 2008 年增加 47 家；从业人数87 372人，比 2008 年增加 20 083人，同比增长 29.8%。农机经销点达82 739个，比 2008 年增加4 198个；从业人数166 264人，比 2008 年增加 10 197人，同比增长 6.5%。

【经营规模提高】 2007—2009 年，我国农机流通规模不断扩大。农机流通行业销售农机产品总额约占当年农机工业总产值的 97%—98%，工厂直销和其他行业经销商销售占 2%—3%。2007 年实现销售总额为1 850亿元，其中农机产品约1 500亿元，其他农用机械产品约 300 亿元，其他产品约 50 亿元。2008 年实现销售总额为2 320亿元，同比增长 25.4%，其中农机产品约1 900亿元，其他农用机械产品约 350 亿元，其他产品约 70 亿元。2009 年实现销售总额约为 2 800亿元，同比增长 20.7%，其中农机产品约2 220亿元，其他农用机械产品 500 亿元，其他产品 100 亿元。

【经济效益有所上升】 对全国 50 家具有代表性的中等规模农机流通企业进行调查，2007 年—2009 年经营情况见下表。

项目		2007 年	2008 年	2009 年
销售总额万元		550412	554023	683526
其中	农机	335023	356211	442715
	非农机	215389	197812	240811
利润总额（万元）		6317	8201	9382
其中	农机	3035	3720	4543
	非农机	3282	4481	4839

【"龙头"企业稳步做大】 我国最大的农机流通企业为中国农业机械华北集团公司，其 2009 年营业收入为 46.25 亿元，但其营业收入的 90% 以上来自非农机。以农机为主业的黑龙江省农机公司实现销售 23 亿元；拥有安徽安庆、望江和湖北浠水三个农机大市场，充分发挥连锁市场效应的安徽青园集团年销售额达到近 20 亿元；我国最大的农机连锁企业吉峰农机 2009 年销售收入超过 16 亿元；地区性农机流通企业辽宁新民农机公司年销售额达到 11.6 亿元；传统国有企业广东省农机公司实现销售也达到 9.6 亿元。

【农机流通行业存在的主要问题】 从企业自身看：一是农机流通基础设施差，为农服务水平、能力很弱。二是农机流通方式仍较传统，流通成本高、效益低。三是农机流通体系的组织化程度低，网点布局不合理，缺乏规模化的农机流通企业。四是农机流通环节技术水平不高。尤其是商流技术、储运技术、信息网络应用技术，特别是与农民用户直接相关的售前、售中、售后服务等一系列实用技术，都远不能适应农机化发展的需要。五是农机流通队伍不稳、人才缺乏。由于效益差，农机流通人才流失严重，各种急需的农机营销、维修等中高级管理专门人才严重缺乏，已成为制约农机流通企业发展的一个瓶颈。

从发展环境看：一是对农机流通管理缺乏统筹协调的机制和体制。目前我国的农机流通行业在管理体制上既没有完全纳入我国农机化服务体系中，也没有纳入农村市场体系建设中。二是农机流通相关法律法规建设滞后，市场行为不规范。特别是农机购置补贴政策实施后，一些地方由于对经销补贴机具的流通企业没有标准和限制，使得一些没有售后服务能力、没有一定经营场所和必要资金条件的企业与个人，可以随便开公司经营农机，农民合法权益难以得到保护。三是农机流通企业普遍存在融资难。由于农机流通企业规模小、抗风险能力低弱、信用评估困难，各金融机构的现行金融服务模式难以为农机流通企业发展提供必要的金融支持。四是财税政策对农机流通业的支持很少。国家财税政策对农机流通环节中“公益性”、“基础性”建设项目的支持几乎没有。

2009 年主要工作

【概况】 2009 年，中国农业机械流通协会、中农欣农业机械有限公司、北京汇邦汉威展览展示有限公司在国务院国资委、中国物流与采购联合会的领导下，在国家发改委、农业部、工信部、商务部等有关部委的指导下，认真学习贯彻党的十七大精神和十七大以来党的各项方针政策，学习实践科学发展观，以服务企业、服务行业、服务政府和服务“三农”为宗旨，充分发挥桥梁和纽带作用，致力于行业发展和农机流通体系建设，努力促进我国农业机械化发展和振兴现代农机流通，在反映行业诉求、规划行业发展、规范市场行为、提供信息服务、扩大国际交流、搭建合作平台等方面做了大量工作。

2009 年是本单位的“科学发展年”，全体职工在崔本中会长的带领下，以“科学发展”为主题，认真履行学习实践活动，联手行业资源和社会资源，实施“六个运作”，即市场化运作、政府化运作、社会化运作、企业化运作、媒体化运作和国际化运作。重点工作一是进一步把为企业、为行业、为政府和为“三农”服务落到实处；二是真正实现协会成为行业的“娘家人”、“红娘”和“代言人”；三是进一步加强联合与合作，密切与政府各级有关部门、科研院所、生产企业、流通企业、大市场以及农机用户、农业合作组织、农机合作社等方方面面的联系，形成战略合作关系，共同为农业机械化事业和发展现代农业作贡献。

【全国农机产品订货交易会暨第十三届中国国际农业机械展览会】 2009 年 10 月 23 日—25 日在安徽省合肥市召开“全国农机会”，首先是展览面积、参展企业、到会观众再创新高。本届展会参展企业近 2 000 家，展览面积超过 16 万平方米，观众数量超过 11 万人次。其次是特装水平高，充分展示农机领军企业的实力、文化和风采。第三是活动类容丰富。有论坛、报告会、表彰会、讲座、推介会、对话会、新闻发布会等等。第四是参展展品的科技含量突出。国内外农机企业不断推出高科技含量的农机新产品，代表当今世界农机发展的水平。第五是国际化程度进一步提高。共有境外 20 多个国家参展，展览面积超过 5 000 平方米。第六是各级管理部门以及有关方面的人士纷纷参会，人气指数继续看好。全国 29 个省级农机管理部门和 200 多个市县级管理部门的领导到会、许多知名专家到会、20 多家新闻媒体到会。10 月 23 日晚中央电视台《新闻联播》播出“全国农机会”的盛况。

【全国春季农机会】 2009 年“全国春季农机会”于 3 月 25 日—27 日在山东潍坊举行。“全国春季农机会”和“全国农机会”一样，持续受到广大农机生产企业、农机经销商和农民朋友们的广泛关注。在春季全国各类展会集中、竞争激烈的情况下，本届春季展会参展企业近 400 家，展览面积达到 3 万平方米。

【“全国农机会”预备会议】 2009 年 5 月 20 日—22 日，“全国农机会”预备会议在湖南省张家界市召开。在预备会议上，崔本中会长正式提出办好“全国农机会”要做好、做到一个中心、两个基本点、三大工程。一个中心是以服务为中心，要以更新的服务理念、更好的服务精神、更高的服务水平、更精的服务态度、更强的服务效果使各参展企业、参观观众取得更大、更好的效益。两个基本点，一是继续争取政府部门特别是国家农业部、商务部、工信部和国家发改委的支持以及各省农机管理部门的支持；二是要组织更多的观众特别是专业观众参加“全国农机会”。三大工程，一是国内工程；二是国际工程；三是综合服务工程。崔本中会长还提出，在过去“六个平台”、“六个转变”的基础上，要打造新的“六个平台”，实现新的“六个转变”。

【共同促进现代农机流通和“全国农机会”又好又快发展】 2009 年，先后走访 17 个省级农机管理部门。包括河北省农机局、山西省农机局、辽宁省农机局、吉林省农机局、黑龙江省农机局、江苏省农机局、浙江省农机局、安徽省农机局、江西省农机局、山东省农机局、河南省农机局、湖北省农机办、湖南省农机局、新疆农机局、宁夏农机局、新疆建设兵团农机局和黑龙江省农垦总局农机局等。与他们进一步洽商联合与合作，共同为农业机械化和现代农业作贡献。

1)9 月 6 日—16 日，分十路走访我国 12 个省的 122 个农业县市区，与有关县市区领导和 122 个农业县市区农机局领导进行深入交流和洽商。着重向他们介绍农机流通在现代农业建设和农业机械化事业中的功能和作用；报告本单位近年来为推进行业进步、促进农机化又好又快发展、振兴现代农机流通所做的工作和所取得的成果；通报“全国农机会”的筹备情况；提出共同促进各县市区农业机械化和发展现代农业的意见建议；听取当地农机化发展状况和对本单位以及进一步办好“全国农机会”的看法。

2)12 月 8 日—22 日，本单位分十一路走访 160 多个农机企业。主要目的，一是对他们长期以来为农业机械化发展做出的贡献以及对农机流通的重视和支持表示深深敬意；对他们多年来支持、参加“全国农机会”表示诚挚感谢。二是认真听取他们对本单位各项工作的意见和建议，特别是对“全国农机会”工作的意见建议。三是共同研究探讨如何振兴现代农机流通，充分发挥农机流通在现代农业建设和农业机械化事业中的功能和作用，如何进一步规范农机市场秩序，更好地为农业、农村和农民服务。

3)走进大市场，加强大联合。2 月 23 日和 8 月 19 日，在全国 12 个农机大市场及全国 20 个农机大市场举行 12 场和 20 场新闻发布会。这是本单位走进“市场”、服务“市场”、贴进“市场”、联系“市场”，结合实际、深入实际，以实际行动振兴现代农机流通的又一举措。

4)围绕工信部委托本单位的“我国农机行业服务“三农”战略与政策研究”

课题，开展全国重点农机流通企业维修能力调查，发放调查问卷，并进行回收整理，为课题收集基础资料。

【向农发行推荐一批优质农机客户】 2009年，为推进我国“农机流通服务品牌工程”建设，缓解农机龙头企业贷款难问题，本单位向农发行推荐一批优质农机客户。对农机行业中的龙头农机生产企业、农机流通企业和重点农机大市场进行企业情况调查，汇总摸底解情况，经协会认真审查，从中甄选65家资信好、有发展前景的企业推荐给农发行，作为优先安排融资的重点骨干农机企业。

【加大行业服务力度，开展理论研究和专题研讨】

1）成功举办“第九届中国农机论坛暨第七届亚洲农机峰会”。10月23日上午，与农业部农业机械化管理司、农业部农机鉴定总站、农业部农业机械化技术推广总站和中国农机化协会、中国农机化导报、安徽省农机局、安徽省农机协会共同举办“论坛暨峰会”。崔本中会长主持会议，刘敏站长致词，陆江部长、刘成果部长到会。论坛暨峰会围绕农机的形势与发展这一主题，宗锦耀司长、王晓川副司长、白人朴教授、陈志院长、项安琪局长以及时风集团的领导、美国爱科集团副总裁、法国驻华使馆代表发表演讲。400多位企业家、专家、领导出席大会。

2）由本单位主办、久保田农业机械（苏州）有限公司协办的“我国农机行业服务‘三农’战略与政策研究暨现代企业经营营销理念经验交流座谈会”7月31日—8月2日在江苏省苏州市成功召开。有关部门领导、专家和全国农机生产企业、流通企业和农机大市场的负责人共160余人参加会议。与会的农机行业的领导、专家和企业家就我国农机企业服务“三农”的现状、存在的问题和今后发展思路、发展目标、主要措施、政策建议，结合企业现代经营销理念进行交流、座谈。通过相关交流和探讨，与会代表对于尽快提升我国农机行业服务“三农”的质量和水平，建设符合农业机械化发展需要的农机服务体系以及农机行业服务“三农”所涵盖的内含形成共识。

3）“2009年农机政策与市场形势报告”、“第三届农机企业家论坛”于3月25日在山东省潍坊市成功举办。报告会由本单位与农业部农业机械化管理司、农业部农机鉴定总站、农业部农业机械化技术推广总站以及山东省农机办、潍坊市农机局共同主办；论坛由本单位与中国农机化导报、《农机市场》杂志共同主办。报告会和论坛围绕贯彻落实中央“一号文件”和全国“两会精神”，就宏观经济形势、农机政策走向、金融危机对农机行业的影响、农机市场趋势、现代农机流通发展以及行业普遍关注的热点、焦点、难点问题进行深入研讨和交流。

【积极开展专题活动，分会工作开展初见成效】 2009年正式成立拖拉机市场分会、农用工程机械分会、有形市场分会。

1）拖拉机市场分会。在全国春季农机会期间，拖拉机市场分会在山东潍坊召开“宏观经济环境下拖拉机行业机遇与挑战座谈会”。30多家骨干生产企业、流通企业及大市场的代表参加座谈会。中国物流与采购联合会党委副书记毛洪、中国农业机械流通协会会长崔本中到会发表讲话。10月23日，拖拉机市场分会召开“现代农业新装备、新技术及农机、农艺相结合技术讲座”。来自全国各地拖拉机、收获机械、插秧机械等行业的制造、流通企业和农机管理部门、有关媒体的代表共90多人参加。

2）农用工程机械分会。2009年3月26日在山东省潍坊市召开中国农业机械流通协会农用工程机械分会成立大会。参加会议的生产企业23家、经销商6家。10月23日，组织召开“我国农用工程机械现状与发展研讨会”。农业部有关领导，一拖、福田、常柴、愚公、福临、吉峰农机等40余家生产和销售企业共计100多人参加研讨会。通报分会的工作情况：初步完成分支机构的登记，分会章程的核准、注册等。会议选举福田雷沃国际重工股份有限公司小型农业装备事业部经理刘洪岩担任第一届分会会长，中国一拖集团公司担任技术专家委员会主任单位。研讨农用工程机械发展现状、市场需求、存在的问题、解决问题的途径以及政策建议。12月8日—15日，对山东莱州、青州、潍坊地区重要生产农用装载机的生产企业进行调研。

3）农机有形市场分会。2009年1月，在哈尔滨召开“重点农机有形市场座谈会”，就我国农机有形市场的总体现状和发展进行分析研究，提出农机有形市场分会的工作方向和目标。10月，在合肥裕隆农机大市场召开“全国农机有形市场现场学习交流会”，会议认为各大市场要树立认真扎实为市场商户做好服务工作的思想，做到市场和商户双赢，特别是新建市场要重视和正确处理“有场无市”和“有市无场”的两大问题。命名合肥裕隆农机大市场为“全国重点农机市场”。

【成功召开第五次会员代表大会】 2009年3月26日，本单位第五次会员代表大会暨五届一次理事会在山东省潍坊市召开。原国家国内贸易部副部长、国家国内贸易局局长杨树德，中国物流与采购联合会党委副书记毛洪，国务院国资委协会办处长周毅等领导出席大会。来自各省级农机协会、生产企业、流通企业、大市场等方面的151名代表出席大会。会议主要议题为：听取并审议四届理事会《工作报告》、《财务报告》、《章程》修改情况和五届理事会有关情况说明；进行换届工作，选举产生第五届理事会、常务理事会以及会长、副会长、秘书长；通过聘请名誉会长、高级顾问、专职高级顾问、顾问人选；审议协会执行机构和分支机构设立等事项。本单位成立“换届工作领导小组”，在广泛听取并征求上级领导、行业和协会本部的意见、建议后，形成各项《报告》初稿和有关人选建议名单，经协会办公扩大会审议，并报中国物流与采购联合会党委审批，提交协会四届八次常务理事会通过，正式提交会员代表大会，各项准备工作井井有条。大会选举崔本中为协会第五届理事会会长。

【成功召开“全国农机流通第九次优质服务表彰大会”】 2009年10月23日，“全国农机流通第九次优质服务表彰大会”在安徽省合肥市召开。会议表彰全国农机流通优质服务先进单位176家、先进集体43个、优秀经理118家、先进工作者76名。本次活动在全行业引起广泛重视，中国奶业协会会长、农业部原副部长刘成果，中国物流与采购联合会会长、原国家国内贸易部副部长陆江出席大会并作重要讲话。农业部农业机械化管理司司长宗锦耀以及商务部、工信部有关领导出席大会并向受表彰者颁奖。200多家农机生产企业、流通企业和大市场的负责人出席大会。

【加强联合与合作,为行业发展营造良好的外部环境】 首先,本单位进一步密切与农业部农业机械化管理司、农业部农业机械试验鉴定总站、农业部农业机械化技术推广总站和中国农机化导报报社的关系,共同主办、协办7次大型活动。参加农业部召开的"全国农业机械化工作会议",农业机械化管理司召开的上、下半年两次农业机械化形势分析会,农业机械化管理司主持的农机推广目录专家评审会等等。第二,及时向国家发改委农经司、经贸司汇报行业情况和协会工作,反映行业现状,争取政策支持。参与发改委农经司牵头的关于促进农业机械化和农机工业又好又快发展中有关农机流通的文稿的起草工作。第三,全力以赴,完成国家工业和信息化部委托本单位的"我国农机行业服务'三农'战略与政策研究"课题。第四,进一步加强与国家商务部市场建设司、市场运行司、商贸服务司、市场秩序司、机电和科技产业司等的联系,向他们反映情况,争取理解和支持。本单位是商务部产业联系机制成员之一,积极参加商务部产业联系机制工作会议,反映行业情况特别是进出口情况。

【构建新型服务平台,经营工作取得新进展】 重点是为配合国家汽车下乡政策,与东风裕隆汽车销售有限公司、北京市农业机械公司共同组建"中农机'东风汽车'销售网络"。2009年3月13日,三单位在北京举行农机行业总代理签约仪式,"中农机网络"正式开始运营。"中农机网络"自运营以来,已在全国农机流通企业中发展二级代理27家、三级代理30家,省、市、县级流通公司均有加入。为把这项工作搞好,坚持每月两次业务例会,沟通业务进展情况,研究运行中出现的问题。10月22日,在安徽省合肥市召开"中农机'东风汽车'销售网络推介暨东风'汽车下乡'产品介绍会",通过主题演讲和参观"汽车下乡"产品,使更多经销商进一步了解"东风"商务政策、"东风"产品、以及"中农机网络"运营情况和服务规则。12月18日,组织20家已经入网的代理商在北京召开"2009年网络工作会议",表彰青海农牧机械有限公司为销售优秀单位;吉林梅河口裕隆公司、山东成武县农机公司为网络工作先进单位。

另外,依托清华大学的理论支持,与清大华智投资担保公司、中农欣农业机械有限公司共同组建"中农汇金电子商务有限公司"。目的是将更多资金引入到农机企业,在为企业拓宽融资渠道的同时降低融资成本;引入新型流通模式,以一站式服务的商务平台,为广大企业提供高效便捷的优质服务。

【国际交流与合作取得新突破】 2009年,本单位加强与有关国家农机协会组织、企业的联络,注重与国际农机界的交流与合作,取得明显成果。3月份,派出工作小组在德国、法国、西班牙召开三场"新闻发布会",介绍中国农机市场情况、单位工作情况和"全国农机会"情况;11月10日,与德国、法国、英国、意大利、俄罗斯、巴西、土耳其、印度、日本、韩国共12个国家的相关农机协会组织在德国汉诺威召开会议,初步达到意向共同发起成立"国际农机协会联盟",旨在促进双边或多边的交流、合作、数据互换、信息交流、市场拓展等;派团参观汉诺威农机展;接待美国、欧洲、德国、俄罗斯等国家和地区协会负责人来访;组织"中德农机对话会";组织20多个国家的农机制造商、经销商参加"全国农机会"。

我国农机流通业的发展方向

【概况】 围绕我国农业和农业机械化发展规划确定的总体目标,到2020年,要基本建成现代农机市场体系和完善的农机流通服务网络,形成对我国农业机械化和农机工业发展强有力的支撑和保障。农机流通规模稳定增长,农机流通结构不断优化,农机流通网络更加完善,农机流通的服务能力和水平有大幅度提升。

在全国范围内有选择地培育一批农机连锁经营大型龙头企业,扶持建设一批有影响力的区域性农机有形市场,并从政策、资金、税收等方面予以支持,促其做强作大,做出服务品牌。再以他们为核心,改造、整合、提升现有农机营销网络,带动和促进现有中小流通企业健康发展。力争经过10年左右的努力,基本建成现代农机市场体系和完善的农机流通服务网络。

【积极发展农机连锁经营】 从国际经验看,商品流通对生产的指导和促进作用越来越大。不管是何种经济和社会制度的国家,没有现代化的大流通,就不可能有现代化的大生产。加快连锁经营,用新的经营组织形式改造传统商业,是现代商业发展的必然要求。连锁经营在我国的发展虽然时间不是很长,但其优越性已经凸显出来,例如:集中采购、统一配送、规模经营,实行规范化、标准化与专业化经营管理,有利于降低费用,净化流通秩序,提高企业效益。同时,整顿和规范市场经济秩序的实践也证明,连锁经营也是杜绝假冒伪劣商品的治本之策。

经过几年的实践与探索,农机连锁经营作为我国农机流通领域一种新型的营运方式和现代商业组织形式,在改变农机流通"小、散、乱、弱"的行业格局,打破条块分割,建立统一、开放、有序的大市场,实现农机生产、流通、消费的有机结合,形成适应社会化大生产要求的大流通方面,有着极其重大和深远的意义。四川吉峰农机连锁有限公司作为首家农机流通企业成功上市,充分说明农机连锁完全可以在农机流通中推广而且具有良好的发展前景。今后农机连锁经营发展的重点,应在农业大省、粮食主产区鼓励发展农机连锁经营。通过广泛发展农机连锁经营点的形式来改造、规范分散在城乡众多的个体农机经商户。一要把发展连锁店的重心放在县城和县以下中心乡镇;二要鼓励有条件有实力的农机经销企业运用特许经营、销售代理等方式来吸引小型经销企业加盟。

【加快建设区域性农机有形市场】 我国农机有形市场经过近二十年的发展,目前已经成为农机流通领域的重要流通业态。一批各具特色的农机有形市场在全国已初步形成,成为农机商品的重要集散地。

实践证明,对于量大面广的中小型农机产品及配件的流通,很适合农机大市场对于这种流通模式。所以,要按照确保国家粮食安全、推进农业结构战略性调整的需要,本着方便农民购买、就近服务的原则,在我国农业大省、重点农业县,要进一步加快区域性重点农机大市场的建设。一是在国家主要农产品主产区和农机产、销聚集地要进一步加快区域性重点农机有形市场的建设;二是要加快已有市场的改造和提升,完善服务功能。农机有形市场要进一步强化功能,努力建成农机新技术、新机具展示中心,品牌农机聚集交易中心,农机信息交流中心,农机物流配送中心和大中型农机维修服务中心。同时,要强化有形市场和无形市场的结合,要创品牌市场、特色市场,实施品牌扩张,要逐步实现交易手段现代化。

【逐步推进品牌化经营】 推进品牌化经营是促进农机流通行业提升的一条必由之路,特别是技术含量高、大马力的拖拉机及联合收割机等产品的经营。经验表明,品牌化经营必须走规模化、专业化、标准化经营的道路,形成主机销售、备件供应、售后服务、技术培训、信息反馈集成的模式,实现经营理念和营销模式的创新。

农机制造企业应当统筹规划、合理安排、科学布局营销终端,积极探索品牌化经营和品牌专营店发展之路。按照主机销售、配件供应、信息反馈、服务跟踪、业务培训等"多位一体"的功能要求和规范标准,逐步对企业现行的产品销售终端进行整合与改造。加快企业参股、控股、合作、自营等多种类型销售网络渠道的建设步伐,逐步打造一个品牌专营为主体,经销商经销、分销为补充的结构明晰、布局合理、渠道通畅、管理有序、和谐高效的新型市场营销网络体系,为实现用户优质服务和企业持续快速发展提供强有力的渠道网络支撑。

农机流通企业要在保证供应的基础上,以优质产品、优惠价格、优良环境为用户提供优质的售前、售中、售后服务。不仅让农民买到称心如意的所需产品,而且对产品使用中的质量问题进行包修、包换、包退,或是协助修理,并保证配件的供应。当前的重点工作,是要加大对服务人员、服务车辆和零配件储备等方面的投入。据调查,美国农机经销商在服务方面的投入很多,一般服务人员占50%以上,有大量的维修车辆,服务及配件的利润来源约占公司总利润的60%—70%,这方面很值得我国农机流通企业学习借鉴。

【加快信息技术在农机流通领域的应用】 鼓励农机企业在仓储运输、装卸搬运、分拣包装等各个环节采用先进的物流技术和装备,运用企业资源计划(ERP)和供应链管理(SCM)技术,促进信息技术在流通领域的推广应用。鼓励企业建设公共网络信息平台,支持企业采用互联网技术,实现资源共享、数据公用、信息互通。大力推进企业电子商务的应用,充分发挥骨干企业在采购、销售等方面的带动作用,以产业链为基础,以供应链管理为重点,整合上下游关联企业资源,促进企业间的业务协同。提高中小企业对电子商务重要性的认识,鼓励中小企业积极运用第三方电子商务服务平台,开展在线销售、采购等生产经营活动,降低中小企业在投资、技术等方面的风险,提高生产经营和流通效率。

【实施"农机流通服务品牌工程(示范)"】 为推进上述工作的开展,中国农业机械流通协会准备在行业内实施"农机流通服务品牌工程(示范)"。通过"示范工程"实施,鼓励流通企业与生产企业合作,实现服务品牌带动产品品牌推广、产品品牌带动服务品牌提升的良性互动发展。同时,在全面总结过去25年全行业开展优质服务活动工作经验的基础上,重新制定符合市场经济形势下的农机行业开展优质服务活动的新标准。

加快发展我国农机流通业的政策建议

【明确行业主管部门,把农机流通业的发展纳入全国农业机械化发展规划和全国农村市场体系建设规划中】 一是要明确农机流通行业的主管部门,充分发挥农机流通行业协会的作用,切实加强农机流通行业的宏观管理和指导。二是在全国农业机械化发展目标和全国农村市场体系建设规划中,应该包括农机流通业发展的内容。特别是要把发展农机连锁经营、农机品牌形象店、区域维修服务中心区域维修服务中心和农机有形市场等流通业态,列入国家和地方农业机械化发展规划和农村市场体系建设规划以及年度计划实施中。

【完善农机流通相关法律法规,规范农机流通秩序】 一是亟待制定农机流通方面的法律法规,对涉及农机经销商、专营代理商等方面的权利、义务、责任归属等问题做出明确的界定。二是建议农业部、商务部会同国家工商行政管理总局,对原《农业机械营销企业开业条件、等级划分及市场行业要求》国家标准进一步修订完善,明确农机流通企业从事大、中型和小型农机及农机配件经营在资金、场地、人员及服务能力等方面应具备的基本条件,委托农机流通行业协会协助政府部门贯彻实施。三是尽快制定全国性农机补贴机具经销商管理办法,明确省级总代理、省内区域总代理的资质条件,确保农机购置补贴政策得到正确的实施。

【建议财政设立(或恢复)专项资金,支持农机流通体系建设,支持"农机流通服务品牌工程(示范)"实施】 中央预算内投资要加大对规划内重点农机流通服务项目的投入,综合运用贷款贴息、经费补助和奖励等多种方式支持农机流通业发展。重点支持的对象:农机连锁经营骨干企业;区域性重点农机有形市场;农机品牌经营店(4S、5S店);农机租赁、二手农机经营试点企业。重点支持的项目:农机维修实施和维修能力建设;农机流通服务体系信息化建设;农机流通服务体系基础经营实施建设;农机流通环节质量安全检测检验设施建设。

国家和地方财政每年都有支持农机流通企业基础经营设施改造建设的专项费用"简易货棚建筑费",现有的地方改名为"企业挖潜改造资金",建议国家在此基础上恢复并加大投入比例,专款专用。

【完善农机流通企业税费减免政策】 一是建议国家扩大免征农机产品经营增值税范围,将三缸以上农用柴油机、农用水泵、农用拖车、农用电机、农用工程机械、农机维修配件视同农机纳入免征增值税范围。二是建议将农机流通企业所得税税率降低到15%以下,对农机连锁经营试点实行企业所得税优惠政策。三是支持农机企业售后服务基础设施投入,对企业实际发生的售后服务基础设施建设的费用享受所得税抵扣政策。四是建设区域性重点农机有形市场和现代化农机物流配送中心的用地,建议国家纳入大型农产品、农业生产资料等生产性物流项目规划,对其用地落实"享受工业用地"的待遇。

【完善农机流通企业信贷扶持政策】 人民银行、金融监管机构等要引导和鼓励各类金融机构开发适应农机流通业需要的金融产品,积极支持符合条件的农机流通企业通过银行贷款、发行股票债券等多渠道筹措资金。有关部门要进一步推动中小农机企业信用担保体系建设,积极搭建中小农机企业融资平台,国家中小企业发展专项资金和地方扶持中小企业发展资金要给与重点资助或贷款贴息补助,建议国家农业发展银行对重点农机流通企业给予优惠信贷支持。

(吴军旗)

农业机械化统计资料

全国农业机械化统计分析

全国农业机械化发展情况综合分析(一)

项　　目	计量单位	2009 年	2008 年	2009 年比 2008 年增减	
				增减量	%
农业机械总动力	万千瓦	87496.10	82190.41	5305.69	6.46
每百亩耕地拥有农机动力	千瓦	47.92	45.00	2.92	6.50
每个农业劳动力拥有农机动力	千瓦	3.10	2.74	0.36	13.06
拖拉机	万台	2101.42	2021.91	79.51	3.93
其中:大中型拖拉机	万台	350.52	299.52	50.99	17.03
小型拖拉机	万台	1750.90	1722.41	28.49	1.65
每百户拥有拖拉机	台	8.19	8.02	0.17	2.17
拖拉机配套农具	万部	3422.62	3229.91	192.72	5.97
其中:大中拖配套农具	万部	542.06	435.36	106.69	24.51
小拖配套农具	万部	2880.56	2794.54	86.02	3.08
每百户拥有扩音机配套农具	部	13.34	12.81	0.53	4.17
农用排灌动力机械	万台	2085.71	2034.85	50.86	2.50
联合收获机	万台	85.84	74.35	11.49	15.45
每百户拥有联合收获机	台	0.33	0.29	0.04	11.95
水稻插秧机	万台	26.09	19.96	6.13	30.69
农业机械原值	亿元	5819.77	5191.86	627.90	12.09
每个农户拥有农业机械原值	元	2267.70	2058.42	209.28	10.17
占农村居民家庭生产性固定资产原值(农业)比例	%	34.69	34.27	0.41	
农机化作业服务组织	万个	17.53	16.56	0.97	5.86
农机户	万户	3940.34	3833.04	107.29	2.80
农机户占农户比例	%	15.35	15.20	0.15	
农机化经营总收入	亿元	3896.85	3466.53	430.33	12.41
农机户经营总收入	亿元	3482.47	3150.32	332.15	10.54
农机户户均经营总收入	元	8838.00	8218.85	619.15	7.53

注:(1)拖拉机拥有量配套农具比 2009 年为 1:1.63,2008 年为 1:1.6。

(2)大中型拖拉机拥有量配套农具比 2009 年为 1:1.55,2008 年为 1:1.46。

(3)小型拖拉机拥有量与配套农具比 2009 年为 1:1.65,2008 年为 1:1.63。

(4)拖拉机拥有量中不含变型拖拉机。

(5)农业劳动力(指农林牧渔业劳动力)28363.8 万人、乡村户数 25663.7 万户,数据来源于《中国农业统计资料》(2008);每户农村居民家庭生产性固定资产原值(农业)为 6537.78 元,全国耕地面积为 121715.9 千公顷,数据来源于《中国统计年鉴》(2009)。

全国农业机械化发展情况综合分析(二)

项　　目	计量单位	2009 年	2008 年	2009 年比 2008 年增减	
				增减量	%
耕种收综合机械化水平	%	49.13	45.85	3.28	—
机耕面积	千公顷	95719.27	91152.60	4566.68	5.01
机耕水平	%	65.99	62.92	3.07	—
机播面积	千公顷	65093.08	58974.26	6118.83	10.38
机播水平	%	41.03	37.74	3.29	—
机收面积	千公顷	53408.65	47484.04	5924.60	12.48
机收水平	%	34.74	31.19	3.55	—
小　麦:耕种收综合机械化水平	%	89.37	86.54	2.83	—
机耕水平	%	95.58	92.51	3.07	—
机播水平	%	84.37	81.28	3.09	—
机收水平	%	86.07	83.84	2.23	—
水　稻:耕种收综合机械化水平	%	55.33	51.15	4.18	—
机耕水平	%	83.27	79.19	4.07	—
机械种植水平	%	16.71	13.73	2.98	—
机收水平	%	56.69	51.16	5.52	—
玉　米:耕种收综合机械化水平	%	60.24	51.78	8.46	—
机耕水平	%	83.55	73.03	10.52	—
机播水平	%	72.48	64.62	7.85	—
机收水平	%	16.91	10.61	6.30	—
大　豆:耕种收综合机械化水平	%	68.68	60.85	7.84	—
机耕水平	%	72.95	67.18	5.77	—
机播水平	%	73.99	64.52	9.47	—
机收水平	%	57.68	48.73	8.95	—
油　菜:耕种收综合机械化水平	%	23.83	23.00	0.84	—
机耕水平	%	45.16	44.97	0.20	—
机播水平	%	10.39	9.74	0.65	—
机收水平	%	8.84	6.97	1.87	—
马铃薯:耕种收综合机械化水平	%	23.23	20.90	2.33	—
机耕水平	%	39.17	36.74	2.43	—
机播水平	%	12.94	10.67	2.27	—
机收水平	%	12.27	10.00	2.27	—
花　生:耕种收综合机械化水平	%	36.34	35.80	0.54	—
机耕水平	%	53.90	53.96	-0.07	—
机播水平	%	31.25	29.34	1.91	—
机收水平	%	18.02	18.05	-0.03	—
棉　花:耕种收综合机械化水平	%	47.83	43.12	4.71	—
机耕水平	%	76.84	69.06	7.78	—
机播水平	%	54.18	49.88	4.30	—
机收水平	%	2.81	1.78	1.03	—

注:(1)耕种收综合机械化水平计算方法:按照机耕、机播、机收水平分别为0.4、0.3、0.3的权重计算。

(2)机播水平按照农业部市场与经济信息司提供的播种面积计算。

农业机械化发展排序表

项　　目	计量单位	第一名	第二名	第三名	第四名	第五名	第六名	第七名	第八名	第九名	第十名	前十名占全国比例(%)
农业机械总动力	万千瓦	山东省 11080.66	河北省 9861.12	河南省 9817.84	安徽省 5108.85	湖南省 4352.39	江苏省 3810.57	黑龙江省 3401.27	江西省 3358.93	湖北省 3057.24	四川省 2952.66	64.92
每百亩耕地拥有农机动力	千瓦	河北省 104.06	山东省 98.29	天津市 89.93	浙江省 82.74	河南省 82.58	江西省 79.21	北京市 78.13	湖南省 76.57	西藏 66.08	安徽省 59.44	—
农业机械原值	亿元	山东省 641.07	河南省 615.24	河北省 486.19	安徽省 374.93	黑龙江省 326.66	江苏省 293.49	江西省 253.02	内蒙古 242.79	湖北省 235.04	浙江省 233.44	63.61
大中型拖拉机	万台	黑龙江省 58.30	内蒙古 48.26	山东省 39.93	吉林省 25.12	河南省 24.69	云南省 20.90	新疆 18.45	河北省 15.52	辽宁省 13.57	湖北省 11.86	78.91
小型拖拉机	万台	河南省 365.53	安徽省 233.24	山东省 196.83	河北省 149.14	江苏省 123.32	湖北省 90.83	黑龙江省 71.10	吉林省 59.00	内蒙古 50.07	甘肃省 43.72	78.98
大中拖配套农具	万部	山东省 81.24	内蒙古 73.58	黑龙江省 67.38	河南省 58.25	吉林省 48.00	新疆 33.38	河北省 32.00	湖北省 20.37	安徽省 19.46	甘肃省 18.13	83.35
小拖配套农具	万部	海南省 660.84	安徽省 528.27	山东省 301.24	河北省 199.45	湖北省 178.55	江苏省 170.91	吉林省 168.00	黑龙江省 116.99	内蒙古 82.03	甘肃省 74.72	86.13
农用排灌动力机械	万台	山东省 300.39	河北省 261.93	湖南省 200.97	河南省 158.21	安徽省 148.11	辽宁省 103.96	江西省 103.60	浙江省 98.19	重庆市 83.31	湖北省 79.27	73.74
联合收获机	万台	山东省 15.83	河南省 12.43	安徽省 9.13	江苏省 9.10	河北省 7.30	湖南省 5.95	湖北省 4.19	江西省 3.83	黑龙江省 3.55	陕西省 2.14	85.58
水稻插秧机	万台	黑龙江省 13.10	江苏省 5.32	湖北省 1.30	辽宁省 1.21	吉林省 1.06	安徽省 0.84	广　西 0.60	重庆市 0.49	江西省 0.32	浙江省 0.32	94.11
耕种收综合机械化水平	%	新疆兵团 86.24	黑龙江省 84.08	新疆 78.20	山东省 75.17	河南省 65.71	内蒙古 65.64	河北省 63.60	天津市 63.00	江苏省 63.00	北京市 61.80	—
农机化总投入	万元	河南省 555044.65	山东省 527366.51	黑龙江省 478180.94	四川省 440361.64	安徽省 436331.22	湖南省 354218.00	江苏省 353502.99	湖北省 322175.72	河北省 307109.40	吉林省 297165.90	59.03
农机化经营总收入	万元	山东省 4215763.92	湖南省 3455121.00	安徽省 3092214.01	广　西 2629602.02	河南省 2254492.80	湖北省 2093824.59	江苏省 2070232.00	四川省 1971749.90	河北省 1947853.64	浙江省 1507728.26	64.81

全国农业机械化发展指标

全国农业机械化系统机构及人员表

指标名称	代码	年末机构数(个)		年末人数(人)			
				合　计		其中:科技人员(教师)	
		2009 年	2008 年	2009 年	2008 年	2009 年	2008 年
一、农机化管理机构	1	33316	33188	116906	117950	59880	60142
1. 省级	2	32	31	801	787	146	141
2. 地级	3	354	348	4635	4669	1728	1854
3. 县级	4	2752	2768	34107	33576	15743	15646
4. 乡级	5	30178	30041	77363	78918	42263	42501
其中:单设机构	6	6752	7352	24113	26514	13886	14583
二、农机化教育、培训机构	7	1874	1827	21552	21265	13911	13622
1. 农机化大、中专	8	42	47	4005	4064	2591	2657
2. 农机化学校	9	1832	1780	17547	17201	11320	10965
三、农机化科研机构	10	85	89	3231	3378	2158	2262
1. 省级	11	22	22	1840	1826	1211	1209
2. 地级	12	63	67	1391	1552	947	1053
四、农机试验鉴定机构	13	56	55	1289	1312	940	960
1. 省级	14	30	30	1057	1066	781	791
2. 地级	15	26	25	232	246	159	169
五、农机化技术推广机构	16	2542	2487	22060	21654	13719	13518
1. 省级	17	32	31	738	713	519	478
2. 地级	18	304	296	3818	3661	2449	2494
3. 县级	19	2206	2160	17504	17280	10751	10546
六、农机安全监理机构	20	2904	2878	33720	33855	16899	17090
1. 省级	21	31	31	473	474	249	229
2. 地级	22	347	344	3694	3686	1921	2119
3. 县级	23	2526	2503	29553	29695	14729	14742

全国农业机械化服务组织及人员表

指标名称	代码	年末机构数(个)		年末人数(人)	
		2009 年	2008 年	2009 年	2008 年
一、农机化作业服务组织及农机户	1	*	*	*	*
1. 农机化作业服务组织	2	175329	165636	869343	726035
(1)其中:拥有农机原值20—50万元(含20万元)的	3	45671	42155	213483	182878
拥有农机原值50万元(含50万元)以上的	4	12242	8704	195300	118254
(2)其中:农机专业合作社	5	14902	8622	255307	106524
2. 农机户	6	39403370	38330442	47181189	45760183
(1)其中:拥有农机原值20—50万元(含20万元)的	7	355099	343483	572372	540411
拥有农机原值50万元(含50万元)以上的	8	35329	32890	96821	90097
(2)其中:农机化作业服务专业户	9	4464041	4217258	6101588	5618552
二、农机化中介服务组织	10	7473	6022	65388	58668
三、农机维修厂及维修点	11	219072	216330	476509	467334
其中:1. 一级维修点	12	1457	1193	8103	7784
2. 二级维修点	13	8483	8362	29479	28381
3. 三级维修点	14	111044	110007	229623	227314
4. 专项维修点	15	86598	87084	183267	181778
四、农机经销机构	16	*	*	*	*
1. 农机经销企业	17	8390	8343	87372	67289
2. 农机经销点	18	82739	78541	166264	156067
五、农机供油站(点)	19	19962	20063	52232	52979
六、拖拉机驾驶培训机构	20	2113	1597	17034	16501
七、乡村农机从业人员	21	*	*	50239126	48144860
1. 其中:初中(含初中)以上文化程度	22	*	*	37568207	36179494
2. 其中:拖拉机驾驶员	23	*	*	13548308	12739671
3. 其中:联合收获机驾驶员	24	*	*	707435	570119
4. 其中:农用运输车驾驶员	25	*	*	8381050	8261428
5. 其中:农机维修人员	26	*	*	884993	850694
6. 其中:获得农机职业技能鉴定证书人员	27	*	*	704210	569174
其中:修理工	28	*	*	159064	131721

全国农业机械拥有量表

指标名称	代码	计量单位	2009 年	2008 年	2009 年比 2008 年增减	
					增减量	%
一、农业机构总动力	1	万千瓦	87496.10	82190.41	5305.69	6.46
1. 柴油发动机动力	2	万千瓦	70410.41	65927.94	4482.47	6.80
2. 汽油发动机动力	3	万千瓦	2357.10	2279.12	77.97	3.42
3. 电动机动力	4	万千瓦	14652.20	13886.91	765.29	5.51
4. 其他机械动力	5	万千瓦	76.39	96.44	-20.05	-20.79
二、拖拉机及配套机械	6	*	*	*	*	*
(一)拖拉机	7	万台	2101.42	2021.91	79.51	3.93
	8	万千瓦	26664.79	24835.48	1829.31	7.37
1. 大中型(14.7 千瓦及以上)	9	万台	350.52	299.52	50.99	17.03
	10	万千瓦	9742.10	8186.50	1555.60	19.00
(1)其中:14.7—18.4 千瓦(含 14.7 千瓦)	11	万台	184.95	165.28	19.67	11.90
	12	万千瓦	2992.83	2693.87	298.95	11.10
18.4—58.8 千瓦(含 18.4 千瓦)	13	万台	139.41	114.12	25.30	22.17
	14	万千瓦	4975.87	4155.04	820.82	19.75
58.8 千瓦(含 58.8 千瓦以上)	15	万台	26.15	18.91	7.24	38.28
	16	万千瓦	1773.40	1299.14	474.26	36.51
(2)其中:轮式	17	万台	319.80	274.55	45.25	16.48
	18	万千瓦	8598.20	6812.05	1786.15	26.22
2. 小型(2.2—14.7 千瓦,含 2.2 千瓦)	19	万台	1750.90	1722.41	28.49	1.65
	20	万千瓦	16922.69	16647.66	275.02	1.65
其中:手扶式	21	万台	875.06	842.27	32.79	3.89
	22	万千瓦	7006.60	6620.05	386.54	5.84
(二)拖拉机配套农具	23	万部	3422.62	3229.91	192.72	5.97
1. 大中型	24	万部	542.06	435.36	106.69	24.51
2. 小型	25	万部	2880.56	2794.54	86.02	3.08
三、种植业机械	26	*	*	*	*	*
(一)耕整地机械	27	*	*	*	*	*
1. 耕整机	28	万台(套)	330.00	257.63	72.37	28.09
	29	万千瓦	1655.97	1300.41	355.56	27.34
2. 机耕船	30	万艘	12.87	12.05	0.82	6.82
	31	万千瓦	75.89	65.37	10.52	16.09
3. 机引犁	32	万台	1238.63	1208.03	30.59	2.53
4. 旋耕机	33	万台	409.50	375.54	33.96	9.04
5. 深松机	34	万台	12.48	8.57	3.91	45.65
6. 机引耙	35	万台	739.41	711.65	27.76	3.90
(二)种植施肥机械	36	*	*	*	*	*
1. 播种机	37	万台	514.80	482.11	32.68	6.78
其中:名耕播种机	38	万台	65.07	56.03	9.04	16.13
精少量播种机	39	万台	310.07	294.50	15.57	5.29
2. 水稻种植机械	40	*	*	*	*	*
(1)水稻直播机	41	万台	1.21	1.10	0.11	10.34

续表

指标名称	代码	计量单位	2009 年	2008 年	2009 年比 2008 年增减	
					增减量	%
(2)水稻插秧机	42	万台	26.09	19.96	6.13	30.69
	43	万千瓦	93.44	67.30	26.14	38.84
其中:乘坐式	44	万台	10.56	9.01	1.55	17.25
	45	万千瓦	40.32	31.33	9.00	28.72
(3)水稻浅栽机	46	万台	1.28	1.20	0.08	6.44
	47	万千瓦	2.41	1.64	0.77	46.81
3. 化肥深施机	48	万台	59.23	57.78	1.45	2.51
4. 地膜覆盖机	49	万台	34.71	30.73	3.97	12.93
(三)农用排灌机械	50	*	*	*	*	*
1. 排灌动力机械	51	万台	2085.71	2034.85	50.86	2.50
	52	万千瓦	13536.34	13018.37	517.97	3.98
其中:柴油机	53	万台	924.69	898.39	26.30	2.93
	54	万千瓦	6792.52	6561.69	230.83	3.52
电动机	55	万台	1134.80	1086.38	48.42	4.46
	56	万千瓦	6548.15	6347.05	201.10	3.17
2. 农用水泵	57	万台	2040.62	1979.24	61.38	3.10
3. 节水灌溉类机械	58	万套	137.56	134.54	3.02	2.24
(四)田间管理机械	59	*	*	*	*	*
1. 机动喷雾(粉)机	60	万台	395.91	356.42	39.49	11.08
	61	万千瓦	718.58	656.01	62.58	9.54
2. 茶叶修剪机	62	万台	10.01	5.55	4.45	80.18
	63	万千瓦	14.07	7.21	6.86	95.26
(五)收获机械	64	*	*	*	*	*
1. 联合收获机	65	万台	85.84	74.35	11.49	15.45
	66	万千瓦	3370.07	2707.37	662.70	24.48
(1)稻麦联合收割机	67	万台	77.66	66.73	10.94	16.39
	68	万千瓦	3089.67	2568.19	521.47	20.31
其中:自走式	69	万台	62.60	51.39	11.20	21.80
其中:半喂入式	70	万台	6.84	5.49	1.36	24.72
	71	万千瓦	275.38	436.62	-161.24	-36.93
(2)玉米联合收获机	72	万台	8.17	4.71	3.46	73.51
	73	万千瓦	280.41	133.04	147.37	110.77
其中:自走式	74	万台	3.89	1.58	2.31	146.17
2. 割晒机	75	万台	48.93	49.21	-0.29	-0.58
	76	万千瓦	39.77	46.31	-6.54	-14.12
3. 其他收获机械	77	万台	83.44	69.37	14.06	20.27
	78	万千瓦	267.17	189.21	77.96	41.20
其中:大豆收获机	79	万台	1.65	1.27	0.38	30.19
	80	万千瓦	115.61	87.13	28.48	32.69
油菜籽收获机	81	万台	0.35	0.25	0.10	40.60
	82	万千瓦	20.10	8.92	11.18	125.35
马铃薯收获机	83	万台	1.68	1.34	0.33	24.94
	84	万千瓦	7.02	4.42	2.60	58.91
甜菜收获机	85	万台	0.01	0.01	0.00	9.76
	86	万千瓦	0.26	0.22	0.04	16.59
花生收获机	87	万台	6.58	5.46	1.12	20.52
	88	万千瓦	2.35	1.74	0.61	34.82

续表

指标名称	代码	计量单位	2009年	2008年	2009年比2008年增减	
					增减量	%
棉花收获机	89	万台	0.09	0.06	0.03	45.15
	90	万千瓦	12.71	8.80	3.91	44.44
蔬菜收获机	91	万台	0.12	0.10	0.02	24.48
	92	万千瓦	0.13	0.12	0.01	8.33
茶叶采摘机	93	万台	3.06	2.34	0.72	30.92
	94	万千瓦	8.28	7.10	1.18	16.57
青饲料收获机	95	万台	2.15	1.91	0.24	12.64
	96	万千瓦	52.08	44.00	8.08	18.36
牧草收获机	97	万台	10.33	8.04	2.29	28.52
	98	万千瓦	12.22	12.91	-0.69	-5.36
秸秆粉碎还田机	99	万台	48.52	39.83	8.69	21.82
秸秆捡拾打捆机	100	万台	0.77	0.63	0.14	22.96
	101	万千瓦	4.40	2.45	1.95	79.62
玉米收获专用割台	102	万台	2.19	0.89	1.30	147.15
大豆收获专用割台	103	万台	1.43	1.03	0.40	38.76
油菜籽收获专用割台	104	万台	0.46	0.37	0.08	22.36
(六)收获后处理机械	105	*	*	*	*	*
1. 机动脱粒机	106	万台	987.94	963.15	24.79	2.57
2. 谷物烘干机	107	万台	4.33	2.54	1.79	70.23
3. 种子加工机械	108	万台	2.61	2.25	0.36	15.98
4. 保鲜储藏设备	109	万台(套)	2.74	1.95	0.79	40.68
(七)设施农业设备	110	*	*	*	*	*
1. 水稻工厂化育秧设备	111	万套	0.45	0.26	0.19	72.28
2. 温室	112	万平方米	976631.98	833273.25	143358.73	17.20
其中:连栋温室	113	万平方米	18156.66	17875.01	281.65	1.58
日光温室	114	万平方米	319287.27	254513.11	64774.16	25.45
塑料大棚	115	万平方米	619297.30	545855.01	73442.28	13.45
四、农产品初加工机械	116	*	*	*	*	*
(一)农产品初加工动力机械	117	万台	1296.64	1215.76	80.88	6.65
	118	万千瓦	8066.05	7758.40	307.65	3.97
其中:1. 柴油机	119	万台	316.71	300.41	16.30	5.43
	120	万千瓦	2721.38	2645.75	75.63	2.86
2. 电动机	121	万台	961.51	891.25	70.27	7.88
	122	万千瓦	5280.49	5079.51	200.98	3.96
(二)农产品初加工作业机械	123	万台	1157.83	1089.95	67.88	6.23
其中:1. 粮食加工机械	124	万台	926.13	879.45	46.68	5.31
2. 油料加工机械	125	万台	70.90	66.58	4.32	6.49
3. 棉花加工机械	126	万台	25.53	25.72	-0.19	-0.72
4. 果蔬加工机械	127	万台(套)	8.65	6.99	1.66	23.67
5. 茶叶加工机械	128	万台(套)	78.06	68.01	10.05	14.78
五、畜牧养殖机械	129	万台	577.05	545.30	31.75	5.82
	130	万千瓦	1691.40	1515.52	175.88	11.61

续表

指标名称	代码	计量单位	2009 年	2008 年	2009 年比 2008 年增减	
					增减量	%
其中:1. 饲草料加工机械	131	万台(套)	507.79	481.72	26.07	5.41
	132	万千瓦	1429.87	1297.84	132.03	10.17
2. 畜牧饲养机械	133	万台(套)	24.67	22.06	2.61	11.82
	134	万千瓦	82.38	68.12	14.26	20.93
3. 畜产品采集加工机械	135	万台(套)	10.52	8.60	1.92	22.33
	136	万千瓦	38.15	32.43	5.72	17.65
其中:挤奶机	137	万台	7.25	6.66	0.59	8.84
	138	万千瓦	27.33	21.24	6.08	28.63
剪羊毛机	139	万台	0.47	0.40	0.07	17.49
	140	万千瓦	0.82	0.71	0.11	15.11
六、渔业机械	141	万台	216.56	193.47	23.08	11.93
	142	万千瓦	1428.90	1393.22	35.68	2.56
其中:1. 增氧机	143	万台	143.15	124.14	19.01	15.31
	144	万千瓦	311.48	277.34	34.14	12.31
2. 投饵机	145	万台	36.39	28.71	7.68	26.74
	146	万千瓦	44.02	42.58	1.44	3.38
七、林果业机械	147	万台	13.36	9.47	3.88	41.00
	148	万千此	73.97	59.51	14.46	24.30
其中:1. 挖坑机	149	万台	2.71	2.15	0.56	26.18
	150	万千瓦	32.74	25.33	7.42	29.29
2. 果树修剪机	151	万台	2.85	1.92	0.93	48.11
	152	万千瓦	12.24	9.33	2.91	31.18
八、运输机械	153	*	*	*	*	*
1. 农用运输车	154	万台	1345.04	1320.80	24.24	1.84
	155	万千瓦	20418.63	19803.34	615.29	3.11
(1)三轮汽车	156	万台	1078.71	1065.97	12.73	1.19
	157	万千瓦	12081.56	11807.90	273.66	2.32
(2)低速载货汽车	158	万台	239.27	233.86	5.41	2.32
	159	万千瓦	7537.06	7190.90	346.16	4.81
2. 手扶变型运输机	160	万台	82.26	66.42	15.85	23.86
	161	万千瓦	1713.44	1355.21	358.23	26.43
3. 农用挂车	162	万台	794.03	800.18	-6.16	-0.77
九、农田基本建设机械	163	万台	39.35	37.68	1.67	4.43
	164	万千瓦	2080.09	1954.85	125.24	6.41
十、其他机械	165	*	*	*	*	*
其中:农用飞机	166	架	91	89	2	2.25
十一、农业机械原值和净值	167	*	*	*	*	*
1. 农业机械原值	168	亿元	5819.77	5191.86	627.90	12.09
2. 农业机械净值	169	亿元	4224.46	3764.39	460.07	12.22

全国农业机械化作业情况表

指标名称	代码	计量单位	2009 年	2008 年	2009 年比 2008 年增减	
					增减量	%
一、农机化作业总体情况	1	*	*	*	*	*
(一)机耕面积	2	千公顷	95719.27	91152.60	4566.68	5.01
(二)机播面积	3	千公顷	65093.08	58974.26	6118.83	10.38
(三)机电灌溉面积	4	千公顷	47820.36	46602.79	1217.58	2.61
(四)机械植保面积	5	千公顷	53237.01	50435.85	2801.15	5.55
(五)机收面积	6	千公顷	53408.65	47484.04	5924.60	12.48
二、主要农作物农机化作业情况	7	*	*	*	*	*
(一)小麦	8	*	*	*	*	*
1. 小麦机耕面积	9	千公顷	22011.71	20888.27	1123.45	5.38
2. 小麦机播面积	10	千公顷	20495.32	19196.62	1298.70	6.77
3. 小麦机收面积	11	千公顷	20907.72	19800.37	1107.35	5.59
(二)水稻	12	*	*	*	*	*
1. 水稻机耕面积	13	千公顷	24570.80	22985.33	1585.48	6.90
2. 水稻机械种植面积	14	千公顷	4950.12	4014.44	935.68	23.31
其中:水稻机播面积	15	千公顷	520.03	503.10	16.92	3.36
水稻机插面积	16	千公顷	4161.45	3234.61	926.83	28.65
水稻机浅栽面积	17	千公顷	211.45	206.91	4.54	2.19
3. 水稻机收面积	18	千公顷	16794.95	14961.10	1833.85	12.26
(三)玉米	19	*	*	*	*	*
1. 玉米机耕面积	20	千公顷	18847.60	16482.67	2364.94	14.35
2. 玉米机播面积	21	千公顷	22600.54	19298.86	3301.68	17.11
3. 玉米机收面积	22	千公顷	5273.25	3168.50	2104.75	66.43
(四)大豆	23	*	*	*	*	*
1. 大豆机耕面积	24	千公顷	6704.17	6131.42	572.75	9.34
2. 大豆机播面积	25	千公顷	6799.38	5888.61	910.77	15.47
3. 大豆机收面积	26	千公顷	5301.07	4447.86	853.21	19.18
(五)油菜	27	*	*	*	*	*
1. 油菜机耕面积	28	千公顷	3286.94	2964.92	322.02	10.86
2. 油菜机播面积	29	千公顷	756.20	642.06	114.14	17.78
3. 油菜机收面积	30	千公顷	643.43	459.73	183.70	39.96
(六)马铃薯	31	*	*	*	*	*
1. 马铃薯机耕面积	32	千公顷	1990.09	1713.46	276.63	16.14
2. 马铃薯机播面积	33	千公顷	657.35	497.60	159.75	32.10
3. 马铃薯机收面积	34	千公顷	623.58	466.43	157.15	33.69
(七)花生	35	*	*	*	*	*
1. 花生机耕面积	36	千公顷	2358.90	2291.15	67.75	2.96
2. 花生机播面积	37	千公顷	1367.62	1245.62	122.00	9.79
3. 花生机收面积	38	千公顷	788.71	766.24	22.47	2.93
(八)棉花	39	*	*	*	*	*
1. 棉花机耕面积	40	千公顷	3805.13	3973.79	-168.66	-4.24

续表

指标名称	代码	计量单位	2009 年	2008 年	2009 年比 2008 年增减	
					增减量	%
2. 棉花机播面积	41	千公顷	2682.77	2870.08	-187.31	-6.53
3. 棉花机收面积	42	千公顷	139.15	102.33	36.82	35.98
三、单项农机化作业情况	43	*	*	*	*	*
1. 机械深耕面积	44	千公顷	26922.10	26704.87	217.22	0.81
2. 机械深松面积	45	千公顷	8831.21	8669.83	161.37	1.86
3. 机械化免耕播种面积	46	千公顷	10187.28	8956.14	1231.14	13.75
其中:机械化免耕覆盖播种面积	47	千公顷	5092.34	4599.21	493.14	10.72
4. 保护性耕作面积	48	千公顷	3506.55	2985.34	521.20	17.46
5. 精少量播种面积	49	千公顷	32720.67	31165.78	1554.90	4.99
6. 机械深施化肥面积	50	千公顷	29178.18	28207.62	970.56	3.44
7. 机械铺膜面积	51	千公顷	6357.84	5485.54	872.30	15.90
8. 农田机械节水灌溉面积	52	千公顷	11164.12	10081.04	1083.09	10.74
9. 机械播种牧草面积	53	千公顷	640.29	612.01	28.27	4.62
10. 机械收获牧草数量	54	万吨	1542.51	1936.28	-393.77	-20.34
11. 机械化秸秆还田面积	55	千公顷	24927.23	22765.48	2161.75	9.50
12. 秸秆捡拾打捆面积	56	千公顷	699.82	617.32	82.49	13.36
13. 机械脱粒粮食数量	57	万吨	47392.60	46149.68	1242.92	2.69
14. 机械烘干粮食数量	58	万吨	2354.25	1930.00	424.25	21.98
15. 机械初加工农产品数量	59	万吨	66561.66	59910.71	6650.95	11.10
其中:(1)加工粮食数量	60	万吨	52458.97	46574.27	5884.70	12.64
(2)加工油料数量	61	万吨	5720.69	5373.52	347.17	6.46
(3)加工棉花数量	62	万吨	1867.69	1614.13	253.56	15.71
(4)加工果蔬数量	63	万吨	1994.40	1578.86	415.54	26.32
(5)加工茶叶数量	64	万吨	343.35	279.00	64.35	23.07
16. 机械化饲草料加工数量	65	万吨	17817.92	15741.14	2076.78	13.19
其中:机械化青贮秸秆数量	66	万吨	7258.21	6695.15	563.06	8.41
17. 农机运输作业量	67	亿吨·公里	3900.00	1915.99	1984.01	103.55
其中:农业运输作业量	68	亿吨·公里	2355.15	996.67	1358.48	136.30
18. 农田基本建设作业量	69	万立方米	489607.28	366569.87	123037.41	33.56
19. 农用飞机作业面积	70	千公顷	1624.39	1374.74	249.65	18.16
20. 农机跨区作业面积	71	千公顷	27416.27	24090.85	3325.42	13.80
其中:(1)跨区机耕面积	72	千公顷	4466.65	4047.06	419.59	10.37
(2)跨区机播面积	73	千公顷	1748.24	1726.22	22.02	1.28
(3)跨区机收面积	74	千公顷	20612.49	18159.96	2452.53	13.51
其中:跨区机收小麦	75	千公顷	13126.21	12339.78	786.43	6.37
跨区机收水稻	76	千公顷	5985.52	4872.65	1112.87	22.84
跨区机收玉米	77	千公顷	989.63	680.90	308.73	45.34
补充资料:免耕播种面积		千公顷	14845.81	11401.43	3444.38	30.21
小麦免耕播种面积		千公顷	1261.94	1038.29	223.66	21.54
水稻免耕播种面积		千公顷	118.91	217.00	-98.09	-45.20
玉米免耕播种面积		千公顷	8625.18	7294.92	1330.26	18.24

全国农业机械化管理服务情况表

指标名称	代码	计量单位	2009 年	2008 年	2009 年比 2008 年增减	
					增减量	%
一、农机化培训	1	人次	5768406	5500692	267714	4.87
其中:1. 培训农机管理人员	2	人次	139865	141202	-1337	-0.95
2. 培训农机技术人员	3	人次	662303	612459	49844	8.14
3. 培训农机监理人员	4	人次	65091	53807	11284	20.97
4. 培训农机操作人员	5	人次	4692076	4506976	185100	4.11
二、农机维修	6	*	*	*	*	*
1. 维修拖拉机	7	万台次	1706.87	1666.13	41	2.45
2. 维修联合收获机	8	万台次	118.63	104.43	14	13.60
3. 维修水稻插秧机	9	万台次	10.57	20.16	-10	-47.56
4. 维修运输机械	10	万台次	1194	1110.99	83	7.47
5. 维修其他农机具	11	万台次	2736.02	2752.37	-16	-0.59
三、农机鉴定	12	*	*	*	*	*
推广鉴定当年发证数量	13	件	8016	10026	-2010	-20.05
四、农机监理装备	14	*	*	*	*	*
1. 监理车辆	15.00	辆	4473	4292	181	4.22
其中:摩托车	16	辆	931	869	62	7.13
2. 安全检测设备	17	套	1308	1400	-92	-6.57
其中:拖拉机检测设备	18	套	1221	1315	-94	-7.15

全国农业机械化投入情况表

指标名称	代码	计量单位	2009年	2008年	2009年比2008年增减	
					增减量	%
农机化总投入	1	万元	6896690.26	4819196.13	2077494.13	43.11
其中:一般行政事业支出	2	万元	363810.21	333745.33	30064.88	9.01
基本建设	3	万元	169175.75	134757.78	34417.97	25.54
科研	4	万元	4956.42	5415.84	-459.42	-8.48
推广培训	5	万元	56093.11	60260.91	-4167.80	-6.92
农业机械购置	6	万元	6097446.59	4092555.37	2004891.22	48.99
其他	7	万元	180108.94	182929.22	-2820.28	-1.54
一、财政投入	8	万元	2042715.00	1109793.01	932921.99	84.06
其中:一般行政事业支出	9	万元	343346.68	309637.66	33709.02	10.89
基本建设	10	万元	80740.69	57613.39	23127.30	40.14
科研	11	万元	4278.89	4646.08	-367.19	-7.90
推广培训	12	万元	43517.58	45626.59	-2109.01	-4.62
农业机械购置	13	万元	1487683.01	621709.62	865973.39	139.29
其他	14	万元	58048.92	61028.00	-2979.08	-4.88
1. 中央请财政	15	万元	1350802.73	489593.91	861208.82	175.90
其中:一般行政事业支出	16	万元	*	*	*	*
基本建设	17	万元	45543.83	23284.80	22259.03	95.59
科研	18	万元	636.50	213.70	422.80	197.85
推广培训	19	万元	4302.38	4334.40	-32.02	-0.74
农业机械购置	20	万元	1292437.05	449637.72	842799.33	187.44
其他	21	万元	7882.97	12123.29	-4240.32	-34.98
2. 地方财政	22	万元	691912.28	620199.11	71713.17	11.56
其中:一般行政事业支出	23	万元	368445.92	319169.34	49276.58	15.44
基本建设	24	万元	35196.86	34328.59	868.27	2.53
科研	25	万元	3642.39	4432.38	-789.99	-17.82
推广培训	26	万元	39215.20	41292.19	-2076.99	-5.03
农业机械购置	27	万元	195245.96	172071.90	23174.06	13.47
其他	28	万元	50165.95	48904.71	1261.24	2.58
二、单位和集体投入	29	万元	130089.60	120525.46	9564.14	7.94
其中:一般行政事业支出	30	万元	20463.53	24107.68	-3644.14	-15.12
基本建设	31	万元	21464.99	31536.22	-10071.23	-31.94
科研	32	万元	618.70	638.46	-19.76	-3.09
推广培训	33	万元	3812.55	4075.64	-263.09	-6.46
农业机械购置	34	万元	69624.23	49522.92	20101.31	40.59
其他	35	万元	14105.60	10644.55	3461.05	31.51
三、农民个人投入	36	万元	4685340.02	3560648.20	1124691.82	31.59
其中:一般行政事业支出	37	万元	*	*	*	*
基本建设	38	万元	50464.36	40638.74	9825.62	24.18
科研	39	万元	*	*	*	*
推广培训	40	万元	8156.40	9890.80	-1734.40	-17.54
农业机械购置	41	万元	4528405.23	3411600.40	1116804.83	32.74
其他	42	万元	98314.03	98518.26	-204.23	-0.21
四、其他投入	43	万元	38545.63	28229.46	10316.17	36.54
其中:一般行政事业支出	44	万元	*	*	*	
基本建设	45	万元	16505.71	4969.43	11536.28	232.14
科研	46	万元	58.83	131.30	-72.47	-55.19
推广培训	47	万元	606.58	667.88	-61.30	-9.18
农业机械购置	48	万元	11734.12	9722.44	2011.68	20.69
其他	49	万元	9640.39	12738.41	-3098.02	-24.32

全国农业机械化经营效益情况表

指标名称	代码	计量单位	合计		其中:农机户	
			2009 年	2008 年	2009 年	2008 年
一、总收入	1	万元	38968522.26	34665258.46	34824683.65	31503203.23
1. 农机化作业收入	2	万元	34387564.28	30821494.69	31878143.50	28920854.29
其中:(1)田间作业收入	3	万元	13789257.35	11371029.18	12863013.07	10591676.28
其中:跨区作业收入	4	万元	1618982.17	1418305.18	1512356.17	1356563.94
(2)农产品初加工作业收入	5	万元	4362186.80	3846966.10	3742654.89	3552918.86
(3)农机运输收入	6	万元	15650307.66	14747060.50	14684301.26	13976112.49
其中:农业运输收入	7	万元	7686903.29	7095899.38	7199800.35	6663142.58
2. 农机维修收入	8	万元	1471559.50	1320755.79	1229389.05	1131244.90
3. 其他收入	9	万元	3109398.48	2523007.98	1717151.10	1451104.04
其中:农机入油料经销收入	10	万元	1723231.42	1400964.28	728915.26	620294.36
二、成本与费用	11	万元	23912656.06	22170185.40	21159956.73	19400771.02
1. 服务成本与费用	12	万元	19985578.99	17968952.51	17958035.66	16380344.43
其中:(1)农机化作业能耗及维修费	13	万元	14695176.09	13409368.37	13533414.49	12387092.07
其中:农机运输能耗及维修费	14	万元	7278080.84	6820978.93	6797165.21	6476104.15
(2)农机维修耗材、能耗及设备维护费	15	万元	2009730.47	1491308.51	1724604.06	1294044.01
2. 管理与财务费用	16	万元	1599326.86	1391508.79	1279486.70	1168303.55
3. 税金及附加	17	万元	1020607.20	1001281.41	856570.72	865174.24
4. 其他费用	18	万元	1307143.01	1808442.69	1065863.66	986948.81
三、利润总额	19	万元	14602827.62	13136514.54	13254793.02	12059707.17

全国农业生产燃油消耗情况表

指标名称	代码	计量单位	2009 年	2008 年	2009 年比 2008 年增减	
					增减量	%
农业生产燃油消耗	1	万吨	3574.51	3401.23	173.28	5.09
(1)其中:柴油	2	万吨	3408.61	3254.10	154.51	4.75
(2)其中:用于农机抗灾救灾	3	万吨	195.83	193.53	2.31	1.19
1. 农田作业	4	万吨	1284.48	1034.04	250.44	24.22
(1)机耕	5	万吨	565.90	456.86	109.04	23.87
(2)机播	6	万吨	169.63	131.82	37.81	28.68
(3)机收	7	万吨	287.01	220.02	66.99	30.45
(4)植保	8	万吨	106.58	85.39	21.19	24.81
(5)其它	9	万吨	155.36	139.94	15.42	11.02
2. 农田排灌	10	万吨	258.06	253.25	4.81	1.90
3. 农田基本建设	11	万吨	301.11	265.99	35.12	13.20
4. 畜牧业生产	12	万吨	58.29	55.25	3.04	5.50
5. 农产品初加工	13	万吨	330.07	302.26	27.81	9.20
6. 农业运输	14	万吨	1255.21	1342.47	-87.26	-6.50
7. 其它	15	万吨	87.31	147.98	-60.67	-41.00

全国农业机械事故情况表

指标名称	代码	计量单位	2009 年	2008 年	2009 年比 2008 年增减	
					增减量	%
一、事故次数	1	次	836	1495	-659	-44.08
其中:1. 一般伤亡事故	2	次	835	1490	-655	-43.96
2. 重大伤亡事故	3	次	1	5	-4	-80.00
3. 特大伤亡事故	4	次	0	0	0	0.00
4. 特别重大伤亡事故	5	次	0	0	0	0.00
二、事故损失	6	*	*	*	*	*
1. 死亡人数	7	人	262	322	-60	-18.63
2. 受伤人数	8	人	603	1056	-453	-42.90
3. 直接经济损失	9	万元	732.46	967.94	-235.48	-24.33
三、事故原因	10	*	*	*	*	*
其中:1. 无证驾驶	11	次	233	168	65	38.69
2. 未换证审验	12	次	18	19	-1	-5.26
3. 酒后驾驶	13	次	11	77	-66	-85.71
4. 违法载人	14	次	21	212	-191	-90.09
5. 超速超载	15	次	77	210	-133	-63.33
6. 无牌行驶	16	次	137	53	84	158.49
7. 未年检	17	次	63	30	33	110.00
8. 操作失误	18	次	467	499	-32	-6.41
9. 机件失灵、设施不全	19	次	41	131	-90	-68.70
10. 其它	20	次	159	165	-6	-3.64
四、事故条件	21	*	*	*	*	*
其中:1. 驾龄不满 1 年的	22	次	65	90	-25	-27.78
2. 驾龄 1—3 年的	23	次	335	305	30	9.84
3. 驾龄 3 年以上的	24	次	436	539	-103	-19.11
4. 正面碰撞的	25	次	613	198	415	209.60
5. 追尾的	26	次	136	61	75	122.95
6. 翻车的	27	次	87	139	-52	-37.41
7. 发生在等级公路上的	28	次	0	73	-73	-100.00
8. 发生在乡级道路上的	29	次	592	515	77	14.95
9. 发生在山区道路上的	30	次	244	149	95	63.76
10. 发生在田间场院的	31	次	0	482	-482	-100.00
11. 发生在 8:00—20:00 之间的	32	次	668	625	43	6.88
12. 发生在 20:00—8:00 之间的	33	次	168	72	96	133.33
13. 晴天发生的	34	次	547	638	-91	-14.26
14. 雨天发生的	35	次	202	342	-140	-40.94
15. 雪天发生的	36	次	9	132	-123	-93.18
16. 雾天发生的	37	次	78	42	36	85.71
17. 主要责任人未满 18 岁的	38	次	0	29	-29	-100.00
18. 主要责任人 18 岁以上的	39	次	836	1101	-265	-24.07

各地区农业机械化发展指标

各地区农业机械化系统机构及人员表

地区	一、农机化管理机构			1. 省级			2. 地级		
	年末机构数（个）	年末人数（人）		年末机构数（个）	年末人数（人）		年末机构数（个）	年末人数（人）	
		合计	其中：科技人员（教师）		合计	其中：科技人员（教师）		合计	其中：科技人员（教师）
全国	33316	116906	59880	32	801	146	354	4635	1728
北京	195	614	228	1	7	6	0	0	0
天津	163	880	213	1	38	0	0	0	0
河北	1926	4848	1944	1	9	0	11	100	43
山西	1376	5404	2814	1	64	0	11	408	216
内蒙古	750	2241	1295	1	6	0	12	124	72
辽宁	1171	3374	1852	1	11	0	14	147	23
吉林	693	5899	4437	1	20	16	9	90	61
黑龙江	683	3809	2311	1	22	12	13	235	112
上海	118	275	209	1	8	7	9	59	44
江苏	1305	5429	2543	1	62	0	14	184	45
浙江	1423	3263	2972	1	30	24	11	115	75
安徽	1257	4161	2549	1	41	0	17	161	61
福建	1095	2611	1080	1	12	0	8	80	0
江西	1550	4620	2213	1	7	0	11	111	62
山东	1886	10030	5165	1	36	0	17	365	132
河南	2106	7122	2174	1	36	0	18	425	96
湖北	1064	3613	2053	1	26	0	17	231	137
湖南	1912	7952	2554	1	60	4	13	355	30
广东	1112	3339	878	1	8	0	20	94	34
广西	1201	4035	2850	1	56	27	14	187	84
海南	189	580	198	1	8	8	2	12	6
重庆	908	2580	1321	1	19	6	3	63	23
四川	2968	8285	3809	1	63	0	21	344	123
贵州	1235	3755	1938	1	32	4	9	112	54
云南	1397	4049	2812	1	7	1	16	42	11
西藏	6	10	0	1	1	0	5	9	0
陕西	1139	3207	969	1	28	23	10	155	53
甘肃	1098	3243	819	1	34	0	13	169	37
青海	137	479	383	1	3	0	6	29	25
宁夏	190	579	453	1	4	4	4	27	23
新疆	863	611	4468	1	39	0	13	174	21
新疆兵团	200	509	376	1	4	4	13	28	25

续表

地区	3. 县级			4. 乡级			其中:单设机构		
	年末机构数(个)	年末人数(人)		年末机构数(个)	年末人数(人)		年末机构数(个)	年末人数(人)	
		合计	其中:科技人员(教师)		合计	其中:科技人员(教师)		合计	其中:科技人员(教师)
全国	2752	34107	15743	30178	77363	42263	6752	24113	13886
北京	13	181	104	181	426	118	9	148	23
天津	12	234	85	150	608	128	47	282	40
河北	181	1582	806	1733	3157	1095	283	493	116
山西	115	2557	1438	1249	2375	1160	603	1043	514
内蒙古	101	981	555	636	1130	668	57	121	90
辽宁	94	885	354	1062	2331	1475	78	210	155
吉林	64	735	555	619	5054	3805	393	3177	2475
黑龙江	89	1542	971	580	2010	1216	295	1285	638
上海	0	0	0	108	208	158	0	0	0
江苏	101	884	308	1189	4299	2190	225	1819	770
浙江	75	766	521	1336	2352	2352	369	518	518
安徽	97	867	440	1142	3092	2048	234	1075	688
福建	76	704	22	1010	1815	1058	44	135	105
江西	99	1121	475	1439	3381	1676	280	855	381
山东	143	3482	1579	1725	6147	3454	799	3088	1730
河南	164	3350	1287	1923	3311	791	56	224	29
湖北	80	1064	620	966	2292	1296	284	917	419
湖南	130	2312	826	1768	5225	1694	500	1232	548
广东	112	890	336	979	2347	508	240	593	138
广西	96	987	440	1090	2805	2299	116	320	258
海南	17	194	72	169	366	112	36	89	8
重庆	36	298	137	868	2200	1155	70	105	80
四川	176	2321	1079	2770	5557	2607	422	1511	718
贵州	88	1038	429	1137	2573	1451	197	423	206
云南	113	719	322	1267	3281	2478	276	1111	932
西藏	0	0	0	0	0	0	0	0	0
陕西	100	1223	520	1028	1801	373	208	444	60
甘肃	88	1166	233	996	1874	549	170	324	76
青海	37	316	251	93	131	107	0	0	0
宁夏	19	310	208	166	238	218	19	33	17
新疆	96	984	470	753	4914	3977	432	2518	2134
新疆兵团	140	414	300	46	63	47	10	20	20

续表

地区	二、农机化教育、培训机构			1. 农机化大、中专			2. 农机化学校		
	年末机构数（个）	年末人数（人）		年末机构数（个）	年末人数（人）		年末机构数（个）	年末人数（人）	
		合计	其中：科技人员（教师）		合计	其中：科技人员（教师）		合计	其中：科技人员（教师）
全　国	1874	21552	13911	42	4005	2591	1832	17547	11320
北　京	10	417	126	0	0	0	10	417	126
天　津	12	159	80	0	0	0	12	159	80
河　北	128	909	561	2	21	13	126	888	548
山　西	66	767	537	2	278	169	64	489	368
内蒙古	49	331	244	0	0	0	49	331	244
辽　宁	48	833	507	2	72	70	46	761	437
吉　林	41	1197	933	1	115	86	40	1082	847
黑龙江	71	1455	937	3	630	397	68	825	540
上　海	0	0	0	0	0	0	0	0	0
江　苏	60	400	260	0	0	0	60	400	260
浙　江	69	268	126	0	0	0	69	268	126
安　徽	75	986	697	4	317	177	71	669	520
福　建	21	193	100	1	105	57	20	88	43
江　西	52	306	159	1	16	2	51	290	157
山　东	129	1151	851	1	18	12	128	1133	839
河　南	133	1887	1056	2	90	78	131	1797	978
湖　北	58	969	657	1	170	131	57	799	526
湖　南	103	849	522	3	40	10	100	809	512
广　东	72	899	493	0	0	0	72	899	493
广　西	96	1920	1314	7	845	602	89	1075	712
海　南	17	110	61	0	0	0	17	110	61
重　庆	20	305	203	2	205	141	18	100	62
四　川	114	665	432	1	57	43	113	608	389
贵　州	35	711	429	6	552	314	29	159	115
云　南	125	939	700	1	118	84	124	821	616
西　藏	0	0	0	0	0	0	0	0	0
陕　西	94	1477	901	1	189	117	93	1288	784
甘　肃	75	542	303	0	0	0	75	542	303
青　海	1	26	24	0	0	0	1	26	24
宁　夏	9	241	147	1	167	88	8	74	59
新　疆	82	566	487	0	0	0	82	566	487
新疆兵团	9	74	64	0	0	0	9	74	64

续表

地区	三、农机化科研机构			1. 省级			2. 地级		
	年末机构数（个）	年末人数（人）		年末机构数（个）	年末人数（人）		年末机构数（个）	年末人数（人）	
		合计	其中：科技人员（教师）		合计	其中：科技人员（教师）		合计	其中：科技人员（教师）
全　国	85	3231	2158	22	1840	1211	63	1391	947
北　京	0	0	0	0	0	0	0	0	0
天　津	1	30	21	1	30	21	0	0	0
河　北	1	20	10	1	20	10	0	0	0
山　西	11	297	239	1	106	73	10	191	166
内蒙古	2	22	15	0	0	0	2	22	15
辽　宁	6	182	120	1	75	51	5	107	69
吉　林	5	326	263	1	75	55	4	251	208
黑龙江	10	882	572	6	784	501	4	98	71
上　海	1	143	34	1	143	34	0	0	0
江　苏	0	0	0	0	0	0	0	0	0
浙　江	0	0	0	0	0	0	0	0	0
安　徽	2	55	43	0	0	0	2	55	43
福　建	0	0	0	0	0	0	0	0	0
江　西	1	5	4	0	0	0	1	5	4
山　东	5	154	100	0	0	0	5	154	100
河　南	0	0	0	0	0	0	0	0	0
湖　北	1	68	58	1	68	58	0	0	0
湖　南	4	101	43	0	0	0	4	101	43
广　东	5	242	193	1	189	158	4	53	35
广　西	1	13	4	0	0	0	1	13	4
海　南	1	0	0	1	0	0	0	0	0
重　庆	3	57	44	2	38	32	1	19	12
四　川	10	303	173	1	139	74	9	164	99
贵　州	6	170	116	1	82	70	5	88	46
云　南	3	58	44	1	58	44	2	0	0
西　藏	0	0	0	0	0	0	0	0	0
陕　西	0	0	0	0	0	0	0	0	0
甘　肃	3	65	27	0	0	0	3	65	27
青　海	0	0	0	0	0	0	0	0	0
宁　夏	1	10	7	1	10	7	0	0	0
新　疆	0	0	0	0	0	0	0	0	0
新疆兵团	2	28	28	1	23	23	1	5	5

续表

地区	四、农机试验鉴定机构			1. 省级			2. 地级		
	年末机构数（个）	年末人数（人）		年末机构数（个）	年末人数（人）		年末机构数（个）	年末人数（人）	
		合计	其中：科技人员（教师）		合计	其中：科技人员（教师）		合计	其中：科技人员（教师）
全　国	56	1289	940	30	1057	781	26	232	159
北　京	1	8	8	1	8	8	0	0	0
天　津	1	36	22	1	36	22	0	0	0
河　北	1	31	26	1	31	26	0	0	0
山　西	12	131	101	1	52	31	11	79	70
内蒙古	1	62	31	1	62	31	0	0	0
辽　宁	3	106	69	1	70	56	2	36	13
吉　林	2	90	70	1	85	67	1	5	3
黑龙江	1	90	66	1	90	66	0	0	0
上　海	1	14	9	1	14	9	0	0	0
江　苏	5	88	73	1	47	47	4	41	26
浙　江	1	4	4	1	4	4	0	0	0
安　徽	1	40	32	1	40	32	0	0	0
福　建	0	0	0	0	0	0	0	0	0
江　西	1	20	20	1	20	20	0	0	0
山　东	1	27	21	1	27	21	0	0	0
河　南	5	42	38	1	25	25	4	17	13
湖　北	2	28	20	1	20	15	1	8	5
湖　南	3	95	71	1	60	46	2	35	25
广　东	1	35	23	1	35	23	0	0	0
广　西	1	37	26	1	37	26	0	0	0
海　南	1	10	4	1	10	4	0	0	0
重　庆	1	39	35	1	39	35	0	0	0
四　川	1	65	52	1	65	52	0	0	0
贵　州	1	20	18	1	20	18	0	0	0
云　南	1	14	11	1	14	11	0	0	0
西　藏	0	0	0	0	0	0	0	0	0
陕　西	2	28	15	1	17	11	1	11	4
甘　肃	1	45	29	1	45	29	0	0	0
青　海	1	6	5	1	6	5	0	0	0
宁　夏	1	38	13	1	38	13	0	0	0
新　疆	1	40	28	1	40	28	0	0	0
新疆兵团	1	0	0	1	0	0	0	0	0

续表

地区	五、农机化技术推广机构			1. 省级			2. 地级		
	年末机构数（个）	年末人数（人）		年末机构数（个）	年末人数（人）		年末机构数（个）	年末人数（人）	
		合计	其中：科技人员（教师）		合计	其中：科技人员（教师）		合计	其中：科技人员（教师）
全　国	2542	22060	13719	32	738	519	304	3818	2449
北　京	13	358	152	1	50	39	0	0	0
天　津	13	153	106	1	31	21	0	0	0
河　北	165	1301	765	1	13	12	11	256	174
山　西	124	1046	744	1	53	36	11	148	106
内蒙古	86	933	670	1	110	72	11	203	146
辽　宁	73	1116	733	1	15	14	12	274	202
吉　林	59	1019	802	1	34	19	7	113	90
黑龙江	84	633	479	1	38	28	13	81	63
上　海	10	53	41	1	11	8	9	42	33
江　苏	89	929	670	2	37	37	13	226	180
浙　江	68	323	248	1	5	5	9	44	34
安　徽	85	814	538	1	22	17	7	62	36
福　建	11	62	40	1	23	18	0	0	0
江　西	111	366	276	1	3	3	11	40	28
山　东	148	968	706	1	26	19	16	95	75
河　南	161	1904	829	1	10	10	18	263	179
湖　北	96	899	668	0	0	0	17	242	190
湖　南	118	1387	552	1	4	4	10	95	42
广　东	106	614	321	1	19	14	18	121	56
广　西	102	1012	693	1	30	24	12	350	144
海　南	18	84	31	1	10	8	1	0	0
重　庆	37	191	117	1	8	5	3	18	14
四　川	158	662	429	1	8	3	15	64	38
贵　州	89	404	247	1	30	16	8	42	22
云　南	138	971	720	1	20	15	15	198	150
西　藏	3	13	3	1	4	3	2	9	0
陕　西	98	1512	665	1	19	10	11	202	89
甘　肃	79	687	280	1	35	22	11	211	98
青　海	23	183	175	1	15	13	3	26	23
宁　夏	25	323	216	1	38	13	4	40	22
新　疆	93	966	704	1	12	7	13	321	193
新疆兵团	59	174	99	1	5	4	13	32	22

续表

地区	3. 县级			六、农机安全监理机构			1. 省级		
	年末机构数（个）	年末人数(人)		年末机构数（个）	年末人数(人)		年末机构数（个）	年末人数(人)	
		合计	其中：科技人员（教师）		合计	其中：科技人员（教师）		合计	其中：科技人员（教师）
全　国	2206	17504	10751	2904	33720	16899	31	473	249
北　京	12	308	113	14	159	77	1	28	16
天　津	12	122	85	13	166	47	1	9	0
河　北	153	1032	579	175	2310	1024	1	13	13
山　西	112	845	602	125	1278	799	1	8	0
内蒙古	74	620	452	99	1314	828	1	10	9
辽　宁	60	827	517	104	1048	644	1	9	0
吉　林	51	872	693	68	1265	1027	1	21	16
黑龙江	70	514	388	92	1760	1227	1	17	17
上　海	0	0	0	10	90	63	1	10	8
江　苏	74	666	453	103	1014	523	1	23	0
浙　江	58	274	209	90	587	406	1	5	5
安　徽	77	730	485	101	1423	821	1	21	16
福　建	10	39	22	53	199	0	1	12	0
江　西	99	323	245	111	629	313	1	10	9
山　东	131	847	612	151	2197	1357	1	26	21
河　南	142	1631	640	168	4274	1199	1	15	0
湖　北	79	657	478	102	1239	672	1	30	24
湖　南	107	1288	506	127	1354	569	1	6	0
广　东	87	474	251	120	800	319	1	0	0
广　西	89	632	525	110	1257	801	1	15	14
海　南	16	74	23	19	206	76	1	29	20
重　庆	33	165	98	37	247	111	1	16	13
四　川	142	590	388	197	1144	538	1	13	3
贵　州	80	332	209	97	567	306	1	10	6
云　南	122	753	555	142	1199	711	1	15	11
西　藏	0	0	0	1	2	0	0	0	0
陕　西	86	1291	566	116	2387	861	1	18	11
甘　肃	67	441	160	98	1253	328	1	24	0
青　海	19	142	139	43	313	240	1	31	0
宁　夏	20	245	181	25	237	188	1	13	13
新　疆	79	633	504	98	1563	630	1	12	0
新疆兵团	45	137	73	95	239	194	1	4	4

续表

地区	2. 地级			3. 县级		
	年末机构数（个）	年末人数(人)		年末机构数（个）	年末人数(人)	
		合计	其中：科技人员（教师）		合计	其中：科技人员（教师）
全国	347	3694	1921	2526	29553	14729
北京	0	0	0	13	131	61
天津	0	0	0	12	157	47
河北	11	246	132	163	2051	879
山西	11	126	89	113	1144	710
内蒙古	12	349	227	86	955	592
辽宁	14	139	49	89	900	595
吉林	9	134	122	58	1110	889
黑龙江	13	89	68	78	1654	1142
上海	9	80	55	0	0	0
江苏	13	104	60	89	887	463
浙江	11	63	46	78	519	355
安徽	17	124	73	83	1278	732
福建	6	28	0	46	159	0
江西	11	65	36	99	554	268
山东	17	147	102	133	2024	1234
河南	18	272	111	149	3987	1088
湖北	17	278	187	84	931	461
湖南	14	121	39	112	1227	530
广东	20	127	43	99	673	276
广西	13	169	89	96	1073	698
海南	2	27	14	16	150	42
重庆	3	15	7	33	216	91
四川	21	150	60	175	981	475
贵州	9	61	35	87	496	265
云南	16	175	56	125	1009	644
西藏	1	2	0	0	0	0
陕西	10	103	46	105	2266	804
甘肃	13	167	44	84	1062	284
青海	6	54	38	36	228	202
宁夏	4	26	23	20	198	152
新疆	13	200	22	84	1351	608
新疆兵团	13	53	48	81	182	142

各地区农业机械化服务组织及人员表

地区	一、农机化作业服务组织及农机户 1. 农机化作业服务组织		(1)其中:拥有农机原值20—50万元(含20万元)的		有农机原值50万元(含50万元)以上的		(2)其中:农机专业合作社		2. 农机户	
	年末机构数(个)	年末人数(人)	年末机构数(个)	年末人数(人)	年末机构数(个)	年末人数(人)	年末机构数(个)	年末人数(人)	年末机构数(个)	年末人数(人)
全国	175329	869343	45671	213483	12242	195300	14902	255307	39403370	47181189
北京	858	4162	243	1137	189	1237	53	844	44487	47743
天津	637	2800	51	336	57	929	88	2098	69700	102668
河北	5362	26374	1821	7992	198	1647	244	3236	3740424	4840730
山西	4011	11428	760	2751	295	1417	536	3874	804358	959841
内蒙古	742	7608	345	2745	308	2748	209	3787	1150531	1449935
辽宁	621	9096	140	1276	407	5826	536	8299	543249	611871
吉林	1741	12134	675	2892	494	2615	572	5728	932176	1037024
黑龙江	17560	70120	10340	37023	1276	8052	1253	9354	927876	1025422
上海	494	2725	45	277	67	643	144	1363	6775	7589
江苏	5377	92282	1563	16379	1407	45385	1489	51608	1388005	1597043
浙江	4910	20969	831	4217	341	4685	668	9943	874498	960553
安徽	5452	41840	1298	8657	352	6498	495	9526	3301940	3719449
福建	1869	9472	500	1804	335	1213	264	2145	577841	639621
江西	15100	41840	678	4407	295	4097	227	5142	821965	963977
山东	15355	80828	4754	24931	1811	23297	1461	25732	5025863	5965762
河南	18036	66275	11994	30270	1981	21792	2400	30575	5331478	6275411
湖北	5770	44342	2192	15437	595	8760	675	15462	1757913	2372360
湖南	23246	93058	3110	15943	408	17923	948	4925	2089433	2887148
广东	3542	11212	492	2957	171	1731	142	2284	894011	1164889
广西	2156	30989	498	5568	247	3142	993	11195	1790405	2115347
海南	137	1098	47	459	16	140	53	573	196846	211523
重庆	6593	74949	228	4761	99	17100	550	28252	695718	843334
四川	25732	49213	1500	8366	183	3154	278	6063	1598259	1902598
贵州	2282	28106	184	3292	16	330	113	1738	889847	1140727
云南	536	1701	52	163	50	404	21	356	1064463	1163229
西藏	6	92	5	65	1	27	5	74	4	24
陕西	1913	11426	682	4867	105	2882	116	5047	925973	1015348
甘肃	2505	8027	251	1229	68	1035	75	1529	930734	980044
青海	1851	3055	33	186	32	370	18	177	231607	242259
宁夏	216	5643	64	1213	105	2909	182	2677	289581	390616
新疆	395	3609	224	1601	80	724	94	1701	484864	514471
新疆兵团	324	2870	71	282	253	2588	0	0	22546	32633

续表

地区	(1)其中:拥有农机原值20—50万元(含20万元)的		拥有农机原值50万元(含50万元)以上的		(2)其中:农机化作业服务专业户		二、农机化中介服务组织		三、农机维修厂及维修点	
	年末机构数(个)	年末人数(人)	年末机构数(个)	年末人数(人)	年末机构数(个)	年末人数(人)	年末机构数(个)	年末人数(人)	年末机构数(个)	年末人数(人)
全　国	355099	572372	35329	96821	4464041	6101588	7473	65388	219072	476509
北　京	284	615	92	225	6550	7457	1	3	525	1387
天　津	421	963	56	246	15126	20780	0	0	904	2004
河　北	70661	108693	6437	16903	345839	524596	237	1064	18750	38346
山　西	7351	12849	360	951	83957	106458	105	678	8395	18176
内蒙古	5305	10161	1023	7707	66542	131943	251	664	6814	13817
辽　宁	4714	8807	532	1787	58279	82212	171	4984	6345	12764
吉　林	25640	31356	1669	5117	6276	14909	26	211	7195	16071
黑龙江	57735	66543	4919	6320	141152	155423	65	135	5499	10741
上　海	411	716	67	190	3700	3994	0	0	145	196
江　苏	39432	67680	3551	7666	245348	337216	346	8259	5201	10553
浙　江	13568	18505	3901	14258	204166	216278	205	481	4361	7056
安　徽	9799	20366	1068	2556	280503	389921	293	7668	12021	24631
福　建	1131	1763	178	233	129246	149147	148	196	4111	9759
江　西	787	2939	158	609	233748	312844	827	2418	10576	28989
山　东	29721	62624	3830	11750	616027	893964	1094	13025	23203	49948
河　南	13464	28532	584	2064	244114	380689	1174	3571	22389	42143
湖　北	6732	19325	1043	3320	230634	384060	412	2861	6971	20504
湖　南	9782	18683	373	1842	243851	292677	235	905	6607	16083
广　东	6997	12240	782	2750	140023	186452	22	299	11350	28730
广　西	4555	10850	205	590	87012	143584	102	1957	5668	11348
海　南	336	626	57	111	55346	61157	6	12	1093	2823
重　庆	1091	2651	33	109	92767	209557	694	2532	4208	11184
四　川	20114	31559	542	1327	215782	264367	159	2708	11072	27913
贵　州	148	330	24	51	171651	213631	40	101	4953	13856
云　南	771	1189	214	427	67508	75754	62	3424	10253	21439
西　藏	0	0	4	24	4	24	0	0	15	76
陕　西	847	1644	142	376	254559	272778	111	391	7670	13730
甘　肃	786	1082	38	170	94089	115240	252	502	6530	10230
青　海	217	511	6	1595	15611	18370	228	351	1297	2102
宁　夏	445	629	78	174	43935	54412	9	110	1788	4344
新　疆	15316	19010	1943	3049	59159	66138	198	5878	2814	4317
新疆兵团	6538	8931	1420	2324	11537	15556	0	0	349	1249

续表

地区	其中：1. 一级维修点		2. 二级维修点		3. 三级维修点		4. 专项维修点		四、农机经销机构 1. 农机经销企业	
	年末机构数（个）	年末人数（人）	年末机构数（个）	年末人数（人）	年末机构数（个）	年末人数（人）	年末机构数（个）	年末人数（人）	年末机构数（个）	年末人数（人）
全国	1457	8103	8483	29479	111044	229623	86598	183267	8390	87372
北京	1	8	20	79	438	1206	66	94	14	216
天津	0	0	43	88	786	1793	75	123	9	202
河北	15	117	427	1335	13683	27752	4446	8765	330	3907
山西	7	193	311	1016	3269	6938	4652	9629	157	3378
内蒙古	16	45	578	1406	4814	9662	857	1904	434	2287
辽宁	43	88	160	505	4600	9323	1435	2676	152	912
吉林	0	0	9	38	4722	9908	2464	6125	183	1283
黑龙江	66	1428	210	1210	2101	2213	3122	5890	188	4023
上海	0	0	9	17	74	96	45	55	0	0
江苏	27	243	143	652	2461	5269	1424	2372	304	2960
浙江	0	0	27	107	2811	4508	1402	2189	88	329
安徽	30	288	266	1087	7336	15168	4093	7308	526	4456
福建	0	0	29	76	927	2030	321	604	109	505
江西	73	661	322	1790	4731	12130	5325	14316	392	1562
山东	267	1412	1393	6048	14443	29854	6234	11459	757	8756
河南	87	440	374	1035	10245	17829	10752	20577	769	6133
湖北	234	697	343	1220	2676	7472	3573	10869	486	19883
湖南	76	179	635	1797	2746	5797	3150	8310	568	10642
广东	4	28	78	210	689	1671	9515	24071	389	2402
广西	0	0	120	477	4096	8340	923	1519	69	744
海南	5	10	0	0	143	320	945	2493	9	211
重庆	10	142	230	1341	1683	4874	1598	3175	222	1541
四川	70	727	613	3161	3252	9531	6311	11666	1153	3969
贵州	31	110	198	694	2644	7659	1823	4678	141	966
云南	118	393	496	1299	4015	8078	5441	11142	244	2229
西藏	0	0	11	56	0	0	4	20	36	104
陕西	64	251	370	715	5537	9740	1542	2696	133	1320
甘肃	128	299	892	1220	2718	4906	2792	3805	124	698
青海	37	63	41	130	431	764	664	1145	81	195
宁夏	1	2	10	42	642	1359	949	2438	40	524
新疆	6	33	68	187	2296	3326	439	699	275	988
新疆兵团	41	246	57	441	35	107	216	455	8	47

续表

地区	2. 农机经销点		五、农机供油站(点)		六、拖拉机驾驶培训机构		七、乡村农机从业人员	1. 其中:初中(含初中)以上文化程度
	年末机构数(个)	年末人数(人)	年末机构数(个)	年末人数(人)	年末机构数(个)	年末人数(人)	年末人数(人)	年末人数(人)
全　　国	82739	166264	19962	52232	2113	17034	50239126	37568207
北　　京	135	326	13	62	8	138	66918	57979
天　　津	156	298	21	125	7	58	109493	85803
河　　北	6579	15417	634	1799	87	683	4955690	3999152
山　　西	2018	4391	947	3098	65	486	859492	757869
内 蒙 古	4051	7656	378	927	75	523	3172245	1097216
辽　　宁	2304	4396	317	1174	46	425	858321	720129
吉　　林	2941	6462	323	995	22	485	1074145	857007
黑 龙 江	4522	9085	410	1978	77	550	1135408	785628
上　　海	50	89	41	121	0	0	12853	7800
江　　苏	3587	6326	784	1697	56	438	1789033	1457051
浙　　江	807	1248	278	654	51	269	854078	551568
安　　徽	5221	9915	241	660	67	519	3807255	3098287
福　　建	832	1478	162	385	50	400	687014	537081
江　　西	2093	5010	23	71	62	480	926693	709121
山　　东	6852	14915	4748	12088	111	1041	6752180	5345485
河　　南	10322	19486	4151	8584	121	1453	6509666	5727372
湖　　北	3142	8242	706	1416	79	1003	2449768	1402560
湖　　南	3563	7519	1027	3078	119	1500	2201669	1690509
广　　东	1876	5183	437	1687	35	385	1176327	757819
广　　西	2168	4465	50	165	87	920	2204984	1744833
海　　南	354	876	113	463	6	37	197714	165014
重　　庆	2294	3933	317	965	25	143	765565	632080
四　　川	6724	12783	886	2323	82	518	2001393	1401674
贵　　州	2153	3708	227	762	40	307	861923	648446
云　　南	1802	3242	362	1028	89	709	1240400	812416
西　　藏	0	0	0	0	0	0	114067	26313
陕　　西	2424	4559	1095	3298	78	1091	1080497	967279
甘　　肃	1745	2294	440	790	425	1516	1024121	615114
青　　海	112	190	88	200	25	128	367806	188861
宁　　夏	428	568	285	556	13	86	397488	254738
新　　疆	1340	195	176	519	91	636	533853	420194
新疆兵团	144	254	282	564	14	107	51067	45809

续表

地区	2. 其中：拖拉机驾驶员	3. 其中：联合收获机驾驶员	4. 其中：农用运输车驾驶员	5. 其中：农机维修人员	6. 其中：获得农机职业技能鉴定证书人员	其中：修理工
	年末人数（人）	年末人数（人）	年末人数（人）	年末人数（人）	年末人数（人）	年末人数（人）
全　国	13548308	707435	8381050	884993	704210	159064
北　京	22118	1406	28842	1684	1494	204
天　津	39436	3265	71727	4365	2621	601
河　北	1035579	77208	1408396	79844	28599	11036
山　西	225852	7698	417097	27961	7193	2123
内蒙古	590555	5622	320859	36258	9456	4475
辽　宁	263254	2943	367832	16812	16839	8540
吉　林	644741	7649	175753	16659	7540	6364
黑龙江	850158	26351	118421	19854	9018	6756
上　海	9507	2089	0	619	710	131
江　苏	645306	80872	206328	27020	128238	6468
浙　江	248114	17577	89681	9544	19165	4132
安　徽	1295989	85592	443950	34815	99071	9510
福　建	153435	1686	66448	12427	3199	2727
江　西	197909	31104	166763	41010	10983	6373
山　东	815667	57160	1255871	135564	170403	22374
河　南	2669449	119541	1349144	82058	18672	6682
湖　北	813287	52299	175723	30774	9269	2693
湖　南	212523	51987	154731	44378	20254	6293
广　东	351210	12615	119747	34262	15699	5606
广　西	270284	2828	107002	43419	5817	4447
海　南	58548	5059	28900	5564	2440	704
重　庆	32329	2850	58597	22487	6248	4508
四　川	206826	12038	134096	41874	44425	10147
贵　州	116200	365	68759	23183	1326	1172
云　南	436705	2226	110745	25203	12216	5160
西　藏	86483	0	9383	2818	0	0
陕　西	230805	21996	365220	23146	10774	4301
甘　肃	306191	4916	377114	22480	11616	5190
青　海	151214	752	30488	4462	1245	982
宁　夏	105054	3254	122113	5500	5208	3976
新　疆	421562	3782	28023	7039	13358	4140
新疆兵团	42018	2705	3297	1910	11114	1249

各地区农业机械拥有量表

地区	一、农业机械总动力	1. 柴油发动机动力	2. 汽油发动机动力	3. 电动机动力	4. 其他机械动力	二、拖拉机及配套机械 (一)拖拉机		1. 大中型(14.7千瓦及以上)		(1)其中:14.7—18.4千瓦(含14.7千瓦)	
	万千瓦	万千瓦	万千瓦	万千瓦	万千瓦	万台	万千瓦	万台	万千瓦	万台	万千瓦
全　国	87496.10	70410.41	2357.10	14652.20	76.39	2101.42	26664.79	350.52	9742.10	184.95	2992.83
北　京	271.54	170.28	25.74	75.52	0.00	2.18	49.42	0.78	33.67	0.07	1.27
天　津	595.00	386.27	71.16	137.57	0.00	4.46	86.80	1.28	52.99	0.33	5.53
河　北	9861.12	7753.25	118.37	1989.23	0.27	164.66	2235.68	15.52	624.27	4.41	73.37
山　西	2655.04	2233.85	84.89	336.30	0.00	34.72	493.35	6.26	223.71	2.04	33.91
内蒙古	2891.64	2599.44	13.02	277.46	1.72	98.33	1586.64	48.26	977.01	36.03	570.14
辽　宁	2142.93	1684.91	69.98	385.19	2.85	38.03	612.95	13.57	354.64	7.67	118.38
吉　林	2001.13	1773.00	25.93	197.00	5.20	84.12	1101.58	25.12	528.58	18.02	292.90
黑龙江	3401.27	3170.75	87.27	143.25	0.00	129.40	2182.05	58.30	1415.95	37.25	553.68
上　海	99.23	55.23	7.64	36.36	0.00	1.15	27.44	0.54	21.76	0.02	0.37
江　苏	3810.57	2827.76	126.09	856.72	0.00	131.82	1439.74	8.50	320.34	2.02	35.28
浙　江	2384.03	1663.86	93.53	626.64	0.00	17.75	178.24	0.74	26.37	0.13	2.20
安　徽	5108.85	4397.03	89.41	622.40	0.01	243.74	2245.38	10.50	383.79	2.37	38.17
福　建	1175.01	878.10	50.47	246.44	0.00	11.10	115.92	0.24	9.24	0.03	0.50
江　西	3358.93	2619.05	144.27	595.61	0.00	34.36	429.04	1.52	34.96	1.02	17.34
山　东	11080.66	9487.07	153.75	1439.81	0.03	236.76	2932.48	39.93	1316.32	17.26	286.31
河　南	9817.84	8694.90	50.84	1072.10	0.00	390.22	4622.94	24.69	816.84	11.87	194.06
湖　北	3057.24	2220.90	57.49	778.85	0.00	102.69	998.85	11.86	358.40	4.70	84.28
湖　南	4352.39	3348.56	256.64	729.01	18.18	26.00	411.11	7.53	221.98	3.10	51.53
广　东	2190.18	1555.33	137.44	490.47	6.93	37.31	354.99	1.61	63.27	0.50	8.72
广　西	2550.93	2065.59	57.48	424.41	3.46	34.52	365.89	1.96	82.62	0.27	4.51
海　南	396.07	327.63	22.87	35.32	10.25	7.37	104.98	2.45	57.29	1.87	31.83
重　庆	967.41	548.78	108.88	309.35	0.40	0.96	18.56	0.28	9.72	0.10	1.60
四　川	2952.66	1970.29	145.51	834.36	2.50	19.61	327.07	7.77	179.11	4.28	72.17
贵　州	1606.42	1122.17	49.39	421.34	13.52	7.84	124.39	2.50	58.95	1.41	23.34
云　南	2159.40	1509.43	87.85	561.29	0.84	53.02	784.88	20.90	446.30	10.22	184.57
西　藏	358.44	243.04	111.00	1.46	2.94	9.70	163.57	0.25	9.90	0.00	0.00
陕　西	1832.98	1411.89	43.15	377.89	0.06	24.63	407.88	7.07	223.54	2.58	45.15
甘　肃	1822.65	1472.74	25.39	323.95	0.57	49.54	618.84	5.82	138.78	3.85	59.52
青　海	388.68	335.71	18.55	30.46	3.96	26.41	262.56	0.79	20.33	0.54	9.03
宁　夏	702.55	595.02	6.38	100.92	0.23	20.10	250.46	2.21	56.15	1.38	21.79
新　疆	1164.71	1036.69	12.23	114.07	1.72	51.80	931.20	18.45	523.84	8.76	158.96
新疆兵团	338.60	251.90	4.49	81.46	0.75	7.12	199.91	3.33	151.49	0.85	12.42

续表

地区	18.4—58.8千瓦（含18.4千瓦）		58.8千瓦（含58.8千瓦以上）		(2)其中:轮式		2. 小型（2.2—14.7千瓦,含2.2千瓦）		其中:手扶式		(二)拖拉机配套农具	1. 大中型
	万台	万千瓦	万台	万千瓦	万台	万千瓦	万台	万千瓦	万台	万千瓦	万部	万部
全　　国	139.41	4975.87	26.15	1773.40	319.80	8598.20	1750.90	16922.69	875.06	7006.60	3422.62	542.06
北　　京	0.63	27.28	0.08	5.12	0.62	24.40	1.40	15.75	0.41	3.88	2.43	1.39
天　　津	0.80	36.91	0.15	10.55	1.07	41.33	3.18	33.81	0.99	8.01	5.72	1.84
河　　北	7.78	334.88	3.33	216.02	13.76	543.14	149.14	1611.41	14.77	113.06	231.45	32.00
山　　西	3.40	136.57	0.82	53.24	5.47	194.17	28.47	269.64	15.48	122.53	49.91	12.69
内 蒙 古	10.71	306.01	1.52	100.86	45.40	885.68	50.07	609.63	1.08	10.42	155.61	73.58
辽　　宁	4.82	167.16	1.08	69.10	12.58	301.11	24.46	258.31	12.25	108.92	52.54	17.02
吉　　林	6.14	175.25	0.96	60.43	23.92	500.80	59.00	573.00	11.65	102.80	216.00	48.00
黑 龙 江	17.87	598.67	3.18	263.60	56.40	1257.30	71.10	766.10	17.30	189.14	184.37	67.38
上　　海	0.50	20.17	0.02	1.22	0.54	21.76	0.61	5.68	0.00	0.00	1.79	1.25
江　　苏	5.99	255.52	0.49	29.54	8.07	304.85	123.32	1119.40	110.25	989.34	184.20	13.29
浙　　江	0.60	23.44	0.01	0.73	0.69	23.96	17.01	151.87	16.37	144.99	19.95	1.07
安　　徽	6.92	268.99	1.21	76.63	10.24	370.25	233.24	1861.59	163.20	1109.95	547.73	19.46
福　　建	0.17	6.17	0.04	2.56	0.22	8.72	10.86	106.68	10.02	99.07	10.99	0.23
江　　西	0.42	12.60	0.08	5.02	1.32	30.36	32.84	394.08	27.23	357.84	25.14	1.98
山　　东	18.51	762.06	4.16	267.95	33.20	1008.95	196.83	1616.16	110.65	723.11	382.48	81.24
河　　南	9.34	398.57	3.48	224.21	23.95	769.99	365.53	3806.10	124.23	959.60	719.09	58.25
湖　　北	7.02	263.87	0.14	10.25	11.20	325.90	90.83	640.45	86.95	597.15	198.92	20.37
湖　　南	4.06	146.83	0.37	23.62	4.51	133.11	18.47	189.13	4.86	43.85	10.43	2.27
广　　东	0.74	29.87	0.37	24.68	1.42	56.19	35.70	291.73	32.35	255.93	41.67	2.38
广　　西	1.28	51.07	0.41	27.04	1.88	77.84	32.56	283.27	27.19	231.51	48.85	2.79
海　　南	0.51	21.09	0.07	4.37	1.19	28.85	4.92	47.69	0.90	6.83	4.38	1.13
重　　庆	0.13	5.02	0.05	3.10	0.28	9.72	0.68	8.84	0.20	3.12	0.38	0.16
四　　川	3.29	93.78	0.20	13.16	6.70	148.92	11.84	147.96	4.13	47.35	13.21	2.60
贵　　州	0.99	28.98	0.10	6.63	2.55	90.92	5.34	65.45	4.20	39.32	3.43	1.29
云　　南	10.17	234.92	0.50	26.80	17.31	372.79	32.12	338.58	19.45	187.04	28.57	2.79
西　　藏	0.25	9.90	0.00	0.00	1.31	40.44	9.45	153.67	6.29	66.00	3.93	0.71
陕　　西	3.88	141.43	0.60	36.96	6.69	209.67	17.56	184.33	4.12	38.75	38.11	11.98
甘　　肃	1.65	55.00	0.32	24.26	5.45	112.29	43.72	480.06	15.55	140.29	92.85	18.13
青　　海	0.18	7.01	0.07	4.29	0.56	13.89	25.62	242.23	24.24	227.45	23.28	0.43
宁　　夏	0.69	25.72	0.14	8.64	1.78	45.25	17.89	194.31	8.68	78.51	25.58	4.37
新　　疆	8.36	265.57	1.33	99.31	16.47	514.40	33.35	407.36	0.08	0.84	89.91	33.38
新疆兵团	1.61	65.56	0.87	73.51	3.05	131.27	3.79	48.42	0.00	0.00	9.72	6.61

续表

地区	2. 小型	三、种植业机械 (一)耕整地机械 1. 耕整机		2. 机耕船		3. 机引犁	4. 旋耕机	5. 深松机	6. 机引耕	(二)种植施肥机械 1. 播种机	其中：免耕播种机	精少量播种机
	万部	万台(套)	万千瓦	万艘	万千瓦	万台	万台	万台	万台	万台	万台	万台
全　　国	2880.56	330.00	1655.97	12.87	75.89	1238.63	409.50	12.48	739.41	514.80	65.07	310.07
北　　京	1.04	1.19	5.64	0.00	0.00	0.39	0.55	0.02	0.16	0.94	0.51	0.24
天　　津	3.88	1.09	4.83	0.00	0.00	0.74	2.06	0.03	0.19	1.75	0.78	0.35
河　　北	199.45	0.75	5.82	0.00	0.00	65.79	21.36	0.73	9.17	49.81	14.87	23.62
山　　西	37.21	0.60	2.74	0.00	0.00	19.69	6.70	0.37	4.95	9.82	0.89	3.98
内 蒙 古	82.03	0.78	1.20	0.01	0.00	55.00	3.78	1.29	14.20	48.03	5.51	27.38
辽　　宁	35.52	2.58	7.97	0.00	0.00	9.12	5.31	0.28	3.21	15.12	1.06	10.35
吉　　林	168.00	0.46	4.20	0.00	0.00	55.50	8.40	2.40	19.45	43.28	0.78	42.50
黑 龙 江	116.99	3.70	29.60	0.00	0.00	37.70	12.50	2.20	13.50	51.80	0.10	43.90
上　　海	0.55	0.00	0.00	0.00	0.00	0.39	0.61	0.00	0.03	0.03	0.00	0.02
江　　苏	170.91	0.72	7.98	0.00	0.00	28.41	87.27	0.46	4.40	22.73	9.77	11.59
浙　　江	18.88	1.54	4.97	0.45	4.66	3.20	12.27	0.00	1.99	0.02	0.00	0.02
安　　徽	528.27	3.11	14.35	0.01	0.05	212.77	54.06	0.18	177.34	38.10	1.30	28.69
福　　建	10.75	3.27	17.18	0.03	0.30	1.36	8.36	0.01	0.53	0.00	0.00	0.00
江　　西	23.16	25.22	249.49	0.67	8.71	9.20	19.72	0.08	9.26	0.16	0.12	0.02
山　　东	301.24	4.97	30.67	0.00	0.00	128.48	29.24	0.74	79.78	61.04	14.57	29.09
河　　南	660.84	0.52	3.23	0.00	0.00	316.80	15.46	0.21	214.60	119.24	9.89	72.24
湖　　北	178.55	25.31	133.86	1.62	16.82	78.54	39.40	0.03	60.59	2.75	0.18	0.82
湖　　南	8.16	118.01	445.27	9.68	43.21	73.89	10.24	0.23	61.94	0.04	0.02	0.02
广　　东	39.29	6.71	37.06	0.25	1.02	7.95	11.93	0.03	6.24	0.00	0.00	0.00
广　　西	46.06	42.88	182.12	0.04	0.31	16.11	11.79	0.13	14.55	0.00	0.00	0.00
海　　南	3.25	6.31	26.86	0.05	0.47	1.50	0.90	0.05	0.92	0.00	0.00	0.00
重　　庆	0.22	14.20	56.80	0.00	0.00	0.03	0.44	0.00	0.02	0.07	0.00	0.05
四　　川	10.61	34.13	184.90	0.03	0.10	7.55	9.85	0.01	3.35	1.66	0.11	0.72
贵　　州	2.14	8.45	50.73	0.04	0.21	2.02	2.45	0.01	1.59	0.02	0.00	0.01
云　　南	25.79	14.12	96.91	0.01	0.02	10.75	10.88	0.35	5.53	0.09	0.01	0.07
西　　藏	3.22	0.31	0.00	0.00	0.00	2.18	0.15	0.00	0.88	1.71	0.00	0.00
陕　　西	26.13	2.84	19.52	0.00	0.00	12.73	8.46	0.11	0.13	11.01	3.29	3.77
甘　　肃	74.72	4.45	26.38	0.00	0.00	32.52	6.68	2.35	17.70	11.20	0.55	3.91
青　　海	22.85	0.11	0.61	0.00	0.00	11.67	5.61	0.01	1.38	5.39	0.33	1.16
宁　　夏	21.21	1.03	2.06	0.00	0.00	14.22	0.78	0.03	3.74	7.65	0.09	0.45
新　　疆	56.53	0.48	1.99	0.00	0.00	21.79	2.19	0.09	7.35	9.92	0.31	4.09
新疆兵团	3.11	0.15	1.02	0.00	0.00	0.63	0.09	0.06	0.74	1.41	0.02	1.01

续表

地区	2. 水稻种植机械 (1)水稻直播机	(2)水稻插秧机		其中:乘坐式		(3)水稻浅栽机		3. 化肥深施机	4. 地膜覆盖机	(三)农用排灌机械 1. 排灌动力机械	
	万台	万台	万千瓦	万台	万千瓦	万台	万千瓦	万台	万台	万台	万千瓦
全　国	1.21	26.09	93.44	10.56	40.32	1.28	2.41	59.23	34.71	2085.71	13536.34
北　京	0.00	0.00	0.00	0.00	0.00	0.00	0.00	0.05	0.02	4.50	49.50
天　津	0.00	0.01	0.06	0.00	0.00	0.00	0.00	0.01	0.32	10.96	123.17
河　北	0.00	0.02	0.10	0.01	0.04	0.00	0.00	5.69	3.80	261.93	2245.67
山　西	0.00	0.00	0.00	0.00	0.00	0.00	0.00	1.65	1.93	15.39	181.14
内蒙古	0.00	0.27	1.01	0.01	0.17	0.00	0.00	2.51	3.28	35.63	333.96
辽　宁	0.01	1.21	8.49	0.50	2.46	0.07	0.28	0.90	0.37	103.96	350.59
吉　林	0.00	1.06	6.57	0.27	2.00	0.03	0.56	11.00	0.27	46.95	306.08
黑龙江	0.17	13.10	45.10	8.80	27.28	0.00	0.00	0.85	0.30	30.08	294.90
上　海	0.09	0.08	0.91	0.08	0.91	0.00	0.00	0.00	0.00	1.57	21.96
江　苏	0.27	5.32	13.50	0.27	2.62	0.00	0.00	0.45	0.02	56.32	612.87
浙　江	0.02	0.32	2.10	0.20	1.61	0.01	0.02	0.02	0.00	98.19	284.15
安　徽	0.06	0.84	2.66	0.09	0.79	0.01	0.01	9.72	0.72	148.11	644.95
福　建	0.00	0.11	0.45	0.02	0.13	0.00	0.00	0.00	0.01	14.84	95.67
江　西	0.02	0.32	0.76	0.02	0.22	0.53	0.63	0.60	0.01	103.60	825.93
山　东	0.00	0.03	0.14	0.00	0.02	0.00	0.00	2.63	9.45	300.39	2282.49
河　南	0.02	0.09	0.41	0.01	0.10	0.00	0.00	9.91	1.29	158.21	1124.50
湖　北	0.01	1.30	3.81	0.08	0.66	0.00	0.00	1.59	0.18	79.27	594.17
湖　南	0.02	0.21	0.78	0.02	0.10	0.00	0.00	1.81	0.00	200.97	867.25
广　东	0.00	0.13	1.16	0.05	0.44	0.00	0.00	0.23	0.02	69.89	396.81
广　西	0.00	0.60	1.89	0.03	0.18	0.00	0.00	0.13	0.10	69.62	300.99
海　南	0.00	0.02	0.09	0.00	0.03	0.00	0.00	0.01	0.00	19.45	85.49
重　庆	0.00	0.49	1.37	0.00	0.01	0.01	0.01	0.00	0.01	83.31	184.45
四　川	0.00	0.20	0.81	0.02	0.21	0.62	0.89	1.16	0.01	56.05	424.13
贵　州	0.00	0.17	0.51	0.01	0.06	0.00	0.00	0.01	0.05	39.11	188.15
云　南	0.00	0.01	0.04	0.00	0.00	0.00	0.00	0.00	0.00	22.13	144.70
西　藏	0.00	0.00	0.00	0.00	0.00	0.00	0.00	0.00	0.01	0.25	1.58
陕　西	0.00	0.01	0.05	0.00	0.00	0.01	0.01	0.73	1.09	32.69	198.82
甘　肃	0.00	0.00	0.00	0.00	0.00	0.00	0.00	2.30	3.00	12.90	152.26
青　海	0.00	0.00	0.00	0.00	0.00	0.00	0.00	1.15	0.18	0.36	11.45
宁　夏	0.49	0.11	0.45	0.05	0.20	0.00	0.00	0.20	0.53	2.76	25.67
新　疆	0.01	0.04	0.10	0.00	0.00	0.00	0.00	3.14	7.28	4.40	110.09
新疆兵团	0.00	0.04	0.12	0.03	0.08	0.00	0.00	0.78	0.46	1.92	72.80

续表

地区	其中:柴油机		电动机		2. 农用水泵	3. 节水灌溉类机械	(四)田间管理机械 1. 机动喷雾(粉)机		2. 茶叶修剪机		(五)收获机械 1. 联合收获机	
	万台	万千瓦	万台	万千瓦	万套	万台(套)	万台	万千瓦	万台	万千瓦	万台	万千瓦
全　国	924.69	6792.52	1134.80	6548.15	2040.62	137.56	395.91	718.58	10.01	14.07	85.84	3370.07
北　京	0.20	1.36	4.30	48.14	4.31	1.11	2.28	1.44	0.00	0.00	0.18	11.95
天　津	3.94	32.80	7.02	90.37	8.55	0.27	0.85	2.19	0.00	0.00	0.35	18.94
河　北	115.00	1056.47	146.93	1189.20	171.28	3.93	45.09	74.11	0.00	0.00	7.30	318.67
山　西	2.03	26.50	13.36	154.63	13.10	0.97	3.44	9.86	0.00	0.00	1.04	49.94
内蒙古	19.00	198.98	16.63	134.98	36.60	4.70	4.82	13.02	0.00	0.00	0.63	40.39
辽　宁	21.42	166.48	82.05	179.27	128.99	10.53	7.60	15.27	0.00	0.00	0.39	18.70
吉　林	27.77	211.60	19.18	94.48	47.40	2.80	1.06	4.99	0.00	0.00	0.90	37.54
黑龙江	21.62	219.35	8.46	75.55	40.70	2.40	8.50	24.50	0.00	0.00	3.55	234.40
上　海	0.00	0.01	1.57	21.95	1.57	0.54	1.83	4.25	0.00	0.00	0.20	7.58
江　苏	17.99	173.56	38.26	435.41	60.42	3.15	53.50	74.96	0.15	0.29	9.10	325.59
浙　江	9.45	43.50	85.48	233.28	94.75	2.27	15.56	28.30	1.34	4.02	1.72	54.39
安　徽	38.21	277.49	109.02	365.62	170.09	18.66	29.18	35.87	1.30	1.32	9.13	363.80
福　建	9.24	58.40	5.56	37.11	14.15	1.06	19.02	47.08	3.31	3.62	0.39	13.44
江　西	68.14	469.49	33.90	278.54	70.34	3.82	13.05	32.48	0.21	0.25	3.83	131.65
山　东	183.84	1504.90	116.55	777.59	293.82	46.64	40.35	84.12	0.09	0.17	15.83	487.29
河　南	54.34	519.90	103.87	604.60	215.03	14.03	24.22	45.82	0.26	0.17	12.43	561.91
湖　北	23.92	207.41	55.34	386.76	87.70	2.21	38.40	50.99	1.83	2.02	4.19	166.87
湖　南	119.53	531.93	78.06	287.86	183.89	0.58	20.40	33.28	0.17	0.21	5.95	201.43
广　东	34.12	206.96	32.70	179.64	63.63	7.52	14.54	33.72	0.10	0.19	1.61	40.39
广　西	43.84	218.35	23.45	76.60	73.98	2.90	7.39	18.04	0.18	0.20	1.31	35.44
海　南	16.17	74.17	3.27	11.32	18.20	0.20	1.75	4.42	0.00	0.00	0.27	6.20
重　庆	11.26	60.80	66.50	107.16	83.31	0.10	3.37	4.38	0.10	0.10	0.22	5.69
四　川	44.19	258.08	11.40	163.40	62.82	1.48	14.57	20.26	0.44	0.55	1.00	35.41
贵　州	18.28	106.90	18.13	81.25	28.13	0.93	2.66	4.49	0.10	0.29	0.06	1.71
云　南	13.17	67.48	7.38	71.48	18.12	0.26	4.60	9.78	0.29	0.41	0.30	9.54
西　藏	0.13	0.91	0.12	0.60	0.10	0.00	0.07	1.05	0.00	0.00	0.37	14.80
陕　西	4.31	38.88	28.36	159.94	29.99	0.77	8.67	21.31	0.13	0.26	2.14	94.97
甘　肃	1.95	17.50	10.34	123.95	10.43	0.87	2.43	6.19	0.00	0.00	0.29	16.54
青　海	0.04	0.76	0.20	10.52	0.20	0.01	0.26	1.45	0.00	0.00	0.11	7.44
宁　夏	0.45	4.78	2.30	20.87	3.47	0.43	0.30	0.81	0.00	0.00	0.50	18.97
新　疆	0.93	31.41	3.40	78.68	4.04	1.34	5.24	8.74	0.00	0.00	0.41	27.29
新疆兵团	0.21	5.40	1.71	67.40	1.51	1.08	0.92	1.42	0.00	0.00	0.13	11.21

续表

地区	(1)稻麦联合收割机		其中：自走式	其中：半喂入式		(2)玉米联合收获机		其中：自走式	2. 割晒机		3. 其他收获机械	
	万台	万千瓦	万台	万台	万千瓦	万台	万千瓦	万台	万台	万千瓦	万台	万千瓦
全　国	77.66	3089.67	62.60	6.84	275.38	8.17	280.41	3.89	48.93	39.77	83.44	267.17
北　京	0.14	9.69	0.13	0.00	0.00	0.04	2.26	0.02	0.00	0.00	0.28	2.03
天　津	0.28	14.16	0.27	0.01	13.71	0.07	4.78	0.06	0.03	0.09	0.37	0.14
河　北	6.53	288.44	5.47	0.12	4.63	0.77	30.23	0.42	3.98	0.49	10.56	2.06
山　西	0.85	39.93	0.67	0.00	0.00	0.19	10.01	0.13	0.87	0.30	1.86	1.43
内蒙古	0.50	35.08	0.44	0.00	0.00	0.13	5.31	0.05	3.45	1.09	9.29	19.83
辽　宁	0.23	8.97	0.19	0.14	5.76	0.16	9.73	0.10	0.27	2.41	2.78	3.87
吉　林	0.69	30.48	0.46	0.24	10.40	0.21	7.06	0.08	0.70	1.20	0.32	3.86
黑龙江	3.20	207.90	2.10	0.29	13.60	0.35	26.50	0.31	2.10	11.10	8.74	140.40
上　海	0.20	7.58	0.15	0.11	4.18	0.00	0.00	0.00	0.00	0.00	0.01	0.24
江　苏	8.97	324.56	7.90	2.44	88.16	0.13	1.03	0.02	0.48	0.11	6.28	7.88
浙　江	1.72	54.39	1.57	0.36	13.34	0.00	0.00	0.00	0.02	0.08	0.88	7.87
安　徽	8.91	353.86	7.80	0.94	36.24	0.22	9.94	0.18	12.42	0.00	1.60	5.37
福　建	0.39	13.44	0.38	0.06	2.07	0.00	0.00	0.00	0.25	0.29	1.14	1.43
江　西	3.83	131.65	2.70	0.22	7.52	0.00	0.00	0.00	0.05	0.26	0.26	0.43
山　东	11.75	393.74	6.55	0.15	2.72	4.08	93.55	1.39	7.36	1.60	11.98	2.52
河　南	11.12	504.76	9.16	0.27	12.78	1.32	57.15	0.83	8.44	9.56	11.64	1.47
湖　北	4.17	166.16	4.17	0.44	17.52	0.02	0.71	0.02	1.43	1.67	2.09	6.25
湖　南	5.95	201.36	5.48	0.17	12.16	0.00	0.07	0.00	0.11	0.15	0.76	1.96
广　东	1.61	40.38	1.30	0.28	9.53	0.00	0.01	0.00	0.05	0.26	0.58	0.05
广　西	1.31	35.44	1.17	0.20	6.66	0.00	0.00	0.00	1.43	2.48	0.27	0.05
海　南	0.27	6.20	0.16	0.01	0.27	0.00	0.00	0.00	0.13	0.18	0.00	0.00
重　庆	0.22	5.69	0.22	0.08	2.52	0.00	0.00	0.00	0.08	0.13	0.40	0.83
四　川	1.00	35.39	0.91	0.14	4.79	0.00	0.02	0.00	0.63	1.07	1.09	3.11
贵　州	0.06	1.68	0.04	0.02	0.52	0.00	0.03	0.00	0.14	0.48	1.08	6.89
云　南	0.30	9.49	0.22	0.03	1.02	0.00	0.05	0.00	0.08	0.46	0.01	0.09
西　藏	0.35	14.00	0.11	0.00	0.00	0.02	0.80	0.00	0.89	0.00	0.42	0.00
陕　西	1.81	81.83	1.75	0.04	1.10	0.33	13.14	0.21	0.31	0.24	2.47	0.77
甘　肃	0.29	16.54	0.22	0.04	1.92	0.00	0.00	0.00	1.31	1.41	1.25	6.50
青　海	0.11	7.44	0.09	0.00	0.00	0.00	0.00	0.00	0.16	1.46	0.15	1.01
宁　夏	0.48	18.03	0.39	0.02	1.12	0.02	0.94	0.01	0.02	0.13	0.22	0.57
新　疆	0.32	21.84	0.32	0.02	0.87	0.09	5.45	0.05	1.73	1.06	3.91	23.72
新疆兵团	0.11	9.56	0.11	0.01	0.27	0.02	1.65	0.01	0.00	0.00	0.73	14.55

续表

地区	其中:大豆收获机		油菜籽收获机		马铃薯收获机		甜菜收获机		花生收获机		棉花收获机	
	万台	万千瓦	万台	万千瓦	万台	万千瓦	万台	万千瓦	万台	万千瓦	万台	万千瓦
全　　国	1.65	115.61	0.35	20.10	1.68	7.02	0.01	0.26	6.58	2.35	0.09	12.71
北　　京	0.00	0.00	0.00	0.00	0.00	0.00	0.00	0.00	0.00	0.05	0.00	0.00
天　　津	0.00	0.00	0.00	0.00	0.00	0.00	0.00	0.00	0.00	0.00	0.00	0.00
河　　北	0.00	0.02	0.00	0.03	0.08	0.07	0.00	0.00	0.20	0.08	0.02	0.00
山　　西	0.00	0.00	0.00	0.00	0.16	0.00	0.00	0.00	0.00	0.00	0.01	0.01
内 蒙 古	0.16	10.85	0.04	2.19	0.58	3.84	0.00	0.00	0.00	0.00	0.00	0.00
辽　　宁	0.03	0.41	0.00	0.00	0.06	0.05	0.00	0.00	2.52	1.86	0.00	0.00
吉　　林	0.07	1.60	0.00	0.00	0.01	0.20	0.00	0.00	0.06	0.08	0.00	0.00
黑 龙 江	1.38	102.00	0.00	0.00	0.08	1.20	0.00	0.00	0.00	0.00	0.00	0.00
上　　海	0.00	0.00	0.00	0.00	0.00	0.00	0.00	0.00	0.00	0.00	0.00	0.00
江　　苏	0.00	0.00	0.15	6.26	0.00	0.00	0.00	0.00	0.00	0.00	0.00	0.00
浙　　江	0.00	0.00	0.05	1.58	0.00	0.00	0.00	0.00	0.00	0.00	0.00	0.00
安　　徽	0.01	0.65	0.06	2.56	0.00	0.00	0.00	0.00	0.03	0.00	0.00	0.00
福　　建	0.00	0.00	0.00	0.00	0.00	0.00	0.00	0.00	0.00	0.00	0.00	0.00
江　　西	0.00	0.00	0.01	0.25	0.00	0.00	0.00	0.00	0.03	0.03	0.00	0.00
山　　东	0.00	0.00	0.00	0.00	0.26	0.51	0.00	0.00	2.52	0.02	0.00	0.00
河　　南	0.00	0.00	0.02	1.03	0.00	0.01	0.00	0.00	1.21	0.14	0.00	0.00
湖　　北	0.00	0.00	0.00	5.34	0.00	0.00	0.00	0.00	0.01	0.09	0.00	0.00
湖　　南	0.00	0.00	0.01	0.42	0.00	0.01	0.00	0.00	0.00	0.00	0.00	0.00
广　　东	0.00	0.00	0.00	0.00	0.00	0.02	0.00	0.00	0.00	0.00	0.00	0.00
广　　西	0.00	0.00	0.00	0.00	0.00	0.00	0.00	0.00	0.00	0.00	0.00	0.00
海　　南	0.00	0.00	0.00	0.00	0.00	0.00	0.00	0.00	0.00	0.00	0.00	0.00
重　　庆	0.00	0.00	0.00	0.00	0.00	0.00	0.00	0.00	0.00	0.00	0.00	0.00
四　　川	0.00	0.00	0.00	0.00	0.00	0.00	0.00	0.00	0.00	0.00	0.00	0.00
贵　　州	0.00	0.01	0.00	0.01	0.04	0.54	0.00	0.00	0.00	0.00	0.00	0.00
云　　南	0.00	0.00	0.00	0.06	0.00	0.01	0.00	0.00	0.00	0.00	0.00	0.00
西　　藏	0.00	0.00	0.00	0.00	0.01	0.00	0.00	0.00	0.00	0.00	0.00	0.00
陕　　西	0.00	0.00	0.00	0.00	0.06	0.16	0.00	0.00	0.00	0.00	0.00	0.00
甘　　肃	0.00	0.00	0.00	0.00	0.15	0.20	0.00	0.00	0.00	0.00	0.00	0.00
青　　海	0.00	0.00	0.00	0.26	0.05	0.02	0.00	0.00	0.00	0.00	0.00	0.00
宁　　夏	0.00	0.01	0.00	0.00	0.09	0.12	0.00	0.00	0.00	0.00	0.00	0.00
新　　疆	0.00	0.07	0.00	0.11	0.03	0.03	0.00	0.08	0.00	0.00	0.00	0.04
新疆兵团	0.00	0.00	0.00	0.00	0.02	0.02	0.01	0.18	0.00	0.00	0.06	12.66

续表

地区	蔬菜收获机		茶叶采摘机		青饲料收获机		牧草收获机		秸秆粉碎还田机	秸秆捡拾打捆机	
	万台	万千瓦	万台	万千瓦	万台	万千瓦	万台	万千瓦	万台	万台	万千瓦
全　国	0.12	0.13	3.06	8.28	2.15	52.08	10.33	12.22	48.52	0.77	4.40
北　京	0.00	0.00	0.00	0.00	0.01	1.98	0.02	0.00	0.23	0.01	0.00
天　津	0.00	0.00	0.00	0.00	0.01	0.12	0.00	0.00	0.35	0.00	0.00
河　北	0.00	0.00	0.00	0.00	0.39	1.47	0.12	0.06	9.37	0.09	0.00
山　西	0.00	0.00	0.00	0.00	0.06	0.41	0.13	0.78	1.39	0.01	0.01
内蒙古	0.00	0.00	0.00	0.00	0.31	1.61	6.63	1.24	1.01	0.15	0.10
辽　宁	0.01	0.01	0.00	0.00	0.01	0.42	0.09	0.49	0.02	0.00	0.04
吉　林	0.00	0.00	0.00	0.00	0.00	1.20	0.02	0.40	0.10	0.04	0.38
黑龙江	0.00	0.00	0.00	0.00	0.28	35.50	0.23	0.80	5.30	0.03	0.90
上　海	0.00	0.00	0.00	0.00	0.01	0.18	0.00	0.00	0.00	0.00	0.00
江　苏	0.00	0.00	0.04	0.06	0.01	0.10	0.00	0.00	5.95	0.05	0.74
浙　江	0.00	0.00	0.44	1.10	0.03	1.50	0.02	0.60	0.22	0.02	0.35
安　徽	0.00	0.00	0.11	0.20	0.20	1.75	0.01	0.01	1.07	0.01	0.10
福　建	0.00	0.00	1.12	1.39	0.00	0.00	0.01	0.02	0.00	0.00	0.00
江　西	0.00	0.00	0.06	0.08	0.00	0.00	0.01	0.01	0.13	0.00	0.05
山　东	0.11	0.12	0.00	0.00	0.24	1.65	0.02	0.04	6.61	0.01	0.09
河　南	0.00	0.00	0.04	0.06	0.02	0.07	0.01	0.00	9.54	0.11	0.17
湖　北	0.00	0.00	0.41	0.59	0.01	0.03	0.00	0.00	1.39	0.01	0.20
湖　南	0.00	0.00	0.46	0.77	0.07	0.29	0.00	0.00	0.02	0.00	0.00
广　东	0.00	0.00	0.03	0.03	0.00	0.00	0.00	0.00	0.56	0.00	0.00
广　西	0.00	0.00	0.00	0.00	0.00	0.00	0.00	0.00	0.14	0.00	0.00
海　南	0.00	0.00	0.00	0.00	0.00	0.00	0.00	0.00	0.00	0.00	0.00
重　庆	0.00	0.00	0.01	0.02	0.00	0.00	0.00	0.00	0.02	0.00	0.00
四　川	0.00	0.00	0.06	0.12	0.00	0.03	0.01	0.11	0.93	0.00	0.02
贵　州	0.00	0.00	0.27	3.81	0.36	1.47	0.25	0.44	0.15	0.00	0.01
云　南	0.00	0.00	0.00	0.01	0.00	0.00	0.00	0.01	0.00	0.00	0.00
西　藏	0.00	0.00	0.00	0.00	0.00	0.00	0.41	0.00	0.00	0.00	0.00
陕　西	0.00	0.00	0.02	0.04	0.00	0.12	0.00	0.05	2.07	0.04	0.39
甘　肃	0.00	0.00	0.00	0.00	0.07	0.29	0.56	5.00	0.07	0.10	0.20
青　海	0.00	0.00	0.00	0.00	0.00	0.00	0.09	0.61	0.00	0.00	0.12
宁　夏	0.00	0.00	0.00	0.00	0.00	0.04	0.05	0.22	0.02	0.01	0.19
新　疆	0.00	0.00	0.00	0.00	0.04	0.99	1.55	1.21	1.36	0.06	0.35
新疆兵团	0.00	0.00	0.00	0.00	0.01	0.86	0.08	0.11	0.50	0.01	0.00

续表

地区	玉米收获专用割台	大豆收获专用割台	油菜籽收获专用割台	(六)收获后处理机械 1.机动脱粒机	2.谷物烘干机	3.种子加工机械	4.保鲜储藏设备	(七)设施 1.水稻工厂化育秧设备	2. 温室	其中：连栋温室	日光温室
	万台	万台	万台	万台	万台	万台	万台(套)	万套	万平方米	万平方米	万平方米
全　国	2.19	1.43	0.46	987.94	4.33	2.61	2.74	0.45	976631.98	18156.66	319287.27
北　京	0.00	0.00	0.00	0.53	0.01	0.00	0.01	0.00	16479.11	1060.49	6777.28
天　津	0.01	0.00	0.00	1.92	0.00	0.00	0.01	0.00	14482.02	1991.51	6297.51
河　北	0.26	0.00	0.00	21.69	0.01	0.10	0.08	0.00	149766.74	1453.42	54514.02
山　西	0.03	0.00	0.00	5.20	0.01	0.02	0.07	0.00	26998.00	102.74	11862.68
内蒙古	0.02	0.21	0.14	8.44	0.02	0.33	0.00	0.00	28446.15	721.55	15864.20
辽　宁	0.01	0.01	0.00	11.70	0.03	0.01	0.08	0.01	149802.16	1329.75	82879.72
吉　林	0.02	0.01	0.00	15.00	0.09	0.22	0.00	0.02	12271.00	44.00	4011.00
黑龙江	0.34	1.10	0.00	16.36	0.07	0.72	0.00	0.04	14725.50	948.00	501.20
上　海	0.00	0.00	0.00	1.05	0.01	0.00	0.00	0.02	6828.05	196.21	0.00
江　苏	0.00	0.03	0.02	38.00	0.08	0.03	0.23	0.04	74760.00	1491.00	3269.00
浙　江	0.00	0.00	0.00	121.55	0.59	0.07	0.25	0.03	35714.67	1321.54	11.51
安　徽	0.06	0.01	0.02	39.43	0.12	0.01	0.13	0.01	6208.30	173.00	687.60
福　建	0.00	0.00	0.00	8.79	0.01	0.00	0.32	0.00	1714.69	124.20	5.25
江　西	0.00	0.00	0.01	89.67	0.09	0.07	0.04	0.01	4810.50	262.10	154.00
山　东	0.57	0.00	0.00	43.32	0.06	0.18	0.13	0.00	236360.30	3358.92	86870.62
河　南	0.70	0.00	0.01	56.15	0.06	0.06	0.24	0.00	34892.00	161.96	7014.30
湖　北	0.02	0.03	0.11	15.37	0.07	0.05	0.35	0.01	23517.20	66.44	175.85
湖　南	0.00	0.00	0.00	123.57	0.09	0.00	0.01	0.02	3686.78	29.57	23.54
广　东	0.00	0.00	0.00	56.32	0.01	0.00	0.56	0.00	1153.67	111.79	117.58
广　西	0.00	0.00	0.00	75.25	0.00	0.00	0.00	0.00	268.19	0.00	0.47
海　南	0.00	0.00	0.00	3.38	0.00	0.00	0.00	0.00	16123.45	0.32	0.00
重　庆	0.00	0.00	0.00	56.76	0.02	0.03	0.01	0.02	2843.00	6.86	0.11
四　川	0.00	0.00	0.00	103.28	0.01	0.00	0.02	0.00	12507.33	1023.99	40.01
贵　州	0.00	0.00	0.00	10.86	0.71	0.00	0.00	0.00	183.08	8.83	2.86
云　南	0.00	0.00	0.00	24.31	0.00	0.02	0.05	0.00	14729.58	198.63	57.77
西　藏	0.00	0.00	0.00	3.53	0.00	0.03	0.00	0.00	554.07	0.00	143.77
陕　西	0.06	0.00	0.00	18.06	0.01	0.02	0.04	0.10	18591.68	49.09	2651.08
甘　肃	0.03	0.00	0.13	10.77	0.01	0.50	0.00	0.00	23757.27	59.89	13020.41
青　海	0.00	0.00	0.00	1.75	1.70	0.01	0.00	0.00	988.21	13.39	593.59
宁　夏	0.02	0.02	0.00	1.46	0.22	0.02	0.00	0.11	18245.34	189.21	13235.57
新　疆	0.03	0.00	0.00	4.43	0.19	0.06	0.09	0.00	22682.05	1650.94	7711.62
新疆兵团	0.01	0.01	0.01	0.05	0.01	0.05	0.01	0.00	2541.89	7.32	793.15

续表

地区	塑料大棚	四、农产品初加工机械 (一)农产品初加工动力机械		其中: 1. 柴油机		2. 电动机		(二)农产品初加工作业机械	其中: 1. 粮食加工机械	2. 油料加工机械	3. 棉花加工机械
	万平方米	万台	万千瓦	万台	万千瓦	万台	万千瓦	万台	万台	万台	万台
全　国	619297.30	1296.64	8066.05	316.71	2721.38	961.51	5280.49	1157.83	926.13	70.90	25.53
北　京	8641.34	0.88	6.76	0.01	0.03	0.87	6.73	0.90	0.61	0.03	0.00
天　津	6193.00	2.42	9.26	1.13	1.29	1.29	7.97	0.86	0.72	0.06	0.07
河　北	90243.84	98.72	869.79	13.48	150.15	85.24	719.64	49.98	38.06	8.03	3.39
山　西	14768.54	19.87	166.06	1.92	22.26	17.95	143.79	13.32	11.08	1.52	0.44
内蒙古	11860.40	9.53	84.60	2.38	25.62	7.15	58.98	6.25	5.60	0.56	0.00
辽　宁	65560.30	17.63	122.59	2.14	20.72	15.40	100.78	15.65	14.61	0.61	0.02
吉　林	8216.00	14.45	132.53	3.10	32.07	11.31	100.46	12.08	11.30	0.54	0.10
黑龙江	13276.30	11.20	119.40	4.85	57.20	6.35	62.20	5.84	4.90	0.94	0.00
上　海	6590.35	0.44	3.93	0.01	0.29	0.43	3.64	0.44	0.37	0.01	0.00
江　苏	68579.00	24.81	228.58	5.39	57.62	18.64	167.85	20.53	15.82	2.29	1.37
浙　江	34381.62	20.70	137.56	4.36	39.35	16.34	98.21	38.25	12.96	0.82	0.89
安　徽	5347.70	41.24	324.25	13.05	126.90	28.09	197.24	45.05	22.49	3.68	2.45
福　建	1585.14	56.08	197.63	3.78	32.06	52.30	165.57	57.19	11.21	1.26	0.00
江　西	4394.40	51.57	521.16	25.55	264.10	26.02	256.71	38.70	28.24	5.38	2.08
山　东	141077.25	95.22	842.68	34.53	324.46	60.69	518.22	47.81	36.72	6.15	2.78
河　南	27397.00	78.57	566.42	15.67	155.95	62.90	410.47	47.79	33.28	8.34	4.69
湖　北	23274.91	82.23	394.76	16.87	116.50	65.36	278.26	87.56	64.91	4.39	1.43
湖　南	3633.59	113.16	616.23	46.43	322.69	65.88	290.47	111.21	96.53	5.54	2.99
广　东	923.64	27.86	228.33	8.59	88.24	19.10	138.26	21.57	14.85	2.79	0.00
广　西	267.72	77.40	432.33	27.74	218.86	48.37	210.39	70.34	65.40	2.29	0.13
海　南	16123.13	2.17	24.51	1.49	15.92	0.68	8.59	2.01	1.87	0.11	0.00
重　庆	2835.03	85.64	295.46	14.10	106.88	69.11	169.74	97.66	94.95	1.38	0.10
四　川	11435.50	125.99	538.45	34.24	222.45	91.17	310.93	155.13	146.77	4.85	0.53
贵　州	171.38	105.24	448.85	19.58	169.43	83.34	258.06	103.88	99.00	3.18	0.99
云　南	14473.19	64.01	368.87	9.28	80.12	54.73	287.75	65.36	60.26	0.72	0.01
西　藏	410.30	0.00	0.00	0.00	0.00	0.00	0.00	1.14	1.06	0.08	0.00
陕　西	6786.61	36.47	185.59	4.50	48.20	31.93	137.36	21.87	18.48	1.48	0.46
甘　肃	10676.97	24.00	101.27	1.99	13.40	12.38	87.12	13.31	10.24	2.24	0.18
青　海	381.23	1.38	14.05	0.02	0.13	1.32	9.57	1.27	0.77	0.47	0.00
宁　夏	4820.56	2.58	26.26	0.03	0.32	2.55	25.95	2.08	1.53	0.51	0.03
新　疆	13229.94	3.09	35.00	0.43	6.28	2.60	28.58	2.70	1.52	0.65	0.36
新疆兵团	1741.42	2.09	22.90	0.07	1.89	2.02	21.01	0.10	0.03	0.02	0.03

续表

地区	4. 果蔬加工机械	5. 茶叶加工机械	五、畜牧养殖机械		其中：1. 饲草料加工机械		2. 畜牧饲养机械		3. 畜产品采集加工机械		其中：挤奶机	
	万台	万台(套)	万台(套)	万千瓦	万台(套)	万千瓦	万台(套)	万千瓦	万台(套)	万千瓦	万台	万千瓦
全　　国	8.65	78.06	577.05	1691.40	507.79	1429.87	24.67	82.38	10.52	38.15	7.25	27.33
北　　京	0.03	0.00	1.07	6.48	0.92	5.43	0.01	0.09	0.14	0.95	0.12	0.80
天　　津	0.00	0.00	0.58	4.74	0.54	4.31	0.01	0.03	0.03	0.34	0.03	0.33
河　　北	0.16	0.00	11.49	60.14	6.83	34.42	2.27	14.36	2.30	11.02	1.58	8.46
山　　西	0.21	0.00	5.80	24.74	4.45	18.72	0.48	2.72	0.71	1.40	0.58	1.26
内 蒙 古	0.00	0.00	20.74	119.25	18.50	113.15	0.86	1.96	1.38	4.14	1.29	4.00
辽　　宁	0.05	0.00	18.02	68.55	16.42	62.00	1.12	4.00	0.33	1.00	0.31	1.00
吉　　林	0.00	0.00	8.07	63.65	7.58	58.37	0.45	4.00	0.04	1.05	0.02	1.00
黑 龙 江	0.00	0.00	24.60	37.20	5.60	8.65	0.22	2.44	0.75	1.03	0.70	0.78
上　　海	0.00	0.00	0.18	2.18	0.12	1.27	0.02	0.37	0.04	0.54	0.04	0.54
江　　苏	0.15	0.51	9.71	60.96	9.04	57.76	0.36	1.60	0.12	0.60	0.10	0.34
浙　　江	0.98	22.60	5.43	18.74	2.78	2.14	1.98	2.67	0.05	0.10	0.04	0.09
安　　徽	0.09	14.52	6.82	32.95	4.57	26.04	1.81	4.36	0.02	0.05	0.02	0.05
福　　建	0.50	27.82	3.35	25.10	2.96	22.10	0.28	2.11	0.03	0.22	0.01	0.13
江　　西	0.24	0.69	5.88	47.15	5.31	42.19	0.25	2.03	0.01	0.02	0.01	0.02
山　　东	1.61	0.35	16.26	82.26	14.70	24.58	0.57	2.57	0.76	2.34	0.65	1.95
河　　南	0.17	1.31	20.34	54.71	15.45	49.10	4.50	2.66	0.39	1.59	0.38	1.52
湖　　北	0.31	2.53	34.17	68.73	33.46	67.08	0.70	1.59	0.01	0.06	0.01	0.06
湖　　南	0.50	1.25	22.67	86.79	18.06	73.74	0.98	4.64	0.13	1.16	0.03	0.13
广　　东	0.92	1.51	9.02	62.99	7.61	51.02	1.20	9.86	0.07	1.11	0.02	0.21
广　　西	2.34	0.19	32.01	65.07	31.47	62.71	0.52	2.32	0.02	0.04	0.02	0.02
海　　南	0.00	0.00	0.52	5.38	0.33	3.50	0.14	1.36	0.00	0.00	0.00	0.00
重　　庆	0.07	0.12	41.28	56.49	40.09	54.12	0.44	0.68	0.07	0.14	0.07	0.14
四　　川	0.17	1.27	56.27	112.80	53.32	107.83	0.66	2.01	0.79	1.95	0.21	0.50
贵　　州	0.00	0.41	40.47	129.37	36.65	108.23	3.25	5.90	0.06	0.23	0.06	0.22
云　　南	0.04	1.99	122.79	170.06	118.41	162.00	0.12	0.92	0.01	0.05	0.01	0.05
西　　藏	0.00	0.00	0.18	0.01	0.00	0.00	0.00	0.00	0.18	0.01	0.16	0.00
陕　　西	0.04	0.95	25.32	89.10	24.56	86.85	0.38	1.06	0.35	1.10	0.33	1.02
甘　　肃	0.04	0.05	13.50	69.92	10.50	64.82	0.43	1.50	1.13	3.27	0.01	0.82
青　　海	0.02	0.00	1.72	6.35	0.81	6.34	0.00	0.00	0.01	0.01	0.00	0.00
宁　　夏	0.00	0.00	11.55	47.23	10.69	44.55	0.61	1.98	0.25	0.65	0.24	0.60
新　　疆	0.00	0.00	6.81	10.35	5.77	5.98	0.04	0.38	0.23	1.12	0.13	1.02
新疆兵团	0.01	0.00	0.43	1.97	0.29	0.87	0.01	0.21	0.11	0.86	0.06	0.28

续表

地区	剪羊毛机		六、渔业机械		其中:1. 增氧机		2. 投饵机		七、林果业机械		其中:1. 挖坑机	
	万台	万千瓦	万台	万千瓦	万台	万千瓦	万台	万千瓦	万台	万千瓦	万台	万千瓦
全　国	0.47	0.82	216.56	1428.90	143.15	311.48	36.39	44.02	13.36	73.97	2.71	32.74
北　京	0.00	0.00	1.14	3.67	0.83	2.93	0.31	0.68	0.37	1.20	0.00	0.03
天　津	0.00	0.00	3.54	8.96	2.48	8.14	1.04	0.71	0.01	0.31	0.01	0.30
河　北	0.02	0.03	3.79	54.94	1.76	7.12	0.95	2.40	0.14	2.14	0.12	1.93
山　西	0.02	0.02	0.07	0.45	0.05	0.11	0.01	0.05	0.08	0.07	0.07	0.00
内蒙古	0.07	0.12	0.10	0.61	0.04	0.22	0.04	0.20	0.16	1.31	0.13	1.27
辽　宁	0.00	0.00	4.57	12.18	3.46	8.60	1.05	1.38	0.45	1.07	0.03	0.76
吉　林	0.02	0.05	0.45	0.88	0.13	0.44	0.30	0.44	0.02	0.33	0.02	0.30
黑龙江	0.05	0.25	0.31	1.33	0.07	0.40	0.03	0.10	0.07	0.35	0.00	0.00
上　海	0.00	0.00	2.11	22.72	1.88	4.73	0.05	0.49	0.06	0.14	0.00	0.01
江　苏	0.00	0.00	22.62	119.83	11.31	35.59	6.43	7.54	0.36	2.65	0.02	0.30
浙　江	0.00	0.00	15.64	433.87	13.70	30.20	0.51	0.50	1.39	3.67	0.00	0.00
安　徽	0.00	0.00	4.86	21.68	2.29	4.82	1.39	0.66	0.94	3.25	0.02	0.30
福　建	0.00	0.00	12.10	222.19	5.58	15.25	0.60	4.01	1.44	8.90	0.41	4.29
江　西	0.00	0.00	6.56	29.21	3.01	11.03	1.66	3.80	1.08	12.26	0.26	5.98
山　东	0.00	0.00	10.58	74.74	2.08	7.62	0.75	1.39	1.09	6.94	0.58	4.23
河　南	0.00	0.00	2.22	8.18	1.15	4.02	0.91	2.03	0.14	0.93	0.06	0.39
湖　北	0.00	0.00	26.28	45.09	15.99	38.53	10.29	6.56	0.21	2.46	0.07	2.29
湖　南	0.00	0.00	9.64	33.18	4.83	10.95	2.49	2.19	0.91	5.19	0.09	2.57
广　东	0.00	0.00	61.27	198.43	51.33	86.66	4.42	4.19	0.86	7.04	0.35	3.91
广　西	0.00	0.00	5.82	79.52	3.48	5.72	0.06	0.08	0.24	0.83	0.03	0.22
海　南	0.00	0.00	6.08	18.93	4.82	5.82	0.33	1.05	0.02	0.44	0.01	0.42
重　庆	0.00	0.00	5.03	10.77	3.90	6.20	0.62	0.56	0.46	1.39	0.14	0.54
四　川	0.09	0.02	9.00	15.48	7.13	10.53	1.50	1.64	0.32	3.34	0.02	0.15
贵　州	0.00	0.00	0.21	3.77	0.05	0.09	0.01	0.04	0.44	3.45	0.09	1.06
云　南	0.00	0.00	0.98	4.33	0.76	3.41	0.19	0.50	0.04	0.46	0.01	0.29
西　藏	0.02	0.01	0.00	0.00	0.00	0.00	0.00	0.00	0.00	0.00	0.00	0.00
陕　西	0.01	0.02	0.56	1.77	0.35	1.22	0.20	0.37	0.32	1.46	0.06	0.54
甘　肃	0.06	0.07	0.03	0.32	0.02	0.26	0.00	0.00	0.00	0.00	0.00	0.00
青　海	0.00	0.00	0.00	0.00	0.00	0.00	0.00	0.00	0.00	0.00	0.00	0.00
宁　夏	0.00	0.00	0.77	0.91	0.56	0.58	0.21	0.33	0.87	1.82	0.02	0.58
新　疆	0.09	0.10	0.20	0.75	0.09	0.23	0.06	0.14	0.82	0.24	0.08	0.09
新疆兵团	0.03	0.12	0.03	0.22	0.02	0.06	0.00	0.00	0.05	0.32	0.02	0.00

续表

地区	2. 果树修剪机		八、运输机械 1. 农用运输车		(1)三轮汽车		(2)低速载货汽车		2. 手扶变形运输机	
	万台	万千瓦	万台	万千瓦	万台	万千瓦	万台	万千瓦	万台	万千瓦
全　　国	2.85	12.24	1345.04	20418.63	1078.71	12081.56	239.27	7537.06	82.26	1713.44
北　　京	0.04	0.12	6.84	72.64	5.51	53.26	1.33	19.38	0.08	0.78
天　　津	0.00	0.00	13.42	179.48	11.20	109.97	2.22	69.51	0.00	0.00
河　　北	0.02	0.21	263.15	3556.24	233.07	2531.71	29.82	1004.51	0.13	1.71
山　　西	0.02	0.07	94.36	1501.57	77.73	834.70	15.48	625.14	0.00	0.00
内 蒙 古	0.00	0.00	39.81	652.94	34.37	509.12	4.77	129.72	0.00	0.00
辽　　宁	0.08	0.01	48.30	772.01	40.59	528.96	5.39	212.46	0.42	7.48
吉　　林	0.00	0.02	15.90	277.00	8.87	118.80	7.00	158.00	0.40	5.40
黑 龙 江	0.00	0.00	18.80	264.60	13.90	176.40	4.90	88.20	0.00	0.29
上　　海	0.02	0.05	0.03	1.20	0.00	0.00	0.00	0.00	0.00	0.00
江　　苏	0.11	0.38	24.20	406.25	13.35	153.82	8.04	186.83	6.12	118.08
浙　　江	0.06	0.12	8.30	201.16	3.60	27.24	3.63	142.19	7.30	102.16
安　　徽	0.03	0.08	67.08	797.15	58.26	549.17	8.82	247.98	15.27	409.43
福　　建	0.21	0.71	4.70	133.52	0.85	10.76	3.71	116.77	9.24	182.55
江　　西	0.64	5.66	20.15	483.10	5.07	63.05	15.08	391.20	12.65	379.50
山　　东	0.14	0.51	273.44	3388.80	240.55	2534.88	30.44	848.42	0.68	12.66
河　　南	0.02	0.03	215.73	2682.32	196.34	2244.40	19.39	437.92	0.12	1.97
湖　　北	0.14	0.17	23.02	509.40	13.11	162.35	9.91	324.03	0.00	0.00
湖　　南	0.12	0.48	20.46	620.04	5.64	81.38	13.23	466.70	4.52	81.02
广　　东	0.15	1.04	11.46	403.63	2.39	30.07	7.20	287.78	2.65	38.36
广　　西	0.11	0.27	4.44	119.60	1.13	14.80	3.31	104.80	17.80	287.59
海　　南	0.01	0.02	2.39	39.22	1.40	14.20	0.99	25.02	0.11	1.50
重　　庆	0.01	0.01	5.30	194.65	0.33	5.24	3.59	139.82	2.31	41.56
四　　川	0.07	0.20	10.41	312.40	3.06	44.78	7.35	267.62	0.79	14.05
贵　　州	0.14	0.92	11.16	439.74	1.84	28.76	9.12	407.16	1.18	15.60
云　　南	0.02	0.14	10.09	448.67	0.73	17.55	5.82	229.28	0.24	3.51
西　　藏	0.00	0.00	1.74	111.00	0.00	0.00	1.74	111.00	0.00	0.00
陕　　西	0.26	0.92	50.10	692.36	42.74	507.37	6.44	181.05	0.01	0.14
甘　　肃	0.00	0.00	55.64	725.18	44.99	497.60	4.14	125.19	0.14	4.79
青　　海	0.00	0.00	2.86	51.27	1.40	17.38	1.46	22.89	0.00	0.00
宁　　夏	0.00	0.00	17.46	296.43	14.70	188.33	2.63	106.94	0.10	3.30
新　　疆	0.42	0.11	3.19	65.95	1.66	21.20	1.53	44.75	0.00	0.02
新疆兵团	0.00	0.00	1.11	19.12	0.33	4.31	0.78	14.81	0.00	0.00

续表

地区	3. 农用挂车	九、农田基本建设机械		十、其他机械 其中:农用飞机	十一、农业机械原值和净值 1. 农业机械原值	2. 农业机械净值
	万台	万台	万千瓦	架	亿元	亿元
全　　国	794.03	39.35	2080.09	91	5819.77	4224.46
北　　京	1.04	0.11	8.67	0	23.73	14.25
天　　津	0.37	0.40	34.89	3	33.33	23.85
河　　北	91.35	3.02	297.08	2	486.19	345.33
山　　西	6.67	1.46	114.80	0	152.97	113.58
内 蒙 古	61.40	2.37	32.49	0	242.79	178.35
辽　　宁	17.73	1.26	53.77	12	123.00	91.00
吉　　林	33.80	0.28	17.55	0	155.97	115.06
黑 龙 江	26.20	0.30	21.00	24	326.66	253.98
上　　海	0.35	0.01	0.52	0	0.00	0.00
江　　苏	11.20	6.55	100.24	4	293.49	210.82
浙　　江	0.58	2.32	209.75	0	233.44	155.81
安　　徽	101.57	1.14	58.62	0	374.93	267.80
福　　建	2.75	0.93	77.92	0	98.18	61.22
江　　西	0.48	3.24	161.48	0	253.02	166.86
山　　东	125.01	3.73	248.95	8	641.07	487.02
河　　南	127.69	1.55	95.40	0	615.24	454.64
湖　　北	79.08	2.24	85.92	9	235.04	176.58
湖　　南	0.95	1.42	104.04	0	230.69	168.08
广　　东	13.24	1.55	64.70	0	140.44	93.56
广　　西	0.21	0.70	41.88	0	174.41	125.86
海　　南	0.00	0.08	4.44	0	33.90	24.13
重　　庆	0.08	0.34	22.76	0	66.93	46.76
四　　川	7.96	0.52	47.64	0	191.08	133.39
贵　　州	1.47	0.39	12.49	0	68.37	49.55
云　　南	3.97	0.36	27.28	0	132.67	98.96
西　　藏	0.00	0.01	0.74	0	16.93	11.26
陕　　西	4.85	1.24	70.38	0	133.46	93.71
甘　　肃	10.56	0.31	20.99	0	116.30	82.30
青　　海	19.52	0.06	3.00	0	28.61	20.01
宁　　夏	6.45	0.35	25.53	0	51.09	33.85
新　　疆	35.87	0.30	12.40	0	110.97	94.23
新疆兵团	1.63	0.81	2.78	29	34.87	32.66

各地区农业机械化作业情况表

地区	一、农机化作业总体情况	(二)机播面积	(三)机电灌溉面积	(四)机械植保面积	(五)机收面积	二、主要农作物农机化作业情况	2. 小麦机播面积	3. 小麦机收面积
	(一)机耕面积					(一)小麦		
	千公顷	千公顷	千公顷	千公顷	千公顷	千公顷	千公顷	千公顷
全　　国	95719.27	65093.08	47820.36	53237.01	53408.65	22011.71	20495.32	20907.72
北　　京	93.87	216.28	134.19	187.82	104.50	6.23	61.13	60.64
天　　津	361.45	366.87	323.63	205.55	179.07	92.59	109.29	106.71
河　　北	5251.56	6183.33	5330.96	3348.68	3147.03	2319.83	2380.48	2302.47
山　　西	2367.46	1989.83	788.07	696.06	860.51	618.84	609.05	549.69
内 蒙 古	5567.93	5374.73	1596.45	2190.26	2335.14	623.90	681.00	596.13
辽　　宁	3312.68	2428.53	856.36	1289.89	750.50	16.02	15.97	11.77
吉　　林	3926.10	3480.50	754.50	1894.50	763.10	4.10	4.10	1.50
黑 龙 江	12974.50	12105.90	2916.14	8542.00	7728.14	336.53	336.53	336.53
上　　海	388.96	50.41	183.36	287.95	183.30	71.92	9.18	73.47
江　　苏	5487.00	3101.00	3484.00	5195.00	4585.00	2053.00	1870.00	2234.00
浙　　江	1432.28	100.04	1302.58	626.22	905.01	59.16	3.23	58.56
安　　徽	6897.96	3304.66	3384.78	3473.76	4810.62	2315.86	2133.30	2243.96
福　　建	845.51	9.52	390.53	547.84	188.85	0.34	0.00	0.00
江　　西	2579.52	169.70	1275.56	464.02	1994.57	5.05	0.00	81.19
山　　东	6887.02	8136.44	5646.69	4005.38	6182.11	3041.86	3481.34	3450.21
河　　南	8117.53	8487.60	5217.43	4917.24	6542.13	5463.93	5280.19	5203.46
湖　　北	4099.40	637.18	3012.88	3871.91	2554.97	793.01	222.29	775.63
湖　　南	4428.25	168.92	2350.87	1436.63	2373.04	16.18	0.92	8.49
广　　东	2877.63	40.13	1490.33	1029.73	1022.11	0.50	0.00	0.00
广　　西	2593.43	63.07	464.06	131.97	631.89	1.05	0.01	0.02
海　　南	402.58	2.63	188.86	315.19	169.32	0.00	0.00	0.00
重　　庆	1300.11	52.65	450.97	366.55	149.89	100.64	0.00	5.69
四　　川	1965.29	349.30	1462.45	2167.86	761.29	445.92	190.75	228.09
贵　　州	418.22	31.82	389.56	152.90	78.53	18.82	2.81	1.51
云　　南	1334.66	14.17	518.79	692.91	133.09	180.58	9.46	30.27
西　　藏	133.00	130.00	8.10	0.00	110.00	116.00	112.33	69.00
陕　　西	2432.61	1794.18	1019.69	1430.60	1169.55	1071.91	949.61	879.44
甘　　肃	1705.60	1159.89	1135.18	666.43	559.93	772.95	554.82	387.02
青　　海	281.22	240.67	14.42	120.27	121.79	106.31	96.50	47.61
宁　　夏	773.38	583.38	105.39	159.47	321.39	180.73	173.68	121.75
新　　疆	3416.00	3257.89	950.90	1970.73	1409.72	992.30	1014.45	850.01
新疆兵团	1066.57	1061.86	672.69	851.70	582.55	185.65	192.90	192.90

续表

地区	(二)水稻 1.水稻机耕面积	2.水稻机械种植面积	其中:水稻机播面积	水稻机插面积	水稻机浅栽面积	3.水稻机收面积	(三)玉米 1.玉米机耕面积	2.玉米机播面积	3.玉米机收面积
	千公顷	千公顷	千公顷	千公顷	千公顷	千公顷	千公顷	千公顷	千公顷
全　国	24570.80	4950.12	520.03	4161.45	211.45	16794.95	18847.60	22600.54	5273.25
北　京	0.29	0.09	0.05	0.04	0.00	0.18	10.97	145.72	39.43
天　津	12.29	3.67	0.00	3.67	0.00	7.84	121.67	188.18	60.20
河　北	83.04	14.27	11.08	2.64	0.00	33.27	1008.30	2546.47	494.92
山　西	0.41	0.00	0.00	0.00	0.00	0.41	1164.84	1019.43	160.95
内蒙古	82.47	51.35	0.08	48.36	0.13	77.60	2436.89	2405.12	239.93
辽　宁	553.09	173.77	3.53	148.06	22.00	301.74	2044.58	1852.48	160.97
吉　林	738.40	269.00	2.10	262.30	4.60	399.30	2749.40	2825.20	245.00
黑龙江	2630.00	2016.04	27.40	1988.64	0.00	2001.50	4793.00	4436.17	1062.90
上　海	108.49	41.10	19.71	21.39	0.00	0.00	0.00	0.00	0.00
江　苏	2193.00	1075.00	290.00	751.00	2.43	2117.00	300.00	67.00	44.00
浙　江	920.63	87.00	6.34	78.86	1.00	771.52	8.46	0.11	0.00
安　徽	2208.72	197.86	46.29	151.54	0.03	1913.30	372.16	406.49	97.22
福　建	573.23	9.52	0.00	9.52	0.00	188.09	0.00	0.00	0.00
江　西	2450.42	142.82	9.36	97.35	36.11	1894.67	0.00	0.00	0.00
山　东	114.06	11.76	1.03	10.58	0.00	80.45	561.67	2747.02	1546.16
河　南	544.53	14.16	2.01	11.86	0.01	412.04	668.29	2356.81	669.84
湖　北	1696.19	322.85	26.20	296.65	0.00	1591.82	152.65	30.80	12.90
湖　南	3658.71	110.22	16.74	44.75	19.90	2254.00	35.04	0.02	2.70
广　东	1618.73	33.98	0.39	32.80	0.00	953.22	72.69	0.00	0.00
广　西	1565.71	63.06	0.05	63.01	0.00	624.36	153.04	0.00	0.02
海　南	231.08	2.63	0.03	2.60	0.00	169.32	2.86	0.00	0.00
重　庆	577.88	52.45	0.00	52.25	0.20	144.00	54.15	0.00	0.00
四　川	963.32	153.58	0.00	29.14	122.47	519.14	154.21	0.54	0.02
贵　州	360.51	24.73	0.26	24.30	0.17	68.01	7.20	0.85	0.29
云　南	474.33	1.13	0.00	1.11	0.01	99.77	213.79	1.80	0.73
西　藏	0.00	0.00	0.00	0.00	0.00	0.00	0.00	0.00	0.00
陕　西	66.00	7.94	2.71	2.20	2.10	42.48	626.60	680.70	163.15
甘　肃	0.50	0.50	0.50	0.00	0.00	0.43	343.29	164.05	22.17
青　海	0.00	0.00	0.00	0.00	0.00	0.00	2.00	0.95	0.01
宁　夏	77.46	56.36	37.00	13.27	0.27	74.33	191.86	141.29	41.42
新　疆	45.83	10.26	0.93	8.78	0.02	33.68	535.29	520.01	155.53
新疆兵团	21.49	21.02	16.24	4.78	0.00	21.49	62.70	63.32	52.79

续表

地区	(四)大豆			(五)油菜			(六)马铃薯		
	1. 大豆机耕面积	2. 大豆机播面积	3. 大豆机收面积	1. 油菜机耕面积	2. 油菜机播面积	3. 油菜机收面积	1. 马铃薯机耕面积	2. 马铃薯机播面积	3. 马铃薯机收面积
	千公顷	千公顷	千公顷	千公顷	千公顷	千公顷	千公顷	千公顷	千公顷
全　国	6704.17	6799.38	5301.07	3286.94	756.20	643.43	1990.09	657.35	623.58
北　京	2.43	5.33	2.02	0.07	0.02	0.00	0.13	0.00	0.07
天　津	10.82	10.13	3.31	0.00	0.00	0.00	0.00	0.00	0.00
河　北	80.04	68.84	13.43	27.27	21.09	14.12	123.45	69.18	55.79
山　西	45.80	40.25	16.27	11.02	6.73	0.28	120.25	68.71	51.06
内蒙古	630.67	731.27	571.20	144.93	213.47	204.22	582.31	270.67	240.50
辽　宁	122.58	97.96	30.23	0.00	0.00	0.00	43.65	7.73	30.74
吉　林	365.70	363.40	99.60	0.00	0.00	0.00	37.20	5.60	4.10
黑龙江	4582.00	4549.28	4010.90	0.00	0.00	0.00	175.00	73.00	71.00
上　海	0.00	0.00	0.00	9.43	0.11	1.07	0.00	0.00	0.00
江　苏	121.00	20.00	17.00	287.00	8.84	28.00	13.90	0.00	0.10
浙　江	27.40	0.18	0.46	79.05	1.95	9.62	7.09	0.04	0.00
安　徽	225.48	491.92	343.16	500.42	25.86	7.95	7.40	0.00	0.00
福　建	0.00	0.00	0.00	0.00	0.00	0.00	20.52	0.00	0.02
江　西	5.01	0.00	0.00	80.06	23.62	1.86	0.16	0.00	0.00
山　东	83.08	52.85	25.24	5.28	2.59	0.14	92.54	6.85	29.91
河　南	136.00	250.05	97.58	220.66	47.88	5.07	54.30	0.00	0.60
湖　北	59.41	11.94	12.31	748.97	20.24	117.30	41.19	1.83	1.30
湖　南	10.97	0.00	0.00	353.36	21.63	41.97	0.00	0.00	0.05
广　东	27.74	0.00	0.00	7.09	0.00	0.00	35.24	0.39	0.41
广　西	15.24	0.00	0.00	38.20	0.00	0.00	16.98	0.00	0.00
海　南	0.05	0.00	0.00	0.00	0.00	0.00	0.14	0.00	0.00
重　庆	5.92	0.00	0.00	90.61	0.20	0.20	119.02	0.00	0.00
四　川	5.31	0.00	0.00	184.45	3.05	1.55	45.65	0.98	0.00
贵　州	0.00	0.00	0.00	13.27	1.81	0.26	12.48	1.59	0.13
云　南	15.20	0.00	0.00	56.99	0.91	1.47	38.41	0.17	0.29
西　藏	0.00	0.00	0.00	15.00	6.00	0.00	0.00	0.00	0.00
陕　西	22.28	14.29	4.45	56.36	15.28	0.81	82.73	7.54	19.72
甘　肃	22.33	11.99	0.42	121.91	97.21	30.80	145.23	60.42	43.31
青　海	0.00	0.00	0.00	89.38	84.22	52.22	19.13	4.16	2.80
宁　夏	4.39	2.96	0.53	11.24	11.50	2.20	122.94	58.07	57.76
新　疆	63.03	62.45	38.67	75.75	74.67	55.21	25.86	14.31	8.66
新疆兵团	14.29	14.29	14.29	59.17	67.32	67.12	7.19	6.12	5.26

续表

地区	(七)花生 1. 花生机耕面积	2. 花生机播面积	3. 花生机收面积	(八)棉花 1. 棉花机耕面积	2. 棉花机耕面积	3. 棉花机收面积	三、单项农机化作业情况 1. 机械深耕面积	2. 机械深松面积	3. 机械化免耕播种面积
	千公顷	千公顷	千公顷	千公顷	千公顷	千公顷	千公顷	千公顷	千公顷
全　国	2358.90	1367.62	788.71	3805.13	2682.77	139.15	26922.10	8831.21	10187.28
北　京	5.72	2.73	0.02	0.40	0.05	0.00	3.27	10.76	195.59
天　津	0.60	0.60	0.00	47.69	45.96	0.00	44.57	21.07	90.91
河　北	258.68	189.10	65.87	646.31	602.52	0.70	1243.09	239.90	1996.61
山　西	2.37	0.46	0.52	74.91	64.53	1.24	895.50	148.89	161.64
内蒙古	0.00	0.00	0.00	1.30	1.30	0.00	2667.40	768.40	824.93
辽　宁	247.27	199.76	168.88	0.00	0.00	0.00	448.10	338.35	190.45
吉　林	27.60	10.00	8.50	0.10	0.00	0.00	1169.30	1123.50	80.80
黑龙江	0.00	0.00	0.00	0.00	0.00	0.00	4353.00	4011.00	281.00
上　海	0.00	0.00	0.00	0.00	0.00	0.00	0.00	0.00	2.13
江　苏	63.80	5.99	0.08	162.00	0.00	0.00	676.00	126.00	780.00
浙　江	2.76	0.00	0.00	6.53	0.00	0.00	141.30	29.90	2.17
安　徽	156.49	43.98	2.58	154.35	1.50	0.00	764.79	70.79	385.46
福　建	15.61	0.00	0.02	0.00	0.00	0.00	106.01	7.24	0.08
江　西	36.11	3.10	16.85	2.71	0.00	0.00	354.30	0.00	17.15
山　东	679.57	515.39	419.02	702.49	551.61	0.00	2182.03	256.26	2513.29
河　南	491.82	378.73	104.45	132.54	2.76	0.00	3663.94	309.18	1854.53
湖　北	68.16	8.45	0.47	337.66	8.88	0.00	596.78	66.99	18.04
湖　南	12.94	0.00	0.00	92.68	0.00	3.41	801.20	29.54	9.84
广　东	132.50	0.00	0.00	0.00	0.00	0.00	531.31	40.17	0.15
广　西	86.53	0.00	0.00	0.00	0.00	0.00	306.09	44.70	0.00
海　南	7.20	0.00	0.00	0.00	0.00	0.00	88.00	11.36	0.00
重　庆	8.01	0.00	0.00	0.10	0.00	0.00	24.29	0.00	0.00
四　川	21.86	0.00	0.00	1.59	0.00	0.00	183.26	31.58	6.32
贵　州	0.24	0.00	0.00	0.00	0.00	0.00	71.17	0.00	4.73
云　南	20.52	0.00	0.00	0.00	0.00	0.00	325.02	53.86	0.14
西　藏	0.00	0.00	0.00	0.00	0.00	0.00	0.00	0.00	0.00
陕　西	8.56	6.86	0.55	54.24	21.30	0.33	787.96	88.70	572.26
甘　肃	0.00	0.00	0.00	69.62	68.28	16.07	947.63	213.44	48.52
青　海	0.00	0.00	0.00	0.00	0.00	0.00	119.57	8.06	10.92
宁　夏	0.00	0.00	0.00	0.00	0.00	0.00	378.63	44.66	19.55
新　疆	3.84	2.35	0.81	830.51	826.68	1.37	1982.02	531.66	102.61
新疆兵团	0.13	0.13	0.10	487.40	487.40	116.04	1066.57	205.25	17.46

续表

地区	其中:机械化免耕覆盖播种面积	4. 保护性耕作面积	5. 精少量播种面积	6. 机械深施化肥面积	7. 机械铺膜面积	8. 农田机械节水灌溉面积	9. 机械播种牧草面积	10. 机械收获牧草数量
	千公顷	千公顷	千公顷	千公顷	千公顷	千公顷	千公顷	万吨
全　国	5092.34	3506.55	32720.67	29178.18	6357.84	11164.12	640.29	1542.51
北　京	86.88	127.87	9.57	49.35	2.71	82.64	0.23	3.00
天　津	40.64	57.24	71.57	182.54	55.51	21.40	1.50	1.69
河　北	1164.22	121.95	2131.79	1899.90	759.27	715.38	20.93	50.83
山　西	90.38	445.95	877.11	1855.77	510.86	190.16	36.09	62.27
内蒙古	624.05	824.93	2580.87	3096.73	579.57	1159.34	243.10	365.33
辽　宁	71.49	350.00	1601.91	1815.73	52.45	197.20	0.40	32.80
吉　林	18.30	84.70	2718.10	2561.40	94.70	754.50	37.30	10.90
黑龙江	80.20	230.00	9887.00	6572.05	303.76	1266.52	41.00	159.20
上　海	2.13	0.00	20.09	58.79	0.00	150.30	0.00	0.00
江　苏	493.00	93.00	812.00	196.00	4.90	207.00	0.80	0.00
浙　江	2.17	0.00	0.81	214.09	3.17	139.70	0.00	0.77
安　徽	56.33	41.17	1508.81	1233.74	73.10	803.05	0.00	3.00
福　建	0.07	0.40	2.51	20.33	0.80	42.83	1.10	0.12
江　西	8.14	0.00	0.86	275.81	0.63	141.23	0.00	0.35
山　东	1590.06	483.22	2970.22	1189.14	895.97	1709.48	2.74	6.01
河　南	490.04	201.07	4289.46	2225.98	121.87	849.59	0.20	1.55
湖　北	17.52	90.52	51.50	159.06	11.09	245.14	0.00	0.00
湖　南	5.91	17.18	0.93	158.43	0.00	338.78	0.74	0.10
广　东	0.06	0.00	0.03	15.68	1.89	187.65	0.00	0.00
广　西	0.00	0.00	0.00	581.13	9.40	98.75	0.00	0.03
海　南	0.00	0.00	0.00	2.85	0.00	18.28	0.00	0.00
重　庆	0.00	23.70	0.77	16.95	0.32	24.45	0.00	0.02
四　川	4.61	1.32	58.63	64.61	0.97	79.55	2.12	0.36
贵　州	0.67	0.00	2.78	95.49	12.62	22.87	0.20	2.13
云　南	0.03	0.55	2.97	68.61	0.09	31.21	0.17	0.00
西　藏	0.00	0.00	0.00	0.00	0.00	0.00	0.00	0.00
陕　西	176.10	134.32	546.84	613.77	111.95	249.94	16.29	95.83
甘　肃	13.90	65.11	362.00	1087.81	766.27	153.96	17.28	80.00
青　海	1.50	12.53	43.38	268.68	1.82	1.93	83.59	1.38
宁　夏	2.53	25.76	61.84	167.26	81.39	12.19	52.59	30.50
新　疆	43.15	65.77	1488.32	1657.45	1301.73	704.86	58.89	474.17
新疆兵团	8.28	8.29	618.02	773.05	599.04	564.25	23.03	160.18

续表

地区	11. 机械化秸秆还田面积	12. 秸秆捡拾打捆面积	13. 机械脱粒粮食数量	14. 机械烘干粮食数量	15. 机械初加工农产品数量	其中：(1)加工粮食数量	(2)加工油料数量	(3)加工棉花数量	(4)加工果蔬数量
	千公顷	千公顷	万吨	万吨	万吨	万吨	万吨	万吨	万吨
全　国	24927.23	699.82	47392.60	2354.25	66561.66	52458.97	5720.69	1867.69	1994.40
北　京	123.93	2.67	133.10	0.67	246.52	239.12	6.94	0.01	0.45
天　津	129.19	0.01	166.30	1.43	102.96	96.16	1.36	3.40	0.00
河　北	2943.15	22.27	2648.56	7.45	2443.39	2041.41	210.80	136.72	37.57
山　西	851.71	12.16	746.55	0.05	785.97	640.77	49.27	16.94	31.55
内蒙古	750.67	143.81	1898.40	194.50	987.35	865.03	96.07	0.30	14.95
辽　宁	260.13	3.74	1938.07	131.58	1391.70	1264.71	75.83	0.35	0.40
吉　林	200.20	15.80	3339.70	532.00	1655.40	1541.20	107.80	0.00	6.40
黑龙江	2813.00	35.00	4379.00	407.00	2325.26	1789.00	536.26	0.00	0.00
上　海	122.69	0.45	119.49	3.75	66.96	54.63	0.23	0.00	4.70
江　苏	1569.00	58.00	4754.00	192.00	2856.00	2454.00	200.00	57.00	51.00
浙　江	371.39	8.11	742.93	31.73	1031.21	812.98	81.68	3.74	79.24
安　徽	732.54	7.93	3041.28	232.35	2580.59	2117.15	305.01	81.32	5.37
福　建	117.16	0.38	250.63	0.27	1192.37	887.88	72.62	0.00	57.92
江　西	739.87	5.90	1823.16	113.68	2486.33	2058.70	320.53	35.01	10.34
山　东	5185.16	20.39	3816.50	44.25	5299.00	3531.39	512.50	165.80	625.41
河　南	4017.78	104.30	4415.08	28.15	4763.72	3928.32	461.06	357.48	2.88
湖　北	398.31	0.00	2225.02	21.60	3960.39	2393.80	313.63	133.56	250.12
湖　南	445.31	0.00	3041.28	61.69	4871.98	3609.03	400.91	101.91	53.85
广　东	376.58	0.00	926.43	94.45	7469.76	5374.57	332.83	0.00	395.68
广　西	296.24	0.00	985.25	0.55	1136.98	1097.78	27.39	0.89	9.21
海　南	78.71	0.00	99.26	0.00	149.89	142.95	6.94	0.00	0.00
重　庆	43.45	0.00	424.37	0.59	977.10	828.90	30.50	0.10	10.90
四　川	198.46	0.00	2067.31	3.28	3499.12	2969.25	358.84	4.49	48.47
贵　州	74.33	0.00	432.18	7.02	1929.17	1626.94	277.10	1.54	1.50
云　南	62.45	0.00	384.60	0.01	1648.32	1440.82	94.80	0.18	2.75
西　藏	0.00	0.00	24.50	0.00	6.36	6.36	0.00	0.00	0.00
陕　西	694.59	25.22	121.90	76.62	8063.37	7186.81	547.49	52.29	218.39
甘　肃	25.23	22.09	756.82	6.28	592.05	451.24	49.90	49.30	3.10
青　海	4.51	65.00	57.11	8.90	58.12	41.29	13.79	0.00	2.35
宁　夏	154.13	12.53	355.81	4.15	156.83	139.70	13.06	0.00	0.00
新　疆	472.49	83.40	1113.90	44.09	1241.23	615.51	196.92	381.78	0.25
新疆兵团	674.87	50.66	164.11	104.16	586.27	211.57	1163	283.57	69.65

续表

地区	(5)加工茶叶数量	16.机械化饲草料加工数量	其中：机械化青贮秸秆数量	17.农机运输作业量	其中：农业运输作业量	18.农田基本建设作业量	19.农用飞机作业面积	20.农机跨区作业面积	其中：(1)跨区机耕面积
	万吨	万吨	万吨	亿吨·公里	亿吨·公里	万立方米	千公顷	千公顷	千公顷
全　国	343.35	17817.92	7258.21	3900.00	2355.15	489607.28	1624.39	27416.27	4466.65
北　京	0.00	69.75	50.88	3.51	2.54	1156.74	0.00	23.23	2.58
天　津	0.00	84.77	59.83	5.97	3.26	2481.66	0.00	80.03	16.40
河　北	0.00	876.53	607.95	140.04	80.14	7737.87	14.84	1961.84	170.72
山　西	0.00	178.22	44.80	97.49	46.19	18764.21	0.00	469.80	143.24
内蒙古	0.00	4159.00	1637.00	27.40	19.46	6857.00	1.47	462.29	81.33
辽　宁	0.00	491.74	119.62	55.15	28.73	15075.90	10.60	199.30	27.27
吉　林	0.00	476.20	66.90	42.20	32.70	14832.00	0.00	331.80	105.00
黑龙江	0.00	1487.00	1311.00	8.70	5.70	10485.00	1026.00	2084.70	1004.20
上　海	0.00	99.66	99.66	0.23	0.14	0.00	0.00	12.62	0.42
江　苏	1.39	176.00	14.00	63.50	15.10	35084.00	0.00	5633.00	312.00
浙　江	32.21	65.67	17.34	63.41	32.28	111722.16	0.00	349.07	23.23
安　徽	18.36	202.97	51.99	117.13	43.58	33609.59	0.00	2730.16	364.27
福　建	132.75	838.79	765.51	38.07	17.77	3412.47	0.00	22.96	5.26
江　西	1.74	1.23	0.00	165.17	90.32	17075.00	1.60	253.41	5.14
山　东	1.30	1549.49	654.47	214.76	54.04	72840.24	64.21	4594.86	821.39
河　南	2.82	730.87	258.38	191.22	105.53	9554.44	0.00	3755.73	493.75
湖　北	51.07	1370.27	67.27	55.62	41.29	3677.13	262.67	729.42	156.33
湖　南	26.88	394.05	7.53	142.26	94.50	29509.00	0.26	541.65	145.09
广　东	27.24	338.44	2.64	39.40	26.10	8329.92	0.00	239.06	16.82
广　西	1.70	100.39	0.00	83.17	36.15	435.60	0.00	87.71	18.09
海　南	0.00	0.73	0.00	11.69	6.59	290.42	0.00	123.11	17.11
重　庆	0.68	331.54	1.40	28.09	16.91	3600.50	0.00	74.21	3.32
四　川	11.03	213.37	8.09	102.65	60.38	19926.60	0.00	230.50	35.24
贵　州	0.49	36.52	36.52	30.95	19.21	2404.39	0.00	10.50	7.22
云　南	18.16	1330.52	271.02	79.74	42.41	18157.51	0.00	84.58	68.15
西　藏	0.00	0.00	0.00	0.43	0.43	199.80	0.00	0.00	0.00
陕　西	15.54	87.23	69.18	46.03	21.54	37953.22	0.00	1251.79	179.86
甘　肃	0.00	652.52	95.45	67.75	44.00	3.96	0.00	328.08	62.23
青　海	0.00	10.28	0.00	4.65	2.62	2.94	0.00	40.36	11.89
宁　夏	0.00	161.94	54.89	1954.25	1352.23	2533.96	0.00	108.96	16.22
新　疆	0.00	1229.79	824.60	17.97	12.60	199.93	0.00	445.48	116.03
新疆兵团	0.00	72.44	60.27	1.38	0.72	1694.11	242.74	156.06	36.86

续表

地区	(2)跨区机播面积	(3)跨区机收面积	其中：跨区机收小麦	跨区机收水稻	跨区机收玉米	免耕播种面积	其中：小麦免耕播种面积	水稻免耕播种面积	玉米免耕播种面积
	千公顷	千公顷	千公顷	千公顷	千公顷	千公顷	千公顷	千公顷	千公顷
全　国	1748.24	20612.49	13126.21	5985.52	989.63	14845.81	1261.94	118.91	8625.18
北　京	3.22	17.43	14.27	0.00	3.16	195.59	54.90	0.00	136.80
天　津	8.98	54.65	37.20	10.33	7.12	90.91	12.68	0.00	78.23
河　北	78.37	1704.00	1634.21	18.20	46.47	2045.51	108.92	0.00	1931.21
山　西	95.74	226.26	196.08	0.00	13.62	146.33	43.59	0.00	76.90
内蒙古	60.47	310.87	186.38	4.13	10.43	824.93	158.93	0.00	301.67
辽　宁	41.70	130.30	10.75	94.74	24.26	0.00	0.00	0.00	280.00
吉　林	34.60	192.20	2.40	144.00	45.80	80.80	0.00	0.00	80.80
黑龙江	300.50	780.00	326.00	230.00	141.30	275.00	45.00	2.00	230.00
上　海	0.00	12.20	3.18	9.02	0.00	2.13	2.13	0.00	0.00
江　苏	86.00	5178.00	2274.00	2886.00	8.52	612.00	21.00	13.00	44.00
浙　江	1.01	236.32	65.49	164.12	0.00	66.46	0.00	15.50	8.23
安　徽	135.50	2222.79	1392.04	792.53	33.71	635.35	0.00	0.00	115.45
福　建	0.48	17.22	3.17	13.93	0.00	79.99	0.00	0.00	0.00
江　西	1.04	247.23	85.07	162.16	0.00	0.00	0.00	0.00	0.00
山　东	433.54	3276.23	2711.92	21.61	471.45	2977.98	406.67	0.17	2313.84
河　南	194.06	3067.93	2656.22	291.49	111.26	4608.68	134.21	0.60	2113.92
湖　北	6.56	566.53	256.97	308.72	0.84	0.00	0.00	0.00	0.00
湖　南	10.24	385.19	31.87	279.05	0.00	125.97	14.12	29.71	17.28
广　东	2.64	219.58	6.99	180.89	1.20	87.45	0.00	0.00	0.00
广　西	1.79	67.83	4.31	58.68	0.67	638.57	0.00	0.00	0.00
海　南	0.00	106.00	0.00	106.00	0.00	0.00	0.00	0.00	0.00
重　庆	0.30	69.99	12.70	49.96	0.00	517.01	8.41	22.35	367.29
四　川	0.14	195.08	93.92	99.78	0.00	181.63	106.24	34.61	6.47
贵　州	0.21	3.01	0.00	3.01	0.00	0.00	0.00	0.00	0.00
云　南	0.07	16.36	4.67	11.69	0.00	0.14	0.14	0.00	0.00
西　藏	0.00	0.00	0.00	0.00	0.00	0.00	0.00	0.00	0.00
陕　西	133.95	607.88	563.37	17.93	26.51	543.02	71.92	0.97	464.79
甘　肃	21.71	244.14	201.25	2.21	9.74	38.10	30.73	0.00	25.00
青　海	9.25	19.22	8.50	0.00	0.00	0.00	3.67	0.00	3.00
宁　夏	0.71	91.91	69.03	13.75	1.67	19.55	16.03	0.00	3.45
新　疆	55.48	256.93	201.80	5.19	21.65	35.26	15.40	0.00	26.23
新疆兵团	29.99	89.21	72.46	6.40	10.25	17.46	7.25	0.00	0.62

各地区农业机械化管理服务情况表

地区	一、农机化培训	其中：1. 培训农机管理人员	2. 培训农机技术人员	3. 培训农机监理人员	4. 培训农机操作人员	二、农机维修 1. 维修拖拉机	2. 维修联合收获机
	人次	人次	人次	人次	人次	万台次	万台次
全　国	5768406	139865	662303	65091	4692076	1706.87	118.63
北　京	44326	1597	6165	1309	34157	2.06	0.15
天　津	17080	867	3733	440	12026	4.70	0.38
河　北	571542	9428	67440	5480	457757	143.52	12.68
山　西	164132	7981	38252	2650	114968	24.05	3.28
内蒙古	139645	2072	18615	4403	114109	45.60	0.40
辽　宁	152942	6061	16818	1698	127871	23.84	0.35
吉　林	214625	3804	9600	1441	199758	49.46	0.49
黑龙江	415422	22120	56474	5455	331373	37.80	0.70
上　海	18710	1411	662	912	7542	0.53	0.14
江　苏	193252	7889	18644	5270	155148	75.99	10.14
浙　江	101399	5032	11838	986	76617	84.57	2.79
安　徽	264965	4043	26850	2403	231669	219.74	13.80
福　建	22304	879	1738	358	19329	51.73	0.64
江　西	105080	2909	18042	2990	72625	22.58	3.64
山　东	613949	12362	85544	3512	470185	197.53	19.62
河　南	432197	7218	43553	5134	376292	230.40	12.94
湖　北	238273	7366	27742	1644	125736	40.18	2.84
湖　南	136427	2756	19990	675	111999	71.97	19.28
广　东	39432	3229	9254	2102	24525	39.68	1.35
广　西	52505	704	3779	500	47522	74.81	0.70
海　南	24564	380	2758	212	21214	8.57	0.56
重　庆	75098	1973	6281	960	65794	3.70	0.23
四　川	225147	8178	39124	1922	171987	36.32	1.72
贵　州	340597	4668	30277	3816	299236	18.46	0.29
云　南	127518	1073	12106	1870	108318	71.34	0.27
西　藏	4000	0	0	0	4000	0.79	0.01
陕　西	124552	3273	26171	1857	92876	31.68	6.91
甘　肃	177090	1548	15185	545	158277	39.09	1.10
青　海	120438	192	6270	155	113821	4.45	0.09
宁　夏	63613	699	5080	190	57644	14.42	0.75
新　疆	484194	5594	32205	3908	429279	35.32	0.29
新疆兵团	63388	2559	2113	294	58422	1.98	0.10

续表

地区	3. 维修水稻插秧机	4. 维修运输机械	5. 维修其他农机具	三、农机鉴定 推广鉴定当年发证数量	四、农机监理装备 1. 监理车辆	其中:摩托车	2. 安全检测设备	其中:拖拉机检测设备
	万台次	万台次	万台次	件	辆	辆	套	套
全　国	10.57	1194.00	2736.02	8016	4473	931	1308	1221
北　京	0.00	3.07	2.43	10	35	0	7	7
天　津	0.01	7.22	6.52	60	13	0	5	5
河　北	0.01	168.58	231.58	360	167	3	107	91
山　西	0.01	48.38	39.98	351	119	2	25	25
内蒙古	0.11	19.50	50.86	157	309	103	89	86
辽　宁	0.55	29.19	30.44	1050	66	8	14	12
吉　林	0.57	14.76	63.37	136	146	27	9	9
黑龙江	0.40	2.40	4.70	222	270	175	53	49
上　海	0.04	0.51	0.63	40	0	0	0	0
江　苏	4.40	28.94	90.74	455	176	18	89	80
浙　江	0.67	60.01	83.48	206	82	0	76	69
安　徽	0.85	89.22	223.62	266	197	7	34	32
福　建	0.07	39.99	98.55	99	52	4	42	42
江　西	0.26	37.14	72.49	246	59	1	11	11
山　东	0.05	146.34	280.18	525	411	21	115	108
河　南	0.05	155.29	302.96	587	254	5	69	68
湖　北	0.40	16.10	73.06	76	277	99	78	78
湖　南	0.81	83.75	233.42	249	190	5	44	42
广　东	0.10	16.57	85.64	66	188	71	63	62
广　西	0.12	30.27	101.64	148	213	31	113	107
海　南	0.01	5.70	12.46	5	14	7	11	11
重　庆	0.24	10.54	74.68	313	21	1	3	3
四　川	0.25	34.16	225.47	1549	113	6	73	71
贵　州	0.39	15.66	23.70	1	84	0	28	28
云　南	0.01	28.29	59.91	32	199	28	15	15
西　藏	0.00	0.07	0.52	0	0	0	0	0
陕　西	0.01	56.99	72.48	0	156	9	81	71
甘　肃	0.00	24.49	123.00	321	94	4	23	12
青　海	0.00	1.04	5.51	292	27	0	11	9
宁　夏	0.15	17.37	14.61	63	28	0	3	3
新　疆	0.03	2.03	43.45	131	485	282	12	10
新疆兵团	0.01	0.43	3.94	0	28	14	5	5

各地区农业机械化投入情况表

地区	合计(万元)						
	合计	1. 一般行政事业支出	2. 基本建设	3. 科研	4. 推广培训	5. 农业机械购置	6. 其他
全　　国	6896690.26	363810.21	169175.75	4956.42	56093.11	6097446.59	180108.94
北　　京	26211.55	1638.91	1098.00	117.00	1245.00	21314.49	798.15
天　　津	32407.79	8881.80	239.00	20.00	418.32	22571.57	277.10
河　　北	307109.40	8083.99	1580.16	2.00	423.30	295962.35	73.20
山　　西	181475.59	14577.13	2750.46	318.00	4542.55	157050.07	2237.38
内 蒙 古	222081.92	11730.87	1785.00	416.00	1141.90	206967.15	41.00
辽　　宁	217999.34	10087.18	541.00	182.50	4652.03	196942.03	5594.60
吉　　林	297165.90	14797.50	4163.10	3.00	119.20	272200.80	5882.30
黑 龙 江	478180.94	12062.74	812.00	31.00	25.00	466463.00	0.00
上　　海	38176.77	699.53	1030.50	120.50	218.09	30678.80	1183.19
江　　苏	353502.99	25730.72	8143.90	989.70	4456.05	310805.12	3377.50
浙　　江	164658.96	14024.71	7771.02	237.15	5932.63	131384.20	5309.25
安　　徽	436331.22	19175.45	1995.12	19.00	1988.25	410747.03	2406.37
福　　建	105427.47	19.95	772.00	10.00	929.35	95986.86	243.20
江　　西	266462.72	5827.00	380.00	82.00	1571.00	256633.72	1969.00
山　　东	527366.51	37720.50	4055.60	351.18	2901.86	475719.78	6617.59
河　　南	555044.65	19203.30	1790.30	39.65	1448.57	530573.23	1989.60
湖　　北	322175.72	262.01	3134.17	138.59	1359.11	303155.65	1236.00
湖　　南	354218.00	15563.00	2653.00	231.00	1909.00	327995.00	5867.00
广　　东	151374.34	11081.05	3835.25	143.00	1850.09	127434.64	7030.31
广　　西	241680.70	26127.63	2206.19	98.00	4541.23	206411.49	2296.16
海　　南	38767.41	1665.38	71.00	46.02	153.00	36592.02	239.99
重　　庆	111552.33	12462.05	3774.23	382.00	2926.16	88410.35	3597.54
四　　川	440361.64	25354.23	105873.91	455.30	1520.27	193806.70	113351.23
贵　　州	99585.95	3335.48	1727.95	28.20	760.52	93265.50	468.30
云　　南	182550.91	11479.77	1990.73	28.00	2363.08	163623.86	3065.47
西　　藏	16747.00	0.00	50.00	0.00	14.50	16667.00	15.50
陕　　西	181789.11	14897.88	64.30	1.20	2722.18	162713.19	1390.36
甘　　肃	116012.66	8586.11	141.50	12.00	686.36	105561.69	1025.00
青　　海	27759.00	1336.00	10.00	0.00	836.00	25090.00	487.00
宁　　夏	55571.63	1366.85	268.74	5.00	266.63	53639.41	25.00
新　　疆	253060.15	25340.55	441.09	301.53	1822.31	223458.22	1696.45
新疆兵团	93879.99	690.94	4026.53	147.90	349.57	87621.67	318.20

续表

地区	一、财政投入(万元)						
	合计	1. 一般行政事业支出	2. 基本建设	3. 科研	4. 推广培训	5. 农业机械购置	6. 其他
全　国	2042715.00	343346.68	80740.69	4278.89	43517.58	1487683.01	58048.92
北　京	16739.45	1531.11	231.00	65.00	1227.00	13208.39	476.95
天　津	17294.63	8717.21	62.00	20.00	418.32	7800.00	277.10
河　北	66312.18	7182.42	143.56	2.00	287.90	57693.70	18.20
山　西	64870.65	14577.13	1216.46	318.00	4531.55	42771.51	1456.00
内蒙古	74594.17	11730.87	683.00	416.00	710.10	61013.20	41.00
辽　宁	85807.37	10001.18	511.00	182.50	4520.13	66875.46	3717.10
吉　林	107548.20	14720.20	2529.90	0.00	75.70	89508.40	714.00
黑龙江	145325.44	11020.24	462.00	31.00	25.00	135000.00	0.00
上　海	24983.86	0.00	922.50	120.50	217.79	18325.17	1151.74
江　苏	114265.12	22028.02	2112.00	679.70	3749.45	83155.45	2540.50
浙　江	62321.46	12869.64	2180.67	207.25	4260.74	39498.91	3304.25
安　徽	86702.64	18450.87	861.14	8.50	1569.38	65475.35	337.40
福　建	30068.49	0.00	177.00	10.00	638.91	21608.97	167.50
江　西	56026.72	5177.00	9.00	76.00	420.00	50276.72	68.00
山　东	133056.99	32117.06	1455.00	330.18	2621.12	94651.17	1882.46
河　南	115322.05	18831.80	152.00	38.65	1232.47	93988.54	1078.59
湖　北	77464.60	0.00	439.37	107.59	900.91	63126.54	0.00
湖　南	85967.00	14632.00	973.00	172.00	810.00	68900.00	480.00
广　东	46256.81	10440.75	1801.25	143.00	1314.65	31489.23	1067.93
广　西	76952.94	25437.26	1647.09	86.00	3460.91	44527.42	1794.26
海　南	9461.80	1662.88	64.50	46.02	118.90	7555.50	14.00
重　庆	44551.25	12331.78	2572.76	382.00	2673.29	25426.87	1164.55
四　川	181758.29	24585.33	54855.67	407.30	1321.07	67453.55	33135.37
贵　州	28231.73	3298.29	1362.88	28.20	700.00	22738.66	103.70
云　南	35849.01	11479.77	344.04	11.00	308.27	23598.24	107.69
西　藏	5080.00	0.00	50.00	0.00	14.50	5000.00	15.50
陕　西	70235.74	14869.83	45.30	0.20	2695.80	51338.61	1286.00
甘　肃	33426.62	8586.11	141.50	12.00	674.90	23638.61	373.50
青　海	11024.00	1336.00	10.00	0.00	830.00	8589.00	259.00
宁　夏	19707.35	1366.85	173.10	5.00	230.63	17909.77	22.00
新　疆	92725.74	24365.08	291.00	300.00	819.19	66156.14	794.33
新疆兵团	22782.70	0.00	2261.00	73.30	139.00	19383.92	200.30

续表

地区	1. 中央财政(万元)						
	合计	1. 一般行政事业支出	2. 基本建设	3. 科研	4. 推广培训	5. 农业机械购置	6. 其他
全　国	1350802.73	*	45543.83	636.50	4302.38	1292437.05	7882.97
北　京	6180.00	*	0.00	0.00	180.00	6000.00	0.00
天　津	6000.00	*	0.00	0.00	0.00	6000.00	0.00
河　北	55133.81	*	0.00	0.00	170.00	54963.81	0.00
山　西	38261.00	*	0.00	0.00	261.00	38000.00	0.00
内蒙古	56101.60	*	94.00	288.00	246.40	55463.20	10.00
辽　宁	59139.50	*	40.00	13.50	588.00	58000.00	498.00
吉　林	79948.50	*	1512.90	0.00	44.70	78390.90	0.00
黑龙江	125391.00	*	360.00	31.00	0.00	125000.00	0.00
上　海	4128.00	*	0.00	80.00	40.00	4000.00	8.00
江　苏	53819.38	*	0.00	60.00	50.77	53678.61	30.00
浙　江	26926.02	*	10.00	0.00	24.85	26888.17	3.00
安　徽	63227.15	*	602.00	0.00	158.50	62466.65	0.00
福　建	18047.60	*	0.00	10.00	37.60	18000.00	0.00
江　西	48087.72	*	0.00	0.00	48.00	48039.72	0.00
山　东	88399.28	*	1000.00	80.00	87.50	87231.78	0.00
河　南	84637.80	*	0.00	0.00	123.00	84484.80	30.00
湖　北	60000.00	*	0.00	0.00	0.00	60000.00	0.00
湖　南	67080.00	*	0.00	0.00	0.00	67000.00	80.00
广　东	21255.18	*	0.00	0.00	70.00	21185.18	0.00
广　西	35076.12	*	100.00	0.00	550.36	33878.76	547.00
海　南	6346.40	*	18.00	0.00	28.40	6300.00	0.00
重　庆	23080.00	*	0.00	0.00	80.00	23000.00	0.00
四　川	106828.95	*	39890.93	0.00	298.05	60000.00	6639.97
贵　州	16367.17	*	0.00	0.00	0.00	16367.17	0.00
云　南	22020.00	*	0.00	0.00	30.00	21990.00	0.00
西　藏	4000.00	*	0.00	0.00	0.00	4000.00	0.00
陕　西	47200.00	*	0.00	0.00	200.00	47000.00	0.00
甘　肃	22276.00	*	0.00	4.00	272.00	22000.00	0.00
青　海	7326.00	*	10.00	0.00	280.00	7000.00	36.00
宁　夏	15097.55	*	0.00	0.00	48.25	15048.30	1.00
新　疆	62251.00	*	0.00	0.00	251.00	62000.00	0.00
新疆兵团	21170.00	*	1906.00	70.00	134.00	19060.00	0.00

续表

地区	2. 地方财政(万元)						
	合计	1. 一般行政事业支出	2. 基本建设	3. 科研	4. 推广培训	5. 农业机械购置	6. 其他
全　国	691912.28	368445.92	35196.86	3642.39	39215.20	195245.96	50165.95
北　京	10559.45	1531.11	231.00	65.00	1047.00	7208.39	476.95
天　津	11294.63	8717.21	62.00	20.00	418.32	1800.00	277.10
河　北	11178.38	8166.82	143.56	2.00	117.90	2729.90	18.20
山　西	26609.65	14577.13	1216.46	318.00	4270.55	4771.51	1456.00
内蒙古	18492.57	11730.87	589.00	128.00	463.70	5550.00	31.00
辽　宁	26667.87	10001.18	471.00	169.00	3932.13	8875.46	3219.10
吉　林	27599.70	14720.20	1017.00	0.00	31.00	11117.50	714.00
黑龙江	19934.44	9807.44	102.00	0.00	25.00	10000.00	0.00
上　海	20855.86	4246.16	922.50	40.50	177.79	14325.17	1143.74
江　苏	60445.74	22028.02	2112.00	619.70	3698.68	29476.84	2510.50
浙　江	35395.44	12869.64	2170.67	207.25	4235.89	12610.74	3301.25
安　徽	23475.49	18450.87	259.14	8.50	1410.88	3008.70	337.40
福　建	12020.89	7466.11	177.00	0.00	601.31	3608.97	167.50
江　西	7939.00	5177.00	9.00	76.00	372.00	2237.00	68.00
山　东	44657.71	32117.06	455.00	250.18	2533.62	7419.39	1882.46
河　南	30684.25	18831.80	152.00	38.65	1109.47	9503.74	1048.59
湖　北	17464.60	12890.19	439.37	107.59	900.91	3126.54	0.00
湖　南	18887.00	14632.00	973.00	172.00	810.00	1900.00	400.00
广　东	25001.63	10440.75	1801.25	143.00	1244.65	10304.05	1067.93
广　西	41876.82	25437.26	1547.09	86.00	2910.55	10648.66	1247.26
海　南	3115.40	1662.88	46.50	46.02	90.50	1255.50	14.00
重　庆	21471.25	12331.78	2572.76	382.00	2593.29	2426.87	1164.55
四　川	74929.34	24585.33	14964.74	407.30	1023.02	7453.55	26495.40
贵　州	11864.56	3298.29	1362.88	28.20	700.00	6371.49	103.70
云　南	13829.01	11479.77	344.04	11.00	278.27	1608.24	107.69
西　藏	1080.00	0.00	50.00	0.00	14.50	1000.00	15.50
陕　西	23035.74	14869.83	45.30	0.20	2495.80	4338.61	1286.00
甘　肃	11150.62	8586.11	141.50	8.00	402.90	1638.61	373.50
青　海	3698.00	1336.00	0.00	0.00	550.00	1589.00	223.00
宁　夏	4609.80	1366.85	173.10	5.00	182.38	2861.47	21.00
新　疆	30474.74	24365.08	291.00	300.00	568.19	4156.14	794.33
新疆兵团	1612.70	725.18	355.00	3.30	5.00	323.92	200.30

续表

地区	二、单位和集体投入(万元)						
	合计	1. 一般行政事业支出	2. 基本建设	3. 科研	4. 推广培训	5. 农业机械购置	6. 其他
全　国	130089.60	20463.53	21464.99	618.70	3812.55	69624.23	14105.60
北　京	3080.71	107.80	773.00	52.00	18.00	1974.21	155.70
天　津	1457.46	164.59	97.00	0.00	0.00	1195.87	0.00
河　北	4385.71	901.57	63.10	0.00	55.30	3332.74	33.00
山　西	1747.41	0.00	1167.00	0.00	7.00	468.31	105.10
内蒙古	428.00	0.00	166.00	0.00	12.00	250.00	0.00
辽　宁	720.84	86.00	15.00	0.00	40.90	576.94	2.00
吉　林	424.30	77.30	113.00	0.00	20.00	214.00	0.00
黑龙江	7830.50	1042.50	350.00	0.00	0.00	6438.00	0.00
上　海	5380.45	699.53	108.00	0.00	0.30	4567.62	5.00
江　苏	14649.67	3702.70	4347.90	274.00	567.80	5522.27	235.00
浙　江	17368.61	1155.07	2220.25	22.90	1286.16	12179.53	504.70
安　徽	3701.18	724.58	925.57	10.30	155.90	1666.68	218.15
福　建	150.74	19.95	10.00	0.00	16.20	96.89	7.70
江　西	921.00	650.00	30.00	6.00	91.00	109.00	35.00
山　东	20428.18	5603.44	648.60	21.00	53.50	11573.21	2528.43
河　南	2258.39	371.50	71.90	1.00	41.50	1720.69	51.80
湖　北	3995.46	262.01	1216.40	31.00	338.10	2147.95	0.00
湖　南	4536.09	931.00	893.00	59.00	103.00	2074.00	476.00
广　东	3288.12	640.30	1410.60	0.00	152.14	883.08	202.00
广　西	1770.55	690.37	559.10	12.00	276.00	75.28	157.80
海　南	117.88	2.50	2.50	0.00	12.10	10.72	90.06
重　庆	1659.10	130.27	648.68	0.00	49.87	776.18	54.10
四　川	13290.57	768.90	1816.69	48.00	42.90	1720.47	8893.61
贵　州	1792.54	37.19	261.80	0.00	30.00	1416.55	47.00
云　南	3259.29	0.00	1578.69	5.00	126.40	1473.25	75.95
西　藏	300.00	0.00	0.00	0.00	0.00	300.00	0.00
陕　西	248.93	28.05	19.00	1.00	26.38	174.50	0.00
甘　肃	193.21	0.00	0.00	0.00	11.46	172.75	9.00
青　海	1469.00	0.00	0.00	0.00	2.00	1467.00	0.00
宁　夏	381.64	0.00	95.64	0.00	9.00	274.00	3.00
新　疆	4064.79	975.47	96.04	0.90	60.03	2769.05	163.30
新疆兵团	4799.37	690.94	1760.53	74.60	207.61	2003.49	52.20

续表

地区	三、农民个人投入(万元)						
	合计	1. 一般行政事业支出	2. 基本建设	3. 科研	4. 推广培训	5. 农业机械购置	6. 其他
全　　国	4685340.02	*	50464.36	*	8156.40	4528405.23	98314.03
北　　京	6205.69	*	94.00	*	0.00	6036.69	75.00
天　　津	13655.70	*	80.00	*	0.00	13575.70	0.00
河　　北	236407.91	*	1373.50	*	76.50	234935.91	22.00
山　　西	114451.53	*	346.00	*	0.00	113449.25	656.28
内 蒙 古	147059.75	*	936.00	*	419.80	145703.95	0.00
辽　　宁	130213.63	*	0.00	*	0.00	128573.63	1640.00
吉　　林	188963.40	*	1510.20	*	23.50	182286.40	5143.30
黑 龙 江	325000.00	*	0.00	*	0.00	325000.00	0.00
上　　海	7792.76	*	0.00	*	0.00	7786.01	6.75
江　　苏	224436.20	*	1669.00	*	110.80	222077.40	579.00
浙　　江	83567.28	*	2420.10	*	129.12	79626.76	1391.30
安　　徽	345133.87	*	207.60	*	197.72	342918.32	1810.23
福　　建	74719.34	*	100.00	*	274.24	74277.10	68.00
江　　西	209492.00	*	341.00	*	1041.00	206248.00	1862.00
山　　东	373736.33	*	1952.00	*	223.24	369484.39	2076.70
河　　南	437076.88	*	1466.40	*	173.60	434859.00	577.88
湖　　北	240500.46	*	1303.40	*	79.90	237881.16	1236.00
湖　　南	262144.00	*	185.00	*	996.00	256691.00	4272.00
广　　东	101599.16	*	493.60	*	377.90	95030.78	5696.88
广　　西	162855.66	*	0.00	*	804.32	161709.39	341.95
海　　南	29173.72	*	4.00	*	10.00	29025.79	133.93
重　　庆	63682.48	*	298.79	*	177.00	61284.30	1922.39
四　　川	224326.36	*	35541.55	*	147.10	123145.06	65492.65
贵　　州	69476.88	*	101.47	*	30.52	69110.29	234.60
云　　南	139543.94	*	0.00	*	1920.19	136068.94	1554.81
西　　藏	11367.00	*	0.00	*	0.00	11367.00	0.00
陕　　西	111304.44	*	0.00	*	0.00	111200.08	104.36
甘　　肃	82286.33	*	0.00	*	0.00	81696.33	590.00
青　　海	15090.00	*	0.00	*	4.00	15034.00	52.00
宁　　夏	32516.64	*	0.00	*	0.00	32516.64	0.00
新　　疆	155453.95	*	35.75	*	936.99	153742.89	738.32
新疆兵团	66106.72	*	5.00	*	2.96	66063.06	35.70

续表

地区	四、其他投入(万元)						
	合计	1. 一般行政事业支出	2. 基本建设	3. 科研	4. 推广培训	5. 农业机械购置	6. 其他
全　　国	38545.63	*	16505.71	58.83	606.58	11734.12	9640.39
北　　京	185.70	*	0.00	0.00	0.00	95.20	90.50
天　　津	0.00	*	0.00	0.00	0.00	0.00	0.00
河　　北	3.60	*	0.00	0.00	3.60	0.00	0.00
山　　西	406.00	*	21.00	0.00	4.00	361.00	20.00
内 蒙 古	0.00	*	0.00	0.00	0.00	0.00	0.00
辽　　宁	1257.50	*	15.00	0.00	91.00	916.00	235.50
吉　　林	230.00	*	10.00	3.00	0.00	192.00	25.00
黑 龙 江	25.00	*	0.00	0.00	0.00	25.00	0.00
上　　海	19.70	*	0.00	0.00	0.00	0.00	19.70
江　　苏	152.00	*	15.00	36.00	28.00	50.00	23.00
浙　　江	1401.61	*	950.00	7.00	256.61	79.00	109.00
安　　徽	793.53	*	0.81	0.20	65.25	686.68	40.59
福　　建	488.90	*	485.00	0.00	0.00	3.90	0.00
江　　西	23.00	*	0.00	0.00	19.00	0.00	4.00
山　　东	145.00	*	0.00	0.00	4.00	11.00	130.00
河　　南	387.33	*	100.00	0.00	1.00	5.00	281.33
湖　　北	215.20	*	175.00	0.00	40.20	0.00	0.00
湖　　南	1571.00	*	602.00	0.00	0.00	330.00	639.00
广　　东	230.25	*	129.80	0.00	5.40	31.55	63.50
广　　西	101.55	*	0.00	0.00	0.00	99.40	2.15
海　　南	14.00	*	0.00	0.00	12.00	0.00	2.00
重　　庆	1659.50	*	254.00	0.00	26.00	923.00	456.50
四　　川	20986.42	*	13660.00	0.00	9.20	1487.62	5829.60
贵　　州	84.80	*	1.80	0.00	0.00	0.00	83.00
云　　南	3898.67	*	68.00	12.00	8.22	2483.43	1327.02
西　　藏	0.00	*	0.00	0.00	0.00	0.00	0.00
陕　　西	0.00	*	0.00	0.00	0.00	0.00	0.00
甘　　肃	106.50	*	0.00	0.00	0.00	54.00	52.50
青　　海	176.00	*	0.00	0.00	0.00	0.00	176.00
宁　　夏	2966.00	*	0.00	0.00	27.00	2939.00	0.00
新　　疆	815.67	*	18.30	0.63	6.10	790.14	0.50
新疆兵团	201.20	*	0.00	0.00	0.00	171.20	30.00

各地区农业机械化经营效益情况表

地区	一、总收入(万元)		1. 农机化作业收入(万元)		其中:(1)田间作业收入(万元)		其中:跨区作业收入(万元)		(2)农产品初加工作业收入(万元)	
	合计	其中:农机户	合计	其中:农机户	合计	其中:农机户	合计	其中:农机户	合计	其中:农机户
全国	38968522.26	34824683.65	34387564.28	31878143.50	13789257.35	12863013.07	1618982.17	1512356.17	4362186.80	3742654.89
北京	113719.94	99356.22	104284.83	92834.89	32598.58	25809.89	753.85	475.20	4010.35	3463.40
天津	173531.56	152664.28	160421.62	144512.89	78610.02	72341.23	4644.99	3728.99	7101.97	2616.87
河北	1947853.64	1855275.01	1734689.00	1685477.80	689622.50	672497.70	50458.51	49905.41	221091.78	203509.50
山西	876477.84	810472.89	760093.16	709368.98	236273.09	221564.28	44006.83	38460.33	70211.12	62537.02
内蒙古	970645.36	857585.08	827325.66	765864.66	519633.88	496655.52	20734.20	19238.20	68866.37	61852.27
辽宁	896732.05	826904.29	767002.94	720006.32	301863.15	280485.07	9966.17	9147.39	79205.11	74577.00
吉林	1051607.80	996631.00	967746.10	921533.00	532119.90	505529.00	12527.90	11085.00	54866.60	50476.00
黑龙江	1404093.95	1067775.16	1129057.27	903245.82	811778.54	649422.83	20775.30	16620.24	65317.49	52253.99
上海	25894.55	12215.60	23689.89	11716.80	13713.11	7658.00	1137.99	919.44	736.28	240.20
江苏	2070232.00	1848663.00	1810833.89	1720772.29	986926.00	940287.73	398801.20	379864.20	178187.50	149259.50
浙江	1507728.26	1357627.33	1282450.39	1172506.29	293330.09	253601.07	20878.03	16059.48	135470.45	118390.61
安徽	3092214.01	2947694.62	2849622.54	2766954.83	1246153.35	1197862.62	216779.41	210980.49	310482.57	283649.33
福建	892445.45	876896.99	775736.17	769609.91	121969.59	121039.37	4054.45	4030.45	178251.88	177718.50
江西	1306593.00	1201462.00	1175385.00	1097657.00	377436.00	354379.00	18838.00	17796.00	159309.00	143350.00
山东	4215763.92	3641665.00	3685278.07	3366346.48	1518380.33	1409844.91	323737.82	301663.83	340360.38	299774.44
河南	2254492.80	2146972.20	2019533.00	1983775.00	941582.00	926220.00	182625.00	179702.00	189614.00	179766.00
湖北	2093824.59	1749645.17	1881131.55	1570898.52	784482.53	745137.36	61898.90	57302.00	516619.45	253860.55
湖南	3455121.00	2679518.00	2927346.00	2522969.00	933047.00	792237.00	66024.00	46985.00	507540.00	450970.00
广东	965786.17	846252.23	868482.28	775108.71	289765.63	266929.11	15994.40	15729.40	164523.03	131922.26
广西	2629602.02	2553087.64	2588264.75	2536499.46	1129006.31	1106426.18	6577.50	6445.95	412318.24	404071.86
海南	174950.73	165053.83	149036.05	140425.02	46005.49	43104.13	3355.46	3115.46	8076.96	7085.09
重庆	609047.63	472520.12	484803.18	419975.82	119066.32	105660.59	6072.36	5522.78	60847.09	50123.67
四川	1971749.90	1682257.53	1650205.81	1532755.59	386613.01	359248.31	27462.83	25859.69	204878.89	187121.53
贵州	484526.71	466572.13	426446.50	417244.82	48149.20	45503.90	1663.24	1357.24	87245.76	86373.32
云南	871743.58	836830.53	765688.23	740940.79	124726.83	121266.97	6384.98	6034.23	101007.53	98443.62
西藏	9095.60	0.00	7670.00	0.00	2295.00	0.00	0.00	0.00	850.00	0.00
陕西	705326.28	683815.40	605021.59	592399.18	189659.98	185711.32	39829.48	39558.59	77316.18	75000.22
甘肃	716433.30	622524.56	607662.65	528291.74	216143.04	181337.74	16734.72	14354.01	68650.98	63332.09
青海	113992.40	113992.40	84705.23	84705.23	1705.57	1705.57	1064.01	1064.01	9701.96	9701.96
宁夏	252745.00	247292.00	231331.00	226617.00	106002.00	105106.00	4531.00	4531.00	18100.00	16998.00
新疆	802710.22	709315.45	743023.93	675562.67	451079.31	415378.67	23157.64	19890.16	52780.88	40690.09
新疆兵团	311841.00	296146.00	293596.00	281567.00	259520.00	253062.00	7512.00	4930.00	8647.00	3526.00

续表

地区	(3)农机运输收入(万元)		其中:农业运输收入(万元)		2. 农机维修收入(万元)		3. 其他收入(万元)		其中:农机及油料经销收入(万元)	
	合计	其中:农机户	合计	其中:农机户	合计	其中:农机户	合计	其中:农机户	合计	其中:农机户
全　国	15650307.66	14684301.26	7686903.29	7199800.35	1471559.50	1229389.05	3109398.48	1717151.10	1723231.42	728915.26
北　京	67197.30	63184.60	38370.30	37108.00	4890.51	4085.03	4544.60	2436.30	710.00	164.00
天　津	69856.63	65714.79	32336.85	31495.28	3650.94	1562.94	9459.00	6588.45	1797.21	133.66
河　北	732347.72	718648.30	383954.60	372422.90	80775.50	75528.50	132389.14	94268.71	81885.50	58366.50
山　西	445248.59	414770.04	197111.02	181926.98	52107.54	46604.65	64277.14	54499.26	27175.80	23938.10
内蒙古	234170.41	207356.87	128072.12	126489.12	69919.90	58227.30	73399.80	33493.12	39379.86	25397.24
辽　宁	358665.66	335561.97	179090.59	165603.47	38823.85	32846.07	90905.26	74051.90	29926.32	20262.22
吉　林	380759.60	365528.00	256231.40	243419.00	52487.80	46863.00	31373.90	28235.00	18711.70	6548.00
黑龙江	251961.24	201568.99	165576.77	132461.42	54180.18	43344.14	220856.50	121185.20	50195.00	40156.00
上　海	9240.50	3818.60	5855.10	2762.30	488.78	27.80	1715.88	471.00	392.00	300.00
江　苏	611389.56	585415.06	234693.80	228490.10	60326.00	49788.00	199072.11	78102.71	94133.00	28161.97
浙　江	830672.09	773984.58	435683.66	398617.19	36692.60	28879.77	188585.27	156241.27	55898.11	42063.26
安　徽	1262961.10	1241997.76	411689.98	393275.53	98304.91	86779.84	144286.56	93959.95	72009.65	33071.78
福　建	458418.70	453642.04	197033.88	194327.64	27204.77	25379.17	89504.51	81907.91	13487.13	6817.13
江　西	617243.00	578774.00	302635.00	291532.00	73193.00	57538.00	58015.00	46267.00	24985.00	20079.00
山　东	1687084.73	1542336.26	677801.13	631559.65	184120.45	128000.68	346365.40	147317.84	273685.82	94852.68
河　南	861445.00	839255.00	394737.00	387080.00	90129.80	84390.10	144830.00	78807.10	122778.00	59470.20
湖　北	562077.17	546874.19	394828.18	386380.82	64720.87	60105.57	147972.17	118641.08	89724.21	67227.18
湖　南	1486759.00	1279762.00	830064.00	721647.00	100093.00	78301.00	427682.00	78248.00	331406.00	1652.00
广　东	402012.72	363332.75	248819.63	225533.53	44636.63	37128.53	52667.26	34014.99	24115.29	16976.10
广　西	1046940.20	1026001.40	451642.65	442609.80	17365.50	16588.18	23971.77	0.00	15929.31	0.00
海　南	94753.60	90035.80	45506.39	43327.61	8501.59	8166.59	17413.09	16462.22	13563.73	13463.73
重　庆	303532.28	261675.68	214310.14	176966.03	30553.94	18239.07	93690.51	34305.23	75046.74	22110.09
四　川	1024830.89	955783.79	559009.74	520491.75	79029.96	61382.22	242514.13	88119.72	147925.85	60174.86
贵　州	291051.54	285367.60	126650.48	123102.24	28598.63	22221.73	29481.58	27105.58	9803.11	6744.11
云　南	528721.22	510105.77	273319.12	261847.61	44047.69	42677.31	62007.66	53212.43	18557.00	12083.38
西　藏	4525.00	0.00	3025.75	0.00	340.40	0.00	1085.20	0.00	1085.20	0.00
陕　西	326407.19	319288.00	135135.15	131124.52	46504.83	43438.07	53799.86	47978.15	38789.26	33139.70
甘　肃	277580.30	255902.57	122492.93	115692.24	37059.29	35224.04	71711.36	59008.78	16993.43	15520.58
青　海	73297.70	73297.70	43859.10	43859.10	3977.97	3977.97	25309.20	25309.20	1650.90	1650.90
宁　夏	107185.00	104469.00	57584.00	56543.00	9924.00	9627.00	11490.00	11048.00	3328.00	2949.00
新　疆	216543.02	195869.15	118311.83	111444.52	21418.67	16702.78	38267.62	17050.00	20264.29	8362.89
新疆兵团	25429.00	24979.00	21471.00	20660.00	7490.00	5764.00	10755.00	8815.00	7899.00	7079.00

续表

地区	二、成本与费用(万元)		1. 服务成本与费用(万元)		其中:(1)农机化作业能耗及维修费(万元)		其中:农机运输能耗及维修费(万元)		(2)农机维修耗材、能耗及设备维护费(万元)	
	合计	其中:农机户	合计	其中:农机户	合计	其中:农机户	合计	其中:农机户	合计	其中:农机户
全　国	23912656.06	2115996.73	19985578.99	17958035.66	14695176.09	13533414.49	7278080.84	6797165.21	2009730.47	1724604.06
北　京	76717.92	66086.71	63581.60	54961.20	55270.75	47866.45	32133.90	30330.10	4115.55	3334.45
天　津	98320.65	83253.93	77141.33	66539.80	51308.54	48905.88	19659.04	18360.30	6887.13	5929.86
河　北	1108757.60	1064703.68	966990.12	936693.52	752895.14	730321.82	422251.57	412960.49	109387.48	102924.70
山　西	410495.84	373042.45	290595.62	262897.65	216274.61	193759.51	123892.60	106163.42	48191.29	43078.34
内蒙古	635095.61	573737.38	501528.47	495473.40	409509.40	404612.00	150120.50	144445.60	50019.07	49320.99
辽　宁	551536.04	503072.94	441306.50	401234.53	375920.30	344102.15	190872.27	183347.58	55548.92	46697.19
吉　林	648698.80	615119.00	569713.90	541227.00	518696.80	492786.00	218938.30	207991.00	51017.10	44894.00
黑龙江	752724.00	574737.00	498901.00	398220.80	437651.00	350120.80	142325.00	121100.40	61250.00	48100.00
上　海	14748.11	7789.96	12874.80	6981.09	10356.28	6195.70	3989.01	1848.23	1871.15	585.24
江　苏	1217311.82	1070647.60	1045177.09	947498.97	783877.49	725896.27	343307.06	311657.00	73742.00	66533.00
浙　江	794392.98	714399.04	664638.25	607179.56	532041.18	486562.31	348913.70	316776.79	72321.28	64023.49
安　徽	1454003.75	1356083.03	1279246.30	1214652.39	1035532.92	986694.37	500255.43	469198.79	81989.00	77029.71
福　建	487147.87	478852.10	428513.18	421632.92	324221.40	320679.28	175729.19	174697.07	60478.87	59259.24
江　西	788655.00	733455.00	619430.00	585062.00	447246.00	422824.00	227408.00	213941.00	105827.00	97434.00
山　东	2755374.87	2388273.83	2379803.29	2102256.43	1596858.22	1448466.30	840722.98	783936.84	197572.67	160916.32
河　南	1336053.90	1275669.20	1104393.00	1053055.00	813262.00	804322.00	317518.00	310387.00	74375.30	68174.91
湖　北	1447185.55	1175558.44	1150726.09	952526.69	970278.51	813085.27	381899.67	348999.76	180447.58	136657.57
湖　南	2045858.00	1470604.00	1716827.00	1237355.00	1082848.00	891022.00	645788.00	569726.00	194805.00	137322.00
广　东	638489.88	560713.97	465262.07	408577.37	330574.83	291068.79	180675.72	163782.37	92532.84	74922.08
广　西	1713040.67	1656901.22	1630095.96	1579461.47	1025794.41	1005278.53	494772.82	484877.36	4297.01	3571.61
海　南	89394.10	85545.66	72340.02	69421.80	59668.46	56802.49	31762.90	29964.81	10319.83	10064.58
重　庆	491030.97	394627.15	375604.26	310572.68	257744.92	221932.21	138729.10	127504.78	42252.85	27855.84
四　川	1631321.23	1393613.85	1371613.18	1193880.98	1034110.85	955325.27	645235.78	597522.07	133624.42	117664.83
贵　州	340551.56	332605.20	289956.16	283585.52	186744.69	181456.89	105466.35	104343.17	48503.46	47096.23
云　南	529032.02	507622.16	421180.09	405280.91	296803.08	282589.85	175386.89	168077.79	73325.17	69695.59
西　藏	6785.00	0.00	5585.00	0.00	5315.00	0.00	3615.00	0.00	270.00	0.00
陕　西	428535.66	415961.27	340967.52	333062.72	253389.40	249130.79	123214.91	120072.35	45730.23	43677.77
甘　肃	467768.77	401075.18	368359.52	310141.32	267508.29	228614.24	121064.56	108878.31	22766.47	20059.44
青　海	40314.74	40314.74	37624.62	37624.62	23656.80	23656.80	9013.86	9013.86	5011.23	5011.23
宁　夏	137107.00	134232.00	113719.00	111013.00	82379.00	80581.00	41341.00	40253.00	20178.00	19270.00
新　疆	509045.15	456989.04	444315.05	402460.32	285503.82	274249.52	102935.73	98182.97	74956.57	68799.85
新疆兵团	267161.00	254670.00	237569.00	227505.00	171934.00	164506.00	19142.00	18825.00	6116.00	4700.00

续表

地区	2. 管理与财务费用(万元)		3. 税金及附加(万元)		4. 其他费用(万元)		三、利润总额(万元)	
	合计	其中:农机户	合计	其中:农机户	合计	其中:农机户	合计	其中:农机户
全　国	1599326.86	1279486.70	1020607.20	856570.72	1307143.01	1065863.66	14602827.62	13254793.02
北　京	6063.10	5019.00	921.67	616.76	6151.55	5489.75	37002.02	33269.51
天　津	9920.57	6953.63	5443.12	4607.73	5815.63	5152.77	75210.91	69560.34
河　北	42249.94	38575.74	53849.20	48379.00	45668.34	41055.42	819096.04	770571.33
山　西	42156.63	38364.27	35013.78	32556.99	42729.81	39223.54	465982.00	437430.44
内蒙古	52171.58	26720.62	46024.18	43298.48	35371.38	8244.88	335549.75	283847.70
辽　宁	37837.08	35459.04	29361.19	26643.51	43031.27	39735.86	359737.49	329123.87
吉　林	16357.00	15538.00	12991.10	11200.00	49636.80	47154.00	402909.00	362618.00
黑龙江	123420.00	99970.20	20146.00	12023.00	110257.00	64523.00	651369.95	548538.16
上　海	379.81	41.00	82.32	45.16	1411.18	722.71	11146.44	4425.64
江　苏	72509.00	56222.35	26598.73	16104.93	73027.00	50821.35	852919.00	778015.90
浙　江	32484.96	27998.86	39832.77	36008.18	57437.00	43212.44	713335.28	643228.29
安　徽	56956.25	48153.93	66755.00	55218.13	51046.20	38058.58	1638210.26	1591611.59
福　建	17889.93	17404.66	21233.53	20920.27	19511.23	18894.25	405297.58	398044.89
江　西	44942.00	40374.00	62529.00	51092.00	61754.00	56927.00	517938.00	468007.00
山　东	213278.18	162175.01	76142.68	56294.21	86150.72	67548.18	1460389.05	1253391.17
河　南	90134.30	86054.00	59464.20	57401.80	82062.40	79158.40	918440.00	871303.00
湖　北	171959.18	108554.08	42412.51	36216.51	82087.77	78261.16	646639.04	574186.73
湖　南	133931.00	92231.00	119118.00	86525.00	75982.00	54493.00	1409263.00	1208914.00
广　东	96116.20	91117.84	38587.47	28972.22	38524.14	32046.54	327296.29	285538.26
广　西	2065.54	480.86	22368.60	21422.84	58510.57	55536.05	464141.37	464141.37
海　南	5901.28	5340.52	5275.36	5039.68	5877.44	5743.66	85556.63	79508.17
重　庆	62509.45	45296.11	26638.21	18967.78	26279.05	19790.58	118016.66	77892.97
四　川	94596.32	72394.12	79413.02	64876.50	85698.71	62462.25	345268.67	288643.68
贵　州	13229.54	12843.51	24853.42	24399.13	12512.44	11777.05	143975.15	133966.92
云　南	40378.95	38747.42	27023.44	25421.19	40049.54	38172.64	342711.56	329208.37
西　藏	780.00	0.00	0.00	0.00	420.00	0.00	2310.60	0.00
陕　西	33414.35	31240.45	27267.92	26157.45	26885.87	25500.65	276790.62	267854.13
甘　肃	34854.93	31630.54	26488.56	24533.14	38065.76	34770.18	248664.53	221449.38
青　海	144.98	144.98	952.43	952.43	1592.71	1592.71	73677.66	73677.66
宁　夏	4476.00	4382.00	8328.00	8253.00	10584.00	10584.00	115638.00	113022.00
新　疆	33260.81	28284.96	11471.79	9176.70	19997.50	17067.06	293665.00	252326.55
新疆兵团	12958.00	11774.00	4020.00	3247.00	12614.00	12144.00	44680.00	41476.00

各地区农业生产燃油消耗情况表

地区	农业生产燃油消耗	(1)其中:柴油	(2)其中:用于农机抗灾救灾	1. 农田作业	(1)机耕	(2)机播	(3)机收
	万吨	万吨	万吨	万吨	万吨	万吨	万吨
全　国	3574.51	3408.61	195.83	1284.48	565.90	169.63	287.01
北　京	8.23	7.77	0.01	2.74	1.02	0.51	0.57
天　津	16.82	15.68	0.24	7.39	2.70	1.35	1.26
河　北	312.20	301.85	1.54	86.33	26.83	19.72	19.46
山　西	78.54	73.05	0.94	25.26	9.85	6.06	4.77
内蒙古	116.50	114.88	14.33	41.43	17.70	9.67	4.57
辽　宁	87.44	84.45	5.11	35.77	17.19	5.81	4.23
吉　林	125.11	122.90	8.60	33.11	12.28	7.46	1.47
黑龙江	183.40	183.40	0.00	158.04	73.92	19.42	36.78
上　海	3.65	2.86	0.03	2.64	1.42	0.08	0.81
江　苏	218.35	209.70	8.15	99.40	54.44	5.30	25.23
浙　江	107.36	97.87	2.53	23.23	10.15	0.35	6.88
安　徽	137.82	127.40	9.13	74.00	38.47	10.42	16.08
福　建	46.84	42.60	1.28	6.18	3.31	0.02	0.87
江　西	119.11	118.27	1.38	22.59	10.53	0.14	9.15
山　东	493.00	493.00	50.00	162.31	42.87	25.02	37.87
河　南	342.41	316.59	25.82	130.77	47.83	20.63	37.65
湖　北	160.31	154.60	8.50	39.57	23.59	1.19	11.62
湖　南	151.80	134.60	21.90	62.43	27.58	5.72	20.04
广　东	161.25	150.59	4.35	38.66	23.87	0.37	7.29
广　西	103.76	100.96	2.01	22.57	15.42	0.23	6.18
海　南	14.03	13.11	0.52	5.35	3.78	0.01	1.22
重　庆	42.82	35.71	8.90	17.64	11.66	0.37	3.70
四　川	123.27	121.65	6.84	27.27	16.23	0.65	3.72
贵　州	40.69	33.45	2.14	3.41	1.36	0.34	0.91
云　南	58.16	50.66	1.82	11.82	8.46	0.19	1.36
西　藏	14.87	11.26	0.00	1.34	0.49	0.44	0.33
陕　西	78.73	75.45	0.99	24.85	10.97	4.41	4.69
甘　肃	116.53	109.97	5.86	46.12	19.07	8.16	6.37
青　海	9.48	8.93	0.02	6.84	2.55	2.03	2.20
宁　夏	23.23	21.54	0.11	10.12	5.74	2.04	1.62
新　疆	55.72	51.84	2.36	37.03	16.15	8.34	5.73
新疆兵团	23.06	22.02	0.42	18.27	8.47	3.18	2.39

续表

地区	(4)植保	(5)其它	2. 农田排灌	3. 农田基本建设	4. 畜牧业生产	5. 农产品初加工	6. 农业运输	7. 其它
	万吨	万吨	万吨	万吨	万吨	万吨	万吨	万吨
全　　国	106.58	155.36	258.06	301.11	58.29	330.07	1255.21	87.31
北　　京	0.28	0.35	0.37	0.61	0.08	0.04	3.61	0.40
天　　津	0.48	1.61	1.10	4.12	0.34	0.70	3.78	0.25
河　　北	4.91	15.62	17.05	22.59	6.40	15.75	150.38	4.06
山　　西	1.47	3.11	1.66	5.50	0.79	2.65	34.38	4.24
内 蒙 古	2.39	6.94	6.31	8.01	12.59	5.72	37.55	4.11
辽　　宁	1.72	6.62	6.43	8.84	1.97	3.79	25.11	4.84
吉　　林	2.08	9.67	11.82	1.85	2.48	5.16	64.20	1.36
黑 龙 江	26.37	2.01	13.69	13.08	2.29	14.37	6.45	1.30
上　　海	0.21	0.11	0.03	0.16	0.05	0.03	0.60	0.28
江　　苏	10.53	3.80	34.28	23.39	4.87	19.21	45.10	3.33
浙　　江	2.33	3.58	2.64	14.02	1.85	5.32	50.24	4.23
安　　徽	4.02	4.81	18.16	7.84	1.42	10.16	32.50	1.41
福　　建	1.55	0.43	1.70	2.53	0.32	2.82	27.88	1.36
江　　西	1.08	1.76	1.59	1.15	0.33	15.02	71.41	0.21
山　　东	13.49	43.69	60.63	83.14	0.00	68.03	138.37	0.00
河　　南	8.02	17.03	13.68	33.15	5.75	19.61	131.24	7.32
湖　　北	1.84	1.22	13.80	1.80	0.56	15.65	82.70	0.60
湖　　南	4.41	4.84	14.32	10.64	3.02	18.87	42.63	3.45
广　　东	3.78	3.15	8.55	7.47	2.49	49.17	50.79	4.18
广　　西	0.49	0.12	2.17	2.47	2.34	14.81	21.35	22.49
海　　南	0.17	0.13	1.33	0.33	0.04	0.40	6.04	0.29
重　　庆	0.72	1.06	3.99	2.23	0.82	3.76	13.99	0.90
四　　川	5.92	0.71	11.94	22.10	0.38	18.80	43.79	0.25
贵　　州	0.36	0.46	1.72	3.05	0.91	4.98	22.72	0.89
云　　南	0.47	1.22	1.28	2.11	0.41	3.08	31.73	2.79
西　　藏	0.00	0.08	0.00	0.00	0.00	2.74	7.82	1.21
陕　　西	0.98	3.74	1.73	3.63	1.96	3.51	38.73	1.52
甘　　肃	2.71	9.68	3.77	6.41	1.50	3.69	42.34	7.99
青　　海	0.04	0.05	0.05	0.07	0.05	0.03	3.01	0.01
宁　　夏	0.17	0.48	0.11	3.59	0.23	0.16	9.08	0.23
新　　疆	2.24	4.49	1.53	2.86	1.18	1.58	13.84	0.99
新疆兵团	1.36	2.80	0.63	2.37	0.85	0.46	1.86	0.84

各地区农业机械事故情况表

地区	一、事故次数					二、事故损失		
	事故合计	其中：1. 一般伤亡事故	2. 重大伤亡事故	3. 特大伤亡事故	4. 特别重大伤亡事故	1. 死亡人数	2. 受伤人数	3. 直接经济损失
	（次）	（次）	（次）	（次）	（次）	（人）	（人）	（万元）
全　国	836	835	1	0	0	262	603	732.46
北　京	2	2	0	0	0	0	2	21.00
天　津	13	13	0	0	0	5	19	6.00
河　北	33	33	0	0	0	4	17	13.57
山　西	1	1	0	0	0	1	3	0.00
内蒙古	27	27	0	0	0	14	13	14.10
辽　宁	54	54	0	0	0	43	22	131.24
吉　林	1	1	0	0	0	1	0	1.00
黑龙江	2	2	0	0	0	2	0	1.00
上　海	6	6	0	0	0	1	4	0.15
江　苏	118	118	0	0	0	39	84	80.45
浙　江	16	16	0	0	0	13	5	4.42
安　徽	23	23	0	0	0	7	14	57.61
福　建	64	64	0	0	0	16	53	94.03
江　西	112	112	0	0	0	10	80	63.63
山　东	5	5	0	0	0	3	1	21.03
河　南	8	7	1	0	0	7	4	39.06
湖　北	36	36	0	0	0	12	19	85.60
湖　南	58	58	0	0	0	5	59	31.21
广　东	0	0	0	0	0	0	0	0.00
广　西	9	9	0	0	0	4	11	2.75
海　南	2	2	0	0	0	2	0	0.80
重　庆	1	1	0	0	0	1	0	7.70
四　川	6	6	0	0	0	3	2	9.20
贵　州	0	0	0	0	0	0	0	0.00
云　南	12	12	0	0	0	4	6	6.90
西　藏	0	0	0	0	0	0	0	0.00
陕　西	68	68	0	0	0	2	24	19.97
甘　肃	18	18	0	0	0	9	14	3.70
青　海	12	12	0	0	0	11	29	5.64
宁　夏	2	2	0	0	0	1	1	3.00
新　疆	127	127	0	0	0	42	117	7.70

续表

地区	三、事故原因									
	其中： 1. 无证驾驶	2. 未换证审验	3. 酒后驾驶	4. 违法载人	5. 超速超载	6. 无牌行驶	7. 未年检	8. 操作失误	9. 机件失灵设施不全	10. 其它
	（次）	（次）	（次）	（次）	（次）	（次）	（次）	（次）	（次）	（次）
全　国	233	18	11	21	77	137	63	467	41	159
北　京	2	0	0	0	0	2	2	2	0	0
天　津	2	2	0	0	0	1	2	1	0	10
河　北	14	2	1	0	2	10	2	18	2	4
山　西	0	1	0	1	1	0	0	0	0	0
内蒙古	10	0	1	0	9	8	2	8	0	2
辽　宁	17	6	2	0	14	0	3	8	2	15
吉　林	1	0	1	0	0	0	0	0	0	0
黑龙江	1	0	0	0	0	1	2	2	0	0
上　海	0	0	0	0	0	0	0	6	0	0
江　苏	32	1	2	3	2	29	5	78	7	17
浙　江	2	0	0	0	0	1	1	12	1	4
安　徽	8	2	0	0	0	8	2	7	1	7
福　建	13	1	0	2	7	4	7	36	1	12
江　西	2	0	2	1	24	2	4	31	8	49
山　东	1	0	0	1	0	1	2	2	1	1
河　南	5	1	0	1	0	1	1	3	0	2
湖　北	27	0	0	0	0	13	0	15	2	5
湖　南	30	1	0	5	4	18	9	36	8	10
广　东	0	0	0	0	0	0	0	0	0	0
广　西	4	0	0	2	0	0	6	7	0	0
海　南	2	0	0	0	0	1	0	1	0	0
重　庆	1	0	0	0	0	1	1	1	0	0
四　川	1	0	0	1	1	1	0	1	1	2
贵　州	0	0	0	0	0	0	0	0	0	0
云　南	10	0	0	0	0	11	0	6	0	3
西　藏	0	0	0	0	0	0	0	0	0	0
陕　西	6	0	0	0	4	7	5	54	3	12
甘　肃	13	0	0	1	1	5	1	13	1	0
青　海	11	0	0	0	1	8	3	1	0	1
宁　夏	0	0	0	0	0	1	0	1	0	0
新　疆	18	1	2	3	7	3	3	117	3	3

续表

地区	四、事故条件								
	其中：1. 驾龄不满1年的	2. 驾龄1—3年的	3. 驾龄3年以上的	4. 正面碰撞的	5. 追尾的	6. 翻车的	7. 发生在等级公路上的	8. 发生在乡级道路上的	9. 发生在山区道路上的
	(次)	(次)	(次)	(次)	(次)	(次)	(次)	(次)	(次)
全　国	65	335	436	613	136	87	0	592	244
北　京	0	2	0	2	0	0	0	2	0
天　津	0	10	3	13	0	0	0	13	0
河　北	3	12	18	18	0	5	0	33	0
山　西	0	0	1	1	0	0	0	1	0
内蒙古	7	8	12	20	2	5	0	27	0
辽　宁	0	20	34	27	18	9	0	54	0
吉　林	0	0	1	1	0	0	0	1	0
黑龙江	0	1	1	2	0	0	0	2	0
上　海	0	0	6	6	0	0	0	6	0
江　苏	0	67	51	102	6	10	0	118	0
浙　江	0	5	11	16	0	0	0	16	0
安　徽	2	3	18	15	8	0	0	2	21
福　建	5	7	52	56	8	0	0	64	0
江　西	13	50	49	89	11	12	0	87	25
山　东	0	0	5	5	0	0	0	5	0
河　南	3	2	3	8	0	0	0	0	8
湖　北	6	3	27	24	12	0	0	0	36
湖　南	14	12	32	24	28	6	0	0	58
广　东	0	0	0	0	0	0	0	0	0
广　西	1	3	5	7	0	2	0	4	5
海　南	0	0	2	2	0	0	0	0	2
重　庆	0	0	1	1	0	0	0	1	0
四　川	2	0	4	6	0	0	0	0	6
贵　州	0	0	0	0	0	0	0	0	0
云　南	1	1	10	7	0	5	0	0	12
西　藏	0	0	0	0	0	0	0	0	0
陕　西	3	16	49	34	28	6	0	32	36
甘　肃	0	8	10	18	0	0	0	10	8
青　海	2	2	8	10	0	2	0	0	12
宁　夏	1	0	1	2	0	0	0	2	0
新　疆	2	103	22	87	15	25	0	112	15

续表

地区	四、事故条件								
	10. 发生在田间场院的	11. 发生在8:00—20:00之间的	12. 发生在20:00—8:00之间的	13. 晴天发生的	14. 雨天发生的	15. 雪天发生的	16. 雾天发生的	17. 主要责任人未满18岁的	18. 主要责任人18岁以上的
	（次）	（次）	（次）	（次）	（次）	（次）	（次）	（次）	（次）
全　国	0	668	168	547	202	9	78	0	836
北　京	0	2	0	2	0	0	0	0	2
天　津	0	7	6	13	0	0	0	0	13
河　北	0	33	0	21	12	0	0	0	33
山　西	0	1	0	1	0	0	0	0	1
内蒙古	0	7	20	25	2	0	0	0	27
辽　宁	0	50	4	51	3	0	0	0	54
吉　林	0	1	0	1	0	0	0	0	1
黑龙江	0	2	0	2	0	0	0	0	2
上　海	0	6	0	5	1	0	0	0	6
江　苏	0	102	16	98	20	0	0	0	118
浙　江	0	16	0	16	0	0	0	0	16
安　徽	0	21	2	13	0	1	0	0	23
福　建	0	56	8	60	4	0	0	0	64
江　西	0	85	27	43	34	0	35	0	112
山　东	0	5	0	5	0	0	0	0	5
河　南	0	5	3	6	1	0	1	0	8
湖　北	0	30	6	25	0	0	11	0	36
湖　南	0	37	21	44	7	0	7	0	58
广　东	0	0	0	0	0	0	0	0	0
广　西	0	8	1	6	2	0	1	0	9
海　南	0	2	0	2	0	0	0	0	2
重　庆	0	1	0	1	0	0	0	0	1
四　川	0	4	2	3	0	0	3	0	6
贵　州	0	0	0	0	0	0	0	0	0
云　南	0	9	3	8	0	0	4	0	12
西　藏	0	0	0	0	0	0	0	0	0
陕　西	0	41	27	26	35	0	7	0	68
甘　肃	0	15	3	8	10	0	0	0	18
青　海	0	8	4	5	7	0	0	0	12
宁　夏	0	2	0	2	0	0	0	0	2
新　疆	0	112	15	55	64	8	0	0	127

其他统计资料

各地区农业机械化作业水平情况表

地区	耕种收综合机械化水平	农业劳动力点就业人员比重	机耕水平	机播水平	机收水平
	%	%	%	%	%
全　国	49.13	36.61	65.99	41.03	34.74
北　京	61.80	5.26	78.30	68.60	33.00
天　津	63.00	15.17	81.00	41.00	61.00
河　北	63.60	40.48	78.76	70.97	36.12
山　西	47.10	40.28	62.40	51.60	22.30
内蒙古	65.64	47.74	83.83	71.98	35.03
辽　宁	56.70	31.57	83.14	59.14	19.30
吉　林	56.89	42.95	78.55	69.63	15.27
黑龙江	84.08	40.59	96.80	90.91	58.35
上　海	56.98	5.30	98.20	12.73	46.28
江　苏	63.00	20.45	81.00	41.00	61.00
浙　江	35.53	18.05	58.74	3.99	36.13
安　徽	59.40	44.31	78.90	37.80	55.00
福　建	25.24	30.61	45.82	1.11	21.93
江　西	47.00	39.90	72.00	4.70	55.00
山　东	75.17	37.21	88.29	75.49	57.35
河　南	65.71	48.62	84.80	59.85	46.13
湖　北	34.50	34.63	54.45	8.46	33.94
湖　南	32.36	49.28	56.79	2.11	30.04
广　东	33.71	28.07	66.48	0.89	22.84
广　西	23.67	54.67	50.19	1.09	10.88
海　南	25.63	48.77	48.51	0.32	20.41
重　庆	21.08	36.80	46.56	2.13	6.07
四　川	28.49	44.75	40.22	12.11	29.24
贵　州	6.44	52.23	13.44	1.02	2.52
云　南	21.73	61.92	50.18	0.53	5.00
西　藏	54.86	55.05	58.27	56.96	48.20
陕　西	48.34	46.34	67.15	43.07	28.55
甘　肃	32.77	52.39	49.18	29.45	14.22
青　海	42.60	43.57	52.93	47.04	24.37
宁　夏	50.00	43.76	70.00	47.50	26.20
新　疆	78.20	44.05	97.61	90.43	40.10
新疆兵团	86.24	—	100.00	99.50	54.62

续表

地区	小麦				水稻			
	耕种收综合机械化水平%	机耕水平%	机播水平%	机收水平%	耕种收综合机械化水平%	机耕水平%	机械种植水平%	机收水平%
全　国	89.37	95.58	84.37	86.07	55.33	83.27	16.71	56.69
北　京	99.94	100.00	100.00	99.80	58.01	85.40	26.20	53.30
天　津	89.00	89.00	81.00	96.00	82.00	99.00	48.00	95.00
河　北	98.10	99.90	98.50	95.30	53.53	90.10	17.50	40.80
山　西	83.98	90.49	83.73	75.56	25.45	36.36	0.00	36.36
内蒙古	89.65	89.12	95.99	84.03	70.41	81.01	50.45	76.23
辽　宁	85.29	92.76	92.47	68.15	56.01	85.11	26.76	46.43
吉　林	53.70	57.00	54.00	49.00	63.19	94.00	34.30	51.00
黑龙江	100.00	100.00	100.00	100.00	86.73	99.80	78.24	77.80
上　海	74.11	97.90	16.50	100.00	81.19	100.00	37.90	99.40
江　苏	89.00	89.00	81.00	96.00	82.00	99.00	48.00	95.00
浙　江	69.90	97.99	5.35	97.00	67.33	99.72	9.27	82.19
安　徽	95.09	98.33	90.58	95.27	67.51	98.30	8.81	85.15
福　建	—	—	—	—	33.53	66.56	1.11	21.93
江　西	—	50.00	—	—	48.00	74.60	4.30	57.70
山　东	98.66	96.92	98.20	97.32	54.48	84.84	8.73	59.76
河　南	102.37	106.53	100.32	98.86	57.26	89.16	4.59	67.40
湖　北	62.06	79.83	22.37	78.08	60.48	80.94	15.88	77.83
湖　南	55.26	106.69	3.24	29.89	40.30	70.00	2.67	37.43
广　东	23.80	59.50	—	—	48.15	82.60	1.73	48.61
广　西	—	—	—	—	39.18	73.68	2.97	29.38
海　南	—	—	—	—	45.33	72.73	0.83	53.29
重　庆	26.20	62.98	—	3.38	43.68	87.60	7.69	21.11
四　川	23.08	34.96	13.81	16.51	29.78	49.15	153.58	26.03
贵　州	3.26	6.59	1.04	0.56	24.64	51.63	3.54	9.74
云　南	21.25	45.60	2.39	7.64	25.82	55.67	0.13	11.71
西　藏	58.68	67.53	65.39	40.17	—	—	—	—
陕　西	86.70	98.51	81.86	75.81	33.74	53.77	6.42	34.34
甘　肃	64.40	83.00	61.00	43.00	—	—	—	—
青　海	67.62	82.42	74.82	40.68	—	—	—	—
宁　夏	89.00	100.00	96.00	67.36	90.60	100.00	72.74	95.95
新　疆	96.67	100.00	100.00	88.89	60.13	86.61	19.84	65.12
新疆兵团	100.00	100.00	100.00	100.00	100.00	100.00	100.00	100.00

续表

地区	玉米				大豆			
	耕种收综合机械化水平%	机耕水平%	机播水平%	机收水平%	耕种收综合机械化水平%	机耕水平%	机播水平%	机收水平%
全　　国	60.24	83.55	72.48	16.91	68.68	72.95	73.99	57.68
北　　京	75.59	97.40	96.10	26.00	57.13	76.30	64.30	24.40
天　　津	43.00	85.00	20.00	12.00	25.00	52.00	8.00	7.00
河　　北	70.76	99.50	86.40	16.80	30.25	42.70	36.70	7.20
山　　西	58.30	84.75	70.24	11.09	10.49	13.62	11.98	4.85
内 蒙 古	64.87	89.55	88.06	8.78	81.54	79.97	92.73	72.43
辽　　宁	66.16	94.84	85.93	8.14	49.03	68.69	54.89	16.94
吉　　林	65.18	88.70	91.00	8.00	76.28	98.00	97.00	26.60
黑 龙 江	75.97	98.70	98.13	23.50	93.70	94.20	99.26	87.46
上　　海	—	—	—	—	—	—	—	—
江　　苏	43.00	85.00	20.00	12.00	25.00	52.00	8.00	7.00
浙　　江	37.35	93.07	0.41		27.39	67.62	0.32	0.83
安　　徽	41.05	50.93	55.63	13.30	36.05	23.25	53.81	35.38
福　　建	—	—	—	—	—	—	—	—
江　　西	—	—	—	—	—	—	—	—
山　　东	82.67	96.32	94.15	52.99	35.16	51.56	32.80	15.66
河　　南	65.57	85.51	81.40	23.13	33.98	29.12	53.54	20.90
湖　　北	14.61	30.09	6.07	2.54	29.63	56.28	11.94	11.68
湖　　南	5.58	18.55	0.01	0.96	4.91	12.28	—	—
广　　东	18.22	45.56	—	—	13.75	34.38	—	—
广　　西	11.45	28.63	—	—	6.03	15.08	—	—
海　　南	6.11	15.28	—	—	0.59	1.47	—	—
重　　庆	23.58	58.97	—	—	2.76	6.89	—	—
四　　川	4.98	12.42	0.04	—	0.81	2.02	—	—
贵　　州	0.45	1.00	0.12	0.04	—	—	—	—
云　　南	9.13	22.62	0.19	0.08	—	—	—	—
西　　藏	—	—	—	—	—	—	—	—
陕　　西	56.57	87.73	57.74	13.84	7.53	11.54	7.40	2.31
甘　　肃	34.20	60.00	30.00	4.00	12.55	22.00	12.00	0.50
青　　海	—	—	—	—	—	—	—	—
宁　　夏	61.00	92.00	60.00	20.00	—	—	—	—
新　　疆	77.88	100.00	97.19	29.07	65.03	73.79	73.11	45.27
新疆兵团	95.01	100.00	100.00	83.37	100.00	100.00	100.00	100.00

续表

地区	油菜				马铃薯			
	耕种收综合机械化水平%	机耕水平%	机播水平%	机收水平%	耕种收综合机械化水平%	机耕水平%	机播水平%	机收水平%
全　国	23.83	45.16	10.39	8.84	23.23	39.17	12.94	12.27
北　京	50.71	100.00	31.00	4.70	39.56	71.90	—	36.00
天　津	26.00	60.00	2.00	6.00	8.00	21.00	—	—
河　北	84.15	99.00	88.90	59.60	33.47	47.60	26.60	21.50
山　西	—	—	—	—	43.48	62.11	35.71	26.40
内蒙古	96.24	97.50	97.50	93.30	58.18	87.70	40.77	36.23
辽　宁	—	—	—	—	36.17	54.45	9.64	38.34
吉　林	—	—	—	—	18.64	39.10	5.80	4.20
黑龙江	—	—	—	—	70.58	98.00	46.80	57.80
上　海	42.66	100.00	1.20	7.65	—	—	—	—
江　苏	26.00	60.00	2.00	6.00	8.00	21.00	—	—
浙　江	20.72	47.12	1.05	5.18	4.93	12.27	0.07	—
安　徽	29.14	69.33	3.58	1.10	35.53	88.84	—	—
福　建	—	—	—	—	—	—	—	—
江　西	7.30	14.80	4.20	0.30	—	—	—	—
山　东	22.89	41.24	20.23	1.09	39.39	76.00	5.40	24.57
河　南	27.27	57.77	12.54	1.33	—	—	—	—
湖　北	29.24	64.24	1.73	10.06	11.14	26.39	1.17	0.82
湖　南	15.79	34.78	2.13	4.13	0.02	—	—	0.05
广　东	40.00	100.00	—	—	35.13	86.35	0.96	1.00
广　西	—	—	—	—	39.22	98.05	—	—
海　南	—	—	—	—	—	—	—	—
重　庆	20.91	52.18	0.12	0.12	14.55	36.38	—	—
四　川	8.48	20.81	0.34	0.17	2.86	7.03	0.15	—
贵　州	1.13	2.52	0.34	0.05	0.75	1.70	0.22	0.02
云　南	13.83	33.52	0.54	0.86	5.05	12.51	0.06	0.09
西　藏	33.72	64.85	25.94	—	—	—	—	—
陕　西	14.06	28.96	7.85	0.42	32.07	64.30	5.86	15.33
甘　肃	26.20	37.00	29.00	9.00	13.60	22.00	9.00	7.00
青　海	43.30	50.46	47.54	29.50	10.61	20.83	4.53	3.00
宁　夏	—	—	—	—	32.00	50.00	20.00	20.00
新　疆	84.70	100.00	100.00	49.00	56.01	84.04	46.51	28.14
新疆兵团	100.00	100.00	100.00	100.00	87.48	100.00	85.12	73.13

续表

地区	花生				棉花			
	耕种收综合机械化水平%	机耕水平%	机播水平%	机收水平%	耕种收综合机械化水平%	机耕水平%	机播水平%	机收水平%
全　国	36.34	53.90	31.25	18.02	47.83	76.84	54.18	2.81
北　京	49.35	90.60	43.40	0.30	40.98	93.90	11.40	—
天　津	25.00	63.00	—	—	23.00	57.00	—	—
河　北	45.02	64.70	47.30	16.50	68.79	99.00	97.20	0.10
山　西	—	—	—	—	71.07	106.90	92.65	1.71
内蒙古	—	—	—	—	—	—	—	—
辽　宁	73.24	86.45	69.84	59.04	—	—	—	—
吉　林	9.25	22.00	0.80	0.70	—	—	—	—
黑龙江	—	—	—	—	—	—	—	—
上　海	—	—	—	—	—	—	—	—
江　苏	25.00	63.00	—	—	23.00	57.00	—	—
浙　江	5.77	14.44	—	—	13.00	32.49	—	—
安　徽	42.34	86.53	24.32	1.43	18.98	47.11	0.46	—
福　建	—	—	—	—	—	—	—	—
江　西	13.80	24.80	2.00	11.00	—	—	—	—
山　东	70.96	87.70	65.52	54.08	55.48	87.77	67.92	—
河　南	35.03	50.42	38.83	10.71	10.02	24.67	0.51	—
湖　北	16.40	37.36	4.63	0.25	29.93	73.39	1.93	—
湖　南	4.95	12.38	—	—	24.96	60.73	—	2.23
广　东	16.40	41.13	—	—	—	—	—	—
广　西	21.53	53.82	—	—	—	—	—	—
海　南	7.56	18.90	—	—	—	—	—	—
重　庆	6.71	16.77	—	—	25.64	64.10	—	—
四　川	3.41	8.53	—	—	3.44	8.59	—	—
贵　州	0.21	0.53	—	—	—	—	—	—
云　南	—	—	—	—	—	—	—	—
西　藏	—	—	—	—	—	—	—	—
陕　西	18.14	27.51	22.03	1.75	45.57	87.71	34.44	0.53
甘　肃	—	—	—	—	46.50	60.00	55.00	20.00
青　海	—	—	—	—	—	—	—	—
宁　夏	—	—	—	—	—	—	—	—
新　疆	56.71	87.67	53.65	18.49	63.01	90.13	89.71	0.15
新疆兵团	93.08	100.00	100.00	76.92	77.14	100.00	100.00	23.81

部分垦区农业机械拥有量表

项　　目	计量单位	内蒙古农垦	黑龙江农垦	广东农垦	海南农垦
一、农业机械总动力	万千瓦	146.68	579.19	23.37	32.82
其中:柴油发动机动力	万千瓦	130.54	536.67	16.71	21.68
汽油发动机动力	万千瓦	6.90	12.75	3.84	7.05
电动机动力	万千瓦	8.95	29.77	2.35	3.31
其他机械动力	万千瓦	0.29	—	0.47	0.78
二、大中型拖拉机	台	9679	65314	1983	522
	万千瓦	32.85	265.52	2.19	2.08
三、小型拖拉机	台	46419	15987	2938	4356
	万千瓦	68.39	15.86	3.04	4.46
四、大中型拖拉机配套农具	万千瓦	15976.00	111423.00	833.00	413.00
五、小型拖拉机配套农具	部	47913	46722	—	284
其中:1. 播种机	台	20599	11732	—	—
其中:精少量播种机	台	11401	7398	—	—
2. 化肥深施机	台	2112	0	—	—
3. 机引铺膜机	台	2796	892	—	—
六、排灌动力机械	台	10129	64954	8629	10350
	万千瓦	11.03	85.99	5.77	4.79
其中:柴油机	台	6568	47299	4999	8655
	万千瓦	7.01	63.63	3.32	4.10
电动机	台	4624	17655	1381	1420
	万千瓦	4.18	22.30	0.09	4.47
七、农用水泵	台	15569	65591	3072	14189
八、喷灌机械	台	1398	10214	91	
九、机动喷雾(粉)机	台	2241	19911	4551	6024
十、联合收获机	台	1434	17450	27	—
	万千瓦	14.87	136.70	0.16	—
其中:自走式	台	1160	16695	—	—
	万千瓦	12.52	129.23	—	—
十一、机动收割机	台	584	—	5	—
	万千瓦	0.66	—	0.01	—
十二、机动脱粒机	万千瓦	1845.00	4918.00	576.00	333.00
十三、牧草播种机	台	385	37	—	—
十四、牧草收获机	台	15591	89	—	—
十五、牧草打捆机	台	440	186	—	—
十六、农用运输车	辆	5075	2743	713	—
	万千瓦	11.06	5.50	5.61	—

各地区播种、收获面积

单 位	播种面积（千公顷）	其中:1. 稻谷（千公顷）	2. 小麦（千公顷）	3. 玉米（千公顷）	4. 大豆（千公顷）	5. 油菜（千公顷）	6. 马铃薯（千公顷）	7. 花生（千公顷）	8. 棉花（千公顷）	收获面积（千公顷）
全 国	158639.4	29626.7	24290.9	31182.6	9189.8	7277.8	5080.7	4376.7	4951.8	153720.4
北 京	320.1	0.4	60.6	150.8	8.4	0.0	0.0	5.8	0.6	319.1
天 津	455.2	16.0	110.2	165.9	12.5	0.0	0.0	1.0	55.6	450.2
河 北	8682.5	85.1	2394.5	2950.5	165.8	22.4	133.3	389.7	620.0	8165.5
山 西	3717.9	1.1	727.5	1451.2	195.3	6.5	169.7	9.8	73.3	3406.9
内蒙古	6927.8	101.8	528.2	2451.2	840.2	218.9	663.8	17.8	0.9	6127.8
辽 宁	3919.1	656.7	8.8	1964.1	164.1	0.4	62.7	260.6	0.9	3421.1
吉 林	5077.5	660.4	4.1	2957.2	437.4	0.0	93.5	122.5	1.6	4602.5
黑龙江	12129.2	2460.8	293.1	4010.2	4007.8	1.7	271.2	31.0	0.0	11588.2
上 海	396.1	108.5	57.6	4.2	4.4	14.3	0.0	1.0	1.3	394.1
江 苏	7558.2	2233.2	2077.6	399.8	233.0	476.3	0.0	105.5	252.3	7526.2
浙 江	2504.8	938.7	60.4	27.0	55.5	185.8	57.8	19.1	20.1	2457.8
安 徽	9036.2	2246.9	2355.3	730.7	970.0	721.8	8.3	180.9	351.7	8989.2
福 建	2258.0	864.6	3.8	37.9	59.1	10.9	71.1	98.1	0.3	2243.0
江 西	5376.4	3282.1	9.9	16.1	99.5	538.5	0.0	146.4	75.5	5297.4
山 东	10778.4	134.6	3545.2	2917.3	161.2	10.9	0.0	774.8	800.4	10571.4
河 南	14181.4	611.3	5263.3	2895.4	467.0	382.0	0.0	975.4	537.3	14107.4
湖 北	7527.5	2045.1	993.4	507.3	105.4	1165.9	156.0	183.7	460.1	7375.5
湖 南	8019.3	4047.2	28.4	282.0	89.3	1016.1	92.8	104.5	152.6	7898.3
广 东	4476.0	1959.7	0.8	166.7	59.8	7.1	37.5	322.1	0.0	4454.0
广 西	5826.5	2125.0	4.0	534.6	101.1	12.4	16.4	160.8	2.2	5750.5
海 南	829.4	317.7	0.0	18.7	3.4	0.0	0.0	38.1	0.0	804.4
重 庆	3308.3	682.0	168.2	459.1	85.9	173.6	327.2	47.7	0.2	3267.3
四 川	9476.6	2027.1	1277.5	1334.4	221.2	936.6	559.3	256.3	16.2	9357.6
贵 州	4780.7	698.2	262.9	751.5	131.9	466.9	635.0	38.8	1.5	4706.7
云 南	6343.9	1039.8	432.4	1354.2	130.8	253.6	494.1	48.9	0.4	6169.9
西 藏	235.1	1.0	36.8	4.0	0.1	24.4	0.4	0.1	0.0	226.1
陕 西	4154.1	125.3	1146.0	1164.0	187.3	194.6	260.0	31.1	61.8	4080.1
甘 肃	3938.6	5.7	963.9	657.8	91.3	188.9	643.6	0.7	55.7	3726.6
青 海	514.1	0.0	104.1	5.3	0.0	170.3	86.7	0.0	0.0	501.1
宁 夏	1226.7	78.2	218.5	215.1	16.4	0.1	217.6	0.0	0.0	1190.7
新 疆	4663.8	72.5	1153.9	598.4	84.7	76.9	22.7	4.5	1409.3	4543.8

注:数据由农业部市场与经济信息司提供。

全国农机工业统计资料摘要

项　　目	计量单位	2009 年	2008 年	2009 年比 2008 年增减	
				增减量	%
农机工业总产值	千元	226455789.00	186528733.00	39927056.00	21.41
其中:新产品产值	千元	22159254.00	18168747.00	3990507.00	21.96
主营业务收入	千元	202518931.00	166378847.00	36140084.00	21.72
利润总额	千元	10333201.00	7597825.00	2735376.00	36.00
出口交易值	千元	17466100.00	19339175.00	-1873075.00	-9.69
大中型拖拉机(18.38 千瓦以上)	台	391933	303134	88799	29.29
小型拖拉机	台	1891964	1723164	168799.2	9.80
内燃机	千瓦	848020071.00	651817231.00	196202840.00	30.10
收获机械	台	632269	406903	225365.81	55.39
场上作业机械	台	379387	253412	125974.6	49.71
粮食加工机械	台	2331739	1895294	436444.2	23.03
棉花加工机械	台	40205	36157	4048.2	11.20
农业运输机械	辆	1070026	957772	112253.5	11.72
泵	台	69312907	69540077	-227169.52	-0.33
饲草(料)加工机械	台	250248	191874	58374	30.42

说明:(1)本表 2009 年数据是国家统计局采集的规模以上的农机制造企业的统计数,规模以上企业指年销售额在 500 万元以上的国有及国有控股企业、民营企业和三资企业。

(2)表中销售收入和利润总额为 1—11 月数据。

(3)本表由中国农业机械工业协会提供。

农机社团组织

中国农业机械化协会

【概述】 中国农业机械化协会成立于2009年1月,其前身是“中国农机鉴定检测协会”,是全国性的行业性社会组织。协会由农业部和民政部进行业务指导和监督管理,归口由农业部农业机械化管理司业务管理,挂靠在农业部农业机械试验鉴定总站。

原“中国农机鉴定检测协会”成立于1993年,是在民政部登记的一级协会。协会自成立16年来,严格遵守国家法律法规,认真履行协会章程规定的职责和义务,在主管部门的领导下,结合农机鉴定系统工作实际,在做好行业和政府之间双向沟通、推进行业技术进步、加强与国外同行交流与合作、增强鉴定系统凝聚力等方面进行有效探索,为促进农机产品质量提高、推动农机化发展做出积极贡献。

中国农业机械化协会宗旨是通过为政府、为会员提供双向服务,成为联系政府与农机化行业和农机使用者的桥梁和纽带,主要工作是协助政府部门开展有关行业服务工作,开展农机产品、维修、作业、服务质量的评价工作;组织开展行业内外调研,宣传政府部门有关方针政策和新技术成果;组织行业技术培训、专业技能教育;经政府有关部门授权或依据市场和行业需要,举办技术展览展示活动,组织农机现场演示活动;参与本行业标准的制定、修订工作;开展国际交流与合作。服务范围从鉴定检测扩大到农业机械化行业,会员组成为以从事农机化教育、科研、鉴定、认证、推广、监理、维修、社会化服务等有关方面为主的企事业单位、社会团体及个人。

(陈海燕)

中国农业机械学会

【概况】 2009年的中国农机学会工作是以学习实践“科学发展观”为指导思想,努力克服经济危机所带来的许多困难,紧密围绕着国家对农业机械行业的政策、行业形势和发展特点、以及行业难点、热点问题,并结合自身情况来开展工作的。中国农业机械学会开展的活动较多,内容和形式较丰富,体现着注重能力建设、密切产学研结合、为解决行业难点、热点问题献计献策、促进国家产业发展等特点,工作取得了较好的成效。

学术交流活动

【中国农机学会八届五次常务理事会议】 2009年4月23日在中国农机院会议室召开中国农机学会八届五次常务理事会议,参会常务理事或代表为42人。会议内容主要是总结2008年工作,讨论并布置2009年工作及决定一些组织人事工作,会期压缩为半天。会前还召开2009年中国农机学会秘书长工作会议,出席人数42人。2009年8月26日—28日,在南京召开学会八届六次常务理事会议,到会的常务理事为37人;同期召开学会八届三次理事会议,有130多位代表到会。常务理事会议重点研究明年换届和改革理事会结构等问题,理事会议商讨学会2010年换届会议地点问题,并围绕密切产学研结合问题主要进行学术研讨。

【中国农业机械学会八届三次理事会议暨学术报告会】 中国农业机械学会八届三次理事会议暨学术报告会于2009年8月26日—28日在江苏南京召开。中国农业机械学会第八届理事会理事或理事代表、特邀嘉宾、优秀论文获奖者、分科学会及地方农机学会的代表等130余人出席会议。农业部农业机械化管理司副司长刘恒新,中国机械工业联合会副会长、中国农机工业协会理事长高元恩，中国农业机械学会理事长陈志，副理事长丁翔文、刘敏、李树君、袁寿其、赵剡水，江苏省农业机械学会理事长沈广树，江苏省科协学术部部长许钧等嘉宾出席会议开幕式和学术报告会。会议开幕式由刘敏副理事长主持，陈志理事长、刘恒新副司长、许钧部长、高元恩理事长先后在开幕式上致辞。

赵剡水副理事长主持学术报告会。江苏省农机局副局长、江苏省农业机械学会理事长沈广树围绕"江苏省农机化现状和发展趋势"等内容作报告。浙江理工大学赵匀教授畅谈了"农业机械创新和研究方法的探索"的经验。针对我国农田水利和灌溉的广泛需求，江苏大学袁寿其教授报告了2007年度荣获国家科技进步二等奖的"潜水泵理论与关键技术研究及推广应用"项目的创新实施过程，和与会代表分享了"多年科研积累、长期行业服务"的体会。

会议期间，全体代表参加中国农业机械学会和中国农机工业协会联合举办的"中国农业机械工业六十年回顾与展望高峰论坛"。农业部农业机械化管理司副司长刘恒新、工信部装备工业司副司长王富昌、国家发改委经济研究所主任王小广、中国一拖集团有限公司副总经理王克俊、福田雷沃国际重工有限公司副总经理杜晓平及中国农机工业协会理事长高元恩等分别围绕我国宏观经济形势、农机行业科学发展、产业升级、行业运行态势、产品创新、品牌发展等内容发表演讲。

【全国旱地移栽机械化技术研讨会暨中国农机学会第五届青年学术年会】 由中国农业机械学会主办，中国农机学会青年工作委员会、农机化分会、耕作机械分会联合承办，南通富来威农业装备有限公司协办的全国旱地移栽机械化技术研讨会暨中国农机学会第五届青年学术年会，于2009年12月8日至11日在江苏省南通市召开。来自全国16个省、自治区和直辖市的专家、学者、制造商和移栽机械用户代表等各类人士，共112位代表参加会议。探讨并解决旱地移栽机械的研发、制造、推广和使用等方面存在的瓶颈问题，使科技成果迅速转化为现实生产力，推动行业健康发展成为本次会议的突出主题。

【召开以"探讨丘陵山区农业机械化发展道路，提升我国农业机械化总体水平"为主题的农业机械化发展论坛】 为解决丘陵地区农机化水平低的难点问题，中国农业机械学会农机化分会联合四川省农机局等单位，于2009年6月20日在成都召开以"探讨丘陵山区农业机械化发展道路，提升我国农业机械化总体水平"为主题的农业机械化发展论坛，来自全国22个省（直辖市、自治区）的农机管理、科研、生产、鉴定、推广、教学等单位的代表近170人出席本次论坛。在论坛上，来自政府、科研单位和企业的13位专家从不同角度分析制约丘陵山区农机化发展的因素，并就提高机械化水平献言献策。在参加论坛同志的共同努力下，经过中国农业机械学会农机化分会常务委员的深入讨论，论坛形成《关于促进丘陵山区农业机械化发展的建议》，为有关省份发展丘陵地区农机化事业提供政策建议。

【全国收获机械化技术研讨会】 围绕提高我国主要粮食和经济作物机械化收获水平这一难点和热点问题，中国农业机械学会收获加工机械分会于2009年11月7日~9日在江苏镇江召开"全国收获机械化技术研讨会"。来自中国农业机械化科学研究院、农业部南京农业机械化研究所、南京农业大学、东北农业大学、江苏大学等15所全国知名高校、科研院所，福田雷沃国际重工股份有限公司、天津拖拉机制造有限公司、现代农装科技股份有限公司等6家知名企业的56位代表参加研讨会。研讨会共征集到学术交流论文近40篇。研讨会分主题发言和分组交流两个环节，主要围绕我国玉米、油菜生产环节机械化收获"瓶颈"问题，提出技术攻关路线、方案，以促进玉米、油菜生产机械化快速、健康发展，研讨会为突破玉米和油菜收获机具研发的关键技术提供启发和交流作用。

【中国玉米生产机械化发展论坛暨中国农业机械学会农业机械化分会七届二次会员代表大会】 以"农机农艺结合，促进玉米生产机械化又好又快发展"为主题的中国玉米生产机械化发展论坛暨中国农业机械学会农业机械化分会七届二次会员代表大会于2009年9月3日在山东省泰安市泉盛大酒店召开。此次论坛由中国农业机械学会农业机械化分会、山东省农业机械管理办公室联合主办，山东省农业机械技术推广站承办，山东宁联机械制造有限公司协办，同时得到农业部农业机械试验鉴定总站、农业部农业机械化技术开发推广总站、中国农机化导报的大力支持。论坛由中国农业机械学会农业机械化分会主任委员兼秘书长、中国农业大学工学院杨敏丽教授主持，农业部农业机械化管理司刘恒新副司长出席会议并致开幕词。

【农作物秸秆规模化利用产业化技术研讨暨现场会"】 中国农业机械学会能源动力分会和青年工作委员会于2009年11月25日—26日在山东东营召开"农作物秸秆规模化利用产业化技术研讨暨现场会"，参会人员80余人。会议邀请有关专家围绕开发农作物秸秆的收集、运输和贮藏的相关机械，从而满足大规模工业化发电的要求开展学术研讨。同时现场考察相关秸秆收储运机械的实际作业状况及发电厂秸秆利用情况，为研发适宜机械提供参考。

【现代农产品、食品加工技术和装备学术年会"】 在中国科协学术交流平台项目的资助下，2009年10月26日—28日在北京，中国农业机械学会联合其它行业学术组织共同召开"现代农产品、食品加工技术和装备学术年会"。来自全国从事农副产品加工机械行业的科研、教学、管理、用户和制造企业的代表共200余人参加会议。中国机械工业联合会副会长、农业部农产品加工局副局长、科技部农社司副司长和中国食品学会副会长等专家，从宏观角度论述如何加快发展农副产品加工机械以促进我国农产品和食品业健康发展，拉动我国内需。其它业内专家还从具体技术层面论述农副产品加工机械行业的发展趋势。会议期间，与会代表还参观"第十一届中国国际食品加工和包装机械展览会"，并参加"中国食品加工、包装装备制造业高峰论坛"。

（袁爱洁）

中国农业工程学会

学术交流

【纪念中国农业工程学会成立30周年暨中国农业工程学会2009年学术年会】 2009年8月22日—24日,纪念中国农业工程学会成立30周年暨中国农业工程学会2009年学术年会在山西农业大学召开。会议由中国农业工程学会主办,山西农业大学、山西省农机局和山西农业机械与农业工程学会承办。来自26个省市、131个单位的612名代表(其中学生代表162人)参加会议,会议共收到论文467篇。

农业部常务副部长危朝安、中国科协书记处书记冯长根题写贺信对大会的召开表示热烈祝贺。中国农业工程学会第四届理事长,名誉理事长,原农业部副部长洪绂曾发表题为"发展农业工程事业 为我国农业现代化做贡献"的讲话。国际农业工程学会、联合国亚太农业工程与机械中心、国际田间育种试验机械化协会、亚洲农业工程学会、加拿大生物系统工程学会、韩国农业工程学会、日本农业机械学会、海外华人农业、生物及食品工程师协会、中国农业机械学会等国内外相关机构纷纷派代表和致贺信贺词祝贺。中国工程院汪懋华院士,李佩成院士,农业部原副部长、学会第四届理事长、名誉理事长洪绂曾,山西省副省长刘维佳,山西省教育厅副厅长王李金,科技部中国农村技术开发中心副主任陈良玉,科技部火炬中心副主任马彦民,山西农业大学党委书记石扬令、校长董常生等校领导、中国农业工程学会理事长朱明和常务副理事长罗锡文、傅泽田以及学会副理事长、各专业委员会主任、地方学会负责人以及全国各地农业工程学者和学生参加大会。

纪念活动通过大会报告、座谈会、纪念册、文艺晚会等多种形式,第一次比较全面地回顾了中国农业工程学科的发展历史;从学科建设、研究队伍建设、研究条件建设、人才培养质量、研究方向、自主创新和为社会服务的能力、国内外学术交流等7个方面认真总结中国农业工程学科30年来取得的主要成绩;从战略高度进一步凝练了农业工程的学科发展方向,提出了通过强化学科队伍建设,培养一大批优秀人才,不断创造出农业工程高水平标志性成果的发展期望。

年会以"现代农业与农业工程"为主题,共设"现代农业装备与农业机械化"、"农业生物环境与设施农业工程"、"农业水土工程与节水农业"、"农业电气化与自动化工程"、"农业信息化与数字农业"、"农产品产地贮藏与加工"、"农村能源与生物质利用"、"土地整理与利用工程 & 农村建筑与环境工程"8个分会场,有172名专家、教授、学生代表在各分会场发言。

【2009中国科协年会第11分会场"丘陵山地综合开发与农业工程及农业机械化发展论坛】 2009年9月8日—10日,中国农业工程学会、中国农业工程学会农业机械化电气化专业委员会、山区资源综合开发利用分会、西南大学工程技术学院联合承办"2009中国科协年会第11分会场丘陵山地综合开发与农业工程及农业机械化发展论坛"。论坛得到中国农业大学、中国农业机械学会农业机械化分会等单位的支持,在重庆成功召开。9月9日,理事长朱明主持会议开幕式,汪懋华院士、重庆市谢小军副市长、西南大学王永才副校长分别致辞。大会从丘陵山区农业机械化战略管理、农业机械化技术推广、农机机具设计研究、山区土地资源保护、开发与利用等多方面展开学术交流。来自四川、重庆等西南省份的农机管理部门领导针对地方特色发表报告。共有来自我国主要丘陵、山区省份的科研院所、农机与农业管理部门的60多名代表参加会议,18名知名专家做主题报告和专题报告,有15个企业派出技术人员参与会议交流。会议共收到论文60多篇,经分会场学术委员审阅,优选37篇论文编辑出版《西南大学学报自然科学版》专辑。会议被中国科协评定为"学术交流优秀分会场"。

【亚洲精细农业与计算机农业应用联合国际学术大会】 大会于2009年10月14日—17日在北京召开,由3个国际会议组成,第三届亚洲精细农业国际学术会议(3rd ACPA)、第五届智能化农业信息技术国际学术会议(5th ISIITA)以及第三届国际计算机及计算技术农业应用学术会议(3rd CCTA)。会议由中国农业大学、国家农业信息化工程技术研究中心、亚洲精细农业联合会、中国农业工程学会、中国农业机械学会、北京农业信息化学会、国际信息处理联合会等单位联合主办。

中国科协学会学术部副部长朱雪芬、科技部农村科技司副司长贾敬敦,农业部市场与经济信息司副司长张兴旺,工业和信息化部信息化推进司副司长董宝青中国农业大学副校长张林逸等领导出席开幕仪式,中国农业工程学会理事长朱明、中国农业机械学会副理事长李树君、中国农业工程学会名誉理事长、大会主席汪懋华院士出席大会并致辞。

来自美国、英国、加拿大、德国、比利时、荷兰、西班牙、土耳其、希腊、韩国、新加坡、日本、印尼、马来西亚、印度等14个国家的70余位国外专家和国内科研院所及院校的近330名代表注册参会。

与会代表围绕"精细农业技术研究与实践"和"信息通信技术在农业中的应用"两大主题进行专题交流。在为期两天的交流中,与会者分别按变量作业与系统集成技术;传感、测量与数据采集;农业遥感;光电检测与自动化、计算机农业应用技术5个专题共举行特邀报告53个,专题报告87个,现场墙报演示16个。10月17日,国内外代表70余人参观北京市农林科学院位于昌平区小汤山的国家精准农业研究示范基地。

大会共收到660多篇学术论文,经大会学术委员会评审后,接受542篇作为大会论文,编入论文集并在大会交流。大会学术委员会还选出60篇优秀英文论文推荐到相关SCI期刊发表,选出100篇优秀英文论文推荐在相关EI期刊发表,优选105篇论文以中文发表于《农业工程学报》2009增刊和《农业机械学报》2009增刊。

【杨邦杰名誉理事长杨邦杰名誉理事长率团出席世界工程组织联合会(WFEO)全体大会】 2009年11月1日—6日,

致公党中央副主席、中国农业工程学会名誉理事长、农业部规划设计研究院副院长杨邦杰、中国科协书记处书记程东红率中国科协代表团一行17人,出席在科威特举行的WFEO大会及各委员会会议。作为中国科协农业工程领域专家,杨邦杰同志在世界工程组织联合会技术委员会(WFEO ComTech Committee)开展相关领域的国际交流与合作。会议期间,杨邦杰副主席与中国驻科威特大使黄杰明会晤,了解华侨社团等问题,并参加"替代能源国际研讨会"的有关学术活动。学会常务副秘书长管小冬参加代表团出席会议。

【2009农业生物(建筑)环境与能源工程学科发展与教学改革研讨会】 学会教育工作委员会与教育部高等学校农林业工程教学指导委员会于2009年4月24日—26日在江苏大学共同举办"2009农业生物(建筑)环境与能源工程学科发展与教学改革研讨会"。会议重点研讨国内外农业生物环境与能源工程相关学科发展的现状与趋势;农业生物环境与能源工程学科的相关重大技术需求及科学研究进展;农业生物环境与能源工程专业研究生培养体系与方案研讨,提出1—3门本学科共性基础的通用课程(教材);农业建筑环境与能源工程本科专业培养体系建设。

【2009中国农业工程学会农产品加工及贮藏工程专业委员会学术年会暨华中地区农产品加工产学研研讨会】 会议于2009年4月25日—26日在河南郑州召开,由学会农产品加工及贮藏工程专业委员会主办,河南工业大学承办,河南农业大学食品科学技术学院、河南科技大学食品与生物工程学院等单位协办。来自全国的农产品加工行业的相关领导、专家学者、企业代表共200余名参加本次会议。会议设立小麦加工、油脂加工、果蔬加工、食品生物学等分会场,各领域的学术带头人、专家学者对各领域的科研现状、创新研究、应用与发展等进行深入交流和探讨。各高校科研院所的专家也就华中地区农产品加工的战略地位与对策、华中地区农产品加工业发展战略研究、粮食加工新工艺新技术、油脂与植物蛋白加工新技术、生物研究、检测鉴别的安全应用等议题发表观点。大会组织评选优秀论文并颁奖,与会代表参观河南工业大学粮油食品学院实验室和大型食品厂。农业部农产品加工局相关领导受河南农业大学邀请进行座谈。会议通过2009中国农业工程学会农产品加工与贮藏工程分会换届选举。

【中国农业工程学会畜牧工程专业委员会第八届理事会暨畜禽健康养殖工程技术研讨会】 会议由畜牧工程专业委员会主办,于12月4日—6日在北京召开。名誉理事长汪懋华院士,常务副理事长、中国农业大学副校长傅泽田,中国农业工程学会畜牧工程专业委员会名誉理事长、中国农业大学教授王云龙,科技部发展计划司巡视员申茂向,农业部农业机械化管理司副司长刘宪,农业部农机化司科教处处长范学民,中国农业工程学会秘书长秦京光等领导出席会议并讲话,全国24个省、市、自治区的120余位代表参加会议。

会议回顾总结中国农业工程学会畜牧工程专业委员会30年发展历程,探讨中国特色畜牧工程技术的创新与发展。结合畜禽养殖产业新阶段的特点及需求,对新阶段畜禽养殖产业中的模式建构、后期经济利益、畜牧工程实用性、环境评价、节能减排、动物福利、地区差异性补贴等议题进行研讨,明确下一步工作重点,即期望能组织有关课题的研究,整合资源、技术优势,进行集成创新研讨,针对不同地域的实际情况,推出几种典型的中国特色养殖模式,以畜牧工程的发展促进畜禽养殖业的发展。

会议期间,举行我国畜牧工程学科奠基人之一王云龙教授80华诞庆祝活动。

【北京国际设施园艺工程论坛暨北京市农业机械研究所成立五十周年专题学术交流会】 2009年11月23日,由学会设施园艺工程专委会主办,北京市农业机械研究所承办的"北京国际设施园艺工程论坛暨北京市农业机械研究所成立五十周年专题学术交流会"在北京召开。来自日本千叶大学、中国农业大学等近40个高校及相关技术推广部门的科技工作者100余人参加此次论坛。

主任委员陈青云教授肯定了中国设施园艺领域在近20多年取得的进步和成就,同时指出学科建设不完善、科技成果转化慢等问题仍然存在。论坛研讨内容涵盖国内外设施园艺工程新进展、我国温室行业发展动态和技术创新、设施园艺工程领域的工程结构及自动控制、环境及模型模拟、设施栽培理论及新技术等设施园艺工程的诸多方面,全面展示我国设施园艺产业发展的新进展及目前所面对的问题。

【全国农业建筑环境与能源工程(能源方向)专业国家规划教材编写工作研讨会】 会议于2009年11月21日—22日在河南郑州召开,研讨会学会和教育部高等学校农林业工程教学指导委员会主办,河南农业大学承办。来自有关高等学校的36名专家学者就农业建筑环境与能源工程专业可再生能源系列教材的编写工作进行讨论,意见如下:①就全国农业建筑环境与能源工程(能源方向)专业主要课程及教材体系达成一致,明确6门专业基础课(工程热力学、传热学、流体力学、燃烧学、能量有效利用、热工测量)和4门专业课(生物质能工程、太阳能工程、风能工程、农村节能工程)作为各相关高校的专业必开课程。②讨论通过农业建筑环境与能源工程专业可再生能源系列规划教材的编写大纲,明确各教材的主编、副主编、参编人员。③协商成立全国农业建筑环境与能源工程专业可再生能源系列规划教材编审委员会。④会议代表们建议各主编适时召开本部教材编写会议,按照本次会议通过的编写大纲开展编写工作,2010年12月向出版社提交最终稿件。

【炎热气候区畜舍系统国际研讨会】 由国际农业工程学会CIGR第二分会主办,中国农业工程学会畜牧工程专业委员会和重庆市畜牧科学院承办的国际农业工程师学会第13届工作组会议:"炎热气候区畜舍系统国际研讨会"(13th CIGR Working Group:"Animal Housing in Hot Climates")于10月22日—25日在重庆举行,学会畜牧工程专业委员会主任李保明教授主持开幕式,国际农业工程师学会主席、丹麦奥胡斯大学Soeren Pedersen教授、国际农业工程师学会第二分会主席比利时鲁汶大学Daniel Berckmas教授,中国科技部发展计划司巡视员申茂向研究员和重庆市畜牧科学院院长刘作华教授等领导和专家出席开幕式并讲话。来自中国、美国、丹麦、比利时、德国、澳大利亚、意大利、韩国和埃及等国家的50多位畜牧环境工程领域的著名专家教授出席会议。会议主要围绕“炎热气候条件下的畜禽生产”议题，重点研讨畜禽舍建筑、环境与装备名词术语定义、畜禽产热与产湿参数、热浪对畜禽的影响、炎热气候条件下的动物福利与动物行为、畜禽新型健康养殖工艺模式、畜禽养殖降温新技术等。

【生物质成型燃料设备及燃烧技术国际研讨会】 会议于2009年8月13日—14日在北京举行，来自瑞典、丹麦、波兰等欧洲国家、中国有关政府部门、科研院所、高等院校、企业界以及新闻媒体的代表近120人参加此次研讨会，分别就生物质成型燃料产业发展政策、技术、示范推广以及市场运作模式等主题进行交流和研讨，会议期间在会场设立产品展示专区，组织与会代表参观位于北京大兴区礼贤镇的农业部生物质固体成型燃料试点示范项目。会议由农业部能源环保技术开发中心和中国农村能源行业协会联合瑞典国家技术研究所联合主办，农业部科技发展中心、中国农业工程学会等单位协办。

【生物质与有机废气可持续利用国际会议(ORBIT2009CHINA)】 2009年11月19日—21日生物质与有机废气可持续利用国际会议在中国农业大学召开。会议由中国农业大学、国际有机废弃物循环利用与生物处理学会(ORBIT)主办，中国农业工程学会等国内外众多机构协办。会议议题包括堆肥技术及肥料利用，沼气工程及沼气利用，生物质资源评价，法律政策、技术标准、环境影响评价、CDM及其他投资手段等。

编辑出版

【《2008—2009农业工程学科发展报告》出版】 2009年4月10日上午，2009中国科协学术建设发布会在京举行。中国农业工程学会组织撰写的《2008—2009农业工程学科发展报告》在会上向公众发布。该书由中国科学技术出版社出版。

【编辑出版《农业工程学报》】 从2009年1月起学报开始被EI核心收录，影响因子达到1.024，总被引频次为4 390，在农业工程类核心期刊中名列第二，并入选“中国科协精品科技期刊工程项目”非资助类期刊。在武汉大学中国科学评价研究中心2009年发布的《中国学术期刊评价研究报告》中，被评为权威期刊之一(我国权威期刊311种，占我国学术期刊总数的5%)。2009年全年出版正刊12期，增刊2期。2009年刊稿率为24.9%。2008年—2009年发布论文成果43篇。

【编辑出版《国际农业与生物工程学报》(IJABE)】 国际英文刊季刊，在线出版，完成四期出版任务；国际稿件占60%以上，创刊一年半时间已被美国全文电子期刊数据库、化学文摘，英国科学文摘和国际农业与生物文摘及全文数据库收录。

【编辑出版《农业工程技术》杂志】 全年36期。温室园艺、农产品加工、新能源产业专刊各12期，为政府、企业、基层农技人员和农民提供工程技术的指导和服务。

【编辑出版《中国农业工程学会会讯》】 全年出版4期，迎来第100期。

【《中国农业工程》再版发行】 陶鼎来著，中国农业出版社出版。

【筹备承办《国际农业工程学会会刊》】 国际农业工程学会电子刊物合作协议签字仪式在京举行。10月16日，由中国农业机械学会(CSAM)和中国农业工程学会(CSAE)联合承担国际农业工程学会电子刊物(CIGR E—journal)编辑出版工作的框架性合作协议签字仪式在北京举行。

签字仪式由中国农业机械学会副理事长兼秘书长李树君主持。国际农业工程学会(CIGR)现任主席Soeren Pedersen教授、中国农业机械学会副理事长兼秘书长李树君研究员、中国农业工程学会理事长朱明研究员围绕合作协议内容进行友好协商达成共识后，分别代表CIGR、CSAM、CSAE签署了合作协议，并分别代表各方致词祝贺CIGR E—journal落户中国，表示大力支持和认真做好此项工作。中国农业工程学会和中国农业机械学会名誉理事长汪懋华院士、CIGR前任主席(1999—2000) Bill Stout教授出席了签字仪式和会谈，并致词支持。两会的有关专家同时参加了签字仪式和会谈。

标准制定

【《设施园艺工程术语》发布实施】 根据中华人民共和国国家标准批准发布公告2009年第04号(总第144号)，《设施园艺工程术语》国家标准，标准号GB/T 23393—2009，发布日期为2009年3月27日，实施日期为2009年10月1日实施。该标准由中华人民共和国农业部提出并归口，起草单位为农业部规划设计研究院、中国农业工程学会。主要起草人为管小冬、周长吉、周新群、王柳、程勤阳、赵梦、王莉。

组织建设

【学会创新试点工作受到科协表彰】 11月20日，全国学会创新发展试点工作经验交流会在京隆重开幕。各全国学会的秘书长，各省、自治区、直辖市科协学会部负责人、各有关单位约300余名代表在北京研讨学会改革创新发展。中国农业工程学会在探索推进学会办事机构组织管理的规范化建设方面的成效获得中国科协表彰。

【参加学习实践科学发展观活动】 中国农业工程学会作为中国科协所属全国学会深入学习实践科学发展观活动的第四学习小组的组长单位从9月—12月参加第三批学会深入学习实践科学发展观活动。中国科协调宣部崔建平副部长12月8日赴中国农业工程学会调研，崔明副理事长全面介绍中国农业工程学会学习实践活动的情况。期间还就学会基层党组织的建立、学会学术交流、科普、咨询开展的形式进行讨论。近年来，学会以参加“中国科协改革创新试点项目”为契机，加强办事机构能力建设，在自身建设、学术交流、人才举荐和科普和咨询等方面均取得了进步。通过此次学习实践活动，学会将围绕“加强组织建设，提高服务能力”这一主题，结合自身工作，提升自身及学会团队业务能力；树立服务意识，加强会员工作和人才举荐工作；营造和谐氛围和归属感，打造“科技工作者之家”，促进学风道德建设，增强学会在引导科技工作者恪守职业道德，推动学风建设方面的主动性和自觉性。崔建平副部长指出，中国农业工程学会工作很有特色，学习实践活动开展的很积极、很扎实。同时，感谢农业部规划设计研究院所作为挂靠单位对中国农业工程学会的发展所提供的大力支持和帮助。

召开理事会、常务理事会和工作会议

【理事会长工作会】 2月25日上午在北京举行，提出"中国农业工程学会第八届理事会工作任务"供常务理事会讨论。

【八届一次常务理事会、各专业(工作)委员会主任会议】 2月25日下午在北京举行。会议向罗锡文常务副理事长当选中国工程院院士表示热烈祝贺，传达了在中国科协第七届全国委员会第四次会议精神及中国科协2009年重点工作；讨论通过了"中国农业工程学会第八届理事会工作任务"和学会分支机构的设置；决定组织开展主题为"现代农业与农业工程""纪念中国农业工程学会成立30周年活动"暨2009年学术年会；通报了中国科协与农业部联合共建农口学会的有关意向；确定了学会副理事长的分工；因第八届副理事长高向军同志就任国家土地督察上海局局长，根据民政部和中国科协有关规定，会议审议了他本人提出的辞去申请，并予以同意；宣布了对管小冬为学会常务副秘书长、王德成、郧文聚为副秘书长的任命。

【八届二次常务理事会会议】 7月28日在北京召开。会议讨论通过纪念中国农业工程学会成立三十周年暨中国农业工程学会2009年学术年会的大会日程和分会场日程；讨论通过三十周年拟表彰的中国农业工程学会发展杰出贡献奖、特别贡献奖、工作突出贡献奖和年会的科技发展贡献奖、特别组织奖的获奖名单；通过"中国农业工程学会三十周年优秀论文奖"获奖名单；讨论通过学会三十周年纪念册样稿；讨论通过庆祝活动和学术年会的经费预算。

【中国农业工程学会八届二次理事会】 8月23日晚在山西太古召开。朱明理事长主持会议，会议传达了中国科协2009年工作要点和学会学术部2009年工作要点，通报了国际农业工程学会2014大会、第十一届中国科协年会会议信息，同时讨论了地方学会作为团体会员加入中国农业工程学会的可行性。各位理事集思广益，认为学会应本着"大家的会大家办"的精神，发挥学会协调、沟通的作用，民主办会，积极推进学会的改革发展。

【2009年全国农业工程学会理事长、秘书长工作会议】 4月27日在江苏省镇江市召开。会议重点讨论布置纪念"中国农业工程学会成立30周年暨中国农业工程学会2009年学术年会(CSAE 2009)"的有关筹备工作。

分支机构换届及工作会议

【田间育种试验机械化专业委员会(国际田间试验机械化协会(IAMFE)中国分会)】 2月18日在北京召开2009年第一次工作会议。主任委员尚书旗教授介绍在丹麦召开的第13届国际田间试验机械化学术讨论会与机具展览会和学会八大的情况。会议重点讨论如何办好2012年第14届国际田间试验机械化学术大会暨机具展览会的相关事宜，确定会议主题为"育种与种子工程"，尽快成立会议预筹委会，开展宣传。19日上午，与农业部全国农业技术推广服务中心座谈。确认学会与中国种子协会共同举办2012年在中国举行的第14届国际田间试验机械化学术大会暨机具展览会，2010年专委会的学术年会也将与种子协会的种子会议共同举办，为2012年的国际会议积累经验和做好前期准备。座谈会上还重点讨论了会议筹备的注意事项及时间进度安排等事宜。

【农产品加工与贮藏工程专业委员会换届】 4月25日—26日在河南郑州年会上举行了换届选举，中国农业大学李里特教授当选新一届主任委员。

【设施园艺工程专业委员会换届】 11月23日在北京国际设施园艺工程论坛期间，设施园艺工程专业委员会第八届委员会举行了换届大会。中国农业大学陈青云教授当选新一届主任委员。

【畜牧工程专业委员会换届】 12月4日—6日在中国农业工程学会畜牧工程专业委员会第八届理事会暨畜禽健康养殖工程技术研讨会期间举行换届选举，中国农业大学李保明教授当选新一届主任委员。

【评选奖励】 2月组织完成2009年度国家科技奖励项目、中国工程院院士、中国光华奖候选推荐工作。中国农业工程学会常务副理事长、华南农业大学罗锡文教授当选中国工程院院士。

在8月召开的中国农业工程学会成立30周年纪念大会上，陶鼎来、曾德超、汪懋华、蒋亦元同志在获中国农业工程学会杰出贡献奖，马成林等8位同志获中国农业工程学会特别贡献奖，马彦民等十五位同志获中国农业工程学会工作突出贡献奖，《走向繁荣发展的中国农业工程》(作者：陶鼎来)等68篇论文获奖。同期召开的中国农业工程学会2009年学术年会上，朴在林等十二位同志获"中国农业工程学会科技发展贡献奖"，王冲撰写的《水稻钵苗行栽机设计与试验研究》等18篇论文为"中国农业工程学会2009年学术年会青年学生优秀论文"。山西农业大学、山西省农机局、山西省农业机械与农业工程学会获"中国农业工程学会2009年学术年会特别组织奖"。

科普工作

【"科学人讲坛"之"新农村建设与现代农业"】 主题科普报告会于5月23日在中国科学院国家科学图书馆院士厅举行，理事长朱明担任主讲嘉宾，与100余位社会公众就社会主义新农村建设、传统农业向现代农业转变等相关问题进行了热烈交流。本次报告会由中国科学院北京分院(京区党委)、中国科学院国家科学图书馆、中国农业工程学会联合主办。

【第三届中国可再生能源及节能产品、技术博览会】 于10月11日在河北省石家庄市国际博览中心开幕。由中国农村能源行业协会、中国沼气学会、中国节能协会、中国农业工程学会联合主办。来自全国各地的160余家企业展示太阳能热水器、沼气池、沼气灶、沼气控制仪表、沼渣运载车、沼气灯具、生物质节能炉及相关产品与配件，充分展示我国近年来在新能源领域取得的重大技术成果、新产品、新技术、新工艺。由于本届博览会展示的产品与技术契合当前节能减排和可再生能源发展的社会需求，因而深受观众欢迎。

【"土地综合整治与评价"系列培训】 受

国土资源部土地整理中心委托，由学会承办的“土地综合整治与评价”系列培训于 11 月 27 日迎来首场报告。汪懋华院士应邀到国土资源部土地整理中心作了题为《信息科技发展与农地利用整治技术创新》的讲座。汪院士认为信息技术的应用，对推动土地整治管理理念和方式的创新，提高土地整治的科学化水平具有十分重要的意义。当前信息技术发展日新月异，要切实搞好土地整治工作，仅仅依靠规章制度是不够的，相应的技术监管手段同样不可缺少。为更快、更稳健地推进土地整治工作，必须加大高新技术应用研究的力度，建立一套比较完善的技术支撑体系，提高土地整治工作的科技含量。系列专题讲座的授课内容将包括遥感技术、信息化技术、国内外土地评价、国内外土地整理、野外调查、科技论文写作等方面。

(管小冬)

机构与负责人

农业部农业机械化主管部门

【农业部农业机械化管理司】
司　长:宗锦耀
副司长:刘　宪　刘恒新
综合处
处　长:潘利兵
调研员:刘云泽
副处长:刘小伟
产业发展处
处　长:王家忠
副处长:宋建武
副调研员:路玉彬
生产管理处
处　长:李安宁
调研员:李斯华
科技教育处
处　长:姚春生
调研员:王国占
副处长:李庆东
安全监理处
处　长:范学民
副处长:丁仕华

农业机械化业务部门

【农业部农业机械试验鉴定总站(中国农机产品质量认证中心)】
站长(主任):刘　敏
副书记:国彩同
副站长(副主任):杨林　朱良　刘旭

【农业部农业机械化技术开发推广总站(农业部农机监理总站)】
站　长:丁翔文
副站长:郭建辉　冷同亮　涂志强

【中国农机安全报社】
社长、总编辑:宋　毅
副社长:王建鹏　刘　卓　陆海曙

【农业部南京农业机械化研究所】
所　长:易中懿
书　记:曹曙明
副所长:陈巧敏　梁　建　胡志超

协　会

【中国农业机械化协会】
秘书长:刘　敏(兼)
副秘书长:陈海燕

【中国农业机械工业协会】
理事长:高元恩
副理事长:李金生　范景龙　洪暹国
秘书长:洪暹国

【中国农业机械流通协会】
会长、党委书记:毛　洪
副会长:陈　涛
常务副会长:王玉狮
党委副书记:陈　阳
副会长、秘书长:吴军旗

地方农业机械化主管部门

【北京市农业机械化管理办公室】
主　任:翟金津
副主任:王丽洁　张晓晟
助理调研员:王雅红

【天津市农业机械局】
局长、书记:刘宝忠
副书记:陶　旭
副局长:胡　伟　刘志伟
纪委书记:张顺义

【河北省农业机械化管理局】
局　长:张连才
副局长:田继来
调研员:王立华

【山西省农机局】
局　长:王立伟
副局长:戴建功　姚建忠　许继光
纪检组长:郭廷荣
总工程师:张培增

【内蒙古自治区农牧业厅农牧业机械化管理局】
局　长:赵淑华
副局长:王建江　郭　跃

【辽宁省农业机械化管理局】
局　长:张景山
副局长:曲　平

【吉林省农业机械化管理局】
局　长:成　洪
副局长:翟延华　郑铁志　王延森
副调研员:孔祥秋　闫成林

【黑龙江省农业委员会农业机械化管理局】
副巡视员、局长:李国军
副局长:张　侃　谢庆华　罗士刚

【上海市农业机械化管理办公室】
主　任:施　忠
副主任:朱小军

【江苏省农业机械管理局】
局长、党组书记:徐顺年
副局长:王　峰　王　勇　王翠章
纪检组长:景启坚
副局长:范伯仁

【浙江省农业机械管理局】
局　长:杨大海
副局长:蔡潮永　舒伟军　骆健民

【安徽省农业机械管理局】
局　长:项安琪
副局长:余世铸　岳粹刚　纵风云
调研员:方军辉

【福建省农业机械管理局】
局　长:高咸周
副局长:翁秋月　杨　斌
调研员:王元发

【江西省农业机械化管理局】
局　长:王绍萍
副局长:郭晓巩　孙　员
副调研员:王　立

【山东省农业机械管理办公室】
主　任:林建华
副巡视员:杨智山
副主任:韩山盛侯英忠
纪检组长:韩永平

【河南省农业机械管理局】
局　长:张开伦
副局长:刘清民　李明枝　程双进
　　　　向天成

【湖北省农业机械化管理办公室】
主　任:吴庆峰
副主任:周立明　皮少成

【湖南省农业机械管理局】
局　长:谢国华
副局长:文海波　周洪武　王元宝
总工程师:汤绍武
纪检组长:涂文波

【广东省农业厅农业机械化管理办公室】
主　任:郑宏宣
副主任:黎映驰　黄颜军

【广西壮族自治区农业机械化管理局】
局　长:黄铭福
副局长:李一洪　李文科

【海南省农业机械化管理局】
局　长:石礼滨
副局长:肖峭
调研员:符史健

【重庆市农业机械管理办公室】
主　任:罗泽宽
副主任:关　力
副巡视员:邓光友

【四川省农业机械管理局】
局　长:任永昌

【贵州省农业委员会农业机械管理办公室】
主　任:肖荣军
副主任:徐成高　石　瑜

【云南省农业厅农业机械化管理处】
处　长:王兴原
副处长:杨耀云　段晓辉

【西藏自治区农牧厅】
副巡视员:高　玲
办公室主任:次仁平措
处　长:潘旭春
调研员:战　都

【陕西省农业机械管理局】
局　长:胡玺贤
副局长:王爱军

【甘肃省农业机械管理局】
局　长:刘聚才
副局长:贾怀德　曹新惠

【青海省农牧机械管理局】
局　长:孙长保
副局长:何彦武
调研员:徐　健

【宁夏回族自治区农牧厅农业机械化管理局】
局　长:王　林
调研员:朱晓江
副局长:郭广生
助理调研员:马　琦

【新疆维吾尔自治区农牧业机械管理局】
党组书记:王晓文
局　长:巴拉提·阿斯木
副局长:欧兴江　依米提·肉孜
纪检组长:胡顺林
总工程师:裴新民

【大连市农业机械化办公室】
主　任:隋信龙
副主任:王　军

【宁波市农业机械化管理局】
局　长:李　强
副局长、巡视员:汪春阳
副局长:胡国常　张凤谦
局长助理:葛建平
副巡视员:包菊美

【青岛市农业机械管理局】
局　长:陈志颖
副局长:闫文圣　徐　伟　政佃祥
副巡视员:朱经凡

【新疆生产建设兵团农业机械化管理局】
兵团农业局副局长:何建明
局　长:李生军
调研员:胡　滨

【黑龙江省农垦总局农业机械化管理局】
局　长:李　俊
副局长:李　明
农机监理站长:冯　舟
调研员:陈必安
副调研员:李道奉

大 事 记

中 央 篇

农业部农业机械化管理司

2008 年 12 月 2 日

农业部印发《关于进一步加强农业机械化质量工作的意见》,明确农业机械化质量工作的基本思路、目标任务和总体要求,提出要认真实施法律法规,加快完善标准体系,强化农机试验鉴定,依法组织质量调查,高度重视投诉监督,加大机具推广力度,大力开展教育培训等措施,并要求各级农机管理部门切实加强对农业机械化质量工作的组织领导。

12 月 5 日

农业机械化管理司委托农业部农业机械化技术开发推广总站发布关于《2009 年全国通用类农业机械购置补贴产品目录》公开选型的公告,明确选型范围、进度安排及相关要求等,正式启动 2009 年全国通用类农机购置补贴产品选型工作。

12 月 10 日

国务院总理温家宝主持召开国务院常务会议,决定 2009 年增加农机具购置补贴。中央安排农机具购置补贴资金 100 亿元,比 2008 年增加 60 亿元。补贴范围覆盖全国所有农牧业县(场),并向粮棉油种植大县、养殖大县和血吸虫病防疫区及汶川地震重灾区县倾斜,允许农民以拟购买的农机具作为抵押物向金融机构贷款。会议要求有关部门严格招投标制度,把好农机具选型的质量关,将先进适用、技术成熟、安全可靠、节能环保、服务到位的农机具纳入补贴目录并尽快公布。各地农机具购置补贴资金使用方案要向社会公布,严禁采取不合理政策保护本地区落后生产能力,严禁强行向购机农民推荐产品,严禁借国家扩大农机具购置补贴之际乱涨价。

12 月 12 日

农业部办公厅印发《关于切实做好农业机械推广目录制定工作的通知》,要求各级农机管理部门深刻认识推广目录制定工作的重要性,不断完善推广目录制定工作的制度,坚决维护国家推广目录的权威性,切实加强对推广目录制定工作的领导。

12 月 24 日

全国农业工作会议农机专业会在北京召开。会议深入分析我国农业机械化发展面临的新形势和新任务,总结交流 2008 年农业机械化工作取得的新成绩和新经验,部署 2009 年重点工作。农业部副部长张桃林出席会议并讲话,农业机械化管理司司长宗锦耀作大会总结,各省、自治区、直辖市和计划单列市、新疆生产建设兵团、黑龙江省农垦总局农机管理部门的主要负责同志出席会议。

12 月 26 日

农业部、财政部联合印发《2009 年农业机械购置补贴实施方案》,明确 2009 年农机购置补贴实施范围、分省区市资金控制规模、补贴机具种类、补贴对象及优选条件、补贴标准、申报程序及工作要求等。2009 年农机购置补贴实施范围覆盖全国所有农牧业县,补贴机具种类为 12 大类 38 个小类的 128 个品目,全国总体上继续执行 30% 的补贴比例。

12 月 26 日

农业部、财政部、国家发改委联合发布公告(第 1134 号),对《2009—2011 年国家支持推广的农业机械产品目录》予以公布,共有 876 家企业的 3 788 个产品列入目录。

12 月 30 日

中共中央国务院印发《关于促进农业稳定发展农民持续增收的若干意见》(中发[2009]1 号),要求"加快推进农业机械化。启动农业机械化推进工程,重点加强示范基地、机耕道建设,提高农机推广和安全监理能力。普及主要粮油作物播种收获等环节机械化,加快研发适合丘陵山区使用的轻便农业机械和适合大面积作业的大型机械。支持农机工业技术改造,提高农机产品适用性和耐用性,切实加强售后服务。实行重点环节农机作业补贴试点。对农机大户、种粮大户和农机服务组织购置大中型农机具给予信贷支持。完善农用燃油供应保障机制。建立高能耗农业机械更新报废经济补偿制度。"1 号文件还对农机购置补贴、发展保护性耕作等工作提出了要求。

12 月 31 日

农业部、国家安全生产监督管理总

局联合印发《关于公布全国“平安农机”示范县(第一批)的通报》,确定北京市怀柔区等104个县(区、市)为全国“平安农机”示范县(区、市)。

2009年1月5日

农业部发布第1411号公告,公布《2009年度全国通用类农机购置补贴中选产品名录》,确定1 330个产品中选2009年度全国通用类农业机械购置补贴产品目录。

1月6日

农业部印发《关于贯彻实施GB 16151—2008 <农业机械运行安全技术条件>国家标准的通知》,要求各级农机管理部门、农机安全监理机构和试验鉴定单位,严格执行新修订的GB 16151—2008《农业机械运行安全技术条件》国家标准,切实把好农业机械试验鉴定、注册登记关。

1月12日

农业部、财政部负责人就农机购置补贴政策回答记者的提问。主要围绕2009年农机购置补贴对象、标准和机具种类,如何申请和购买,以及售后服务和加强监管等方面问题进行解答。

1月12日

农业部发布公告对第二批承担部级农机鉴定的机构及鉴定范围予以公布,共计16个鉴定机构的49项产品通过认定,其中农业部农业机械试验鉴定总站通过棉花收获机、水果分级机械、水果清洗打蜡机等3种产品的部级鉴定能力认定,河北省农业机械鉴定站等15个省级农机鉴定机构通过拖拉机、插秧机和联合收割机等相关产品的部级鉴定能力认定。

1月13日

农业部办公厅公布《2009年全国通用类农业机械购置补贴产品目录》。

1月14日

农业部办公厅《关于印发农机维修节能减排技术的通知》,发布十项农机维修节能减排技术,并要求各地组织做好有关宣传和推广工作。

1月23日

民政部批复挂靠在农业部农业机械试验鉴定总站的中国农机鉴定检测协会更名为中国农业机械化协会。协会是由农机方面的企事业单位、社会团体及个人等自愿组成的全国性的行业性社会组织,致力于成为联系政府与农业机械化行业、农机使用者的桥梁纽带。

2月4日

农业部办公厅印发《关于做好2009年农机抗旱和春耕备耕工作的通知》,要求各级农机管理部门早谋划、早安排、早启动,制定科学合理的工作方案,扎扎实实完成春耕生产的各项工作任务,为打好全年农业生产开局第一仗,力争夏季粮油丰收做出贡献。同时根据抗旱一级响应启动农业机械化管理司抗旱信息日报送制度。

2月10日

农业部印发《农机安全监理人员管理规范》、《农机安全监理机构建设规范》,要求各地进一步规范农机安全监理机构和人员的管理,推进农机安全监理机构规范化建设。

2月10日—28日

农业机械化管理司会同有关司局,组织11个组赴安徽等16个省督导农机抗旱和农机购置补贴实施工作。

2月11日—13日

农业机械化管理司在北京市召开“十一五”国家科技支撑计划现代化农业与机械化耕作技术研究与示范项目第二批课题验收会,水稻机械化技术研究与示范、稻麦跨区收获机械化技术研究、高效施药技术研发与示范、营林机械化关键技术研究与开发、牧草生产及草场生态恢复机械化技术研发与示范、垄作区保护性耕作技术研究与示范等6个课题通过验收。

2月17日

《保护性耕作工程建设规划(2008—2015年)(送审稿)》经财政部、科技部、水利部、环境保护部、中国气象局和中国国际工程咨询公司会签后,由农业部、国家发展和改革委员会联合报请国务院审批。

2月17日

农业机械化管理司在浙江省余姚市召开2009年全国农业机械化春耕备耕现场会暨水稻育插秧机械化技术示范推广项目启动会。会议分析了当前农业机械化面临的形势,总结水稻育插秧机械化工作,对当前农机抗旱、春耕备耕和2009年水稻育插秧机械化示范推广工作进行全面部署。

2月20日

农业机械化管理司在北京召开实施保护性耕作提高抗旱能力座谈会。保护性耕作典型省份、农机农艺专家交流保护性耕作抗旱作用与效果,研究保护性耕作保墒抗旱机理与技术,部署保护性耕作效果监测等工作。

2月23日

农业部办公厅印发《2009年补贴机具质量调查监督工作方案》,要求各地把好财政资金补贴购置的农机产品质量关,切实保障国家购机补贴政策的有效实施。

2月23日—27日

农业机械化管理司副司长刘恒新参加国务院法制办公室《农业机械安全监督管理条例》立法调研组,赴广西壮族自治区、四川省开展调研。

2月25日

农业部印发《关于进一步加快实施农机购置补贴政策的紧急通知》,要求各有关部门进一步加快资金实施进度,严格执行政策规定,不断强化监督检查,继续加大政策宣传,加强补贴实施进度统计和补贴信息报送工作。

2月25日

农业机械化管理司在中国农业机械化信息网建立并正式开通“农机购置补贴信息系统”。信息系统包括通知公告、动态新闻、政策法规、补贴目录、经销网点、咨询投诉等栏目。

3月1日

截至2月底,农机系统累计投入抗旱保春管机具822.6万台套,其中拖拉机383.5万台、排灌机械435.2万台套,抗旱灌溉面积13 488.67千公顷(包括冬灌面积)。据统计,各地农机灌溉面积约占小麦抗旱灌溉面积的80%以上,农业机械承担了除灌区外的大部分农田灌溉任务,完成了提水灌溉、运水浇地、抢墒播种等各项作业任务,充分发挥了主力军的作用。

3月5日

国务院总理温家宝在政府工作报告中指出,2009年农机购置补贴投入规模为130亿元,比2008年增加90亿元,在原2009年投资规模100亿元基础上又追加30亿元。

3月6日

农业部办公厅印发《关于开展农机维修技能人才培训活动的通知》,要求各地积极组织开展联合收割机、插秧机、大功率拖拉机等农机维修高技能人才的培训。培训对象是全国水稻育插秧机械化技术示范县、100个全国农业机械化示范区和100个全国农机社会化服务组织联系点的农机维修人员。

3月6日

农业机械化管理司组织召开农机抗旱和购机补贴政策实施督导组汇报会。从督导组了解的情况看，各地对购机补贴实施工作高度重视，各项准备工作全部就绪，进入农民申请阶段，实施进度比往年普遍提前一个多月。

3月10日

农业机械化教育培训工作研讨会在北京市召开。会议听取部分省农机管理部门开展农业机械化教育培训工作情况，就进一步做好当前和今后一个时期农业机械化教育培训工作等问题进行研讨。

3月10日

农业机械化管理司召开2009年新闻宣传通气会，总结交流2008年农业机械化新闻宣传工作，研究部署2009年新闻宣传重点。会议邀请了中央各大新闻媒体和行业媒体参加。

3月10日—3月底

农业机械化管理司派出3个工作组，对辽宁、吉林、山东、河南、甘肃和宁夏等6个省（区）的保护性耕作项目执行情况进行检查考评。

3月15日

2009年全国暨江苏省补贴机具质量监督315行动在江苏省姜堰市举行，标志着2009年全国补贴机具质量调查监督工作全面展开。

3月16日

农业部和国家安全监督管理总局联合印发《关于深入开展"创建平安农机 促进新农村建设"活动的通知》，决定2009—2011年继续开展创建"平安农机"活动。通知要求各省（区、市）分别创建十个"平安农机"示范县、百个"平安农机"示范乡（镇）、千个"平安农机"示范村和万个"平安农机"示范户（合作社、协会、作业公司），在此基础上分两批推出200个全国平安农机示范县（区、市）。

3月18日

农业机械化管理司接待了美国最大的粮食仓储及烘干设备生产商，美国GIS集团公司副总裁一行3人来访。

3月20日

农业机械化管理司印发《关于开展农业机械化教育培训大行动的通知》，决定利用3年时间，在全国开展农业机械化教育培训大行动。2009年重点培训全国10%以上的农业机械化管理、技术和作业服务人员，全国共培训农业机械化人才500万人次，其中培训新购机农民100万人次。

3月20日

农业机械化管理司在中国农业机械化信息网"跨区作业服务直通车"发布全国农机跨区作业市场信息。此次发布的信息包括18个小麦生产省1 170个县的小麦跨区作业市场信息，20个水稻生产省890个县的水稻跨区作业市场信息，以及5个玉米生产省42个县的玉米跨区作业市场信息。

3月24日—25日

农业部和国家安全监督管理总局在广西南宁联合召开全国创建"平安农机"会议，部署今后一个时期"平安农机"创建工作和2009年春季农机安全生产工作。农业部副部长张桃林、国家安全监管总局副局长梁嘉琨等出席并讲话。

3月25日

农业机械化管理司再次派出10个督查组，分赴各地对农机购置补贴实施和农机春耕备耕情况进行督导检查，重点检查农机购置补贴政策宣传、规范操作情况，督促各地加快实施进度。

3月25日—30日

国务院法制办公室副主任张穹率调研组赴江西省开展《农业机械安全监督管理条例》立法调研。农业部副部长陈晓华、农业机械化管理司司长宗锦耀、产业政策与法规司副司长王乐君等参加调研。

3月27日

由农业部、国家发展和改革委员会会签有关部门联合上报的《保护性耕作工程建设规划（2008—2015年）》，已经国务院领导审阅同意。

4月2日

农业机械化管理司、科技教育司联合在北京召开农业机械化科研工作座谈会。有关农业机械化行业的学者和专家出席会议，研究未来一段时期我国农业机械化与设施工程农业领域急需解决的关键共性技术难题。

4月3日

农业部办公厅、财政部办公厅联合印发《关于加快农业机械购置补贴资金结算进度的紧急通知》，要求各省（区、市）农机、财政部门切实加强对补贴资金结算工作的领导，保证至少每季度结算一次补贴资金，同时每半月向农业部报送一次资金结算情况。

4月8日

由农业机械化管理司组织实施的"十一五"国家科技支撑计划重点项目——现代化农业与机械化耕作技术研究与示范项目，顺利通过科技部组织的专家验收。

4月9日

第五届中国（江苏）国际农业机械展览会在南京国际博览中心开幕，农业部总经济师张玉香出席开幕式并致辞。展会共有250多家国内农机企业及美国、德国等近50家国外农机企业参展，展示了2 000多种国内外先进的农机产品。

4月13日

中华人民共和国农业部发布第1185号公告，重庆鑫之源动力设备有限公司等17家企业生产的32种产品通过农业部农业机械推广鉴定，核发推广鉴定证书；中国一拖集团有限公司等4家企业的39种产品更换推广鉴定证书。

4月14日

为提高工作的预见性、主动性和科学性，农业机械化管理司启动2009年重大课题研究工作，其中包括购机补贴需求与制度完善研究、购机农民技术培训需求调查分析、农机作业补贴制度研究、农机合作社发展功能定位与扶持措施研究等8个课题。

4月23日

农业机械化管理司印发《关于开展农机作业补贴试点工作的通知》，决定在黑龙江、山东、浙江三省及黑龙江省农垦总局开展深松整地、秸秆机械化还田和机械化插秧作业试点。

4月24日

农业部在北京召开《国家支持推广的农业机械产品目录》编制工作座谈会，财政部、发展和改革委员会、工业和信息化部的有关负责同志和来自农机管理、生产、流通、推广、鉴定等方面的专家参加会议。

4月24日

保护性耕作讲坛首次在中国农业大学开办。讲坛每月举办一次，邀请国内外知名专家学者、保护性耕作管理和技术人员，围绕国内外保护性耕作发展、保护性耕作理论与实践、建立发展保护性耕作长效机制等内容进行。

4月26日

全国农业机械标准化技术委员会第

三届农业机械化分技术委员会成立大会暨三届一次会议在北京召开。会议通过了全国农机标委会第三届农机化分会章程(草案)等文件。

4 月 28 日

农业机械化管理司制定印发《农机安全生产"三项行动"实施方案》,在全国范围内深入开展安全生产执法行动、治理行动和宣传教育行动,遏制农机事故发生,维护广大农民群众生命财产安全。

4 月 29 日

农业机械化管理司在 Google、Baidu 网站以"农机补贴政策"为关键词进行网页检索和新闻检索,并对排名前 100 篇的网页、新闻进行分析。统计结果显示,绝大多数网页、新闻稿对农机补贴政策的执行情况给予了正面的、积极的评价。

5 月 4 日

为贯彻落实国务院关于把好财政资金补贴农机产品质量关的要求,农业机械化管理司印发《关于开展补贴机具质量保障督导工作的通知》,于 5 月份组织开展补贴机具质量保障督导工作,督导重点在江苏、浙江、山东和河南等农机大省进行。

5 月 6 日—7 日

农业机械化管理司在河南省郑州市召开全国农机专业合作社建设经验交流会暨 2009 年农机跨区作业工作会,总结交流各地发展农机专业合作社和跨区作业的工作经验,研究提出今后一个时期促进农机专业合作社发展的工作思路和措施,安排部署 2009 年农机跨区作业特别是"三夏"小麦跨区机收工作。

5 月 6 日—8 日

为做好"十一五"后期国家科技支撑计划滚动项目申报工作,农业机械化管理司组织专家围绕粮油作物生产、设施养殖和果蔬林发展 3 条主线,研究提出《现代农业机械化技术与示范项目》建议,项目计划设立"玉米标准化机械种植关键技术研究与示范"等 12 个课题。

5 月 8 日

为更好地发挥农机购置补贴政策导向作用,农业部决定开展农机装备需求和农机购置补贴政策重大问题调研,张桃林副部长担任课题组组长。

5 月 9 日

中国农机安全报社业务归口司局由办公厅调整为农业机械化管理司。调整后报社的机构规格、人员编制不变。

5 月 9 日

农业机械化管理司组织专家在山东省对"十一五"国家科技支撑计划"玉米收获机械化技术研究与示范"和"机械化挖掘收获技术研发与示范"两项课题进行科技成果鉴定。两项课题分别由山东省农机推广站和青岛农业大学主持实施,经鉴定分别达到国内领先水平和国际先进水平。

5 月 11 日—12 日

农业机械化管理司在北京召开《中国农业机械化科技发展报告(1949—2009)》编写工作座谈会。会议对《报告》整体思路、篇章框架等进行深入讨论,决定在建国 60 周年前夕出版发行。

5 月 13 日

农业机械化管理司制定并下达《2009 年农业机械质量调查计划》,调查种类包括玉米收获机械、油菜种植和收获机械、挤奶机械,内容包括行业经营情况及产品基本情况,产品安全性、可靠性、适用性、经济性、售后服务等方面情况。

5 月 14 日

农业部印发《关于做好 2009 年农机跨区作业工作的通知》,要求各级农机部门切实做好"三夏"小麦跨区机收和全年农机跨区作业工作,迅速开展各项准备工作,协调落实扶持政策措施,大力加强信息引导和服务,不断提高跨区作业组织化程度,进一步规范跨区作业市场秩序,努力为跨区作业营造良好的舆论环境,保障夏粮丰收和全年农业生产有个好收成。

5 月 14 日

农业机械化管理司召开新闻通气会,向农民日报、中国农机化导报、中国农业机械化信息网等 10 家农业(农机)行业媒体通报了 5、6 月份购机补贴和跨区机收宣传要点,共同策划"三夏"农机化新闻宣传方案。

5 月 21 日

农业机械化管理司印发"三夏"农机作业技术指导意见,提出推广农作物收获机械化技术、保护性耕作技术、植保机械化技术等 8 项主要农机化技术的指导意见,并要求各地加强技术指导培训和服务,确保"三夏"农机作业顺利进行。

5 月 22 日

农业部办公厅对天津、河北、江西、河南、四川等省(市)查处的一批违法违规发放拖拉机牌证的单位和个人进行通报。

5 月 25 日

为迎接新中国成立 60 周年,由农业机械化管理司组织摄制的八集电视专题片《耕耘大地——中国农业机械化》,在中央电视台第七套节目首播。该片是第一部以宣传我国农业机械化发展成就为主题的系列电视专题片,通过实地采访、人物访谈和政策解读等方式,深刻揭示了发展农业机械化的战略地位和重要意义,系统阐述了发展农业机械化的方针政策和法律法规,形象展示了各地农业机械化工作的典型事迹和人物风采。

5 月 25 日

农业部发出《致参加"三夏"作业农机手的一封信》。信中提醒广大农机手要注意了解国家相关政策、及早签订作业合同、申领跨区作业证、参加跨区作业组织、选择信息服务、注意安全操作、防控病虫害传播等事项。

5 月 27 日

农业部在河南省举行全国小麦跨区机收启动仪式,农业部部长孙政才、副部长张桃林出席仪式。孙政才部长指出,2009 年中央支持农业机械化的政策措施力度加大,农机装备水平大幅提高,农机跨区作业能力进一步增强。各级农业部门要把"三夏"小麦跨区机收作为当前的重点工作,全面落实好农机作业服务有关优惠政策,精心安排,统筹力量,狠抓落实,高质量、高效率地打好跨区机收大会战。

5 月 27 日

农业机械化管理司司长宗锦耀会见德国农业协会海外事业总监康柏德先生和国际合作主席吕思先生一行。双方就加强农业机械化领域的交流与合作深入交换意见。

6 月 1 日—6 月中旬

农业机械化管理司派出 8 个"三夏"农业机械化生产督导组,深入河北、山西、江苏、安徽、山东、河南、湖北、陕西等 8 个小麦主产省开展巡回督导。督导内容包括"三夏"小麦跨区机收工作情况、机械化种植情况和农机安全生产工作情况。

6 月 8 日

张桃林副部长对农业机械化管理司《麦收达到高峰进度过半》作出重要批示:今年麦收以来,跨区机收工作组织有力、有序，进展顺利，在“三夏”工作中发挥了突出的作用。目前，全国麦收进入高潮，希望各级农机部门再接再厉，不畏艰辛，连续作战，抢天夺时，抢收抢种，为夏粮颗粒归仓和秋粮生产良好基础做出积极贡献。

6 月 14 日

农业机械化管理司、农业部农业机械监理总站、北京市农业局在房山区良乡镇举办“农机安全宣传咨询日活动”，现场开展农机安全法规咨询，向农民群众发放农机安全生产知识手册、挂图、倡议信、明白纸等宣传资料。

6 月 16 日

农业部办公厅印发《关于加强农机安全生产“三项建设”的意见》，提出了加强农机安全生产法制机制建设、保障能力建设、监管队伍建设“三项建设”实施意见。

6 月 22 日

全国大规模小麦跨区机收会战基本结束。全国机收小麦面积近18 000千公顷，机收水平 84%，比 2008 年提高近 2 个百分点。“三夏”期间全国共投入联合收割机 44 万台，比 2008 年增加 2 万台，其中参加跨区作业的 28 万台，比 2008 年增加 1 万台。联合收割机日投入量最高达到 33.5 万台，日收获面积连续 5 日超过 100 万公顷，最高达 1 409.33千公顷，再创日投入机具、日机收面积历史新高。

6 月 23 日

农业机械化管理司在安徽省合肥市召开全国农机购置补贴工作会议，总结交流近年来农机购置补贴政策执行情况和实施成效，分析存在的主要问题，研究完善措施，部署下一步实施工作。张桃林副部长出席会议并讲话。

6 月 25 日

经国务院同意，农业部、国家发展和改革委员会联合印发《保护性耕作工程建设规划(2009—2015 年)》。规划将在全国建设600 个保护性耕作工程示范区 1 333.33千公顷。通过建设与辐射带动，到规划期末，预计新增保护性耕作实施面积1 133.33万公顷。

6 月 26 日

农业机械化管理司、农业部农业机械试验鉴定总站、农业机械化技术开发推广总站、中国农机安全报社全体党员干部、入党积极分子和部分党外同志齐聚农业部农业机械试验鉴定总站，共同开展一次爱党、爱农业机械化事业的“庆祝建国 60 周年主题党日”活动。活动由农业机械化管理司副司长刘宪主持，司长宗锦耀上党课，并观看 8 集电视专题片《耕耘大地—中国农业机械化》。

6 月 30 日

农业部部长孙政才对农业部农业机械化管理司《关于“三夏”小麦跨区机收工作情况的报告》作出重要批示：今年跨区机收工作抓得早，准备充分，各项组织工作有力、有序、有效，为夏粮“六连增”做出了贡献。望再接再厉，认真总结各地的好经验好做法，强化服务创新，为力争全年农业有个好收成做出更大的贡献。

6 月 30 日

农业部印发《关于加快发展农机专业合作社的意见》，明确当前和今后一个时期发展农机专业合作社的总体思路、目标任务、发展原则和扶持措施。

6 月 30 日

国家发展和改革委员会牵头起草的《关于促进农业机械化和农机工业又好又快发展的意见(征求意见稿)》征求工业和信息化部、财政部、科技部等 10 个部委和单位的意见。《意见》修改后将正式报请国务院审核发布实施。

7 月 8 日

农业部办公厅印发《关于做好农业机械部级推广鉴定工作的通知》，要求承担部级鉴定的 19 家农机鉴定单位建立规范的检测鉴定工作质量保证体系，加强鉴定检验人员技术培训力度，不断提升鉴定能力和服务水平。要求省级农业机械化行政主管部门和农业部农业机械试验鉴定总站加强监督管理，确保部级推广鉴定工作规范有序开展。

7 月 14 日

农业机械化管理司在湖南省浏阳市启动全国水稻跨区机收。初步统计全国有 21 万台联合收割机投入早稻收获。

7 月 15 日

农业机械化管理司在湖南省长沙市召开全国水稻机插育秧技术交流会。会议流总结了各地机插育秧技术创新推广成果，进一步完善水稻育插秧机械化技术体系。

7 月 15 日

农业机械化管理司召开《中国农业机械化重要文献选编(1949—2009)》编写工作专家座谈会。会议确立了重要文献的选编原则，研究讨论有关文献目录，并决定在新中国成立 60 周年之际出版发行。

7 月 16 日

农业部发布第 1238 号公告，公布 2009 年第二批农业部农业机械推广鉴定目录。上海纽荷兰农业机械有限公司等 19 家企业生产的 49 种产品通过鉴定并核发推广鉴定证书，约翰迪尔(宁波)农业机械有限公司等 4 家企业的 10 种产品更换推广鉴定证书。

7 月 20 日

农业部办公厅印发《〈2009—2011 年国家支持推广的农业机械产品目录〉申报指南》补充规定的通知》。补充规定重点增加新产品的申报内容和节能减排要求，并对企业和产品的基本条件提出明确规定，同时明确国家鼓励和支持农机企业技术创新，加快开发和研制先进适用、技术成熟、安全可靠、节能环保、服务到位的产品。

7 月 23 日—24 日

农业部在黑龙江省哈尔滨市召开全国农业厅局长座谈会，会议主要任务是深入分析当前农业农村经济形势，总结交流 2009 年上半年工作，部署下半年重点工作。农业部副部长张桃林在会上以“贯彻落实孙政才部长讲话精神，进一步抓好农业机械化工作”为题发表讲话，对上半年农业机械化发展情况进行总结，并对下半年重点工作进行部署。

8 月 3 日

农业部制定《农机安全技术检验员培训大纲》、《农机事故处理员培训大纲》、《拖拉机联合收割机驾驶考试员培训大纲》，对培训目标、培训对象、培训内容、培训方法、培训时间、培训组织和考核进行规定。

8 月 6 日—7 日

农业部农业机械化管理司和农垦局联合在黑龙江省佳木斯市召开全国农业机械化科技教育工作会议。会议总结了农业机械化科技教育工作的成效经验，分析形势任务，研究部署当前和今后一个时期农业机械化科技教育的思路和措施。各省级农业机械化主管部门、农机行业骨干科研院所、重点高校、大中型企业、行业学会或协会以及各地农垦系统的代表参加会议。农业机械化管理司司长宗锦耀、农垦局巡视员何子阳、农业机械化管理司副司长刘宪出席会议并讲话。会议期间,召开了农业部第八届科学技术委员会农业工程与装备组委员暨专家座谈会。

8月20日

农业机械化管理司在浙江省杭州市举办农机专业合作社理事长培训班。培训班围绕农机专业合作社规范化建设、农机管理标准化、财务管理等,对来自各地的农机专业合作社理事长进行培训。

8月21日

全国农机安全监理规范化建设工作座谈会在江苏盐城召开。会议总结交流了近年来农机安全监理规范化建设工作的成效和经验,研讨进一步推进工作的思路和措施,并对2008年全国农机安全监理规范化建设试点项目进行验收。

9月3日

全国玉米机收暨"三秋"农业机械化生产现场会在山东省召开。会议组织参观玉米机收、秸秆机械化还田、小麦精播现场演示和机具展示现场,研讨玉米收获机械化发展,部署"三秋"农业机械化生产工作。

9月4日

农业机械化管理司决定组织7个检查组,开展全国农机安全生产大检查,推进农机安全生产"三项行动",确保"三秋"和国庆期间农机安全生产。

9月10日

经国务院同意,财政部、中国保险监督管理委员会、公安部、卫生部、农业部联合发布《道路交通事故社会救助基金管理试行办法》,规定机动车在道路外发生事故比照执行,将拖拉机在田间作业发生的事故纳入救助基金垫付范围。

9月11日

农业机械化管理司印发《关于做好2009年阳光工程农机培训实施工作的通知》,要求培训工作紧紧围绕购机补贴政策的实施,以培训新购机农民机手和修理工为主要对象,以培训农业机械基础知识等为重点开展农机培训工作。

9月11日

农业机械化管理司对安徽省太和县发生倒卖农机补贴名额问题进行通报。2009年2月至3月,太和县发生两起倒卖农机补贴名额事件。太和县对相关责任人分别给予行政撤职等处分。通报要求各级农业机械化主管部门、有关单位和农机企业要完善措施,强化管理,防止倒卖补贴指标、乱收费、乱涨价等违规违纪行为发生,确保农机购置补贴政策的实施成效。

9月11日

农业机械化管理司印发《"三秋"农机作业技术要点》,提出玉米机收、水稻机收、保护性耕作、秸秆机械化还田等10项秋季农机作业技术要点。

9月14日

农业机械化管理司发出《关于切实做好"三秋"农机化生产工作的通知》,要求组织好水稻、玉米跨区机收作业,积极推广农业机械化新技术,进一步提升秋收和秋冬种生产机械化水平。

9月15日

全国已实施农机购置补贴中央资金99.09亿元,第一批补贴资金实施工作基本结束。补贴机具超过238万台(套),受益农户逾215万户。水稻插秧机、玉米收获机、谷物收获机、大中型拖拉机等四种产品补贴占实施资金的62%以上。

9月15日

农业机械化管理司发出紧急通知,部署第二批中央财政30亿元农机购置补贴资金实施工作,要求各级农业机械化主管部门精心组织,加快实施,规范操作,强化监管,切实把政策落到实处,重点做好"三秋"生产急需的农业机械补贴工作。

9月15日

农业部发布第1264号公告,公布实施挤奶机械等13项农业机械推广鉴定大纲。

9月16日

农业部授予农业战线100名同志"新中国成立60周年'三农'模范人物"荣誉称号。辽宁省辽中县六间房乡农机大户于会怀、宁夏回族自治区农机推广站长王洪兴、四川省凉山州农机局局长阿牛伍来、原农业部农机推广总站总工程师张铁军、辽宁昌图县平安堡乡农机合作社理事长范甲柱等农业机械化系统代表获此殊荣。

9月17日

国务院总理温家宝签署第563号中华人民共和国国务院令,公布《农业机械安全监督管理条例》。该条例已经2009年9月7日国务院第80次常务会议通过,自2009年11月1日起施行。条例共七章60条,从农业机械的生产、销售、维修、使用操作、事故处理、监督管理等方面建立了有关安全管理制度。

9月17日—18日

农业机械化管理司在福建省福州市举办全国阳光工程农机培训实施工作培训班,标志着阳光工程农机培训工作已全面启动。2009年农业部首次将农机培训内容纳入阳光工程,培训任务为11万人,培训重点是农机使用和维修人员。

9月20日—10月20日

农业机械化管理司开展油菜生产机械化检查交流活动,检查油菜生产机械化示范项目执行情况,掌握当前油菜生产机械化进展和关键环节发展情况,指导各地做好油菜秋冬机械化种植工作。

9月25日

农业机械化管理司在内蒙古自治区召开马铃薯生产机械化现场会,组织观看马铃薯生产全程机械化现场和机具演示,参观马铃薯生产农机大户和专业合作社,交流主产省和示范区经验,部署下一步马铃薯生产机械化工作。

9月25日

农业机械化管理司在湖南省长沙市召开农业机械化促进法实施工作经验交流会暨全国农业机械化系统办公室主任工作座谈会,总结《中华人民共和国农业机械化促进法》实施5年来的成效和经验,贯彻全国农业系统办公室主任会议精神,研究进一步做好农业机械化政务信息、新闻宣传等工作。

9月28日

农业机械化管理司在北京召开新中国农业机械化发展60年座谈会。来自农业机械化管理、科研、教育、推广、鉴定、生产、流通等领域的40多名代表齐聚一堂,共同回顾总结新中国农业机械化的光辉历程、取得的伟大成就和宝贵经验。全国人大常委会委员、农业和农村委员会副主任委员尹成杰,全国政协常委、民盟中央常务副主席张宝文,农业部副部长张桃林,刘成果、洪绂曾、路明、宋树友等农业部老领导出席座谈会并讲话。座谈会由农业机械化管理司司长宗锦耀主持。

9月28日

农业机械化管理司在北京举办《中国农业机械化重要文献选编(1949—2009)》和《中国农业机械化科技发展报告(1949—2009)》两本重要文献的首发式,农业部副部长张桃林出席。

9月30日

农业机械化管理司印发《关于贯彻实施<农业机械安全监督管理条例>的通知》,对做好《农业机械安全监督管理条例》的学习宣传和贯彻实施工作进行全面部署。

9 月 30 日

农业部副部长张桃林应《经济日报》邀请,与有关地方政府领导、农机生产企业负责人、农机大户等就新中国农业机械化发展历程、农机购置补贴政策、农机专业合作社、农机跨区作业等话题进行座谈。10 月 20 日,《经济日报》"对话"栏目以整版篇幅刊登了上述谈话内容。

10 月 9 日

农业部发布第 1275 号公告,公布 2009 年第三批农业部农业机械推广鉴定获证产品及其生产企业目录,中国一拖集团有限公司等 136 家企业生产的 396 种产品通过推广鉴定。

10 月 12 日

农业机械化管理司组织成立 10 个督导组相继分赴 15 个省开展农机购置补贴政策实施和"三秋"农业机械化生产工作督导调研,整个督导工作于 10 月底前结束。

10 月 12 日

国务院总理温家宝主持召开国务院常务会议,研究部署做好秋冬种工作,明确扶持秋冬种生产的政策措施。决定增加农机具购置补贴,扩大补贴机具种类;启动实施保护性耕作工程;实施深松作业补贴。

10 月 13 日

全国农业系统纪检监察工作座谈会召开,农业机械化管理司司长宗锦耀作了题为"严格规范操作　加强监督管理　确保农机购置补贴政策实施到位"的主题发言。

10 月 13 日—14 日

中共中央政治局委员、国务院副总理回良玉在黑龙江省考察农业农村工作。在水稻、大豆、玉米机械收获现场,回良玉详细询问 2009 年粮食单产、市场行情和机械收获的作业成本、收费方式等情况,强调机械化是发展现代农业的重要方向,要因地制宜地推进关键环节和重点时段的机械作业,努力提高农业劳动生产率。

10 月 15 日

财政部、农业部发出《关于切实做好 2009 年第二批农机购置补贴资金实施工作的紧急通知》,要求各级财政部门、农业机械化主管部门将第二批 30 亿元补贴资金的实施工作作为当前头等大事,加快实施进度,严格执行规定,确保政策实惠不折不扣落实到农民手中。

10 月 15 日

人民出版社出版《农业机械安全监督管理条例》单行本,即日起在全国发行。

10 月 16 日

农业部办公厅印发《关于农村劳动力转移培训阳光工程分类培训规范(部分)的通知》,首次将阳光工程农机使用和农机维修的培训规范列入。

10 月 23 日

2009 年全国农机产品订货交易会暨第十三届中国国际农业机械展览会在安徽合肥市召开。据大会组委会统计,本届展览规模再创历史新高,参展商达到2 000多家,展览面积超过 16 万平方米,参展观众连续第七年超过 10 万人次。

10 月 28 日

保护性耕作座谈会暨北京全面实施保护性耕作项目验收会在北京召开。会议总结交流各地保护性耕作技术推广和抗旱效果监测经验,部署 2010 年工作重点任务和要求,验收北京市全面实施保护性耕作项目。

10 月 30 日

由全国人大农业与农村委员会、国务院法制办公室、农业部联合举办的纪念农业机械化促进法施行 5 周年暨实施农业机械安全监督管理条例座谈会在北京举行。会议回顾总结农业机械化促进法贯彻实施 5 周年的成效和经验,对进一步深入贯彻法律和实施农业机械安全监督管理条例工作做出部署。全国人大农业和农村委员会副主任委员尹成杰,农业部副部长张桃林,国务院法制办公室副司长郭文芳代表副主任张穹出席会议并讲话。江苏省人大农业与农村委员会、广西壮族自治区法制办公室、山西省农机局、浙江省农业机械管理局、中国农业机械化科学研究院、福田雷沃公司等单位负责同志,以及农机服务组织代表于会怀、学者代表白人朴,在座谈会上作交流发言。国家发展和改革委员会、财政部、农业部、工业与信息化部、质量监督检疫检验总局、工商行政管理总局等部委有关司局负责同志参加会议并发言。

10 月 31 日

全国各省(区、市)共实施农机购置补贴中央资金 121 亿元,总体进度达 93.1%,补贴机具超过 328 万台(套),受益农户逾 282 万户,其中,第二批补贴资金实施进度达 70.1%。全国累计结算资金达 75 亿元,占企业申请结算资金的 94.6%。

10 月底

农业机械化管理司决定对中国农业机械化信息网进行升级改造。拟通过优化结构,强化功能,提高网站运行速度、安全性和兼容性,使中国农机化信息网成为一个功能更强、模式更先进、服务更全面、支持平台更多的专业政府门户网站。

11 月 3 日

农业机械化管理司印发《农业机械化标准体系建设规划(2010—2015)》,这是我国第一个关于农业机械化标准体系建设的规划,明确农业机械化标准体系由基础标准、技术标准和管理标准三部分组成,提出到"十二五"期末,制修订 150 项农业机械化标准,基本建立起科学、统一、协调的农业机械化标准体系。

11 月 4 日

农业机械化管理司印发《关于开展农机购置补贴政策实施情况自查的紧急通知》,要求各省级农业机械化主管部门抓紧在实施成效、实施经验、执行政策规定的情况、资金使用和结算情况、补贴机具质量监督情况、国家审计署审计调查发现问题的整改落实情况等 6 个方面进行自查。

11 月 6 日

农业机械化管理司召开农机购置补贴政策实施和"三秋"农业机械化生产工作督导情况汇报会,8 个督导组分别就 11 个省的农机购置补贴政策实施、"三秋"农业机械化生产督导情况进行了汇报。

11 月 10 日—21 日

农业部副部长张桃林在农业机械化管理司司长宗锦耀陪同下赴文莱、泰国和菲律宾三国出席 10 +3 农林部长会第九次会议,并对泰国农业和合作社部及国际水稻研究所(IRRI)进行考察。

11 月 11 日—12 日

农业机械化管理司在北京举办农业机械化系统农业基本建设项目管理培训班,就项目可行性研究报告编制、招投标及实施管理要点、初步设计及竣工验收、监督检查及财务管理要点等,对省级农业机械化管理部门、部直属农业机械化事业单位主管计划工作的人员进行培训。

11 月 13 日

为进一步提升农机购置补贴政策实施的信息化水平，提高工作效率和质量，加强全过程监管，农业机械化管理司组织开发了全国农机购置补贴管理软件系统，对各省有关人员进行专题培训，2010 年起将在全国范围内推广使用。

11 月 17 日

农业机械化管理司印发《关于做好<道路交通事故社会救助基金管理试行办法>贯彻执行工作的通知》，要求各级农业机械化主管部门认真组织学习，积极参与配合本区域实施细则的制定工作，明确工作职责和相关事宜，增强救助基金救助拖拉机道路外事故工作的可操作性。

11 月 17 日

农业机械化管理司印发《农业机械化生产信息报送制度》，从 2010 年 1 月 1 日起实施。要求主产区根据《全国农业机械化生产月历》，按时报送“春耕”、“三夏”、“双抢”、“三秋”和全年的主要作物、重点环节的农机作业动态情况，科学有效指导农业机械化生产。

11 月 18 日

农业机械化管理司在北京召开农机购置补贴座谈会，征求部分农机生产企业对农机购置补贴政策实施特别是补贴产品选型工作的意见和建议，并对进一步做好购机补贴工作进行深入研讨。工业和信息化部装备工业司、农业部农业机械试验鉴定总站、农业机械化技术开发推广总站、中国农机工业协会、中国农机流通协会的负责同志和部分农机生产企业的代表参加会议。

11 月 19 日

2009 年度公益性行业（农业）科研专项确定 4 项农机项目，总经费8 664万元。4 个项目分别是丘陵山地小型农机具技术研究与示范、根茎类作物生产机械化关键技术提升与装备优化研究、玉米机械化生产工艺与装备系统优化研究与示范、农业机械适用性评价技术集成研究。

11 月 20 日

“三秋”机械化生产基本结束。全国共有 2870 万台农机具投入到农业生产中，比 2008 年增加 270 万台。玉米机收水平、中晚稻机收水平、小麦机播水平分别达到 13%、55%、82.5%，分别比 2008 年提高 2.4 个、3 个、2.5 个百分点。油菜机械直播、开沟等技术推广应用步伐加快，机播水平超过 11%。马铃薯生产机械化示范推广和大豆机收在主产区快速推进。

11 月 23 日—25 日

农业机械化管理司在海南省海口市召开首次全国设施农业工作座谈会。会议总结、交流各地发展设施农业的经验和做法，研究部署未来一个时期设施农业的发展思路。

11 月 26 日—27 日

农业机械化管理司在四川省召开设施农业发展专家座谈会，讨论全国设施农业发展第十二个五年规划编制大纲和阳光工程农机培训教材大纲。

11 月 27 日

农业部办公厅印发《关于启动实施农机深松作业等补贴工作的紧急通知》，要求各地农机主管部门尽快向省（区、市）政府汇报，与财政等有关部门协调，主动提出补贴实施方案，抓紧启动深松作业、大棚育秧、粮食晾晒烘干等设施建设专项补贴工作。

11 月 27 日

农业部发布第 1292 号公告，公布 2009 年第四批农业部农业机械推广鉴定获证产品及其生产企业目录。中国一拖集团有限公司等 78 家企业生产的 260 种产品通过推广鉴定。全年共审核发放了四批次 737 个产品的部级推广鉴定证书。

11 月 27 日—28 日

农业机械化管理司在海南省海口市举办 2009 年中国农机化信息网年会暨信息员培训班，总结交流 2009 年工作，提出 2010 年工作目标和重点，研讨信息网信息工作考评办法和网站升级改造方案，并对信息员进行培训。

11 月 30 日

农业部副部长张桃林在《2009 年“三秋”农机化生产工作情况的报告》上作出重要批示：2009 年“三秋”，各级农业机械化主管部门按全国秋冬种工作的统一部署，积极组织调度农业机械投入生产，实现了机具总量、作业面积、作业水平和作业效益的四个增长，并有力地推进了农机合作组织的建设。希望再接再厉，认真总结经验，继续开拓创新，不断开创农业机械化工作的新局面。

11 月 30 日

中央财政 130 亿农机购置补贴资金全部实施到位，共带动地方各级财政投入 16 亿元，农民投入 340 亿元，补贴农机具超过 343 万台（套），受益农户逾 300 万户。

农业机械化管理司年度人事变动

雷永杰任农业机械化管理司司长助理（挂职），刘云泽任农业机械化管理司监督管理处调研员，丁仕华任农业机械化管理司监督管理处副处长，王国占任农业机械化管理司科技教育处副处长。马世青巡视员退休。

农业部农业机械试验鉴定总站（中国农机产品质量认证中心）

2008 年 12 月 26 日—27 日

农业部农业机械试验鉴定总站在北京召开农机试验鉴定工作研讨会。各省、自治区、直辖市农机试验鉴定站主要负责人及总站中层干部共 70 多人参加会议。会议以科学发展观为指导，以贯彻落实全国农业机械化质量工作会议精神为主题，总结交流 2008 年各地农机试验鉴定工作，研讨 2009 年农机试验鉴定工作的目标任务、工作思路和措施。

2009 年 1 月 10 日—11 日

农业部农业机械试验鉴定总站在上海市召开挤奶机械和贮奶（冷藏）罐选型鉴定质量分析会暨中国奶业协会养殖工程与机械专业委员会一届二次会议，来自全国 33 家畜牧机械生产企业、5 个省农机试验鉴定站共 90 名代表参加了会议。

1 月 12 日

农业部以第 1143 号公告向社会公布第二批承担部级农机鉴定的机构及鉴定范围，共有 16 个机构通过能力认定。该项工作由农业部农业机械试验鉴定总站按照《农业部办公厅关于开展农业机械试验鉴定机构部级鉴定能力第二批认定工作的通知》要求，从 2008 年 4 月开始实施。

1 月 23 日

经民政部和农业部批准，“中国农机鉴定检测协会”更名为“中国农业机械化协会”，协会挂靠农业部农业机械试验鉴定总站。

2 月 11 日—12 日

农业部农业机械试验鉴定总站执行国家外国专家局和农业部“引进国外技术、管理人才项目”，邀请美籍华人桂新群专家来华就非道路柴油机排放法规等主题内容进行了交流研讨。黑龙江、江苏、山东等省农机试验鉴定站、排放试验设备公司 HORIBA（日本崛场公司）和 AVL（奥地利公司）驻京办事处等单位相关人员应邀参加研讨。

3 月 3 日—4 日

中国农机产品质量认证中心在江苏省溧阳市召开农机产品强制性认证技术专家组（TC18）第二次会议。会议依照国家认证认可监督管理委员会《关于国家认监委发布强制性产品认证证书注销、暂停、撤销实施规则的公告》（2008 年第 19 号），对有关农机产品 3C 认证技术文件修订稿进行了审议，并对植保机械倾斜试验方法、农机强制性产品认证企业分类管理办法、认证发展等进行了充分讨论。

3 月 7 日

农业部农业机械试验鉴定总站和农业部南京农业机械化研究所合作研究《蔬菜种子丸粒化技术与设备的开发与示范》课题，通过了农业部农业机械化管理司组织的科技成果鉴定，项目成果整体技术处于国内领先水平。

3 月 7 日

中国农机产品质量认证中心在北京召开 3C 认证检查组长培训班。培训班上，宣贯了贯彻国家认证认可监督管理委员会对国家强制性认证新要求，介绍了农机强制性认证企业分类管理办法、拖拉机及植保机械实施规则和年度监督方案的变更内容，研讨了工厂检查实施工作中存在的质量问题，并明确了认证中心对检查组检查工作的有效性、及时性控制要求。

3 月 8 日—12 日

农业部农业机械试验鉴定总站在北京举办拖拉机鉴定检测技术培训研讨班。辽宁、黑龙江、江苏、山东、湖南、广东、广西、四川、新疆等 9 省（区）农机试验鉴定站从事拖拉机鉴定检测技术人员参加了培训。

3 月 15 日

农业部农业机械试验鉴定总站组织农机认证、检测、质量监督等方面的专家参加了由农业部主办、河北省农业厅和唐山市政府承办的放心农资下乡进村现场咨询活动。通过现场展出宣传展板，发放《2009—2011 年国家支持推广的农业机械产品目录》、《假冒伪劣农机产品表现形式和判断方法》和《农机用户购机指南》等宣传资料，帮助农民提高识假辨假能力，了解国家强农惠农相关政策，并进一步宣传了农业部农业机械试验鉴定总站的职能和业务发展情况。

3 月 16 日—17 日

农业部农业机械试验鉴定总站在无锡市召开 2008 年全国农机产品质量投诉情况通报会，来自 56 家农机生产企业的 60 多名售后服务人员以及农机管理、试验鉴定、投诉受理等 20 多名工作人员参加了会议。

3 月 29 日—30 日

农业部农业机械试验鉴定总站在广西桂林市召开 2009 年农用拖拉机、内燃机行业研讨会暨拖拉机 3C 认证年度总结座谈会。16 个省、区和部分地、市的农机试验鉴定站及拖拉机、内燃机生产企业共 132 个单位的 180 名代表参加了会议。

3 月—5 月

农业部农业机械试验鉴定总站协助农业部农业机械化管理司实施“政企联动”培训工作，分别与久保田、福田雷沃和中国一拖等 3 家农机生产企业联合，举办了 4 期农机维修高技能人才培训班，来自全国 20 个省（区、市）的农业机械化示范区、农机专业合作社人员参加了维修技能培训与鉴定考核，共有 226 人培训合格获得职业资格证书，其中 185 人取得农机修理工高级工以上职业资格证书。

3 月—8 月

农业部农业机械试验鉴定总站开展了进入《2009—2011 年国家支持推广的农机产品目录》的产品监督检查工作。本次监督检查共对目录中约 8% 产品的生产企业生产条件、质量保障能力以及售后服务情况等进行了审查。

4 月 23 日

农业部农机行业职业技能鉴定指导站组织编写的《插秧机操作工》、《挖掘机驾驶员》和《植保机械操作工》3 个职业标准正式颁布实施。

4 月 20 日—21 日

农业部农业机械试验鉴定总站在北京召开第三批农业机械推广（选型）鉴定大纲审查会，对《挤奶机械》等 12 个推广鉴定大纲和 2 个选型鉴定大纲进行了审查，并就农业机械推广鉴定与选型鉴定之间的区别、选型鉴定大纲编写内容以及其他共性问题进行了研讨。

4 月 24 日

农业部农业机械试验鉴定总站在北京召开《国家支持推广的农业机械产品目录》编制工作座谈会。财政部、国家发展和改革委员会、工业和信息化部有关负责同志以及农机管理、生产、流通、推广、鉴定等方面的代表参加座谈。

4 月 26 日—27 日

全国农业机械标准化技术委员会第三届农业机械化分技术委员会成立大会暨三届一次会议在北京召开。国家标准化管理委员会、农业部农产品质量安全监管局、农业部农业机械化管理司、中国机械工业联合会、农业部农业机械试验鉴定总站等部门的领导以及全国农机标委会第三届农机化分会全体委员共 50 余人参加会议。会议审议通过了《全国农机标委会第三届农机化分会章程》及 GB 16151—2008《农业机械运行安全技术条件》系列标准第 1 号修改单。

4 月 28 日—29 日

全国农业机械标准化技术委员会农业机械化分技术委员会在北京召开《谷物播种机具使用效果综合评价方法》等 10 项标准审定会。经审查，10 项标准均通过审定，其中《根茬粉碎还田机安全技术要求》申请为强制性标准、其他申请为推荐性标准发布实施。

4 月—5 月

农业部农业机械试验鉴定总站分别在济南、郑州、长沙三市举办了 3 期农业机械部级推广鉴定审查员培训班，全国 20 多家省级农机试验鉴定站的 190 多名技术人员参加了培训。

5 月 8 日—9 日

日中国合格评定国家认可委员会（CNAS）对农业部农业机械试验鉴定总站实施实验室定期监督评审。经评审，评审组专家对总站实验室的 55 项产品检测能力推荐维持认可，对申请扩项的 6 项产品的检测能力、申请认可/扩大授权签字领域的 3 名授权签字人全部推荐认可。

5 月 30 日

中国奶业协会养殖工程与机械专业委员会一届三次会议在浙江省杭州市召开。有关大专院校、研究机构、地方奶业协会、奶业生产企业等 50 多个单位的 130 多名代表参加了会议。

5 月—6 月

受农业部农业机械化管理司委托，农业部农业机械试验鉴定总站开展了补贴机具质量保障督导工作，对河南、江苏、浙江、山东等 4 个省的 18 家农机生产企业和 14 家农机经销网点进行了现场督导检查，与43名农机用户进行了调查座谈。

6月2日—6日

农业部农业机械试验鉴定总站在江苏省扬州市举办了农业部水稻插秧机和谷物联合收割机部级推广鉴定检测技术培训研讨班。河北、山西、辽宁、吉林、黑龙江、江苏、浙江、安徽、山东、河南、湖南、广东、广西、四川、新疆等15个省（区）农机试验鉴定站从事水稻插秧机和谷物联合收割机试验鉴定的检测技术人员共90余人参加了培训。

6月2日

印度尼西亚农机质量试验鉴定研究所代表团一行4人应邀到农业部农业机械试验鉴定总站考察。印度尼西亚农机质量试验鉴定研究所所长 Wahyu Subandrio 先生介绍了本国开展农机试验鉴定的情况，表示愿进一步加强合作交流，并希望中国能为其培养农机试验鉴定技术人才。

6月17日—19日

中国农机产品质量认证中心通过中国合格评定国家认可委员会（CNAS）的2009年度监督评审。

6月27日—28日

农业部农业机械试验鉴定总站协助农业部农业机械化管理司在北京组织召开农业机械推广鉴定大纲审定会。经审查，《挤奶机械》等13个农业机械推广鉴定大纲全部通过审定。农业部于9月15日以第1264号公告发布了该13项农业机械推广鉴定大纲。

7月4日—6日

中国农机产品质量认证中心在北京举办农业机械化系统审核人员对ISO9000:2008版标准的转换培训班，并组织培训人员参加了CCAA组织的统一转换考试。

8月8日

《2009—2011年国家支持推广的农业机械产品目录》网上申报系统正式开通运行，2010年度目录调整工作正式启动。受农业部农业机械化管理司委托，农业部农业机械试验鉴定总站负责对《2009—2011年国家支持推广的农业机械产品目录》（2010年度调整）申报材料进行接收、校核、汇总整理等工作。2009年28个省（区、市）共推荐申报了1 328家农机生产企业5 086个产品。

8月13日—14日

农业部农业机械试验鉴定总站在重庆市召开农业机械产品质量安全研讨会。来自四川、重庆、吉林和山西等4个省（市）农机试验鉴定站的项目负责人及9家农机生产企业的产品质量安全负责人共37人参加了研讨。会议对2009年农机具及农机零配件质量安全调查工作人员进行了培训，布置了调查工作，明确了工作要求，对2010年农机产品质量安全工作实施方案进行了研讨。

8月19日—21日

中国农机产品质量认证中心通过国家认证认可监督管理委员会（CNCA）对认证中心2009年度3C专项检查。

8月—10月

农业部农机行业职业技能鉴定指导站分别在青海省西宁市、吉林省长春市、云南省昆明市和山西省平遥县组织了四期全国农机职业技能鉴定考评员培训班，共培训农机职业技能培训鉴定考评人员556名。

9月8日

受农业部农业机械化管理司委托，全国农业机械标准化技术委员会农业机械化分技术委员会在北京召开《农业机械化标准体系建设规划（2010—2015）》审定会。农业部于11月2日印发了《农业机械化标准体系建设规划（2010—2015）》。

9月9日

全国农业机械标准化技术委员会农业机械化分技术委员会在北京组织召开《机动喷雾机安全施药技术规范》等4项农业行业标准审定会。《喷杆式喷雾机安全施药技术规范》等3项标准通过审定，并申请作为推荐性标准发布实施。

9月27日—28日

农业部农业机械试验鉴定总站在辽宁省沈阳市举办玉米收获机鉴定检测技术培训研讨班。河北、山西、内蒙古、辽宁、吉林、黑龙江、江苏、山东、河南、新疆等10个省（区）农机试验鉴定站的检测技术人员共50人参加了培训。

9月

《中国农业机械化科技发展报告（1949—2009）》由中国农业科学技术出版社出版。该书第十六章"农业机械试验鉴定"、第十八章"农业机械维修"和第十九章"农业机械化标准化"由总站承担撰写，分别全面总结了新中国成立60年来我国农业机械试验鉴定、农业机械维修和农业机械化标准的发展现状、发展历程及发展趋势。

10月10日

中国农机产品质量认证中心召开技术委员会换届会议。会议对第二届技术委员会工作进行了总结，成立了第三届技术委员会，审议通过了技术委员会章程和技术委员会议事规则。

11月3日

经北京市新闻出版局批准，农业部农业机械试验鉴定总站主办的《农机质量与监督》杂志自2010年1月起，由双月刊变更为月刊。

11月5日—8日

全国农业机械标准化技术委员会农业机械化分技术委员会在广西南宁市举办农业行业标准农机化标准项目管理和标准编写培训研讨班。有关省（自治区、直辖市）农机试验鉴定站标准管理部门负责人、农业机械化标准制修订项目主要起草人员和部分农机化分技术委员会委员共60多人参加培训。

11月8日—16日

受农业部农业机械化管理司委托，农业部农业机械试验鉴定总站总站站长刘敏带队赴德国参加汉诺威国际农机展及中德农机化峰会。考察团由农业部农业机械化管理司、农业部农业机械化技术开发推广总站、内蒙古大兴安岭农场管理局等单位的相关人员8人组成。

11月19日

农业部农业机械试验鉴定总站申报和承担的"农业机械适用性评价技术集成研究"项目，在农业部科技教育司召开的2009年度公益性行业（农业）科研专项经费项目任务书签订会上签订项目任务书。该项目被财政部列入2009年度公益性行业科研专项，总经费2 288万元。项目共设7个子课题，计划于2013年完成。

11月底

农业部农业机械试验鉴定总站邀请德国农业协会（DLG）农机检测站高级专家 Heinz Roethemeyer 先生来华就农机检测技术进行交流与研讨。总站及部分省（自治区、直辖市）农机试验鉴定站检测技术人员参加了研讨交流。

全年总站共收到部级农机推广鉴定产品申请784项，受理726项。向通过能力认定的各省级农机试验鉴定站、专业站安排任务350多项。全年代农业部核发4批部级农机推广鉴定证书，发放新证书737张。

全年获3C认证企业累计达到460家,其中植保机械获证企业360家,拖拉机获证企业100家。其中2009年底有效3C认证证书495张,涉及企业319家,其中植保机械3C认证证书324张,涉及企业226家,拖拉机3C认证证书171张,涉及企业93家。共撤销3C认证证书39张,注销3C认证证书38张,暂停3C认证证书61张。

全年总站共组织(参加)出国(境)团组13个,涉及11个国家及地区,出国(境)人员23人次。其中,总站组织的团组9个,主要执行农机产品质量认证和推广鉴定境外企业质量管理体系现场审查任务。

全年中国农业机械化信息网日点击峰值突破百万次,最高达到105.70万(2009年3月2日);日均点击量超过56万次;月均点击量1 689万次(最高达2 097万次),稳居农业部18个行业网站首位。

全年农机行业核发职业资格证书16.4万个,比2008年增长60%。农机行业核发职业资格证书数量连续7年位居农业部各行业之首。

农业部农业机械化技术开发推广总站

1月9日

农业部农业机械化技术开发推广总站配合农业部农业机械化管理司和科技教育司,与农业部规划设计研究院共同牵头,协同山西省农牧厅科技教育处在山西省曲沃县组织了"科技下乡"活动。

1月10日

在广东省珠海市召开了由农业部农业机械化技术开发推广总站主办、珠海风光耕水环保技术有限公司承办的水产养殖水体净化处理设备新技术新设备研讨会。天津、河北等16省(市)企业界代表30余人参加了此次研讨会。

2月16日—27日

农业部农业机械化技术开发推广总站进行第四轮处级岗位竞争上岗、岗位双向选择及业务、专业技术岗位聘任。加大了中层干部轮岗力度,促进业务工作的相互交流,有力地推动了农机推广及监理工作的开展。

4月13日—14日

2009年保护性耕作培训班在北京举办。

6月19日

农业部农业机械化技术开发推广总站总工程师张铁军同志因病逝世,享年59岁。

6月19日

农业部农业机械化技术开发推广总站承办了水稻机插育秧技术模式审定会。组织水稻生产机械化专家组成员和部分省区有关专家,对我国目前的水稻机插育秧技术进行了梳理,总结出了硬盘育秧、软盘育秧、双膜育秧等三类五种因地制宜的机插育秧技术模式。完成了《水稻机插育秧技术模式汇编》。

7月8日—10日

农业部农业机械化技术开发推广总站在内蒙古首次举办全国基层农机推广机制创新培训班。对各省农机推广站以及基层农机推广体系改革进展顺利的重点县农机推广站主管农机推广体系工作的负责人进行集中培训。同时,组织产、学、研、推有关专家进行了油菜播种和收获、等离子种子处理、玉米收获、甘蔗种植和收获、马铃薯生产加工、秸秆资源化利用等储备项目的论证工作。

7月29日—8月1日

农业部农业机械化技术开发推广总站在黑龙江省大兴安岭地区加格达奇区主办"东北三省第十四届农业机械化技术推广学术研讨会"。

7月—9月

农业部农业机械化技术开发推广总站组织编写了《庆祝中华人民共和国成立60周年——中国农机推广回眸》一书。该书记录了各省(自治区、直辖市)农机推广体系发展历程、主要成就、人物风采和地方特色,登载了新中国成立60周年中国农机推广60位功勋人物的推选结果。

8月7日—9日

农业部农业机械化技术开发推广总站在宁夏回族自治区召开了马铃薯生产机械化技术研讨会,马铃薯主产区省、市、县代表对目前马铃薯的种植情况,马铃薯生产机械化发展现状、趋势和技术、装备需求进行了交流和研讨,重点讨论并初步确定了马铃薯生产机械化技术储备项目的框架。

9月16日

农业部授予农业战线100名同志"新中国成立60周年'三农'模范人物"荣誉称号。原农业部农机推广总站总工程师张铁军获此殊荣。

9月16日—25日

农业部农业机械化技术开发推广总站组织开展了"庆祝中华人民共和国成立60周年——全国农机推广农机监理系统书法摄影绘画作品展"。展览活动组委会组织专家对参展作品进行了认真评选,评出金奖10名、银奖20名、铜奖30名、组织奖20名。

11月4日

2009年全国省级农机推广站站长会议在厦门市隆重召开。来自全国30个省(自治区、直辖市)农机推广站、黑龙江省农垦总局农机局、新疆生产建设兵团农机推广站、大连、宁波、青岛、厦门等计划单列市农机推广站及部分企业和科研院校代表参加了会议。农业部农业机械化技术开发推广总站站长丁翔文作了大会主题报告。农业部农业机械化管理司副司长刘宪莅临会议并讲话。会议全面回顾了中国农业机械化技术推广工作60年发展历程及取得的主要成就和基本经验,分析了当前农机推广工作面临的新形势,提出了2010年农机推广工作总体思路和工作重点。

11月9日

农业部农业机械化技术开发推广总站与国能生物发电集团有限公司就农作物秸秆发电项目在北京举行战略合作协议签订仪式。农业部农业机械化管理司司长宗锦耀,国网新源控股有限公司董事长、党组书记林铭山出席签字仪式,农业部农机推广总站站长丁翔文,集团公司董事长、总裁蒋大龙共同签署了战略合作协议。此次双方长期战略合作必将对推进我国的可再生能源事业及农业机械化的发展产生积极影响。

农业部农机监理总站

2008年12月16日

根据农业部批复(农计函[2008]139号),农业部移动式拖拉机安全检测装备项目计划投资1 555万。在两年的项目建设期内,为北京市顺义区等100个县(市、区、旗)配备移动式拖拉机安全检测装备。

2009年2月1日

农业部农机监理总站组织完成了拖拉机联合收割机牌证定点企业的选定工作,并印发《关于公布拖拉机联合收割机牌证定点生产企业名单的通知》(农机监发[2009]6号),予以公布。

3 月 20 日

农业部农机监理总站研究制定了《拖拉机登记证书样品制作样式及说明》,并印发《关于开展拖拉机登记证书定点生产企业选定工作的通知》(农机监发[2009]2 号),开展拖拉机登记证书定点生产企业选定工作。

3 月 26 日—28 日

农业部农机监理总站在北京召开农机安全监理人员培训大纲及教材编写研讨会,讨论了农机监理事故处理员、检验员及考试员培训大纲,农机监理人员培训教材编写方案和提纲。

5 月 15 日

农业部农机监理总站组织制定的农业行业标准《拖拉机和联合收割机安全监理检验技术规范》通过农机行业标委会组织的专家组审核。

5 月—9 月

农业部农机监理总站组织编写了《庆祝中华人民共和国成立 60 周年——中国农机监理回眸》一书。该书记录了各省(自治区、直辖市)农机安全监理体系发展历程、主要成就、人物风采和地方特色,登载了新中国成立 60 周年中国农机监理 60 位功勋人物的推选结果。

6 月 7 日—9 日

农业部农机监理总站在北京召开农机安全生产宣传挂图审定会,完成了"农机监理业务流程图"和"农机安全生产宣传卡通挂图"设计和初审,同时研究编制农机重特大事故应急预案。

6 月 11 日

农业部农机监理总站组织召开移动式拖拉机安全检测装备需求分析研讨会,研究讨论并确定了移动式拖拉机安全检测装备的主要功能、适应范围和操作要求、主要技术参数、质量要求及售后服务等。

6 月 14 日

农业部农机监理总站协助农业部农业机械化管理司,与北京市农机监理总站在北京市房山区良乡镇联合举办了"农机安全宣传咨询日活动"。在咨询日活动现场,向农机手发放了"三夏"农机安全生产倡议信、农机安全生产知识手册、农机安全生产宣传挂图和农机安全文化衫等,并详细解答了农机手关心的问题。

6 月 22 日—25 日

为贯彻执行新修订的《农业机械化管理统计报表制度》,农业部农机监理总站在甘肃省兰州市举办了全国省级农机监理业务统计人员培训班。对全国 29 个省(区、市)的 50 多名承担农机事故和农机登记管理的统计人员行了培训,培训期间讲解了《农业机械化管理统计报表制度》、较大以上农机事故快速报告等相关内容,进行了《全国农机事故报送分析系统》实际演练环节和农机监理业务统计工作专题座谈会。

7 月 6 日

农业部农机监理总站组织编制完成了《农机安全监理证》(征求意见稿),在广泛征求意见的基础上形成送审稿。

8 月 8 日

为配合《拖拉机安全防护性能提升事故预防试验示范》项目的启动实施工作,农业部农机监理总站在江苏省常州市举办农机安全专用反光贴粘贴技术培训班。

8 月 10 日

农业部办公厅对移动式拖拉机安全检测装备项目初步设计及概算得到农业部批复,随后项目进入实施阶段。

8 月 11 日

农业部农机监理总站组织召开"金农工程"农机监理监管子系统需求分析会,根据现行农机相关法律法规研究和初步设计"金农工程"农机监理监管子系统的功能和原型。

8 月 21 日

农业部农机监理总站在江苏省盐城市举办农机安全监理规范化建设工作座谈会。会议总结交流了近年来农机安全监理规范化建设工作的成效、经验,讨论研究推进农机安全监理规范化工作的思路和措施;参观农机安全监理规范化建设工作先进典型;对全国农机安全监理规范化建设试点项目进行验收。

9 月 5 日—28 日

农业部农机监理总站印发《关于开展农机安全生产督导检查的通知》(农机监(执)发[2009]20 号,共派出 7 个检查组分别到山西省、河北省等 14 个省(区、市)开展农机安全生产督导检查活动。

9 月 21 日

移动式拖拉机安全检测装备项目开标与评标,最终山东科大微机应用研究所有限公司中标,于 10 月 30 日与农业部农业机械化技术开发推广总站签订采购合同。

9 月 21 日—23 日

农业部农机监理总站在北京召开《农业机械安全监督管理条例》释义编写工作专家座谈会,讨论农业机械安全监督管理条例释义编写思路及内容,确定农业机械安全监督管理条例释义撰写格式。

10 月 15 日—17 日

农业部农机监理总站在北京召开农业机械安全监督管理条例释义审定会,完成了《农业机械安全监督管理条例》释义初稿(审定稿)。

10 月 28 日—30 日

在山东省泰安市举办省级农机安全技术检验员师资培训班,对《农机安全技术检验员培训大纲》、GB16151—2008《农业机械运行安全技术条件》系列国家标准、《拖拉机和联合收割机安全监理检验技术规范》行业标准进行了宣传贯彻,并对拖拉机安全技术检验进行了实践操作。

11 月 2 日

农业部农机监理总站按照《拖拉机联合收割机牌证制发监督管理办法》的规定和要求,组织完成拖拉机登记证书定点生产企业的招选工作,并由农业部农业机械化管理司印发《关于公布 2010—2013 年拖拉机登记证书定点生产企业名单的通知》(农机管[2009]36 号),予以公布。

11 月 17 日

农业部农机监理总站确认了"金农工程"农机监理监管子系统的功能和原型,该项目正式转入开发编程阶段。

11 月 29 日—12 月 1 日

2009 年全国省级农机监理站站长会议在广东召开,会议总结交流农机安全监理工作,研究探讨进一步推进农机安全监理工作的思路和措施;学习贯彻《农业机械安全监督管理条例》;颁发"中国农机安全监理功勋人物"证书;参观基层农机安全监理工作现场;召开农机监理分会第二次委员会会议,补选部分副主任委员。

中国农机安全报社

1 月 10 日

由中国农机安全报社和江苏沃得集团联合举办的"沃得杯"2008 年全国农机化十大新闻评选活动在北京举行。经过农机界、新闻界专家评委的认真评选,"党中央、国务院高度重视发展农业机械化,将其视为转变农业生产方式、拉动内需和保持经济持续稳定发展的重要措施"等 10 条新闻入选。全国政协常委、副秘书长、民盟中央常务副主席张宝文出席了评选活动揭晓仪式。

1月15日

农业部常务会议研究决定，同意将农业部北海农机培训中心的土地使用许可证由农业机械化管理司变更到中国农机安全报社名下，有利于国有资产的保值增值。

1月17日

农业部常务副部长危朝安听取了部属新闻宣传单位的工作情况汇报，报社就学习实践活动中查找出来的制约发展的有关问题向部领导作了汇报。

3月

经农业部机关直属团委的推荐和中央国家机团委的评审，《中国农机化导报》编辑部被命名为中央国家机关"青年文明号"单位。

4月

中国农机安全报社组织了"河北省农机化又好又快发展"主题采访活动，集体采访了河北高阳县汽车农机配件大市场，与河北省农业机械化管理局、保定市农机局和清苑县农机局领导就购机补贴政策进行座谈采访。

5月11日

农业部办公厅（农办人[2009]28号文）发出通知，"决定将中国农机安全报社的业务归口司局由办公厅调整为农业机械化管理司。"同时要求"各有关司局和单位要积极配合，在报社的项目调整、资金投入和工作指导等方面提供积极支持和服务。"

6月11日

农业机械化管理司第4次常务会专题听取了中国农机安全报社领导班子的工作汇报，对报社今后工作的目标方向提出了指导意见。

7月—11月

为庆祝新中国成立60周年，宣传农业机械化战线的先进模范人物，农业部农业机械化管理司主办、《中国农机化导报》承办、浙江艾格莱机械有限公司协办了"新中国60年农机化人物谱"系列宣传活动，对20多位农业机械化战线先进人物的事迹进行了宣传。

9月16日—18日

《中国农机化导报》2009年农业机械化新闻宣传工作会议在宁夏回族自治区银川市召开，来自全国农机部门、农机企业的代表120人出席会议，农业部农业机械化管理司副司长刘宪莅会讲话，对如何做好新形势下农业机械化新闻宣传工作提出了要求。

11月8日—12日

应德国农业协会（DLG）邀请，报社派记者前往德国汉诺威市采访了"2009AGRITECHNICA"，《中国农机化导报》是德国农业协会邀请并资助采访的唯一中国媒体。

地 方 篇

北 京 市

2009年1月5日

北京市农业机械试验鉴定推广站邀请中国农业大学、农业部农业机械试验鉴定总站和农业部农业机械化技术开发推广总站的有关专家对《北京市支持推广的农业机械产品目录审议办法》、《2007—2009年度〈北京市支持推广的农业机械产品目录〉(2009年调整)申报材料评审细则》、《北京市2009年度农业机械补贴产品选型专家评审办法》(含专家评审评分标准)等评审文件进行了讨论、修订。

1月6日、8日

北京市农机监理总站在大兴区、房山区举办"2009年北京市农机安全生产宣传咨询周"活动。

1月7日

北京市农业局组织专家组对市农业机械试验鉴定推广站承担的"村级农业技术推广员培养及信息管理系统建设"和"中国农机门户网站二期开发"两个项目进行了验收。专家组一致同意通过验收。

1月30日

北京市农机安全监督管理系统在全市开通，农机牌证许可业务步入了网络化管理阶段。

2月18日

北京市农业机械化工作会召开。会议总结了2008年农业机械化工作取得的主要工作成绩，部署了2009年重点工作。北京市农业局副局长王振邦出席会议并讲话。

2月20日

北京市农机监理总站向中国万网申请了互联网域名（http://www.bjnjjl.com.cn），在互联网上打开了一扇对外宣传的窗口。

3月4日

北京市农业机械试验鉴定推广站聘任制圆满结束。根据职能和工作任务的变化，对科室做了相应的调整，设置了办公室、政工科、行政科、示范推广科、调研培训科、质量管理科、鉴定科、业务办公室、网络信息室、技术研发室等10个科室。

3月10日

北京市农业局与中国石油化工股份有限公司北京石油分公司农机用油合作签约仪式在大兴区举办，双方签订了《北京市农用油品供应保障机制合作框架协议》。

3月12日

北京市农业局受北京市农村工作委员会委托，组织专家对市农业机械试验鉴定推广站承担的"设施农业高效生产机械化技术引进试验示范"和"果园关键作业配套机具及技术推广"科技入户项目进行了验收。专家组一致同意通过验收。

3月26日

北京市农业机械试验鉴定推广站（农业部特有工种职业技能鉴定站农业20号站）组织召开了2009年度北京市农机职业技能鉴定及培训工作会，农业部农机行业职业技能鉴定指导站、市农业局和10个区县农机学校领导参加了会议。

3月27日

北京市农机监理总站在京郊日报刊出的《春耕生产在即，农机安全第一》获得了京报集团评选的优秀版面奖。

4月15日

中共北京市委办公厅、北京市人民政府办公厅联合印发了《2009年北京市社会主义新农村建设折子工程》，其中"增加农机具购置补贴，将先进适用、技术成熟、安全可靠、节能环保、售后服务完善的农机具纳入补贴目录”，“继续加强农资产品生产企业监管，保障农资产品质量。对复混肥、磷肥、农药、农膜、农机及零配件等重点产品开展专项抽查，打击假冒伪劣农资生产黑窝点和无证生产行为”，“巩固保护性耕作和秸秆综合利用成果，在全市范围内实施土壤深松作业4 000公顷（6万亩），开展6个农业机械化示范园区全程机械化试点建设，促进农业可持续发展”等3项农业机械化重点工作列入其中。

4月16日

北京市农业机械试验鉴定推广站在延庆县举行“土壤深松机械化技术示范推广项目启动仪式”，市农业局副局长王振邦、有关处室领导，市农机试验鉴定推广站站长沈瀚，延庆、顺义、密云、房山四个区县农机（农业）服务中心的相关领导和农机服务组织代表参加了会议。

4月26日

北京市农业机械试验鉴定推广站站长沈瀚获北京市首都劳动奖章荣誉称号。

4月29日

“北京农机信息服务直通车”启动仪式在房山区举行。现场会上，向机手代表发放了农机信息机。机手们将可以通过信息机，接收到农机作业、各郊区县三天内天气预报、农机维修点等各种信息，有效解决了农机手缺少市场信息的问题。

5月7日—8日

北京市农业局组织专家对承担北京市全面实施保护性耕作项目的顺义、大兴等9个区县的子项目进行了验收。按照农业部保护性耕作项目验收要求，专家组一致同意通过验收。

5月18日

北京市农村工作委员会、市农业局、市安全生产监督管理局、市公安局公安交通管理局联合举行了以“创平安农机，促安全生产”为主题的“北京市农机安全生产联合行动动员大会”。成立了联合行动协调小组，形成了部门联动的农机安全生产工作机制。

5月19日

北京市农机教育培训大行动正式启动，并召开了第一期管理人员培训班。

5月30日

北京市建立了两条农机固定式检测线和两条农机移动式检测线，开始了利用仪器设备对拖拉机制动、灯光、噪声和尾气排放等安全技术参数进行科学、规范检测的新阶段。

6月8日

北京市人大常委会主任会议讨论通过了《北京市农业机械管理条例》修订立项。

6月9日

北京市召开全市“三夏”农机工作会，具体部署“三夏”农业机械化工作。

6月14日

农业部在北京市房山区良乡镇举办了主题为“关爱生命、安全发展”的2009年农机安全宣传咨询日活动，北京市农机监理总站、房山区种植业服务中心联合承办。

6月14日

农业部农业机械化管理司司长宗锦耀到京郊房山区视察了北京市“三夏”农业机械化生产情况。北京市农业局副局长王振邦，房山区区长祁红、副区长王忠海、区农委主任赵永祥、区种植业服务中心主任方玉祥等领导陪同视察。

7月10日

北京市农业机械试验鉴定推广站“设施农业新型耕作机械化技术推广项目启动仪式”在顺义区成功举行，8个区县的实施单位项目负责人共30多人参加了会议。

8月6日

来自朝鲜的农机工作考察团到大兴区对保护性耕作机具进行调研。

9月9日

北京市2009年农业机械化上半年工作总结和“三秋”工作部署会召开。

9月15日

北京市农业机械试验鉴定推广站站长沈瀚获得“新中国成立60周年农机推广功勋人物”，全国共有60人获得此项殊荣。

9月17日

北京市玉米秸秆还田和土壤深松现场会在大兴区举行，会上演示了玉米机械收获、深松、小麦免少耕等“三秋”重点推广作业项目，并对玉米秸秆粉碎还田和深松作业实施工艺、技术路线以及推广中存在的问题和解决方案进行了深入探讨和研究。

9月29日

北京市“三秋”农机作业现场会在顺义区召开。现场会上，演示了带剥皮功能和秸秆收集功能的玉米收获机，集深松、旋耕、免耕播种施肥、镇压为一体的复式作业机组，撒肥机，变量施肥机和深松机械。

10月1日

北京市农业机械试验鉴定推广站站长沈瀚作为首都劳动奖章获得者参加了国庆60周年观礼活动。

10月9日

北京市农业机械监理总站与中央电视台七频道合作拍摄了“微耕机安全操作常识”等五部电视专题片，并在《科技苑》栏目播出。其中10月9日播出的“平安秋收”创下了2009年《科技苑》栏目收视率第一的佳绩。

10月19日

王建民同志任中共北京市农业局后勤服务中心党支部副书记，免去其中共北京市农业机械试验鉴定推广站党总支书记职务。

10月27日

《农机科普丛书》出版发布暨签赠仪式在北京市平谷区举行。此次出版的系列丛书共两套，包括《动力机械》、《耕整地机械》、《种植管理机械》、《收获机械》、《畜牧养殖机械》、《设施农业机械》、《营林绿化机械》、《农产品加工机械》八个分册。这部丛书在国内农机科普图书中尚属首创。

10月28日

“全国保护性耕作座谈会暨北京全面实施保护性耕作项目验收会”在北京举行，“北京全面实施保护性耕作项目”通过农业部农业机械化管理司组织的专家验收。农业部农业机械化管理司司长宗锦耀、副司长刘宪到会并做重要讲话。来自中国农业科学院、农业部农业机械化技术开发推广总站、中国农业大学、西北农林科技大学、内蒙古农牧业科学研究院、山西省农机局、四川省农业机械管理局的有关专家，对市农业局承担的全面实施保护性耕作项目进行了验收。

11月4日

李德忠同志任中共北京市农业机械试验鉴定推广站党总支书记、北京市农业机械试验鉴定推广站副站长。

11月18日

由北京市农业机械试验鉴定推广站组织的北京市“农机推广杯”金蓝领计划农机技能大赛在昌平区举办，来自京郊6个区县的18名农机从业人员参加了此次决赛。

11月23日

从11月23日起，北京市农机监理

总站连续组织三期农机监理人员培训班，对全市400名农机监理执法人员进行了业务培训。

天津市

2008年12月5日—6日

天津市农业机械局召开创建"平安农机"研讨暨农机监理工作评价考核会。各区县农机局主管领导和监理站站长参加了会议。市农业机械局副局长胡伟出席会议并讲话。

12月19日

天津市农业机械局召开全市农业机械化工作座谈会，各区县政府主管农业的区县长及农机局主要负责同志，市农业机械局领导班子全体成员、机关各处正副处长及直属各单位一把手共计60余人参加了会议。

12月24日

天津市人民政府印发《关于颁布2008年度天津市科学技术奖的决定》，授予市农业机械推广总站等单位承担的"棉花秸秆机械化项目"天津市科学技术进步三等奖。

12月26日

天津市农业机械局召开农机专业合作社管理培训班，11个区县的农机管理科长及15个农机专业合作社的负责人共40余人参加了培训。市农业机械局副局长刘志伟出席了培训会。

12月29日

农业部、国家安全生产监督管理总局下发《关于公布全国"平安农机"示范县(第一批)的通报》，天津市北辰区、津南区被评为全国"平安农机"示范区。

12月30日

全市农机系统行政执法人员法律法规知识培训全面完成，全市300余名农机行政执法人员全部参加了培训和考试。

2009年1月12日

天津市农业机械化工作总结会议召开。市农村工作委员会副主任蒋凡凡出席了会议，天津市农业机械局局长刘宝忠主持会议。会议传达了中央农村工作会议、全国农业工作会议及农机专业会议精神，总结分析了2008年本市农业机械工作，部署了2009年工作任务。

1月13日—14日

天津市农机推广总站与山东等省市的9个单位共同承担的国家"十一五"科技支撑计划重点项目"玉米收获机械化技术研究与示范"通过农业部组织的专家验收。

2月20日

天津市农业机械局召开2009年度拖拉机、联合收割机检验和驾驶员安全教育工作会。市农业机械局纪检书记张顺义及各区县农机局主管领导和监理站站长参加了会议。

2月20日

天津市农业机械局印发《关于开展小麦收割机报废更新补偿试点工作的通知》，启动2009年小麦联合收割机报废更新补偿试点工作。

2月20日

天津市农业机械局与天津市畜牧兽医局联合印发《关于认真做好2009年天津市畜牧养殖机械购置补贴工作的通知》，对2009年畜牧养殖机械购机补贴工作进行部署。

2月24日

天津市农业机械局召开2009年天津市农机购置补贴工作会议，对农机购置补贴工作进行全面部署。市农业机械局局长刘宝忠，副局长胡伟、刘志伟出席了会议。

2月26日

天津市农业机械局在蓟县举行农业机械购置补贴启动仪式。市农村工作委员会副主任蒋凡凡、市农业机械局局长刘宝忠及副局长胡伟、刘志伟等有关领导出席了启动仪式。

3月6日

天津市农业机械局印发《关于做好2009年度农业机械购置补贴工作的通知》，明确了农机购置补贴的原则、程序和工作要求，并同时印发了《天津市2009年农业机械购置补贴产品目录》。

3月11日

天津市农业机械局召开天津市天津市农业机械局科技工作会。市农业机械局副局长胡伟主持会议，局长刘宝忠出席会议并讲话。来自全市各有关单位的52人参加了会议。

3月11日

天津市农业机械与农业工程学会组织召开六届五次理事会，理事长胡伟主持会议，市农业机械局局长刘宝忠出席会议并讲话。29名学会理事参加了理事会。

3月17日

天津市农业机械局召开农机职业技能培训、鉴定经验交流座谈会。各区县农机局业务主管局长、农业机械化学校校长、区县工作站站长参加了会议。市农业机械局副局长胡伟出席会议并讲话。

3月19日

天津市农业机械局召开2009年保护性耕作项目工作会。会议对2008年实施情况进行总结，对2009年项目实施工作进行了部署。

3月19日

由天津市农机推广总站申报的设施蔬菜土壤连作障碍电处理技术示范项目通过市科学技术委员会的审批立项。

3月

天津市人大常委会公布2009年立法计划，《天津市农业机械化促进条例》被列入立法预备项目。

4月10日

天津市农业机械学会召开天津市农机企业科技供需座谈会。市农业机械局副局长胡伟和市农业机械推广总站、市农业机械鉴定站、市农业机械研究所、天津农学院、天津拖拉机制造有限公司等单位领导、专家及科技人员24人参加了座谈会。

4月14日—16日

农业部农业机械化管理司督导组来天津，对2009年本市农机购置补贴工作进行检查调研。市农业机械局副局长胡伟陪同调研。

4月15日

由天津市农机推广总站承担的秸秆饲料压块技术研究及关键设备研制与开发项目通过市科学技术委员会组织的验收。

4月20日

天津市总工会印发《关于授予2008年度天津市"五一"劳动奖章、"五一"劳动奖状的决定》。市农业机械研究所张治明被评为天津市"五一"劳动奖章先进个人。

4月22日

天津市农村工作委员会印发《关于深入开展创建平安农机促进新农村建设活动的通知》，决定2009年—2011年在全市组织深入开展"创建平安农机，促进新农村建设"活动，市农业机械局负责组织实施。从2009年到2011年，全市将建设和巩固10个"平安农机"示范县(区)、40个"平安农机"示范乡(镇)、350个"平安农机"示范村、5 000个"平安农机"示范户(合作社、协会、作业公司)。

4 月 23 日

天津市农业机械局召开“三夏”农业机械化管理工作会。蓟县、宝坻区、武清区、静海县、西青区、北辰区、大港区等7个小麦主产区的农机局领导参加了会议。会议就做好“三夏”农业机械化生产工作进行了部署。

4 月 28 日

天津市委农村工作委员会书记、农村工作委员会主任张国庆到市农业机械局调研座谈。市农业机械局领导班子成员及办公室主任参加了座谈。

4 月 29 日

由天津市农业机械研究所与中国农业大学共同承担的市农业科技合作项目“温室蔬菜生产自动化嫁接及植保技术集成示范”通过验收。

5 月 9 日

由天津市农业机械推广总站与山东等9个省市共同承担的国家“十一五”科技支撑计划重点项目“玉米收获机械化技术研究与示范”通过农业部组织的科技成果鉴定。

5 月 19 日

天津市农业机械局召开天津市农机专业合作社扶持发展工作交流会。

5 月 11 日—20 日,9 月 16 日—25 日

天津市农业机械局组织各区县农机局在全市乡村、场院、田间和乡村道路开展了对各类无牌证、漏检等违法行驶的拖拉机、联合收割机和无证驾驶人员专项治理活动。通过治理,上照 508 台,补检 543 台,新培训考核驾驶人 128 人,复训驾驶人 236 人。

5 月 12 日

天津市农业机械局开天津市水稻机械化插秧现场演示会。蓟县、宝坻区、武清区、宁河县、西青区、北辰区等6个区县主管局长、管理科长以及水稻种植大户共50余人参加了会议。市农业机械局领导出席了现场会。

5 月 25 日

天津市农业机械局召开“三夏”农机安全生产工作会议,市农业机械局副局长胡伟及各区县主管局长、监理站站长参加了会议。

5 月 26 日

由天津市农业机械局、市农业机械与农业工程学会、市农业机械工业协会联合组织,市农业机械研究所承办的“天津市农机企业科技创新中心”成立大会暨天津市农机企业“保增长、度难关、上水平”经验交流会召开。市农村工作委员会、市科学技术委员会、市科学技术协会、天津科技大学、天津农学院、天津农业科学院、市农业机械局等单位有关领导,天津拖拉机制造有限公司等本市15家农机生产企业的主要负责人共50余人参加了会议。

5 月 27 日

由天津市农机试验鉴定站研发的高架式自走采棉机获得国家实用新型专利(专利号:ZL 2008 2 0141668.8)。

5 月

由天津富康农业开发有限公司、市农机推广总站共同承担的农业科技示范推广项目“玉米收获机械化技术推广”获得2008年度神农中华农业科技奖科学研究成果三等奖。

6 月 4 日

天津市农业机械局召开保护性耕作项目“三夏”工作会议。来自武清区、宝坻区、蓟县、静海县、西青区、北辰区6个区县农机部门和市农机推广总站、市农业机械研究所相关领导和技术人员20余人参加了会议。

6 月 8 日—19 日

天津市农业机械局与各区县农机局共同对全市43个农机专业合作社的安全生产情况进行事故隐患排查。

6 月 11 日

天津市农业机械局举行小麦机械化收获启动仪式。市农业机械局局长刘宝忠、副局长胡伟赴机收现场,查看了“三夏”小麦机收和夏粮播种情况。

6 月 16 日

天津市农业机械推广总站召开天津市棉花麦茬移栽机械化技术推动会。市农业机械局局长刘宝忠等领导及宁河县、宝坻区、静海县、北辰区等棉花主产区县农机局领导、农技推广人员、种棉大户等70余人参加了推动会。

7 月 17 日

天津市农业机械局召开农机购置补贴半年工作会。全市12个涉农区县的农机局主管局长和管理科长参加了会议。会议传达了全国农机购置补贴工作会议精神,总结了上半年全市农机补贴工作,并通报了对各区县补贴政策落实情况进行专项检查的结果。

7 月 22 日

天津市农业机械局召开农机安全生产隐患排查治理工作会议。全市12个区县的农机监理站站长、拖拉机检验员、业务受理员参加了会议。

7 月 30 日—31 日

天津市农机局召开农业机械化工作座谈会。12个区县农机局的领导、市局机关及直属各单位领导共计50余人参加了会议。会议传达了全国农业厅局长会议精神,总结交流了上半年全市农业机械化工作,部署了下半年工作。

8 月 4 日

由天津市农业机械鉴定站和天津拖拉机制造有限公司共同承担的“玉米生产机械化技术示范推广”项目通过验收。

8 月 12 日—15 日

天津市农业机械局举办天津市农机系统高层研修班。研修班由局党委书记、局长刘宝忠和副书记陶旭分别主持,局党委班子成员、市农业工程系列高、中级评审委员会专家库的成员等60余人参加了研修班。农业部农业机械化管理司副司长刘宪、中国农业大学白人朴教授、中国农业机械化科学研究院总工程师方宪法和市农村工作委员会处长吕福旭分别就现代农业发展现状及前景展望、全国农业机械化发展形势、重点任务及要求,天津面临的形势与挑战等主题做了专题报告。

8 月 28 日

天津市农业机械局举办农机专业合作社培训班。各区县农机局主管局长、管理科长及合作社理事长近100人参加了培训。培训班由市农业机械局副局长胡伟主持。

9 月 14 日

农业部农业机械监理总站印发《关于公布庆祝建国60周年农机安全建立功勋人物名单的通知》,市农业机械局党委副书记陶旭被授予“新中国成立60周年安全监理功勋人物”。

9 月 15 日

农业部农业机械化技术开发推广总站印发《关于公布新中国成立60周年农机推广功勋人物推选结果的通知》,市农业机械局副局长胡伟、科教处原处长戴冠英被授予“新中国成立60周年农机推广功勋人物”。

9 月 22 日

天津市农业机械局召开全市农机购置补贴工作会。区县农机局局长、管理科长参加了会议。市农业机械局局长刘宝忠、副局长刘志伟出席了会议。会议传达了农业部《关于切实做好2009年第二批农机购置补贴资金实施工作的紧急通知》精神，并在总结上半年全市农机购置补贴工作进展情况和存在问题的基础上，对全市中央财政第二批农机购置补贴资金的使用做出了具体安排。

9月28日

由天津市农业机械局承担的保护性耕作机械化技术推广项目通过市农村工作委员会组织的秋季验收。

10月21日

天津市农业机械局召开全市农机系统学习贯彻实施《农业机械安全监督管理条例》会议。市农村工作委员会副主任蒋凡凡出席会议并讲话。市农业机械局局长刘宝忠主持会议，各区县农机局局长、市局机关有关处室及直属单位负责人参加会议。

10月22日—24日

由天津市农村工作委员会组织、市农业机械局协办的天津市第七期农业行政执法人员（农机执法类别）培训班举办。来自全市160余名农机行政执法人员参加了培训。市农村工作委员会副主任张世纬、市农业机械局局长刘宝忠出席开班仪式并讲话。培训班由市农业机械局副局长胡伟主持。南开大学法学院副院长、博士生导师傅士成和市第二中级人民法院副院长王红卫分别就《中华人民共和国行政处罚法》和《中华人民共和国行政诉讼法》有关内容进行了讲解；农业部农业机械试验鉴定总站副站长刘旭、农业部农机监理总站副站长涂志强、农业部农业机械化管理司综合处调研员李斯华分别就《农机化质量管理体系》、《农机监理法规与行业执法规范》、《中国农业机械化法律法规与发展政策体系》进行了专题讲授。

10月22日—24日

农业部节能产品及设备质检中心（天津）通过了由农业部组织的复查评审。

10月30日

天津市农业机械局对口帮扶的蓟县尤古庄镇尤古庄村"农民读书屋"落成，市农业机械局局长刘宝忠为"农民读书屋"揭牌。

11月3日

天津市农业机械局开展农机专业合作社业务知识考核。区县农机局主管局长、管理科长及相关工作人员40余人参加了考试。

11月3日

天津市农业机械局召开全市农机补贴工作阶段总结会。市农业机械局副局长胡伟、纪检书记张顺义和12个涉农区县的农机局主管局长和管理科长参加了会议。

河 北 省

2009年1月6日

河北省农机生产与流通企业协会成立并召开第一届会员大会。省农业厅副厅长张文军、省农业机械化管理局局长张连才出席会议并讲话。

2月5日

农业部农业机械化管理司副司长刘恒新到河北省督导抗旱工作。刘恒新副司长深入临漳县察看旱情和小麦保护性耕作示范田，听取了当地政府和有关部门抗旱工作汇报。

2月8日

农业部副部长危朝安到河北省指导抗旱工作。在副省长张和等领导陪同下，危朝安深入邯郸、邢台、石家庄、衡水、保定等地查看旱情。期间，危朝安察看了深泽县保护性耕作麦田和河北农哈哈公司节水精播机具。

3月11日—12日

河北省农机工作暨农机补贴政策培训会在石家庄市召开。会议总结了2008年工作，部署了2009年工作；表彰了2008年度先进单位和先进工作者；对2009年农机补贴有关政策进行了培训。省农业厅副厅长张文军、农业机械化管理局局长张连才出席会议并讲话。

4月15日

河北省人民政府办公厅印发《关于做好小麦联合收割机跨区机收工作的通知》，要求各设区市政府、各县（市、区）政府和各有关部门加强领导，明确职责分工，确保小麦机收工作顺利进行。

5月20日

河北省农业机械化管理局在新乐市举行跨区作业队出征仪式。中央电视台、人民日报、河北日报等中央和省新闻媒体记者现场采访。

5月22日

中央电视台新闻联播节目播出新乐市跨区作业队出发仪式。现场采访了河北省农业机械化管理局副局长田继来以及新乐市农机局局长马清波。

6月4日

河北省农业机械化管理局在邯郸市临漳县举行小麦机收开机仪式。自此，全省小麦收获自南向北陆续展开，"三夏"机收大会战拉开序幕。省农业机械化管理局局长张连才主持仪式，省农业厅副厅长朱立杰讲话并宣布全省小麦机收会战正式启动。

6月11日

河北省人民政府副省长张和在石家庄市就小麦收获进行调研。张和强调，夏收是虎口夺粮，各地要抓住有利时机抢打抢收，确保小麦丰产丰收。省农业厅厅长赵国岭、农业机械化管理局局长张连才等陪同调研。

6月22日

河北省小麦收获结束，机收率97.52%。期间，全省组织120万台农业机械投入"三夏"作业，其中联合收割机7万台（含引进外省1万台），日收获进度连续3天超过266.67千公顷，创日投入机具、日机收面积两项历史新高。

6月24日

河北省玉米播种完毕，机播率占播种面积2 133.33千公顷的82%。期间，投入播种机械11万多台，各地采用小麦机收、秸秆机械粉碎还田、玉米免耕播种"一条龙"作业模式，小麦收获一块，玉米播种一块，机收机播同时进行，加快了作业进度。

10月10日

农业部部长孙政才、副部长危朝安在农业机械化管理司司长宗锦耀陪同下，到河北省就秋冬种工作进行实地考察。河北省省长胡春华、副省长张和及相关部门负责人陪同考察。

10月15日

河北省农业厅厅长赵国岭、副厅长张文军在厅办公室、人事处、计财处等负责人陪同下，到省农业机械化管理局进行工作调研，先后听取了省农业机械化管理局和省农机鉴定站、修造站、监理站、推广站的工作汇报，对今后的农机工作提出了要求。

10月16日—17日

澳大利亚农业专家Jack博士到河北省承德市考察保护性耕作工作。Jack博士分别参观了丰宁县保护性耕作农田（留茬地），考察了免耕播种、节水精播机具，观摩了秸秆压块生产试验，并进行了工作交流与技术指导。

山 西 省

2009年1月5日—8日

山西省组织召开非通用类农机购置补贴选型会议。会议决定，来自全国213个生产企业的13大类36个小类105个品目2 739个产品入选山西省非通用类农机购置补贴机具目录，同时，确定了94个农机购置补贴定点经销商。

1月9日

2009年农业部全国科技下乡活动(华北区)启动仪式在山西省曲沃县举行，省农业机械技术推广总站和省农业厅科教处共同承办。

1月

山西省成立农机补贴工作领导组及农机补贴办公室。省农机局局长王立伟任组长，副局长戴建功、纪检书记郭廷荣任副组长，办公室设在局农机装备处。

2月2日

山西省副省长刘维佳在省农机总公司调研时对2009年农机购置补贴资金工作做重要指示。

2月20日

山西省人民政府授予省农机局“安全生产先进单位”，授予省农业机械安全监理总站“安全生产科技创新先进单位”。

2月23日

山西省农机购置补贴工作会议召开，总结了2008年度全省农机具购置补贴工作，表彰了2008年度农机具购置补贴工作先进单位和个人。省农机局局长王立伟作了重要讲话，省农机局副局长戴建功安排部署2009年农机具购置补贴工作，同时对《山西省农机购置补贴网上审批及电子档案管理系统》使用操作进行了培训。

2月25日—3月3日

应南非西开普省农业部邀请，由山西省农机局副局长许继光带队一行5人前往南非进行农业机械化项目洽谈。双方就旱作节水农业技术、保护性耕作技术等相关农业机械化技术进行了交流，在农业生产、农业机械贸易、农业综合开发等相关项目合作方面进行了广泛而深入的探讨。

2月

山西省编办下发“晋编办字[2009]48号”文件，批准省农机局增设农机社会化服务管理处、农机装备处。

3月6日

山西省农业机械化质量监督管理工作会议在太原市召开。会上总结2008年全省农机质量监管工作，部署了2009年农机质量监管工作，表彰了2008年农机质量监管先进单位和个人。

3月12日

山西省农业机械化工作会议召开。会议分析总结了2008年全省农业机械化工作形势，部署了2009年全省农业机械化工作。省人民政府副省长刘维佳出席会议并作重要讲话。

3月13日

第四届北方现代农业设备推广展示会在山西现代农机推广展示服务中心隆重举办。

3月14日

山西省农机推广工作会议召开，11个市分管局长、推广站长和16个农机推广旗帜县局长参加了会议。会议总结了2008年农机推广工作，部署了2009年农机推广工作。

3月15日

山西省农机局和临汾市农机局共同在临汾市尧都区举行山西省315农机维权暨农机购置补贴大型宣传咨询活动。

3月23日

山西省农机局相继与中国农业发展银行山西省分行、山西省农村信用社联合社联合发文，对纳入本省农机购置补贴范围、符合国家金融信贷政策、承担购机补贴任务的农机生产、销售企业、购机农民、农机生产经营合作组织予以信贷扶持。

4月3日

中共山西省委书记张宝顺在听取省农机局农机补贴工作汇报后强调，一定要把这项工作很好地推进，充分利用国家扶持的机遇，大力推进我省农业机械化发展。

5月22日

山西省人民政府召开“三方万户百日”农机大回访行动动员电视电话会议，要求各级农机部门要进村入户，见机见人，全面了解农机具购置补贴实施情况和农业机械化发展现状，通过深入调查回访，掌握实情，使全省农机购置补贴工作更加科学有效开展。

6月28日

山西省农机局在长治市隆重举行第二轮全省“创建平安农机”活动启动仪式。

6月30日

山西省信息宣传工作及办公室主任培训会议在太原市召开，会议分析总结了近年来全省信息宣传工作情况，部署了2009年信息宣传工作任务，并就如何加强信息宣传工作，组织市县办公室主任进行了相关业务知识培训。

7月16日

山西省农机局出台《关于进一步加快全省农机专业合作社建设的意见》。

7月29日

山西省农机局下发“晋农机人字[2009]35号”文件，任命李武代同志为山西省农业机械试验鉴定站站长，高太宁同志为山西省农业机械试验鉴定站副站长，同时免去李武代山西省农业机械试验鉴定站副站长和高太宁农业机械试验鉴定站总工程师职务。

8月3日

山西省民间组织管理局批准山西省农业机械学会更名为“山西省农业机械与农业工程学会”。

8月12日—13日

山西省农业机械与农业工程学会第六次会员代表大会在太原市召开。

8月22日—24日

中国农业工程学会年会在山西省太谷县举行，全国123个单位和500多名中国农业工程专家、学者及代表参加了年会。会议围绕当前和未来现代农业工程发展中的重大技术问题进行了研讨。副省长刘维佳到会作了重要讲话，原农业部副部长洪绂曾出席了会议。中国工程院院士汪懋华等作了学术报告。国际农业工程学会及来自日本、加拿大等国家和7个国际和国外学会组织派人参会并作报告。这次会议由中国农业工程学会主办，山西农业大学、山西省农机局和山西省农机与农业工程学会承办。

9月17日

山西省马铃薯机械化作业暨农机推广旗帜县建设现场会在大同县召开。

9月25日

山西省农机局总工程师张培增、原平市农机推广站站长兰俊田被农业部农业机械化技术开发推广总站评为新中国成立60年农机推广功勋人物。

10月13日

山西省副省长刘维佳就扶持发展农机工业作出指示，要求加大工作力度，促进企业发展。

10 月 19 日

山西省农机局副局长姚建忠陪同乌克兰埃克思特鲁杰耳科研生产联合公司董事长苏里马瓦西里，到省农业机械化学校考察商洽校企合作事宜。

10 月 21 日—26 日

由农业部、山西省人民政府和中国国际贸易促进委员会共同主办的中国(山西)特色农产品交易博览会在山西省展览馆举行。

10 月 30 日—11 月 4 日

农业部 948 项目保护性耕作系列机具与关键技术项目的引进机具和消化吸收研制机具现场展示、演示活动在晋中市榆次区举办，省农机推广总站和项目承担单位共同承办。

11 月 2 日

山西省农业机械化研究院主办的《农产品加工》杂志被国家新闻出版总署选入"全国农家书屋"重点推荐报刊目录。

11 月 9 日

山西省农机局在清徐县高华举行山西省农业机械服务"4S"店暨农机维修检测站揭牌仪式。农机服务"4S"店的开办在山西尚属首家，将为提升全省农机社会化服务水平起到典型示范作用。

11 月 9 日

中华农业科教基金会在太原市召开"2009 年度神内基金农技推广"颁奖大会，山西省运城市盐湖区农业机械推广站王晋生、屯留县上村镇岭上村农机科技示范户穆峰刚、平定县张庄镇上马郡头村农机科技示范户祁素兵获 2009 年度神内基金农技推广奖。

11 月 20 日

为解决温室大棚标准化重建问题，山西省农机局在太原市召开日光温室棚架设备议标会议。会议决定，省农机局对温室设施设备实施 30% 的购置补贴政策。

11 月 25 日

山西省农机局副局长姚建忠随农业部考察团，赴美国参加现代化农业及装备技术考察培训。

全年山西省人民政府组织开展为期一年的农机安全生产专项整治，共分制定方案、逐级发动，排查摸底、自查自整，省市县三级联动分类整治和回头看、再检查四个阶段稳步进行。通过专项整治，全省完成了"3 个 100%"整治目标，即：应上户机车注册登记率达到 100%，所有登记机车 100% 配有正式驾驶员，所有登记机车应检率达到 100%。

内蒙古自治区

2009 年 2 月 17 日

内蒙古自治区农牧业厅决定 2009 年继续为农牧民办 10 件实事，其中，将实施保护性耕作技术 733.33 千公顷列为 10 件实事之一。

2 月 19 日

内蒙古自治区农牧业工作会议农业机械化专业会在呼和浩特市召开。会议总结交流了 2008 年农业机械化工作，研究部署了 2009 年农业机械化工作，同时表彰了先进。

2 月 24 日

全区农机安全生产工作会议在呼和浩特市召开。会议分析了当前农机安全生产工作面临的形势和任务，表彰了 2008 年度农机安全监理目标管理先进单位及个人，研究部署了 2009 年农机安全监理工作。

3 月 3 日

内蒙古自治区农牧业厅与自治区农村信用社联合社联合发文，启动农机具购置专项贷款政策，为农牧民提供配套贷款支持。

3 月 12 日

内蒙古自治区落实农机购置补贴政策会议在呼和浩特市召开。内蒙古自治区农牧业厅副厅长翟琇作了题为《认清形势，增强信心，全力做好农机购置补贴工作》的讲话。就此，内蒙古 2009 年农机购置补贴工作全面启动。

3 月 13 日—14 日

内蒙古自治区盟市农牧机技术推广站站长会议召开。会议探讨了农机推广工作面临的新形势、带来的新机遇、提出的新任务，促进基层农业技术推广体系建设、加强农机技术推广服务工作的思路和措施。

3 月 15 日

2009 年全区盟市农牧机产品质量监督投诉站站长会议召开。会议学习贯彻了《农业部关于进一步加强农业机械化质量工作的意见》和农业部《农业机械质量投诉监督管理办法》，总结交流了 2008 年全区农牧业机械质量投诉监督工作取得的成效和经验，并研讨自治区进一步加强农牧业机械质量投诉监督工作及体系建设意见。

4 月 7 日

内蒙古自治区农牧业厅出台《内蒙古自治区农牧业机械推广鉴定实施办法(试行)》。本办法共七章三十二条，分别从申请、审查与受理、鉴定与公告、监督管理、审查和检验人员管理等方面作了规定。

4 月 7 日

内蒙古自治区农牧业厅印发《2009 年内蒙古自治区农牧业机械化质量工作方案》，启动"农机化质量工程"。"农机化质量工程"整合自治区农机系统各级质量监督管理资源，健全和完善了全区质量监督投诉体系，规范了农机营销、作业、维修市场。

4 月 17 日

内蒙古自治区农牧业厅出台《内蒙古自治区落实农机购置补贴政策监察办法(试行)》，启动监察员制度，全区确定 210 名监察员进入补贴购机现场实施监督，对购机补贴重点环节进行全程监控。

5 月 5 日

内蒙古农业机械学会增补自治区农牧业厅农机局副局长郭跃为学会第六届理事会副理事长。

5 月 6 日

内蒙古自治区农牧业厅印发自治区 2009 年开展农牧业机械化教育培训大行动实施方案，明确了教育培训工作思路、任务目标和内容。

5 月 12 日

内蒙古农业机械化示范园区建设专家组成立暨第一次研讨会召开。会议讨论了内蒙古 2010—2015 年农业机械化示范园区建设六年规划(提纲)、内蒙古 2009 年农业机械化示范园区建设实施方案、示范园区技术标准和效益指标体系。

5 月 26 日

内蒙古农牧业厅出台《内蒙古自治区拖拉机驾驶培训机构教学人员管理办法(试行)》。该办法共六章二十条，规定了教学人员的条件、申请程序、考核办法，严明了证件与教学管理。

6 月 4 日

内蒙古自治区机械剪羊毛比赛暨鄂尔多斯市机械剪毛现场培训会在伊金霍洛旗召开，比赛评出一、二、三等奖。

7 月 16 日

内蒙古自治区农牧业厅与中国农业机械化科学研究院共建保护性耕作示范园区合作协议签字仪式暨新闻发布会在

呼和浩特市举行。农业部农业机械化管理司司长宗锦耀出席会议并讲话。双方合作从2009年开始,利用5年时间,建设农田保护性耕作示范园区47个,建设规模156.67千公顷;建设草地保护性耕作示范园区5个,建设规模16.67千公顷。

7月28日

内蒙古自治区农牧业厅农机局编制印发《内蒙古自治区农机化示范园区建设标准制度汇编》。本汇编分四部分,分别是技术标准体系、建设标准体系、制度建设体系、效益统计指标和牌坊标牌样式。

8月2日—3日

由内蒙古自治区农牧业厅、中国农业机械化科学研究院、农业部保护性耕作研究中心、呼伦贝尔市人民政府共同主办的内蒙古保护性耕作发展论坛在呼伦贝尔市举行。全国人大常委会农业和农村委员会副主任、农业部原副部长路明,农业部农业机械化管理司副司长刘宪、中国农业科学院农业资源与规划研究所研究员赵秉强等出席论坛,就内蒙古保护性耕作发展趋势和发展重点进行研讨,中国农业机械化科学研究院院长陈志主持会议。

9月2日

农业部副部长张桃林、农业部农业机械化管理司副司长刘宪等在自治区农牧业厅副厅长翟琇、鄂尔多斯市副市长白玉岭陪同下,在鄂尔多斯市就农业机械化工作进行考察。

9月8日—18日

内蒙古自治区农牧业厅分别在赤峰市松山区、巴彦淖尔市临河区召开内蒙古东部区和西部区玉米联合收获暨农机新产品展示演示现场会,进一步推进自治区玉米机械化收获进程,促进保护性耕作技术及其农机新技术新机具推广。

9月25日

全国马铃薯生产机械化现场会在达茂联合旗召开。农业部农业机械化管理司司长宗锦耀等领导出席会议,马铃薯主产省农机管理部门负责人参加会议。内蒙古、甘肃、陕西、宁夏、贵州和内蒙古达茂联合旗的代表在会上就推进马铃薯生产机械化工作成效和经验作交流发言。

11月1日—30日

内蒙古自治区农牧业厅在全区农业机械化系统开展了《农业机械安全监督管理条例》学习宣传月活动。活动期间,利用电视、广播、报刊、网络等媒体大力宣传了该条例的内容、意义和作用。

辽宁省

2008年12月16日

2008年辽宁省农机购置补贴厂长(经理)座谈会暨铁岭高新区项目推介会在铁岭市高新区召开,省农业机械化管理局副局长曲平主持会议,50多家企业厂长(经理)与铁岭市高新区管委会领导参加,铁岭高新区管委会常务副主任周大禹作了主题演讲。

12月17日

2008年辽宁省农机购置补贴厂长(经理)座谈会在沈阳市召开,50多家企业参加。省农机质监站站长滕平作农机具质量监督情况通报;部分企业厂长(经理)座谈发言;省农业机械化管理局副局长曲平作总结讲话。

2009年1月9日

全省农机局长会议在沈阳市召开。各市、县农机局长等120余人参加会议。会上有6个典型单位作了经验介绍,省农业机械化管理局副局长曲平作工作报告。

2月17日

由辽宁省政务公开办公室、辽宁省人民政府纠风办公室主办,民心网承办的2009辽宁省农机购置补贴新闻发布会在沈阳市召开。省纪律检查委员会纠风室副主任黄建华主持,省农业机械化管理局副局长曲平宣布发布词,并对记者提出的问题进行解答,省财政厅副厅长金允坤讲话。各市农机局局长、财政局科(处)长,省农村经济委员会有关处室、直属单位,畜牧、林业、水产等单位代表参加会议。

3月5日

辽宁省农业机械化管理局副局长曲平到辽宁电台乡村台直播间现场解答农机购置补贴的有关政策和具体操作程序、办法等,接受听众电话咨询和记者访谈。

3月14日

辽宁省第五届农机具展示暨补贴现场会在铁岭市高新区省农业机械化扶持发展中心农机具展示基地召开,全省各级农机管理部门、农机专业合作社、农机大户和广大农民朋友近4万人参加展示会。省农业机械化管理局副局长曲平主持会议,农机专业合作社和企业代表发言,农业部农业机械化管理司副司长刘宪、省人民政府副秘书长王世伟到会讲话。会上,第一批购机农民代表领到了政府购机补贴资金。

3月26日

中央电视台晚间新闻联播播发全国春耕备耕生产情况报道,其中涉及辽宁农机保墒播种情况。

4月8日

辽宁省农机春耕生产现场会在沈阳市召开。会议代表参观了沈阳市沈北新区财落乡旱田机播现场。

4月28日

辽宁省水稻插秧机械化现场会在营口市召开。会议代表参观了大石桥市水源乡前沿村机具现场演示,营口市、盘锦市、东港市农机部门介绍了发展水稻机插秧的经验。省农村经济委员会主任刘长江参加会议并讲话。

5月4日

"千方百计扩大内需,4 500万元补贴拉动农民购机投资3.3亿元"被辽宁省直机关工作委员会评为省直机关第一季度最佳实事,受到通报表扬。

5月4日

辽宁省农业机械化管理局制定《辽宁省农机科技大培训实施方案》。该方案计划在全省开展农机教育培训大行动,使10%以上的农机管理、技术和作业服务人员接受一次培训,共培训15万人次,其中,培训新购机农民5万人次。

5月19日

辽宁省农业机械化管理局副局长曲平等接见日本井关农机(常州)有限公司总经理石井先生一行。

6月16日

辽宁省农机购置补贴工作会议在沈阳市召开。会议通报了全省补贴工作进展情况、资金拨付情况和补贴工作中存在的问题。省农业机械化管理局副局长曲平作总结讲话。提供补贴机具企业的负责人参加会议。

7月28日

辽宁省农机半年工作总结会在铁岭市召开。各市农机局长、农委分管副主任分别汇报本市农机上半年工作情况,省农业机械化管理局副局长曲平作总结讲话。

9月16日

辽宁省昌图县平安堡乡农业技术综合服务站站长兼平安堡乡农机专业合作

社理事长范甲柱被农业部评为“建国六十周年百名‘三农’模范人物”。

9 月 18 日

辽宁省玉米机收暨秋季农业机械化生产现场会在沈阳市召开。辽宁省人民政府副省长陈海波、省政府副秘书长王世伟、省农村经济委员会主任刘长江、副主任张景山、副巡视员曲平及各市、县(市、区)农机局长、推广站长参加会议。与会代表在沈阳市沈北新区新城子乡小洋河村观看了玉米生产机械化机具展示及现场演示。省农村经济委员会副巡视员曲平作动员报告,张景山作总结讲话。

9 月 26 日—27 日

辽宁省暨盘锦市水稻机收现场会召开。

11 月

辽宁省农业机械化管理局印发《2010 年辽宁省农机经销商管理办法》。

吉 林 省

2008 年 12 月 4 日

由吉林省农业委员会主办,省农业机械化管理局、省农业机械化技术推广总站、省农业机械管理总站、省农业机械试验鉴定站承办的吉林保护性耕作论坛在长春市召开。来自省内外有关专家、学者、有关部门领导和部分承担部级保护性耕作项目县责任人参加了论坛。论坛由省农业机械化管理局局长成洪主持。省农业委员会副主任陈巳到会并作了“发展保护性耕作,促进生态文明,保证粮食安全”的主题发言。

2009 年 1 月 5 日

吉林省现代农业生产发展资金农业机械化项目专家论证会在长春市召开。省农业委员会、省财政厅组织召开了该项目论证会。会议邀请了中国农业机械工业协会理事长高元恩、黑龙江省农垦总局农机局调研员陈必安、八一农垦大学教授王智敏、吉林大学教授马成林、中国农业机械化科学研究院研究员刘汉武等专家出席。省农业委员会副主任陈巳、农业机械化管理局局长成洪、财政厅农业处副处长张宏伟等参加了会议。

1 月 14 日

吉林省人民政府召开农机补贴资金使用安排专题会议,省长韩长赋、副省长王守臣专门听取了省农业委员会主任臧忠生关于全省农机购置补贴资金使用安排的汇报。2009 年购机补贴工作的突出特点就是省政府高度重视,补贴工作比往年可提前一个月。

1 月 16 日

吉林省人民政府副秘书长、省农业委员会主任臧忠生在省政府政务大厅召开了新闻发布会。介绍了 2009 年全省农机补贴、全程农业机械化示范区建设和一汽生产的农用卡车补贴的有关政策。2009 年,国家投入吉林省第一批农机购置补贴资金 6 亿元,资金额度是 2008 年的 2.4 倍,也是全国最多的省份之一。除中央补贴资金外,省政府又安排了 2 亿元的配套资金,全省农机补贴资金达到 8 亿元,投入力度之大前所未有。

2 月 9 日

吉林省人民政府省长韩长赋一行到长春市调研农机下乡工作,考察农机大市场、长春农机产业园建设和发展等情况。省委常委、长春市委书记高广滨,长春市市长崔杰,省长助理王化文,省政府秘书长王云岫,副秘书长、省农业委员会主任臧忠生,省农业机械化管理局局长成洪参加了调研。

2 月 18 日—19 日

吉林省农机专业工作会议在长春市召开。会议由省农业机械化管理局局长成洪,副局长翟延华分别主持,各市(州)农委,县(市、区)农机局领导,省农业委员会直属农机事业单位科长以上人员及新闻媒体等参加了会议。省政府副秘书长、省农业委员会主任臧忠生和省农业委员会副主任陈巳到会并作了重要讲话。

2 月 20 日

吉林省 2009 年农机补贴产品供应商培训班在长春市召开,省农业机械化管理局局长成洪、副局长翟延华,33 家农机补贴、“一汽”有关产品补贴定点供应商和有关生产企业的代表等 100 多人参加了培训班。

3 月 10 日—12 日

2009 中国吉林现代农业装备暨农机购置补贴产品展示交易会在长春市国际会展中心广场举行。省委副书记王儒林宣布交易会开幕,省人大常委会副主任杨绍明、省政协副主席任凤霞向全程机械化示范区的购机农户代表颁发了新购拖拉机钥匙。省政府副秘书长、省农业委员会主任臧忠生在展示会上讲话。

3 月 18 日

吉林省农业委员会监察室会同省农业机械化管理局组成 4 个检查组,对全省各地农机购置补贴和汽车补贴情况进行专项检查,对个别地方出现的违背农民意愿指定供应商购车的情况提出整改措施。

3 月 29 日

吉林省加快实施全省农机购置补贴工作紧急会议在长春市召开。各市、州农委(农机局)、农机处(科)长,各县(市、区)农机(农业)局长 80 多人参加了会议。省农业委员会副主任陈巳到会并对近期全省农机补贴工作进行了总结和部署。省农业机械化管理局局长成洪主持会议。

4 月 1 日—2 日

吉林省农业委员会副主任陈巳、省农业机械化管理局局长成洪深入到榆树市和九台市,就现代农业生产发展资金农业机械化项目进行检查指导。

4 月 3 日

为确保国家和吉林省农机补贴惠农政策落实到位,吉林省农业委员会制定了《吉林省农机购置补贴工作监督管理办法》。办法规定,省农机行政主管部门负责机具购置补贴实施方案制定、补贴机具选型、资金审核与结算、补贴政策执行工作的监督、检查、指导和投诉、信访案件的调查处理等相关工作;县(市、区)农机行政主管部门负责本县的实施方案制定、补贴政策宣传与咨询服务、补贴受益对象确定、公示、与购机者签订补贴协议、协调供货及售后服务、组织农民验收、机具使用监管、应急事件的上报及本级应该承担的各项工作;乡(镇)农机管理服务站负责补贴政策宣传及咨询服务、组织农民申报、机具使用情况跟踪调查和日常管理、应急事件上报等工作。

4 月 14 日

吉林省农业委员会印发《关于开展全省农机惠农政策落实情况监督检查的通知》(吉农机[2009]200 号),成立了以省农业机械化管理局、驻农业委员会监察室、法规处及农业委员会直属农机事业单位领导组成的 3 个监督检查组,分两次对全省农机惠农政策落实情况进行监督检查,发现问题,及时纠正。

8 月 6 日

吉林省人民政府副省长王守臣在省政府副秘书长李福升、省农业委员会主任任克军的陪同下,视察了九台市和榆树市现代农业机械化示范基地建设情况,听取了省农业委员会和九台、榆树两市政府的汇报。王守臣作了“要用四年的时间把示范区建成国内一流、世界先进的现代农业农机化示范园区”的重要讲话。

8 月 7 日

吉林省农业委员会与省财政厅共同组织的吉林省全程农业机械化示范区建设暨落实农机购置补贴政策工作会议在长春市召开。会议由各市(州)、县(市、区)农委、农机局、财政局主管主任、局长及主管项目工作的农机处(科)长参加会议。省农业委员会副主任吴晓光主持,省农业委员会主任任克军、省财政厅副厅长孙玉刚、省监察厅驻省农业委员会纪检专员王峻岩参加会议。

8 月 28 日

吉林省农业机械化管理局在通化县举办了全省农业机械化信息员培训班。各市、州、县(市、区)农业机械化信息员 80 多人参加了培训。培训班重点对农业机械化信息宣传新闻采集与写作、农业机械化政务办公系统使用知识进行了培训,省农业机械化管理局副局长翟延华出席开班仪式并讲话。

9 月 16 日

农业部授予农业战线 100 名同志“新中国成立 60 周年‘三农’模范人物”荣誉称号。敦化市农机局局长贾非作为农业机械化系统代表获此殊荣。

9 月 28 日

吉林省保护性耕作现场演示会在梨树县召开。各市、州、县(市、区)农机局长、农机推广站长、农机大户等 400 多人参加了会议。会议由省农业机械化管理局副局长翟延华主持,会上,与会代表听取了梨树县政府关于推广保护性耕作技术典型经验介绍,参观了本省目前主推四种玉米保护性耕作技术模式示范田。省农业委员会副主任陈巳到会并作了重要讲话。

10 月 9 日

吉林省农业委员会、财政厅印发了《2009 年全省大型机械深松整地作业补贴工作实施方案》。方案明确 2009 年秋天和 2010 年春天全省实施大型机械深松深翻整地作业1 133.33千公顷,每公顷补贴 150 元,其中,省级财政补贴 8 500万元,市、县按 1:1 比例配套。

10 月 10 日

吉林省省长韩长赋在副省长王守臣、省政府秘书长王云岫及长春市市长崔杰等省和长春市相关部门领导的陪同下,深入到榆树市的刘家镇就农机生产作业准备情况进行检查和调研。

10 月 17 日

吉林省机械深松整地现场会在榆树市召开。会议由省政府主办,省农业委员会承办。各市、州,县(市、区)分管领导、农委主任、农机(农业)局长,省财政厅、省农业综合开发办公室分管领导,有关新闻单位、农业委员会直属农机事业单位及长春市部分乡镇 200 多人参加了现场会。会议由省政府副秘书长刘延春主持,副省长王守臣,省农业委员会主任任克军、副主任陈巳,长春市副书记李树国、省农业机械化管理局局长成洪等领导到会并与会议代表一同参观了榆树市刘家镇和五棵树镇两个深松整地现场。

1 月—11 月 15 日

吉林省农机购置补贴资金 8.5 亿元(包括中央财政补贴 7.5 亿元、省级财政补贴 1 亿元)汽车补贴 1 亿元已全部落实到位,补贴各类机具 7.5 万台(件),受益农户 6.5 万多户,拉动农民投入 22 亿多元。

黑龙江省

2009 年 3 月 2 日—3 日

黑龙江省农机工作会议在哈尔滨市召开。会上中国工程院院士蒋亦元教授、黑龙江农垦总局北安分局红星农场副场长王文富、大连理工大学博士生导师吴策分别就保护性耕作技术、农业机械现代化管理、等离子体种子处理技术进行讲解;会议传达了全国农机专业会议精神;省农业委员会副主任李文华到会讲话;牡丹江市农机局等五个单位就加强农机宣传、秋整地、购机补贴、现代农业试点建设和农机推广工作分别做典型发言;对 2008 年度全省农业机械化工作先进单位及 2008 年度全省农机推广工作先进单位和个人进行表彰;省农业机械化管理局局长李国军作了题为《加快推进农业机械化 促进我省现代农业发展》的工作报告。各市(地)、县(市、区)农机局局长、农机推广站站长、省农委直属农机单位主要领导、省级有关新闻单位记者共 230 多人参加了会议。

5 月 25 日—27 日

农业部农业机械化管理司副司长刘恒新、中央纪律检查委员会驻农业部纪检组监察局一室主任祝东星、农业部农业机械化管理司调研员王家忠、农业部农业机械化技术开发推广总站计财处处长徐振兴一行,就农机购置补贴政策实施情况到黑龙江省进行调研。黑龙江省农业委员会副主任李文华,黑龙江省省农业机械化管理局局长李国军、副局长罗士刚,哈尔滨市农机局副局长何信等陪同调研。

5 月 31 日

以黑龙江省农业委员会文件形式下发《中华人民共和国农业机械化促进法》和《黑龙江省农业机械化管理条例》公布实施 5 周年纪念活动工作方案。

7 月 7 日

黑龙江省省长栗战书在省农业委员会、省财政厅、省发展和改革委员会和省农业开发办公室联合呈报的《关于利用中国银行贷款提前启动千亿斤粮食产能战略工程现代农机装备项目的报告》批示,原则同意贷款购置,可按此框架,由有关同志组织办理。

7 月 8 日

黑龙江省副省长吕维峰在《关于利用中国银行贷款提前启动千亿斤粮食产能战略工程现代农机装备项目的报告》批示:“请迅速按栗省长批示办。抓紧组织定货,以利于今秋使用农机设备。”

8 月 10 日—12 日

黑龙江省农业机械化管理局在五常市举办全省市(地)、县(市)农机局长培训班。这次培训班是落实农业部开展的农业机械化教育培训大行动的具体措施,共有 83 个市县农机局局长及省局机关工作人员 120 人参加培训。省委党校副校长祝福恩、省农机研究院院长何堤、省农垦总局农机局副局长陈必安主讲。

8 月 22 日

黑龙江省副省长吕维峰在省农业机械化管理局呈报的《关于呼兰区等五县、北安市和富锦市购置国内国外农机装备到位情况的报告》上批示:“现在关键是抓机构组建,一定要有新体制、新机制,达到自主经营、自我发展、自我积累、自负盈亏的目标。一定要超前准备人才,特别是技术人员。请农委、农机局和财政部门抓好此事。”

9 月 26 日

黑龙江省农业机械化管理局在齐齐哈尔市泰来县召开“黑龙江省保护性耕作工程启动工作会议”。省农业机械化管理局领导、齐齐哈尔市农委领导和 35 个县(市)农机局长、推广站长 120 人参加会议。会议参观了泰来县保护性耕作示范区和保护性耕作机具演示现场，齐齐哈尔市、泰来县、兰西县分别介绍了保护性耕作试验示范经验。会议总结了开展保护性耕作试验示范取得的阶段性成效，分析了实施保护性耕作的必要性和可行性，提出了开展保护性耕作的工作思路，用5年时间建成60个总规模达到133.33千公顷的高标准、高效益保护性耕作个城区；通过项目建设与辐射带动，新增保护性耕作面积2 333.33千公顷，占全省耕地面积的20%的建设目标。会议的召开标志着贯彻落实农业部保护性耕作工程工作在黑龙江省全面启动。

10月13日—14日

国务院副总理回良玉在黑龙江省考察农业农村工作。在水稻、大豆、玉米机械收获现场，回良玉详细询问2009年粮食单产、市场行情和机械收获的作业成本、收费方式等情况，强调机械化是发展现代农业的重要方向，要因地制宜地推进关键环节和重点时段的机械作业，努力提高农业劳动生产率。

上 海 市

2008年12月1日

上海市“精准农业变量施肥装备关键技术及应用”项目获市技术发明二等奖，市农业机械研究所为此项目第二完成单位。

12月23日

上海市农业机械化质量工作会议召开。会议传达学习了全国农业机械化质量工作会议精神，区(县)代表作了经验交流，市农机试验鉴定站站长汤发明总结了2008年工作并对2009年工作作了部署。市农业机械化管理办公室主任项冠凡对全市农业机械质量工作提出八方面要求。

2009年1月19日

2008年农业机械工作总结会议召开。市农业机械化管理办公室主任项冠凡对2008年农业机械工作进行全面总结，并对2009年工作进行部署，提出抓好七方面重点工作。市委农村工作办公室、市农业委员会副主任殷欧肯定了农机系统为发展现代农业、建设社会主义新农村作出的贡献，对农业机械工作提出“强化管理、抓准抓手、紧扣关键、加强调研”四点要求。

3月15日

上海市农业机械化管理办公室会同市工商行政管理局、市质量技术监督局等相关部门在崇明县召开“上海市315农机质量投诉监督暨新型农业机械展示活动”现场会。活动围绕质量监督的主题，设摊接受投诉，宣传农机打假知识，示范示教正确科学使用及推荐放心农机具，并现场受理农民投诉2起、发放资料2 000余份。

3月23日

朱小军担任上海市农业机械化管理办公室副主任。

4月7日—8日

农业部农业机械化管理司司长宗锦耀等在市委农村工作委员会、市农业委员会副主任殷欧，市农业机械化管理办公室主任项冠凡等陪同下，对上海市春耕备耕、农机购置补贴、农机安全生产等工作进行调研。宗锦耀对本市农业机械工作所取得的成绩给予充分肯定，同时提出要“完善扶持政策、培育发展主体、主攻薄弱环节、推进全面发展、提高服务能力”的要求。

4月10日

“油菜生产机械化成套装备研究”项目获农业部“神农”中华农业科技奖二等奖，上海市农业机械研究所为此项目第一完成单位。

4月30日

夏海荣担任上海市农机技术推广站站长。

5月11日

上海市“三夏”农机工作会议召开。会议就全市开展“三夏”农机安全生产大检查情况进行交流，同时对“三夏”期间的农业机械工作进行了部署，强调重点做好购机补贴工作(包括机具的调运、保养等)、深入推进机械化插秧、加大安全检查，确保“三夏”期间农机安全生产等工作，同时加强“三夏”联络工作，切实抓好各项工作。

6月1日

上海市农业委员会、市财政局印发《关于下达2009年农业机械项目资金计划指标的通知》，通报提高本市农业机械购置补贴标准，中央、市财政资金累加后的补贴标准为按机具价格的50%进行补贴，并规定享受补贴购买的机具，自购机之日起五年内不得转卖或转让。

6月22日

朱敏担任中共上海市农机系统事业单位联合委员会委员、书记。

6月26日

上海市农业机械化管理办公室在宝山区召开农机“安全生产月”活动现场会和农机安全生产交流会。会议听取了月浦镇聚源桥农机合作社“一用就管”情况的介绍。市农业机械化管理办公室陆建华总结和部署了全市农机机务管理工作，市农机监理所所长朱增有通报了上半年全市农机安全生产工作情况，并对“平安农机”创建工作提出要求，市农业机械化管理办公室主任项冠凡对会议作总结并对全市农业机械化工作进行部署。

7月31日

“温室关键装备及有机基质的开发应用”项目获国家科技进步二等奖，上海市农业机械研究所为此项目第三完成单位。

8月21日

上海市农业委员会召开农机专业合作社建设推进会。会议参观了上海兴洳农机专业合作社，松江区、浦东新区就建设农机专业合作社进行了经验交流。市农业机械化管理办公室主任项冠凡肯定了松江区、浦东新区在农机专业合作社建设所取得的成绩。市委农村工作委员会、市农业委员会副主任殷欧就农机专业合作社建设中资金扶持力度、库房建设、人员配置等工作提出要求。

9月21日

上海市农业委员会、市财政局印发《关于做好2009年本市水稻机械化育插秧生产补贴工作的通知》，对本市水稻机械化育插秧生产进行补贴，市财政补贴标准为30元/公顷，全市补贴面积超过21.33千公顷，其中市财政补贴资金达641万元。

9月28日

上海农机技术服务中心与上海农业机械化发展有限公司完成脱钩剥离工作。本次转制工作根据政企分开、管办分离的原则进行，从7月3日开始进入实施阶段，8月24日经过全体职工大会表决通过。

9月29日—30日

上海市举办农机安全生产事故防范培训研讨班及农机安全生产大检查交流会。研讨班学习了《农业机械安全监督管理条例》、《安全生产监督监察职责和行政执法责任追究的暂行规定》等相关文件。会议对全市“三秋”农机安全生产检查工作进行了总结交流，同时对下一阶段的农机安全生产工作进行部署。市农业机械化管理办公室主任项冠凡强调要保障"三秋"农机工作安全,同时对下一步工作提出四方面要求。

10 月 13 日—15 日

北京天津重庆上海直辖市农机工作座谈会召开。会议围绕各地区实施《中华人民共和国农业机械化促进法》5 年来取得的成效和经验,研究探讨农业机械化发展方向。北京市农业局副局长王振邦,天津市农业机械局副局长胡伟,重庆市农业委员会副主任、农业机械化管理办公室主任罗泽宽,上海市委农村工作办公室、市农业委员会副主任殷欧围绕法规建设、科技兴机、科教兴农等分别介绍贯彻落实促进法的经验,并针对地区特点交流和探索农业机械化发展现状和思路。

江苏省

2008 年 12 月 2 日

江苏省省长罗志军率省经贸、财政、农林等部门负责同志到金湖县调研,视察了兴鹏机械制造厂。

12 月 3 日

江苏省省长罗志军到新沂市考察经济社会发展情况。罗志军省长对农机专业合作组织开拓农机作业服务市场,大胆开展规模经营的做法给予充分肯定。他指出成立机插秧合作社,为农民提供从育秧到栽插的一条龙服务,把农民从繁重的劳动中解放出来,并解除了他们的后顾之忧,体现了新时期新农民的新思想,代表了农业机械化和农业现代化的发展方向。

12 月 8 日

江苏省第一期基层农机推广人员知识更新培训班在镇江市举办。江苏省将连续三年对基层农业推广人员进行知识更新培训工作,全面提升农机推广人员的综合素质。

12 月 12 日

江苏省农机购置补贴政策调研会在南京市召开,广泛征求全省各级农机部门对现行农机购置补贴政策实施意见和建议。

12 月 15 日

江苏省农机系统行风监督员座谈会在南京市召开。

12 月 15 日—19 日

江苏省第二期农机高层次科技人才研修班暨全省基层农机推广人员知识更新培训班在镇江市举办。

12 月 17 日

江苏省人大副主任柏苏宁一行在宝应县调研新农村建设,调研组视察了宝应县惠农机插秧合作社。

12 月 18 日

江苏省农机试验鉴定站建站 50 周年暨江苏省农业机械试验鉴定基地落成庆典在南京市举行。农业部副部长张桃林,省委常委、副省长黄莉新分别发贺信表示祝贺。

12 月 23 日

2008 年度江苏省特色农业机械化技术示范推广工作总结表彰会在南京市召开。

12 月 26 日

江苏省农机政策性保险与报废更新工作座谈会在南京市召开。

2009 年 1 月 9 日

江苏省农机推广工作会议在南京市召开。

1 月 13 日

江苏省农业机械化工作会议在南京市召开。江苏省委常委、副省长黄莉新等领导以及市、县农机局长、列名联系农机企业、科研院校的代表等共 400 多人参加了会议。

1 月 13 日

江苏省农机安全生产和服务组织推进会在南京市召开。对 7 个国家级"平安农机"创建示范县、13 个省级"平安农机"创建示范县、第二批 136 个示范乡镇以及 120 个明星农机服务组织、100 个农机大户和 80 个农机经纪人进行了表彰,省农机服务协会与洋马、东洋、久保田三家农业机械生产企业联合对 60 个农机服务组织进行了奖励。

2 月 13 日

江苏省农业机械管理局在常熟市召开陈新环同志获"全国技术能手"表彰大会。

2 月 20 日

江苏省送农机下乡活动启动仪式在涟水县高沟镇举行,江苏省委常委、黄莉新副省长出席启动仪式并讲话。

2 月 26 日—27 日

江苏省农机教育培训与职业技能鉴定工作会议在南京市召开。

2 月 27 日

江苏省农机购置补贴工作会议在南京市召开。会上对 2009 年农机购置补贴工作进行了部署。

3 月 10 日—13 日

江苏省农业机械管理局在南京市举办了全省市县农机局局长知识更新培训班。

3 月 15 日

农业部农业机械化管理司、江苏省农业机械管理局在姜堰溱湖风景区联合举办主题为"加强补贴机具质量监督确保购机补贴政策落实"的农机质量监督"315"活动。

3 月 26 日

江苏省农业机械化科学技术委员会成立大会在南京市召开。省农业机械化科学技术委员会由 23 位专家组成,省农业机械管理局科技质量处作为联络机构,负责办理农业机械化科学技术委员会的日常工作。

3 月 26 日

江苏省水稻机插秧推广工作座谈会在南京市召开。

4 月 4 日

农业部副部长张桃林、省委常委、副省长黄莉新视察位于南京市江宁区禄口街道的南京市农机检测维修服务中心。

4 月 8 日

第五届中国(江苏)国际农业机械展新闻发布会在南京国际博览中心金陵会议中心举行。

4 月 9 日—10 日

农业部总经济师张玉香、农业机械化管理司司长宗锦耀到常州市、南京市考察农业机械化工作。

4 月 9 日—13 日

华东地区农机局局长座谈会在江苏召开。

4 月 21 日

江苏省农业机械管理局会同省农林厅在南京市联合召开了全省水稻秸秆机械化还田及综合利用示范县建设座谈会。

5 月 7 日—8 日

江苏省秸秆机械化还田技术骨干培训班在扬州市举办。

5 月 12 日

江苏省油菜生产机械化示范县建设工作座谈会在南京市召开。

5 月 21 日

江苏省农机安全生产工作会议在南京市召开。

5 月 22 日

江苏省农机管理工作会议在南京市

召开。研究讨论星级示范农机专业合作社评比标准,对农机维修行政审批抽查、农机排气污染源普查考核验收、跨区作业、农机作业用油供应、农机质量与服务调研等工作进行了全面部署。

5月26日—27日

江苏省水稻插秧机作业技能竞赛活动在常州溧阳市举办。来自全省13个代表队的领队、技术指导、选手以及省农机局有关处室、直属单位的负责人参加了竞赛活动。

6月2日

江苏省委常委、副省长黄莉新在常州市、镇江市视察夏收夏种和秸秆机械化还田工作。

6月5日

江苏省委常委、副省长黄莉新到铜山房村镇视察"三夏"农业机械化工作。

6月10日

农业部部长孙政才到江苏视察"三夏"农业机械化工作,亲切慰问奋战在"三夏"生产一线的农机手。江苏省委常委、副省长黄莉新,农业机械化管理司司长宗锦耀,省农业机械管理局局长徐顺年,农业部有关司局负责人以及江苏省农林部门的负责同志陪同视察。

6月22日

苏北五市水稻机插秧推进工作会议在连云港市灌南县召开。

7月12日

江苏省第三期农机高层次科技人才研修班暨全省基层农机推广人员知识更新培训班在镇江市正式开班。

7月14日

江苏省农机政策法规工作座谈会在南京市召开。

7月16日—18日

江苏省秸秆机械化还田研讨会在无锡市召开。

7月21日

江苏省率先基本实现水稻生产机械化表彰会在南京市召开。江苏省委常委、副省长黄莉新,农业部农业机械化管理司副司长刘恒新等出席会议。

7月23日

江苏省畜禽粪便机械化处理及利用技术研讨会在海门市召开。

7月28日

江苏省人事厅和省农业机械管理局联合在南京市召开江苏省农业机械化工程高级专业技术资格评审资格条件座谈会。

8月3日

"江苏平安农机通信息服务网开发推广协议"在南京市正式签署,这既标志着"江苏平安农机通信息服务网"拉开帷幕,进入短信息功能开发、平台设计、信息采集、数据库建立等实施阶段,又是本省农机管理部门、江苏移动公司贯彻落实农业部与中国移动关于"共同推进农业农村信息化战略合作框架协议"的实际行动。

8月6日

华东省级农机推广站长会议在连云港市召开。

8月14日

江苏省委常委、副省长黄莉新在建湖县视察江苏东洋机械有限公司。

8月23日

江苏省农机教育培训与职业技能鉴定业务工作座谈会在南京市召开。

8月25日

为整合"产学研推"资源,加强江苏省高效植保机械科技创新中心建设,经省农业机械管理局批准,江苏省高效植保机械科技创新中心成立了专家委员会。该委员会由来自中国农业机械化科学研究院等单位19名知名专家、学者组成。

8月26日

由江苏省农机具开发应用中心、华辉动力机械(南通)有限公司联合创建的江苏省高效植保机械科技创新中心在如东县举行成立仪式。

9月15日

江苏省农机系统先进工作者和劳动模范表彰会议在南京市召开。江苏省委常委、副省长黄莉新,省委副秘书长胥爱贵、农村工作领导小组办公室副主任程玉松、省人大农业与农村委员会主任宋家新、省政府办公厅副主任杨根平、省人力资源和社会保障厅厅长徐郭平、纪检组长刘中、省农业委员会主任吴沛良等领导出席了表彰大会。全省农机系统共评选出40名先进工作者,享受市级劳模待遇。

9月16日

江苏省玉米生产机械化示范县建设工作座谈会在南京市召开,正式启动3个玉米生产机械化示范县建设工作。

9月30日

江苏省农业机械管理局、省财政厅组织专家对省农机技术推广站、省农机试验鉴定站、省农机具开发应用中心等有关单位承担实施的2005—2008年度农机三项工程项目《谷物干燥服务中心示范及节本技术产业开发》、《水稻机插育秧配套精少量插种机示范推广》、《杂交水稻机插育秧配套育苗播种机的研制开发》、《农作物秸秆捡拾打捆机械化试验示范》、《秸秆还田机械化技术试验示范与机具选型》等进行了验收。经评审,5个项目全部通过省级验收。

10月12日

江苏省农机科研、农机管理、农机推广部门的袁钊和、陆为农、樊家志、吴介中等4位同志获建国60周年农机推广功勋人物殊荣。省农机安全监理系统的陆立国、陆立中、谢久保等3位同志获得建国60周年农机安全监理功勋人物称号。

10月13日

江苏省农业机械管理局、省职称办公室在南京市联合召开全省农机工程职称工作会议,正式成立省农机工程高级专业技术资格评审委员会。

10月13日—16日

国家污染源普查工作验收组正式宣布包括农机排气污染源普查在内的江苏省污染源普查以考核全优成绩通过验收。

10月16日

江苏省农机节能与维修技术指导中心揭牌仪式在南京市隆重举行。

10月16日—18日

农业部农业机械化管理司司长宗锦耀在省农业机械管理局局长徐顺年、副局长沈建辉及有关处室负责同志的陪同下,对省农业机械化工作进行考察调研。

10月21日

江苏省稻秸秆机械化还田现场演示会在如皋市召开。

10月22日—23日

江苏省辖市农机局办公室主任会议暨全省农机化综合示范县建设工作座谈会在南京市召开。

10月26日

江苏省人大常委会副主任丁解民到镇江市丹徒区、南京市江宁区调研秸秆禁烧和综合利用情况。

10月29日

由江苏省发展与改革委员会、省农业委员会共同编制的《江苏省秸秆综合利用规划》通过专家评审。

11月13日

江苏省政府办公厅印发了《江苏省农业机械报废更新办法》。该《办法》的出台，对于促进本省农业机械更新换代，提高农业机械技术水平和作业效率，降低作业能耗，减少环境污染，保障安全生产，加快农业机械化科学发展将起到重要的促进作用。

11 月 24 日

江苏省阳光工程农机培训工作会议在徐州市召开。

11 月 24 日

美国爱科集团（AGCO）常州项目启动暨签约仪式在常州市举行，省委常委、副省长黄莉新出席仪式并会见爱科集团全球高级副总裁、东欧与亚洲地区总经理胡贝特斯一行。省农业机械管理局局长徐顺年、副局长王峰陪同。

浙 江 省

2008 年 12 月 4 日

浙江省副省长茅临生考察余姚市农业机械化示范基地建设。茅临生要求加大对农业机械化的扶持力度，特别是扶持先进新型适用农机具的引进推广应用，进一步降低生产成本，提高经济效益，促进农业产业发展。

12 月 10 日

浙江省农业厅、公安厅在瑞安市召开全省公安驻农机警务联络室建设现场会。农业厅副厅长赵兴泉、公安厅副厅长郑兴军出席会议并讲话。农业部农业机械化管理司派员参加。

12 月 24 日

《浙江省 2008—2012 年农业机械化发展规划》通过省发展和改革委员会组织的专家论证。《规划》对浙江农业机械化发展现状、基础和条件进行了全面分析，提出了发展农业机械化的指导思想和基本原则，明确了目标、任务、重点和具体措施。

12 月 29 日

杭州市萧山区、余姚市、温州市龙湾区、东阳市列为全国“平安农机”示范县（区、市）。

2009 年 1 月 6 日

浙江农业科学发展创业创新典范表彰大会在杭州市举行。会前，浙江省委书记赵洪祝等看望了受表彰的代表。婺城区群飞粮油机械化专业合作社等 10 个“粮食规模经营服务模式”获得“粮食生产十佳典范”称号。

1 月 6 日

浙江省副省长茅临生在《路桥区建设全国农业机械化示范区发展大农机》的专报信息上作出批示：“从浙江农业发展阶段看，机械化、设施化正当其时，如果机械化跟不上，将会因为劳动力成本上升而影响农业发展。适时推进机械化，各类农业经营主体就会应运而生，各类规模服务的方式也会推进，农业会在经营理念、方式上有新的突破，路桥区已走在前列，希望各市都应有重点地培育示范区（点），加大政府投入，引导工商资本投资农业机械化。”

1 月 14 日

浙江省农机购置补贴政策协调会在杭州市召开。省林业厅、海洋渔业局等部门相关人员参加会议。农业厅副厅长赵兴泉主持会议并讲话。

2 月 9 日

浙江省春耕备耕“五送”惠农服务活动在诸暨市举行。副省长茅临生参观农机展示区，与农机科技人员、农机大户亲切交谈。

2 月 10 日—11 日

浙江省农村工作会议在杭州市召开。浙江省副省长茅临生提出要大力发展农业机械化。

2 月 18 日—19 日

农业部农业机械化管理司司长宗锦耀到宁波、嘉兴、湖州等地，督导农机购置补贴政策实施，调研农业机械化工作。农业厅副厅长赵兴泉陪同。

2 月 25 日

浙江省安全生产工作会议在杭州市召开。会议通报了 2008 年全省安全生产情况及安全生产目标管理责任制考核结果。省农业厅连续第三年被评定为优秀。

3 月 5 日—6 日

浙江省农机购置补贴暨农业机械化促进工程项目实施工作会议在萧山市召开。会议部署了 2009 年度农机购置补贴政策和农业机械化促进工程项目实施工作，重点对规范政策项目实施提出了要求。农业厅副厅长赵兴泉到会并讲话。

3 月 6 日

浙江省市级农机监理所长会议在萧山市召开。

3 月 24 日—25 日

“2009 中国（浙江）农业机械展示会”在台州市路桥举行。来自国内外 130 余家农机生产企业参展，达成意向交易金额约 1.75 亿元。浙江省副省长茅临生，农业厅厅长孙景淼、副厅长朱志泉等出席开幕式。

4 月 22 日

“绿剑杯”第二届浙江省龙井茶机械炒制大赛在诸暨市举办。来自全省 23 家茶机企业参加了比赛。

4 月 22 日

浙江省副省长茅临生视察诸暨市水稻机插情况。茅临生指出：要积极探索适合机插的不同育秧方式，降低育秧成本，加快水稻机械化育插秧技术推广应用，推进水稻生产全程机械化。省人民政府办公厅副主任陈龙、农业厅厅长孙景淼陪同。

4 月 29 日

浙江省副省长茅临生视察余姚泗门现代化育秧基地。茅临生希望今后加大现代化育秧技术推广力度，让更多的农民切身享受到现代化技术带来的效益。

4 月 29 日

浙江省设施农业现场会暨全省农林渔场工作会议在余姚市召开。副省长茅临生在讲话中指出，各地和各有关部门要按照“保增长、促转型”的要求，大力发展设施农业，切实改变传统农业靠天吃饭的局面。

4 月 30 日

浙江省水稻机械化育插秧座谈会在杭州市召开。会议充分肯定了近年来浙江省推广水稻机械化育插秧取得的成绩，进一步明确了加快推广该技术的方向、重点和措施。农业厅副厅长朱志泉、赵兴泉到会并讲话。

5 月 8 日

浙江省农业机械化信息宣传工作会议在绍兴市召开。会议表彰了 2008 年度全省农业机械化信息宣传工作先进单位和个人，部署了 2009 年度农业机械化信息宣传工作。

5 月 15 日

浙江省人力资源和社会保障厅函复农业厅，经报国家公务员局同意，省农业机械管理局等单位参照公务员法管理。

5 月 15 日

浙江省早稻机插全面结束，机插面积达到了 23 490.27 公顷，比 2008 年增长 138.2%，早稻机插面积连续两年保持在 3 位数增长水平。

5 月 19 日

2009 年浙江省联合收割机跨区作业出征仪式在湖州市举行。省农业厅副厅长赵兴泉参加出征仪式。

5月21日

浙江省政府召开全省道路交通安全暨深化"平安畅通县(市、区)"创建活动电视电话会议,副省长金德水出席会议并讲话。会上公布了2008年度平安畅通县(市、区)名单。

5月25日

浙江省发展和改革委员会、农业厅联合印发《浙江省2008—2012年农业机械化发展规划》。

6月1日

浙江省农业机械化示范区建设现场会在诸暨市召开。农业厅副厅长赵兴泉到会并讲话。

6月11日

浙江省委副书记夏宝龙视察了武义万亩工厂化育秧基地。夏宝龙指出,粮食生产发展要通过提高机械化程度,降低劳动生产成本,提高生产效益。

6月16日

浙江省共有58个县(市、区)实施油菜机械化收获技术,较2008年增加18个县(市、区),投入油菜收获机械567台,示范点达371个,油菜机械化收获面积8 714.87公顷,较2008年增加323%。

6月24日

浙江省副省长茅临生对海宁市促进农业机械化的做法作出批示:浙江当前实现农业机械化(设施农业)既有条件有能力,也是必须的。浙江人多地少、劳动力成本高,要实现农业转型升级,大力推进农业机械化(设施农业)是基本出路。希望具备条件的各市县各显神通,走在前列。

6月26日

浙江省农业机械学会七届五次常务理事会在温州市召开。

7月14日—16日

浙江省农机首席专家暨设施农业技术培训班在杭州市举办。农业厅副厅长赵兴泉为全体学员作了《现代农业发展趋势及政策取向》的报告。

8月17日—18日

农业机械化形势分析暨行风建设座谈会在杭州市召开。会议分析讨论了全省农业机械化发展形势和农机系统行风作风建设情况,交流了上半年重点工作进展情况,部署了下半年工作。农业厅副厅长赵兴泉到会并讲话。

8月20日—22日

全国首期农机专业合作社理事长轮训班在杭州市开办。农业厅副厅长赵兴泉出席开班仪式并讲话。

8月26日—27日

浙江省农业机械化信息员培训班在杭州市举办。

8月31日—9月2日

浙江省农业厅副厅长赵兴泉赴江西省都昌县考察浙江省首家"走出去"农机合作社——路桥群欢粮食生产全程机械化专业合作社。该社跨省承包万亩耕地发展粮食生产。

10月14日—15日

农业部农业机械化管理司司长宗锦耀到衢州市、金华市等地,督导农机购置补贴政策实施,调研农业机械化工作。

10月27日—28日

浙江省农机监理业务培训班暨监理业务知识大比赛活动在嵊州市举行。

10月29日

浙江省市级农机监理所长会议在乐清市召开。

10月29日—30日

浙江省农机产品质量监督投诉业务培训班在杭州市举办。

11月18日

浙江省人大农业和农村工作委员会主任王良仟、副主任徐柏兴一行到农业厅调研农业机械化工作。调研组听取了省农业机械管理局局长杨大海关于落实《中华人民共和国农业机械化促进法》的工作情况汇报,了解农业机械化发展现状、存在问题及下一步工作打算。农业厅副厅长叶新才参加调研。

安徽省

2008年12月30日

由安徽省农业机械管理局组织起草制订的《麦玉两熟制麦秸秆还田机械化作业技术规范》、《稻麦两熟制麦秸秆还田机械化作业技术规范》、《山核桃脱腩机械化作业技术规范》和《温室大棚耕整地机械化作业技术规范》4个地方标准通过省农业标准化技术委员会专家评审会审定。

2009年1月3日

安徽省农机推广总站"粮食丰产科技工程—安徽稻麦生产农艺农机双适应关键技术研究"项目课题组获省科技厅"先进课题组"称号。

1月5日

安徽省水稻育插秧机械化技术推广工作会议在合肥市召开。会议提出2009年水稻栽植机械化发展目标。

1月7日

安徽省省长王三运在全省农村工作会议上强调,要把加快农业机械化发展作为建设现代农业的重要工作来抓,全面提高农业机械化水平。

1月7日

安徽省农村工作会议隆重表彰10名全省粮食生产大户标兵和农机大户标兵,奖励每人1台51.45千瓦拖拉机。安徽省委书记王金山,省委副书记、省长王三运等党政领导向大户标兵颁奖。

1月13日

安徽省农业机械管理局印发《关于进一步推进2009年水稻育插秧机械化工作的意见》,计划在全省建立25个示范县,其中部级示范县10个,确保2009年插秧机保有量和机插秧面积有较大幅度增长。

1月19日

中共安徽省委、安徽省人民政府《关于贯彻〈中共中央、国务院关于2009年促进农业稳定发展农民持续增收的若干意见〉的实施意见》(皖发[2009]5号)提出:推进农业科技创新和农业机械化。……启动农业机械化推进工程,开展重点环节农机作业补贴试点。培育各种农机社会化服务组织,加快发展农机规模化服务。加大新型农机推广力度,推进农机农艺结合。逐步建立适应现代农业发展需求的农机信贷、保险制度。完善农机用油供应保障机制。大力扶持农机装备制造业发展。

1月19日

安徽省农业机械管理局印发《关于做好当前抗旱保苗工作的紧急通知》,决定从2009年中央下拨购机补贴资金中先行安排1 500万元,用于农民购买抗旱保苗机具补贴。

1月22日

安徽省农业机械管理局、省财政厅印发《安徽省2009年度农业机械购置补贴项目资金使用方案》。

1月22日

安徽省农业机械管理局制定印发《安徽省农业机械推广鉴定实施办法》,规范全省农业机械推广鉴定工作。

1月24日

安徽省农业机械管理局公布《安徽省2009年度农业机械购置补贴产品目录》。

1 月

安徽省农业机械管理局副局长葛怡荣退休。

2 月 2 日

安徽省农业机械管理局做出决定，对农民购买抗旱机械采取“三不限”措施，并派出工作组前往旱区，加强农机抗旱保苗工作。

2 月 3 日—5 日

以安徽省农业机械管理局局长项安琪为组长的省政府督查组前往旱区，督查指导抗旱保苗工作。

2 月 7 日

中央电视台《新闻联播》头条报道安徽本省及时安排1 500万元抗旱机具补贴资金，动用 48 万台套农机具，支持沿淮淮北等受旱地区抗旱保苗。

2 月 11 日—13 日

农业部农业机械化管理司副司长刘宪率农业部督导组，来安徽省督导农机抗旱和农机购置补贴实施工作。截至 2 月 20 日全省共动用抗旱机械 69. 3 万台(套)，使用购机补贴资金2 562. 69万元，补贴抗旱机具 4. 37 万台(套)，水管 3 250万米。补贴机具在抗旱保苗中发挥重要作用。

2 月 21 日

安徽省科技厅组织对省农机推广总站实施的安徽省“十一五”科技攻关计划——小麦生产“两深一精”等机械化最佳效果互适性因素技术研究项目进行验收鉴定。

2 月 26 日

安徽省农业机械管理局召开深入学习实践科学发展观活动总结大会。安徽省委第九指导检查组范晓明到会指导。

2 月 28 日

安徽省农机推广总站郭颖林获第十届安徽青年科技奖。

3 月 3 日

全省农业机械化工作会议在合肥市召开，会上，安徽省领导向 2008 年度全国农机平安示范县和全省劳动竞赛农机富民工程先进单位代表颁奖。

3 月 4 日

安徽省农业机械管理局就 2008 年全省农机安全生产目标责任考核奖励情况发出通报。

3 月 9 日

农业部、财政部发出通知，预安排安徽省 2009 年中央财政农机购置补贴资金 4. 5 亿元。

3 月 10 日—11 日

安徽省农机推广站长暨新技术培训会议在合肥市召开。

3 月 17 日

安徽省农机监理工作会议在合肥市召开。

3 月 23 日—29 日

安徽省农业机械管理局、省法制办公室联合在合肥市举办农机行政执法人员资格认证培训班，336 人参加了认证培训和考试。

4 月 23 日

安徽省农机专业合作组织建设现场会在巢湖市召开。

4 月 28 日

安徽省农业机械管理局印发《安徽省开展农业机械化教育培训大行动实施方案》。

4 月

安徽省农业机械管理局副局长郭子超退休。

5 月 12 日

安徽省农机推广总站副站长张健美被省政府批准为安徽省学术和技术带头人。

5 月 13 日

安徽省小麦机收工作会议在合肥市召开。会议认真贯彻落实安徽省委常委、副省长赵树丛关于抓好夏粮收获的重要指示，全面部署了小麦机收工作。

5 月 19 日

中央电视台新闻联播以《全国跨区机收队陆续出征》为题，较大篇幅报道了宿州市埇桥区绿源机收服务队 400 余台联合收割机出征外省准备跨区作业的盛况和农机部门服务夏收新举措。

5 月 20 日

安徽省第三期利用韩国政府贷款机械化水稻生产及农田治理项目正式开始运作。

5 月 28 日

中国政策研究中心研究员、科技部科技规划农业专家组组长、中国农大教授高旺盛来安徽省指导国家“十一五”科技支撑计划“江淮平原区秸秆还田循环利用技术集成研究与示范”项目实施工作。

6 月 1 日

安徽省委常委、副省长赵树丛到亳州市蒙城县、淮北市濉溪县检查指导夏粮收获工作，亲切慰问正在收割小麦的联合收割机手。

6 月 3 日—5 日

农业部农机试验鉴定总站副站长刘旭率农业部督导组到本省督导小麦跨区机收，水稻、玉米种植机械化推广，“三夏”农机安全生产等工作。

6 月 19 日

安徽省农业机械管理局印发《关于开展拖拉机驾驶培训学校(班)专项整治工作的通知》，进一步规范拖拉机驾校管理，提高培训质量。

6 月 22 日—23 日

农业部副部长张桃林先后到含山、凤台两县，就农机装备结构调整、农机专业合作社建设、农机购置补贴政策落实、农机新技术新机具推广等进行调研。农业机械化管理司司长宗锦耀、安徽省农业委员会主任张华建、省农业机械管理局局长项安琪等陪同调研。

6 月 24 日

农业部农业机械化管理司副司长刘恒新、农机试验鉴定总站站长刘敏一行，到全椒县进行购机补贴工作调研。

6 月 24 日

中国保险监督管理委员会安徽监管局印发《关于规范拖拉机保险销售行为的通知》，就维护交强险作为法定保险的严肃性提出具体要求。

6 月 25 日

安徽省 9 个县 1 个农场(濉溪、涡阳、灵璧、泗县、怀远、临泉、太和、颍上、凤阳、龙亢农场)被列入农业部、国家发展和改革委员会《保护性耕作工程建设规划(2009—2015)》。

7 月 11 日

农业部农机监理总站副站长涂志强率农业部农业机械化管理司农机安全隐患排查治理工作督查组，到庐江等地督查工作。

7 月 23 日

安徽省购机补贴管理软件培训班在安庆市举办。

8 月 1 日

截至 7 月底，安徽省第一批 4. 6 亿元购机补贴资金(包括省财政资金)全部落实到位。补贴各类机具 8. 7 万多台，受益农户和农机社会化服务组织 8. 2 万个，拉动农民购机投入 13. 6 亿多元。

8 月 1 日

安徽省农机购置补贴管理系统投入运行。

8 月 5 日

安徽省农业机械管理局印发《全面

开展农机购置补贴工作检查实施方案》，决定进行全省购机补贴工作检查。

8月10日

安徽省农业机械管理局就太和县倒卖农机购置补贴名额事件调查处理情况通报全省。

8月11日

安徽省各市农机局长座谈会在合肥市召开。安徽省农业委员会党组副书记、副主任刘永春出席会议并讲话。

8月26日

安徽省农机试验鉴定站（质检一站）申报的60个复查、扩项项目资质通过省质量技术监督局专家组评审。

9月3日

安徽凤台县农机推广站站长高尚勤、阜阳市颍东区插花镇刘子银、巢湖市居巢区谢嵘获2009年度神内基金农技推广奖。

9月4日

安徽省油菜生产机械化示范县座谈会在合肥市召开。会议总结了经验，研究部署了秋季油菜机播工作。

9月5日—9月25日

安徽省农业机械管理局组织开展全省农机安全生产大检查，确保国庆期间农机安全生产形势稳定。

9月10日

王其昌任安徽机电工程学校校长。

9月15日

安徽省农机推广总站总工程师岑竹青、安徽省农业机械管理局科教处原处长李克明获农业部农业机械化技术开发推广总站“新中国成立60周年农机推广功勋人物”称号；张克武、张华运、任启芬、张明杰获提名。

9月21日

安徽省农业机械管理局与省财政厅会商制定下发中央财政下达安徽省2009年第二批农机购置补贴资金1.6亿元资金使用方案。至此，本省2009年共获得中央补贴资金6.1亿元，比2008年增加4.1亿元。

9月23日

由安徽省农机推广总站负责技术指导的“2009年度农业综合开发土地资源治理项目—北方旱区机械化高产栽培技术示范与推广”项目在颍上县开始实施。

9月24日

由安徽省农业委员会、省农业机械管理局联合组织的全省玉米机械化收获现场会在蒙城县乐土镇杨桥村千亩玉米高产创建示范片召开，会议同期部署机械化秋种工作。

9月29日

安徽省农业机械管理局印发《关于进一步抓好今秋油菜生产机械化技术推广工作的指导意见》，要求各地加强领导，强化扶持，扩大示范，加快油菜生产机械化技术推广步伐。

10月13日—14日

农业部农机试验鉴定总站副站长朱良率农业部油菜生产机械化督导组，到巢湖市居巢区、滁州市全椒县检查指导油菜生产机械化示范项目执行情况和“三秋”油菜机械化生产。

10月19日—22日

农业机械化管理司司长宗锦耀到芜湖、宣城等地检查指导农机购置补贴工作。

10月20日

经安徽省机构编制委员会同意，安徽省农机安全监理总站经费预算形式由差额预算改为全额拨款。

10月23日—25日

2009年全国农机产品订货交易会暨第十三届中国国际农业机械展览会在合肥市召开。据大会组委会统计，本届展览规模再创历史新高，参展商达到2 000多家，展览面积超过16万平方米，参展观众连续第七年超过10万人次。

10月26日

安徽省农业机械管理局印发《安徽省县级农业机械购置补贴操作暂行办法》。

10月下旬—11月中旬

安徽省农业机械管理局组织专家，按照农业部《农业基本建设项目竣工验收管理规定》，对全省31个实施2007—2008年现代农机装备推进项目单位进行了项目竣工验收。

11月16日—21日

安徽省法制办公室和省农业机械管理局在合肥市举办全省农机行政执法人员资格认证培训班，省法制办公室党组成员、巡视员程利民参加开班仪式并讲话。361人参加了认证培训和考试。

11月17日

安徽省政府召开全省道路交通安全工作电视电话会议，部署冬季和恶劣天气下的道路交通安全工作。副省长唐承沛对农机管理部门提出具体要求。省农业机械管理局局长项安琪在会上就做好冬季和恶劣天气条件下农机道路交通安全工作发表讲话。

11月17日—19日

安徽省第七期拖拉机驾驶培训学校教练员资格认证班在合肥市举行，67人参加。

11月26日—28日

农业部农产品质量安全监督局专家评审组，对建在安徽省农机鉴定站的“农业部排灌机械质量监督检验测试中心”进行了机构审查认可和国家计量认证复查现场评审。

11月

安徽省购机补贴工作基本结束，6.2亿元政府补贴资金（中央和省）全部通过“差额购机”方式让农民直接受益。补贴农民购买各类农机具10.9万台，受益农户和农机社会化服务组织10.3万个，带动农民购机投入近16亿元。

福建省

2008年12月9日

福建省农机鉴定推广总站在安溪县召开特色农机具现场观摩演示会。

12月29日

尤溪县、莆田市荔城区、南靖县被农业部、国家安全生产监督管理总局评为全国“平安农机”示范县（区、市）。

2009年1月17日

福建省农业机械化工作会议在福州市召开。福建省农业厅副厅长刘亚圣发表了题为“坚持科学发展，把握良好机遇，积极推动海峡西岸农机化先行”的讲话。省农业机械管理局局长林源铭作会议总结。各市、县、区农机管理局（站）长及有关方面负责人、新闻媒体等共150人参加了会议。

1月17日

福建省农业机械管理局分别授予南平市农业机械管理总站等17个单位、段成坤同志等34位个人为“2008年度农机化工作先进单位”和“2008年度农机化工作先进工作者”称号。

2月6日

福建省农业厅、财政厅印发《福建省2009年农业机械购置补贴专项实施方案》。

2月10日

全省农机购置补贴工作视频会议在福州市召开。福建省农业厅副厅长刘亚圣在会议上强调，2009年全省农机购置补贴工作要体现早计划、早运作、早部署。

2月10日

福建省农业厅公布《福建省2009年农业机械购置补贴产品目录》。

2月19日—22日

农业部农业机械化管理司司长宗锦耀一行3人,分赴福州、泉州、南平等市开展农机抗旱和农机购置补贴政策实施工作督导调研。宗锦耀走访了晋江市"全国种粮大户"林和杰的家庭农场和微耕机生产企业福州凌力动力有限公司,对福建省农业机械化工作给予了充分肯定。

2月24日

福建省农业机械管理局决定将2009年确定为"农机推广年"并印发《农机推广年活动暨农业新机具示范推广工程实施方案》。

2月26日

福建省正式启用农机购置补贴工作管理软件。启用该软件前,全省进行了有关操作培训。

2月27日

福建省农业厅被省政府评为2008年度完成安全生产目标管理责任制优良单位。

3月10日

福建省农业机械管理局编写的《福建省农业机械购置补贴问答》一书正式印发。

3月15日

福建省"送补贴农机下乡"启动仪式暨"全国农机质量投诉监督315统一大行动"福建分会在莆田市荔城区黄石镇隆重举办。省农业厅副厅长刘亚圣、莆田市副市长傅冬阳出席启动仪式。48名购机农民高兴地从领导手中接过了象征打开致富之门的"金钥匙"。

3月23日

福建省农业机械管理局编制并印发《〈2010—2011年福建省支持推广的农业机械产品目录〉申报指南》。

3月31日

福建省进行农机购置补贴第一批资金结算。

4月8日

福建省农机推广年活动启动仪式暨水稻机械化插秧现场会在泉州市举行。省农业厅副厅长刘亚圣和泉州市副市长洪泽生出席。

4月15日

福建省财政配套的农机购置补贴资金3 150万元使用完毕。

4月20日

福建省省长黄小晶率省政府办公厅主任刘明等,深入长汀县调研农业生产和农机合作社发展、农机购置补贴实施情况。

4月21日

福建省省长黄小晶在武平县考察工作时,在城厢乡东岗村察看了机械化插秧现场。龙岩市委书记张建、市长黄晓炎、副市长严金静以及武平县委书记陈盛仪、县长谢细忠陪同考察。黄小晶还听取了武平县农机购置补贴政策实施情况。

4月30日

福建省茶叶生产全程机械化现场会在武夷山市召开。省农业厅副厅长刘亚圣、南平市副市长杨荣郎、福建省农业机械管理局局长林源铭及各市、县农机管理局长及新机具推广工作负责人、茶叶生产机械企业代表等150多人参加会议,18家农机生产企业进行现场演示和展示。

6月15日

福建省创建"平安农机"活动视频会议召开。总结2006—2008年创建"平安农机"活动,表彰创建活动中的先进单位及个人,部署2009—2011年新一轮创建"平安农机"活动。

6月18日

第七届中国海峡项目成果交易会在福州市金山展览城开幕。福建省农业厅承办的"农业项目成果"馆倍受青睐,其中,农机展台吸引了众多嘉宾驻足观看。

7月6日

福建省农业厅公布《2009—2010年福建省农业机械推广鉴定产品种类指南》。

7月21日

福建省纪念《中华人民共和国农业机械化促进法》颁布实施5周年暨水稻生产全程机械化现场会在清流县召开。省农业厅副厅长刘亚圣、三明市副市长洪明德、清流县县长曹建华、省农业机械管理局局长林源铭出席现场会。农机管理、推广和技术人员及农民群众近300人观看了现场机具演示。

7月31日

黄宏源同志任福建省农业机械鉴定推广总站站长。

8月4日

福建省农业机械管理局组织开展《2009—2011年国家支持推广的农业机械产品目录》2010年度调整申报工作。

9月9日

福建省部分农机专业合作社社长、理事长座谈会在福州市召开。10位代表发言,交流经验,对农机专业合作社进一步发展提出建议。

9月14日

福建省安全生产监督管理局副局长施惠财为组长的省安委会安全生产督查组到农业厅,对安全生产贯彻落实情况进行督查。农业厅副厅长刘亚圣向督查组汇报了省农业厅落实农机安全生产工作情况,农业厅农机安全生产工作领导小组成员参加汇报会。

9月17日—18日

农业部农业机械化管理司在福州市举办了阳光工程农机培训实施工作培训班,标志着阳光工程农机培训工作在全国全面启动。

11月3日—6日

2009年全国省级农机推广站站长会议在厦门市召开。农业部农机技术开发推广总站站长丁翔文作大会主题报告。农业部农业机械化管理司副司长刘宪到会并讲话。福建省农业厅副厅长刘亚圣致辞。来自全国30个省(自治区、直辖市)农机推广站、黑龙江省农垦总局、农机局、新疆生产建设兵团农机推广站、大连、宁波、青岛、厦门等计划单列市农机推广站及部分企业和科研院校代表100余人参加了会议。会议期间举行了"新中国成立60周年农机推广功勋人物"的授牌仪式。

11月16日

新疆维吾尔自治区农机管理人员培训班在福州市举行。来自新疆各地(州)市、县(市)的农机管理人员28人参加了培训。

11月22日

首届海峡两岸现代农业博览会暨第十一届海峡两岸花卉博览会落幕。此次博览会于11月18日在福建省漳州市花博园开幕。博览会设立了近1 000平方米的现代农业装备展示区(含室内、外)。参加博览会的有来自海峡两岸的农机企业47家,其中台湾企业14家,闽台合作企业5家;共展示农机产品180多台(套),其中来自台湾的农机产品有35台(套),闽台合作的产品16台(套)。台湾来访及参展人员共43人。展会期间还举办了闽台现代农业装备对接洽谈会,14家台湾农机企业与3家福建企业成功对接。

11月25日

程惠东同志任福建省农业厅农业机械管理局调研员。

11月30日

2009年中央下达福建省农业机械购置补贴资金1.8亿元,省级财政下达农机购置补贴配套资金3 150万元已全部落实到位。全年共补贴新购置农业机械13.02万台。其中手扶拖拉机1.46万台,大中型拖拉机243台,半喂入收割机276台,全喂入收割机1 180台,插秧机644台,耕整机1.93万台,茶叶机械3.76万台,其他机械5.63万台。

江西省

2008年12月8日—9日

江西省冬季农机安全生产工作座谈会在南昌市召开。会议总结交流农机安全监理工作,研究探讨进一步发挥农机安全监理的保障作用的工作思路和措施,安排部署冬季农机安全生产工作。江西省农业厅副厅长张忠平、副巡视员邓建平出席会议并讲话,省农业机械化管理局局长王绍萍主持会议并作总结讲话。省农机安全监督管理总队总队长陶其辉、副总队长王乐青、副调研员颜浩出席会议,各设区市农机(农业)局(站)、农机监理支队(所)和部分县农机局负责人40余人参加会议。

2009年1月17日

江西省农业机械化工作会议在南昌市召开。会议总结2008年全省农业机械化工作成效、分析当前农业机械化发展形势、部署2009年农业机械化工作,并表彰了2008年全省农业机械化工作先进单位和先进个人。省农业厅副巡视员邓建平出席会议并讲话,省农业机械化管理局局长王绍萍作工作报告。各设区市农业局分管领导、农机局(站)长、各县(市、区)农机局(站)长和农机企业代表160余人参加会议。

2月3日

江西省农业机械化管理局与省农业发展银行营业部在南昌市举行设立农机信贷专项签约仪式。省农机局局长王绍萍,副局长郭晓巩、孙员,省农业发展银行营业部总经理黄弈衷、副总经理王秋霞以及农机流通企业代表出席签约仪式。

2月11日

江西省农业厅副厅长张忠平、副巡视员邓建平到江西省农机大市场调研。

2月11日—15日

由中国农垦经济研究中心副主任吴金玉为组长、农业部农垦局调研员孙克俭为副组长的农业部农机抗旱备耕和农机购置补贴政策实施督查组在赣督导农业机械化工作,省农业机械化管理局局长王绍萍,副局长郭晓巩、孙员等分别陪同到乐平市、鄱阳县和进贤县、南昌县督导工作。

2月18日

江西省农业机械化管理局局长王绍萍在全省信息联播工作会议上作经验交流发言。省农业机械化管理局获得省农业厅系统组最佳组织奖;省农业机械化管理局陈绪红获得优秀信息员一等奖。在省农业厅1月20日召开的2008年度全省农业好新闻表彰会上,陈绪红获得“2008年度全省十佳农业新闻宣传工作者”称号。

2月19日

江西省农业机械化管理局与江西省农村信用合作联社安义合作银行在南昌市举行设立农机信贷专项签约仪式。省农业机械化管理局局长王绍萍、副局长郭晓巩,江西省农村信用合作联社安义合作银行董事长周久红以及农机生产、流通企业代表出席签约仪式。

2月19日

江西省农业机械化管理局局长王绍萍在全省农机购置补贴启动工作视频会议上就全省2009年农机购置补贴工作进行了具体部署。

2月21日—3月1日

应法国巴黎国际农牧业设备及技术展览会和纽荷兰意大利拖拉机制造公司邀请,以省农业厅厅长毛惠忠为团长,省农业机械化管理局局长王绍萍等为成员的农机考察团一行7人,对法国巴黎国际农牧业设备及技术展、纽荷兰意大利耶兹拖拉机制造公司进行了参观考察并进行相关业务洽谈。

3月20日

江西省召开全省“百万农机闹春耕”现场会。南昌、新建、进贤、永修、修水、上饶、余江等20个县(市、区)从南到北分别设立分会场同步进行。省委常委、副省长陈达恒出席现场会并宣布全省“百万农机闹春耕”正式启动。

3月25日—30日

由国务院法制办公室副主任张穹、农业部副部长陈晓华、农业机械化管理司司长宗锦耀等组成的《农业机械安全监督管理条例》立法调研组在江西调研。

4月16日

财政部办公厅处长万平率领的由中央电视台、新华社、经济日报、中国财经报等媒体组成的中央财政支持春耕生产采访组到鄱阳县实地采访2009年农机购置补贴政策执行情况。省财政厅农业处处长张胜、省农业机械化管理局局长王绍萍陪同下采访。

5月16日—31日

“赣机北上”小麦跨区机收服务队300余台轮式收割机从鄱阳县田畈街出发,陆续到达湖北枣阳、襄樊、宜城等地,28日赴河南南阳市进行第二站作业,还组织了近500台高性能联合收割机赴湖北、安徽、河南等地收割小麦。

6月2日

江西省农业机械化管理工作座谈会召开。会议就进一步贯彻落实好农机购置补贴政策,加强农机安全生产,进一步推进全省农业机械化持续快速发展作了部署和交流。省农业厅厅长毛惠忠、副厅长彭济民出席会议并讲话,省财政厅农业处调研员郭石英就规范农机购置补贴工作提出意见建议,省农业机械化管理局局长王绍萍主持会议并总结。

6月17日

省跨区机收作业队800余台收割机在山东省结束收割。2009年,跨区机收服务队机收小麦总面积42.67千公顷,平均每台收割机收割小麦53.33公顷,作业价格675元/公顷,作业总收入2 880万元,台均作业收入3.6万元,最高4.5万元,作业纯收入台均2万元。

6月30日

江西省由北向南普降大雨,暴雨袭击使各地农业机械装备遭受严重损失。据不完全统计,全省有2.17万台套农机损毁;近3.7万台农机被水淹浸泡,其中柴油机及机动打谷机1.92万台、水泵0.83万台、耕整机0.94万台、收割机32台、插秧机16台,农机直接经济损失约2 230万元。各地农机系统广大干部职工在当地党委和政府的领导下参与到抗洪救灾中去。

6月30日

江西省共完成补贴资金3.02亿元,实施进度逾94.6%,拉动农民投入5.94亿元。全省共补贴各类机具123 687台,受益农户119 283户，其中手扶拖拉机68 184台、大中型拖拉机1 361台、插秧机1 307台、全喂入联合收割机3 182台、半喂入联合收割机329台、耕整机械34 143台、植保机械3 280台、茶叶机械1 067台、其它机械10 834台。

7月15日—17日

江西省农业厅副厅长彭济民、省农业机械化管理局局长王绍萍等专程到赣州市调研农业机械化工作。先后到宁都县、于都县、赣县、大余县、南康市实地走访各地农机专业合作社，察看农机“双抢”机收现场，与机手了解作业市场情况，实地察看各地农业遭受洪水灾害和抗灾自救生产情况，召开座谈会听取各地农机购置补贴实施、农机“双抢”服务和农机安全监理等工作情况汇报。

8月11日—28日

2009年8月11日，“赣机西征”水稻跨区机收服务队从九江出发，到达重庆潼南县、梁平县等地；28日，机收服务队结束在重庆梁平等地收割，陆续转移到成都广汉市机收水稻。

9月2日

江西省农业厅副厅长彭济民、省农业机械化管理局局长王绍萍陪同浙江省农业厅副厅长赵兴泉、农业机械管理局局长杨大海一行，调研浙江台州市路桥区群欢农机合作社在就江西省都昌县承包经营万亩耕地发展粮食生产基地情况。

9月10日—12日

江西省完善补贴机具供货点工作座谈会在萍乡市召开。各设区市和部分县农机局主要负责人、2009年入选江西补贴目录的部分农机生产企业及补贴机具供货点代表100余人参加会议。

9月18日

江西省油菜机械化生产现场会在彭泽县召开。安徽省农业机械化管理局副局长孙员、各设区市及部分油菜主产县、九江市各县区农机部门负责人以及油菜种植大户100余人参加现场会。

10月9日

江西省农业机械化管理局局长王绍萍在省广播电台接受《惠农直播室》栏目专访，畅谈本省60年农业机械化发展历程和巨大成就。

10月31日

江西省第二批中央补贴资金实施进度逾85%，总计完成中央和省财政补贴资金4.72亿元，补贴各类机具20.1万台套，受益农户达17.1万余户，拉动农民投入9.6亿元。

11月2日

南昌市农机管理站张也庸获“新中国成立60周年农机推广功勋人物”称号；上饶市农机监理所蔡开峰、宜春市农机监理所陈碧秀获“庆祝建国60周年农机安全监理功勋人物”称号。

山东省

2008年12月20日

山东农业机械化信息网继2007年之后，再次获“全国农业百强网站（政府类50强）”奖项。

12月29日

山东省嘉祥县、莱西市、肥城市、荣成市、莱州市、博兴县、滕州市等7县（市）作为全国第一批“平安农机”示范县受到农业部、国家安全生产监督管理总局的联合表彰。

2009年1月12日

山东省农机试验鉴定站通过农业部农机鉴定能力认定，承担部级农机鉴定的范围是：轮式拖拉机（≤110.3千瓦）、手扶拖拉机、谷物联合收割机、玉米收获机。

1月16日

山东省农机局长工作会议在济南市召开。山东省农业机械化管理办公室主任林建华讲话。

2月4日

山东省农业机械化管理办公室被省安委会评为2008年度全省安全生产工作先进单位。青岛、泰安、滨州和临沂四市农机局同获殊荣。

2月10日—12日

农业部部长孙政才在副省长贾万志等的陪同下，到聊城市莘县、茌平和德州市禹城等地督导抗旱春管工作。孙政才强调，要进一步组织农机全力投入抗旱作业，努力扩大水浇面积，提高抗旱工作效率。

2月19日

山东省农机安全生产工作会议在济南市召开。山东省农业机械化管理办公室主任林建华讲话。

2月19日

山东省政府在济南市召开农机购置补贴工作会议。省农业机械化管理办公室主任林建华就农机购置补贴工作讲了意见。副省长贾万志出席会议并作重要讲话。会议由省政府办公厅副主任高洪波主持。

2月26日

山东省农业机械化管理办公室制定并印发《山东省农业机械化质量投诉监督管理办法》。

3月2日

山东省农业机械化管理办公室召开学习实践科学发展观活动总结大会。

3月9日

山东省副省长贾万志对中国农业大学教授白人朴关于加快山东农业机械化发展的建议作出重要批示：省发改委、省农机办等有关部门认真研究加快农业机械化发展的措施。

3月13日

山东省副省长贾万志在省农业机械化管理办公室主任林建华等的陪同下到淄博市检查指导农机补贴和春季农业机械化生产。

3月15日—19日

农业部检查组到山东对保护性耕作发展情况进行检查考评和调研。省农业机械化管理办公室主任林建华、纪检组长韩永平参加了汇报会，并陪同检查调研。

3月16日

中共中央政治局委员、国务院副总理回良玉在农业部部长孙政才、山东省委书记姜异康、省长姜大明等的陪同下到农机生产企业山东巨明集团视察指导工作。

3月22日

山东省农业机械化管理办公室、中国农业大学共同承担的省科技厅软科学研究课题《山东省玉米收获秸秆综合利用机械化发展研究》成果鉴定会在济南市召开。由中国农业机械化科学研究院等单位专家组成的鉴定委员会，一致通过鉴定。

3月25日—27日

由中国农机流通协会、潍坊市人民政府、省农业机械化管理办公室主办的2009年全国（春季）农机产品订货交易会在潍坊市召开。省农业机械化管理办公室主任林建华出席并宣布交易会开幕。展会期间，举办了2009年农机政策与市场报告会，林建华在报告会上作《山东农机化发展态势及对农机化政策的思考》的主题演讲。

4月2日

山东省农业专家顾问团农机分团工

作会议在山东理工大学召开。

4月15日

山东省副省长贾万志在省农机办《关于加快推进我省农机化发展的报告》上批示："近些年，我省农机化呈现出又好又快的发展态势，整体水平走在了全国前列。希望在玉米收获和经济作物生产机械化方面加大力度，力争2009年提前跨入综合机械化水平高级阶段。"

4月22日

山东省被农业部确定为财政补贴秸秆机械化还田试点省份。

5月8日

山东省农业机械化管理办公室被评为2008年度全省节约型机关建设先进单位，受到省委省直机关工委、省级机关事务管理局等部门联合通报表彰。

5月9日

山东主持完成的"十一五"国家科技支撑计划重点项目中的"玉米收获机械化技术研究与示范"课题通过农业部组织的科技成果鉴定。

5月18日

山东省农机购置补贴工作座谈会在济南市召开。

5月20日

山东省农业机械化管理办公室和农业厅印发《小麦秸秆切碎直接还田和玉米免耕抢茬播种技术意见》，提出实施农机农艺结合，推进机械化种植模式的规范化、标准化。

6月2日

山东省小麦收获开机仪式在枣庄市举行。省政府办公厅副主任高洪波，省农业机械化管理办公室主任林建华、副主任侯英忠，省气象局副局长沈建国，枣庄市政府副市长陈兆同出席开机仪式。

6月3日

山东省委副书记刘伟在省农业机械化管理办公室呈报的《全省小麦机收日报》上作出重要批示："省农机办工作做得很好。希望切实加强气象预报、农机流向引导等服务工作，努力提高农机机收率，力争既丰产又丰收。"

6月4日

山东省委副书记、省长姜大明在省农业机械化管理办公室主任林建华等省直有关部门负责同志的陪同下，深入到枣庄市麦收现场指导小麦机收工作。姜大明要求，要加强对农业机械的组织和协调，发挥农机主力军作用，加快麦收进度，确保小麦颗粒归仓。

6月8日

山东省农业机械化管理办公室和省财政厅联合印发了《关于进一步严格规范农机购置补贴工作的意见》，对各级农机管理部门、农机生产企业和农民在购机补贴实施中的行为提出了"21条"规范。

6月9日

山东省副省长贾万志在省农业机械化管理办公室主任林建华等陪同下到菏泽市检查指导小麦机收工作。贾万志指出，2009年小麦机收工作准备充分，各项保障措施到位，组织协调有力，麦收进展速度较快。各级各有关部门要充分发挥农业机械的主力军作用，进一步加强对农业机械的组织调度，维护好小麦机收跨区作业秩序，努力夺取夏粮丰收，为全年粮食稳定增产、农民持续增收打好基础。

6月12日

山东省水稻生产机械化现场会在临沂市郯城县召开。

6月21日

山东省省委副书记刘伟对全省农业机械化工作再次作出重要批示："今年小麦收割，全省农机部门的同志们做了大量富有成效的工作，组织有序，调度有方，服务有力，全力抢天时抢速度，大力推广农机化新技术新机具，小麦机收工作进度快、质量高、秩序好，价格稳中有降，机收率进一步提高，确保了夏粮及时收获、颗粒归仓，做到了丰产又丰收。同时，也为秋季作物生产奠定了一个好的基础。谨向全省农机部门的同志们表示亲切慰问和衷心感谢！希望认真总结经验，不断探索创新农机工作服务'三农'的新思路、新举措，为推进农业产业化、机械化、现代化，促进农民持续增收，保持经济平稳较快发展，建设经济文化强省作出新的贡献。"

6月24日

山东省农机技术推广站主持实施的"40万亩机械化保护性耕作技术示范"项目，获2009年度山东省农牧渔业丰收一等奖。

6月27日—28日

中共中央政治局常委、国务院总理温家宝在山东视察工作期间，听取了农机生产重点骨干企业雷沃重工的发展情况汇报。温家宝总理对雷沃重工抓住国家"扩内需、保增长"政策，尤其是农机购置补贴等利好政策，实现企业逆势发展的做法给予了充分肯定。

6月29日—30日

山东省基层农机技术推广人员知识更新培训班在济南市举办。

7月16日—23日

山东省农业机械化管理办公室副主任侯英忠率省政府安全生产督查组到临沂、日照、枣庄三市督导检查交通安全管理工作。

7月20日

山东省农业机械化管理办公室下发《关于加快农村农机专业合作社发展的意见》，明确提出了到2010年底，每个农村乡镇（办事处）至少有1个注册的农机专业合作社的发展目标。

7月28日

山东省农机专业合作社建设工作会议在菏泽市召开。省农业机械化管理办公室主任林建华作《加快建设农机专业合作社，推动农业机械化又好又快发展》的讲话。

8月4日—5日

山东省农机局长学习座谈会在聊城市召开。省农业机械化管理办公室主任林建华作《凝聚力量，加快发展，提前实现我省农业机械化向高级阶段的跨越》的讲话。

8月6日

山东省农业机械化管理办公室和农业厅印发《玉米机收、秸秆粉碎还田和小麦免（少）耕播种技术意见》，对秋季玉米机收、秸秆粉碎还田、小麦免耕播种等作业进行了规范。

8月18日

山东省农业机械化管理办公室、中国农业大学承担的省科技厅软科学研究课题《山东省玉米收获秸秆综合利用机械化发展研究》获山东省软科学优秀成果奖一等奖。

9月3日

中国农业机械学会农业机械化分会、山东省农业机械化管理办公室在泰安市联合举办"中国玉米生产机械化发展论坛"。农业部及全国各省市区的农机科研、教学、生产、推广、鉴定与管理部门的200余名专家与代表参加了论坛。农业部农业机械化管理司副司长刘恒新、中国农机学会农业机械化分会主任委员杨敏丽出席会议，副司长刘恒新致辞，省农业机械化管理办公室主任林建华作《加强农机农艺结合，提升玉米生产机械化水平》的主题演讲。

9 月 25 日

山东省玉米收获机械质量调查培训班在潍坊市举办，来自 69 个市、县农机局和 16 个生产企业的 120 多名技术骨干接受了技术培训。省农业机械化管理办公室纪检组长韩永平出席开班式并讲话。

10 月 1 日

山东省嘉祥县疃里镇农机站站长朱庆来代表全国农业和农机系统登上新中国成立六十周年国庆庆典"农业成就"彩车，接受党和国家领导人检阅。

10 月 22 日—23 日

华东地区农机科教工作研讨会在山东蓬莱市召开。省农业机械化管理办公室纪检组长韩永平出席并致辞。

10 月 29 日

中央和山东省农机购置补贴资金 9 亿元已全部落实到位。补贴各类机具 12.5 万台，受益农户 8 万多户，拉动农民投入 21 亿多元。玉米收获机、大中型拖拉机、免耕播种机等主要农业机械数量增长强劲。

10 月 30 日

三秋生产结束。三秋期间，全省共上阵各类农业机械 320 万台套，其中玉米联合收获机 4.02 万台，小麦播种机 27.3 万台。完成玉米机收面积1 546千公顷，机收率 53%；机播小麦 3566.67 千公顷，机播率 96.3%。小麦免耕播种面积突破 406.67 千公顷，比 2008 年翻了一番，覆盖率达到 11.5%，为农民增收节支 6 亿多元。全省三秋农机作业总收入达到 30 亿元。大力推行玉米晚收、小麦适当晚播农业机械化技术，全省玉米增产 20 亿千克。

11 月 4 日

山东省政府法制办公室与省农业机械化管理办公室联合发出《关于学习贯彻〈农业机械安全监督管理条例〉的通知》，就《农业机械安全监督管理条例》的学习宣传贯彻工作作出具体部署。

11 月 6 日

《山东农机化》杂志创刊 30 周年庆典大会在济南市隆重举行。副省长贾万志发来贺信；全国政协常委、原农业部副部长张宝文，农业部副部长张桃林，中国工程院院士、国际欧亚科学院院士汪懋华题词祝贺。省委宣传部副部长高玉清、省政府办公厅副主任高洪波、省新闻出版局副局长杨学锋、省农业机械化管理办公室主任林建华到会祝贺并致辞。

11 月 17 日

山东省人大农业与农村委员会、省政府法制办公室、省农业机械化管理办公室等部门联合召开纪念农业机械化促进法施行 5 周年暨贯彻农业机械安全监督管理条例座谈会。省人大农业与农村委员会主任班开庆、省政府法制办公室副主任陈公雨、省农业机械化管理办公室主任林建华、市县代表分别讲话。会议由省政府办公厅副主任高洪波主持。

11 月 23 日

《农民日报》专版介绍山东跨入农业机械化发展高级阶段，基本实现农业机械化的情况。全省农业机械化综合水平超过 75%，提前一年实现了山东省农业机械化"十一五"发展目标。副省长贾万志发表《跨入新阶段，迈向新目标》的署名文章，对今后一个时期农业机械化工作提出了明确要求。中国农业大学教授白人朴发表《山东农机化吹响全面协调可持续发展的进军号》的署名文章。省农业机械化管理办公室主任林建华发表《创新拓新路，发展铸辉煌》的署名文章。

河 南 省

2008 年 12 月 19 日

河南省人大法制办公室召开了《河南省农业机械化促进条例》颁布实施新闻发布会，省人大常委会副主任铁代生出席会议并讲话。《河南省农业机械化促进条例》是河南省第一部关于促进农业机械化发展的地方性法规。《条例》于 2009 年 1 月 1 日起施行。

2009 年 1 月 6 日

河南省农业机械管理局在郑州市召开了沿黄稻区育插秧机械化技术推广工作座谈会。各项目县（区）汇报了三年来的项目实施总体情况，交流了示范推广工作经验，并就项目实施中存在的问题进行了深入分析和讨论。

1 月 30 日

河南省副省长刘满仓在省政府办公厅政务要闻《焦作市积极发展农机合作组织强力推进农业机械化发展成效明显》上对省农业机械管理局做出批示：今年要狠抓一下全省农机合作组织的发展，今年要争取迈大步。

2 月 7 日

中央电视台《新闻联播》播出河南省首次将抗旱机具纳入到农机补贴的范畴，农民购买 15 类灌溉机具可以享受 30% 的补贴。

2 月 19 日—20 日

农业机械化管理司副司长刘恒新一行在省农业机械管理局局长张开伦陪同下，深入漯河等地，对河南省抗旱浇麦、农机购置补贴、农机专业合作社建设等工作进行了检查、调研和指导。

2 月 25 日

河南省省委农村工作会议在郑州市召开。会议宣读了省委、省人民政府关于表彰全省粮食生产先进单位和个人的决定，与会领导为先进单位代表和先进个人颁奖。会后，举行了全省 30 个粮食大户标兵、100 个农机合作社先进单位奖品车发车仪式，共发放价值1 350万元的大型拖拉机和玉米联合收割机。

3 月 11 日

河南省农机管理工作会议在郑州市召开。

3 月 18 日—20 日

河南省基层农机人员培训工作启动仪式在郑州市举行。

4 月 5 日—8 日

河南省农机监理人员培训班在省农业职业学院科技园举办。全省省辖市农机监理所长、县级农机监理所长及业务骨干共 220 人参加了培训。

4 月 20 日—22 日

河南省农机管理干部培训班在郑州市举行，对县级农机局长进行培训。

5 月 11 日

河南省委书记徐光春对《省农业机械管理局关于河南省农机专业合作社发展情况的报告》作出批示：这件事顺时势，合民意，发展很有必要，很受欢迎，要因势利导，加强研究，规范发展，使之更好地推动农业发展、造福农民群众。

5 月 11 日

河南省副省长刘满仓在《省农业机械管理局关于河南省农机专业合作社发展情况的报告》上作出批示：2008 年河南省农机专业合作社的发展取得明显成效。今年要再加大力度，改革创新，全力扶持，力争到年底再上新台阶。

5 月 11 日

河南省副省长刘满仓主持召开省长办公会议，专题研究部署河南省三夏小麦机收会战工作。

5 月 13 日

河南省 2009 年保护性耕作技术培

训班在河南修武县举办，来自全省15个地级市、34个县级农机部门的220余位有关人员参加培训。

5月17日—18日

河南省首次油菜生产机械化技术现场演示会在信阳市光山县砖桥镇召开。

5月26日

农业部农业机械化管理司副司长刘宪到许昌市调研"三夏"农机准备工作。刘宪听取了许昌市农机局工作汇报，对许昌市的夏粮生产形势和"三夏"农机准备工作给予充分肯定并提出要求。

5月26日

河南省人大常委会副主任铁代生带领省人大常委会农村工作委员会、省农业厅及省农业机械管理局有关人员，莅临周口，视察"三夏"生产准备工作。

6月15日

河南省省委书记徐光春对《河南省农机局关于商丘市灾后抢收抢种工作情况的报告》作出批示："商丘抗灾夺丰收，农机部门功不可没，谢谢大家！"

6月15日

河南省副省长刘满仓对《河南省农机局关于商丘市灾后抢收抢种工作情况的报告》作出批示：商丘市因恶劣天气造成大面积小麦倒伏，省农机局反应迅速，措施有力，按照省委、省政府的要求，克服困难，想方设法，争取了主动。向同志们表示慰问。

6月16日

河南省副省长刘满仓对《省农机局关于今年三夏农机工作情况的报告》批示："今年夏收天气变化大，情况较复杂。你们积极主动，克服困难，促进了夏收顺利进行，为夏粮丰收做出了贡献。望再接再厉，为夺取秋粮丰收、农民增收做出新贡献。"

6月30日

河南省省委、省政府印发《关于实施"450行动计划"夺取秋粮丰收实现全年粮食产量超千亿斤的意见》，突出了农业机械化的重要作用和对农业机械化的扶持政策。《意见》中保障措施的第六条为"增强农业机械化的支撑能力"，提出重点扶持农机专业合作社的发展，各级财政都要拿出专项资金，支持农机专业合作社开展农机作业综合服务，力争到2011年使农机专业合作社作业量占到全省农机作业量的40%以上；激励措施第四条为"加大对玉米收割机推广的扶持力度"，提出到2011年玉米收割机保有量达到26 000台以上，机收率达到60%以上。

7月8日—13日

农业部农垦局2009年第一期全国农垦农业机械化技术培训班在黄泛区农场举行。来自全国16个省、市、自治区垦区的农机管理人员、农机技术人员60多人参加培训。黄泛区农场农机技术人员20余人列席参加了培训。

7月10日

2009年度薯类生产机械化技术试验示范工作会议在郑州市召开，来自全省薯类主产区相关人员和有关生产薯类收获机械的企业负责人参加会议。会议对项目实施方案和试验大纲进行了讨论、修改、完善，部署了项目工作。

7月18日

河南省副省长刘满仓、省农业机械管理局局长张开伦一行，在信阳市委书记王铁、市长郭瑞民的陪同下，视察了信阳商城高科农机农艺服务专业合作社。

8月9日

河南省副省长刘满仓主持召开全省农机合作社代表座谈会。来自全省的10个合作社代表参加了座谈。刘满仓仔细聆听了代表发言，充分肯定了农机合作社的作用及良好的发展机遇和前景，并对代表们提出了希望和要求。

8月10日

河南省农机局长座谈会在郑州市召开。副省长刘满仓出席了会议并作了重要讲话。会议就贯彻落实农机购置补贴政策、提升薄弱环节机械化水平、推动河南省农业机械化发展进行了交流和讨论。

8月12日

农业部农业机械化管理司副司长刘宪一行3人，深入修武县开展农机专业合作社调研。刘宪副司长实地考察了修武县源农农机专业合作社和常兴农机专业合作社，对修武县农机合作社建设给予了高度评价，要求各级农机部门要积极扶持合作社发展。

8月21日

全省"三秋"农机新机具、新技术现场演示会在许昌县召开。

9月10日

河南省副省长刘满仓对省农业机械管理局《三秋农机快报》第一期作出批示，要精心组织协调好农机服务三秋工作。

9月23日

河南省副省长刘满仓对省农业机械管理局《三秋农机快报》第四期作出批示，要高度关注小麦机播，要求把小麦种好。

9月29日

河南省农机购置补贴暨政风行风建设工作会在郑州市召开。会议总结交流了第一批农机购置补贴资金实施工作的成效和经验，安排部署了第二批农机购置补贴资金落实工作；贯彻落实全省民主评议政风行风工作意见建议反馈大会精神，总结前一段农机系统民主评议政风行风工作，部署下一阶段民主评议整改工作。

10月14日

河南省副省长刘满仓在政务要闻1103期《焦作市大力推进玉米收获机械化预计玉米机收面积达88万亩机收率达50%以上》上对省农业机械管理局作出批示：要总结焦作的经验，大力推进玉米收获机械化水平的提高。

10月15日

河南省副省长刘满仓主持召开2009年河南省农业机械化银企合作招商引资对接工作协调会。省农业厅、财政厅、工业和信息化厅、省政府金融办公室、中国人民银行郑州中心支行、省银行业监督管理委员会、农业发展银行、农业银行、农村信用社、农业机械管理局等部门负责同志参加了会议。会议听取了省农业机械管理局关于筹备工作情况的汇报，刘满仓副省长作了讲话。

11月23日

2009河南省农业机械化银企合作对接会在郑州市举行。省委副书记陈全国、省人大常委会副主任铁代生、副省长刘满仓、省政协副主席靳绥东、农业部农业机械化管理司副司长刘宪、农业部农村合作经济经营管理总站副站长赵铁桥出席会议。与会17家金融机构及银行与农机部门、农机企业和农机专业合作社签订了合同贷款和协议贷款，合计授信83.54亿元，并建立了金融支持农业机械化发展的长效机制。

11月23日—24日

河南省市级农机推广站站长会议在郑州市召开。会议回顾总结了建国60年来河南省农机推广工作的成就和经验；总结交流一年来河南省农机推广工作情况；传达全国省级农机推广站长会议精神；分析新形势下农机推广工作面临的新任务、新机遇和新挑战；研究探讨实现农机推广工作新突破的思路与对策;安排部署 2010 年农机推广的重点工作。

11 月 26 日

河南省省委书记徐光春对《省农机局关于河南省农业机械化银企合作对接会情况报告》作出批示:工作有创新,有实效。

湖 北 省

2009 年 1 月 6 日

2009 年农机构置补贴非通用类产品选型开标大会召开。

2 月 5 日

《湖北省 2009 年农机购置补贴产品目录》在《农村新报》上公布。

2 月 19 日

2009 年全省农机购置补贴专项工作会议在武汉市召开,湖北省农业机械化管理办公室主任吴庆峰出席并作重要讲话,副主任李庆仁主持会议。

3 月 10 日

湖北省农机监理市、州所长会议在武汉市召开。会上总结了 2008 年全省农机监理工作,表彰了 2008 年度先进集体、先进个人。

3 月 11 日

湖北省农业厅、财政厅联合成立了"湖北省农业机械购置补贴专项实施督查领导小组",省农业厅厅长祝金水任领导小组组长。

3 月 20 日

湖北省农业厅办公室转发《农业部关于进一步加快实施农机购置补贴政策的紧急通知》(鄂农办[2009]7 号),通知对做好 2009 年购机补贴工作提出了具体要求。

3 月 25 日

湖北省跨区机插协调会在沙洋县举行,23 个派机、引机单位现场签订了跨区机插作业协议面积 18 千公顷。

4 月 1 日

湖北省农业机械化管理办公室派出 4 个督导组于分赴宜昌、襄樊、荆州、黄冈开展为期一周的购机补贴专项督查工作。主任吴庆峰对督查工作提出 5 点要求:规范操作、自身过硬、突出重点、监督到户、公示到村。

4 月 2 日

湖北省农业厅组织八个督导组,由副厅级以上领导干部带队,分赴各市州开展春季农业生产督导,并将购机补贴作为重要内容进行督查。

4 月 21 日

湖北省农业机械化管理办公室召开能力建设年活动动员大会,主任吴庆峰作动员讲话,副主任李丁希主持。

4 月 22 日

2009 年第一批农机购置补贴资金结算审核会召开。第一批结算金额为 0.91 亿元。

4 月 29 日

湖北省农机购置补贴工作会议在孝感市召开,省农业厅副厅长王敦胜、吴庆峰主任出席会议并讲话。

4 月 30 日

中共中央政治局委员、国务院副总理回良玉考察湖北农村工作时,与赤壁市机插秧大户熊全安亲切交谈。省委常委、副省长汤涛等领导同志陪同考察。

5 月 12 日

湖北省农业机械化管理办公室召开作风建设年活动动员大会,主任吴庆峰作动员讲话,副主任李丁希主持。

5 月 26 日

湖北省农业机械化管理办公室和省农村专业合作经济组织指导办公室联合表彰了武汉市富民诚农业机械服务专业合作社等10 个合作社为湖北省"十佳农机专业合作社",同时评选出襄樊市繁博农机专业合作社等10 家"优秀农机专业合作社"。省财政安排42 万元资金扶持14 家农机专业合作社发展。

6 月 2 日

湖北省农业厅印发了《湖北省 2009 年"以机代牛"防治血吸虫病建设项目实施方案》。2009 年省政府安排 600 万元专项资金,用于宰杀病牛5 000头。

6 月 2 日

农业部农业机械化管理司副司长刘宪、综合处处长李燕、科教处处长范学民到湖北省调研"三夏"农机生产情况和农机安全生产情况。

6 月 16 日—19 日

2009 年第二批农机购置补贴资金结算审核工作会在武汉市召开。第二批结算金额为 3.23 亿元,加上第一批结算的 0.91 亿元,结算总金额为 4.14 亿元。

6 月 22 日—25 日

农业部农机试验鉴定总站处长王桂显到湖北省调研农机教育培训、农机维修和农机专业合作社发展情况。

7 月 23 日

农业部农业机械化管理司实施农机购置补贴政策专刊 2009 年第 43 期印发《湖北:五措并举确保购机补贴顺利实施》。

7 月 31 日

湖北省农业机械化管理办公室联合省农机推广总站在宜昌市五峰县召开了山区机械化(茶叶)现场会,省农业厅厅长祝金水到会并作重要讲话,省农业厅副厅长王敦胜主持会议。

8 月 5 日

湖北省人民政府办公厅印发了《省人民政府办公厅转发省农业厅、省安监局关于全省创建"平安农机"活动实施方案的通知》(鄂政办函[2009]64 号)。通知就"平安农机"活动工作目标、示范标准、主要措施等提出了具体要求,2009—2011 年全省共创建 10 个"平安农机"示范县,100 个"平安农机"示范乡镇,1 000个"平安农机"示范村,10 000个"平安农机"示范户。

8 月 20 日

经湖北省人民政府同意,省农业厅、省安全生产监督管理局在宜昌枝江市召开了全省"平安农机"创建工作现场会,省人民政府副省长出席会议并作重要讲话,同日,在宜昌枝江市朱家湾村举行了第二轮"湖北省创建平安农机,促进新农村建设"启动仪式。副省长段轮一宣布活动启动。

9 月 8 日

2009 年第三批农机购置补贴资金结算审核工作会在武汉市召开。第三批结算金额为 0.79 亿元,加上前两批结算的 4.14 亿元,共计 4.94 亿元。

9 月 11 日

湖北省人民政府出台《关于进一步促进农业机械化发展的意见》,为今后一个时期农业机械化的发展指明了方向。

9 月 14 日

湖北省农业厅、省公安厅、省交通厅、中国石油化工股份有限公司湖北石油分公司和中国石油天然气股份有限公司湖北销售分公司四部门联合印发了《关于认真做好水稻跨区机收工作的通知》,要求全省各级农业、公安、交通、石油供应等部门相互配合,为水稻跨区机收做好各项服务工作,为抢收、抢种、保农时,为农业增效、农民增收作出贡献。

9 月 14 日—18 日

农业部农机安全生产检查督导组一行四人来湖北省检查督导农机安全生产

工作及三项行动、三项建设等内容。

9月15日

湖北省农业机械化管理办公室主任吴庆峰到公安县现场了解跨区机收情况。

9月17日

国务院总理温家宝签署国务院令，颁布实施《农业机械安全监督管理条例》。全省各地开展形式多样的宣传活动。

9月17日

湖北省农业机械化管理办公室副主任李庆仁带队到十堰市检查农机安全生产和农机购置补贴工作情况。

9月22日

2009年度"以机代牛"工作座谈会在阳新县召开。

9月22日

全省油菜机械直播现场会在天门市召开。省农业机械化管理办公室副主任王友根出席并讲话。

10月10日

第八届武汉国际农业机械博览会在武汉市召开，农业部农业机械化管理司副司长刘宪、农业部农机试验鉴定总站副站长杨林、农业部农业机械化技术开发推广总站副站长涂志强出席开幕式。共有154个企业、1 670个产品参展。

10月12日

湖北省机构编制委员会办公室决定：根据2009年第三次省编委办公会议精神，同意将省农业机械化管理办公室由厅内设机构调整为厅直属副厅级事业单位。收回原核定的22名行政编制，重新核定全额拨款事业编制26名。

11月10日

农业部农机安全监理总站副站长涂志强、处长刘司法到安陆市检查指导工作，省农业机械化管理办公室副主任李庆仁、省农机安全监理总站站长付先明陪同。

11月16日

湖北天门市开展了首届农机专业合作社知识竞赛与技能比武活动。活动由天门市政府主办、市农业机械化管理办公室承办，市财政、安监、经管、工商、农业等部门协办，参赛农机专业合作社达33个，参赛人员达100多人。比赛设一等奖1名，奖价值3万元的拖拉机一台；二等奖2名，各奖手扶式插秧机一台；三等奖3名，各奖手扶拖拉机一台；鼓励奖若干名，凡参赛队均奖现金1 000元。此次活动产生了良好的社会效益，有效激励了农机专业合作社快速发展。省农业机械化管理办公室副主任李丁希出席并致辞。

11月19日

农业部农业机械化管理司监管处处长、黄冈市副市长李安宁到红安县农机局进行调研。

11月26日

湖北省农机推广站长（主任）会议在荆州市召开。农业部农业机械化管理司监管处处长李安宁、省农业机械化管理办公室副主任王友根出席会议。来自全省17个市州和直管市的农机推广站长（主任）参加了会议，会议由省农机推广总站站长傅先明主持。

截至11月底

湖北省完成机插面积266.67千公顷，机插水平达12.5%，插秧机保有量1.27万台，其中2009年新增插秧机5 085台，机插面积和插秧机数量再创历史新高。

湖南省

2008年12月8日

经湖南省委组织部同意，省农业厅党组决定，涂文波同志任湖南省农业机械管理局纪检组组长、党组成员。

12月26日

湖南省长沙县农机局局长胡超钢、衡东县农机局局长刘仁秋、南县农机局局长陆中文被评为2008年全国粮食生产先进工作者，受到农业部表彰。

12月29日

湖南省长沙县、南县、衡东县、娄底市娄星区、江华县获得农业部、国家安全生产监督管理总局授予的全国"平安农机"示范县称号。

2009年2月4日

湖南省副省长徐明华到省农业机械管理局视察、指导工作。湖南省农业机械管理局局长谢国华汇报了2008年全省农业机械化工作情况和2009年农业机械化工作总的思路。徐明华指出：近年来，农机部门创造性地开展工作，指导思想明确，工作思路清晰，重点突出，措施有力，工作卓有成效，省委省政府是满意的。他强调，各级政府要重视、支持农机化事业，各级政府每年都要为农机部门实实在在地解决一些问题。

2月12日—13日

湖南省农机购置补贴工作会议暨实施培训班在长沙市举行。各市州农机局局长、财政局农财科长，各县（市、区）农机局局长，以及入选《湖南省2009年农机购置补贴产品目录》的农机生产企业代表参加会议。会议部署了2009年农机购置补贴实施工作，发布了《湖南省2009年农机购置补贴实施方案》，公布了《湖南省2009年农机购置补贴产品目录》和补贴机具经销商名单，并对农机购置补贴政策的相关规定及实施操作程序作专题讲解。

2月15日

湖南省农业机械化工作会议在长沙市召开。各市州农机局长、办公室主任，省局直属单位负责同志，农机龙头企业及相关院校代表参加会议。会议总结了2008年全省农业机械化工作，研究部署2009年工作，表彰了2008年全省农业机械化工作先进单位。省人大农业与农村委员会主任委员胡正扬、省委政策研究室副巡视员张伟达出席会议并讲话。

2月23日

湖南省委书记张春贤在怀化市考察调研时观看农机春耕作业。张春贤指出：现阶段推进农业现代化，一是有条件的地方要先行，提高农业的设施装备水平，这是集约化生产很重要的基础；二是必须推进适度规模经营，只有形成规模经营才能搞集约化生产，才能实现农业产业化和服务社会化；三是要大力推广农业科技，促进农业增产增效。

3月13日

湖南省农业机械管理局与省保险监督管理局联合制发《关于规范拖拉机交强险实施工作的紧急通知》。通知要求：各相关保险机构要严格执行拖拉机交强险全国统一条款和费率方案；各财产保险公司不得拒保或者变相拒保，不得拖延承保或提出其它附加条件，不得擅自提高拖拉机交强险费率，不得强制投保人订立商业保险合同。

3月23日

湖南省农机科技下乡活动启动仪式在望城县举行。现场为农民朋友解答政策和技术咨询，向当地农民赠送了一批农机具、农业生产资料及农业、农机方面的科普图书和技术资料。

3月25日—26日

湖南省委副书记、省长周强到常德市检查春耕生产时，在武陵区河洑镇观看了农机大户刘文亮组织的农机专业服务社春耕作业现场。周强说，组织农机专业服务社是发展规模农业的新思路，要不断完善各类农业专业服务，促进规模经营，提高农业综合效益，带动更多农民致富。

3 月中旬—4 月底

湖南省组织开展“万名干部下基层，百万农机促春耕”活动。活动的主题是：组织干部下基层，政策和技术进农家，全力服务春耕备耕。

4 月 2 日

湖南省副省长徐明华到湘潭考察农机市场和农机供应情况。在湘潭中南农机大市场，徐明华了解了农机销售情况、农机购置补贴标准及落实情况，并与市场部分经销商及购机农户进行交谈，认为农机部门在实施农机购置补贴过程中做到了公开、公平、公正，让农民实实在在地享受到了政策规定的实惠。

4 月 28 日

湖南省双峰县农机局局长朱昭平获“全国五一劳动奖章”，4 月 30 日参加了省政府召开的表彰大会。

5 月 6 日

湖南省省烟草专卖局与省农业机械管理局联合印发《湖南省烟草农业机械购置补贴实施办法（试行）》。《办法》明确了烟草农机分类，补贴对象、标准和方式，管理流程，产权与管护等内容。

5 月 6 日—23 日

湖南省农机监理总站分 4 期举办了农机监理员、驾驶考试员、机车检验员培训班，共 328 人参加培训。

7 月 14 日

全国水稻跨区机收启动仪式暨湖南水稻生产全程机械化现场演示会在浏阳市举办。湖南省副省长徐明华、农业部农业机械化管理司副司长刘恒新出席。全国 26 个水稻主产省区农机管理部门负责人和水稻机械化育插秧专家，全省各市州农机局局长、各县市区农机局负责人及农机推广人员参加现场会。

8 月 7 日—8 日

湖南省市州农机局长座谈会在永州市召开。各市州农机局局长，省局党组成员、局机关各处室及局直单位主要负责人参加会议。会议传达贯彻了全国农业厅局长会会议神，总结交流了上半年工作情况，研究部署下半年重点工作。

8 月 21 日

湖南省省长周强听取农业机械化工作汇报。省农业机械管理局谢国华局长汇报了全省农机产业发展、农机购置补贴政策实施和变型拖拉机管理方面的情况。周强省长对全省农业机械化工作给予了充分肯定，要求农机部门既抓好农业机械化管理工作，又要大胆地抓好农机产业建设。在农机产业园建设上，要认真做好规划，搞好招商引资，把国内外先进的农机产品、有实力的农机企业、著名的农机品牌引进来。表示在购机补贴专项资金安排上，省级要根据财政收入增长逐步增加。

9 月 2 日—4 日

2009 年湖南省农机机电产品展示交易会在汨罗市国际龙舟竞渡中心举办。国内外 200 多家农机机电企业参会，展销 50 多个大类 1 000 余种产品。省人大常委会副主任蔡力峰、省人大农业与农村委员会主任委员胡正扬、省农业机械管理局局长谢国华、岳阳市市长黄兰香等出席开幕式。

10 月 13 日—16 日

湖南省发展和改革委员会和省农业机械管理局联合开展农机抗旱减灾能力建设专题调研。湖南省农业机械管理局局长谢国华、副局长王元宝，省发展和改革委员会、湖南农业大学等单位派员组成联合调研组，深入娄底市、衡阳市及其所辖县市区，就农村机电提灌设施、农机抗旱能力建设的现状、存在的主要困难和问题进行了专题调研。

11 月 16 日

湖南省农业机械管理局与省安全生产监督管理局联合印发《湖南省深入开展创建平安农机促进新农村建设活动实施方案》。明确到 2011 年，全省创建 14 个“平安农机”示范县、100 个“平安农机”示范乡镇、1 000 个“平安农机”示范村、10 000 个“平安农机”示范户。

11 月 24 日

湖南省副省长徐明华到长沙县先锋村、新江村考察调研机械清淤工程。徐明华要求农机部门、水利部门加强配合，抓好清淤机械推广。省农业机械管理局局长谢国华、省水利厅负责同志陪同考察调研。

11 月底

水稻育插秧机械化技术示范取得成效。18 个部、省水稻育插秧机械化项目县投入资金 300 多万元，共建水稻育插秧机械化技术示范点 50 多个，推广插秧机 236 台，完成机插秧面积 4. 33 千公顷。

11 月底

湖南省全面完成农机购置补贴政策实施工作。全省农机购置补贴资金总额 7. 027 亿元，其中中央财政资金 6. 7 亿元、省财政资金 700 万元和市县财政资金 2 570 万元，在 128 个县市区（含农场管理区）实施。截至 11 月底，补贴资金已全部落实到位，共计补贴机具 37. 48 万台（套），36. 58 万个农户及农机服务组织受益，带动农民投资近 20 亿元。

广 东 省

2009 年 1 月 4 日

广州市番禺区和廉江市被评为全国“平安农机”示范县（市、区）。

1 月 15 日

率先完成广东省 2009 年（中央财政）农业机械购置补贴产品目录的编制上报工作，成为全国第一个完成并上报农业部的省份。

1 月 22 日

广东省农业厅与省安全生产监督管理局联合，组织开展创建“平安农机”活动。共同制定了《广东省深入开展“创建平安农机，促进新农村建设”活动实施方案》，计划用 3 年的时间力争建设 10 个“平安农机”示范县、100 个“平安农机”示范乡（镇）、1 000 个“平安农机”示范村和 10 000 个“平安农机”示范户（合作社、协会、作业公司）。

2 月 13 日

广东省农业厅农业机械化管理办公室在广州市召开落实《珠江三角洲地区改革发展规划纲要》，加快珠三角农机发展的座谈会。

2 月 19 日

在珠海召开的农机安全检验技术标准研讨会上，《对拖拉机安全技术要求检验规范》和《谷物联合收割机安全技术要求及检验规范》地方标准送审稿进行研讨。研讨会修改和初步审定了两个标准的相关项目和内容。

2 月

广东省农业厅农业机械化管理办公室被省人事厅、安全生产监督管理局评为“广东省安全生产监管先进集体”，副调研员刘亚平被评为“广东省安全生产先进工作者”。

3 月 13 日

广东省农业厅在河源市紫金县组织举办“广东省农机安全生产暨农机购置补贴政策宣传咨询日活动”。

3月30日

广东省农业机械化工作会议召开，省农业厅党组书记、厅长谢悦新出席会议并作重要讲话。

3月—8月

制定并印发《2009年省农业厅开展"农机安全生产年"活动实施方案》、转发了农业部、广东省有关安全工作的通知，要求各级农业（农机）部门和农机安全监理机构要统一思想，加强对农机安全生产工作的领导，切实做好各项工作落实。

5月18日

广东省农业厅召开农机安全生产专题会议。会议由省农业厅副巡视员潘雪芬主持，副厅长陈福林出席并讲话。会议专门研究目前广东省农机安全生产存在的突出问题，提出了一系列防范措施并形成会议纪要。

5月中旬

广东省农机鉴定站顺利通过国家认可委组织的对"农业部设施农业机械设备质量监督检验测试中心（广州）"的资质认定（计量认证）复查。

6月5日

广东省农机研究所与马来西亚质监局（SIRIM BERHAD）、MCAM（MALAYSIA）SDN BHD三方本着互惠互利、加强技术合作的原则，签署了框架协议，主要在棕榈等热带作物生产机械研发等四个方面进行合作。马来西亚科学技术及创新部部长Y. B. Datuk Dr. Maximus Johnity Ongkili、省农业厅厅长谢悦新等见证了三方签约仪式。11月底，该项工作取得了实质性进展，专门研制的2台棕榈田间运输车已交付使用。

6月12日

广东省农业厅在新丰县举办"广东省农机安全生产暨农机购置补贴政策宣传咨询日"活动。

6月16日

首届广东省现代农业装备演示会在广州市农业机械化示范基地举办。

7月1日

广东省各级农机监理机构启用《全国农机驾驶人理论考试系统》。

7月22日—23日

广东省水稻育插秧机械化示范县工作座谈会在高要市召开。省农业厅副巡视员潘雪芬、省农业厅农业机械化管理办公室主任郑宏宣、省农机推广站领导班子以及全省20个水稻育插秧机械化示范县农机局长或农业局分管局长、项目负责人以及井关、久保田、富来威等国内外7家插秧机生产企业代表参加会议。

7月24日

根据广东省安全生产委员会《关于2007—2008年度省安全生产责任制考核结果的通报》（粤安［2009］6号），省农业厅农机安全生产第一责任人厅长谢悦新和直接责任人副巡视员潘雪芬，在全省2007年—2008年度安全生产责任考核中获"优秀"等级。

7月29日

广东省印发《关于委托省农业机械鉴定站承担农业机械安全监督管理部分事务性工作的通知》（粤农函［2009］623号）。从11月1日起，委托省农机鉴定站承担省农业厅农机安全监督管理部分事务性工作。

8月3日—11日

由广东省农业厅副巡视员潘雪芬带队，省物价和省农业机械化管理办公室有关人员组成的农机行政事业性收费调研组，赴河北、湖北两省开展农机行政事业性收费调研，调研成果为制定广东省核定农机行政性事业收费提供了依据和意见。

8月9日

广东省农机鉴定站由办公室、综合室、业务一科和业务二科等4个科室调整为办公室、综合科、业务一科、业务二科、质量监督科和设备管理科等6个科室。

8月12日

廉江市利用农机购置补贴资金在全市18个乡镇中，每个乡镇至少都有插秧机一台以上，成为广东省第一个突破插秧机"空白镇"的县市。

8月19日

广东省质量技术监督局在广州市召开地方标准审定会，对省农机鉴定站起草的《拖拉机安全技术检验项目和方法》地方标准进行审定。审定委员会建议广东省质量技术监督局以推荐性地方标准予以发布实施。

9月10日—20日

按照广东省安全生产委员会办公室《关于印发省安会国庆前安全生产督查方案的通知》（粤安明电［2009］3号）要求，省农业厅作为省安全生产委员会成员单位，由副巡视员潘雪芬任组长，带领督查小组到广州市、韶关市和清远市开展对各行业的安全生产督查活动。

11月12日

广东省农业厅在江门新会区召开全省冬种生产机械化现场会。省农业厅副巡视员潘雪芬出席会议并讲话，部署了下阶段全省冬种生产机械化工作。

11月24日

落户广州市萝岗区九龙镇云平工业园的"南方农业装备产业技术创新中心"项目奠基典礼隆重举行。该项目由省农业机械研究所承担。

11月30日—12月1日

全国农机监理站站长会议在广州市召开。2009年以来，省级与地方投入各级监理机构装备配置和办证窗口建设近800万元，为各级农机监理机构增添了监理执法车5台、安全检测车21辆等监理装备，省市开展共建"文明监理，优质服务"监理办证示范窗口14个、扶持共建的农机安全村有15个、"平安农机"示范县（区）2个。

广西壮族自治区

2008年12月12日

广西壮族自治区人事厅免去苑庆山同志自治区农业机械化管理局副局长职务。

2009年1月18日

广西壮族自治区农业机械化工作会议在南宁市召开。各市农业机械化管理局领导、办公室主任、管理科科长、科教科科长、监理所正副所长、推广站站长、机电工程学校校长及全区"平安农机"示范县代表共280多人参加了会议。

2月23日

"十万台农机补贴下乡、十万农机手创业培训、百万农机闹春耕动员大会"在南宁市召开。全区各市农业机械化管理局局长、分管农机购置补贴工作的副局长和管理科长、区内外农机购置补贴相关生产企业代表等400多人参加了会议。会议期间还对全区市县农机补贴工作人员和一级经销商共300多人进行了农机购置补贴政策、业务和购机补贴管理软件培训。

2月

广西农机研究院研制的4GZQ—260型切段式甘蔗联合收割机在广西农垦金光农场进行作业试验获得成功，标志着广西对切段式甘蔗联合收割机的研制开发取得了新的突破。

3月20日

广西壮族自治区党委副书记陈际瓦到自治区农业机械化管理局调研考察广西农业机械化工作，详细了解农业机械化技术推广和购置补贴情况，要求农机部门要认真贯彻落实国家农机购置补贴政策，抓好“千乡万村现代农机装备工程”的实施，推进农业机械化发展，为经济社会又好又快发展提供有力保障。

3月24日—25日

全国创建“平安农机”工作会议暨创建“平安农机”工作现场会在南宁市召开。农业部副部长张桃林、国家安全监督管理总局副局长梁嘉琨、自治区副主席梁胜利、公安部交通管理局副局长李江平出席会议并讲话。来宾市兴宾区、荔浦县等6个县(区)被评为全国“平安农机”示范县(区)。

3月25日

广西壮族自治区副主席陈章良在南宁市会见前来出席全国创建“平安农机”工作会议的农业部副部长张桃林一行，双方就做好广西“三农”工作交换了意见。

6月1日

广西壮族自治区农业机械化管理局印发《广西农机安全生产专家组管理办法》，聘任区、市、县53位业务骨干和专家学者组成立第二届广西农机安全生产专家组。

6月9日

广西壮族自治区农业机械化管理局、安全生产监督管理局、公安厅交通管理局联合下发《关于印发广西农机安全文化乡村行活动实施方案的通知》，在全区范围内组织开展“广西农机安全文化乡村行”活动。

6月9日

广西壮族自治区党委巡视组考察来宾市“平安农机”创建工作，对来宾市“平安农机”创建工作给予充分肯定。

6月16日

广西壮族自治区农业机械化管理局设立农机购置补贴工作监督办公室，各市也相应成立了农机购机补贴工作监督机构，切实保障国家农机购置补贴政策健康实施。

6月27日

全区农机专业合作社建设经验交流暨农机购置补贴工作会议在桂林市荔浦县召开。会议传达了农业部农业机械化管理司召开的全国农机专业合作社经验交流会、农机跨区作业工作会和农机购置补贴工作会的会议精神，总结交流了近年来广西农机专业合作社建设工作的情况和成功经验，研讨今后一个时期促进农机专业合作社发展的工作思路和措施，进一步部署全区农机专业合作社建设工作。

7月

广西承担的2007年—2008年(桂平市)水稻育插秧机械化项目通过农业部农业机械化管理司组织的验收委员会验收，被评为优秀项目。

8月20日

广西壮族自治区农业机械化管理局制定《秋冬季农机化助农增收大行动实施方案》，认真组织实施农机购置及“农机下乡”补贴政策、推广农业机械化新技术新机具、加强农业机械化技术培训、组织农机作业服务、扶持发展农机专业合作社、开展农机安全生产专项整治。

10月26日

广西壮族自治区人大农业与农村委员会、自治区农业机械化管理局联合召开纪念《中华人民共和国农业机械化促进法》颁布实施5周年座谈会，自治区人大常委会副主任覃瑞祥、自治区副主席陈章良出席座谈会并讲话。

截至11月30日

广西壮族自治区落实农机购置补贴资金4.15亿元，其中中央资金3.4亿元，自治区资金4 600万元，市县资金2 900万元，已全面完成了农机购置补贴资金任务。全区共补贴农民购置各类农业机械170 224台，其中水稻插秧机4 144台，水稻联合收割机4 898台，各类拖拉机33 444台，各类耕整地机械96 700台，茶叶机械553台，甘蔗装载提升机1 425台，割晒机10 054台，烘干机18台，田间管理机械3 987台，畜牧水产机械12 674台，其他机具2 327台，受益农户达159 382户。

海南省

2008年12月12日—14日

中国(海南)国际热带农产品冬季交易会在海口举行。交易会特设4 800平方米的农机展区，专门宣传近年来海南省农业机械化发展成就，展示先进适用农业机械。

2009年4月14日

海南省农业机械化管理局原局长王晓桥任省农业厅副厅长，分管农业机械化工作。

6月

海南省农机安全监理所利用农机安全监理信息系统建设项目资金购置了一批电脑并发放给基层农机监理站。至此，全省18个市县农机监理站信息采集点都配备了计算机，全省农机安全监理信息系统基本建成运行。

7月3日

中共海南省农业厅党组任命石礼滨为海南省农业机械化管理局局长。

8月21日

海南省农机购置补贴工作会议在海口市召开。会议的主要任务是贯彻落实2009年中央1号文件精神，传达全国农机购机补贴工作会议精神，总结和交流实施农机购置补贴政策的成效和经验，分析面临的形势和存在的问题，研究部署当前和今后一个时期农机购置补贴工作。各市县农机管理部门、海口市农业局、乐东县农业局、省农垦总局、省畜牧兽医局、乡镇企业局、农业厅计划财务处、种植业管理处负责人，部分农机公司(生产厂家)的主要负责人共40多名代表参加了会议。会议由省农业机械化管理局局长石礼滨主持，省农业厅副厅长王晓桥出席会议并讲话，省财政厅农业处、省纪委纪检组负责人和有关新闻媒体记者应邀参加了会议。

8月28日

第八届海南(永发)冬季优质农资展销会在澄迈县永发镇举行。国内知名农机具厂家纷纷携产品参展。

9月10日

琼海市农机管理办公室主任王德庄被农业部农业机械化技术推广总站授予“新中国成立60周年农机推广功勋人物”称号并通报表彰。

10月16日

海南首届“农民增收十大状元”出炉，澄迈县农机专业户王乙榜上有名。

10月28日—31日

农业部农业机械化管理司副司长刘恒新、综合处调研员李斯华对海南省农机购置补贴政策实施和“三秋”安全生产工作进行督导。

11月24日—25日

全国设施农业工作座谈会在海口市召开。会议期间与会专家到海南现代农业展示示范园进行参观考察。农业部农业机械化管理司副司长刘宪出席会议并讲话。

11 月 25 日

2009 年中央财政安排本省农机购置补贴资金9 000万元(其中农垦2 700万元),海南省财政配套资金 400 万元,市县财政配套资金1 074万元。至 11 月 25 日,全省已全部实施完毕,引导农民直接投入约 5.9 亿元,全省享受中央财政购机补贴的机手32 350人(户),中央财政资金补贴机具共计43 286台(套)。

11 月 27 日

2009 年中国农业机械化信息网年会暨信息员培训班在海口市召开。农业部农业机械化管理司副司长刘宪、农机试验鉴定总站副站长杨林,海南省农业厅副厅长王晓桥,省农业机械化管理局局长石礼滨等出席了会议。各省农业机械化管理部门负责信息宣传工作处室负责人和中国农业机械化信息网信息员等 80 多名代表齐聚一堂,研讨交流,共谋农业机械化信息网发展。

重 庆 市

2008 年 12 月 2 日

由国家安全生产监督管理总局、农业部组织的"平安农机"示范县(区、市)检查组,对巴南区"平安农机"示范区创建活动进行综合考核验收。

12 月 13 日

农业部农业机械化管理司司长宗锦耀听取市农业机械管理办公室主任罗泽宽关于重庆市农业机械化工作的汇报。

2009 年 1 月 4 日

黔江区、巴南区、云阳县 3 区县获全国"平安农机"示范县称号。

1 月 8 日

重庆市 2009 年度农机购置补贴产品宣传会召开,首批进入重庆市 2009 年度市选农机补贴产品目录的 51 家生产企业和市级经销企业参加了会议。

1 月 15 日

全市农业机械化工作会议召开。这是机构整合后的新农委召开的第一次市级农机工作会议。会议的主要任务是,深入贯彻落实科学发展观,分析全市农业机械化发展形势,总结 2008 年农业机械化工作,研究部署 2009 年工作。

1 月 16 日—19 日

由农业部和重庆市人民政府主办的 2009 重庆中国西部国际农产品交易会在南坪国际会议中心举行。农机展区 2 000平方米,交易会期间签订农业机械购销协议金额达 28.5 亿元。

1 月 18 日—19 日

重庆市委常委、副市长马正其带领市委农村工作委员会书记、市农业委员会主任夏祖相,市委农村工作委员会委员、市农业委员会副主任、市农业机械管理办公室主任罗泽宽,专程赴京与农业部领导商讨重庆农业农村工作。在北京期间,马正其一行拜会了农业部副部长张桃林,走访了农业部农业机械化管理司等部门。

2 月 3 日

重庆市出台扶持农机专业合作社发展的农机购置补贴政策。明确对经工商登记注册的农机专业合作社购买补贴目录内的小型耕作机械,每台增加补贴 500 元,小型联合收割机每台增加补贴 1 000元。

2 月 23 日

重庆市农业委员会副巡视员邓光友会见了专程来访的洋马农机(中国)有限公司总经理土井登一行,双方进行了友好交谈。

4 月 3 日

重庆市农业委员会在江津区召开全市水稻机插秧现场会。

4 月 17 日—18 日

农业部农业机械化管理司派员来重庆,就农机安全监理和农机购置补贴实施情况进行调研。

4 月 21 日—22 日

农业部部长孙政才一行在市委常委、副市长马正其的陪同下到梁平、云阳视察工作。在位于万亩水稻高产创建示范片的县良种场示范点上,孙政才向农户详细询问了人工插秧和机械插秧的劳动工效、基本苗数量及产量效果差别,对机械插秧技术在重庆市的示范推广效果感到满意。

6 月 4 日

受重庆市市委农村工作委员会书记、市农业委员会主任夏祖相委托,市农业委员会副主任、市农业机械管理办公室主任罗泽宽等同志向市委常委、副市长马正其汇报了 2009 年以来全市农业机械化发展情况及下步工作打算,马正其对市农业机械化工作给予了充分肯定,并就如何加快发展农业机械化作了指示。

6 月 8 日

重庆市农业机械管理办公室召开《重庆市农业机械化促进条例》(初稿)讨论座谈会。市委农村工作委员会委员、市农业委员会副主任、市农业机械管理办公室主任罗泽宽,市人大农村工作委员会副主任贾天平,市农业委员会副巡视员邓光友以及市政府法制办公室、市机构编制委员会办公室、市发展和改革委员会等部门领导出席会议。

7 月 12 日

农业部农村经济体制与经营管理司司长孙中华、农业部农村合作经济经营管理总站副站长赵铁桥考察了梁平县仁贤农机服务专业合作社和仁贤水稻种植专业合作社,详细了解了两个合作社的建设模式、运作方式及实际效果,查看了各项制度及档案资料,对以专业合作社为载体实施水稻高产创建这种创新模式给予了充分肯定。

8 月 24 日

重庆市委副书记张轩深入南川区大观镇铁桥农机专业合作社,详细了解专业合作社的发展情况并查看了机插秧水稻的长势。

8 月 27 日—29 日

受国家认证认可监督管理委员会的委托,农业部农产品质量安全监管局和重庆市质量技术监督局派出双认证评审组,对农业部水泵质量监督检验测试中心(重庆市农业机械鉴定站、重庆市农机产品质量监督检验站)进行审查认可和资质认定(计量认证)复查评审的现场评审工作。评审结论为基本通过。

9 月 9 日

第十一届中国科协年会"丘陵山地农业综合开发与农业工程及农业机械化"专题论坛在重庆市举行。中国工程院院士、中国农业工程学会名誉理事长、中国农业大学教授汪懋华,市人民政府副市长谢小军,与来自全国 13 个省市(自治区)的政府机关、高等院校、科研院所以及企事业单位的著名专家、学科带头人、高级学者,共谋丘陵山地农业机械化发展大计。

9 月 19 日

农业部农业机械化管理司派员到重庆市,调研重庆建设全国农业机械化综合示范基地规划。

10 月 14 日

农业部检查组一行深入南川区检查油菜生产机械化工作。检查组专家在听取汇报后,对南川区油菜生产机械化开展情况给予高度评价。

11月10日

全市地产小型收割机质量“回头看”研讨会在永川区召开。市农业委员会副主任、市农业机械管理办公室主任罗泽宽、市农业委员会副巡视员邓光友出席会议,市农机推广站、市农机鉴定站、市农机安全监理所、潼南县农机局、江津区农机推广站、重庆双恩农机公司、重庆富牌农机公司、重庆华亚拖拉机制造有限公司负责人,以及相关技术人员40余人参加会议。

11月12日

重庆市农业委员会主任夏祖相、副主任罗泽宽会见了久保田农业机械(苏州)有限公司董事、总经理饭岛宣昭、副总经理南照男一行。

11月17日

中国驻圭亚那大使张君高代表重庆市政府向圭农业部捐赠一批农机具,圭亚那农业部长帕索德、圭亚那国家农业研究院负责人及中国驻圭亚那使馆官员约50人出席了捐赠仪式。

11月26日

由洋马农业机械有限公司举办的西南丘陵山区农业机械化发展恳谈会在重庆市召开。重庆、湖北、云南、贵州、广西、江苏、黑龙江农垦等7个省市区农机管理部门的负责人及洋马公司代表参加了座谈,探讨了西南丘陵山区农业机械化发展问题。

四 川 省

2008年

中央财政资金安排四川省2008年农机购置补贴1.9亿元(省级安排800万元),在148个县实施,共补贴购置农业机械66 840台(套),带动农民和农机服务组织投入约3.2亿元,72 910农户受益。

2009年1月9日

四川省农业机械管理局发出《关于加快推进汶川地震灾后恢复重建工作的通知》,要求各级农机部门明确“规划”中涉及农机部门的建设任务,切实做好灾后恢复重建实施规划和年度计划,精心组织实施灾后恢复重建各项任务。

1月13日

四川省省长蒋巨峰就省农业机械管理局关于《2009年中央安排四川农机购置补贴资金将达5亿元》的报告作出批示:“感谢卓有成效的努力。一定要依法按规,管好用好资金。”

1月

农业部发出《关于表彰2008年全国粮食生产先进单位和个人的决定》,遂宁市农机局胡建清、绵竹市农机局徐文金、成都市新都区农机局张同彬等3名同志被授予“全国粮食生产先进工作者”称号。

2月11日

四川省农业机械管理局印发《四川省农村机电灌溉项目建设管理办法》。

2月23日

四川省农业机械管理局发出《关于做好农机抗旱和春耕备耕工作的通知》,要求各级农机部门提早做好农机抗旱和春耕备耕工作,确保粮食增产、农民增收。

2月25日

四川省农业机械管理局决定从即日起至3月底开展全省农机安全生产检查。

2月26日—27日

由国务院法制办公室农业资源环保法制司副司长刘时山、农业部农业机械化管理司副司长刘恒新一行6人组成的《农业机械安全监督管理条例》国家立法调研到四川省进行立法调研。

2月

四川省委副书记李崇禧就全省农机工作及农机工业发展作出批示,充分肯定了全省农机工作取得的突出成绩,要求落实好2009年中央安排四川的农机购置补贴资金,抓住机遇,积极探索创新路,鼓励、扶持做大做强一两家农机企业,促进全省农机工业发展。

2月

四川省农业机械管理局被省政府评定为2008年度安全生产目标考核先进单位。

3月2日

全省农机化工作暨春耕生产动员会在成都市召开。会议的主要任务是,总结2008年全省农业机械化工作;分析形势,深化认识,推动全省农业机械化又好又快发展;安排部署2009年全省农业机械化工作及春耕生产动员;表彰先进。四川省委常委、副省长钟勉对加快推进全省农机事业发展讲了三点意见,强调要着力抓好农机安全监督管理工作。

3月2日

四川省农业机械管理局通过中国农业机械化信息网“跨区作业服务直通车”系统,向全国发布四川省小麦和水稻的预计收获时间、预机收面积、预计机收价格、拟引进和派出联合收割机数量等信息。

3月13日

四川省农业机械管理局发出《关于开展2009年补贴机具质量调查监督工作的通知》,要求在全省开展农机质量投诉监督、质量保障督导和质量跟踪调查。

3月31日

四川省农业机械管理局、省安全生产监督管理局联合印发《关于深入开展“创建平安农机 促进新农村建设”活动的通知》,决定2009—2011年继续深入开展创建“平安农机”活动。

3月—5月

四川省农业机械管理局组织开展了“农机打假专项治理春季行动”。全省共出动执法人员6 153人次,印发宣传资料34.96万份,检查农机生产、销售、维修企业(点)2 722个/次,整顿市场860个/次,查处案件119起,查获劣质农机产品2 096台件,货值240.94万元,受理举报案件109起,挽回经济损失16.98万元。

4月10日

农业部农业机械化管理司副司长刘宪等到成都市新都区调研中央财政农机购置补贴工作。调研组一行视察了该区川龙拖拉机制造有限公司和华龙农业装备有限公司。刘宪对新都区农机购置补贴工作给予充分肯定,希望该区抓住中央大规模增加农机具购置补贴机遇,采取积极举措推进农机购置补贴工作,让更多的农户受益。

4月10日

四川省机电灌溉暨灾后重建现场会在江油市召开。四川省农业机械管理局局长母世杰、副局长罗晓东等出席会议。

4月14日

四川省农业机械管理局印发《关于切实做好2009年水稻育插秧机械化技术示范推广工作的通知》,要求各级农机部门加强领导,强化组织保障;抓好培训,强化宣传,扩大影响;强化示范创新,扩大应用规模,推行新机具、新技术;加强田间管理指导,认真收集并完善工作档案,强化考核机制,确保示范效果。

4月16日

农业部副部长张桃林、科技教育司司长白金明、农业机械化管理司司长宗锦耀等在省农业厅厅长任永昌、省农业机械管理局局长母世杰等陪同下，调研涪城区农业机械化工作。张桃林对该区农业机械化工作给予了充分肯定，对今后的农业机械化工作提出了殷切的希望。

4 月 20 日—22 日

四川省农业机械管理局副局长马平一行 5 人组成的调研组，到凉山州就春耕生产农业机械化工作开展情况进行调研。

4 月 21 日—22 日

四川省农业机械管理局副局长罗晓东一行到内江市调研督查春耕生产。

5 月 12 日

四川省农机“双抢”作业现场会在成都市新都区召开。现场展示并演示了省内外农机企业生产的 10 余种型号，共 29 台（套）联合收割机、水稻插秧机、秸秆粉碎机、旋耕机、微耕机等机具。省政府副秘书长敖玉明，省农业机械管理局局长母世杰，副局长刁学锋、罗晓东，各市（州）农机局局长参加会议。

5 月 13 日

四川省农业机械管理局制定《2009—2011 年四川省农业机械化教育培训大行动实施方案》。

5 月 18 日—21 日

四川省农业机械管理局副局长罗晓东一行到宜宾市、南溪县、兴文县调研农业机械化工作。

5 月

四川省副省长钟勉对 2009 年全省小麦机械化收割工作作出批示。对全省小麦机收工作准备充分、成效明显，特别是有力支持了地震重灾区的抢收、增收给予了充分肯定。指出要认真总结经验，扎实有效地推进农业机械化各项工作。

7 月 7 日

四川省农业机械管理局印发《四川省农业机械推广鉴定办法（试行）》。

7 月 8 日—10 日

四川省农业机械管理局局长母世杰一行到泸县调研农业机械化工作。调研组详细了解了乡村机耕道、农村机电建设、农机专业合作社组织，农机大户、产销企业发展情况及农机购补项目进展情况。

7 月 31 日

四川省农业机械管理局拟定《四川省 2010—2015 年农机购置补贴规划》、《四川省 2010—2015 年血防疫区“以机代牛”补贴规划》、《四川省农机装备需求和农机补贴政策调研报告》，呈报农业部农业机械化管理司。

7 月

四川省副省长黄彦蓉在省农业机械管理局呈报的《全省将利用三年时间开展农机化教育培训大行动》上作出批示：农村高技能人才的培养是实现农业现代化的人才和智力支撑，省农机局高度重视、任务明确、措施有力，农机化教育培训大行动效果明显。望继续努力、巩固成果，做出更大的成绩。

9 月 16 日

农业部发文表彰“新中国成立 60 周年‘三农’模范人物”。凉山州农机局局长阿牛伍来获“三农”模范人物称号。

9 月 24 日

四川吉峰农机的上市申请在创业版上市审核会议上获得通过。吉峰农机是四川省农机行业上市的第一家企业，也是全国农机行业的首家。

10 月 10 日

农业部农机试验鉴定总站副站长杨林带队，以江苏、上海、湖南、安徽等省市油菜生产机械化专家为成员的专家组，对新都区油菜生产机械化项目进行检查。

10 月 15 日

斯里兰卡民主社会主义共和国总理维克拉马纳亚克，在新都区委书记杨羽的陪同下，参观考察了四川川龙拖拉机制造有限公司产品展示以及微耕机生产线和中型轮式拖拉机生产线。

11 月 2 日

四川省农业机械管理局制定《四川省农机局 2010 年省重大项目计划》，包括主要粮食生产关键环节机械化项目、机电提灌站建设项目、机耕道建设项目等。

11 月 24 日

农业部农业机械化技术开发推广总站副站长郭建辉，四川省农机推广总站站长杨鹏、总工程师任丹华，在区农村发展局主要负责同志的陪同下，到温江调研指导农机推广服务体系建设工作。

11 月 25 日

四川省农机地震灾后恢复重建工作座谈会召开。四川省农业机械管理局局长母世杰、副局长罗晓东出席会议讲话。强调要高度重视灾后恢复重建工作，对于灾后恢复重建项目要严格按照要求实施，确保项目质量。要求加快推进灾后恢复重建项目的实施进度。

贵 州 省

2009 年 2 月 10 日

贵州省召开总结表彰会，对 2008 年 51 个农业机械化工作先进单位和 105 名农业机械化工作先进个人进行全省通报表彰。旨在倡导拼搏向上、创先争优的工作氛围，继续以饱满的热情、高昂的斗志推进农业机械化事业又好又快发展。

2 月 15 日

贵州省农机工作会议在贵阳市召开。会议总结回顾了 2009 年全省农机工作情况，安排部署了 2008 年全省农业机械化工作，表彰了先进。与会代表还列席了省委农村工作会议。

3 月 5 日

通过省人口与计划生育领导小组评估考核，贵州省农业机械事业局获 2008 年人口与计生综合治理工作一等奖，这是省农业机械事业局连续 5 年获此殊荣。

3 月 13 日

贵州省农业机械事业局组织机关和直属单位处以上干部学习部司《致各省区市农机局主要负责人的公开信》并转发全省各市（州、地）农机部门，要求各级农机部门严格按照部省农机主管部门有关规定，把农机购置补贴作为工作重中之重，抓好抓实。

4 月 16 日

贵州省农业机械事业局召开全省农机购机补贴工作座谈会。旨在加强资金的监管使用，扎实推进购机补贴工作，确保补贴资金安全有效。会议再次强调了全省购机补贴工作“八条禁令”，并集中学习了有关资金项目管理的纪律和条款。

5 月 6 日

2009 年贵州省水稻机插秧现场会在思南县举办。旨在加强对水稻机插秧工作督促指导，推进全省机插秧工作顺利开展。

5 月 12 日

贵州省委下发《中共贵州省委贵州省人民政府关于省人民政府机构改革的实施意见》（黔党发[2009]7 号文件），决定将省农业办公室、省农业厅、省乡镇企业局、省畜牧兽医局、省农业机械事业局的行政管理职责，整合划入省农业委员会,不再保留省农业办公室、省农业厅、省乡镇企业局、省畜牧兽医局、省农业机械事业局。

云南省

2009年1月9日

水稻机械化育插秧现场培训演示会议在玉溪市新平县召开。会上进行了水稻育插秧现场演示观摩、技术培训和相关工作座谈,26个县共120人参加会议。

2月6日

根据农业部、财政部印发的《2009年农机购置补贴实施方案》(农财发[2008]190号)和农业部发布的《2009年度通用类农机购置补贴产品目录》(农业部公告第1141号)的相关要求,云南省农业厅以《云南省2009年度农机购置补贴通用类产品目录》(云南省农业厅公告2009年第7号)予以公告。

2月7日

云南省农业厅在昆明市开展2009年度云南省非通用类农业机械购置补贴产品商谈,以确认补贴机型、配置及最高销售价。

2月11日

云南省农机安全生产工作会议召开。会上部署了2009年农机安全生产工作,层层分解和落实安全生产责任事故考核指标和监管工作考核内容,与各州市农业局、省农机安全监理总站签订《云南省农业厅2009年度安全生产责任状》。

2月26日

云南省道路交通安全工作电视电话会议在昆明市召开。省农业厅副厅长王常明出席会议并对如何加强农机道路交通安全工作作了安排和部署。

3月5日

云南省农业机械化管理统计报表汇总会在玉溪市召开。

3月16日

云南省农业厅、省工业和信息化委员会、省公安厅、省质量技术监督局、省工商行政管理局联合印发《云南省运输型拖拉机行业管理规范(暂行)》(云农(机)字[2009]2号)。

3月24日

2009年度农机购置补贴工作会议在昆明市召开。会议总结了2008年农机购置补贴工作,部署了2009年农机购置补贴工作。云南省农业厅副厅长王常明出席会议并讲话。

4月10日

2009年度农机购置补贴机具经销商业务培训会在昆明市举办。会议对2009年度农机购置补贴工作政策、2009年度云南省经销商申报农机购置补贴项目资金材料、质量监督政策等进行讲解。会上,农机购置补贴机具经销商签订了服务承诺书。

5月18日

根据《农业机械试验鉴定办法》的规定,通海县宏伟农机商贸有限公司等18家企业生产的29种产品通过云南省农业机械推广鉴定,并核发推广鉴定证书,省农业厅农机处以《云南省农业机械推广鉴定获证产品及生产企业目录(2008年、2009年第一批)》(云南省农业厅公告2009年第11号)予以公告。

5月25日

云南省农业厅、省安全生产监督管理局联合印发《关于进一步深入开展"创建平安农机促进新农村建设"活动的通知》(云农(机)字[2009]9号)。

5月25日

云南省农业厅、省安全生产监督管理局联合印发《关于表彰创建平安农机促进新农村建设活动先进单位的通报》(云农(机)字[2009]12号),对在2006—2008年"平安农机"创建活动中成绩突出的曲靖市陆良县、安宁市草铺镇等单位给予通报表彰。

6月4日

云南省农业厅印发《关于开展2009年国家财政资金补贴农机产品质量跟踪调查的通知》(云农办机字[2009]133号)。

8月17日

云南省农业厅组织开展云南省2009—2011年国家支持推广的农业机械产品目录2010年度的调整申报工作。

9月20日

云南省农机购置补贴项目管理工作专题座谈会在昆明市召开。省农业厅副厅长王常明作了题为《强化管理规范操作 切实落实好购机补贴项目》的讲话,对今后工作做了部署并提出了要求。

10月9日

云南省农业厅委托省农机鉴定站,组织有关专家对2010年调整申报《2009—2011年国家支持推广的农业机械产品目录》的农机生产企业及申报材料进行审查,并将审查情况上报农业部。

10月23日

为进一步加强对省购机补贴工作的领导,云南省农业厅对省购机补贴工作领导小组人员进行调整,并在省购机补贴工作领导小组下设项目管理办公室于厅农机处,承担项目日常管理和协调工作。

10月26日

农业部财务司司长王正谱,农业机械化管理司副司长刘恒新、产业发展处处长姚春生一行到云南省调研、检查、指导农机购置补贴项目实施情况。云南省农业厅副厅长王天喜等相关人员陪同。

11月23日

云南省农业厅研究制定了《农业机械购置补贴项目工作示意图》、《云南省农业机械购置补贴产品目录编制操作程序》等6个示意图,并下发各州市,方便农民、生产企业和经销商了解农机购置补贴项目相关政策。

11月24日

云南省农业厅制定《设施农业温室工作建设技术规范》和《机械节水灌溉工程建设技术规范》(试行),并印发各州市。

西藏自治区

2009年5月11日

西藏首个股份制农业机械化合作社在白朗县嘎东镇白雪村正式成立,昭示着日喀则地区白朗县农业机械化示范区建设取得重大进展。参社群众共有93户的711人。选举产生了由7名理事组成的理事会,对外开展农业机械化三项作业、乡村道路运输、农机维修等业务。至此,作为西藏唯一的省部共建农业机械化示范区白朗县共扶持和培育农业机械化合作协会1个、农业机械化专业合作社1个、农机作业大户5个,成为西藏农业机械化示范排头兵。

11月30日

西藏全区农机购置补贴资金5 000万元基本落实到位。补贴各类农业机械15 492台/套,引导农民投入1.17亿元,19 460农户受益。补贴耕、播、收三项作业机具12 119台/套,占补贴总量的78%。大中型拖拉机补贴数量占到动力机械总量的29%,西藏全区农业机械化配套作业机具得到极大补充,农机保有结构进一步优化。

陕西省

2008年12月3日

陕西省农业厅对省农业机械管理局精神文明创建工作进行检查。检查组对省农业机械管理局精神文明创建工作取得的成绩给予了充分肯定。省农业机械管理局获“2008年度全省农业系统创佳评差竞赛活动最佳单位”称号。

12月5日—8日

陕西省农业机械管理局在杨凌示范区举办保护性耕作技术培训班。承担部、省保护性耕作项目的市县农机管理和技术人员共95人参加了培训。

12月

陕西省各级农机部门按照山西省省长袁纯清提出的“综合统筹,板块推进,面上示范,整体提升”的工作思路和“还关中一片蓝天”的总体要求,重点推广秸秆机械化综合利用技术,农作物秸秆大面积焚烧现象基本得到遏制。全年省财政投入2 000万元,带动市县财政投入600多万元,引导农民投入2 000多万元,共补贴推广各类秸秆综合利用机具5 263台,机械总量达到14.5万台,秸秆机械化综合利用面积达到1 200千公顷,利用率达到50%。

2009年1月21日

陕西省人民政府印发关于2008年度陕西省科学技术奖励的决定。陕北长城沿线风沙区机械化保护性耕作技术推广、9J系列挤奶机研制与推广、渭北旱作农田高留茬秸秆全程覆盖耕作技术项目获三等奖。

2月11日—13日

农业部农业机械化技术开发推广总站总工程师张铁军率农业部督导组来陕西,进行农机抗旱和农机购置补贴实施工作调研督导。

2月17日

陕西省农机工作会议在西安市召开。会议传达了全国农业、农机专业会议和农机质量会议精神,分析了当前农业机械化形势,安排部署了2009年农业机械化工作。会议确定2009年农业机械化工作要围绕大农业,发展大农机,创新模式,突破发展,全面提升农业机械化发展水平。各市、县农机局局长(主任),设区市农机推广站长、监理所长,省局机关各处室、局属各单位主要负责人共160余人参加了会议。省农业机械管理局局长胡玺贤作工作报告。

2月17日

陕西省农机购置补贴工作会议在西安市召开。会议安排部署了2009年农机购置补贴各项工作,明确了工作目标和重点工作任务,提出了工作要求和工作纪律。省农业机械管理局局长胡玺贤出席会议并讲话。

3月2日

陕西省农机购置补贴信息系统正式启用,同时全省农机购置补贴工作全面展开。当天,全省受理购机申请约1.1万份,购机总金额近亿元。

3月5日

陕西省农业机械管理局副局长惠立峰、王爱军会见来访的马恒达悦达(盐城)拖拉机有限公司总裁哈里许乔万先生一行。

3月10日

陕西省农业机械化示范县项目启动仪式在三原县举行。

3月

陕西省农业机械安全协会在西安市成立。在协会第一届会员代表大会第一次会议上,审议通过了陕西省农业机械安全协会章程;选举产生了陕西省农业机械安全协会第一届理事单位等。省农业机械管理局副局长惠立峰当选为协会理事长。

4月1日

陕西东部(大地)农机购置补贴超市在渭南市开业。作为全省落实农机购置补贴政策的三大改革措施之一,省农业机械管理局决定,在2008年杨凌农机购置补贴超市建设经验基础上,支持建设陕西东部农机购置补贴超市,在关中主要农作物产区形成东、西两大补贴超市,辐射全省。同日,渭南、杨凌两大农机购置补贴超市同时启动农机购置补贴工作。农机补贴超市采用市场化的直销管理模式运营,凡陕西境内的购机户,只需持当地村委会证明和本人身份证明,即可现场办理购置农机补贴手续,当场提货。

4月10日

陕西省财政厅副厅长苏新泉到杨凌农机购置补贴超市考察农机购置补贴工作。

4月14日

全省农机系统政风行风建设工作会议在西安市召开。省农业厅党组成员、驻农业厅纪检组组长戴福成、省农业厅副巡视员李强庆出席会议并讲话。省农业机械管理局副局长惠立峰对政风行风建设工作作出部署。

4月28日

陕西省春季农机安全监管现场会在武功县召开。各市农机安全监理所所长及20个农机安全风险互助试点县监理站站长共80余人参加了会议省农业机械管理局副局长惠立峰出席并讲话。

4月

农业部农业机械化管理司司长助理雷永杰到陕西检查指导农机购置补贴工作,先后检查了东西部2个农机购置补贴超市、1个县级农机管部门和1个补贴农机供货企业。

6月1日

陕西省省长袁纯清、副省长姚引良在省农业机械管理局局长胡玺贤等陪同下,视察三原县“三夏”农机工作。

6月1日—4日

农业部农业机械化管理司司长宗锦耀一行,来陕西省督导“三夏”农业机械化工作。

6月24日—26日

中央纪委监察部驻农业部纪检组副组长、监察局局长董涵英与农业部农业机械化管理司副司长刘恒新一行,到陕西调研农机购置补贴超市建设运行情况。省农业厅党组书记、厅长王宏会见了调研组。厅党组成员、驻农业厅纪检组组长戴福成,厅党组成员、省农业机械管理局局长胡玺贤陪同调研。

6月27日—30日

在月底结束的全国职业院校技能大赛中,陕西省机电工程学校派出5名选手代表陕西省参加了4个项目的比赛,分别获得团体二等奖、个人三等奖和优秀奖的好成绩。

7月

陕西省农业厅党组成员、驻农业厅纪检组长戴福成,副巡视员李强庆及厅行风监督办公室副主任李卫宁一行到榆林市榆阳区,检查了该区监理站自动监测设备一厅式办公。

8月6日

陕西省农机专业合作社建设经验交流会在榆林市召开。各设区市农机(农业)局分管领导和农机管理科长(站长)、38个县(市、区)农机管理局长(站长)以及部分农机专业合作社理事长和秸秆机械综合利用、茶叶机械加工企业(大户)的代表,共80多人参加会议。

省农业机械管理局局长胡玺贤出席会议并讲话,副局长惠立峰主持会议。

9 月 3 日—4 日

农业部副部长张桃林在陕西参加了全国环保工作部际联席会后,视察了陕西秸秆机械化综合利用基地、杨凌高新农业示范区、西北农林科技大学和杨凌农机购置补贴超市等。农业部农业机械化管理司副司长刘宪、科教司副司长石燕泉、西北农林科技大学党委书记张光强,省农业厅党组成员、副厅长胡小平,省农业机械管理局局长胡玺贤陪同视察。

9 月 17 日

陕西省农业厅厅长王宏对富平县富秦星农机专业合作社、渭北农机超市暨农机维修中心,三原县山青水秀农机服务专业合作社(陕西省农作物秸秆综合利用基地)、新兴镇机械化标准养猪示范点和正在建设中的福祥农机专业合作社,户县秦镇陕西省秸秆综合利用示范基地等进行了调研。省农业机械管理局局长胡玺贤陪同调研。

9 月

陕西省机电工程学校获“全国教育系统先进集体”荣誉称号。

9 月

经陕西省政府同意,省政府法制办公室印发《关于继续开展规范性文件监督管理示范工作的通知》,将省农业机械管理局继续确定为全省规范性文件监督管理省级部门示范单位。

10 月 3 日

陕西省副省长姚引良在省农业厅厅长王宏、副厅长白宜勤、省农业机械管理局局长胡玺贤等陪同下,到三原县检查“三秋”农机工作。姚引良一行先后视察了大程镇荆中村山青水秀农机服务专业合作社,观看了陕西省引进的第一台进口果园气动式修剪机作业演示;在玉米机收现场、秸秆还田作业现场、小麦机播现场,听取了机具性能、作业效果等情况介绍。

10 月

在小麦生产基本实现机械化后,陕西省农业机械管理局把推进玉米生产机械化作为主攻目标,2009 年以来,全省通过农机补贴新购玉米联合收割机2 416台,完成玉米机收面积 160 千公顷。

11 月

陕西省农机购置补贴计划全面完成。国家今年安排陕西农机购置补贴资金 4.7 亿元,实施范围覆盖所有农业县(区、市)及农垦企业,补贴的机具共计 11 大类、28 个小类 76 个品目,近2 000个产品。带动地方财政投资4 341万元,拉动农民投入 9.9 亿元,补贴机具 23.3739 万台,直接受益农户(合作组织)23.7494 万个。

甘 肃 省

2008 年 12 月 29 日

农业部、国家安全生产监督管理总局公布了全国“平安农机”示范县(第一批)名单。甘肃省临泽县、临洮县、灵台县农机监理站位列其中。

2009 年 1 月 19 日

甘肃省安全生产电视电话和安全生产工作会议在兰州市召开,省农机监理总站被评为 2008 年全省安全生产先进单位。

1 月 21 日

甘肃省农牧厅、财政厅、发展和改革委员会联合公布了《2009—2011 年甘肃省支持推广的农业机械产品目录》。

1 月 21 日

甘肃省农牧厅、省安全生产监督管理局在全省开展“创建平安农机,促进新农村建设”活动。临泽县等 11 个县(区)和临泽县鸭暖乡等 110 个乡(镇)分别获得甘肃省“平安农机”示范县(区)、“平安农机”示范乡(镇)荣誉称号。

2 月 11 日—12 日

甘肃省政府采购中心受甘肃省农业机械管理局委托对 2009 年度甘肃省非通用类农业机械购置补贴产品以竞争性谈判形式进行采购,入选 903 个品目,淘汰 42 个品目。

2 月 16 日

甘肃省农机鉴定站主持研究的《甘肃省质量调查及评价指标体系研究》项目获省科技进步二等奖。

2 月 16 日—17 日

甘肃省农机安全监理工作会议在兰州市召开。省农机监理总站与 14 个市农机监理所分别签订了《2009 年农机安全监理目标管理责任书》。

2 月 20 日

甘肃省科技厅厅长张天理、副厅长赵旭东到榆中县观摩人畜力起垄机和起垄全铺膜机的田间作业演示,考察了生产厂家,对机具的研发工作给予了充分肯定。

2 月 23 日—3 月 5 日

甘肃省农牧厅送科技下乡服务队在省农业机械管理局科教办公室主任卢明勇带领下深入甘南州、临夏州的 7 县 10 乡镇,发放各类科普读物2 815册、“明白纸”2 000余份,开展各类培训班 5 期,培训农牧民1 500余人。

2 月 24 日

甘肃农业机械化信息网发布《甘肃省 2009 年农业机械补贴产品目录》。

2 月 26 日

甘肃省落实农机购置补贴工作会议在兰州召开。会议总结了 2008 年全省农机购置补贴政策落实情况,安排部署 2009 年度农机补贴专项实施工作,并就操作程序进行了培训。

2 月 26 日

甘肃省 2009 年农业机械购置补贴资金 2.1 亿元,省财政厅和农牧厅联合以实物指标的形式下达各地。

3 月 6 日

甘肃省农业机械管理局在甘肃农业机械化信息网公布《2009 年全省农机补贴产品 98 家经销企业和非通用类补贴产品供货企业名录及其通讯录》。

3 月 16 日

甘肃省农牧厅“12316 三农服务热线”信息平台增设开通了全省农机事故报警电话救助功能,建立了全省农机事故报警救助电话网,提升了全省农机监理系统应急响应能力。

4 月 10 日

甘肃省农业机械管理局印发《2009 年甘肃省农机化科技推广项目指南的通知》,内容包括保护性耕作示范项目、主要农作物生产机械化示范项目、农业机械化示范区建设项目、农机具研制开发项目、特色农作物配套机械化示范项目等 5 大类。

4 月 17 日

甘肃省农业机械管理局发布《甘肃省开展农业机械化教育培训大行动实施方案》,计划培训农业机械化管理、技术和作业服务人员 13.01 万人。

5 月 5 日

中央电视台《农广天地》节目组人员赴定西市安定区拍摄《马铃薯机械化种植技术》专题片。

5 月 12 日

甘肃省农业机械管理局印发《关于

加强2009年农机购置补贴机具供货验收工作的通知》,要求各农机补贴实施县(区、农场)和供货企业进一步完善供货验收员队伍,认真组织落实供货验收工作。

5月31日

甘肃省农牧厅同意省农机鉴定站加挂"甘肃省农业机械维修监督管理总站"牌子,承担全省农业机械维修监督管理职能。

6月3日

甘肃省农业机械管理局印发《关于开展农机装备需求和农机购置补贴政策调研的紧急通知》,要求各市州对2010—2015年农机装备需求进行测算并提出农机购置补贴规划。

6月5日

甘肃省农业机械管理局局长刘聚才赴定西市安定区、临洮县进行农业机械化调研。

6月5日

甘肃省农业机械管理局、省农机推广总站编制印发《甘肃省保护性耕作技术挂图》,第一批5.5万份发放至全省保护性耕作项目县。

6月11日—6月13日

挂靠在省农机鉴定站的农业部旱作农机具质量监督检验测试中心顺利通过了农业部双认证评审组的"双认证"复评审工作。

6月16日

甘肃省农业机械管理局印发《关于加强农机购置补贴产品价格监管及审批工作的紧急通知》,要求各农机补贴实施县严格执行政策、补贴操作程序、审核材料上报、资金结算审核,切实加强农机购置补贴产品价格监管,加快实施进度。

6月18日

甘肃省农业机械管理局审定发布《2009年全省农机化科技推广项目计划》。

6月23日—24日

农业部农机监理总站副站长涂志强深入临洮县检查指导农机安全生产和"平安农机"示范乡镇、示范村、示范学校的创建工作。

6月25日

农业部、国家发展和改革委员会发布《全国保护性耕作工程建设规划(2009—2015)》,全省34个县和1个农场列入全国保护性耕作工程建设规划。

6月25日—26日

甘肃省基层农机推广人员知识更新培训班在兰州市举办,全省农机推广系统的60名技术骨干参加了培训。

6月26日

甘肃省农牧厅副厅长王亨通赴兰州市永登县、皋兰县引大灌区调研现代农业建设和农业机械化工作,对农机部门抓点示范工作取得的成绩给予了充分肯定。

7月3日

甘肃省农机监理系统行风建设总结会议在兰州市召开。省农牧厅、监察厅、安全生产监督管理局、纠风办、农业机械管理局、农机监理总站及全省各市、县农机(农牧)局、农机监理所(站)的负责人参加了会议。会上对定西市农机监理所等29个"甘肃省农机监理系统行风建设先进单位"和李映科等57名"甘肃省农机监理系统行风建设先进个人"进行了表彰。

7月6日—12日

农业部农业机械试验鉴定总站党委副书记国彩同一行赴酒泉市调研农业机械化职业技能鉴定、农机教育培训和农机专业合作组织工作。

7月18日

甘肃省政府在兰州市召开新闻发布会,公布甘肃省重点推广的农业"十大技术",保护性耕作位列其中。

7月29日

全国政协副主席、科技部部长万钢一行赴兰州市榆中县全膜双垄沟机械化技术示范点调研系列起垄全铺膜联合作业机研发工作。甘肃省副省长郝远等陪同。

7月31日

甘肃省农业机械管理局召开2009年保护性耕作项目工作协调会。

8月7日—8日

农业部农机试验鉴定总站副站长杨林、农业部规划设计院院长朱明、农业机械化管理司科教处调研员刘云泽对镇原县保护性耕作技术、全膜双垄沟播机械化技术示范点和机具补贴实施工作进行了检查和指导。

8月11日—12日

《2009—2011年国家和甘肃省支持推广的农业机械产品目录》申报培训班在兰州市举办,省内外60多家企业的代表80多人参加培训。

8月12日

甘肃省农机鉴定站在兰州市举办《2009—2011年国家和甘肃省支持推广的农业机械产品目录》调整申报培训班,省内、外60多家相关企业的89人参加培训班。

8月20日

甘肃省农机鉴定站主持研究的《甘肃省特色农产品机械化生产加工现状与发展前景研究》获省农牧渔业丰收二等奖,《甘肃省马铃薯种植和收获机械试验选型及改进》获省农牧渔业丰收三等奖。

8月28日

平凉市第一条农机安全检测线在崆峒区柳湖乡赵堡村正式启动,迈出了凭经验检测向科学检测转变的第一步。

9月7日

甘肃省农业机械管理局印发《关于开展农机购置补贴政策落实情况专项检查的通知》,对各市县农机补贴范围、补贴标准、补贴对象的确定和补贴档案管理等情况进行了专项检查。

9月11日

农业部农业机械化管理司副司长刘恒新来甘调研,就农机购置补贴政策在甘肃省实施5年的成效及2009年的进展情况听取了省农机局的汇报。

9月14日

农业部农机监理总站公布庆祝建国60周年60位农机安全监理功勋人物名单。省农机监理总站原站长赵育真、白银市农机局局长王银位列其中。

9月15日

农业部农业机械化技术开发推广总站副站长郭建辉一行深入兰州市永登县秦川镇对机具补贴及农业现代化综合试点等工作进行调研。

9月16日

2009甘肃农业机械化发展高峰论坛在兰州市举办。

10月13日

全膜双垄沟播机械化技术示范与推广项目列入省科技厅《2009年甘肃省科技重大专项计划》并通过论证。

10月16日

甘肃省农业机械管理局组织专家对全省进入《2009—2011年国家支持推广的农业机械产品目录》的农机产品进行了审查,39家企业的145个产品符合推荐条件。随后形成甘肃省推荐产品目录上报农业部。

10月18日—21日

甘肃省农业机械管理局、澳大利亚昆士兰大学、中国农业大学、省农业科学院共同合作的“河西走廊固定道保护性农业示范研究”项目经过4年实施，圆满完成项目合同任务，在兰州市通过澳大利亚方面的验收。

10月20日

农业部督导组来甘肃省检查指导农机购置补贴政策实施和“三秋”农业机械化生产工作情况。

10月20日—21日

中澳合作《甘肃河西走廊固定道保护性农业研究》项目验收会议在兰州市召开。农业部农业机械化管理司、兰州大学、澳大利亚昆士兰大学、澳大利亚国际农业研究中心的领导和项目评估专家组成员参加会议。

10月22日—28日

甘肃省农业机械管理局副局长曹新惠赴庆阳市庆城县、镇原县、正宁县检查指导三县部列保护性耕作实施情况。

11月3日

“新中国成立60周年农机推广功勋人物”授牌仪式在厦门市举行。省农机推广总站站长安世才、庆阳市农机推广站长杨汉卿获农机推广功勋人物奖，省农业机械管理局局长刘聚才、定西市农机推广站原副站长孙思涛、酒泉市农机推广站副站长王生获农机推广功勋人物提名奖。

11月9日

甘肃省农业机械管理局转发了农业部《关于开展农机购置补贴政策实施情况自查的紧急通知》，要求全省各地对2009年农机购置补贴政策实施情况进行认真自查。成立了以局长刘聚才为组长、副局长贾怀德、曹新惠为副组长的督导领导小组。

11月13日

甘肃省财政厅、农牧厅联合发出《关于下达2009年农村劳动力转移培训阳光工程项目示范性任务和补助资金的通知》，安排全省农机系统阳光培训任务13 750人，补助资金550万元，涉及培训单位70个。

11月16日

甘肃省委、省政府在张掖市召开了河西灌区农田节水工作会议。省委副书记刘伟平、副省长泽巴足就农机对农田节水的贡献听取了省农业机械管理局副局长曹新惠的汇报。

11月19日

甘肃省农业机械管理局印发《关于做好2009年农机补贴档案信息录入工作的通知》。全省补贴机具档案通过中国农机推广网直接进行相关数据录入。

11月20日

甘肃省农业机械化标准化技术委员审定通过《稻麦脱粒机操作规程及作业质量验收标准》等七项甘肃省农业机械化地方标准。

11月23日

甘肃省农业机械管理局被省财政厅评选为2008年度省级部门决算先进单位。

11月24日

甘肃省农业机械管理局被省统计局评选为2009年度工业和交通邮电业统计工作先进单位。

青 海 省

2008年12月2日

青海省农机推广（管理）站长培训班在西宁市举办。

12月13日

青海省湟源县日月山小茶石浪村发生一起死亡8人的农机重大交通事故。14日，省长宋秀岩对“1213”农机重大事故作出批示：“冬季是我省交通事故频发之际，请公安、交通部门进一步加大工作力度，严防超载和农用车载人，确保群众生产安全。”

12月25日

青海省委第一号文件《关于贯彻党的十七届三中全会精神，进一步推进农村牧区改革发展的意见》中提出“大力推广农机节本增效、保护性耕作等技术，提高农牧业机械化作业水平”。

12月26日

农业部、财政部印发《2009年农业机械购置补贴实施的通知》，划拨青海省2009年购机补贴资金6 000万元。

2009年1月5日

青海省购机补贴领导小组召开工作会议，通过了《青海省农机购置补贴工作人员廉洁从政的有关规定》，并印发各地农机主管部门。

1月7日—12日

青海省农机部门组织人员对全省购机补贴县2008年工作进行考评打分。

1月15日

青海省农机部门组织有关专家对2009年购机补贴非通用类产品目录产品进行了评审。

1月20日

青海省2009年农机购置补贴资金使用方案报农业部、财政部。

1月

为认真贯彻青海省省长宋秀岩对“1213”农机重大交通事故作出的重要批示，确保“两节”、“两会”期间农机安全生产，省农机部门成立了两个检查组对全省农机安全生产进行了大检查。

1月

青海省农机部门对2009年度购机补贴非通用类产品目录中涉及安全性能的产品进行了检测。

2月5日

农业部农业机械化管理司对青海省2009年农业机械购置补贴产品目录确认通过。

2月18日

全省农机安全生产目标先进集体表彰暨2009年度农机安全生产目标考核责任签订会议在西宁市召开，会上表彰了海西州等9个2008年度全省农机安全生产目标考核先进集体，并与各州（地、市）签订了2009年度农机安全生产目标责任书。

2月20日

青海省农机部门召开东部农业区十县市和贵德、尖扎共12县农机部门负责同志工作会议，提前启动2009年农机购置补贴工作，并下发了紧急通知。

2月

由青海省农机部门承担的四项2008年青海省农业机械技术地方标准修订工作，通过了省质量技术监督局和省农牧厅组织有关专家评审。

3月6日

青海省农牧厅组织全省马铃薯主产县的领导、技术人员及有关专家在民和县古鄯镇召开了马铃薯机械化技术论坛和现场会。

3月10日

青海省农机部门参加了省、市技术监督局在大通县举行的大型“315”宣传和农资检查活动，展出展板10块，利用实物现场为农牧民讲解了怎样识别真假农机配件和农机产品质量常识，发放宣传资料千余份。

3月17日

青海省农机部门组织全省保护性耕作项目实施县在西宁市举办了保护性耕作项目培训班。

3月25日

青海省财政厅《关于下达2009年保护性耕作项目资金的通知》，下达省级保护性耕作资金50万元，在德令哈市和湟中、互助、大通等7个县(市)实施。

3月30日

第一季度，省农机部门检验各类农机具36批次，其中推广鉴定6项，定期检验6项，任务委托24项，增加新标准15本。

4月1日

青海省农机部门组织全省保护性耕作项目实施县在互助县威远镇举办了保护性耕作现场会。

4月8日

青海省农牧厅召开全省农机购置补贴工作会议，厅长曹宏作了重要讲话。会议对连续3年农机购置补贴工作取得优异成绩的10县(市)进行了表彰奖励。

4月

青海省西宁市技术质量监督局委托省农机部门对西宁地区的农机企业生产的垂直翻转犁、牵引分层施肥播种机、圆盘耙、农用挂车进行定期检验，检验产品9类、18台；民和县技术质量监督局委托省农机部门对民和地区9个企业生产的18台7C—1农用挂车进行定期检验；省农机部门受民和、贵德、西宁等8家企业的委托，对全喂入多功能脱扬机、多功能脱粒机、清选机、农用挂车进行推广鉴定检测。

5月3日

青海省农牧厅、省安全生产监督管理局联合行文向全省农牧、安监部门印发《青海省开展“创建平安农机，促进新农村建设”活动方案》。

5月6日

按照农业部办公厅关于“印发《农机安全生产“三项行动”实施方案》的通知”要求，印发了《青海省农机安全生产“三项行动”实施方案》，制定了“三项行动”每月进展情况汇报制度。

5月12日

青海省扶贫开发局、省农牧厅联合下文《关于加强对扶贫开发整村推进中购置拖拉机进行牌证管理的通知》。

5月—6月

青海省农机部门在西宁市大堡子镇严小村和平安县下红庄村建设温棚机械试验示范点2个。

6月10日

根据青海省农牧厅组织的“安全生产月”活动，全省农机部门在活动中展出展板160块，发放各种宣传资料，受教育人数达2万人次。

7月2日

青海省农机部门在海北州祁连县举办全省机械化剪羊毛培训班，来自全省各州、地(市)县农机部门的50名专业技术骨干参加培训。

7月9日

青海省农机部门在西宁市举办了全省《农机产品质量专项调查人员》培训班，来自全省各州(地)市、县农机部门的50名专业技术骨干参加培训。

7月22日

农业部关于下达《2009年保护性耕作项目资金的通知》，下拨本省保护性耕作资金60万元。

8月4日—6日

青海省上半年农机安全生产工作会在海西州格尔木市召开。会议通报了2009年上半年全省农机安全生产情况，分析了上半年安全生产形势，研究整改措施，部署了下半年农机安全工作。

8月10日

农业部农机行业职业技能鉴定考评员培训在西宁市举办，来自全国各地的130名学员参加培训。

8月28日

青海省人民政府办公厅下文确定了省农牧厅主要职责内设机构和人员编制，其中农机管理处改为农牧机械管理处，原省农牧机械管理局的牌子不再保留。省农牧厅于11月下旬完成了机构调整，农牧机械管理处编制为4人。

9月4日

财政部(财农(2009)247号文件)拨付青海省第二批农业机械购置补贴资金1 000万元。29日省农牧厅发紧急通知，分配下达州县。

9月5日

在西宁市体育馆广场，省农机部门参加了由西宁市宣传部、西宁质量监督局、西宁城乡建设规划局、西宁市总工会等单位承办的以“全员全过程全方位参与，全面提高质量安全水平”为主题的安全月宣传咨询活动。

9月11日—14日

农业部农机试验鉴定总站站长刘敏和副站长杨林等一行3人来青海省检查指导农机鉴定和农机维修工作。

9月15日

青海省农机监理站撰写《庆祝中华人民共和国建国60周年——中国农机安全监理回眸》(青海部分)，同时修订《青海农机监理60年大事记》。

9月20日—23日

农业部“农机安全生产三项行动”检查组来青海省检查指导工作。

10月22日

青海省人民政府办公厅印发了《转发省农牧厅省公安厅关于进一步加强拖拉机等农业机械安全生产管理工作意见的通知》。

10月30日

青海省农牧厅转发《农业部关于贯彻实施〈农业机械安全监督管理条例〉的通知》。

11月9日

青海省农牧机械管理局局局长孙长保、中国农业机械化科学研究院副院长李树君和有关领导就青海省三江源地区退化草地治理，引进免耕补播机等问题进行了洽谈。

11月24日

青海省农牧厅向全省印发了《青海省农业机械购置补贴产品经销商管理办法(试行)》。

11月30日

徐健同志任省农牧机械推广站站长。

11月30日

2009年，中央补贴资金投入达到7 000万元，地方财政资金投入达到1 159.5万元(其中工作经费222.5万元)，与2008年相比增加了5 000多万元。全省补贴购置各类农机具4.47万台(件)，拉动农民资金投入1.54亿元。

11月30日

2009年农业部下达青海省保护性耕作资金60万元，新建保护性耕作示范县为贵德县、续建县为民和县，滚动县为同德县。青海省财政投入资金50万元，新建保护性耕作示范县海西州德令哈市，滚动实施县为湟源、大通、同仁、化隆、互助、湟中等县。全省共完成保护性耕作面积10.92千公顷。

宁夏回族自治区

2009年1月4日

宁夏回族自治区召开五市农牧局长会议，安排部署奶站机械补贴事宜，宁夏回族自治区农牧厅副厅长周东宁参加会议。

1月5日

宁夏回族自治区区农业机械化示范

县、示范园区建设方案审定会召开。

1月7日

宁夏回族自治区2009年度农机购置补贴目录选型招标会召开。

1月11日

宁夏回族自治区农业工作会议农业机械化专业会在银川市召开。自治区农牧厅党组书记、厅长赵永彪,党组成员成员、副厅长马明出席会议并讲话。

2月15日

宁夏回族自治区农机购置补贴工作会议在银川市召开。各市、县(区)农牧(农业)局长、农机局长、农机中心主任以及供货企业负责人参加会议。自治区农牧厅厅长赵永彪,副厅长马明、周东宁,纪检组长王喜元和副巡视员赵晓俊出席会议。

2月18日

《宁夏日报》刊登"2009年宁夏农机购置补贴政策要点"。

2月24日

灌区春播及农机演示现场会在平罗县召开。自治区副主席郝林海,农牧厅厅长赵永彪,副厅长张柱、马明出席会议。

3月18日

2009年农机购置补贴供货企业负责人座谈会在银川召开。全区农机补贴供货企业负责人参加了座谈;农牧厅副巡视员赵晓俊以及农牧厅计财处、纪检监察室、农机推广站、农机监理站领导参加会议,农牧厅副厅长马明出席座谈会并讲话。

3月28日—30日

宁夏回族自治区农牧厅农业机械化管理局组织两个督查组督导检查农机购置补贴工作。

4月7日—12日

宁夏回族自治区农牧厅农业机械化管理局组织两个检查组对各市、县(区)农机购置补贴情况进行检查验收。

4月14日

宁夏回族自治区农机监理人员业务规范管理培训班召开。

4月17日

宁夏回族自治区西吉县召开山区马铃薯机械化种植现场演示会。

4月24日

宁夏回族自治区农牧厅农业机械化管理局局长朱晓江在财政厅参加审计署西安专员办对四项补贴审计情况反馈意见会。

5月4日

宁夏回族自治区农牧厅农业机械化管理局局长朱晓江与自治区畜牧局领导在吴忠市调研奶站机械补贴工作。

5月19日

宁夏回族自治区农牧厅农业机械化管理局局长朱晓江陪同农牧厅副厅长马明在盐池县调研农机工作。

5月25日

宁夏回族自治区农机作业服务公司建设方案审定会召开。平罗县、青铜峡县、原州区、彭阳县和西吉县代表参加会议。同期召开农机补贴价格评议会,12个企业参加会议。

6月7日—12日

宁夏回族自治区农牧厅副厅长马明陪同十届全国人大二次会议第1022号建议办理中央调研组农机专业组调研西吉县、隆德县和原州区马铃薯山川机械化情况。

6月17日—20日

宁夏回族自治区农牧厅农业机械化管理局检查原州区、西吉县、隆德县、泾源县、彭阳县农机安全生产情况。

7月6日—7日

宁夏回族自治区农机推广站站长万平在全国水稻生产机械化工作会议。会上,青铜峡市承担的"水稻育插秧机械化示范项目"通过了农业部农业机械化管理司的验收。

7月20日—24日

宁夏回族自治区农牧厅农业机械化管理局组织两个检查组对各市、县(区)农机购置补贴情况进行第二次检查验收。

7月28日—30日

宁夏回族自治区农牧厅农业机械化管理局局长朱晓江陪同农牧厅副厅长马明在固原市检查西吉县、彭阳县和原州区的3个农机作业服务公司组建情况。

8月4日—6日

全国水稻机械化专家组成员、农业部南京农业机械化研究所副所长陈巧敏研究员一行检查宁夏回族自治区水稻机械化示范区情况。

8月13日—14日

宁夏回族自治区农牧厅农业机械化管理局局长朱晓江检查吴忠市和青铜峡市农作物秸秆加工配送中心建设情况。

8月14日—15日

全区玉米收获机械化技术培训班在永宁县举办。宁夏回族自治区农牧厅农业机械化管理局局长朱晓江参加并讲话。

8月18日—23日

第四届中国宁夏国际投资贸易洽谈会在银川市举办,自治区农机部门组织近140多台大中型农业机械参加展示。

9月1日

江苏省农业机械管理局26人来宁夏考察。

9月22日

全区水稻机械化适时收获现场会和全区玉米机械化收获现场会分别在青铜峡市和平罗县召开,宁夏回族自治区农牧厅厅长赵永彪、副厅长马明出席会议并参加青铜峡市丰禾源农机作业服务有限公司和平罗县金瑞丰农机作业服务有限公司的成立揭牌仪式。

9月25日—26日

宁夏回族自治区农牧厅农业机械化管理局局长朱晓江和鉴定推广站长王洪兴参加农业部农业机械化管理司在内蒙召开的全国马铃薯机械化生产现场会,朱晓江局长在会上做典型经验交流。

9月27日

宁夏回族自治区党委副书记于革胜在农牧厅、科技厅、粮食局等部门领导的陪同下在青铜峡市叶盛镇地三村观看了水稻及玉米机械化收获情况,并感慨地说:实践证明,现代农业离不开机械化。

9月28日—29日

山区玉米机械化收获现场会和全区马铃薯机械化收获现场会分别在宁夏回族自治区原州区、西吉县和彭阳县召开,农牧厅副厅长马明、周东宁,副巡视员赵晓俊,农业机械化管理局局长朱晓江,区农机鉴定技术推广站站长王洪兴和监理站站长陈维保等参加会议,并参加原州区东升马铃薯机械化作业服务公司、西吉县佳兴马铃薯机械化作业服务公司和彭阳县富康玉米机械化作业服务公司成立揭牌仪式。

10月10日—12日

首届宁夏设施园艺博览会在银川市举行。自治区农业机械化管理局组织了200多种设施农业机械及大中型农业机械参展。

10月18日—24日

宁夏回族自治区农牧厅农业机械化管理局组织两个检查组,对各市、县(区)农机购置补贴情况进行第三次检查验收。

10 月 22 日

宁夏回族自治区农机鉴定技术推广站副站长万平受农业部委派，作为农机专家赴博茨瓦纳开展援助工作，为期一年。

11 月 23 日—27 日

宁夏回族自治区农牧厅农业机械化管理局组织考核检查组对各市、县、区农业机械化工作、农机购置补贴工作、示范园区建设工作进行考核验收。

新疆维吾尔自治区

2008 年 12 月 16 日

新疆维吾尔自治区农牧业机械管理局市场监督管理处挂牌成立，标志着区农业机械化工作向服务与管理并重方向迈进。

12 月 29 日

新疆沙湾县、莎车县、玛纳斯县、温宿县被农业部、国家安全生产监督管理总局评为全国“平安农机”示范县。

2009 年 1 月 1 日

根据《财政部国家发改委公布取消和停止征收 100 项行政事业性收费项目的通知》精神，停止征收农机服务费，为实现农民增收和社会主义新农村建设起到推动作用。

1 月 5 日

新疆日报等主流媒体以《为了农民兄弟平安幸福——追记共产党员、阿克苏市农机监理站站长尼加提热西丁》为题报道了因公殉职的阿克苏市农机监理站站长尼加提热西丁的先进事迹。

1 月 8 日

新疆维吾尔自治区农牧业机械管理局计财处副处长范喜全获全国财政法规知识竞赛活动先进个人称号。

1 月 23 日

新疆维吾尔自治区农牧业机械管理局、财政厅联合制定的《新疆维吾尔自治区农业机械购置补贴实施方案》经农业部、财政部审核通过，开始实施。

1 月 13 日—15 日

新疆维吾尔自治区农机工作会议在乌鲁木齐市召开。会议总结了 2008 年工作，部署了 2009 年农业机械化工作，表彰了 2008 年农业机械化工作先进单位和先进个人。

1 月

新疆维吾尔自治区农牧业机械管理局制定《新疆维吾尔自治区农机购置补贴产品经销商管理办法》。《办法》的出台对约束购置补贴产品经销商的销售以及服务行为，保护广大农牧民的切身利益起到积极作用。

2 月 19 日

新疆维吾尔自治区农机监理工作会议召开。会上签订了 2009 年度农机安全生产监督管理目标责任书，讨论了与公安交警建立联合执法机制的方案，对农机监理先进单位和先进个人进行了表彰。

2 月

根据新疆维吾尔自治区党委副书记、主席努尔白克力、自治区党委常委宋爱荣对私改小拖拉机动力问题的重要批示精神，自治区农机局出台《新疆维吾尔自治区打击非法拼装、改装拖拉机及非法生产超长超宽拖车专项整治活动实施方案》，并对重点区域进行督察，查处非法拼装改装网点 102 个，超长超宽拖车2 360台。

3 月 3 日—12 日

新疆维吾尔自治区农牧业机械管理局农机管理处处长胡建胜作为全国政协委员参加了全国政协十一届二次全体会议。

3 月

新疆维吾尔自治区农牧业机械管理局被评为自治区政府采购信息报表先进单位。

4 月

新疆维吾尔自治区农牧业机械管理局举办全区农机购置补贴政策培训班。来自全疆各地的购置补贴管理以及操作人员 100 余人参加培训。

5 月 10 日—22 日

新疆维吾尔自治区农牧业机械管理局举办农机项目管理、农业机械化标准培训、农机专业技术人员继续教育及农机校骨干教师知识更新培训班，培训 139 人。

5 月 14 日

第十届新疆国际农业机械博览会在乌鲁木齐市举办。农业部农业机械化管理司科技教育处调研员刘云泽、农业部农机试验鉴定总站书记国彩同参加展会。新疆维吾尔自治区党委农村工作办公室副主任唐国宾受副主席钱智委托到会致辞。来自国内外 500 家企业参展，参展产品 115 类、5 000多台件，观众达到 6 万多人次，展会意向成交 2. 5 亿元。

5 月 14 日

新疆维吾尔自治区农机科技推广工作会议在乌鲁木齐市召开。会上部署了全疆农机科技推广工作任务，并表彰了 2008 年度地州粮食、棉花、特色林果业和畜牧业综合机械化示范基地建设和 2007—2008 年度保护性耕作先进单位。

5 月 14 日

新疆维吾尔自治区举办“约翰迪尔杯”农机科普活动优秀工作者表彰暨《农机科普知识》发放仪式。农业部、自治区相关领导出席仪式，200 人参会。

5 月 15 日

新疆维吾尔自治区水稻育插秧机械化技术现场会在乌鲁木齐市米东区召开。来自各地(州)市农机局、推广站和部分水稻种植面积较大的县(市)农机局主管领导及米东区种植大户、农机大户等 320 余人参加了现场会。金土地、久保田、江苏东洋、江苏盐城恒昌集团、约翰迪尔、福田雷沃等 16 个企业的 30 余种产品现场演示。

5 月

新疆维吾尔自治区农牧业机械管理局被评为 2007 年度自治区行政事业单位国有资产占有使用权年检工作先进单位三等奖。

6 月 2 日

新疆维吾尔自治区农牧业机械管理局与自治区林业厅联合印发《关于加强林果机械化科学管理提高特色林果业综合生产能力的意见》。

6 月 2 日

新疆农业机械化信息统计工作会议在乌鲁木齐市召开。来自全疆各地的 70 多名信息和统计人员参加会议。会上表彰了 2008 年度农业机械化信息宣传工作先进单位和先进个人，中国农机化信息网信息中心和自治区调查队农业调查处的专家对与会代表进行培训。

6 月 14 日

新疆维吾尔自治区农牧业机械管理局参加了由自治区安全生产委员会举办的以“关爱生命，安全发展”为主题的全国第八次安全生产咨询日活动，展出展板并发放宣传资料2 500份。

6 月 18 日

新疆维吾尔自治区农牧业机械管理局与自治区劳动和社会保障厅、自治区团委、自治区妇联、自治区区总工会联合印发《关于进一步做好自治区农业富余劳动力转移就业培训工作的通知》，进一步加强农村富余劳动力的转移培训，积极推进农村产业结构调整。

8 月 13 日

新疆维吾尔自治区设施农业现场会在伊犁市召开。22 家企业的 32 种设施农业机械参展。

8 月 14 日

新疆维吾尔自治区发展和改革委员会、自治区财政厅联合印发拖拉机驾驶员等培训收费标准。新标准于 9 月 1 日起执行。

9 月 13 日

新疆维吾尔自治区农牧业机械管理局农机管理处处长胡建胜被评为自治区农业系统建国 60 周年先进个人。

9 月 14 日

新疆维吾尔自治区农牧业机械管理局局长巴拉提阿斯木、伊犁州农机监理站站长殷剑江、原阿克苏市农机监理站站长尼加提热西丁(因公殉职)被评为庆祝建国 60 周年农机安全监理功勋人物。

10 月 14 日—16 日

新疆维吾尔自治区农牧业机械管理局在新疆电视台举办“东方红”杯农机知识竞赛决赛。自治区人大副主任马明成、自治区政府副秘书长王绍宁、农业部农业机械化管理司科技教育处处长范学民等出席。

11 月

新疆维吾尔自治区农牧业机械管理局组成 4 个调研检查组分赴全疆各地开展工作检查调研。

大 连 市

2009 年 1 月 15 日

大连市农机购置补贴汇报会召开，市农村经济委员会副巡视员谷显静参加。各区市县农机管理部门主要负责人参加了会议并汇报了 2009 年补贴农机需求情况，为确定各区市县所需要农机购置补贴资金和实施 2009 年农机购置补贴工作奠定了坚实的基础。

2 月 17 日

大连市农机工作会议召开，对 2008 年全市农机工作和 2009 年农机工作作了总结和部署，交流了先进经验，表彰了 2008 度全市农业机械化工作先进单位和先进个人。

2 月 23 日

大连各区市县农机局长会议召开，安排布置 2009 年全市农机购置补贴工作具体操作细则，提出落实农机购置补贴意见。重点项目区农机局长参加会议。

2 月 24 日

大连市农机安全监理工作会议召开。对 2008 年农机监理进行总结，部署 2009 年农机工作，并签订了农机安全生产责任状。市农村经济委员会副巡视员谷显静到会并讲话，各区市县主管农机安全监理工作局长及安全监理所所长参加。

3 月 5 日

大连市农机工作会议召开，部署 2009 年农业机械购置补贴实施方案。会上对 2009 年农业机械购置补贴的指导思想、基本原则、补贴机具种类、补贴对象及标准、申报与补贴程序、项目进度、工作要求作了安排。

3 月 9 日

大连市召开国家农机购置补贴政策答新闻记者发布会。会上由市农村经济委员会副巡视员谷显静对国家农机购置补贴政策进行宣解。

3 月 10 日

大连市农村经济委员会副巡视员谷显静带领农机处、推广站、监理所等单位人员到长海县布置农机购置补贴工作及调研无牌证拖拉机等问题。

3 月 14 日

辽宁省第五届农机具展示暨补贴现场会举办。

3 月 16 日

农业部农业机械化技术开发推广总站副站长郭建辉、推广处副处长张树阁一行实地考察市物理农业实验基地。

3 月 21 日

大连市政府在普兰店市举行的 2009 年春耕生产服务大集活动中，设置了补贴农机展示推介区，来自各地 20 余个农机企业带来的近百台农机具参加展示。

3 月 25 日

由市农村经济委员会举办的大连市农机管理人员培训班在旅顺口区开班。全市各区市县农机管理部门人员和部分乡镇农机站长 100 多人参加培训。

4 月 7 日

大连市人民政府在金州区华家屯镇召开了农机春播生产暨农机具推广展示现场会。大连市人民政府副市长孙广田、副秘书长阎利军和相关管理部门、农机服务组织、农机大户及数百农民。参观了来自省内外 60 多个厂家 100 多台套农业机械展演示，市领导为购买补贴农机的农民发放金钥匙。

4 月 16 日—17 日

由辽宁省农村经济委员会人事处、省农机安全监理总站组成的辽宁省农机安全生产检查组到大连检查农机安全生产以及新一轮“平安农机创建”工作。

4 月 24 日

针对大连市农村经济委员会组织的北三市项目检查组反映的普兰店市“部分玉米收获机存在质量问题”的项目检查报告以及市农村经济委员会汤方栋的批示，农机处到普兰店市进行了逐户调查。

4 月 29 日

大连市农村经济委员会副巡视员谷显静带领农机处及推广站人员赴庄河市参加利现代农业发展有限公司水稻工厂化育苗室竣工典礼。

6 月 5 日

大连旅顺口区举行农机跨区作业仪式，谷显静做动员讲话。

6 月 11 日—12 日

辽宁省农村经济委员会副巡视员曲平到大连市调研农业机械化工作，大连市农村经济委员会副巡视员谷显静陪同在金州区调研。

7 月 26 日—27 日

东北三省支农资金财务检查组听取了本市近两年的农机购置补贴资金落实情况的汇报，并到普兰店市对所购置的补贴农机具进行抽检。

9 月 15 日

大连市玉米机械化收获现场演示会召开。市政府副秘书长姜州，各区、市县主管农机工作的领导，农机技术人员和农机使用者等 130 多人参会，为今后本市推广玉米全程机械化奠定了基础。

9 月 28 日

大连市副市长孙广田带领市农村经济委员会、市安全生产监督管理局组成的大连市政府农业安全生产督查组对引水工程、农机安全生产工作现场进行安全检查。

10 月 12 日

大连市农村经济委员会与市财政局联合印发《关于大连市 2009 年第二批农业机械购置补贴资金实施方案的报告》报农业部和财政部，并组织各区市县农机主管部门落实中央下达的第二批

1 000万元农业机械购置补贴资金。

10 月 23 日

2009 年大连市水稻机械化收获现场会在庄河市兰店乡兰店农场召开。副市长孙广田，市农村经济委员会主任汤方栋、副巡视员谷显静，各有关区市负责人、农机主管部门领导，水稻生产重点乡镇长、农机站长以及水稻生产农机合作社、农机大户代表和新闻单位记者 120 多人参加现场会。汤方栋作工作报告，孙广田作工作指示。

10 月 23 日

加快庄河市水稻全程机械化发展座谈会在庄河市召开。副市长孙广田，市农农村经济委员会主任汤方栋、副巡视员谷显静，庄河市副市长赵兴基参加座谈会。会议就利用 2010—2011 年两年时间在庄河市率先实现水稻生产全程机械化进行深入座谈。

青岛市

2009 年 2 月 11 日

青岛市农业机械化工作会议召开。会议深入分析当前农业机械化发展形势，总结回顾 2008 年农业机械化工作，表彰先进，交流经验，研究部署 2009 年农机工作。市农业机械管理局局长陈志颖做重要讲话，副局长闫文圣主持会议。

3 月 13 日

青岛市农机系统党风、政风、行风建设座谈会在青岛召开。会议总结了 2008 年市农业机械管理局党风廉政建设和全市农机系统政风、行风建设情况，部署了 2009 年工作任务。市农业机械管理局副局长政佃祥出席会议并讲话。

3 月 31 日

青岛市建设农机合作社现场会在胶州市召开。会议总结推广了胶州市的创建经验，引导和规范农机合作服务组织健康发展。

6 月 1 日

青岛市农业机械化(大蒜)示范基地揭牌仪式暨机具演示会在平度市仁兆镇举行。

6 月 16 日

山东省委常委、市委书记阎启俊，市政府副市长张元福到平度市调研“三夏”农机工作，对“三夏”农机工作给予充分肯定。

6 月 18 日

青岛市 266.67 千公顷小麦全部收割结束。机收面积达 263.47 千公顷，小麦机收率达到 98.8%，麦收结束时间比 2008 年提前 4 天。

6 月 30 日

青岛市委副书记王文华在《三夏农机生产工作总结》上批示：“今年夏收，行动早，组织得好，准备得充分，取得了全面的胜利，向大家表示祝贺！望不断取得更大成绩。”

8 月 3 日

青岛市委副书记王文华到市农业机械管理局进行调研，听取工作汇报后对市农业机械管理局近年来的工作给予充分肯定和高度评价。

8 月 12 日

纪念《中华人民共和国农业机械化促进法》颁布实施 5 周年座谈会召开。青岛市人大农业与农村委员会主任陈波、市政府法制办公室主任赵明、市政协科教文卫委员会主任于大伟、市农业机械管理局局长陈志颖和青岛农业大学机电学院院长尚书旗教授出席会议。市农业机械管理局副局长徐伟主持会议。

8 月 18 日

青岛市水产养殖机械化示范基地在城阳区建成并举行揭牌仪式。农业部农业机械化技术开发推广总站副站长郭建辉、青岛市农业机械管理局局长陈志颖出席，副局长闫文圣主持仪式。

9 月 7 日

青岛市花生生产机械化示范基地揭牌仪式在平度市明村镇举行。

9 月 15 日

青岛市秸秆综合利用机械化示范基地揭牌仪式在即墨市华山镇举行。

9 月 15 日—16 日

青岛市农机工作观摩暨三秋农机作业现场会在莱西市召开。下辖 5 市 3 区农机(农业、农林、农发)局局长、市局机关副处级以上干部参加会议。与会人员观摩了玉米机收、农机监理与农机安全生产、农机安居工程、农业机械化示范基地、机械化保护性耕作等 12 个现场，举行了三秋农机跨区作业出征仪式和花生生产机械化示范基地、畜牧养殖机械化示范基地揭牌仪式，部署了全市农机工作。市农业机械管理局局长陈志颖讲话。

9 月 16 日

农业部农机监理总站委托中国农业机械学会农机安全监理分会、《中国农机监理》杂志和中国农机推广网联合推选出庆祝建国 60 周年 60 位农机安全监理功勋人物，青岛市农机监理站站长朱经凡获此殊荣。

10 月 12 日

青岛市副市长张元福视察胶州市胶东农机专业合作社，并为农机“安居工程”揭牌。

10 月 16 日

青岛市粮食生产机械化示范基地揭牌仪式在莱西市五四农场举行。

10 月 26 日

全市 239.33 千公顷玉米全部收获完毕，其中机收 139.47 千公顷，机收率 58%，比 2008 年提高了 8 个百分点；组织抗旱保种机械 35 万多台(套)，完成小麦机播面积 247.33 千公顷，机播率达到 99%；完成花生机收面积 65.33 千公顷，机收率达到 62.8%。

10 月 30 日

全市保护性耕作面积达到 13.33 千公顷，比 2008 年增长 16%。经专家组测产，免耕播种小麦产量为7 351.5千克/公顷，公顷均增产 5.4%，每公顷实现增收节支1 500元以上，共为示范区农民增收节支2 000多万元。

11 月 1 日

到 10 月底，全市 5 处农机库房全部建成并投入使用，总投资 206.4 万元，总占地面积12 315平方米，建筑机库、机棚面积3 073平方米。

11 月 3 日

全市学习贯彻《农业机械安全监督管理条例》研讨会在青岛市召开。会议全面深入地学习《条例》，研究讨论如何贯彻落实好《条例》，全面推进青岛市的农机安全监督管理工作。市农业机械管理局副局长徐伟出席会议并讲话。

11 月 6 日

青岛市副市长张元福在《我市三秋生产农机发挥作用显著增强》上批示：“今年三秋农机工作组织的很好，应认真总结，进一步加大工作力度，充分发挥农机在现代农业中的作用。”

11 月 16 日

青岛市委副书记王文华在《青岛市农业机械管理局三秋农机生产工作总结》上批示：“今年农机局谋划周到，准备超前，完成得很漂亮。希望大家永不满足，不断创新，取得更大的成绩！”

11 月 26 日

青岛市农机“安居工程”在青岛农业大学通过专家组验收。

11 月 27 日

青岛市农业机械化示范基地在青岛农业大学通过专家组验收。

11 月 30 日

青岛市农机购置补贴资金达到4 900万元。其中,中央资金3 000万元、市级资金1 900万元,比 2008 年增加2 000万元,增长 68.9%,创历史最高水平。共补贴各类机具6 242台,5 571农户受益,带动农民投资 1.1 亿元。

宁 波 市

2008 年 12 月 5 日

宁波市农业机械化管理局局长李强主持召开全市农机局(站)长座谈会。

12 月 8 日

宁波市副市长陈炳水带领市农机、农业、科技、粮食等有关部门负责人到鄞州区洞桥镇检查粮食功能区建设项目落实情况,并与种粮大户进行座谈。市农业机械化管理局局长李强陪同检查。

12 月 8 日

宁波市农业机械化管理局印发了《关于做好农机维修行业质量安全整治与规范工作的通知》,决定通过 3 年努力使全市维修网点基本达到规范化建设标准。

12 月 15 日

浙江省农业厅、安全生产监督管理局、公安厅联合发出通报,确定宁海县、慈溪市为浙江省第二批平安农机示范县(市、区)。余姚市丈亭镇,慈溪市观海卫镇等 17 个镇(街道)为浙江省第二批平安农机示范镇(乡、街道)。

12 月 29 日

宁波市农业机械化管理局召开粮食生产功能区农业机械化服务体系建设工作会议。

12 月 29 日—30 日

宁波市农机培训工作会议在北仑区举行。

2009 年 1 月 4 日

宁波市农业机械化管理局对 2008 年度宁波市农机跨区作业先进单位、先进工作者和优秀机手进行了表彰。

1 月 6 日

宁波市安全生产委员会对 2008 年度安全生产隐患排查治理工作先进集体和先进个人进行了表彰,市农业机械化管理局陈群同志获先进个人称号。

1 月 8 日

浙江省农业机械管理局对平安农机创建先进集体及先进个人进行了表彰,市农业机械化管理局胡修泽获先进个人称号。

1 月 9 日

浙江省农业机械管理局对水稻生产机械化育插秧技术推广工作先进集体及先进个人进行了表彰,市农业机械化管理局郑文敏获先进个人称号。

1 月 9 日

宁波市农业机械化管理局召开 2009 年农机购置补贴产品目录暨非通用类选型工作会议。

1 月 12 日

浙江省农业厅对 2007—2008 年度农业机械化工作先进集体和个人进行了表彰,市农业机械化管理局获先进集体称号,市农业机械化管理局李强同志获先进个人称号。

1 月 12 日

浙江省农业机械管理局对 2008 年度全省农业机械化信息工作考核优秀单位和优秀信息员进行了表彰,市农业机械化管理局获优秀单位称号,陈阳松获优秀信息员称号。

1 月 13 日

宁波市安全生产委员会印发了《关于 2008 年度安全生产目标管理责任制考核情况的通报》,市农业机械化管理局被评为优秀。

1 月 15 日

宁波市农业机械化管理局对 2008 年度宁波市农机培训工作先进集体和先进个人进行了表彰。余姚市农业机械化技术学校等获先进集体称号;奉化市农业机械化学校张展等获先进个人称号。

1 月 19 日

宁波市农业机械化管理局与市公安局联合印发《贯彻省农业厅省公安厅关于加强公安驻农机警务联络室建设工作的通知的意见》,对加强全市公安驻农机警务联络室建设工作提出了六点意见。

1 月 19 日

宁波市农业机械化管理局对 2008 年度农业机械化信息宣传工作先进集体和先进个人进行了表彰。余姚市农机局等获先进集体称号;余姚市农机局何淑贞等获先进个人称号。

1 月 20 日

宁波市农业机械化管理局出台《粮食生产功能区社会化服务组织建设实施细则》。

1 月 20 日

浙江省农业厅印发《关于 2008 年度农机安全生产目标管理责任制考核结果的通报》(浙农专发[2009]5 号)。市农业机械化管理局获优秀单位称号。

1 月 21 日

浙江省农业厅对 2008 年度全省农业法制工作先进集体和先进个人进行了表彰,市农业机械化管理局获先进集体称号,李季炜获先进个人称号。

2 月 16 日

宁波市农业机械化管理局成立浙江省农业机械行业特有工种职业技能鉴定站宁波工作站。

2 月 17 日—18 日

全国农业机械化春耕备耕现场会暨水稻育插秧机械化技术示范推广项目启动会在余姚市召开。

2 月 17 日

2009 年宁波市农机购机补贴机具发放仪式在余姚市马渚镇举行。

2 月 24 日

宁波市农业机械化管理局对 2008 年度水稻机插推广工作先进单位和先进个人进行了表彰。余姚市农机局等获先进单位称号;余姚市农机局张忠兴等获先进个人称号。

2 月 24 日

全市农机安全生产工作会议召开。

2 月 27 日

宁波市农业机械化管理局召开了粮食生产功能区农机作业服务指导价格听证会。

3 月 2 日

宁波市农业机械化管理局对 2008 年度宁波农业机械化工作先进集体和先进个人进行了表彰。余姚市农机局等获先进单位称号;余姚市马渚镇农机站获基层农业机械化工作先进单位称号;余姚市泗门农机站方吉华获基层农业机械化工作先进个人称号。

3 月 4 日

宁波市农业机械化管理局印发《关于印发宁波市农机科技推广项目管理办法的通知》。《通知》对农机科技推广项目的立项、管理、验收等做了明确规定。

3 月 10 日

宁波市农业农村信息化协调领导小组办公室对 2008 年度宁波农村经济网络信息工作先进单位和先进工作者进行

了表彰，市农业机械化管理局获先进单位称号，陈阳松同志获先进工作者称号。

3月12日

宁波市农业机械化管理局、市农业局制定出台粮食生产功能区农机作业服务指导价：规格化育秧600元/公顷季，机械插秧525元/公顷季，机械耕作975元/公顷季，机械植保早稻150元/公顷季、中晚稻600元/公顷季，机械收割750元/公顷季。

3月18日

宁波市各县（市）、区农机科技推广科长会议召开。

3月24日

宁波市农机管理科长会议召开。

3月30日

宁波市农业机械化工作会议召开。

3月31日

宁波市农业机械化管理局联合余姚农机局在余姚举办宁波市农机送政策、送法律、送机具、送技术、送服务、送安全“六下乡”活动。

5月12日

宁波市农业机械化管理局决定自2009年5月—12月在全市开展农机安全生产“三项行动”。深入开展农机安全生产执法行动、深入开展农机安全生产治理行动、深入开展农机安全生产宣传教育行动，以进一步规范农机安全生产法治秩序。

5月14日

宁波市农业机械化管理局在鄞州区召开全市水稻机插技术推广工作会议。

5月15日

宁波市农业机械化管理局决定自6月1日至30日在全市农机系统开展以“关爱生命，安全发展”为主题的“安全生产月”活动。

5月27日

宁波市农业机械化管理局在鄞州区召开全市单季稻机插现场会。

5月27日

宁波市农业机械化管理局印发《关于扩大县（市）级部分经济社会管理权限的通知》，决定将农机成人教育学校报批、联合收割机跨区作业证发放备案等八项农机管理权限下放至县（市）、区，以不断增强县（市）、区农机管理行政部门的统筹发展、自主决策和公共服务能力。

6月1日

宁波市农业机械化管理局局长李强会见了日本井关农机株式会社客人，双方就井关农机在本市的推广应用、技术培训和售后服务等情况交换了意见。

6月18日

宁波市农业机械化管理局决定在全市开展农机维修行业质量安全整治与规范工作，到年底，实现全市100%的农机维修点按照标准开展经营活动的目标。

6月19日

宁波市农业机械化管理局召开了全市农机维修网点“十小”整治与规范工作会议。

7月3日

宁波市农业机械化管理局、市安全生产监督管理局、市公安局联合印发《关于进一步推进创建平安农机促进新农村建设活动的意见》。

7月7日—8日

宁波市首次大规模农机服务组织理事长培训班在市委党校举行。

7月14日

宁波市农业机械化管理局印发《关于方兴旺等同志职务任免的通知》。方兴旺任办公室主任、葛建平兼任农机管理处（政策法规处）处长、毛荣华任计划财务处（产业发展处）处长、范蓉任办公室副主任、陶俏俏任计划财务处（产业发展处）副处长、李超任办公室副主任、李季炜任农机管理处（政策法规处）副处长、吕长淮任科教推广处副处长、陈阳松任安全监理处副处长；郑文敏任科教推广处调研员，免去科教推广处处长职务；胡修泽任安全监理处调研员，免去安全监理处处长职务。

7月20日

由宁波市纪律检查委员会监察局陈德良副局长带队的市节能减排工作考核小组对市农业机械化管理局2008年度农机节能减排工作进行考核。

8月7日

宁波市农机节能工作研讨会召开。

8月10日—11日

宁波市农机监理站长会议召开。

8月11日—12日

宁波市农业机械化管理局局长李强到奉化、余姚视察“莫拉克”灾情，指导救灾减灾工作。

8月19日

宁波市农机局长会议召开。

8月20日—21日

宁波市农机科技推广工作会议在奉化市召开。

9月2日

宁波市迎国庆农机安全生产工作会议在余姚市召开。

9月15日

宁波市蔬菜生产全程机械化暨特色农业机械现场会在余姚市召开。

9月25日

第二批中央财政农机购置补贴1 000万元资金下达到宁波市。宁波市2009年中央农机购置补贴资金已达到3 000万元，比2008年900万元增加了2.33倍。

9月27日

宁波市农业机械化管理局印发《关于朱安祥同志任职的通知》，决定朱安祥同志任计划财务处（产业发展处）调研员。

10月30日

宁波市农业机械化管理局决定从11月1日到11月30日开展为期一个月的拖拉机年检、审验、驾驶员培训考试、牌证发放等专项整治活动，以进一步加强农机监理行风建设。

11月3日

宁波市农业机械化管理局在慈溪市召开全市农机监理行风建设工作座谈会。

11月3日

宁波市农业机械事故应急处置演练在慈溪市举行。

11月5日

宁波市农业机械化管理局和市财政局联合出台《宁波市农机服务体系项目资金管理办法（试行）》。《办法》对农机服务体系项目资金的使用原则、使用对象、使用范围和补助标准、项目申报、项目评审、项目下达、项目验收以及资金管理等做出明确规定。

11月9日

宁波市农业综合开发办公室、市财政局和市农业机械化管理局联合出台了《宁波市农业综合开发农机购置项目和资金管理办法》。《办法》对宁波市农业综合开发农机购置项目的申报对象和使用范围、申报与下达、管理与监督进行了明确规定。

新疆生产建设兵团

2009年1月8日

2009年度农机购置补贴目录非通用类产品选型会议在乌鲁木齐市召开。

150余家企业参加投标。会议组成了评标专家组，通过议标、答辩、评标等形式评审各企业申报的产品，初步确定了兵团2009年农机购置补贴产品（非通用类）补贴目录。各师农机局领导及科研院所的专家教授30余人出席会议。

2月11日

新疆生产建设兵团农业机械化专业工作会议在乌鲁木齐市召开。会议主要内容是：贯彻全国农业工作会议、农机专业会议精神；总结2008年农业机械化工作情况，部署2009年农业机械化工作，研究确定新一年工作目标和任务。兵团副司令员孔星隆、副秘书长李勇先到会讲话。

2月13日

农机新技术新产品培训班在乌鲁木齐市举办。培训班邀请国内外有关专家、学者、教授和迪尔、CNH、福田、一拖等国内外农机厂商技术专家授课。主要培训农机高新技术的引进、应用；农机新机具的技术要点；农机新机具的选型、配套与管理；对近几年引进的大功率拖拉机和采棉机进行专题讲座。各师、团及科研院所150余名学员参加培训。兵团农业局副局长何建明到会讲话。

2月18日

新疆生产建设兵团农机安全监理所长会在乌鲁木齐市召开。

3月12日

新疆生产建设兵团副司令员孔星隆一行赴农一、二、三师调研并检查春耕生产及农机作业区建设情况。

3月20日

新疆生产建设兵团就利用外资引进采棉机与美国迪尔、凯斯公司分别进行谈判。通过国际招标公司进行招投标会，凯斯公司的CPX620型采棉机中标，兵团共采购采棉机33台。农业局副局长何建明讲话，发展和改革委员会副主任张淑俊主持。会上成立了专家评标组。

5月7日

新疆生产建设兵团召开机采棉重点示范团场工作研讨会。会议初步确定一团等18个团场为重点团场，三团、十二团和一四九团为重点示范团场，并提出年度检查考核指标。副司令员孔星隆作重要讲话，农业局副局长何建明主持会议。

5月15日

新疆生产建设兵团农机购置补贴培训班在乌鲁木齐市举办。兵团农业机械化管理局局长李生军主持会议，胡滨、闫向辉分别作专题讲座，宣讲了农机购置补贴整及操作方法以及进入农机购置补贴产品目录的原则和程序。自各师和团场项目点领导150余人参加培训。

5月26日

5月26日、7月28日、11月2日分别召开3次农机购置补贴档案信息汇总会。审核汇总农机购置补贴档案信息。

5月24日

新疆生产建设兵团行政执法及事故处理员培训班在乌鲁木齐市举办。来自各农牧团场170多名农机安全监理人员参加培训，并考试合格，领到农机行政执法证和农机事故处理员证。

6月7日

新疆生产建设兵团农业局副局长何建明一行12人赴黑龙江农垦考察学习农机务区建设情况。

7月29日

新疆生产建设兵团2009年农机购置补贴工作座谈会在乌鲁木齐市召开。会上传达了国家农机购置补贴会议精神，各师汇报了农机购置补贴工作进展情况，交流座谈了农机购置补贴调研和规划情况，会议还对第二批兑现申报资料进行了复查和汇总。

8月13日

新疆生产建设兵团机采棉工作研讨会在乌鲁木齐市召开。会议邀请了采棉机、清理加工设备、脱叶剂等方面专家作专题技术讲座。机采棉师、团的84位代表参加会议。

9月13日

新疆生产建设兵团副秘书长、农业局局长李勇先一行前往河北廊坊盛大公司、山东华兴机械公司、福田雷沃有限公司等国内大型农机制造企业考察。

9月

新疆生产建设兵团农业机械化管理局组织有关专家分阶段对各师农机购置补贴工作和农机管理标准化工作进行检查。

10月13日

新疆生产建设兵团副司令员孔星隆、副秘书长李勇先等一行在农八师石河子市领导的陪同下考察各团场机采棉进展情况。

10月14日

新疆生产建设兵团商务局在石河子市召开农机产品进出口工作座谈会。兵团农机局局长李生军介绍兵团农机情况。商务局局长何若群讲话。主要农机企业领导和有关人员100余人参加会议。

10月28日

新疆生产建设兵团副司令员孔星隆会见美国约翰迪尔（中国）投资有限公司联合收割机事业部总监道格拉斯罗伯特（Douglas Robert）考察团一行。双方交流合作历程和经验，并就双方今后进一步深化合作关系进行了探讨交流。

黑龙江省农垦总局

2009年3月5日—6日

黑龙江农垦农机学会召开第六届会员代表大会，换届选举产生了学会第六届理事会并召开了第一次会议，开展了农机学术交流和表彰活动。

3月7日—8日

垦区农机技术管理干部培训班举办，各分局、农场农机管理部门领导130人参加培训。

4月7日

黑龙江农垦总局技术监督局、农业局、农机局联合举办“垦区农业标准化知识竞赛”。各分局相关部门组织了9支代表队参加竞赛。

4月27日—5月27日

黑龙江农垦总局举办了两期农机行政执法人员培训班。垦区新上岗农机执法人员198人参加培训，并取得行政执法资格。

6月7日—12日

新疆生产建设兵团农业局领导及各师农机局局长来垦区参观黑龙江农垦农场现代化农机管理，农机局局长李俊陪同。

6月16日—18日

举办垦区农机监理证照员岗位培训班，垦区119名负责监理证照业务的监理员参加了培训，取得了证照岗位资格证。

8月6日

中共中央政治局常委、国务院副总理李克强到黑龙江农垦红兴隆分局友谊农场视察。黑龙江省委书记吉炳轩、副省长吕维峰，农垦总局党委书记、局长隋凤富等陪同。各位领导观看了农垦农航公司的农用飞机田间作业表演，友谊农场从国外进口的大型拖拉机、收获机和自走式喷药机等农业机械。

8 月 18 日

垦区农机驾驶员培训工作座谈会召开，各分局农机局主管培训的领导以及农机驾校主任参加了会议。

9 月 1 日—6 日

黑龙江农垦总局农机局承办第二期全国农垦农机化培训班。来自北方各省农垦系统的农机管理人员 76 人参加了培训。会议期间参观了红兴隆分局宝山农场现代农机服务中心和建三江分局七星农场的农机停放场。

9 月 10 日

由农业部农业机械化技术开发推广总站组织编写的《庆祝新中国成立 60 周年中国农机推广回眸》一书出版，其中本垦区陈必安、杨富江二位同志被评选为“农机推广功勋人物”，任洪斌同志获功勋提名人物。

9 月 11 日

垦区召开农业机械化工作电视电话会议，部署 2010 年农机购机补贴预报工作以及国庆、秋收农机安全生产工作。

9 月 25 日

农业部农业机械化技术开发推广总站、农机监理总站举办“庆祝中华人民共和国建国 60 周年——全国农机推广农机监理系统书法摄影绘画作品展”，本垦区参展作品有 4 名作者获奖，其中摄影银奖 2 人、铜奖 1 人，书法铜奖 1 人，农垦总局农机局获此次活动组织奖。

10 月 13 日

农业部秋冬种及农机补贴检查组来垦区检查指导工作。

11 月 12 日

黑龙江农垦总局农业工作会议，总局副局长徐学阳作题为《把握机遇科学发展开创现代化大农业建设新局面》的讲话，对垦区 2009 年农业机械化工作进行了回顾和总结，对 2010 年农业机械化工作作出部署。

附 录

行政法规

中华人民共和国国务院令

第 563 号

《农业机械安全监督管理条例》已经 2009 年 9 月 7 日国务院第 80 次常务会议通过，现予公布，自 2009 年 11 月 1 日起施行。

国务院总理：温家宝

二〇〇九年九月十七日

农业机械安全监督管理条例

第一章 总 则

第一条 为了加强农业机械安全监督管理，预防和减少农业机械事故，保障人民生命和财产安全，制定本条例。

第二条 在中华人民共和国境内从事农业机械的生产、销售、维修、使用操作以及安全监督管理等活动，应当遵守本条例。

本条例所称农业机械，是指用于农业生产及其产品初加工等相关农事活动的机械、设备。

第三条 农业机械安全监督管理应当遵循以人为本、预防事故、保障安全、促进发展的原则。

第四条 县级以上人民政府应当加强对农业机械安全监督管理工作的领导，完善农业机械安全监督管理体系，增加对农民购买农业机械的补贴，保障农业机械安全的财政投入，建立健全农业机械安全生产责任制。

第五条 国务院有关部门和地方各级人民政府、有关部门应当加强农业机械安全法律、法规、标准和知识的宣传教育。

农业生产经营组织、农业机械所有人应当对农业机械操作人员及相关人员进行农业机械安全使用教育，提高其安全意识。

第六条 国家鼓励和支持开发、生产、推广、应用先进适用、安全可靠、节能环保的农业机械，建立健全农业机械安全技术标准和安全操作规程。

第七条 国家鼓励农业机械操作人员、维修技术人员参加职业技能培训和依法成立安全互助组织，提高农业机械安全操作水平。

第八条 国家建立落后农业机械淘汰制度和危及人身财产安全的农业机械报废制度，并对淘汰和报废的农业机械依法实行回收。

第九条 国务院农业机械化主管部门、工业主管部门、质量监督部门和工商行政管理部门等有关部门依照本条例和国务院规定的职责，负责农业机械安全监督管理工作。

县级以上地方人民政府农业机械化主管部门、工业主管部门和县级以上地方质量监督部门、工商行政管理部门等有关部门按照各自职责，负责本行政区域的农业机械安全监督管理工作。

第二章 生产、销售和维修

第十条 国务院工业主管部门负责制定并组织实施农业机械工业产业政策和有关规划。

国务院标准化主管部门负责制定发布农业机械安全技术国家标准，并根据实际情况及时修订。农业机械安全技术标准是强制执行的标准。

第十一条 农业机械生产者应当依据农业机械工业产业政策和有关规划，按照农业机械安全技术标准组织生产，并建立健全质量保障控制体系。

对依法实行工业产品生产许可证管理的农业机械，其生产者应当取得相应资质，并按照许可的范围和条件组织生产。

第十二条 农业机械生产者应当按照农业机械安全技术标准对生产的农业机械进行检验；农业机械经检验合格并附具详尽的安全操作说明书和标注安全警示标志后，方可出厂销售；依法必须进行认证的农业机械，在出厂前应当标注认证标志。

上道路行驶的拖拉机，依法必须经过认证的，在出厂前应当标注认证标志，并符合机动车国家安全技术标准。

农业机械生产者应当建立产品出厂记录制度，如实记录农业机械的名称、规格、数量、生产日期、生产批号、检验合格证号、购货者名称及联系方式、销售日期等内容。出厂记录保存期限不得少于3年。

第十三条 进口的农业机械应当符合我国农业机械安全技术标准，并依法由出入境检验检疫机构检验合格。依法必须进行认证的农业机械，还应当由出入境检验检疫机构进行入境验证。

第十四条 农业机械销售者对购进的农业机械应当查验产品合格证明。对依法实行工业产品生产许可证管理、依法必须进行认证的农业机械，还应当验明相应的证明文件或者标志。

农业机械销售者应当建立销售记录制度，如实记录农业机械的名称、规格、生产批号、供货者名称及联系方式、销售流向等内容。销售记录保存期限不得少于3年。

农业机械销售者应当向购买者说明农业机械操作方法和安全注意事项，并依法开具销售发票。

第十五条 农业机械生产者、销售者应当建立健全农业机械销售服务体系，依法承担产品质量责任。

第十六条 农业机械生产者、销售者发现其生产、销售的农业机械存在设计、制造等缺陷，可能对人身财产安全造成损害的，应当立即停止生产、销售，及时报告当地质量监督部门、工商行政管理部门，通知农业机械使用者停止使用。农业机械生产者应当及时召回存在设计、制造等缺陷的农业机械。

农业机械生产者、销售者不履行本条第一款义务的，质量监督部门、工商行政管理部门可以责令生产者召回农业机械，责令销售者停止销售农业机械。

第十七条 禁止生产、销售下列农业机械：

（一）不符合农业机械安全技术标准的；

（二）依法实行工业产品生产许可证管理而未取得许可证的；

（三）依法必须进行认证而未经认证的；

（四）利用残次零配件或者报废农业机械的发动机、方向机、变速器、车架等部件拼装的；

（五）国家明令淘汰的。

第十八条 从事农业机械维修经营，应当有必要的维修场地，有必要的维修设施、设备和检测仪器，有相应的维修技术人员，有安全防护和环境保护措施，取得相应的维修技术合格证书，并依法办理工商登记手续。

申请农业机械维修技术合格证书，应当向当地县级人民政府农业机械化主管部门提交下列材料：

（一）农业机械维修业务申请表；

（二）申请人身份证明、企业名称预先核准通知书；

（三）维修场所使用证明；

（四）主要维修设施、设备和检测仪器清单；

（五）主要维修技术人员的国家职业资格证书。

农业机械化主管部门应当自收到申请之日起20个工作日内，对符合条件的，核发维修技术合格证书；对不符合条件的，书面通知申请人并说明理由。

维修技术合格证书有效期为3年；有效期满需要继续从事农业机械维修的，应当在有效期满前申请续展。

第十九条 农业机械维修经营者应当遵守国家有关维修质量安全技术规范和维修质量保证期的规定，确保维修质量。

从事农业机械维修不得有下列行为：

（一）使用不符合农业机械安全技术标准的零配件；

（二）拼装、改装农业机械整机；

（三）承揽维修已经达到报废条件的农业机械；

（四）法律、法规和国务院农业机械化主管部门规定的其他禁止性行为。

第三章 使用操作

第二十条 农业机械操作人员可以参加农业机械操作人员的技能培训，可以向有关农业机械化主管部门、人力资源和社会保障部门申请职业技能鉴定，获取相应等级的国家职业资格证书。

第二十一条 拖拉机、联合收割机投入使用前，其所有人应当按照国务院农业机械化主管部门的规定，持本人身份证明和机具来源证明，向所在地县级人民政府农业机械化主管部门申请登记。拖拉机、联合收割机经安全检验合格的，农业机械化主管部门应当在2个工作日内予以登记并核发相应的证书和牌照。

拖拉机、联合收割机使用期间登记事项发生变更的，其所有人应当按照国务院农业机械化主管部门的规定申请变更登记。

第二十二条 拖拉机、联合收割机操作人员经过培训后，应当按照国务院农业机械化主管部门的规定，参加县级人民政府农业机械化主管部门组织的考试。考试合格的，农业机械化主管部门应当在2个工作日内核发相应的操作证件。

拖拉机、联合收割机操作证件有效期为6年；有效期满，拖拉机、联合收割机操作人员可以向原发证机关申请续展。未满18周岁不得操作拖拉机、联合收割机。操作人员年满70周岁的，县级人民政府农业机械化主管部门应当注销其操作证件。

第二十三条 拖拉机、联合收割机应当悬挂牌照。拖拉机上道路行驶，联合收割机因转场作业、维修、安全检验等需要转移的，其操作人员应当携带操作证件。

拖拉机、联合收割机操作人员不得有下列行为：

（一）操作与本人操作证件规定不相符的拖拉机、联合收割机；

（二）操作未按照规定登记、检验或者检验不合格、安全设施不全、机件失效的拖拉机、联合收割机；

（三）使用国家管制的精神药品、麻醉品后操作拖拉机、联合收割机；

（四）患有妨碍安全操作的疾病操作拖拉机、联合收割机；

（五）国务院农业机械化主管部门规定的其他禁止行为。

禁止使用拖拉机、联合收割机违反规定载人。

第二十四条 农业机械操作人员作业前，应当对农业机械进行安全查验；作业时，应当遵守国务院农业机械化主管部门和省、自治区、直辖市人民政府农业机械化主管部门制定的安全操作规程。

第四章　事故处理

第二十五条 县级以上地方人民政府农业机械化主管部门负责农业机械事故责任的认定和调解处理。

本条例所称农业机械事故，是指农业机械在作业或者转移等过程中造成人身伤亡、财产损失的事件。

农业机械在道路上发生的交通事故，由公安机关交通管理部门依照道路交通安全法律、法规处理；拖拉机在道路以外通行时发生的事故，公安机关交通管理部门接到报案的，参照道路交通安全法律、法规处理。农业机械事故造成公路及其附属设施损坏的，由交通主管部门依照公路法律、法规处理。

第二十六条 在道路以外发生的农业机械事故，操作人员和现场其他人员应当立即停止作业或者停止农业机械的转移，保护现场，造成人员伤害的，应当向事故发生地农业机械化主管部门报告；造成人员死亡的，还应当向事故发生地公安机关报告。造成人身伤害的，应当立即采取措施，抢救受伤人员。因抢救受伤人员变动现场的，应当标明位置。

接到报告的农业机械化主管部门和公安机关应当立即派人赶赴现场进行勘验、检查，收集证据，组织抢救受伤人员，尽快恢复正常的生产秩序。

第二十七条 对经过现场勘验、检查的农业机械事故，农业机械化主管部门应当在10个工作日内制作完成农业机械事故认定书；需要进行农业机械鉴定的，应当自收到农业机械鉴定机构出具的鉴定结论之日起5个工作日内制作农业机械事故认定书。

农业机械事故认定书应当载明农业机械事故的基本事实、成因和当事人的责任，并在制作完成农业机械事故认定书之日起3个工作日内送达当事人。

第二十八条 当事人对农业机械事故损害赔偿有争议，请求调解的，应当自收到事故认定书之日起10个工作日内向农业机械化主管部门书面提出调解申请。

调解达成协议的，农业机械化主管部门应当制作调解书送交各方当事人。调解书经各方当事人共同签字后生效。调解不能达成协议或者当事人向人民法院提起诉讼的，农业机械化主管部门应当终止调解并书面通知当事人。调解达成协议后当事人反悔的，可以向人民法院提起诉讼。

第二十九条 农业机械化主管部门应当为当事人处理农业机械事故损害赔偿等后续事宜提供帮助和便利。因农业机械产品质量原因导致事故的，农业机械化主管部门应当依法出具有关证明材料。

农业机械化主管部门应当定期将农业机械事故统计情况及说明材料报送上级农业机械化主管部门并抄送同级安全生产监督管理部门。

农业机械事故构成生产安全事故的，应当依照相关法律、行政法规的规定调查处理并追究责任。

第五章　服务与监督

第三十条 县级以上地方人民政府农业机械化主管部门应当定期对危及人身财产安全的农业机械进行免费实地安全检验。但是道路交通安全法律对拖拉机的安全检验另有规定的，从其规定。

拖拉机、联合收割机的安全检验为每年1次。

实施安全技术检验的机构应当对检验结果承担法律责任。

第三十一条 农业机械化主管部门在安全检验中发现农业机械存在事故隐患的，应当告知其所有人停止使用并及时排除隐患。

实施安全检验的农业机械化主管部门应当对安全检验情况进行汇总，建立农业机械安全监督管理档案。

第三十二条 联合收割机跨行政区域作业前，当地县级人民政府农业机械化主管部门应当会同有关部门，对跨行政区域作业的联合收割机进行必要的安全检查，并对操作人员进行安全教育。

第三十三条 国务院农业机械化主管部门应当定期对农业机械安全使用状况进行分析评估，发布相关信息。

第三十四条 国务院工业主管部门应当定期对农业机械生产行业运行态势进行监测和分析，并按照先进适用、安全可靠、节能环保的要求，会同国务院农业机械化主管部门、质量监督部门等有关部门制定、公布国家明令淘汰的农业机械产品目录。

第三十五条 危及人身财产安全的农业机械达到报废条件的，应当停止使用，予以报废。农业机械的报废条件由国务院农业机械化主管部门会同国务院质量监督部门、工业主管部门规定。

县级人民政府农业机械化主管部门对达到报废条件的危及人身财产安全的农业机械，应当书面告知其所有人。

第三十六条 国家对达到报废条件或者正在使用的国家已经明令淘汰的农业机械实行回收。农业机械回收办法由国务院农业机械化主管部门会同国务院财政部门、商务主管部门制定。

第三十七条 回收的农业机械由县级人民政府农业机械化主管部门监督回收单位进行解体或者销毁。

第三十八条 使用操作过程中发现农业机械存在产品质量、维修质量问题的，当事人可以向县级以上地方人民政府农业机械化主管部门或者县级以上地方质量监督部门、工商行政管理部门投诉。接到投诉的部门对属于职责范围内的事项，应当依法及时处理；对不属于职责范围内的事项，应当及时移交有权处理的部门，有权处理的部门应当立即处理，不得推诿。

县级以上地方人民政府农业机械化主管部门和县级以上地方质量监督部门、工商行政管理部门应当定期汇总农业机械产品质量、维修质量投诉情况并逐级上报。

第三十九条 国务院农业机械化主管部门和省、自治区、直辖市人民政府农业机械化主管部门应当根据投诉情况和农业安全生产需要，组织开展在用的特定种类农业机械的安全鉴定和重点检查，并公布结果。

第四十条 农业机械安全监督管理执法人员在农田、场院等场所进行农业机械安全监督检查时，可以采取下列措施：

（一）向有关单位和个人了解情况，查阅、复制有关资料；

（二）查验拖拉机、联合收割机证书、牌照及有关操作证件；

（三）检查危及人身财产安全的农业机械的安全状况，对存在重大事故隐患的农业机械，责令当事人立即停止作业或者停止农业机械的转移，并进行维修；

（四）责令农业机械操作人员改正违规操作行为。

第四十一条 发生农业机械事故后企图逃逸的、拒不停止存在重大事故隐患农业机械的作业或者转移的，县级以上地方人民政府农业机械化主管部门可以扣押有关农业机械及证书、牌照、操作证件。案件处理完毕或者农业机械事故肇事方提供担保的，县级以上地方人民政府农业机械化主管部门应当及时退还被扣押的农业机械及证书、牌照、操作证件。存在重大事故隐患的农业机械，其所有人或者使用人排除隐患前不得继续使用。

第四十二条 农业机械安全监督管理执法人员进行安全监督检查时，应当佩戴统一标志，出示行政执法证件。农业机械安全监督检查、事故勘察车辆应当在车身喷涂统一标识。

第四十三条 农业机械化主管部门不得为农业机械指定维修经营者。

第四十四条 农业机械化主管部门应当定期向同级公安机关交通管理部门通报拖拉机登记、检验以及有关证书、牌照、操作证件发放情况。公安机关交通管理部门应当定期向同级农业机械化主管部门通报农业机械在道路上发生的交通事故及处理情况。

第六章 法律责任

第四十五条 县级以上地方人民政府农业机械化主管部门、工业主管部门、质量监督部门和工商行政管理部门及其工作人员有下列行为之一的，对直接负责的主管人员和其他直接责任人员，依法给予处分；构成犯罪的，依法追究刑事责任：

（一）不依法对拖拉机、联合收割机实施安全检验、登记，或者不依法核发拖拉机、联合收割机证书、牌照的；

（二）对未经考试合格者核发拖拉机、联合收割机操作证件，或者对经考试合格者拒不核发拖拉机、联合收割机操作证件的；

（三）对不符合条件者核发农业机械维修技术合格证书，或者对符合条件者拒不核发农业机械维修技术合格证书的；

（四）不依法处理农业机械事故，或者不依法出具农业机械事故认定书和其他证明材料的；

（五）在农业机械生产、销售等过程中不依法履行监督管理职责的；

（六）其他未依照本条例的规定履行职责的行为。

第四十六条 生产、销售利用残次零配件或者报废农业机械的发动机、方向机、变速器、车架等部件拼装的农业机械的，由县级以上质量监督部门、工商行政管理部门按照职责权限责令停止生产、销售，没收违法所得和违法生产、销售的农业机械，并处违法产品货值金额1倍以上3倍以下罚款；情节严重的，吊销营业执照。

农业机械生产者、销售者违反工业产品生产许可证管理、认证认可管理、安全技术标准管理以及产品质量管理的，依照有关法律、行政法规处罚。

第四十七条 农业机械销售者未依照本条例的规定建立、保存销售记录的，由县级以上工商行政管理部门责令改正，给予警告；拒不改正的，处1 000元以上1万元以下罚款，并责令停业整顿；情节严重的，吊销营业执照。

第四十八条 未取得维修技术合格证书或者使用伪造、变造、过期的维修技术合格证书从事维修经营的，由县级以上地方人民政府农业机械化主管部门收缴伪造、变造、过期的维修技术合格证书，限期补办有关手续，没收违法所得，并处违法经营额1倍以上2倍以下罚款；逾期不补办的，处违法经营额2倍以上5倍以下罚款，并通知工商行政管理部门依法处理。

第四十九条 农业机械维修经营者使用不符合农业机械安全技术标准的配件维修农业机械，或者拼装、改装农业机械整机，或者承揽维修已经达到报废条件的农业机械的，由县级以上地方人民政府农业机械化主管部门责令改正，没收违法所得，并处违法经营额1倍以上2倍以下罚款；拒不改正的，处违法经营额2倍以上5倍以下罚款；情节严重的，吊销维修技术合格证。

第五十条 未按照规定办理登记手续并取得相应的证书和牌照，擅自将拖拉机、联合收割机投入使用，或者未按照规定办理变更登记手续的，由县级以上地方人民政府农业机械化主管部门责令限期补办相关手续；逾期不补办的，责令停止使用；拒不停止使用的，扣押拖拉机、联合收割机，并处200元以上2 000元以下罚款。

当事人补办相关手续的，应当及时退还扣押的拖拉机、联合收割机。

第五十一条 伪造、变造或者使用伪造、变造的拖拉机、联合收割机证书和牌照的，或者使用其他拖拉机、联合收割机的证书和牌照的，由县级以上地方人民政府农业机械化主管部门收缴伪造、变造或者使用的证书和牌照，对违法行为人予以批评教育，并处200元以上2 000元以下罚款。

第五十二条 未取得拖拉机、联合收割机操作证件而操作拖拉机、联合收割机的，由县级以上地方人民政府农业机械化主管部门责令改正，处100元以上500元以下罚款。

第五十三条 拖拉机、联合收割机操作人员操作与本人操作证件规定不相符的拖拉机、联合收割机，或者操作未按照规定登记、检验或者检验不合格、安全设施不全、机件失效的拖拉机、联合收割机，或者使用国家管制的精神药品、麻醉品后操作拖拉机、联合收割机，或者患有妨碍安全操作的疾病操作拖拉机、联合收割机的，由县级以上地方人民政府农业机械化主管部门对违法行为人予以批评教育，责令改正；拒不改正的，处100元以上500元以下罚款；情节严重的，吊销有关人员的操作证件。

第五十四条 使用拖拉机、联合收割机违反规定载人的，由县级以上地方人民政府农业机械化主管部门对违法行为人予以批评教育，责令改正；拒不改正的，扣押拖拉机、联合收割机的证书、牌照；情节严重的，吊销有关人员的操作证件。非法从事经营性道路旅客运输的，由交通主管部门依照道路运输管理法律、行政法规处罚。

当事人改正违法行为的，应当及时退还扣押的拖拉机、联合收割机的证书、牌照。

第五十五条 经检验、检查发现农业机械存在事故隐患，经农业机械化主管部门告知拒不排除并继续使用的，由县级以上地方人民政府农业机械化主管部门对违法行为人予以批评教育，责令改正；拒不改正的，责令停止使用；拒不停止使用的，扣押存在事故隐患的农业机械。

事故隐患排除后，应当及时退还扣押的农业机械。

第五十六条 违反本条例规定，造成他人人身伤亡或者财产损失的，依法承担民事责任；构成违反治安管理行为的，依法给予治安管理处罚；构成犯罪的，依法追究刑事责任。

第七章 附 则

第五十七条 本条例所称危及人身财产安全的农业机械，是指对人身财产安全可能造成损害的农业机械，包括拖拉机、联合收割机、机动植保机械、机动脱粒机、饲料粉碎机、插秧机、铡草机等。

第五十八条 本条例规定的农业机械证书、牌照、操作证件和维修技术合格证，由国务院农业机械化主管部门会同国务院有关部门统一规定式样，由国务院农业机械化主管部门监制。

第五十九条 拖拉机操作证件考试收费、安全技术检验收费和牌证的工本费，应当严格执行国务院价格主管部门核定的收费标准。

第六十条 本条例自2009年11月1日起施行。

农业部部门规章及文件

农业部关于贯彻实施GB 16151—2008《农业机械运行安全技术条件》国家标准的通知

农机发[2009]1号

各省、自治区、直辖市农机管理局(办公室)：

为贯彻落实有关法律法规的规定，农业部组织对原国家标准GB 16151—1996《农业机械运行安全技术条件》进行了修订。国家标准化管理委员会于2008年7月4日批准发布、2008年9月10日公布了修订后的GB 16151—2008《农业机械运行安全技术条件》国家标准(以下简称新标准，包括拖拉机、挂车、谷物联合收割机等三部分)，并于2008年12月26日发出《关于延期实施GB 16151—2008 <农业机械运行安全技术条件>系列国家标准的通知》(国标委工一[2008]166号)，决定新标准自2009年7月1日起正式实施。为做好新标准的贯彻实施工作，现将有关事项通知如下：

一、高度重视，充分认识贯彻实施新标准的重要意义

新标准作为强制性国家标准，属于技术法规范围，是国家有关农机管理的法律法规的重要补充，是依法履行农机安全监理工作职责的重要准则。新标准的公布实施体现了国家对农机安全生产的高度重视。贯彻实施新标准，有利于规范农业机械的生产制造、推广鉴定、注册登记、安全检验和报废更新等工作；有利于提高农业机械的安全技术性能、作业质量及经济效益。各级农机管理部门要充分认识贯彻实施新标准对保障农机安全生产的重要性，增强责任感和紧迫感，将贯彻实施新标准作为近期农机管理工作中的一项重要工作来抓，切实加强领导，制定实施计划，落实工作责任。对不符合新标准的有关技术规范、标准、规程、规定等进行清理、修订。组织广大农机管理、农机监理、农机试验鉴定人员认真学习新标准及国家有关政策、法规，做到全面掌握，准确运用，依法监管，为实现农业机械化安全发展奠定良好的基础。

二、加大力度，做好新标准的宣传工作

宣传教育是贯彻实施新标准的重要环节，关系到农机生产企业、农民机手的理解与配合，关系到社会的认同与支持，直接影响新标准贯彻程度及实施效果。各地要加大力度，做好新标准的宣传工作，充分利用广播、电视、报刊等新闻媒介宣传实施新标准的内容、作用和意义，扩大社会影响。要及早向有关生产企业宣贯新标准，引导企业主动执行标准。要结合拖拉机、联合收割机的注册登记、安全技术检验、农机安全日等活动，采取农民喜闻乐见的形式，对新标准做详细的宣传讲解，让广大农业机械拥有者及驾驶、操作人员了解农业机械的安全技术要求，自觉遵守标准，注重安全技术维护和保养，保证农业机械安全技术状态完好，促进农机安全生产。

三、严格执行，切实把好牌证核发关和安全检验关

新标准规定了拖拉机、联合收割机和挂车的整机及各有关部分的安全技术条件、安全检验方法要求等，对拖拉机及运输机组的功率、挂拖质量比、比功率、外廓尺寸和结构也作了明确的界定。2009 年 7 月 1 日后，各级农机管理部门、农机安全监理机构和试验鉴定单位必须严格执行新标准，切实把好拖拉机、联合收割机的试验鉴定关、注册登记关。对于 2009 年 7 月 1 日之后生产的、不符合新标准和 GB 7258—2004《机动车运行安全技术条件》国家标准要求的拖拉机、联合收割机，不得发放推广鉴定证，不得列入国家及各省支持推广的农机产品目录，不得进行注册登记、核发牌证。

各地要按照新机新办法、老机老办法的原则，做好拖拉机、联合收割机安全技术检验工作，对新标准实施后登记注册的拖拉机、联合收割机，要按新标准和 GB 7258—2004《机动车运行安全技术条件》国家标准进行年度安全技术检验，未达到要求的不予签注发放检验合格证，把好农机安全检验关。

四、争取支持，形成推进新标准贯彻实施的合力

各级农机管理部门在贯彻实施新标准工作中，要主动与质量技术监督、工业、公安、安监等部门联系，争取支持，搞好配合，提高贯彻实施力度。要主动与农机生产企业和相关部门加强联系，协调指导修改有关农机生产制造的地方标准、企业标准，使新标准贯彻执行落到实处。要抓好源头管理，对擅自拼装、改装农业机械的行为坚决予以制止，对性能严重老化又难以修复的机械要禁止其继续使用，促进更新，不让不符合新标准要求的农机产品进入流通和使用领域。要树立科技兴安、安全发展的理念，积极争取政府和财政、计划等部门的支持，努力改善农机安全监理执法手段，增加安全检测设备投入力度，提高农机安全检测工作科技含量，为贯彻实施新标准创造良好的物质装备条件。

二〇〇九年一月六日

农业部关于印发《农机安全监理人员管理规范》、《农机安全监理机构建设规范》的通知

农机发[2009]2 号

各省、自治区、直辖市农机管理局（办公室）：

为贯彻落实今年中央 1 号文件关于提高农机安全监理能力的要求，规范农机安全监理机构和人员的管理，建设高素质的农机安全监理人员队伍，推进农机安全监理机构规范化建设，全面提升农机安全监管能力和水平，保障农机安全生产，促进农业机械化又好又快发展，我部制定了《农机安全监理人员管理规范》、《农机安全监理机构建设规范》，现予印发，请遵照执行。

附件：1. 农机安全监理人员管理规范
　　　2. 农机安全监理机构建设规范

二〇〇九年二月十日

附件 1：

农机安全监理人员管理规范

第一章　总　则

第一条　为规范农机安全监理人员的管理，建设高素质的农机安全监理人员队伍，制定本规范。

第二条　本规范所称农机安全监理人员，是指各级农机安全监理机构依法履行农机安全监理工作职责，在编、在岗的工作人员，包括检验员、考试员、事故处理员和其他管理人员。

第三条　各级农机安全监理机构配备的农机安全监理人员应当满足岗位设置要求，与所承担的工作任务相适应。

第二章　职责和条件

第四条　检验员执行《拖拉机登记规定》、《联合收割机及驾驶人安全监理规定》及其规范性文件的规定，按照国家、行业标准的要求，负责农业机械的安全技术检验，签署检验报告并对检验结果负责。应当具备下列条件：

（一）熟悉农机安全生产方面的法律、法规和规章；

（二）熟练掌握农业机械安全技术检验标准；

（三）掌握正确使用安全技术检验装备（设备）的方法；

（四）具备农机安全生产基本常识；

（五）具有大专以上文化程度，从事农机安全监理工作 2 年以上；

（六）持有拖拉机、联合收割机驾驶证，并有 2 年以上安全驾驶经历。

第五条　考试员按照《拖拉机驾驶证申领和使用规定》《联合收割机及驾驶人安全监理规定》和有关规范性文件的规定和要求，负责农业机械驾驶（操作）人的考试，签署考试成绩单。应当具备下列条件：

(一)熟悉农机安全生产方面的法律、法规和规章;

(二)熟练操作农业机械驾驶人考试系统软件及考试设备;

(三)熟悉农业机械常识和农机安全操作规程;

(四)具备农机安全生产基本常识;

(五)具有大专以上文化程度,从事农机安全监理工作 2 年以上;

(六)持有拖拉机、联合收割机驾驶证,并有 3 年以上安全驾驶经历。

第六条 事故处理员按照农机事故处理规章的规定和要求,负责农机事故的报案受理、现场勘察、调查取证、责任认定和损害赔偿调解,签署农机事故处理文书。应当具备下列条件:

(一)熟悉农机安全生产方面的法律、法规和规章;

(二)熟练操作农机事故勘察设备;

(三)熟悉农业机械常识和农机安全操作规程;

(四)熟悉农机安全生产隐患排查与事故防范措施;

(五)熟悉农机事故应急救援及预案程序;

(六)熟悉农机事故统计、报告制度;

(七)具有大专以上文化程度,从事农机安全监理工作 2 年以上;

(八)持有拖拉机、联合收割机驾驶证,并有 2 年以上安全驾驶经历。

第七条 其他管理人员应当具备下列条件:

(一)熟悉农机安全生产方面的法律、法规、规章和规范性文件;

(二)熟悉农机安全监理业务知识;

(三)掌握农业机械常识和农机安全生产基本常识;

(四)掌握农机安全操作规程和农业机械驾驶操作技能;

(五)法律、法规和规章规定的其他条件。

第八条 农机安全监理人员应当经省级农机安全监理机构培训考试合格,领取农机安全监理证(以下简称监理证)后,上岗从事相关监理业务工作。监理证应当载明可从事的业务岗位。

从事农机行政执法的人员必须持有行政执法证。

第三章 考 核

第九条 农业部制定统一的农机安全监理人员培训考核大纲、考核办法。

第十条 省级农机安全监理机构负责组织本辖区农机安全监理人员培训、考试和监理证核发。

第十一条 农业部农机监理总站负责编制培训教材,组织省级农机安全监理机构的师资培训。

第十二条 各级农机安全监理机构应当组织农机安全监理人员参加业务培训,更新业务知识、提高工作能力。

第四章 证 件

第十三条 监理证式样和规格按农业行业标准执行,由省级农机安全监理机构组织制作、核发、审验。

第十四条 农机安全监理人员申请办理监理证应当填写《农机安全监理证审批表》(见附表),经本级农机安全监理机构审核同意后,逐级报至省级农机安全监理机构审查。

省级农机安全监理机构应当建立农机监理人员管理档案。

第十五条 考试员、检验员、事故处理员所持监理证,每 4 年审验一次。审验内容包括:工作考核情况、违法违纪或重大工作过失情况等。

第十六条 持证人应妥善保管监理证,不得损毁或者转借他人。监理证遗失的,应及时向发证机构申请补证;监理证严重损坏或者载明信息发生变化的,应向发证机构申请换证,发证机构在办理换证时收回原证件。

第十七条 持证人有下列情形之一的,所在单位应收回监理证,并逐级上缴发证机构注销:

(一)调离农机安全监理机构的;

(二)辞去公职或者被开除公职的;

(三)审验不合格的。

第五章 监 督

第十八条 农机安全监理人员在执行公务时,应着装整齐、佩戴标志、持证上岗,规范执法,文明执法。

第十九条 农机安全监理人员不得有下列行为:

(一)违规发放农业机械登记证书、号牌、行驶证、检验合格标志;

(二)为不符合驾驶许可条件、未经考试或考试不合格人员发放农业机械驾驶证;

(三)迟报、漏报、谎报或者瞒报农机事故;

(四)不公正处理农机事故;

(五)违法扣留拖拉机、联合收割机及其号牌、行驶证、驾驶证;

(六)依法收取农机监理费或实施罚款时,不开具统一收费或罚没票据;

(七)利用职务上的便利收受他人财物或者谋取其他利益;

(八)推诿刁难、态度恶劣;

(九)伪造、变造、倒卖牌证;

(十)不履行农机安全监理职责的其他行为。

有第(一)、(二)、(三)、(四)、(十)项行为,情节严重的,依法予以行政处分并吊销监理证;有第(五)、(六)、(七)、(八)项行为,予以吊销监理证,给当事人造成损失的,依法承担赔偿责任;有第(九)项行为,涉嫌犯罪的,吊销监理证并依法追究刑事责任。

第二十条 遇到可能影响公正执行公务的情况,农机安全监理人员应当执行国家有关的回避制度。

第二十一条 各级农机化主管部门应当加强对农机安全监理人员的管理、监督,定期了解辖区内农机安全监理人员的变动情况,对在农机安全生产工作中表现突出、成绩显著的农机安全监理人员,依照国家有关规定进行表彰奖励。

第六章 附 则

第二十二条 本规范自公布之日起施行,1992 年 11 月 13 日农业部农机化管理司颁布的《农机监理员管理办法》同时废止。

附表:农机安全监理证审批表(略)

附件 2：

农机安全监理机构建设规范

第一章 总 则

第一条 为加强农业机械安全监督管理工作，进一步推进农机安全监理机构规范化建设，提高农机安全监督管理水平，根据有关法律法规的规定，制定本规范。

第二条 本规范适用于县级以上农业机械安全监督管理机构（以下简称农机安全监理机构）。

第三条 农机安全监理机构规范建设应当坚持依法行政、公正廉洁、高效便民、层级管理的原则。

第四条 农机安全监理机构规范建设的总体要求：机构体系健全，队伍建设规范，装备设施齐全，业务管理科学，执法公正文明，监管严格高效，服务热情周到，依法履行农机安全监管职责，确保农机安全生产，保障农民群众生命财产安全，促进农业机械化又好又快发展。

第二章 机构建设

第五条 各级农机安全监理机构是农机化主管部门所属的承担农机安全宣传教育、农业机械牌证核发审验、农机安全生产检查、农机事故处理等公共安全管理职责的执法单位，接受同级农机主管部门领导和上级农机安全监理机构的业务指导和监督。

第六条 农机安全监理机构按照法律、法规和规章的要求，开展以下工作：

（一）贯彻落实国家有关农机安全生产的法律法规和政策；

（二）农业机械的登记和备案；

（三）农业机械的安全技术检验；

（四）驾驶操作人员的考试证件核发和审验；

（五）农机安全生产法律、法规和安全知识宣传教育；

（六）农机安全生产隐患排查治理、违法违规行为查处；

（七）农机事故统计、报告、调查处理；

（八）国家和地方法律法规授权的其它事项。

第七条 各地农机安全监理机构名称应规范，岗位设置应科学合理、分工明确，既相互配合、相互制约，又高效运转、方便群众。

第八条 具体承担农业机械登记和驾驶证核发业务的农机安全监理机构一般应设置以下岗位：业务领导、登记审核、安全技术检验、驾驶人考试、牌证管理、档案管理以及安全检查、事故处理、统计分析、安全宣传教育等。

农业机械登记和驾驶证核发工作流程的相邻岗位不能兼任。安全技术检验、驾驶人考试、安全检查、行政处罚、事故现场勘察、事故责任认定、损害赔偿调解等工作至少由 2 人共同完成。

第三章 人员队伍

第九条 各级农机安全监理机构的人员配备根据本地拖拉机、联合收割机等农业机械保有量和驾驶操作人员数量合理确定，应当满足岗位设置的要求，与所承担的职责和工作任务相适应。

第十条 各级农机安全监理机构要严格执行《农机安全监理人员管理规范》，加强对农机安全监理人员的管理。

第十一条 各级农机安全监理机构要明确其工作人员的岗位职责，做到责任到人、持证上岗，并在工作场所或以适当方式向社会公示。

第四章 设施装备

第十二条 农机安全监理机构应具有适应农机安全监理工作需要的办公场所，配备宣传教育、信息化管理和办公自动化等仪器设备，并按照农机安全监理行业标识规范设置相关标识标志。

第十三条 承担牌证核发业务的农机安全监理机构应设有方便群众、满足业务工作需要的办证场所，办证场所环境卫生整洁，配置桌椅、饮用水、笔墨、胶水等用品。

第十四条 农机安全监理机构应当具有满足需要的考试场地、考试机具及配套设施，逐步实现无纸化考试和电子桩考。

第十五条 县级及设区的市级农机安全监理机构应配备固定式或移动式安全技术检测设备，以配备移动式安全技术检测设备为主。

第十六条 农机安全监理机构应配备安全检查、事故处理、应急救援、移动检测等专用车辆并统一行业标识，安全检查、应急救援车辆应装备扩音、通信等设备，事故处理车辆应装备事故勘察仪器。

第五章 业务规范

第十七条 办理拖拉机、联合收割机登记业务，按照《拖拉机登记规定》、《联合收割机及驾驶人安全监理规定》及其工作规范执行。对不符合标准要求、检验不合格、不按规定检验的不得办理登记业务；严禁跨行政区域发牌发证。

第十八条 办理拖拉机、联合收割机驾驶证申领业务，按照《拖拉机驾驶证申领和使用规定》、《联合收割机及驾驶人安全监理规定》及其工作规范执行。对未提供身份证明原件、医院体检证明和申请人情况与所提供资料不一致的不予受理。

第十九条 拖拉机、联合收割机号牌、行驶证、驾驶证、登记证书等牌证制作，按照《拖拉机联合收割机牌证制发监督管理办法》执行。

第二十条 办理拖拉机、联合收割机登记和驾驶证核发等业务应使用全国统一的计算机管理软件。

第二十一条 拖拉机、联合收割机安全技术检验应执行《农业机械运行安全技术条件》（GB16151. 1. 5. 12—2008）等国家和行业标准。

第二十二条 农机安全监理机构应当制定农机安全宣传

教育计划,开展经常性的农机安全宣传教育活动,普及农机安全生产知识。

第二十三条 农机安全检查应当在法律、法规和规章设定的职责范围内开展,并严格按照法定程序进行检查和处罚。

第二十四条 农机安全监理机构应按照农机事故处理相关法规的规定,进行事故的报案登记、受理、立案、现场调查、责任认定、损害赔偿调解等工作。

第二十五条 农机安全监理机构应当制定重特大农机事故应急预案,建立值班和农机事故快速报告制度,公布事故报案电话。

第二十六条 农机安全监理机构应按照农业机械化管理统计制度的要求,及时、准确、全面地做好农机安全监理业务统计和农机事故统计分析工作。

第二十七条 农业机械安全监理工作业务档案应按规定立卷归档,符合档案管理标准和要求,执行档案保管期限和借阅制度。拖拉机、联合收割机及驾驶人的档案应专库存放,且具备防潮、防火、防盗、防蛀等功能,各类档案排列有序,完整规范,便于查找。重要电子档案应做好备份。

第二十八条 农机安全监理机构应建立健全业务印章使用保管、牌证物资管理、设备管理、财务管理等制度。

第六章 服务标准

第二十九条 各级农机安全监理人员应牢固树立“以民为本、为民服务、帮民解困、助民增收、保民平安”的观念,做到纪律严明、举止端庄、语言文明、行为规范。

第三十条 农机安全监理机构应当公开行政审批事项及办事依据、办事程序、收费项目及标准、办事人员及监督投诉电话,接受社会监督。

第三十一条 农机安全监理人员在岗工作和执行公务时,应着装整洁,佩带统一标识标志;开展农机安全检查等执法活动,应主动出示执法证件,严格按照执法程序,规范执法,文明执法。

第三十二条 农机安全监理机构办理业务实行“首问负责制”,严格执行限时办结的规定。对符合法律规定、手续齐全的,应当场办结;材料不全的,应一次告知需要补正的材料;对依法不能办理的,应向申请人说明原因。

第三十三条 农机安全监理机构实行服务承诺制,推行“一站式”办公、进村入户、预约服务,简化审批程序,减少办事环节,缩短办事周期,提高效率,方便群众。

第七章 监督考核

第三十四条 农机安全生产按照国家有关规定纳入各级政府安全生产目标管理考核体系和农机化管理工作考核内容,建立农机安全生产责任制,层层签定安全生产责任书。

第三十五条 农机安全监理机构应建立健全内部监督、岗位制约机制,执行行政执法过错责任追究制度。

第三十六条 上级农机安全监理机构应加强对下级农机安全监理机构的业务指导和监督检查,不断完善层级监督长效机制,建立通报、督办、暂停业务、责令整改等制度。

第三十七条 农机安全监理机构应设立行风举报电话和意见箱,听取群众意见和建议;对群众反映的问题,应安排人员负责调查落实,及时处理。

第三十八条 各级农机化主管部门应建立健全农机安全监理机构公用经费保障机制,加强对农机安全监理机构经费收支情况的监督。

第八章 附 则

第三十九条 各地可依据本规范,结合实际,制定实施细则。

第四十条 本规范自公布之日起施行。

农业部关于进一步加快实施农机购置补贴政策的紧急通知

农机发[2009]3号

各省、自治区、直辖市及计划单列市农机管理局(办公室),新疆生产建设兵团农机局,黑龙江省农垦总局、广东省农垦总局农机局:

国务院决定今年大幅增加农机购置补贴,总规模达到100亿元。为加快实施农机购置补贴政策,农业部、财政部已于2008年12月26日印发了年度实施方案,下达了补贴控制规模。春节前农业部开展了机具选型,公布了通用类目录。目前,全国总体实施进展较快,各省区市已制定了年度资金使用方案,发布了补贴目录,大部分省已进入申请报名阶段,并提前实施了抗旱机具补贴,进度比上年快两个月。但部分省工作拖延,进度较慢,严重影响了全国整体进度。为进一步加快农机购置补贴实施,使政策尽快发挥效应,现将有关事项紧急通知如下:

一、深刻认识重大意义

实施农机购置补贴是落实中央强农惠农政策的重要内容,是加快推进农业机械化、拉动农机工业发展、扩大国内需求、促进经济平稳较快增长的重大举措。实施好这一政策,有利于调动农民购置和使用农业机械的积极性,拉动农村消费,带动农机服务业及相关产业发展,提高农业综合生产能力,促进农业稳定发展和农民持续增收。各级农机化主管部门要深入贯彻落实科学发展观,树立政治意识、大局意识和服务意识,从扩内需、调结构、保增长、促发展的战略高度,充分认识实施农机购置补贴的重要性和紧迫性,切实增强责任感和使命感,采取有效措施,将农机购置补贴政策不折不扣落实到位。

二、进一步加快实施进度

当前农业春耕生产在即,拉动内需、促进经济平稳较快增长的任务繁重而紧迫。各省区市要按照农财两部年度实施方案的要求,加大组织力度,加快实施进度。要统筹安排,协调推进,增强工作的主动性和预见性。出手要快,出拳要重,出实招，动真格，求成效，真正让农民和企业满意，让党和政府放心。当前，各地要抓紧印发实施方案，公布补贴目录，组织各市县尽快开展报名申请、资格审查、受益公示、协议购机、核实汇总、补贴结算等相关工作。并按要求半个月报送一次农机购置补贴工作进度。我部对工作进度慢，不按时报送实施情况的省区市将给予通报批评。

三、严格执行政策规定

要严格执行国务院“三个禁止”的要求，即严禁采取不合理政策保护本地区落后生产能力，严禁强行向购机农民推荐产品，严禁借国家扩大农机具购置补贴之际乱涨价。严格按照《农业机械购置补贴专项资金使用管理暂行办法》的规定，规范管理，阳光操作，认真落实“五制”，即补贴机具竞争择优筛选制、补贴资金省级集中支付制、受益对象公示制、执行过程监督制、实施效果考核制。各级农机化主管部门和农机化推广机构不得指定经销商；不得违反规定程序确定补贴对象；不得将国家和省级推广目录外的产品纳入补贴目录；不得保护落后强行向农民推荐补贴产品；不得向农民和企业以任何形式收受任何额外费用；不得以任何理由拖延办理农民购机补贴手续和补贴资金结算手续；不得委托经销商代办代签补贴协议或机具核实手续；不得以购机补贴名义召开的机具展演示会、展销会、订货会。

四、不断强化监督检查

要加强农机购置补贴实施情况的督导检查，制定督查方案，明确进度要求，落实督查任务和责任。我部将不定期开展重点抽查。一旦发现违规违纪问题，将严肃查处，决不姑息。对发生问题的县，至少3年内不再安排补贴资金，将查实的情况通报全国农机系统，并抄送县委、县纪委、县监察局，建议对相关责任人按规定给予党纪政纪处分；情节严重构成犯罪的，要移送司法机关处理。对参与违法违规操作的经销商，要永远取消经营补贴农机产品的资格。对参与的生产企业要及时取消产品目录资格，不得参选今后的补贴机具选型。并举一反三，认真总结教训，及时研究解决执行中暴露出的问题，采取针对性措施，进一步完善实施办法。各省区市要将上半年和全年督导检查情况及查处违规违纪案件情况分别于6月底前和11月底前报送我部农机化司。

五、继续加大政策宣传

要进一步加大政策宣传力度，公开补贴政策，让广大农民了解政策和补贴程序，使农民知晓实施方案和补贴目录，确保补贴政策操作过程透明，自觉接受农民、企业及社会监督。要大力宣传农机购置补贴政策的实施成效、经验、做法，营造良好的舆论氛围，形成全社会共同关注、关心补贴政策实施的好局面。同时，要加强农机购置补贴信息统计报送工作，随时了解进展，动态掌握情况，及时采取有效措施，确保政策实施效果。各省区市至少每周要向我部报送一期农机购置补贴实施情况信息。

六、切实加强组织领导

各级农机化主管部门要把实施好农机购置补贴政策作为当前重大而紧迫的中心任务，切实加强组织领导，周密部署。各级农机化主管部门要向政府领导汇报农机补贴实施情况，争取各级政府的高度重视和有关部门的大力支持。要与财政等有关部门，通力合作，密切配合，促进各项补贴工作有序衔接，运转顺畅。要落实责任制，行政一把手要负总责，是农机购置补贴第一责任人，分管领导负直接领导责任，是第二责任人，具体承办处室也要明确分工，责任落实到人。要加强对农机购置补贴政策实施工作考核，切实落实各项措施，确保补贴政策取得成效。

二〇〇九年二月二十五日

农业部　国家安全生产监督管理总局关于深入开展“创建平安农机　促进新农村建设”活动的通知

农机发[2009]4号

各省、自治区、直辖市农机管理局(办公室)、安全生产监督管理局，新疆生产建设兵团农业局、安全生产监督管理局：

自2006年以来，各地按照农业部、国家安全监管总局的部署，积极组织开展“创建平安农机，促进新农村建设”活动(以下简称创建“平安农机”活动)，创建了一批“平安农机”示范县、乡、村、户，有效地提高了农民群众安全意识，减少了农机事故的发生，保障了农机安全生产形势稳定好转，促进了农业机械化又好又快发展和社会主义新农村建设。为了贯彻落实党的十七届三中全会精神和今年中央1号文件关于提升农机安全监管能力的要求，农业部和国家安全监管总局决定，2009－2011年，继续开展创建“平安农机”活动。现将有关事项通知如下：

一、指导思想

以党的十七大和十七届三中全会精神为指导，深入贯彻落实科学发展观，牢固树立科学、安全、和谐发展理念，坚持“安全第一、预防为主、综合治理”方针，以预防和减少农机事故为目标，以创建“平安农机”示范县、乡(镇)、村和户(合作社、协会、作业公司)为载体，以提高农机安全监管能力和农民群众安全生产意识为着力点，落实农机安全生产责任制，完善农机安全监管网络，强化农机安全生产措施，夯实农机安全生产基础，构建农机安全生产长效机制，进一步促进农机安全生产形势稳定好转，保障农业机械化又好又快发展，为促进社会主义新农村建设做出新贡献。

二、工作目标

2009年至2011年，各省(自治区、直辖市)结合各地情况，分别创建十个“平安农机”示范县、百个“平安农机”示范乡(镇)、千个“平安农机”示范村和万个“平安农机”示范户(合作社、协会、作业公司)，通过“十百千万”示范典型的建设，在广大农村营造浓郁的创建"平安农机"氛围。在此基础上,分两批推出200个全国平安农机示范县(区、市)。

通过3年的努力,达到以下目标:农机安全生产责任明确,安全生产考核制、责任倒查制、过错追究制得到切实落实;农机安全宣传教育工作进一步加强,农机所有者、驾驶操作人员和农民群众的安全意识和技术水平明显提高;拖拉机、联合收割机登记、牌证核发、安全检验及驾驶人培训、考试、发证工作进一步规范,农机安全监理规范化建设水平得到提升,源头管理得到加强;农机安全生产措施不断完善,农机注册登记率、检审率和驾驶操作人员持证率稳定提升,事故隐患明显减少;农机安全监管基础设施装备建设得到进一步加强,依法行政水平得到进一步提高,构建农机安全生产的源头管理、执法监控、宣传教育"三大防线",有效提高农机安全监管能力,实现农机安全生产的全程监督管理。

三、工作重点

(一)争取政府重视,建立保障机制。积极争取地方政府进一步重视和支持,把创建"平安农机"工作纳入政府安全生产考核目标体系之中,将创建工作列为农机化工作考核内容和农机安全生产重要抓手,安排必要的资金,保证创建工作持续开展。

(二)发挥基层作用,夯实创建基础。将开展创建"平安农机"活动的着力点、工作重心放在乡村。充分发挥县乡两级政府在创建活动中的作用,通过政府整合公安、安全监管、交通、教育以及村级组织等各方面管理资源,确保乡村推进"平安农机"创建工作的深入、持久开展。调动农机合作社、农机作业公司等新型农机服务组织的积极性,进一步完善农机安全网络,使创建工作真正深入到村户。

(三)加强宣传教育,营造社会氛围。各地制定创建"平安农机"活动宣传计划,充分利用各种媒体,采取各种形式,广泛宣传创建"平安农机"活动的重要意义。继续做好"六个一"的宣传活动,即每年:在每个乡镇组织一次"平安农机"宣传教育活动,给每个农机手送一封创建"平安农机"倡议信,为广大农机手和群众放映一部"平安农机"教育警示片,向每个村送一套"平安农机"安全宣传挂图,给每个农机户送一本"平安农机"知识手册,在每个村及中小学校上一堂"平安农机"知识课。要把宣传工作落到实处,切实增强农民群众和农村中小学生的安全意识,营造全社会关注农机安全生产的良好氛围。

(四)强化交流考评,推广先进经验。严格按照农业部、国家安全监管总局制定的《全国"平安农机"示范县、乡、村、户创建标准》(见附件),进一步完善申报、考评等程序,坚持公开、公平、公正的原则,开展好各项考核评审工作,推出一批示范典型。把握示范单位的创建工作特点,认真总结,积极推广先进经验。采取考察、观摩、现场会等形式,组织辖区内有关单位到示范单位学习交流,互相取长补短,鼓励先进,鞭策后进。

四、主要措施

(一)加强领导,明确任务。开展创建"平安农机"活动,是农业部和国家安全监管总局为强化农机安全生产工作、促进社会主义新农村建设组织开展的一项具体活动。各地农机管理部门和安全监管部门要提高认识,积极向当地党委、政府汇报,切实加强组织领导。要结合实际,制订工作方案,明确阶段性目标和任务。要把创建"平安农机"活动与当地"三农"工作结合起来,与推进农业机械化工作结合起来,与创建平安畅通县区工作结合起来,采取有效措施,切实促进农机安全生产,增加农民收入,保障农村社会和谐发展,如期实现创建活动的目标。

(二)加强协作,密切配合。创建"平安农机"活动是一个系统工程,需要相关部门的支持和配合。农机、安全监管等部门要建立协作机制,明确责任,形成监管合力。要充分发挥县乡政府、村委会以及各种协会等中介组织作用,共同做好重要时段、重点地区、重点农机具的安全生产检查,要与有关部门配合,严格查处违章操作、违法载人、超速超载、无牌行驶、无证驾驶等行为,认真排查事故隐患,减少或杜绝农机事故的发生,努力形成政府统一领导、农机主管部门和安全生产综合监管部门依法监管、各部门协作配合、广大农民群众广泛参与的农机安全生产格局。

(三)加强指导,扎实推进。各地要根据创建"平安农机"活动各阶段重点,加强工作监督检查,把创建活动落到实处。农机管理部门和农机安全监理机构要强化服务意识,牢固树立"以民为本,为民服务,帮民解难,助民增收,保民平安"的"五民"观念,组织农机监理人员深入基层,培训办证到乡村,年审检验到村屯,维修服务到田头,宣传动员到农家,扎实推进创建"平安农机"活动。要加强创建活动的日常检查指导,认真总结、宣传典型经验,全面提升创建"平安农机"活动总体水平。

(四)加强监督,务求实效。各级农机管理和安全监管部门要进一步建立健全监督机制,加强督查,确保创建"平安农机"活动取得实效。要加强示范单位申报、推荐、考评等工作的督查,杜绝弄虚作假行为。要加强对"平安农机"示范单位的督查,确保示范单位不松懈、不退步,对不再符合标准的,要及时予以撤销。

各省(自治区、直辖市)农机管理部门请于每年12月10日前将本地区"平安农机"创建工作总结材料,报至农业部农业机械化管理司。

附件:全国"平安农机"示范县、乡、村、户创建标准

二〇〇九年三月十六日

附件:

全国"平安农机"示范县、乡、村、户创建标准

一、"平安农机"示范县创建标准

(一)县政府重视农机安全生产工作。将农机安全生产控制考核指标纳入政府工作考核内容,农机安全生产责任制度健全,加强对创建"平安农机"活动的组织领导,制定活动方案,明确活动目标,规范活动内容,安排创建活动经费,建立"政府负责、农机主抓、部门协作、社会参与"的工作机制。

(二)农机管理部门将农机安全生产工作落到实处。将农机安全生产工作与农机化中心工作同部署、同检查;将创建"平安农机"活动列入重要议事日程,农机安全监管体系健全,制度完善,较大以上农机事故应急处理预案完备;农机安全监理机构岗位设置科学合理,分工明确。人员配备满足岗位设置的要求,与所承担的职责和工作任务相适应。办公场所适应农机安全监理工作需要,宣传教育和办公自动化等仪器设备配备齐全,规范使用农机监理行业标识;开展"平安农机"示范镇(乡)、村、户活动成效显著,"平安农机"示范乡(镇)达到30%以上。

(三)农机安全生产措施到位。农机安全宣传教育活动形式多样、内容丰富,广大农机手、农民群众和农村学生的农机安全生产意识增强;农机牌证、农机维修、教育培训等工作管理规范,农业机械检测、驾驶人考试设施、设备齐全;农机事故报告统计及时、全面,适时发布农机安全生产服务信息。农机、公安、安全监管等部门加强协作,建立健全信息通报制度,共同开展安全生产检查和事故隐患排查活动,农机安全专项整治活动成效显著。拖拉机、联合收割机登记入户率、检验率、驾驶人持证率均达到85%以上。

(四)农机事故得到有效控制。拖拉机、联合收割机事故万台死亡率控制在2.5以下,杜绝发生一次死亡3人以上的较大农机事故。

二、"平安农机"示范乡(镇)创建标准

(一)乡(镇)政府重视农机安全生产工作。成立农机安全生产工作领导小组,积极协助县农机管理部门做好农机安全监督管理工作,与村民委员会签订农机安全生产责任书。开展创建"平安农机"示范村、户活动成效显著,"平安农机"示范村达到30%以上。

(二)乡(镇)设有负责农机安全管理的工作机构和人员。各村均聘有专(兼)职农机安全管理员,职责明确,责任落实。

(三)农机安全生产措施到位。开展经常性的农机安全宣传教育活动,活动记录完整;农业机械及其驾驶人台账和农机事故档案规范齐全。农机安全生产制度健全。根据农业生产季节特点,在辖区内组织开展日常检查和专项整治活动。

(四)积极开展农机安全生产宣传教育活动。每年组织农机驾驶人员进行安全教育学习不少于2次。设有农机安全宣传专栏、宣传材料、固定标语、警示牌等。

(五)乡(镇)内90%以上的农机维修点取得技术合格证,拖拉机、联合收割机入户率、年检率、驾驶人持证率均达到90%以上,不发生较大以上农机事故。

三、"平安农机"示范村创建标准

(一)村党支部、村民委员会重视农机安全生产工作。积极协助乡(镇)政府和农机管理部门做好农机安全监督管理工作。设有村级农机安全员,与农机户签订农机安全责任书,开展创建"平安农机"示范户活动成绩显著,"平安农机"示范户达到40%以上。

(二)农机安全生产措施到位。农业机械及其驾驶人台帐、农机事故记录、安全学习记录完整。农机安全生产制度健全。积极协助县乡有关部门做好农机安全检查和整顿工作。

(三)积极开展农机安全生产宣传教育活动。村内设有农机驾驶操作人员学习活动室、农机安全宣传栏、农机安全宣传标语。每年组织农机驾驶操作人员进行安全教育学习不少于2次,经常开展农机安全生产经验交流和学刊用报活动。农机驾驶操作人员掌握安全生产法规知识和操作技能。

(四)拖拉机、联合收割机登记入户率、年检率、驾驶人持证率均达到95%以上。不发生农机死亡事故。

四、"平安农机"示范户(合作社、协会)创建标准

(一)模范遵守道路交通安全法律法规,严格按照农机安全操作规程驾驶操作,不违法载人,不超速超载,不酒后驾驶,无违章记录,无农机责任事故。

(二)农业机械牌证齐全,机具技术状态良好,按时参加年度检验。

(三)积极带头参加乡(镇)、村和农机管理部门组织的农机安全教育等活动,认真学习、宣传农机安全生产知识,家庭(协会、合作社)成员农机安全意识高。

(四)具有熟练驾驶操作和维护农业机械的技能,农机作业质量好,服务态度好,经济效益好,在群众中美誉度高。

农业部关于做好2009年农机跨区作业工作的通知

农机发[2009]5号

各省、自治区、直辖市和计划单列市农机管理局(办公室),黑龙江省农垦总局农机局、新疆生产建设兵团农机局:

今年是新中国成立六十周年。在国际金融危机持续蔓延,夏粮主产区遭受特大干旱的情况下,力争全年粮食增产,促进农业稳定发展和农民持续增收,对于保持我国经济社会平稳较快发展具有特殊重要的意义。"三夏"将至,为深入贯彻中央1号文件精神,切实做好"三夏"小麦跨区机收和全年农机跨区作业工作,保障夏粮丰收和全年农业生产有个好收成,现将有关工作要求通知如下:

一、切实加强组织领导

2009年农机跨区作业的指导思想是:深入贯彻落实科学发展观,紧紧围绕提高重要农时、重点作物、关键生产环节和粮食主产区机械化作业水平的目标,以作业区域清晰、服务半径适度、服务对象牢固、作业收益稳定为原则,以巩固优化小麦机收、加快推进水稻机收机插、大力拓展玉米机收、积极培育油菜、马铃薯机收为重点,着力拓展农机跨区作业的领域、范围和规模,提高农机跨区作业的组织化、信息化和规范化水平,提升跨区作业的速度、质量和效益,推动农机跨区作业向纵深发展。主要目标任务是:推进机具投入总量进一步增加,参加"三夏"小麦跨区作业的联合收割机28万台,增加1万台;投入水稻跨区作业的联合收割机比去年增长2.2万台左右,达到14万台;跨区收获玉米的联合收割机比去年增长1万台,达到2.4万台。推进机收水平进一步提高，跨区机耕、机播水平有新的突破。跨区作业市场秩序进一步优化，防止出现作业价格大涨大落，防止出现柴油供应脱销限供，促进机具顺畅转移，保持供需平衡和机手收益平稳。各级农机化主管部门要紧紧围绕上述目标任务，切实加强组织领导，坚持把发展跨区作业作为推动农机化工作的大事要事，进一步把跨区作业工作做大做强。当前，农机化主管部门要将组织好"三夏"小麦跨区机收作为中心工作，制定完善的工作方案，周密部署，精心安排，统筹力量，狠抓落实，切实做到夏粮一天不到手，工作一天不放松，高质量、高效率地组织好小麦跨区机收会战，实现颗粒归仓。

二、加快开展准备工作

要及早开展重要农时季节机械保养维修、操作技能、农机作业质量标准、安全生产等知识培训，加强对农机跨区作业中常见问题与处理方法、相关法律法规、文明用语等方面的教育宣讲，确保机手以良好状态投入跨区作业，推动服务文明化、作业规范化、操作精细化。要严格做好《跨区作业证》发放工作，确保领取跨区作业证的联合收割机、与背负式联合收割机配套的拖拉机具备合法有效的号牌、行驶证，年度检验在有效期内；驾驶人有合法有效和符合准驾要求的驾驶证。发放《跨区作业证》过程中，禁止收取任何费用，禁止异地发放，禁止由作业组织、农机经销商代发，严厉查处违规者。要做好供需协调工作，推动派机方和引机方及时交换供求信息，进行实地考察，了解掌握市场动态，建立长效合作机制，掌握好季节时间差，签订好作业合同，为跨区作业的有效开展奠定基础。

三、协调落实扶持政策

今年1号文件提出了进一步加快发展农机化的政策措施，具体包括购机补贴、农机化基础设施和公共服务能力建设、农机研发制造、农机作业补贴、农机信贷、燃油供应保障机制、报废更新经济补偿制度等方面。各级农机化主管部门要加强与有关部门协调与配合，认真落实扶持农业机械化发展的各项政策措施，为跨区作业创造良好的政策环境。特别是要认真落实好购机补贴政策，按照农业部、财政部的有关要求，加快实施进度，严格规范操作，加大政策宣传，强化监督管理，确保补贴政策的实惠不折不扣落到农民手中，确保补贴机具在"三夏"、"三秋"等关键农时季节中发挥作用。要落实好对农机作业服务和农机维修免征所得税，农机跨区作业免费通行政策，降低农机跨区作业成本。

四、大力加强信息引导

各级农机化主管部门要将信息引导工作作为跨区作业组织工作中的大事来抓，进一步加强信息服务工作，为农民和机手提供及时、准确、有价值的信息。要建立健全信息采集、发布制度，完善信息收集渠道和发布办法，丰富信息内容，创新服务形式，引导机具合理流动，提高机具作业效率。要利用"农机跨区作业服务直通车"系统，深化信息服务，在作业期间要确定专人负责这项工作，及时收集发布相关作业信息。要结合实际，与气象、通讯等部门合作，开展形式多样的信息服务。要密切注意作业期间天气变化和作业市场供求状况，提早发布作业市场动态信息，加强机具调度，做好省际间信息协调沟通。各省区市要及时编发跨区机收快报，反映工作动态和存在的问题，促进有关问题的及时解决。"三夏"、"三秋"等重要时节期间，要实行作业进度日报制度，要做好值班，确保信息咨询服务和突发事件及时有效处理。

五、着力提高组织程度

要大力培育和扶持农机专业合作社、农机协会、农机作业公司等农机服务组织参加农机跨区作业。要将发放《跨区作业证》作为农机化主管部门强化跨区作业市场组织引导的重要手段。优先为农机服务组织和有组织的跨区作业队发放《跨区作业证》。对于没有明确作业地点和作业任务，盲目外出的机具，派出地的农机化主管部门要加强管理，强化组织，做好服务，帮助机手做好供需协调，明确作业地点和任务，鼓励他们加入合作社、参加作业队。要推进区域间建立合作机制，形成相对稳定的供需合作关系。要大力组织推广订单作业、承包服务、"一条龙服务"、"套餐服务"，降低交易成本和风险，提高跨区作业效益。要大力推广应用《农机社会化服务作业合同(范本)》，规范市场交易行为。要强化对中介组织的管理，加强培训和监督工作，提高中介服务组织的业务能力和服务水平。要大力推广秸秆还田、精少量播种、机械化育插秧、保护性耕作等技术，促进农业生产的节本增效。要组织合作社、作业队等积极开展帮扶，深入地震灾区等经济困难地区，为困难群众开展包、帮、扶作业，体现社会主义大家庭的和谐与温暖。

六、继续规范作业市场

各地要在党委、政府的统一领导下，加强与有关部门协调与配合，进一步规范作业市场秩序。积极主动与发展改革、商务部门和石油石化企业联系协调，增加重要农时季节和用油集中地区的资源调度，推广发放优先加油卡等行之有效的做法，增加乡镇加油站网点数量，采取"田间流动加油车"等各种便民措施，强化对农用燃油市场的价格监管，确保重点作业季节的农机用油，维护农业用油市场稳定和价格秩序。加强与公安部门和交通管理部门的紧密配合，对重点地区、重点路段加强管理，严格查处无牌行驶、无证驾驶和拖拉机载人等违法行为，维护道路交通秩序，及时处理农机发生的道路交通事故。坚决制止上路拦机截机的行为发生，严厉打击砸机、打人等违法行为。要努力为跨区作业的机手安排好作业任务，严禁各种形式的市场封锁、地方保护。要支持、监督农机生产企业完善售后服务，促进生产企业做好维修和配件供应等服务工作。要加强作业质量监督，及时处理好发生的作业纠纷。要针对重点农时季节农机安全生产的特点，组织开展隐患排查治理，消除农机事故隐患，预防农机事故发生，推动农机作业快速、高效、安全开展。要高度重视跨区作业可能引起的植物病虫害传播，与植保部门密切合作，宣传病虫害防控知识，组织指导农机手在机具转移前务必清理好联合收割机上残存的泥土、麦秸和麦粒，避免病虫随机收作业传播，减少机具携带病菌的几率。

七、努力营造舆论环境

充分利用各类新闻媒体，在"三夏"、"三秋"重点农时季节加大农机化新闻宣传力度，对农机跨区作业进行多角度、高密度的宣传报道，为跨区作业和农机化发展提供强大的舆论支持。重点是深入挖掘提炼农机管理、科研、培训、推广、监理等方面在农机跨区作业工作中的新举措、新成果和新经验；密切关注南征北战、东进西征的"三夏"小麦跨区机收流动大军和跨区机收玉米、水稻和跨区机插秧等新亮点，深入报道短信息服务、燃油价格及供应、机手增收等热点问题。宣传实施购机补贴政策的成效和做法，宣传农机跨区作业在帮困助贫、抗灾救灾夺丰收等方面发挥的重要作用，宣传农机、公安、交通、石油石化等部门密切配合，共同推动、发展农机跨区作业的先进典型。农机化主管部门要主动为新闻单位找素材,选角度,做策划,展示农机化工作的新突破、新亮点、新成果,形成农机化新闻宣传声势,为跨区作业营造良好的舆论环境。

二〇〇九年五月十三日

农业部关于加快发展农机专业合作社的意见

农机发[2009]6号

各省、自治区、直辖市农机管理局(办公室),黑龙江省农垦总局农机局、新疆生产建设兵团农机局:

农机专业合作社是农民专业合作社的重要组成部分。近年来,特别是《农民专业合作社法》公布实施以来,我国农机专业合作社快速发展,组织化、规模化、产业化程度不断提高,显示出强大的生命力,为推进农业机械化,促进农业稳定发展、农民持续增收做出了积极贡献。但总体上看,当前我国农机专业合作社的发展尚处于起步阶段。一些地方对发展农机专业合作社的重要型和紧迫性认识不足,工作力度不大,扶持措施不够,农机专业合作社发展缓慢。一些农机专业合作社组织化程度较低,运行不够规范,发展水平不高。为深入贯彻落实党的十七届三中全会决定和中央1号文件精神,加快发展农机专业合作社,推进现代农业和社会主义新农村建设,现提出如下意见。

一、充分认识发展农机专业合作社的重要意义

农机专业合作社将农机经营者有效组织起来,开展农机社会化服务,加强农机拥有者和使用者的紧密联结,扩大了农机作业服务规模,提高了机械利用率和农机经营效益,有效解决了农业机械大规模作业与亿万农户小规模生产的矛盾。通过农机专业合作社,可以实现农业规模化经营、标准化生产、社会化服务的有机统一,促进土地、劳动力、资金、装备、技术、信息、人才等生产要素的有效整合,推动农机农艺结合,加快农业科技应用,提高农业生产集约化水平和组织化程度,完善农村基本经营制度,有效提高土地产出率、劳动生产率和资源利用率。发展农机专业合作社,有利于促使维修、信息服务与机械使用有机结合,推动大型、复式、高性能机械和先进农业技术的推广应用;有利于落实政策宣传、农机维修、技术培训、生产组织和安全教育,健全基层农机化技术推广服务体系,推进农机服务市场化、社会化、产业化;有利于把农机手组织起来,提高农机作业的组织化程度,促进新型农民发展。因此,加快发展农机专业合作社,是完善农业生产经营体制的重要内容,是增强农业综合生产能力的有效举措,是推进农业科技进步的有生力量,是提升农机化水平的迫切需要。各级农机化主管部门要切实增强责任感、使命感和紧迫感,认清形势,把握机遇,尤其要抓住国家农机具购置补贴大幅度增加,农民购买和使用农业机械热情高涨的有利时机,认真总结经验,明确工作目标,采取有力措施,推进农机专业合作社快速发展。

二、进一步明确发展农机专业合作社的总体思路和目标任务

当前和今后一个时期发展农机专业合作社的总体思路是:以党的十七大和十七届三中全会精神为指导,深入贯彻落实科学发展观,全面实施《农民专业合作社法》,把发展农机专业合作社作为发展农业机械化的重要组织形式和建设农机社会化服务体系的主攻方向,落实政策措施,积极培育建设,加强指导服务,推进多样化创建、规范化运营、市场化服务、产业化经营,推动农机专业合作社又好又快发展。

到2015年,发展农机专业合作社的目标任务是:农机专业合作社数量有大幅度增加,发展质量有明显提升,机制更加灵活,制度更加规范,服务领域更加宽广,效益更加明显,社会化服务程度显著提高,在农业机械化发展中的主体作用明显增强,在农业社会化服务中的影响力、带动力充分显现。

三、准确把握发展农机专业合作社的基本原则

发展农机专业合作社,必须以《农民专业合作社法》为准绳,把握和遵循以下基本原则。

——坚持农民自主。按照“民办、民管、民受益”的原则,以农民、机手为主体,以服务社员为宗旨,实行民主选举、民主管理、民主决策、民主监督,最大程度的实现和维护社员利益,不断增强农机专业合作社的凝聚力、吸引力和感召力。

——坚持因地制宜。从本地实际出发,因势利导,鼓励合作形式多样化,投资主体多元化,服务方式市场化,增强发展活力。鼓励农机专业合作社在搞好农机服务的基础上,根据农民生产经营的需要,拓宽服务领域,成为农业社会化服务体系的重要力量。

——坚持政府扶持。把政府扶持作为发展农机专业合作社的有力支撑,对农机专业合作社的发展给予多方面的扶持、指导和服务。认真落实法律法规和各级政府规定的各项扶持农机专业合作社发展的政策措施,特别是财政、税收、金融、科技、人才等方面的政策措施,保护和调动农民的积极性,推动农机专业合作社加快发展。

——坚持示范引导。以试点示范引路,典型带动,以点带面。防止压任务、下指标,切忌一刀切、急于求成,推动农机专业合作社健康发展。

——坚持规范发展。正确处理好规范与发展的关系,发展与规范并重,将农机专业合作社制度建设、运行机制完善放在与增加装备设施投入同等重要的位置,在促进发展中抓好规范。通过规范建设,完善机制,提高发展能力,增强发展活力,实现持续发展。

四、认真落实发展农机专业合作社的扶持措施

(一)落实扶持政策。协调落实对跨区作业的农机免收道路通行费,对农技推广、农机作业和维修等服务项目免征所得税,对农民专业合作社免除登记及审检费等政策。各地农机更新补贴、政策性保险、农机作业补贴等政策要向农机专业合作社倾斜。有条件的地区,农机化主管部门要减免农机专业合作社操作人员的培训考试费用和拖拉机、联合收割机的登记、检验等费用，扶持农机专业合作社发展。

（二）加大投入力度。农机购置补贴资金向农机专业合作社倾斜，优先补贴，实行多购多补，有条件的地方可以累加补贴。多渠道争取农机专业合作社建设资金，强化合作社基础设施条件建设，完善合作社服务功能，壮大合作社经济实力。各级农机化主管部门要支持农机专业合作社承担各种农业机械化发展和建设项目，将农机专业合作社作为实施各类农机财政专项和基本建设项目、科技研究推广项目的重要主体。引导农业产业化龙头企业和其他社会资金投资农机专业合作社，逐步建立起国家扶持、群众自筹、集体入股、银行贷款等多渠道、多形式、多元化的投入机制。

（三）加快人才培养。按照分类指导、分级负责、注重实效的原则，制订培训规划，采取学历教育、远程教育、短期进修、参观考察多种形式，培养农机专业合作社专门人才。大力开展农机专业合作社的法人代表和财会人员、维修人员和高级操作工等业务骨干培训，全面提高农机专业合作社的经营管理和技术水平。支持农业大专院校和农机职业技术学校开办相关专业和课程。加强对县乡农机化主管部门工作人员有关法律知识、业务知识的培训，提高指导农机专业合作社发展的能力和水平。

（四）加强示范引导。树立典型，广泛宣传，加强工作指导与服务，推广成功经验，示范带动农机专业合作社发展。组织开展农机专业合作社示范社建设活动，培育发展一批设施完备、功能齐全、特色明显、效益良好的示范合作社。抓紧制定完善农机专业合作社库棚建设、维修能力建设等规范，宣传推广《农机专业合作社示范章程》、《农机社会化服务作业合同》等规范，引导农机专业合作社依法经营，规范运作，诚信服务，提高效益。加强对农机专业合作社经营管理和技术应用的指导、服务。做好信息引导和服务，及时向农机专业合作社及广大农民发布农机作业需求、价格行情、天气资讯、油料供应、维修服务等信息，支持、引导农机专业合作社的生产经营活动。

五、切实加强发展农机专业合作社工作的组织领导

各级农机化主管部门要坚持把发展农机专业合作社作为促进农业机械化发展的重要任务和重点工作，摆上重要位置，列入议事日程。要结合实际制定本地区农机专业合作社建设发展规划，提出切实可行的发展目标和任务，强化资金保障、示范推广、人员培训和指导服务等措施。要把发展农机专业合作社作为农机化工作的重要考核内容，整合资源，落实责任，调动农机管理、推广、培训、维修、安全监理、信息服务等方面的力量，形成齐抓共促的良好局面。要加强与有关部门的协调沟通，解决农机专业合作社发展中遇到的资金投入、用地保障、油料供应、工商登记、场库棚建设和维修保障等方面的困难和问题，形成各方面支持农机专业合作社发展的合力。要加强普法宣传，进一步增强农民群众和广大农机手的法律意识，推动依法办社。要深入实际，调查研究，加强工作指导，及时了解新情况，总结新经验，解决新问题，促进农机专业合作社又好又快发展。

二〇〇九年六月二十九日

农业部关于贯彻实施《农业机械安全监督管理条例》的通知

农机发[2009]7号

各省、自治区、直辖市农机管理局（办公室）：

2009年9月17日，国务院总理温家宝签署国务院第563号令，公布了《农业机械安全监督管理条例》（以下简称《条例》），自2009年11月1日起施行。《条例》的公布施行，是农业机械化法制建设中的一件大事，是我国农业机械化发展史上的重要里程碑。为切实做好《条例》学习宣传和贯彻实施工作，现就有关事项通知如下。

一、充分认识贯彻实施《条例》的重大意义

《条例》是农业机械管理的第一部行政法规，全面总结了农业机械安全监督管理的成效和经验，建立健全了农业机械生产、销售、维修、使用操作、事故处理、监督管理等有关管理制度，构建了统一、完整的农业机械安全监督管理体系，为农业机械管理工作提供了法制保障。《条例》的公布施行充分体现了党和国家对农业机械化的高度重视，标志着农业机械安全监督管理工作迈入了法制化轨道。《条例》是农业机械化主管部门依法履行职责，提升农业机械安全监管能力，有效预防和减少农业机械事故的重要保证。《条例》的贯彻实施，对于保障农业机械化安全发展、科学发展、和谐发展，维护人民生命财产安全和农村社会和谐稳定具有十分重要的意义。各级农业机械化主管部门要充分认识贯彻实施《条例》的重要性，增强责任感、使命感和紧迫感，将学习宣传贯彻实施《条例》作为推动农业机械化发展的重要任务来抓，实行一把手负责制，加强领导，精心组织，狠抓落实，确保《条例》贯彻实施工作抓紧抓好抓到位。

二、准确把握《条例》的精神实质

《条例》以科学发展观统领全局，以保障人民群众生命财产安全为根本出发点，坚持安全第一、预防为主、综合治理的方针，遵循以人为本、预防事故、保障安全、促进发展的原则，对涉及农业机械安全的生产、销售、维修、使用操作、事故处理、服务与监督等相关环节分别作出了规定，明确了县级以上人民政府、农业机械化主管部门及有关部门的相应职责，规定了农业机械生产企业、农业机械销售企业、农业生产经营组织、农业机械所有者和操作、维修人员的权利、责任和义务，内容全面完整。《条例》明确了农业机械生产者的质量保证责任、农业机械销售者的质量控制责任，建立了缺陷产品召回制度；规定了农业机械维修企业设立条件、程序，并规范了农业机械维修行为；强化了拖拉机、联合收割机使用操作的安全管理，对拖拉机、联合收割机实行牌照管理，对拖拉机、联合收割机的驾驶操作人员实行资质管理；明确对危及人身财产安全的农业机械进行免费实地安全检验，对在用特定种类农业机械实施安全鉴定和重点检查；建立了农业机械淘汰制度、危及人身财产安全的农业机械报废和回收制度；规范了农业机械事故处理程序和农业机械化主管部门等相关部门的监督与服务行为，明确了各方面的法律责任。各级农业机械化主管部门和广大农业机械安全监理执法人员要逐条逐款地认真学习，准确把握，领会精神，严格执行《条例》各项规定。

三、认真履行《条例》赋予农业机械化主管部门的监管职责

各级农业机械化主管部门要严格依法行政，切实履行好《条例》规定的各项法定职责。要规范拖拉机、联合收割机及其操作人员牌证核发和农业机械维修的许可管理，严把准入关，加强农业机械使用安全的源头管理。要切实履行好安全检验职责，积极协调落实财政投入，做到定期对危及人身财产安全的农业机械进行免费实地安全检验，建立安全监督管理档案，保证农业机械安全技术状态完好。要依法处理好农业机械产品质量和维修质量投诉，不得推诿，对不属于职责范围内的投诉事项，应当及时移交有权处理的部门。各省（区、市）要根据投诉情况和安全生产需要，认真组织开展在用的特定种类农业机械的安全鉴定和重点检查，并公布结果。要切实履行安全监督检查的职责，做到标志统一，执法规范、准确、到位，及时消除重大农业机械事故隐患。要强化农业机械报废、回收的监管工作，对达到报废条件的危及人身财产安全的农业机械，严格按规定告知其所有人，督促其实行报废，并做好报废回收的农业机械解体、销毁监督工作。要切实做好农业机械事故责任的认定和调解处理工作，为事故损害赔偿等后续事宜提供便利，维护社会稳定，并做好事故统计报送工作。各级农业机械化主管部门在贯彻实施《条例》工作中，要坚持以人为本，规范执法，寓管理于服务之中，切实维护广大农业机械使用者和企业的合法权益，做到文明执法，优质服务。要主动与财政、工业、公安、质检、工商、安监等部门联系，建立工作机制，争取支持，搞好配合，合力做好贯彻实施工作。

四、广泛开展《条例》的宣传培训

各级农业机械化主管部门要高度重视《条例》的宣传培训，抓紧制定本地区、本部门的宣传培训方案，并抓好组织落实，有计划、有重点地组织开展学习培训和宣传工作。各级农业机械化主管部门以及农业机械安全监理机构的领导干部要带头学习宣传《条例》，认真研读法规原文。要通过专题讲座、报告会、知识竞赛等多种形式，认真组织干部职工深入学习，深刻理解、准确把握《条例》的精神实质、主要内容，做好各项规定、制度和措施的落实工作。针对生产、销售企业和农民等各责任主体的特殊性，举办不同类型、不同层次的宣传培训，送法到基层、到市场、到企业，通过积极有效的宣传培训，确保各行为主体学法、懂法、守法。要把《条例》的宣传培训工作与“平安农机”创建活动、农业机械安全监理规范化建设等工作结合起来，相互促进。要着力推进《条例》进课堂、进教材、进社区、进农户。通过电视、广播报刊等媒体，采取发放明白纸、印制宣传手册、开展宣教和座谈等多种形式，对《条例》进行深入广泛的宣传，为《条例》的贯彻实施营造良好的社会氛围。

五、切实推进《条例》执法体系建设

《条例》赋予了农业机械化主管部门的执法主体地位，要求各级人民政府加强对农业机械安全监督管理工作的领导，完善农业机械安全监管体系，保障农业机械安全的财政投入，建立健全农业机械安全生产责任制。对建立健全农业机械安全监督管理队伍和保障体系做出了明确规定。各级农业机械化主管部门要主动向当地党委、政府汇报，抓紧制定农业机械安全监督管理体系建设规划，理顺职能，充实力量，完善手段，为《条例》的实施提供组织保障。要充分发挥各级农业机械安全监理机构作用，加强农业机械安全监理执法人员的思想作风教育，提高执法队伍的整体素质，推进农业机械安全监理执法队伍的建设，为《条例》的顺利实施提供有力支撑。要积极主动与当地财政部门协调，贯彻《条例》有关“保障农业机械安全的财政投入”的规定，将农业机械安全监理工作经费、人员经费、牌证费、检验费等纳入财政预算，保障农业机械安全监管工作开展。要切实推进农业机械安全监理基础设施和装备建设，提高农业机械安全监管服务能力，努力改善执法手段，为切实履行好农业机械免费安全检验、操作人员培训考试、宣传教育、安全检查、事故处理等监督服务职能，贯彻实施《条例》创造良好的物质装备条件。要依据《条例》规定，结合本地实际，制定或完善配套的地方性法规、规章、标准和工作规范，切实把《条例》规定的各项制度落到实处。

二〇〇九年九月三十日

农业部办公厅关于印发《2009 年全国通用类农业机械购置补贴产品目录》的通知

农办机[2009]1 号

各省、自治区、直辖市农机管理局（办公室），新疆生产建设兵团农机局：

按照《农业部、财政部关于印发〈2009 年农业机械购置补贴实施方案〉的通知》（农财发[2008]190 号）和财政部、财政联合印发的《农业机械购置补贴专项资金使用管理暂行办法》要求，我部于去年底完成了 2009 年全国通用类农机购置补贴产品选型工作，并向社会公布了中选企业产品名录。在此基础上，我部组织制定了《2009 年全国通用类农业机械购置补贴产品目录》（见附件 1），现印发给你们，请在抓紧开展非通用类农机购置补贴机具选型的基础上，尽快将该目录与非通用类农机购置补贴产品目录合并形成年度农业机械购置补贴产品目录（格式见附件 2），于 1 月 20 日前报我部审核确认。报送补贴目录同时，要附年度补贴目录的编制说明，主要包括：对通用类目录品目的取舍情况；承诺在你省区市销售，但未能列入补贴目录的产品型号及未予公布的具体原因和依据；非通用类机具补贴额的测算依据（补贴比例、等额补贴机具分类情况等）；自选10个品目名称及补贴额的测算依据等。

《2009年全国通用类农业机械购置补贴产品目录》按小类和品目公布了中选产品的生产企业、产品型号、标准配置及技术参数、中央最高补贴额及承诺销售区域，未公布中选产品的年度最高销售价格。补贴产品销售价由农民与经销商或生产企业按市场规律商谈确定。但我部在开展全国通用类农业机械购置补贴产品选型时已要求中选企业作出承诺：其所有中选产品2009年销售给享受补贴的农民时，销售价只能等于或低于企业在该地区2008年的补贴销售最高价，且不得高于同一地区该产品的同期市场价。各省区市要加强对各中选企业执行价格承诺情况的监管，确保农民得到补贴政策实惠。对于不严格履行价格承诺的企业，要及时报我部。

各地在监管补贴机具价格时，要注意把握以下几点：一是列入你省区市2008年补贴产品目录的产品，在其配置变化不大的情况下，2009年补贴销售价不得高于你省区市2008年农机购置补贴产品目录中的最高销售价。二是与2008年标准配置变化较大的产品，由你省区市按其实际增加或减少配置件的价格，在去年补贴目录最高销售价的基础上，给予重新核定。我部将于近日把2009年通用类补贴机具选型中选产品所报最高承诺出厂价及运杂费计算标准发你省区市，供核定价格时参考。三是2008年农机购置补贴目录中没有的新增产品，由你省区市根据该产品2008年在你省区市的实际销售价，确定其2009年最高补贴销售价（原则上不得涨价）。四是2008年农机购置补贴目录中没有的且2008年未在你省区市销售的新增产品，由你省区市与该产品生产企业联系，依据其2008年实际出厂价及其所报运杂费计算标准，合理确定该产品2009年在你省区市的最高补贴销售价。

各省区市要切实加强对列入《2009年全国通用类农业机械购置补贴产品目录》中产品质量、价格、售后服务、供货及投诉等情况的调查监管，及时将调查监管情况报我部。

附件：1.《2009年全国通用类农业机械购置补贴产品目录》（略）

2.《省区市2009年农业机械购置补贴产品目录》格式（略）

二〇〇九年一月十三日

农业部办公厅关于做好农机抗旱和春耕备耕工作的通知

农办机[2009]4号

各省、自治区、直辖市及计划单列市农机管理局（办公室），黑龙江农垦总局、新疆生产建设兵团农机局：

当前，我国北方大部分地区旱情持续发展，冬小麦主产区遭遇了严重冬旱，对农业生产带来了较大影响。春耕生产在即，组织好农机抗旱救灾和春季生产，对夺取夏季粮油好收成，巩固农业发展好形势，促进经济平稳较快发展具有十分重要的意义。为认真贯彻落实中央1号文件精神和全国抗旱保春管工作视频会议的部署，做好农机抗旱和春耕备耕工作，现将有关要求通知如下：

一、切实加强组织领导

农机抗旱和春耕备耕是当前农机化工作最紧迫、最重要的任务。各级农业机械化管理部门要高度重视，切实增强责任感、紧迫感和使命感，把抗旱和春耕备耕工作摆上重要议事日程，紧急动员，落实责任，迅速行动，加强对抗旱和春耕备耕工作的组织领导。早谋划、早安排、早启动，制定科学合理的工作方案，加强与种植业、农垦、水利等有关部门的紧密配合，积极争取政府和有关部门资金支持，动员一切可以动员的力量，形成强大行政推力，确保农机抗旱保春管工作迅速全面展开，扎扎实实完成春耕生产的各项工作任务，为打好全年农业生产开局第一仗，力争夏季粮油丰收做出贡献。

二、认真落实扶持政策

各级农业机械化管理部门要抓紧工作，按照今年中央1号文件大规模增加农机具购置补贴，将先进适用、技术成熟、安全可靠、节能环保、服务到位的农机具纳入补贴目录，补贴范围覆盖全国所有农牧业县（场），带动农机普及应用的要求，认真做好落实购机补贴政策的各项工作，保证春耕前将政策落实到位，农民购置机具到手。特别是北方干旱地区，要优先安排移动式灌溉机具等抗旱机具的补贴，满足抗旱救灾和春耕生产需要。要积极协调财政、金融、发展改革等有关部门，加快落实中央1号文件关于加快推进农业机械化的政策，开展重点环节农机作业补贴试点，对农机大户、种粮大户和农机服务组织购置大中型农机具给予信贷支持，完善农用燃油供应保障机制。要进一步协调落实农机跨区作业免费通行、对农机作业服务和农机维修免征所得税等政策，降低农业生产成本，进一步推进农业机械化发展。

三、深入开展技术服务

针对抗旱工作和春耕生产特点，提前做好各项准备和保障工作。积极组织广大农机技术人员进村入户，帮助和指导农民机手保养、调试和检修各类农机具，确保在作业前全面完成检修任务，确保抗旱机具运行状态良好。组织开展减灾防灾知识宣传培训，强化科技服务，实行科学救灾，提高农民机手抗旱救灾技术水平，及时解决农民生产中遇到的困难和问题。要通过科技下乡、科技入户等形式，深入田间地头，开展保护性耕作、精量播种、机械深松、节水灌溉、机械化坐水播种和水稻机械化育插秧等新技术的示范推广，指导广大农民应用农机化新技术，提升春耕备耕科技水平，提高春播质量和农机作业质量。要协调好农机具、零配件和油料的储备供应，特别是抗旱柴油及机具配件等物资供应，开展支农、惠农、便农活动。要会同有关部门做好春耕期间农机打假护农工作，强化价格监督检查，保护农民利益。

四、精心组织机具作业

强化农机化生产调度和农机服务的组织工作，充分发挥农机在农业生产和抗旱救灾中的主力军作用。积极组织机械开展抽水浇地和运送抗旱物资等作业，千方百计加快春灌进度，努力扩大水浇面积，促进抗旱保春管顺利进行。密切与植保部门合作，积极帮助和鼓励农民发展机械化植保专业防治服务组织，使用高效植保机械装备和技术，增强冬小麦、油菜春管病虫害防治能力。做好跨区作业组织协调工作，充分发挥各类农机服务组织、专业合作社的作用，开展跨区机耕、机播、机插等作业，进一步拓展服务领域，提高农机具的使用水平和效益。积极组织农机投入高产创建活动，加快高产创建示范片耕播进度、提高作业质量。要组织开展帮扶助困活动，为“军、烈、孤、困、寡、打工”六户和干旱重灾户实行“优先、优质、优惠”的三优作业服务，解决他们的后顾之忧。

五、努力保障安全生产

春耕大忙季节是农机事故高发期。要进一步加强农机安全生产宣传教育，普及春季农机安全作业常识，不断提高农民安全意识；及早部署好春季农机年度安全检验工作，加大工作力度，提高检验率，促进农机安全技术状况改善。要严把登记检验关，严禁违规超标准、超范围、跨区域发放牌证照。要积极会同有关部门严格查处无牌行驶、无证驾驶和拖拉机违法载人等行为。要针对春季农机安全生产的特点，组织开展农机隐患排查治理，消除农机事故隐患，预防农机事故发生，确保春耕农机安全生产。

六、积极做好信息宣传

各地要认真开展农机抗旱和春耕备耕进度统计，及时报送、发布生产作业进度和柴油供应、作业价格、天气等动态信息，加强对农机作业服务的信息引导。要密切与新闻媒体合作，认真组织策划春季农业机械化生产宣传报道，捕捉新闻焦点，挖掘新闻题材，培育宣传亮点，通过多种形式，面向社会广泛报道农机抗旱和春耕备耕工作动态、成效经验和先进典型，大力宣传农机化在提高农业综合生产能力和抵御灾害能力，保障粮食丰产丰收，促进农业稳定发展和农民持续增收等方面的重要作用和贡献，为农机抗旱和春耕备耕营造良好的舆论环境。

二〇〇九年二月四日

农业部办公厅关于切实做好抗旱机具补贴工作的紧急通知

农办机[2009]5号

各省、自治区、直辖市及计划单列市农机管理局（办公室），新疆生产建设兵团农业局，黑龙江农垦总局：

去年入冬以来，我国冬麦主产区发生的严重旱情仍在持续发展，夏粮生产面临着多年少有的极其严峻的挑战。按照党中央国务院的决策部署，围绕农业部抗大旱、保春管、夺丰收的总体要求，各级农业机械化主管部门要站在全局和战略高度，进一步增强大局意识、责任意识和服务意识，把农机抗旱保苗作为当前最紧迫最重要的任务，加快农机购置补贴政策实施，切实做好抗旱机具补贴的各项工作，现将有关要求通知如下：

一、进一步加快农机购置补贴实施进度

要按照农业部、财政部《2009年农业机械购置补贴实施方案》规定，迅速行动，采取有效措施，抓紧组织开展农机购置补贴各项工作，确保在最短的时间内把机具补贴到位，投入抗旱保苗作业。同时，要严格执行农机购置补贴有关规定，杜绝各类违规违纪行为发生。

二、大力支持旱区农民购买抗旱机具

要根据抗旱保苗农业生产需要，特事特办，急事急办，按规定将水泵（离心泵、潜水泵等）、喷灌机械设备（喷灌机、微灌设备等）等抗旱急需机具纳入农机购置补贴范围，特别要加大节水灌溉设备和机具补贴力度，满足抗旱救灾需要。

三、优先满足抗旱机具补贴需要

要通过补贴调动农民购买抗旱机具的积极性。在安排补贴资金时要向受旱灾区倾斜，并优先保证农民购买抗旱机具，提高抗旱保苗农业机械装备的支撑能力。

四、进一步加强抗旱机具质量价格监管

补贴机具必须是经过省级以上农机鉴定机构鉴定合格且列入国家或省级支持推广目录的产品。严格执行补贴机具选型制度，切实将先进适用、技术成熟、安全可靠、节能环保、服务到位的抗旱机具纳入补贴目录，严把抗旱机具选型质量关。同时要采取有效措施，严禁机具乱涨价，所有抗旱机具的价格不得高于去年市场销售价。

五、深入开展抗旱机具的技术服务

协调有关农机企业合理安排生产，保证抗旱机具及时供货。加大对补贴购置抗旱机具的使用培训，组织农机技术人员进村入户指导农民搞好抗旱机具的使用、调试、检修，做好抗旱柴油、零配件等物资供应，确保机械正常运行，切实保证机具在抗旱保苗促生产中最大限度地发挥作用。

二〇〇九年二月六日

农业部办公厅关于开展农业机械化教育培训大行动的通知

农办机[2009]12号

各省、自治区、直辖市和计划单列市农机管理局（办公室），新疆生产建设兵团、黑龙江省农垦总局农机局：

为深入贯彻党的十七届三中全会和中央1号文件精神，加强农业机械化教育培训工作，提高农业机械化人才队伍整体素质和水平，推动农业机械化科学发展，我部决定利用三年的时间，在全国开展农业机械化教育培训大行动，以适应快速发展的农业机械化人才队伍建设的迫切需要。现就2009年工作通知如下：

一、提高思想认识

党中央国务院高度重视农业机械化发展，大规模增加农机具购置补贴资金，农民购置和使用农业机械的积极性空前高涨，促进了农业机械化快速发展。但现有的农机从业人员的知识结构和操作技能，不能适应农业机械化生产的要求。开展农业机械化教育培训大行动，培养农业机械化人才，提高农机从业人员的整体能力和水平，对于保障农业机械化又好又快发展具有十分重要的意义。各级农机化主管部门要从深入贯彻落实科学发展观和服务"三农"的高度，深刻认识加强农业机械化教育培训工作的重要性和紧迫性，认真组织开展农业机械化教育培训大行动。

二、明确目标任务

农业机械化教育培训工作的任务是：围绕农业机械化发展的总体要求，建设三支保障有力的农业机械化人才队伍。一是建设一支思想坚定、思路明确、决策科学、作风正派、执行政策有力、组织管理有方的农机管理人才队伍，保障国家惠农政策在农业机械化系统的高效贯彻执行。二是建设一支能够结合实际、学风优良、技术过硬、支撑有力、指导有方的技术人才队伍，保障先进实用农业机械化技术和机具的快速普及应用。三是建设一支有文化、懂技术、讲诚信、会操作、善经营、能致富、保安全的农机作业服务人才队伍，保障和提高农业生产能力。

2009年培训目标是：在开展全面培训的基础上，对骨干人才重点培训，全国10%以上的农业机械化管理、技术和作业服务人员接受培训，全国共培训农业机械化人才500万人次，其中培训新购机农民100万人次，进一步完善我国农业机械化人才结构。

三、突出工作重点

一是精心组织好全国性培训工作。我部将结合重点工作和重点技术推广项目，组织好全国性的保护性耕作、水稻育插秧、部级推广鉴定、农机维修、安全监理、质量投诉、农机认证、科技攻关和农机化信息等培训活动，培训2 000人次，具体由我部及相关事业单位承担。各地要积极组织人员参加培训，并结合实际做好本地区重点工作和重点推广技术的培训工作，培训人员总数要比去年增长10%以上。

二是深入开展农机管理人员培训。针对贯彻执行农业机械化政策法规的需要，深入开展对各级农机管理人员的培训。全年培训农机管理人员10万人次，培训对象以乡级以上农机管理人员为主，培训内容重点是国家惠农政策、农机化法律法规、购机补贴管理办法等内容。由各级农机管理部门具体组织实施。

三是加快农机技术人员培训步伐。针对农业机械化技术普及应用的需要，加快对农机科研推广等技术人员的培训步伐。全年培训农机技术人员80万人次，培训对象为农机科研、推广、监理、鉴定、教育培训等人员，培训内容是结合当前重点推广的农业生产技术和机械化新技术新装备、试验鉴定技术及安全监理技术等内容。由各级农机科研、推广、鉴定、监理、培训机构等部门具体组织实施。

四是加大农机作业服务人员培训力度。针对快速增长的新型职业农民对驾驶操作维修技能的迫切需求，加大农机驾驶、维修等作业服务人员的培训力度。培训目标400万人次，其中培训新购机农民100万人次，培训对象为从事农业生产的农民和2009年购买新农机的农民，内容侧重农业机械驾驶、操作、维修、保养、安全生产和经营管理知识等内容，同时结合技术推广项目，培训重点推广的农业机械化新技术。由各级农机推广、农机校、农机企业和农机服务组织等多方力量共同实施。

五是稳步推进农机职业技能鉴定开发。针对农机职业技能鉴定和高技能人才队伍建设工作的需要，加大对农机实用技能人才的培训开发力度。培训考核农机职业技能人员10万人次以上，培训对象为从事农机生产维修服务的农民工和技术员等，培训内容是实用农机驾驶、操作、维修、经营等知识和技术。由农业部农机行业职业技能鉴定指导站和各农机职业技能鉴定站具体实施。

四、创新培训形式

各级农机部门要立足服务农业、农村、农民的基础上，紧紧围绕农业机械化发展的需求，大胆探索农机培训新形式和新方法。要加强与有关部门的密切配合，充分利用好国家面向农民的培训政策和农业机械化重点推广项目，创造培训机会，搞活培训形式，提高培训效果。要充分吸引社会力量参与培训，在行政管理部门领导下，采取事企联合、校企联动等方式，鼓励相关企业、农机社会化服务组织和农机大户等团体共同参与培训活动。要采取现场演示、送教进村、科技入户、技能竞赛等多种形式，创新培训方法，做到培训方式灵活多样，生动活泼，吸引更多的农民群众参加培训学习。

五、认真制定方案

各级农机化主管部门要抓紧制定贯彻落实农业机械化教育培训大行动工作的具体实施方案，明确目标，工作内容和进度，落实责任，按照总体目标落实好培训任务。请各省（区、市）和计划单列市农机管理局（办）、新疆生产建设兵团农机局、黑龙江省农垦总局农机局、农业部农业机械试验鉴定总站、农业部农业机械化技术开发推广总站和农机监理总站等单位将本地区、本单位全年的农业机械化教育培训方案于4月底前报送我部农业机械化管理司，方案要具体，并写明季度工作进度。各省（区、市）农机管理部门和各单位要将具体进展情况和全年的工作总结分别于每季度的上旬和年底前报送我部农业机械化管理司。

六、切实加强领导

各级农机化主管部门要把开展农业机械化教育培训大行动作为一项为农民办的实事抓好抓实，切实加强组织领导。要把农业机械化教育培训工作摆上重要位置，纳入重要工作日程，认真履行职责，落实工作任务，争取经费投入。要充分发挥各农机化学校、农机推广、鉴定、监理和职业技能鉴定的培训主体作用，加强对推广和培训机构的扶持，利用地方资金，探索对培训用机具进行补贴的方式和方法。要加强对农业机械化教育培训工作的宣传，通过新闻媒体、技能竞赛和专题讲座等多种形式，向行业和社会宣传农业机械化教育培训的作用和成效，扩大影响力和认知度，努力营造有利于促进农业机械化科学发展的良好氛围。

二〇〇九年三月十九日

农业部办公厅关于印发《农机安全生产“三项行动”实施方案》的通知

农办机[2009]17号

各省、自治区、直辖市农机管理局(办公室):

根据《国务院办公厅关于进一步推进安全生产“三项行动”的通知》(国办发[2009]32号)、《国务院安委会办公室关于印发安全生产执法行动实施方案的通知》(安委办[2009]6号)、《国务院安委会办公室关于印发安全生产治理行动实施方案的通知》(安委办[2009]7号)和《国务院安委会办公室关于印发安全生产宣传教育行动实施方案的通知》(安委办[2009]8号)等文件要求,我部研究制定了《农机安全生产“三项行动”实施方案》,现印发给你们,请结合本地区实际,抓好贯彻落实。

附件:农机安全生产“三项行动”实施方案

二〇〇九年四月二十四日

附件:

农机安全生产“三项行动”实施方案

按照《国务院办公厅关于进一步推进安全生产“三项行动”的通知》(国办发[2009]32号)精神要求,为深入开展安全生产执法行动、治理行动和宣传教育行动(简称“三项行动”),遏制农机事故发生,维护广大农民群众生命财产安全,制订本方案。

一、指导思想

认真贯彻党的十七届三中全会和中央经济工作会议精神,深入贯彻落实科学发展观,坚持“安全发展”的指导原则,坚持“安全第一、预防为主、综合治理”的方针,深入开展“安全生产年”活动、创建“平安农机”活动,进一步推进农机安全生产“三项行动”,加大农机安全执法力度,加强农机安全隐患排查治理,提升农机安全宣传教育水平,促进农机安全生产形势进一步稳定好转,为农业机械化又好又快发展营造安全稳定的环境。

二、总体目标

通过深入开展安全生产“三项行动”行动,促进创建“平安农机”活动,进一步加强农机安全执法,严厉打击无牌行驶、无证驾驶等严重违法行为;进一步加强农机安全监管,狠抓隐患排查治理,促进农机安全生产责任制落实;进一步加强农机安全宣传教育,牢固树立安全发展理念,营造良好的舆论氛围,切实解决安全生产薄弱环节和突出问题,推进农机安全监理规范化建设,坚决遏制重特大农机安全事故发生,促进全国农机安全生产形势持续稳定好转。

三、工作重点

(一)深入开展农机安全生产执法行动

各省(自治区、直辖市)农机化主管部门及农机安全监理机构,要按照国务院要求,根据各省(自治区、直辖市)人民政府的统一部署,认真组织开展安全生产执法专项行动,严厉打击查处农机安全生产违法违规行为。重点检查各地农机化主管部门执行安全生产法律、规章、规范性文件、安全技术标准等情况;查处农机安全监理机构违法违规发放拖拉机联合收割机号牌、行驶证、驾驶证等行为;检查农机事故处理和责任追究情况,对已发生的农机事故是否按照“四不放过”的原则要求,是否对有关责任人进行责任追究。严厉打击和查处农机驾驶操作人员违法载客、超速超载、无证驾驶、酒后驾驶等严重违法行为,保障农机安全生产。

(二)深入开展农机安全生产治理行动

各级农机化主管部门要在2008年“隐患排查治理”工作基础上,继续深入开展农机行业安全生产隐患治理行动,重点排查农机安全生产责任制、农机安全生产投入保障机制、农业机械驾驶操作人员安全教育培训制度等建立与落实情况;排查农业机械机库棚、维修、储油等设施安全情况;排查拖拉机和联合收割机的登记、年度检验情况,拖拉机、联合收割机驾驶证的申领、换发、审验情况。加大力度,对拖拉机和联合收割机无牌行驶作业、不按时参加安全检验的现象进行整治,对驾驶操作人员无证驾驶的现象进行治理,努力提高拖拉机、联合收割机的登记率、检验率,提高驾驶操作人员持证率,消除事故隐患。

(三)深入开展农机安全生产宣传教育行动

各地农机化主管部门要根据《通知》精神,按照国务院安委会办公室印发的《安全生产宣传教育行动实施方案》要求,切实开展农机安全生产宣传教育活动。各地要结合“安全生产年”、“安全生产月”、“农业机械化教育培训大行动”等活动,采取多种形式,广泛开展安全生产宣传教育;要加强农机安全监理人员岗位培训工作,提高安全执法人员素质;要充分利用各种媒体和我部年初发放的农机安全宣传片,组织广大农机驾驶操作人员,开展日常的安全宣传教育活动,努力提高农民机手的安全意识。

各地要结合创建“平安农机”活动,制定宣传计划,继续做好“六个一”的宣传活动,即在每个乡镇组织一次“平安农机”宣传教育活动,给每个农机手送一封创建“平安农机”倡议信,为广大农机手和群众放映一部“平安农机”教育警示片，向每个村送一套“平安农机”安全宣传挂图，给每个农机户送一本“平安农机”知识手册，在每个村及中小学校上一堂“平安农机”知识课。要把农机安全宣传工作落到实处，切实增强农民群众和农村中小学生的安全意识，营造全社会重视农机安全生产的良好氛围。

四、进度安排

各地要将“三项行动”贯穿于农机安全生产工作始终，同步部署、同步实施、同步推进。同时要结合农机安全生产规律特点，统筹兼顾，突出重点，有计划、有步骤、有针对性地组织开展。

（一）细化方案，自查自纠（5月底以前）。

各省（自治区、直辖市）农机化主管部门按照《通知》和本方案要求，结合当地实际，制订本地区的农机安全生产“三项行动”实施方案，明确目标，落实责任，细化要求，强化措施。各省（自治区、直辖市）农机化主管部门的农机安全生产“三项行动”实施方案于5月15日前报农业部农机化管理司。

各地要认真抓好组织发动工作，大力宣传开展农机安全生产“三项行动”的目的和意义，提高有关各方参与农机安全生产“三项行动”的积极性和主动性，并按照本方案的要求，全方位地开展“三项行动”自查自纠，针对排查发现的问题，制定整改计划，落实整改措施，及时整改到位。

（二）督促检查，全面推进（6月—9月）。

1. 组织开展农机安全执法检查。配合9月份全国安全生产大检查，组织检查本地区农机化主管部门及其农机安全监理机构执行安全生产法律、规章、规范性文件、安全技术标准等情况，严格查处农机安全监理机构违法违规发放拖拉机联合收割机号牌、行驶证、驾驶证等行为，坚决杜绝超标准、超范围、跨行政区域发牌发证，严厉打击套牌、假牌行为。要结合“三夏”等重要农时季节，突出重点区域和重要生产环节，开展安全执法检查，与有关部门配合，严厉打击和查处农机驾驶操作人员违法载客、超速超载、无证驾驶、酒后驾驶等严重违法行为。

2. 加强农机安全隐患排查治理。要发动农机系统内的干部职工和农机从业人员参与隐患排查治理工作，组织生产、培训、安全监理单位开展安全生产隐患排查治理，最大限度地消除各类事故隐患。要进一步加强“三夏”期间的农机安全监管，排检农机安全生产责任制的落实情况；检查投入跨区作业的农业机械是否经过安全技术检验、从事跨区作业的驾驶操作人员是否经过安全教育和驾驶操作技术培训；检查联合收割机等农业机械长距离转移等安全措施的落实情况。要联合公安、安监、交通等部门开展农村道路交通安全检查，重点查处和纠正拖拉机违法载客、超速超载等违法行为，防止发生群死群伤的重特大农机事故。

3. 加大农机安全宣传力度。要结合“五五”普法，充分利用“安全生产月”、“三夏”时节等重要时段，组织开展农机安全法规知识宣传。要充分发挥农村基层组织和乡村农机安全员的作用，真正把安全宣传教育工作落到实处。要以深入开展创建“平安农机”活动为契机，加大农机安全宣传教育力度，继续落实“六个一”，进一步提高农机经营者和农民群众的安全意识。要以“关爱生命、安全发展”为主题，利用新闻媒体、集市活动、宣传栏和发放安全知识读本、挂图及张贴标语等多种形式进行广泛宣传，营造农机安全生产良好氛围。

（三）深化“三项行动”，巩固成果（10至12月）。

1. 加强秋冬季农机安全执法检查。重点检查秋冬季参加作业机具是否经过安全技术检验，保障参与作业的各类机具的安全状态；检查重点生产单位、主要生产区域、重要农作物农机安全生产措施落实情况。

2. 加强重点区域重要时段的安全检查。要组织农机安全监理人员，深入乡村、田间、场院等农机作业场所，认真开展农机行业安全生产隐患排查治理工作，纠正违章行为，防止制动、转向和操纵机构有严重隐患的拖拉机上路行驶和作业，消除安全生产隐患。指导督促做好“十一”黄金周和秋冬季农机安全生产工作，配合公安交通管理部门加强对农业机械通行量大路段的检查，查处超载超速、违法载客等违法行为，确保秋冬季农机安全生产形势的平稳。

3. 加强秋冬季农机安全宣传教育。要充分利用广播、电视、报刊等新闻媒体，宣传冬季农机行驶作业防雾、防滑、防冻裂等安全生产防范措施。要采取出动宣传车、发放安全资料、举办安全知识讲座等多种形式，广泛开展安全生产宣传教育活动，大力宣传有关法律、法规和典型事故案例等，营造良好的农机安全生产氛围。

4. 严格监督，全面总结。各地要加强农机安全生产“三项行动”监督检查，及时掌握行动进展情况，对发现的问题和隐患，及时下达整改通知，督促整改。要开展整改情况“回头看”，推广典型经验和做法；要全面总结“三项行动”，对普遍性和倾向性的问题，要分析原因，研究对策，进一步促进工作制度化、规范化，完善农机安全生产长效机制。

五、工作要求

（一）加强领导，落实责任。农机安全生产“三项行动”是“安全生产年”活动的重要组成部分。各地农机化主管部门要高度重视，充分认识开展农机安全生产“三项行动”的重要性，进一步增强责任意识、大局意识，切实加强组织领导。结合本地实际，制订切实可行的工作方案，明确工作目标和任务。要把农机安全生产“三项行动”与创建“平安农机”活动结合起来，与当地“三农”工作结合起来，与推进农业机械化工作结合起来，采取有效措施，切实促进农机安全生产，保障农村社会和谐发展，

（二）突出重点，全面推进。各级农机化管理部门开展“三项行动”，要与日常安全监管工作相结合，与加强应急管理相结合。要加强对重点地区、重要场所和重要农业生产环节的安全监管和监控，特别是要突出抓好“三夏”、“二秋”期间农机安全生产工作；突出农机作业服务组织安全责任落实、违规异地发牌发证行为整治、伪造变造牌证及标志行为治理等工作重点，全面推进农机安全生产各项工作的开展。

（三）强化监督，大力整治。各省（自治区、直辖市）农机化主管部门要加强对农机安全生产“三项行动”的指导、监督检查，及时研究、协调解决行动中出现的问题，稳定和改善农机安全生产形势。要对行动过程实行动态管理，及时掌握情况，配合9月全国安全生产大检查，对本地区农机安全生产“三项行动”进展情况进行专项抽查；对突出问题、重大事故隐患要挂牌督办，逐项销号；对普遍性和倾向性问题，要分析原因，研究对策，深化整治效果，进一步完善安全监管制度和办法，着力构建农机安全生产长效机制。

（四）总结经验，广泛宣传。各省（自治区、直辖市）农机化

主管部门要认真总结农机安全生产"三项行动"工作成效和经验;要广泛宣传"三项行动"的目标、内容和要求,宣传活动中的先进典型,形成全社会关注农机安全生产的良好氛围。请各省(自治区、直辖市)农机化主管部门于每月5日前,将上月农机安全生产"三项行动"工作进展情况材料和《农机安全生产"三项行动"进度报表》(见附件)报我部农机化管理司。12月上旬报送全年总结材料。

联系电话:010—59193363,010—59193308(传真)

电子信箱:njhjgc@ agri. gov. cn

附件:农机安全生产"三项行动"进度报表(略)

农业部办公厅关于加强农机安全生产"三项建设"的意见

农办机[2009]26号

各省、自治区、直辖市农机管理局(办公室):

为认真贯彻《国务院安委会关于印发安全生产"三项建设"实施方案的通知》(安委[2009]4号)精神,进一步推进"安全生产年"各项工作,扎实有效地开展农机安全生产"三项行动",现提出加强农机安全生产法制机制建设、保障能力建设、监管队伍建设"三项建设"实施意见:

一、切实加强农机安全生产法制机制建设

1. 建立健全农机安全法规体系。深入贯彻实施《农业机械化促进法》、《道路交通安全法》等法律法规,积极配合做好地方法规规章的制定和修订工作,进一步完善农业机械安全监督管理法规体系。要根据本地实际,结合农机安全生产形势和特点,研究制定所需的农机安全生产规章。

2. 完善农机安全标准。要在贯彻落实GB 16151—2008《农业机械运行安全技术条件》和GB 7258—2004《机动车运行安全技术条件》等国家标准的基础上,制订和完善地方的农机安全技术标准,明确检测和安全操作技术要求,规范培训、检验、考试、事故处理等工作,提高农机安全监管水平。

3. 落实农机安全生产责任制。积极争取政府重视和支持,将农机安全生产工作列入当地政府工作考核内容,把农机安全生产控制考核指标逐级下达到基层,分解到各级政府,形成一级抓一级、条块结合、齐抓共管的工作格局。要完善安全生产考核制度,将农机安全生产与农机化工作同部署、同落实、同考核,督促农机安全监理机构层层落实安全生产责任制。对安全生产责任不落实,导致重大事故的,严格按照"四不放过"的原则,依法追究责任。

二、切实加强农机安全生产保障能力建设

4. 推进应急能力建设。制定农机安全突发事件应急处理预案,建立统一指挥、职责明确、规范有序、反应灵敏、运转高效的工作机制;要落实农机事故应急处理工作责任制,及时、妥善处理重大农机事故,最大限度地减少农机事故损失。

5. 强化安全科研和技术开发。整合资源,充分发挥高等院校、科研院所、生产企业及农机安全监理机构等各自优势和积极性,建立农机安全科技创新平台,形成以企业为主体,产学研推相结合的安全科技创新机制,加快农机安全新技术、新装备的开发应用,提升农机安全监理科技水平。

6. 提高监理装备水平。加强农机安全基础设施装备建设,为农机安全监理工作创造良好的工作条件。加强与有关部门的协调,争取相关部门的支持,落实农机安全监管装备投入,加快业务用房、安全技术检测线、驾驶员考试设施和安全检查用车等基础设施装备的建设步伐。要多渠道争取和筹措资金,提高装备水平,强化监管手段,不断提高农机安全监理工作能力。

7. 推进监理工作信息化。配合国家"金农"工程项目的全面实施,协助做好《全国农机安全监管信息系统》网络监管审批软件项目的启动实施工作,加快推进全国农机安全监理信息网络建设,建立统一、高效、安全、适用的信息平台,及时发布相关信息,开通网上查询,实现监理业务网上办理和信息资源共享。

三、切实加强农机安全生产监管队伍建设

8. 加强安全监理机构建设。贯彻落实农业部印发的《农机安全监理机构建设规范》,明确农机安全监理机构承担的公共安全管理职责,合理设置岗位,科学配备人员,保障工作经费。要结合农机安全生产工作实际,加强农机安全监管机构和人员力量。进一步加强乡村基层农机安全组织建设,明确乡镇负责农机安全监理工作的机构和人员。建立健全与各类农机作业服务组织的安全生产联系制度,整合社会资源,完善基层农机安全监管体系。

9. 加强政风行风建设。结合农机安全监理系统实际,积极参与各地组织的政风行风评议活动,推进政务公开,规范办事程序,提高办事效率。推行首问负责制、限时办结制和责任追究制,推进一站式业务办理模式,促进农机安全监理人员进一步转变作风。健全民主评议制度,设立行风热线,加强社会监督和舆论监督。推进廉政制度建设,加强反腐倡廉教育,着力杜绝以权谋私、权钱交易等问题。

10. 提高人员素质。要深入开展学习实践科学发展观教育活动,不断增强贯彻落实科学发展观的自觉性和坚定性。有计划、有组织地开展政治理论和业务培训工作,加强思想政治、职业道德和法制观念教育,提高履职能力。严格按照《农机安全监理人员管理规范》规范监理人员管理,推行考试员、检验员、事故处理员资格考试、持证上岗制度。鼓励农机监理人员参加继续教育,不断更新知识。

11. 进一步规范业务。严格执行国家标准,按照规定和程序办理牌证业务。对不符合国家标准要求、不按规定检验合格的不准办证上牌,严禁违规跨行政区域发牌发证。严格驾驶人考试,切实执行统计报告制度,完善与公安交管部门的信息通报机制。建立健全与安全监督、公安等部门的联合执法机制,加大农机安全检查力度。加强农机安全生产宣传教育,普及农机安全生产知识,提高安全生产意识,营造农机安全的良好

氛围。

各级农机主管部门要充分认识农机安全生产“三项建设”的重要意义，把“三项建设”工作摆在更加突出的位置，列入重要议事日程。要认真贯彻党和国家关于加强安全生产和农机安全监理工作的决策、部署和要求，切实加强对农机安全生产“三项建设”的领导和监督检查，及时研究解决工作中的困难和问题，坚持不懈地把农机安全生产工作抓实抓好。要立足当前，着眼长远，进一步深化、细化工作措施，明确实施步骤，有效推进“三项建设”工作。要不断总结经验，及时健全完善各项工作措施，切实强化监理装备设施建设，保障宣传教育、平安农机创建等工作，提高农机安全监管工作水平。

二〇〇九年六月十六日

农业部办公厅关于做好农业机械部级推广鉴定工作的通知

农办机[2009]29 号

各有关省、自治区、直辖市农机管理局(办公室)，农业部农业机械试验鉴定总站，农业部南京农业机械化研究所：

根据《农业机械试验鉴定办法》和《农业机械试验鉴定机构鉴定能力认定办法》，我部确定了19 家农机鉴定单位承担部级农机鉴定工作。为确保部级推广鉴定工作规范有序开展，现提出如下要求：

一、提高思想认识。农业机械部级推广鉴定是贯彻落实农业机械化促进法、履行农机化管理职能而开展的一项重要工作，是落实农机购置补贴政策、把好农机产品质量关的重要手段，推广鉴定结果也是广大用户选购农机具的依据。各有关单位要不断提高对部级推广鉴定重要作用的认识，增强依法鉴定意识，坚持科学、公正、高效、统一的原则，确保部级推广鉴定工作质量，为农业机械化又好又快发展提供技术支撑和保障。

二、完善工作机制。农业部农业机械试验鉴定总站要认真贯彻产品质量管理和农机鉴定有关的法律法规，进一步完善工作程序，制定《农业机械部级推广鉴定实施办法(试行)》的实施细则。要做好部级推广鉴定的组织协调工作。要统筹安排部级鉴定任务，做好任务受理和分工，并及时将各机构承担工作情况报告我部农业机械化管理司。

三、认真组织实施。承担部级鉴定的各机构要严格按照《农业机械试验鉴定办法》和《农业机械部级推广鉴定实施办法(试行)》的规定，建立规范的检测鉴定工作质量保证体系，加强内部管理，扎实开展工作，充分发挥优势，积极承担任务。要不断提升鉴定能力和水平，加强鉴定检验人员技术培训力度，提高技术水平和服务能力，及时高效、科学严谨地开展部级推广鉴定工作。

四、规范工作行为。承担部级鉴定的各机构及工作人员要树立法制意识和大局意识，增强责任意识和服务意识，规范工作行为，严肃工作纪律，改进工作作风，提高工作效率。外出检验时要轻车简从、合理筹划、科学安排。鉴定时要严格按照鉴定大纲的要求开展部级鉴定工作，工作中不得向企业收取任何附加费用，不得给企业增加额外负担。

五、加强监督管理。省级农机化行政主管部门和农业部农业机械试验鉴定总站要加强对部级推广鉴定工作的监督管理，重点监管鉴定工作中贯彻鉴定大纲的情况、推广鉴定证书和标志的使用情况等。对不按规定进行鉴定、伪造鉴定结果或者出具虚假报告等违反有关鉴定工作要求的单位和人员，经调查核实后，依照《农业机械试验鉴定办法》的有关规定严肃处理。

二〇〇九年七月八日

农业部办公厅关于印发《〈2009—2011 年国家支持推广的农业机械产品目录〉申报指南》补充规定的通知

农办机[2009]30 号

各省、自治区、直辖市农机管理局(办公室)：

根据农业机械化发展的新要求，为加大对新产品的支持力度，优化农机结构，促进农业机械化科技进步，经征求有关方面意见，我部对《〈2009—2011 年国家支持推广的农业机械产品目录〉申报指南》(以下简称《指南》)的有关要求作了补充规定(附件)，现予印发。

补充规定增加了有关新产品的申报内容和节能减排要求，并对企业和产品的基本条件提出了明确规定。目前已进入国家推广目录的产品不受此变化的影响。

请各地、各企业按照《指南》和补充规定的要求，认真组织推广目录的年度调整申报工作,并在规定时间内网上提交和报送申报材料。在制定国家推广目录和省级推广目录时,各省(区、市)农机化主管部门要严格按照《农业部办公厅关于切实做好农业机械推广目录制定工作的通知》(农办机[2008]34 号)要求,本着对国家和人民高度负责的精神,认真履行职责,制定科学的工作制度、规范的申报程序、完善的评审规则,充分尊重企业自愿申请和自愿选择受理机构的规定,公平对待所有企业。要坚决维护国家推广目录的权威性,进入国家推广目录的产品,各地不得以任何形式要求企业重复申报或登记。严禁搞地方保护主义,严禁向申请企业收取或变相收取任何费用,严禁省级以下层层制定推广目录。各地要加强对推广目录制定工作的组织领导,提高目录制定工作质量,充分发挥推广目录对农业机械化发展的宏观调控作用,促进农业机械化又好又快发展。

附件:《〈2009—2011 年国家支持推广的农业机械产品目录〉申报指南》补充规定

二〇〇九年七月二十日

附件:

《〈2009—2011 年国家支持推广的农业机械产品目录〉申报指南》补充规定

国家鼓励和支持农机企业技术创新,加快开发和研制先进适用、技术成熟、安全可靠、节能环保、服务到位的产品。

一、在"基本要求"中增加

(一)申报的企业注册资金应在 100 万元以上,员工人数应在 30 人以上。申报拖拉机、联合收割机、插秧机的企业注册资金应在 500 万元以上,员工人数应在 100 人以上。

(二)申报的产品应符合国家相关节能环保(包括能耗、排放、噪声等)标准要求。

(三)申报产品所装配的主要部件(如拖拉机所装配的发动机)应符合国家有关规定。

(四)尚未实行推广鉴定的新产品申报时须提供如下材料:

1、选型鉴定报告。农业机械选型鉴定报告由省级以上农业机械鉴定机构按其能力认定范围出具,鉴定内容除性能检测外还要包括先进性、适用性、安全性和可靠性等内容。

2、用户使用意见。内容包括使用者姓名、地址、联系电话;产品购买时间、累计作业时间和作业量、故障发生情况;对产品及售后服务评价等。

3、先进性、适用性、安全性和可靠性说明材料。内容包括结构、原理、性能、材料等方面与同类产品相比所具有的优势等。

二、在"申报范围"中增加

部分机型如农用水泵、微型泵、潜水泵和挤奶机等产品可按系列进行申报,即同一推广鉴定证书中涵盖的所有机型只需填写一份申报书,但需在基本产品型号后注明其涵盖机型的型号。

三、在"申报材料"中增加

(一)申报的新产品需在产品名称后面括弧标注"(新产品)"字样。通过选型鉴定申报的产品不需提供农业机械推广鉴定证书。

(二)用户使用意见(适用于申报的新产品,大型农业机械需要提供 5 份以上;中小型农业机械需要提供 10 份以上)。

(三)新产品先进性、适用性、安全性和可靠性说明材料。

上述"(二)、(三)"同时增加在规范性附件中。

农业部办公厅关于印发《农机安全技术检验员培训大纲》、《农机事故处理员培训大纲》、《拖拉机联合收割机驾驶考试员培训大纲》的通知

农办机[2009]32 号

各省、自治区、直辖市农机管理局(办公室):

为了加强农机安全监理工作,规范农机安全技术检验员、农机事故处理员和拖拉机联合收割机驾驶考试员的培训考核工作,根据《农机安全监理人员管理规范》,我部制定了《农机安全技术检验员培训大纲》、《农机事故处理员培训大纲》、《拖拉机联合收割机驾驶考试员培训大纲》,现予印发,请遵照执行。

附件:1. 农机安全技术检验员培训大纲(略)

2. 农机事故处理员培训大纲(略)

3. 拖拉机联合收割机驾驶考试员培训大纲(略)

二〇〇九年八月三日

农业部办公厅关于切实做好“三秋”农业机械化生产工作的通知

农办机[2009]40号

各省、自治区、直辖市农机管理局(办公室):

当前,“三秋”农业生产正逐步展开。秋收和秋冬种等机械化作业的成效,直接关系到全年粮食的丰产丰收和来年夏季粮油的收成。为认真贯彻落实全国秋冬种工作电视电话会议精神,切实做好“三秋”农机化生产工作,现将有关要求通知如下:

一、明确目标,切实加强组织领导

今年“三秋”农机化生产工作的目标是:紧紧围绕重点作物、关键生产环节和主产区的机械化生产,以狠抓水稻、玉米机收,秸秆机械粉碎还田,小麦、油菜机播以及农机抗灾减灾作业为重点,推进作业机具稳步增长、作业水平不断提高、作业市场稳定有序。确保投入机具总量比2008年增加200万台套,达到2 800万台套以上;玉米机收水平提高2个百分点,超过12%;水稻机收水平提高4个百分点,越过54%;小麦机播水平提高2个百分点,超过82%;油菜、马铃薯等作物的机械化播种取得明显进展,进一步提升秋收和秋冬种生产机械化水平。各地要把“三秋”农机化生产工作作为当前农机化工作的中心任务,紧紧围绕上述目标,加强组织领导,结合实际,明确本地区目标任务,制定工作方案,狠抓措施到位,强化责任落实,提高农机具完好率、出勤率和作业效率,保障秋冬季农业生产的顺利进行。

二、积极协调,全面落实扶持政策

加强与财政部门的配合,认真落实好购机补贴政策,按照农业部、财政部的有关要求,规范操作,强化监管,提高工作效率,加大宣传力度,提高服务水平,确保补贴政策的实惠不折不扣落到农民手中,确保补贴机具在“三秋”中发挥作用。积极协调,落实好对农机作业服务和农机维修免征所得税和跨区作业免费通行政策,积极争取作业补贴、机具更新、信贷支持等扶持农机化发展政策。协调、组织有关部门和单位,实行优先、优惠、便利供应,确保物资及时到位。

三、优化服务,大力推进跨区作业

以水稻、玉米跨区机收为重点,推动秋季农机跨区作业由机收向机耕、机播等领域拓展。扎实做好跨区作业证发放、作业供需协调、机手培训、技术指导、信息引导和接待服务等工作。抽调管理干部和技术人员深入乡村,帮助和指导机手维修和保养机具,保证机具以良好的状态投入作业。密切部门配合,严格市场管理,保持供需平衡,促进机具顺畅转移、有效作业,保持机手收益平稳。有关省份要针对北方部分地区作物生育期明显比往年推迟、适时收获时间紧的情况,强化跨区作业组织调度,开展场县共建,推进区域协作,充分发挥农机抢收、抢种的作用,确保颗粒归仓,适时播种。

四、狠抓培训,积极推广农机化新技术

今年,我部制定了《“三秋”农机作业技术要点》,各地要结合实际,认真贯彻落实。组织技术人员深入生产一线,因地制宜开展技术示范、培训和指导,大力推广应用保护性耕作、化肥深施、机械深松、精量播种、秸秆还田、节水灌溉、高效施药等节本增效新技术、新机具,促进农机农艺结合,切实提高“三秋”农机化生产科技水平。要大力宣传农机作业质量标准,加强作业质量监督,推进优质优价,加速新技术推广。今年秋冬种要搞好旋耕、播种机的镇压器配套,突出解决播种镇压问题,保水保墒,提高播种质量和抗旱能力。各地要采取多种形式,认真组织开展技术培训,提高农机手操作技能,保证技术到位率。

五、强化引导,着力提高组织化程度

积极组织农机专业合作社、农机作业服务公司等农机社会化服务组织投入“三秋”生产,开展农机跨区作业,抓好农机防灾减灾。大力组织推广订单作业、承包服务、“一条龙服务”、“套餐服务”,降低交易成本和风险,提高跨区作业效益。要充分利用“农机跨区作业服务直通车”信息服务平台和手机短信等手段,及时发布生产作业进度和柴油供应、作业价格、天气等相关信息,加强信息引导。特别要组织合作社、作业队等积极开展帮扶,为农村军属、烈属、孤寡困难户、缺少劳力的农户和灾区受灾户提供优先、优惠作业服务,解决他们的后顾之忧。立足于防大灾、抗大灾、救大灾,各地要制定完善工作预案,开展农机防灾减灾宣传教育,及时组织农机作业队,开展抢收抢种、病虫防治、提水灌溉、抢排积水、抢修灾毁农田、抢运救灾物资等抗灾救灾应急作业,当前要进一步组织农机抗旱,充分发挥农机在防灾减灾中的积极作用。

六、加强监管,切实维护作业安全

深入全面开展农机安全生产“三项行动”和“三项建设”,加强“平安农机”创建工作,结合“三秋”农机化生产特点和“国庆”等重大节日安全工作要求,全面落实安全生产责任制,强化安全生产检查,加强农机手安全教育和操作技术培训,组织开展事故隐患排查治理,消除农机事故隐患,预防农机事故发生,推动农机作业快速、高效、安全开展。各地要密切与公安、交通等部门配合,严格查处驾驶操作人员违法违章行为,及时处理农机发生的道路交通事故,加强公路养护巡查,保证路况良好、畅通,为拖拉机、联合收割机等农机的安全转移和作业创造有利条件。当前,要按照《国务院安委会关于开展全国安全生产大检查的通知》(安委明电[2009]2号)的精神和《农业部办公厅关于开展全国农机安全生产大检查的通知》(农办机[2009]36号)要求,结合实际,组织好安全生产大检查,有效防范和坚决遏制重特大事故发生,为国庆60周年和秋季农机化生产创造良好的安全环境。

七、做好宣传,努力营造良好氛围

各省区市农机化主管部门要及时启动“三秋”机械化生产作业进度统计工作,作业期间每周一周四向我部报送秋季农机作业进度统计表(附件)和工作动态,及时准确反映各地工作进度和成效。要密切与新闻媒体合作,认真组织策划“三秋”农机化生产宣传报道,捕捉新闻焦点,挖掘新闻题材,培育宣传亮点,通过多种形式,面向社会广泛报道“三秋”农机化生产的工作动态、成效经验和先进典型,大力宣传玉米机收、油菜机播等农机化的新亮点,宣传农机化在提高农业综合生产能力和抵御灾害能力,保障粮食丰产丰收,促进农业稳定发展和农民持续增收等方面的重要作用和贡献,为“三秋”农机化生产营造良好的舆论氛围。

附件:“三秋”农业机械作业进度统计表(略)

二〇〇九年九月十四日

农业部办公厅关于印发《农业机械化标准体系建设规划(2010—2015)》的通知

农办机[2009]44 号

各省、自治区、直辖市、计划单列市农机管理局(办公室),新疆生产建设兵团、黑龙江省农垦总局农机局:

为深入贯彻《中华人民共和国农业机械化促进法》,进一步做好农业机械化标准化工作,健全完善农业机械化标准体系,强化农业机械化质量工作,保障农业机械化安全生产,提升农业机械化效益,促进农业机械化又好又快发展,我部编制了《我国农业机械化标准体系建设规划(2010—2015)》,现印发给你们,请结合本地实际,认真贯彻执行。

附件:农业机械化标准体系建设规划(2010—2015)

二〇〇九年十一月二日

附件:

农业机械化标准体系建设规划(2010—2015)

根据《中华人民共和国农业机械化促进法》制定本规划。本规划提出了 2010—2015 年农业机械化标准体系建设的指导思想、基本原则、建设目标、建设内容和主要措施。

一、农业机械化标准体系建设的重要性

农业机械化和农业标准化是现代化农业的重要标志。农业机械化标准是在总结农业机械化生产和管理实践经验的基础上,运用简化、统一、协调、优选原理制定的,是现代机械化技术和现代管理技术的有机结合,具有科学、统一、规范的特点,是保障农机安全作业和运行的技术依据,是促进农机推广应用,提高农机管理水平的重要基础,是农业机械化主管部门依法行政的重要技术支撑。健全完善农业机械化标准体系,对保证农机安全、高效、低耗、优质的运用,保障农产品质量安全具有重要作用。做好农业机械化标准化工作对强化农业机械化质量工作,保障农业机械化安全生产,提升农业机械化效益,促进农业机械化又好又快发展,推进现代农业建设具有十分重要的意义。近年来,特别是《中华人民共和国农业机械化促进法》公布实施以来,农业机械化标准建设取得了长足的进步,农业机械化标准范围向重点机具、主要作物、关键环节拓展,农机鉴定、监理、推广、维修等领域的标准得到不同程度加强,新制修订农业机械化标准 190 多项。目前现行农业机械化国家标准 8 项、农业行业标准 205 项、地方标准 496 项,正在制修订的农业机械化国家标准和农业行业标准 69 项,农业机械化标准体系初步建立。

但是,由于农业机械化标准工作起步晚、投入不足、基础性研究薄弱等原因,农业机械化标准协调配套性不强,有些领域、环节的标准尚属空白,不能满足农业机械化发展的需要。

当前,我国农业机械化已经进入中级阶段。随着国家一系列强农惠农政策的实施,特别是农机购置补贴力度的不断加大,农民购机、用机积极性高涨,农业机械化进入了前所未有的快速发展时期。新形势、新任务对农业机械化标准工作提出了新的更高的要求。加强农业机械化标准体系建设规划和实施,推进农业机械化标准化,为建设现代农业、发展农业机械化提供更强有力的技术支撑,是提升农业机械产品质量、作业质量、维修质量和服务质量,促进农业机械化科学发展、安全发展、和谐发展的迫切需要,是建设现代农业的客观要求。

二、农业机械化标准体系建设思路和目标

(一)指导思想

以科学发展观为指导,紧紧围绕提高农业机械化装备水平、作业水平、安全水平、科技水平和服务水平,促进现代农业建设的目标,遵循标准化规律,着眼市场需求,坚持政府推动,构建国家标准为龙头、农业行业标准为主体、地方标准为支撑的农业机械化标准体系,基本满足农业机械化生产、服务和管理需求,促进农业机械化又好又快发展,为建设现代农业作贡献。

(二)基本原则

1. 突出重点与统筹兼顾相结合。既要以主要机具、重点作物、关键环节的农业机械化标准为重点,又要满足农业机械化主管部门履行职能、提升农业机械化质量、保障农机安全生产、促进农机社会化服务发展的需要,逐步填补农业机械化标准类型空白,扩大农业机械化标准的覆盖范围,实现农业机械化标准的合理布局。

2. 标准制定与基础研究相结合。加强标准需求研究、标准制定前期基础技术研究和标准的试验验证,为标准制修订工作提供扎实的科学依据，提高农业机械化标准的科学性、可操作性和技术水平。

3. 适时制定与及时修订相结合。除抓紧填平补齐急需的标准外，根据科技发展和管理服务的需要及时修订相关标准，以确保标准的科学性、先进性和适用性。

4. 政府主导与社会力量参与相结合。坚持政府在推动农业机械化标准体系建设中的主导地位，充分发挥农机科研、鉴定、推广、监理部门在农业机械化标准体系建设中的骨干作用，鼓励企业、社会团体、服务组织等社会力量参与农业机械化标准体系建设，加快农业机械化标准的制定和贯彻实施步伐。

5. 标准制定与实践应用相结合。注重标准的宣贯实施，适时评估标准的应用效果，提高标准的应用程度，发挥实践对标准的检验作用。

（三）总体目标

到“十二五”期末，制修订150项农业机械化标准，农机安全监理、维修管理、质量监管、作业服务管理等行政管理中的技术规范基本完善，实现重要作物、重点机具和主要技术的农机化标准基本覆盖和成龙配套，基本建立起科学、统一、协调的农业机械化标准体系，标准体系结构更趋合理，标准应用水平明显提高，基本能够满足农机化行业管理、技术推广应用、服务贸易发展的需要。

三、农业机械化标准体系建设内容

农业机械化标准体系由基础标准、技术标准和管理标准三部分组成。具体如图1所示。

（一）基础标准

重点制定农业机械化领域术语标准，补充完善信息采集、水平评价和机具匹配标准。

（二）技术标准

重点制定节能减排标准，加快制定维修服务标准，补充完善安全运行标准。

（三）管理标准

重点制定安全管理标准，补充完善质量监管标准2010—2012年规划建设75项农业机械化标准，见附表。

四、主要措施

（一）加强农业机械化标准工作的组织领导

各级农业机械化主管部门要坚持把标准化工作作为促进农业机械化发展的重要任务和重点工作，摆上重要位置，列入议事日程。要结合实际制定阶段建设发展规划，提出切实可行的发展目标和任务，强化资金保障、示范推广、人员培训和指导服务等措施。要加强与有关部门的协调沟通，解决标准化工作中遇到的困难和问题。要深入实际，调查研究，加强工作指导，及时了解新情况，总结新经验，解决新问题，促进农业机械化标准化工作又好又快发展。

（二）加强农业机械化标准化队伍建设

加强农业机械标准化技术委员会建设，积极探索标委会运行的新机制，充分发挥好专家队伍的作用，积极配合有关主管部门组织好农业机械化标准的规划、研究和建设工作，在标准研究、标准制修订、标准宣贯、标准评估以及标准咨询等方面发挥更大的作用。建立和完善农业机械化标准化教育培训制度，在农机科研、教学、鉴定、推广、监理、维修、生产等领域大力开展标准化培训工作，全面提高农业机械化标准化队伍的研究、制定、实施能力。

图1

（三）切实增加标准工作投入

各级农业机械化主管部门要切实增加对农业机械化标准基础理论研究、制修订、培训和宣贯普及的投入，积极争取各级标准化主管部门的支持，鼓励引导企业等社会力量投资农业机械化标准建设，逐步建立政府投入为导向、社会投入为补充的多元化投入机制和多渠道投资的格局，为加快农业机械化行业标准的建设步伐提供有力保障。

（四）加大标准宣贯和实施力度

加强农业机械化标准的宣传，提高社会对农业机械化标准的认知度和农机企业、用户贯彻标准的自觉性。加强农业机械化标准数据库建设，建立高效的标准信息网络，及时收集、发布和传输国内外农业机械化标准信息，提高标准信息服务能力和水平。有条件的地方要开展标准化示范区建设，加强示范推广，切实把标准化建设落到实处。

（五）积极开展国际交流与合作

积极参加国际标准化组织（ISO）和经济合作与发展组织（OECD）农林拖拉机官方试验规则组织的活动，扩大我国在国际标准制定中的话语权，提高我国专家在制定国际标准中的影响力。拓展与美国、日本、韩国、欧盟等国家和地区农业机械化标准制定和管理机构之间的交流与合作，借鉴国际标准化工作经验和先进标准内容，宣传我国农机化标准和标准化工作成效，提升农机化标准化水平。

附表：　　2010—2012年农业机械化标准项目规划表

序号	项目名称	提出部门	实施时间	制修定类型	对应类别编号
1	农业机械化统计　术语	农业机械化管理司	2010	制定	401.1.1
2	农业机械试验鉴定　术语	农业机械化管理司	2010	制定	401.1.1
3	农业机械安全监理　术语	农业机械化管理司	2010	制定	401.1.1
4	水稻育插秧技术　术语	农业机械化管理司	2010	制定	401.1.1
5	联合收获机械安全标志	农业机械化管理司	2010	制定	401.2.2
6	农业机械化水平评价　第2部分:养殖业	农业机械化管理司	2010	制定	401.3.2
7	玉米免耕播种机适应性评价方法	农业机械化管理司	2010	制定	402.1.3
8	水稻插秧机可靠性评价方法	农业机械化管理司	2010	制定	402.1.4
9	甘蔗收获机　质量评价技术规范	农业机械化管理司	2010	制定	402.1.7
10	碾米机　质量评价技术规范	农业机械化管理司	2010	制定	402.6.2
11	微耕机　修理质量	农业机械化管理司	2010	制定	402.6.2
12	常温烟雾机安全施药技术规范	农业机械化管理司	2010	制定	402.5.2
13	温室灌溉系统设计规范	农业机械化管理司	2010	制定	402.8.2
14	谷物联合收割机可靠性评价方法	农业机械化管理司	2010	制定	402.1.4
15	拖拉机可靠性评价方法	农业机械化管理司	2010	制定	402.1.4
16	液压榨油机　质量评价技术规范	农业机械化管理司	2010	制定	402.1.7
17	农机专业合作社维修能力建设规范	农业机械化管理司	2010	制定	403.1.2
18	小型拖拉机安全认证通用要求	农业机械化管理司	2010	制定	402.2.2
19	柴油发动机　修理质量	农业机械化管理司	2010	制定	402.6.2
20	轮式拖拉机能效比限值及检测方法	农业机械化管理司	2010	制定	402.7.3
21	温室湿帘降温系统设计规范	农业机械化管理司	2010	制定	402.8.2
22	农业机械安全监理技术装备配备要求	农业机械化管理司	2010	制定	403.1.2
23	温室主体结构　安装与验收规程	农业机械化管理司	2010	制定	402.8.4
24	农业机械化作业技术规范标准编写规则	农业机械化管理司	2010	制定	402.3.1
25	水稻机插秧作业技术规范	农业机械化管理司	2010	制定	402.3.2
26	农机培训机构能力认定规则	农业机械化管理司	2010	制定	403.1.2
27	农业机械化技术推广　术语	农业机械化管理司	2011	制定	401.1.1
28	果蔬加工机械　术语	农业机械化管理司	2011	制定	401.1.1
29	生物质能设备　术语	农业机械化管理司	2011	制定	401.1.1
30	牧草收获机　质量评价技术规范	农业机械化管理司	2011	制定	402.1.7
31	微耕机安全技术要求	农业机械化管理司	2011	制定	402.1.8
32	马铃薯机械收获作业技术规范	农业机械化管理司	2011	制定	402.3.2
33	微耕机　作业质量	农业机械化管理司	2011	制定	402.4.2
34	马铃薯收获机　作业质量	农业机械化管理司	2011	制定	402.4.2

续表

序号	项目名称	提出部门	实施时间	制修订类型	对应类别编号
35	甘蔗收获机 作业质量	农业机械化管理司	2011	制定	402.4.2
36	拖拉机号牌	农业机械化管理司	2011	制定	403.2.1
37	免耕播种机 修理质量	农业机械化管理司	2011	制定	402.6.2
38	水稻插秧机 修理质量	农业机械化管理司	2011	制定	402.6.2
39	履带式拖拉机 修理质量	农业机械化管理司	2011	制定	402.6.2
40	温室加温系统 安装与验收规程	农业机械化管理司	2011	制定	402.8.4
41	农药雾粒对操作者安全影响评估方法	农业机械化管理司	2011	制定	403.2.2
42	秸秆气化设备安全操作技术规范	农业机械化管理司	2011	制定	402.5.2
43	农业用油设备节能技术通则	农业机械化管理司	2011	制定	402.7.3
44	轮式拖拉机能效比评价方法	农业机械化管理司	2011	制定	402.7.3
45	谷物联合收获机械能效比限值及检测方法	农业机械化管理司	2011	制定	402.7.3
46	饲料加工成套设备能耗限值	农业机械化管理司	2011	制定	402.7.3
47	日光温室节能监测标准	农业机械化管理司	2011	制定	402.7.3
48	玉米收获机械适应性评价方法	农业机械化管理司	2011	制定	402.1.3
49	旋耕机 质量评价技术规范	农业机械化管理司	2011	制定	402.1.7
50	花生收获机 质量评价技术规范	农业机械化管理司	2011	制定	402.1.7
51	农业机械运用 术语	农业机械化管理司	2012	制定	401.1.1
52	收获后处理机械 术语	农业机械化管理司	2012	制定	401.1.1
53	农业机械铭牌	农业机械化管理司	2012	制定	401.2.1
54	农业机械化统计普查法	农业机械化管理司	2012	制定	403.4.2
55	农业机械可靠性评价一般要求	农业机械化管理司	2012	制定	402.1.1
56	甘蔗割铺机 质量评价技术规范	农业机械化管理司	2012	制定	402.1.7
57	水果分级机 质量评价技术规范	农业机械化管理司	2012	制定	402.1.7
58	水果打蜡机 质量评价技术规范	农业机械化管理司	2012	制定	402.1.7
59	贮奶罐 质量评价技术规范	农业机械化管理司	2012	制定	402.1.7
60	青贮切碎机安全技术要求	农业机械化管理司	2012	制定	402.1.8
61	旱作节水机械化作业技术规范	农业机械化管理司	2012	制定	402.3.2
62	圆草捆打捆机 作业质量	农业机械化管理司	2012	制定	402.4.2
63	施药机械 修理质量	农业机械化管理司	2012	制定	402.6.2
64	棉花收获机 修理质量	农业机械化管理司	2012	制定	402.6.2
65	水泵 修理质量	农业机械化管理司	2012	制定	402.6.2
66	温室喷雾降温系统设计规范	农业机械化管理司	2012	制定	402.8.2
67	温室灌溉系统 安装与验收规程	农业机械化管理司	2012	制定	402.8.4
68	农业机械年度检验规则	农业机械化管理司	2012	制定	403.2.3
69	农业机械事故处理规则	农业机械化管理司	2012	制定	403.2.3
70	农药雾粒对环境影响评估方法	农业机械化管理司	2012	制定	403.2.2
71	谷物联合收获机械能效比评价方法	农业机械化管理司	2012	制定	402.7.3
72	淀粉加工成套设备水耗限值	农业机械化管理司	2012	制定	402.7.3
73	拖拉机作业能耗限值及检验方法	农业机械化管理司	2012	制定	402.7.3
74	农机专业合作社机具配置规范	农业机械化管理司	2012	制定	403.1.2
75	农机专业合作社管理体系建设规范	农业机械化管理司	2012	制定	403.1.2

农业部办公厅关于印发《农业机械化生产信息报送制度》的通知

农办机[2009]46 号

各省、自治区、直辖市农机管理局(办公室),新疆生产建设兵团农机局:

为及时准确掌握主产区关键农时、主要作物和重点环节的农机作业动态情况,科学有效指导农业机械化生产,根据《全国农业机械化生产月历》,我部农业机械化管理司制定了《农业机械化生产信息报送制度》,现予印发,从 2010 年 1 月 1 日起实施,请认真贯彻执行。各地要切实做好农业机械化生产的组织和管理工作,及时、准确收集、报送、发布相关信息,有效跟踪生产作业进度,加强信息引导和宣传工作,推进农业机械化生产又好又快发展。

附件:《农业机械化生产信息报送制度》

二〇〇九年十一月十七日

附件:

农业机械化生产信息报送制度

为及时准确掌握主产区关键农时、主要作物和重点环节的农机作业动态情况,科学有效指导农业机械化生产,根据《全国农业机械化生产月历》,制定本信息报送制度:

一、春耕阶段

(一)报送内容:机耕、机播、机灌等作业量;机具维修、人员培训、柴油供应、作业价格等情况,详见《"春耕"农业机械作业进度表》(附表 1)。

(二)起止时间:3 月 20 日—5 月 20 日。

(三)报送省区及时间:西南地区、西北地区各省(区市)以及江苏、浙江、湖北、海南省 3 月下旬开始报送;河北、山西、上海、安徽、福建、江西、山东、广东、广西 4 月上旬开始报送;其他地区 4 月中旬开始报送。

(四)频次与要求:春耕期间,每周一、周四 17:00 前通过传真和电子邮件报送作业进度。

二、"三夏"阶段

(一)报送内容:机播、机收等作业量;机具维修、人员培训、柴油供应、作业价格等情况,详见《"三夏"农业机械作业进度表》(附表 2)。

(二)起止时间:5 月 10 日—6 月 20 日。

(三)报送省区及时间:西南地区各省市 5 月上旬开始报送;湖北、湖南 5 月中旬开始报送;山西、上海、江苏、浙江、安徽、河南、陕西 5 月下旬开始报送;北京、天津、河北、山东 6 月上旬开始报送;其他各省区市 7 月上旬开始报送。

(四)频次与要求:"三夏"期间,小麦主产省每日 17:00 前通过传真和电子邮件报送当天的麦收进展情况。

三、"双抢"阶段

(一)报送内容:机播、机插、机收等作业量;机具维修、人员培训、柴油供应、作业价格等情况,详见《"双抢"农业机械作业进度表》(附表 3)。

(二)起止时间:6 月下旬—7 月下旬。

(三)报送省区及时间:广西、海南、云南 6 月下旬开始报送;浙江、安徽、福建、江西、湖北、湖南、广东 7 月上旬开始报送。

(四)频次与要求:双抢期间,主产省每周一、周四 17:00 前通过传真和电子邮件报送作业进度。

四、"三秋"阶段

(一)报送内容:机耕、机播、机收等作业量;机具投入量、作业价格、天气等情况,详见《"三秋"农业机械作业进度表》(附表 4)

(二)起止时间:9 月 10 日—11 月 10 日

(三)报送省区及时间:华北地区、西南地区、西北地区各省区市和辽宁、江苏、安徽、山东、河南、湖北、湖南 9 月上旬开始报送;黑龙江、浙江、海南 9 月中旬开始报送;其他省区市 10 月上旬开始报送。

(四)频次与要求:"三秋"期间,每周一、周四 17:00 前通过传真和电子邮件报送作业进度。

五、全年总结

(一)报送内容:三大作物机播、机收、跨区作业等作业量;机具维修、人员培训、机具投入量等情况,详见《全年农业机械作业统计表》(附表 5)。

(二)报送省区及时间:全国各省、自治区、直辖市每年 12 月 10 日前报送,同时发送电子邮件至农机化司监管处。

附表:1.《"春耕"农业机械作业进度表》(略)

2.《"三夏"农业机械作业进度表》(略)

3.《"双抢"农业机械作业进度表》(略)

4.《"三秋"农业机械作业进度表》(略)

5.《全年农业机械作业统计表》(略)

地方性法规、规章及文件

山西省农机局　中国农业发展银行山西省分行
关于加大信贷政策支持力度推动农机产销企业发展的通知

晋农机计字[2009]9号

各市分行、市、县农机局,各有关农机生产销售企业:

为贯彻落实党的十七届三中全会、中央经济工作会议和中央强农惠农政策,充分发挥国家信贷资金和财政补贴资金的导向作用,积极引导和支持农机生产销售企业扩大规模、加速发展,提高农机新产品开发推广能力和服务水平,调动农民购买和使用农机具的积极性,扩大农村消费,拉动农村内需,稳定农村经济发展。按照当前我省农村经济发展需要和农机购置补贴政策要求,经省农机局与省农业发展银行协商,对纳入我省农机购置补贴范围、符合国家金融信贷政策、承担购机补贴任务的农机生产销售企业进行信贷扶持。为了搞好此项工作,现将有关事项通知如下:

一、指导思想

紧紧围绕农业发展、农村繁荣和农民增收的目标,在国家实施农机补贴政策的同时,省农发行将加大信贷政策支持力度,支持农机生产销售企业引进新技术、开发新品种、推广新产品;支持农机生产销售企业扩大经营规模、改善经营环境、提高服务水平;支持行业影响大、规模效益高、产品安全节能环保的农机生产销售企业。以进一步改善农业装备结构、提高农机化水平、增强农业综合生产能力、发展现代农业,让国家农机补贴和信贷扶持政策惠及更多农民。

二、贷款管理原则

农机生产销售企业贷款的发放和管理应遵循"导向性、择优性、安全性"原则:

(一)导向性原则。符合国家宏观调控政策、农业产业政策以及农机补贴政策,有利于促进农业生产资料市场和农机生产销售市场的稳定和发展,积极发挥信贷资金支持"三农"的作用。

(二)择优性原则。严格贷款准入,对规模较大、效益较好、在本地区或本行业中具有较大影响和辐射带动效应的农机生产销售企业客户择优支持。

(三)安全性原则。根据农机生产销售行业和企业自身特点,综合运用多种风险防范措施,确保贷款放得出、收得回、有效益。借款人不得以农机具贷款形成的资产对外提供担保。

三、贷款对象、种类、用途与条件

(一)贷款对象:经工商行政管理机关核准登记,具有农机具经营资质,独立核算的企事业法人和其他经济组织。重点支持新产品开发能力强,产品质量好,具有一定规模的生产销售一体的农业机械骨干企业、在当地有影响力的农业机械流通企业。

(二)贷款种类:流动资金贷款和固定资产贷款。

(三)贷款用途:贷款主要用于解决借款人经销农机具及农机市场建设的资金需求。

(四)贷款基本条件

1. 建立了现代企业管理制度,经营管理规范,生产经营活动符合国家相关产业政策和农发行信贷政策,具有较好的经济效益和社会效益;

2. 信用记录良好,具备按期还本付息能力。经农发行评定,借款人信用等级在A级(含)以上;具有一定的生产规模,在本地或本行业具有一定的辐射带动作用,原则上净资产不低于500万元,近两年净资产收益率不得低于4%(存续不足两年的以当年实际经营情况为准)。

四、贷款期限、利率与方式

(一)贷款期限:根据借款人经营周期由借贷双方协商确定贷款期限,流动资金贷款期限一般为1年(含1年),最长不超过2年;固定资产贷款期限一般为3年—5年。

(二)贷款利率:执行人民银行公布的基准利率,一般不上浮。

(三)贷款方式:实行质押、抵押、保证担保贷款方式。质押物一般为存单、国库券等有价证券;抵押物一般为城市房地产或企业主个人资产等。

五、贷款项目申报

各级农机主管部门应主动向当地农发行推荐符合贷款条件的企业。各市分行也要在辖内进行摸底调查,择优筛选项目,充实贷款项目库。

农机生产销售企业在生产经营过程所需贷款,可向当地农业发展银行申请。有关行要按照现行国家相关产业政策、总分行金融信贷政策,选择本区域内新产品开发能力强、产品质量好、具有一定规模的生产销售一体的农业机械骨干企业和在当地有影响力的农业机械流通企业所需的贷款项目向省分行推荐。

二〇〇九年二月二十三日

山西省农机局　山西省农村信用社联合社
关于增加农村信贷投入促进农机事业和农村经济发展的通知

晋农机计字[2009]12 号

各市、县(市、区)农机局、各办事处,运城、忻州、吕梁市农村信用合作社联合社,各县(市、区)农村信用合作联社(联合社、农合行):

为贯彻落实党的十七届三中全会、中央经济工作会议和中央强农惠农政策,充分发挥国家信贷资金和财政补贴资金的导向作应,积极引导和支持中小型农机产销企业扩大规模和加快农机新产品的开发及推广使用;积极支持农民、从事农机生产的合作社等农机生产经营组织,购买和使用农业机械,扩大农村消费,拉动农村内需,增强农业综合生产能力,稳定农村经济发展。按照当前我省农村经济发展需要和农机购置补贴政策要求,经省农机局与省联社协商,对纳入我省农机购置补贴范围、符合国家金融信贷政策、承担购机补贴任务的中小型农机企业、购机农民和农机生产经营合作组织进行信贷扶持。为了搞好此项工作,现将有关事项通知如下:

一、指导思想

按照统筹城乡发展,繁荣农村经济,增加农民收入,积极推进社会主义新农村建设的总体要求,在国家实施农机补贴政策的同时,农村信用社将进一步增加农业信贷投入,引导农村信用社积极发展小额信用贷款、农户联保贷款等多种形式的贷款模式,支持中小型农机企业引进新技术、开发新品种、推广新产品;支持中小型农机企业扩大经营规模、改善经营环境、提高服务水平;支持农民和农机生产经营合作组织购置和使用安全节能、环保高效的农业机械。以进一步改善农业装备结构、提高农机化水平、增强农业综合生产能力、发展现代农业,让国家农机补贴和信贷扶持政策惠及更多农民。

二、主要目标

(一)改善农业装备结构。提高我省优势农产品集中产区农机装备水平,增强农业综合生产能力,建设资源节约型和环境友好型农业。

(二)加大农机化技术推广应用力度。提高我省主要农作物和养殖关键环节机械化水平,促进丘陵山区、牧区机械化和旱作节水农业发展。

(三)增强农民购买农业机械能力。扩大农户直接受益范围,促进农民增收。

(四)促进我省农机工业结构调整和技术进步。

(五)提高我省生鲜乳收购站机械装备水平。

三、实施范围

2009 年国家安排我省购机补贴财政资金 3 亿元,省财政计划安排资金3 500万元用于购机补贴。农机购置补贴政策将覆盖 115 个农业县,扶持对象扩展到农户、垦区农场(含劳教、劳改农场等)职工、农机合作生产组织等,全年计划扶持 4 万户农民购买 5 万台件农机具。我省在完成国家补贴任务的基础上,还将重点发展保护性耕作和玉米、薯类生产机械化,促进奶业生产机械化的发展。补贴机具的种类涉及耕整地机械、种植施肥机械、田间管理机械、收获机械、收获后处理机械、农产品初加工机械、排灌机械、畜牧水产养殖机械、动力机械、农田基本建设机械、设施农业设备、其它机械和农村可再生能源利用设备等 13 大类 34 个小类 84 个品目。

今年我省购机补贴的任务重、范围广,涉及的农民更多。为此,农村信用社将安排专项贷款,对享受补贴后购机资金仍有困难的购机者予以扶持。

四、贷款对象

1、纳入购机补贴实施范围的农民、农场职工、从事农机作业的生产经营组织、农机专业合作社(含生鲜乳收购站)等购机补贴对象均是贷款支持对象。

2、承担购机补贴任务的定点农机中小型经销企业也可享受贷款支持。

五、贷款额度

贷款主要用于解决借款人购置、经营农业机械的资金需求。贷款扶持的额度原则上不超过补贴机具售价的 30%,单户贷款余额一般不超过 5 万元,用于购买 100 马力以上大型拖拉机、高性能青饲料收获机、大型免耕播种机、挤奶机械补的贷款最高不超过 10 万元。

六、补贴比例

今年我省购机财政补贴的比例为补贴机具售价的 30%。单机补贴额最高不超过 5 万元,其中:100 马力以上大型拖拉机、高性能青饲料收获机、大型免耕播种机、挤奶机械补贴单机最高不超过 12 万元。

七、工作程序

1、市、县农机主管部门将年度农机补贴政策通过媒体或张榜等形式,及时向社会公布。

2、拟购机者持身份证和村委会证明,通过乡镇农机管理机构向县农机局(乳品机械为畜牧主管部门)申请,填写购机申请表。

3、县(市、区)农机主管部门按照相关政策确定购机补贴对象名单后张榜公示(公示期一周),并在网上报市、省农机局备案审核。名单经审核、公示无异议后生效,同时办理批准的《农业机械购置补贴申请表(购机表)》。

4、对自有资金不足、需申请贷款的购机者,各县(市、区)农机主管部门要积极支持或向农村信用社推荐。拟借款的购机者需持《农业机械购置补贴申请表(购机表)》,向本区域农村信用社提出借款申请。

5、各级农村信用社对借款人按信贷制度进行严格审查,按规定办理借款手续,对信用户给予积极扶持,有不良记录的不予扶持。

八、工作要求

(一)加强领导,密切配合。对农民购买农机实行贷款扶持和专项补贴,是落实中央扶持"三农"政策的重要内容,是落实科学发展观的具体体现,是拉动内需、保持经济平稳增长的有效措施,对于进一步调动农民积极性,推进农业机械化,促进农业和农村经济的发展意义重大。各市、县农村信用合作社和农机部门应进一步统一思想,提高认识,加强领导,密切配合,齐心协力,精心组织,确保农机购置贷款和补贴工作顺利实施。

(二)严格管理,加强监督。一是要严格程序、规范操作。购机贷款和补贴资金全部用于购买我国境内生产的农机产品,重点支持产品质量好、技术水平高和售后服务到位的优势农机企业,扶优扶强。严禁地方保护主义,不得采取不合理政策保护本地区落后生产能力,严禁借机乱涨价,严禁强行向购机农民推荐产品。农机部门将对实施情况进行检查,对违规操作的地方,不予信贷扶持,暂停安排中央及省级补贴资金。各市也要加强对县级的指导和监督,确保政策落实。二要加强对补贴机具的管理。享受贷款和补贴购买的农机具,未归还贷款前不得转卖或转让。

(三)落实职责,确保成效。各级农村信用社和农机部门要认真履行组织、协调、服务、监管等职能,建立和落实工作责任制,确保贷款扶持和补贴政策的实施成效,切实让农民得到实惠。要加强信息档案工作,及时做好项目档案信息的采集、统计、分析。

(四)加强宣传,搞好服务。我省农业机械购置补贴资金使用方案和补贴目录已向社会公布,要充分利用各种新闻媒体,加强农业机械购置信贷扶持和补贴工作的宣传工作,让农民了解农业机械购置补贴和贷款扶持政策、程序和补贴机具。要搞好咨询服务,做好购机手续、补贴目录的相关信息等咨询解答工作。要协调农机企业做好机具的供货工作,督促企业做好售后服务工作。

二〇〇九年三月九日

江苏省人民代表大会常务委员会关于促进农作物秸秆综合利用的决定

(2009年5月20日江苏省第十一届人民代表大会常务委员会第九次会议通过)

为了加快推进农作物秸秆(以下简称秸秆)综合利用,促进资源节约,保护生态环境,维护公共安全,根据《中华人民共和国农业法》、《中华人民共和国循环经济促进法》、《中华人民共和国大气污染防治法》等法律,结合本省实际,作出如下决定:

一、地方各级人民政府是推进秸秆综合利用和秸秆禁烧工作的责任主体,应当把秸秆综合利用作为推进节能减排、发展循环经济、促进生态文明建设的一项工作内容,纳入政府目标管理责任制,制定、落实有利于秸秆综合利用的财政、投资、税费、价格等政策,加快推进秸秆综合利用。到2012年底,基本建立秸秆收集体系,基本形成布局合理、多元利用的秸秆综合利用产业化格局,全面禁止露天焚烧秸秆。

二、县级以上地方人民政府建立由发展和改革、农业、农机、经贸、环境保护、财政、科技、公安、交通等部门参加的协调机制,有关部门应当按照各自职责分工,密切配合,共同做好秸秆综合利用和秸秆禁烧工作。

三、发展和改革部门应当会同农业、农机部门组织编制秸秆综合利用规划,根据本地区秸秆资源情况和利用现状,合理确定秸秆用作肥料、燃料、饲料、食用菌基料和工业原料等不同用途的发展目标,统筹考虑秸秆综合利用项目和产业布局。秸秆综合利用规划应当报本级人民政府批准。

省秸秆综合利用规划应当在本决定通过之日起六个月内报省人民政府批准实施。

四、大力推广秸秆机械化还田。到2012年底,全省稻麦秸秆机械化全量还田面积须占总面积的百分之三十五以上。省人民政府应当将年度稻麦秸秆机械化全量还田目标分解落实到设区的市、县(市)人民政府。

农机部门应当研究制定秸秆还田作业标准,并监督执行。

五、鼓励利用秸秆生物气化(沼气)、热解气化、固化成型及炭化等技术发展生物质能,合理安排利用秸秆发电项目;扶持发展以秸秆为原料的人造板材、包装材料等产品生产和秸秆编织业;鼓励养殖场(户)和饲料企业利用秸秆生产饲料;支持发展以秸秆为基料的食用菌生产。

六、鼓励、支持高等院校、科研单位和企业开展秸秆综合利用技术与设备的研究开发。

农业、科技、农机等部门应当优先安排资金,重点支持秸秆综合利用技术与设备的研究开发项目;大力推广秸秆综合利用技术,加强秸秆综合利用技术培训,建立秸秆综合利用科技示范基地,提高农民综合利用秸秆的技能水平。

七、财政部门应当加大对秸秆综合利用的支持力度,将秸秆综合利用资金列入财政预算,对秸秆还田、秸秆气化、固化成型等资源化利用给予适当补助。

省财政应当将秸秆还田、打捆、青贮等机具纳入农业机械购置补贴范围,并对秸秆机械化还田作业给予补贴。秸秆机械化还田作业补贴的具体办法,由省财政和农机部门根据年度稻麦秸秆机械化全量还田目标制定。

对利用秸秆发电、加工板材等综合利用秸秆的企业,税务等有关部门应当根据秸秆实际利用量,按照国家有关规定落实税收、电价补贴等优惠政策。

金融机构应当对秸秆综合利用项目给予信贷支持。

八、县(市、区)和乡(镇)人民政府应当积极发展秸秆综合利用服务组织,建立和完善秸秆收集、贮运和利用服务体系,采取补贴等措施支持农民专业合作组织和农民经纪人等开展秸秆收集、贮运和综合利用服务。

九、任何单位和个人不得在下列区域内露天焚烧秸秆：

（一）南京市的行政区域，其他设区的市的城市建成区周围三十公里范围内，以及不设区的市和县人民政府所在地的镇的建成区周围五公里范围内；

（二）机场周边二十公里范围内；

（三）高速公路及国道、省道和铁路两侧五公里范围内；

（四）设区的市、县（市）人民政府根据本地实际划定的其他区域。

禁止露天焚烧秸秆的具体区域范围由设区的市、县（市）人民政府向社会公布。

设区的市、县（市）人民政府应当根据本行政区域秸秆综合利用情况，逐步扩大禁止露天焚烧秸秆的区域范围，到2012年底实行全行政区域禁止露天焚烧秸秆。

十、任何单位和个人不得将秸秆弃置于河道、湖泊、水库、沟渠等水体内。

十一、地方各级人民政府及其有关部门应当加大秸秆综合利用和禁止露天焚烧秸秆、禁止弃置秸秆污染水体的宣传教育力度，增强公众综合利用秸秆和保护环境的自觉性。

十二、环境保护行政主管部门会同农业、城市管理行政执法等部门负责对露天焚烧秸秆和弃置秸秆污染水体的监督管理，加大实时监测和执法力度。

乡（镇）人民政府和农村基层组织应当加强巡查，及时制止露天焚烧秸秆和弃置秸秆污染水体的行为。

十三、违反本决定露天焚烧秸秆的，由环境保护行政主管部门责令停止违法行为；情节严重的，可以处以五十元以上二百元以下罚款。

违反本决定将秸秆弃置于河道、湖泊、水库、沟渠等水体内的，由环境保护行政主管部门责令限期清除，情节严重的，可以处以五十元以上二百元以下罚款；阻碍行洪或者侵占航道的，由水行政主管部门或者航道管理机构依法给予处罚。

根据《中华人民共和国行政处罚法》的规定，经国务院或者省人民政府批准，在城市管理领域实行相对集中行政处罚权的设区的市、县（市），可以由城市管理行政执法部门实施本条规定的行政处罚。

违反本决定露天焚烧秸秆或者将秸秆弃置于河道、湖泊、水库、沟渠等水体内，造成他人人身伤亡或者财产损失的，应当依法给予赔偿；构成犯罪的，依法追究刑事责任。

十四、地方各级人民政府应当建立秸秆综合利用及秸秆禁烧工作奖惩制度，对工作成绩突出的单位和个人给予表彰和奖励；对工作不力、造成严重后果的相关责任人给予行政处分。

十五、本决定自2009年6月1日起施行。

江苏省人民政府办公厅关于印发江苏省农业机械报废更新办法的通知

苏政办发[2009]123号

各市、县人民政府，省各委、办、厅、局，省各直属单位：

《江苏省农业机械报废更新办法》已经省人民政府同意，现印发给你们试行。

二○○九年十一月六日

附件

江苏省农业机械报废更新办法

第一条　为促进农业机械更新换代，提高农业机械技术水平和作业效率，降低作业能耗，减少环境污染，保障安全生产，加快农业机械化发展，根据《中华人民共和国农业机械化促进法》、《中华人民共和国节约能源法》、《江苏省农业机械管理条例》等法律、法规，制定本办法。

第二条　在本省行政区域内从事农业机械使用、维修、报废、回收以及管理等活动，适用本办法。

第三条　县级以上地方人民政府应当加强对农业机械报废更新工作的领导，建立高能耗农业机械更新报废经济补偿制度，采取财政支持、税收优惠和金融扶持等措施，鼓励、支持农民和农业生产经营组织报废更新农业机械。

第四条　县级以上地方人民政府农业机械管理部门负责本行政区域的农业机械报废更新管理工作。

县级以上地方人民政府其他有关部门按照各自的职责分工，配合做好农业机械报废更新工作。

第五条　农业机械有下列情形之一的，应当报废：

（一）超过规定使用期限的；

（二）经过检查调整后，功率降低值大于出厂规定值15%的；

（三）经过检查调整后，燃油消耗率上升幅度高于出厂规定值20%的；

（四）严重损坏，经测定一次性修理费超过同类机型新购价50%，或者技术状态恶化，经修理、调整后仍不符合农业机械安全运行相关标准，影响安全使用的；

（五）经修理、调整后噪声、尾气排放仍然超过规定标准的；

（六）国家明令淘汰的。

第六条　已超过规定使用期限，但技术状况良好的农业机械，经检验符合《机动车运行安全技术条件》（GB7258）和《农业机械运行安全技术条件》(GB16151.1—16151.13)的,方可继续使用。

农业机械安全监理机构对上述农业机械每年检验2次,每次检验有效期为6个月,检验合格的,予以签章注明;检验不合格的,可以复检一次。

第七条 实行注册登记和备案管理的农业机械达到报废条件的,农业机械安全监理机构应当通知农业机械所有人。

农业机械所有人应当自接到通知之日起30日内到注册登记或者备案的农业机械安全监理机构办理报废手续。

第八条 农业机械所有人应当将符合报废条件的农业机械交售给报废农业机械回收企业。报废农业机械回收企业应当登记报废农业机械所有人身份证明、农业机械种类、型号、牌号、发动机号码和车架号码等信息,并发给农业机械所有人全省统一式样的《报废农业机械回收证明》。

注册登记的农业机械所有人在交售报废农业机械后,向农业机械安全监理机构交回农业机械登记证书、号牌和行驶证,办理注销登记。农业机械安全监理机构办理注销登记后,应当发给农业机械所有人《农业机械报废证明》。到期未办理注销登记的,农业机械安全监理机构应当公告该农业机械登记证书、号牌和行驶证作废。

第九条 达到报废条件的农业机械不得办理注册登记。对符合本办法第六条规定的农业机械不得办理变更、转移、抵押登记。

禁止已报废或者检验不合格的农业机械从事农业生产或者上道路行驶。

第十条 报废农业机械回收企业按照统一规划、合理布局、方便农民的原则确定。

报废农业机械回收企业应当经设区的市农业机械管理部门核准,并领取全省统一的《报废农业机械回收经营活动认定书》。认定书有效期为3年。

第十一条 报废农业机械按照金属含量折算,参照废旧金属市场价格收购。

第十二条 报废农业机械回收企业应当在农业机械安全监理机构监督下拆解报废农业机械,不得转卖或者维修报废的农业机械。

报废农业机械回收企业应当及时对发动机、车架、变速箱、前桥、后桥(简称“五大总成”,下同)进行破坏性处理。对有利用价值的其他零配件,经专业技术人员鉴定备案后,可以作为维修零配件使用,使用时必须注明“回用件”字样,并建立回用件保管使用台账。

第十三条 报废农业机械回收企业不得回收、拆解、改装、拼装、倒卖有赃物嫌疑的农业机械,发现回收的农业机械有盗窃、抢劫或者其他犯罪嫌疑的,应当及时向公安机关报告。

第十四条 农业机械管理部门应当对报废农业机械回收企业的经营活动实施监督检查,进行信用考核,建立诚信档案。

报废农业机械回收企业应当接受农业机械管理部门的监督检查,如实提供相关资料。

第十五条 县级以上地方人民政府应当根据国家和省有关规定,对农民和农业生产经营组织报废高能耗农业机械给予经济补偿,鼓励、支持其购买使用节能、环境保护技术指标先进的农业机械。

第十六条 农业机械管理部门根据当地实际情况,制订农业机械更新计划,并组织实施。

农业机械更新计划应当包括更新机械的品种、机型、数量、补贴标准和实施方案,并向社会公布。

第十七条 报废农业机械的农民和农业生产经营组织购买列入更新计划和补贴目录的农业机械,从农业机械购置补贴资金中给予追加补贴。

第十八条 本办法自发布之日起施行。

第十九条 本办法由省农业机械管理局负责解释。

浙江省农业厅　浙江省粮食局关于大力发展粮食烘干机械的通知

浙农专发[2009]78号

各市、县(市、区)农业(农机)局、粮食局:

大力发展粮食机械化烘干是提高粮食综合生产能力,减轻农民劳动强度,降低粮食生产成本,增加农民收入的重要举措。为加快推进粮食机械化烘干,根据《关于2009年农业机械购置补贴的实施意见》(浙农计发[2009]12号)精神,现就加快发展粮食烘干机械有关事项通知如下:

一、统一思想,充分认识加快发展粮食烘干机械的意义。

粮食机械化烘干是粮食生产全程机械化的主要环节之一。随着粮食生产全程机械化的快速推进,产后粮食机械烘干环节的“短腿”开始凸显。尤其随着农村土地流转和农业适度规模经营的加快推进,依靠传统人工露天翻晒的作业方式已不能满足现代农业发展的需求。采用机械烘干粮食,可以有效应对阴雨、台风等灾害性天气影响,最大限度地减少粮食损失;防止自然干燥对粮食造成的污染,提高粮食品质,提高耐贮性和加工性;减轻劳动强度,提高劳动生产率;杜绝农民因占用公路晾晒造成的交通影响和伤亡事故。我省从2005年开始对粮食烘干机列入购机补贴范围,成为全国最早补贴烘干机的省份。但从全省看,现有粮食机械烘干能力还远不能满足粮食烘干的需要。各级农业(农机)、粮食部门要充分认识加快发展粮食烘干机械的重要性和紧迫性,加大工作力度,采取切实有效措施加快推进粮食烘干机械的发展。

二、加大力度,加快促进粮食烘干机械的发展。

鉴于配置烘干机投资较大、使用时间集中、利用率较低的实际,今年开始全省将烘干机补贴标准从购机额的30%提高到60%。各地要加大农机购置补贴政策宣传力度,积极引导农机(粮食)专业合作社、种粮大户和国有粮食购销企业等各类农业生产经营组织购买使用粮食烘干机械。要通过建立烘干中心、组织现场演示等多种渠道和形式,引导农民和农业生产经营组织购置使用烘干机械,促进机械化粮食烘干的发展。要积极争取地方政府出台鼓励发展粮食烘干机械的配套政策,着力解决用地难、用电贵问题,进一步加大烘干机械补贴力度,激发粮食(农机)专业合作社、种粮大户购置积极性。

三、合理规划,提高粮食烘干机械利用率。

各级农业(农机)、粮食部门要加强协调沟通,根据当地粮食生产情况和粮食烘干需要,共同做好烘干中心建设规划,科学、合理布局粮食烘干设施。加强资源整合,创新工作机制,积极探索不同生产规模和不同经营模式下的烘干组织和服务方式,提高粮食烘干机械设备的利用率和经营效益。积极引导国有粮食购销企业发挥自身场地优势,与种粮大户在双方自愿前提下,通过共同组建合作组织、为农户提供场地等多种形式进行合作,共同发展粮食烘干机械。同时,鼓励具备条件的国有粮食购销企业开展湿谷收购服务,方便农民售粮。也要鼓励已购置烘干机的粮食(农机)专业合作社、种粮大户主动为周边农户开展有偿烘干服务。

四、加强指导,积极支持国有粮食购销企业购置、更新粮食烘干机械。

各地要加强对国有粮食购销企业购置、更新粮食烘干机械的指导,积极引导发展区域性粮食烘干中心。对已被认定为农业龙头企业的国有粮食购销企业,要根据浙农计发[2009]12号文件有关规定,及时做好烘干机械购置补贴申报工作;对还未被认定为农业龙头企业的国有粮食购销企业,要创造条件积极申报农业龙头企业,通过添置、更新粮食烘干机械,提高粮食购销的规模化、集约化水平。

二〇〇九年六月二十九日

浙江省发展与改革委员会　浙江省农业厅
关于印发《浙江省2008—2012年农业机械化发展规划》的通知

浙发改规划[2009]402号

各市、县(市、区)人民政府,省级有关部门:

《浙江省2008—2012年农业机械化发展规划》是列入我省2008年发展规划编制计划的专项规划之一。经省政府同意,现印发给你们,请结合实际,认真组织实施。

二〇〇九年五月二十五日

附件:

浙江省2008—2012年农业机械化发展规划

为加快推进农业机械化发展,促进高效生态的现代农业建设,根据《中华人民共和国农业机械化促进法》、《全国农业机械化发展第十一个五年规划(2006—2010年)》和《浙江省"十一五"农业发展规划》,特编制《浙江省2008—2012年农业机械化发展规划》。

一、发展基础和客观条件

(一)农业机械化发展的现实基础

1、农机装备水平进一步提高,存量结构明显改善。2007年,全省农业机械原值172.94亿元、总动力1 892.95万千瓦,比2002年分别增长57.62%、19.46%;"百亩耕地"拥有农业机械动力79.41千瓦,增长20.21%;粮食生产机耕率71.49%,机收率71.82%,耕种收综合机械化水平50.8%,提高10.8个百分点。与此同时,农机存量结构明显改善。全省拥有大中型耕作机械6 036台、半喂入联合收割机2 320台,占耕作机械和收割机总数比例分别由2002年的2.61%、5.09%提高到现在的3.42%和15.64%;全省拥有设施大棚24370.79万平方米,农产品冷藏保鲜库达68.5万立方米,机动喷雾机12.58万台,茶叶加工机械18.14万台(套),农副产品初加工机械23.62万台(套)。

2、农机工业蓬勃发展,产业带动力明显增强。近年来,在农机购置补贴政策的拉动下,农机企业加快技术创新和产品结构调整,农机工业呈现出蓬勃发展态势。一是生产持续增长。2007年,全省农机工业总产值达587亿元,比2002年增加227亿元,连续5年超过20%的增长率,新产品产值达161亿元,占农机工业总产值比重27.43%。二是销售持续攀高。2007年,全省完成农机产品销售564亿元,产品销售率达96.08%,分别比2002年增加282亿元和17.71个百分点。三是六大优势产品引领全国同行业发展。全喂入联合收割机、水泵、植保机械、茶叶加工机械、小型拖拉机及缸套、活塞、曲轴等农机配件,市场占有率稳居全国首位,成为引领同行业发展的主导产品。农机工业的持续升温,为全省农业机械化发展注入了强劲动力。

3、农机社会化服务稳步推进,新型服务主体培育加快。伴随农业产业化的推进,农机化服务主体培育加快,组织化程度进一步提高,各类农机服务组织开展以乡镇、村落为基础的统一服务,在机耕、栽植、植保、烘干、加工等作业环节推行社会化、市场化、产业化服务,扩大了服务范围,提升了服务质量,取得了显著效益。2007年,全省拥有农机专业合作社196家,农机从业人员92万余人,近5年累计组织近1.19万台耕作机械、收割机开展跨区作业服务,完成机收面积920.4余万亩,实现收入近4.08亿元,机手人均增收超过1.8万元。尤其是涌现了一批示范性强、辐射面广、带动好的品牌合作社，有效促进了新装备新技术的推广应用，为稳定发展粮食生产、推动农业发展方式转变发挥了积极作用。

4、农机规范化建设稳步推进，安全监管长效机制初步形成。围绕保障农机安全生产，大力推进"平安农机"创建，全面落实农机安全生产考核制，建立健全农机安全管理制度。着力加强农机动态监管，创新警农合作新机制，严格拖拉机驾驶培训考试，严格拖拉机安全技术检验，严把培训考试和检审验关。强化农机产品质量的监督管理，积极组织开展农机新产品的性能鉴定和推广鉴定，组织开展在用农机产品的质量调查，做好农机产品质量投诉处理，切实维护农机使用者的合法权益。加强农机维修网点的资质管理，开展"绿剑"执法系列行动，严厉查处各种违法行为，整顿规范农机市场秩序。通过采取内外结合、立体交错、多管齐下的综合治理措施，初步构建起农机安全监管长效机制，推动了农机安全形势稳定好转。

（二）农业机械化发展的有利条件

1、建设社会主义新农村，为加快农业机械化发展提供了广阔空间。党的十七大明确提出统筹城乡发展，推进社会主义新农村建设。生产发展、生活宽裕、乡风文明、村容整洁、管理民主体现了经济、政治、文化、社会建设四位一体的发展布局，是在一个新的历史起点上，统筹城乡发展，缩小城乡差距，改变农村面貌的新举措、新展望、新要求。解放和发展生产力，关键是创造和运用先进的生产工具，而农业机械是农业先进生产力的代表。大力发展农业机械化，用现代科学技术装备农业，改善农业生产经营条件，提高农业劳动生产率，是促进农业增长方式转变、提高农业综合生产能力最直接、最有效、最重要的途径。

2、法律法规的进一步完善，为加快推进农业机械化发展提供了法律依据。近年来，《农业机械化促进法》、《道路交通安全法》、《浙江省农业机械化促进和农业机械安全管理办法》等相继颁布，这些法律法规的实施，确立了农业机械化在整个农业与农村经济发展中的地位和作用，明确了各级政府扶持发展农业机械化的政策措施，赋予了农机主管部门在促进农业机械化发展中的主体地位，对加快推进农业机械化发展具有重要意义。特别是《农业机械化促进法》的颁布实施，明确了政府的职责和义务，将促进农业机械化纳入法制化轨道，有效保障了农业机械化快速健康发展。

3、政府投入的不断加大，为加快推进农业机械化发展提供了资金保障。胡锦涛同志"两个趋向"科学论断的提出，标志着我国开始进入工业反哺农业、城市支持农村的新阶段，从而为出台一系列支农惠农政策铺平了道路。2004 年，中央 1 号文件将农机购置补贴上升为"两减免三补贴"的重要政策，开辟了国家财政扶持农业机械化发展的新渠道。最近几年，公共财政支持农业机械化的力度逐年加大，中央财政四年累计安排农机补贴资金 29.74 亿元，省财政落实农机补贴资金和各类专项超过 1 亿元，各市、县（市、区）也都不同程度地加大了对农业机械化的投入力度，为加快农业机械化发展提供了资金保障。

二、指导思想、基本原则和总体目标

（一）指导思想

以科学发展观为指导，坚持"立足大农业、发展大农机"战略，走浙江特色的农业机械化发展道路，围绕加强农业基础建设、确保农产品有效供给、促进农民持续增收，进一步加大农机科技创新和技术推广力度，努力拓展农机社会化服务领域，切实加强农机产品质量和安全生产监管，不断提高农机科技水平、装备水平、作业水平和安全生产水平，实现农业机械化又好又快发展。

（二）发展原则

——坚持以人为本、服务"三农"原则。始终坚持服务"三农"的宗旨，始终坚持农民的市场主体地位，紧紧围绕农业生产实际和农民需求，发展适合农民使用、受农民欢迎的农业机械，努力满足农民群众在生产中要求最迫切的农机作业需求。

——坚持因地制宜、遵循规律原则。适应农业结构调整和生产方式转变，统筹协调发展农机管理、培训、推广、监理、服务、维修。遵循市场经济规律，坚持先进适用、安全可靠、节能环保的要求，运用市场杠杆和经济手段，引导农民和社会资本投资农机服务业，促进农机产业健康发展。

——坚持突出应用、注重效率原则。根据各地经济社会发展水平、农业主导产业、地形地貌条件和农民生产习惯，发展符合当地实际的农业机械。通过政策引导，逐步优化农机存量结构。注重提高农机的通用性和动力配套比，提高农机有效作业时间和使用效率。

——坚持依法治机、规范发展原则。严格按照法律法规的有关规定，进一步加强对农机产业和农机服务业的管理，规范农机企业和服务组织的生产经营行为，强化对农机产品质量、市场流通和安全生产的监督管理，切实维护农民群众的合法利益和生命财产安全。

（三）发展目标

根据我省建设现代农业的总体要求，综合考虑农业机械化发展的趋势和条件，2008—2012 年农业机械化发展的总体目标是：我省农业机械化发展水平迈上一个新台阶，整体进入中级阶段，有条件的地区率先进入高级阶段，实现速度、质量、效益同步增长。

——农业机械装备总量稳步增长。农业机械总动力预期达到2 500万千瓦，农业机械装备结构进一步优化，适应现代农业和新农村建设的农业机械装备在农业生产中广泛应用。

——农业机械化水平明显提高。粮食生产耕种收综合机械化水平预期达到 70%，水稻机插、油菜机收及农业主导产业关键生产环节机械化取得重大进展，防灾、抗灾、减灾能力进一步增强。

——农机服务社会化进程明显加快。农机专业合作社、作业公司等新型主体预期增加 300 家，服务模式不断创新，服务功能不断增强，服务质量和效益不断提高，农机服务市场进一步规范。

——农机安全监管能力明显增强。农机安全管理法规体系进一步完善，农机监理装备建设进一步加强，安全生产措施进一步落实，农业机械事故起数、死亡人数、直接经济损失分别下降 10% 以上。

三、重点推广应用的机械装备与技术

实现农业机械化发展目标，必须根据我省农业产业发展和市场需求实际，结合农业区域布局和规划，重点提高粮油生产全程机械化和设施农业机械化装备水平。

（一）粮油生产机械装备与技术

1、粮食。重点发展水稻机械插秧及其相配套的标准化育秧技术、水稻种植、植保、收获、烘干和初加工机械，开发、引进马铃薯等旱粮作物收获机械。

2、油菜。重点发展油菜种植机械、收获机械和各种田间管理机械及产后初加工机械装备与技术。

（二）设施农业机械装备与技术

1、蔬菜。重点发展钢架大棚、连栋大棚、喷滴灌设施、雨水回收系统以及工厂化育苗、机械化移栽等设施装备与技术。

2、茶叶。重点发展茶园耕作、修剪和茶叶采摘机械、加工等机械装备与技术，以及喷滴灌设施、防冻设施、害虫诱杀灯、供水系统等。

3、果品。重点发展钢架大棚、连栋大棚、避雨棚架、喷滴灌设施、田园耕作设备、害虫诱杀灯等，以及采后商品化分级设备、储藏保鲜设备和低温浓缩汁加工机械化设备与相应技术。

4、食用菌。重点发展机械化菌包（或培养料）生产线，菇棚、高压灭菌锅炉、高效节能灭菌设备、粉碎机、拌料（翻堆）、装袋机械、冷库（压缩制冷机组）、初加工烘干设备等。

5、花卉苗木。重点发展玻璃温室、自控智能温室、钢架大棚、基质栽培、工厂化生产育苗、喷滴灌等设施装备与技术。

6、竹笋。重点发展蓄水池、输（送）水管道、喷滴灌设施、病虫害防治装备和新型竹林覆盖材料等，以及林地清理、挖穴等机械和竹木采伐、加工等装备。

7、蚕桑。重点发展桑枝修剪、桑叶清洗消毒、桑园耕作、病虫防治、喷滴灌设施、供水系统、养蚕加温、蚕茧烘干等机械装备与技术。

8、中药材。重点发展大棚设施、基质栽培、喷滴灌设施、供水系统等设备与技术，耕整、播种、植保、收获等田间作业机械，以及清洗、烘干、切片等初加工机械与技术。

9、畜牧。重点发展标准化养殖场（小区），配套自动供料、供水、孵化、挤奶、控温、控光、控湿、排泄、消毒、疫病防疫等设施以及畜禽粪便综合处理及其他废弃物无害化处理设施等。

10、水产。重点发展标准化、系列化的节能节水型多功能养殖温室，观赏鱼养殖配套设施，深水网箱等浅海养殖设施，工厂化养殖的循环水处理、智能控温、水质在线检测和增氧系统，高标准池塘大棚、养殖水循环利用的集约化生态养殖的水质净化、控温、投饵、收割等机械设施，以及水产品初加工等机械设备。

四、主要工作措施

（一）多渠道增加对农业机械化投入

着力完善农业机械化扶持政策和投融资体系，多渠道增加对农业机械化的投入。

1、进一步完善农机化扶持政策。健全政府支持推广的农机产品目录制度，对农民和农业生产经营服务组织购买政府支持推广的先进适用农业机械给予补贴，并逐步将适用于主导产业关键生产环节的农业机械和设施装备纳入购机补贴范围。完善农机作业环节补贴政策，继续对水稻机插、油菜机收、统防统治等给予补贴，逐步将粮食烘干、油菜机直播等纳入作业补贴范围。积极探索对农民购置大型农机装备给予低息或贴息等信贷支持政策，适时研究出台农机作业燃油补贴政策和农业机械报废更新补贴政策。

2、加大力度实施农机化促进工程。省财政继续安排专项资金，加大农机化促进工程实施力度，引导推动农业机械化示范区建设和农业机械化主推技术的推广应用。各级政府也要安排专项资金用于农机技术研发试验、从业人员培训、示范基地建设、农机购置（更新）补贴、农机服务组织培育、农机安全生产等，促进农业机械化持续快速发展。

3、完善农业机械化多元投入机制。采取政策性奖励、财政贴息等措施，吸引金融资本、工商资本、民间资本投入农机产业，逐步构建起以企业和农民投入为主体、政府投入为导向、银行信贷为支持、社会资本为补充的多元投入机制。妥善解决农机服务组织用地、用电难问题。

（二）大力推进农机科技进步与创新

真正把促进农业机械化发展转移到依靠科技进步和劳动者素质提高上来，切实加强农业机械化科技创新体系建设。

1、加大农机研发力度。坚持自主研制开发和引进国外先进农机装备与技术相结合的方针，建立健全以企业为中心的产、学、研、推联合的农机科技创新体系，努力解决农业机械品种、规格不适应现代农业和新农村建设需要的问题。通过加快农机装备更新改造和产业转型升级，促进农机工业发展，推动科研成果转化，逐步提高农机具科技水平，淘汰落后、老化的机具设备。

2、积极开展国际国内交流与合作。实施"引进来"、"走出去"双向结合战略，既要加强对引进农业机械化技术与装备的消化、吸收和创新，促进农业机械化技术升级，为高效生态的现代农业发展提供技术支撑，又要组织引导省内有优势的农机产品出口，主动为农机企业搭好平台、做好服务，开拓国际市场，参与国际竞争。

3、建立农机从业人员继续教育制度。以着力提高农机从业人员的科技素质和经营能力为重点，依托各级农业机械化技术培训学校、农业院校和农机企业的技术力量，分期分批对农机大户、农机服务组织领头人进行实用技能培训和知识更新。有计划地开展农机作业职业资格、职业技能的考核与鉴定，逐步实现农机操作、维修人员持证上岗。

（三）大力推进农业机械化示范区建设

把建设综合性农业机械化示范区作为加快农业机械化新技术推广、推动农业机械化发展方式转变的重要抓手。

1、加强农机示范区建设。遵循因地制宜、量力而行、循序推进的要求，高标准、高质量开展农业机械化示范区建设。省级农业机械化示范区原则上以县级行政区域为单位申报，在示范户、示范村、示范镇和示范基地建设的基础上，由点到面逐步推进农业机械化示范区建设。申请示范区建设的单位都要结合当地农业产业布局，制定切实可行的建设方案和推进计划，确保示范区建设有序、有力、有效推进。

2、明确建设重点和目标。粮食主产区重点建设规格化育秧中心和粮食烘干中心，5年建设季育秧规模3 000亩以上的水稻规格化育秧中心150个、平均批处理能力6吨的粮食烘干中心100个。油菜主产区重点建设油菜机收示范点，5年建设油菜机收示范点100个，10亩以上连片种植的油菜生产区基本实现机械化收获。水产养殖区5年建设1 000家水产养殖机械化示范场，2 000艘海洋捕捞节能型机械化示范船。通过示范区建设，带动建立100个农业机械化示范镇（乡、街道）、2 000个农业机械化示范村（基地、点）。

3、保证建设质量和进度。加强组织领导，各地要成立由政府分管领导任组长的农业机械化示范区建设领导小组。落实建设资金,上下联动建立政府、社会、农户多元投入相结合的资金保障机制。严格质量监管,强化对机具配备、资金投入的监督检查,确保建设一个、成功一个、示范一片,努力把示范区建设成为扶持政策的先行区、技术应用的集成区、发展瓶颈的突破区、行业管理的规范区、工作机制的探索区。

(四)加快推进农机服务社会化进程

以市场为导向,积极引导农机服务组织发展和农机社会化服务体系建设,鼓励农业生产经营者合作经营、共同使用农业机械,提高农机利用率和经营效益,促进农机服务社会化、市场化、产业化,扩大农机服务的市场供给,满足广大农民的作业需求。

1、加快新型服务主体培育。继续大力发展农机专业合作社、农机作业公司等新型主体,通过完善内部组织结构和运作机制推动规范化建设。鼓励有条件的地方开展农机租赁服务,探索培育农机社会化服务新模式。充分利用农机骨干企业的技术、网络资源,协作推进区域性农机维修中心建设。引导我省农机服务组织开展跨区作业服务,鼓励省外农机服务主体到我省开展农机服务,进一步提高农机经营效益,促进共同利用。

2、强化农机信息化服务。健全信息服务网络,加快农机信息化服务网点建设,力争服务网点覆盖全省所有的市、县(市、区)。拓展信息服务内容,加强对信息的采集、加工和传递,力争服务内容涵盖农机政策法规、产品销售、生产作业、维修培训、安全宣教等。丰富信息服务形式,进一步完善农民信箱——农机化服务园地、信息服务直通车等服务方式。

(五)不断强化农业机械化行业管理

深化农业机械化行政管理体制改革,加强农机产品质量和安全监管,努力提高农业机械化管理水平。

1、推进"平安农机"创建。开展新一轮"十百千万、平安农机"创建活动,进一步完善基层农机安全监管网络,基本构建起源头管理、执法监控、宣传教育"三大防线"。深化警农合作,加大对农业机械的动态监管力度,推动警农合作向乡镇延伸,逐步健全农机安全生产长效监管机制。

2、强化农机产品质量监管。加强农机新产品试验鉴定,严把农机产品市场准入关。加强在用农机产品尤其是补贴农机产品的质量调查,督促生产和流通企业改进生产工艺、提高产品质量、履行"三包"承诺。规范农机产品销售市场、作业市场、维修市场管理,依法严厉打击制售假冒伪劣农机产品的坑农害农行为。加快质量投诉监督体系建设,切实维护农民群众的合法权益。

3、加快推进农机标准化。把推进标准化放在促进农机化管理的重要位置,重点制定涉及农产品质量和安全的农业机械作业质量标准和试验鉴定标准。切实发挥农机管理部门制标、宣标的引领作用,调动农机应用主体贯标、用标的积极性和主动性。大力开展农机标准化宣传和培训,不断提高农机使用者标准化操作水平。

(六)加强对农业机械化工作的领导

各级政府要高度重视农业机械化工作,切实加强领导,统筹谋划农业机械化发展。要加强农村机耕道路、标准农田改造等基础设施建设,为农业机械化发展创造条件。要建立农业机械化工作目标责任制,明确相关部门的职责任务。农业、林业、海洋与渔业、发展改革、经信、科技、财政、公安、交通、工商、税务、质量技监等相关部门要认真履行职责,加强协作与配合,制定具体措施,合力推进我省农业机械化又好又快发展。

河南省农业机械管理局　河南省财政厅　河南省人民政府金融服务办公室　中国人民银行郑州中心支行　中国银监会河南监管局　关于扶持农机专业合作社发展的意见

豫农机文[2009]11号

各省辖市及扩权县农机管理局、财政局、金融办、中国人民银行各市中心支行、银监分局:

农机专业合作社是农民专业合作社的重要组成部分。《农民专业合作社法》公布实施以来,我省农机专业合作社快速发展,组织化、规模化、产业化程度不断提高,显示出强大的生命力,为推进农业机械化,完善农村双层经营体制,加快土地流转进程,发展劳务经济,促进农业稳定发展、农民持续增收做出了积极贡献。但从总体上看,我省农机专业合作社的发展尚处于起步阶段,其数量、规模、规范化程度还不适应农村快速发展的新形势,特别是在融资方面还存在较大困难。加大对农机专业合作社的支持力度,拓宽融资渠道,推动合作社上规模、上水平、上效益,提高可持续发展能力已成为当前的紧迫任务。为深入贯彻落实党的十七届三中全会决定和中央1号文件精神,加快扶持农机专业合作社发展,根据《农业机械化促进法》和《河南省农业机械化促进条例》等相关法律法规,现就支持农机专业合作社发展提出如下意见。

一、各级财政、金融服务监管部门与农机管理部门加强合作,紧密配合,打造银机对接平台,为农机专业合作社发展提供财政、信贷等方面的支持。

二、各级农机管理部门要积极主动与财政、金融部门沟通,为相关银行推荐农机化发展建设项目和政策依据,提供农机专业合作社相关资料。

三、省财政部门要安排专项资金,对农民和农业生产经营组织购买国家和省支持推广的先进适用的农业机械给予补贴。各地对农机购置补贴、农机作业补贴等政策要向农机专业合作社倾斜,市、县财政可以在国家和省级财政补贴基础上累加补贴。

四、农机管理部门与各有关银行建立信息共享机制。农机管理部门将农机专业合作社发展状况、项目实施情况等有关信息向银行通报。各有关银行向农机管理部门介绍信贷政策、信贷导向和有关项目的贷款投放及执行情况。

五、各商业银行要创新金融产品,对农机专业合作社的建设库棚场院、购置机具设备、承包经营土地、购买生产资料等提供贷款支持。农机专业合作社可以库棚场院、机具设备作为贷款抵押,可以采取社间互保、担保公司担保等形式进行贷款担保。

六、省财政安排的农机补贴专项资金将拿出适当部分用于农机专业合作社购置机具设备、建设库棚场院、承包经营土地、购买生产资料等项目的贷款贴息。

七、各级农机管理部门要支持农机专业合作社承担各种农机化发展和建设项目,将农机专业合作社作为实施各类农机财政专项和基本建设项目、科技研究推广项目的重要主体。引导农业产业化龙头企业和其他社会资金投资农机专业合作社,逐步建立起国家扶持、群众自筹、集体入股、银行贷款等多渠道、多形式、多元化的投入机制。

八、制定完善农机专业合作社库棚建设、维修能力建设等规范,宣传推广《农机专业合作社示范章程》、《农机社会化服务作业合同》等规范,引导农机专业合作社规范运作,诚信服务,提高效益。加强对农机专业合作社经营管理和技术应用的指导、服务。做好信息引导和服务,及时向农机专业合作社及广大农民发布农机作业需求、价格行情、油料供应、维修服务等信息,支持、引导农机专业合作社的生产经营活动。

九、农机管理部门、各有关银行要加强协作,对农机专业合作社获得贷款支持的项目实施监管,指导和督促农机专业合作社依法经营,对拖欠贷款进行清收,保证贷款安全归还。

十、各级财政、金融和农机管理部门要坚持把发展农机专业合作社作为促进农业机械化发展的重要任务和重点工作,摆上重要位置,列入议事日程。整合资源,落实责任,形成齐抓共促的良好局面。要加强部门间的协调沟通,解决农机专业合作社发展中遇到的资金投入、用地保障、油料供应、场库棚建设和维修保障等方面的困难和问题,形成各方面支持农机专业合作社发展的合力。要加强普法宣传,进一步增强农民群众和广大农机手的法律意识,推动依法办社。要深入实际,调查研究,加强工作指导,及时了解新情况,总结新经验,解决新问题,促进农机专业合作社又好又快发展。

二〇〇九年十月二十日

湖北省人民政府关于进一步促进农业机械化发展的意见

鄂政发[2009]42号

各市、州、县人民政府,省政府各部门:

近几年来,我省农机装备总量持续增加,结构不断优化,农机作业领域不断拓宽,作业水平不断提高,已成为种植业、养殖业和农村经济发展的重要支撑。为了进一步加快我省农业现代化进程,推进农业机械化又好又快发展,现提出如下意见:

一、充分认识加快农业机械化发展的意义

农业机械是现代农业的物质基础,是现代农业的生产工具,是农业现代化的重要内容和标志。加快农业机械化的发展,既是改善农民生产生活条件、提高农业劳动生产率的重要措施,也是缩小城乡差别、提高农业和农村经济整体水平的必要条件,对促进农业和农村经济全面、协调、可持续发展具有重要的意义。各级政府和各有关部门要从落实科学发展观、构建社会主义和谐社会的高度,充分认识发展农业机械化的重要性,进一步增强责任感、使命感和紧迫感,扎扎实实地推进农业机械化。

二、着力提高农业机械化发展水平

到2012年,力争全省农机装备总量由2008年的2 797万千瓦提高到4 000万千瓦,农业耕、种、收综合机械化水平由2008年的52.8%提高到60%。到2015年,全省农机装备总量增加到4 500万千瓦,实现机械耕整6 500万亩,机械播栽850万亩,其中机械插秧680万亩,机收4 000万亩,主要农作物耕、种、收综合机械化水平达65%。江汉平原、鄂北岗地、鄂中丘陵地区要大力发展大中型农业机械,加快发展粮、棉、油、畜牧、水产生产全程机械化,推进棉花主要生产环节机械化;血吸虫疫区全面实施"以机代牛"工程;鄂东、鄂南丘陵山区,以发展中、小型农业机械为主;鄂西北、鄂西南山区,以发展小型农业机械为主;大中城市郊区,以发展设施农业为重点,大力发展花卉、蔬菜和奶业生产机械;江河湖库地区,重点支持渔业机械化的发展。

农民和农村合作组织是发展农业机械化的主体。各地要充分调动和保护农民购买、使用农业机械的积极性,促进农业动力机械和配套机具保有量持续增长。大力推广先进适用、安全可靠、技术成熟、节能环保的农机化新技术、新机具。加速淘汰能耗高和污染重的老旧机具。重点发展大中型拖拉机、多功能高效联合收割机、水稻栽插机械、节水灌溉和农产品加工成套设备。不断优化农机装备结构,实现农机装备由低档次向高性能,由单项作业机具向多功能复式作业机具转变,提高机械利用效率,推动我省农机化发展由数量型向质量型转变。

各地要充分发挥农机企业、高等院校、科研单位、推广部门的优势和积极性,加快建立以企业为主体,市场为导向的生产制造、教学科研、推广使用等紧密结合的农机科技创新体系,探索完善多方协作、良性互动、共同发展的农机科技创新机制,不断提高我省农机产品的先进性、适用性、安全性和可靠性。要强化基础性、关键性、适应性农业机械科研开发,集中力量突破

农业生产急需农机的技术问题。

各地要因地制宜，突出区域特色，统筹规划，以提高粮食综合生产能力为重点，全面推进粮食生产机械化，逐步发展经济作物、畜牧、水产、设施农业、特色农业机械化。推动由农业生产主要环节机械化向全过程机械化延伸，由种植业机械化向农、林、牧、渔等各个领域的机械化扩展。积极支持国有农场率先实现农业生产全程机械化。

三、全面提升农业机械化服务能力

大力发展社会化服务。鼓励农业生产经营者通过机械、土地、资本、技术等生产要素联合，创办多种所有制形式的农机专业合作社、农机作业公司等农机服务组织。完善农业机械化信息服务平台，实现网络互联和信息共享。培育发展农机作业、销售、维修服务市场。积极组织开展农业机械跨区作业，推行订单作业、承包服务、产加销一条龙等服务方式。合理布局、建立健全农业机械维修网点，打造一批农机作业、维修、经销的服务品牌。按照“以钱养事”政策，各地要确保每个乡镇原则上有1人从事农机化技术推广和公益性服务工作。

加快新技术推广应用。要积极推进基层农机化技术推广机构改革，构建以国家农机化技术推广机构为主导，基层农机服务组织为基础，农机科研、教育培训、制造销售企业广泛参与，分工协作，服务到位的农机化技术推广体系。按照优势农产品区域布局，建立农业机械化推广示范基地，在全省建立20个省级农业机械化示范县，鼓励市县建设全程机械化的示范乡、村、农场。大力推广秸秆粉碎还田、捡拾打捆、新型燃烧技术等秸秆综合利用技术。大力推广机械深松、喷滴灌、精量播种、化肥深施、保护性耕作等节本增效技术。要研究和选择适应机械化操作的品种和种养方式，加强农机农艺结合。

规范市场秩序。加强农业机械化标准制定和执行工作，健全农业机械产品质量投诉监督体系，加强农业机械产品质量、作业质量、维修质量、服务质量的监督管理。取缔无证无照农机经营主体，打击制售假冒伪劣农机、非法拼装农机和侵犯他人注册商标专用权等一系列违法经营农机的行为，维护农业机械生产制造者、经营者、使用者合法权益，严禁生产、销售和在经营活动中使用国家实行生产许可证制度的工业产品目录中未取得生产许可证的产品。支持发展区域性农机中心市场，支持各类大中型农机营销企业发展农机连锁经营，打造一批农机营销品牌企业。建立和规范二手农机具交易市场。建立拖拉机、联合收割机等农机具的强制报废制度。

加强安全监管。要逐步建立政府负责、农机主抓、部门配合、社会参与、上下联动、齐抓共管的农机安全生产监管格局，坚持依法行政、文明监理、优质服务、规范管理，逐步构建农机安全生产的源头管理、执法监控、宣传教育为主要内容的农机安全生产长效机制。继续开展以“十百千万”工程为主要内容的“平安农机”创建活动，用3年时间，在全省创建10个“平安农机示范县”、100个“平安农机示范乡镇”、1 000个“平安农机示范村”和10 000个“平安农机示范户”，夯实农机安全生产基层基础，强化农机生产监管能力，切实提高农机安全生产水平。

重视人才培养。加强农机化人才培养基地建设，依托高校和各类职业技术教育院校，建立农机管理人才、科技人才及高技能人才的培养基地。通过岗位培训、技能培训、远程教育等多种短期培训形式，不断提高农机从业人员的整体素质，为农机化发展提供人才。积极推进农机职业技能鉴定工作，将农机职业技能鉴定与农村劳动力转移培训阳光工程和现代农民教育工程结合起来，培养一批有文化、懂技术、会经营的新型农机手，使之成为社会主义新农村建设的重要力量。

四、完善扶持农机化发展的政策措施

加大资金投入力度。各地要增加对农业机械化的资金投入，逐步建立以财政资金为导向，农民和农业经营服务组织投资为主体，社会投资为补充的多元化农业机械化投入机制。根据国家政策补贴范围与标准，在稳定粮食生产机械补贴的基础上，要不断拓展补贴机具种类，对关键生产环节的新型适用农机产品要适当提高补贴标准，对秸秆还田、机械插秧等重点环节农机作业实行补贴。要加强购机补贴资金监管，实行规范操作，确保惠民政策不折不扣地落实到农民手中。要加大对农机化基础设施建设投入，提高农机化综合服务能力，将农村机耕道路、农机具停放场库棚、中小型农村机电排灌设施建设、区域性农机销售维修市场纳入农村基础设施建设的重要内容，科学规划，合理布局。要加大农机安全监理装备、农机产品质量检测鉴定设备、农机化技术培训设施等农机化应用服务基础设施建设力度。积极改善全省农机安全监理设施，逐步建立健全覆盖全省农机安全监理网络。在坚持最严格的耕地保护制度，并符合乡镇土地利用总体规划的前提下，对农机具停放的场库棚用地，按农业用地对待。

进一步落实税收优惠和信贷扶持政策。按照国家规定对农业机械的科研开发和制造实施税收优惠政策，对从事农业机械生产作业服务的收入，按照国家规定给予税收优惠。农机生产企业开发新产品、技术创新、合资项目，按照国家、省政府有关规定执行；对进行跨区作业的联合收割机、运输联合收割机、插秧机的车辆，继续免交车辆通行费。金融部门在有效控制风险的前提下，对符合条件的农机企业和服务组织要降低抵押担保门槛，提供贷款支持。农村信用社要进一步完善农户小额信用贷款和农户联保贷款制度，支持农户和农村专业合作组织购买农机具。

五、切实加强组织领导

各级人民政府要切实加强组织领导，把促进农业机械化持续健康发展列入重要议事日程，建立政府负责、农机主抓、部门配合、社会参与、上下联动、齐抓共管的农机安全生产监管新格局；要制定农业机械化发展规划，并纳入当地社会主义新农村建设和经济社会发展总体规划，认真组织实施。各级发展改革、农业、财政、人力资源和社会保障、税务、科技、质量技术监督、工商行政管理、公安、交通、金融等部门要充分发挥规划、指导、管理、监督、协调、服务的职能作用，密切配合，形成合力，切实解决农机化发展中的实际问题。各级农机管理部门要坚持依法行政、文明监理、优质服务，逐步构建以源头管理、执法监控、宣传教育为主要内容的农机安全生产长效机制；要加强干部队伍建设，认真履行职责，增强服务意识，转变工作作风，提高服务能力，为全面推进农业机械化发展，促进社会主义新农村建设做出应有的贡献。

二〇〇九年九月十一日

青海省人民政府办公厅
转发省农牧厅、省公安厅关于进一步加强拖拉机等农业机械安全生产管理工作意见的通知

青政办[2009]198号

西宁市、各自治州人民政府，海东行署，省政府各委、办、厅、局：

省农牧厅、公安厅《关于进一步加强拖拉机等农业机械安全生产管理工作的意见》已经省人民政府同意，现转发给你们，请认真贯彻执行。

二〇〇九年十月二十二日

附件：

关于进一步加强拖拉机等农业机械安全生产管理工作的意见

青海省农牧厅青海省公安厅

（二〇〇九年十月）

为切实加强全省拖拉机等农业机械道路交通安全（以下简称“农机道路交通安全”）工作，充分发挥各级人民政府及有关部门在预防道路交通事故中的作用，有效解决农机道路交通安全工作中存在的突出问题，采取切实可行、标本兼治的措施，全面打牢道路交通安全工作基础，预防和减少重特大农机道路交通事故的发生。现就进一步加强全省农机道路交通安全管理工作提出以下意见。

一、提高认识，增强做好农机安全生产工作的责任感和使命感

近年来，中央一号文件明确提出“加强农机安全监理工作”、“提高农机监理能力”。随着我省农业机械化事业的发展和农机购机补贴政策的实施，各类拖拉机及联合收割机数量的快速增长，为发展农牧区经济和增加农牧民收入做出了重要贡献。但是，由于我省农村牧区经济发展仍相对滞后，农牧民收入不高，乡村公路运输不完善、通行条件低、农牧民出行难等客观问题依然存在，拖拉机依然是农牧民出行、农村运输的主要交通工具之一，拖拉机违法载人现象普遍存在。无证驾驶、无牌行驶、超速超载、不按规定年检等违法行为屡禁不止，农机安全生产安全隐患较多，给人民群众生命财产安全构成严重威胁。

农机安全生产在推进社会主义新农村建设中的作用极其重大。各级人民政府要充分认识加强农机安全生产管理工作对于保障广大农牧民群众生命财产安全，促进农业发展、农民增收和农村稳定的重要性。针对农机量大面广，流动分散，安全隐患多，监管难度大的实际，从维护人民群众的根本利益出发，进一步增强做好农机安全管理工作的责任感和使命感。按照以人为本，安全发展的原则，坚持“安全第一，预防为主，综合治理”的方针，以有效防范遏制重特大事故为目标，以创建“平安农机”为载体，以提高农机安全生产监管能力和农牧民群众安全生产意识为着力点，落实农机安全生产责任制，完善农机安全生产监管网络，夯实农机安全生产基础，采取有效措施，确保农机安全生产。

二、建立和完善农机安全监管网络，有效解决农村道路交通安全失管失控问题

发挥“道路交通安全工作联席会议制度”成员单位的工作优势，按照“各级政府总揽，各部门协调配合，社会各方面联合行动”的预防交通事故工作机制要求，不断完善农村道路交通安全管理体制，构建农村道路交通安全防控网络。一是农机管理部门要加强与公安、安监、交通管理部门的协调配合，继续以“五整顿、三加强”为主线，充分发挥各自职能作用，整合管理资源，形成管理合力，开展对拖拉机、联合收割机等安全生产专项整治，重点查处拖拉机违法载人、无牌行驶、无证驾驶、超速超载、酒后驾驶等违法行为。二是充分发挥乡（镇）、村两级组织对农机安全监管的职能，进一步完善以县级农机管理部门为龙头，乡镇农机站为骨干，村级组织及农机合作组织为依托，村农机安全员为基础的农机安全生产监管体系。各乡村要建立农业机械及其驾驶操作人员安全信息台账，并与开展“平安农机”创建活动结合起来，通过综合治理，有效解决农村道路的失管失控问题。

三、规范牌证管理，进一步强化源头管理

农业（农业机械）主管部门要严格执行农业部“三令两规范”，切实加强源头控管。严把“三关”，一是严把拖拉机注册登记关。对不符合要求的拖拉机不予登记，严禁异地拖拉机注册登记；二是严把驾驶人培训考试关。驾驶人培训必须学满规定的学时，严格按规定进行考试，杜绝给不经考试或考试不合格者发证；三是严把车辆检验关。严格按照《机动车运行安全技术条件》的规定执行。保障被检验的拖拉机和联合收割机达到安全行驶的技术标准，防止由于机械故障造成农机事故的发生。

四、强化服务意识，下沉工作重心

各级农业（农业机械）主管部门要强化服务意识，牢固树立“以民为本、为民服务、帮民解难、助民增收、保民平安”的“五民”观念，下沉工作重心，做到培训办证到乡村，年审年验到村社，维修服务到田头，宣传动员到农家。推行检车、维修、办证“一站式”服务，有条件的地区可为农牧民提供免费检车和维修。要针对农业机械化生产的特点加强农机安全生产日常检查指导和技术服务。要结合农机购机补贴、“阳光工程”等惠农政策，加强对农机驾驶操作人员的安全教育和培训，努力提高农机驾驶操作人员安全技术水平。

五、加强安全宣传教育工作，提高广大农牧民群众和农机驾驶人员的安全意识

各地各有关部门要切实履行《道路交通安全法》赋予的道路交通安全宣传教育职责，认真制定面向社会、面向农村、面向广大农牧民群众和农机驾驶操作人员的安全宣传教育计划。充分运用报刊、广播、电视等媒体宣传安全生产法等法律法规和政策。农机管理部门要深入乡村、学校、集市举办农机安全教育讲座、发放安全宣传资料、播放安全教育警示片，开展“交通安全文明村”和“平安农机安全村”创建等活动，让“安全生产”的理念家喻户晓、深入人心，不断提高广大农牧区群众及其农机驾驶操作人员的法制观念和安全意识。

六、加强农机安全监理队伍建设，进一步提高农机安全生产管理执法能力

各级农业（农业机械）主管部门要加强农机监理队伍建设。重点要抓好农机监理人员思想教育、政策法规教育和岗位业务的培训工作，全面提高农机监理队伍素质、执法水平和服务质量，提高农机安全监理工作正规化、法制化、科学化水平。农机监理执法车辆应当喷涂统一标志图案；执法人员必须统一着装、持证上岗，文明执法。要积极推行农机安全监理工作政务公开制度，转变工作作风，提高办事效率，自觉接受农民群众监督。要严格执行行政、事业性收费和罚没收入“收支两条线”的规定。要继续深入开展创建“文明监理、优质服务”示范窗口活动，狠抓规范化管理和优质服务，树立农机监理队伍的良好形象。

七、加大安全投入，提高农机安全生产管理工作效能

各级人民政府要切实加大对农业机械安全生产的政策支持和力度，各级财政部门要设立农业机械安全生产管理专项经费，把农机安全监理工作经费列入常年财政预算，加大基础建设和财政专项投入，强化监理装备设施建设，保障宣传教育、安全检查、平安农机创建等工作的开展。同时，要加强农机监理装备投入，不断改善农机安全管理执法条件，提高农机安全生产管理工作效能。

八、加强领导，全面落实农机安全生产责任制

各级人民政府要加强对农机安全生产的领导，把农机安全生产工作纳入社会总体安全工作的一项重要内容，及时准确掌握农机安全生产动态，定期研究解决农机安全管理工作中存在的突出问题，为农机管理工作顺利开展创造必要的条件。要把农机安全生产纳入政府目标考核和乡、村干部的政绩考核中，层层落实农机安全生产责任制度、签订责任书、切实做到安全生产责任到人，形成一级抓一级、一级监督一级的安全生产责任制，确保问责制度落实到位，努力形成政府统一领导，农机管理部门依法监管，各部门协作配合，广大农牧民群众广泛参与的农机安全生产格局。

九、开展对上道路行驶的拖拉机、联合收割机等农机的委托管理工作，强化农机行驶道路的安全管理

针对目前我省乡村道路交通监管薄弱，上道路行驶的拖拉机、联合收割机等农业机械违法行为突出，道路交通事故频发等突出问题，公安交通管理部门要按照“预防为主、防治结合、齐抓共管、综合治理”的预防交通事故工作原则，根据《中华人民共和国行政处罚法》第十八条和第十九条的规定，可以委托农机监理部门实施农机道路交通安全监管工作，明确农机监理部门在本行政区域县乡道路内，维护上道路行驶的拖拉机、联合收割机等农用机械的交通安全和交通秩序的职责，依法纠正上道路行驶的拖拉机及其驾驶人的交通违法行为；依法对上道路行驶的拖拉机及其驾驶人，采取法律法规或规章规定的行政强制措施；适用简易程序处理上道路行驶的拖拉机及其驾驶人的交通违法行为；处理仅造成财产损失的拖拉机、联合收割机等农用机械的交通事故。在委托工作中，农机监理部门要在委托监管范围和权限内进行执法活动，接受公安交通管理部门的指导、监督和考核，落实公安交通管理部门对委托监管的改进意见。为了积极稳妥的开展委托监管工作，省公安厅、农牧厅先行在有关地区开展试点工作，待取得成功经验后再在全省推广，从而进一步强化对上道路行驶的拖拉机、联合收割机等农业机械的安全管理，减少农机道路交通安全事故。

索 引

说 明

一、本索引采用主题分析索引方法,依据汉语拼音字母顺序排列,同音字按声调排列。

二、类目用黑体字。数字表示内容所在页码或参见页码,数字后字母表示从左到右内容所在栏别。

三、除标题外,机构与负责人、大事记栏目内容不作索引。

D

F

G

H

J

K

L

M

N

P

Q

R

S